ENTWICKLUNG VON PROFESSIONALITÄT
IN DER LEHRERBILDUNG

D1719303

ENTWICKLUNG VON PROFESSIONALITÄT IN DER LEHRERBILDUNG

Empirische Befunde zu Eingangsbedingungen, Prozessmerkmalen und Ausbildungserfahrungen Lehramtsstudierender

von Colin Cramer

VERLAG JULIUS KLINKHARDT
BAD HEILBRUNN 2012

Tanja und Simon gewidmet

Zugl.: Diss., Univ. Tübingen 2011

Dieser Titel wurde in das Programm des Verlages mittels eines Peer-Review-Verfahrens aufgenommen.
Für weitere Informationen siehe www.klinkhardt.de.

Bibliografische Information der Deutschen Nationalbibliothek
Die Deutsche Nationalbibliothek verzeichnet diese Publikation
in der Deutschen Nationalbibliografie; detaillierte bibliografische Daten
sind im Internet abrufbar über http://dnb.d-nb.de.

Druck und Bindung: AZ Druck und Datentechnik, Kempten.
Printed in Germany 2012.
Gedruckt auf chlorfrei gebleichtem alterungsbeständigem Papier.

ISBN 978-3-7815-1862-9

Inhaltsverzeichnis

Danksagung

Der vorliegende Band ist eine leicht überarbeitete Fassung meiner Dissertation, die von der Fakultät für Sozial- und Wirtschaftswissenschaften der Eberhard Karls Universität Tübingen im Juli 2011 angenommen wurde. Einer Vielzahl an Wegbegleitern bin ich zu außerordentlichem Dank verpflichtet. Sie haben auf unterschiedlichste Weise die Arbeit begleitet, gefördert und überhaupt erst möglich gemacht.

Besonderer Dank gilt den Gutachtern meiner Arbeit, Prof. Dr. Klaus-Peter Horn (heute: Göttingen) und Prof. Dr. Friedrich Schweitzer (Tübingen) sowie Prof. Dr. Ewald Terhart (Münster), der die Arbeit von Anbeginn mit betreut hat. Herr Horn, Sie haben mir die Möglichkeit zur Promotion eröffnet und mich in meiner Entscheidung zu diesem Schritt bestärkt. Den Prozess der Forschung haben Sie kritisch begleitet, durch zahlreiche Anregungen bereichert und durch die Infrastruktur der Abteilung für Allgemeine Pädagogik an der Universität Tübingen intensiv gefördert. Sie, Herr Schweitzer, haben meinen beruflichen Weg durch fruchtbare gemeinsame Projektarbeit, durch intensive Förderung und durch Ihren wissenschaftlichen Weitblick stets mit Wohlwollen begleitet und unterstützt. Von Ihrer Expertise auf dem Gebiet der Lehrerbildung, Herr Terhart, hat meine Arbeit wesentlich profitiert. Für Ihre Bereitschaft, die Dissertation trotz der räumlichen Distanz mitzubetreuen, bin ich sehr dankbar. Sie alle waren in Ihrer Verantwortung gegenüber der Dissertation und meiner Person – ganz im Sinne der engeren Bedeutung des Wortes – Doktorväter.

Für weiterführenden wissenschaftlichen Rat bin ich insbesondere Prof. Dr. Johannes Mayr (Klagenfurt) dankbar, der mit großer Expertise in der empirischen Lehrerbildungsforschung stets ein wertvoller Berater und Förderer meines Vorhabens war. Prof. Dr. Oliver Lüdtke (Berlin) danke ich für die Bereitschaft, mich in gezielten forschungsmethodischen Fragen zu beraten, auch Dr. Wolfgang Ilg war in dieser Hinsicht ein wertvoller Ansprechpartner. Besonderer Dank gilt Prof. Dr. Thorsten Bohl (Tübingen) für die Zusammenarbeit in verschiedenen schulpädagogischen Kontexten, die gemeinsame internationale Projektarbeit, die Kollegialität im beruflichen Alltag und für die Begleitung meiner Promotionsphase.

Für Gespräche und kritische Anregungen im Forschungsprozess danke ich den Kolleginnen und Kollegen an der Universität Tübingen, die insbesondere aus Anlass der Forschungskolloquien der Arbeitsbereiche Allgemeine Pädagogik, Schulpädagogik, Religionspädagogik sowie Empirische Bildungsforschung stattgefunden haben.

Herr Realschulrektor Siegfried Kemmler brachte nicht nur Verständnis für meine wissenschaftliche Arbeit neben der Tätigkeit als Lehrer auf, er hat diese explizit unterstützt und mir größtmögliche Flexibilität bei der Vereinbarkeit meiner unterschiedlichen Tätigkeiten eingeräumt. Meine Kolleginnen und Kollegen an der Theodor-Schüz-Realschule in Herrenberg haben durch zahlreiche Gespräche zur Entstehung der Arbeit beigetragen. Besonders wertvoll war die Interaktion mit meinen Schülerinnen und Schülern, die mir immer wieder Chancen und Grenzen der Lehrerbildung vor Augen führten.

Die Motivation zur Anfertigung der Dissertation setzte eine berufsbiografische Begleitung und wissenschaftliche Sozialisation voraus. Für diese bin ich in Phasen vor Beginn dieser Arbeit chronologisch insbesondere Prof. Dr. Manfred L. Pirner (Erlangen-Nürnberg), Prof. Dr. Peter Imort (Ludwigsburg), Prof. Dr. Hans-Gerhard Klinzing (Tübingen), Prof. Dr. Christoph Th. Scheilke (ehemals PTZ Stuttgart) und Prof. Dr. Friedrich Schweitzer (Tübingen) für klärende Gespräche, berufliche Orientierung sowie Ermutigung zu Dank verpflichtet.

Ohne Unterstützung an den Hochschulen wäre die Gewinnung der Stichprobe kaum möglich gewesen. Ich danke daher den betroffenen Hochschulleitungen und Dozierenden für ihre Kooperation, im Besonderen Prof. Dr. Axel Gehrmann (damals: Schwäbisch Gmünd), Prof. Dr. Uwe Hericks (damals: Pädagogische Hochschule Heidelberg), Dr. Erich Streitenberger (Universität Heidelberg) sowie PD Dr. Philipp Thomas (Universität Tübingen).

Ohne Unterstützung bei der Dateneingabe und Transkription hätte die Arbeit in diesem Umfang kaum bewältigt werden können. Mein Dank gilt daher den Hilfskräften der Abteilung für Allgemeine Pädagogik. Die Hauptlast haben in der ersten Erhebungswelle Andrea Bosch und in der zweiten Erhebungswelle Viola Tragieser getragen.

Dank des Lektorats und der Anregungen durch Tanja und Ursula Cramer hat die Arbeit maßgeblich profitiert. Die Fertigstellung der Arbeit wäre gerade in der Endphase nicht ohne die große Unterstützung durch meine Frau Tanja möglich gewesen. Dafür – und für die Entbehrungen und alles Verständnis bei der Durchführung der Studie und der Anfertigung der Arbeit – danke ich von Herzen. Die Geburt unseres Sohnes Simon und seine Herzlichkeit haben auf besondere Weise dazu beigetragen, die Fertigstellung der Arbeit zu beschleunigen. Meiner ganzen Familie – meinen Eltern Ursula und Winfried Cramer sowie meinen Brüdern Patrick und Dennis – danke ich für die langjährige Unterstützung und die vielen wertvollen Gespräche, die eine Grundvoraussetzung für die Entstehung der Arbeit schufen.

Nicht zuletzt gilt mein Dank den Teilnehmerinnen und Teilnehmern an der Studie, die durch ihre freiwillige und keineswegs selbstverständliche Unterstützung des Forschungsvorhabens und ihre Angaben die Basis für diesen Band geschaffen haben.

Dem Klinkhardt-Verlag, besonders Herrn Andreas Klinkhardt und Herrn Thomas Tilsner, danke ich für die freundliche und kompetente Zusammenarbeit bei der Entstehung dieser Publikation.

Colin Cramer
im April 2012

1 Einführung und Vorüberlegungen

Lange Zeit haben sich Schulpädagogik und Empirische Bildungsforschung zu einseitig mit Merkmalen der Kinder und Jugendlichen beschäftigt, um das in internationalen Leistungsvergleichsstudien mittelmäßige Abschneiden deutscher Schülerinnen und Schüler zu erklären. Neben schülerbezogenen Merkmalen wie deren sozialer Herkunft und schulischen Rahmenbedingungen geriet aus dem Blick, dass Schüler während eines Großteils ihrer Zeit an der Schule mit Lehrerinnen und Lehrern interagieren, die für die Organisation und Gestaltung des Unterrichts verantwortlich sind und Einfluss auf die Lehr-Lernprozesse haben. Um Schule und Unterricht zu verstehen, reicht es daher nicht aus, Schul- und Unterrichtsforschung zu betreiben – auch die Lehrerinnen und Lehrer selbst sowie ihre Ausbildung müssen sich einer wissenschaftlichen Prüfung unterziehen. Die Lehrerbildung erstreckt sich auf fast alle Universitäten und auf viele Fachbereiche – schon deshalb kommt ihr als Bildungsmaßnahme eine gesamtinstitutionelle Funktion zu. Hinzu kommt ihre gesellschaftliche Bedeutung. Aus ihr gehen Lehrkräfte hervor, die Schule und Schüler über Generationen prägen.

Obwohl die Lehrerbildung derzeit teils umfassenden Veränderungen durch die Umstellung auf konsekutive Studiengänge unterworfen ist, ist wenig über die Gestalt der bisherigen Lehrerbildungssysteme sowie den Zusammenhang zwischen Merkmalen der institutionalisierten Lehrerbildung einerseits und der professionellen Entwicklung ihrer Adressaten andererseits bekannt. Diese »Krise der fehlenden Daten« (Larcher/ Oelkers 2004, S. 129) ist aus wissenschaftlicher Sicht zugleich eine Krise der Lehrerbildung selbst. Den bildungspolitischen Reformen fehlt eine evidenzbasierte Entscheidungsgrundlage und die Lehrerbildungseinrichtungen arbeiten weitgehend ohne das für Qualitätsentwicklung notwendige Monitoring einer wissenschaftlichen Begleitung des Ausbildungssystems und der Lehre. Die Arbeit unternimmt daher eine umfassende (empirische) Bestandsaufnahme für die Lehrerbildung in Baden-Württemberg, die zwar gegenwärtig eine Modularisierung ihrer Lehramtsstudiengänge durchläuft, bislang aber keine Umstellung auf konsekutive Studienstrukturen erfährt. Im Mittelpunkt steht die Perspektive der Abnehmerinnen und Abnehmer des Angebots, jene der Lehramtsstudierenden selbst.

In den letzten Jahren hat sich im deutschsprachigen Raum die Idee einer teilautonomen (»selbstständigen«) Schule zunehmend durchgesetzt und Verankerung in Schulgesetzen und Bildungsplänen gefunden (Dubs 2009). Als immer stärker eigenständige pädagogische Einrichtung ist die Einzelschule mit für die Selbstverwaltung, Curriculum-Entwicklung, Profilbildung und Schulentwicklung verantwortlich (Bohl 2009). Solche Aufgaben lösen die traditionelle Rolle des Lehrers als Unterrichtsexperte durch ein erweitertes Aufgabenprofil ab (Fend 2008). Dadurch ergeben sich neue und breitere Anforderungen an die Professionalität der Lehrperson. Welche individuellen Eingangsbedingungen angehende Lehrkräfte für die spätere Ausübung des komplexen Lehrerberufs zu Beginn ihrer Ausbildung aufweisen und in welcher Weise die institutionalisierte Lehrerbildung zur Entwicklung von Professionalität beitragen kann, gilt bislang als weitgehend ungeklärt und stellt ein Forschungsdesiderat dar.

Die Arbeit nimmt sich daher der Frage an, wie sich Eingangsbedingungen in die Lehrerbildung, die sich dort vollziehende professionelle Entwicklung und die Erfahrungen Studierender mit der institutionalisierten Lehrerbildung theoretisch und empirisch fassen lassen. Sie operationalisiert so die individuellen Ausgangsbedigungen der professionellen Entwicklung Lehramtsstudierender, die Prozessmerkmale der Entwicklung professioneller Handlungskompetenz sowie die Ausbildungserfahrungen in und mit dem Lehrerbildungssystem. Der Arbeit kommt der Charakter von Grundlagenforschung zu. Es ist ihr Anliegen, die gegenwärtige Situation der Lehrerbildung am Beispiel eines abgrenzbaren Lehrerbildungssystems (Baden-Württemberg) zu durchdringen und grundlegende, empirisch gesicherte Informationen zur Verfügung zu stellen. Die Ergebnisse sind in erster Linie als Beitrag zur empirischen Lehrerbildungsforschung zu verstehen und erheben nicht den Anspruch, unmittelbar für eine evidenzbasierte Reform der Lehrerbildung genutzt zu werden. Gleichwohl markieren sie aus wissenschaftlicher Sicht eine notwendige Basis für Entscheidungen von Bildungspolitik und Hochschulen auf dem Weg einer Qualitätsverbesserung in der Lehrerbildung.

Der legitime Anspruch empirischer Lehrerbildungsforschung, Grundlagendaten für die Optimierung der Lehrerbildung bereitzustellen, wirft die Frage auf, welcher Gewinn sich aus der wissenschaftlichen Beschäftigung mit Lehrerbildung ergibt. Aus bildungspolitischer, aber auch aus hochschulorganisatorischer Perspektive ist hier sicherlich die Rechenschaftslegung über eine zeitgemäße Ausbildung pädagogischen Personals zu nennen. Aus Sicht der angehenden Lehrkräfte erscheint die Vorbereitung auf die beruflichen Anforderungen des Unterrichtens, aber auch der angemessene Umgang mit den eigenen Ressourcen (z. B. Selbstorganisation und Stressmanagement) zentral. Der wesentliche Anspruch verbesserter Lehrerbildung ist aber nur im Blick auf die Adressaten des beruflichen Handelns von Lehrkräften zu verstehen, die Schülerinnen und Schüler selbst. Kinder und Jugendliche haben ein Recht auf möglichst optimale Bildung und Erziehung. Das schulische Umfeld trägt neben den Instanzen der Familie, Peergroup und Gesellschaft wesentlich zur deren Entwicklung bei.

Als primäres Ziel der Lehrerbildung kann daher letztlich eine möglichst positive Entwicklung der Schülerinnen und Schüler gelten, die sich in einem hohen Maß an Schülerlernen manifestiert. Unter Schülerlernen ist dabei jede Form hoher Kompetenz (»Outcomes« der Schüler) zu verstehen. Dazu gehören die Aneignung von Wissensbeständen (»Kognitionen«) und die Fähigkeit, erworbenes Wissen flexibel anzuwenden, aber auch weiche Fähigkeiten und Fertigkeiten (»Soft-Skills«) wie Team- oder Kommunikationsfähigkeit sowie Überzeugungen und Werthaltungen (»Beliefs«). Natürlichen müssen Lehrkräfte auch einen Beitrag dazu leisten, die Funktionen von Schule zu garantieren (z. B. Enkulturation, Integration oder Allokation). Leistung impliziert damit die Gesellschaftsfähigkeit von Schülerinnen und Schülern. Die Lehrerbildung steht insofern im Zusammenhang mit dem Schülerlernen, als dass sich im Unterricht Lernen vollzieht. Hier interagieren Schüler und Lehrer unter bestimmten Bedingungen. Der Lernprozess seitens der Schüler ist dabei wesentlich von der Unterrichtsqualität abhängig, die durch die Lehrperson beeinflusst wird. Wesentliche Techniken zur Optimierung von Unterricht durch Lehrerhandeln können im Rahmen institutionalisierter Lehrerbildung erlernt und geübt werden. Damit wirkt die Lehrerbildung indirekt und zeitlich versetzt auf das Lehrerhandeln und schließlich das Schülerlernen.

Um die Möglichkeiten und Grenzen institutionalisierter Lehrerbildung zu markieren, ist es notwendig, das spezifische Lehrerbildungssystem und seine Mechanismen möglichst gut zu verstehen. Hier setzt die vorliegende Studie an und versucht über die Hauptakteure, die künftigen Lehrerinnen und Lehrer selbst, ein möglichst differenziertes Bild von der Lehrerbildung zu gewinnen. Um Aufschluss über das Zusammenspiel des Lehrerbildungssystems und seiner Klientel zu erhalten, müssen zunächst theoretische und organisatorische Kontexte der Lehrerbildung geklärt werden, um die dann erhobenen empirischen Daten verorten zu können. Aus diesem Abgleich des empirisch erfassten Standes der Lehrerbildung und den theoretischen und organisatorischen Rahmenbedingungen lassen sich schließlich vorsichtige Rückschlüsse auf denkbare Optimierungen des Systems ableiten.

Im Anschluss an den internationalen Diskurs stellt sich die entscheidende Aufgabe einer wissenschaftlichen Beschäftigung mit Lehrerbildung dahingehend, die Indikatoren erfolgreicher Lehrerbildung zu bestimmen. Erfolgreich ist ein Lehrerbildungssystem dann, wenn die dort ausgebildeten Lehrkräfte so unterrichten, dass ihre Schülerinnen und Schüler hohe Leistungen erzielen. Die Schwierigkeit der Indikatorenbestimmung besteht darin, dass Schülerleistungen nicht nur von der Qualität der Lehrerbildung beeinflusst werden und auch das Lehrerhandeln nur zu einem begrenzten Teil die Folge der Ausbildung ist. Die Forschung steht vor der Aufgabe, ein komplexes Bedingungsgefüge aufzuklären, das im deutschsprachigen Raum bislang unzureichend untersucht wurde. Um hierzu einen weiterführenden Beitrag zu leisten, verfolgt die Arbeit eine breite Untersuchungsanlage. Gleichwohl sollen für die Fächer Mathematik und Religion exemplarisch vertiefende Analysen durchgeführt werden, weshalb immer wieder gezielt Ausführungen zu diesen beiden Fächern erfolgen.

In Kapitel 1 wird zunächst der Professionalitätsbegriff geklärt und das Modell der Entwicklung von Professionalität im Lehrerberuf entfaltet, das die theoretische Basis für die empirische Studie darstellt (1.1). Darauf aufbauend lässt sich Lehrerbildung als Weg der Entwicklung von Professionalität angehender Lehrkräfte beschreiben (1.2). Dann wird der Stand der empirischen Lehrerbildungsforschung in Grundzügen nachgezeichnet, der neben den theoretischen Grundlagen Ausgangspunkt für die empirischen Studie ist (1.3). Großkapitel 2 widmet sich der Begründung der empirischen Studie und der ausführlichen Beschreibung ihrer Anlage. Dabei kommen Aspekte des Designs und der Methodik (2.1) sowie der Stichprobenbeschreibung (2.2) zur Sprache. Die Kapitel 3 bis 5 bilden den empirischen Teil im engeren Sinne. Kapitel 3 beleuchtet die individuellen Eingangsbedingungen der Entwicklung von Professionalität im Lehramt. Dazu gehören demografische Daten (3.1), die soziale Herkunft (3.2), der schulische Bildungsweg und die Vorbildung (3.3), Vorerfahrungen (3.4), Persönlichkeitsmerkmale (3.5), Begleitumstände (3.6) und die Studiensituation (3.7) sowie der Studienabbruch (3.8). Unter den Prozessmerkmalen der professionellen Entwicklung (Großkapitel 4) werden selbstregulative Fähigkeiten (4.1), Überzeugungen und Werthaltungen (4.2), motivationale Orientierungen (4.3) sowie das Professionswissen (4.4) gefasst. Unter den Ausbildungserfahrungen werden in Großkapitel 5 die Zufriedenheit mit der Ausbildung und deren Organisation (5.1), die Bedeutsamkeit, die Qualität und der Nutzen der Ausbildungskomponenten des Studiums (5.2) sowie die Erfahrungen aus den Schulpraktika und deren Relevanz (5.3) behandelt. Schließlich werden in Kapitel 6 die zentralen empirischen Ergebnisse zusammengefasst und diskutiert (6.1) sowie Herausforderungen und Perspektiven für die Lehrerbildung und Lehrerbildungsforschung diskutiert (6.2).

Nachfolgend wird ausschließlich aufgrund der einfacheren Lesbarkeit meist die männliche Anrede verwendet. Dabei sind grundsätzlich gleichermaßen Frauen und Männer angesprochen. Wo möglich, werden inklusive Anredeformen bevorzugt. Statt von »Lehrerinnen und Lehrern« oder »Studentinnen und Studenten« ist dann von »Lehrkräften« oder »Studierenden« die Rede. Wenn keine inklusive Anredeform gebräuchlich ist, wird die männliche Form angewandt (z. B. »Schüler« als Sammelbegriff für »Schülerinnen und Schüler«). Sind ausschließlich Frauen oder Männer gemeint, ist dies explizit gekennzeichnet (z. B. »weibliche« oder »männliche« Studierende). Es ist stets im Blick, dass der »Lehrerberuf« heute überwiegend von Frauen ausgeübt wird.

1.1   Professionalität im Lehrerberuf

Jedem Bürger ist der Beruf des Lehrers vertraut und fremd zugleich: vertraut durch die jahrelange eigene Schulerfahrung, fremd hinsichtlich der tatsächlichen Anforderungen, mit denen Lehrpersonal täglich konfrontiert wird. In der öffentlichen Wahrnehmung des Berufsstandes überwiegt die Annahme, man könne den Lehrerberuf und seine Vertreter qualifiziert beurteilen (Rothland/ Terhart 2007, S. 23-28). Für eine wissenschaftliche Klärung der Bedeutung von Lehrerbildung für die Ausübung des Lehrerberufs ist es allerdings unerlässlich, die Wesensmerkmale des Berufsbildes genau zu beschreiben und so die Charakteristika der »Profession Lehrer« genau zu bestimmen. Erst im Wissen um die tatsächlichen Anforderungen kann auch geprüft werden, in welcher Weise die Lehrerbildung in ihrer gegenwärtigen Form auf die besonderen Herausforderungen des Berufsbildes vorbereitet.

1.1.1   Merkmale und Anforderungen des Lehrerberufs

Die institutionalisierte Lehrerbildung erhebt den Anspruch, auf die beruflichen Anforderungen des Lehrerberufs vorzubereiten. Es erscheint daher sinnvoll, das Anforderungsprofil der Profession »Lehramt« genau zu bestimmen, bevor der Weg der Entwicklung von Professionalität selbst ins Blickfeld gerät. Erst die Erörterung der Merkmale des Lehrerberufs ermöglicht eine konsequente Beschreibung professionellen Lehrerhandelns als wünschenswerte Folge qualifizierender Erstausbildung. Diese Bestimmung des Berufsbildes erfolgt sinnvollerweise entlang von Charakteristika der Arbeitstätigkeit und der Bedingungen der Berufssituation, die für den Lehrerberuf und den Arbeitsplatz Schule spezifisch sind und diesen in besonderer Weise von anderen Berufen und Professionen unterscheidet sowie entlang der besonderen Aufgaben von Lehrkräften und Erwartungen, die an sie gestellt werden (Rothland/ Terhart 2007; Herzog/ Makarova 2011). Während von Lehrern Zusammenarbeit im Kollegium erwartet wird, diktiert ihnen der Berufsalltag vorwiegend das Einzelkämpferdasein. Sie sollen in der Lage sein, die Ansprüche ihres beruflichen Alltags zu bewältigen und stehen zugleich vor den multikomplexen Anforderungen ihres Faches und dessen Didaktik, der Kommunikation, Verwaltung, Erziehung, Disziplinierung und Konfliktlösung, um nur einige zu nennen. Das berufliche Ethos von Lehrern ist regelrecht durch Belastungen geprägt (Terhart 1987).
    Lehrer bilden die größte Berufsgruppe im öffentlichen Dienst. Sie sind mit wichtigen öffentlichen Aufgaben wie der Integration oder Qualifikation der nachfolgenden Generation betraut und reproduzieren sowie innovieren damit zugleich das kulturelle Kapital unserer Gesellschaft. Diese hoheitlichen Aufgaben werden von Menschen mit unterschiedlichen Eigenschaften, Überzeugungen und Motivationen ausgeübt – den »typischen« Lehrer oder Lehramtsstudierenden gibt es nicht (Terhart 1994). Neben der Individualität der einzelnen

Lehrperson (Geschlecht, Alter, soziale Herkunft usw.) ist es das vielfältige Berufsbild des Lehrers, das ein heterogenes Bild der Lehrerschaft zeichnet. Lehrkräfte nehmen sich je nach individueller Sicht und abhängig von den Rahmenbedingungen ihrer beruflichen Tätigkeit (z. B. je nach Lehramt oder Jahrgangsstufe) eher als Pädagoge, Akademiker, Sanktionierer, Fachwissenschaftler, Freund usw. wahr. Im Mittelpunkt der nachfolgenden Betrachtung sollen aber nicht Fragen nach der beruflichen Identität stehen, die sich etwa im Berufsbild, Selbstbild, der Berufsbiografie, Motivation, Befindlichkeit, den Zielsetzungen der eigenen Arbeit oder in den weltanschaulichen Orientierungen niederschlagen – diese Aspekte werden von der Lehrerforschung eingehend bearbeitet. Vielmehr werden die Merkmale und Anforderungen des Lehrerberufs beschrieben, welche jenseits der beruflichen Identität die Rahmenbedingungen des Berufsbildes »Lehrer« markieren.

Allgemeine Merkmale und Anforderungen

Trotz der oftmals stark intrinsisch motivierten Haltung vieler Lehrkräfte ist die Schule auch Arbeitsplatz, an dem der Lebensunterhalt finanziert wird. Lehrerhandeln ist damit nicht nur pädagogisches Tun, sondern immer auch mit Erwerbsarbeit verknüpft (Schönwälder 1987; Ulich 1996; Döbert 1997; Altrichter u. a. 2005). Dabei beschränkt sich die Tätigkeit nicht auf die Schule – ein zweiter Arbeitsplatz ist der heimische Schreibtisch, an dem Unterrichtsvorbereitung und Korrekturen sowie Verwaltungsaufgaben erfolgen. Diese Zweiteilung des Arbeitsplatzes führt nicht nur zu einer Außenwahrnehmung des Lehrerberufs als »Halbtagsjob«, sondern birgt das Problem einer schweren Trennbarkeit von Privatleben und Beruf, die zu einem erhöhten Belastungserleben führen kann (Dorsemagen u. a. 2007). Neben der geregelten Pflichtzahl an zu haltenden Unterrichtsstunden ist es Lehrkräften selbst überlassen, welche Zeit sie für die Arbeit am Schreibtisch aufwenden. Diese entzieht sich hinsichtlich Aufwand und Qualität der Arbeit weitgehend der Kontrolle durch die Schulaufsicht. Kein äußeres Merkmal lässt erkennen, ob die außerunterrichtlichen Anforderungen ausreichend erfüllt sind – es kann stets mehr getan werden, um Unterricht noch besser vorzubereiten, noch häufiger Kontakt zu Schülern, Eltern und Kollegen zu suchen, noch intensiver Fort- und Weiterbildung zu betreiben usw. (Giesecke 2001, S. 10). Diese Offenheit führt zur Verantwortung der einzelnen Lehrkraft, das Maximum an Arbeitsbelastung für sich zu definieren, um auch zur Ruhe zu kommen und so nicht ständig an die Grenzen der Belastbarkeit zu gehen. Beide »Arbeitsplätze« weisen gänzlich verschiedene Organisationsmerkmale auf: Während die Schule durch klare Zeitintervalle, einen festen organisatorischen Rahmen usw. geprägt ist, räumt der heimische Arbeitsplatz eine größtmögliche Gestaltungsfreiheit ein. Das Pendeln zwischen beiden Welten erweist sich als typische Herausforderung des Lehrerberufs. Hinzu kommt, dass die Lehrkraft den Großteil der Arbeitszeit auf sich alleine gestellt ist und auch mit Unterrichtsstörungen alleine umgehen muss (Rothland 2007a).

Der Unterricht selbst ist geprägt durch verschiedene berufsspezifische Herausforderungen. Die Zusammenarbeit von Lehrern und Schülern ist erstens wegen der Schulpflicht erzwungen und beruht allenfalls auf einer im positiven Beziehungsgefüge hergestellten »Quasi-Freiwilligkeit« (Barth 1997). Hinzu kommt zweitens, dass diese Zusammenarbeit durch einen hierarchischen Unterschied geprägt ist. Die Lehrperson ist nicht nur aufgrund ihrer Verpflichtung zur Notenvergabe, sondern auch wegen ihres Wissens- und Erfahrungsvorsprungs in der Machtposition. Auch der Altersunterschied stützt dieses Gefälle in der pädagogischen

Beziehung (Körner 2003). Drittens gibt es kaum Möglichkeiten, eine Rückmeldung über die (langfristigen) Erfolge des eigenen Unterrichts zu erhalten. Dies liegt nicht nur daran, dass der Erfolg oder Misserfolg von Schülerbiografien aus empirischer Sicht nicht eindeutig auf das Lehrerhandeln zurückgeführt werden kann (Lipowsky 2006; Wayne/Youngs 2006), sondern auch an der wenig ausgeprägten Rückmeldekultur über Unterricht, die Anhaltspunkte über die Rezeption kurz- und mittelfristiger Maßnahmen geben könnte. Die in den vergangenen Jahren einsetzenden Bestrebungen einer Selbstevaluation von Unterricht und die verstärkten Bemühungen um pädagogische Diagnostik (Hesse/Latzko 2009; Ingenkamp/Lissmann 2009; Jürgens/Sacher 2009) tragen hier allerdings zu einem Fortschritt bei.

Das Berufsbild ist weiterhin durch geringe Möglichkeiten des beruflichen Aufstiegs geprägt. Echte Karrieremöglichkeiten haben nur einzelne Lehrkräfte, trotz des gegenwärtigen Mangels bei der Besetzung von Funktionsstellen. Fehlende »echte« berufliche Aufstiegsperspektiven können zusammen mit den weitgehend ausbleibenden Rückmeldungen zur eigenen Arbeit dazu führen, dass sich Lehrkräfte in ihrer Arbeit als nicht ausreichend beachtet oder honoriert fühlen (Altrichter 1996). In letzter Konsequenz kann dies zu einer Abnahme von Engagement und Leistungsbereitschaft führen, welche die Offenheit für Veränderungen in Unterricht und Schule zunehmend einem Konservativismus weichen lässt und »Dienst nach Vorschrift« nach sich ziehen kann.

Eine weitere Herausforderung bedeutet die öffentliche Wahrnehmung des Lehrerberufs. Durch die langjährige Schulerfahrung, die alle Mitglieder der Gesellschaft teilen, verstehen sich viele seit jeher selbst als Experten, die über Schule und Unterricht, insbesondere aber über den Lehrerberuf Auskunft geben können (Schohaus 1954, S. 5; Rothland/Terhart 2007, S. 16; Rothland 2010b). Es fehlt daher unter Berücksichtigung dieser Außenwahrnehmung an spezifischen Tätigkeiten, die eben nur ausgebildete Lehrpersonen ausführen könnten und die damit die Exklusivität der Profession unterstreichen würden. Das Recht zur Notenvergabe scheint hier lediglich ein Privileg der Berufsgruppe zu sein – die damit verbundenen Kompetenzen können von Außenstehenden angezweifelt werden, zumal eventuell leidvolle Erinnerungen an Noten und Leistungsdruck in der eigenen Schulzeit hervorgerufen werden. Das fehlende »Berufsgeheimnis« bezieht sich weiterhin auf die Aufgaben des Unterrichtens und Erziehens, die als allgemeine Fähigkeiten jedes Menschen angesehen werden, insbesondere als jene der Eltern (Giesecke 2001). Damit weist der Beruf keine Exklusivität auf, welche die Professionalität von Lehrpersonen unterstreichen würde.

Hinzu kommt die häufig negative Wahrnehmung des Lehrerberufs in der Öffentlichkeit (Terhart 1994); ein Befund der sich so für ganz Europa replizieren lässt (Eurydice 2004), wenngleich in Deutschland die Primarlehrer stets ein höheres Ansehen genießen als das Lehrpersonal der Gymnasien (Rothland/Terhart 2007, S. 26). Die Geringschätzung der Arbeit von Lehrpersonen ist auch ein Bedingungsfaktor für Belastungsempfinden (Rudow 1994; Schröder 2006). In den letzten Jahren steigt zugleich aber das öffentliche Bewusstsein über die besonderen Anforderungen des Berufs, etwa im Blick auf den tatsächlich hohen Arbeitsaufwand oder mit Blick auf die Herausforderungen im Umgang mit Unterrichtsstörungen sowie die beruflichen Belastungen: Der Beruf wird zunehmend als »schwer« wahrgenommen (Rothland/Terhart 2007, S. 27). Gleichzeitig sind die Erwartungen an die Lehrkräfte seitens der Eltern und der Öffentlichkeit hoch. Schließlich kommt den Lehrkräften eine besondere Pflicht zur Fürsorge für die heranwachsende Generation zu (Dannhäuser 2004). Damit werden zahlreiche »Hoffnungen, Erwartungen und Wünsche« an die Schule und ihr Personal herangetragen, die kaum erfüllt werden können (Rothland/Terhart 2007, S. 24). Die Annahme, die Lehrkräfte seien für alle Erziehungsaufgaben verantwortlich (von der Einübung klassischer Tugenden bis hin zur Drogenprävention), unterstellt der Berufsgruppe, hier auch Erfolge verzeichnen zu können. Die im Alltag häufig begrenzten Möglichkeiten erzieherischer Einflussnahme in Unterricht und Schule kann die ggf. versäumte Wahrnehmung der Erziehungsaufgabe durch das Elternhaus nur begrenzt kompensieren. Gleichwohl stellen die Erwartungen und Hoffnungen der Gesellschaft eine Herausforderung für das Lehrpersonal dar.

Lehrkräfte sind in Deutschland überwiegend Beamte. Das wichtigste Argument hierfür ist ihre Ausübung »hoheitlicher Rechte«, insbesondere die Vergabe von Zensuren und letztlich Schulabschlüssen, die über die (Berufs-)Biografie Heranwachsender entscheiden. Durch das Beamtenverhältnis stehen Lehrkräfte in einem Dienst- und Treueverhältnis gegenüber dem Staat (Art. 33 Abs. 4 GG), das die Ausübung der Hoheitsrechte legitimiert. In den vergangenen Jahren hat sich der Beamtenstatus als erstaunlich flexible Anstellungsform erwiesen: Es ist heute sowohl eine Teilzeitanstellung (auch bei Neuanstellungen), wie auch eine länderspezifische Besoldung möglich. Der Staat sichert den Beamten ein hohes Maß an sozialer und rechtlicher Sicherheit zu (Staatstreue), auferlegt ihnen zugleich aber eine besondere Verfassungstreue und ein allgemeines Mäßigungsgebot, das sich auch auf die Meinungsfreiheit auswirkt (Pflichten). Alle Landesverfassungen räumen Lehrkräften darüber hinaus pädagogische Freiheit bei der Gestaltung ihres Unterrichts ein, während diese (zumindest durch traditionelle Lehrpläne) an Inhalte gebunden sind.

Tätigkeitsspezifische Merkmale und Anforderungen

An Lehrkräfte werden im Berufsalltag zahlreiche Erwartungen gerichtet, die zu Rollenkonflikten führen können. Kaum ein anderer Beruf konfrontiert mit derart vielschichtigen Erwartungsträgern, die in der zwischenmenschlichen Interaktion bedient werden müssen und zu jeweils spezifischem Rollenverhalten führen (zusammenfassend: Barth 1997; Jung-Strauß 2000; Rothland/Terhart 2007):

- Schüler erwarten von Lehrern Wissensvermittlung, Beratung, Hilfe oder Führung. Der Lehrer ist Fachmann, Berater, Helfer oder Vorbild;
- Eltern erwarten von Lehrern Wissensvermittlung, Förderung, Zusammenarbeit oder Entlastung. Der Lehrer soll Unterrichtsexperte, Lernbegleiter, Kooperationspartner oder Erziehungshelfer sein;
- Kollegen erwarten von einem Lehrer Anteilnahme, Freundschaft, Unterstützung oder Solidarität. Er ist hier Zuhörer, Freund, Helfer oder Mitstreiter;
- Schulleitung und Schulverwaltung erwarten von einem Lehrer Zuverlässigkeit, Arbeitseinsatz, Loyalität oder Fortbildungsbereitschaft. Aus ihrer Sicht ist der Lehrer ein verlässlicher, engagierter und loyaler Mitarbeiter, der zur Weiterentwicklung bereit ist;
- Die Öffentlichkeit erwartet schließlich von einem Lehrer die Wahrnehmung der Qualifikation, Enkulturation oder Integration sowie die Beratung der nachfolgenden Generation. Lehrer sind dann Vermittler von Wissen und Kultur und haben zugleich die Aufgabe, die gesellschaftliche Integration sowie die Identitätsfindung der Heranwachsenden zu bestärken und deren Entwicklung beratend zu begleiten.

Es ist unmöglich, als Lehrer allen gestellten Anforderungen und Rollenerwartungen gleichzeitig gerecht werden zu können. Die besondere Herausforderung liegt daher darin, mit den ständig wechselnden Interaktionspartnern auch die Rollenintegritäten zu wechseln. Dabei besteht die Notwendigkeit vom Selbstbild im Sinne des authentischen oder eigentlichen »Ich« zu abstrahieren und die jeweils erforderliche Rolle einzunehmen. In Folge dieser Wechsel leidet die Authentizität des Lehrers und es kann zu inneren wie äußeren Rollenkonflikten kommen. Helsper sieht die Lehrkraft daher »Antinomien« ausgesetzt, die unauflösbare Widersprüche beruflichen Handelns markieren (Helsper 1996; 2000; 2004). Gemeint sind Spannungsverhältnisse zwischen zwei Polen an Handlungsalternativen, die an sich beide legitimes Lehrerverhalten beschreiben, aufgrund ihrer Gegensätzlichkeit aber niemals zugleich realisiert werden können (vgl. 1.2.2, S. 70). Die Aufgabe im Lehrerberuf besteht unter Berücksichtigung der Rahmenbedingungen, Rollenkonflikte und Antinomien darin, trotz schwieriger Bedingungen die vielfachen Erwartungen und Widersprüche in Schule und Unterricht produktiv zu bewältigen (Tenorth 2006; Rothland/ Terhart 2007). Professionelle Lehrkräfte zeichnen sich demnach dadurch aus, dass sie auch unter Ungewissheit handlungsfähig sind.

Auswahl bzw. Auslese (Selektion) sowie Lehrerversorgung

Die Schulreform nach dem zweiten Weltkrieg war zugleich Teil der Kulturreform. Diese sollte wesentlich von Lehrern getragen werden. In seiner Schrift »Pädagogische Dilettanten oder geborene Erzieher. Kulturreform durch Lehrerauslese« fordert Wilhelm Lamszus im Jahr 1948 »geborene Erzieher« statt »pädagogischen Zufallsprodukten« (Lamszus 1948, S. 106). Während der »Zwangserzieher« als »pädagogischer Faschist« den Schülern wie ein Diktator den Lehrstoff verordne und die Demokratie untergrabe, sei der geborene Erzieher in der Lage, sich nach dem Vorbild Pestalozzis den Heranwachsenden in Liebe zuzuwenden (Lamszus 1948, S. 55). Die Idee der »Hinwendung zum Menschen im Schüler« durch die Gesellschaft (Schohaus 1954, S. 46) erfuhr nachdrückliche Wertschätzung. Zugleich wuchs die Einsicht, dass diese Hinwendung nicht allein durch geborene Erzieher erfolgen kann. Zuwendung zu Schülern gelingt vielmehr kulturell erschlossenen Menschen am besten, die trotz ihres Humankapitals zu Lehrern ausgebildet werden und über einen Erfahrungsschatz verfügen; einen geborenen Erzieher kann es nicht geben (Spranger 1968, S. 14). In den Nachkriegsjahren ist stets der Tenor zu hören, die »Auslese« der Lehrer stehe vor deren »Ausbildung« (Herrmann 2000, S. 23). Damit stellt sich die Frage nach einer geeigneten Rekrutierungsstrategie. Die Auslese solle aufgrund eigener Unterrichtsversuche der Studierenden zunächst Selbstauslese sein, meinen die Verfasser des *Esslinger Plans* für die Lehrerbildung in Württemberg-Baden (Lehrerbildung 1949). Auch aus dieser Idee erwächst eine anhaltende Forderung nach umfangreichen praxisbezogenen Ausbildungsanteilen bereits während der ersten Ausbildungsphase. Warum Praktika dennoch lange kaum in der gymnasialen Lehrerbildung verankert waren, lässt sich am ehesten durch die Ablehnung der Gründung pädagogischer Fakultäten durch die Philosophie und die eigenen führenden Fachvertreter erklären (Hanssler 1971, S. 164). Um die vorgesehene Entlassung unfähiger Lehrer zu vermeiden, betont der Esslinger Plan die Notwendigkeit umfangreicher Fortbildungsmaßnahmen und unterstellt den Lehrkräften einen Willen zur Weiterbildung (Lehrerbildung 1949, S. 105).

Die historisch stets mehr oder weniger explizit vorhandene Frage nach Ausbildung und/ oder Auslese findet sich verstärkt wieder im aktuellen Diskurs (Mayr 2010b; Journal für Lehrerinnen- und Lehrerbildung 2/ 2007). Sie verweist auf die Tatsache, dass damals wie heute dem Lehrerberuf von Vertretern aus Bildungspolitik und Öffentlichkeit, aber auch von zahlreichen Sozialwissenschaftlern immer ein gewisses Maß an persönlicher Eignung oder »Begabung« unterstellt wird, das nicht alleine durch Lehrerbildung aufgewogen werden kann. Die im Angloamerikanischen weit verbreitete Ansicht »Getting the brightest and making them the best« (Townsend/ Bates 2007, S. 177) zeigt, dass sich Auswahl und Ausbildung keineswegs widersprechen, sondern gemeinsam praktiziert werden können. Dies unterstreicht für die deutschsprachige Diskussion etwa die im Jahr 2009 an der Universität Trier veranstaltete Tagung mit dem Titel: »Auf den Lehrer kommt es an – Geeignete Lehrer/ innen gewinnen, (aus-)bilden und fördern«.

Für die Berufsbiografien von Lehrkräften sind drei Selektionszeitpunkte zentral (Denzler/ Wolter 2009, S. 642): die Selektion zu Studienbeginn, die Einstellung nach dem Vorbereitungsdienst und der Verbleib im Berufsleben (bzw. das vorzeitige Ausscheiden). Von Interesse ist vorliegend besonders die Eingangsselektivität. Sie erfolgt i. d. R. durch die notwendige Ausbildungsvoraussetzung (Abitur), eine Einschränkung durch Zulassungstests oder Auswahlgespräche, mittels Ausschluss ungeeignet erscheinender Studierender durch Prüfungsanforderungen sowie zu bestehende Schulpraktika. Durch diese Mechanismen mögen die eher geeigneten Studierenden in die Lehrerbildung aufgenommen werden oder dort verbleiben, die Maßnahmen sind aber der Selbstselektion nachgeordnet. Es ist keineswegs gesichert, dass sich gerade die am besten geeigneten Studierenden für den Lehrerberuf interessieren und für ein Studium bewerben.

Die angloamerikanische Forschung verweist auf eine deutlich vorhandene Negativselektion in den Lehramtsstudiengängen, insbesondere im Vergleich der kognitiven Fähigkeiten der Studierenden mit jenen anderer Studiengänge (Hanushek/ Pace 1995; Goldhaber/ Yung Hsu Liu 2003; Podgursky/ Monroe/ Watson 2004). Wenngleich die Forschungslage hierzu im deutschsprachigen Raum vergleichsweise knapp ist, gibt es ähnliche Befunde (Giesen/ Gold 1993; Webbink 1999; Spinath u. a. 2005). Neuere Studien zeigen, dass Lehramtsstudierende ein geringeres Interesse an wissenschaftlichen Tätigkeiten haben als Studierende anderer Studiengänge (Denzler u. a. 2005; Trautwein u. a. 2006). Dies mag mit dem Befund einhergehen, dass Lehramtsstudierenden die »Lehrerpersönlichkeit« wichtiger erscheint als pädagogisches und fachliches Können (Kagan 1992; Wideen u. a. 1998).

Vor dem Hintergrund dieser Forschungsergebnisse stellt sich nicht nur die Frage, auf welche beruflichen Anforderungen die Lehrerbildung vorbereiten soll, sondern auch, welche Kriterien überhaupt für die Eingangsselektion Studierender angemessen, sinnvoll und (ethisch) rechtfertigbar erscheinen. Denn durch die Selektion vor Beginn der institutionalisierten Ausbildung wird bereits unterstellt, man wisse, welche Eigenschaften der Bewerber für die später erfolgreiche Berufsausübung notwendig seien. Bildungsökonomische Kriterien alleine (Denzler/ Wolter 2009; Teuber u. a. 2009) können dafür keine ausreichenden Kriterien sein. Die gegenwärtig vorliegenden Eignungstests arbeiten mit Kriterien, die zu Studienbeginn bereits weitgehend als abgeschlossen gelten können, wie etwa dem Umfang an pädagogischen Vorerfahrungen oder relativ stabilen Persönlichkeitsmerkmalen. Aus diesem Grund werden die unten skizzierten Testverfahren gegenwärtig weitgehend zur »Selbsterkundung« vor Studienbeginn oder zur Laufbahnberatung eingesetzt und dienen nicht einer zulassungsrelevanten Selektion im Sinne des klassischen »Mediziner-Tests«. Die Inventare dienen daher neben dem Anspruch, die geeigneten Lehramtsinteressenten aufgrund der Prognose ihres Erfolgs für das Studium zu finden, auch der Vermeidung (berufs-)biografischer Enttäuschungen sowie der Reduzierung von Ausbildungskosten (Mayr/ Hanfstingl 2007). Die Festlegung geeigneter Kriterien und die Implementierung von Auswahltests in der Lehrerbildung ist keineswegs trivial (Rotter/ Reintjes 2010).

Eines der ersten Instrumente zur Feststellung der beruflichen Eignung ist das *Berufseig-nungsinventar für das Lehramtsstudium (BEIL)*, das durch seinen eher explorativen Charakter geprägt und empirisch wenig fundiert ist (Rauin u. a. 1994; Rauin/ Meier 2007). Im Anschluss an die Lehrerbelastungsforschung wurde ein weiteres Inventar entwickelt: *Fit für den Lehrer-beruf. Freude am Umgang mit Kindern und Jugendlichen* (Herlt/ Schaarschmidt 2007). Das Verfahren wird von einem Berufsverband als Online-Version bereit gestellt (http://www.fit-fuer-den-lehrerberuf.de). Zunehmend werden weiterentwickelte Selbsterkundungs-Verfah-ren auch zur Zulassungsvoraussetzung. Wer etwa an der Universität Münster einen Master-studiengang im Rahmen des Lehramtsstudiums absolvieren möchte, ist verpflichtet, an einem Selbsteinschätzungsverfahren teilzunehmen. Der Universitätsverwaltung muss eine Teilnah-mebescheinigung vorgelegt werden, die vom *Feedback-Inventar beruflicher Erstorientierung für das Lehramt (FIBEL)* erzeugt wird (http://uni-fibel.uni-muenster.de). Das gegenwärtig wohl einflussreichste Verfahren zu Feststellung der beruflichen Eignung ist das von Johannes Mayr initiierte Projekt *Career Counseling for Teachers (CCT)*. Auf der Online-Plattform (http://cct-germany.de) wird ein Selbsterkundungs-Verfahren in drei Stufen angeboten: für Interessenten am Lehramtsstudium, für aktuell Studierende und für Lehrkräfte im Beruf. Ab 2011 ist die Teilnahme an einem adaptierten CCT-Selbsttest Zulassungsvoraussetzung für alle Lehramtsstudiengänge in Baden-Württemberg (http://www.bw-cct.de).

An der Universität Bamberg wurde ein qualitativer Weg der Eignungsfeststellung erprobt. Hierzu fanden Auswahlgespräche von 30 Minuten Dauer mit Lehramtsinteressenten statt, deren Ergebnisse zu 50 % mit der Abiturnote verrechnet über die Zulassung entschieden (Faust u. a. 2003; Foerster 2006, S. 48-50). Die Kriterien für die Gespräche wurden unter Re-kurs auf verschiedene konzeptionelle und empirische Vorarbeiten erstellt (Foerster/ Faust 2006; 2007): berufsbezogene Interessen und Motivation, pädagogische Vorerfahrungen, Wahrnehmungsfähigkeit, Kontaktbereitschaft und Kommunikationsfähigkeit, Reflexionsfä-higkeit und Differenzierungsvermögen sowie Durchsicht einer mitgebrachten Mappe. Die Bewertung erfolgt unmittelbar nach dem Gespräch auf Grundlage von standardisierten Pro-tokollen. Insgesamt wurden durch dieses Verfahren 50 % aller Studienanfänger rekrutiert, die andere Hälfte wurde über die klassischen Auswahlkriterien (Abiturnote, Wartezeit, Nach-rückverfahren oder Härtefallantrag) zugelassen. Es kann erwartet werden, dass angehende Studierende Eignungstests neben der Abiturnote als das am stärksten angemessene Auswahl-kriterium einschätzen (Hell/ Schuler 2005). Dass die Abiturnote allgemein ein guter Prädiktor für den Studienerfolg ist (Schuler 2001, S. 501), bestätigt sich für den Bereich des Grund- und Hauptschullehramts nicht (Giesen u. a. 1986). Es ist empirisch weitgehend unklar, ob und wie Abiturnote und Berufserfolg zusammenhängen (Schuler 2001, S. 505). Ein solches Auswahl-verfahren soll den Studienerfolg der zugelassenen Kandidaten sichern.

Die Zulassung zum Studium garantiert – unabhängig von Auswahlmodalitäten – nicht die spätere Einstellung als Lehrkraft. Vielmehr ist die Lehrerversorgung durch zyklischen Wech-sel von Mangel und Überfüllung gekennzeichnet (Ohidy u. a. 2007, S. 244; Terhart 2007, S. 53). Stehen in einer Phase wesentlich mehr Absolventen als Arbeitsplätze zur Verfügung, zieht dies eine hohe Lehrerarbeitslosigkeit nach sich. Dies bringt aufgrund der schlechten Be-rufsaussichten einen Rückgang der Studierendenzahlen mit sich, sodass bei gleichzeitig wie-der zunehmendem Stellenangebot ein Mangel an qualifiziertem Lehrpersonal entsteht. Ein-stellungskriterien werden dann gelockert und sogar Quereinsteigern wird der Zugang zum Lehramt eröffnet – eine im Blick auf die Qualitätssicherung in Lehrerbildung und Lehrerberuf problematische Praxis (Schmid 2010). Warum diese zyklischen Schwankungen durch die Bildungsplanung trotz der klaren Vorhersehbarkeit der demografischen Entwicklung und damit auch von Schülerzahlen und Lehrerbedarf nicht verhindert werden können, ist weitgehend offen. Historisch gesehen steht die Wechselhaftigkeit vermutlich mit der gesellschaftlichen Einstellung zur Bedeutung von Schulbildung und Lehrerberuf sowie den ökonomischen Rahmenbedingungen im Zusammenhang (Sandfuchs 2004, S. 33). Hinzu kommt heute die (vermeintlich) bildungspolitische Ungewissheit bzw. Unplanbarkeit eines längeren Zeitraums (Denken in Legislaturperioden). Neue Studienstrukturen mit Bachelor- und Masterabschlüssen versprechen die Folgen von Mangel und Überfüllung auf dem Lehrerarbeitsmarkt insofern abzumildern, als dass aufgrund ihrer polyvalenten Struktur Absolventen einfacher in außerschulische Berufsfelder einmünden können und sich zugleich Fachstudierende später noch für das Lehramt entscheiden können (vgl. S. 66). Noch liegen aber zu wenig Erfahrungen mit der »neuen« Lehrerbildung vor, um dies zu bestätigen.

Der Lehrerberuf aus Sicht der Fächer und Fachdidaktiken

Die Fächer stellen Lehrkräfte vor spezifische Anforderungen und Erwartungen, welche in der jeweiligen fachlichen und fachdidaktischen Diskussion erörtert werden. Dass sich die Anforderungen und Erwartungen an Lehrpersonen immer auch in Abhängigkeit von fachlichen Merkmalen konstituieren, wird nachfolgend am Beispiel der Religionslehrkräfte aufgezeigt.

In Anlehnung an die soziologische Rollentheorie (Schach 1980), konstatiert die Religionslehrerforschung eine Reihe von spezifischen Rollenerwartungen an die Lehrkräfte (zusammenfassend: Schweitzer 2006, S. 186). *Schüler* etwa haben ein ausgeprägtes Interesse an religiösen Fragen, die im Zusammenhang mit ihrer Lebenswelt stehen (Feige 1982; Köcher 1989; Bucher 1996; 2000, S. 140; Kliemann/ Rupp 2000). *Eltern* fordern verstärkt eine Werteerziehung in der Schule ein, rechnen dem Religionsunterricht hierbei eine bedeutsame Funktion zu und stellen seine Existenz i. d. R. nicht in Frage (Schweitzer/ Biesinger 2002, S. 195). *Kollegen* nehmen kirchliche Religionslehrkräfte häufig nicht als »vollwertige« Mitglieder des Kollegiums wahr, weil diese oft nur für wenige Stunden wöchentlich an der Schule sind. Die *Kirche* hat in beiden Konfessionen immer wieder Erwartungen an Religionslehrkräfte formuliert (EKD 1997; DBK 2005, S. 34; Simon 2005). Sie stehen in engem Zusammenhang mit den Erwartungen an den Religionsunterricht selbst (EKD 1994; DBK 1996). Während auf katholischer Seite die Bindung der Lehrkräfte an die Kirche betont wird und ein Diskurs um eine materialkerygmatische Rückwendung zu beobachten war (Ratzinger 1983; kritisch: Werbick 1989, S. 43), rücken auf evangelischer Seite die Betonung einer wissenschaftlich-theologischen Qualifikation sowie die Gewissensfreiheit in den Mittelpunkt (EKD 1979; Schweitzer 2006, S. 188). Beide Kirchen binden den Lehrauftrag an eine Zulassung oder Lehrbefähigung (Vocatio/ Missio canonica). *Staat und Politik* sehen im 19. und frühen 20. Jahrhundert den Religionsunterricht als einen Beitrag zur Pflicht der Staatstreue und zum Untertanengeist (vgl. »Stiehlsche Regulativen« von 1854: Nipkow/ Schweitzer 1994a, S. 98). Die *Parteipolitik* formuliert Erwartungen, die sich zusammenfassend als Forderung nach einer verstärkten Werteerziehung verstehen lassen (EvErz 3/ 1988). Wissenschaftliche *Theologie und Religionspädagogik* befürchten eine Entfernung des Religionsunterrichts von der Theologie und dem explizit christlich-kirchlichen Bekenntnis (Ritter/ Rothgangel 1998; Rothgangel/ Thaidigsmann 2005). Zentral ist derzeit jedoch die Frage, wie sich Standards für die Religionslehrerbildung finden lassen und wie religionspädagogisch-theologische Kompetenz angebahnt werden kann (Zeitschrift für Pädagogik und Theologie 1/2007; 3/2008).

Ergänzend liegen fachspezifische Ergebnisse aus Einzeluntersuchungen vor, etwa zum Berufsbild des Religionslehrers (Meyer 1984), zu einer theologischen Bildungstheorie (Lämmermann 1985), zu biografischen Aspekten wie Berufsmotivation und beruflicher Identität (Heimbrock 1982; Biehl 1987), zu Zielsetzungen der eigenen Arbeit und zur religiösen Orientierung (Kürten 1987; Feige 1988; Langer 1989; Bucher 1996; Feige u.a. 2000; Liebold 2004; Bucher/Miklas 2005; Feige/Tzscheetzsch 2005). Solche Forschungsergebnisse sind durch Überblicksdarstellungen zugänglich (Biehl 1986; Ziebertz 1995; Lück 2002; Schweitzer 2006). Die empirische Forschung zu Religionslehrkräften zeigt zusammenfassend folgende Tendenzen (Schweitzer 2006, S. 190-192):

- Religionslehrkräfte zeigen eine Zufriedenheit und positive Einstellung mit und gegenüber ihrem Berufsalltag (Köcher 1989, S. 25; Englert/Güth 1999, S. 49; Feige u.a. 2000, S. 290). Am ehesten als belastend werden Bedingungen wahrgenommen, die im Zusammenhang mit den Veränderungen in der (religiösen) Sozialisation (insbesondere dem Mangel an fehlenden Prägungen, Einstellungen und Kenntnissen) von Kindern und Jugendlichen einhergehen (Englert/Güth 1999, S. 67; Lück 2002, S. 235).
- Zwei biografische Dimensionen erlangen für den Berufsalltag Bedeutung: die altersgruppenspezifisch-historische (Wirtschaftswunder, Wiedervereinigung usw.) und die individuelle (christliche Sozialisation in Familie, Kirche und Gesellschaft) (Heimbrock 1982; Biehl 1987; Feige u.a. 2000, S. 55; Dressler u.a. 2004).
- Die im privaten Umfeld gelebte Religion und die im Unterricht gelehrte Religion von Religionslehrkräften sind weitgehend deckungsgleich (Feige u.a. 2000). Das eigene religiöse Leben wird dabei im Sinne professionellen Handelns reflektiert und nicht unmittelbar in den Unterricht transferiert (Feige u.a. 2000, S. 201). Studium und Ausbildung können als wesentliche Instanz der Reflexion und Transformation eigener Glaubensauffassungen angesehen werden. Sie sind daher für professionelle Religionspädagogen unerlässlich.
- Lange Zeit wurde, auch im Rückgriff auf Empirie, der Religionslehrerschaft mangelnde Kirchlichkeit unterstellt (Langer 1989). Neuere Studien zeigen jedoch zumindest für katholische Lehrkräfte eine starke Kirchenbindung und kirchliches Engagement (Englert/Güth 1999, S. 34). Die evangelische Religionslehrerschaft zeichnet sich hingegen durch Inhomogenität auf den Polen Nähe und Distanz aus (Feige 1988, S. 41). Eher Distanzierte sehen ihren Abstand zur Kirche im Unterricht nicht als prinzipielle Kirchenferne, sondern als notwendiges Prinzip schulischer Neutralität (Feige u.a. 2000, S. 466). In Baden-Württemberg wird das Verhältnis von Kirche und Schule einer Studie zufolge als konstruktiv, und die eigene Arbeit als potenziell unterstützend wahrgenommen (Feige/Tzscheetzsch 2005, S. 15).
- Die Zielsetzungen und Maßstäbe, die Lehrer an den eigenen Unterricht stellen, werden maßgeblich durch eigene Erfahrungen aus der Praxis bestimmt (Feige u.a. 2000, S. 448; Feige/Tzscheetzsch 2005, S. 23). Nur in geringem Ausmaß greifen die Kollegen auf theoretisch und didaktisch fundiertes Wissen aus Studium, Ausbildung oder aus Lehrbüchern zurück (Englert/Güth 1999, S. 169). Es ist unklar, ob diese Missstände von einer defizitären Ausbildungspraxis bzw. Lehre herrühren oder ob ein Transferproblem theoretisch vorhandenen Wissens auf die Praxis besteht. Auch regionale Faktoren können Einfluss auf Zielsetzungen gewinnen, etwa die besondere Situation von Religionslehrkräften in Ostdeutschland (Liebold 2004).

1.1.2 Professionen, Professionalität und professionelle Entwicklung

Die Verwendung der Begriffe Profession, Professionalität und Professionalisierung erfolgt im theoretischen und empirischen Diskurs uneinheitlich. Der Terminus »Profession« bezeichnet einen Berufsstand, der bestimmte Kriterien erfüllt. Die vorangehenden Ausführungen verweisen auf eine Vielzahl spezifischer Merkmale des Lehrerberufs, welche zu einer komplexen Anforderungsstruktur führen und von Lehrkräften im Berufsalltag zu bewältigen sind. Erworbene Fähigkeiten und Fertigkeiten, die ihnen dies ermöglichen, werden unter dem Begriff »Professionalität« subsumiert. Professionalität meint also das Zielkriterium der Ausbildung im Sinne hoher professioneller (berufsbezogener) Kompetenz. Der Begriff »Professionalisierung« wird in der Literatur in zweierlei Hinsicht verwendet. Traditionell meint er den historischen Weg zunehmender Akademisierung der Lehrerbildung durch kontinuierliche Annäherung von »niederem« und »höherem« Lehramt (Lemmermöhle/ Jahreis 2003; Sandfuchs 2004). Neuerdings findet er auch Anwendung zur Beschreibung der individuellen Professionalisierung, also der professionellen Entwicklung der einzelnen Lehrkraft innerhalb der institutionalisierten Lehrerbildung. Um Missverständnissen vorzubeugen, wird der Professionalisierungsbegriff nur im traditionellen Sinne gebraucht. Der Prozess des Kompetenzerwerbs von Lehrkräften wird hingegen konsequent als »Entwicklung von Professionalität« oder synonym als »professionelle Entwicklung« bezeichnet (vgl. 1.2, S. 54).

In der Erziehungswissenschaft existiert ein breiter Diskurs zu Struktur und Kriterien pädagogischer Professionalität (Helsper 2002; Wernet 2003; Kade/ Seitter 2004). Dieser kategoriale Ansatz weist jedoch nur wenige Bezüge zu den gegenwärtig dominierenden empirischen Ansätzen der Kompetenzerfassung auf (vgl. 1.1.3, S. 35), wenngleich erste Verbindungslinien zwischen beiden Konzepten gesucht werden (Lankes 2008). Die Debatte um pädagogische Professionalität hat die Tendenz, den Erfolg des Lehrerhandelns als eine unbestimmbare Größe zu verstehen (Terhart 2007, S. 47). Ergiebiger erscheinen daher Ansätze, die nach Expertise im Lehrerberuf fragen (Weinert u. a. 1990; Bromme 1992; Berliner 2001; Gläser-Zikuda/ Seifried 2008). Kompetentes Lehrerhandeln wird dort in theoretischen Bezug zu Schülerleistungen gesetzt. Die »Expertiseforschung« nimmt in der gegenwärtigen Diskussion eine wichtige Stellung ein. Sie fragt danach, welches Professionswissen sowie welche Fähigkeiten und Fertigkeiten für einen optimierten Unterrichtsalltag notwendig sind (Bromme/ Haag 2004). Ein empirisch fundiertes Modell der Expertise, das als Grundlage für die Lehrerbildung herangezogen werden könnte, existiert allerdings nicht (Bromme/ Haag 2004, S. 785).

Der Begriff »Expertise« wird uneinheitlich verwendet und je nach Studie weitgehend frei bestimmt (Besser/ Krauss 2009, S. 74). Eine erste Auffassung sieht Lehrkräfte generell als »Experten« für das Lehren und Lernen in der Schule an – »Lehrerexpertise« ist dann das berufsbezogene Wissen und Können, das den Lehrerberuf zur einer »Profession« macht (Bromme 2008, S. 159). Expertenwissen ist daher immer auch »professionelles Wissen« oder »Professionswissen« (Bromme 1992, S. 38). Im Anschluss an das angloamerikanische Begriffsverständnis des »expert teacher« (Sternberg/ Horvath 1995; Berliner 2001) verstehen Baumert/ Kunter (2006) nur solche Lehrkräfte als »Experten«, die sich im Vergleich mit Laien, aber auch Novizen oder unerfahrenen Lehrkräften aufgrund ihres Kompetenzprofils als »professionell« erweisen, also in ihrer professionellen Entwicklung einen Vorsprung aufweisen (Besser/ Krauss 2009, S. 76). Während der professionssoziologisch orientierte Ansatz von Bromme den Lehrer generell als Experten ansieht, sind aus Sicht von Baumert/ Kunter Lehrkräfte nur dann »Experten« bzw. »professionell«, wenn Sie bestimmte Kompetenzen aufweisen, die für eine erfolgreiche Ausübung des Berufs »Lehrer« notwendig sind.

In der deutschsprachigen Diskussion wurden grundlegende Ansätze zur pädagogischen Professionalität bereits Ende der 1980er Jahre vorgestellt (Giesecke 1987/ Schwänke 1988). Eine richtungweisende Entfaltung haben diese für den erziehungswissenschaftlichen Diskurs aber erst einige Jahre später erfahren (Bauer u. a. 1996; Combe 1996; Combe/ Helsper 1996b). Verschiedene Klassifikationen der Forschung zu Professionalität verweisen auf unterschiedlichste Zugänge zum Themenfeld (Bauer 2000). Combe/ Helsper (1996a) unterscheiden interaktionistische, machttheoretische, systemtheoretische und strukturtheoretische Ansätze.

Wildt (1999) differenziert einen kriterienbezogenen, berufssoziologischen, machtstrategischen sowie kompetenztheoretischen Ansatz. Gegenwärtig erweisen sich mit dem strukturtheoretischen und kompetenztheoretischen Ansatz aber zwei auf den ersten Blick gegensätzliche Theorien pädagogischer Professionalität als bestimmend für den Diskurs.

Der zunächst eher allgemeine Diskurs um pädagogische Professionalität hat in den letzten Jahren mit Blick auf den Lehrerberuf eine deutliche Konkretisierung erfahren, sowohl in theoretischer (Terhart 2002; Tenorth 2006), als auch in empirischer Hinsicht (Gehrmann 2003; Kaiser u. a. 2008; Zlatkin-Troitschanskaia u. a. 2009). Insgesamt kann aber weder von einer ausreichenden theoretischen Klärung des Begriffs »Pädagogische Professionalität« ausgegangen werden, noch ist die empirische Forschungslage hinreichend (Scheunpflug u. a. 2006, S. 466). Notwendig sind eine weitere Bestimmung der Kernaufgaben von Lehrkräften, der Voraussetzungen für ihre gelingende Bewältigung, der Erfolgsindikatoren von Bewältigungsstrategien und des Prozesses der Entwicklung von Professionalität insgesamt.

Grundsätzliche Überlegungen

Ältere Ansätze machen Professionalität an Sozialstatus und der Wissenschaftlichkeit der institutionalisierten Ausbildung fest. Sie wurden folgenreich kritisiert (Tenorth 1989) und werden heute kaum mehr diskutiert. Ausgangspunkt der Debatte um Professionalität ist heute eher die vielfältige gesellschaftliche Kritik an der Arbeit der Lehrkräfte (Tenorth 2006, S. 581), die in der Öffentlichkeit erst jüngst und allenfalls gelegentlich revidiert wird (Die Zeit 40/2008, S. 85). Parallel zu dieser öffentlichen Diskussion über die Lehrerprofessionalität findet ein wissenschaftlicher Diskurs statt, der dem Berufsstand in Anschluss an Oevermann (1996) eine unbestimmte bzw. unbestimmbare Aufgabe zuschreibt (Herzog 2005, S. 256). Grundlegend ist die Annahme, pädagogische Arbeit sei durch »Unsteuerbarkeit, Undurchschaubarkeit und Ungewissheit beruflichen Handelns« (Combe/ Kolbe 2004, S. 833) geprägt. Prominentester Vertreter eines solchen Professionsverständnisses, das die Krisenhaftigkeit des Lehrerberufs als »Normalfall« beschreibt, ist Werner Helsper (2004b). Ein solches *strukturtheoretisches* Professionsverständnis, das der Lehrkraft letztlich die Unmöglichkeit professionellen Handelns zuschreibt, kann mit Heinz-Elmar Tenorth als grundsätzlich fragwürdig aufgefasst werden. Es erscheine kaum plausibel, dass sich etwa der Schriftspracherwerb in der Primarstufe oder die Anbahnung von Basiskompetenzen im Sinne einer Studierfähigkeit in der Sekundarstufe II ohne schulische Anstrengungen vollziehen könne (Tenorth 2006, S. 583). Der Theorieansatz in der Linie Helspers sei nicht in der Lage, solche alltäglichen Befunde in sein Konzept zu integrieren oder gar zu erklären.

Die Klärung des Begriffes Professionalität in Bezug auf den Lehrerberuf erfordert eine präzise Bestimmung der Berufsaufgabe, eine Definition der Profession. Der Unterricht kann als »Kernaufgabe« des Lehrers beschrieben werden (Blömeke 2002, S. 42; Tenorth 2006, S. 585; Baumert/ Kunter 2006, S. 470). Es geht hierbei um die »Gestaltung von Unterricht im Klassenverband« (Bromme 1992, S. 89), um die »Organisation von Lernprozessen« (Terhart 2000, S. 15) sowie um eine wissenschaftlich fundierte »individuelle Bewertung und systematische Evaluation« (ebd., S. 3). Erziehung geschieht dabei aufgrund der Unterrichtsorganisation von selbst, sie ist unvermeidbar. Unterricht und Schulleben erstrecken sich dabei nicht auf die ganze Person, sondern sind als Umfeld systematischen Lernens nur Teil der Gesamtentwicklung des Subjekts, das sich auch auf andere Lebensbereiche erstreckt (Tenorth 2006, S. 585).

Zum Kerngeschäft gehört ein professionstheoretisch eindeutig beschreibbares Handlungsrepertoire (z. B. die Organisation verschiedener Lernformen). Der strukturtheoretische Ansatz hingegen sieht Erziehung als Kerngeschäft der Lehrer an, die im Vergleich zu Unterricht kaum professionell organisiert werden kann, da berufsspezifische Kompetenzen eines Erziehers nur schwer beschreibbar und daher schwer erlernbar sind. Die Tätigkeit von Lehrkräften rückt daher strukturtheoretisch in die Nähe einer therapeutischen Beziehung zwischen Lehrer (Therapeut) und Schüler (Klient). Eine solche Modellvorstellung führt tatsächlich zu einer Sicht der Lehrertätigkeit als unkontrollierbare Berufsaufgabe und damit zwangsweise zu einer Abwertung des Lehrerberufs als »Nicht-Profession«. Im Bild des Lehrers als »Unterrichtsexperten« ist eine solche Bewertung nicht haltbar. Zugleich wird deutlich, dass der Lehrerberuf damit als eine pädagogische Profession verstanden werden kann, die anderen angewandten pädagogischen Berufen (Erzieherin, Sozialarbeiter, Erwachsenenbildner usw.) hinsichtlich ihres Professionalitätsgrades keinesfalls nachrangig ist.

Wie dies auch für die klassischen Professionen Medizin, Jurisprudenz und Theologie gilt, definiert sich die pädagogische Profession nicht alleine durch den Erwerb kognitiver Wissensbestände oder subjektiver Theorien (Hofer 1981; Alisch 1990; Dann 2000), weshalb das Konzept des »impliziten Wissens« (Neuweg 2002; 2004), also die Betonung von Erfahrungswissen, gegenwärtig stark diskutiert wird. Implizites Wissen ist an den Kompetenzbegriff (vgl. 1.1.3, S. 35) anschlussfähig und es ermöglicht, Professionalität auf die Verfügbarkeit eines bestimmten Handlungsrepertoires zurückzuführen. Die Technologien eines solchen Repertoires sind erlernbar. Tenorth plädiert, um Missverständnisse zu vermeiden, für eine radikale Abwendung vom Wissensbegriff und versteht implizites Wissen als »professionelle Schemata« (2006, S. 589), welche Voraussetzung für die erfolgreiche Bewältigung der Berufsaufgabe seien. Damit seien sowohl Wissens- als auch Erfahrungsbestände und normative Orientierungen impliziert. Professionalität meine im Kern zwar Reflexivität, würde in bestimmten Situationen aber auch intuitives Handeln erfordern. Zur Lehrerprofessionalität gehören demnach das Aneignen von Wissen, die Verarbeitung von Erfahrung sowie eine soziale Komponente. Der professionelle Lehrer vereint »Ethos und Kompetenz«, also »Gesinnung und Handwerk« als Referenzen seiner Arbeit; pädagogische Professionalität definiert sich dann als »Herstellen guter Ordnung« (ebd., S. 590). Professionelle Schemata können daher nicht ausschließlich an der Hochschule erworben werden. Universitäten und Pädagogische Hochschulen sind als Orte der Lehrerbildung dahingehend legitimiert, dass sie Fachkompetenz anbahnen, Reflexivität fördern und durch forschende Arbeitsweisen einen flexiblen Umgang mit neuen Herausforderungen erleichtern. Handlungskompetenzen hingegen können erst durch die Konfrontation mit der realen pädagogischen Situation erworben werden. Die Beschäftigung mit Erziehungswissenschaft und Pädagogischer Psychologie erleichtert das »Monitoring«, die Spiegelung eigenen Verhaltens vor dem Hintergrund möglicher Deutungsmuster. Allerdings ist das Potenzial der wissenschaftlichen Beschäftigung mit pädagogischen Fragen dahingehend begrenzt, dass Wissenschaft ohne situativen Handlungsdruck auskommt und daher die pädagogische Situation nicht vorwegnehmen oder ersetzen kann.

Die Klärung der Frage nach pädagogischer Professionalität setzt eine Auseinandersetzung mit den divergierenden Positionen eines strukturtheoretischen versus kompetenzorientierten Professionalitätsverständnisses voraus. Die sich ferner im Zuge der Theoretisierung des Professionalitätsbegriffes seit den 1980er Jahren herausbildenden, systemtheoretischen (Stichweh 1996; Luhmann 2002), interaktionistischen (Schütze 2002) und machttheoretischen (Abbott

1988) Zugänge sind für die gegenwärtige Auseinandersetzung kaum von Bedeutung. Ausgangspunkt der nachfolgenden Darstellung ist der berufssoziologische Professionalitätsansatz, in dessen Erweiterung eine »Profession« heute am ehesten als ein Arbeitsfeld verstanden werden kann, das sich vereinfacht durch eine wissenschaftliche Grundlage, Qualitätsstandards und die Organisation seiner Mitglieder in professionellen Vereinigungen charakterisieren lässt. Die Mitglieder der Profession, die über eine loyale Berufsvorstellung sowie spezifische Arbeitstechniken und professionelles Wissen verfügen, werden dann als »Professionals« bezeichnet (Mulder u. a. 2009, S. 401). Es besteht also eine grundsätzliche Klärungsbedürftigkeit, ob »Professionalität« allen Mitgliedern einer Profession zugeschrieben wird, oder ob sich Professionalität erst im »professionellen Handeln« zeigt, dessen Grad individuell verschieden ausgeprägt sein kann (Simons/ Ruijters 2004). Setzt man diese Differenz von »Professionals« und »Professionalität« voraus, kann ein Individuum zwar Lehrerin oder Lehrer im Sinne eines »Professionals« sein, seinen Beruf aber – je nach den angelegten Kriterien – auch unprofessionell ausüben. Ob und in welchem Maße eine Lehrperson professionell handelt, ist dann von der spezifischen Handlungssituation abhängig und kann je nach Unterrichtssituation variieren (Heijden 1998). Voraussetzung für professionelles Handeln ist allerdings die Professionalität der Lehrkraft selbst, also die vollzogene Aneignung bestimmter Kompetenzen, die professionelles Handeln in variablen Situationen wahrscheinlich machen.

Klassische Professionen und Professionalität aus soziologisch-systemtheoretischer Sicht

Die komplexen beruflichen Aufgaben im Lehrerberuf (vgl. 1.1.1, S. 14) lassen kein einfaches oder »mechanisches« Muster erkennen, das bestimmte Schritte oder abgrenzbare Fertigkeiten zu deren Bewältigung vorsieht. Dies rückt den Lehrerberuf im Sinne der Berufssoziologie in das Umfeld der klassischen »Professionen« (Bucher/ Stelling 1977). Als solche werden traditionell die alten akademischen Disziplinen Medizin, Jurisprudenz und Theologie sowie die dazugehörigen Berufe Arzt, Anwalt und Pfarrer bezeichnet. Im berufssoziologischen Denken sind Professionen Berufe, die sich nicht wie Industrie, Handwerk und Handel am Gewinn, sondern am Gemeinwohl orientieren (Terhart 2010). Es sind bestimmte Merkmale, die Professionen (»professions«) von sonstigen Berufen (»occupations«) unterscheiden (Mieg 2003; Schmeiser 2006). Dazu gehört die Beschäftigung mit allgemein relevanten und existenziellen gesellschaftlichen Anliegen wie Gesundheit und Heilung, Recht und Gerechtigkeit, Seelenheil und letzten Fragen. Angehörige der jeweiligen Profession stellen sich in den Dienst der Gesellschaft und suchen nicht nach ihrem eigenen Vorteil. Die Ausübung der Professionen erfordert umfangreiches und hoch bewertetes Wissen sowie Erfahrung, zumal die Tätigkeiten nicht standardisiert, sondern hochgradig fallspezifisch sind. Professionen als Berufsstände und deren Vertreter genießen weitgehende Autonomie und berufliches Ansehen, unterliegen einer spezifischen Berufsethik und haben professionsinterne Instanzen und Mechanismen der Kontrolle (z. B. Ärztekammer). Ihre eindeutige Zuständigkeit ist durch eine Monopolstellung markiert (nur Ärzte operieren, nur Richter verurteilen, nur Pfarrer taufen) und durch Staat oder Kirche legitimiert.

»Professionalisierung« meint, dem berufssoziologischen Ansatz folgend, den Prozess des Aufstiegs eines gewöhnlichen Berufs zu einer Profession im Sinne einer kollektiven Professionalisierung (Mieg 2005). Da einige Berufe trotz ihres »Aufstieges« nur Teile der o.g. Kriterien aufweisen, findet für diese Berufe die Bezeichnung »Semi-Professionen« Anwendung –

auch für den Lehrerberuf (Etzioni 1969). Die Professionalisierung des Einzelnen bedeutet, ein Teil der Profession zu werden, also als Berufseinsteiger in die berufliche Rolle und in den mit der Berufsausübung verbundenen Status hineinzuwachsen (individuelle Professionalisierung). Dies erfordert ein aufwendiges Studium und eine intensive berufliche Sozialisation. Nur selten wurde auch der Lehrerberuf als eine Profession im vorliegenden Verständnis klassifiziert oder gar mit diesen gleich gestellt (Schön 1983).

Dieses klassische Professionsverständnis ist in zweierlei Hinsicht kaum geeignet, den Lehrerberuf abzubilden. Einerseits ist das berufssoziologische Modell zunehmend in die Kritik geraten, weil es Vielfalt und Wandel der heutigen Berufe kaum zu fassen vermag. Wie wäre etwa das höhere Management zu bewerten, das zwar eine exklusive Wissensbasis erfordert, i. d. R. aber keine Orientierung am Gemeinwohl aufweist? Auch erfüllen klassische Professionen nicht mehr in vergleichbarer Weise die einst eindeutigen Kriterien. Die »Expertenherrschaft« von Ärzten, Juristen und Theologen weicht einer Pluralität an Angeboten im Bereich von alternativen Heilmethoden, Beratungseinrichtungen und spirituellen Gruppen. Auch die Monopolstellung der Professionen geht zurück: Längst beschäftigen sich z. B. Psychologen, Biochemiker oder Molekularbiologen mit medizinischen Fragen. Ärzte, Juristen und Theologen üben einen »normalen« Beruf aus, der nicht nur von der gesellschaftlichen Elite, sondern von einer breiteren Schicht der Bevölkerung (potenziell von allen Abiturienten) ergriffen werden kann. Rechenschaftslegung über die eigene Arbeit und rechtliche Absicherung sind notwendig. Zunehmende Bürokratisierung schränkt direkte Entscheidungsbefugnisse ein und etabliert Kontrollmechanismen. Expertise kann heute auch von qualifizierten technischen Berufen, Beratern oder anderen spezialisierten Berufen verwaltet werden (Stehr 1994). In klassischen Professionen ist daher eine »Deprofessionalisierung« zu beobachten. Gleichwohl schreiben auch neuere soziologische Ansätze Professionen Merkmale wie hohe Qualifikation und Bearbeitung lebenspraktischer Probleme durch Akademiker zu (Kurtz 2000).

Zweitens war das berufssoziologische Professionsmodell nie gleichermaßen auch zur Beschreibung pädagogischer Berufe geeignet. Der Lehrerberuf ist infolge staatlicher Regulierung und Schulaufsicht kein »freier« Beruf (Jarausch 1990) und wurde daher als »Semi-Profession« bezeichnet. Der mit dem Lehramt verbundenen Expertise kann aufgrund ihrer (vermeintlichen) Nähe zum Alltagswissen kaum eine exklusive Wissensbasis unterstellt werden. Hinzu kommt, dass sich pädagogische Berufe ihrer Natur nach einer solchen, auf Professionsspezifika beruhenden Kategorisierung entziehen. Lag die Erziehung Heranwachsender traditionell in der Verantwortung pädagogischer Laien (Eltern), ist Unterrichtsarbeit schon lange weitgehend verberuflicht. Die vielfältigen Aufgaben des Berufs lassen keine pauschale oder einheitliche Zuschreibung »professioneller« Kriterien zu. Auch die Ungewissheit hinsichtlich der tatsächlichen Wirkungen des unterrichtlichen Handelns von Lehrpersonen machen ihre Professionalität schwer nachvollziehbar. Die Unmöglichkeit einer einheitlichen Beschreibung des Berufsbildes lässt sich im Blick auf fast alle klassischen Professionsmerkmale hin nachvollziehen (z. B. die Gleichzeitigkeit von Anerkennung und Verachtung des Lehrerberufs in der Öffentlichkeit statt einem definierten Prestige). Die zunehmende Auflösung klar abgrenzbarer Tätigkeiten im Lehrerberuf lässt sich so auch für pädagogische Berufe im Allgemeinen erkennen und spiegelt sich in der Diskussion um die »Entgrenzung« pädagogischer Berufsarbeit.

In den letzten Jahren ist eine stärkere Ausdifferenzierung pädagogischer Arbeitsfelder und Institutionen zu beobachten (Zedler 2002). Zugleich erstreckt sich pädagogische Berufsarbeit zunehmend auf den gesamten Lebenslauf und nicht mehr ausschließlich auf die früher zentralen Domänen des Kindes- und Jugendalters (Lenzen 1998). Hinzu kommt die öffentliche Wahrnehmung der Notwendigkeit des Lernens in allen Lebensbereichen, auch außerhalb von Bildungseinrichtungen. Diese Beobachtung einer Veralltäglichung und Öffnung des Pädagogischen wird unter dem Begriff »Entgrenzung« (Grunert/ Krüger 2004) diskutiert, der auf die Übertragung und Generalisierung pädagogischen Denkens und Handelns in alle gesellschaftlichen Bereiche zielt. Eine Facette dieses weitgehend grundlagentheoretisch diskutierten Phänomens wurde von Grunert/ Krüger (2004) empirisch bearbeitet: die Berufstätigkeit von Pädagogen in außerpädagogischen Arbeitsfeldern. Während regionale Studien aus den 1990er Jahren von 10 % bis zu 25 % der Absolventen aus Diplom- und Magisterstudiengängen der Pädagogik ausgehen, die in nicht-pädagogische Berufe einmünden (Kuckartz u. a. 1994; Gräsel/ Reinhartz 1998; Fuchs 2001), zeigen repräsentative Ergebnisse, dass die Quote bundesweit bei gut 11 % liegen dürfte (Grunert/ Krüger 2004, S. 312-318). Innerhalb der pädagogischen Arbeitsfelder ist eine Ausdehnung auf den gesamten Lebenslauf, insbesondere in der Rehabilitation sowie neueren Arbeitsbereichen wie Medien, Freizeit sowie interkulturelle Pädagogik zu beobachten. Die Arbeit von Pädagogen in außerpädagogischen Berufsfeldern hängt u. a. von regionalen Arbeitsmarktbedingungen ab und ist in Westdeutschland sowie in Ballungsräumen häufiger zu beobachten. Die Ergebnisse zeigen insgesamt, dass das Postulat der Entgrenzung zwar für die Ausdehnung pädagogischer Arbeit auf den gesamten Lebenslauf haltbar ist, zugleich aber nur ein gutes Zehntel der Pädagogik-Absolventen auch tatsächlich in außerpädagogische Arbeitsfelder einmündet. Lehramtsabsolventen münden vergleichsweise häufiger in Arbeitsfelder jenseits von Erziehung und Bildung ein, insbesondere in die Bereiche Datenverarbeitung und Informationstechnologie sowie in das Gesundheits- und Sozialwesen (Lipowsky 2003, S. 190). Die tatsächliche Quote ausgebildeter Lehrkräfte, die in andere Berufsfelder abwandern, lässt sich schwer bestimmen und variiert mit dem zyklischen Wechsel von Mangel und Überfüllung im Lehramt. Für das Jahr 1988, zu Zeiten hoher Lehrerarbeitslosigkeit, mussten rund 60 % der Absolventen einen außerschulischen Arbeitsplatz suchen – sowohl bundesweit als auch in Baden-Württemberg (ebd., S. 15).

Dieser Wandel erfordert eine Abkehr vom klassischen Professionenverständnis (Bauer 2000) und hat in der soziologischen Tradition neuere professionstheoretische Ansätze hervorgebracht (im Überblick: Reinisch 2009, S. 34-37). Im Anschluss an Parsons funktionstheoretischen Ansatz sind die Professionen für gesellschaftlich existenzielle Werte verantwortlich, deren Bearbeitung und Verwaltung eine hohe akademische Qualifikation erfordert (Parsons 1939). Stichweh (1992; 1996) nimmt diese soziologische Grundannahme auf und entwickelt sie vor dem Hintergrund der Systemtheorie Luhmanns weiter. Jedes Mitglied einer Gesellschaft sei im professionalisierten Funktionssystem in einer »Leistungsrolle« oder »Komplementärrolle« (Stichweh 1996, S. 59). Die Komplementärrolle manifestiert sich im »Klienten«, der ein Problem mangels Expertise nicht selbst lösen kann und sich daher einen Dienstleister sucht, der ihm bei der Bewältigung des Problems behilflich ist. An diese theoretische Linie anschließend ist der Ansatz von Oevermann (1996) zu lesen, der statt der gesellschaftlichen Funktion die innere Logik der Professionen mit Blick auf das professionelle Handeln bestimmen will. Professionelles Handeln ist demnach Hilfe bei der Krisenbewältigung eines Klienten, der sich dem Vertreter einer Profession anvertraut. Die Problembearbeitung vollzieht sich durch Interaktion zwischen beiden Partnern (Hughes 1963). Professionelles Handeln ist bestimmt durch die Freiwilligkeit der Beziehung zwischen dem Hilfe suchenden Klienten und dem helfenden Professionellen. Damit lässt sich professionelles Handeln als quasi-therapeutische Beziehung beschreiben. Im Lehrerberuf sei es aufgrund der allgemeinen Schulpflicht unmöglich, ein auf Freiwilligkeit basierendes »pädagogisches Arbeitsbündnis« (Oevermann 1996, S. 162) zu schaffen, weshalb der Lehrerberuf allenfalls einen niedrigen Professionalisierungsgrad aufweise.

In Fortführung der traditionellen soziologischen Theoriebildung kann dem entgegnet werden, dass gerade diese Angewiesenheit auf die Mitarbeit des Klienten das Charakteristikum professioneller Intervention ist: »Der Lehrer kann den Schülern das Lernen nicht abnehmen, der Pfarrer kann nicht für den Ungläubigen [...] glauben und kein Arzt kann Patienten zwingen, gesund zu werden« (Kurtz 2009, S. 47). Handeln im Unterricht ruft stets Reaktionen hervor, die nicht im Voraus geplant werden können (Luhmann 1985). Die Komplexität des Unterrichtsgeschehens und dessen Situationsabhängigkeit sowie die daraus resultierende Unplanbarkeit pädagogischer Interaktion wurde von Luhmann/Schorr (1982) als »Technologiedefizit« in Schule und Lehrerberuf bezeichnet. Es fehlen Technologien (Mittel), um Unterrichtsprozesse gesichert steuern zu können. Die Unplanbarkeit erfolgreichen Handelns wird zum Charakteristikum der Professionen und des Lehrerberufs. Professionalität ist demnach die Fähigkeit, trotz der Gefahr des Scheiterns, Expertise wirksam anzuwenden – der gezielte Versuch also, kranke Menschen dennoch zu behandeln, mit Menschen dennoch über religiöse Fragen ins Gespräch zu kommen, Schülern dennoch etwas beizubringen und dabei auch (zumindest teilweise) erfolgreich zu sein. Unterrichtsplanung bedeutet dann den Versuch, bereits im Voraus denkbare Reaktionen der Adressaten zu assoziieren und mögliche Antwortmuster für den Umgang mit ihnen in der Interaktion bereit zu halten.

Am Beispiel der Sozialarbeit zeigen Schütze u. a. auf, dass pädagogisches Handeln zwangsweise auch zu Fehlentscheidungen führt und die Gefahr des Zweifelns an der eigenen professionellen Rolle in sich trägt (Schütze u. a. 1996, S. 187). Übertragen auf den Lehrerberuf erfordert das unvermeidliche (temporäre) Scheitern der pädagogischen Beziehung erhebliche selbstregulative Fähigkeiten (z. B. Frustrationstoleranz). Scheitern ist auch Folge der für den Lehrerberuf typischen, geringen Anerkennung beruflicher Leistungen. Es erscheint daher notwendig, Irritationen des professionellen Selbstverständnisses durch Anerkennung von Leistung zu vermeiden (Pfadenhauer 2003). Infolge dessen wären Lehrkräfte stets auf der Suche nach Möglichkeiten, ihre Leistungen zu demonstrieren: gegenüber den Schülern, deren Eltern, dem Kollegium oder der Schulleitung. Die Lehrer-Schüler-Beziehung wäre dann korrespondierend zum Grundprinzip eines Verhältnisses zwischen Therapeuten und Klienten auch eine Beziehung zwischen Experten und Laien.

Von einem unterrichtspraktischen Theorieansatz lassen sich nur schwer handlungsanleitende Konsequenzen ableiten (Reinisch 2009, S. 36). Dies führt zur unterstellten Untauglichkeit erziehungswissenschaftlicher Theorie für die Praxis oder zur problematischen Rezeption der Theorie durch Lehrkräfte (Euler 1996; Heid/Harteis 2005). Die soziologisch-systemtheoretisch orientierten Ansätze haben empirisch-rekonstruktive Forschung initiiert, welche die theoretischen Annahmen aus Sicht der jeweiligen Vertreter untermauern (Gehrmann 2003, S. 94-102). Kurtz (2000, S. 187) spricht vom Ende der Profession, das er mit einem Aufweichen der Hierarchie von Leistungsrolle und Klientenrolle (Lehrer vs. Schüler) begründet. Wernet (2003, S. 115) verabschiedet sich von Professionalität und Professionalisierung als Möglichkeiten des Pädagogen, da der Lehrer nicht länger Experte für Vermittlung, sondern von der universalistisch-unpersönlichen Leistungsorientierung des Einzelnen abhängig sei. Damit stellt sich aus soziologisch-systemtheoretischer Sicht die Frage, ob »Professionalität« überhaupt mehr sein kann als eine »Steigerungsformel« (Reh 2004, S. 368) zur Beschreibung einer allgemein gewünschten Verbesserung pädagogischer Arbeit.

In der Literatur werden verschiedene Dimensionen von Professionalität diskutiert (Bastian u. a. 2000). Als eine Dimension sei hier exemplarisch die Gender-Perspektive genannt. Frauen waren noch zu Beginn des 20. Jahrhunderts faktisch vom Lehramt an höheren Schulen ausgeschlossen. Auch heute machen sie an Gymnasien nur gut die Hälfte des Lehrpersonals aus, an den Grund- und Hauptschulen aber sind mehr als drei Viertel der Lehrkräfte weiblich (Horstkemper 2000, S. 91). Während im Zusammenhang mit Lehrkräften in den Medien meist vom »Lehrer« die Rede ist (literarische Figuren, Seriendarsteller usw.) ist der Beruf in der Realität durch Lehrerinnen dominiert. Ein geschlechterspezifischer Zugang sieht die Professionalisierung im Lehrerberuf daher gebunden an die »systematische Reflexion und Dekonstruktion der hierarchischen Geschlechterdifferenz« (ebd., S. 87). Der Lehrerberuf hat sich von einer klassischen Männerdomäne hin zu einem Tätigkeitsfeld entwickelt, in dem überwiegend Frauen arbeiten. Dieser Prozess wurde als Demokratisierung und Humanisierung des Schullebens gedeutet (Fischer u. a. 1996) oder als fragwürdig hinsichtlich der zunehmend fehlenden männlichen Identifikationspersonen für Jungen kritisiert (Schwänke 1988). Von einer Dominanz der Frau im Berufsfeld Schule könne nicht die Rede sein, da Frauen erheblich seltener in »höheren« Schularten oder auf Funktionsstellen arbeiten (Hänsel 1995; Lundgreen 1999). Außerdem arbeiten Lehrerinnen häufiger in Teilzeit. In jüngster Zeit scheint dies nicht länger haltbar, da viele Schulleitungsstellen von Frauen besetzt werden. Solche Überlegungen gründen auf einer differenztheoretischen Annahme darüber, dass Lehrerinnen und Lehrer ihren Beruf auf unterschiedliche Weise verstehen und ausüben (Kansteiner-Schänzlin 2002). Möglicherweise verstärkt eine solche Differenzannahme die Reproduktion hierarchischer Geschlechterunterschiede sogar (Hagemann-White 1993).

Strukturtheoretisches Verständnis von Professionalität

Unter Aufnahme grundsätzlicher Überlegungen der soziologisch-systemtheoretischen Modelle werden diese in den 1990er Jahren zunehmend durch das strukturtheoretische Professionalitätsverständnis abgelöst (Bauer u. a. 1996; Helsper 1996; Wagner 1998; Combe/ Kolbe 2004; Helsper 2004; Carlsburg/ Heitger 2005; Wernet 2005; Gensicke 2006; Czerwenka 2007; Helsper 2011). Dieses ist gegenwärtig das dominierende handlungstheoretisch basierte Denkmodell in der Professionalitätsdebatte (Reh 2004, S. 360). Aus strukturtheoretisch-rekonstruktiver Sicht ist der Lehrerberuf durch ein Bündel von Widersprüchen, Paradoxien und Antinomien (Ungewissheitsantinomie etc.) geprägt (Combe/ Helsper 1996a). Auf diese konstitutiven Anforderungssituationen des Lehrerberufs muss die Lehrerbildung vorbereiten. Die Permanenz des Widerspruchs kann durch keine Entscheidung der Lehrperson das pädagogische Problem auflösen (kritisch hierzu: Carle 2000). Eine entscheidende Komponente der Lehrerbildung müsste demnach die selbstreflexive Arbeit am »professionellen Selbst« sein, etwa durch Übungen der Kasuistik (Helsper 2000). Auf diese Weise gewinnt wissenschaftliches Wissen an lebensgeschichtlicher Bedeutung – mit den Widersprüchen kann produktiv umgegangen werden.

Prominentester Vertreter dieses Ansatzes ist Werner Helsper, der Lehrerhandeln im Anschluss an die Theorie professionellen Handelns nach Oevermann (1996) als quasi-therapeutische Tätigkeit versteht, die im Pflichtschulwesen zwangsläufig zu Dilemmasituationen führt und so die Entwicklung von Professionalität im Lehrerberuf weitgehend verhindert (Helsper 1996; 2002; 2004; Radtke 2004). So wie sich der Patient in der Psychoanalyse seinem Therapeuten vollständig öffnet und das Setting der therapeutischen Beziehung akzeptiert, wird im Unterricht der Schüler durch die Sozialbeziehung als ganze Persönlichkeit thematisiert (zusammenfassend: Baumert/ Kunter 2006, S. 470). Die Lehrkraft gerät in einen unauflösbaren Widerspruch zwischen emotionaler Nähe zu den Lernenden und den Leistungsanforderungen, die das Setting Schule an sie stellt. Ein professionelles Verhältnis kann nach Oevermann aber nur gelingen, wenn – dem Leidensdruck des Patienten in der therapeutischen Beziehung gleich – die Schüler freiwillig, gleichsam aus epistemischer Neugier und Eigeninteresse in eine pädagogische Beziehung mit der Lehrperson eintreten. Die allgemeine Schulpflicht verhindert in diesem Verständnis eine Professionalisierung des Lehrerberufs.

Helsper (2002; 2004) beschreibt konstitutive Antinomien des Lehrerhandelns, z. B. das begründete Entscheiden unter Ungewissheit, die subsumtive Einordnung pädagogischen Geschehens unter allgemeine Kategorien trotz seiner Individualität, die Spannung zwischen Vermittlungsversprechen und Erfolgsrisiko einer Intervention, das Verhältnis zwischen gewünschter Nähe und geforderter Distanz oder die Spannung zwischen notwendiger Intersubjektivität des Wissens und der Subjektivität der Lebenswelt der Schüler. Die Antinomie »Nähe vs. Distanz« etwa sieht die Lehrkräfte vor der Herausforderung, Schülern einerseits nahe sein zu wollen (sich mögen, freundschaftlich auskommen), andererseits aber eine professionelle Distanz wahren zu müssen (um bei der Beurteilung oder im Blick auf körperliche Nähe Grenzen zu bewahren). Lehrkräfte sind im Anschluss an Helsper daher gezwungen, widersprüchliche Entscheidungen zu treffen. Er sieht die Notwendigkeit, in der gegenwärtigen Schulstruktur ein Arbeitsbündnis zwischen Lehrenden und Lernenden immer neu auszuhandeln, wobei dies scheitern und damit zu Belastungen führen könne (Helsper 2004, S. 63-65).

Sabine Reh (2004) bekräftigt im Anschluss an die strukturtheoretische Debatte Überlegungen, sich nicht vollständig vom Professionalitätsbegriff abzukehren, sondern pädagogische Professionalität im handlungsorientierten Denken als »Reflexivität« zu verstehen. Sowohl die Selbstreflexivität des einzelnen Pädagogen, als auch die Reflexivität der pädagogischen Professionen als Systeme definieren das Professionelle des Lehrers oder Berufsstandes. Dazu gehören eine biografische Standortklärung und Sinngebung sowie die Vermittlungsleistung zwischen eigenen Ansprüchen und Erwartungen der Adressaten (Reh 2004, S. 364). Die Entwicklung von Professionalität der Lehrertätigkeit kann daher nach einem konsequenten Weiterdenken der handlungsorientierten Ansätze (strukturtheoretisch; interaktionistisch) als »Steigerung von Reflexivität« (Reh 2004, S. 369) verstanden werden.

Eine streng strukturanalytische Deutung von Lehrerhandeln reduziert Unterricht auf das Vermeiden von Psychopathologien in einer erzwungenen Sozialbeziehung. Tenorth kritisiert daher zu Recht eine solche »Generalisierung der Erziehungserwartung gegenüber Lehrern und Schule« (2006, S. 585), die den Zugang Helspers überhaupt erst erzeuge. Tatsächlich gibt es zunächst keine Brücke zwischen dem strukturtheoretischen Professionsverständnis und dem Interesse der vorliegenden Arbeit, letztlich die Professionalitätsentwicklung in der Lehrerbildung zu stärken. Ein Erwerb berufsspezifischer Kompetenzen erscheint nach diesem Zugang regelrecht unmöglich (Baumert/ Kunter 2006, S. 472). Zugleich verbindet sich mit ihm der Vorwurf eines strukturellen Theoriedefizits in der Pädagogik insgesamt (Luhmann/ Schorr 1979), der Annahme, pädagogisches Handeln würde sich den Möglichkeiten technischer Rationalisierung entziehen und systematisch-theoretische Überlegungen seien wegen der Spezifik des Einzelfalls hinfällig. Insgesamt lassen sich im Anschluss an Helsper (2004, S. 304) vier plausible Beobachtungen zur Professionalitätsfrage formulieren:

- Professionalität als Begriff normativ übersteigerter Erwartungen an pädagogisches Personal wurde konsequent kritisiert (Tenorth 1990);
- Die Vielfalt pädagogischer Arbeitsfelder und ihrer Adressaten lässt vermuten, dass ein einheitliches Verständnis von Professionalität kaum zu halten ist (Combe/ Helsper 1996a);
- Der strukturtheoretische Ansatz wird zunehmend aufgrund konkurrierender Ansätze kritisiert (Lenzen 1997);
- Die »Entgrenzung« (Veralltäglichung) des Pädagogischen sieht pädagogisches Denken und Handeln losgelöst von der Erziehungswissenschaft und führt zur Auflösung des Professionalitätsgedankens (Kade 1997).

Kompetenzorientiertes Verständnis von Professionalität

Parallel zu der oben beschriebenen und soziologisch-systemtheoretisch inspirierten Entwicklung bietet die (Wissens-)Psychologie schon früh einen alternativen Ausgangspunkt zur Annäherung an die Frage nach Professionalität an (DeGroot 1965; Chase/ Simon 1973). Professionalität und Expertise werden weitgehend gleichgesetzt (Reinisch 2009, S. 37). Einschlägige Arbeiten gehen davon aus, dass Lehrpersonen erfolgreich unterrichten, weil sie auf ein Repertoire an ähnlichen Fällen erfolgreich durchgeführten eigenen Handelns (»Können«) rekurrieren, so in Unterrichtssituationen Handlungsmöglichkeiten erkennen (»fine tuning«) und nach ihnen handeln (McNaer 1978; 1979). Möglich ist dies, weil das Handeln von Lehrpersonen auf erfahrungsgestützten, kognitiv repräsentierten Mustern beruht. Diese werden durch ereignisreiche Situationen ausgebildet. Die Wahrnehmung von Lehrkräften ist kategorial organisiert – sie erfassen eine komplexe Situation als Ganzes (Dreyfus/ Dreyfus 1987; Bromme 1992; Bromme 1997). Ihr aus »Ereignisschemata« bestehendes Wissen beruht auf Erfahrungen, die mit dem operativen Können untrennbar verbunden sind. Damit erweist sich Professionalität stets als domänenspezifisch und von individueller Erfahrung abhängig (Waldmann 1996; Seifried/ Ziegler 2009). Ein professioneller Lehrerhabitus oder ein »Lehrerethos« (Oser 1987; Terhart 1987; Zutavern 2001) können daher nicht alleine akademisch gelehrt werden.

Mit den Arbeiten Shulmans zur Kategorisierung von Lehrerwissen entsteht die Lehrerkognitionsforschung (Shulman 1986). Es schlossen sich Studien zur Bedeutung von Lehrerwissen für das unterrichtliche Handeln an (Leinhardt/ Greeno 1986; Berliner 1987). Diese angloamerikanischen Zugänge wurden insbesondere durch die Arbeiten von Terhart (1991) und Bromme (1992; 1997) für den deutschsprachigen Raum erschlossen und werden seitdem verstärkt diskutiert. Die Taxonomie Shulmans erfährt in der aktuellen Diskussion um Professionswissen als Teil der Lehrerexpertise insgesamt eine breite Zustimmung (Baumert/ Kunter 2006; Lipowsky 2006; Blömeke u. a. 2008c).

Kontrovers ist die Anschlussdiskussion an wissenspsychologische Forschung. Die Idee, aus dem Wissen über den Lernprozess auf dem Weg des Novizen zum Experten im Lehramt ein Curriculum herleiten zu können, wurde bald verworfen (Koch-Priewe 2002, S. 3). Vielmehr hat sich die gegensätzliche Auffassung durchgesetzt: Die Lehrerbildung muss Kreativität und Flexibilität schulen, um künftige Lehrpersonen auf die vielgestaltigen und stets neuen Herausforderungen des Berufsalltags vorzubereiten (Floden/ Clark 1991). Denn Unterricht als komplexes Geschehen ist gekennzeichnet durch Mehrdimensionalität, Nichtvoraussagbarkeit, Unmittelbarkeit und simultanes Ablaufen mehrerer Prozesse (Doyle 1995). Es ist anzunehmen, dass nur eine an der Reflexion von Handlungsalternativen ausgerichtete Lehrerbildung der Reproduktion vermeintlich altbewährter Handlungsmuster und Routinen vorbeugt (Kolbe 1997).

Nach Prange (2000) und Tenorth (2006) organisiert Schule einen langfristigen und systematischen Wissenserwerb, in dem erfolgreiches Lehrerhandeln die Regel, nicht die Ausnahme ist. Weil in Westeuropa Schulpflicht besteht, wird allzu leicht übersehen, welches Monopol die Schule für den Wissenserwerb Heranwachsender faktisch hat (Baumert/ Kunter 2006). Lehrerhandeln ist aus dieser Sicht die Folge eines Erwerbs professioneller Kompetenzen, wobei die Vorbereitung auf das Unterrichten als »Kerngeschäft« besonders bedeutsam ist (Blömeke 2002, S. 42; Baumert/ Kunter 2006, S. 473; Tenorth 2006, S. 585; Krauss 2011). Im Anschluss an Herbart (1806) gibt es zugleich aber keinen Unterricht, der nicht auch erzieht. Lehrkräfte erziehen automatisch, indem sie Schüler vor kognitive Herausforderungen stellen, Reflexivität einfordern, Argumente erwarten, Regeln durchsetzen, Konflikte bewältigen oder Verantwortung einfordern. Baumert/ Kunter (2006, S. 473) weisen darauf hin, dass Kompetenzen auf die »professionelle Erfüllung der Berufsaufgabe« insgesamt zielen und kritisieren daher die etwa in den Standards der Kultusministerkonferenz (»KMK-Standards«) vorgenommene Trennung in Kompetenzen des Erziehens und Unterrichtens (vgl. S. 49).

Professionalität entwickelt sich im kompetenzorientierten Verständnis entlang internaler und externaler Dimensionen. Zu den internalen Dimensionen gehören etwa die kognitiven, emotionalen und motivationalen Voraussetzungen von Lehrkräften (Hascher/ Krapp 2009; Krapp/ Hascher 2009; Minnameier 2009), berufsspezifische Überzeugungen (Sembill/ Seifried 2009) oder ihr professionelles Ethos (Oser 2009). Mit externalen Dimensionen sind Prozesse der Berufswahlentscheidung und die Entwicklung im Kontext institutioneller Rahmenbedingungen (Erstausbildung an Hochschule und Seminar sowie Fort- und Weiterbildung) angesprochen. Eingebunden sind diese Entwicklungsprozesse in organisatorische Kontexte des Wohlfahrtsstaates, der Bildungspolitik und Bildungsökonomie.

Die zentrale Bedeutung des kompetenzorientierten Zugangs liegt im Vergleich zum strukturtheoretischen Ansatz darin begründet, dass der Prozess eines kumulativen Kompetenzerwerbs im Rahmen institutionalisierter Lehrerbildung die Ausbildungsmaßnahmen überhaupt erst rechtfertigt. Es wird der Erstausbildung eine positive Wirksamkeit hinsichtlich der Handlungsfähigkeit angehender Lehrkräfte im beruflichen Alltag unterstellt. Der Kompetenzansatz orientiert sich am Aufgabenprofil des Lehrerberufs und fragt, wie berufsrelevante Kompetenzen in der Ausbildung angebahnt bzw. entwickelt werden können. Damit basiert er auf der empirischen Entscheidungsgrundlage der Schul- und Unterrichtsforschung. Eine wichtige Rolle kommt dabei der fachdidaktischen Forschung zu, zumal Ergebnisse der CoActiv-Studie (vgl. S. 37) darauf hinweisen, dass fachwissenschaftliches und fachdidaktisches Wissen der Lehrpersonen vermutlich von größerer Bedeutung für das Lernen der Schüler sind als das pädagogische Wissen der Lehrkraft (Brunner u. a. 2006). Eine Studie prüft derzeit, welche Bedeutung dem bildungswissenschaftlichen Wissen überhaupt für die berufsspezifische Kompetenzentwicklung im Lehramt zukommt (Kunter/ Baumert u. a. 2009).

Berufsbiografisches Verständnis von Professionalität

Der wissenschaftliche Diskurs um ein strukturtheoretisches oder kompetenzorientiertes Verständnis von Professionalität stößt mit Blick auf die Aufgaben der institutionalisierten Lehrerbildung an Grenzen. Die Lehrerbildung hat sich noch nie einseitig an einer der beiden Seiten ausgerichtet. Dem strukturtheoretischen Ansatz wird sie darin gerecht, dass sie seit ihrer Akademisierung immer Schlüsselqualifikationen wie Handlungsfähigkeit in variablen Situationen oder Reflexionsvermögen implementierte, die als wichtige Eigenschaften angehender Lehrpersonen galten. Auch die Fallarbeit (Kasuistik) ist etwa im Rahmen der Vorbereitung von Unterrichtshospitationen vielerorts Teil der Lehrerbildung. Andererseits beansprucht die Ausbildung, ihren Studierenden auch »Handwerkszeug« für die Berufsausübung mitzugeben. In Seminaren zur Unterrichtsplanung oder zu Unterrichtsmethoden etwa zeigt sich diese Bemühung um Anbahnung berufsspezifischer Kompetenzen.

Es erscheint daher aus Sicht der Lehrerbildung kaum plausibel, die beiden Zugänge zu pädagogischer Professionalität als kontradiktorischen Widerspruch aufzufassen, wie dies im wissenschaftlichen Diskurs weitgehend der Fall ist. Trotz der Konjunktur des kompetenzorientierten Ansatzes kann von einem strukturanalytischen Ansatz gelernt werden, dass der Einzelfall nicht von Verallgemeinerungen verschleiert werden darf. Kompetenzerwerb vollzieht sich weder in der Schule noch in der Lehrerbildung gleichförmig, sondern ist ein Prozess, in dem das Individuum unterschiedliche Lernschritte vollzieht. Der strukturtheoretische Ansatz sensibilisiert dafür, dass selbst wohl begründete Maßnahmen in der Lehrerbildung nicht zwingend Erfolg haben müssen. Schließlich gibt er zu bedenken, dass die Qualität eines Lehrerbildungsmodells nicht ausschließlich an der Unterrichtsleistung der Lehrkräfte gemessen werden darf, sondern den Ausbildungsprozess einschließen muss.

Terhart (2002, S. 102) spricht von einer »pragmatischen Professionalität« im Lehrerberuf im Sinne lebenslanger Bereitschaft zur Veränderung bzw. professionellen Weiterentwicklung. Berufliches Handeln müsse sich auf unterschiedliche Leitbilder beziehen, die sich aufgrund tatsächlicher beruflicher Anforderungen bewährten. Dieses Verständnis artikuliert Professionalität als ein »berufsbiografisches Entwicklungsproblem«. Professionalität setzt dann voraus, dass sich Lehrkräfte hinsichtlich ihrer berufsspezifischen Kompetenz nie als »fertig« betrachten, sondern offen sind für notwendige berufsbiografische Veränderungen, welche sich auch durch die Reflexion von Berufserfahrung vollziehen. In der Annahme, Selbstreflexivität sei eine Kompetenz, berühren sich der strukturtheoretische und kompetenzorientierte Ansatz, obgleich die Vertreter beider Argumentationslinien mit divergierenden Begrifflichkeiten arbeiten. Gleichwohl kann die im strukturtheoretischen Denken mit »Reflexivität« bezeichnete Eigenschaft kompetenztheoretisch auch als erlernbare Fähigkeit gedeutet werden.

Diese Beobachtung legt nahe, die vordergründig unauflösliche Konkurrenz beider Ansätze aufzulösen. Als gewinnbringender und integrativer Ansatz bietet sich an, pädagogische Professionalität als Produkt berufsbiografischer Entwicklung aufzufassen. Professionalität entsteht dann in der wissens- aber auch erfahrungsgestützten produktiven Verarbeitung beruflichen Erlebens. Ein solches berufsbiografisches Entwicklungsmodell der Lehrerkompetenz impliziert empirische sowie normative Elemente und verweist auf die Entwicklungsdynamik der Anbahnung und Entfaltung von Professionalität. Die Professionalitätsentwicklung erfolgt im biografischen Verlauf entlang verschiedener Dimensionen, welche exemplarisch in einem Sammelband nachvollzogen werden können (Bastian u.a. 2000). Dort werden generelle Überlegungen zum Verhältnis von Professionalität und Geschlecht, Interaktion oder Schulentwicklung vorgestellt. Der berufsbiografische Ansatz ist fundiert und etabliert (Terhart 1995; Kraul u.a. 2002; Reh 2003; Fabel/Tiefel 2004; Hartz 2004; Kunze/Stelmaszyk 2004; Ellger-Rüttgard/Wachtel 2010), bislang aber nicht für den Professionalitätsdiskurs bestimmend.

1.1.3 Kompetenzen und Kompetenzmodelle

In Deutschland wird intensiv darüber diskutiert, wie Lehrkräfte in der Lehreraus-, fort- und weiterbildung Kompetenzen erwerben und welche Bedeutung diese Kompetenzen für Unterrichtsqualität sowie Schulentwicklung haben (Scheunpflug u. a. 2006, S. 465). Drei wesentliche Entwicklungen sind für die intensive Kompetenzdebatte verantwortlich: der Bologna-Prozess, der im Zuge der Neustrukturierung der Lehrerbildung auf eine Optimierung zielt; die Ergebnisse der (internationalen) Schulleistungsvergleichsstudien, die auf eine zentrale Rolle der Lehrperson für den Lernerfolg der Schüler verweisen sowie das zunehmende Bewusstsein um die Belastungen im Lehrerberuf.

Es gibt viele Bestrebungen, das Konstrukt Kompetenz in Bezug auf den Lehrerberuf zu definieren (Erpenbeck/ Heyse 1999; Bergmann u. a. 2000; Frey 2006; Frey/ Jung 2011). Gemeinsam ist den Ansätzen die Annahme, dass eine kompetente Lehrperson etwas kann, handlungsfähig ist und sowohl für sich als auch für andere Verantwortung übernimmt. »Sie besitzt die Kompetenz, so tätig zu werden, dass sie eine Absicht, ein Ziel oder einen Zweck unter Beachtung von Handlungsprinzipien, Werten, Normen und Regeln mit Bezug auf konkrete, die jeweiligen Handlungssituationen bestimmende Bedingungen, zu erreichen vermag« (Frey 2006, S. 31). Kompetent ist im Lehrerberuf demnach, wer die Fähigkeiten und Fertigkeiten besitzt, Aufgaben oder Probleme zielorientiert und verantwortungsbewusst zu lösen, sein Vorgehen zu reflektieren sowie zu bewerten vermag und dabei das eigene Verhaltensrepertoire weiterentwickelt. In diesem Verständnis herrscht zwischen einzelnen beruflichen Kompetenzen eine Interdependenz. Die Vernetzung der Teilkompetenzen führt in einem langen und kumulativen Prozess zu umfassender Handlungskompetenz, die verschiedene Fähigkeiten und Fertigkeiten integriert. Solche »funktionale Kompetenzen« für den Lehrerberuf schlagen sich in der gängigsten Definition nieder: Kompetenzen sind »die bei Individuen verfügbaren oder durch sie erlernbaren kognitiven Fähigkeiten und Fertigkeiten, um bestimmte Probleme zu lösen, sowie die damit verbundenen motivationalen, volitionalen und sozialen Bereitschaften und Fähigkeiten, um die Problemlösungen in variablen Situationen erfolgreich und verantwortungsvoll nutzen zu können« (Weinert 2001, S. 27-28). Gängig ist die ursprünglich aus der Berufspädagogik stammende und von Weinert (2001) vertretene Einteilung in vier Kompetenzbereiche: Fach-, Personal-, Sozial- und Methodenkompetenz. Im Sinne der beruflichen Kompetenz von Lehrkräften können diese wie folgt verstanden werden:

- *Fachkompetenz* beinhaltet fachspezifische Fähigkeitskonzepte, die aufgrund des ständigen disziplinären Wandels Weiterbildung erfordern. Sie ist Grundlage für die Spezialisierung einer Person zum Experten (Oser 1997a; Terhart 2002; Frey 2006, S. 33);
- *Methodenkompetenz* beinhaltet Fähigkeitskonzepte, die eine Person denk- und handlungsfähig machen, z. B. Analysieren, Strukturieren, Reflektieren oder Modifizieren (Frey u. a. 2005; Frey 2006, S. 33).
- *Sozialkompetenz* beinhaltet Fähigkeitskonzepte, die eine kooperative Lösung von Problemen, verantwortungsvolle Realisierung von Zielen sowie Kommunikations- bzw. Konfliktlösekompetenz ermöglichen (Schuler/ Barthelme 2001; Frey 2006, S. 33);
- *Personalkompetenz* beinhaltet Fähigkeitskonzepte wie Tugenden, Überzeugungen, Werthaltungen, Selbsteinsicht, Entscheidungskompetenz etc., die ein selbstständiges, verantwortliches und motiviertes Handeln ermöglichen (Frey 2006, S. 33).

Gängige Kompetenzmodelle

In Anlehnung, in Erweiterung oder in kritischer Auseinandersetzung mit dieser vierteiligen Kategorisierung entwickelten sich verschiedene Kompetenzmodelle, deren gängigste nachfolgend kurz skizziert werden. Die vorliegenden Kompetenzmodelle verstehen Kompetenz als eine »latente (kognitive) Fähigkeit« (Lehmann-Grube/Nickolaus 2009, S. 63), die nicht direkt messbar ist. Alle Modelle einer Operationalisierung von Lehrerkompetenz zielen daher auf eine Abbildung der im Beruf zu bewältigenden Anforderungen. Der Grad an Bewältigung oder Nichtbewältigung der Anforderungssituationen des Lehrerhandelns (Performanz) lässt dann Rückschlüsse auf die tatsächliche Kompetenz im Sinne der kognitiven Leistungen zu. Durchgesetzt hat sich in der empirisch-pädagogischen Forschung, die Grundmuster von Lehrerkompetenz als Variablenausprägungen erfolgreichen Handelns zu bestimmen. Dabei wird etwa das berufliche Selbstverständnis im Verlauf der professionellen Entwicklung erfasst (Ziegler 2004; Arnon/Reichel 2007). Bislang sind gängigen Kataloge zur Beschreibung berufsrelevanter Kompetenzen für den Lehrerberuf theorie- und erfahrungsgestützte Konstrukte und können damit aus Sicht der Schulwirklichkeit niemals vollständig sein. Insbesondere stets wechselnde Anforderungen (Situationsbezug) machen es schwierig, elementare Fähigkeiten und Fertigkeiten einer Lehrperson zu erfassen. Es sind unbedingt empirisch gesicherte Kompetenzbeschreibungen und -kataloge notwendig, um eine solide Basis für deren Erfassung zu haben (Bedarfsanalyse: Was ist Teil erfolgreichen Lehrerhandelns?). Nur so kann ein möglichst breites Spektrum an relevanten Kompetenzen abgedeckt werden. Dabei handelt es sich jedoch um ein eigenes Forschungsfeld, das hier nicht vertieft werden kann. Die nachfolgend vorgenommene Zusammenschau gängiger Kompetenzmodelle ist daher nur eine Hilfskonstruktion, um ein möglichst breites Kompetenzspektrum in den Blick zu nehmen, denn bislang fokussiert die Forschung meist nur auf einzelne Kompetenzfacetten (Lehmann-Grube/Nickolaus 2009, S. 63).

Das *Konzept der Unterrichtsexpertise* unterscheidet vier Wissensbereiche als zentrale kognitive Kompetenzen der Lehrerexpertise: Klassenführungsbezogenes Wissen, Unterrichtsmethodisches Wissen, Sachwissen und diagnostisches Wissen (Weinert u. a. 1990, S. 190). Im Zuge ihrer Nutzung im Unterricht werden die Wissensbereiche miteinander verknüpft. Die empirische Prüfung des Modells zeigt, dass sich der Lernerfolg der Schüler unabhängig von Kontextmerkmalen durch eine hohe Ausprägung der vier Variablen (Wissensbereiche) vorhersagen lässt. Das Konzept und seine empirische Prüfung kann als einer der ersten Versuche gelten, Forschung zur Lehrerexpertise für die Unterrichtsforschung nutzbar zu machen.

Andreas Frey entwickelt im Anschluss an das Modell von Weinert ein *hierarchisch-sequenzielles Handlungsmodell*, das er für die Analyse der Kompetenzstruktur Lehramtsstudierender nutzt. Es vermag zwar viele für den Lehrerberuf relevante Kompetenzen zu integrieren, zugleich aber ermöglicht es keine ausreichende Differenzierung einzelner Kompetenzbereiche. Frey versteht unter Kompetenz neben Fähigkeiten und Fertigkeiten auch die normativ bewertete Verantwortung, die Personen besitzen müssen, um im kompetenten Sinne handlungsfähig zu sein (Frey 2004, S. 904). Kompetenz meint also keinen statischen oder gar endgültigen Zustand, sondern den kontinuierlichen Erwerb von Fähigkeiten, die die von Lehrern zu bewältigenden beruflichen Aufgaben berücksichtigen. Aus diesen Aufgaben ergibt sich eine notwendige und entwickelbare Fähigkeitsstruktur (Terhart 2007, S. 45).

Trotz der intensiven Beschäftigung mit der Frage, welches Handlungswissen und welche beruflichen Kompetenzen für den Lehrerberuf die entscheidenden sind (Brophy 2000; Klieme 2003; Baumert/ Kunter 2006), kann von keinem Konsens in deren Beantwortung ausgegangen werden. Fritz Oser hat daher vergleichsweise früh versucht, einen induktiven Weg hin zu Standards für Lehrpersonen zu beschreiten (Oser 1997a; 1997b; Oser/ Oelkers 2001; Oser 2002). Er versteht unter »Standards« sowohl hochprofessionelle Kompetenzen wie auch den Maßstab für deren Erreichung (Baer u. a. 2006, S. 139): Standards sind »Fähigkeiten, die theoretisch fundiert sind, hinsichtlich derer es Grundlagenforschung gibt, die kriteriell evaluierbar sind und die auf einer gelebten Praxis beruhen« (Oser 1997b, S. 210). Oser definiert 88 Standards, die zwölf Gruppen zugeordnet werden können. Diese Standards entsprechen einem pädagogisch-psychologisch fundierten Kompetenzmodell. Es setzt voraus, dass Standards theoretisch fundiert, empirisch bewährt, graduierbar, praktisch relevant und schließlich auch lehr- und lernbar sind (Baumert/ Kunter 2006, S. 478). Kompetenzen werden hier also zu Standards, indem ein mehr oder minder starker Erwerb der Kompetenzen im Rahmen der Lehrerbildung erwartet wird. Grundlage für Osers Kompetenzmodell war eine groß angelegte Expertenbefragung, die zu einem Kompetenzkatalog führte, der schließlich durch den Filter »praktisches Lehrerhandeln« reduziert wurde. Er beschreibt zwar auch sogenannte »fachdidaktische Kompetenzen«, die aber bei genauer Durchsicht »nur« als allgemein-didaktische Kompetenzen aufgefasst werden können. Eine Interpretation und Weiterführung dieser Standards aus Sicht der einzelnen Fachdidaktiken ist notwendig. Auch die anderen Standards sind eher allgemeine Anforderungen an den Lehrerberuf und die Lehrerbildung auf mittlerem bis hohem Abstraktionsniveau.

In der Tradition des obigen Ansatzes wählt auch Lipowsky bei der Operationalisierung überfachlicher Kompetenzen die berufspraktischen Anforderungen im Lehramt als Ausgangspunkt. Er geht davon aus, dass die subjektive Wahrnehmung des Kompetenzerwerbs durch Lehramtsstudierende Einfluss auf die spätere Berufszufriedenheit, Selbstsicherheit beim Unterrichten usw. hat (Lipowsky 2003, S. 150). Solche Annahmen werden durch ähnliche Ansätze gestützt (Gehrmann 2003; 2007). Der studienbezogene Kompetenzerwerb wird über vier Bereiche erhoben: (1) Unterrichtsplanung und -durchführung, (2) didaktisch-pädagogische Kenntnisse und Fähigkeiten, (3) wissenschaftliche Kenntnisse und Fähigkeiten, (4) überfachliche und personale Kompetenzen (Lipowsky 2003, S. 150-152). Im Sinnes der hier praktizierten Forschung zur Kompetenz über berufsspezifische Anforderungen und Merkmale sowie über den methodischen Zugang der Kompetenzselbsteinschätzung ist eine Vielzahl an Studien durchgeführt worden, auf die später eingegangen wird (vgl. 4.4.1, S. 372).

Für die empirische Forschung erweist sich ein spezifischeres Kompetenzmodell als hilfreich, wie es im Forschungsprojekt *Professionswissen von Lehrkräften, kognitiv aktivierender Mathematikunterricht und die Entwicklung mathematischer Kompetenz (CoActiv)* für den Mathematikunterricht entwickelt wurde (Krauss u. a. 2004; Brunner u. a. 2006). Die Gruppe um Jürgen Baumert geht zwar zunächst auch von einem breiten Kompetenzmodell aus, zielt aber im Vergleich zu Freys Modell ausschließlich auf die untere Hierarchieebene (vgl. Abbildung 2, S. 40). Das ermöglicht einen empirischen Zugang in der Tiefe, während Freys Untersuchung breit angelegt war. Beide Vorgehensweisen erscheinen sinnvoll und müssen sich wechselseitig ergänzen (Terhart 2007, S. 48). Der Grad an professioneller Entwicklung Lehramtsstudierender kann letztlich allerdings nur an einzelnen Kompetenzfacetten nachvollzogen werden. Erst die Synopse zahlreicher einzelner Aspekte kann die komplexen Entwicklungsprozesse nachzeichnen. Damit erscheint ein detailliertes Kompetenzmodell die bessere Ausgangsbasis für eine Operationalisierung zu sein.

Ein weiteres Modell versteht professionelles Lehren als »Spezialfall von Kommunikation«, Lehrerkompetenz demzufolge als ein »Gefüge aus Einzelkompetenzen in einem aufeinander bezogenen Handlungssystem« (Girmes 2006, S. 20-21). Sollen Standards für professionelles Lehrerhandeln definiert werden, müssen diese sagen, »welche Aktivitäten mit welchen Qualitätsansprüchen in welchem [sic] Handlungsfeldern unter Nutzung welchen Wissens und Könnens als Repertoire und unter Berücksichtigung welcher Bedingungen im Handlungsfeld stimmig und situationsgerecht miteinander verbunden werden sollen« (ebd., S. 22). Auf dieser Grundlage müsse die Lehrerbildung Lerngelegenheiten zu sechs wesentlichen Kompetenzbereichen schaffen. Diesen werden zehn Qualifizierungsaufgaben zugeordnet. Ein solches Curriculum könne zu einer modularisierten Basis-Ausbildung und Weiterbildung von Lehrpersonen führen (ebd., S. 27):

- *Diagnostische Kompetenz:* (1) Lernmöglichkeiten der Adressaten wahrnehmen und berücksichtigen; (2) Die gesellschaftlichen Voraussetzungen für die eigene Lehrtätigkeit klären;
- *Institutionelle Kompetenz:* (3) Arbeitsbedingungen in Lehrorganisationen und Bildungsbereichen von Unternehmen klären und verantwortlich mitgestalten; (4) Lernumgebungen/ Lernräume gestalten;
- *Curriculare Kompetenz:* (5) Lehrvorhaben sachgerecht und kompetenzorientiert klären und konzipieren; (6) Lernaufgaben adressaten- und sachgerecht formulieren/ Lehr-Lernmittel und Medien herstellen;
- *Methodische Kompetenz:* (7) Lehr- und Lernprozesse gedanklich, material, medial und zeitlich vorplanen; Anfänge und Inszenierungen finden;
- *Personell-kulturelle Kompetenz:* (8) In Lernsituationen den eigenen Vorhaben und Prinzipien entsprechend handeln und sprechen; (9) Prinzipien für die eigene Rolle/ für eine Haltung gegenüber Lernenden finden;
- *Reflexive und evaluative Kompetenz:* (10) Formen prozessbegleitender und ergebnisbezogener Erhebung von Lern- und Lehrergebnissen zur Reflexion und zum Lernen nutzen; Ergebnisse im Blick auf Kriterien bewerten.

Während das vorangehende Modell Kompetenz aufgrund des sozial-kommunikativen Gefüges im Lehrerberuf modelliert, zielt das Kompetenzmodell von Ewald Terhart auf die inhaltliche Dimension der beruflichen Aufgaben (Terhart 1991; 1998; 1999; 2002; 2007). Er entwickelt ein innovatives Kompetenzmodell, das Vorzüge aufweist, in dem an die Curricula der Lehrerbildungsmodelle angeknüpft wird und damit nicht nur eine Perspektive für deren Evaluation, sondern auch für die Implementierung notwendiger Veränderungen im Sinne einer Qualitätsverbesserung eröffnet. Außerdem lässt er eine berufsbiografische Perspektive in sein Modell einfließen, die den Blick für einen Kompetenzerwerb jenseits der Messung von Outcomes weitet. Basis des Modells sind die Topologie eines Kerncurriculums für die Lehrerbildung (Inhaltsstandards) sowie die daran anschließende Taxonomie von Kompetenzfacetten (Wissen, Reflektieren, Kommunizieren, Beurteilen und Können). Eine dritte Dimension ist die zeitlich-berufsbiografische Perspektive einer Kompetenzgenese. Die Kompetenzentwicklung vollzieht sich in qualitativen Stufen (Dreyfus/ Dreyfus 1987). Berufliches Können (»knowledge in action«) ist daher ein Entwicklungsziel und nicht die abschließende Konsequenz aus einer absolvierten Erstausbildung. Ausgehend von den inhaltlichen Aufgaben einer Lehrkraft, wie sie etwa in den KMK-Standards für die Lehrerbildung beschrieben werden (KMK 2004), lassen sich drei zentrale Voraussetzungen für deren Erfüllung als Kompetenzdimensionen unterscheiden (vgl. Abbildung 1): (1) Cognitive Dimension (Wissens-Dimension): »Wissen über Ziele, Bedingungen, Abläufe, Inplikationen und Folgen von Handlungen und Entscheidungen« (Terhart 2007, S. 49-50); (2) Moral Dimension (Motivations-Dimension): »Haltungen, Einstellungen, Motivationen, Absichten«, die als verbindlich und leitend für das eigene Handeln gelten; (3) Practical Dimension (Könnens-Dimension): »Fähigkeiten und Routinen des Handelns, des Interagierens und des Entscheidens« zur Gestaltung und Bewältigung des Berufsalltags.

Abbildung 1: Model of Teacher Development

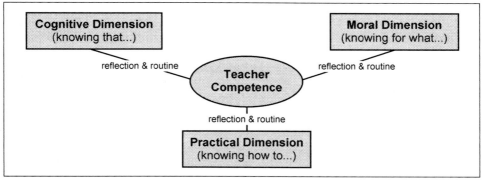

Quelle: Terhart 2007, S. 50.

Terhart versteht berufliches Handeln dann als kompetent, wenn es von einer Lehrperson selbstreflexiv überprüft und ggf. korrigiert wird. Die Geschwindigkeit des Kompetenzzuwachses und das Kompetenzniveau entlang der drei Dimensionen entwickelt sich individuell verschieden. Im Sinne der Qualitätssicherung erscheint es daher notwendig, Mindestniveaus zu definieren, die von eigenverantwortlich unterrichtenden Lehrkräften nicht unterschritten werden dürfen. Diese Minimalstandards können freilich nicht direkt von einem solch allgemeinen Modell abgeleitet werden, sondern müssen für einen spezifischen Kontext definiert werden (z. B. für das notwendige fachliche Wissen eines Mathematiklehrers an Gymnasien in Klassenstufe 10). Es sollte also ein »Möglichkeitsraum« (Terhart 2007, S. 51) aufgezeigt werden, in dem sich eine einzelne Kompetenz in der Realität zwischen einem Mindestniveau und einem nicht zu erreichenden Idealniveau entfalten kann. Dies setzt eine präzise Definition von Niveaustufen voraus, die durch Beispiele verankert und in ein empirisch fundiertes *Kompetenzmodell* überführt werden. Die Entwicklung solider Kompetenzmodelle setzt also sowohl theoretisch-normative Konstruktionsaufgaben, als auch eine empirische Überprüfung und Weiterentwicklung voraus. Nur durch ein solch kombiniertes Verfahren erscheint es möglich, Mindest-, Norm- und Idealwerte entlang einer bestimmten Kompetenz als Standards zu definieren und zu überprüfen.

Die gegenwärtige Diskussion prägt ein Beitrag maßgeblich, in dem Jürgen Baumert und Mareike Kunter (2006) unter Rückgriff auf frühere Arbeiten (Krauss u. a. 2004) ein heuristisches *Modell professioneller Handlungskompetenz im Lehrerberuf* entwickeln. Als Grundlage ziehen sie Arbeiten von Oser (2001) und Terhart (2002) heran. Den anderen Ansätzen fehle meist eine fundierte theoretische Basis (Baumert/ Kunter 2006, S. 478). Ausgangspunkt sind Arbeiten von Shulman (1986; 1987) und seine Typologie professionellen Wissens von Lehrpersonen (vgl. 4.4, S. 370). Diese Klassifizierung rief eine größere Diskussion über die Struktur und Genese lehrerspezifischen Handlungswissens hervor, die im deutschsprachigen Raum insbesondere Bromme (1992; 1997) aufgenommen hat. Ausgehend von einer Anforderungsanalyse des Unterrichts gelangt er zu seiner theoretischen Begründung professionellen Wissens. Bromme betont die Bedeutung der Fachinhalte für das Denken, Wissen und Handeln von Lehrkräften. Auf Basis der Arbeiten Shulmans wurde vom *National Board for Professional Teaching Standards (NBPTS)* (1999) ein nicht-hierarchisches Modell professioneller Handlungskompetenz entwickelt. Die Kernaussagen sind: (1) teachers are committed to students and their learning; (2) teachers know the subjects they teach and how to teach those subjects to students; (3) teachers are responsible for managing and monitoring student learning; (4) teachers think systematically about their practice and learn from experience; (5) teachers are members of learning communities. Für Baumert/ Kunter (2006, S. 481) resultiert nach diesem Modell die professionelle Handlungskompetenz aus (1) Wissen und Können (Kompetenzen im engeren Sinn), (2) Werten, Überzeugungen, subjektiven Theorien und Zielen, (3) motivationalen Orientierungen und (4) metakognitiven Kompetenzen einer professionellen Selbstregulation. Dieses allgemeine Modell muss auf die spezifischen Anforderungen des Lehrerberufs zugeschnitten werden. Baumert/ Kunter (2006, S. 482) entwerfen daher eine Typologie professioneller Wissensdomänen, die sich in einem Modell professioneller Handlungskompetenz im Lehrerberuf niederschlägt (vgl. Abbildung 2).

Abbildung 2: Modell professioneller Handlungskompetenz im Lehrerberuf

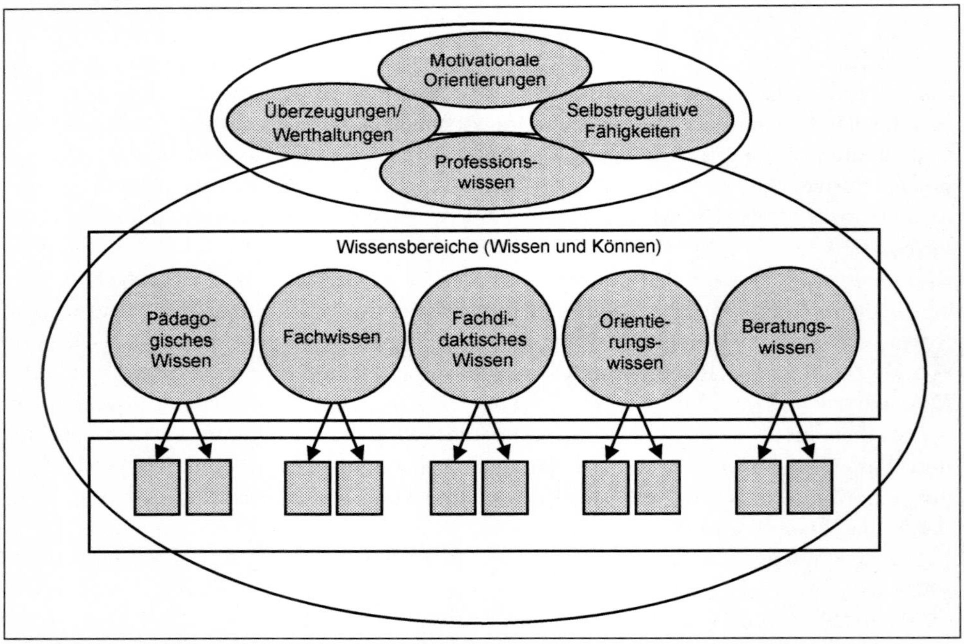

Quelle: Krauss u. a. 2004, S. 35; Baumert/ Kunter 2006, S. 482.

Dieses professionelle Lehrerwissen unterliegt verschiedenen Wissenstypen und Repräsentationsformen. Baumert/ Kunter (2006, S. 483) bedienen sich daher der Expertiseforschung und verschiedener Befunde aus der Lehrerforschung und kommen zum Ergebnis: Professionelles Wissen ist domänenspezifisch, ausbildungs- und trainingsabhängig, gut vernetzt und hierarchisch organisiert, an Schlüsselkonzepte angedockt. Es integriert Kontexte und ist flexibel an den Einzelfall sowie die Kontexte adaptierbar. Im Einzelnen ist Lehrerwissen häufig theoretisch-formaler Natur (Fachwissen, Teile des fachdidaktischen und allgemeinpädagogischen Wissens), das mental propositional repräsentiert ist (»formal and practical knowledge«). Daneben tritt das erfahrungsorientierte praktische Wissen und Können (z. B. kommunikatives Handeln im Unterricht), das immer im jeweiligen Kontext eingebettet ist (»knowledge in action«). Insbesondere hinsichtlich dieser zweiten Wissensform herrscht noch weitgehend Unklarheit (Bromme 1997, S. 199).

Modell der Professionalität im Lehrerberuf

Das von Baumerts Gruppe vorgeschlagene heuristische Modell der Handlungskompetenz von Lehrkräften ist theoretischer Ausgangspunkt der Studie. Kein anderes Kompetenzmodell hat in den vergangenen Jahren eine vergleichsweise starke Rezeption und Anerkennung gefunden. Entlang aller beschriebenen Kompetenzbereiche werden Daten erhoben, die es ermöglichen, die professionelle Entwicklung der Lehramtsstudierenden nachzuzeichnen. Dies setzt ein weites Kompetenzverständnis voraus, das sowohl klassische Wissensdomänen (Fachwissen) als auch Überzeugungen und Werthaltungen, selbstregulative Fähigkeiten sowie motivationale Faktoren zu den Eigenschaften einer professionellen Lehrperson rechnet. Zu kurz kommen in diesem Modell zwei bislang nicht berücksichtigte Aspekte. Einerseits vollzieht sich der berufsspezifische Kompetenzerwerb in einem komplexen (berufs-)biografischen Gefüge. Die ins Studium mitgebrachten Vorkenntnisse, sozialen Unterstützungssysteme oder kritischen Lebensereignisse sind nicht zu leugnende Begleitumstände der professionellen Entwicklung. Andererseits machen die Studierenden Ausbildungserfahrungen, die sich nicht vollständig in den vier vorgeschlagenen Kategorien einer kognitiven Entwicklung abbilden lassen, welchen aber dennoch eine zentrale Funktion für die Entwicklung von Professionalität zukommen dürfte. Zwar sind individuelle Eingangsbedingungen der Lehramtsstudierenden als Stand bzw. Voraussetzung der vier bestehenden Kompetenzdimensionen implizit im Modell enthalten, Voraussetzungen wie soziale Herkunft oder Persönlichkeitsmerkmale der Studierenden werden aber vom bestehenden Modell nicht berücksichtigt. Darüber hinaus schlägt sich die Kompetenzentwicklung der Studierenden nicht nur in Veränderungen der Variablen entlang der vier Dimensionen nieder, sondern manifestiert sich auch in konkreten Ausbildungserfahrungen, wie etwa der Studienzufriedenheit oder den Erfahrungen aus den Schulpraktika. Es erscheint daher notwendig, das Berliner Modell mit Blick auf den Prozesscharakter der professionellen Entwicklung um die Dimensionen »Eingangsbedingungen« und »Ausbildungserfahrungen« zu ergänzen (vgl. Abbildung 3). Beide Dimensionen sind nicht als weitere Prozessmerkmale zu verstehen, sondern als Rahmungen und Begleitumstände. Es wird daher nicht länger von professionellen Handlungskompetenzen (vgl. Abbildung 2) gesprochen, sondern von Dimensionen der Professionalität.

Die sechs Dimensionen der Professionalität im Lehrerberuf bilden den theoretischen Ausgangspunkt für die durchgeführte empirische Studie. Sie sind Grundlage für die Gliederung der drei empirischen Großkapitel. Kapitel 3 thematisiert die individuellen Eingangsbedingungen, Kapitel 4 bearbeitet die motivationalen Orientierungen, selbstregulativen Fähigkeiten, Überzeugungen und Werthaltungen sowie das Professionswissen zusammenfassend als »Prozessvariablen«, Kapitel 5 erläutert schließlich die Ausbildungserfahrungen. Die Hintergründe der sechs Dimensionen professioneller Lehrerkompetenz werden nachfolgend kurz erläutert, um ihre Funktion für die Empirie insgesamt aufzuzeigen. Eine detaillierte Erörterung der jeweiligen theoretischen Konzepte und ihrer empirischen Umsetzung erfolgt später in den jeweiligen empirischen Kapiteln.

Abbildung 3: Modell der Professionalität im Lehrerberuf

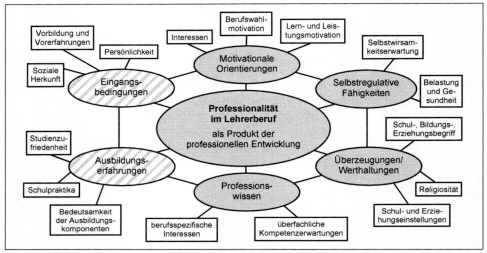

Anmerkungen: Erweiterung des Modells professioneller Handlungskompetenz (vgl. Abbildung 2, S. 40). Die genannten Facetten in den Rechtecken sind als Beispiele zu verstehen.

Als Kontext der Entwicklung von Professionalität im Lehrerberuf können konstante Bedingungen und variable Begleitumstände betrachtet werden. *Konstante individuelle Eingangsbedingungen* sind Ereignisse und personale Merkmale, die zu Beginn der institutionalisierten Lehrerbildung (mit Studienbeginn) bereits irreversibel vorliegen. Dazu gehören etwa der schulische Bildungsweg und die Vorbildung, Vorerfahrungen und soziale Herkunft sowie Persönlichkeitsmerkmale. *Variable Begleitumstände* oder Kontexte geben Auskunft über die Studiensituation, in der sich die Aspiranten in unterschiedlichen Phasen ihrer Ausbildung befinden. Dazu zählen die finanzielle Situation der Studierenden, ihre Wohnsituation, die Anzahl ihrer Umzüge, ihre Mobilität und kritische Lebensereignisse. Die Prozessmerkmale und Ausbildungserfahrungen als Spiegel der professionellen Entwicklung werden sich stets vor dem Hintergrund dieser individuellen (Eingangs-)Bedingungen vollziehen und durch sie beeinflusst sein – wenngleich der Grad an Bedeutung der individuellen Eingangsbedingungen für die Entwicklung von Professionalität letztlich nicht empirisch zu isolieren sein wird. Die Ergebnisse der institutionalisierten Lehrerbildung sind immer eine Folge des sich im Anschluss an die individuellen Eingangsbedingungen vollziehenden Erwerbs professioneller Kompetenzen, der seinerseits eben auch durch nicht-institutionelle Faktoren wie die variablen Begleitumstände beeinflusst wird. Der Kontext der (berufs-)biografischen Entwicklung ändert sich damit ständig bzw. passt sich der fortschreitenden Entwicklung von Professionalität an. Die individuellen Bedingungen liegen damit einerseits quer zum institutionalisierten Kompetenzerwerb, der sich in Prozessmerkmalen und Ausbildungserfahrungen niederschlägt, andererseits sind sie selbst untrennbar mit dem Entwicklungsprozess verbunden und daher zugleich Teil des Kompetenzmodells.

Die Professionsforschung versucht zu klären, in welcher Weise Professionswissen (kognitiv erworbene Wissensbestände) Bedeutung für das berufspraktische Handeln aufweist. Wie Fachwissen, fachdidaktisches Wissen und allgemeine pädagogische Wissensbestände (z. B. über didaktische Theorien) Bedeutung für das Handeln in Schule und Unterricht erlangen, ist empirisch bislang weitgehend ungeklärt. Dennoch beschäftigt sich eine Vielzahl an Studien mit der Selbsteinschätzung von überfachlichen (pädagogischen) Kompetenzen durch die Lehramtsstudierenden. Die so erfassten Kompetenzerwartungen geben Auskunft über das berufliche Selbstverständnis der Aspiranten und ihr Interesse an berufsspezifischen Tätigkeiten. Für den Prozess der professionellen Entwicklung sind solche Informationen deshalb interessant, weil sie über die zunehmende Identifikation der Befragten mit der Lehrerrolle Auskunft geben können und damit ein Indikator für die professionelle Entwicklung sind.

Professionswissen (»knowledge«) ist kategorial von Werthaltungen (»value commitments«) und Überzeugungen (»beliefs«) zu unterscheiden. Die Trennung von Wissen einerseits und Glauben andererseits beruht auf einer epistemologischen Setzung (Baumert/Kunter 2006, S. 496). Während Wissen auf objektiv erfassbaren Merkmalen beruht, sind *Werthaltungen und Überzeugungen* rein subjektiv und geben Auskunft über die individuelle Sicht der Studierenden. Im Rahmen der Kompetenzentwicklung können vier Bereiche von Werthaltungen und Überzeugungen untersucht werden. *Wertbindungen* beziehen sich auf die Berufsethik des Lehrers, z. B. im Sinne einer selbst verinnerlichten Pflicht zur Fürsorge oder Gerechtigkeit. Die Anbahnung solcher Wertpräferenzen im Zuge der professionellen Entwicklung erscheint etwa für den Umgang mit Schülern oder im Blick auf einer der Sache und dem Subjekt dienlichen Leistungsbeurteilung notwendig. *Epistemologische Überzeugungen* oder *Weltbilder* verweisen auf die subjektiven Theorien von Lehrkräften, z. B. über die Bedeutung und Rechtfertigung bestimmter Inhalte im schulischen Curriculum. Die Überzeugungen strukturieren die Wahrnehmung der Ausbildungsrealität und haben Bedeutung für Lernen und Motivation. *Subjektive Theorien über das Lehren und Lernen* beeinflussen die Ziele des eigenen Unterrichts, das professionelle Selbstverständnis und damit das Handeln von Lehrkräften. Welche Vorstellung von »gutem Unterricht« die Studierenden schließlich haben, schlägt sich in ihren *Zielsystemen für Curriculum und Unterricht* nieder. Es scheint plausibel, dass sich Überzeugungen und Werthaltungen im Verlauf des Prozesses der Ausbildung von Professionalität in unterschiedlicher Weise entwickeln können.

Die *motivationalen Orientierungen* geben Auskunft über berufliches Engagement und Identifikation mit dem Berufsbild insgesamt. Enthusiasmus und Engagement von Lehrpersonen haben einen positiven Effekt auf die Schülermotivation und führen zu positivem emotionalen Erleben der Berufsausübung. Außerdem ist anzunehmen, dass eine große intrinsische Motivation für die beruflichen Tätigkeiten in positivem Zusammenhang mit der Qualität von Klassenführung und Unterricht steht. Noch vor der Motivation für berufsbezogene Tätigkeiten ist an jene bei der Berufswahl- bzw. Studienwahlentscheidung zu denken, die ebenso Bedeutung für die professionelle Entwicklung haben dürfte wie die Lern- und Leistungsmotivation beim Studieren. Verbunden ist die motivationale Lage mit dem allgemeinen Interesse an bestimmten Inhalten oder Tätigkeiten, damit ist sie auch für die Zufriedenheit mit dem Studieren selbst wie auch mit dem später ausgeübten Beruf von Bedeutung.

Selbstregulative Fähigkeiten sind Voraussetzung für die psychische Funktionsfähigkeit handelnder Personen (Baumert/ Kunter 2006, S. 501). Im Mittelpunkt der Forschung steht einerseits die *Selbstwirksamkeitserwartung* von Lehrpersonen. Sie beschreibt den Grad an Bemühung und den Glauben daran, trotz Barrieren etwas bei Schülern erreichen zu können, und weist damit Bezüge zur motivationalen Orientierung auf. Lehrpersonen mit ausgeprägter Selbstwirksamkeitserwartung gelten als enthusiastischer und identifizieren sich stärker mit ihren beruflichen Aufgaben. Daneben ist die Fähigkeit zur Bewältigung von beruflichen Belastungen und Beanspruchungen eine wichtige selbstregulative Eigenschaft. Das subjektive *Belastungserleben* gilt als wichtiger Prädiktor für die Verweildauer im Beruf sowie die Unterrichtsqualität. Notwendiges Regulationsmoment ist die Verbindung von hohem beruflichem Engagement und Distanzierungsfähigkeit. Zahlreiche Studien weisen darauf hin, dass Lehrer in besonders starker Weise psychischen Belastungen ausgesetzt sind. Aufgabe der professionellen Entwicklung scheint es daher zu sein, das Bewusstsein für die potenziellen Belastungsfaktoren zu schärfen und Wege der Prävention und Intervention aufzuzeigen.

Ausbildungserfahrungen, die aus der institutionalisierten Lehrerbildung resultieren, sind einerseits Spiegel der professionellen Entwicklung, andererseits wirken sie auch auf diese zurück. Damit beeinflussen die Erfahrungen das künftige Studier- wie auch Alltagsverhalten und bestimmen so den weiteren Kompetenzerwerb mit. Der produktive Umgang mit Erfahrung wird im Sinne der Fähigkeit zur Reflexivität selbst als Kompetenz verstanden. Im Regelfall wird aber die Bedeutung der Ausbildungserfahrungen als Indikator für fortschreitende Entwicklung der Lehramtsstudierenden im Zuge der institutionalisierten Lehrerbildung die größere Aufmerksamkeit erfahren. Eine günstig verlaufende Entwicklung von Professionalität im Sinne zügig voranschreitender Kompetenzsteigerung entlang der Prozessmerkmale wird sich in positiven Ausbildungserfahrungen niederschlagen. Es ist etwa zu erwarten, dass ausgeprägte Selbstwirksamkeitserwartung (Prozessmerkmal) das Erfolgserleben in den Schulpraktika (Ausbildungserfahrung) positiv beeinflusst und der Selbstwirksamkeitserwartung damit auch eine förderliche Funktion für den weiteren Prozess der professionellen Entwicklung insgesamt zukommt. Umgekehrt wird z. B. eine von Studienbeginn an geringe Leistungsmotivation vermutlich auch zu geringeren Leistungen führen und damit den weiteren Verlauf der professionellen Entwicklung eher bremsen. Außerdem weisen die sehr konkreten Ausbildungserfahrungen auf möglichen Reformbedarf der Lehrerbildung hin.

Kompetenzmessung

Der kompetenzorientierte Ansatz ist auch als Folge der Abkehr von der Frage nach dem »geborenen Erzieher« in den 1950/60er Jahren und der ausgeprägten Einstellungsforschung zum Praxisschock Ende der 1970er Jahre (Dann u. a. 1978; Müller-Fohrbrodt u. a. 1978) sowie der Betonung eines berufsbiografischen Ansatzes (Terhart 2007, S. 41) zu verstehen. Während anfänglich ausschließlich nach der retrospektiven Bewertung von Ausbildungsbestandteilen gefragt wurde (Ulich 1996), erreichen neuere Ansätze auch die Ebene des beruflichen Handelns, auf der sich die Kompetenzen eigentlich erst niederschlagen (Frey 2004; Hascher/ Thonhauser 2004; Nolle 2004; Baumert/ Kunter 2006; Frey 2006). Ein Anschluss an die international vorliegenden Instrumente erscheint wegen der unterschiedlichen Lehrerbildungssysteme schwierig (Terhart 2007, S. 42).

Aufgrund der wenigen nutzbaren Vorlagen stellt die Operationalisierung bzw. Messung von Kompetenzen eine Herausforderung dar. Entsprechend der Komplexität des Forschungsgegenstandes haben sich die Bemühungen um eine wissenschaftliche Klärung der Fragen nach Kompetenzmodellierung, -diagnostik, -entwicklung und -förderung insbesondere in Bezug auf die Schüler und aus Sicht des Arbeitsmarktes in den letzten Jahren stark intensiviert (Kaufhold 2006; Erpenbeck/ Rosenstiel 2007; Prenzel u. a. 2007). Das DFG-Schwerpunktprogramm »Kompetenzdiagnostik« wurde eingerichtet (Gräsel/ Krolak-Schwerdt 2009), zahlreiche Fachtagungen zum Thema wurden in verschiedenen Sektionen und Kommissionen der DGfE durchgeführt. Allerdings verweist die Forschungsliteratur zur Lehrerbildung auf divergierende Ansätze bei der Kompetenzmodellierung und lässt keinen Mainstream oder konsensfähigen Ansatz erkennen (Oser/ Oelkers 2001; Mayr 2002b; Seipp 2003). Auch die zunehmende Berücksichtigung der längsschnittlichen Entwicklung von Kompetenzen (Baer u. a. 2006; Gehrmann 2007a; Larcher u. a. 2010) löst das grundsätzliche Problem einer geeigneten Operationalisierung nicht. Die professionelle Lehrerkompetenz ist keine stabile Eigenschaft, sondern eine sich in stetigem Wandel befindliche Größe, deren Entwicklung weder immer positiv verlaufen muss, noch mit einem einfachen »Maßband« gemessen werden kann (Oelkers 1996, S. 5; Oser u. a. 2010).

Die Lehrerbildungsforschung sieht in erworbenen berufsspezifischen Kompetenzen von Lehrkräften einen entscheidenden Hinweis auf die Wirksamkeit von Lehrerbildung. Zugleich wird der Expertise der Lehrperson zentrale Bedeutung für die Unterrichtsqualität und damit letztlich die Outcomes der Schüler zugeschrieben (Lipowsky 2006). Trotz dieser Bedeutung der Kompetenzdiagnostik für Wirksamkeitsforschung und Evaluation liegen nur wenige Instrumentarien vor, die spezifisch auf Kompetenzen im Lehrerberuf zugeschnitten und methodisch zuverlässig sind. Dies liegt insbesondere an folgenden Schwierigkeiten einer Kompetenzerfassung im Lehramt (Terhart 2007, S. 37-40):

- *Zielvielfalt und Zielunklarheit*: Es besteht Unklarheit über die normative Frage, was »guter Unterricht« ist. Immerhin existiert mittlerweile eine breite empirische Basis an Kennzeichen guten Unterrichts;
- *Nichtbeurteilbarkeit*: Ob sich die Kompetenzen von Lehrkräften überhaupt so in unterrichtlichem Handeln niederschlagen, dass sie Schülerleistungen unmittelbar beeinflussen können, kann hinterfragt werden;
- *komplexe Anforderungsstruktur*: Die Aufgaben im Lehramt sind so breit, dass kaum alle relevanten Kompetenzen erfasst werden können. Unklar ist, wie sich die Kompetenzen untereinander sinnvoll gewichten lassen;
- *multiple Ursachen von Differenz*: Offen ist, welche Prädiktoren das variable Maß an Kompetenz verursachen. In welcher Weise ist der Kompetenzerwerb etwa durch soziale Herkunft, eigene Schul- und Erziehungserfahrungen, Persönlichkeitsmerkmale oder im engeren Sinne durch Merkmale der Ausbildung determiniert? Wie lassen sich in Aus- und Weiterbildung berufsspezifische Kompetenzen anbahnen? Welche lokalen Faktoren (Arbeitsbedingungen, Ausstattung, situative Gegebenheiten usw.) beeinflussen die Kompetenzmessung und welchen Anteil haben Determinanten außerhalb der institutionalisierten Lehrerbildung (persönliche Biografien) auf den Kompetenzerwerb?;
- *praktische Konsequenzen*: Die Laufbahnstruktur im Lehrerberuf stellt eine Kompetenzevaluation jenseits von wissenschaftlichen Interessen in Frage: Unterschiedliche Kompetenzleistungen des Individuums haben keine Relevanz für die Anstellung und Besoldung. Seitens der Lehrkräfte bestehen große Bedenken gegenüber einer solchen Beurteilungspraxis, die aus ideellen und pragmatischen Gründen vielfach abgelehnt wird (Terhart 1997). Begleitforschung zu den traditionellen Beurteilungsverfahren (1. und 2. Staatsexamen sowie laufbahnrechtliche Prüfungen usw.) existiert nicht, wohl aber eine ausbildungsinterne Debatte (Bovet/ Frommer 2009).

Der Lehrerberuf ist nicht einheitlich zu fassen. Je nach Lehramt oder Fächerkombination kann er ganz unterschiedliche Gestalt haben. Die Entwicklung von Instrumenten zur Erfassung berufsspezifischer Kompetenzen muss diesen Differenzen gerecht werden. Das berufliche Profil einer Grundschullehrerin erfordert andere Kompetenzen als jenes einer Gymnasiallehrerin, wie sich auch Mathematik- und Religionslehrkräfte z. B. hinsichtlich ihrer fachwissenschaftlichen und fachdidaktischen Kompetenz unterscheiden (Terhart 2007, S. 43). Die Instrumente zur Kompetenzerfassung müssen daher lehramts- und fachspezifischen Differenzen gerecht werden. Zu klären ist außerdem, in welchem Verhältnis solche differenzierten Kompetenzprofile zu allgemein-berufsspezifischen Kompetenzen wie Klassenführung oder Motivierungsqualität stehen.

In der Forschung zeigen sich im Wesentlichen fünf methodische Ansätze der Kompetenzerfassung (Terhart 2007, S. 52-55): (1) Erfassung (fach-)didaktischen Wissens und Urteilens; (2) Einholen von Selbsteinschätzungen; (3) Beurteilungen durch andere (Kollegen, Schüler, Vorgesetzte); (4) Beurteilung des beruflichen Handelns durch geschulte Beobachter; (5) Lernfortschritte der Schüler. Terhart plädiert dafür zu erproben, ob alle fünf Zugänge bzw. Verfahren kombiniert und gewichtet werden können, um so einen übergeordneten »Index Kompetenz« zu generieren, der plausibler Indikator für Lehrerkompetenz insgesamt sein kann.

Die verstärkte Forschung zur Lehrerkompetenz hat einschlägige Publikationen hervorgebracht. Meist werden in der Literatur die Kompetenzen lediglich beschrieben, es häufen sich aber auch Bemühungen, aus den Ergebnissen unmittelbar Anhaltspunkte für eine Qualitätsverbesserung der Ausbildung abzuleiten. Um eine solche Kompetenzevaluation aber überhaupt umsetzen zu können, sind geeignete Messinstrumente notwendig. Andreas Frey gibt eine tabellarische Übersicht über 47 zwischen 1991 und 2005 publizierte Instrumente zur Kompetenzmessung, die allesamt den Gütekriterien sozialwissenschaftlicher Forschung entsprechen sollen (Frey 2006, S. 30). Die Zusammenstellung zeigt, dass die vorliegenden Instrumente fast gänzlich auf der Selbsteinschätzung durch Lehramtsstudierende beruhen und echte Wissenstests, Raster für Fremdbeurteilungen oder teilnehmende Beobachtung sowie der Einbezug von Schülerleistungen bislang kaum etabliert sind.

Eine besondere Herausforderung ist die Kompetenzmessung im Bereich der Fächer und Fachdidaktiken. Lediglich für das Fach Mathematik liegen bislang Forschungsansätze vor, auf deren Grundlage eine solide Erfassung fachspezifischen Wissens vorgenommen werden kann. Die Studien mit dem bislang größten Innovationspotenzial sind CoActiv (Krauss u. a. 2004) sowie international *Mathematics Teaching in the 21st Century (MT21)* (Blömeke u. a. 2008). Letztere Studie unterscheidet verschiedene Modelle fachbezogenen Wissens, die empirisch überprüft werden (ebd., S. 67-77). Mathematisch-fachbezogenes Wissen wird aus kognitiver Perspektive in einem Drei-Faktoren-Modell als Algorithmisieren, Problemlösen/Begründen und Modellieren operationalisiert. Zusätzlich wird ein inhaltsbezogenes Modell mit fünf Faktoren berücksichtigt. Zu jedem Faktor wurden zwei oder mehr Testaufgaben konstruiert. Parallel zu dem Versuch einer Operationalisierung existiert eine lebendige Forschung zur fachdidaktischen Qualität von Mathematikunterricht (Stigler/Hiebert 1998; Grouws/Cebulla 2000; Rakoczy u. a. 2010).

Solche fachlichen und fachdidaktischen Ansätze unterscheiden sich von den Kompetenzmodellen mit überfachlichem Zugang (z. B. Oser/Oelkers 2001; KMK 2004) darin, dass sie definierte Standards operationalisieren, um eine Messung verschiedener Kompetenzniveaus realisieren zu können. Genutzt werden dazu rasch-skalierte Testaufgaben, die eine differenzierte Erfassung der jeweiligen Niveaustufen ermöglichen. Das Problem dieser hochentwickelten Aufgaben ist allerdings, dass sie notwendigerweise so spezifisch sind, dass sie sich nicht auf jeden beliebigen Kontext übertragen lassen, in dem mathematisches Wissen erworben wird. Prüfen die Testaufgaben etwa Wissensbestände, die nicht Gegenstand der Ausbildung waren, verweist das Testergebnis zwar auf eine Lücke der Befragten, dies impliziert aber nicht zugleich eine Aussage darüber, ob die Ausbildungsmaßnahme erfolgreich war. Zur Ausbildung von Religionslehrkräften wird zwar eine theoretische Debatte um theologisch-religionspädagogische Kompetenz geführt (EKD 2008; Rothgangel 2008; ZPT 3/2008), sie ist aber in ihrem Selbstverständnis und Entwicklungsstand weit von einer Annäherung an fachliche und fachdidaktische Wissenstests entfernt. Bereits die Notwendigkeit einer an die jeweiligen Kontexte des Kompetenzerwerbs angepassten Entwicklung von Instrumenten zur Kompetenzerfassung macht deutlich, dass ein objektiver Vergleich von fachlichen und fachdidaktischen Wissensbeständen zwischen (angehenden) Mathematik- und Religionslehrkräften vermutlich niemals möglich sein wird. Was wäre etwa ein normativ vergleichbares Kompetenzniveau in der Religionslehrerbildung, das dem Beherrschen einer bestimmten stochastischen Rechenprozedur in der Mathematiklehrerbildung entspräche? Darüber hinaus wurde deutlich, dass die Forschung zur Entwicklung solider Kompetenz- bzw. Wissenstests noch am Anfang steht – selbst für das Fach Mathematik.

Offenbar lassen sich sinnvolle Kompetenzen und Standards für die Lehrerbildung formulieren. Diese sind aber nicht die Ausbildung selbst. Sie können als Grundlage einer professionellen Ausbildung verstanden werden, sind aber kein Garant für deren tatsächlichen Vollzug. Der Prozess hin zur Professionalität kann nicht standardisiert werden: Kompetenzzuwachs bezüglich definierter Teilkompetenzen bedeutet nicht gleichzeitig auch gesteigerte Professionalität (Girmes 2006, S. 20). Beide Komponenten – Kompetenz und Professionalität im praktischen Tun – müssen zusammenkommen. Außerdem gilt angesichts der vorliegend befragten Lehramtsstudierenden der ersten Semester ein notwendiger Realismus im Blick auf das, was sie bereits gelernt haben können. Die Befragten können nach Abschluss des dritten Semesters noch keine »Unterrichtsexperten« sein. Es erscheint daher legitim und angemessen, sie nach ihrer Kompetenzselbsteinschätzung zu fragen. Zu einem Zeitpunkt, an dem die Erstausbildung noch lange nicht abgeschlossen ist, wäre es wenig plausibel, definierte Mindeststandards für die Berufsausübung mittels Wissenstest zu überprüfen.

1.1.4 Standards und deren Evaluation

Als die Handlungskompetenz des Lehrers weitgehend auf den schulischen Binnenraum beschränkt war, reichte es aus, den Schwerpunkt der Ausbildung in der Wissensorientierung (erste Phase) und Berufsbezogenheit (zweite Phase) zu verorten (Kemper 1996, S. 38). Dies hat sich mit der Überlagerung schulischer Lernherausforderungen durch veränderte außerschulische Lebensumstände gewandelt. Die zunehmend gesellschaftlich-soziale Aufgabe der Schule als in vielen Fällen vorrangige Erziehungsinstanz verlangt Lehrkräften ein breiteres Spektrum an Qualifikationen ab als früher. Solche notwendigen Qualifikationsprofile werden in Kompetenzerwartungen ausgedrückt, die beschreiben, was Lehrpersonen können müssen, um im Beruf handlungsfähig zu sein. Ansätze, die notwendige Kompetenzen für den Berufserfolg von Lehrpersonen und deren Überprüfung in den Mittelpunkt rücken, gehen von der Erwerbbarkeit dieser Qualifikationsmuster aus und sind daher dem kompetenzorientierten Professionalitätsansatz zuzuordnen. Die Definition von Standards und deren Überprüfung soll gewährleisten, dass definierte Kompetenzen auch wirklich erworben werden.

Der Versuch einer Beschreibung des idealen Lehrers sowie seiner Aufgaben und Fähigkeiten ist so alt wie der Beruf selbst (Terhart 2007, S. 48). Mittlerweile ist die Diskussion um Standards und Standardisierung aber zu einem wesentlichen Motor der Bemühungen um die Entwicklung von Kompetenzmodellen und Verfahren der Kompetenzerfassung avanciert (vgl. 1.1.3, S. 35). Während sich die normative Debatte um notwendige Eigenschaften im Lehrerberuf traditionell an den gesellschaftlichen Wertvorstellungen orientiert, wird im Anschluss an empirische Arbeiten und die Theoriebildung heute eine berufsnahe Aufgabenbeschreibung vorgenommen, die sich z.T. in Standards für Lehrerberuf und Lehrerbildung niederschlagen (Bromme/ Haag 2004; Bromme/ Rheinberg 2006; Mayr/ Neuweg 2006; Terhart 2006a). Wichtig ist, dass Standards und deren Evaluation stets der Qualitätssicherung bzw. Weiterentwicklung im Lehrerbildungssystem dienen müssen, um den betriebenen Aufwand zu rechtfertigen, aber auch um die Maßnahmen bildungspolitisch legitimieren zu können.

Internationale Erfahrungen

Im Jahr 1983 erschien in den USA mit »A Nation at Risk« ein Bericht der *National Commission on Excellence in Education*, der die Defizite des amerikanischen Schulsystems in bis dato ungewohnter Deutlichkeit artikulierte (NCEE 1983). Die Folge dieses »Bildungsschocks« war die Einführung und Etablierung eines Evaluationssystems auf Grundlage des »High-Stakes-Testing«. Fast alle Staaten haben Standards für kognitive Leistungen der Schüler, Chancengleichheit im System und Kostenaufwand etabliert, die auch evaluiert werden (Blömeke 2004a, S. 77). Schon früh zeichneten sich unerwünschte Nebenwirkungen der Standardisierung, wie etwa erhöhte soziale Ungleichheit oder das »teaching to the test«, ein einseitig an den Anforderungen der Leistungstests ausgerichteter Unterricht, ab. Negative Erfahrungen gibt es auch in Skandinavien, wo Evaluationssysteme vergleichbar lange implementiert sind und diese weitgehend positiv aufgenommen werden (Cramer 2007). Auffällig ist durchweg, dass der Rolle von Lehrpersonen im Rahmen der allgemeinen Diskussion um Standards und Evaluation lange Zeit keine oder eine völlig nebengeordnete Bedeutung zugemessen wurde.

In den USA wurde 1986 die universitätsübergreifende *Holmes Group* gegründet, die in ihrem ersten Bericht *Tomorrow's Teachers* in Anlehnung an die Evaluationspraxis in den Schulen auch ein Qualitätssicherungssystem für die Lehrerbildung einforderte (The Holmes Partnership 1986). Der Folgebericht *Tomorrow's Schools of Education* zielt auf die Verbesserung der fachwissenschaftlichen Lehrerbildung, die in den USA im Vergleich zu Deutschland lange Zeit vernachlässigt wurde (The Holmes Partnership 1995). Zentral ist auch die Arbeit der *Carnegie Foundation*, die in ihrem Bericht »A Nation Prepared. Teachers for the 21st Century« richtungweisend definierten, »what teachers should know and be able to do« (NBPTS 1999). Die 1987 vollzogene Gründung des *National Board for Professional Teaching* zertifiziert Absolventen der einschlägigen Ausbildungen aufgrund von Portfolios und Tests als geeignete Lehrpersonen, die Bedingungen für die Aufnahme ins Studium wurden verschärft. Entscheidungsgrundlage sind nach Schularten und Fächern differenzierte Standards.

Mit dem Titel »A Nation Still at Risk« wurde 1998 darauf aufmerksam gemacht, dass aufgrund sozialer und ethnischer Herkunft noch immer ungleiche Bildungschancen bestehen und Forderungen nach Mindeststandards an Bildung wurden laut (Blömeke 2004a, S. 79). Bei der Auflösung der Ungleichverteilung von Bildungsabschlüssen als sozial ausgelöstem Problem, sollen Lehrkräfte eine entscheidende Rolle spielen. Um diese Chancengleichheit herzustellen, verabschiedete die Regierung 2002 das Gesetz »No Child Left Behind«. Tatsächlich aber führte diese durch Standards und Evaluation getragene Bildungsreform zu einer erhöhten sozialen Ungleichheit (Alexander/ Entwisle 1996), steigenden Dropout-Rate, »teaching to the test« (Blömeke 2004a, S. 82) und weiteren negativen Nebenwirkungen. Die ca. 1 300 US-amerikanischen Lehrerbildungsinstitutionen können sich durch das *National Council for Accreditation of Teacher Education* akkreditieren lassen (NCATE 2003). In den akkreditierten Institutionen werden Lehrer nach strengen Qualitätsstandards ausgebildet (Darling-Hammond 2001, S. 753). Die notwendige hohe Qualifikation soll durch »full state certification« und »solid content knowledge« realisiert werden.

Situation im deutschsprachigen Raum

In Deutschland, wo die Diskussion um Bildungsstandards erst knapp 20 Jahre später (um die Jahrtausendwende) einsetzte, rückt die Frage nach einer Standardisierung und Evaluation der Lehrerbildung erst allmählich ins Bewusstsein. Die Debatte wird eher im Hinblick auf Schule, Unterricht und Schülerleistungen geführt. Erst allmählich wird sie auf die Lehrerbildung übertragen (Oser/ Oelkers 2001; Terhart 2002; KMK 2004; Gogolin u. a. 2005; ZfPäd 2/ 2005; Hilligus/ Rinkens 2006; Terhart 2006a; 2007; BzL 3/ 2008; Gehrmann u. a. 2010; Lichtenberger 2010). Beide Argumentationslinien weisen aber weitreichende Übereinstimmung auf, sodass die Argumente für die Debatte im Schulbereich vielerorts auf die Lehrerbildung übertragen werden kann. In jedem Fall kann davon ausgegangen werden, dass die Einführung von Standards in der Lehrerbildung – wie auch immer geartet – »folgenreich« für die Lehrerbildung, ihre Institutionen und die Anwärter ist (Terhart 1999, S. 148).

Spätestens mit dem Erlass der »Standards für die Lehrerbildung in den Bildungswissenschaften« durch Beschluss der *Kultusministerkonferenz (KMK)* vom 16.12.2004 ist die Standard-Debatte auch im wissenschaftlichen Diskurs präsent. Grundlage des Beschlusses sind die Expertise der Kommission *Perspektiven der Lehrerbildung in Deutschland* (Terhart 2000) sowie das von der KMK gemeinsam mit Lehrerorganisationen in der »Bremer Erklärung« definierte Lehrer-Leitbild. Die KMK-Standards für den mittleren Bildungsabschluss wurden zur zentralen politischen und inhaltlichen Vorgabe für die Entwicklung output-orientierter Curricula in den Bundesländern. Sie stoßen auf weitreichende Akzeptanz (Terhart 2007, S. 48) und greifen im Wesentlichen die bereits 1969 durch den *Deutschen Bildungsrat* formulierten Aufgabenbereiche im Lehramt auf: Unterrichten, Erziehen, Beurteilen und Innovieren (Bildungsrat 1970). Die Lehrkräfte müssen über ihre fachlichen und didaktischen Fähigkeiten hinaus bestimmte Kompetenzen erfüllen, um die Anforderungen des Berufsalltags bewältigen zu können. Die KMK formuliert elf Kompetenzen, mit denen *Standards für die Lehrerbildung* beschrieben werden, die vier übergreifenden Bereichen zugeordnet sind (KMK 2004):

- *Unterrichten:* (1) Unterrichtsplanung/ -gestaltung; (2) zu Lernprozessen motivieren und Lernprozesse unterstützen; (3) Förderung selbstbestimmten Lernens und Arbeitens;
- *Erziehen:* (4) Kenntnis der sozialen und kulturellen Lebensbedingungen von Kindern und Jugendlichen sowie Unterstützung der individuellen Entwicklung; (5) Vermittlung von Werten und Normen, Unterstützung selbstbestimmten Urteilens und Handelns; (6) Finden von Lösungsansätzen für Schwierigkeiten und Konflikte in Schule und Unterricht;
- *Beurteilen:* (7) Diagnostizieren von Lernvoraussetzungen und Lernprozessen, gezielte Förderung und Beratung; (8) Beurteilung von Leistungen;

- *Innovieren:* (9) Einsicht in die besonderen Anforderungen des Lehrerberufs; (10) Verständnis des Lehrerberufs als ständige Lernaufgabe; (11) Beteiligung an Planung/ Umsetzung schulischer Projekte (Schulentwicklung).

Diese Sammlung ist eine umfassende Beschreibung des Lehrerberufs. Auch wenn der Katalog weiterer Konkretisierung bedarf, um Konsequenzen für eine reformierte Ausbildungspraxis ableiten und realistische Mindeststandards definieren zu können, zeigt er doch die Vielfalt an Erwartungen, die an Lehrkräfte gestellt werden. Lehrer werden und sein bedeutet mehr, als den Unterrichtsalltag zu bewältigen. Der vorgestellte Kompetenzkatalog ist der Kritik ausgesetzt: er komme ohne konzeptionelle oder begründete theoretische Argumentation aus und tradiere die Einteilung in die klassischen Kompetenzbereiche Unterrichten, Erziehen, Beurteilen und Innovieren (Girmes 2006, S. 18). In jedem Fall betont die KMK mit diesem Katalog die Notwendigkeit professioneller berufsbezogener Kompetenzaneignung. Besonders die Kompetenzbereiche Beurteilen und Innovieren wurden in der Lehrerbildungspraxis der letzten Jahre vernachlässigt (Grunder/ Schweitzer 1999; Schweitzer 2006, S. 193). Insofern erfüllen Standards durchaus die Funktion einer Orientierungshilfe für die Studien- und Ausbildungsplanung an den Hochschulen und Seminaren, indem sie neu auf die ganze Breite der beruflichen Anforderungen aufmerksam machen. In diesem Sinn sind die KMK-Standards als normative Zielkriterien für die Bemessung der Kompetenz von Absolventen zu verstehen (Terhart 2007, S. 43). Erst mit geeigneten Instrumenten zur Erfassung einzelner Niveaustufen entfalten die Standards ihre Bedeutung und Durchsetzungskraft (Porter u. a. 2001, S. 291).

Es wurden auch Standards für die Lehrerbildung in den einzelnen Fächern vorgelegt (Beschluss der KMK vom 16.10.2008 und 08.12.2008), die »ländergemeinsame inhaltliche Anforderungen für die Fachwissenschaften und Fachdidaktiken in der Lehrerbildung« definieren (KMK 2008). Sie sollen neben der Qualitätssicherung auch eine größere Mobilität der Lehramtsstudierenden zwischen Ausbildungssystemen gewährleisten. Für 19 Fachprofile wurden zu erreichende Standards und dazu notwendige inhaltliche Schwerpunkte definiert. Die Auflistung beschränkt sich auf Fächer der allgemeinbildenden Lehrämter. An der Erstellung des Papiers waren neben Bildungspolitikern auch Fachwissenschaftler und -didaktiker sowie Vertreter von Fachgesellschaften, Kirchen und Lehrerorganisationen beteiligt.

Neben den nationalen Vorgaben sind auf regionaler bzw. institutioneller Ebene zunehmend Bemühungen zu erkennen, Standards für die Lehrerbildung zu definieren, z. B. in Abstimmung der Curricula zwischen Universitäten und Seminaren für Didaktik und Lehrerbildung. Eine Schlüsselrolle in diesem Abstimmungsprozess nehmen häufig die Zentren für Lehrerbildung ein, die an den Hochschulen eine zentrale Koordinationsaufgabe übernommen haben. Im Vergleich zu den eher allgemeinen Vorgaben der Bildungsadministration wecken solch regionale oder institutionelle Standards eher ein Bewusstsein darüber, dass ein Einfordern zu erreichender Standards seitens der Studierenden auch eine Orientierung der Ausbildungsinstitutionen und Lehrenden an diesen Standards erfordert (Terhart 2002; 2004). Damit verbindet sich eine notwendige Sensibilität der Lehrerbildungsinstitutionen und Ausbildenden für einen Mindeststandard an Lehrangebot und -qualität (Girmes 2006, S. 25).

In den einzelnen Fächern und Fachdidaktiken hat ebenfalls eine Diskussion um Standards für die Lehrerbildung eingesetzt, allerdings in unterschiedlicher Intensität und mit divergierender Bedeutung für die Ausbildungspraxis. Vergleichsweise stark ist die Auseinandersetzung mit Standards in der Theologie. Die *Evangelische Kirche in Deutschland (EKD)* hat eine dezidierte Beschreibung der Anforderungen an Religionslehrer hinsichtlich unterrichtlicher und theologischer Aufgaben und Kompetenzen vorgenommen und fordert ein »integratives

Lehramtsstudium« (EKD 1997, S. 50). Seitens der katholischen Kirche liegt kein entsprechend ausführlicher Katalog an Standards für die Religionslehrerbildung vor, wohl aber eine Überblicksdarstellung über entsprechende Konsultationen (Simon 2005). Neben dieser Positionierung der Kirchen versucht die wissenschaftliche Religionspädagogik im Dialog mit der Schulpädagogik eine religionspädagogische Handlungstheorie zu entwickeln, die eine Kompetenzbestimmung möglich macht (Collmar 2004). Auch für die Fort- und Weiterbildung wurden standardbezogene Überlegungen angestellt (Doedens/Fischer 2004). Wichtige Standards werden generell im Blick auf theologische Kompetenzen betont (Ziebertz 2001, S. 193; Heil/Ziebertz 2005). Dabei gilt es, die traditionell als spezifisch religionspädagogisch erachteten Kompetenzen von Religionslehrern zu berücksichtigen, wie etwa die Fähigkeit des Bekennens, Wahrnehmens, Erzählens oder zur Seelsorge (Schreiner 1999). Allerdings bestehen erst wenige Ansätze, die Standards auf eine empirische Grundlage stellen (Englert/Güth 1999; Englert 2003; Heil u. a. 2003; Schweitzer 2007). Es zeigt sich etwa, dass die Legitimation des Faches Religion eng mit den Lehrkräften verbunden ist, die für ihr Fach eintreten und dessen Notwendigkeit vertreten können (Schweitzer 2006, S. 195.).

Anforderungen an Standards oder Probleme der Standardisierung

Die Entwicklung von Standards muss sich an (1) gesellschaftlichen und pädagogischen Zielsetzungen, (2) wissenschaftlichen, insbesondere pädagogischen und fachdidaktischen Aussagen zum Kompetenzaufbau und (3) an Konzepten und Verfahren der Testentwicklung orientieren. Standards haben damit eine knapp zu fassende Funktion für das Bildungssystem: Sie klären, worauf es im Schulsystem ankommt und bestimmen den pädagogischen Auftrag der Schule unter Berücksichtigung zentraler Ziele des Lehrens und Lernens (Klieme 2004, S. 258-264). Die wenigsten vorliegenden Standards erfüllen Merkmale »guter« Bildungsstandards. Klieme hat für die Standards des Schulwesens sechs Anforderungen formuliert, die sich auf Standards für die Lehrerbildung übertragen lassen. Legt man diesen Maßstab an die KMK-Standards für Lehrerbildung an, zeigt sich, dass diese mit Ausnahme der Kumulativität und Verbindlichkeit die Qualitätskriterien nicht erfüllen (Klieme 2003, S. 19-24):

- *Kumulativität:* Standards benennen Kompetenzen als Ergebnisse kumulativen und vernetzten Lernens;
- *Messbarkeit:* Diese Kompetenzen werden derart konkretisiert, dass sie durch Tests messbar sind;
- *Fachlichkeit und Fokussierung:* Die Standards sind fachbezogen, betreffen einzelne Lerngebiete und verweisen auf allgemeine Bildungsziele. Fokus: Kernideen, Grundbegriffe und Denkoperationen.
- *Verbindlichkeit:* Standards sind Mindeststandards und sind verbindlich von allen zu erreichen;
- *Differenzierung:* Es existieren definierte Kompetenzstufen, um Entwicklungen erfassen zu können;
- *Verständlichkeit und Realisierbarkeit:* Die Formulierung der Standards bemüht sich um Klarheit, Eindeutigkeit, nachvollziehbare Beschreibung und eine realistische Erreichbarkeit.

Die Tatsache, dass die bislang vorliegenden Standards für die Lehrerbildung aus wissenschaftlicher Sicht deutliche Defizite aufweisen, überrascht nicht, sind doch hoch entwickelte Kompetenzmodelle die Grundlage für die Formulierung »guter« Standards. Es erscheint daher sinnvoll, Standards für die Lehrerbildung erst dann als Mindeststandards zu bezeichnen, wenn sie den formalen Anforderungen genügen und einer empirischen Basis entsprechen. Dazu ist es notwendig, die den Standards zugrunde liegenden Kompetenzen und deren Ausprägungen in empirisch festgestellten Kompetenzniveaus zu definieren. Für die Evaluation der Standards ist es sodann notwendig, die Standards zu präzisieren, in geeignete Testaufgaben zu überführen, die Testaufgaben von Experten (Psychometriker, Fachdidaktiker usw.) zu pilotieren und schließlich eine Normierung vorzunehmen, aus der Kompetenzstufenmodelle hervorgehen können. Auf dieser Grundlage könnten dann in einem weiteren Schritt Minimal-, Regel- und Optimalstandards definiert werden. Erst nach diesen Vorarbeiten könnte das entwickelte Instrumentarium dann dem Vergleich des Kompetenzerwerbs Lehramtsstudierender verschiedener Lehrerbildungssysteme dienen. Von einer solchen systematischen und fundierten Evaluationsstrategie für die Lehrerbildung sind die gegenwärtigen Bemühungen aber noch weit entfernt.

Gewinnbringend erscheint in der gegenwärtigen Debatte um Standards und Evaluation in der Lehrerbildung der sich vollziehende Perspektivenwechsel hin zu den Outcomes der Lehrerbildung. Korrespondierend zu den Diskussionen um Standards im Schulsystem steht nunmehr die Frage im Zentrum, was die Absolventen der institutionalisierten Lehrerbildung tatsächlich können, und weniger, was sie im Detail »durchgenommen« haben (Blum 2006). Mit dem neuen Paradigma der Outputsteuerung (Kompetenzorientierung) statt der früheren Orientierung an Inhalten und Zielen (Inputsteuerung) verbindet sich allerdings die Gefahr, dem Prozess der Lehrerbildung selbst zu wenig Beachtung zu schenken. Es gilt stets nicht außer Acht zu lassen, dass sich die professionelle Entwicklung im Rahmen der Lehrerbildung in einzelnen Schritten vollzieht, die für die Lehrerbildung insgesamt von zentraler Bedeutung sind, weil sich an ihnen entlang der Kompetenzzuwachs manifestiert. Gleichwohl schärft die Orientierung an den Ergebnissen der Lehrerbildung die Einsicht, dass unterschiedliche Ausbildungsinhalte und -wege zu vergleichbaren Kompetenzen führen können und zu starre Curricula daher die individuellen Wege des Kompetenzerwerbs eher einschränken dürften.

Schließlich ist kritisch zu prüfen, welche Bedeutung Standards für die Optimierung eines Lehrerbildungssystems haben können. Es ist fraglich, ob Standards überhaupt von der Makroebene der Bildungspolitik auf die Mikroebene des einzelnen Lehramtsstudierenden durchsteuern können. Der Einfluss erscheint eher begrenzt, werden die Standards doch nur auf dem Umweg über Prüfungsordnungen, Curricula und schließlich die unterschiedliche Gestaltung einzelner Seminare durch Dozierende für die Lehramtsstudierenden relevant. Aus Sicht der Bildungsadministration ist der Gedanke einer Steuerung durch Standards freilich reizvoll. Sie können – misst man ihnen eine Bedeutung für die Lehrerbildung zu – als Transmissionsriemen zwischen Systemebene und Individualebene verstanden werden (Schedler 2003). Die Übertragung vom System auf das Individuum kann in diesem Bild auf zweierlei Wegen erfolgen (Herzog 2008). Der angloamerikanische Weg des »High-Stakes-Testing« führt zu einer Lernzielinflation. Eine Beurteilung der individuellen Leistungen erfolgt nicht länger über vereinbarte Zielkriterien, sondern führt zu einem normorientierten »teaching to the test«. Nur das inhaltlich Relevante, didaktisch Zielführende und methodisch Effektive ist Teil der Lehrerbildung. Dies führt zu einer Deprofessionalisierung in der Lehrerbildung, da der vermeintlich »gute« und »richtige« Ausbildungsweg bereits vorgegeben ist. In Zentraleuropa wird statt normiertem Testen ein Weg der Definition von Standards im Sinne von Kompetenzen beschritten. Dies impliziert einen längerfristigen Prozess des Kompetenzerwerbs statt einer kurzfristigen und testorientierten Wissensaneignung. Außerdem sollen Kompetenzen anschaulicher sein als abstrakte Testkriterien. Es bleibt allerdings offen, in welcher Weise etwa die KMK-Standards den Studierenden als Richtschnur für die Gestaltung ihrer eigenen Ausbildung dienen können oder in welcher Weise sie sich überhaupt in den Curricula niederschlagen. Die Probleme sind in den USA wie auch in Zentraleuropa vergleichbar: Standardisierung schränkt die Freiheiten zur Gestaltung der Lehrerbildung durch die Lehrerbildungsinstitutionen, Dozierenden und Studierenden merklich ein. So erweisen sich Standards als technokratische Top-Down-Strategie der bildungspolitischen Steuerung, deren unerwünschte Nebeneffekte in den USA bereits deutlicher wahrgenommen werden als in Deutschland. Der Weg hin zu guten und hilfreichen Standards ist aufwendig und erfordert die Geduld aller an der Lehrerbildung Beteiligten.

Offen ist nach der vorangehenden Darstellung auch, inwieweit es überhaupt gelingt, von standardbasierten Evaluationsergebnissen auf die Wirksamkeit von Lehrerbildung zu schließen. Die angloamerikanischen Erfahrungen mit der regelmäßigen Evaluation auf Ebene einzelner Personen und Institutionen verweist jedenfalls auf die Problematik, dass die beabsichtigte Schulreform durch Dezentralisierung und Förderung von Autonomie der Schulen bei gleichzeitiger Wahrung allgemeingültiger Qualitätsstandards durch die Lehrerbildung angetrieben werden soll (Böttcher 2003, S. 154). Es besteht die Gefahr, dass die Reform der Lehrerbildung zum bloßen Mittel für die Schulreform wird und die neuen organisatorischen Anforderungen vom ursprünglichen Kern des Unterrichtens ablenken und ihrerseits zu einer Deprofessionalisierung im Lehrerberuf führen (Böttcher/Liesegang 2009). Andererseits birgt die Evaluation der Lehrerbildung die Chance, Kompetenzniveaus für die Entwicklung empirisch fundierter Standards herauszuarbeiten und gibt den (angehenden) Lehrkräften eine systematische Rückmeldung, die Ansätze zur Verbesserung der eigenen Arbeit aufzeigen kann (Blömke 2004, S. 77). Daher sind insbesondere die auf Ebene der einzelnen Bundesländer eingerichteten Maßnahmen interner und externer Evaluation im Interesse des Lehrpersonals anzusehen, wenngleich diese Bestrebungen nur selten auch standardgeleitet erfolgen.

Evaluation und ihre Bedeutung für die Entwicklung von Professionalität

Evaluationsmaßnahmen sollen Entscheidungen auf eine datengestützte (evidenzbasierte) Grundlage stellen (Hemsley-Brown/Sharp 2003; Huffman/Kalnin 2003; Sanders 2006). Insbesondere mit Maßnahmen der externen Evaluation kann aber das Gefühl von Autonomieverlust einhergehen (Moos 2005), das zu Abwehrreaktionen oder zur Scheinerfüllung von Aufgaben führen kann (Berkemeyer 2008). Andererseits können Evaluationsergebnisse durch Bestätigung guter Praxis oder Entdecken neuer Handlungsalternativen auch einen Legitimationsgewinn bedeuten (Berkemeyer/Bos 2009, S. 530). Es sind grundsätzlich die Entwicklung fördernde wie hemmende Effekte von Professionalität zu erwarten, die von 15 unterscheidbaren Evaluationsverfahren im Schulsystem (Scheerens u. a. 2003) ausgehen. Diese Verortung professioneller Entwicklung im Spannungsfeld von externer und interner Evaluation ist im wissenschaftlichen Diskurs zwar markiert, belastbare Befunde über die Art und Weise des Zusammenhanges beider Größen liegen aber noch nicht vor (Berkemeyer/Bos 2009, S. 538). Es ist also keineswegs gewährleistet, dass allein die Durchführung von Evaluationsverfahren die Qualität der Lehrerbildung nachweislich verbessert. Im Anschluss an die Durchführung einer Evaluation müssen daher begründete Prozesse der Qualitätsverbesserung initiiert und implementiert werden. Diese müssen nach geraumer Zeit erneut überprüft werden (Cramer 2007; Bohl/Kiper 2009).

1.2   Lehrerbildung als Weg der Entwicklung von Professionalität

Die Geschichte der Lehrerbildung in Deutschland ist durch ihre zunehmende Professionalisierung geprägt, die sich im stetigen Aufstieg und schließlich in der Akademisierung der »niederen« Lehrämter widerspiegelt. Auf diesen langfristigen Professionalisierungsprozess der Lehrerbildung kann an dieser Stelle lediglich verwiesen werden, er wird an späterer Stelle ausführlicher dargestellt (vgl. 3.2, S. 154) und ist über Literatur zugänglich (Bölling 1983; Sandfuchs 2004; Terhart 2005; Kemnitz 2011). Im weiteren Verlauf wird unter Professionalisierung aber nicht die Lehrerbildung insgesamt im Sinne ihres Aufstiegs und ihrer zunehmenden Akademisierung verstanden, sondern die individuelle Entfaltung der künftigen Lehrkräfte. Professionalisierung meint dann die Entwicklung oder Verbesserung der Fähigkeiten und Fertigkeiten angehender Lehrkräfte in den für ihre Berufsausübung relevanten Kompetenzbereichen (Darling-Hammond/ Bransford 2005; Baumert/ Kunter 2006; Berkemeyer/ Bos 2009; Schneider/ Bodensohn 2010). Die Arbeit folgt einem solch pragmatischen Verständnis von »Professionalisierung« im Sinne eines über die institutionalisierte Lehrerbildung zu bestreitenden Weges der (Weiter-)entwicklung professioneller Handlungskompetenz. Dies setzt einen kompetenzorientierten Begriff von Professionalität voraus (vgl. S. 40). Um diese Bedeutungsfacette zu markieren, wird im Folgenden statt von (individueller) Professionalisierung von der »Entwicklung von Professionalität« oder »professioneller Entwicklung« gesprochen (vgl. zum Begriff auch: 1.1, S. 14).

1.2.1   Situation der Lehrerbildung

Der Furcht vor einem erneuten Lehrkräftemangel und die dadurch in den ersten Jahren seit der Jahrtausendwende erhöhten Studierendenzahlen im Lehramt haben den wissenschaftlichen Blick auf die Lehrerbildung neu gestärkt. Spätestens seit den intensiven Bemühungen um die Gestaltung konsekutiver Studiengänge im Zuge des Bologna-Prozesses wurde eine Beschäftigung mit Strukturfragen der Lehrerbildung an allen Lehrerbildungseinrichtungen unausweichlich (Rotermund u. a. 2008). Die notwendige Auseinandersetzung ist Herausforderung und zugleich Chance für Reformmaßnahmen. Um dieses Potenzial nutzen zu können, ist eine Auseinandersetzung mit dem gegenwärtigen Stand der Lehrerbildung unerlässlich. Dabei muss gerade das nachweislich Erreichte kritisch rezipiert werden. Es reicht nicht aus, auf die Tradition zu rekurrieren (Terhart 2001, S. 165).

Bildungspolitische Rahmenbedingungen

Bildungs- und Erziehungsprozesse sind nicht alleine durch die Interaktion in pädagogischen Beziehungen zwischen Eltern und Kindern oder Lehrkräften und Schülern bestimmt. Sie sind immer auch in gesellschaftliche und systembedingte Kontexte eingebunden. Daher hat der moderne Staat ein besonderes Interesse daran, den institutionellen Rahmen des Schulwesens, und untrennbar davon die Lehrerbildung, zu gestalten. Das Handeln des Staates schlägt sich in Gesetzen und Verordnungen nieder, die zumindest beanspruchen, einen zentralen Einfluss auf das Bildungssystem unserer Gesellschaft auszuüben. Dieser Anspruch einer Steuerung des Bildungswesens durch Bildungspolitik wird unter »Educational Governance« diskutiert.

Es herrscht international weitgehend Konsens über die organisatorischen Merkmale von Schule: Klassenprinzip (Lehrkraft und mehrere Schüler), Fachunterricht, Stundentakt, Lehrerzentriertheit usw. (Leschinsky 2005, S. 149). Neben geschichtlich bedingten Übereinstimmungen tangieren im Laufe des 20. Jahrhunderts internationale Vereinbarungen fundamentale Bereiche des Bildungswesens. Die *Konvention über die Rechte des Kindes* aus dem Jahr 1988 (BGBl. II 1992, S. 122) sichert etwa das »Recht auf Bildung« und damit unentgeltlichen Grundschulunterricht, sowie die allgemeine Zugänglichkeit von Ausbildung und Studium nach Maßgabe der Fähigkeit und Leistung. Das Gesetz knüpft damit an die *Allgemeine Erklärung der Menschenrechte* der Vereinten Nationen von 1948 an, die das Recht aller Menschen auf Bildung betont. Die Ausbildung geeigneten Lehrpersonals für die Wahrnehmung der Bildungsaufgaben im Sinne ihrer Sicherung beruht damit also nicht auf Freiwilligkeit, sondern gehört zu den grundlegenden Verpflichtungen des Staates in unserer Gesellschaft. Zwischen dem Anspruch solcher Bestimmungen und deren globaler Umsetzung steht allerdings die Realität. Daher ist besonders ihre symbolische Bedeutung in Verbindung mit dem unnachlässigen Appell an eine Gleichberechtigung aller Menschen – auch und besonders im Bildungswesen – hervorzuheben.

Zwischen den einzelnen Organisationsebenen im Bildungswesen besteht reger Austausch. Die Bildungsinstitutionen (Schulen, duales Ausbildungssystem, Hochschulen) kommunizieren mit den Landesregierungen über die Kultusministerien und deren Unterorganisationen (Schulämter etc.). Institutionen und Landesregierungen kooperieren mit verschiedenen Beratungs- und Koordinationsgremien wie der Kultusministerkonferenz oder dem Wissenschaftsrat. Diese Einrichtungen sind wiederum eingebunden bzw. beeinflusst durch das Handeln der Bundesregierung, die ihrerseits Vertreter in die Gremien der Europäischen Union (EU) und weltweiter Organisationen entsendet (Leschinsky 2005, S. 154). Die Lehrerbildung spielt in diesem komplexen Gefüge eine wichtige, aber eben nur *eine* Rolle. Ihr Schwergewicht ist mit ihrer untrennbaren Kopplung an das Schulwesen zu erklären.

Der administrativ-steuernde Einfluss der Europäischen Union (EU) im Bildungsbereich trifft in Deutschland gerade aufgrund des Föderalismus auf Schwierigkeiten (Leschinsky 2005, S. 155). Zwar hat das Gemeinschaftsrecht, bundesverfassungsgerichtlich bestätigt, Vorrang vor dem nationalen und damit auch föderalen Recht, es gilt aber nur in den entsprechenden Anwendungsbereichen. Für die Lehrerbildung relevant ist Artikel 149 EGV des Vertrages von Amsterdam (01.05.1999), der das Recht der EU formuliert, das Hochschulwesen im Sinne der Förderung einer qualitativ hochstehenden Bildung gemeinschaftlich zu entwickeln. Die auf dieser Basis vollzogene *Erklärung von Bologna* (16.06.1999) und die in ihrer Folge eingeführten konsekutiven Studiengänge (Bachelor-Master-System) wird unten mit Blick auf die Lehrerbildung diskutiert.

Der kooperative Föderalismus (Art. 30 GG), auch als »Kulturhoheit der Länder« bezeichnet, ist als Definitionsgewalt ein zentrales Merkmal der deutschen Bildungslandschaft (Leschinsky 2005, S. 158). Allerdings obliegt es dem Bund, die Rahmenvorschriften des öffentlichen Dienstes in den Ländern zu erlassen (Art. 75 Nr. 1 und Art. 73 Nr. 8 GG). Damit regelt er z. B. den Zugang zum Vorbereitungsdienst sowie die Gehälter der Bediensteten (Angestellte und Beamte). Seit der Verabschiedung des Bundesausbildungsförderungsgesetzes (BAföG) im Jahr 1970 regelt der Bund auch die Förderung finanziell schwächer gestellter Studierender. Weitere Zuständigkeiten gingen über die Jahre an den Bund, etwa mit der Verabschiedung des Hochschulbauförderungsgesetzes (1969) oder des Hochschulrahmengesetzes (1976). Einige Gesetze brachten eine Grundgesetzänderung mit sich. Es ist zu beobachten, dass im Nachkriegs-Deutschland stets versucht wurde, steuernde Aufgaben im Bildungswesen von den Ländern zurück an den Bund zu übertragen. In diesem Verständnis kann von »kooperativem Föderalismus« gesprochen werden, in dem der Bund die Rahmenbedingungen im Bildungssystem absteckt, während die Länder die eigentliche Bildungsverantwortung tragen.

Das gesamte Schulwesen steht nach Art. 7 Abs. 1 GG unter Aufsicht des Staates. Damit erlassen, bedingt durch die Kulturhoheit, die Landesregierungen und zuständigen Ministerien Verordnungen für alle Schulen (auch Privatschulen) und steuern die Schulentwicklung (Leschinsky 2005, S. 173). Die Zuständigkeit der Länder erstreckt sich auch auf die Lehrerbildung (Prüfungsordnungen sowie Verantwortung der Prüfungen selbst) und die Verwaltung des Lehrkörpers (Anstellung, Beförderung, Besoldung usw.). Lehrpersonen sind Beamte oder Angestellte der Länder. Auch alle anderen *inneren* Angelegenheiten der Schule (Lehrpläne, Stundentafeln, Stellenzuweisungen und Unterricht) obliegen den Ländern. Kern dieser Steuerung sind Stundentafeln (Fächerkanon und Unterrichtszeit) und die darauf aufbauenden Lehr- bzw. Bildungspläne. Letztere haben durch ihre Umstellung von Lerninhalten und -zielen auf Bildungsstandards eine (zumindest äußerlich) fundamentale Reform erfahren. Entscheidend soll nun sein, welche Kompetenzen die Schüler tatsächlich erlernt haben (Outputorientierung), nicht etwa, was Gegenstand (Input) des Unterrichts zur Erreichung dieser Kompetenzen war (Cramer 2007). Die Gemeinden (Kommunen) haben hingegen die Aufgabe, alle Angelegenheiten der örtlichen Gemeinschaft zu verantworten (Art. 28 Abs. 2 GG). Damit sind sie für die *äußeren* Angelegenheiten wie den Unterhalt der Schulgebäude, die Ausstattung der Schule mit Lehr- und Lernmitteln sowie für das Verwaltungspersonal (Sekretariat, Hausmeisterdienst etc.) zuständig.

Das zentrale Gremium bundesweiter Kooperation und Koordination ist die *Kultusministerkonferenz (KMK)*. Sie koordiniert kulturpolitische Anliegen von überregionaler Bedeutung, ihre Beschlüsse sind aber nur (gewichtige) Empfehlungen, die durch die Gremien der Länder beschlossen werden müssen. Über die Jahre hat die KMK viele bildungspolitisch wegweisende Reformen initiiert, so etwa zuletzt die Standardisierung der Bildungspläne im Schulwesen oder die Vorschläge für Standards in der Lehrerbildung (Terhart 2001; KMK 2004). Die *Gemeinsame Wissenschaftskonferenz (GWK)* hat 2008 die Aufgaben der *Bund-Länder-Kommission für Bildungsplanung und Forschungsförderung (BLK)* im Bereich der Innovations- und Forschungsförderung übernommen.

Die Politik hat sich immer auch durch Ausschüsse mit Vertretern aus der Wissenschaft beraten lassen. Von 1953-1965 nahm diese Funktion der *Deutsche Ausschuss für das Erziehungs- und Bildungswesen* wahr. Er ist heute als ein Ausschuss zu sehen, der Kompromisse zwischen den Interessen von Bund und Ländern aushandelte, insgesamt aber nur begrenzten politischen Einfluss hatte (Leschinsky 2005, S. 167). Das Nachfolgeorgan, der *Deutsche Bildungsrat* (1965-1975), war als System mit zwei Kammern handlungsfähiger. Eine beratende Bildungskommission erteilte der Regierungskommission aus Vertretern von Bund, Ländern und kommunalen Spitzenverbänden Vorschläge. Die bedeutsamste Veröffentlichung war der *Strukturplan für das Bildungswesen*, der neben Perspektiven einer langfristigen Reform des Bildungswesens auch die Aufgaben von Lehrpersonen in einer weitgehend noch heute gültigen Form definierte (Bildungsrat 1970). Seit 1957 besteht bis heute, weitgehend parallel zu den beiden genannten Ausschüssen, der *Wissenschaftsrat*. Er ist das zentrale Organ der Förderung von Wissenschaft und koordiniert die gemeinsamen Bemühungen von Bund und

Ländern. In einer Verwaltungskommission sitzen Vertreter der Bundesregierung und Landesregierungen, während die Mitglieder der Wissenschaftskommission vom Bundespräsidenten berufen werden. Das Gremium ist daher auf Kompromisse angewiesen, weshalb ihm insgesamt eine eher konservative aber stabile Wissenschaftspolitik zugerechnet wird (Leschinsky 2005, S. 171). Zu verdanken sind dem Wissenschaftsrat insbesondere Impulse zum Ausbau des Hochschulwesens und die Intensivierung des Wettbewerbs unter den Hochschulen sowie deren systematische Evaluation.

Die *Schulaufsicht*, also die Überwachung des Unterrichts an den einzelnen Schulen und Klassen, obliegt ebenfalls den Bundesländern. Um diese Aufgabe umzusetzen, hat sich in den meisten Ländern ein hierarchisches Schulaufsichtssystem etabliert. An der Spitze steht das zuständige Ministerium, das regional durch staatliche Schulämter bzw. deren Äquivalente vertreten wird. Teilweise gibt es eine Verwaltungseinheit, die zwischen dem Ministerium und Schulamt agiert, in Baden-Württemberg etwa die früheren Oberschulämter, die heute als »Abteilungen für Schule und Bildung« in die vier Regierungspräsidien integriert sind. Hier wurden im Zuge der Entschlackung des öffentlichen Verwaltungsapparats und der Einsparung von Finanzmitteln auch die Schulämter als eigene Abteilungen in die Landratsämter integriert – ein Hinweis auf die zunehmende Ausdünnung der unteren Schulaufsichtsbehörden. In der Praxis unterliegen Lehrkräfte fast keiner inhaltlichen Überwachung. Sie erfolgt am ehesten noch durch turnusgemäße Unterrichtsbesuche der eigenen Schulleitung (mehrjähriger Rhythmus). Mit der Schulaufsicht haben Lehrpersonen im Alltag wenig Berührung. Schulräte als Vertreter der untersten Schulaufsichtsbehörden, der Schulämter, sind als Dienstvorgesetzte im Schnitt für rund 400 Lehrkräfte zuständig (Leschinsky 2005, S. 183). Sie sind weitgehend durch Verwaltungsaufgaben (Vollzug von Einstellungen, Dienstzuweisungen, Beförderungen, Versetzungen) und Prüfungsverpflichtungen in der zweiten Phase der Lehrerbildung ausgelastet. In ihrer Funktion als Prüfende haben die Schulräte allerdings eine Schlüsselfunktion im Rahmen der Lehrerbildung. Gerade für die Betreuung und Beurteilung des bereits im Beruf stehenden Lehrpersonals bleibt aber wenig Zeit. Eine zunehmende Unterstützung der Schulen auf dem Weg der Qualitätsverbesserung (interne Evaluation) einerseits, und die zunehmend geforderte Rechenschaftslegung über die Qualität der Schulen andererseits, wird vermehrt Aufgabe der Schulaufsichtsbeamten.

Die *Schulverfassung* regelt schließlich die innere Organisation der Schule, bestimmt Kompetenzen und Aufgaben ihrer Gremien und die Stellung der beteiligten Personengruppen: Schüler, Eltern, Lehrkräfte und Schulleitung (Leschinsky 2005, 193-198). Zwar trifft alle wesentlichen Entscheidungen letztlich der Lehrkörper, die Bemühungen, Interessen von Schülern und Eltern in Entscheidungsprozesse einzubinden, sind aber unübersehbar. Es ist eine Dezentralisierung im Bildungswesen zu beobachten, die Schulen und ihren Gremien, aber auch der einzelnen Lehrkraft, zunehmend Eigenverantwortung zuschreibt (ebd., S. 198-203).

Angestoßen durch die Bildungspolitik entstanden zahlreiche Expertisen zum Stand und den Perspektiven der Lehrerbildung, die zumindest mittelfristig auch zu Reformen geführt haben. Auf die einzelnen Maßnahmen wird hier nicht näher eingegangen. Exemplarisch genannt seien der *Strukturplan für das Bildungswesen* des Deutschen Bildungsrats (Bildungsrat 1970) und die neueren Expertisen zu *Perspektiven der Lehrerbildung in Deutschland* (Terhart 2000; Auftraggeber: KMK) und zur »Ausbildung von Lehrerinnen und Lehrern in Nordrhein-Westfalen« (MIWFT 2007). Die Vertreter der aus Wissenschaft und Bildungsadministration zusammengesetzten Kommission der Kultusministerkonferenz unter Leitung von

Ewald Terhart etwa nimmt neben einer Situationsanalyse die Formulierung von Aufgaben und die notwendigen Kompetenzen von Lehrkräften als Grundlage für die Formulierung von konkreten Anforderungen an eine zukunftsorientierte Lehrerbildung vor. Die wesentlichen Aufgaben werden beschrieben als: Forschungsorientierung, Berufsfeldorientierung (Kerncurriculum), Stärkung der Fachdidaktik, Erprobung von Zentren für Lehrerbildung und Schulforschung sowie personelle und institutionelle Verzahnung der drei Phasen (Terhart 2000).

Grundsätzliche Überlegungen

Im deutschen Bildungswesen hat die Lehrerbildung einen hohen Stellenwert (Terhart 2005). Immer wenn von Bildungsreformen die Rede ist, sind auch Lehrkräfte und ihre Ausbildung als Schlüssel zu einer veränderten Unterrichtspraxis im Gespräch. Ein unmittelbarer Einfluss der Aus- und Weiterbildung von Lehrkräften auf Schule und Unterricht liegt auf der Hand, wenngleich es kaum gesicherte Zusammenhänge zwischen der Qualität der Lehrerbildung und der Unterrichtsqualität im Klassenzimmer gibt. Zwischen Studium und professionellem Lehrerhandeln liegen viele Jahre der Berufsbiografie. Die in der Erstausbildung erworbenen Kompetenzen und die schulische Realität liegen oftmals so weit auseinander, dass sich der Wissenstransfer nur langsam vollzieht und in Handlungsmustern niederschlägt. Wie sich die Ausbildung tatsächlich im Lehrerhandeln, dem Schülerlernen und schließlich den Schülerleistungen niederschlägt, ist (zumindest empirisch) bislang kaum nachvollziehbar.

Die institutionalisierte Lehrerbildung ist nur ein, vielleicht weitaus geringerer Einflussfaktor auf künftige Lehrpersonen als häufig angenommen. Studierende bringen *erstens* eine Bildungsbiografie mit: Sie haben selbst Erfahrungen in der Schule gemacht, haben auch Vorstellungen davon, was der Lehrerberuf beinhaltet und sie haben Erwartungen an ihr Studium. Werden diese Annahmen in der Ausbildung überformt, reflektiert oder gar bestätigt? Lehramtsstudierende verbringen *zweitens* einen nicht unerheblichen Teil ihrer Lebenszeit außerhalb von Lehrveranstaltungen und Hochschule. Sie sind in ein soziales Umfeld aus Familie, Partnerschaft und Freundschaften eingebunden. Neben den hier bestehenden Verpflichtungen sind sie Teil des allgemeinen gesellschaftlichen Lebens. Das Privatleben kann einen erheblichen Einfluss auf den Verlauf der Ausbildung haben, vielleicht sogar über Erfolg und Misserfolg entscheiden. Es besteht *drittens* weitgehend Unklarheit darüber, welche Ausbildungsbestandteile zum Aufbau berufsspezifischer Kompetenzen führen. Es gelingt daher nur ansatzweise, die definierten Standards für die Lehrerbildung in die Curricula und insbesondere in den Lehrbetrieb zu implementieren. Weiterhin ist kritisch zu prüfen, ob sich die vorliegenden Kompetenzmodelle und die (hoffentlich) darauf aufbauenden Standards bewähren und wie sie ggf. weiterentwickelt werden müssen. Die Lehrerbildung alleine ist in dieser »Gemengelage« kaum als eindeutige Ursache für Schul- und Unterrichtsqualität anzusehen. Ihre Effekte werden nie vollständig isolierbar sein.

Die Akademisierung der Lehrerbildung (vgl. 3.2.1, S. 160) hat neben großen Verdiensten auch neue Strukturprobleme geschaffen (Terhart 2001, S. 166). Dazu gehören die unzureichende Koordination der fachwissenschaftlichen, didaktischen, erziehungswissenschaftlichen und schulpraktischen Ausbildungsbestandteile (vgl. 5.2.1, S. 408) ebenso wie die Frage nach dem Verhältnis des wissenschaftlichen Studiums und dem auf die Berufspraxis ausgerichteten Kompetenzerwerb (vgl. 5.3.2, S. 459). Das zunehmende Scheitern von Lehrpersonen im pädagogischen Alltag erfordert eine realistische Sicht der Grenzen wissenschaftlicher Lehrerbildung. Zwar bleibt die Wissenschaft Kern einer soliden Ausbildung – sie muss sich aber zugleich um effektive Formen eines berufsspezifischen Kompetenzaufbaus ergänzen lassen.

Gerade die Debatte um Professionalität und deren Entwicklung (vgl. 1.1.2, S. 22) zeigt, dass eine professionelle Lehrerbildung nicht mit einer verwissenschaftlichten Lehrerbildung gleichzusetzen ist (Terhart, 2001, 166). Lehrerprofessionalität hat nicht nur eine kognitive (wissenschaftliche) Dimension, sondern ist Summe einer Vielzahl berufsrelevanter Kompetenzen (vgl. Abbildung 3, S. 42). Professionalität ist damit nicht allein das Ergebnis der Erstausbildung, sondern Folge eines lebenslangen beruflichen und persönlichen Lernens, das nur durch die Stärkung der dritten Phase (Fort- und Weiterbildung) optimal gefördert werden kann. Pädagogisches Handeln führt dabei nicht (unmittelbar) zu einem planbaren Kompetenzerwerb. Vielmehr ist es höchst individuell, welche professionellen Kompetenzen sich in der Ausbildung entwickeln und wie die institutionellen Lernangebote genutzt werden. Für die Lehrerbildung ergibt sich einmal mehr die Aufgabe, einen möglichst guten Rahmen für den Wissens- und Kompetenzerwerb bereitzustellen.

Die *Zweiphasigkeit* der Lehrerbildung ist trotz einiger Reformprojekte fest etabliert und wurde durch die Neuausrichtung der Lehrerbildung in Ostdeutschland nach 1990 bestätigt (Terhart 2001, S. 167). Weitgehend ungeklärt ist, was Studium und Referendariat im Einzelnen leisten und wo deren Grenzen liegen. Sicher erscheint, dass die Ausbildung von bis zu 15000 Lehramtsstudierenden an großen Universitäten für die Ausbildungsqualität nicht förderlich ist. Unter diesen Umständen sind die Universitäten »Riesenberufsschulen für gehobene Berufe« (ebd., S. 168), die der gerade von Studierenden eingeforderten »pädagogischen Bildung« nicht gerecht werden können. Ausweg ist entweder eine praxisorientierte Neudefinition der Universität oder aber die wohl sinnvollere Reduzierung der Studierendenzahlen im Lehramt an einzelnen Standorten. Das gegenwärtige System zwingt Studierende, in ihrer Ausbildung Schwerpunkte auf die notwendigen Leistungsnachweise (besonders in den Fachwissenschaften) zu setzen und verhindert ein breites erziehungswissenschaftliches Studium. So bleibt es weitestgehend Aufgabe der zweiten Phase, den berufsbezogenen Kompetenzerwerb anzubahnen. In der Zweiphasigkeit kann es nur dann zu optimierten Ausbildungsstrukturen kommen, wenn es eine klare, aufeinander abgestimmte und gemeinsam verantwortete Aufgabenteilung und -beschreibung gibt. Dies erfordert aber eine bessere Ausstattung sowie qualifiziertes Personal auf beiden Seiten, das die wissenschaftliche und berufspraktische Dimension der Lehrerbildung wertschätzt.

Es ergeben sich weiterhin neue Herausforderungen durch den *Wandel von Kindheit und Jugend* (Terhart 2001, S. 169). Diese stehen im Zusammenhang mit dem Medienumgang, dem Aufwachsen in einer pluralen Gesellschaft, den schulischen und beruflichen Selektionsprozessen sowie der zunehmenden Diagnose von Verhaltensauffälligkeiten. Die Lehrerbildung reagiert auf diese Anforderungen nur träge, wenngleich es kaum in der Macht künftiger Lehrkräfte steht, die beschriebenen Änderungen und ihre teils negativen Folgen abzuwenden.

Die Frage nach dem Verhältnis von *Theorie und Praxis* in der Lehrerbildung ist noch immer weitgehend ungeklärt (Terhart 2001, S. 170). Die begründete Gewichtung ist dabei nur ein Aspekt, denn der Versuch einer Verhältnisbestimmung fragt unausweichlich auch nach der Rolle der Erziehungswissenschaft. Die zunehmende Ausdifferenzierung der Erziehungswissenschaft hat sie zu einer wissenschaftlichen Disziplin mit eigenem Selbstverständnis werden lassen, welche sich von einer an der Bewältigung und Gestaltung von Handlungsproblemen ausgerichteten Pädagogik abgrenzt. Die größer gewordene »Kluft« zwischen den »zwei

Kulturen« (ebd., S. 171) erschwert den Stand der Erziehungswissenschaft in einer zeitgemäßen Lehrerbildung. Diese Diskrepanz ist nur dadurch zu lösen, dass die Erziehungswissenschaft als Disziplin entweder verschiedenen Arbeitsgebieten auch unterschiedliche Formen
an Aufgaben und Publikationsorganen etc. zugesteht und diese in ihrer jeweiligen Funktion
würdigt, oder indem sie neben der Vermittlung grundlegenden Theoriewissens auch eine
pädagogische Ausbildung jenseits ihres unmittelbaren Einflusses akzeptiert. Der zweite Ausweg würde der Erziehungswissenschaft langfristig wohl eine nebengeordnete Rolle in der
Ausbildung zuweisen, während andererseits die Lehrerbildung Gefahr laufen würde, durch
allzu viele gut gemeinte Ratschläge einer pädagogischen »Ratgeberkultur« ausgeliefert zu sein.
Es ist zu hoffen, dass sich die Erziehungswissenschaft – zumindest solange die Lehrerbildung
fest an der Universität etabliert ist – nicht aus ihrer Verantwortung für die Lehrerbildung zu-
rückzieht, sondern sich stattdessen weiterhin »wissenschaftliche« und »pädagogische« Arbeitsbereiche leistet. Im Anschluss an die Diskussion des Verhältnisses von Theorie und Praxis ist offen, welche Gewichtung der Studien- und Ausbildungsanteile (fachwissenschaftliche,
fachdidaktische, erziehungswissenschaftliche und schulpraktische) für bestimmte Lehrämter
zu bevorzugen ist. Auch die unzureichende Verknüpfung der Ausbildungsbestandteile ist zu
bemängeln (Terhart 2000, S. 83; Cramer u. a. 2009a).

Struktur der Lehrerbildung

Die Struktur der Lehrerbildung entspricht der in Deutschland verankerten Idee eines hori-
zontalen Schulsystems in der Primarstufe und dem darauf aufbauenden vertikalen System der
Sekundarstufen. Dieses Strukturmodell aus gemeinsamer Grundschulzeit aller Kinder und
hierarchischer Ausdifferenzierung in weiterführende Schularten liegt auch der Lehrerbildung
durch die Gliederung in unterschiedliche Lehrämter zugrunde (Terhart 2005, S. 788). Traditionell wird in fünf Lehrämter unterschieden, die den Schularten entsprechen, für welche die
jeweiligen Lehramtsabschlüsse qualifizieren: Grund- und Hauptschule, Realschule, Gymnasium, Sonderschule und Berufsschule. Die individuellen Ausprägungen der Schulsysteme in
den einzelnen Bundesländern und die entsprechend differenzierte Lehrerbildung führen derzeit jedoch zu über 40 verschiedenen Lehramtsbezeichnungen, die durch die klassische Typologie nicht erfasst werden können. Daher wurde im Zuge nationaler wie europäischer Aner-
kennungsfragen eine neue Typisierung durch die KMK eingeführt (Leusmann/ Glässner
1997): (1) Lehrämter der Grundschule bzw. Primarschule; (2) Übergreifende Lehrämter der
Primarstufe und aller oder einzelner Schulformen der Sekundarstufe I; (3) Lehrämter für alle
oder einzelne Schulformen der Sekundarstufe I; (4) Lehrämter für die Sekundarstufe II (allgemein bildende Fächer) oder für das Gymnasium; (5) Lehrämter für die Sekundarstufe II
(berufliche Fächer) oder für die beruflichen Schulen; (6) Sonderpädagogische Lehrämter.

    Es ist weiterhin fraglich, welche notwendigen Gemeinsamkeiten und welche sinnvollen
Unterschiede die Lehrämter und korrespondierende Wege der Lehrerbildung aufweisen sollten. Als gemeinsamer Kern kann gegenwärtig gelten, dass Lehrkräfte einer pädagogischen
Tätigkeit nachgehen (Terhart 2005, S. 789). Diese bedarf der wissenschaftlichen Vorbildung
an Universitäten oder gleichgestellten Institutionen, die sich sowohl auf Aneignung von
Fachwissen als auch auf die pädagogisch-didaktische Kompetenz der künftigen Lehrkräfte
bezieht und durch berufspraktische Anteile ergänzt werden muss. Die erste und zweite Aus-

bildungsphase werden durch Staatsexamina abgeschlossen. Prüfungsinhalte des Studiums werden dabei vom Staat, nicht von den Universitäten bestimmt.

Das Lehrerbildungssystem hat sich historisch in zwei bzw. drei Phasen ausdifferenziert. Die erste Phase umfasst das wissenschaftliche Studium an Universitäten oder Pädagogischen Hochschulen. Der Vorbereitungsdienst an Studienseminaren und Ausbildungsschulen wird als zweite Phase bezeichnet. Diese institutionelle Trennung geht mit unterschiedlichen Zielen und Inhalten beider Phasen einher: Während die erste Phase vornehmlich dem Erwerb von Theoriewissen dient, liegt der Schwerpunkt der zweiten Phase auf dem Erwerb von Handlungswissen (Blömeke 2004b, S. 262). Diese klassische Zweistufigkeit der Lehrerbildung wird heute um die dritte Phase ergänzt, die Fort- und Weiterbildung im Beruf sowie (im Idealfall) eine systematische Begleitung in den Berufseinstiegsjahren (z. B. durch Supervision). Gegenstand der Arbeit ist ausschließlich die erste Ausbildungsphase (Studium).

Die erste Phase wird institutionell von Universitäten und (in Baden-Württemberg) teilweise von gleichgestellten Pädagogischen Hochschulen verantwortet (Blömeke 2004b, S. 262). Sie dient dem Studium fachlicher und bildungswissenschaftlicher Grundlagen und schließt bislang überwiegend mit einer »Staatsprüfung« ab, die in den neuen Lehrerbildungsmodellen zunehmend durch einen »Master of Education« ersetzt wird. Für die Lehrerlaubnis an der Sekundarstufe II (gymnasiale Oberstufe) ist i. d. R. ein mindestens achtsemestriges Studium an der Universität erforderlich, die Ausbildung für die anderen Lehrämter (Primar- und Sekundarstufe I, Sonderlehrämter und berufliche Lehrämter) ist mit sechs bis acht Semestern meist kürzer und findet an Universitäten und Pädagogischen Hochschulen sowie (in Einzelfällen bei der Fachlehrerausbildung) auch an Seminaren und Akademien statt.

Aus inhaltlicher Sicht lassen sich vier Kernbestandteile der ersten Phase identifizieren (Terhart 2009, S. 427): Das Studium der Fachwissenschaften und Fachdidaktiken, erziehungswissenschaftliche Studien und Schulpraktika. Die fachwissenschaftlichen Studienanteile in zwei oder drei Fächern dominieren im Umfang die erste Phase, die Möglichkeiten ihrer Auswahl und Kombination ist bundeslandabhängig und zusätzlich von den Möglichkeiten der einzelnen Hochschulen und ihren Prüfungsordnungen abhängig. Das Fachstudium wird mit Abstrichen bezüglich des Umfangs an den jeweiligen wissenschaftlichen Studiengängen der Fächer (früher: Diplom; heute: Master) ausgerichtet. Die fachdidaktischen Studien sind organisatorisch den jeweiligen Fächern zugeordnet. Sie sind daher nicht eigens etabliert oder sichtbar und führen an vielen Standorten ein Schattendasein. Sie sollen die Verschränkung von Fachinhalten und den Erfolg des Unterrichts in den Fächern gewährleisten – ein Anspruch, den die gegenwärtige Lehrerbildung häufig nicht erfüllt. Die erziehungs- oder bildungswissenschaftlichen Studienanteile (»Pädagogische Studien«) variieren stark in ihrem Umfang (ca. 5 % bis 25 % des Gesamtumfangs des Studiums). Gegenstand sind Inhalte der allgemeinen Pädagogik und Schulpädagogik (hier insbesondere unterrichtsbezogene), in unterschiedlichem Umfang ergänzt durch Angebote aus den Fächern Pädagogische Psychologie, Soziologie, Philosophie und Theologie. Mit der Neuausrichtung der Lehrerbildung in konsekutiven Studiengängen verbindet sich die Hoffnung, die erziehungswissenschaftlichen Studien auszubauen und ein Kerncurriculum zu definieren. Schließlich integriert die erste Phase in allen Studiengängen mindestens ein Schulpraktikum. Wo mehrere Praktika vorgesehen sind, wird häufig zwischen Blockpraktika (mehrere Wochen; Einblick in die Gesamtheit beruflicher Tätigkeiten) und Fachpraktika (tageweise; Reflexion spezifischer fachlicher Aspekte) unterschieden. Die besondere Herausforderung wird darin gesehen, eine sinnvolle Verzahnung dieser Praxisphasen mit dem Studium an der Hochschule vorzunehmen.

In den letzten Jahren wurden insbesondere zwei alternative Modelle der Organisation von Lehrerbildung diskutiert. Erstens wird in den meisten europäischen Nachbarländern die Lehrerbildung einphasig durchgeführt. In Deutschland kann bis auf die Situation in der ehemaligen DDR und abgesehen von einem Modellversuch an der Universität Oldenburg in den 1970er Jahre auf keine Erfahrungen mit einem einphasigen Modell zurückgegriffen werden. Gleichwohl ist es aufgrund der internationalen Praktikabilität des einphasigen Modells erstaunlich, dass in Deutschland keine ernsthaften Bemühungen um eine Prüfung der Chancen und Grenzen einer solchen Organisationsstruktur unternommen werden. Zweitens kommen die Fachhochschulen (»universities of applied sciences«) für die Lehrerbildung in Betracht (Wissenschaftsrat 2001). Reizvoll scheinen diese als Ausbildungsinstitutionen, weil dort beruflichen Handlungsroutinen – gleichwohl auf wissenschaftlicher Grundlage – eine stärkere Bedeutung zukommt als an den Universitäten (Terhart 2000, S. 90). Eine stärkere Orientierung der Lehrerbildung an den berufspraktischen Anforderungen scheint dort eher realisierbar und die Ausbildungszeiten könnten sich insgesamt verkürzen. Dies würde nicht nur zu Einsparungen bei der Ausbildung, sondern auch bei der Lehrerbesoldung führen, da Fachhochschulabsolventen im öffentlichen Dienst schlechter bezahlt werden (Terhart 2005, S. 806). Allerdings fehlen die notwendige Breite an Fächern und Fachdidaktiken sowie die Bildungswissenschaften meist gänzlich, weshalb die Fachhochschulen in ihrer gegenwärtigen Gestalt kaum eine Alternative zu den Universitäten darstellen. Ein entsprechender Ausbau bzw. eine Umstrukturierung der Fachhochschulen würde vermutlich zu einem den Pädagogischen Hochschulen ähnlichen Hochschultyp führen, der den Anforderungen der bisherigen, stark an den Ingenieurs- und Wirtschaftswissenschaften ausgerichteten Fachhochschulen und den damit traditionell verbundenen Studiengängen kaum gerecht werden dürfte. Eine dort angesiedelte Lehrerbildung würde die geforderte Stärkung der Fachdidaktiken oder die Durchlässigkeit des Systems kaum fördern (Terhart 2001). Hinzu kommen die enormen Kosten einer grundlegenden Strukturreform, die nach den Erfahrungen der fast vollständigen Integration der Pädagogischen Hochschulen in die Universitäten eher nahelegen, die vorhandenen Mittel in eine Optimierung der Lehrerbildung im Rahmen bestehender Strukturen zu investieren, um so eine Verbesserung des Systems zu erzielen (Terhart 2005, S. 807).

Die institutionellen Merkmale der Lehrerbildung an der Hochschule variieren international erheblich (Blömeke 2004b, S. 264). Während in Finnland etwa die Lehrerbildung ausschließlich an der Universität angesiedelt ist, findet diese in der Schweiz traditionell auch an Lehrerseminaren statt – gleichwohl wird sie zunehmend an die dortigen Pädagogischen Hochschulen verlagert. Während etwa in Italien Hochschulabschluss und Lehrbefugnis zusammenfallen, wird in Dänemark (ähnlich wie in Deutschland) der universitären Phase eine praktische Ausbildung nachgestellt. In den USA oder in Großbritannien erfolgt die erste Ausbildungsphase rein wissenschaftlich (Bachelor in Fächern). Ergänzt wird sie i. d. R. durch eine knappe praxisorientierte Ausbildung. Auch der Grad an Wissenschaftlichkeit variiert erheblich, etwa von der stark akademischen Ausrichtung in Finnland bis hin zur eher am Training konkreter Fertigkeiten orientierten Ausbildung in England. Während in Finnland weitgehende Autonomie der Hochschulen bei der Gestaltung der Lehrerbildung existiert, ist in Deutschland, stärker aber noch in Großbritannien, eine starke staatliche Reglementierung und Steuerung zu beobachten. Schließlich erweist sich der zeitliche Gesamtumfang der Lehrerbildung in Deutschland mit viereinhalb bis sieben Jahren als überdurchschnittlich hoch, während in den meisten europäischen Ländern mit Ausbildungszeiten von insgesamt drei bis vier Jahren zu rechnen ist. Deutschland verfügt damit im Vergleich mit den Ausbildungssystemen anderer europäischer Staaten über eine sehr anspruchsvolle Lehrerbildung (Terhart 2000, S. 22). Die stetige Weiterentwicklung der Lehrerbildung ist daher insgesamt als »Erfolgsgeschichte« zur beurteilen (Sandfuchs 2004, S. 33).

Da die Universitäten neben der Ausbildung des wissenschaftlichen Nachwuchses in ihrer Institutionengeschichte vermehrt auch für die Ausbildung in anwendungsbezogenen akademischen Berufen verantwortlich wurden, erscheinen sie als Ort der Lehrerbildung legitim (Blömeke 2004b, S. 268). In ihrer Funktion der Allgemeinbildung und intellektuellen gesellschaftlichen Aufklärung liegen die Universitäten nahe bei den Erwartungen, die dem allgemeinbildenden Schulwesen zuteil werden. Die Pädagogischen Hochschulen sind stärker an den schulpraktischen Anforderungen orientiert. Gleichwohl haben sie einen Forschungsauftrag, was sich etwa – abgesehen von schulpraktischen Betreuungspflichten – im gleichen Lehrdebutat des Personals im Vergleich mit Universitäten zeigt. Dennoch haben die kleinen Organisationsstrukturen und die vergleichsweise knappe Ausstattung zu einer Krise Pädagogischer Hochschulen in Baden-Württemberg geführt, die auf Anraten einer »Strukturkommission Lehrerbildung 2000« – wie in den anderen Bundesländern bereits erfolgt – in die Universitäten integriert oder zu diesen ausgebaut werden sollten (Gesk 1999). Die Landesregierung hat diesen Vorschlag allerdings abgelehnt und die Pädagogischen Hochschulen in ihrer ursprünglichen Form beibehalten, wenngleich heute dort auch wissenschaftliche Abschlüsse in Erziehungswissenschaft und Fachdidaktiken angestrebt werden können (inklusive Promotion und Habilitation). Neuerdings kommen wieder Strukturdebatten auf, z.B. die Idee einer Zusammenlegung aller Pädagogischen Hochschulen zu einer Universität, bei Beibehaltung der einzelnen Standorte als Außenstellen.

Strukturprobleme der Lehrerbildung

Auf den ersten Blick erweisen sich die deutschen Lehrerbildungssysteme trotz ihrer jeweiligen Spezifika als anspruchsvoll (lange akademische Ausbildung) sowie auf kumulativen Kompetenzaufbau abzielend (theoretische Grundlagen an der Hochschule, berufsbezogene Ausbildung an den Seminaren sowie das Angebot einer kontinuierlichen Fort- und Weiterbildung in der dritten Phase). Gleichwohl wurden in den vergangenen Jahren die Defizite der Lehrerbildung in Deutschland durch Vertreter der Wissenschaft und im Rahmen bildungspolitisch initiierter Expertisen systematisch herausgearbeitet (Wissenschaftsrat 2001; Terhart 2002; MIWFT 2007). Nach Terhart (2006b, S. 51-57) bestehen verkürzt die nachfolgenden Strukturprobleme in der traditionellen Lehrerbildung.

Die Lehrerbildung weist eine starke strukturelle *Zersplitterung* auf. Es müssen zwei oder drei Fächer studiert werden, die nicht nur an verschiedenen Fakultäten organisiert sein können, sondern sich ggf. auch aus verschiedenen akademischen Disziplinen zusammensetzen (z.B. Fächerverbünde wie »Naturwissenschaftliches Arbeiten (NWA)«, das die früheren Schulfächer Biologie, Chemie und Physik an Realschulen in Baden-Württemberg integriert). Zu jedem Fach müssen die korrespondierenden Fachdidaktiken studiert werden. Hinzu kommen die bildungswissenschaftlichen Studienanteile (Erziehungswissenschaft und Pädagogische Psychologie durchgängig, ergänzende Studien in Philosophie, Soziologie und/oder

Theologie je nach Studiengang). Schließlich sind mittlerweile in alle deutschen Lehramtsstudiengänge Praktika bzw. schulpraktische Studien und begleitende Lehrveranstaltungen zur Unterrichtsplanung oder Reflexion der Unterrichtsversuche integriert. Diese umfangreichen und verschiedenen Studienbestandteile sind in sechs bis neun Semestern Regelstudienzeit zu durchlaufen. Dadurch ergeben sich aus Sicht der Studierenden, aber auch seitens der Planung der Hochschulen, erhebliche Schwierigkeiten bei der curricularen Abstimmung der Inhalte und Lehrveranstaltungen, was häufig zu einem (deutlichen) Überschreiten der Regelstudienzeiten führt. Hinzu kommt, dass die Lehramtsstudierenden mit Lehrangeboten versorgt werden, die von den jeweiligen Fächern, Instituten und Lehrenden häufig als ungeliebte Pflicht empfunden werden und neben den als wichtiger erachteten Lehrveranstaltungen für Hauptfachstudierende in den Diplom- und Magister- bzw. Bachelor- und Master-Studiengängen in Vorbereitung und (didaktischer) Qualität in den Hintergrund treten. Daran hat weder die Einrichtung der »Zentren für Lehrerbildung« etwas zentral geändert, noch ist die erziehungswissenschaftliche Lehre von dieser Problematik ausgenommen.

Zersplitterung ist ein wesentlicher Grund für die *mangelnde Verknüpfung und Abstimmung der verschiedenen Phasen* der Lehrerbildung. Der Vorbereitungsdienst kann kaum an einen einheitlichen Lernstand anschließen. Zusätzlich führen die stark verschiedenen Strukturen (z. B. Theorie vs. Praxis, unterschiedlicher Hintergrund der Lehrenden, Verschiedenheit in der Organisation und institutionellen Kultur) zu schwierigen Übergängen oder Brüchen von der ersten zur zweiten Phase oder sie bringen teils Dopplungen, teils mangelnde Anknüpfungspunkte oder Voraussetzungen mit sich (Hericks 2004). Die zweite Phase weist ihrerseits eine häufig unklare Abstimmung zwischen Studienseminar und Ausbildungsschule auf. Damit einher geht der Konflikt, einerseits zunehmend in die Rolle der Lehrkraft hineinwachsen zu sollen (Schule) und zugleich selbst abhängiger Lernender zu sein (Seminar). Hinzu kommt, dass sich die Ausbildungscurricula stark an den Wissensgebieten der Fächer sowie Bildungswissenschaften orientieren und weniger an den Kompetenzen, die Lehrkräfte konkret für eine erfolgreiche pädagogische Arbeit benötigen. Mit der Zersplitterung ist ein wesentliches Problem der Positionierung der Lehrerbildung als eine derzeit zentrale Aufgabe der Universitäten markiert (Prondczynsky 1998; Blömeke 2002). Die Forderung nach einer umfassenden und systembezogenen Standardisierung der Lehrerbildung erscheint daher naheliegend (Terhart 2002, S. 30; Oelkers/ Reusser 2008) und findet in der Umstellung auf die neuen Studienstrukturen auch teilweise Erfüllung.

Ein weiteres Strukturproblem ist hinsichtlich der *Prüfungsmodalitäten und Berufszugänge* zu konstatieren. Die einstellungsrelevanten Abschlussprüfungen (Erste und Zweite Staatsprüfung) erfolgen unter Aufsicht des Staates, was durch das Beisein eines entsprechenden Vertreters in mündlichen Prüfungen und bei Unterrichtsbesuchen (»Lehrproben«) gewährleistet wird. Inhalte sowie Art und Weise des Prüfens obliegen weitgehend den Hochschulen und Seminaren bzw. den Prüfenden. So folgen die Prüfungen i. d. R. einem traditionellen Muster des Reproduzierens vorbereiteter Themen, meist verbunden mit dem Anspruch einer persönlichen Stellungnahme bzw. Bewertung. Aufgrund der oben beschriebenen Zersplitterung müssen zahlreiche Einzelprüfungen absolviert werden, für die jeweils wiederum mehrere Themen vorzubereiten sind. So folgt die Prüfungsstruktur den Brüchen in der Ausbildungsstruktur, weshalb hier kaum eine Vergleichbarkeit von Abschlüssen, zumindest nicht zwischen Bundesländern, hergestellt werden kann. Hinzu kommt, dass Ausbildung und Prüfung zu einer breiten Qualifizierung führen. Ein im akademischen Sinne notwendiger Tiefgang mit dem Ziel einer grundsätzlichen Reflexion fachlicher Inhalte und der damit verbundenen Distanzierungsfähigkeit kann kaum erreicht werden. Dies ist im Blick auf erzieherische und didaktisch-methodische Fragen problematisch. Die bevorzugt an den Abschlussnoten orientierte Einstellungspraxis fördert, dass ein erheblicher Anteil des Unterrichts an deutschen Schulen »fachfremd« (von Lehrkräften, die für das jeweilige Fach nicht ausgebildet wurden) erteilt wird. Dies geht zu Lasten der Unterrichtsqualität und der Leistungen von Schülern, wie internationale Studien zeigen (Laczko-Kerr/ Berliner 2002; Darling-Hammond u. a. 2005). Im deutschsprachigen Raum existiert hierzu leider keine nennenswerte Forschung (Terhart 2007, S. 44). Außerdem ist bereits unter Studienanfängern eine starke Ungleichverteilung von Studierenden auf die Studienfächer zu beobachten. Insbesondere »kleinere« Nebenfächer sind chronisch unterversorgt (vgl. 3.7.3, S. 243).

Während im Zuge der Erstausbildung häufig eine (zu) umfangreiche Prüfungsstruktur anzutreffen ist, zeichnet sich der Berufsalltag durch eine *fehlende oder marginale kontinuierliche Lehrerbeurteilung* aus. Eine auf Lebenszeit verbeamtete Lehrperson unterliegt in den meisten Bundesländern derzeit keiner regelmäßigen Kontrolle oder Beurteilung (Terhart 2007, S. 40). Ausnahmen ergeben sich meist nur, wenn Lehrkräfte eine Funktionsstelle anstreben (Schulleitung etc.). Der Staat entzieht sich damit weitgehend einer Qualitätssicherung im Blick auf die wesentlichen Verantwortungsträger im Bildungssystem (OECD 2004). Eine Ausnahme ist Bayern (Hoyer u. a. 2001). Die z. B. in Baden-Württemberg eingeführten Fremdevaluationen schließen diese Lücke einer generellen und kontinuierlichen Lehrerbeurteilung nicht; die Besuche durch die Schulleitung in den ersten Berufsjahren können ebenfalls kaum als kontinuierlich oder möglichst objektiv erachtet werden.

Am Beispiel Baden-Württemberg wird deutlich, dass die Einstellung von Lehrkräften »nach Qualifikation und Eignung« erfolgt (Listen-Verfahren). Unter Qualifikation wird meist ausschließlich der sich aus Erster und Zweiter Staatsprüfung ergebende Notenschnitt gefasst, die Eignung beschränkt sich häufig auf die studierte Fächerkombination. Nach wie vor erfolgen die meisten Stellenbesetzungen aufgrund des Notenschnitts (»Gesamtqualifikation«), während der tatsächliche Bedarf an geeigneten Fachlehrern nur sekundäres Einstellungskriterium ist. Allerdings steigt die Quote an Einstellungen aufgrund »stellenscharfer« Ausschreibung: Schulen können in gesondertem Verfahren Lehrerstellen mit einem bestimmten Anforderungsprofil ausschreiben; der Schule wird ein erhebliches Mitbestimmungsrecht bei der Stellenbesetzung aufgrund der Bewerberlage eingeräumt. Zu ähnlichen Verfahren in anderen Bundesländern liegen Untersuchungen vor (Hercher u. a. 2006).

An anderer Stelle werden zwei weitere zentrale Probleme diskutiert, auf die an dieser Stelle nur verwiesen sei. Erstens markieren bereits die umfangreichen Prüfungsanforderungen (insbesondere im Vorbereitungsdienst) ein häufiges *Belastungserleben*, das für den Lehrerberuf charakteristisch ist und sich im berufsbiografischen Verlauf problematisch entwickeln kann (vgl. 4.1.1, S. 266). Zweitens stellt sich die Frage, *ob die Lehrerbildung überhaupt nachweislich wirkt* und in welcher Weise sie angehende Lehrpersonen auf ihre beruflichen Anforderungen vorbereiten kann (vgl. 1.2.4, S. 80).

Nachfolgend wird als letztes zentrales Strukturproblem die Frage gestellt, in welcher Weise die Umstellung der Lehrerbildung auf konsekutive Studiengänge ein *Spannungsverhältnis zwischen Professionalität und Polyvalenz* erzeugt. Es ist weitgehend unklar, wie diese Studienstrukturreform am besten erfolgen soll. Problematisch ist in diesem Zusammenhang auch das andernorts diskutierte Problem eines zyklischen Wechsels von *Mangel und Überfüllung bei der Lehrerversorgung* zu beurteilen (vgl. S. 18). Nachfolgend wird auch erörtert, ob und wie durch ein *Kerncurriculum* in der Lehrerbildung die Beliebigkeit der Themen und Inhalte (insbesondere in der erziehungswissenschaftlichen Ausbildung) eingedämmt werden kann.

Konsekutive Studienstrukturen

Die durch den Bologna-Prozess angestoßene Reform des europäischen Hochschulwesens hat eine Umstellung (fast) aller Studiengänge auf Studienstrukturen im Bachelor-/Master-System mit sich gebracht. Infolgedessen erschienen Publikationen, die sich mit Möglichkeiten und Problemen der gegenwärtigen Lehrerbildungsreform (Modularisierung) auseinandersetzen (Habel/Wildt 2004; Óhidy u. a. 2007; Erziehungswissenschaft 2010). Als Schlüsselmerkmale dieses Prozesses können die Umstrukturierung in modularisierte und konsekutive Studienstrukturen, die Einführung eines auf dem »workload« basierenden Punktesystems zur internationalen Vergleichbarkeit von Studienanforderungen und -leistungen sowie die Absicht einer verstärkten (berufsspezifischen) Kompetenzorientierung durch Verankerung von Kompetenzen im Curriculum gelten (Kuhlee/Buer 2009, S. 490). Aufgrund der vom Staat regulierten und überwachten Staatsprüfungen in den Lehramtsstudiengängen vollzieht sich dort die Umstellung auf die neuen Studiengänge im Vergleich zu den früheren Diplom- und Magisterstudiengängen vergleichsweise zaghaft und wird von einer starken bildungspolitischen Diskussion begleitet (im Überblick: Óhidy u. a. 2007, S. 249-331). Es erscheinen drei Wege einer B. A.-/M. A.-Struktur im Lehramt möglich (Terhart 2005, S. 807):

- Mit Studienbeginn entscheiden sich die Interessenten für ein lehramtsspezifisches B. A.-Studium, in dem von Anfang an neben zwei Fachwissenschaften auch deren Didaktiken und bildungswissenschaftliche Anteile studiert werden. Die bildungswissenschaftlichen Studien können Grundstock für einen »Bachelor of Education« sein, die einzelnen Studienkomponenten werden auf Master-Ebene fortgesetzt. Im Anschuss besuchen die Absolventen die Studienseminare. Diese Variante ist der Versuch einer Adaption der bisherigen Ausbildung an die neuen Studienstrukturen und zielt auf größtmögliche Kontinuität. Sie gewährleistet eine weiterhin umfangreiche Ausbildung, schränkt aber die Möglichkeiten einer Lehrerbildungsreform durch die Umstellung auf neue Studienstrukturen ein. Die beiden anderen Varianten verweisen auf einschneidende Reformen in der Organisation der Lehrerbildung:
- Die Studierenden belegen ein B. A.-Fachstudium und können bei einer Lehramtsperspektive zusätzlich bildungswissenschaftliche Anteile studieren. Nach dem B. A.-Abschluss bewerben sie sich ohne Master an den Studienseminaren, an denen die berufsspezifische Ausbildung erfolgt. Während im europäischen Vergleich eine Verkürzung der ersten Phase durch dieses Modell durchaus reizvoll erscheint, gefährdet dessen konsequente Umsetzung den ohnehin schlechten Ausbau der Fachdidaktiken an deutschen Universitäten.
- Das B. A.-Studium erfolgt in den Fachwissenschaften. In der Master-Phase werden dann korrespondierende Fachdidaktiken sowie bildungswissenschaftliche Anteile studiert, ggf. mit einem vorgeschalteten Schulpraktikum. Da sich die Studierenden in der ersten Phase nicht in einem Lehramtsstudiengang immatrikulieren müssen, sind mit dem B. A.-Abschluss vielfältige berufliche Perspektiven denkbar. Die Entscheidung für das Lehramt wird auf einen späteren (berufs-)biografischen Zeitpunkt verschoben, zu dem es eventuell leichter ist, sich vor dem Hintergrund der Studienerfahrungen bewusst für oder gegen den Lehrerberuf zu entscheiden. Zugleich eröffnet diese Variante die größte Vielfalt an beruflichen Wegen und erhöht die Wahrscheinlichkeit, dass sich nur wirklich interessierte Studierende dann auch für den Weg des Lehramts entscheiden – anderen Absolventen steht der freie Arbeitsmarkt offen, ohne den Nachteil eines aufgrund der Lehramtsspezifik »minderwertigeren« Abschlusses. Dies kann auch als Chance verstanden werden, verstärkt die »besten« Studierenden für das Lehramt zu gewinnen. Andererseits setzt in diesem Modell ggf. erst spät eine Identifikation mit dem Lehrerberuf ein.

Erste Erfahrungen mit den neuen Studienstrukturen in der Lehrerbildung zeigen in Bochum ein ambivalentes Bild (Ricken 2010): Die Verlagerung der bildungswissenschaftlichen Studienanteile in die Master-Phase erhöht aus Dozierendensicht die Reflexionsbereitschaft, das

Engagement und die Motivation für pädagogische Fragestellungen – vermutlich, weil das weitgehend fächerbezogene Studium in der Bachelor-Phase einen wissenschaftlich-kritischen Habitus besonders fördert und weil nach dessen Abschluss eine »neue« Entscheidung für das Lehramt erforderlich ist. Trotz der von den Studierenden kritisierten Verschulung des Studiums und ständigen Leistungskontrollen (Tegeler 2010) lässt sich mit Blick auf das Ende der weitgehenden Beliebigkeit studentischer Biografien eine positive Bilanz ziehen: Es ist erstmals definiert, was Lehrkräfte in ihrer Ausbildung »gelernt« haben. Ein einfaches »Mitlaufen-Lassen« der Lehramtsstudierenden in den Veranstaltungen der einzelnen Fächer ist kaum noch der Fall. Problematisch erscheint hingegen eine Überfrachtung der Programme, die mit einer Überlastung der Studierenden einhergeht und diesen kaum noch Raum lässt, ihren Neigungen und Interessen nachzugehen. Solche »handwerklichen« Fehler bei der Konstruktion und Planung der Studiengänge lassen sich mit relativ geringem Aufwand beheben und sind häufig auch Folge kollegialer Fehlabstimmung – nicht jeder Dozierende könne seine bevorzugten Themen in der Lehre platzieren, sondern müsse sich auch dem Gesamtvorhaben verpflichtet wissen (Ricken 2010, S. 120). Gerade in der Notwendigkeit der im kollegialen Austausch zu bewältigenden Reform der Lehrerbildung liegt eine Chance für deren Umstrukturierung. Schließlich hat die anfangs im Gymnasialbereich eingeführte »Major-/ Minor-Struktur« zu schlechter Anschlussfähigkeit an andere deutsche Lehrerbildungsstudiengänge geführt. Eine Umstellung auf die »Equal-Struktur« führt allerdings zu der traditionellen Problematik der Staatsexamens-Studiengänge, in denen keine Anschlussfähigkeit an Studiengänge jenseits des Zieles Lehrerbildung gewährleistet war. Erfahrungen an der Humboldt Universität zu Berlin zeigen außerdem, dass sich gerade bis zum Abschluss der Bachelor-Phase weder die Arbeitsmarktrelevanz (»employability«) noch die Anbahnung berufsspezifischer Kompetenzen in gewünschtem Maße vollzogen haben und die Studierenden daher meist in den Masterstudiengang drängen (Kuhlee/ Buer 2009). Hinzu kommt, dass die dort befragten Studierenden ein mit den alten Lehrerbildungsstrukturen vergleichbares Bild vom Lehrerberuf entwickeln, das offenbar stärker von ihren subjektiven Überzeugungen und Vorerfahrungen als von den Reformmaßnahmen geprägt ist.

Unabhängig von den jeweiligen Varianten zeichnet sich ab, dass es sich bei der Reform um in der Grundrichtung irreversible Maßnahmen zu handeln scheint (Keuffer 2010, S. 55), die aber durchaus modifiziert und auf diese Weise nachgebessert werden können (Ricken 2010, S. 119). Die bisher vollzogene Umstellung der Lehrerbildung auf die neuen Studienstrukturen verweist in der Realität allerdings auch auf Probleme, die einige der guten Absichten eher konterkarieren. So führt die Verantwortung der einzelnen Hochschule für die Modularisierung etwa zu einer stärkeren Diversifizierung der Lehrerbildung (Helsper/ Kolbe 2002; Arnold/ Reh 2005). Hinzu kommt, dass die Bundesländer unterschiedlich mit Reformvorgaben umgehen, sodass reine B. A.-/ M. A.-Strukturen oder klassische Strukturen (Staatsexamina) nebeneinander oder in Mischmodellen gleichzeitig existieren – von verschiedenen Bachelor-Binnenmodellen wie Major-/ Minor- oder Equal-Modellen ganz zu schweigen (Nakamura 2008). Diese Uneinheitlichkeit der Lehrerbildung hat die Mobilität zwischen Hochschulen bisweilen eher eingeschränkt statt erhöht (Keller 2010, S. 99; Keuffer 2010, S. 54). Die Situation zeigt, dass die Reformmaßnahmen im europäischen Hochschulraum ursprünglich nicht bzw. nicht ausreichend mit Blick auf die spezifischen Anforderungen der Lehrerbildung durchdacht wurden bzw. ohne eine ausreichende Zeit der Erprobung implementiert wurden (Terhart 2008, S. 34). Es muss eine kritische Zwischenbilanz gezogen werden (Weiler 2010).

Ein möglicher Weg, diesen durch den Föderalismus begünstigten Problemen zu begegnen, könnte die Gründung eines bundesweiten Verbandes für die Lehrerbildung sein. Dieser könnte Kompetenzen bündeln und zentrale Diskussionsprozesse anregen, die bislang weitgehend isoliert durch einzelne Gremien und Einrichtungen wie KMK, DIPF, MPI oder IQB angerissen werden (Keuffer 2010, S. 57). Ein solches »Teaching Council« wurde etwa in Australien, Kanada oder Irland gegründet (Sliwka 2008). In jedem Fall bedeuten die gegenwärtigen Veränderungen für die Struktur der Lehrerbildung eine echte Reform – einige Erziehungswissenschaftler sprechen von einer »historischen Zäsur« (Zymek 2008) – deren Chancen und Risiken erst im Rückblick angemessen bewertet werden können. Mit diesem Veränderungsprozess gehen einmalige Möglichkeiten für eine überfällige Erneuerung der Lehrerbildungssysteme einher, die produktiv genutzt werden sollten. Gegenwärtig muss ein Mangel an Begleitforschung konstatiert werden (Terhart 2009, S. 430). Eine besondere Herausforderung entsteht für die Lehrerbildungsforschung dadurch, dass Lehramtsstudierende in den neuen Strukturen, je nach Modell, in der Bachelor-Phase gar nicht mehr als solche erkennbar sind, da sie z. B. mit anderen Bachelor-Studierenden ohne Lehramts-Ambitionen gemeinsam studieren und sich so der Zugriff auf Probanden erschwert.

Kerncurriculum Erziehungswissenschaft

Die Reform der Lehrerbildung im Zuge der Umstellung auf neue Studienstrukturen rief erneut eine erstmals 1968 angestoßene Debatte (DGfE 1968) darüber hervor, was eigentlich das Spezifikum der erziehungswissenschaftlichen Bestandteile der Lehrerbildung sei (Wigger 2000; Wigger/ Horn 2002; Austermann u. a. 2004; Wigger 2004). Die Diskussion um ein »Kerncurriculum Erziehungswissenschaft« ist insbesondere auf die (von Studierenden) wahrgenommenen Defizite in Studium und Lehre zurückzuführen – sowohl in Hauptfachstudiengängen als insbesondere auch in den pädagogischen Anteilen der Lehramtsstudiengänge (Wigger 2010, S. 33). Kritisiert wurden und werden durch die Studierenden insbesondere der Mangel bei der Organisation der Studiengänge (z. B. fehlende Übersichtlichkeit und Beratungsangebote) und bei der curricularen Abstimmung (z. B. fehlende inhaltliche und zeitliche Abstimmung der Lehrveranstaltungen innerhalb der Erziehungswissenschaft, aber auch mit den anderen Ausbildungskomponenten). Die besondere Herausforderung besteht für die Erziehungswissenschaft darin, einerseits ein berufsspezifisches Angebot bereitzustellen, das auch aus Sicht der Lehramtsstudierenden die Erziehungswissenschaft als Teil der Lehrerbildung legitimiert, andererseits sich selbst als Wissenschaft bzw. akademische Disziplin zu etablieren und weiterzuentwickeln.

Sinn eines Kerncurriculums Erziehungswissenschaft ist die Sicherung fachlicher Identität und Kommunikationsfähigkeit innerhalb der stark ausdifferenzierten Disziplin (Reuter 2010, S. 43). Es definiert verbindliche Studieninhalte und schafft einen Minimalkonsens an Grundlagenwissen, über das alle Absolventen verfügen sollen. Die Vergleichbarkeit einzelner Studiengänge und die Mobilität zwischen Hochschulen soll erhöht werden. Das Kerncurriculum fördert eine gemeinsame Basis der professionellen Entwicklung in den erziehungswissenschaftlichen Teildisziplinen und Berufen. Auf diese Weise wird eine zunehmende »Polyvalenz« erziehungswissenschaftlicher Studiengänge, aber auch der Lehramtsstudiengänge erreicht – eine Öffnung und Qualifizierung für verschiedene Berufs- bzw. Tätigkeitsfelder (Reuter 2010, S. 44). Über die erziehungswissenschaftlichen Lehramtsanteile erschließen sich etwa Tätigkeiten als Assistenzlehrer, unterstützende pädagogische Tätigkeiten im außerschulischen Bereich oder Berufsfelder im Zusammenhang mit den studierten Fächern. Weiterhin eröffnen sich, je nach Ausrichtung des M. A.-Studiums (Lehramt, Erziehungswissenschaft, in einem der Fächer), weiterführende Perspektiven wie der Lehrerberuf, Karrieren in Schulleitung und -verwaltung, höher qualifizierte außerschulische Berufsfelder oder die Promotion.

In inhaltlicher Hinsicht wurden für die erziehungswissenschaftlichen Anteile der Lehramtsstudiengänge in den B. A.-Studienstrukturen von der DGfE zwei Studieneinheiten definiert, die von den Hochschulen je nach den örtlichen Möglichkeiten in Module überführt werden sollen (DGfE 2010). Studieneinheit 1 (»Grundlagen der Erziehungswissenschaft«) zielt auf die Bewusstmachung der Unterschiede zwischen alltäglichen pädagogischen und erziehungswissenschaftlichen Denkweisen, auf die Fähigkeit zur begrifflichen Eingrenzung pädagogischer Probleme sowie deren historische Verortung und gibt erste Einblicke in theoretische und methodische Fragestellungen. In Studieneinheit 2 (»Gesellschaftliche, politische und rechtliche Bedingungen von Bildung, Ausbildung und Erziehung in schulischen und nichtschulischen Einrichtungen unter Einschluss internationaler Aspekte«) soll in die Rahmenbedingungen pädagogischen Handelns und erziehungswissenschaftlicher Fragestellungen eingeführt werden. Dazu gehört auch die Befähigung zur kritischen Beurteilung pädagogischer Handlungskonzepte, erziehungswissenschaftlicher Forschung und die Kontextualisierung verschiedener Fragestellungen im disziplinären Kontext. Eine Vertiefung von Methoden sozialwissenschaftlicher Forschung ist erst im M. A.-Lehramtsstudium vorgesehen.

Mittlerweile liegen erste Erfahrungen mit Kerncurricula in der Erziehungswissenschaft vor, die exemplarisch am »Dortmunder Modell« aufgezeigt werden (Wigger 2010, S. 34). Dort folgt auf ein Bachelor-Studium in zwei Fächern mit erziehungswissenschaftlichem Modul eine einjährige (Primar- und Sekundarstufe I) bzw. zweijährige (Sekundarstufe II) Master-Phase. Dort werden neben vertiefenden fachwissenschaftlichen Studien erstmals fachdidaktische Seminare belegt sowie zwei Schulpraktika absolviert. Im Mittelpunkt steht aber die erziehungswissenschaftliche Lehre. Die Erziehungswissenschaft erfährt auf diese Weise eine Aufwertung als zentraler Bestandteil der Lehrerbildung. Erste Erfahrungen zeigen die für modularisierte Studiengänge typischen Folgen einer Verschulung (inhaltliche Festlegung, Anwesenheitskontrollen, Literaturlisten etc.). Diese macht eine schrittweise Vereinfachung der Regularien notwendig, um Forschung und Lehre nicht durch gesteigerte Bürokratie zu belasten. Andererseits führt die Modularisierung zu einem Ende der Beliebigkeit von Inhalten und zu einer intensivierten Abstimmung der Lehrenden untereinander, welche einen zeitlichen Mehraufwand aufgrund der höheren Leistungen Studierender rechtfertigt, wie sie sich etwa in Prüfungsergebnissen widerspiegeln. Die Verschulung bringt allerdings auch für die Studierenden einen größeren organisatorischen Aufwand mit sich, der zu einer instrumentellen Haltung führen kann: Studierende richten sich weitgehend an den Erfordernissen aus, die für ein zielstrebiges und erfolgreiches Studieren notwendig sind. Dabei gerät der Gedanke einer freien Bildung aus »Muße« zunehmend aus dem Blick. Eine systematische Evaluation solcher Erfahrungen steht aber noch aus.

1.2.2 Angebot der Lehrerbildung und dessen Nutzung

Die vorliegende Arbeit geht davon aus, dass institutionalisierte Lehrerbildung eine Bedeutung für die professionelle Entwicklung angehender Lehrkräfte hat. Diese Prämisse setzt voraus, dass die von der Lehrerbildung zur Verfügung gestellten Lerngelegenheiten auch (effektiv) genutzt werden. Angebot und Nutzung der Lerngelegenheiten vollziehen sich dabei im Kontext der institutionalisierten Lehrerbildung bzw. in den einzelnen Lehrerbildungsorganisationen. Damit ist auch der Prozess der professionellen Entwicklung von institutionellen Rahmenbedingungen und dem sich in ihnen vollziehenden Kompetenzerwerb abhängig. Da die Lehrerbildung bislang kaum als Institution und Organisation untersucht wurde, werden nachfolgend Überlegungen zur Schule auf die Lehrerbildung übertragen. Selbiges gilt für das Angebots-Nutzungs-Modell, das sich i. d. R. auf schulischen Unterricht bezieht.

Lehrerbildung als Organisation und Institution

Für die Analyse des Schulwesens hat sich der Begriff der »Organisation« zur Beschreibung der Einzelschule eingebürgert. Organisationen werden soziale Systeme genannt, in denen »Individuen oder Gruppen geordnet, arbeitsteilig und zielorientiert interagieren (arbeiten)« (Böttcher/Liesegang 2009, S. 517). Die »Institution« Schule ist dann das Gebilde, das sich aus der Summe der Organisationen bzw. Einzelschulen ergibt. Übertragen auf die Lehrerbildung kann die einzelne ausbildende Hochschule als Lehrerbildungsorganisation und die Lehrerbildung als Maßnahme aller beteiligten Lehrerbildungsorganisationen verstanden werden. Nachfolgend wird diese institutionalisierte Form der Erstausbildung angehender Lehrkräfte als »institutionalisierte Lehrerbildung« bezeichnet. In institutioneller Hinsicht stellen sich Fragen nach der rechtlichen Grundlage, der Planung, Finanzierung und insbesondere bildungspolitischen Steuerung der Lehrerbildung, die sich etwa in der Formulierung von Standards niederschlägt (vgl. 1.1.4, S. 47). Organisatorische Reformmaßnahmen haben für das Schulwesen bislang keine positiven Effekte auf dessen Leistungsfähigkeit zeigen können (Leithwood/Menzies 1998; Dempster 2000). Diese lassen sich vielmehr in der Unterrichtsqualität festmachen. Für das Hochschulwesen – insbesondere die Lehrerbildung – ist zu fragen, ob auch auf sie das Organisationsmerkmal eines »monoberuflichen Funktionssystems« (Stichweh 1996) zutrifft. Jedenfalls erscheint das professionelle Handeln des Lehrerbildners, also die Art und Weise der in der Lehrerbildung tätigen Dozierenden zu lehren, sich den Reformmaßnahmen weitgehend zu entziehen. Wie in Bezug auf die Schule (Böttcher/Liesegang 2009, S. 524) scheint in der bildungspolitischen Reformdebatte die Diskussion um professionelle Kompetenz des Personals auch in der Lehrerbildung hinter organisatorische und institutionelle Wünsche nach Veränderung zurückzutreten.

Die Schule als Organisation schränkt das individuelle Entscheidungs- und Handlungsverhalten der Lehrkraft ein, indem sie Rahmenbedingungen für Entscheidungen definiert (Luhmann 2006). Allerdings existieren innerhalb dieser bürokratisch-administrativen Strukturen Freiräume, die die Schule zu einer »pädagogischen« bzw. »professionellen« Institution machen (Mintzberg 1991; Merkens 2006). So liegt etwa die Verantwortung für die Art und Weise des Unterrichtens bei der einzelnen Lehrkraft (»didaktische Freiheit«). Die Lehrkräfte könnten in einen Widerspruch zwischen Anforderungen und Regeln der Organisation und Freiheiten professionellen Handelns geraten (Manojlovich/Ketefian 2002). Komplex wird dieses Spannungsverhältnis insbesondere durch die zunehmend vielfältigeren Aufgaben im Beruf (vgl. 1.1.1, S. 14). Produktiv umgegangen werden kann mit diesem Widerspruch nur, wenn das Spannungsverhältnis durch ähnliche oder sogar gleiche Rationalitätsannahmen minimiert wird, auf die die Organisation wie auch der Professionelle rekurrieren (Merkens 2009, S. 550). Lehrerbildung mit dem Anspruch, auf die Handlungsfähigkeit innerhalb dieses Spannungsverhältnisses vorzubereiten, steht vor der Herausforderung, die Aufgaben einer professionellen Lehrkraft innerhalb der Rahmenbedingungen von Schule und Schulaufsicht zu thematisieren und im Zusammenhang mit Praxiserfahrungen zu reflektieren.

Wird die Lehrerbildung als Organisation und Institution aufgefasst, ist eine Klärung des Verhältnisses von der durch die Institution Lehrerbildung und ihre Einzelorganisationen angebotenen Ausbildung und deren Nutzung durch die Studierenden notwendig. Der Ausbildungserfolg, welcher sich im Grad der professionellen Entwicklung der Aspiranten widerspiegelt, ist dann Folge der Passung von Angebot und Nutzung der Lerngelegenheiten. In der Lehrerbildung erscheint es wichtig, die Wissensstruktur der angehenden Professionellen in organisierten Arbeitskontexten zu thematisieren. Aus theoretischer Sicht muss dabei geklärt werden, wie die an individuelles Wissen gebundenen (pädagogischen) Vorerfahrungen im organisatorischen Kontext der Lehrerbildung aufgenommen, gefördert, aber auch kritisch reflektiert werden können (Argyris/Schön 1978). Organisationales Lernen bedeutet hier, das implizit vorhandene handlungsanleitende Wissen in explizite Handlungsmodelle zu überführen (Kuper 2009, S. 562). Dies geschieht etwa durch die Rückbindung individueller Erfahrungen aus den Schulpraktika an gemeinsame Begrifflichkeiten, die z. B. didaktische Theorien anbieten (Reflexion). Aus organisationstheoretischer Sicht handelt es sich hierbei um die Kommunikation innerhalb einer professionellen Gemeinschaft (Bonsen/Rolff 2006). In ihr wird etwa überprüft, ob ein Handlungsschritt mit dem (eigenen) Handlungskonzept übereinstimmt, oder ob das Konzept korrigiert werden muss (»single-loop-learning«). Dies setzt Konsens über erwünschtes Lehrerhandeln – z. B. im Anschluss an die Arbeiten zur Unterrichtsqualität – voraus. Das Handeln selbst einer Überprüfung zu unterziehen (»double-loop-learning«), erfolgt meist nicht in der Erstausbildung, sondern im Vollzug von Evaluation oder Schulentwicklung im Berufsalltag. Aufgabe der Ausbilder in der Lehrerbildung ist vor diesem Hintergrund die Initiation einer »Wissenskonversion«. Dies kann aus Sicht der Forschung zum Wissensmanagement über einen Vierschritt erfolgen (Nonaka u. a. 2001): Überführung impliziten Wissens in explizites Wissen (Externalisierung); Überführung expliziten Wissens in implizites Wissen (Internalisierung); Verknüpfung expliziten Wissens untereinander (Kopplung); Übertragung impliziten Wissens durch Sozialisation. Mit Blick auf die Lehrerbildung zeigt dieses Modell, dass sie vor der Aufgabe von Wissenskonversion in verschiedene Richtungen steht, also zwischen Wissensformen (Horn 1999) vermitteln muss.

Mit Blick auf solche Prozesse der Wissenskonversion ist Entwicklung von Professionalität durch Lehrerbildung immer auch ein Prozess, der nicht nur die einzelne Person betrifft, sondern auch eine Sicherung und Weiterentwicklung der Professionalität einzelner Schulen und Lehrerbildungsinstitutionen bzw. deren Personals umfasst (Prenzel/Fischer 2009). Professionelle Entwicklung in einem kooperativen Prozess setzt professionelle Lerngemeinschaften voraus (Brown 1997; Putnam/Borko 2000) – in Studium, Vorbereitungsdienst und in der dritten Phase, z. B. durch die Fort- und Weiterbildung gesamter Kollegien. Es erscheint daher sinnvoll, dass Forschung zur Professionalitätsentwicklung in der Lehrerbildung (1) das Programm der Bildungsmaßnahme, (2) die angehenden Lehrkräfte als Lernende in einem System, (3) die Ausbildenden als Unterstützende der Lernenden bei der Konstruktion neuen Wissens und neuer Praxis und (4) den Kontext der professionellen Entwicklung berücksichtigt (Borko 2004). Das Programm zur *Steigerung der Effizienz des mathematisch-naturwissenschaftlichen Unterrichts (SINUS)* setzt hier an (Prenzel/ Fischer 2009, S. 579-582). Professionalität wird besonders im Zusammenhang mit Lehrkräften im Beruf thematisiert – dort unter Berücksichtigung zahlreicher Kontexte, wie etwa dem Zusammenhang von Elternarbeit (»Erziehungspartnerschaft«) und professioneller Kompetenz von Lehrkräften (Krumm 2009).

Verhältnis von Angebot und Nutzung

Die Unterrichtsforschung hat ein Angebots-Nutzungs-Modell entwickelt, welches berücksichtigt, dass eine Differenz zwischen Lerngelegenheiten und dem Lernen selbst besteht (Fend 1981; Helmke/ Weinert 1997; Fend 2002; Helmke 2004). Lernen vollzieht sich nämlich im sozialen Umfeld der Unterrichtssituation, in der die Lehrperson letztlich keinen Einfluss darauf hat, ob und wie der einzelne Schüler die angebotenen Lerngelegenheiten tatsächlich nutzt. Ein zweiter Unsicherheitsfaktor besteht in der gemeinsamen Aushandlung der Lerngelegenheiten zwischen Lehrenden und Lernenden, wobei die Lehrkraft wiederum nur bedingt Einfluss auf die Entwicklung der Situation hat. Aufgrund dieser doppelten Unsicherheit (Unverfügbarkeit/ Unberechenbarkeit) durch die Kontexte einerseits und die soziale Interaktion andererseits sprechen Baumert/ Kunter (2006, S. 476) in Erweiterung des Modells von Helmke (2003, S. 42) von einem *Opportunitäts-Nutzungsmodell mit doppelter Kontingenz*. Empirische Lehrerbildungsforschung hat bislang nur selten das Verhältnis von Angebot und Nutzung untersucht (Ausnahmen sind z. B.: Oser/ Oelkers 2001; Blömeke u. a. 2008c).

Grundannahme des Modells ist, dass ein Lernangebot nicht direkt zu Wirkungen führen muss, der angebotene Unterricht sich also nicht zwingend im Kompetenzerwerb der Lernenden niederschlägt (Helmke 2004, S. 41-48). Es geht darum, (1) ob und wie das Angebot von den Lernenden wahrgenommen und wie es ggf. interpretiert wird sowie (2) ob, und wenn ja, zu welchen Prozessen des Kompetenzerwerbs (etwa in motivationaler, emotionaler und volitionaler Hinsicht) das Angebot auf Seite der Lernenden führt. Beide Prozesse entscheiden darüber, ob und in welchem Maße Lernen im Unterricht stattfindet. Die Mediationsprozesse, die zwischen dem Angebot des Lehrers und dem Lernen des Schülers liegen, hängen wieder von individuellen Eingangsbedingungen wie Vorkenntnissen, Lernstrategien und der Leistungsmotivation ab. Bedeutung für die Nutzung der Angebote hat weiterhin das Unterrichtsklima (vgl. 3.4.2, S. 203; S. 82).

Kern der Modellvorstellung im Zuge ihrer Übertragung auf die institutionalisierte Lehrerbildung ist die Suche nach einer optimalen Passung von Angebot und Nutzung im Prozess der professionellen Entwicklung. Beide Variablen sind beim Erwerb professioneller Lehrerkompetenz nicht unabhängig voneinander zu denken. Ein Lehrerbildungssystem kann eine (vermeintlich) gute Leistung erbringen, die Lehramtsstudierenden können diese eventuell aber nicht (optimal) nutzen. Auf der anderen Seite können Studierende eine hohe Leistungsbereitschaft zeigen, ihre Lern- und Leistungsmotivation wird eventuell aber nicht befriedigt, weil ihnen nicht die passenden oder qualitativ hochwertigen Lerngelegenheiten angeboten werden. Das Verhältnis von Angebot und Nutzung bestimmt in der Praxis einen äußerst komplexen Prozess, der kaum geplant oder kontrolliert werden kann. Nach dem Kompetenzmodell von Weinert (vgl. 1.1.3, S. 35) kommt daher insbesondere der Metakompetenz eine Schlüsselrolle zu. Sie beschreibt die Expertise, sich selbst als Lernender, Wissender und Handelnder wahrnehmen zu können. Ob Studierende und Referendare die ihnen angebotenen Lerngelegenheiten optimal nutzen können, hängt nicht nur von ihren kognitiven Fähigkeiten, sondern auch von ihrer Motivation, der Lernumgebung, ihrer Lerngeschichte, Kooperationsfähigkeit, Reflexionsfähigkeit und Bereitschaft zur Verantwortungsübernahme ab. Die Betrachtung der Lehrerbildung über das Angebots-Nutzungs-Modell rückt außerdem die Frage nach der Qualifikation der Dozierenden und Praxisbetreuer und den von ihnen verantworteten bzw. betreuten Lehrveranstaltungen und Praxisphasen in den Blick – ein Forschungsfeld, das bislang weitgehend ausgeblendet wurde.

Abbildung 4: Angebots-Nutzungs-Modell für die Lehrerbildung (vereinfacht)

Anmerkung: Übertragung des Modells von Helmke (2003, S. 42) auf die Lehrerbildung.

Abbildung 4 zeigt den Versuch einer Adaption des von Helmke (2003, S. 42) entwickelten Modells auf die Situation der Lehrerbildung. Die Professionalität der Studierenden kann als Ergebnis ihrer professionellen Entwicklung aufgefasst werden, die ihrerseits durch zahlreiche Größen bestimmt wird. Der Grad an professioneller Entwicklung hängt von Merkmalen der Ausbildenden (Expertise, Überzeugungen, Motivationale Orientierungen usw.) ab, definiert sich durch die tatsächlich gegebenen Lerngelegenheiten in der Lehrerbildung (Qualität, Umfang, curriculare Abstimmung usw.) und wird über Mediationsprozesse und den Grad an Lernaktivität, also das eigentliche Nutzungsverhalten der Angebote durch die Studierenden, bestimmt. Der zu einem bestimmten Zeitpunkt erreichte Grad an Professionalität ist aber zugleich nicht nur Folge des Kompetenzerwerbs, sondern hat selbst auch Einfluss auf die Mediationsprozesse und die Nutzung der Angebote durch Lernaktivität. Schließlich geht von der professionellen Entwicklung auch eine Veränderung bzw. veränderte Wahrnehmung der Bedingungen an der Hochschule und innerhalb der Lerngruppe aus. Professionelle Entwicklung in der Lehrerbildung vollzieht sich vor dem Hintergrund eines Angebots-Nutzungs-Modells also keineswegs linear, sondern beschreibt einen kumulativen und komplexen Prozess.

1.2.3 Lehrerbildungssystem, Studiengänge und Curricula

Die Interpretation der Daten zur Wahrnehmung des Angebots durch Studierende und zu deren Ausbildungserfahrungen im Rahmen der institutionalisierten Lehrerbildung erfordern eine Analyse des Angebots selbst, also dessen, was Studierende de facto »lernen« konnten. Das tatsächliche Ausbildungsangebot in einem Bundesland sowie dessen faktische Nutzung soll auf diese Weise Beachtung finden. Aus diesem Grund werden nachfolgend das Lehrerbildungssystem in Baden-Württemberg und die dortigen Ausbildungswege bzw. Lehramtsstudiengänge beschrieben. Die Curricula sind die verlässlichsten Quellen des Mindestangebots, das allen Studierenden zuteil wird. Allerdings kann die Analyse der Prüfungsordnungen und Studienpläne nicht die Frage ersetzen, welche einzelnen Lehrveranstaltungen die Studierenden wann im Studienverlauf belegt haben (vgl. 3.7.6, S. 247).

Im Zentrum der Arbeit steht die Lehrerbildung in Baden-Württemberg, deren Untersuchung einen spezifischen Beitrag zur Erforschung der Lehrerbildung insgesamt erwarten lässt. Die Lehrerbildung in diesem Bundesland ist im bundesdeutschen Vergleich durch die Besonderheit gekennzeichnet, dass Lehrkräfte für Grund-, Haupt- und Realschulen sowie für Sonderschulen an Pädagogischen Hochschulen, Lehrpersonen für die Gymnasien und für die höheren beruflichen Schulen an Universitäten ausgebildet werden. Die Ausbildungsgänge an diesen Institutionen sind im Hinblick auf fachliche, fachdidaktische, bildungswissenschaftliche und schulpraktische Anteile deutlich voneinander unterschieden, so dass es möglich ist, die Ausbildungsinstitutionen im Hinblick auf die Bedeutsamkeit ihrer Inhalte, Formen und Strukturen für die künftigen Lehrkräfte miteinander zu vergleichen.

Jede Schulart im dreigliedrigen Schulsystem, dessen Ergänzung durch die Sonderschulen sowie das berufliche Schulwesen bringen einen eigens zugeschnittenen Ausbildungsweg mit sich. Dabei sind die Studiengänge für das Grund- und Hauptschullehramt nicht klar voneinander zu trennen (s. u.). Beide Lehrämter werden auf Grundlage der gleichen Prüfungsordnung studiert, die nur im Sinne von Stufenschwerpunkten geringfügige Differenzierungen des Curriculums zulässt. Entsprechend werden Grund- und Hauptschullehrkräfte in beiden Schularten eingesetzt. Deshalb ist nachfolgend immer vom Grund-/ Hauptschullehramt als einer Sammelkategorie die Rede. Tabelle 1 ist das Ergebnis einer umfassenden Recherche zu den in Baden-Württemberg angebotenen Ausbildungswegen ins Lehramt. Sie zeigt, ausschließlich für die erste Phase, die Vielfalt der wählbaren Lehrämter, Fachrichtungen und die Institutionen bzw. Hochschulstandorte, welche die jeweiligen Ausbildungswege anbieten.

Das Grundschullehramt wird exklusiv den Absolventen der sechs Pädagogischen Hochschulen eröffnet. In den Hauptschulen hingegen unterrichten neben den wissenschaftlich ausgebildeten Lehrkräften (PH) auch Fachlehrer in musisch-technischen Fächern, die an pädagogischen Fachseminaren ausgebildet werden. Lehrpersonal der Realschulen wird exklusiv von den PHs ausgebildet. Die künftigen Gymnasiallehrkräfte durchlaufen alle ein universitäres Studium, wobei Teile in musischen und/ oder künstlerischen Bereichen an die Hochschulen für Musik und Darstellende Kunst sowie Kunsthochschulen ausgegliedert sind. Für das Lehramt an Sonderschulen werden neben PH-Absolventen auch nicht-wissenschaftliche Fachlehrer ausgebildet. Für die sonderpädagogischen Schwerpunkte Geistig- und Körperbehindertenpädagogik geschieht dies an einem Pädagogischen Fachseminar oder Fachseminar, letzteres bildet auch angehende Fachlehrer für Sonderschulen im technischen Bereich aus. Für das Lehramt an Beruflichen Schulen qualifizieren ebenfalls mehrere Institutionen. Im technisch-gewerblichen Bereich ist die Ausbildung an Universitäten mit technischem Profil oder an Hochschulen (früher: Fachhochschulen) angegliedert. Lehrkräfte mit kaufmännischem Profil werden lediglich an Universitäten ausgebildet. Dies gilt auch für das neue Profil eines Lehramts »Pflegewissenschaft«. Schließlich werden auch an den Beruflichen Schulen Fachlehrer eingesetzt, deren theoretische Ausbildung von den Seminaren für Didaktik und Lehrerbildung (Berufliche Schulen) verantwortet wird. Hinzu kommen, je nach Bewerberlage, fluktuierende Modelle des Quer- oder Seiteneinstiegs ins Lehramt. Meist werden solche Angebote für das Lehramt an Gymnasien und Beruflichen Schulen unterbreitet. Studien über die berufsspezifischen Kompetenzen solcher nicht auf dem üblichen Weg der Lehrerbildung qualifizierten und eingestellten »Seiteneinsteiger« im Vergleich zu regulärem Personal liegen für Deutschland nicht vor, während die internationale Befundlage eine Höherqualifikation der regulär ausgebildeten Lehrkräfte nahe legt (Terhart 2009, S. 433).

Tabelle 1: Struktur der Lehrerbildung in Baden-Württemberg (erste Phase)

Lehramt	Fachrichtung	Institution	Standort
Grundschule	allgemein	Pädagogische Hochschule	Freiburg, Heidelberg, Karlsruhe, Ludwigsburg, Schwäbisch-Gmünd, Weingarten
Hauptschule	allgemein	Pädagogische Hochschule	s. o.
	musisch-technisch	*Pädagogisches Fachseminar*	*Karlsruhe, Kirchheim, Schwäbisch-Gmünd*
Realschule	allgemein	Pädagogische Hochschule	s. o.
Gymnasium	allgemein	Universität	Freiburg, Heidelberg, Hohenheim, Karlsruhe, Konstanz, Mannheim, Stuttgart, Tübingen, Ulm
	musisch	Staatl. Hochschule für Musik	Freiburg, Karlsruhe, Trossingen
	musisch-künstlerisch	Staatl. Hochschule für Musik und Darstellende Kunst	Mannheim, Stuttgart
	künstlerisch	Staatl. Akademie für Bildende bzw. Freie Künste	Karlsruhe, Stuttgart
Sonderschule	allgemein	Pädagogische Hochschule	s. o.
	sonder-pädagogisch	*Pädagogisches Fachseminar*	*Karlsruhe*
	technisch	*Fachseminar*	*Reutlingen*
		Fachseminar	*Reutlingen*
Berufliche Schulen	technisch-gewerblich	Universität	Karlsruhe (TH), Stuttgart
		Hochschule	Aalen, Mannheim, Offenburg, Ravensburg-Weingarten
	kaufmännisch	Universität	Hohenheim, Konstanz, Mannheim
	pflegewiss.	Universität	Heidelberg
	technisch	*Seminar für Didaktik und Lehrerbildung (Berufl. Schulen)*	*Freiburg, Karlsruhe, Stuttgart, Weingarten*

Anmerkungen: In den *kursiv* gedruckten Qualifizierungswegen werden Fachlehrkräfte ausgebildet, die kein wissenschaftliches Studium absolvieren. Die Fachrichtung »allgemein« bedeutet, dass hier i. d. R. das gesamte Fächerspektrum auf wissenschaftlicher Grundlage studiert werden kann.

Die Vielfalt an Wegen ins Lehramt kann in empirischen Untersuchungen kaum gleichzeitig abgedeckt werden. Eine besondere Schwierigkeit ergibt sich vor allem aus der Unterscheidung von wissenschaftlichen Lehrkräften und Fachlehrkräften, die aus den verschiedenen angebotenen Ausbildungswegen hervorgehen. Während Studierende an Universitäten, Pädagogischen Hochschulen und Hochschulen eine wissenschaftliche erste Ausbildungsphase durchlaufen, absolvieren die Aspiranten der Pädagogischen Fachseminare, Fachseminare und Seminare für Didaktik und Lehrerbildung (Berufliche Schulen) eine seminaristische und damit keine akademische Ausbildung. Für das wissenschaftliche Lehramt ist die Hochschulreife Eingangsvoraussetzung, die seminaristische Ausbildung kann in der ersten Phase als klassischer »zweiter Bildungsweg« aufgefasst werden, der eine einschlägige abgeschlossene Berufsausbildung (und Berufserfahrung) voraussetzt. Den Absolventen der Seminare wird häufig die Möglichkeit eingeräumt, nach dem Examen an einer PH zu studieren.

Studiengänge und Curricula

Im Folgenden wird die jeweils erste Phase der in die Studie einbezogenen Lehramtsstudiengänge entlang der zu Erhebungsbeginn gültigen Prüfungsordnungen dargestellt. Zu Grunde gelegt werden: die (1) Verordnung des Kultusministeriums über die Erste Staatsprüfung für das Lehramt an Grund- und Hauptschulen (Grund- und Hauptschullehrerprüfungsordnung I – GHPO I vom 22. Juli 2003); die (2) Verordnung des Kultusministeriums über die Erste Staatsprüfung für das Lehramt an Realschulen (Realschullehrerprüfungsordnung I – RPO I vom 24. August 2003); die (3) Verordnung des Kultusministeriums über die Wissenschaftliche Staatsprüfung für das Lehramt an Gymnasien (Wissenschaftliche Prüfungsordnung – WiGymStPrV BW vom 13. März 2001) und die (4) Verordnung des Kultusministeriums über die Erste Staatsprüfung für das Lehramt an Sonderschulen (Sonderschullehrerprüfungsordnung I – SPO I vom 24. August 2003). Diese Verordnungen der baden-württembergischen Landesregierung sind der verbindliche Rahmen für die Gestaltung der Lehramtsstudiengänge durch die Hochschulen. Tabelle 2 (S. 78) zeigt die wichtigsten Merkmale der Studiengänge im Überblick (Grunddaten sowie Umfang von Theoriestudium und Schulpraxis).

Die Regelstudienzeit für das *Lehramt an Grund- und Hauptschulen* beträgt sechs Semester, für das *Lehramt an Realschulen* sieben Semester, wobei die ersten beiden Semester das Fundamentum bilden, darauf aufbauend folgt das vier- bzw. fünfsemestrige Hauptstudium (GHPO I, § 4; RPO I, § 4). Das Fundamentum dient der Vermittlung von Grundlagenwissen und wissenschaftlicher Methodenkompetenz im Erziehungswissenschaftlichen Bereich, im Grundlagenpflichtfach, im Grundlagenwahlfach sowie in den Fächern Deutsch, Mathematik und einem zu wählenden weiteren Fach unter Berücksichtigung grundlegender Aspekte der Grund- und Hauptschuldidaktik und vermittelt Einblicke ins Schulleben. Die Prüfungsanforderungen ergeben sich aus modularisierten Pflichtinhalten des Studiums. Am Ende des Fundamentums steht die Entscheidung für die Stufenschwerpunkte Grundschule (Klassen 1 bis 7) oder Hauptschule (Klassen 3 bis 10). Das Hauptstudium baut auf dem Fundamentum auf und dient der vertieften selbstständigen Erarbeitung fachlicher und pädagogischer Inhalte. Im Hauptstudium werden der Erziehungswissenschaftliche Bereich und das Grundlagenwahlfach fortgeführt. Es werden ein Hauptfach sowie zwei Fächer aus einem Fächerverbund als Leitfach und affines Fach gewählt; eines der im Fundamentum studierten Fächer ist i. d. R. als Leitfach weiter zu studieren.

Eine Kombination aus drei Fächern (Hauptfach, Leitfach, affines Fach) ist zu wählen (GHPO I, § 7; RPO I, § 7). Deutsch oder Mathematik müssen als ein Fach gewählt werden. Neben einem Hauptfach aus dem kompletten Fächerangebot ist aus ein und demselben Fächerverbund ein Leitfach sowie ein affines Fach zu wählen. Verbünde sind (GHPO I, § 6; RPO I, § 6): (1) Ästhetische Erziehung (Kunst, Musik, Sport, Evang./Kath. Theologie/Religionspädagogik); (2) Mathematisch-Naturwissenschaftlicher Verbund (Biologie, Chemie, Haushalt/Textil, Informatik, Mathematik, Physik, Technik, Evang./Kath. Theologie/Religionspädagogik); (3) Sozialwissenschaftlicher Verbund (Ethik, Geographie, Geschichte, Politikwissenschaft, Evang./Kath. Theologie/Religionspädagogik, Wirtschaftslehre); (4) Verbund Sprache (Deutsch, Englisch, Französisch, Evang./Kath. Theologie/Religionspädagogik).

Die schulpraktischen Studien dienen der Einführung in die Unterrichtätigkeit und beziehen sich auf pädagogische, fachliche, didaktische, soziokulturelle und methodische Fragen des Unterrichts (GHPO I, § 17; RPO I, § 17). Sie erfolgen in Form von Blockpraktika und Tagespraktika. Dabei wird eines der Praktika in der nicht als Schwerpunkt gewählten Schulart abgeleistet. Die Betreuung der Praktika erfolgt durch Professoren, Hochschul- und Privatdozenten, wissenschaftliche oder künstlerische Mitarbeiter und Lehrkräfte für besondere Aufgaben sowie Ausbildungslehrer. Über mindestens drei verschiedene Praktika werden zwei Gutachten aus einem Blockpraktikum oder Tagespraktikum durch Betreuer aus der Hochschule und ein Gutachten durch einen Ausbildungslehrer erstellt. Im RS-Studiengang ist außerdem ein vierwöchiges Betriebs- oder Sozialpraktikum zu absolvieren.

Vor Ende des zweiten Semesters ist eine *akademische Zwischenprüfung* im Erziehungswissenschaftlichen Bereich (Fächer Allgemeine Pädagogik, Schulpädagogik und Pädagogische Psychologie) sowie in Deutsch, Mathematik und in dem im Fundamentum gewählten weiteren Fach abzulegen (GHPO I, § 8; RPO I, § 10). Die Zwischenprüfung umfasst in allen Fächern das Bestehen einer Klausur (90 Minuten). Eine *akademische Teilprüfung* wird studienbegleitend absolviert und besteht in Erziehungswissenschaft, im Hauptfach und im Leitfach aus jeweils zwei Modulprüfungen (GHPO I, § 16; RPO I, § 16). Im affinen Fach findet ausschließlich eine akademische Teilprüfung statt, die aus zwei (GH) oder drei (RS) Modulprüfungen besteht. Die *Abschlussprüfung* umfasst (1) in Erziehungswissenschaft eine mündliche Prüfung und die akademische Teilprüfung, in Pädagogischer Psychologie eine mündliche Prüfung; (2) im Hauptfach eine schriftliche Prüfung, mündliche Prüfung und akademische Teilprüfung; (3) im Leitfach eine mündliche Prüfung und akademische Teilprüfung; (4) im affinen Fach eine akademische Teilprüfung (GHPO I, § 9; RPO I, § 10). Die Anforderungen ergeben sich aus den modularisierten Inhalten und Studienordnungen der Hochschulen. In einem der gewählten Fächer, im gewählten Fächerverbund, im Erziehungswissenschaftlichen Bereich oder im Grundlagenwahlfach ist eine wissenschaftliche Hausarbeit anzufertigen. Bedingungen für die Zulassung zur Prüfung sind neben der Hochschulreife auch der erfolgreiche Abschluss der Zwischenprüfung, der Teilprüfung, die erfolgreiche Teilnahme an den vorgeschriebenen Lehrveranstaltungen (nachgewiesen durch je einen Hauptseminarschein in Pädagogischer Psychologie, im Grundlagenwahlfach und im Hauptfach), an den schulpraktischen Studien sowie an einer Veranstaltung in Sprecherziehung (GHPO I, § 10; RPO I, § 10).

Das Studium für das *Lehramt an Gymnasien* soll fachwissenschaftliche, fachdidaktische, erziehungswissenschaftliche, ethisch-philosophische und praktisch-methodische Kenntnisse vermitteln. Es wird mit der Ersten Staatsprüfung für das Lehramt an Gymnasien (Wissenschaftliche Prüfung) abgeschlossen (WiGymStPrV BW, § 1). In der Prüfung soll nachgewiesen werden, dass in den Studienfächern fachwissenschaftliche, fachdidaktische, erziehungswissenschaftliche, ethisch-philosophische und im Fach Sport auch praktisch-methodische Kenntnisse und Fähigkeiten erworben wurden, die für einen erfolgreichen Unterricht an Gymnasien erforderlich sind. Die Regelstudienzeit beträgt zehn Semester, wobei sich diese durch nicht bereits in der Schulzeit erlernte alte Sprachen (z. B. im Theologiestudium: Latein, Altgriechisch, Hebräisch) um mehrere Semester erhöhen kann (WiGymStPrV BW, § 6).

Tabelle 2: Prüfungsordnungen der Lehramtsstudiengänge im Vergleich

	Merkmal	GH	RS	GY	SP
Grunddaten	Regelstudienzeit	6 Semester	7 Semester	10 Semester	8 Semester
	Studienabschnitte	Fundamentum Hauptstudium	Fundamentum Hauptstudium	(Sprachstudium) Studium	1. Studienabschnitt 2. Studienabschnitt
	Schwerpunkte	Grundschule Hauptschule	–	Zwei- oder Dreifachstudium	Sonderpädagog. Fachrichtungen
Theoriestudium	Erziehungswissenschaft	30 SWS	30 SWS	8 SWS	20 SWS
	Grundlagen/ -fragen	6 SWS	6 SWS	4 SWS	16 SWS
	Hauptfach	35 SWS	44 SWS		6 SWS (Deutsch)
	Leitfach/ 2. Hauptfach	31 SWS	36 SWS		6 SWS (Mathema.)
	affines Fach/ zus. Fach	18 SWS	24 SWS		16 SWS
	Sonderpäd. Fachrichtung 1	–	–	–	48 SWS
	Sonderpäd. Fachrichtung 2	–	–	–	48 SWS
	gesamt	120 SWS	140 SWS	160 SWS	160 SWS
	Wiss. Hausarbeit	3 Monate	3 Monate	4 oder 6 Monate	3 Monate
Schulpraxis	Orientierungspraktikum	2 Wochen	2 Wochen	–	2 Wochen
	Tagespraktikum 1	allgemein	allgemein	–	allgemein
	Tagespraktikum 2	im Hauptfach	im Hauptfach	–	im Hauptfach
	Tagespraktikum 3	im Leitfach	im Leitfach	–	im Leitfach
	Blockpraktikum 1	3/4 Wochen	3/4 Wochen	–	3/4 Wochen
	Blockpraktikum 2	3/4 Wochen	3/4 Wochen	–	3/4 Wochen
	Praxissemester	–	–	13 Wochen	–

Anmerkung: Der Umfang der Schulpraxis variiert je nach Studienordnung der Pädagogischen Hochschulen geringfügig. Die Angaben entsprechen den zum Zeitpunkt der Erhebung gültigen Bestimmungen der Pädagogischen Hochschule Weingarten. Die Semesterwochenstunden sind den Prüfungsordnungen bzw. deren Anhängen entnommen, können in der Praxis der einzelnen Hochschule aber geringfügig variieren, da nicht alle Sonderfälle/ -regelungen in der vorliegenden Tabelle berücksichtigt werden konnten.

Es ist eine Kombination aus mindestens zwei der nachfolgenden Hauptfächer zu studieren (WiGymStPrV BW, § 4): Gruppe I: Deutsch, Englisch, Französisch, Mathematik; Gruppe II: Biologie, Chemie, Evang. Theologie, Geographie, Geschichte, Italienisch, Jüdische Religionslehre, Kath. Theologie, Latein, Philosophie/ Ethik, Physik, Politikwissenschaft, Spanisch, Sport; Gruppe III: Erziehungswissenschaft, Griechisch, Informatik, Russisch. Für die Zulassung zum Vorbereitungsdienst in Baden-Württemberg sind Studierende an folgende Kombinationsmöglichkeiten gebunden: Die Fächer der Gruppe I können in beliebiger Verbindung untereinander gewählt werden. Ein Fach der Gruppe II kann in Verbindung mit einem Fach der Gruppe I oder mit zwei weiteren Fächern der Gruppe II, ausgenommen Evang. Theologie in Verbindung mit Kath. Theologie und Jüdische Religionslehre in Verbindung mit Evang. Theologie oder Kath. Theologie gewählt werden. Ein Fach der Gruppe III kann nur in Verbindung mit zwei Fächern der Gruppe I oder einem Fach der Gruppe I und einem weiteren Fach der Gruppe II gewählt werden. Dies führt zu Gymnasiallehrkräften, die entweder zwei oder drei Fächer studieren, wobei stets zwei Fächer als »Hauptfächer« eine stärkere Gewichtung erfahren und das dritte Fach als »Beifach« mit geringerem Umfang studiert wird. Dort wird eine »Erweiterungsprüfung« mit geringeren Prüfungsanforderungen abgelegt. Aufgrund einer Sonderregelung kann eines der Fächer Evang. Theologie, Jüdische Religionslehre und Kath. Theologie außerdem mit jedem Fach der Gruppe II (ausgenommen Philosophie/Ethik) als Zwei-Fächer-Verbindung gewählt werden. Ähnliche Ausnahmen gibt es für die Kombination zweier Naturwissenschaften.

Zur Prüfung wird zugelassen, wer neben Hochschulreife, akademischer Zwischenprüfung und ggf. Sprachstudium auch die erfolgreiche Teilnahme am Schulpraxissemester, an den Pädagogischen Studien, am ethisch-philosophischen Grundlagenstudium sowie die erforderlichen Leistungen in den Lehrveranstaltungen der Hauptfächer nachweisen kann (WiGymStPrV BW, § 8). Die *akademische Zwischenprüfung*, die aus studienbegleitenden Leistungen bestehen kann, ist bis zum Ende des vierten Semesters abzulegen (WiGymStPrV BW, § 7). Die *Abschlussprüfung* umfasst in Hauptfächern und ggf. im Beifach schriftliche oder praktische Prüfungen, die einer mündlichen Prüfung vorausgehen. Die Regularien sind umfangreich und für jedes Fach unterschiedlich (WiGymStPrV BW, Anlage A).

Einheitliche Regelungen gibt es im Bereich der Pädagogischen Studien, in denen pädagogische/schulpädagogische und pädagogisch-psychologische Grundlagen im Umfang von 28 Semesterwochenstunden studiert werden müssen (WiGymStPrV BW, Anlage B). Sie sollen einen Überblick über den »Arbeitsplatz Schule« geben und der Vor- bzw. Nachbereitung des Praxissemesters dienen. Auf das Schulpraktikum (»Praxissemester«) entfallen 20 SWS. Im theoretischen Bereich ist die Teilnahme an zwei Vorlesungen/Lehrveranstaltungen zur Einführung in die Pädagogik/Schulpädagogik bzw. zur Einführung in Pädagogische Psychologie verpflichtend. Benotete Leistungsnachweise sind außerdem in zwei Seminaren zur Vertiefung folgender Bereiche zu erbringen: (1) Schule als Institution; (2) Schule in ihrem sozial-kulturellen Umfeld; (3) die Lehrkraft und ihre Kompetenzen; (4) Strukturen und Organisationsformen von Lehr- und Lernprozessen. Das Ethisch-Philosophische Grundlagenstudium wird i. d. R. von der Philosophie und von der Theologie angeboten. Die vorgeschriebenen Lehrveranstaltungen können in einem der Bereiche (auch außerhalb der Fächerkombination des Bewerbers) absolviert werden. Es ist jeweils ein benoteter Leistungsnachweis in einer interdisziplinär ausgerichteten Lehrveranstaltung zu ethisch-philosophischen Grundfragen sowie in einer Lehrveranstaltung zu fach- bzw. berufsethischen Fragen zu erbringen.

Das Studium *Lehramt an Sonderschulen* gliedert sich in zwei Studienabschnitte mit einer Regelstudienzeit von insgesamt acht Semestern (SPO I, § 4). Auf einen viersemestrigen ersten Studienabschnitt, für den weitestgehend die Regelungen der GHPO I zutreffen, baut ein viersemestriger zweiter Abschnitt auf. Im ersten Abschnitt sollen Grundlagenwissen sowie wissenschaftliche Methodenkompetenz unter Berücksichtigung grundlegender Aspekte der besonderen Förderung von Kindern und Jugendlichen erworben und Einblicke ins Schulleben gewonnen werden. Neben dem Erziehungswissenschaftlichen Bereich (Erziehungswissenschaft, Pädagogische Psychologie und Grundlagenpflichtfach) werden die Fächer Deutsch, Mathematik und ein vom Studierenden zu wählendes anderes Fach studiert. Darauf aufbauend werden der Erziehungswissenschaftliche Bereich sowie zwei der studierten Fächer fortgeführt. Der zweite Studienabschnitt umfasst das Studium von Grundfragen, zweier sonderpädagogischer Fachrichtungen sowie zweier Wahlpflichtbereiche. Das Grundfragenstudium beinhaltet zwei Grundfragenbereiche, wovon einer den medizinischen Bereich und Soziologie umfassen muss. Studierende wählen eine erste und eine zweite sonderpädagogische Fachrichtung: Blinden- und Sehbehindertenpädagogik; Hörgeschädigtenpädagogik; Geistigbehindertenpädagogik; Körperbehindertenpädagogik; Pädagogik der Erziehungshilfe; Pädagogik der

Lernförderung; Sprachbehindertenpädagogik. Der erste Studienabschnitt kann an allen Pädagogischen Hochschulen erfolgen, der zweite Abschnitt nur an den Standorten Heidelberg und Reutlingen (Außenstelle der PH Ludwigsburg).

Eine akademische Zwischenprüfung ist im Erziehungswissenschaftlichen Bereich (Allgemeine Pädagogik, Schulpädagogik Pädagogische Psychologie), in Deutsch, Mathematik und dem gewählten weiteren Fach zu absolvieren (SPO I, § 5). Es ist jeweils eine Klausur abzulegen, in Fremdsprachen ggf. eine mündliche Prüfung. Die Abschlussprüfung erfolgt im ersten Abschnitt in Erziehungswissenschaft und im Hauptfach (SPO I, § 6). Die Anforderungen entsprechen jenen der GHPO I. Im zweiten Abschnitt wird die Prüfung in zwei Grundfragenbereichen, zwei sonderpädagogischen Fachrichtungen und zwei Wahlpflichtbereichen abgelegt. Sie umfasst die wissenschaftliche Hausarbeit, in der ersten sonderpädagogischen Fachrichtung die schriftliche Prüfung, ein über ein betreutes Kind angefertigtes diagnostisches Gutachten und die mündliche Prüfung. In der zweiten sonderpädagogischen Fachrichtung erfolgt die mündliche Prüfung und die akademische Teilprüfung (zwei Teilprüfungen im Grundfragenstudium und je eine Teilprüfung in den gewählten Wahlpflichtbereichen).

1.2.4 Wirkungsweise der Lehrerbildung

Publikationen beschäftigen sich zunehmend mit der Frage, ob die Lehrerbildung wirksam ist und wie ihre Wirksamkeit ggf. erfasst werden kann (Rowan u. a.1997; Weinert/ Helmke 1997; Wright u. a. 1997; Ditton 2002; Helmke/ Jäger 2002; Baumert u. a. 2003; Ingvarson u. a. 2007; Terhart 2007, S. 55; Hascher 2011). Es ist von zwei Grundannahmen auszugehen, wenn der Lehrerbildung Wirksamkeit unterstellt wird: (1) Lehrerhandeln beeinflusst Schülerhandeln und (2) Lehrerhandeln ist von der Qualität der Lehrerbildung abhängig (Blömeke 2004a, S. 62). In den Lehramtsstudiengängen nehmen die fachbezogenen Studien (Fachwissenschaft und Fachdidaktik) einen großen Raum ein. Es wäre also kurzsichtig, die Wirkungsforschung auf allgemeine Aspekte der Ausbildung, wie etwa die pädagogischen Studien, zu begrenzen. Es gilt freilich zu beachten, dass die fachbezogenen Studien in den »niederen« Lehrämtern einen geringeren Stellenwert einnehmen. Auf der Suche nach angemessenen Kriterien gilt es auch zu berücksichtigen, nach welcher spezifischen Phase der Ausbildung eigentlich gefragt wird. Studium, Vorbereitungsdienst und Berufspraxis unterscheiden sich bezüglich der Organisation, Inhalte und Kompetenzanforderungen deutlich. Es ist also unausweichlich, den für die einzelnen Phasen zuständigen Institutionen und den jeweiligen Kontexten der Ausbildung Aufmerksamkeit zu schenken. Hierzu gehört auch, dass Kandidaten verschiedener Lehrämter an unterschiedlichen Einrichtungen mit ihrem je eigenen Profil studieren.

Die Frage, ob Lehrerbildung wirksam ist, kann nach Oelkers nicht beantwortet, sondern nur gestellt werden. »Was die Wirksamkeit der Lehrerbildung tatsächlich ausmacht, wissen wir nicht. Die Ziele sind gigantisch, die Datenbasis verschwindend gering. Das Feld wird beherrscht von idealen Theorien oder besser von theoretischer Idealität, die sich auf auffällige Weise kümmerlich zur Realität verhält« (Oelkers 1996, S. 5). Zwar wurde stets über die theoretische Konzeption, gleichsam den Sinn von Lehrerbildung gestritten: Kerschensteiner oder Spranger haben jedoch nie nach deren Effektivität gefragt. Sinn und Notwendigkeit der Lehrerbildung beruhen auf der Annahme, dass diese institutionalisierte Maßnahme wirkt, also zu einer professionellen Entwicklung der angehenden Lehrkräfte beiträgt, ihr eine positive Bedeutung für das Lernen und Erleben der Schüler zukommt. Unter Annahme dieses Axioms hat eine »bessere« Lehrerbildung auch eine höhere Unterrichtsqualität und damit ein effektiveres Schülerlernen zur Folge. Was aber, wenn diese grundlegende Überzeugung, auf der alle Bemühungen um eine Optimierung der Lehrerbildung beruhen, ins Schwanken gerät, wenn sich keine oder nur marginale empirische Anhaltspunkte für ihre Gültigkeit finden lassen?

Auf dem Weg zur Lehrperson stellt die eigentliche Ausbildung (Studium und Anwärterzeit) biografisch gesehen nur einen geringen zeitlichen Teil dar (Kersten 2001, S. 399). Entsprechend kontrovers ist die Diskussion darüber, in welchem Maße die Lehrerbildung überhaupt auf ihre Adressaten wirkt. Einerseits wird vermutet, die zeitlich letzlich überschaubare Ausbildung könne die Einflüsse der ersten rund 20 Lebensjahre nicht übertreffen (Selbst- und Fremdsozialisation im Rahmen von Familie, Schule, Peergroup sowie durch Medien und Gesellschaft; vgl. Zinnecker 2000), andererseits wird die institutionalisierte Lehrerbildung als wesentlicher Faktor für das Erlernen berufsrelevanter Kompetenzen hervorgehoben (Oser/Oelkers 2001). Zunächst erscheint es kein Widerspruch zu sein, dass wichtige Einstellungen gegenüber dem Lehrerberuf und dessen Anforderungen bereits in der eigenen Zeit als Schülerin und Schüler gefestigt werden und der Erwerb professioneller Kompetenzen dann im Rahmen der institutionalisierten Lehrerbildungsmaßnahmen hinzu tritt. Problematisch erscheint aber die Annahme, die mitgebrachten Einstellungen könnten einen stärkeren oder gar den entscheidenden Einfluss auf das spätere Lehrerhandeln haben. Denn in aller Konsequenz ließe sich dann auch die Frage stellen, ob Lehrerbildung *überhaupt* in einer berufsrelevanten Weise wirksam ist, ihr also letztlich eine Bedeutung für Unterricht und Schule zukommt. Über diese Frage wird in der US-amerikanischen Erziehungswissenschaft seit einigen Jahren erbittert gestritten (vgl. S. 89).

Im deutschsprachigen Raum haben sich traditionell zwei Zugangsweisen empirischer Forschung zur Lehrerbildung etabliert: Der erste Typus befragt Studierende zu ihren gegenwärtigen Erfahrungen in und mit ihrer Ausbildung (Rosenbusch u. a. 1988; Mayr 1994a; Flach u. a. 1995), der zweite Typus befragt berufstätige Lehrer retrospektiv zu ihren Ausbildungserfahrungen (Hirsch u. a. 1989). Beide Zugänge haben hinsichtlich ihrer Fragestellungen eine Berechtigung, sind aber aufgrund ihrer querschnittlichen Anlage im Blick auf die Wirkungsfrage unzureichend. Es reicht weder aus, Studierende hypothetisch nach ihrem künftigen Beruf zu befragen, noch gibt der retrospektiv-verklärte Blick berufstätiger Lehrkräfte Auskunft über die Wirksamkeit ihrer Ausbildung. Es ist unerlässlich, den Weg ins Lehramt längsschnittlich zu begleiten, um so tatsächliche Veränderungsprozesse nachzeichnen zu können. Prospektive oder retrospektive Befragungselemente sollten nur dort angewandt werden, wo Vermutungen oder Erinnerungen bewusst Gegenstand der Forschung sind (z. B. die Frage der Biografieforschung, an welche einschneidenden Momente ihrer Erstausbildung sich berufstätige Lehrkräfte überhaupt erinnern können). Es gilt einen Bogen zwischen den Ersterfahrungen in der Ausbildung oder im Idealfall von den berufsspezifischen Vorerfahrungen bis hin zu den Erfahrungen des beruflichen Alltags zu spannen. Nur aufgrund feststellbarer Veränderungen lassen sich auch Überlegungen zu möglichen Wirkungen der Ausbildung anschließen.

Im Anschluss an die vorangehenden Überlegungen erscheint es notwendig, zwischen einer »institutionalisierten Lehrerbildung« und der »Lehrerbildung« insgesamt zu unterscheiden. Die institutionalisierte Lehrerbildung umfasst alle organisierten Ausbildungsmaßnahmen in Studium und Vorbereitungsdienst, die durch Curricula definiert und durch Personal der Institutionen Hochschule und Studienseminar verantwortet werden. Die Lehrerbildung insgesamt schließt hingegen auch die vielfältigen (individuellen) Bedingungen der Ausbildung mit ein, die durch Vorerfahrungen, Sozialisation und Erziehung sowohl vor als auch während der eigentlichen Ausbildung Bedeutung für die berufsbiografische Entwicklung künftiger Lehrpersonen erlangen. Allerdings hat sich der Terminus Lehrerbildung so etabliert, dass er gewöhnlich die institutionell verankerte Ausbildung meint. Empirisch ist ungeklärt, wie sich beide Größen, institutionelle und nicht-institutionelle Einflüsse zueinander verhalten und wie groß bzw. relevant der nicht-institutionalisierte Teil der Ausbildung im Prozess der Entwicklung von Professionalität ist.

Einfluss des Lehrerhandelns auf Schülerleistungen

Nachfolgenden Ausführungen liegt die Annahme zugrunde, dass sich die Qualität eines Lehrerbildungssystems an dessen Wirkung bemisst. Dieser Trend hin zu einem evidenzbasierten Qualitätsbegriff in der Lehrerbildung (Weber/ Achtenhagen 2009) lässt sich im Anschluss an die Diskussion um Unterrichtsqualität fassen. Unterricht ist nicht dann gut (qualitativ hochwertig), wenn er bestimmte methodische Bedingungen erfüllt (Methodenorientierung), sondern so gut wie die Wirkungen, die er erzielt (Wirkungsorientierung) (Helmke 2004, S. 17).

Die Kompetenzen von Lehrkräften – vermittelt über das Lehrerhandeln – gelten in der Forschung als wichtige Einflussgröße auf den Schulerfolg der Lernenden (Rowan u. a. 2002; Lanahan u. a. 2005; Baumert/ Kunter 2006; Lipowsky 2006; Küsting u. a. 2009; Pauli/ Reusser 2009; Wuttke 2009). Lehrerhandeln erweist sich demnach als eine zentrale Determinante von Unterrichtsqualität. Effektive Klassenführung, kognitive Aktivierung und unterstützendes Unterrichtsklima gelten als die drei Basisdimensionen von Unterrichtsqualität (Klieme 2006) – an allen ist die Lehrkraft unmittelbar beteiligt. *Effektive Klassenführung* (»classroom management«) bedeutet im Kern, die Zeit aktiven Lernens zu maximieren und Unterrichtsstörungen zu minimieren (Slavin 2006). So entstehen Lerngelegenheiten als Voraussetzung für den Wissenserwerb (Helmke/ Weinert 1997). Kounin (1976) hat eine bis heute konsensfähige Auflistung von präventiven und reaktiven Merkmalen der Klassenführung vorgenommen. Die effektive Klassenführung gilt als zentraler Indikator für die Klassenleistung (Wang u. a. 1993). *Kognitive Aktivierung* bezieht sich auf die fachliche Qualität des Unterrichts, die Verarbeitungstiefe sowie die Art und Weise, in der sich Schüler mit dem Unterrichtsgegenstand auseinandersetzen (Baumert u. a. 2004; Pauli u. a. 2008). Sie gilt dann als besonders hoch, wenn die Lehrkraft »gute« Aufgaben stellt, kognitive Konflikte erzeugt, die Unterschiedlichkeit von Zugängen betont und wechselseitige Kommunikation zwischen den Lernenden fördert (Brophy 2000; Klieme/ Reusser 2003; Lipowsky 2006; Maier u. a. 2009; Kleinknecht 2010). Es zeigt sich ein positiver empirischer Zusammenhang zwischen kognitiver Aktivierung und Schülerleistungen (Künsting u. a. 2009, S. 661). Das *Unterrichtsklima* (vgl. 3.4.2, S. 203) bezieht sich auf die Art und Weise, wie Lehrer und Schüler bzw. Schüler untereinander kommunizieren, auf das Engagement der Klasse und auf Merkmale der Lehrkraft (Eder 1996; Gruehn 2000; Mayr 2004; Klauer/ Leutner 2007). Ein positives Klima fördert Schülerleistungen (Brophy 2000), im Wesentlichen liegt seine Bedeutung aber auf affektiv-motivationaler Ebene (Campbell u. a. 2004; Grewe 2007; Künsting u. a. 2009). Neben den drei Basisdimensionen weisen neuere Publikationen darauf hin, dass die Bedeutung des Lehrerhandelns für die Leistungen der Lernenden in hohem Maße domänenspezifisch ist, also je nach Fach von weiteren spezifischen Merkmalen abhängt (Rakoczy u. a. 2007; Seidel/ Shavelson 2007).

Den Ausführungen folgend liegt der Versuch nahe, auch die institutionalisierte Lehrerbildung als »Unterrichtsprozess« zu betrachten, in dem sich Lehr-/Lernprozesse vollziehen. Korrespondierend lassen sich Annahmen über Unterrichtsqualität auf die Lehrerbildungsqualität übertragen. Ein Wirkungsmodell für die Lehrerbildung bemisst dann die Qualität der Lehrerbildung letztlich an den Leistungen der Schüler – nicht etwa an den Noten ihrer Absolventen. An seine Grenzen stößt ein solches Modell, weil die Lehrperson nicht alleine für die Qualität von Unterricht verantwortlich ist und daher auch nur begrenzten Einfluss auf Schülerleistungen hat (vgl. Abbildung 5). Für das Schülerlernen sind neben der Lehrkraft und ihrem Handeln auch Facetten des Schülerhandelns verantwortlich, wie etwa ihr Interesse am Unterricht oder ihre motivationalen Orientierungen. Hinzu kommt, dass Unterricht von Kontextfaktoren wie der Schülerklientel oder der Ausstattung der Schule mitbestimmt wird.

Abbildung 5: Lehrerhandeln als ein Bedingungsfaktor von Schülerlernen

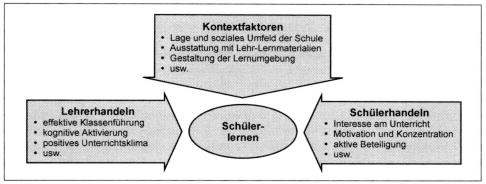

Der Lehrer ist also nur *ein*, gleichwohl aber wichtiger Prädiktor von Unterrichtsqualität. Im vorliegenden Teil der Studie werden mit Blick auf den Schwerpunkt der Lehrerbildung die Seite des Schülerhandelns und auch die Kontextfaktoren ausgeblendet. Dies geschieht aufgrund des Umstandes, dass erst zu einem späteren Zeitpunkt des Längsschnitts, wenn die vorliegend befragten Lehramtsstudierenden in den Beruf eingemündet sind, korrespondierende Schüler- und Kontextmerkmale erfasst werden können. Das Konzept der Unterrichtsqualität kann auf die begrenzte Bedeutung der Lehrkraft und damit auch der Lehrerbildung für das Schülerlernen aufmerksam machen, ist aber bereits aufgrund der zeitlichen Nachordnung des Unterrichtsgeschehens nicht als Modell für die Erforschung der vorangehenden Lehrerbildung geeignet. Notwendig ist ein Wirkungsmodell, das individuelle Eingangsbedingungen, Ausbildungserfahrungen, Lehrerhandeln und Schülerlernen integriert.

Grundannahmen und Wirkungsmodell

Der Begriff Wirkung ist in der landläufigen Diskussion unbestimmt. Dies ist wohl auf seine Komplexität zurückzuführen. Um von »Wirksamkeit« der Lehrerbildung zu sprechen, ist eine Ausdifferenzierung des Begriffes im Sinne seiner Operationalisierung notwendig. Welche Bedingungen machen einzelne Ausbildungsmaßnahmen und damit die Lehrerbildung insgesamt wirksam? Welche messbaren Teilwirkungen von Lehrerbildung gibt es? Oder: An wel-

chen Merkmalen lässt sich die Wirkung von Lehrerbildung festmachen? Solche Fragen bringen zahlreiche forschungsmethodische Herausforderungen mit sich. Auch deshalb existieren
im deutschsprachigen Raum bislang keine systematischen Untersuchungen kurz-, mittel-
oder langfristiger Wirkungen der Lehrerbildung auf das Selbstverständnis von Lehrern, das
Lehrerhandeln, den Unterricht oder gar das Schülerlernen (Terhart 2003, S. 10). Zusammenfassend verweist der Forschungsstand auf divergierende Ansätze und eine kaum wahrnehm-
bare Basis vergleichbarer Erkenntnisse. Aufgrund dieses Defizits empirischer Lehrerbildungsforschung kann derzeit insbesondere keine Aussage getroffen werden, welchen spezifischen
Anteil Lehrerbildung am (professionellen) beruflichen Handeln von Lehrkräften hat.

Die existierende Forschung zu Selbstbildern und zur Erfahrungsreflexion über die von
Lehrkräften durchlebte Ausbildung erscheint notwendig und hilfreich, um Lehrpersonen
Gehör zu verschaffen und ihre Berufserfahrung für die Lehrerbildungsreform zu nutzen und
zu würdigen. Diese auf subjektiven Erfahrungen gründenden Forschungsansätze sind jedoch
zugleich ungeeignet, um Aussagen über spezifische Wirkungen von Lehrerbildung oder deren Wirksamkeit zu treffen. Hierzu bedarf es »einer distanzierteren, an objektivierbaren Kriterien orientierten Forschungsstrategie« (Terhart 2003, S. 09). Damit ist nicht in erster Hinsicht die Evaluation der Lehrerbildung gemeint, also das stets virulente Bestreben, eine auf
wissenschaftlichen Kriterien beruhende Überprüfung der Erreichung definierter Standards
vorzunehmen. Eine geeignete Forschungsstrategie sollte vielmehr das letztliche Ziel einer
qualitätsvolleren Lehrerbildung vor Augen haben: die Optimierung von Unterrichtsqualität
zur Erhöhung der Lernleistungen der Schüler (»pupil outcomes«). Werden Schülerleistungen
als Kriterium für die Beurteilung der Lehrerbildung herangezogen (Wirkungsorientierung), muss immer im Blick sein, dass diese Leistungen nicht nur kognitive Kompetenzen
meinen, sondern eben auch den gesamten Bereich emotionaler, affektiver und sozialer Fähigkeiten und Fertigkeiten (»Soft Skills«).

Abbildung 6: Wirkungskette der Lehrerbildung

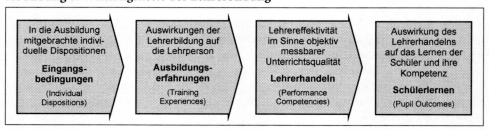

Quelle: Eigene, erweiterte Darstellung in Anlehnung an: Galluzo/ Craig 1990, S. 603.

In Anbetracht des komplexen Forschungsgegenstandes, der bei den individuellen Dispositionen Lehramtsstudierender zu Studienbeginn ansetzt und sich bis hin zu deren Auswirkungen
auf das Schülerverhalten im Berufsalltag erstreckt, ist eine multiperspektivische Forschungsstrategie notwendig, die die wesentlichen Einflussfaktoren auf die professionelle Entwicklung
in den Blick nimmt (vgl. Abbildung 6). Diese Wirkungskette der Lehrerbildung setzt bei den
individuellen Eingangsbedingungen der Studierenden an, die sie in das Studium mitbringen.
In Abhängigkeit dieser individuellen Eingangsbedingungen vollziehen die Studierenden dann
eine individuelle professionelle Entwicklung im Rahmen der institutionalisierten Ausbildung

und machen dort spezifische Ausbildungserfahrungen. Mit diesen Ausbildungserfahrungen treten sie in das Berufsleben ein und handeln auf deren Grundlage als Lehrkraft. In Abhängigkeit von der Interaktion zwischen Lehrkraft und Schülern lernen die Schüler individuell.

Ein wichtiges Ziel empirischer Lehrerbildungsforschung ist es, eben diese Wirkungskette zu ergründen und ihre Wirkungsmechanismen zu klären: Welche individuellen Eingangsbedingungen und Ausbildungserfahrungen der Lehrkräfte beeinflussen über das Lehrerhandeln das Schülerlernen positiv und wie hängen die vier Variablen zusammen? Die Komplexität dieser Forschungsfrage und die sich damit verbindenden methodischen Herausforderungen erschließen sich erst durch eine detaillierte Betrachtung eines Wirkungsmodells (vgl. Abbildung 7). Die zentrale Frage, wie die institutionalisierte Lehrerbildung auf messbare Schülerleistungen wirkt, ist nicht direkt zu operationalisieren. Der Wirkungsmechanismus gleich einer »black box«, dessen Inneres sich einer Betrachtung entzieht. Es kann weder direkt kontrolliert werden, ob und in welchem Maße ein Wirkungszusammenhang besteht, noch ist abgrenzbar, durch welche anderen Einflüsse beide Variablen moderiert werden. Daher ist ein Umweg über jene Schritte der Wirkungskette zu gehen, die einen Zusammenhang von Lehrerbildung und Schülerleistungen nahe legen.

Zunächst ist zu fragen, ob und in welcher Weise die institutionalisierte Lehrerbildung einen Einfluss auf die Entwicklung professioneller Lehrerkompetenz hat. Es wird davon ausgegangen, dass sich die Kompetenz in den Prozessmerkmalen (selbstregulative Fähigkeiten, Werthaltungen und Überzeugungen, motivationale Orientierungen, Professionswissen) niederschlägt (vgl. S. 42). Zugleich bestimmen die je individuellen Eingangsbedingungen die Art und Weise des Kompetenzerwerbs. Die Wahrnehmung des Angebots der institutionalisierten Lehrerbildung führt aber nicht nur direkt zu einer Entwicklung von Professionalität (z. B. durch die Aneignung von Fachwissen), sondern führt auch zu spezifischen Ausbildungserfahrungen (z. B. Zufriedenheit mit Lehrveranstaltungen; Wahrnehmung des Ausbildungsklimas), die ihrerseits nicht nur eine Rückkopplung auf die Angebote der Lehrerbildung zeigen (z. B. durch verändertes Vorgehen eines Dozierenden nach einer Zwischenevaluation), sondern auch den weiteren Verlauf der professionellen Entwicklung mitbestimmen (z. B. durch ein verändertes Studierverhalten).

In einem nächsten Schritt ist zu klären, in welcher Weise sich die erworbenen professionellen Kompetenzen im späteren Lehrerhandeln, also in der Unterrichtssituation, niederschlagen. Seit der Forschung zum »Praxisschock« in den 1970er-Jahren existiert ein Bewusstsein darüber, dass keineswegs von einer reibungslosen Anwendbarkeit der erworbenen Kompetenzen in der Schulpraxis ausgegangen werden kann. Zwischen professioneller Lehrerkompetenz und Lehrerhandeln liegt die Frage des Transfers kognitiver Wissensbestände in Handlungsmuster, die das Lehrerverhalten bestimmen. Dabei wird das Lehrerverhalten eben nicht nur durch die im Rahmen der institutionalisierten Ausbildung erworbenen professionellen Kompetenzen, sondern auch durch seine eigenen Schulerfahrungen, Erwartungen an den geplanten Unterricht, Möglichkeiten, die sich ihm vor dem Hintergrund der Ausstattung der Schule ergeben oder aufgrund der Vorgaben des Curriculums gesteuert.

Nun stellt sich die Frage, in welchem Ausmaß das Lehrerhandeln eine Relevanz für den Kompetenzerwerb der Schüler hat. Diese Frage wurde anhand der Diskussion um Unterrichtsqualität bereits oben erörtert. Es ist davon auszugehen, dass dem Lehrerhandeln hier eine wichtige, aber eben nicht die alleinige Funktion zur Steuerung dieses Prozesses zukommt. Außerdem ist der schülerseitige Kompetenzerwerb immer mit von deren Vorwissen, ihrem Nutzungsverhalten der Lernangebote und ihren persönlichen Dispositionen abhängig.

Abbildung 7: Wirkungsmodell für die Lehrerbildung

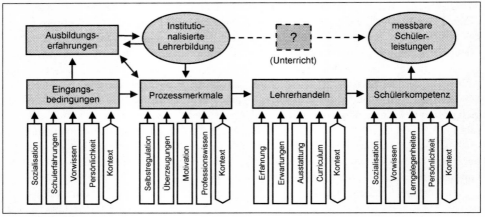

Anmerkung: In Erweiterung von: Galluzo/ Craig 1990, S. 603; Yackulic/ Noonan 2001.

Schließlich sind die von den Schülern tatsächlich erworbenen Kompetenzen nicht mit den methodisch messbaren Schülerleistungen gleichzusetzen. Nicht alles, was Schüler im Unterricht und damit zu einem Teil auch aufgrund der jeweiligen Ausbildung ihrer Lehrer lernen, kann operationalisiert und gemessen werden. Lehrerbildungsforschung, die sich um die Aufklärung der Wirkungsfrage bemüht, wird daher immer nur einen zu definierenden Ausschnitt des Gesamtgefüges erforschen können. Das entfaltete Modell birgt die Gefahr, die Lehrerbildung auf ihre Ausrichtung an messbaren Schülerleistungen zu reduzieren – eine Absicht, die vorliegend ausdrücklich nicht verfolgt wird.

Die Komplexität des Wirkungsmodells wird durch nicht-institutionalisierte Faktoren, die im vorliegenden Modell als Eingangsbedingungen und Begleitumstände bezeichnet werden, weiter erhöht. So können etwa kritische Lebensereignisse zu (berufs-)biografisch einschneidenden Veränderungen führen. Die Lehrerbildungsforschung kommt daher nicht umher, auch solche Kontexte mit zu erfassen, um z. B. Studienabbrüche, verlängerte Studienzeiten oder berufliche Neuorientierungen nach der ersten Phase erklären zu können. Es ist festzuhalten, dass die Lehrerbildung nur vermittelt über den Erwerb professioneller Lehrerkompetenz und über Lehrerhandeln auf Schülerleistungen wirkt. Es liegt nahe, dass an den jeweiligen Übergängen erhebliche Verluste bei der »Transmission« zu verzeichnen sind. So könnte etwa eine stark intrinsische motivationale Orientierung aus dem Studium in der Unterrichtssituation enttäuscht werden und von den Schülern schließlich nicht mehr als Schülerorientierung wahrgenommen werden, oder die theoretisch erworbenen Fähigkeiten im Umgang mit Unterrichtsmethoden lassen sich in der Klassensituation nicht kontrolliert einsetzen.

Ob durch Lehrerbildung eine hohe Qualität von Lehrerhandeln erreicht wird, kann »auf der Basis vorhandener Empirie nicht beantwortet werden« (Blömeke 2004a, S. 75). Es besteht die Gefahr, bei einer Fokussierung auf die institutionalisierte Lehrerbildung wesentliche Einflussfaktoren auf die professionelle Entwicklung, angefangen bei der Sozialisation und Erziehung im Kindes- und Jugendalter über die Schulerfahrungen bis hin zur bildungspolitischen Systemsteuerung zu verdrängen (Berliner 2001, S. 465). Welchen spezifischen Anteil die Lehrerbildung auf Lehrerhandeln hat, wird wohl nie erhoben werden können. Schülerleistungen werden am ehesten als Indikator für erfolgreiche Lehrerbildung zu werten sein, ohne dabei andere Einflüsse auf die Kompetenzen der Schüler (z. B. soziale Herkunft oder motivationale Faktoren der Schüler) vernachlässigen zu können. Empirisch kaum zu klären ist aufgrund der Fülle von Determinanten auch die Frage, wie eine erfolgreiche Ausbildung aussehen sollte (z. B. Fachwissenschaft vs. Schulpraxis, Reglementierung vs. Wahlfreiheit, Anzahl und Gestalt der Phasen). Gleichwohl liegt es nahe, den Inhalten der Ausbildung größeren Einfluss auf Lehrerhandeln zuzuschreiben als ihrer organisatorischen Struktur (Tatto u. a. 2003).

Der Prozess der professionellen Entwicklung von Lehrkräften

Das vorangehend erläuterte Modell dient einer Gesamtbetrachtung des Arbeitsfeldes empirischer Lehrerbildungsforschung. Die skizzierte Wirkungskette kann aber aufgrund ihrer Komplexität nicht in Gänze Gegenstand der Arbeit sein. Im Folgenden soll daher nur jener Bereich des Wirkungsmodells näher betrachtet werden, der sich auf die (angehenden) Lehrkräfte bezieht. Der Veranschaulichung dient ein Prozessmodell für die professionelle Entwicklung von Lehrkräften (vgl. Abbildung 8).

Abbildung 8: Prozessmodell für die professionelle Entwicklung von Lehrkräften

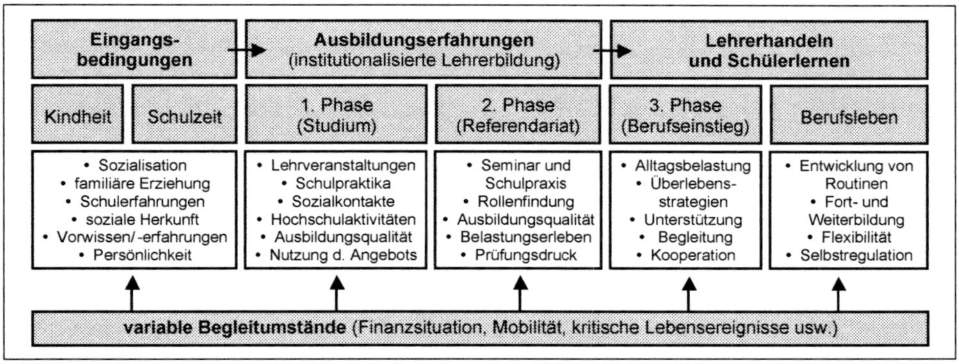

Anmerkung: Erweiterung des Wirkungsmodells von Galluzo/ Craig 1990, S. 603. Die Prozessmerkmale (vgl. 4., S. 265) sind implizit im Modell enthalten.

Ausgangspunkt für die Entwicklung von Professionalität in der Lehrerbildung sind die berufsspezifischen Eingangsbedingungen, die Lehramtsstudierende bereits zu Studienbeginn aufweisen. Zu ihnen zählen etwa die Sozialisation in Schule, Familie und Gesellschaft, die Erfahrungen mit Erziehung in der Familie und aus mindestens 12 oder 13 Jahren Schule, die soziale Herkunft, das bereits erworbene Vorwissen, (pädagogische) Vorerfahrungen oder Persönlichkeitseigenschaften. Die eigenen Erfahrungen mit Schule, Lehrkräften und Unterricht führen zu bestimmten Vorstellungen davon, wie Schule »funktioniert« (Präkonzepte).

Auf Grundlage dieser Eingangsbedingungen machen die Studierenden Ausbildungserfahrungen im Rahmen der institutionalisierten Lehrerbildung. Die erste Phase (Studium) ist anfangs geprägt durch die Orientierung im Studienalltag (Ersterfahrungen, Studienorganisation, Identifikation mit Studium und Berufsbild, Verhältnis zu Mitstudierenden und Dozierenden usw.). Sozialkontakte und weitere Hochschulaktivitäten bestimmen die eigene Rolle im Hochschulleben und Studienalltag mit. Zugleich beginnt die eigentliche Ausbildung in den Fachwissenschaften und -didaktiken, im bildungswissenschaftlichen Bereich sowie in den Schulpraktika. Die Ausbildungsqualität und der wahrgenommene Nutzen der Lehre für die persönliche Entwicklung und für das spätere Berufsleben wird die Effektivität der Nutzung des Angebots mit beeinflussen und die Studienorganisation teilweise steuern.

Die zweite Phase (Vorbereitungsdienst) ist geprägt durch die eigene Findung zwischen Lehrerrolle und der Rolle, sich selbst als unfertig und lernend wahrzunehmen. Sinnbildlich hierfür stehen die Unterrichtsversuche an der Schule einerseits und das Lernen in Seminargruppen andererseits. Der Vorbereitungsdienst ist eine erste Prüfung des Belastungserlebens und erfordert die Fähigkeit, mit erhöhtem Prüfungsdruck umgehen zu können. Im Übergang zum Berufseinstieg kommt für die jungen Lehrkräfte die Alltagsbelastung eines erhöhten Deputats hinzu. Dies führt zur Entwicklung von »Überlebensstrategien« in den ersten Berufsjahren. Durch Unterstützung von außen, Begleitung durch Schulleitung und Schulverwaltung sowie Kooperation im Kollegium bildet sich eine berufliche Rolle heraus. Erst nach einigen Berufsjahren sind Routinen zu beobachten. Impulse für die eigene Reflexion und Weiterentwicklung sollten nun von der Fort- und Weiterbildung ausgehen. Um dauerhaft im Berufsalltag bestehen zu können, sind Fähigkeiten der Selbstregulation von hoher Bedeutung.

Bislang wurde Kontextfaktoren der professionellen Entwicklung, die außerhalb der institutionellen Maßnahmen liegen, kaum Bedeutung zugemessen (Allemann-Ghionda/ Terhart 2006, S. 8). Es ist aber davon auszugehen, dass eine Vielzahl an diskontinuierlichen Faktoren einen erheblichen Einfluss auf den Verlauf der Ausbildung und damit auf die professionelle Entwicklung künftiger Lehrpersonen hat. Diese können als quer zu dem Prozess der professionellen Entwicklung liegende, variable Begleitumstände beschrieben werden, z. B. die jeweils aktuellen Lebensumstände (Wohnsituation, finanzielle Situation, Mobilität oder kritische Lebensereignisse). Letztere sind häufig mit biografischen Schlüsselerfahrungen wie dem Auszug aus dem Elternhaus oder Schicksalsschlägen (eigene Krankheit, Tod von Angehörigen) verbunden. Sie können zu jeder Zeit Einfluss auf die professionelle Entwicklung nehmen und zu Studienabbrüchen und/oder beruflichen Neuorientierungen führen. Zu den variablen Bedingungen gehört auch die berufsspezifische Bildung der Studierenden jenseits der institutionalisierten Ausbildung, etwa durch eine einschlägige Freizeitgestaltung (z. B. berufsnahe Hobbies, ergänzende Bildungsmaßnahmen, kulturelles Interesse). Die Kontinuität der Lehrerbildung kann durch Unterbrechungen (wie z. B. ein Auslandssemester) vom üblichen Verlauf abweichen. Brüche im skizzierten idealtypischen Entwicklungsmodell können auch durch die Bedingungen des Arbeitsmarktes entstehen, etwa durch die Nichteinstellung nach Abschluss des Vorbereitungsdienstes.

Der Einfluss institutionalisierter Lehrerbildung auf den Kompetenzerwerb von Lehrkräften ist nach dem Prozessmodell der professionellen Entwicklung begrenzt (vgl. Abbildung 8, S. 87). Die Maßnahmen beschränken sich letztlich auf das offerierte Bildungsangebot und auf den Versuch, die Entwicklung von Professionalität positiv zu beeinflussen. Keinen Einfluss hat die institutionalisierte Lehrerbildung auf die individuellen Eingangsbedingungen.

Professionalisierung versus Deregulierung

In der amerikanischen Forschungslandschaft wird versucht, den skizzierten Prozess und seine Wirkungszusammenhänge »mit wachsendem Aufwand und steigender Erbitterung« (Terhart 2003, S. 10) empirisch zu erforschen. Im Zentrum steht die Frage nach Ausmaß sowie Art und Weise der Wirkung von Lehrerbildung. Die Debatte (Cochran-Smith/ Fries 2002) bewegt sich zwischen den Argumenten der Befürworter einer Professionalisierungs-These (Darling-Hammond 2000) einerseits und den Vertretern einer Deregulierungs-These (Ballou/ Podgursky 2000) andererseits. Mit der *Professionalisierung* im Sinne professioneller Entwicklung verbindet sich die Annahme, die Lehrerbildung führe zu qualifizierten Lehrern, deren Handeln elementaren Einfluss auf die Leistung der Schüler hat. Folge ist die Forderung nach einer Pflichtausbildung (Fachwissenschaft, Pädagogische Studien, Schulpraxis). Zur Stützung ihrer Position führen die Hauptvertreter dieses Zugangs zahlreiche empirische Studien an. Vertreter der *Deregulierung* hingegen bezweifeln die Existenz der skizzierten Wirkungskette und plädieren für eine Öffnung der engen Ausbildungsstrukturen. Für die Vertreter beider Ansätze sind Lernerfolg und Leistungen der Schüler sichtbares und wesentliches Beurteilungskriterium für die Kompetenz der Lehrkräfte. Die Anhänger der Deregulierungs-These jedoch leugnen den Zusammenhang des Erfolges einer Lehrkraft mit ihrer im Vergleich zu »schlechten« Lehrern qualitätsvolleren Ausbildung. Der Lehrermarkt reguliert sich unter dieser Annahme von selbst, die besten Lehrer finden sich von alleine – unabhängig davon, ob sie überhaupt eine Ausbildung haben. Die Deregulierer (vorrangig vertreten durch die *Abell Foundation*) verweisen auf die Review jener Literatur, die besonders hohe formalwissenschaftliche Anforderungen zu erfüllen scheint (Blömeke 2004a, S. 62): Large-Scale-Studien, Berücksichtigung von Drittvariablen (z. B. Sozioökonomie) und Veröffentlichungskriterien (»peer review«). Fragwürdig erscheint jedoch die aus den teils widersprüchlichen Ergebnissen der Studien gefolgerte notwendige Umwandlung der »*evaluation of teacher education*« in eine »*teacher evaluation*« (Terhart 1997; Kunz-Heim 2002; Terhart 2003).

Eine solche Umdeutung erweist sich als gefährlich, weil nun die Bewertung von Lehrern und nicht länger die Bewertung der Qualität von Lehrerbildung im Vordergrund steht. Solch ein Ansatz spricht dem innovativen Moment der Debatte nicht nur den Versuch ab, Lehrerbildung durch Reformmaßnahmen zu optimieren, er ist auch gegenüber den Lehrkräften als höchst »unpädagogisch« zu bewerten, weil er jegliche Form individueller Anstrengung im Unterricht hemmt und die Aus- und Fortbildung von Lehrkräften ad absurdum führt. Dass sich sowohl die Professionalisierungs- als auch die Deregulierungs-These empirisch stützen lassen, verweist auf die Notwendigkeit des Einbezugs bildungstheoretischer Überlegungen bei der Wirksamkeitsfrage. Nicht nur, was messbar ist, kann Anlass für Rückschlüsse auf die Ausrichtung der Lehrerbildung geben, denn vieles, was Schule und Unterricht ausmacht, entzieht sich einer empirischen Untersuchung.

Die internationale Diskussion um die Wirksamkeit von Lehrerbildung ist in abgeschwächter Form auch im deutschsprachigen Raum anzutreffen. Jürgen Oelkers stellt folgende These auf: »*Mit* der Ausbildung stellt sich die Frage der Wirksamkeit, die *durch* die Ausbildung verdunkelt wird« (Oelkers 1996, S. 6). Er postuliert, die Lehrerbildung habe im Blick auf berufliche Anforderungen kaum Effekte, was ihr aber so lange nicht schade, wie die Wirkungsfrage nicht gestellt würde. Gründe für diese Situation sieht Oelkers in drei Mythen (ebd., S. 6-8):

- Der Mythos der *Bildung* besteht in der einseitigen Projektion der Bildung eines Menschen auf die Lehrerprofession und die Annahme, sie sei nur durch ein entsprechendes Studium zu erreichen. Tatsächlich bildet den Lehrer vieles, das er außerhalb seiner Ausbildung lernt, die Ausbildungsinhalte nützen zugleich nicht immer unmittelbar der beruflichen Professionalität.
- Der Mythos von *Theorie und Praxis* nimmt an, beide Seiten müssten stets aufeinander bezogen sein und sich gegenseitig dienen. Eine Eigenständigkeit von Theorie *oder* Praxis gilt in der Lehrerbildung mehr als in anderen Professionen als unangebracht. Die Vertreter der unterschiedlichen Ausbildungsphasen beanspruchen jeweils für sich, die Theorie *oder* die Praxis sei der schwerer wiegende Ausbildungsteil.
- Der Mythos des *dauerhaften Effekts* bezieht sich auf die Annahme, die Lehrerbildung habe über sich hinaus Folgen. Die Ausbildung bringe jedoch nicht den *fertigen Lehrer* hervor, ihr formales Ende verweise zugleich auf den stets »unfertigen« Lehrer, der sich lebenslang weiterbildet und entwickelt. Reformversuche folgen dem unhaltbaren Ideal, Veränderungen in der Lehrerbildung müssten auch schnelle und deutliche Erfolge in der Schulpraxis erzielen. Gerade deshalb sei die Schule gegen Reformen von außen weitgehend resistent (Oelkers 1996, S. 8). Eine entsprechende Unbrauchbarkeit für berufliches Handeln wird den Ausbildungsinhalten von Lehrern konstatiert.

Ein weiteres Problem sei die einseitige Personenzentrierung der Ausbildung auf ihre Anwärter, ohne dabei die Bedürfnisse der Adressaten, Schulen und Schüler zu berücksichtigen. Dennoch gesteht Oelkers eine moderate Wirkung der Lehrerbildung ein, die sich als »indirekt« (Oelkers 1996, S. 11) beschreiben lässt: Schulwirklichkeit ist nicht allein das Resultat jahrelanger Praxiserfahrung, sie braucht den professionellen Kontext der Reflexion.

Während Oelkers als Vertreter einer schwachen Wirksamkeit von Lehrerbildung gelesen werden kann, lässt sich im Anschluss an Arbeiten der Empirischen Bildungsforschung von einer nennenswerten Wirksamkeit ausgehen. Die Lehrperson – mit ihren mehr oder weniger starken Prägungen durch die Lehrerbildung – hat einen zu bestimmenden Einfluss auf Schülerleistungen. Dabei hat die Lehrerbildung neben anderen prägenden Einflüssen auf die Entwicklung der Lehrkräfte nur begrenzte Bedeutung. In jedem Fall erscheinen die radikalen Positionen des US-amerikanischen Diskurses in der Bemühung um Klärung eines komplexen Wirksamkeitszusammenhanges wenig hilfreich, sondern beschränken die Forschung darauf, die jeweiligen Positionen empirisch zu untermauern.

Methodische Herausforderungen und Zugänge

Eine Vielzahl an Faktoren bedingt, dass die Wirkung der Lehrerbildung auf das Lehrerhandeln und letztlich das Schülerlernen, empirisch kontrolliert, kaum im Ganzen erfasst werden kann (Millman 1997; Blömeke 2002; Denner 2002; Blömeke 2004a; Terhart 2003; Gehrmann 2007a). Die wesentlichen Gründe hierfür sind die große zeitliche Erstreckung des Wirkungsprozesses und die Unklarheit darüber, welchen Faktoren Wirkung unterstellt werden kann (z. B. Inhalten, Didaktik, Strukturierung, Phasen, Standorte, Dauer). Unklar ist, wodurch und wie stark Lehrerhandeln beeinflusst wird und welchen Anteil die Lehrerbildung hierbei hat. Auch das Kriterium, an dem sich Wirksamkeit bemessen lässt, ist streitbar (einschlägige Kognitionen der Lehrkräfte, ihr Unterrichtshandeln oder die Leistung der Schüler). Schließlich erscheint es notwendig, das berufliche Ethos der Lehrkräfte heranzuziehen (Blömeke 2002).

Ein empirischer Zugang zur beschriebenen Wirkungskette (vgl. Abbildung 6, S. 84) scheint daher nur durch die Konzentration auf deren Teilaspekte möglich (z. B. Klärung von Zusammenhängen zwischen Erfahrungen zu Beginn des Vorbereitungsdienstes und jenen des Berufseinstiegs). Die Forschung zu solchen Teilbereichen (etwa zum »Praxisschock«) reduziert die Lehrerbildung auf Formen und Inhalte, die hinsichtlich ihrer Wirkung nachgewiesen werden können (Terhart 2003). Es besteht, wie auch bei der Evaluation von Bildungsstandards, die Gefahr der Vernachlässigung wichtiger Einflussfaktoren auf die Unterrichtsqualität, die nicht oder nur schwierig erfasst werden können. Die zur Erfassung der Wirksamkeit von Lehrerbildung angewandten Methoden sind vielfältig, es gibt darüber hinaus keine einheitliche Terminologie für die untersuchten Bereiche (Blömeke 2004a, S. 61). Noch virulenter erscheint im deutschen Kontext der Mangel an empirischen Untersuchungen überhaupt. Den wenigen empirischen Arbeiten zur Lehrerbildung steht eine deutlich größere Zahl an konzeptionell-strukturellen Arbeiten gegenüber. Die Studien beruhen weitgehend recht einseitig auf Befragungen von Lehrkräften oder der Analyse von Dokumenten (z. B. Merzyn 2002).

Wenig hilfreich erscheint auch die Ausrichtung der empirischen Wirkungserfassung an den durchschnittlichen Schülerleistungen. Begründete und empirisch fundierte Standards für die Lehrerbildung, die als Referenz für die Wirkungserfassung gelten können, sind notwendig (Terhart 2003, S. 14). Obwohl solche Standards eine streitbare Normierung bedeuten (Sanders 2004), tragen sie zu einer Form der Evaluation bei, die zumindest eine Qualitätsverbesserung der Ausbildung anstrebt. Sie ermöglichen eine kriterienbezogene Erfassung der Wirkungen (Vergleich der Ergebnisse mit vorab definierten Standards) statt eines lediglich normorientierten Vergleichs (absolutes Ranking der Bedingungsfaktoren). Die meisten der vorliegenden Studien sind stark thematisch und regional fokussiert. Von einer systematischen und zugleich theoriebezogenen empirischen Lehrerbildungsforschung kann gegenwärtig nicht ausgegangen werden (Oelkers 2002; Döbrich u. a. 2003, S. 3).

Mit Blick auf die Wirkungsfrage erscheint eine bildungstheoretische und -historische Verortung der Ergebnisse empirischer Lehrerbildungsforschung notwendig, um die komplexen Prozesse nicht in unangemessener Weise zu verkürzen (Blömeke 2004a, S. 86). Es sollte transparent werden, an welche Aspekte (Voraussetzungen, kognitive Leistungen, Institutionen etc.) die Wirksamkeitsfrage geknüpft ist. Welche Modelle liegen dem Forschungszugang jeweils zugrunde? Ähnliches gilt für die Bildungsgeschichte, die stets in engem Zusammenhang mit der allgemeinen nationalen Historie steht. Oftmals wurden eigene Erfahrungen mit der Lehrerbildung unzureichend reflektiert und damit das historische Erkenntnispotenzial nicht ausgeschöpft. Dies zeigen internationale Erfahrungen mit Standards und Evaluation (vgl. 1.1.4, S. 47). In jedem Fall ist Lehrerbildungsforschung meist *Grundlagenforschung* und nicht im Sinne der Evaluationsforschung in der Lage, konkrete Hinweise für bildungspolitische Maßnahmen geben zu können (Cochran-Smith 2001, S. 532).

Die empirische Erfassung der Wirksamkeit von Lehrerbildung steht vor großen forschungsmethodischen Herausforderungen. Eine umfassende Wirkungserfassung von Lehrerbildung erfordert sowohl deren Evaluation auf der Mikroebene der Personen, als auch auf der Mesoebene der Institutionen und der Makroebene der Steuerungssysteme (Terhart 2003, S. 16). Die Mikroebene der Personen lässt sich auf Grundlage des vorangehend erläuterten Prozessmodells der professionellen Entwicklung erschließen (vgl. Abbildung 8, S. 87). Auskunft über die Mesoebene der Institutionen kann eine Analyse des Ausbildungsangebots und dessen Qualität sowie der hochschulbezogenen Rahmenbedingungen geben. Die Makroebene der Steuerungssysteme fragt schließlich, ob und wie die Bildungsadministration Rahmenbedingungen für einen an Standards orientierten Kompetenzerwerb bereit stellt und wo der Ausbildung Grenzen gesetzt sind (z. B. Mangel an Personal- und Sachmitteln; Anzahl sowie regionale Verteilung und Raumangebot der Ausbildungseinrichtungen; Regulierung der Studierendenzahlen und Einstellungspolitik).

Neben methodischen Herausforderungen einer Mehrebenenanalyse, die Personen, Institutionen und Steuerungssysteme integriert und in Beziehung zueinander setzen kann, stellt sich für die Forschung auf Mikroebene die Frage, wie die bislang im Zentrum stehenden Selbsteinschätzungen durch testdiagnostische Verfahren abgelöst werden können. Ergänzend sollten Beobachtungs- und Beurteilungsverfahren bezüglich des beruflichen Handelns hinzukommen. Die Wirkungen von Lehrerkompetenzen auf das Schülerverhalten zu erheben, sei zwar grundsätzlich notwendig, angesichts des großen Aufwandes und sowohl theoretischer als auch methodischer Probleme jedoch kaum realisierbar (Terhart 2001, S. 95). Die Evaluation auf Ebene der Personen setzt also eine weitere Konkretisierung von Standards voraus, auf deren Basis dann sowohl geeignete diagnostische Instrumente entwickelt werden müssen, als auch ergänzende Beobachtungsverfahren. Wenn sich dann etwa zeigen ließe, dass die diagnostischen Verfahren zuverlässig zu ähnlichen Ergebnissen kommen wie Beobachtungsverfahren und damit die Realität valide abbilden, so könnte auf die aufwendigen Beobachtungsverfahren verzichtet werden. Querschnittsuntersuchungen markieren im Idealfall den Beginn kohortenspezifischer Längsschnitte, da nur longitudinale Ansätze Entwicklungsprozesse nachzeichnen können (ebd., S. 96). Die Hoffnung eines mehrebenenanalytischen, test- und beobachtungsbasierten sowie längsschnittlichen Zuganges besteht letztlich darin, eine Aussage darüber treffen zu können, unter welchen Ausbildungsbedingungen Absolventen die notwendigen Standards eher erfüllen und welche Maßnahmen demzufolge hinsichtlich einer Qualitätsverbesserung der Lehrerbildung abzuleiten sind.

Die bisherigen Studien beruhen meist auf den Selbsteinschätzungen von Lehrkräften. Wirkungsforschung muss aber über die Selbstbilder hinausreichen, um durch die Berücksichtigung möglichst vieler Informationsquellen eine weitestmögliche Objektivität zu erreichen. Als methodische Zugänge bieten sich an, sortiert nach der zunehmenden Aussagekraft und Güte der jeweiligen Forschungsansätze (Kennedy 1999; Terhart 2003, S. 16; Frey 2006, S. 34):

- *Selbsteinschätzungen* werden wegen ihrer einfachen Durchführbarkeit (viele Personen in kurzer Zeit) häufig eingesetzt. Allerdings sind sie stark subjektiv und damit eindimensional. Sie setzen voraus, dass die befragten Personen sich selbst möglichst objektiv einschätzen können und wollen (Gefahr von sozialer Erwünschtheit und Akquieszenz). Abmildern kann dies die Kombination der Selbsteinschätzungen mit Fremd- oder Gruppenbeurteilungen.
- *Schriftliche Testverfahren* garantieren eine größere Objektivität durch ihre Ausrichtung an Kompetenzmodellen und Standards, sind jedoch ebenfalls von Selbstdeutungen abhängig. Ihrem Einsatz geht ein aufwendiger Entwicklungsprozess der Instrumente voraus. Diese müssen an die spezifischen Fragen angepasst oder für das jeweilige Evaluationsvorhaben eigens konstruiert werden, da allgemeine Leistungstests (z. B. Intelligenztests) nichts über die professionelle Kompetenz aussagen (Schuler/Barthelme 2001; Frey 2006, S. 35).
- *Fremdeinschätzungen* in Form von mündlicher oder schriftlicher Erhebung der Erfahrungen von Schülern, Schulleitern, Dozierenden, Ausbildern, Mitstudierenden, Kollegen und Eltern usw. ermöglichen im Abgleich die gegenseitige Validierung der einzelnen Informationsquellen.
- *Entwicklungsportfolios* im Sinne einer Dokumentation des Ausbildungsverlaufes durch ein Lerntagebuch und/oder eine Sammlung von bearbeiteten Aufgaben geben Hinweise auf Veränderungen der Kompetenz anhand der dokumentierten Leistungen bzw. des hergestellten Produkts. Wichtig ist die Festlegung von Kriterien, die ein »gutes« Portfolio auszeichnen. Die Gütekriterien werden bei der Forschung mittels Portfolios nur selten erfüllt (Häcker/Lissmann 2007). Der Aufwand bei der Entwicklung und Beurteilung (Rating) ist eher hoch.
- *Teilnehmende Beobachtung (ggf. Videoanalyse)* zeichnet sich durch Anwesenheit des Forschers in der zu beurteilenden Situation aus (z. B. Hospitationen bei Unterrichtsversuchen in Praktika, Vorbereitungsdienst und Berufsalltag). Die Beurteilung des beobachteten Unterrichts birgt die Gefahr einer schlechten Inter-Rater-Reliabilität. Daher ist es unerlässlich, genaue Kriterien für eine systematische Beobachtung und Beurteilung zu entwickeln. Gleichwohl ermöglicht das Verfahren von tatsächlich beobachtetem Verhalten (»on-the-job«) über die beobachtete Performanz auf die Kompetenz der Lehrperson zu schließen. Die teilnehmende Beobachtung erfor-

dert erheblichen finanziellen und zeitlichen Aufwand und die Beobachtungsfehler werden unterschätzt (Braun-Wimmelmeier 1999). Die heutigen Möglichkeiten der Videografie von Unterricht und der nachträglichen Beurteilung der Aufzeichnungen mittels Analysesoftware entlasten von der Echtzeit-Beobachtung und erleichtern das Rating, machen aber ebenfalls die Anwesenheit eines Forschers vor Ort notwendig.

* *Output-Messung* im Sinne der Erhebung von Lernleistungen der Schüler (z. B. mittels rasch-skalierten Leistungstests) sind die sicherste Methode, um Rückschlüsse auf die Leistung der jeweiligen Lehrkraft zu ziehen. Allerdings setzt dieses Vorgehen voraus, dass die erfassten Leistungen Gegenstand des Unterrichts waren und dieser durch die jeweilige Lehrkraft verantwortet wurde. Es ist wichtig, sicher zu stellen, dass das erfasste Wissen der Schüler nicht in anderen Fächern, bei anderen Lehrkräften oder außerschulisch angeeignet wurde, damit die Leistungen auch kausal auf den entsprechenden Unterricht zurückgeführt werden können.

Beobachtungen und die Tests in realen Unterrichtssituationen sind am aussagekräftigsten, aber auch am aufwendigsten (Level 1). Weniger gehaltvoll, aber einfacher zu handhaben sind Studien über hypothetische Unterrichtssituationen (z. B. Videoanalyse, losgekoppelt von den Lehrkräften, die in der Ausbildung längsschnittlich untersucht wurden und/oder ohne vergleichbare Inhalte des Unterrichts; Level 2). Noch weniger konkret sind nicht-situationsbezogene Befragungen nach dem eigenen Lehrerhandeln (Level 3). Am diffusesten sind Befragungen nach der eingeschätzten Wirkung von Lehrerbildung auf eigenes Handeln (Level 4). Die größte Zahl empirischer Studien zur Lehrerbildung bewegt sich gegenwärtig auf dem dritten und vierten Level. Wirksamkeitsforschung wird jedoch stets einen Kompromiss aus Effizienz einerseits und Ökonomie andererseits eingehen müssen. Gleichwohl stellt sich die grundsätzliche Anfrage an die Güte, die es bei der Dateninterpretation zu berücksichtigen gilt.

Der methodische Zugang alleine ist noch kein Garant für »gute« empirische Lehrerbildungsforschung. Erst in der Kombination möglicher Zugänge zu unterschiedlichen Erhebungszeitpunkten kann eine Vorstellung davon entstehen, wie sich professionelle Lehrerkompetenz, Lehrerhandeln und Schülerlernen zueinander verhalten. Die Output-Messung bleibt so weitgehend ohne nennenswerte Erkenntnis, wenn nicht zu einem früheren Zeitpunkt personenspezifische Merkmale der Lehrkräfte erfasst oder das Ausbildungsangebot analysiert wurde. Der flexible Umgang mit den jeweils geeigneten Zugängen zu den unterschiedlichen Erhebungszeitpunkten ist in der gegenwärtigen Forschungspraxis kaum zu finden. Vielmehr herrschen in der auf einzelne Ausbildungsabschnitte begrenzten Forschung bestimmte Verfahren vor: In der ersten Phase liegt der Fokus gegenwärtig auf verschiedenen Selbstbeurteilungsverfahren, weil damit effizient Daten auf Gruppenebene erhoben werden können. In der zweiten Phase rückt das Individuum als Lehrperson ins Zentrum (Beobachtung/Videografie), die dritte Phase wird u. a. mittels Entwicklungsportfolio untersucht.

Grundsätzlich unterscheiden sich die bislang zur Erfassung von Wirkungsperspektiven in der Lehrerbildung angewandten Methoden nicht wesentlich von jenen der Lehrerforschung. Ein Unterschied besteht jedoch darin, dass die Instrumente (z. B. zur Erfassung von Selbstwirksamkeitsüberzeugungen) wiederholt eingesetzt werden, um damit Entwicklungsprozesse zu verfolgen. Oftmals wird aber der methodische Fehlschluss gezogen, aus solchen Entwicklungen zugleich Kausalitäten und damit Wirkungen bestimmter Lehrerbildungsmaßnahmen auf die Lehrperson und letztlich auch auf die Schüler abzuleiten. Eine solche Wirkungsanalyse kann sozialwissenschaftlich konsequent aber nur gelingen, wenn die Prädiktoren, welchen eine Wirkung zugeschrieben wird, auch trennscharf kontrolliert werden können. Daher muss ein quasi-experimentelles Design als Idealfall einer Wirkungsanalyse in der Lehrerbildung gelten, unabhängig von der notwendigen Klärung inhaltlicher Untersuchungsbereiche.

1.3   Stand der empirischen Lehrerbildungsforschung

Mit Verankerung der Erziehungswissenschaft als eigenständige Disziplin an deutschen Universitäten zu Beginn des 20. Jahrhunderts etablierte sich auch ein akademisches Nachdenken über den Lehrerberuf bzw. über Lehrkräfte (Rothland/ Terhart 2009, S. 792). Bis in die 1960er Jahre dominierte, der damaligen Gestalt der Disziplin entsprechend, eine geisteswissenschaftliche und kulturtheoretische Betrachtungsweise des Berufs. Lehrkräfte galten je nach Konjunktur und Perspektive als Träger und Vermittler von Wissen und Kultur, als Anwalt der Kinder und Jugendlichen oder als Vermittler gesellschaftlicher Anforderungen. Entsprechend wurde der Lehrer zum Gegenstand stark normativ geführter Debatten über die wünschenswerten oder erforderlichen Eigenschaften des Erziehers (Überblick: Gerner 1969; 1975).

Heinrich Roth äußerte im Zuge der »Empirischen Wende« es sei »beklemmend zu sehen, wie viel in der Pädagogik über das Lernen des Kindes, wie aber überhaupt nicht über das Lernen des Lehrers reflektiert worden ist« (Roth 1968, S. 190). Von einer empirischen Durchdringung der Lehrerbildung kann Anfang der 1970er Jahre keine Rede sein (Bokelmann/ Scheuerl 1970). Auf den Mangel an empirischen Fachvertretern und damit auch an empirischer Kompetenz und Tradition in den erziehungswissenschaftlichen Fachbereichen der Hochschulen wurde mit der Gründung der Berliner Einrichtungen *Pädagogisches Zentrum* (1967) und *Max-Planck-Institut für Bildungsforschung* (1968) reagiert. In der Folge nahmen empirische Forschungsaktivitäten stark zu. Schwerpunkte der frühen Empirie in der Erziehungswissenschaft waren die Untersuchung des akuten Lehrermangels (Posch 1967), die Curriculum-Entwicklung (Frey 1975; Hameyer 1983) und die von der Pädagogischen Psychologie vorangetriebene Unterrichts- bzw. Lehr-Lern-Forschung. Die Erkenntnisse dieser Phase der Schulforschung liegen in einer Überblicksdarstellung vor (Gerner 1981). Hinsichtlich der Frage nach Lehrerbildung und Unterrichtsqualität verdeutlichen sie aus heutiger Sicht die Gefahr, durch eine Überbewertung des Einflusses von Curricula auf den Unterricht, wichtige Bereiche wie die Lehrperson und die Schüler als Einflussgrößen auszublenden. Hinzu kamen in dieser ersten Phase der empirischen Lehrerbildungsforschung befruchtende und teils initiale empirische Arbeiten aus der Soziologie (Rollentheorie: Lange-Garritsen 1972) und Pädagogischen Psychologie (Forschung zu Einstellungen und beruflichen Übergängen: Koch u. a. 1972). Der Berufsalltag und die Ausbildung von Lehrpersonen waren insgesamt aber weiterhin kaum Gegenstand der Forschung (Ausnahmen: Frech 1976; Reichwein 1976).

Die sich nach einer Einstellungswelle Ende der 1970er Jahre verschärfende Einstellungssituation für Lehramtsabsolventen entwickelte sich in den 1980er Jahren bei gleichzeitigem Rückgang der Schülerzahlen zu einem weitgehenden Einstellungsstopp. Fehlende Übernahmechancen machten eine Neuorganisation der Lehrerbildung notwendig, die eine Verringerung der Kapazitäten an den Hochschulen mit sich brachte. Neben dem Lehramt wurde der seit 1968 im Zuge der »realistischen Wende« hin zur Sozialwissenschaft etablierte Diplomstudiengang ausgebaut (Herrmann 2000, S. 29). Dieses neue Selbstverständnis der Erziehungswissenschaft unterstützte die zurückhaltende akademische Partizipation an der politisch geprägten Debatte um Lehrerbildung. Erst seit den 1990er Jahren sind, aufgrund des mittelmäßigen Abschneidens Deutschlands in den Schulleistungsvergleichen, wieder verstärkt Aktivitäten der Lehrerforschung zu beobachten. Dem Lehrerhandeln wird Einfluss auf Unterrichtsqualität und damit auch auf Schülerleistungen unterstellt. Eine Optimierung der Lehrerbildung wird als kausale Ursache einer Steigerung der Outcomes von Unterricht angenommen. Aufgrund einer Pensionierungswelle nahmen Neuanstellungen wieder zu. Eine Diskussion um Professionalität als Ergebnis einer kompetenzorientiert-standardisierten Lehrerbildung setzte ein (Terhart 1990).

Für die derzeitige Diskussion ist eine Konzentration auf die Studierenden bzw. Lehrer in Ausbildung kennzeichnend, während die Angebotsseite der Ausbildung keine differenzierende Beachtung erhält. Als entscheidend für eine nachhaltige Qualitätsverbesserung im Lehrerbildungssystem gilt die Klärung der Wirkungskette zwischen den Eingangsbedingungen für das Lernen der Lehramtsstudierenden, ihren Ausbildungserfahrungen, dem späteren Lehrerhandeln und den korrespondierenden Schülerleistungen (vgl. Abbildung 6, S. 84). Die neuere empirische Lehrerbildungsforschung beschäftigt sich im Kern mit der datengestützten Untersuchung der Erstausbildung sowie der Fort- und Weiterbildung von (angehenden) Lehrkräften. Die im angloamerikanischen Raum übliche Bezeichnung »Research on Teachers and Teacher Education« impliziert allerdings, dass die empirische Lehrerbildungsforschung nicht nur die Aus- und Weiterbildung im engeren Sinne zum Gegenstand hat, sondern auch die Merkmale des Lehrerberufs und die Lehrperson selbst berücksichtigt. Nur im Wissen um das Berufsbild und dessen Anforderungen sowie um die den Lehrerberuf ausübende Klientel kann die Ausbildung sinnvoll untersucht werden. Empirische Lehrerbildungsforschung ist damit immer auch mit Forschung zum Lehrerberuf in einem weiteren Sinn verknüpft. Dies zeigt etwa auch die gemeinschaftliche Organisation beider Forschungsbereiche in der Kommission »Professionsforschung und Lehrerbildung« der DGfE. Die Forschung zu Lehrerbildung und Lehrerberuf zeigt zunehmend auch eine Nähe zur Unterrichtsforschung bzw. Lehr-Lernforschung, weil sich viele Forschungsfragen (z. B. zur Unterrichtsqualität) nur in der Verknüpfung von Lehrer- und Schülervariablen sowie unterrichtsbezogenen Variablen operationalisieren lassen. Nicht berücksichtigt wird »Lehrerforschung« im Sinne der von Lehrkräften selbst durchgeführten Forschung (z. B. Selbstevaluation von Unterricht).

Der amerikanische Forschungsstand zu »Teacher Education« wurde in einer Review von Cochran-Smith/ Zeichner (2005) und in dem Bericht der *National Academy of Education* (Darling-Hammond/ Bransford 2005) dargelegt. Eingebettet ist die dortige empirische Lehrerbildungsforschung in die lange Tradition eines eigenen Wissenschaftszweiges (Townsend/ Bates 2007). Fragen der Lehrerbildungsforschung sind jedoch in starkem Maße von den jeweiligen nationalen oder gar regionalen Lehrerbildungssystemen abhängig. Es ist daher kaum möglich, die zahlreichen internationalen Erfahrungen in der Lehrerbildungsforschung für den deutschen Kontext fruchtbar zu machen und damit das hiesige Empiriedefizit schnell zu überwinden. Eine Durchsicht z. B. der gängigen Instrumente zur Kompetenzerfassung zeigt, dass zwar die grundlegenden Ansätze, nicht aber die entwickelten Instrumente übertragen werden können (Terhart 2007, S. 42). Dies liegt an der Kultur- und Kontextspezifik der Instrumente (unterschiedliche Ausbildungsstrukturen und -niveaus, Seiteneinstiege, soziale Position des Berufs in der Öffentlichkeit usw.). Insgesamt werden im Vergleich zum deutschen System inhaltlich und formal zu niedrige Niveaus durch die Instrumente erfasst. Es fällt unter Berücksichtigung des internationalen Forschungsstandes auf, dass »scheinbar *jeder* Aspekt des Lehrerberufs schon einmal thematisiert und untersucht worden ist« (Rothland/ Terhart 2009, S. 792). Dies macht eine Beschränkung der Darstellung auf zentrale Aspekte notwendig.

Die beschriebene Schwierigkeit einer Übertragung der angloamerikanischen Instrumente auf den deutschsprachigen Raum hat hierzulande zu einer eigenen, weitgehend von der internationalen Forschung unabhängigen Lehrerbildungsforschung geführt (Terhart 2001;

Blömeke 2004a; Allemann-Ghionda/ Terhart 2006; Hilligus/ Rinkens 2006; Seifried/ Abel 2006; Lüders/ Wissinger 2007; Abel/ Faust 2009; Gehrmann u. a. 2010). Das Interesse einer wissenschaftlichen Beschäftigung mit Lehrerbildung und Lehrerberuf erstreckt sich auf verschiedene Disziplinen, insbesondere auf die Erziehungswissenschaft (Schulpädagogik, Allgemeine Pädagogik und Empirische Bildungsforschung), die Pädagogische Psychologie, aber auch auf die Bildungssoziologie und -ökonomie sowie das Bildungsrecht (Rothland/ Terhart 2009, S. 791). Die Disziplinen und Subdisziplinen haben je eigene Fragestellungen und Zugänge zum Gegenstand entwickelt. Daher erweist sich die Lehrerbildungsforschung als ein Forschungsfeld mit teils divergierenden theoretischen Ansätzen, Erkenntnisinteressen und methodischen Vorgehensweisen. Der vorgenommene Forschungsüberblick greift Studien aus den unterschiedlichen Bereichen auf, auch wenn sie sich hinsichtlich ihrer Zugänge unterscheiden. Ein Schwerpunkt liegt auf den empirischen Ansätzen der schulpädagogisch geprägten Lehrerbildungsforschung und Arbeiten aus dem Umfeld der Empirischen Pädagogik bzw. Empirischen Bildungsforschung. Ausgewählt wurden solche Studien, die den Mainstream der Forschung markieren und den Diskurs bestimmen. Der Überblick dient einer ersten Orientierung im Feld, während der für die hier durchgeführte Studie und ihre Bereiche relevante Forschungsstand zu Beginn der jeweiligen Teilkapitel ausführlich referiert wird (vgl. Kapitel 3, 4 und 5). Die Darstellung beschränkt sich auf Studien zur ersten Phase der Lehrerbildung (Studium) und ergänzende Studien zum Lehrerberuf, da sich die vorliegende Studie derzeit nur auf die erste Phase bezieht. Für einen detaillierten Überblick zur Lehrerbildungsforschung sei außerdem auf bereits vorliegende Überblicksdarstellungen hingewiesen (international: Dunkin 1987; Houston 1990; Sikula u. a. 1996; Biddle u. a. 1997/ Good/ Goodson 1997; Cochran-Smith/ Zeichner 2005; Darling-Hammond/ Bransford 2005; Ingvarson u. a. 2007; Cochran-Smith u. a. 2008; Blömeke 2011; national: Schaffernicht 1967; Schlee 1992; Bayer u. a. 1997; Fried 1998; Prondczynsky 2001; Terhart 2001; Schaefers 2002; Blömeke u. a. 2004; Baumert/ Kunter 2006; Bromme/ Rheinberg 2006; Gehrmann 2007a, S. 85; Cramer u. a. 2009a; Rothland/ Terhart 2009; Terhart u. a. 2010; Czerwenka/ Nölle 2011).

1.3.1 Forschungsüberblick

Zur Darstellung des Forschungsstandes bieten sich verschiedene Systematiken an. Nach Herkunft und Geltungsraum zu unterscheiden (internationale, nationale, regionale und institutionell verankerte Studien), liegt nur nahe, wenn diese Ebenen selbst Forschungsgegenstand sind. Eine Gliederung nach Ausbildungsphasen scheidet vorliegend ebenso aus, da nur Befunde zur ersten Phase referiert werden. Die historisch-chronologische Gliederung würde dem Interesse entgegenstehen, im Wesentlichen den gegenwärtigen Stand der Forschung abzubilden, der für die Durchführung der eigenen empirischen Studie relevant ist. Die Unterscheidung nach methodischen Zugängen (z. B. Querschnitt vs. Längsschnitt, Selbsteinschätzung vs. Wissenstest, deskriptive Forschung vs. Wirkungsforschung) erscheint nur dann sinnvoll, wenn die methodischen Fragen auch im Mittelpunkt des Erkenntnisinteresses stehen. Eine Auswahl nach theoretischen Zugängen stünde der breiten Anlage der vorliegenden Studie entgegen. Nach Bedingungsfaktoren der Wirksamkeit zu unterscheiden ist angesichts der wenigen Wirkungsstudien kaum plausibel. Es bietet sich schließlich eine Gliederung nach zentralen inhaltlichen und erkenntnisleitenden Gesichtspunkten an, die den Mainstream der

gegenwärtigen Forschung abbildet. Sie impliziert die Unterscheidung zwischen der Mikroebene der Personen, Mesoebene der Institutionen und Makroebene der Steuerungssysteme.
Diese Systematik scheint am besten geeignet, um die unterschiedlichen Ansätze, Interessen
und Methoden verschiedener Untersuchungen zusammenfassend darzustellen und folgt aktuellen Überblicksdarstellungen (Rothland/ Terhart 2009).

Individuelle Eingangsbedingungen und Merkmale der Lehramtsklientel

Die zu Beginn der Ausbildung bereits vorhandenen individuellen Eingangsbedingungen ins
Studium haben einen nicht zu unterschätzenden Einfluss auf die professionelle Entwicklung
der Lehramtsstudierenden. Im Wesentlichen lassen sich drei grundlegende Bereiche von Eingangsbedingungen unterscheiden: (1) soziokulturelle und anthropogene Bedingungen, (2)
Vorannahmen, Einstellungen und Erwartungen gegenüber dem Lehrerberuf (»beliefs«) sowie
(3) Motive für die Berufswahl (Blömeke 2004a, S. 64). Außerdem lassen sich (angehende)
Lehramtsstudierende nach Persönlichkeitsmerkmalen unterscheiden.

Zu den soziokulturellen und anthropogenen Eingangsbedingungen zählen demografische
Merkmale wie Alter und Geschlecht, die in Studien zwar meist mit erfasst werden – eine eigenständige empirische Forschung zur Lehrerbildung in Abhängigkeit von Lebenslauf oder
Gender ist aber nicht etabliert. Andere demografische Merkmale wie Familienstand, Famili-
enkonstellation oder die Konfessions- bzw. Religionszugehörigkeit haben in der Forschung
bislang kaum oder keine Bedeutung. Im Vergleich zu ihrer späteren Schülerklientel unterscheiden sich angehende Lehrkräfte offenbar nicht lehramtsspezifisch nach ihrer sozialen
Herkunft (Kühne 2006) und weisen vergleichbare soziale Rekrutierungsmuster auf. Die »Berufsvererbung« im Lehramt ist auffällig stark ausgeprägt (Hirsch u. a. 1990; Kühne 2006; Herzog u. a. 2007). Fast ein Viertel der Studierenden hat mindestens ein Elternteil im Lehramt.

Auch die ins Studium mitgebrachten Überzeugungen und Einstellungen (»beliefs«) stellen
eine Voraussetzung für die professionelle Entwicklung in der Lehrerbildung dar. Schul- und
lehramtsspezifische Überzeugungen und Erwartungen werden zu einem Teil immer auch mit
durch die Vorerfahrungen aus der eigenen Schulzeit und dem Elternhaus beeinflusst sein. Es
lassen sich vier Forschungsbereiche unterscheiden (Baumert/ Kunter 2006, S. 497):

- Wertbindungen wie z. B. Schul- und Erziehungseinstellungen meinen eine Berufsethik, die Einfluss auf die Interaktion im Klassenzimmer, die didaktische Ausrichtung, die Gestaltung von Lernumgebungen oder die Bezugsnormen für die Leistungsbeurteilung hat (Baumert/ Kunter 2006, S. 498).
- Epistemologische Überzeugungen, wie z. B. religiöse Einstellungen, sind subjektive Theorien von Lehrkräften
  über Wissen und Wissenserwerb und strukturieren die Wahrnehmung, beeinflussen Denkprozesse sowie Lernen und Motivation von Lehrpersonen (Köller/ Baumert/ Neubrand 2000) und haben Einfluss auf das Lehrerhandeln (Brunner u. a. 2006; Seifried 2009).
- Subjektive Theorien über Lehren und Lernen, die sich z. B. in Vorstellungen von Schule, Bildung oder Erziehung
  niederschlagen, beeinflussen die Unterrichtsziele sowie das professionelle Selbstverständnis und Handeln von
  Lehrkräften (Trigwell u. a. 1999; Baumert u. a. 2004).
- Vorstellungen von Zielsystemen für Curriculum und Unterricht fragen, zu welchem Ergebnis die Bemühungen
  um qualitativ hochwertigen Unterricht und um schulische Arbeit führen sollen (Sembill/ Seifried 2009, S. 349).

Überzeugungen und Einstellungen sind vermutlich mit davon abhängig, welchen schulischen
Bildungsweg, welche schulische und berufliche Vorbildung und welche einschlägigen berufs-
bezogenen Vorerfahrungen angehende Lehramtsstudierende gemacht haben. Der Stand der
Forschung hierzu ist vergleichsweise knapp. Hier besteht ein Desiderat, gerade weil Kennt-

nisse über die schulische und familiäre Biografie zur Erklärung der Berufswahlentscheidung und des Studierverhaltens beitragen können. Existierende Daten beschränken sich etwa auf Abiturleistungen der Studierenden: Gymnasialstudierende in verschiedenen Bundesländern zeigen eine signifikant bessere Abiturleistung als jene der anderen Lehrämter (Trautwein u. a. 2007; Blömeke u. a. 2008b, S. 204). Pädagogische Vorerfahrungen, z. B. bei der Betreuung von Kindern oder bei der Anleitung von Gruppen in der Vereinsarbeit, bringen hingegen verstärkt Studierende der Primarlehrämter mit (Mayr 2010a).

Motive für die Berufswahl können unter verschiedenen Gesichtspunkten betrachtet werden. Die intensivste Forschung befasst sich mit der Berufswahlmotivation (Hirsch u. a. 1990; Terhart u. a. 1994; Lipowsky 2003; Ulich 2004; Herzog u. a. 2007; Ortenburger 2010). Als entscheidend für die Berufswahl gelten intrinsisch-pädagogische Motive, insbesondere der Wunsch, mit Kindern und Jugendlichen arbeiten zu wollen (Rothland/Terhart 2009, S. 793). Die Berufswahlmotivation gilt über den Ausbildungszeitraum hinweg als weitgehend konstant (Brühwiler 1999, S. 123). Während die Berufswahlmotivation auf die Bedeutung des Berufsbildes für die Berufswahl zielt, erklärt das inhaltsbezogene Studieninteresse, welche Rolle die Orientierung an den Inhalten des Studiums für die eingeschlagene Laufbahn haben kann. Das Interesse an bestimmten Lerninhalten weist Bezüge zur Qualität von Lernprozessen auf und kann sowohl als Voraussetzung wie auch als Folge der fachbezogenen Ausbildung angesehen werden (Schiefele u. a. 1992, S. 3). Es zeigen sich starke positive Zusammenhänge zwischen Studieninteresse und Studienleistungen (Schiefele u. a. 1993a). Das Studieninteresse ist ein Indikator zur Erklärung von Fachwahl, Studienwechseln, Studienzufriedenheit oder dem Studienabbruch (Bergmann 1992). Auch die allgemeine Interessenlage wurde untersucht (Abel 1997; Lipowsky 2003; Langmeyer u. a. 2009). Geklärt werden soll, ob ein bestimmtes Interessenmuster für Lehramtsinteressenten typisch ist, etwa eine starke soziale Orientierung. Schließlich existieren einige Studien zur Lern- und Leistungsmotivation. Dabei ist nicht nur von einer Negativselektion im Vergleich zu anderen Studiengängen auszugehen (Lipowsky 2003, S. 101), sondern auch von Lehramtsunterschieden zugunsten höherer Leistungsmotivation unter Gymnasialstudierenden (Giesen/Gold 1993; 1994). Zahlreiche Forschungsbefunde unterstreichen die Bedeutung von Zielen für Lernen und Leistung in Ausbildungseinrichtungen (Spinath u. a. 2002, S. 10-12). Personen mit ausgeprägten Lernzielen erweisen sich Lernanforderungen gegenüber positiver eingestellt (Nicholls u. a. 1985) und weisen eine höhere intrinsische Motivation auf (Elliot/Church 1997). Die hier als wichtig erachteten beruflichen Ziele Lehramtsstudierender wurden selten untersucht (Lipowsky 2003). Keine Berücksichtigung fand bislang die systematische Erfassung fachbezogener Studienwahlmotive.

Eine Nähe zu Motiven der Berufswahl weist schließlich die Forschung zur Persönlichkeit Lehramtsstudierender auf. Zu Persönlichkeitsmerkmalen im Sinne relativ stabiler psychischer Dispositionen wurden mehrere Studien durchgeführt, die teils auch längsschnittliche Daten bereitstellen (Mayr 2007). Untersucht wurde etwa der Einfluss der Persönlichkeitsmerkmale (»Big Five«) auf den beruflichen Erfolg von Lehrpersonen (gemessen am Kriterium der Verarbeitungstiefe selbsteingeschätzter berufsspezifischer Kompetenzen). Wesentliches Ergebnis ist der Zusammenhang zwischen dem Persönlichkeitsmerkmal Extraversion und der Fähigkeit einer erfolgreichen Unterrichtsgestaltung. Da Persönlichkeitsmerkmale als relativ konstant gelten, wird angenommen, dass sie sich zur Prognostizierung beruflichen Erfolgs eignen. Die Persönlichkeitsforschung ist im Rahmen der Lehrerbildung jedoch umstritten, wenngleich sie zunehmend in der Laufbahnberatung Anwendung findet.

Begleitumstände und Studiensituation

Die Begleitumstände der Entwicklung von Professionalität im Lehramt sind in der Forschung bislang weitgehend unberücksichtigt geblieben. Es ist unklar, welche Bedeutung der finanziellen Situation der Studierenden, ihrer Wohnsituation, ihrer Mobilität oder kritischen Lebensereignissen für die professionelle Entwicklung zukommt. Zumindest einige Befunde liegen hingegen zur Studiensituation Lehramtsstudierender vor. So existiert etwa Forschung zum zeitlichen Studienaufwand. Lehramtsstudierende wenden mehr Zeit für ihr Studium auf als Studierende der Erziehungswissenschaft, andererseits aber auch weniger als Studierende der Medizin-, Ingenieurs- oder Naturwissenschaften (Bargel u. a. 2001; Isserstedt u. a. 2004; Lüders u. a. 2006). Angehende Gymnasiallehrer studieren zeitintensiver als Studierende des Realschul- oder Grundschullehramts (Lüders u. a. 2006). Welche konkreten Lehrveranstaltungen Lehramtsstudierende aber in ihrer Ausbildung de facto besuchen, wird nicht dezidiert erhoben. Ein Abgleich von Angebot und Nachfrage ist daher bislang kaum möglich.

Viele der vorliegenden Studien beziehen sich auf ein bestimmtes Lehramt oder werden an nur einer Hochschule durchgeführt. Lehramts- oder standortspezifische Vergleiche sind, insbesondere in repräsentativen Samples, selten. Die Bedeutung der studierten Fächer und Fachkombinationen für die professionelle Entwicklung in der Lehrerbildung ist völlig unklar. Es fehlt an fachspezifischer Lehrerbildungsforschung. Zum Studienabbruch im Lehramt liegen Daten aus unterschiedlichen Quellen vor (Henecka/ Gesk 1996; Gesk 1999; Lipowsky 2003). Die Bedingungsfaktoren des Abbruchs sind äußerst vielfältig und reichen von der sozialen Herkunft über einen mangelnden Informationsstand bis hin zu falschen Erwartungen zu Studienbeginn (Heublein u. a. 2003, S. 6).

Berufsbiografische Entwicklung

Die Forschung zur berufsbiografischen Entwicklung von Lehrkräften hat im Gegensatz zur qualitativen Biografieforschung weniger die Absicht, lebensgeschichtlich-reflexive Selbstdeutungen zu interpretieren, sondern will äußere Tatbestände und Übergänge in der Berufsbiografie in den Blick nehmen (Herzog u. a. 2007, S. 43). Traditionell waren die Bemühungen zunächst auf den Übergang von der Ausbildung in den Beruf fokussiert. Prominent sind insbesondere die Studie zu Schul- und Erziehungseinstellungen und der dort postulierte »Praxisschock« (Müller-Fohrbrodt u. a. 1978; Mayr u. a. 1988) oder die Bestandsaufnahme von Schwierigkeiten junger Lehrkräfte in der Anfangsphase (Veenman 1984). Die biografische Entwicklung über den gesamten Berufsverlauf hinweg kommt erst später in den Blick (Terhart u. a. 1994). Ältere Arbeiten begrenzen sich auf das weitgehend theoretische Entwickeln von Stufenmodellen, die typische Entwicklungsschritte herausarbeiten (Fuller/ Brown 1975; Sikes u. a. 1985). Dass sich Entwicklungsverläufe letztlich immer individuell vollziehen, haben neuere Arbeiten verdeutlicht (Hubermann 1989; Hirsch u. a. 1990), auf deren Grundlage starre Stufenmodelle abgelehnt werden müssen. Insbesondere Vertreter eines kasuistischen Zuganges lehnen solche Standardisierungen ab (Kunze/ Stelmaszyk 2004; Reh/ Schelle 2006). Die qualitativ dominierte Forschung zu Berufsbiografien im Lehrerberuf ist – wie auch die Stufenmodelle – in ihrer Aussagekraft begrenzt. Es ist daher verstärkt eine Verbindung qualitativer und quantitativer Zugänge anzustreben, um von den Vorteilen der jeweiligen Zugänge und Daten zu profitieren (Rothland/ Terhart 2009, S. 796). Die wenigen quantitativen Ansätze leiden unter einem fehlenden »echten« längsschnittlichen Zugang und weichen z. B. auf Einzelstichproben unter Lehrkräften verschiedenen Alters aus (Gehrmann 2003). Lehrer werden und bleiben scheint aber vielmehr ein lebenslanger Prozess der professionellen Entwicklung zu sein (Baumert/ Kunter 2006, S. 483), der enge Bezüge zur Biografie aufweist (Rothland/ Terhart 2009, S. 797). Die aktuelle Forschung beschäftigt sich insbesondere mit der Einmündung von Lehramtsabsolventen in den Lehrerberuf und andere Berufsfelder (Lipowsky 2003; Herzog u. a. 2005; 2007).

Wirkungsforschung und Längsschnittstudien

Über die Frage, ob die Lehrerbildung überhaupt nachweislich wirkt, wird besonders in der amerikanischen Forschung heftig gestritten (vgl. S. 89). Darling-Hammond (2000, S. 1) folgert: »Teacher preparation and certification are by far the strongest correlates of student achievement in reading and mathematics«. Die *Abell Foundation* nimmt diesen Bericht zum Anlass, als Gegenthese zu formulieren: »Teacher certification is neither an efficient nor an effective means by which to ensure a competent teaching force« (The Abell Foundation 2001, iii). Während für die Anhänger der erstgenannten Professionalisierungs-These eine fundierte Lehrerbildung aufgrund der empirischen Ergebnisse unverzichtbar erscheint, ziehen die Vertreter der Deregulierungs-These selbige Daten heran, um jegliche Zusammenhänge zwischen Lehrerbildung und Schülerleistungen in Frage zu stellen.

   Dieser Wissenschaftsstreit steht exemplarisch für die internationale wie nationale Wirkungsforschung in der Lehrerbildung: Als wirklich gesichert kann fast nichts gelten (Blömeke 2004a, S. 75). Die Wirkungsweise der Lehrerbildung auf Schülerhandeln lässt sich nur über Längsschnittstudien, idealerweise in Abhängigkeit von einer Intervention, erfassen. Es liegen nur vereinzelt Studien vor, die solche Kriterien zumindest in Ansätzen erfüllen, etwa zur Wirksamkeit von Standards (Cochran-Smith/ Lytle 1999; Putnam/ Borko 2000; Schumann/ Eberle 2009; Larcher u. a. 2010). Ein Hinweis auf die Wirksamkeit von Lehrerbildung könnte sein, dass auf dem üblichen Weg qualifizierte Lehrkräfte größere Lernerfolge bei Schülern erzielen als Quereinsteiger (Darling-Hammond u. a. 2005). Ähnliche Studien verweisen allerdings auf divergierende Befunde (Wayne/ Youngs 2003). Problematisch ist, dass die eigentliche Leistung der Lehrkräfte für den Erfolg ihrer Schüler nicht isoliert werden kann und damit auch nicht eindeutig auf ein bestimmtes Unterrichtshandeln zurückzuführen ist, das in der Lehrerbildung seinen Anfang nehmen könnte (Kyriakides 2007). Von echter Wirkungsforschung kann hier also kaum gesprochen werden. Längerfristige instruktionale Wirkungen, welche durch die professionelle Kompetenz der einzelnen Lehrkraft bedingt werden, sind dabei kaum (Hoffer u. a. 1996) oder überhaupt nicht nachzuweisen (Scott u. a. 2007) – im engeren Sinne liegen solche Wirkungsstudien überhaupt nicht vor (Cochran-Smith/ Zeichner 2005; Blömeke u. a. 2008).

   Im deutschsprachigen Raum wurde vereinzelt die Wirkung der Lehrerprofessionalität auf Schulorganisation und Schulentwicklung untersucht (Zlatkin-Troitschanskaia/ Förster 2009) oder aus bildungsökonomischer Perspektive betrachtet (Teuber u. a. 2009). Wirkungen im engeren Sinne werden mit solchen Ansätzen aber kaum erfasst. Gründe für diese erheblichen Forschungsdefizite sind der enorme Ressourcenaufwand für solche Längsschnittstudien, fehlende geeignete Modelle zur Modellierung und die Ausrichtung der Forschung auf kurzfristige und messbare Wirkungszusammenhänge (Schumann/ Eberle 2009, S. 718).

Während sich die Frage nach der Wirksamkeit von Lehrerbildung einem wissenschaftlichen Zugang weitgehend verschließt, werden Wirksamkeit und Wirkungsweisen von Lehrerprofessionalität verstärkt diskutiert. In einem Sammelband zur Lehrerprofessionalität werden entsprechende Beiträge unter drei Perspektiven subsumiert: personal, interpersonal sowie transpersonal (Zlatkin-Troitschanskaia u. a. 2009, S. 601-755). Der personalen Perspektive werden Studien zu selbstregulativen Fähigkeiten von Lehrpersonen, z. B. zur Beanspruchung und Gesundheit (vgl. 4.1.1, S. 266), zur Selbstwirksamkeit (vgl. 4.1.2, S. 287) oder zu Laufbahnentscheidungen zugerechnet. Die interpersonale Perspektive subsumiert Beiträge zum Zusammenhang von Lehrerkompetenz einerseits und Schülerlernen, Steuerung von Lernprozessen oder Unterrichtsqualität andererseits. Zur transpersonalen Perspektive werden Texte zu langfristigen Effekten der Lehrerprofessionalität auf Schüler oder Schulentwicklung gerechnet. Die Inhalte der genannten Beiträge sind für die Diskussion um Professionalität und Professionalisierung ohne Zweifel zentral – der Versuch ihrer Zuordnung zu verschiedenen Perspektiven der Wirksamkeit hingegen kann kaum überzeugen und spiegelt erneut die Problematik eines geeigneten Zugangs zur Wirkungsfrage in der Lehrerbildungsforschung. So erscheint es wenig plausibel, z. B. die Selbstwirksamkeitserwartung als direkte Folge oder Voraussetzung für Professionalität aufzufassen. Vermutlich bedingen sich Selbstwirksamkeit und Professionalität wechselseitig – ohne eine klar bestimmbare Ursache und Folge. Ähnlich verhält es sich mit den anderen genannten Aspekten. Am ehesten können der Wirkungsforschung noch die nachfolgend dargestellten Studien zugerechnet werden, die sich um eine Erfassung von Kompetenz und deren Bewertung vor dem Hintergrund definierter Standards bemühen.

Kompetenzentwicklung und Standards

In der empirischen Lehrerbildungsforschung etabliert sich die Annahme, die Kompetenzentwicklung künftiger Lehrkräfte sei das beste Kriterium, um beruflichen Erfolg zu messen und um daran die Wirksamkeit der Lehrerbildung festmachen zu können (Oser/ Oelkers 2001; Terhart 2002; Lipowsky 2003; KMK 2004; Gogolin u. a. 2005; Lüders/ Wissinger 2007; Prenzel u. a. 2007). Die Lehrperson ist wichtiger, oftmals sogar entscheidender Faktor von Unterrichtsqualität und damit auch von der Kompetenzentwicklung der Schüler (Creemers 1994; Scheerens/ Bosker 1997; Teddlie/ Reynolds 2000; Blömeke u. a. 2008c). Eine besondere Herausforderung liegt darin, geeignete Instrumentarien für die Kompetenzerfassung zu entwickeln. Sie kann nicht ohne fachdidaktische Expertise bewältigt werden. Zugleich verweist die in der Lehrerbildungsforschung übliche »Entwicklungsmetapher« (Hericks 2006; Gehrmann 2007a) auf den kumulativen Prozesscharakter des Kompetenzerwerbs in der Berufsbiografie von Lehrkräften. Die Debatte um die Notwendigkeit, die Vorteile (Zeitler u. a. 2010) und Nachteile (Herzog 2010; Kreitz 2010) sowie Möglichkeiten und Grenzen der Kompetenzerfassung und Standardisierung (Cramer 2010a; König u. a. 2010) reißt nicht ab.

Die internationale Forschung rankt sich seit Jahren um eine theoretische Fundierung und um geeignete methodische Ansätze einer Erfassung von Lehrerkompetenzen (Porter u. a. 2001; Pearlman/ Tannenbaum 2003; Wilson/ Youngs 2005). Diese Ansätze lassen sich nicht einfach auf die deutsche Situation übertragen, geht es bei der Kompetenzerfassung doch um die Überprüfung der Erreichung spezifischer Standards, die sich je nach Lehrerbildungssystem unterscheiden. Solche wurden für Deutschland von der KMK vorgelegt, sowohl für den bildungswissenschaftlichen Bereich (KMK 2004) als auch für die Fächer (KMK 2008). Die Standards bieten einerseits eine einheitliche Orientierung für die Ausarbeitung der individuellen Curricula auf Ebene der einzelnen Bundesländer und Hochschulen, andererseits sollen sie eine Leitlinie für die Evaluation der Lehrerbildung sein (Rothland/ Terhart 2009, S. 800). Letztere Funktion erfüllen sie in der derzeitigen Form aber kaum: Sie definieren weder verschiedene Niveaustufen noch bieten sie einen Anhaltpunkt für deren Evaluation.

Die theoretische Diskussion um die Modellierung von Lehrerkompetenz und deren Erfassung lässt sich in der Auseinandersetzung der Befürworter eines domänenspezifischen Kompetenzansatzes einerseits (Berliner 2001; Baumert/ Kunter 2006) und eines strukturtheoretischen Zuganges zu Lehrerprofessionalität andererseits (Helsper 2002; 2007) fassen. Vertreter des kompetenzorientierten Zugangs gehen davon aus, dass die Summe an Kompetenzfacetten eine professionelle Lehrkraft ausmacht, die bei höherer Ausprägung der Einzelkompetenzen auch höhere Schülerleistungen hervorbringt. Aus strukturtheoretischer Sicht ist das Unterrichtshandeln hingegen durch viele Antinomien geprägt, die eine feinschrittige Vorbereitung auf die Ausübung des Lehrerberufs unmöglich erscheinen lassen. Die empirische Forschung wird allerdings durch Studien auf Basis des kompetenzorientierten Ansatzes dominiert.

Einen im deutschsprachigen Raum einflussreichen empirischen Ansatz zu potenziellen kompetenzbezogenen Wirkungen wurde für das schweizerische Lehrerbildungssystem vorgelegt (Oser/ Oelkers 2001). Absolventen der Lehrerbildung wurde eine Liste mit pädagogischen bzw. allgemein-didaktischen Inhalten bzw. Kompetenzen vorgelegt. Sie wurden um ihre Einschätzung gebeten, inwieweit diese Bereiche Gegenstand ihrer Ausbildung waren. Ernüchterndes Ergebnis der Befragung ist, dass die Absolventen zwar die meisten der genannten Inhalte und Kompetenzen als wichtig für ihr berufliches Handeln erachten, zugleich aber darauf verweisen, dass die Kompetenzen und die ihnen zugrunde liegenden Inhalte kaum oder nur theoretisch Teil ihrer Ausbildung waren. Im Kern dieser Studie steht demnach das »Nichterreichen professioneller Standards im Konkreten« (Terhart 2003, S. 13) und die Frage danach, wie aufgrund dieser Ergebnisse vom Lehrerberuf als einer »anerkannten Profession« (Oser/ Oelkers 2001, S. 27) die Rede sein könne. Da berufsspezifische Kompetenzen von Lehrpersonen nur schwach ausgebildet sind, scheint die Lehrerbildung hinsichtlich funktionaler Kompetenzen zu wenig wirksam zu sein (Oser/ Oelkers 2001, S. 17). Vergleichbare Folgerungen ergeben sich nach einer Anschlussstudie für Deutschland (Seipp 2003). Publikationen nehmen (teils kritisch) Bezug auf die hier entwickelten Standards (Mayr 2006b).

Eine andere Anschlussuntersuchung berücksichtigt, dass die Studien trotz des Anspruches der Wirkungsforschung lediglich als Querschnitte angelegt sind und nur die Selbsteinschätzung der Studierenden bzw. Lehrpersonen heranziehen (Baer u. a. 2006, S. 145). Die Autoren wählen daher einen mehrperspektivischen und längsschnittlichen Zugang. Sie berücksichtigen eine Vielzahl an Zugängen: Online-Fragebogen; Vignettentest; Videografie von Unterricht zur Ermöglichung seiner Fremdeinschätzung; Skala zur Selbstwirksamkeitserwartung und zu Persönlichkeitsmerkmalen sowie Erfassung von Schülermerkmalen mit einem Schülerfragebogen (Seidel u. a. 2003). Insgesamt schätzen Studierende ihre Kompetenzen zu Beginn des Studiums recht niedrig ein (Baer u. a. 2006, S. 149-154). Eine Wiederholungsmessung in Zürich bestätigt das Ergebnis, dass sich die Studierenden bezüglich aller 16 Bereiche vom ersten auf das dritte Semester hin einen Kompetenzzuwachs attestieren.

Im Gegensatz zu den exemplarisch genannten Ansätzen stützt sich das CoActiv-Projekt nicht auf die Selbsteinschätzungen der Lehramtsstudierenden (Krauss u. a. 2004; Brunner u. a.

2006). Die Studie zielt u. a. auf den Zusammenhang von beruflicher Kompetenz und einem verständnisvollen Lernen im Mathematikunterricht. Dabei werden das fach- und fachdidaktische Wissen von Lehrkräften anhand von Kompetenztests sowie Schülerleistungen und Kontextvariablen erfasst und in Beziehung zueinander gesetzt. Die Kombination eines hohen fachlichen und fachdidaktischen Ausbildungsniveaus gilt als Indikator für hohe Lernleistungen der Schüler. Gleichwohl beschränkten sich die Aussagen auf den Mathematikunterricht.

Innovation verspricht das vom BMBF geförderte Projekt *PaLea – Panel zum Lehramtsstudium* (Prenzel/ Möller 2008; Bauer 2009). Das Projekt (Laufzeit 2009-2012) beabsichtigt, die Entwicklung Lehramtsstudierender im Studienverlauf unter den verschiedenen Bedingungen der Neustrukturierung von Lehrerbildung in konsekutiven Studiengängen abzubilden. Dazu werden Lehramtsstudierende an 13 Hochschulen wiederholt befragt. Die Standorte wurden exemplarisch nach den aktuellen Varianten der Organisation von Lehrerbildung in der ersten Phase ausgewählt. Befragt werden in einer ersten Kohorte Lehramtsstudierende des 1. Semesters (Bachelor/ Staatsexamen) und in einer zweiten Kohorte solche mit fortgeschrittenem Studium (1. Semester Master/ 7. Semester Staatsexamen). Zusätzlich werden Studierende der Erziehungswissenschaft und Rechtswissenschaften als professionsspezifische Vergleichsgruppen befragt. Nach der derzeitigen Planung beschränkt sich die Studie auf die erste Ausbildungsphase. Neben den Studierendenbefragungen werden zu Beginn die Strukturen der jeweiligen Lehramtsstudiengänge erfasst. Eine detaillierte Erfassung der tatsächlich von den Befragten besuchten Lehrveranstaltungen ist nicht vorgesehen. Die Angebotsanalyse beruht damit auf der Durchsicht der Studien- und Prüfungsordnungen sowie Modulhandbücher.

Evaluation von Lehrerbildungssystemen, -einrichtungen und -reformen

Im US-amerikanischen Raum wurden Untersuchungen mit dem Anspruch durchgeführt, ganze Lehrerbildungssysteme zu evaluieren. In »Large-Scale-Studien« und durch deren Metaanalyse wird versucht, über Wirkungsmechanismen Aussagen treffen zu können. Dabei werden die Rahmenbedingungen (Schulprofil, Dienstjahre der Lehrpersonen etc.) möglichst konstant gehalten (Floden 2001, S. 7). Das aufwendige methodische Vorgehen ist eine Anregung für die europäische und deutsche Forschung, während die Ergebnisse aufgrund unterschiedlicher bildungspolitischer Kontexte und Spezifika keine unmittelbare Bedeutung für die hiesige Situation der Lehrerbildung haben. Es existieren international zahlreiche Studien zur wissenschaftlichen Begleitung bzw. Evaluation von Reformansätzen wie Modifikationen von Ausbildungsprogrammen, Verhaltenstraining (etwa durch Microteaching; Klinzing 2002) oder zur Wirksamkeit von Praxiserfahrungen (Wideen u. a. 1998, S. 154; Kagan 1992, S. 148). Die Reichweite der Studien ist jedoch weitgehend auf den jeweiligen Gegenstand beschränkt, die Einzelergebnisse können nicht auf größere Fragestellungen bezogen werden.

Die aktuellen Forschungsbemühungen richten sich im Kern auf die alte Frage nach der geborenen vs. der ausgebildeten Lehrperson (vgl. S. 18). In welchem Verhältnis stehen im Hinblick auf die professionelle Kompetenz einer Lehrkraft die Lernvoraussetzungen im Vergleich zur Bedeutsamkeit der Ausbildung? Die einflussreichste Review zu dieser Forschung berücksichtigt sowohl Studien zum Einfluss von Lehrerbildung und Lehrerhandeln auf Schülerleistungen, als auch eine zusammenfassende Analyse von Daten aus drei bundesweiten US-Studien (Darling-Hammond 2000). Ergänzend werden Untersuchungen aus einzelnen Staaten referiert. Die unterschiedliche Reichweite der Studien und die divergierenden Grundgesamtheiten machen ein Aggregieren der Daten problematisch. Zentrale Thesen und deren Kritik werden nachfolgend diskutiert (Blömeke 2004a, S. 67-73 und die dort angegebene Literatur). Die Darstellung entspricht in ihren Grundzügen auch einer von der US-Regierung in Auftrag gegebenen Reanalyse der etwa 300 einschlägigen Einzelstudien (Wilson u. a. 2001).

- Schüler von Lehrkräften mit qualifiziertem Abschluss (i. d. R. Bachelor mit Major in Erziehungswissenschaft oder Fachwissenschaft) sind meist leistungsstärker. Die ausgebildeten Lehrer werden von der Schulaufsicht besser beurteilt als jene mit einer Notausbildung (im Jahr 2004 erlauben 30 US-Staaten die Anstellung von Lehrern mit keinem oder fachfremdem Studium). Sie haben einen reibungsloseren Einstieg ins Berufsleben, eine höhere Zufriedenheit mit der eigenen Ausbildung, effektivere Unterrichtsplanung und längeren Verbleib im Schuldienst. Allerdings zeigen einige Studien gegenteilige oder keine Zusammenhänge.
- Lehrpersonen mit zusätzlichem Masterabschluss erreichen höhere Schülerleistungen als jene mit Bachelor. Auch hier ist der Forschungsstand uneinheitlich. Außerdem ist fraglich, ob sich nicht ohnehin gerade die motivierten und leistungsfähigen Kandidaten für ein erweitertes Studium entscheiden. Damit bleibt offen, ob die höheren Schülerleistungen tatsächlich Folge des umfangreicheren Studiums sind.
- Eine signifikante Korrelation zwischen Fachwissen als Indikator der Ausbildungsqualität und Schülerleistungen lässt sich nicht feststellen. Allerdings existiert ein Deckeneffekt: Ein gewisser Grad an Fachwissen muss erworben werden, um hohe Schülerleistungen zu erreichen, aber eine Fachkompetenz über dem Grenzwert wirkt sich nicht weiter positiv auf die Schülerleistungen aus (Monk/ King 1994). Ob Ausbildungsqualität alleine durch Tests, die Zählung von Kursen oder Abschlussnoten operationalisiert werden kann, ist fraglich.
- Lehrkräfte, deren Ausbildung einen überdurchschnittlich hohen Anteil an Fachdidaktik aufweist, erreichen höhere Schülerleistungen. Die Verknüpfung fachdidaktischer und fachwissenschaftlicher Elemente in der Ausbildung macht den spezifischen Anteil fachdidaktischer Studien jedoch schwer bestimmbar.
- Die Annahme, ein erziehungswissenschaftlicher Schwerpunkt wirke sich positiv auf die Schülerleistungen aus, wird durch einzelne Studien widerlegt. Darüber hinaus führt erziehungswissenschaftliches Wissen besonders in der Kombination mit den Fachwissenschaften zu unterrichtsrelevanten Kompetenzen der Lehrkräfte.
- Allgemeine kognitive Fähigkeiten (gemessen am Intelligenzquotienten) haben keinen signifikant positiven Einfluss auf Schülerleistungen. Allerdings bestätigt nur die verbale Kompetenz dieses Korrelat studienübergreifend. Fraglich ist auch, ob Intelligenz überhaupt ein akzeptabler Indikator für kognitive Fähigkeiten ist.

In Europa können die Bemühungen um eine Evaluation ganzer Lehrerbildungssysteme nicht auf eine vergleichbar große Datenbasis zurückgreifen. In der Schweiz wurde daher die eben bereits diskutierte Studie zur Evaluation der dortigen Lehrerbildung durchgeführt, die allerdings weniger unter dem Fokus der Programmevaluation, sondern eher im Hinblick auf die Evaluation und Entwicklung von Standards für die Lehrerbildung rezipiert wurde (Oser/ Oelkers 2001). Innovativ an Osers Ansatz ist die Berücksichtigung möglichst aller Akteure im Lehrerbildungsprozess (etwa auch der Ausbildenden). In Österreich wurden immer wieder Versuche einer inhaltlich breiten Evaluation der Lehrerbildung unternommen, die sich aber immer auf einzelne Hochschulstandorte beschränkten (Mayr 1994a). Auch in Deutschland liegen bislang nur Evaluationen einzelner Lehrerbildungseinrichtungen vor. Im Rahmen des Projektes *Grundschullehrerausbildung – Neukonzeption (GLANZ)* wurde etwa an der Universität Bamberg eine fakultätsübergreifende Längsschnittstudie initiiert (Abel 2006; Faust 2010). In der Projektlaufzeit (2000-2007) wurden die Studierenden des Lehramts Grundschule der jeweiligen Studierendenkohorten untersucht. Für die Kohorte 2004 wurden zu drei Messzeitpunkten Daten erhoben (umfangreiche Fragebögen, ergänzende Dokumentenanalyse und halboffene Leitfadeninterviews). Es soll insbesondere geklärt werden, wer mit welchen Voraussetzungen Grundschullehramt studiert, wie die Interventionsziele mit den Eingangsbedingungen der Studierenden interagieren und inwieweit sich Rückschlüsse dazu ziehen lassen, ob die jeweilige Intervention erfolgreich war. In anderen Projekten wird die Reform der schulpraktischen Ausbildung wissenschaftlich begleitet. Das Projekt *Kompetenzentwicklung im Praxisjahr (KOPRA)* etwa evaluiert die Erfahrungen und Leistungen aus dem Modellprojekt »Praxisjahr«, das an der Pädagogischen Hochschule Weingarten und an Biberacher Schulen durchgeführt wird (Barthold u. a. 2006; Dieck u. a. 2010; Müller 2010).

International vergleichende Studien

In den letzten Jahren wurden Bemühungen unternommen, die Lehrerbildung international zu untersuchen. Die große Herausforderung solcher Ansätze besteht darin, geeignete Variablen für einen Vergleich zu finden – die einzelnen Lehrerbildungssysteme unterscheiden sich teils signifikant voneinander. Auf der Makroebene der Lehrerbildungsstrukturen lassen sich die einfachsten Vergleiche anstellen. Vergleichsgrößen können etwa die Ziele, Komponenten und die Institutionalisierung der Ausbildung, das Verhältnis von Theorie und Praxis, die Zulassungsbedingungen oder die Steuerungs- und Kontrollmechanismen der Lehrerbildungssysteme sein (Blömeke 2006). Aufgrund ihrer Komplexität und fehlenden Vergleichbarkeit im Detail erscheint internationale Forschung auf der Mesoebene der Institutionen oder gar Mikroebene der Personen weitaus schwieriger, zumal die Strukturdaten weitgehend über Statistiken und Dokumente zugänglich sind, während inhaltliche Fragen auf einer niedereren Ebene Feldforschung erfordern. Letztere ist gerade im internationalen Vergleich auf größere Forschungsnetzwerke und Drittmittelsummen angewiesen. Die vorliegenden international-vergleichenden Studien unterscheiden sich außerdem in ihrem räumlichen Zuschnitt. Studien und Datenquellen mit weltweiter Reichweite stehen neben Ansätzen, die sich auf Mitgliedsstaaten der Europäischen Union beschränken (Überblick: Blömeke 2011).

Den größten internationalen Vergleich der Lehrerbildung (17 Länder) unternimmt die Teacher Education and Development Study in Mathematics (TEDS-M), die von der International Association for the Evaluation of Educational Achievement (IEA) initiiert wurde (Tatto u. a. 2008). Ziel ist die Bestimmung der Wirksamkeit der Mathematiklehrerbildung im internationalen Vergleich. Dazu wurden die Qualifikationen der kommenden Lehrergeneration aggregiert erfasst, die einen Vergleich der Effektivität der Lehrerbildungssysteme unabhängig von ihrer konkreten Ausgestaltung erlauben. Ergänzend fand eine international-vergleichende Analyse der Effektivität einzelner Ausbildungsprogramme entlang vergleichbarer Merkmale statt. Berücksichtigt wurden Lernvoraussetzungen von Mathematikstudierenden zu Studienbeginn, der Lehr-Lernprozess in erster und zweiter Ausbildungsphase sowie in den ersten fünf Berufsjahren. Quer dazu wurden mehrebenenanalytisch Kontexte berücksichtigt (Lehrerbildungstraditionen, Institutionalisierung, Steuerung des Lehrerbildungssystems, Arbeitsmarkttrends, Status des Lehrerberufs, Umfang und Qualität der Ausbildungsinhalte und -formen, Examina, Einstellungsverfahren, Berufsabbruch). Ergebnisse liegen bezüglich angehender Primarstufenlehrkräfte im Allgemeinen (Blömeke u. a. 2010a) und für angehende Mathematiklehrkräfte der Sekundarstufe I (Blömeke u. a. 2010b) in Sammelbänden vor. Die Vorgängerstudie Mathematics Teaching in the 21st Century (MT21) wurde ebenso dokumentiert (Blömeke u. a. 2008c). Der international-vergleichende Charakter der Studie stellt einen Ansatz dar, der in inhaltlicher wie methodischer Hinsicht nicht einfach mit dem vorliegenden regionalen Zugang zu vergleichen ist. Inhaltlich bezieht sich die Studie etwa auf den sozioökonomischen Kontext angehender Lehrkräfte, ihre Lerngelegenheiten und Berufswahlmotivation, ihr mathematisches, mathematikdidaktisches und pädagogisches Wissen sowie ihre Überzeugungen.

Die *Organisation for Economic Co-operation and Development (OECD)* rief das Projekt *Teaching and Learning International Survey (TALIS)* ins Leben. Der erste große Datenreport (OECD 2009b) bietet umfassende Struktur- und Surveydaten zu Lehrerberuf und Lehrerbildung, wenngleich Deutschland nicht zu den 23 OECD-Staaten gehört, die in der Erhebung berücksichtigt wurden. Der Bericht beschränkt sich auf die Sekundarstufe I. In den befragten Ländern wurde jeweils eine Zielpopulation von 200 Schulen und jeweils 20 Lehrkräften angestrebt. Die Rücklaufquote liegt bei rund 75 %. Lehrkräfte und Schulleitungen wurden in den Jahren 2007/08 mit separaten Fragebögen schriftlich befragt. Der inhaltliche Schwerpunkt des ersten Berichts liegt auf der Beschreibung der Arbeitsbedingungen von Lehrkräften und von Lernumgebungen. Dargestellt werden eingangs quantitative und demografische Angaben zu Lehrkräften und deren Zugehörigkeit zu Schulen. Es folgt die Darstellung der Fort- und Weiterbildung. Dann werden die Unterrichtspraxis sowie Überzeugungen und Haltungen der Lehrkräfte berichtet. Ein weiteres Kapitel widmet sich der Evaluation von Schulen und deren Bedeutung für Unterricht und Lehrpersonal. Eine Teilstudie beschäftigt sich mit Stilen von Schulleitung und Art und Weisen des Schulmanagements. Schließlich werden das Klassenklima und die Selbstwirksamkeitserwartung der Lehrkräfte als Schlüssel für die Entwicklung produktiver Lernumgebungen entfaltet. Der inhaltliche Abriss zeigt, dass zwar die Fort- und Weiterbildung im Blick ist, die Erstausbildung bislang aber keine Berücksichtigung fand. Daher sind die TALIS-Daten für die vorliegende Arbeit nur bedingt relevant. Ähnlich verhält es sich mit den interessanten aber letztlich nicht treffenden OECD-Publikationen *Teachers Matter. Education and Training Policy. Attracting, Developing and Retaining Effective Teachers* (OECD 2005) und der jüngsten Aktualisierung des Strukturdatenberichts *Education at a Glance. OECD Indicators* (OECD 2009a). Beide Berichte enthalten wertvolle Strukturdaten für die international-vergleichende Lehrerbildungsforschung, ersetzen in ihrer notwendigen Allgemeinheit aber nicht die Forschung auf der Meso- und Mikroebene.

Im Auftrag der Europäischen Union wurden die Daten des TALIS-Projekts bezüglich der Fort- und Weiterbildung von Lehrkräften einer Sekundäranalyse unterzogen (EU 2010). Für den Raum der EU liegen auch eigene Sammlungen von Strukturdaten vor, die zum Lehrerberuf bzw. zur Lehrerbildung Informationen bereit stellen. Zu nennen sind Ergebnisse des Netzwerkes *Information on Education Systems and Policies in Europe (EURYDICE)*. Die Daten beziehen sich aber stärker auf den tertiären Sektor insgesamt anstatt spezifisch auf die Lehrerbildung (http://www.eurydice.org). Eine vertiefende Erhebung von Strukturdaten und der Vergleich inhaltlicher Aspekte der Lehrerbildung sind von dem im Zeitraum 2010-2012 von der Europäischen Kommission geförderten Projekt *Governance of Educational Trajectories in Europe (GOETE)* zu erwarten (http://www.goete.eu). In einem Teilprojekt wird die Erstausbildung von Lehrkräften in acht EU-Staaten mit Blick auf ihre Vorbereitung auf den Umgang mit Bildungsverläufen sozial benachteiligter Jugendlicher verglichen.

Detaillierte Untersuchung von Einzelmerkmalen

Studien zur *Belastung und (psychischen) Gesundheit* nehmen in der aktuellen Forschung großen Raum ein. Das Feld ist nur schwer zu überblicken. Eine erste Orientierung bieten Überblicksdarstellungen (Krause/Dorsemagen 2007a; Rothland 2007a; Rothland/Terhart 2009, S. 802). Ausgangspunkt der Forschung ist die Beobachtung, dass Lehrkräfte in einem hohen Maße unter psychosomatischen Krankheiten leiden und entsprechend behandelt werden

(Weber 2003; Hillert/ Schmitz 2004). »Burnout« gilt als die problematischste Beanspruchungsfolge. Gemeint ist damit ein sich in Stufen vollziehender Prozess des Ausgebrannt-Seins (Schaarschmidt 2009, S. 611). Die empirische Grundlage für die Belastungsforschung ist der Befund, dass Lehrkräfte international ein auffällig hohes Risiko der psychischen Belastung und des Burnouts aufweisen (Vandenberghe/ Huberman 1999). Am prominentesten sind in der deutschsprachigen Forschung Arbeiten aus Potsdam (Schaarschmidt 2005; Schaarschmidt/ Kieschke 2007a). Alarmierend ist der Befund, dass Lehrkräfte zu über 60 % die Zugehörigkeit zu zwei Risikomustern aufweisen, die auf eine hohe Berufsbelastung und damit einhergehende gesundheitliche Beeinträchtigungen schließen lassen. Lehrpersonen, bei denen diese Risikomuster gleichsam stark ausgeprägt sind, zeichnen sich durch eine hohes Maß an innerer Unruhe, Unausgeglichenheit und durch begrenzte Distanzierungsfähigkeit aus. Sie haben ein eingeschränktes Lebensgefühl und neigen aufgrund von Misserfolgserleben zur Resignation. Es fällt ihnen schwer, sich zu entspannen. Soziale Unterstützung erleben diese Lehrpersonen nur wenig (zusammenfassend: Schaarschmidt/ Fischer 2008, S. 18-20). Kaum berücksichtigt werden bislang arbeits- und situationsbezogene Kontexte als Auslöser des Belastungserlebens, das weitgehend an personenbezogenen Variablen festgemacht wird (Rothland 2009; Rothland/ Terhart 2009, S. 803).

Die *Selbstwirksamkeitserwartung*, also die subjektive Gewissheit, neue oder schwierige Anforderungssituationen aufgrund der eigenen Fähigkeiten und Fertigkeiten bewältigen zu können (Bandura 1977; Warner/ Schwarzer 2009, S. 629), gilt als Schlüsselvariable. Der Glaube an eine ausgeprägte Selbstwirksamkeit hilft nicht nur zur Bewältigung und Reduktion von Berufsbelastung (Schmitz 2001; Schmitz/ Schwarzer 2002), sondern steht auch in einem positiven Zusammenhang mit ausgeprägtem Engagement und Berufszufriedenheit (Schmitz/ Schwarzer 2000). Insgesamt erweist sich die Selbstwirksamkeitserwartung als wichtige Komponente der psychischen Regulationsfähigkeit von Lehrkräften (Baumert/ Kunter 2006, S. 503). Eine hohe Selbstwirksamkeitserwartung hat positiven Einfluss auf die Motivation und Leistungsbereitschaft von Lehrpersonen (Schunk 1995, Zimmermann 2000; Warner/ Schwarzer 2009, S. 630). Lehrpersonen mit ausgeprägter Selbstwirksamkeitserwartung unterrichten enthusiastischer (Allinder 1994) und weisen eine stärkere normative Bindung an ihren Unterricht auf (Coladarci 1992). Sie bemühen sich stärker um ihre Schüler (Gibson/ Dembo 1984; Podell/ Soodak 1993) und unterrichten innovativer, aktivierender und reflektierter (Riggs/ Enochs 1990; Allinder 1994). Die Selbstwirksamkeitserwartung kann durch Coaching im Rahmen der Aus-, Fort- und Weiterbildung angeregt werden (Warner/ Schwarzer 2009).

Erfahrungen und Bewertungen aus Studierendensicht

Subjektive Ausbildungserfahrungen Studierender können als Spiegel ihrer professionellen Entwicklung interpretiert werden. Ihre Zufriedenheit mit den Inhalten und der Struktur ihrer Ausbildung kann z. B. über das wahrgenommene *Ausbildungsklima* erhoben werden. Allerdings beziehen sich vorhandene Studien überwiegend auf Schule und Unterricht (Bessoth 1989; Eder 1992; 1996; Gebert/ Rosenstiel 2002) und nur selten auf die Lehrerbildung selbst (Wild-Näf 2001). Ein zweiter Indikator für die Zufriedenheit mit der Ausbildung ist das Konstrukt *Studienzufriedenheit*, das als Erfolg sowie Zufriedenheit bezüglich studiennaher Inhalte operationalisiert wird (Giesen u. a. 1986). Bei der Prognose von Studienzufriedenheit kommt fachübergreifenden Faktoren eine höhere Bedeutung zu als fachspezifischen (Giesen u. a.

1986, S. 76). Neuere Studien knüpfen an diese Vorlage an (Urban 1992; Spies u. a. 1996; Mayr/Mayrhofer 1997; Spies u. a. 1998; Damrath 2006). Studienzufriedenheit gilt als ein Faktor von Studienerfolg insgesamt (Rindermann/ Oubaid 1999). Schließlich kann auch die Wahrnehmung der *curricularen Abstimmung* von Lehrveranstaltungen in zeitlicher wie inhaltlicher Hinsicht als Aspekt der Zufriedenheit mit der Ausbildung aufgefasst werden. Die wenigen Ergebnisse hierzu lassen vermuten, dass inhaltliche Abstimmungen – zumindest in nicht-modularisierten Studienstrukturen – kaum wahrgenommen werden (Abel 2006, S. 34). Dies gilt besonders für Zusammenhänge zwischen Fachwissenschaften und Fachdidaktiken.

Untersucht wurde weiterhin, wie Lehramtsstudierende die einzelnen *Bestandteile ihrer Ausbildung* bewerten. Die Befundlage ist divergierend. Während einerseits davon ausgegangen wird, dass Studierende den fachlichen Anteilen einen höheren Stellenwert zumessen als dem erziehungswissenschaftlichen Studium (Schadt-Krämer 1992; Terhart 2003, S. 9; Lersch 2006), kann für die Lehrerbildung in Baden-Württemberg zumindest unter Erstsemestern das Gegenteil gelten (Cramer u. a. 2009a, S. 771). Am bedeutsamsten werden aber grundsätzlich die schulpraktischen Elemente (Schulpratika und Vorbereitungsdienst) erachtet (Horn 1991, S. 199; Grunder 1995; Reintjes 2007). Studierende wünschen sich außerdem eine Verstärkung erziehungswissenschaftlicher aber auch fachdidaktischer Studienanteile (Schubart u. a. 2005, S. 115; Müller u. a. 2008, S. 298). Beide Studien stellen keine lehramtsspezifischen Unterschiede fest. Weitgehend ungeklärt ist, in welchem Zusammenhang die Bedeutsamkeitseinschätzungen der Ausbildungskomponenten mit der jeweils zugeschriebenen Qualität der Lehre und dem Nutzen der Bestandteile für die spätere Berufsausübung stehen.

Aufgrund der hohen Bedeutungszuschreibung an die *Schulpraktika* müssen die dort gemachten Erfahrungen und die ihnen zugemessene Relevanz für die spätere Berufsausübung als Untersuchungsgegenstand erachtet werden (Wild-Näf 2001; Balzer u. a. 2004; Bodensohn/ Schneider 2006; Hascher 2006). Schulpraxis gehört zum Kern von Lehrerbildung (Mayr 2007, S. 153). Ihr wird eine stärkere Wirksamkeit zugeschrieben als der theoretischen Erstausbildung (Lipowsky 2004; Cochran-Smith/ Zeichner 2005; Mayr 2007). Ausbilder fordern eine verstärkte Reflexion der Praktika (Seyfried/ Seel 2005). Warum und für welche Tätigkeiten ihnen allerdings eine so hohe Relevanz zugeschrieben wird, ist empirisch nicht gesichert.

Fachliche und fachdidaktische Ausbildung

Da sich der Großteil der Lehrerbildung in den Fächern vollzieht, ist von einem starken Einfluss der Fächer und Fachdidaktiken auf die Ausbildung insgesamt auszugehen. Ein Einbezug fachspezifischer und fachdidaktischer Variablen ist daher unerlässlich. Wie unten ausgeführt und begründet wird, erfahren die Fächer und Fachdidaktiken Mathematik und Religion in der vorliegenden Studie besondere Berücksichtigung (vgl. 2.1.2, S. 116). Für die Mathematiklehrerbildung wird der Forschungsstand lediglich knapp angerissen. Am Beispiel der Religionslehrerbildung wird dann etwas ausführlicher, wenngleich ebenfalls skizzenhaft, die Bedeutung der fachspezifischen Forschung zur Lehrerbildung exemplarisch aufgezeigt.

Forschung zur Mathematiklehrerbildung etablierte sich international seit ca. 1995 in einem eigenständigen Forschungsfeld. Die Zeitschrift *Journal of Mathematics Teacher Education* oder Gesellschaften wie die *European Society for Research in Mathematics Education* zeugen von den zunehmenden Aktivitäten auf diesem Gebiet. Zahlreiche kleinere Studien im anglo-amerikanischen Raum kennzeichnen den Forschungsstand (Adler u. a. 2005). Folgende

Trends zeichnen sich dabei ab (vgl. Adler u. a. 2005, S. 368-376): (1) Qualitative Studien mit kleinen Samples (N<20) dominieren das Feld; (2) Die Studien werden hauptsächlich von Ausbildenden durchgeführt, die vielfach ihre eigenen Studierenden erforschen; (3) Forschung in Ländern mit Englisch als Landessprache prägt die Datenlage; (4) Wichtige Fragen jenseits von Programmevaluationen, z. B. die Rolle des Lernens durch Erfahrung, der Einfluss kultureller, sozialer und biografischer Aspekte oder der Vergleich verschiedener (regional erfolgreicher) Ausbildungsmodelle sind bislang unbearbeitet. Die Befundlage ist unübersichtlich. Insbesondere im deutschsprachigen Raum existiert kaum Forschung zur Mathematiklehrerbildung im engeren Sinne. Wesentliche Ausnahme sind Arbeiten rund um das Projekt *CoActiv* am Max-Planck-Institut für Bildungsforschung (Baumert/ Kunter 2006). Insgesamt ist aber zu beobachten, dass die wenigen Lehrstühle für Mathematikdidaktik im Wesentlichen unterrichtsnahe Fragen bearbeiten. Auch die mathematikdidaktischen Fachzeitschriften gehen kaum auf die Frage der Lehrerbildung ein.

Die Religionslehrerbildung ist Gegenstand eines eigenen, kleinen Forschungszweiges innerhalb der Religionspädagogik geworden (Überblick: Schweitzer 2006, S. 185-195). Untersuchungen zu Religionslehrkräften haben in den letzten Jahren verstärkt Aufmerksamkeit erfahren (Biehl 1986; Ziebertz 1995; Feige u. a. 2000, Feige/ Tzscheetzsch 2005; Biesinger u. a. 2008). Davon zu unterscheiden sind Modellbildungen (evang.: EKD 2008, Überblick zur kath. Diskussion: Simon 2005) und Untersuchungen zur Religionslehrerbildung sowie zu Theologiestudierenden (Ziebertz u. a. 2005; Feige 2007). Das Fach Religion unterscheidet sich von den Ausbildungswegen in anderen Lehramtsfächern: Neben staatlichen Lehrkräften erteilen (regional verschieden) u. a. auch Pfarrerinnen und Pfarrer Religionsunterricht. Besonders für kirchliche Lehrkräfte ist der Religionsunterricht häufig nur ein Teilaspekt ihrer beruflichen Aufgaben (Schweitzer 2006, S.185). Die unterschiedlichen Voraussetzungen von Religionslehrkräften haben auch eine spezifische Kompetenzdebatte sowie die Frage um Standards in der Religionslehrerbildung aufgeworfen (Cramer 2007; Schweitzer 2007).

Die Religionslehrerbildung unterscheidet sich wesentlich von den Ausbildungswegen in anderen Fächern des Lehramts: Nicht nur staatliche Religionslehrkräfte erteilen konfessionellen Religionsunterricht. Zu einem nicht unerheblichen Teil wird er auch – regional verschieden – von Pfarrern, Diakonen oder Katecheten verantwortet. Dies hat z.T. eine juristische Trennung von Dienstaufsicht (beim Staat) und Fachaufsicht (bei der Kirche) zufolge. Unterschiedliche Ausbildungswege für die gleiche Tätigkeit erfordern die Sicherung eines Grundbestandes an religionspädagogischer Kompetenz. Für kirchliche Lehrkräfte ist Unterrichtsarbeit aber nur ein Teilaspekt ihrer beruflichen Aufgaben – auch staatliche Religionslehrkräfte unterrichten zumeist noch mindestens ein weiteres Fach. Es gilt zu klären, in welchem Maße die (religions-)pädagogischen Berufsanteile, etwa im Vergleich zu einem zweiten Fach, berufliche Identität ausmachen (Schweitzer 2006, S. 185). Untersuchungen belegen das Desiderat nach weiteren Befunden darüber, wie künftige Religionslehrkräfte theologisch-religionspädagogische Kompetenz erwerben sowie in eine Selbstrolle finden, in der sie zwischen eigenen Ansprüchen und Erwartungen anderer vermitteln können (längsschnittlich: Köhler/ Schwaiger 1996; zum Berufswahlprozess: Fürst/ Neubauer 2001; mit Impulsen für die Gestaltung des Studiums: Spiegel 1993). Seit den 1970er Jahren zeigt die Rollentheorie, dass Lehrpersonen einer Vielzahl divergierender Rollen und den damit verbunden Erwartungen ausgesetzt sind (Schach 1980). Dieses Konfliktmuster lässt sich auf die Religionslehrerschaft übertragen. Dass Religionslehrkräfte noch heute solchen divergierenden Rollenerwartungen ausgesetzt sind, ändert allerdings nichts an ihrer weitreichenden Akzeptanz (Lück 2002; Feige/ Tzscheetzsch 2005) durch die genannten Instanzen:

- *Schüler* wünschen sich einen interessanten Religionsunterricht, der sowohl die christliche Tradition erschließt, als auch gegenwärtige Fragen thematisiert und dabei methodisch abwechslungsreich ist (Feige 1982; Bucher 2000). Sie konfrontieren die Unterrichtenden täglich mit ihren Fragen und fordern sie auf, Stellung zu beziehen. Die Lehrperson muss eine didaktische Reduktion komplexer Antwortschemata vornehmen können (Elementarisierung) und so zwischen ihrem Wissensvorsprung und dem für die Kinder und Jugendlichen Greifbaren vermitteln (Schweitzer 2007). Außerdem wünschen sich die Schüler mehr persönliche Zuwendung und sehen ihre Religionslehrer gerne als Vorbilder (Köcher 1989, S. 50). Damit einher geht der Schülerwunsch nach einem lebensnahen und handlungsorientierten Religionsunterricht (Bucher 2000, S. 140).
- Viele *Eltern* bringen dem Religionsunterricht Wertschätzung gegenüber (Schweitzer/ Biesinger 2002, S. 195). In der öffentlichen Diskussion werden von der Schule Werteerziehung und Verantwortungslernen verlangt, die besonders dem Religionsunterricht zugeordnet werden. In der Praxis zeigt sich, dass Familienreligiosität zwischen den Extrempolen Fundamentalismus und Religionskritik die Beurteilung des jeweiligen Unterrichtsstils von Religionslehrkräften prägt und so zu Meinungsverschiedenheiten oder gar Konflikten führen kann.
- *Staat und Politik* messen im 19. und beginnenden 20. Jahrhundert dem Religionsunterricht die Funktion der Erziehung zu Staatstreue und Pflichtbewusstsein zu (Nipkow/ Schweitzer 1994, S. 98), die in den *Stiehlschen Regulativen* die Lehrerbildung adressiert. Auch später fordert die Politik einen Beitrag des Religionsunterrichts – nun jedoch hinsichtlich der Erziehung zur Dialogfähigkeit und Toleranz (EvErz 3/ 1988).
- Die *Kirchen* haben eigene Erwartungen an die Ausbildung kirchlicher und staatlicher Religionslehrkräfte, die eine kirchliche Lehrbefugnis (vocatio/ missio) benötigen. Die Vorstellungen sind in Schriften dokumentiert (Simon 2005). Konfessionsunabhängig wird eine theologisch-wissenschaftliche Ausbildung vorausgesetzt.
- *Bildungspläne* definieren die bildungspolitischen (gesellschaftlichen) Erwartungen an Religionslehrkräfte und Religionsunterricht (Dieterich 2004), die so im Grundsatz auch für alle anderen Fächer gelten.
- Die den Religionslehrerberuf tangierenden *Wissenschaften* Religionspädagogik, Theologie und Pädagogik fragen nach notwendigen Standards und Kompetenzen in der Religionslehrerbildung. Einzelne Vertreter befürchten eine zunehmende Bekenntnisferne der wissenschaftlichen Ausbildung (Diskussion: Rothgangel/ Thaidigsmann 2005). Der Vielfalt an Erwartungen kann eine Religionslehrkraft nicht allesamt gerecht werden. Sie muss in eine Selbstrolle finden, in der sie nach Kenntnis der Erwartungen und dem Bewusstsein über mögliche Konflikte die Rollenanforderungen mit dem eigenen Rollenverständnis verknüpft (Schweitzer 2006, S. 188).

Biografische Aspekte sind für die Religionslehrerbildung von besonderem Interesse, denn mit jeder Lebensgeschichte sind bestimmte Motivationen und Chancen für den Religionsunterricht verbunden. Weder die künftige Lehrperson noch die Ausbildung können diese Geschichte neu schreiben und müssen die Biografie wahrnehmen, reflektieren und an sie anschließen (Schweitzer 2006, S. 189). Wichtige Aspekte in der empirischen Forschung sind:

- *Berufszufriedenheit/ Befindlichkeit*: Insgesamt scheint die Religionslehrerschaft durch eine positive Berufseinstellung und -zufriedenheit geprägt (Feige u. a. 2000, S. 290), wenngleich besonders eine rückläufige religiöse Sozialisation und Vorbildung als erschwerend empfunden werden kann (Lück 2002, S. 235). Lehrkräfte berichten in solchen Studien, der Religionsunterricht habe einen guten Stand in den Schulen. Hinzu kommt eine zumeist positive innere Haltung gegenüber dem Berufsbild (Schweitzer 2006, S. 190).
- *Biografie*: In qualitativen Untersuchungen wurde intensiv nach der Bedeutung der eigenen Biografie für das berufliche Selbstverständnis geforscht (z. B. Dressler u. a. 2004; Feige u. a. 2006). Relevant sind vornehmlich kohortenspezifische Muster (z. B. Mauerfall) wie auch individuelle Schlüsselerfahrungen (Erziehung im Elternhaus, Begegnungen mit Religionslehrern usw.).
- *Gelebte und gelehrte Religion*: Es liegt nahe, dass ein Zusammenhang zwischen der selbst gelebten Religion und der dem jeweiligen Unterricht zugrunde liegenden Religion besteht, wenngleich zwischen beiden Größen eine (erforderliche) Distanz besteht (Feige u. a. 2000). Diese professionelle Distanz kann als Folge der Konfrontation des eigenen Glaubens mit der wissenschaftlichen Theologie in der Ausbildung gedeutet werden.
- *Kirchlichkeit*: Neuere Studien verweisen bei katholischen Religionslehrkräften auf eine oftmals unterschätzte Kirchenbindung (Englert/ Güth 1999, S. 34), während sich bei evangelischen Religionslehrern Nähe und Distanz mischen (Feige 1988, S. 41; Feige/ Tzscheetzsch 2005, S. 15), also zwar eine Identifikation mit der Institution besteht, ein unmittelbares Engagement aber weniger ausgeprägt ist.

• *Theorie und Praxis*: Zwischen der religionspädagogischen Ausbildung und dem Unterrichtshandeln besteht nur selten ein unmittelbarer Zusammenhang (Englert/Güth 1999, S. 169). Gründe hierfür könnten ein Transferproblem zwischen Theorie und Praxis, eine defizitäre Aus- und Fortbildung oder aber eine Praxisuntauglichkeit der Theorie (z. B. Zeitaufwand einer soliden Unterrichtsplanung im Alltag zu hoch) sein.

Wie in der allgemeinen Lehrerbildungsdebatte richtet sich auch im Blick auf die Religionslehrerbildung das Augenmerk auf die Frage, welche Kompetenzen künftige Religionslehrkräfte in der Aus- und Fortbildung entwickeln können und sollen. Bislang wurden hauptsächlich Kompetenzen im Umfeld von Unterrichten und Erziehen bearbeitet, während hinsichtlich des Beratens und Innovierens noch Bedarf besteht (Schweitzer 2006, S. 193). So steht die wissenschaftliche Kompetenzdebatte für die Religionslehrerbildung noch am Anfang (erste Ansätze in Themenheften der ZPT 2/2006 und 1/2007). Die Frage, was einen »guten« Religionslehrer ausmacht, wird gestellt (Hofmann 2010). Es erscheinen durch Standards definierte Kompetenzen notwendig, die überregionale Gültigkeit haben, um eine Vergleichbarkeit der Ausbildung zu garantieren und die gewünschte Mobilität von Studierenden zu ermöglichen (Schweitzer 2007). Inhaltlich müssen einerseits bestehende religionspädagogische Ansätze auf ihren Bezug zu Standards hin konkretisiert werden (Schweitzer 2008), andererseits müssen auch Kompetenzen aus der allgemeinen Lehrerbildungsdebatte für die Religionslehrerschaft fruchtbar gemacht werden. Eine weithin Gültigkeit beanspruchende Sammlung von Standards und Kompetenzen für die Religionslehrerbildung steht noch aus. Die vorliegenden Ansätze stehen weitgehend unverbunden nebeneinander (z. B. Doedens/Fischer 2004).

Expertisen zur Lehrerbildung

Meist von der Bildungspolitik in Auftrag gegeben, entstanden in den letzten Jahren, oft unter Federführung namhafter Wissenschaftler, verschiedene Expertisen zur Lehrerbildung. Die Diskussionen zur Lehrerbildungsreform haben sich in zahlreichen Veröffentlichungen niedergeschlagen (einen Überblick über die wichtigsten Texte vor der Jahrtausendwende geben: Szczyrba/Wildt 1999). Die neueren Berichte skizzieren den Prozess hin zum gegenwärtigen teils wissenschaftlichen, teils bildungspolitischen Konsens und argumentieren sowohl strukturell und organisatorisch, als auch erziehungswissenschaftlich. Der Abschlussbericht der von der KMK eingesetzten Kommission zu *Perspektiven der Lehrerbildung in Deutschland* kann als Papier des Konsenses aller Bundesländer gelesen werden (Terhart 2000). Ein weiterführender Bericht wurde von der Hamburger Kommission Lehrerbildung vorgelegt (Keuffer/Oelkers 2001). Ein Expertenrat für das *Ministerium für Schule, Wissenschaft und Forschung in Nordrhein-Westfalen* legte ein Gutachten zur Lehrerbildung vor, das durch das Papier *Eckpunkte zur Gestaltung von B. A./M. A.-Studiengängen für Lehrämter* (MSWF 2001a) weiter konkretisiert wurde (MSWF 2001b). Die Papiere lösten eine erneute Debatte aus, weil in beiden Vorlagen der Konsens des KMK-Berichts unterlaufen wurde. Im Zentrum der Kritik steht die zu einseitige Ausrichtung der Gutachten an politisch-administrativen Zielen, die eine »Rezeptionssperre« (Koch-Priewe 2002, S. 2) gegenüber der Wirksamkeitsforschung zur Lehrerbildung und damit der erziehungswissenschaftlichen Diskussion kennzeichnet (Baumgart/Terhart 2001). Die DGfE (2006) hat ein *Strukturmodell für die Lehrerbildung* vorgelegt. Die in jüngster Zeit am stärksten rezipierte Expertise wurde Grundlage für eine Reform der Lehrerbildung in Nordrhein-Westfalen (MIWFT 2007). Auch im Rahmen der Hochschulrektorenkonferenz wurden Prozesse angestoßen (HRK 2007).

1.3.2 Forschungsdesiderate

Die Debatte zur Lehrerbildung wird überwiegend auf der Grundlage kollektiv-subjektiver Erfahrungen und Ursachenvermutungen geführt und bleibt bislang weitgehend im Bereich des Hypothetischen. Zwar konstatieren aktuelle Publikationen eine starke Zunahme empirischer Forschung zur Lehrerbildung in den letzten Jahren (Blömeke 2007, S. 13), grundsätzlich muss aber noch immer von einem weitreichenden Empiriedefizit ausgegangen werden (Terhart 2001; Larcher/ Oelkers 2004, S. 129). Das liegt nicht zuletzt an der Komplexität der Lehrerbildung als Forschungsgegenstand (mehrere Phasen, zahlreiche Akteure, unterschiedliche Lehrämter und Ausbildungssysteme), die einen notwendig breiten und langfristigen empirischen Zugang erfordert. Den vorgestellten Forschungsansätzen (vgl. 1.3.1, S. 96) ist meist eine starke Fokussierung auf spezifische Aspekte der Lehrerbildungsforschung gemeinsam. Aus dieser oftmals notwendigen Zuspitzung ergeben sich für den Untersuchungsgegenstand Lehrerbildung aber auch zahlreiche Einschränkungen, die zu verschiedenen Forschungsdesideraten führen (Blömeke 2004a; Allemann-Ghionda/ Terhart 2006; Blömeke 2007, S. 10). Qualitative Fallstudien oder kleinere quantitative Samples nehmen einen großen Raum ein. Es fehlt weitgehend an geeigneten Instrumentarien zur Erfassung beruflicher, insbesondere fachdidaktischer Kompetenz. Viele Studien sind außerdem ausschließlich auf eine einzelne Lehrerbildungsinstitution oder ein bestimmtes Lehramt beschränkt. Vergleichende Untersuchungen zur Ausbildung in unterschiedliche Lehrämter sind wünschenswert. Die Befragten geraten bislang meist erst zu einem relativ späten Zeitpunkt ihrer Ausbildung (etwa in der Phase des ersten Examens oder des Referendariats) in den Blick. Retrospektiv erfasste Selbstauskünfte zeichnen leicht ein verklärtes Bild. Ein möglichst früher Erhebungszeitpunkt (am Besten vor, spätestens aber mit Beginn des Studiums) ist jedoch unerlässlich, wenn die biografischen und fachlichen Hintergründe der Entscheidungen für bestimmte Ausbildungsgänge ausreichend berücksichtigt werden sollen. Denn in der Wahl spezifischer Studiengänge drücken sich bereits vorgängige Einstellungen und Erfahrungen aus, welche die Wahrnehmung der Ausbildungsinhalte und -strukturen selbst wiederum beeinflussen. Im Anschluss und in Erweiterung der genannten Literatur lassen sich weitere Desiderate nennen:

- *Differenzierung*: Aussagen über »den Lehrer« können kaum verallgemeinert getroffen werden. Je nach Lehramt oder Fächerkombination sind Lehramtsstudierende Personen mit unterschiedlichen Merkmalen, Interessen oder Überzeugungen, welchen die Forschung durch Differenziertheit gerecht werden muss.
- *Vergleichsgruppe*: Für die Lehrerbildung angenommene Charakteristika (z. B. Praxisschock) erweisen sich nur dann als spezifisch, wenn sie keine generellen Merkmale akademischer Ausbildung sind. Gleichwohl existieren kaum Studien, die die Qualifizierung ins Lehramt mit anderen akademischen Wegen in Beziehung setzen.
- *Längsschnitte*: Nur im Längsschnitt ist es möglich, die Wirkung von Lehrerbildungsmaßnahmen und die Wirkung der Lehrerbildung insgesamt zu erforschen. Differenziert nach verschiedenen Lehrergruppen kann erst längsschnittlich die professionelle Entwicklung in Ausbildung und Beruf nachgezeichnet werden.
- *Wirksamkeit*: Der Frage nach der Wirkung von Lehrerbildung kann sich weder die Bildungsadministration noch die Erziehungswissenschaft entziehen. Systematische und ökonomische Gründe fordern zur Beantwortung dieser Frage heraus, wenngleich die bislang unternommenen Bemühungen von der Schwierigkeit dieses Unterfangens zeugen. Wichtig erscheint das verstärkte Bemühen der Forschung, den Fokus auf nachhaltige Wirkungen statt auf kurzfristige Ergebnisse der Lehrerbildung zu richten.
- *Instrumente*: Der Nachweis von Wirkungen kann nur geführt werden, wenn die professionelle Kompetenz von Lehrkräften vergleichbar erfasst und beurteilt werden kann. Hierzu müssen geeignete Kompetenzmodelle und Instrumente entwickelt werden, die Gütekriterien erfüllen und so auch anschlussfähig sind. Zur Kompetenzdiagnostik müssen »echte« Kompetenztests die bislang überwiegenden Selbstauskünfte ersetzen.

- *Grundlagenforschung*: Anwendungsorientierte und von der Politik in Auftrag gegebene Studien nehmen nach wie vor einen großen Raum ein. Eine Stärkung unabhängiger Grundlagenforschung ist wünschenswert.
- *Grundgesamtheit und Stichprobe*: Die meisten Studien sind auf eine Institution und/ oder ein Lehramt beschränkt. Institutionen- und lehramtsübergreifende Forschung ist notwendig, um das Potenzial des Vergleichs verschiedener Ausbildungsstrukturen zu nutzen. Auch an den Vergleich der Lehrerbildungssysteme verschiedener Bundesländer bzw. an international-vergleichende Forschung ist zu denken. Je nach Aussageanspruch kann ein repräsentatives Sample erforderlich werden. Auch wenn nur Aussagen auf Ebene der Personen erwünscht sind, sollten sich diese aus mehreren Institutionen rekrutieren, um den Einwand des Spezifikums des Einzelfalls zu entschärfen. Es wird fast ausschließlich von den Aspiranten ausgegangen, die ihre Ausbildung bis zum Abschluss verfolgen. Es stellt sich aber auch die Frage nach den Studienabbrechern und deren Verbleib.
- *Wissenschaftliche Begleitung*: Die Evaluation von Einzelinstitutionen sollte nicht ausschließlich durch diejenigen Personen erfolgen, die die zu evaluierenden Lehrerbildungsstrukturen selbst entwickelt und implementiert haben. Nur eine wissenschaftliche Begleitung von Reformmaßnahmen durch externe Forscher erlaubt eine möglichst objektive Beurteilung des jeweiligen Lehrerbildungsmodells und gibt eine evidenzbasierte Entscheidungsgrundlage für weitere Maßnahmen der Strukturierung und Qualitätsentwicklung.
- *Theoretische Fundierung*: Die Zugänge und Ergebnisse der Lehrerbildungsforschung benötigen verstärkt eine Rückbindung an die Bildungstheorie und Bildungsgeschichte, um begründete Forschungsdesigns zu entwickeln und Interpretationen vornehmen zu können. Insbesondere Modellkategorien der Unterrichtsforschung wie »Input – Prozess – Output«, »Individuum – Institution« oder »Angebot und Nutzung« scheinen geeignet.
- *Forschungsmethoden und Design*: Qualitative Fallstudien und Studien mit kleineren Stichproben nehmen einen großen Raum ein. Notwendig sind Untersuchungen über größere Fallzahlen, um auch repräsentative Tendenzen ausmachen zu können. Zu bevorzugen sind Ansätze, die quantitative und qualitative Zugänge verknüpfen. Large-Scale-Assessments und Fallstudien können sich sinnvoll wechselseitig ergänzen. Hypothesenprüfende Verfahren werden nur selten angewandt. Gleichwohl sind auch explorative und hypothesengenerierende Ansätze notwendig. Bei der Operationalisierung und Erhebung sollten unterschiedliche Messkriterien berücksichtigt werden. Es ist notwendig, das Denken in »Lagern« zunehmend aufzulösen und flexibel die jeweils geeigneten Methoden zu wählen. Dazu gehört auch die Notwendigkeit, Ergebnisse »fremder« Forschung zu rezipieren. Eine Vielfalt an Forschungsdesigns ist wünschenswert: International-vergleichende Studien haben ebenso ihre Berechtigung wie Studien, die sich der Mehrebenenstruktur der Lehrerbildung widmen oder Ansätze, die auf einen Referenzgruppenvergleich abzielen – derzeit überwiegen zu eindimensionale Designs. Der Bezug zur Unterrichtsrealität wird fast nie hergestellt, Unterrichtsvariablen und Schülerleistungen werden kaum erhoben.
- *Anschlussfähigkeit*: Die empirische Lehrerbildungsforschung muss nicht nur anschlussfähiger an eine theoretische Fundierung werden, sie muss auch den kumulativen Anschluss an bestehende (internationale) Forschungsergebnisse ermöglichen. Die zahlreichen vorhandenen Einzelstudien (z. B. erziehungswissenschaftliche Dissertationen) zur Lehrerbildung bieten ein häufig ungenutztes Potenzial der Anschlussfähigkeit. Die Verknüpfung der Lehrerbildungsforschung mit der Schul- und Unterrichtsforschung wird zu wenig gesucht.
- *Interdisziplinarität*: Die Lehrerbildung tangiert eine Vielzahl akademischer Disziplinen (Erziehungswissenschaft, Pädagogische Psychologie und Bildungsforschung, Fachwissenschaften und Fachdidaktiken). Schon deshalb ist es naheliegend und notwendig, die Expertise aus den einzelnen Feldern produktiv zu nutzen.
- *Internationalität*: Die international einheitliche Sammlung von Strukturdaten, besonders aber eine inhaltlich international-vergleichende Forschung zur Lehrerbildung und deren Wirksamkeit steht noch am Anfang.
- *Forschungsgegenstand*: Der Fokus liegt derzeit zu einseitig auf den angehenden Lehrkräften. Es sollten künftig verstärkt auch die Ausbildenden sowie eine Analyse der Rahmenbedingungen (z. B. spezifische Bedingungen der untersuchten Hochschulen, Curricula usw.) untersucht werden.
- *Fachbezug*: Die vermutlich hohe Bedeutung des umfangreichen Fachstudiums für das Selbstverständnis und die professionelle Entwicklung von Lehrkräften wurde durch meist überfachliche Studien bislang weitgehend ignoriert. Wünschenswert sind daher fachbezogene und fächervergleichende Studien.

Ein weiteres zentrales Desiderat besteht hinsichtlich der Rahmenbedingungen der jeweiligen Ausbildungsgänge, die in der Regel nicht ausdrücklich oder jedenfalls nicht ausreichend in die Analysen einbezogen, sondern eher als allgemeiner (bekannter) Hintergrund vorausgesetzt werden. Die strukturellen und inhaltlichen Vorgaben durch institutionelle Gliederungen und durch Prüfungsordnungen usw. werden zwar vielfach in allgemeinen Überblicken (Bellenberg/ Thierack 2003; Horn u. a. 2004; 2008), jedoch nur selten in den empirischen Studien selbst thematisiert. Dies gilt sowohl für die Ebene der strukturellen und institutionellen Vorgaben (jeweilige Landesregelungen und institutionelle Formen) als auch für die Konkretisierung dieser Rahmenregelungen an den einzelnen Lehrerbildungseinrichtungen vor Ort (Prüfungsordnungen, Modulhandbücher, Umsetzung in Lehrangebote, Sicherstellung der nötigen Lehrinhalte und Koordination der verschiedenen Ausbildungsbestandteile) sowie für die Rezeption dieser Angebote durch die Studierenden (welche Veranstaltungen werden wann absolviert, wie organisieren und koordinieren Studierende ihr Studium in zwei Fächern und in den anderen Bestandteilen des Lehramtsstudiums). Zu solchen Fragen der curricularen Abstimmung (Abel 2006), der wahrgenommenen Ausbildungsrealität (Oser/Oelkers 2001) oder zum Umgang mit Studienzeit (Lüders u. a. 2006) finden sich nur wenige Vorarbeiten. Ähnliches gilt für die Beziehung zwischen Bildungswissenschaften und Fachdidaktiken. Erste Ansätze einer Verhältnisbestimmung finden sich allenfalls in den Arbeiten der CoActiv-Gruppe (Baumert/Kunter 2006) oder in Beiträgen zur Bildungsstandard-Debatte (ZfPäd 2/2008).

Die vorliegende Arbeit kann die Desiderate nicht allesamt in ihr Forschungsdesign aufnehmen, zumal die Entscheidung für einen bestimmten Fokus immer auch mit einer notwendigen Vernachlässigung anderer Aspekte einhergehen muss. Ihr Anliegen entspricht vielmehr einer Grundlagenforschung zur Lehrerbildung, deren Ergebnisse in verschiedenen Verwendungszusammenhängen aufgenommen werden können. Es werden im Studienverlauf also auch neue Fragen aufgeworfen, die in anderen Kontexten bearbeitet werden müssen. Gleichwohl ist beabsichtigt, möglichst viele einschlägige Desiderate bei der Entwicklung des Forschungsdesigns aufzunehmen. Die Arbeit legt ihren Fokus auf die personenbezogene Mikroebene, stellt aber auch Bezüge zur Mesoebene der Institutionen her.

2 Begründung und Anlage der empirischen Studie

Im Anschluss an die vorangehende Verortung des Untersuchungsgegenstandes in der gegenwärtigen theoretischen und empirischen Diskussion wird in diesem Kapitel die Anlage der später durchgeführten empirischen Studie zur Lehrerbildung aufgezeigt. Dabei werden zunächst das Forschungsdesign und die angewandte Forschungsmethodik begründet und erläutert (2.1). In einem weiteren Schritt werden die einzelnen Stichproben beschrieben, die Grundlage für die Datenauswertung sind (2.2).

2.1 Design und Methodik

Das Design der Studie begründet sich entlang des berichteten Forschungsstandes und der zentralen Desiderate der empirischen Lehrerbildungsforschung sowie durch Bezugnahme auf die theoretischen Ausführungen. Im Anschluss an jene Darstellung (Kapitel 1) lassen sich Forschungsfragen für die nachfolgende empirische Studie formulieren und anhand von Zielbeschreibungen und Hypothesen konkretisieren (2.1.1). Forschungsfragen, Ziele und Hypothesen werden zum Ausgangspunkt grundlegender Entscheidungen für das Design (2.1.2). In einem weiteren Schritt wird eine auf das Forschungsdesign zugeschnittene Methodik entfaltet. Dazu gehören generelle Fragen nach der Stichprobenrekrutierung, Operationalisierung und Durchführung der Studie sowie geeigneten Auswertungsstrategien (2.1.3).

2.1.1 Ziele – Forschungsfragen – Grundannahmen

Das Vorhaben zielt auf eine Bestandsaufnahme zur Lehrerbildung auf Basis einer empirischen Studie unter Lehramtsstudierenden. Sie verfolgt den Anspruch, einen Beitrag zur Grundlagenforschung im Bereich der empirischen Lehrerbildungsforschung zu leisten. Dazu werden die individuellen Eingangsbedingungen und Prozessmerkmale der professionellen Entwicklung Lehramtsstudierender theoretisch begründet und gemeinsam mit ihren Ausbildungserfahrungen operationalisiert und erfasst. Dabei ist im Blick, dass sich die Entwicklung von Professionalität im Rahmen der institutionalisierten Lehrerbildung vollzieht und dem Spannungsverhältnis von Angebot und Nutzung unterliegt. Mit Hilfe eines längsschnittlich und lehramtsvergleichend angelegten Designs werden Veränderungen zwischen Studienbeginn (Erhebungszeitpunkt t_1) und den ersten Studienerfahrungen nach dem dritten Semester (t_2) nachgezeichnet. Die Studie stellt eine breite Datenbasis für die künftige Lehrerbildungsforschung sowie für die Neustrukturierung und Optimierung des Studieneinstiegs (exemplarisch für Baden-Württemberg) zur Verfügung.

Es werden drei zentrale Forschungsfragen verfolgt: (1) Wie lässt sich die befragte Klientel baden-württembergischer Lehramtsstudierender beschreiben? Welche individuellen Eingangsbedingungen weisen Lehramtsstudierende zu Beginn ihres Studiums auf und welche

Bedeutung haben diese für ihre professionelle Entwicklung im Rahmen der institutionalisierten Lehrerbildung? (2) Welche Prozessmerkmale charakterisieren die professionelle Entwicklung Lehramtsstudierender im Kontext der institutionalisierten Lehrerbildung und welche anderen biografischen Faktoren haben hierfür eine Bedeutung? (3) Welche Ausbildungserfahrungen machen die Lehramtsstudierenden in den ersten drei Semestern und wie beurteilen sie die verschiedenen Ausbildungskomponenten und ihre Ausbildung insgesamt? Wie ist die Wahrnehmung der jeweiligen Angebote der Lehrerbildung durch die Studierenden vor dem Hintergrund ihrer individuellen Eingangsbedingungen?

Aufgrund des grundsätzlichen und explorativen Zuschnitts weiter Teile der Arbeit werden keine Hypothesen im engeren Sinne generiert. Wo Hypothesen überprüft werden, erfolgt eine explizite Ausführung (vgl. etwa 3.2.1, S. 160). An dieser Stelle sollen daher lediglich einige Grundannahmen formuliert werden, die sich einer kritischen Prüfung durch die empirischen Befunde unterziehen müssen: (1) Personenbezogene Eigenschaften wie demografische Merkmale, soziale Herkunft oder Persönlichkeitsmerkmale sind bedeutsame Eingangsbedingungen für die professionelle Entwicklung. (2) Der eigene schulische Bildungsweg, die Vorbildung und die berufsspezifischen Vorerfahrungen sind zu Studienbeginn festgelegte Eingangsbedingungen mit einer Implikation für die professionelle Entwicklung. (3) Ereignisse und Begleitumstände der privaten Biografie sind, wie auch die Studiensituation (Studiengang, Fächer, Hochschule usw.), Kontexte der Entwicklung von Professionalität. (4) Professionelle Handlungskompetenz entwickelt sich im Rahmen der Lehrerbildung entlang selbstregulativer Fähigkeiten und motivationaler Orientierungen, entlang von Überzeugungen und Werthaltungen sowie entlang des Aufbaus von Professionswissen. (5) Die subjektiven Ausbildungserfahrungen und Bewertungen des Studiums lassen Rückschlüsse auf professionelle Entwicklung zu und bieten Anhaltspunkte für eine Qualitätsverbesserung der Lehrerbildung.

2.1.2 Design

Nachfolgend werden die zentralen Felder skizziert, in denen Entscheidungen über das Design der Studie getroffen werden. Grundlagen sind besonders der in Kapitel 1.3 (S. 94) berichtete Stand der Forschung, die Ausführungen zur Wirksamkeit der Lehrerbildung in Kapitel 1.2.4 (S. 80) und zur professionellen Handlungskompetenz von Lehrkräften (vgl. 1.1.3; S. 35).

Eingrenzung auf Baden-Württemberg

Im Zentrum des Projekts steht die Lehrerbildung im Land *Baden-Württemberg*, deren Untersuchung einen spezifischen Beitrag zur Erforschung der Lehrerbildung insgesamt erwarten lässt. Sie ist im bundesdeutschen Vergleich durch die Besonderheit gekennzeichnet, dass Lehrkräfte für Grund-/Haupt-, Real- und Sonderschulen an Pädagogischen Hochschulen, Personal für die Gymnasien sowie für die höheren beruflichen Schulen an Universitäten ausgebildet werden. Die Ausbildungsgänge an diesen Institutionen unterscheiden sich im Hinblick auf die fachlichen, fachdidaktischen, bildungswissenschaftlichen und schulpraktischen Anteile deutlich voneinander, so dass es möglich ist, die Ausbildungsinstitutionen im Hinblick auf die Bedeutsamkeit der Inhalte und Strukturen für die künftigen Lehrkräfte miteinander zu vergleichen. Wenn der Organisationsstruktur der Lehrerbildung eine Bedeutung für die Ausbildungsverläufe der Studierenden zukommt, wird die professionelle Entwicklung angehender Lehrerinnen und Lehrer auch mit durch den jeweiligen Hochschultypus bestimmt.

Zu diesem in Deutschland so nur in Baden-Württemberg zu findenden Lehrerbildungssystem sind bislang kaum empirische Untersuchungen verfügbar. Die wenigen vorliegenden Studien haben einen stark institutionellen Fokus und beschäftigen sich mit Einzelaspekten wie der Evaluation eines Praxismodells im Studium (Barthold u. a. 2006), der Reform des Vorbereitungsdienstes an Gymnasien (Schnaitmann 2006), der subjektiven Einschätzung des Kompetenzerwerbs an drei Pädagogischen Hochschulen (Rauin/ Meier 2007) oder mit dem Berufseinstieg von Lehramtsabsolventen (Lipowsky 2003). Derzeit fehlen insbesondere breit angelegte Studien, die es erlauben, verschiedene Facetten des komplexen Systems gleichzeitig zu beleuchten und zu klären, welche Aspekte für eine professionelle Entwicklung im Lehramt überhaupt entscheidend sind und wie diese miteinander interagieren. Dabei ist gerade der Vergleich von Lehramtsanwärtern, die zwei unterschiedliche Lehrerbildungsinstitutionen (Pädagogische Hochschulen und Universitäten) im selben bildungsadministrativen Kontext durchlaufen, nicht nur regional von Bedeutung, weil die hier institutionell abbildbaren Unterschiede in anderer Form auch in weiteren Bundesländern zu erwarten sind.

Mit der Eingrenzung auf Baden-Württemberg wird dem Problem entgegnet, dass eine Vielzahl der Lehrerbildungsstudien ihre Erkenntnisse unabhängig vom jeweils spezifischen Lehrerbildungssystem interpretiert, in dessen Kontext die Daten erfasst wurden. Das entgegengesetzte Streben eines Vergleichs von Lehrerbildungssystemen (z. B. zwischen Bundesländern) ist wünschenswert, zugleich aber äußerst komplex. Je nach Bundesland bestehen erhebliche Unterschiede zwischen den Ausbildungsgängen, sei es durch markante Unterschiede in den einzelnen Lehrämtern oder gar deren Organisation an unterschiedlichen Hochschultypen wie in Baden-Württemberg. Gegenwärtig existieren in Deutschland mehr als 40 zu unterscheidende Bezeichnungen für Lehrämter (Terhart 2005, S. 788). Die Lehrerbildung gestaltet sich demnach auch innerhalb der vermeintlich überschaubaren Organisationseinheiten der Bundesländer so heterogen, dass diese nicht pauschal miteinander verglichen werden können. Erschwerend kommt die sich gegenwärtig in zahlreichen Bundesländern vollziehende Umstellung der Lehrerbildung auf konsekutive und modularisierte Studiengänge hinzu.

Dabei kann nicht ausgeschlossen werden, dass die Organisation, das Curriculum und die hochschulspezifischen Bedingungen usw. einen Einfluss auf das Antwortverhalten der Befragten haben. Daher findet nicht nur die Fokussierung auf ein abgegrenztes Lehrerbildungssystem statt, das System selbst wird als bedeutende Einflussgröße der professionellen Entwicklung Lehramtsstudierender betrachtet, steht im Kern der Studie doch die Entwicklung von Professionalität im Kontext institutioneller Rahmenbedingungen. Dies erfordert die empirische Klärung des Verhältnisses von Angebot und Nutzung der Ausbildungsbestandteile (vgl. 1.2.2). Nicht geleistet werden kann ein konkreter Abgleich des faktisch gegebenen Angebots mit dessen individueller Nutzung durch Studierende. Allerdings wird die Wahrnehmung des Angebots und dessen Nutzung durch die Studierenden dezidiert erfasst. So wird deutlich, welche Bedeutung etwa der organisatorischen Abstimmung von Lehrveranstaltungen und Inhalten für die Studienzufriedenheit und Leistungsmotivation zukommt.

Breite Untersuchungsanlage

Ein zweites Forschungsdesiderat wurde in einer *notwendigen Breite* empirischer Lehrerbildungsforschung lokalisiert (vgl. 1.3.2). Zwar ermöglichen auf einzelne Untersuchungsdimensionen beschränkte Studien einen wichtigen Tiefgang, es gelingt ihnen aber nicht bzw. nur aufgrund der Einordnung der generierten Daten in die Ergebnisse anderer Studien, Bezüge zu angrenzenden Untersuchungsdimensionen herzustellen. Solche Forschung zu Einzelaspekten (z. B. zur aufgewandten Studienzeit) behandelt zwar den jeweiligen Aspekt in aller Ausführlichkeit, ermöglicht aber keine primären Bezüge zur Lehrerbildung insgesamt (z. B. zur Bedeutung der aufgewandten Studienzeit für die Lern- und Leistungsmotivation). Für sich alleine genommen ist der Informationsgehalt dieser Studien daher begrenzt. Vor dem Hintergrund der zentralen Forschungsidee, die Entwicklung Lehramtsstudierender im Kontext institutioneller Rahmenbedingungen zu operationalisieren, erscheint es daher notwendig, einen möglichst breiten Zugang zum Forschungsfeld zu gewinnen, der eine fallbezogene Zusammenschau unterschiedlichster Dimensionen der empirischen Lehrerbildungsforschung ermöglicht. Daher wird einer Operationalisierung möglichst vieler Dimensionen der Vorzug gegeben, wenngleich dies im Falle der einzelnen Konstrukte, besonders im quantitativen Teil der Studie, aufgrund notwendiger Kürzungen einzelner Skalen zu Einbußen hinsichtlich der Datengüte führt. Deshalb muss bei der Operationalisierung im Einzelfall genau geprüft werden, welche Bedeutung dem jeweiligen Konstrukt für den Forschungsprozess zukommt und mit welcher Ausführlichkeit es in die Erhebungsinstrumente aufgenommen wird. Erhoben wird eine mehrdimensionale Palette an Variablen, die von der einfachen Erfassung von Rahmendaten (z. B. Alter und Geschlecht der Befragten sowie studierte Fächerkombination) über professionelle Überzeugungen (»professional beliefs« wie z. B. Schul- und Erziehungseinstellungen) bis hin zu Dispositionen (z. B. Persönlichkeitsmerkmale) und Bewertungen (z. B. Bedeutsamkeitseinschätzung von Ausbildungskomponenten) reichen. Die Möglichkeit, Beziehungen zwischen solch unterschiedlichen Variablen zu beschreiben, stellt Daten und Anknüpfungspunkte im Sinne von Grundlagen für künftige empirische Lehrerbildungsforschung insgesamt bereit. Dies bedeutet zugleich, dass die vorliegende Studie zumindest in Teilen auch nur explorativen Charakter hat.

Hochschulen und Lehrämter

Die Beschränkung auf einen Hochschulstandort erscheint nur dann sinnvoll, wenn die jeweilige Studie der Evaluation eines klar abgrenzbaren Lehrerbildungsprogrammes dienen soll. Aussagen, die sich auf größere Teile eines Lehrerbildungssystems beziehen, sind aufgrund solcher Daten nicht möglich, weshalb vorliegend *mehrere Hochschulen* in das Sample einbezogen wurden. Dabei war leitend, unter Berücksichtigung der personellen und finanziellen Ressourcen, möglichst viele Hochschulen einzubeziehen. Zwar garantiert eine Ausweitung der Erhebung auf verschiedene Standorte keineswegs die Repräsentativität der Daten für das gesamte System (vgl. 2.1.3), sie verhindert aber die Überbewertung studienspezifischer Eigenarten einzelner Hochschulen bzw. der dortigen Studierendenklientel. Außerdem kann für das System in Baden-Würtemberg postuliert werden, dass sich die professionelle Entwicklung in Abhängigkeit vom Hochschultypus (Pädagogische Hochschule vs. Universität) vollzieht, weshalb Studierende *beider Organisationsformen* im Sample vertreten sein müssen.

Häufig ist in der empirischen Lehrerbildungsforschung weiterhin eine Komplexitätsreduktion durch Fokussierung auf einzelne Studiengänge bzw. Lehrämter zu beobachten. Nachvollziehbar wird diese Eingrenzung aufgrund der Vielfalt verschiedener Wege ins Lehramt, die sich in einem klar abgegrenzten und daher vermeintlich leicht überschaubaren Lehrerbildungssystem eines Bundeslandes ergibt. Nach einer detaillierten Recherche erweist sich die Situation in der baden-württembergischen Lehrerbildung aber keineswegs als leicht zu fassen (vgl. Tabelle 1, S. 75). Aufgrund der stark unterschiedlichen Klientel der verschiedenen Ausbildungswege ist von differenten Eingangsbedingungen auszugehen. Es scheint daher aus vergleichenden Gesichtspunkten sinnvoll, eine Eingrenzung auf die Studierenden der wissenschaftlichen Lehrämter vorzunehmen. Die Studierenden an Pädagogsichen Hochschulen und Universitäten beginnen meist unmittelbar im Anschluss an ihre Schulzeit oder mit einer nur kurzen Verzögerung mit dem Studium und erfüllen damit zumindest hinsichtlich ihrer nicht vorhandenen beruflichen Vorerfahrungen ähnliche Eingangsbedingungen (vgl. Tabelle 48, S. 196). Eine Ausnahme sind hier die Interessenten am höheren Lehramt für berufliche Schulen, die häufig Berufserfahrung mitbringen und keine Berücksichtigung im Sample finden.

Mit dieser Setzung geht einerseits eine notwendige Eingrenzung des Forschungsgegenstandes einher, andererseits sind mit den Grund-/Haupt-, Real- und Sonderschullehrämtern an den Pädagogschen Hochschulen und dem Gymnasiallehramt an den Universitäten die zentralen Ausbildungswege im Design der Studie berücksichtigt, legt man einen Schwerpunkt auf das allgemeinbildende Schulwesen, das hinsichtlich der Anforderungen, Zielsetzungen und Curricula nicht ohne Weiteres mit dem beruflichen Schulwesen zu vergleichen ist. Damit weist die vorliegende Studie trotz der beschriebenen Begrenzung ein erhebliches Vergleichspotenzial zwischen den Lehrämtern auf. Sie rückt im Gegensatz zu den meisten vorliegenden Studien in der Lehrerbildungsforschung den Lehramtsvergleich mit ins Zentrum der Auswertung: Es wird angenommen, dass sich die Entwicklung Lehramtsstudierender in unterschiedlichen Studiengängen bzw. Lehrämtern auch verschieden vollzieht.

Aufgrund der in der ersten Phase weitgehend organisatorischen und inhaltlichen Parallelität der Grund- und Hauptschul-Lehrämter, die sich lediglich als »Studienschwerpunkte«, nicht aber als eigens getrennte Studiengänge unterscheiden, werden diese im Weiteren als ein gemeinsames »GH-Lehramt« bezeichnet. Alle sechs Pädagogischen Hochschulen (Freiburg, Heidelberg, Karlsruhe, Ludwigsburg, Schwäbisch-Gmünd und Weingarten) wurden in die Studie mit einbezogen, um die sich auf drei Studiengänge (GH, RS, SP) verteilenden Lehramtsstudierenden in ausreichendem Umfang rekrutieren zu können. Um vergleichbar große Teilstichproben in den einzelnen Lehrämtern zu generieren, waren aufgrund der Exklusivität und Größe der GY-Studiengänge an den Universitäten dort vergleichsweise weniger Standorte zu berücksichtigen (Heidelberg und Tübingen).

Längsschnittlicher Zugang und Wirkungsfrage

Immer wieder erheben Studien den Anspruch, Aussagen über die Wirksamkeit einzelner Aspekte der Lehrerbildung treffen zu können. In vielen Fällen scheitert diese Absicht aber an einem fehlenden längsschnittlichen Zugang. Methodisch scharf beurteilt, können Wirkungen sogar nur aufgrund eines quasi-experimentellen Designs eindeutig als solche identifiziert werden. Ein solches Design ist in der Lehrerbildungsforschung aber kaum realisierbar. Hierzu wäre es notwendig, die Studierenden einer Lehrerbildungsinstitution (z. B. Universität) bereits bei der Immatrikulation je zur Hälfte einer Versuchs- und einer Vergleichsgruppe zu-zuweisen. Die Versuchsgruppe müsste ein modifiziertes Curriculum im Sinne einer Interven-tion (Treatment) durchlaufen, das sich z. B. durch eine merkliche Erhöhung schulpraktischer Ausbildungsbestandteile, durch ein Intensivtraining kommunikativer Fertigkeiten oder durch ein stark intensiviertes didaktisch-methodisches Studium auszeichnet. Wenn sich die Personen der Versuchsgruppe dann später im Berufsalltag (z. B. mittels Videoanalyse gemes-sen) in ihrem Unterrichtsverhalten bei der Methodennutzung signifikant unterscheiden wür-den, könnte dies eindeutig auf die kontrolliert veränderten Ausbildungsbedingungen zurück-geführt werden. Die individuellen Unterschiede (Eingangsbedingungen) und die Einflüsse der Rekrutierungsmechanismen usw. würden sich nivellieren. Nur so wäre methodisch »ech-te« Wirkungsforschung in der Lehrerbildung möglich. Ungeklärt ist dabei freilich die norma-tive Frage, welcher Unterricht denn überhaupt als »wünschenswert« gelten kann, ganz zu schweigen vom vagen Zusammenhang der untersuchten Merkmale mit den ebenfalls schwer zu fassenden Schülerleistungen (vgl. Abbildung 6, S. 84).

Eine solches Design wurde weder angestrebt noch scheint es angesichts administrativer und forschungsethischer Unzulänglichkeiten ohne Weiteres realisierbar. Allerdings erfordert der Anspruch eines Nachzeichnens der professionellen Entwicklung Lehramtsstudierender im Kontext der Lehrerbildung einen längsschnittlichen Zugang. Nur durch den Vergleich korrespondierender Daten von zwei oder mehr Messzeitpunkten ist es überhaupt gerechtfer-tigt, Aussagen über Veränderungen und damit den Prozess der professionellen Entwicklung zu treffen. Der vorliegend realisierte Längsschnitt mit zwei Messzeitpunkten ermöglicht zwar keine Aussagen über die Wirksamkeit der Lehrerbildung an sich (kausale Aussagen sind nicht möglich), er bietet aber zahlreiche Hinweise auf Veränderungen, die wahrscheinlich (auch) auf die institutionalisierte Lehrerbildung zurückzuführen sind. Dies erscheint deshalb plausibel, weil im vorliegenden Längsschnitt die Lehrerbildung selbst zu einer Art komple-xem Treatment wird, das zwar nicht experimentell kontrolliert werden kann, zugleich aber kaum ohne Einfluss auf die (berufs-)biografische Entwicklung der Studierenden sein wird. Vor diesem Hintergrund werden längsschnittlich abgebildete Veränderungen immer auch zu einem größeren oder kleineren Teil auf die Ausbildung selbst zurückzuführen sein.

Dies führt zu einem längsschnittlichen Modell, in dem die professionelle Entwicklung Lehramtsstudierender als empirisch zu fassende Veränderungen berufsrelevanter Variablen über die gesamte (Berufs-)biografie hinweg verstanden wird. Die Studie beschränkt sich aber auf zunächst zwei Erhebungszeitpunkte, welche auf die Operationalisierung des Prozesses der Entwicklung von Professionalität vom Studienbeginn (individuelle Eingangsbedingungen) bis nach dem dritten Semester (erste Ausbildungserfahrungen, die ggf. von den Eingangsbe-dingungen abweichende Variablenausprägungen zeigen) zielen. Das abgebildete Forschungs-modell verweist auf die Annahme, dass sowohl institutionelle Faktoren (z. B. das Lehrange-bot) als auch nicht-institutionelle Faktoren (z. B. kritische Lebensereignisse) Einfluss auf den Entwicklungsprozess haben können (vgl. Abbildung 9).

Diesem Modell unterliegt die Annahme, dass empirisch operationalisierbare Variablen bzw. Untersuchungsdimensionen die Veränderungen, die sich im Zuge des Prozesses profes-sioneller Entwicklung ergeben, abbilden können. Ein nicht zu bestimmender Teil dieser Ver-änderungen wird auf den Einfluss der institutionalisierten Lehrerbildung, also auf die organi-sierten Maßnahmen der Ausbildung (z. B. besuchten Lehrveranstaltungen) zurückzuführen sein. Der andere Teil kann als Folge nicht-institutioneller Faktoren (z. B. kritische Lebensereignisse) angesehen werden. Mit dieser Diffusität muss der Forschungsansatz mangels Alternativen umgehen, soll doch nicht ein klar abgrenzbares quasi-experimentelles Setting, sondern ein breiter Zugang zum Forschungsfeld realisiert werden. Außerdem ist festzuhalten, dass der vorliegende Zugang zum Forschungsfeld die Lehrerbildung nicht als »black box« ansieht – relevant wären dann nur die individuellen Eingangsbedingungen der Studierenden (Input) und die später von den Lehrkräften hervorgebrachten Schülerleistungen (Output). Stattdessen sollen auch die Prozessmerkmale, die den Weg der professionellen Entwicklung markieren und über einen Zuwachs an professioneller Kompetenz Auskunft geben, gewürdigt werden. Was im Rahmen der Ausbildung geschieht, wie, wann und unter welchen Bedingungen die Veränderungen eintreten, kann nicht egal sein und darf sich dem Forschungsprozess nicht entziehen. Daher legt die Studie zum gegenwärtigen Zeitpunkt besonderen Wert auf die Prozessqualität (»Was passiert in den ersten drei Semestern mit den Studierenden?«), während erst nach Abschluss weiterer Erhebungswellen auch die Produktqualität thematisiert werden kann (dann tatsächlich idealerweise gemessen an den Leistungen der unterrichteten Schülerinnen und Schüler; vgl. 1.2.4, S. 80).

Abbildung 9: Längsschnittliches Modell der professionellen Entwicklung (t₁/ t₂)

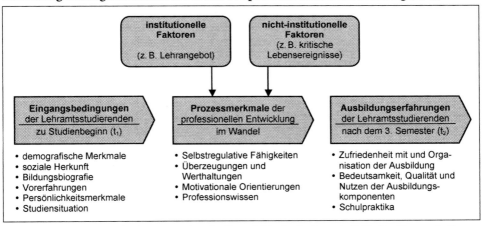

Anmerkungen: Der Aufbau der drei empirischen Großkapitel folgt der Logik von individuellen Eingangsbedingungen (Kapitel 3), Prozessmerkmalen (Kapitel 4) und Ausbildungserfahrungen (Kapitel 5). Institutionelle und nicht-institutionelle Einflüsse sind in der Systematik den Eingangsbedingungen zugeordnet. Die Aufzählungspunkte beschreiben die Bereiche, zu denen empirische Daten erhoben werden.

Die *individuellen Eingangsbedingungen der Lehramtsstudierenden* sind Ausgangspunkt der Entwicklung von Professionalität im Kontext der institutionalisierten Lehrerbildung, die mit Aufnahme des Lehramtsstudiums beginnt. Die meisten Bedingungen sind konstant, zu Beginn des Studiums also bereits gesetzt. Dazu gehören demografische Merkmale, die soziale Herkunft oder der schulische Bildungsweg bzw. die außerschulische Vorbildung. Einige wenige Bedingungen weisen auch variablen Charakter auf. Sie werden als individuelle Begleitumstände, wie z. B. finanzielle Ressourcen oder sich immer wieder neu einstellende kritische Lebensereignisse bezeichnet. Schließlich existieren relativ konstante Persönlichkeitsdispositionen, die über den Lebenslauf zwar weitgehend stabil bleiben, in engen Parametern aber auch eine Anpassung erfahren können. Ohne eine ausführliche Bestandsaufnahme dieser individuellen Bedingungen zu Studienbeginn ist es längsschnittlich nicht möglich, Entwicklungsverläufe nachzuvollziehen. Sie bilden den notwendigen Referenzpunkt, von dem aus das Potenzial der Lehrerbildung und der sich in ihr und durch sie vollziehenden professionellen Entwicklung der angehenden Lehrkräfte überhaupt erst eingeschätzt werden kann.

Auf Grundlage der individuellen Eingangsbedingungen durchlaufen die Studierenden eine Ausbildungsmaßnahme zur Vorbereitung auf die Ausübung des Lehrerberufs. Der Lehrerbildung wird dabei unterstellt, sie führe zu einer kumulativen professionellen Entwicklung der Lehramtsstudierenden. In diesem Entwicklungsprozess soll professionelle Handlungskompetenz erworben werden, die an anderer Stelle als Produkt von vier Dimensionen der Professionalität entfaltet wurde (vgl. 1.1.3, S. 35). Der Grad, in dem die einzelnen Kompetenzen erreicht werden, verweist darauf, dass der Kompetenzerwerb niemals abgeschlossen ist, weshalb die entlang der Dimensionen erfassten Variablen als »Prozessmerkmale der Entwicklung von Professionalität« aufgefasst werden. In der Lehrerbildung vollzieht sich eine Kompetenzentwicklung, die vorliegend auch als »professionelle Entwicklung« der Lehramtsstudierenden bezeichnet wird. Der Professionalitätsaspekt in diesem Begriff bezieht sich auf die Tatsache, dass es sich um einen anspruchsvollen und berufs-, also professionsrelevanten Kompetenzerwerb handelt; der Entwicklungsaspekt verweist auf die Annahme, es handle sich dabei um einen kumulativen Zuwachs an Kompetenz. Die Prozessmerkmale, an denen sich diese professionelle Entwicklung nachvollziehen lässt, sind selbstregulative Fähigkeiten, Überzeugungen und Werthaltungen, motivationale Orientierungen sowie Professionswissen.

Die sich auf Basis der individuellen Eingangsbedingungen vollziehende professionelle Entwicklung entlang der Prozessmerkmale schlägt sich in konkreten *Ausbildungserfahrungen* nieder. Das Maß an Zufriedenheit mit der Ausbildung, die Wahrnehmung der Ausbildungsorganisation, die Einschätzung der Bedeutsamkeit, der Qualität und des Nutzens der Ausbildungskomponenten oder die Erfahrungen und Relevanzeinschätzung der Schulpraktika sind im engeren Sinne zwar keine Merkmale der Kompetenzentwicklung, sie geben aber dennoch Auskunft über den Weg der professionellen Entwicklung, wie er sich bis zu dem Zeitpunkt gestaltet hat, zu dem die Ausbildungserfahrungen erfasst wurden. Wer etwa ein großes Maß an Zufriedenheit mit der eigenen Ausbildung artikuliert, der wird vermutlich auch die eigene professionelle Entwicklung intensiver wahrnehmen. In erster Line aber geben Ausbildungserfahrungen Auskunft darüber, wie Studierende die Lehrerbildung erleben. Sie sind daher *ein* möglicher Indikator der Bedeutung institutionalisierter Ausbildung für die individuelle professionelle Entwicklung. Wenn Studierende der Ausbildung keine Relevanz für die spätere Berufsausübung zuschreiben, wird wohl auch ihre professionelle Entwicklung insgesamt weniger erfolgreich sein und umgekehrt. Schließlich geben positive Ausbildungserfahrungen Hinweise auf erfolgversprechende Elemente gegenwärtiger Ausbildungspraxis, während negative Ausbildungserfahrungen dazu veranlassen können, über notwendige Modifikationen oder gar Reformen nachzudenken.

Näher betrachtet erweisen sich die bis zu einem bestimmten Zeitpunkt erworbenen Kompetenzen und gemachten Ausbildungserfahrungen wiederum als neue variable Eingangsbedingungen für den weiteren Prozess der professionellen Entwicklung bzw. für weitere Ausbildungserfahrungen. Wer etwa gute Erfahrungen in und mit der Lehrerbildung macht und sich als motiviert erlebt, wird vermutlich künftig besser an bereits vorhandene Kompetenzen anknüpfen können und das ihm offerierte Lehrangebot effektiver nutzen. Die Vorstellung einer professionellen Entwicklung im Kontext der institutionalisierten Lehrerbildung geht also davon aus, dass einmal erworbene Kompetenzen oder gemachte Ausbildungserfahrungen i. d. R. nicht reversibel sind, sondern auf sie aufgebaut bzw. mit ihnen umgegangen werden kann. Somit unterliegt die professionelle Entwicklung dem zeitlich irreversiblen Prozess der Entwicklung von Professionalität, der sich individuell allerdings in unterschiedlicher Weise hinsichtlich Intensität und Erfolg ausprägt. Damit verbindet sich die Einsicht, dass die Frage der professionellen Entwicklung in der Empirie weitaus komplexer ist, als es das vorliegende Modell zu erfassen vermag. Hinzu kommt, dass Eingangsbedingungen, Prozessmerkmale und Ausbildungserfahrungen erst in der Zusammenschau die professionelle Kompetenz von Lehrkräften ausmachen, die ihrerseits Grundlage für das Unterrichtshandeln und in einem weiteren Schritt von Schülerleistungen ist (vgl. Abbildung 3, S. 42).

Um die theoretisch angesprochenen Mechanismen der Entwicklung von Professionalität empirisch zu erfassen, wurde eine Längsschnittstudie initiiert. Abbildung 10 zeigt die Anlage des teils realisierten, teils geplanten Längsschnitts und die Platzierung der Erhebungszeitpunkte in einer idealen Kohorte (Ausgangspunkt: PH-Studium im Grund-/Hauptschullehramt, Regelstudienzeit: 6 Semester): Studienbeginn (t_1), Studienmitte (t_2), Studienabschluss bzw. Erste Staatsprüfung (t_3), Vorbereitungsdienst/Referendariat (t_4), im Berufsleben (t_5). Im Rahmen der vorliegenden Qualifikationsarbeit konnten die ersten beiden Erhebungswellen (Projektphase 1) durchgeführt und unter dem Fokus der Prozessqualität ausgewertet werden. Denkbar und wünschenswert ist die Fortführung der Studie über drei weitere Erhebungszeitpunkte (Projektphase 2), die im Sinne eines längerfristigen Ziels auch Aussagen über die Produktqualität der institutionalisierten Lehrerbildung zulassen würden.

Abbildung 10: Längsschnittdesign

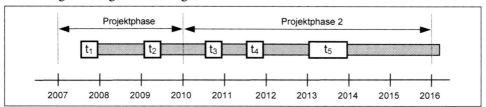

Anmerkungen: Projektphase 1: durchgeführte Wellen; Projektphase 2: mögliche Erweiterung der Studie.

Die Daten der ersten Erhebungswelle (t_1) stammen von Lehramtsstudierenden, die im Wintersemester 2007/2008 ihr Studium aufgenommen haben. Sie wurden zwischen Immatrikulation und Studienbeginn oder in den ersten Wochen ihres Studiums befragt. Die Daten der zweiten Erhebungswelle (t_2) wurden rund eineinhalb Jahre später, während der letzten Wochen des dritten Studiensemesters (Wintersemester 2008/2009) oder in der folgenden vorlesungsfreien Zeit erhoben. Nähere Angaben zu den jeweils generierten Stichproben werden später berichtet (vgl. 2.2, S. 142).

Es fällt in der Forschungsliteratur auf, dass Angaben zu der Situation von Studienanfängern im Lehramt häufig retrospektiv erfasst werden (z. B. im Rückblick erfasste Berufswahlmotive). Mehr oder minder wissentlich werden damit Verzerrungen durch ein »verklärtes« Bild der Befragten auf die Vergangenheit in Kauf genommen. Eine möglichst *zeitnahe Erfassung* der jeweiligen Angaben erscheint daher sinnvoll, sollen etwa Angaben zur sozialen Herkunft oder zu den Berufswahlmotiven angehender Lehrkräfte möglichst realitätsnah erhoben werden. Außerdem ist anzunehmen, dass die vor bzw. zu Studienbeginn erfassten Angaben im Sinne von Eingangsbedingungen als notwendige Kontroll- bzw. Bezugsvariable für die jeweilige persönliche Entwicklung unerlässlich sind.

Schließlich ist anzunehmen, dass sich die Entwicklung von Studierenden in den ersten drei Semestern an Pädagogischen Hochschulen und Universitäten aufgrund der spezifischen Curricula unterschiedlich vollzieht (vgl. 1.2.3, S. 74). Während das inhaltliche Studium an den Pädagogischen Hochschulen von Beginn an dominiert und nach dem dritten Semester bereits die Mitte des Studiums erreicht ist (Zwischenprüfungen), ist das universitäre Lehramtsstudium in den ersten Semestern häufig durch Propädeutika geprägt, z. B. das Sprachenstudium im Fach Theologie, Experimentalpraktika in den Naturwissenschaften oder Einführungen in allgemeine wissenschaftstheoretische wie forschungsmethodische Aspekte in den Sozialwissenschaften. Es ist daher zu erwarten, dass eine Konfrontation mit inhaltlichen Fragen und Aspekten der jeweiligen Fachkulturen an den Universitäten später einsetzt und sich Entwicklungen zeitlich versetzt vollziehen. Für die Durchführung der ersten Erhebungswellen ist diese anzunehmende Ungleichzeitigkeit unproblematisch, weil gerade die Unterschiedlichkeit der Entwicklungen nachvollzogen werden soll. Im weiteren geplanten längsschnittlichen Verlauf sollen aber auch Aussagen getroffen werden können, die sich auf die absolvierte erste Phase (Studium) insgesamt beziehen – unabhängig davon, ob sich die Regelstudienzeit zwischen den einzelnen Ausbildungsgängen unterscheidet. Um hier Vergleichbarkeit zu gewährleisten, ist es bereits zum dritten Erhebungszeitpunkt erforderlich, die Befragung zu individuell verschiedenen Zeitpunkten durchzuführen, damit jeweils die Erfahrungen am Ende des Studiums erfasst werden können.

Professionsvergleich und Studienabbruch

In aller Regel beschränkt sich die Lehrerbildungsforschung bislang auf die Untersuchung der Lehrerbildung selbst. Dabei fehlt die Möglichkeit eines Vergleichs der erhobenen Daten mit Referenzdaten aus anderen Studiengängen, Ausbildungswegen oder Disziplinen. Dies birgt die Gefahr zu übersehen, dass die (vermeintlichen) Merkmale der Lehramtsstudierenden auch Merkmale Studierender aller anderen Disziplinen sein könnten. Was für die Lehramtsklientel also »typisch« ist, erweist sich bei näherem Hinsehen nur dann als charakteristisch, wenn sich diese Merkmale so in anderen Studiengängen nicht zeigen. Aus diesem Grund wurden neben den Lehramtsstudierenden auch Studierende der Zahnmedizin befragt. Die Zahnmedizin als professionsspezifische Vergleichsgruppe wurde in bewusstem Kontrast zum Lehramt gewählt. Zwischen Studiengängen, die sich in ihrem Aufbau stark unterscheiden, lassen sich Veränderungen längsschnittlich eher auf die jeweilige Organisations- und Ausbildungsstruktur zurückführen. Erst die Verschiedenheit der Studienstrukturen in Lehramt und Zahnmedizin können zu überraschenden Differenzen führen: Was würde es etwa bedeuten, wenn Studierende der Zahnmedizin ein stärkeres soziales Interesse artikulieren als die Lehramtsstudierenden? Zu ähnliche Studienstrukturen würden den spezifischen Einfluss der jeweiligen Ausbildung auf die professionelle Entwicklung kaum ersichtlich werden lassen. Weiterhin durchlaufen angehende Zahnmediziner im Vergleich zu den Lehramtsstudierenden ein (noch) stärker reglementiertes Studium, das gezielt auf berufsspezifische Anforderungen vorbereitet. Im Zahnmedizin-Studium findet eine höchst standardisierte Ausbildung statt, während im Lehramtsstudium kaum Einigkeit über kanonische Elemente besteht (vgl. S. 68). Einen in längsschnittlicher Perspektive weiteren Vorteil bietet die Tatsache, dass die zahnmedizinische Ausbildung mit der Assistenzzeit ebenfalls eine zweite Phase aufweist, die zwar organisatorisch und inhaltlich nicht mit dem Referendariat vergleichbar ist, aber ebenfalls Berufstätigkeit und Aus-/ Weiterbildung verbindet.

Ein weiterer Aspekt ist, dass sich fast alle vorliegenden Studien zu Lehrerbildung entweder mit den Aspiranten *oder* mit den Studienabbrechern im Lehramt beschäftigen. Inwiefern sich aber die in der Ausbildung verbleibenden oder aber die freiwillig oder unfreiwillig aus dem Lehrerbildungssystem ausscheidenden Personen unterscheiden, wurde bislang nicht untersucht. Dieser Forschungslückte trägt die vorliegende Studie dadurch Rechnung, dass sie allen Abbrechern des Lehramtsstudiums einen eigens erstellten Fragebogen zukommen lässt.

Differenzierung nach Fächern

Obwohl sich zeitlich der Großteil des Lehramtsstudiums in den Fächern vollzieht, liegen kaum Studien vor, die fachspezifische Differenzen berücksichtigen. Dabei ist von einem starken Einfluss der Fächer und Fachdidaktiken auf die professionelle Entwicklung insgesamt auszugehen. Bereits die zu Studienbeginn getroffene und vermutlich im Wesentlichen interessengeleitete Entscheidung für zwei oder drei Fächer hat grundlegende Folgen für die gesamte Ausbildung. Der Einbezug fachspezifischer und fachdidaktischer Variablen ist daher in einer breit angelegten Studie unerlässlich. Um die Bedeutung fachspezifischer Aspekte vergleichend darstellen zu können und zugleich forschungsökonomisch vorzugehen, wurde ein Zwei-Fächer-Vergleich realisiert, wenngleich alle Fächerkombinationen der befragten Studierenden ergänzend erfasst wurden. Vertieft werden die Auswertungen für die Fächer Mathematik und evangelische bzw. katholische Theologie/ Religionspädagogik (im Folgenden: Theologie). Die Fächer liegen in ihrem Selbstverständnis und in der Strukturierung der Ausbildungswege weit auseinander, was interessante Kontraste erwarten lässt. Außerdem sind beide Fachdidaktiken vergleichsweise gut erforscht, was Anknüpfungspunkte schafft. Der Besonderheit, dass Religionsunterricht in Baden-Württemberg auch von kirchlichen Lehrkräften erteilt wird (Pfarrer/ Priester, Katecheten/ Pastoralreferenten, Diakone usw.), konnte nicht Rechnung getragen werden. Eine angestrebte Stichprobe unter Pfarramtsstudierenden ist zu klein, um quantitativ ausgewertet zu werden (vgl. 2.2, S. 142). Gleichwohl besteht im Vergleich staatlicher und kirchlicher Religionslehrkräfte – etwa bezüglich ihres Unterrichts oder ihrer Identifikation mit der Lehrerrolle – ein Desiderat für Forschung. Berücksichtigt werden muss bei Vergleichen, dass die gymnasiale Religionslehrerbildung in den ersten Semestern durch ein intensives Sprachstudium geprägt ist, das im Vergleich zum Fach Mathematik eine verzögerte Beschäftigung mit Fachinhalten erwarten lässt (s. o.).

Selbsteinschätzungen und Fremdeinschätzungen

Die gegenwärtige Lehrerbildungsforschung stellt selbstkritisch fest, sie sei zu häufig ausschließlich an Selbstauskünften der (angehenden) Lehrkräfte orientiert. Mit diesen Selbsteinschätzungen würden stark subjektive und damit in wissenschaftlicher Hinsicht kaum valide Daten erhoben, so die Kritiker. Um dem Vorwurf einer rein subjektiven Sicht der Lehramtsklientel zu begegnen und um gleichzeitig die Unterstellung zu prüfen, Selbstauskünfte seien grundsätzlich mit starken Verzerrungen der Realität verbunden, wurden zu beiden Erhebungszeitpunkten auch Fremdeinschätzungen eingeholt. Maßgebend bei der Auswahl potenzieller Fremdeinschätzender war, Personengruppen zu bestimmen, die möglichst gut über die jeweiligen primär befragten Lehramtsstudierenden Auskunft geben können.

Da die Studierenden zu t_1 noch vor bzw. am Anfang ihres Studiums standen, kamen hier keine Personen aus dem Umfeld der Hochschule für eine Fremdeinschätzung in Frage. Auch der Rückgriff auf Einschätzungen von ehemaligen Lehrern erschien organisatorisch schwierig, nachdem die Befragten die Schule bereits verlassen hatten. Außerdem hätten sich für Studierende, die nicht direkt von der gymnasialen Oberstufe in das Lehramtsstudium münden, keine entsprechenden Personen finden lassen. So musste auf den erweiterten familiären Kontext zurückgegriffen werden. Für eine Fremdeinschätzung kamen daher Eltern und ältere Geschwister in Betracht. Da im Einzelfall weder das Vorhandensein von Eltern noch Geschwistern gewährleistet ist oder das familiäre Klima negativ belastet sein könnte, wurden außerdem gute Freunde als mögliche Befragte hinzugenommen.

Nach dem dritten Semester ist davon auszugehen, dass Verwandtschaft und Freundeskreis die studienrelevanten Variablen kaum sinnvoll einschätzen können. Deshalb schien es zu t_2 angemessen, Personen zu befragen, welche die Lehramtsstudierenden an der Hochschule erleben und begleiten. Die Befragung von Dozierenden liegt zunächst nahe, doch dürfte gerade in der Studieneingangsphase kaum ein Lehrender die Studierenden gut genug kennen, um ein Fremdbild abgeben zu können. Auch Praxisbetreuende kommen nicht in Betracht, da die Befragten im Gymasiallehramt bis einschließlich des dritten Semesters keine Praxiserfahrungen gemacht haben. Es erschien daher plausibel und zweckmäßig, um ein Fremdbild von Kommilitonen zu bitten, welche die primär befragten Lehramtsstudierenden gut kennen.

Wo Selbst- und Fremdeinschätzungen vergleichbar ausfallen, wird das Selbstbild in seiner Aussagekraft gestärkt. Ein aufgrund sozialer Erwünschtheit verzerrtes Antwortverhalten der Studierenden ist hier eher unwahrscheinlich, da sich diese sonst gleichermaßen auf die Selbst- und Fremdeinschätzenden auswirken müsste. Wenn das Fremdbild ein positiveres Bild zeichnet als das Selbstbild, neigen entweder die Selbsteinschätzenden zu Bescheidenheit, oder die Fremdeinschätzenden versuchen mit ihrer Aussage die Studierenden zu »schützen« (Freunde, Eltern, Geschwister) oder nicht nachteilig zu bewerten. Eine Studie zur Beurteilung im Rahmen von Schulpraktika zeigt etwa, dass die Selbsteinschätzungen der Praktizierenden kritischer ausfallen als die Fremdbeurteilungen durch die Praxisbetreuenden bzw. Dozierenden oder Mentoren (Schneider/Bodensohn 2008). Liegt umgekehrt das Selbstbild »vor« dem Fremdbild, ist entweder soziale Erwünschtheit der Auslöser, oder die Fremdeinschätzenden unterschätzen die Studierenden. Damit steht eine Nähe von Selbst- und Fremdbild für eine realistische Messung, andererseits verweist Verschiedenheit auf einen korrigierenden Faktor durch eine zweite Einschätzung, dessen Bedeutung bei der Interpretation der Ergebnisse jeweils individuell berücksichtigt und beurteilt werden muss. Angaben zur Rekrutierung der Fremdeinschätzenden finden sich anderenorts (vgl. 2.1.3, S. 128), ebenso eine detaillierte Beschreibung der Fremdbild-Stichproben zu beiden Erhebungszeitpunkten (vgl. 2.2.2, S. 147).

Untersuchungsdimensionen und Variablen

Auf Grundlage der eben ausgeführten Überlegungen zum Forschungsdesign wurde ein breites Set an Untersuchungsdimensionen bzw. mit ihnen verbundenen Variablen als Grundlage für die Durchführung der empirischen Studie angenommen. Die einzelnen Dimensionen wurden bereits in Abbildung 9 (S. 121) erwähnt. Eine tabellarische Überblicksdarstellung aller Variablen und deren Codes, Skalenniveaus, Erhebungszeitpunkte und die Seitenzahlen ihrer Einführung im empirischen Teil ist im Anhang der Arbeit zu finden (S. 573).

Die Auswahl der Untersuchungsdimensionen begründet sich im Wesentlichen durch deren Anschlussfähigkeit an den Mainstream der empirischen Lehrerbildungsforschung. Ergänzt wird die Auswahl durch Variablen, welche durch die Desiderate eingefordert werden und bislang weniger im Blick der Forschung waren. Schließlich ist das der Arbeit zugrunde liegende Modell professioneller Lehrerkompetenz (Krauss u. a. 2004; Baumert/ Kunter 2006; vgl. Abbildung 3, S. 42) leitend: Alle vier der dort entfalteten Kompetenzdimensionen sollen Berücksichtigung finden. Schließlich sollen neben diesen Prozessmerkmalen – dem entwickelten längsschnittlichen Modell der Entwicklung von Professionalität in der Lehrerbildung folgend (vgl. Abbildung 9, S. 121) – individuelle Eingangsbedingungen und Ausbildungserfahrungen operationalisiert werden. Eine zusammenfassende Diskussion der Instrumente wäre an dieser Stelle zu umfangreich und müsste später ohnehin erneut aufgegriffen werden. Daher erfolgt eine differenzierte Diskussion der im Einzelnen eingesetzten Instrumente und der angewandten Variablen in den jeweiligen empirischen Teilkapiteln. Die nachfolgende Einordnung der Forschungsdimensionen und Variablen in den Verlauf der empirischen Studie dient daher lediglich einer groben Orientierung. Sie erübrigt nicht die Lektüre der jeweiligen Teilkapitel.

Die empirischen Großkapitel 3, 4 und 5 bilden den Kern der Arbeit. Sie enthalten den Bericht der in der vorliegenden Studie erfassten Daten, deren Auswertung auf Basis deskriptiver und inferenzstatistischer Verfahren sowie die Interpretation und die Diskussion der Ergebnisse. Dazu zählen im Wesentlichen die grundlegende Auswertung der zwei Erhebungswellen und der dabei erfassten quantitativen Daten aus der Fragebogenstudie unter Lehramtsstudierenden samt korrespondierender Fremdbilder sowie der Vergleichsstichprobe unter Zahnmedizinstudierenden. Die quantitativen Daten sind für den Argumentationsgang leitend und werden durch qualitative Daten (berichtet werden Interviewausschnitte) in einer Tiefendimension ergänzt. Die Kapitel dokumentieren die eingesetzten Items und Skalen sowie die Interviewfragen, was einen nochmaligen und zusammenhangslosen Abdruck der eingesetzten Fragebögen oder Gesprächsimpulse im Anhang hinfällig macht. Ein Muster des Fragebogenlayouts kann im Interent abgerufen werden (http://www.colin-cramer.de/elkir). Einzelne Skalen können aus Gründen des Copyright nicht vollständig abgedruckt werden. Dort werden lediglich Beispiel-Items genannt und auf die Handbücher der Instrumente verwiesen.

Die Dokumentation, Datenauswertung und Interpretation der Ergebnisse erfolgt entlang der im Einzelnen eingesetzten Skalen, Instrumente und Verfahren. Sie besteht im Wesentlichen (1) aus der Darlegung des jeweiligen spezifischen Forschungsstandes; (2) aus der Operationalisierung der zugrunde liegenden Konstrukte und ihrer Realisierung in der Studie – dazu gehören ggf. auch Angaben zur Skalierung (Konstruktion von Skalen aufgrund von Faktoren- und Reliabilitätsanalysen); (3) aus der deskriptiven Darstellung der Daten anhand statistischer Kennwerte; (4) wo sinnvoll aus einer inferenzstatistischen Betrachtung der jeweiligen Konstrukte und (5) aus der Interpretation und Diskussion der Ergebnisse.

Die Deskription (Schritt 3) umfasst i. d. R. zunächst die Darstellung der Mittelwerte und Standardabweichungen entlang der Items und Skalen in Tabellen oder Abbildungen mit erläuterndem Text. Dann erfolgt eine Interpretation der absoluten Daten (»Sind die Ergebnisse als stark/ schwach, bedeutsam/ unbedeutsam usw. einzuschätzen?«), eine Differenzierung der Daten nach unabhängigen Variablen (»Ergeben sich signifikante Unterschiede nach Lehramt, Geschlecht usw.?«) sowie Vergleiche der Daten mit anderen Datenquellen (z. B. mit der Vergleichs-Stichprobe in der Zahnmedizin, den Fremdbildern, den Ergebnissen anderer Studien oder Eichstichproben der Instrumente). Schließlich werden korrelative Beziehungen der untersuchten Variablen zu anderen relevanten Variablen innerhalb der Studie hergestellt und diskutiert. Die inferenzstatistischen Auswertungen (Schritt 4) geben Auskunft über das Potenzial und die Bedeutung der erfassten Variablen für die Lehrerbildungsforschung (»Inwieweit kann ein erfasstes Konstrukt andere relevante Merkmale prognostizieren und welche Effekte gehen von ihm aus?«).

Die Gliederung der Großkapitel folgt dem Modell der Professionalität im Lehrerinnen- und Lehrerberuf, das als theoretischer Bezugsrahmen entfaltet wurde (vgl. S. 42) und in seiner Erweiterung als Prozessmodell der professionellen Entwicklung in der Lehrerbildung aufgefasst werden kann (vgl. S. 121). In Kapitel 3 werden zunächst die individuellen Eingangsbedingungen der Lehramtsstudierenden dargelegt: demografische Merkmale (vgl. 3.1), soziale Herkunft (vgl. 3.2), Bildungsbiografie (vgl. 3.3), einschlägige Vorerfahrungen (vgl. 3.4), Persönlichkeitsmerkmale (vgl. 3.5) und individuelle Begleitumstände (vgl. 3.6). Hinzu kommen die Beschreibung der Studiensituation (vgl. 3.7) und Gründe von Studienabbrüchen (vgl. 3.8). Kapitel 4 dokumentiert die Auseinandersetzung mit den als Prozessmerkmalen bezeichneten Dimensionen von Professionalität im Lehrerberuf. Dazu gehören die selbstregulativen Fähigkeiten der Lehramtsstudierenden, schwerpunktmäßig Fragen der Berufsbelastung und Lehrergesundheit sowie die Selbstwirksamkeitserwartung (vgl. 4.1). Als Überzeugungen und Werthaltungen kommen die Schul- und Erziehungseinstellungen der Befragten, deren Vorstellungen von Schule, Bildung und Erziehung sowie – vor dem Hintergrund der fachspezifischen Vertiefung Mathematik/ Theologie – die Religiosität der Studierenden zur Sprache (vgl. 4.2). Motivationale Orientierungen sind sowohl in der Studieneingangsphase (Berufswahlmotivation, Studieninteresse, allgemeine Interessen, Fachwahlmotivation) als auch im Verlauf der Lehrerbildung (Lern- und Leistungsmotivation) relevant (vgl. 4.3). Das Professionswissen wird anhand überfachlicher Kompetenzselbsteinschätzungen operationalisiert und kritisch diskutiert (vgl. 4.4). Schließlich werden in Kapitel 5 die Ausbildungserfahrungen mit der institutionalisierten Lehrerbildung dargelegt. Dazu gehören im Wesentlichen die Zufriedenheit mit und die Organisation der Ausbildung (vgl. 5.1), die Einschätzung von Bedeutsamkeit, Qualität und Nutzen der Ausbildungskomponenten (vgl. 5.2) sowie die Wahrnehmung und Relevanzeinschätzung der Schulpraktika (vgl. 5.3).

2.1.3 Methodik

Nachfolgend wird die Grundanlage der Studie vorgestellt, ohne die einzelnen Instumente und Vorgehensweisen im Detail zu diskutieren. Der ausführliche Forschungsstand zu den eingesetzten Items und Skalen sowie die mit ihnen verbundenen spezifischen forschungsmethodischen Fragen werden, ebenso wie die Operationalisierung der einzelnen Forschungsdimensionen, im Zuge der jeweiligen Abschnitte in den empirischen Kapiteln berichtet.

Beschreibung des Forschungsprozesses

Am Beginn der Arbeit stand eine *Orientierungsphase*, die durch die Beschäftigung mit der bestehenden Forschungsliteratur und den theoretischen Arbeiten zu »Professionalität« und »Lehrerbildung« geprägt war. Hinzu kamen Gespräche mit verschiedenen Experten zu beiden Themengebieten. Auf dieser Grundlage wurden zunächst grundsätzliche Entscheidungen zum Design der Studie getroffen. Nach der Eingrenzung des Forschungsgegenstandes konnten existierende Erhebungsinstrumente für die Operationalisierung ausgewählt werden, andere wurden eigens konstruiert. Letztere wurden während einer *Explorationsphase* in einen Online-Fragebogen überführt und durch einen Pretest geschickt. Dazu wurden über einen zentralen E-Mail-Verteiler der Universität Tübingen im Juli 2007 alle damals eingeschriebenen Lehramtsstudierenden mit der Bitte um Teilnahme an der Vorstudie kontaktiert. Auf diese Weise konnte eine Gelegenheitsstichprobe von N=456 Gymnasiallehramtsstudierenden zur Teilnahme am Pretest bewegt werden. Die Daten wurden hinsichtlich deskriptiver Befunde und Skalengüte explorativ ausgewertet. Neben der Erprobung bereits vorhandener und teilweise gekürzter Skalen für den vorliegenden Forschungskontext war es insbesondere Ziel des Pretests, durch das Stellen offener Fragen und durch deren nachträgliche Kategorisierung Anhaltspunkte für die Konstruktion eigener Skalen zu gewinnen und zentrale Fragestellungen zu identifizieren. Außerdem wurden einige Studierende beim Ausfüllen des Fragebogen systematisch beobachtet (kognitiver Pretest: Prüfer/Rexroth 2005) um herauszufinden, welche Formulierungen sich als unklar oder mehrdeutig erweisen bzw. wo Probleme beim Ausfüllen entstehen. Die Erkenntnisse beider Pretests flossen in die Konstruktion der Fragebögen für den ersten Erhebungszeitpunkt mit ein. Welche Überlegungen im Prozess des Designs leitend waren, wurde in Kapitel 2.1.2 (S. 116) geschildert.

Die *Rekrutierungsphase* der Studienteilnehmenden ist in Längsschnittuntersuchungen weitaus aufwendiger als in Querschnitten. Die Notwendigkeit einer eindeutigen Zuordnung der Datensätze zwischen den Erhebungswellen auf Ebene der einzelnen Personen erfordert eine langfristige Teilnahmebereitschaft der Studierenden. Um diese möglichst zu gewährleisten, wurden nur Studierende zur Befragung zugelassen, die durch Angabe ihrer persönlichen Kontaktdaten ihr Teilnahmeinteresse bestätigten. Damit kann eine bewusste Entscheidung für die Teilnahme vorausgesetzt werden. Entsprechend geringer werden die motivationsbedingten Dropouts ausfallen. So wird dem Phänomen der »Panelmortalität« vorgebeugt, einem unaufhaltsamen und in gewissen Grenzen »natürlichen« Schwund an Probanden über den Längsschnitt hinweg (Engel/Reineke 1994, S. 256). Grund hierfür ist neben sich ändernden Kontaktinformationen und der daraus resultierenden Gefahr einer Nichterreichbarkeit insbesondere die Tatsache, dass einzelne Probanden kein dauerhaftes Interesse an der Teilnahme zeigen oder ihr Studium abbrechen.

Da die Probanden zu einem möglichst frühen Zeitpunkt kontaktiert werden sollten (idealerweise unmittelbar nach der Einschreibung), wurde früh eine Kooperation mit den potenziell an der Studie beteiligten Hochschulen angestrebt. Aus Datenschutzgründen konnten seitens der Hochschulverwaltungen aber keine Adressdatensätze zur Verfügung gestellt werden. Alternativ bot sich die Beilage eines Informationsschreibens mit Aufruf zur Studienteilnahme in den Unterlagen zur Einschreibung an. Da an den Pädagogischen Hochschulen die Kommunikation bei der Einschreibung mittlerweile allerdings gänzlich über das Internet erfolgt, musste der intendierte Weg aufgegeben werden. Das Informationsmaterial wurde deshalb wo möglich als Download-Option auf den entsprechenden Internetseiten eingestellt. In Tübingen konnte erreicht werden, dass durch die Universitätsverwaltung alle Erstsemester noch vor Studienbeginn postalisch mit Informationsmaterial zur Studie angeschrieben wurden. An einzelnen Hochschulen konnten die Studierenden außerdem über einen E-Mail-Verteiler, ebenfalls vermittelt über die Hochschulverwaltungen, angeschrieben werden.

An der Universität Heidelberg konnte aus Kapazitätsgründen keiner dieser Rekrutierungswege unterstützt werden. Schon aus diesem Grund wurde ein zweiter, persönlicher Weg der Kontaktaufnahme notwendig. Dazu wurden die acht Standorte vor Ort besucht und die Erstsemester in ihrer ersten Vorlesungswoche im Rahmen von obligatorischen Einführungstagen oder in erziehungswissenschaftlichen Pflichtveranstaltungen durch eine Kurzpräsentation im Plenum zur Teilnahme an der Studie aufgerufen. Schließlich wurde ergänzend der Kanal einer »social community« im Internet genutzt, in der sich viele Lehramts-Erstsemester bereits nach der Einschreibung in entsprechenden Interessengruppen zusammenfinden. Hier wurden Foreneinträge hinterlassen und Personen nach dem Zufallsprinzip angeschrieben.

Die Anmeldung zur Teilnahme an der Studie konnte persönlich im Anschluss an die Informationsveranstaltungen an den Hochschulen, auf dem Postweg (portofreie Postkarte, integriert im Informationsmaterial), über das Internetportal http://www.lehrerforschung.de oder telefonisch erfolgen. Der telefonische Kanal wurde kaum genutzt, die anderen drei Wege zu etwa je einem Drittel. Bereits im Rahmen der Anmeldung wurden vollständige Kontaktinformationen der Probanden erhoben. Zum zweiten Erhebungszeitpunkt wurde in den Fragebögen um die Aktualisierung der Adressdaten gebeten. Alternativ können die Teilnehmenden über das Internetportal einzelne Änderungen ihrer Adressdaten vornehmen. Vor der zweiten Erhebungswelle wurden nochmals alle Teilnehmenden angeschrieben und ggf. um eine Adressaktualisierung gebeten. So wurden von Beginn an doppelte Kontaktinformationen der Studierenden und einer weiteren Kontaktperson (i. d. R. Eltern) erfasst (E-Mail-Adresse, Postanschrift, Telefonnummer, Mobilnummer). Gerade die Kontaktinformationen der Eltern sind meist beständiger als jene der Studierenden selbst. Über sie können bei Nichterreichbarkeit der Studierenden aktuelle Adressdaten ihrer Kinder erfragt werden. Diese Angaben sind für die Längsschnittstudie von herausragender Bedeutung, damit eine Erreichbarkeit der Studierenden zu späteren Erhebungszeitpunkten oder mit der Bitte um ein erneutes Interview gewährleistet ist.

Die Fremdeinschätzenden wurden zu beiden Erhebungszeitpunkten über die Probanden rekrutiert. Zu t_1 wurden die Befragten (Selbstbilder) mit Zusendung des Befragungsmaterials aufgefordert, ein Elternteil, Geschwisterteil oder eine Person aus dem Freundeskreis zu bitten, einen Fremdbild-Fragebogen auszufüllen. Es wurde darauf hingewiesen, dass im Rahmen des Fragebogens der Verwandtschaft oder den Freunden kurz erklärt wird, um was es in der Studie geht, warum Sie den Fragebogen ausfüllen sollen und dass die Teilnahme der Fremdeinschätzenden an der Studie anonym erfolgt. Außerdem wurde auf das Bewusstsein der Studienleitung hingewiesen, dass eine Fremdeinschätzung der Probanden, ebenso wie deren Selbsteinschätzung, niemals objektiv erfolgen kann. Es sei aber das Interesse der Studie, möglichst viele verschiedene Perspektiven zusammenzuführen, um so letztlich ein detailliertes Bild von künftigen Lehrkräften und ihrer Ausbildung zu gewinnen. Unter vergleichbaren Richtlinien wurden die Lehramtsstudierenden zu t_2 gebeten, auf eine Kommilitonin oder einen Kommilitonen zuzugehen. Vorgabe war, dass die oder der Mitstudierende die primär befragte Person möglichst gut kennen soll.

Die Tübinger Zahnmedizin-Studierenden (professionsspezifische Vergleichsstichprobe) wurden zentral über die Leitung der Vorklinik zur Studienteilnahme aufgefordert. Das Ausfüllen des ersten Fragebogens erfolgte im Rahmen einer Pflichtveranstaltung. Der wiederholte Kontakt zum zweiten Erhebungszeitpunkt erfolgte über ein Anschreiben per E-Mail oder auf dem Postweg; die notwendigen Adressdaten wurden bei der ersten Befragung erfasst.

Im Rahmen der *ersten Erhebungswelle* wurden die Selbstbild-Fragebögen postalisch und zusammen mit einem Anschreiben und Rückumschlag (»Porto zahlt Empfänger«) verschickt. Dieser Sendung lag auch der Fremdbild-Fragebogen mit gesondertem Rückumschlag bei. Durch separate Rücksendung sollte ein möglichst unbeeinflusstes Antwortverhalten der fremdeinschätzenden Personen gewährleistet werden. Beide Fragebögen wurden vor dem Versand mit einem anonymen Code versehen, der nach Rücklauf eine eindeutige Zuordnung beider Fragebögen (»matching«) erlaubt. Nicht nur Selbst- und Fremdbilder können auf diese Weise einander zugeordnet werden, es ist über einen Zwischenschritt auch der Rückschluss auf den Adressdatensatz möglich. So ist bei weiteren Erhebungen eine längsschnittliche Zuordnung möglich. Damit kann ein »matching« aller vorhandenen Lehramtsdaten des Längsschnitts auf Ebene der Individuen vorgenommen werden. Dieser Code gewährleistet auch den Datenschutz: Bei der Datenauswertung können die jeweiligen Personen zu keinem Zeitpunkt namentlich identifiziert werden. Darüber hinaus wurde auf die Einhaltung der üblichen Bestimmungen des Bundesdatenschutzgesetzes in einem Merkblatt hingewiesen. Mit jedem Fragebogen stimmen die Befragten der Speicherung ihrer Daten für die Zwecke der Studie zu – unter Hinweis auf die engen gesetzlichen Grenzen.

Teilnehmende, die sich für das Online-Verfahren entschieden, wurden per E-Mail kontaktiert. Die Nachricht enthielt einen individualisierten Link, der beim Aufruf des Fragebogens einen Code übermittelt, durch den eindeutige Zuordnungen möglich werden. Die Befragungsdaten wurden auf unabhängigen lokalen Datenträgern sowie einem Server gesichert. Die zurückgeschickten Fragebögen wurden mit der Statistiksoftware SPSS 16 händisch erfasst. Parallel dazu wurde aus der Online-Fragebogendatenbank eine SPSS-Datei generiert und schließlich beide Datenquellen in einer Datei zusammengeführt. Diese wurde aufbereitet und einer Plausibilitätsprüfung (Doppelanschläge bei der Dateneingabe etc.) unterzogen.

Aufgrund der Fragebogenangaben konnten nun auch die an den Interviews teilnehmenden Lehramtsstudierenden rekrutiert werden. Im Selbstbild-Fragebogen wurden die Studierenden gefragt, ob sie bereit sind, an einem Forschungsinterview teilzunehmen. Die Stichprobenauswahl erfolgte sodann nach kontrastiven Merkmalen (vgl. 2.2.4, S. 150). Mit den ausgewählten Studierenden wurde ein Termin vereinbart. Die Forschungsinterviews wurden an den jeweiligen Hochschulen der Studierenden vor Ort und »face to face« durchgeführt. Die Gespräche wurden aufgezeichnet und transkribiert (vgl. unten). In einem weiteren Schritt wurden die Transkripte in die Analysesoftware *MAXQDA 2007* eingelesen und dort entlang der sich aus dem Fragebogen ergebenden Themenbereiche (z. B. Selbstwirksamkeitserwartung) kodiert. Zuordnungseinheiten waren i. d. R. ganze Absätze, gelegentlich einzelne Sätze. Eine Zuordnungseinheit wurde bei Bedarf mehreren Codes (Themen) zugewiesen.

Die *erste Auswertungsphase* zielte auf die Analyse der querschnittlichen Daten der ersten Erhebungswelle. Der Schwerpunkt lag auf statistischen Analysen, deren schriftlicher Dokumentation und einer vorläufigen Dateninterpretation. Während der Auswertung der ersten Ergebnisse wurden sukzessive Fragebögen an jene Teilnehmenden verschickt, die zwischenzeitlich ihr Lehramtsstudium abgebrochen hatten. Grundlage hierfür war die eigeninitiative

Benachrichtigung durch die Studierenden über die Homepage sowie eine Abfrage per E-Mail im Zusammenhang mit der Adressdatenaktualisierung im Vorfeld der zweiten Erhebungswelle. Außerdem wurde zwischen den beiden Erhebungszeitpunkten im Internetportal über den Fortgang der Studie informiert und eine Buchverlosung unter den Teilnehmenden der ersten Erhebungswelle durchgeführt. Das Angebot einer individuellen Rückmeldung nach Abschluss der Studie wurde unterbreitet. Außerdem unterhält rund die Hälfte der Stichprobe eine Mitgliedschaft in der studienspezifischen Interessen-Gruppe eines Internet-Portals (»social network«). Diese Maßnahmen, insbesondere aber die Selektion der Probanden durch eine Voranmeldung, erklären wohl die für Längsschnittstudien geringe Zahl an Dropouts (vgl. 2.2, S. 142). Schließlich mussten in der Zeit zwischen den Erhebungswellen die Fragebögen für t_2 konstruiert werden, da diese teils auf anderen Skalen und Inventaren beruhen. Dazu gehörten auch die Vervielfältigung, Versandorganisation sowie das Einpflegen des Fragebogens in das Online-Befragungssystem.

Zur Vorbereitung der *zweiten Erhebungswelle* wurden die Adressdaten auf Grundlage der Angaben im ersten Fragebogen, der sukzessive über das Internetportal eingetroffenen Korrekturen sowie der erbetenen Mitteilung von Veränderungen (E-Mail) aktualisiert. Die eigentliche Durchführung (Versand/Rücklauf/Dateneingabe usw.) erfolgte wie bereits für die erste Erhebungswelle beschrieben. Besondere Kraft wurde in das Nachfassen investiert, so dass aufgrund mehrerer E-Mail-Nachfragen und schließlich auch einer telefonischen Anfrage bei den Non-Respondern der Rücklauf nochmals gesteigert und die Anzahl der Dropouts minimiert werden konnte. Die telefonische Abklärung diente aber auch der Sicherstellung, dass die Non-Responder das Fragebogenmaterial der zweiten Welle überhaupt erhalten hatten und der Abklärung, dass sie generell an einer weiteren Studienteilnahme interessiert sind (Aktualität der Adressdaten). Die sich anschließende *zweite Auswertungsphase* hatte neben der bereits für den ersten Auswertungsabschnitt beschriebenen Vorgehensweisen auch die längsschnittliche Analyse der Daten zum Gegenstand. Erst nach Vorlage der Daten beider Erhebungswellen konnten entsprechende statistische Berechnungen durchgeführt werden. An die Erstellung eines detaillierten Auswertungsberichts (Verschriftlichung der quantitativen und qualitativen Ergebnisse) schlossen sich schließlich deren zusammenfassende Interpretation und die Einbettung in den Gesamtkontext der vorliegenden Arbeit an.

Erhebungs- und Auswertungsverfahren der quantitativen Daten (Fragebögen)

Die Studie stellt ihren Erkenntnisgewinn auf eine möglichst breite empirische Basis. Dazu gehört nicht nur die im Forschungsdesign berücksichtigte breite Untersuchungsanlage, auch die methodische Vorgehensweise muss diesem Zugang entsprechen. Daher werden quantitative und qualitative Erhebungsverfahren zu einem *mixed-methods-research-design* verwoben. Während die quantitativen Daten (Fragebogenergebnisse) für die Argumentation bedeutungstragend sind, dienen die qualitativen Ergebnisse (Interviewanalysen) der inhaltlichen Validierung, Vertiefung und Exemplifizierung bzw. geben Anhaltspunkte für die Interpretation des quantitativen Datenmaterials.

Die Fragebögen wurden nach den üblichen Kriterien der Fragebogenkonstruktion entwickelt (Porst 2008; Raab-Steiner/Benesch 2008). Am häufigsten kommen siebenstufige Likert-Skalen mit Endpunktbeschriftung zur Anwendung. Durch den Verzicht auf die Beschriftung der Zwischenstufen wird gewährleistet, dass den Intervallen zwischen den einzelnen Stufen gleiche Abstände unterstellt werden können (angestrebtes metrisches Skalenniveau). Außerdem kommen Items mit Einfach- und Mehrfachauswahl (Checkbox) sowie Felder für freie Ziffern- oder Texteingabe zum Einsatz. Die Fragebögen können daher insgesamt als weitgehend standardisiert gelten. Zu Beginn der Fragebögen werden die drei unterschiedlichen Antwortformate an Beispielen erklärt und die aktuellen Adress- bzw. Kontaktdaten erfasst. Durch eine unterschiedliche farbliche Gestaltung der Selbst- und Fremdbildfragebögen wurde eine Verwechslung vermieden.

Neben der Papierfassung wurde der Fragebogen in einer Online-Version angeboten, die über einen Server (http://www.onlineforschung.org) bereitgestellt wurde. Bereits im Rahmen der Anmeldung zur Studie wurde der bevorzugte Antwortkanal (paper-pencil oder online) erfragt. Durch die Nutzung beider Zugänge sollte sichergestellt werden, dass keine potenziellen Befragten mangels Zugang zum Internet von der Teilnahme an der Studie ausgeschlossen werden (zu Studienbeginn ist dies durch Umzüge häufig der Fall). Die Online-Befragung ist wesentlich ökonomischer in der Durchführung (Portokosten entfallen, Arbeitszeit bei der Dateneingabe entfällt) und weniger fehleranfällig bei der Dateneingabe. Neben solchen Durchführbarkeitsstandards erleichtern Online-Erhebungen auch die Einhaltung von Gütekriterien (Sicherstellung vollständiger Angaben etc.). Aus bereits durchgeführten Studien dieser Art lässt sich folgern, dass kein signifikanter Unterschied zu traditionellen Papier-Fragebögen im Ausfüllverhalten zu erkennen ist (Seifried 2006, S. 113). Zu t_1 haben 80.4 %, zu t_2 79.5 % die Online-Teilnahme der Option einer postalischen Befragung vorgezogen.

Insgesamt kamen sieben verschiedene Fragebögen zum Einsatz: Selbstbild Lehramt zu t_1 (S1L); Selbstbild Lehramt zu t_2 (S2L); Fremdbild Lehramt zu t_1 (F1L); Fremdbild Lehramt zu t_2 (F2L); Selbstbild Zahnmedizin zu t_1 (S1Z); Selbstbild Zahnmedizin zu t_2 (S2Z) und der Fragebogen Studienabbruch Lehramt (FS). Abbildung 11 stellt die Instrumente im Zusammenhang dar und zeigt, welche Fragebögen jeweils durch einen anonymen Code eindeutig einander zugeordnet werden können.

Abbildung 11: Fragebögen und ihre längsschnittliche Verknüpfung (t_1 / t_2)

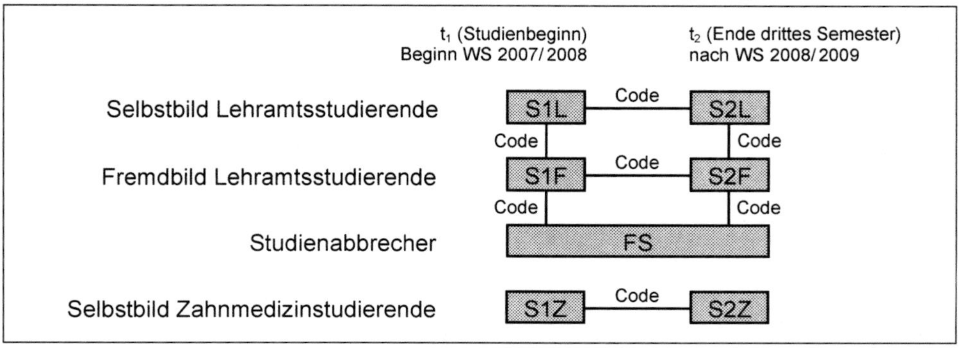

Anmerkung: Der Fragebogen zum Studienabbruch (FS) wurde flexibel über den gesamten Erhebungszeitraum eingesetzt, sobald ein Dropout im Lehramtsstudium bekannt wurde. Die fünf Lehramts-Fragebögen können generell alle einander personenbezogen zugeordnet werden, wenngleich auf diagonale Verbindungslinien in der Abbildung aus Gründen der Übersichtlichkeit verzichtet wurde.

Zusätzlich wurden in den Selbstbild-Fragebögen zum Lehramt je nach Fächerkombination Binnendifferenzierungen notwendig. Online konnten diese durch entsprechende Filter realisiert werden, auf postalischem Weg waren für jeden Erhebungszeitpunkt vier verschiedene Papierversionen zu erstellen (Mathematik; Theologie; Mathematik/ Theologie; keines der beiden Fächer). Insgesamt waren daher 13 (teilweise) verschiedene Fragebögen im Feld. Es kann kein Abdruck der Fragebögen erfolgen, da teilweise auch urheberrechtlich geschützte Inventare, Skalen und Items zum Einsatz kommen. Ein Layoutbeispiel und die eigens entwickelten Skalen sind im Intenet verfügbar gemacht (http://www.colin-cramer.de/elkir).

Nachfolgend werden die in der Studie zur Anwendung kommenden quantitativen Auswertungsverfahren und statistischen Kennwerte erläutert. Sie werden nur insoweit vorgestellt, als dies für das Verständnis des Textes notwendig ist. Für eine vertiefte Beschäftigung mit den statistischen Grundlagen sei auf die einschlägige Methoden-Literatur zur sozialwissenschaftlichen Forschung verwiesen (z. B. Bortz 2004; Bortz/ Döring 2006; Kromrey 2006).

Zur Fragebogenanalyse kommen deskriptive und inferenzstatistische Auswertungsverfahren zum Einsatz. Deskriptive Verfahren dienen dem Anliegen, die empirisch vorzufindende Situation der Lehramtsstudierenden möglichst genau zu beschreiben. Die Ergebnisse werden i. d. R. mit arithmetischen Mittelwerten und Standardabweichungen oder Prozentangaben sowie mit den Ergebnissen eines passenden Signifikanztests (Signifikanzniveau und Assoziationsmaß) berichtet. Die Sortierung der Items innerhalb der Tabellen erfolgt je nach Kontext absteigend nach Mittelwert oder in der Reihenfolge der Item-Namen. Die häufigsten Verfahren sind Mittelwert- oder Prozentwertvergleiche mit Signifikanzprüfung (t-Test, ANOVA, χ^2-Verfahren) und Korrelationsmatrizen. Inferenzstatistische Verfahren kommen in zweierlei Hinsicht zum Einsatz. Sie dienen entweder der Skalenkonstruktion bzw. Subskalenbildung (Faktorenanalyse) oder bestimmen den Einfluss einzelner Faktoren oder Kovariaten auf bestimmte abhängige Variablen (Regressionsanalyse, allgemeine lineare Modelle). Hier kommen häufig multivariate Analysen zum Einsatz, die es etwa erlauben, das Vorhersagepotenzial mehrerer zu Studienbeginn erfasster Variablen auf die Ausprägung einer nach dem dritten Semester erfassten abhängigen Variable zu bestimmen (»Mit welcher Wahrscheinlichkeit tritt eine bestimmte Ausprägung der abhängigen Variable ein?«). Solche komplexeren Analysen, die über Wahrscheinlichkeiten argumentieren, erfordern reliable Skalen auf mindestens intervallskaliertem Niveau, wie sie entlang vieler der untersuchten Bereiche generiert werden konnten.

Die Ergebnisse der Analysen werden durch statistische Kennwerte repräsentiert und im Anschluss interpretiert. Nachfolgend werden die zur Anwendung kommenden Kennwerte und Abkürzungen kurz eingeführt. Dabei wird eine Allgemeinverständlichkeit angestrebt, die in Einzelfällen zu einer verminderten Präzision bei den Definitionen führen mag. Für detaillierte Informationen sei daher auf die bereits genannten Lehrbücher verwiesen.

- *Item*: Bezeichnung der einzelnen Fragen/ Formulierungen in den Fragebögen.
- *Prozentangaben (%)*: beziehen sich stets auf die Zahl gültiger Antworten. Rundungsdifferenzen sind der Grund, warum die Summe der Prozentwerte von 100 % abweichen kann.
- *Skalenwert*: Bei vielen Fragen werden die Befragten gebeten, eine Einschätzung auf einer Likert- bzw. Rating-Skala vorzunehmen, indem sie sich zwischen mehreren Stufen des Ankreuzens entscheiden (z. B. Stufe 1 = trifft überhaupt nicht zu; Stufe 7 = trifft voll und ganz zu; die Zwischenstufen dienen einer tendenziellen Positionierung). Kreuzt z. B. ein Befragter die zweite Stufe an, gibt er den Skalenwert »2« an.
- *Skalenniveau*: Die Likert-Skalen erzeugen Daten auf mindestens Intervallskalenniveau. Es können Rangunterschiede und der Abstand zwischen den Skalenstufen festgestellt werden.

- *Stichprobenumfang (N):* bezeichnet die Anzahl gültiger Datensätze bzw. Untersuchungseinheiten (Fälle). Je nach Item kann N variieren, abhängig von der Anzahl der Personen, die das jeweilige Item beantwortet haben.
- *Arithmetisches Mittel (M):* Das arithmetische Mittel wird über einzelne Items (Itemmittelwert), über mehrere Items einer Subskala (Subskalenindex/ Index) oder über alle Items einer Skala (Skalenmittelwert/Skalenindex/ Index) berechnet. Dabei werden alle Skalenwerte addiert und durch den Stichprobenumfang geteilt.
- *Standardabweichung (SD):* ist ein Maß für die Streuung einzelner Antworten (Skalenwerte) in der Stichprobe. Je größer die Standardabweichung, desto unterschiedlicher (heterogener) sind die Antworten auf eine Frage.
- *Tendenzielle Zustimmung (TZ):* Dieser Prozentwert fasst bei siebenstufigen Skalen die Anzahl aller Antworten auf den Skalenstufen 5, 6 und 7 zusammen. So ergibt sich ein einfacher Anhaltspunkt für die prozentuale Zustimmung zu einer Aussage. Allerdings muss bei der Interpretation des TZ-Werts berücksichtigt werden, dass er keine Aussage über den Grad der Zustimmung (leichte oder starke) erlaubt. Mittelwert und Standardabweichung sind in der Zusammenschau daher statistisch präziser und bevorzugt zu interpretieren.
- *Tendenzielle Ablehnung (TA):* Der Prozentwert fasst bei siebenstufigen Skalen die Anzahl aller Antworten auf den Stufen 1, 2 und 3 zusammen. Für die Interpretation gilt das gleiche wie für die tendenzielle Zustimmung.
- *Signifikanzniveau (p):* Ein statistisches Ergebnis wird als signifikant bezeichnet, wenn die Wahrscheinlichkeit für ein zufälliges Zustandekommen dieses Ergebnisses kleiner als eine definierte Grenze (Signifikanzniveau) ist. Übliche Grenzwerte sind 5 % (*$p<.05$), 1 % (**$p<.01$) und 0.1 % (***$p<.001$). Bei inferenzstatistischen Verfahren wird das Signifikanzniveau exakt (drei Dezimalstellen) angegeben. In der Ergebnisdarstellung werden ausschließlich Zusammenhänge interpretiert, die signifikant sind. Die Prüfung auf signifikante Mittelwertunterschiede erfolgt durch t-Test, χ^2-Verfahren oder ANOVA-Verfahren (Varianzanalysen). Die entsprechenden Kennzahlen der Verfahren (z. B. T-Wert; F-Wert) werden berichtet. Auf die Angabe von Freiheitsgraden wird zur Vereinfachung der Lesbarkeit verzichtet. Die Signifikanzprüfung erfolgt grundsätzlich zweiseitig.
- *Korrelationskoeffizient (r):* ist ein Kennwert für die Stärke des Zusammenhangs zwischen zwei Items oder Indizes. Der Korrelationskoeffizient kann Werte zwischen -1 und +1 annehmen. Je näher der Wert an 0 liegt, desto geringer ist der Zusammenhang. Bei sozialwissenschaftlichen Untersuchungen gelten bereits Korrelationen größer $r=.30$ bzw. $r=-.30$ als hoch bedeutsam. Ein kausaler Zusammenhang kann aus den Korrelationen nicht abgeleitet werden. Die Koeffizienten werden nach Pearson (zweiseitige Signifikanz) berichtet.
- *Intra-Klassen-Korrelationskoeffizient (ICC):* ist ein Maß zur Bestimmung der Übereinstimmung zwischen mehreren Beurteilern (Inter-Rater-Reliabilität). Der Wertebereich liegt zwischen -1 und +1. Je höher der Wert im positvien Bereich, desto größer ist die Übereinstimmung. Es lassen sich verschiedene Formen des ICC unterscheiden (Shrout/ Fleiss 1979; Wirtz/ Caspar 2002). Hier wird mittels ICC die Güte der Fremdbilder beurteilt.
- *Cronbachs-Alpha (α):* Werden mehrere Items zu einer Skala zusammengefasst und darüber ein Index (Gesamtwert) berechnet, lässt sich mittels Cronbachs-Alpha die interne Konsistenz bzw. Reliabilität (hier vereinfacht: »Einheitlichkeit«) der jeweiligen (Sub-)Skala angeben. Ab $\alpha=.70$ kann eine gute interne Konsistenz der jeweiligen Skala angenommen werden, die ein Weiterrechnen mit dem jeweiligen Index erlaubt.
- *Faktorladung (l_x):* Im Rahmen der Faktorenanalyse, die der Subskalenbildung bzw. Skalierung von Konstrukten dient, geben die Faktorladungen die Korrelation eines Items mit einem Faktor (einer Subskala) an. Man spricht davon, dass Item X auf dem Faktor/ der Subskala Y mit dem Wert l_x »lädt«. Je kürzer die im Modell (Faktorraum) gegebene räumliche Entfernung zwischen Faktor und Variable im Faktorraum, desto höher ist die jeweilige Faktorladung. Vorliegend werden i. d. R. Ladungen von $l_x>.50$ für die Zuordnung eines Items zu einem Faktor/ einer Subskala in Betracht gezogen (meist: $l_x>.70$).
- *Aufgeklärte Varianz (R^2 bzw. korr. R^2 bzw. Pseudo R^2):* Die aufgeklärte Varianz in Prozent gibt an, welchen Teil der Gesamtvarianz, also der Streuung bzw. Abweichung der einzelnen Messwerte vom Mittelwert ein statistisches Verfahren erklärt. Vorliegend wird die aufgeklärte Varianz besonders im Rahmen der Regressionsanalysen und allgemeinen linearen Modelle berichtet. Der Wert $R^2=20\%$ bedeutet z. B. in einer Regressionsrechnung, dass 20 % der Streuung der untersuchten abhängigen Variable durch die unabhängigen Variablen (Faktoren/ Kovariaten) erklärt werden kann. Je größer also die aufgeklärte Varianz, desto aussagekäftiger ist das jeweilige Regressionsmodell bzw. dessen Vorhersagepotenzial. Eine aufgeklärte Varianz von 0 % würde bedeuten, dass die unabhängigen Variablen die abhängige Variable gar nicht prognostizieren können, $R^2=100\%$ würde bedeuten, dass die unabhängigen Variablen die abhängige Variable gänzlich vorhersagen können. Bei manchen Verfahren wird aufgrund von Ungenauigkeiten die korrigierte aufgeklärte Varianz angegeben (korr. R^2). Der Wert wird allerdings in gleicher Weise interpretiert und ist etwas geringer als das korrespondierende R^2. Außerdem wird in inferenzstatistischen Verfahren der Wert Pseudo R^2 nach verschiedenen Berechnungsformeln angegeben. Das Pseudo R^2 nach Cox/ Snell fällt generell schwächer aus als jenes nach Nagelkerke. Beide Kennwerte lassen sich nicht ohne Weiteres als aufgeklärte Varianz im prozentualen Sinne interpretieren.

- *Determinationskoeffizient (η^2):* Bei der Differenzierung eines Mittelwerts nach kategorialen Variablen (z. B. Abiturnote differenziert nach Geschlecht) gibt der Determinationskoeffizient an, welcher Anteil der Gesamtvarianz des Mittelwerts (z. B. Abiturnote) auf die Gruppenunterschiede (z. B. weiblich/ männlich) zurückgeführt werden kann. Je größer der Determinationskoeffizient, desto bedeutsamer ist die kategoriale Variable für die Erklärung der Mittelwertunterschiede. Vorliegend werden Werte von $\eta^2 > .030$ als »substanziell« und $\eta^2 > .070$ als »deterministisch« bezeichnet. Multipliziert man den Determinationskoeffizienten mit 100 ($\eta^2 \cdot 100$), erhält man den prozentualen Anteil, der durch die Gruppenunterschiede aufgeklärten Varianz des Mittelwerts. Der Determinationskoeffizient wird bei der ANOVA-Signifikanzprüfung berichtet.
- *Chi-Quadrat (χ^2):* Der Chi-Quadrat-Wert ist, neben dem Signifikanzniveau, Ergebnis statistischer Signifikanzprüfungen (z. B. Chi-Quadrat-Vierfeldertest in Kreuztabellen). Er ist als Grad der Abweichung der beobachteten Verteilung von der statistischen Unabhängigkeit definiert. Da er direkt vom Stichprobenumfang abhängt, ist er schwer zu interpretieren. Im direkten Vergleich zweier Chi-Quadrat-Werte geht eine höherere Ausprägung i. d. R. auch mit einer größeren Signifikanz einher und weist damit auf eine stärkere Bedeutsamkeit der beschriebenen Unterschiede hin.
- *T-Wert (T):* Der T-Wert ist die Testprüfgröße des t-Tests. Für seine Interpretation gilt Selbiges wie für den Chi-Quadrat-Wert sowie die notwendige Berücksichtigung der Freiheitsgrade. Der t-Test wird vorliegend insbesondere zur Prüfung signifikanter Mittelwertunterschiede zwischen einzelnen Mittelwerten, den beiden Erhebungszeitpunkten oder zwischen Selbst- und Fremdbild herangezogen.
- *F-Wert (F):* Der F-Wert ist die Testprüfgröße des F-Tests. Für seine Interpretation gilt Selbiges wie für den Chi-Quadrat-Wert sowie die notwendige Berücksichtigung der Freiheitsgrade. Der F-Test wird vorliegend insbesondere zur Prüfung signifikanter Unterschiede bei den ANOVA-Verfahren (Varianzanalysen) oder bei der Modellanpassung in Regressionsanalysen und allgemeinen linearen Modellen angewandt.
- *Cramers-Index bzw. Cramers-V (CI):* Die Maßzahl gibt Auskunft über die Stärke des Zusammenhangs zwischen zwei nominalskalierten Variablen, wenn mindestens eine der beiden Variablen mehr als zwei Ausprägungen hat (z. B. in einer Kreuztabelle: zwei Geschlechter und vier Lehrämter).
- *Quotientenverhältnis (odds ratio; Exp(β)):* Das »odds ratio« drückt das Ausmaß aus, in dem die Wahrscheinlichkeit des Auftretens einer bestimmten Ausprägung der abhängigen Variable zu- oder abnimmt, wenn sich die Ausprägung des jeweiligen Prädiktors um eine Skalenstufe erhöht. Der hypothetische Wert Exp(β) = 2.00 könnte etwa bedeuten, dass sich mit einer Erhöhung des »Index Selbstwirksamkeitserwartung« von M = 4.00 auf M = 5.00 die Wahrscheinlichkeit verdoppelt, ein Mann zu sein, während Exp(β) = 0.50 bedeuten würde, dass sich die Wahrscheinlichkeit halbiert. Der Wert Exp(β) = 1.00 meint in diesem frei erfundenen Beispiel, dass die Selbstwirksamkeitserwartung auf die Wahrscheinlichkeit der Zugehörigkeit zum männlichen statt zum weiblichen Geschlecht keinerlei Einfluss hat. Vorliegend wird das Quotientenverhältnis nach Durchführung einer multinominalen oder ordinalen Regressionsrechnung interpretiert, in der die abhängige Variable kategoriale Eigenschaften aufweist.
- *Standardisierter β-Koeffizient (β):* Der standardisierte β-Koeffizient erklärt, um welche Standardabweichungen (Skalenwerte) sich die abhängige Variable ändert, wenn sich die unabhängige Variable um eine Standardabweichung (Skalenwert) erhöht. Anders als zuvor beim Quotientenverhältnis ist der Wert β = 0.00 neutral zu beurteilen, während ein positiver/ negativer Wert einen positiven/ negativen Effekt des Prädiktors auf die abhängige Variable anzeigt. Je stärker der Wert im Positiven oder Negativen von 0.00 abweicht, desto stärker ist der Effekt. Der standardisierte β-Koeffizient wird vorliegend insbesondere im Anschluss an die Durchführung der multiplen linearen Regressionsrechnung und allgemeiner linearer Modelle interpretiert, die die Vorhersagewahrscheinlichkeit einer oder mehrerer metrischer abhängiger Variablen aufgrund von einer oder mehrerer Prädiktorvariablen bestimmen.
- *Pillai-Spur bzw. Hotelling-Spur:* Beide Kennwerte der multivariaten Varianzanalyse werden bei der Durchführung eines allgemeinen linearen Modells zur Bestimmung der Modellanpassung berechnet. Verbindet sich mit den Kennwerten eine möglichst hohe Signifikanz, wird von einer guten Modellanpassung gesprochen und die durch das allgemeine lineare Modell geschätzten Parameter können interpretiert werden. Alle allgemeinen linearen Modelle werden unter der SPSS-Modellvorgabe »Quadratsumme Typ III« berechnet.

Die quantitativen Forschungsanteile richten sich an den drei zentralen sozialwissenschaftlichen Testgütekriterien aus (Bortz/ Döring 2006, S. 195-202). Objektivität (Anwenderunabhängigkeit) beschreibt das Ausmaß, in dem die Testergebnisse vom Testanwender unabhängig sind. Reliabilität (Zuverlässigkeit) ist der Grad an Genauigkeit, mit dem ein Instrument ein bestimmtes Merkmal misst. Validität (Gültigkeit) stellt die Frage danach, inwieweit das jeweils eingesetzte Instrument überhaupt das erfasst, was es zu erfassen vorgibt. Die Reliabilität ist dabei Voraussetzung für Validität. Inwiefern die Ergebnisse einer Studie darüber hinaus dem Gütekriterium der Repräsentativität (Verallgemeinerbarkeit) entsprechen, also von den erhobenen Ergebnissen auf die Grundgesamtheit schließen lassen und damit Verallgemeinerungen zulassen, ist unabhängig vom Erhebungsverfahren im Hinblick auf die Stichprobenauswahl zu diskutieren.

Die *Objektivität* erscheint ohne Weiteres erreichbar, da die Fragebögen z. B. kein Expertenwissen voraussetzen, das das Antwortverhalten intersubjektiv verschieden ausfallen lassen würde. Eine hohe Durchführungsobjektivität wird dadurch gewährleistet, dass die Probanden ohne Zeitdruck und i. d. R. für sich alleine (am Computer) die Fragebögen beantworten. Bei der Online-Erhebung ist zusätzlich die Möglichkeit von Fehlermeldungen, Filterfragen usw. gegeben. Ein Untersuchungsleiter oder Dozent ist bei der Beantwortung nicht anwesend, was Machteinflüsse und Abhängigkeiten ausschließt. Die Testinstruktion erfolgt schriftlich, ist standardisiert und macht einen Testleiter überflüssig. Weiterhin wird auch eine hohe Auswertungsobjektivität gewährleistet, da kein Rating von Antworten notwendig wurde, das Verzerrungen zulassen würde. Dies liegt insbesondere an der starken Standardisierung der Fragebogenitems bzw. Antwortformate (z. B. durch Likert-Skalen oder Multiple-Choice-Auswahlen). Eine Interpretationsobjektivität soll schließlich dadurch gewährleistet werden, dass nur Deutungen vorgenommen werden, die das Datenmaterial zulassen bzw. nicht überbelasten. Dazu wird, wo möglich, ein Vergleich der Daten mit repräsentativen Normwerten oder Ergebnissen aus anderen Studien vorgenommen, die mit gleichen oder vergleichbaren Instrumenten arbeiten. Interpretationsobjektivität wird aber immer auch von der hermeneutischen Sorgfalt im Umgang mit den Daten abhängen und daher niemals vollständig erreicht werden können.

Zur Überprüfung der *Reliabilität* werden drei Wege beschritten. Für die sich als faktorenanalytisch bewährenden Skalen und Subskalen wird die interne Konsistenz (Cronbachs-Alpha) berechnet und berichtet. Darüber hinaus bietet der längsschnittliche Vergleich die Möglichkeit, Anhaltspunkte für eine Retest-Reliabilität zu gewinnen. Schließlich verweist ggf. auch der Abgleich der Daten mit Vergleichswerten (z. B. Übereinstimmungen mit lehramtsspezifischen Eichstichproben; vgl. 4.1.1, S. 266) auf Reliabilität. Zu Lasten der Reliabilität geht allerdings die breite Untersuchungsanlage. Durch die notwendige Kürzung vieler Skalen sinkt mit der Itemzahl auch die interne Konsistenz. Das Auswahlkriterium möglichst trennscharfer Items führt zwar zu einer semantisch möglichst breiten Abbildung der zugrunde liegenden Konstrukte und befördert damit die Validität, ist zugleich aber Grund für eine in manchen Skalen vergleichsweise geringe interne Konsistenz. In solchen Fällen erscheint eine Subskalenbildung teils nur unter Verweis auf die Originalskalen legitim.

Absolute *Validität* von Daten kann letztlich nicht erreicht werden. Allerdings wird ein möglichst hoher Grad an Validität auf zweierlei Weise sichergestellt. Externe Validität wird durch die Aufnahme zahlreicher etablierter Inventare und Instrumente aus der psychologischen Forschung und Lehrerbildungsforschung gewährleistet. Dort, wo eigens konstruierte Skalen zum Einsatz kommen, ist eine Überprüfung der Ergebnisse aufgrund der Befunde vergleichbarer Studien (bislang) nicht möglich. Interne Validität soll dadurch sichergestellt werden, dass neben quantitativen Daten auch die qualitativen Daten (zumindest exemplarisch) Hinweise darauf geben, ob die vorgenommenen Interpretationen der quantitativen Ergebnisse angemessen und plausibel sind. Durch die Zusammenführung beider Daten- bzw. Erkenntnisquellen können Alternativerklärungen für die Befunde zwar nicht ausgeschlossen, wohl aber reduziert werden.

Unabhängig von den Gütekriterien muss die zwar wünschenswerte, aber – wie in der Lehrerbildungsforschung üblich – nicht realisierte *Repräsentativität* des Datensatzes angesprochen werden, die keine Verallgemeinerung der Ergebnisse auf die Grundgesamtheit zulässt. Dies liegt am beschriebenen Rekrutierungsprozess, in dem aus Datenschutzgründen keine Liste aller Lehramtsstudierenden erstellt werden konnte, die im Wintersemester 2007/2008 (Startkohorte) ihr Lehramtsstudium in Baden-Württemberg aufgenommen haben. Folglich konnte weder eine begründete Stichprobenauswahl aufgrund von Schichtungsmerkmalen erfolgen, noch auf Basis der Gesamtheit eine Zufallsstichprobe gezogen werden. Es war daher nur anzustreben, möglichst viele Studierende zur Teilnahme an der Studie zu bewegen – und dies mit der Folge anzunehmender Positivselektion. Allerdings scheint im gebotenen Forschungskontext auch eine hypothetische Zwangsverpflichtung zur Teilnahme (etwa als Voraussetzung zur Einschreibung) ein kaum gangbarer Weg. Hier wäre mit wenig validen Antworten der »unfreiwillig« Teilnehmenden zu rechnen. Gleichwohl kann dort, wo sich höchst unterschiedliche Befunde zwischen Gruppen zeigen, mit einigem Recht angenommen werden, dass sich diese Unterschiede so auch in einem repräsentativen Sample zeigen würden.

Vor der Herausforderung mangelnder Repräsentativität stehen gegenwärtig fast alle Studien in der Lehrerbildungsforschung. Deshalb gilt es genau zu klären, wo Einschränkungen der Repräsentativität besonders problematisch sind. Dies ist in querschnittlichen Analysen stärker der Fall als im Längsschnitt, da zwischen zwei oder mehreren Erhebungszeitpunkten nur personenbezogen Daten verglichen werden (relative Vergleiche), während im Querschnitt häufig der Fokus auf dem Vergleich verschiedener Gruppen von Probanden liegt (absolute Vergleiche). Während etwa der Mittelwertvergleich zwischen Studierenden verschiedener Lehrämter voraussetzt, dass die Befragten aller Gruppen in ähnlich positiver Weise selektiert wurden, ist diese Problematik für die Darstellung einer längsschnittlichen Entwicklung von gleichen Personen unbedeutend. Ebenfalls unanfälliger für Verzerrungen in der Stichprobe sind relative Vergleiche, die Zusammenhänge zwischen Variablen abbilden (z. B. korrelative Verfahren oder Regressionsrechnungen). Um genau zu prüfen, welche Verfahren an welcher Stelle legitim erscheinen, wird die Stichprobe später genau analysiert (vgl. 2.2, S. 142).

In der sozialwissenschaftlichen Methodenliteratur wird zunehmend das Problem *fehlender Daten* (»missing data«) diskutiert (zusammenfassend: Lüdtke u. a. 2007). Einzelne Angaben fehlen, weil Probanden diese verweigern, weil sie nicht eindeutig oder ungültig sind oder weil in Längsschnittstudien einzelne Probanden an bestimmten Erhebungswellen oder zu unterschiedlichen Zeitpunkten unterschiedliche Items nicht beantworten. Dies führt nicht nur zu einer sinkenden Stichprobengröße und damit zu einer geringeren Güte und Effizienz bei statistischen Berechnungen, sondern birgt auch die Gefahr von Verzerrungen (Graham u. a. 2003). Die klassischen Verfahren, auf fehlende Werte zu reagieren (fallweiser/listenweiser Ausschluss, paarweiser Ausschluss und Gewichtung) geraten zunehmend in die Kritik. Einfache Imputationsverfahren, in denen die fehlenden Werte etwa durch Itemmittelwerte ersetzt werden, führen ebenfalls zu unerwünschten Verzerrungen. Empfohlen werden in der Forschungsliteratur hingegen Verfahren wie die multiple Imputation oder, in Spezialfällen, auch modellbasierte Verfahren (Lüdtke u. a. 2007, S. 106). Von einer multiplen Imputation wird aufgrund des komplexen und aufwendigen Verfahrens Abstand genommen, zumal sich durch die längsschnittliche Anlage der Arbeit bei gleichzeitiger Berücksichtigung verschiedener Datenquellen der Aufwand stark erhöhen würde. Das wünschenswerte Verfahren kann aus ökonomischen Gründen nicht realisiert werden, soll aber in späteren Erhebungswellen Berücksichtigung finden. Sattdessen wird mit dem fallweisen Ausschluss gearbeitet. Dies erscheint dadurch gerechtfertigt, dass die Ausfälle meist deutlich weniger als 5 % ausmachen; bei solch wenigen »missings« gilt die fallweise Löschung als durchaus praktikabel (Lüdtke u. a. 2007, S. 107). Außerdem wird unterstellt, dass fehlende Werte nicht nach einem bestimmten Ausfallmuster entstanden, wohl aber auch nicht gänzlich zufällig sind (»missing not at random«). Dies bedeutet, dass mit keinen elementaren Verzerrungen durch fehlende Werte zu rechnen ist, wenngleich dieser Nachweis nicht statistisch erbracht werden kann.

Problematischer erscheinen Ausfälle, die sich längsschnittlich ergeben. Wenn Proband A nur zu t_1 und Proband B nur zu t_2 ein bestimmtes Item nicht beantworten, führt das bei längsschnittlichen Vergleichen zu einer zwingenden Nichtberücksichtigung beider Fälle in der jeweiligen Analyse. Außerdem ergeben sich fehlende Daten aufgrund der Irrelevanz einzelner Skalen für bestimmte Gruppen in der Stichprobe (so haben etwa Gymnasialstudierende zu t_2 noch kein Praktikum absolviert und antworten daher nicht auf entsprechende Items). Dies führt etwa bei Regressionsrechnungen über beide Erhebungszeitpunkte hinweg dazu, dass sich bei der Berücksichtigung solcher Variablen die Zahl gültiger Fälle auf Studierende reduziert, die bereits ein Praktikum absolviert haben, womit GY-Studierende auch hinsichtlich anderer Variabeln aus der Berechnung ausgeschlossen werden. Es ist eine individuelle Abwägung bei der jeweiligen Konstruktion der Rechenmodelle erforderlich. Der Ausschluss ganzer Gruppen aus den Berechnungen erscheint gerade dann legitim, wenn der Erkenntnisgewinn auf generelle und lehramtsunabhängige Tendenzen abzielt. Eine testweise durchgeführte Imputation durch den Mittelwert führte in Regressionsrechnungen zu vergleichbaren Ergebnissen – aufgrund der Manipulation schränkt sich allerdings die aufgeklärte Varianz der Modelle ein, weshalb ein fallweiser Ausschluss bevorzugt wurde. Es wird dennoch deutlich, dass dem Problem der fehlenden Werte bei der Interpretation (zumindest implizit) besondere Beachtung geschenkt werden muss.

Erhebungs- und Auswertungsverfahren der qualitativen Daten (Interviews)

Die Gespräche mit den Lehramtsstudierenden wurden nach der leicht modifizierten Methode des »themenzentrierten Interviews« durchgeführt (Schorn 2000; Flick 2010; Lamnek 2010). Die Methode ist als Weiterentwicklung des Verfahrens der »themenzentrierten Gruppendiskussion« zu verstehen (Leithäuser/ Vollmerg 1979; 1988) und weist eine Nähe zur Methode des »problemzentrierten Interviews« auf (Witzel 1989). Während das problemzentrierte Interview allerdings ausschließlich die Analyse subjektiver Sinnbezüge vorbereitet, nimmt das themenzentrierte Interview auch eher ein auf Nachfrage abweisendes kommunikatives Verhalten gegenüber bestimmten Themen mit auf. Folglich spielt das Beziehungsgeschehen im Interview für dessen Verlauf eine wahrzunehmende Rolle (Schorn 2000; Tietel 2000).

Die Interviewpartner erhalten Gelegenheit, ihre spezifische Sichtweise der angesprochenen Themen weitgehend narrativ zu entfalten (Schorn 2000). Es wird auf eine offene Gesprächssituation geachtet. Am Beginn steht die Einführung in den Kontext der Studie und die Forschungsfrage, in dessen Rahmen das Interview durchgeführt wird. Dauer und Ablauf der Interviews werden vereinbart. Es folgt die Einladung an die Gesprächspartner, alles aus ihrer Sicht Relevante zum angesprochenen Thema zu äußern. Da vorliegend aber entlang der inhaltlichen Bereiche des Fragebogens mehrere Themen angesprochen werden sollten, wurde an dieser Stelle ein Element des problemzentrierten Interviews aufgegriffen, nachdem ein Leitfaden mit verschiedenen Fragen bzw. Themen zwar implizit vorhanden ist, der Interviewer aber flexibel mit diesen umgeht und die Fragen jeweils dann einbringt, wenn es im Gesprächsverlauf sinnvoll erscheint. Auf diese Weise wird bei der Auswertung eine themenspezifische Zusammenführung des qualitativen und quantitativen Datenmaterials möglich. Die einzelnen Impulse und Fragen werden, wo sinnvoll, im Zuge der Datenauswertung berichtet.

Da das qualitative Datenmaterial allerdings weitgehend ergänzenden und vertiefenden Charakter hat, die bedeutungstragende Argumentation aber vornehmlich auf Grundlage der quantitativen Daten erfolgt, wurde in der Auswertungsstrategie der Interviews vom themenzentrierten Verfahren abgewichen. Überlicherweise wird dort eine tiefenhermeneutische Textinterpretation vorgenommen, die eine möglichst wortgetreue Transkription voraussetzt. Es werden dort auch paraverbale Zeichen (z. B. »äh«, »hmm«), emotionale Kommentierungen (z. B. »Interviewter lacht heftig«) oder die Kodierung von Pausen mit berücksichtigt (Schorn 2000). Angesicht der Funktion der Interviews in der Studie und aus forschungsökonomischen Gesichtspunkten wurde von einer aufwendigen Kodierung und rekonstruktiven Interpretation Abstand genommen. Stattdessen wurden die Gespräche zwar vollständig, zugleich aber in einer Weise transkribiert, wie es für die qualitative Inhaltsanalyse vorgeschlagen wird (Mayring 2010). Dabei beschränkt sich das Transkript auf das gesprochene Wort; bereits im Transkriptionsprozess wird eine moderate Glättung von Dialekt, Satzbaufehlern usw. vorgenommen. Der so entstehende Text erlaubt eine flüssige Wahrnehmung der Gesprächsinhalte, die alleiniger Gegenstand der Auswertung sind.

Im Rahmen der Datenauswertung werden exemplarisch ausgewählte Gesprächssequenzen entlang der abgehandelten Themenbereiche zitiert. Die einzelnen Interviewausschnitte beanspruchen dabei keineswegs die Meinung aller oder einer Vielzahl an Studierender wiederzuspiegeln. Sie dienen lediglich der Veranschaulichung des quantitativen Datenmaterials, sind Hilfe bei der Interpretation der statistischen Daten oder ergänzen den Argumentationsgang um Aspekte, die aufgrund der Fragebogendaten nicht abgebildet werden konnten. Das qualitative Material dient außerdem der Validierung der Fragebogendaten. Es gilt bei der Lektüre grundsätzlich, den Einzelfallcharakter der zitierten Interviewausschnitte zu berücksichtigen, wenngleich der Argumentationsgang dies zuweilen verschleiern mag. Umfang und Auswahlkriterien der Gesprächspartner werden später berichtet (vgl. 2.2.4, S. 150). Aufgrund der Fülle des Datenmaterials muss eine Begrenzung der Analysen auf die zentralen Fragestellungen und Grundannahmen hin erfolgen (vgl. 2.1.1, S. 115). Die inhaltlichen und methodischen Entscheidungen orientieren sich im Detail am jeweiligen Forschungsstand und den Zielsetzungen der Teilkapitel der Arbeit.

2.1.4 Hinweise für die Lektüre

Um eine eindeutige Zuordnung der Berechnungen und Kennwerte zu den zugrunde liegenden quantitativen Variablen sowie eine größtmögliche Übersichtlichkeit zu gewährleisten, wurde jede Variable mit einem Code aus drei Buchstaben versehen. Der Skala bzw. dem Skalenindex zur »geografischen Mobilität« wurde z. B. der Code »GMO« zugewiesen. Wird dem Code ohne Leerzeichen die Ziffer »2« nachgestellt, wird damit ausgedrückt, dass die jeweilige

Variable zum zweiten Erhebungszeitpunkt (t_2) erfasst wurde (GMO = geografische Mobilität zu t_1; GMO2 = geografische Mobilität zu t_2). Soll auf ein bestimmtes Item einer Skala verwiesen werden, wird dem Kürzel durch Unterstrich getrennt die fortlaufende Nummer des Items angehängt (»GMO2_1« beschreibt das erste Item aus der zum zweiten Erhebungszeitpunkt eingesetzten Skala zur geografischen Mobilität). Eine Übersicht über alle vergebenen Codes und die zugehörigen Variablen sowie ein Hinweis auf die Seiten, auf denen die jeweilige Variable eingeführt wird, findet sich in der Variablenübersicht am Ende der Arbeit (S. 573).

Des Weiteren wird häufig mit Abkürzungen für die Bezeichnung bestimmter Ausprägungen von kategorialen (nominalen/ordinalen) Variablen gearbeitet, die in Tabellen und Grafiken, aber auch im Fließtext Anwendung finden. Zur Unterscheidung der Variablen selbst, umfassen die Ausprägungen nur einen oder zwei Buchstaben (z. B. w = weiblich; PH = Pädagogische Hochschule). Eine Übersicht über verwendete Abkürzungen dieser Art findet sich im Abkürzungsverzeichnis (S. 572).

Wörtliche Zitate aus den Interviews werden durch Absatz vom Haupttext getrennt in *kursiver Schrift* und kleinerer Schrifttype dargestellt. Alle Zitate sind fortlaufend nummeriert, z. B. beginnt das 124. Zitat mit der Bezeichnung *»(124)«*. Im Text werden Querverweise auf einzelne Zitate unter Nennung dieser in Klammern stehenden Nummer kenntlich gemacht. Am Ende der Zitate steht in eckigen Klammern ein Code, z. B. »*[N2-W22GY]*«. Dieser Code beinhaltet Grundinformationen zu der interviewten Person, die der besseren Einschätzung der jeweiligen Äußerungen dienen. Der erste Buchstabe (*»N«*) wird fortlaufend vergeben und identifiziert jeden Interviewpartner eindeutig. So ist es etwa möglich, zwei Äußerungen, die von derselben Person stammen, zu erkennen. Die nachfolgende einstellige Ziffer (*»2«*) codiert den Erhebungszeitpunkt ($1 = t_1$; $2 = t_2$). Nach dem trennenden Bindestrich folgt ein Buchstabe (*»W«*), der das Geschlecht der befragten Person betrifft (W = weiblich; M = männlich). Die nächste Ziffer (*»22«*) gibt das Alter der befragten Person an und die nachfolgenden beiden Buchstaben (*»GY«*) schließlich das studierte Lehramt (*GH* = Grund-/Hauptschule; *RS* = Realschule; *GY* = Gymnasium; *SP* = Sonderpädagogik). Zusammenfassend stammt das im Beispiel codierte Zitat mit der Person »N« also aus der zweiten Erhebungswelle und von einer weiblichen, 22 Jahre alten Studierenden des Gymnasiallehramts. Falls in den Zitaten Namen vorkommen, wurden diese der Anonymität wegen, unter Berücksichtigung des Geschlechts, durch beliebige andere Namen ersetzt. Angaben von Orten oder Hochschulen wurden durch Platzhalter wie »x« oder »y« ersetzt. Gleiche Platzhalter weisen nur innerhalb eines Zitats auf gleiche ersetzte Wörter hin (z. B. »Ich wurde in X geboren und studiere jetzt auch in X«).

Im Nachfolgenden wird keine kapitelweise Trennung der Datendarstellung einerseits und der Interpretation der Daten andererseits vorgenommen. Eine solche Trennung ist in der sozialwissenschaftlichen Forschungsliteratur (insbesondere in Fachzeitschriften) zwar gängig, würde hier aufgrund der Fülle an Daten und Ergebnissen aber kaum zu einem flüssig lesbaren Text führen. Angesichts des Umfangs des Textes werden Ergebnisdarstellung und erläuternde Interpretation Hand in Hand gehen. Die Interpretationen gehen dabei nur so weit, wie es die empirische Datenbasis erlaubt. Trotz des Bemühens um eine möglichst objektive Kommentierung der Daten kann eine Interpretation nie ganz »neutral« erfolgen. Die Interpretationen laden daher auch zur kritischen Diskussion ein.

Querverweise innerhalb des Textes werden durch den Hinweis auf einen Vergleich und unter Nennung der Kapitelnummer und/oder Seitenzahl vorgenommen, (z. B. »vgl. 2.1.3, S. 128«). Seitenzahlen beziehen sich immer auf die erste Seite, auf die verwiesen wird. Ihr können weitere relevante Seiten folgen, meist das ganze jeweilige Teilkapitel. Der häufig übliche Hinweis auf eine einzelne Folgeseite (»S. 80f.«) oder folgende Seiten (»S. 80ff.«) entfällt daher.

Die empirischen Kapitel 3, 4 und 5 sowie das Schlusskapitel 6 sind so konzipiert, dass sie jeweils für sich gelesen werden können. Eilige Leser können sich mit der Lektüre des Schlusskapitels einen Überblick über zentrale Ergebnisse der Studie verschaffen. Die empirischen Kapitel können dann auch je nach Interesse an bestimmten Themenbereichen auszugsweise und vertiefend gelesen werden. Querverweise im Schlusskapitel helfen, die korrespondierenden Textstellen aufzufinden.

2.2 Stichproben

Ausgangspunkt für die Beschreibung der generierten Stichproben ist die Annahme, die Grundgesamtheit der Studie seien alle Studierenden, die im Wintersemester 2007/2008 ein Lehramtsstudium an den einbezogenen Hochschulen aufgenommen haben. Die entsprechenden Rekrutierungsmaßnahmen waren so angelegt, dass alle betroffenen Studierenden die Gelegenheit hatten, vom Aufruf zur Studienteilnahme zu erfahren (vgl. 2.1.2, S. 116). Insgesamt wurden in die vorliegende Endauswertung 1656 Fragebögen (Datensätze) einbezogen. Zu t_1 wurden 1013 Fragebögen für die Datenanalyse aufbereitet (510 Selbstbilder Lehramt; 424 Fremdbilder Lehramt; 79 Selbstbilder Zahnmedizin). In der zweiten Erhebung konnten 643 Datensätze generiert werden, darunter 415 Selbstbilder Lehramt, 164 Fremdbilder Lehramt und 42 Selbstbilder Zahnmedizin. Von 22 Studierenden, die ihr Studium zwischen t_1 und t_2 abgebrochen haben, liegen Datensätze zu den Motiven ihres Studienabbruchs vor (21 Lehramt, einer Zahnmedizin). Weiterhin wurden 32 Interviews mit Lehramtsstudierenden geführt, transkribiert und codiert (je 16 aus der ersten und zweiten Erhebungswelle).

2.2.1 Selbstbilder Lehramt

Die Selbstbild-Daten für das Lehramt wurden unter Studierenden der Grund-/Haupt-, Real-, und Sonderschullehrämter sowie des Gymnasiallehramts in Baden-Württemberg an acht Hochschulstandorten (alle sechs Pädagogischen Hochschulen sowie die Universitäten Heidelberg und Tübingen) erhoben, die im Wintersemester 2007/2008 ihr Lehramtsstudium aufgenommen haben. Aus der ersten Erhebungswelle der Studie liegt insgesamt ein Datensatz mit 546 vollständigen Fällen (komplett ausgefüllte Fragebögen) vor. Elf Studierende sind im Studiengang Ev. Theologie (kirchliches Examen bzw. Diplom) eingeschrieben und können daher nicht als Lehramtsstudierende ausgewertet werden. Weitere 25 Befragte studieren im zweiten oder höheren Semester eines Lehramtsstudiengangs. Da die vorliegende Studie zu t_1 aber ausschließlich auf Erstsemester zielt, scheiden auch diese Fälle für die Datenanalyse aus. Die übrigen Fragebögen haben eine Plausibilitätsprüfung erfolgreich bestanden, sodass eine Ausgangsstichprobe (t_1) von $N = 510$ vorliegt. Die Beteiligungsquote liegt gemessen an allen Erstsemestern, die an den 8 Hochschulen ein Lehramtsstudium begonnen haben, bei 11.9 % (Grundgesamtheit laut Studierendenstatistik: $N = 4277$). Die Studie kann damit keine Repräsentativität für Baden-Württemberg beanspruchen. Diese Einschränkung muss neben der geringen Beteiligungsquote bereits aufgrund einer anzunehmenden Positivselektion der Stichprobe durch das Rekrutierungsverfahren und einer nicht realisierbaren Zufallsauswahl gelten (vgl. 2.1.3, S. 128). Dennoch kann der Datenumfang, gemessen an den üblichen Stichprobenumfängen und den oftmals auf einen einzelnen Standort beschränkten Erhebungen in der Lehrerbildungsforschung als weitreichend gelten. Tabelle 3 beschreibt die Ausgangsstichprobe (t_1) und die Stichprobe der Folgeerhebung (t_2) detailliert.

Zu t_2 konnten 415 der 510 zu t_1 befragen Lehramtsstudierenden wieder erreicht werden. Die absolute Quote der Dropouts liegt bei 18.6 %. Diese relativ geringe Ausfallquote ist wahrscheinlich durch die besonderen Rekrutierungsmaßnahmen und die Pflege der Stichprobe bedingt (vgl. 2.1.2, S. 116). Außerdem ist hinsichtlich der Ausfälle zu berücksichtigen, dass auch die Grundgesamtheit zu t_2 aufgrund von Exmatrikulationen kleiner geworden ist. Leider kann die Anzahl der Studienabbrecher weder auf Grundlage der Studierendenstatistik (hier liegen keine entsprechenden personenbezogenen Angaben vor) noch aufgrund der eigenen Daten (nicht alle Non-Responder konnten erreicht werden) bestimmt werden. Wird berücksichtigt, dass von den 95 Non-Respondern bereits 21 Personen einen Studienabbruch-Bogen ausgefüllt haben, liegt der tatsächlich erreichbare Stichprobenumfang zu t_2 bei 489 oder weniger Personen. Berücksichtigt man diesen »natürlichen« Schwund beim Rücklauf, liegt der relativierte Verlust von Teilnehmenden an der Studie von t_1 nach t_2 bei weniger als 15.1 %.

Tabelle 3: Stichprobenverteilung Selbstbilder Lehramt (t_1/t_2)

		FR	HD	KA	LB	SG	WG	HB	TÜ	EX	GH	RS	GY	SP	MA	ET	KT	w	m	LA
	n	29	118	60	44	57	47	47	108	–	206	95	155	54	176	110	61	425	85	510
t_1	N	594	544	602	571	351	372	579	664	–	2027	698	1248	309	1543	649	541	3258	1019	4277
	Q	4.9	21.7	10.0	7.7	16.2	12.6	8.1	16.3	–	10.2	13.6	12.4	17.5	11.4	16.9	11.3	13.0	8.3	11.9
t_2	n	21	90	51	44	43	38	35	83	10	164	78	126	47	143	90	57	353	62	415
	Q	3.5	16.5	8.5	7.7	12.3	10.2	6.0	12.5	–	8.1	11.2	10.1	15.2	9.3	13.8	10.5	10.8	6.1	9.7
D_n		27.6	23.7	15.0	0.0	24.6	19.1	25.5	23.2	–	20.4	17.9	18.8	13.0	18.6	18.2	5.0	16.9	27.1	18.6

Abkürzungen: n = Stichprobenumfang; N = Grundgesamtheit; Q = Beteiligungsquote (n/N in %); D_n = Dropout-Quote ($100 - n_{t2}/n_{t1}$ in %); EX = »externe« Hochschulen, die erst durch Hochschulwechsel von t_1 zu t_2 in der Stichprobe vertreten sind, an der ursprünglich aber keine Studierenden rekrutiert wurden. *Anmerkung:* Die Quoten beruhen auf absoluten Zahlen, nicht auf fallweisen Vergleichen zwischen Erhebungszeitpunkten. Eine Person, die z. B. vom GY-Studiengang (t_1) in den SP-Studiengang (t_2) gewechselt hat, wird zum jeweiligen Zeitpunkt in verschiedenen Lehramts-Kategorien erfasst. Bei längsschnittlichen Vergleichen ist das zu t_2 belegte Lehramt für die kategoriale Zuordnung ausschlaggebend.

Weiterhin gilt es zu prüfen, ob die zu verzeichnenden Ausfälle in einem zufälligen Zusammenhang mit den wesentlichen Differenzierungsmerkmalen stehen, oder ob diese in ungleicher Weise betroffen sind. Leider gehen aus den Studierendenstatistiken der Hochschulen keine personenbezogenen Zahlen hervor, so dass es durch Zu- und Abgänge unmöglich ist, für t_2 eine mit N_{t1} vergleichbare Grundgesamtheit N_{t2} zu berechnen. Als Grundgesamtheit für t_2 wird daher die zu t_1 erreichte Stichprobe gesetzt. Der Vergleich der nach Standort, Lehramt, Fach und Geschlecht differenzierten Dropout-Quoten (D_n) macht deutlich, dass die Ausfälle weitgehend gleichmäßig und nicht systematisch erfolgen. Vergleiche zwischen t_1 und t_2, die nach Standort, Lehramt, Geschlecht oder Fach differenzieren, erscheinen hinsichtlich der Ausfälle im Längsschnitt legitim. Ob querschnittliche und längsschnittliche Differenzierungen nach den genannten unabhängigen Variablen gerechtfertigt sind, entscheidet sich weiterhin dadurch, ob die einzelnen Merkmale (z. B. Lehrämter) in der Stichprobe in ähnlichen Verhältnissen repräsentiert sind wie in der Grundgesamtheit. Dies wird nun überprüft.

Stichprobenverteilung nach Hochschulen/Standorten

Der Anteil befragter Studierender an der jeweiligen Grundgesamtheit variiert zwischen den Hochschulen erheblich und liegt zu t_1 zwischen 4.9 % (FR) und 21.7 % (HD), zu t_2 zwischen 3.5 % (FR) und 16.5 % (HD) (vgl. Tabelle 3). Während an der PH Heidelberg ein gutes Fünftel aller Erstsemester befragt wurde und von einer akzeptablen Repräsentanz ausgegangen werden kann, wird von jedem zwanzigsten Studierenden, der in Freiburg befragt wurde, kaum auf alle dortigen Studienanfänger zu schließen sein. Dieses Ungleichverhältnis wirft die Frage auf, warum an den Hochschulen eine unterschiedliche Zahl an Studierenden zur Teilnahme bewegt werden konnte. Die Gründe hierfür liegen vermutlich in den örtlich verschiedenen Möglichkeiten bei der Rekrutierung der Teilstichproben (vgl. 2.1.2, S. 116). In jedem Fall ist ein Vergleich der Hochschulen nicht möglich, weil die Teilstichproben an Standorten mit prozentual weniger Befragten vermutlich auch stärker positiv selektiert sind. Mittelwertvergleiche könnten daher zu signifikanten Unterschieden führen, welche durch die selektive Auswahl der Befragten, nicht aber durch tatsächliche Unterschiede der Klientel an verschiedenen Hochschulen entstehen. Da die Probanden nicht zufällig ausgewählt wurden, können die unterschiedlichen Teilnahmequoten an den Standorten auch nicht durch eine nachträgliche Gewichtung ausgeglichen werden. Dies würde eine zusätzliche Verzerrung bedeuten.

Tabelle 4: Stichprobenverteilung Lehrämter nach Hochschulen/Standorten (t_1)

	GH			RS			GY			SP			LA		
	N	n	Q	N	n	Q	N	n	Q	N	n	Q	N	n	Q
FR	448	26	5.8	146	3	2.1	–	–	–	–	–	–	594	29	4.9
HD	295	56	19.0	101	26	25.7	–	–	–	148	36	24.3	544	118	21.7
KA	435	36	8.3	167	24	14.4	–	–	–	–	–	–	602	60	10.0
LB	309	20	6.5	101	6	5.9	–	–	–	161	18	11.2	571	44	7.7
SG	263	40	15.2	88	17	19.3	–	–	–	–	–	–	351	57	16.2
WG	277	28	10.1	95	19	20.0	–	–	–	–	–	–	372	47	12.6
HB	–	–	–	–	–	–	579	47	8.1	–	–	–	579	47	8.1
TÜ	–	–	–	–	–	–	669	108	16.1	–	–	–	664	108	16.3
LA	2027	206	10.2	698	95	13.6	1248	155	12.4	309	54	17.5	4277	510	11.9

Abkürzungen: N = Grundgesamtheit; n = Stichprobenumfang; Q = Beteiligungsquote (n÷N in %).

Außerdem ist anzunehmen, dass Hochschulvergleiche in hohem Maße von lehramtsspezifischen Einflüssen abhängen würden, weil die Studierendengruppen verschiedener Lehrämter sowohl in der Grundgesamtheit, als auch in der Stichprobe erheblich verschiedene Ausmaße einnehmen (vgl. Tabelle 4). Möglich wären demnach – wenn überhaupt – nur Standortvergleiche, die zusätzlich nach Lehramt differenzieren, also etwa ein Vergleich zwischen den GY-Studierenden der beiden Universitäten; bereits der Vergleich der GH-Studierenden an den verschiedenen Pädagogischen Hochschulen scheitert aber an zu geringen Fallzahlen. Im Längsschnitt bestätigen sich diese systematischen Ausfälle. Die teils erhebliche Varianz zwischen den Dropout-Quoten beruhen allerdings auf Hochschulwechseln, die sich von t_1 nach t_2 ergeben haben (vgl. Tabelle 3). Dass die Studie auf acht Institutionen zugreifen kann, ist daher hinsichtlich einer wünschenswert breiten Streuung und Grundgesamtheit zwar begrüßenswert und räumt auch den Einwand aus, die Daten seien Spiegelbild der Klientel ausschließlich einer Hochschule oder eines Studienortes, kann den mittelfristig notwendigen direkten Vergleich von Lehrerbildungsinstitutionen aber nicht ersetzen.

Stichprobenverteilung nach Lehramt

Dank genauer Kenntnis der Verteilung der Studierenden auf die Lehrämter in der Grundgesamtheit (vgl. Tabelle 3) kann geprüft werden, ob lehramtsspezifische Vergleiche in der vorliegenden Studie zulässig sind. Es fällt auf, dass die Beteiligungsquoten (t_1) von Studierenden der Lehrämter Grund-/Hauptschule (10.2 %), Realschule (13.6 %) und Gymnasium (12.4 %) nur geringfügig variieren. Am ehesten ließen sich prozentual gesehen die Sonderpädagogik-Studierenden für eine Teilnahme an der Studie gewinnen (17.5 % der SP-Grundgesamtheit). Aufgrund der geringen Differenz der lehramtsspezifischen Rücklaufquoten in den Teilstichproben (max. 7.2 % zwischen GH und SP zu t_1 und 7.1 % zu t_2) erscheinen die Grundgesamtheiten durch die Teilstichproben in ähnlicher Weise repräsentiert. Daher kann signifikanten Mittelwertsdifferenzen nach Lehramt unterstellt werden, dass diese auf empirische Unterschiede zurückzuführen sind und nicht auf Verzerrungen innerhalb der Stichprobe beruhen, denn bei vergleichbaren Rücklaufquoten der Teilstichproben muss auch angenommen werden, dass die positive Selektion durch teilnahmebereite Studierende in den Lehrämtern in ähnlicher Weise stattgefunden hat. Die Dropout-Quoten zeigen die aufgrund der t_1-Verteilungsverhältnisse zu erwartenden Ausfälle, die nicht in systematischer Weise lehramtsspezifisch sind. Im SP-Lehramt zeigt sich ein etwas größerer Rücklauf, was durch Lehramtswechsel zu erklären ist, die sich während der ersten drei Semester ergeben haben (vgl. Tabelle 3, S. 143). Werden solche Wechsel bei der Berechnung der Dropouts ausgeblendet und erfolgt diese ausschließlich im Blick auf Personen, die zu t_1 ein bestimmtes Lehramt studierten und zu t_2 noch in der Stichprobe vorhanden sind, ergibt sich ein äußerst homogenes Verteilungsbild: (GH: 18.9 %; RS: 18.9 %; GY: 18.1 %; SP: 18.5 %). Die Varianz zwischen den Dropouts ist daher ausschließlich auf die Studiengangswechsel zurückzuführen. Das Lehramt kommt als wesentliches Differenzierungsmerkmal in Betracht.

Stichprobenverteilung nach Hochschultypus

In der Stichprobe sind zwei verschiedene Hochschultypen, Pädagogische Hochschule (PH) und Universität (UN) vertreten. Sie unterscheiden sich hinsichtlich ihrer organisatorischen und institutionellen Rahmenbedingungen (vgl. 1.2.3, S. 74), was einen empirischen Vergleich nahe legt. Eine Differenzierung nach Hochschultypus ist nicht, wie zunächst zu vermuten, eine Form des sich als unmöglich erweisenden Hochschulvergleichs (s. o.), sondern vielmehr ein Sonderfall des Lehramtsvergleichs, denn die Befragten an den Universitäten sind gleichzusetzten mit den GY-Studierenden, die Gruppe der PH-Studierenden ist ein Verbund aus GH-, RS- und SP-Studierenden. Verglichen werden hier also letztlich die Daten der GY-Befragten mit einem Indexwert der Daten aus den drei PH-Lehrämtern. Da sich Lehramtsvergleiche als akzeptabel herausgestellt haben, erweist sich auch eine Differenzierung nach Hochschultyp als legitim. Im Mittel liegt der Rücklauf aus PH-Lehrämtern zu t_1 bei 13.8 %, unter den Uni-Studierenden bei 12.1 % und ist damit vergleichbar. Für die t_2-Stichprobe gilt dies in verstärkter Weise (Rücklauf PH: 9.5 %; UN: 10.2 %). Eine nachträgliche Gewichtung der Einzelfälle ist für den Vergleich nach Hochschultyp daher nicht notwendig oder sinnvoll.

Stichprobenverteilung nach Fach und Fachgewichtung

Die Differenzierung nach Fächern kann nicht allein über die Verteilungsverhältnisse der studierten Fächer in der Stichprobe im Vergleich zur Grundgesamtheit legitimiert werden. Hier besteht die Besonderheit, dass die Fächer mit verschiedenen Gewichtungen studiert werden, die aufgrund des stark unterschiedlichen Studienumfanges (z. B. Hauptfach vs. affines Fach an Pädagogischen Hochschulen) auch zu Verzerrungen bei Fächervergleichen führen würden. Umgekehrt ist auch der Vergleich nach Fachgewichtungen ohne Berücksichtung der Fächer kaum plausibel, weil die Fachwahl untrennbar mit der Gewichtungsfrage verknüpft ist – sowohl im Blick auf die fachlichen Interessen der Studierenden als auch bezüglich möglicher Fach- und Gewichtungskombinationen (Prüfungsordnung). Daher erscheinen Fachvergleiche nur dann legitim, wenn sie die Gewichtung als zusätzliches Differenzierungsmerkmal berücksichtigen. Umgekehrt müssen Gewichtungsvergleiche innerfachlich erfolgen. Daher wird nun geprüft, welche Differenzierungen nach Fach und Gewichtung möglich sind.

Tabelle 5: Stichprobenverteilung Fächer nach Lehramt und Fachgewichtung (t_1)

	Mathematik				Theologie (gesamt)				Theologie (ev.)				Theologie (rk.)			
	GH	RS	GY	SP	GH	RS	GY	SP	GH	RS	GY	SP	GH	RS	GY	SP
Hauptfach (PH/UN)	40	13	27	11	3	–	41	4	2	–	31	2	1	–	10	2
Nebenfach (UN/SP)	–	–	1	13	–	–	1	5	–	–	1	5	–	–	–	–
Leitfach (PH)	20	19	–	–	29	8	–	–	20	6	–	–	9	2	–	–
affines Fach (PH)	17	15	–	–	58	22	–	–	35	8	–	–	23	14	–	–
gesamt	77	47	28	24	90	30	42	9	57	14	32	7	33	16	10	2

Die prozentuale Verteilung der Gewichtungen auf die Fächer ist an anderer Stelle abgedruckt (vgl. Tabelle 69, S. 243). Nachfolgend werden die absoluten Zahlen der Verteilung der Gewichtungen nach Fächern und Lehrämtern angeführt (vgl. Tabelle 5). Ausreichend große Fallzahlen für einen *innerfachlichen Vergleich* zwischen Lehrämtern ergeben sich nur im Hauptfach Mathematik (GH vs. GY). Ein *Vergleich der Fächer* Mathematik und Theologie bei gleicher Gewichtung ist bezüglich der Hauptfachstudierenden (Mathematik GH vs. Theologie GY sowie Mathematik GY vs. Theologie GY) möglich. Differenzierungen nach der *Fachgewichtung* können am ehesten im Fach Theologie (Leitfach vs. affines Fach) vorgenommen werden. Zu t_2 sinken die Umfänge dieser Teilstichproben nur marginal.

Stichprobenverteilung nach Geschlecht

In der t_1-Stichprobe liegt der Anteil weiblicher Lehramtsstudierender in allen Lehrämtern über der Frauenquote in der Grundgesamtheit (insgesamt 7.5 %). Studentinnen sind daher eher bereit, sich an der Studie zu beteiligen. Besonders hoch ist die Abweichung im RS-Studiengang (11.9 %), obwohl hier prozentual die meisten Männer studieren. Dies hat bedingt Folgen für den Geschlechtervergleich. Eine geschlechterspezifische Differenzierung über die gesamte Stichprobe erscheint unproblematisch. Hier wird lediglich nach einem dichotomen Merkmal unterschieden. Nicht möglich sind hingegen lehramtsspezifische Geschlechtervergleiche (z. B. zwischen männlichen Befragten des GY-Lehramts und weiblichen RS-Studierenden). Hier würden sich nicht nur wegen der unterschiedlichen Repräsentanz der Geschlechter in den Teilstichproben, sondern auch aufgrund der dort geringen Fallzahlen bei männlichen Studierenden deutliche Unschärfen ergeben. Geschlechtervergleiche werden daher nur über die gesamte Stichprobe berechnet (Details: vgl. 3.1.1, S. 152).

Tabelle 6: Weibliche Studierende nach Lehramt (t$_1$)

		GH	RS	GY	SP	LA
Grundgesamtheit	N	2027	698	1248	309	4282
	w	1655	475	861	253	3244
	Q	81.6%	68.1%	69.0%	81.9%	75.8%
Stichprobe	n	206	95	155	54	510
	w	184	76	116	49	425
	Q	89.3%	80.0%	74.8%	90.7%	83.3%
Differenz (Q$_n$-Q$_N$)		7.7%	11.9%	5.8%	8.8%	7.5%

Abkürzungen: N = Grundgesamtheit; n = Stichprobenumfang; w = weiblicher Anteil; Q = Beteiligungsquote (w÷N bzw. w÷n in %).

Schließlich ist die unterdurchschnittliche Repräsentanz männlicher Studierender ein weiterer Anhaltspunkt dafür, dass die vorliegende Stichprobe nicht als repräsentativ gelten kann. Hier gilt – wie zuvor bereits für die Differenzierung nach Standorten/Hochschulen ausgeführt – dass eine nachträgliche Gewichtung der Einzelfälle aufgrund der nicht möglichen und daher fehlenden Randomisierung wahrscheinlich nur zu stärkeren Verzerrungen führen würde. Insgesamt können die Auswirkungen der geschlechterspezifischen Verzerrungen als weitgehend unproblematisch erachtet werden, weil sich entlang vieler Untersuchungsdimensionen keine signifikanten Geschlechterunterschiede zeigen oder geschlechterspezifische Differenzierungen weder angestrebt werden, noch sich theoretisch als sinnvoll erweisen. Der Vergleich beider Messzeitpunkte (vgl. Tabelle 9, S. 152) zeigt weiterhin, dass das Geschlechterverhältnis in beiden Stichproben sehr ähnlich ist. Die Dropouts führen zu keiner weiteren Verzerrung und erlauben eine längsschnittliche Differenzierung.

2.2.2 Fremdbilder Lehramt

Neben Selbstbildern wurden zu t$_1$ insgesamt 424 Fremdbilder mit Sicht auf die Lehramtsstudierenden erfasst. Teilweise liegen zwei oder mehr Fremdbilder bezüglich einer Person vor (durchschnittlich 1.39 Fremdbilder). In diesen Fällen wurden die Daten aus den verschiedenen Fremdbildern über das arithmetische Mittel fallbezogen aggregiert und den korrespondierenden Selbstbildern zugeordnet. So konnte in 305 aus 510 Fällen mindestens ein Fremdbild dem jeweiligen Selbstbild eindeutig zugewiesen werden (Deckungsquote: 60.0%). Tabelle 7 zeigt die Verteilung der Fremdbilder unter Berücksichtigung korrespondierender Selbstbilder nach Lehrämtern und Hochschulstandorten. Dabei zeigt sich, dass die Deckungsquote zwischen Selbst- und Fremdbildern zwar je nach Standort variiert, über alle Standorte hinweg aber nach Lehrämtern differenziert weitgehend konstant bleibt (Minimum: 56% RS; Maximum; 65% GY). Lehramtsspezifische Aussagen über Differenzen zwischen dem Selbst- und Fremdbild sind daher möglich, nicht aber standortspezifische.

61.1 % der Fremdeinschätzungen wurden von Frauen abgegeben. Das Durchschnittsalter liegt bei 33.4 Jahren. 43.0 % der Fremdbilder stammen von guten Freunden der Lehramtsstudierenden, 41.6 % von Eltern und weitere 15.4 % von Geschwistern. Um einen Anhaltspunkt zu erhalten, wie gut Personen, die ein Fremdbild abgeben, die jeweiligen Lehramtsstudierenden kennen, wurden sie um eine entsprechende Einschätzung auf einer siebenstufigen Likert-Skala gebeten (1 = Ich weiß sehr wenig von/ über X; 7 = Ich weiß alles von/ über X). Der Mittelwert über alle Fremdbilder liegt bei M = 5.91 (SD = .94). Damit kann angesichts der scharfen Formulierung des Items davon ausgegangen werden, dass die Fremdbilder weitgehend von Personen stammen, die die Lehramtsstudierenden sehr gut kennen. Dies ist einerseits Voraussetzung für eine möglichst realistische Einschätzung, andererseits kann diese durch persönliche Befangenheit eine Verzerrung erfahren, die kaum kontrollierbar ist.

Einen Anhaltspunkt für die Güte der Fremdbilder bieten jene Fälle, zu denen mehr als ein Fremdbild vorliegt. Das Maß, in dem die Fremdbilder untereinander personenbezogen übereinstimmen, kann fallbezogen durch Intra-Klassen-Korrelationen (ICC) der einzelnen Fremdbilder ermittelt werden. Dies wurde exemplarisch zu t_1 und für den Fall getan, zu dem die meisten Fremdbilder (N = 11) vorliegen. Im Blick auf die Interessen (INT) wird eine sehr gute Übereinstimmung der Fremdbilder erreicht (ICC(3,1) = .86***), bezüglich der Berufswahlmotivation (BWM) eine noch höhere (ICC(3,1) = .87***). Auch für das Selbstbild, zu dem die zweitmeisten Fremdbidler abgegeben wurden (N = 8), lässt sich eine hohe Übereinstimmung feststellen. Bezüglich der Interesseneinschätzung (ICC(3,1) = .85***) und Berufswahlmotivation (ICC(3,1) = .75***) sind die Intra-Klassen-Korrelationen ebenfalls hoch. Insgesamt kann daher von einer konsistenten Einschätzung der Probanden durch die Fremdeinschätzenden ausgegangen werden.

Tabelle 7: Stichprobenverteilung Fremdbilder Lehramt (t_1)

	GH			RS			GY			SP			LA		
	F	S	Q	F	S	Q	F	S	Q	F	S	Q	F	S	Q
FR	16	26	62%	2	3	67%	–	–	–	–	–	–	18	29	62%
HD	32	56	57%	11	26	42%	–	–	–	20	35	57%	63	117	54%
KA	23	36	64%	13	24	54%	–	–	–	1	0	0%	37	61	61%
LB	12	20	60%	6	6	100%	–	–	–	13	18	72%	31	44	71%
SG	21	40	53%	11	17	65%	–	–	–	–	–	–	32	57	56%
WG	14	28	50%	10	19	53%	–	–	–	–	–	–	24	47	51%
HB	–	–	–	–	–	–	37	47	79%	–	–	–	37	47	79%
TÜ	–	–	–	–	–	–	64	108	59%	–	–	–	64	108	59%
LA	118	206	57%	53	95	56%	101	155	65%	34	54	63%	306	510	60%

Abkürzungen: F = Fremdbilder (absolut); S = Selbstbilder (absolut); Q = Quote (in %): FB×SB÷100.

Zum zweiten Erhebungszeitpunkt wurden 166 Fremdbilder abgegeben. Aufgrund der Instruktion bei der Befragung liegt nur maximal ein Fremdbild je Selbstbild vor, sodass eine fallweise Zuordnung der Fremd- zu den Selbstbildern ohne eine Aggregierung einzelner Fremdbilder erfolgte. Die auf 415 Selbstbilder bezogene, geringere Deckungsquote (40.0 %), erklärt sich im Vergleich zu t_1 wohl durch die Zielgruppe: Offenbar fällt es den Befragten schwerer, Mitstudierende um ein Fremdbild zu bitten (t_2), als auf Eltern, Geschwister und gute Freunde zuzugehen (t_1). Neben Standortvergleichen der Fremdbilder scheiden zu t_2 auch Lehramtsvergleiche wegen der Ungleichverhältnisse aus (GH: 34.1 %; RS: 51.3 %; GY: 43.7 %;

SP: 31.9 %). Warum RS-Studierende eher Fremdbilder akquirieren als die GY- und insbesondere die GH- und SP-Studierenden, kann auf Grundlage der Daten nicht erklärt werden.

Zu t_2 wurden die Fremdbilder fast ausschließlich von Frauen abgegeben (89.8 %), weil sich die Fremdeinschätzenden gänzlich aus der stark weiblich dominierten Studierendenklientel rekrutieren. Das Durchschnittsalter liegt bei 23.0 Jahren. 72.3 % der Fremdeinschätzenden haben die einzuschätzenden Mitstudierenden im Studium kennengelernt, 19.9 % geben an, sie hätten diesen schon vor dem Studium gekannt und 71.7 % sagen, sie seien auch privat gut befreundet. Es kann also mehrheitlich von Fremdbildern ausgegangen werden, die sowohl durch die Einschätzung der Selbstbild-Person als Kommilitonin oder Kommilitone, als auch durch Zuschreibungen unter Freunden geprägt sind. Um zusätzlich einen Anhaltspunkt zu bekommen, wie gut Personen, die ein Fremdbild abgeben, die jeweiligen Lehramtsstudierenden kennen, wurde wieder um eine entsprechende Einschätzung gebeten (1 = Ich weiß sehr wenig von/über X; 7 = Ich weiß alles von/über X). Der Mittelwert über alle Fremdbilder liegt bei M = 5.45 (SD = .94). Auch zu t_2 wurden die Fremdeinschätzungen wohl im Wesentlichen von gut bekannten Personen vorgenommen.

2.2.3 Selbstbilder Zahnmedizin

Zu t_1 liegt eine professionsspezifische Vergleichsstichprobe unter N = 79 Zahnmedizinstudierenden der Universität Tübingen vor. Im Studiengang Zahnmedizin wurden 35 Studierende im Wintersemester 2006/2007, 21 Studierende im Sommersemester 2007, 28 Studierende im Wintersemester 2007/2008 und 19 Studierende im Sommersemester 2009 immatrikuliert. Aufgrund der kleinen Zahl von 103 Neuimmatrikulationen innerhalb von 4 Semestern konnten nicht ausschließlich Erstsemester befragt werden. Um eine ausreichend große Stichprobe zu generieren, wurde daher auch auf Studierende im zweiten und dritten Semester zurückgegriffen, die sich aufgrund des Curriculums in einer vergleichbaren Phase des Grundstudiums (vor dem Physikum) befinden. Von den in den vier Semester-Kohorten in Frage kommenden Studierenden wurden im Wintersemester 2007/2008 insgesamt 53 Studierende befragt, von welchen sich damals 22 im ersten, acht im zweiten und 24 im dritten Semester befanden. Um die Stichprobe zu vergrößern, wurden im Sommersemester 2008 weitere 26 Studierende (14 Erstsemester, zehn Zweitsemester und zwei Drittsemester) mit dem Instrument für t_1 befragt. Insgesamt wurden 79 Zahnmedizinstudierende im ersten bis dritten Semester befragt. Die Rücklaufquote liegt bei 76.7 % aller in den vier Semester-Kohorten relevanten Studierenden.

Zum zweiten Erhebungszeitpunkt konnten nur noch 42 Zahnmedizin-Studierende zu einer erneuten Teilnahme bewogen werden (Dropout-Quote: 46.8 %). Dieser enorme Schwund ist im Anschluss an telefonische Rückfragen wahrscheinlich zwei wesentlichen Punkten geschuldet. Zum einen befanden sich viele Befragte im t_2-Befragungszeitraum gerade in Vorbereitungen auf das Physikum und haben daher keine Zeit für die Teilnahme aufwenden wollen oder können, zum anderen wurde angemerkt, der Bogen hätte nur wenig mit den Belangen des zahnmedizinischen Studiums zu tun.

2.2.4 Interviews

Die 16 rekrutierten Interviewpartner wurden kontrastiv nach den Merkmalen Geschlecht, Alter, Lehramt/Hochschultypus, Fächerkombination (Mathematik/Theologie/keines der Fächer) und über mehrere Standorte gestreut ausgewählt (vgl. Tabelle 8). Den Verteilungen der demografischen Merkmale in der Grundgesamtheit wurde bei der Auswahl Rechnung getragen. Da die Mehrzahl der Lehramtsstudierenden direkt nach der Schulzeit oder nach einer kurzen Pause (z. B. Wehr-/Zivildienst oder FSJ) mit dem Studium beginnt, werden bevorzugt jüngere Gesprächspartner ausgewählt. In der Grundgesamtheit überwiegen weibliche Studierende, die daher ebenfalls überzählig rekrutiert wurden. Um auch fachspezifische Informationen zu erhalten, wurden Studierende mit den beiden Fächern Mathematik und Theologie bevorzugt ausgewählt. Das Lehramt Sonderpädagogik wurde, um den Umfang der durchzuführenden Interviews im Rahmen zu halten, zugunsten der »klassischen« Lehrämter nicht berücksichtigt. Da die Interviews ohnehin nur Auskunft über Einzelfälle geben, erscheint die lehramts- und fachspezifische Schwerpunktsetzung legitim.

Tabelle 8: Merkmale der Interviewpartner (t_1)

| Kontrastvariable | Interviewpartner (fortlaufende Codierung) | | | | | | | | | | | | | | | |
	A	B	C	D	E	F	G	H	I	J	K	L	M	N	O	P
Geschlecht	w	w	w	m	w	m	w	w	w	w	w	w	w	w	m	m
Alter	19	42	20	20	20	27	21	21	20	40	21	19	20	21	20	20
Lehramt	RS	GH	GH	RS	RS	GH	GH	GH	RS	RS	GH	GY	GY	GY	GY	GY
Hochschultypus	PH	PH	PH	PH	PH	PH	PH	PH	PH	PH	PH	UN	UN	UN	UN	UN
Fächer	MA	MA	MA	MA	TH	–	TH	TH	TH	MA	TH	TH	–	MA	TH	M/T

Anmerkungen: Zu t_2 sind die Interviewpartner ca. 1.5 Jahre älter. Alle anderen Merkmale bleiben konstant. Zwischen den Fächern Evang. und Kath. Theologie wird in dieser Tabelle nicht unterschieden. Interviewpartner P studiert die Fächer Mathematik und Theologie. Die Standorte der Interviewpartner werden nicht genannt, weil dies eine Identifikation der Personen erleichtern würde und wertende Aussagen sonst auf einzelne Hochschulen zurückgeführt werden könnten.

Von den im Zuge einer ersten Kontaktierung per E-Mail zum Interview gebetenen 16 Studierenden konnte mit zwölf Personen ein Gesprächstermin vereinbart werden. Vier Studierende haben nicht reagiert, wurden aber, um kein Gefühl einer Verpflichtung herbeizuführen, nicht erneut kontaktiert. Sie wurden durch Studierende mit ähnlichen Merkmalen substituiert. Zum zweiten Erhebungszeitpunkt waren alle der zu Studienbeginn befragten Interviewpartner erneut zu einem Gespräch bereit.

3   Eingangsbedingungen

Im Folgenden werden zwei Formen individueller (Eingangs-)bedingungen Lehramtsstudierender unterschieden. Unter *konstanten individuellen Eingangsbedingungen* werden solche Variablen gefasst, die zu Studienbeginn (t_1), also mit Eintritt in ein institutionalisiertes Lehrerbildungssystem bereits als unveränderlich gesetzt sind. Sie werden daher lediglich in der ersten Erhebungswelle erfasst. Die Entscheidung, diese Informationen beim Erstkontakt mit den Befragten zu erheben, begründet sich im Anspruch, durch eine möglichst zeitnahe Erfassung Verzerrungen oder Glättungen in den erinnerten Angaben gering zu halten. Teil der konstanten Eingangsbedingungen sind neben *demografischen Merkmalen* (3.1) die soziale Herkunft, der schulische Bildungsweg und die Vorbildung, Vorerfahrungen sowie Persönlichkeitsmerkmale. Die *soziale Herkunft* wird als sozioökonomisches, kulturelles und soziales Kapital operationalisiert (3.2). Zum *schulischen Bildungsweg und der Vorbildung* zählen der Ort des Erwerbs der Hochschulreife, die Form der besuchten gymnasialen Oberstufe, Abiturnoten, der Besuch des Religionsunterrichts, Aktivitäten vor dem Studium, Semester in anderen Studiengängen und die Sprachkenntnisse zu Studienbeginn (3.3). Den *Vorerfahrungen* werden pädagogische Vorerfahrungen, Erfahrungen mit Schule, Lehrern und mit der familiären Erziehung sowie die Berufswahlreife zugerechnet (3.4). Schließlich werden *Persönlichkeitsmerkmale* erfasst (3.5). Sie bilden insofern eine Brücke zu den nachfolgenden variablen Bedingungen, als dass sie in der Persönlichkeitsforschung zwar als weitgehend stabil gelten, sich aber in gewissen Grenzen ändern können.

Des Weiteren werden *variable Bedingungen* berücksichtigt, die zu unterschiedlichen oder zu beiden Zeitpunkten erfasst wurden. Sie geben Auskunft über die Begleitumstände und die Studiensituation, in der sich die Befragten in unterschiedlichen Phasen ihrer Ausbildung jeweils befinden. Zu den *Begleitumständen* zählen die finanzielle Situation der Studierenden, deren Wohnsituation und Umzüge, ihre Mobilität und kritische Lebensereignisse (3.6). Der *Studiensituation* werden die Wahl einer bestimmten Hochschule, eines Studienganges und dessen Ausrichtung sowie die Gewichtung der Studienfächer und die Affinität der Studierenden zu einzelnen Fächern zugeschrieben (3.7). Ihr zugeordnet sind auch der zeitliche Studienaufwand, die tatsächlich besuchten Lehrveranstaltungen und Schulpraktika sowie das Verhältnis von Studien- und Freizeitaktivitäten. Auch der *Studienabbruch* wird schließlich als eine Voraussetzung der weiteren beruflichen Entwicklung angesehen (3.8).

Die konstanten und variablen Merkmale dienen einer genauen Kontrolle der Eingangsbedingungen und Begleitumstände der professionellen Entwicklung im Rahmen der institutionalisierten Lehrerbildung. Sie bilden Hintergrundinformationen ab, die als unabhängige Variablen in die Untersuchung eingehen. Auch zwischen diesen Eingangsbedingungen bestehen Zusammenhänge, die einer genaueren Betrachtung unterzogen werden. Die Bedeutung solcher Bedingungen, in deren Kontext sich die Entwicklung Lehramtsstudierender vollzieht, blieb in der Forschung bislang weitgehend unbeachtet. Daher begründet sich die Auswahl der einzelnen Variablen weniger in den einschlägigen (empirischen) Vorarbeiten, sondern beruht vielmehr auf einer notwendigen Heuristik, die sich an die (berufs-)biografische Entwicklung

Lehramtsstudierender anlehnt. Die Entscheidung für die Items und Skalen ergibt sich aus dem referierten Forschungsstand in den nachfolgenden Teilkapiteln oder leitet sich von der Prämisse ab, auch nicht-institutionelle Faktoren berücksichtigen zu wollen.

3.1 Demografische Merkmale

Die hier berichteten demografischen Merkmale sind einerseits notwendige Voraussetzung und Rahmung für die Ergebnisinterpretation, andererseits sind sie bereits selbst Ergebnisse der Studie. Sofern die demografischen Angaben selbst unmittelbar für Fragen der Lehrerbildung von Bedeutung sind, wird auf andere bedeutsame Angaben und Variablen in deren Umfeld verwiesen. Insgesamt dient dieses Teilkapitel aber der Vorbereitung der Datenauswertung, in der die deskriptiven Befunde der Studie in Abhängigkeit von den demografischen Angaben dargestellt werden.

3.1.1 Geschlecht und Alter

In der Grundgesamtheit kann von 75.8 % weiblichen Lehramtsstudierenden ausgegangen werden (vgl. Tabelle 6, S. 147). Das Lehramt ist damit eine »Frauendomäne«, wenngleich es Lehramtsunterschiede bei der Geschlechterverteilung gibt. So ist etwa die Studierendenkohorte mit Beginn im WS 2007/08 über alle Pädagogischen Hochschulen hinweg im GH- und SP-Lehramt jeweils zu knapp 82 % weiblich dominiert, im RS-Studiengang hingegen studieren nur 68.1 % Frauen, das sind weniger als an den ausgewählten GY-Standorten (69.0 %). Die RS- und GY-Lehrämter lassen sich zwar ebenfalls durch einen hohen Frauenanteil charakterisieren, sie werden aber nicht gleichermaßen durch Studentinnen geprägt. Diese Unterschiede zeigen sich auch im Vergleich beider Hochschultypen: An den Pädagogischen Hochschulen sind 78.5 % der Lehramtsstudierenden in der Kohorte 2007/08 weiblich, an beiden Universitäten nur 69.0 % (alle Prozentwerte errechnet aus den Studierendenstatistiken; vgl. Tabelle 6, S. 147). Zu beiden Erhebungszeitpunkten liegt der Anteil weiblicher Befragter im Lehramt deutlich höher als unter Zahnmedizinstudierenden (vgl. Tabelle 9). Im Längsschnitt verbleiben Studentinnen prozentual etwas häufiger in der Stichprobe (vgl. 2.2.1, S. 142).

Tabelle 9: Geschlecht bzw. Anteil weiblicher Studierender nach Lehramt (t_1/t_2)

GSL/ GSL2 (Angaben in %)	GH	RS	GY	SP	LA	ZM
t_1	89.3	80.0	74.8	90.7	83.3	55.7
t_2	91.5	84.6	74.6	91.5	85.1	57.1

$N_{LA/t1}$ = 510; $N_{LA/t2}$=415; $N_{ZM/t1}$=79; $N_{ZM/t2}$=42. *Antwortformat*: Einfachauswahl mit Checkbox.

Die befragten Lehramtsstudierenden sind zu Beginn ihres Studiums (t_1) im Schnitt 21.2 Jahre alt (vgl. Tabelle 10). Die Altersspanne der Befragten reicht von 18 bis 45 Jahren. Die meisten Studierenden sind 19 Jahre (17.4 %), 20 Jahre (26.7 %) oder 21 Jahre (26.6 %) alt. 18.9 % der Lehramtsstudierenden sind zu Beginn ihres Studiums 22 Jahre oder älter, 7.0 % sind 26 Jahre oder älter. Die Studentinnen sind insgesamt 0.74 Jahre jünger als die Studenten, was an Wehr- und Zivildienstzeiten liegen dürfte (η^2=.008*). Auffällig ist das jüngere Einstiegsalter ins Lehramt an den Universitäten im Vergleich zu den Pädagogischen Hochschulen ($\eta^2 = .062^{***}$; UN: 20.1 Jahre; PH: 21.7 Jahre), was darauf hindeutet, dass PH-Studierende häufiger bereits berufliche Vorerfahrung ins Studium mitbringen (vgl. 3.3.5, S. 195). Am jüngsten sind zu t_2 Studierende, die einen Hochschulwechsel an eine Institution außerhalb des Rekrutierungsfeldes vollzogen haben. Offensichtlich scheint hier die Standortmobilität am größten zu sein (vgl. 3.6.3, S. 233). Die Zahnmedizinstudierenden sind mit durchschnittlich 21.8 Jahren nur unwesentlich älter als die Lehramtsstudierenden (Altersspanne: 19 bis 35 Jahre). Diese Differenz ist so zu erklären, dass in der Zahnmedizin auch Studierende aus dem zweiten und dritten Fachsemester befragt wurden (vgl. 2.2.3, S. 149). Zu t_2 sind die LA-Studierenden durchschnittlich 1.29 Jahre älter und die ZM-Studierenden 0.96 Jahre älter als zu t_1.

Tabelle 10: Alter bzw. Altersdurchschnitt (in Jahren)

ALT/ALT2		FR	HD	KA	LB	SG	WG	HB	TÜ	EX	GH	RS	GY	SP	LA	ZM
t_1	w	22.1	21.4	20.7	21.5	22.7	20.9	19.9	20.1	–	21.5	21.9	20.0	20.9	21.1	21.7
	m	22.3	23.1	28.1	21.7	21.3	21.8	20.2	20.2	–	23.1	23.3	20.2	24.6	21.9	21.9
t_2	w	23.7	22.4	21.9	22.8	24.6	22.5	21.1	21.2	21.1	22.6	23.6	21.2	22.1	22.4	23.0
	m	25.0	24.2	29.3	24.0	21.3	22.5	21.5	21.7	21.0	25.0	25.1	21.6	25.0	23.3	22.5

$N_{LA/t1} = 507$; $N_{LA/t2} = 413$; $N_{ZM/t1} = 79$; $N_{ZM/t2} = 42$; EX = externe Hochschule (nicht an der Studie beteiligt). *Antwortformat:* online: Dropdown-Menü; paper-pencil: zweistellige Ziffernangabe.

3.1.2 Familienstand bzw. Partnerschaft und eigene Kinder

Zu Studienbeginn (t_1) leben gut die Hälfte (51.0 %) der befragten Lehramtsstudierenden in einer festen Partnerbeziehung oder sind verheiratet (vgl. Tabelle 11). Die Mehrzahl ist in den GH- und RS-Studiengängen eingeschrieben, während nur einzelne GY- und SP-Studierende eine Ehe führen (CI = .11*). Feste Partnerbeziehungen werden von PH-Befragten häufiger geführt als von Uni-Studierenden (CI = .16**). Dies ist vermutlich auf das höhere Alter der PH-Studierenden (s. o.) zurückzuführen: Zu t_1 ist unter den 19- und 20-Jährigen niemand verheiratet, 78.9 % der Verheirateten sind 26 Jahre oder älter. Eine schichtspezifische Neigung zur festen Partnerschaft oder Ehe besteht nicht. Während der ersten drei Semester nehmen die festen Partnerbindungen um 4.3 % zu, nur wenige Ehen werden in dieser Zeit geschlossen. Unter den ZM-Studierenden ist zu t_2 eine deutlich höhere partnerschaftliche Bindung zu beobachten, Ehen sind im Vergleich zum Lehramt aber seltener.

Tabelle 11: Familienstand bzw. Partnerschaftsverhältnisse (t_1/t_2)

FAM/FAM2 (Angaben in %)	t_1						t_2					
	GH	RS	GY	SP	LA	ZM	GH	RS	GY	SP	LA	ZM
ohne feste Partnerbeziehung	45.3	38.5	59.1	49.1	48.6	–	36.6	33.3	61.1	44.7	44.3	28.6
in fester Partnerbeziehung	48.8	55.2	40.3	47.4	47.3	–	57.9	59.0	38.1	53.2	51.6	69.0
verheiratet	5.4	6.2	0.6	1.8	3.7	–	5.5	7.7	0.8	2.1	4.1	2.4
nicht beantwortet	0.5	–	–	1.8	0.4	–	–	–	–	–	–	–

$N_{LA/t1} = 508$; $N_{LA/t2} = 415$; $N_{ZM/t2} = 42$. Angaben für ZM-Studierende wurden nur zu t_2 erhoben. *Antwortformat:* Einfachauswahl mit Checkbox.

Immerhin 4.7 % der befragten Lehramtsstudierenden haben zu Studienbeginn bereits mindestens ein eigenes Kind (vgl. Tabelle 12). Alle Befragten mit Kind sind in PH-Studiengängen immatrikuliert. Die befragten GH- und RS-Studierenden haben häufiger bereits eigene Kinder als die SP- oder gar die GY-Studierenden. Von Studierenden, die 20 Jahre oder jünger sind, hat niemand ein Kind, 54.3 % der Studierenden mit Kind sind 26 Jahre oder älter. In der zu t_2 vorliegenden Stichprobe sind die Verteilungsverhältnisse vergleichbar. Zahnmedizinstudierende sind seltener bereits Eltern.

Tabelle 12: Anzahl und Alter eigener Kinder (t_1/t_2)

KIN/KIN2 (Angaben in %)	t_1						t_2					
	GH	RS	GY	SP	LA	ZM	GH	RS	GY	SP	LA	ZM
kein Kind	92.7	91.6	100.0	96.3	95.1	–	93.9	89.7	99.2	97.9	95.2	97.6
mindestens 1 Kind	7.3	8.4	–	1.9	4.7	–	6.1	10.3	0.8	2.1	4.8	2.4
nicht beantwortet	–	–	–	1.9	0.2	–	–	–	–	–	0.2	–
genau 1 Kind	3.4	4.2	–	1.9	2.4	–	1.8	1.3	0.8	–	1.2	–
genau 2 Kinder	2.9	1.1	–	–	1.4	–	2.4	6.4	–	2.1	2.4	2.4
genau 3 Kinder	1.5	1.1	–	–	0.8	–	1.8	1.3	–	–	1.0	–
4 oder mehr Kinder	–	2.1	–	–	0.4	–	–	1.3	–	–	0.2	–
Alter jüngstes Kind (Jahre)	5.4	6.1	–	2.0	5.5	–	6.7	6.8	–	–	6.1	5.0

$N_{LA/t1}=509$; $N_{LA/t2}=415$; $N_{ZM/t2}=42$. *Fragen:* Haben Sie Kinder?; falls ja: Anzahl der Kinder; falls ja: Alter des jüngsten Kindes. *Anmerkung:* Angaben für ZM-Studierende wurden nur zu t_2 erhoben.

3.1.3 Konfessions- bzw. Religionszugehörigkeit

Zu t_1 sind 46.5 % der befragten Lehramtsstudierenden evangelisch, 37.5 % katholisch und 8.8 % konfessionslos (vgl. Tabelle 13). RS-Studierende weichen von diesem Verteilungsmuster mit 52.6 % katholischen und 36.8 % evangelischen Befragten ab. Mathematikstudierende haben seltener eine konfessionelle Bindung als Theologiestudierende (CI=.28**). Befragte mit dem Fach Evang. Theologie gehören zu 10.0 % Freikirchen an. Im Fach Kath. Theologie sind fast alle Befragten auch katholisch getauft (98.4 %). Mit zunehmendem Alter steigt der Anteil an Konfessionslosen, was auf nennenswerte Kirchenaustritte hinweisen könnte (CI=.14**).

Tabelle 13: Konfessions- bzw. Religionszugehörigkeit (t_1)

KON (in %)	FR	HD	KA	LB	SG	WG	HB	TÜ	GH	RS	GY	SP	MA	ET	KT	LA
keine	10.3	10.3	4.9	11.4	10.5	6.4	4.3	10.2	10.2	4.2	8.4	13.0	7.4	0.9	–	8.8
evangelisch	41.4	48.7	50.8	50.0	45.6	29.8	51.1	47.2	49.0	36.8	48.4	48.1	40.3	88.2	–	46.5
katholisch	34.5	32.5	42.6	25.0	36.8	61.7	34.0	37.0	33.5	52.6	36.1	29.6	43.2	0.9	98.4	37.5
freikirchlich	13.8	6.0	1.6	2.3	3.5	–	10.6	2.8	3.9	3.2	5.2	7.4	6.3	10.0	–	4.5
muslimisch	–	–	–	6.8	1.8	–	–	1.9	1.0	1.1	1.3	1.9	1.1	–	–	1.2
sonstige	–	2.6	–	4.5	1.8	2.1	–	0.9	2.4	2.1	0.6	–	1.7	–	1.6	1.6

N=510. Angaben wurden zu Erhebungszeitpunkt t_1 erfasst. *Frage:* Welche Konfessions-/Religionszugehörigkeit haben Sie? *Sonstige:* 15 Studierende; 8 Befragte machen keine nähere Angabe, 2 sind neuapostolisch, je eine Person ist alevitisch, buddhistisch, christlich konfessionslos, orthodox sowie Zeuge Jehovas.

3.2 Soziale Herkunft

Während im Hinblick auf die Schülerschaft Bildungschancen und Bildungsbeteiligung in Abhängigkeit von der sozialen Herkunft weitreichend diskutiert wurden und werden (Baumert/ Schümer 2001; Baumert u. a. 2001; Baumert u. a. 2003; Maaz u. a. 2004; Maaz 2006), ist über die soziale Herkunft von Lehrpersonen nur wenig bekannt. Der Beruf des Lehrers gilt traditionell als »Aufsteigerberuf« (Herrmann 2000, S. 18), der insbesondere in den Lehrämtern der Primarstufe und Sekundarstufe I von Studierenden aus bildungsfernen sozialen Schichten ergriffen wird (Terhart 2005, S. 801). Beachtung hat die soziale Herkunft von Lehrkräften als Forschungsgegenstand in jüngster Zeit aber kaum erfahren, anders als in den 1950er Jahren in Folge des akuten Mangels an Lehrpersonal (Recum 1955) und der Bildungsexpansion (Baumert u. a. 2005).

Verdienstvoll ist daher ein Beitrag, der auf einen systematischen Mangel an Forschung zum sozialen Rekrutierungsfeld von Lehrpersonen hinweist und die Vermutung äußert, dass die hohe soziale Selektivität des deutschen Bildungswesens auch auf die Lehrkräfte zurückzuführen sei und so im Zusammenhang mit deren sozialer Rekrutierung stehen könne (Kühne 2006, S. 618). Es ist nicht auszuschließen, dass (1) eine Verbindung zwischen der sozialen Herkunft von Lehramtsstudierenden selbst und deren Entscheidung für ein bestimmtes Lehramt besteht, und dass (2) diese Entscheidung im Zusammenhang mit der sozialen Herkunft der später unterrichteten Klientel bzw. deren Prägung durch die Lehrkräfte steht. Werden durch die Lehrerbildung von Beginn an bestimmte Muster sozialer Disparität tradiert, indem sich ihre Adressaten selbstselektiv den verschiedenen Studiengängen und somit Lehrämtern zuweisen? Und wenn ja: Verstärken solche Muster sozialer Ungleichheit zwischen Lehrkräften an den verschiedenen Schularten die schichtspezifische Selektivität im Schulsystem im Sinne eines kumulativen Effekts? Zumindest finden sich für eine solche Vermutung professionshistorische wie auch empirische Anhaltspunkte (Ditton 1993; Lehmann/ Peek 1997). Bildungspolitisch wird unterdessen der Ruf laut, der Heterogenität unter Schülern mit einer zunehmenden Heterogenität der Lehrerschaft (mehr Lehrkräfte mit Zuwanderungsgeschichte) zu begegnen (Stiller/ Zeoli 2001).

Theoretische Überlegungen

Theorien sozialer Ungleichheit sind Erklärungsmodelle für soziale Disparitäten, der Beobachtung, dass Menschen im gesellschaftlichen Zusammenleben begünstigt oder benachteiligt sind (Barlösius 2004; Maaz 2006, S. 19). Soziale Ungleichheitstheorien fragen nach Entstehung, Wirkmechanismen und Folgen sozialer Differenz (Hradil 2005; Burzan 2007). Die Beobachtung der sozialen Selektivität des Bildungswesens setzt zunächst eine (1) *Ungleichheitstheorie* voraus. Annahme ist, dass sich Individuen bezüglich ihrer Versorgung mit Gütern, Informationsgewinnung und Beeinflussung durch gesellschaftspolitische Instanzen unterscheiden. Trotz der Tendenz einer Pluralisierung, Individualisierung, Differenzierung und Diversifizierung bestehen schichttypische Soziallagen, Subkulturen und Lebenschancen weiterhin fort (Blossfeld/ Shavit 1993; Geißler 2011). Von einer »nivellierten Mittelstandsgesellschaft« (Schelsky 1953) kann daher heute in Deutschland nicht ausgegangen werden – eher ist die Entwicklung einer Zweiklassengesellschaft zu beobachten (Hradil 2005).

Im Verständnis der (2) *sozialen Mobilitätstheorie* ist der Mensch aber nicht lebenslang auf die Zugehörigkeit zu einer Schicht festgelegt, sondern kann zwischen Klassen auf- und absteigen (Schüren 1989). Diese vertikale Mobilität ist heute stark an berufliche Veränderungen gebunden. So kann z. B. die Tochter einer Arbeiterfamilie durch Ergreifung des Lehrerberufs einen Klassenaufstieg erreichen oder der Sohn eines Lehrerehepaares durch die Entscheidung für eine Berufsausbildung in der sozialen Hierarchie absteigen (Maaz/ Watermann 2007).

Der Vorstellung einer sozialen Mobilität in unserer Gesellschaft steht die (3) *soziale Reproduktionstheorie* gegenüber. Sie unterstellt eine fortwährende Reproduktion der sozialen Schichtzugehörigkeit durch Vererbung materieller Güter oder Bildungsressourcen (Hanf 1975), etwa indem der Sohn einer Arbeiterfamilie, wie schon seine Eltern, die Hauptschule besucht, weil er nicht ausreichend gefördert werden kann. Während nach dem Mobilitätsansatz im Bildungssystem eine Verteilung der Ressourcen möglich ist, scheidet aus reproduktionstheoretischer Sicht das Bildungsniveau als Indikator für die Schichtzugehörigkeit aus (Bourdieu/ Passeron 1964; Geißler 2011).

Stand der Forschung

Es gibt im deutschen Sprachraum zwar historische Untersuchungen zu soziokulturellen Voraussetzungen angehender Lehrkräfte (Kaelble 1978; Bölling 1983), von einer empirischen Durchdringung der gegenwärtigen Situation kann aber nicht die Rede sein (Blömeke 2004a, S. 64). Anders ist die Forschungslage in Nordamerika, nach der dortige Lehramtsstudierende typischerweise als weiß, angelsächsisch, der unteren Mittelklasse zugehörig, aus Vorstadtverhältnissen stammend, weiblich, monolingual Englisch und regional verankert charakterisiert werden können (Wideen u. a. 1998, S. 141).

Insbesondere in der Forschung zur *Geschichte der Lehrerbildung* wurde soziale Mobilität nach oben wie auch nach unten beobachtet. Lehrkräfte rekrutierten sich bereits in den Anfängen des etablierten Schulwesens lehramtsspezifisch. Während das »höhere« Lehramt (Gymnasium) ein Studium an einer Universität voraussetzte und zunächst von Theologen besetzt war (Bölling 1983, S. 20), wandelte sich das Bild im 19. Jahrhundert. Der Oberlehrerstand etablierte sich als eigene Berufsgruppe im Bürgertum und die Gymnasiallehrerschaft zählte sich als Akademiker zur gebildeten Oberschicht (Führ 1985). Die Herkunft der Lehramtsstudierenden an Universitäten war dabei sozial weniger exklusiv als in anderen Studienfächern: Zwischen 1887 und 1932 stammte im Schnitt mehr als ein Drittel aus der mittleren und unteren Beamtenschicht. 1932 betrug der Anteil an Lehramtsstudierenden aus Arbeiterfamilien etwa 4.5 % und damit fast das Dreifache im Vergleich zu Jurastudierenden (Müller-Benedict 2008, S. 198). Das »höhere« Lehramt war ein klassischer »Aufstiegsberuf«.

Das »niedere« Lehramt hingegen kannte bis ins 20. Jahrhundert hinein keine akademische Ausbildung. Erst in der Weimarer Republik wurde das Abitur als Eingangsvoraussetzung festgeschrieben und daraufhin in einigen deutschen Ländern eine akademische Ausbildung an Pädagogischen Akademien oder an Universitäten eingeführt (Sandfuchs 2004, S. 19). Entsprechend kamen die Elementar- bzw. Volksschullehrer eher aus unteren sozialen Schichten – allerdings mit signifikanten Ausnahmen (vgl. z. B. für Berlin im 19. Jahrhundert: Kemnitz 1999, S. 67). Mit der Akademisierung der »niederen« Lehrerbildung Anfang des 20. Jahrhunderts kam es zwar zur Annäherung der beiden Lehrergruppen hinsichtlich der sozialen Herkunft, die Verschlechterung der Berufsaussichten im höheren Lehramt seit der Weimarer Republik machten das universitäre Lehramtsstudium für Angehörige der unteren Mittelschicht und der Unterschicht aber zunehmend unattraktiv bzw. unerreichbar (Recum 1955, S. 574; Müller-Benedict 2008, S. 199). Dadurch und durch den vermehrten Zugang von Frauen zum höheren Lehramt, die sich zu einem deutlich höheren Grad aus Familien höherer Beamter rekrutierten, fand eine erneute soziale Exklusivierung statt. Nach 1945 etablierte sich das Image des Lehrerberufs als Mittelschicht-Beruf, als die sozialen Unterschiede zwischen Volksschul- und Gymnasiallehrerschaft langsam abgebaut, wenn auch nicht vollständig beseitigt wurden (Horn 1968). Seit den 1980er Jahren wird, wie schon nach 1945, diskutiert, welche Rekrutierungskriterien leitend sein sollen (Hedinger u. a. 1988; Hobson u. a. 2010).

Die wenigen *(empirischen) Studien* in den letzten 20 Jahren haben einen spezifischen Fokus und beschäftigen sich meist mit Teilpopulationen wie Gymnasiallehrkräften im Nationalsozialismus (Nath 1988), Grund- und Hauptschullehrern (Willer 1993) oder weiblichen Lehrkräften aus Arbeiterfamilien (Rohleder 1997). Breiter angelegt ist eine kumulative Re-Analyse der *ALLBUS*-Daten von 1980-2002 (Zentralarchiv 2004) hinsichtlich der schichtspezifischen Selektivität in akademischen Berufen (Kühne 2006). Kühne greift die Reproduktionstheorie implizit durch die Vermutung auf, die hohe soziale Selektivität des deutschen Bildungswesens sei auch auf die Lehrkräfte zurückzuführen und könne so im Zusammenhang mit deren sozialer Rekrutierung stehen (Kühne 2006, S. 618). Durch die Lehrerbildung könnten von Beginn an bestimmte Muster sozialer Disparität tradiert werden, indem sich ihre Adressaten selbstselektiv den verschiedenen Studiengängen zuweisen. Andere Studien postulieren für das Schulsystem sogar eine Verstärkung schichtspezifischer Selektivität im Sinne eines kumulativen Effekts (Ditton 1993; Lehmann/ Peek 1997). Insgesamt beobachtet Kühne *keine* signifikanten Unterschiede des sozialen Rekrutierungsfeldes zwischen Lehrämtern (Kühne 2006, S. 629), ein Befund, der dem reproduktionstheoretischen Duktus seiner Analyse widerspricht.

Andere Studien weisen darauf hin, dass in der sozialen Ungleichheitsforschung Schicht- oder Klassenmodelle weitgehend durch die Beschreibung von Milieus und Lebensstilen abgelöst wurden, was auch bei der Forschung zur sozialen Lage von Lehrkräften berücksichtigt werden sollte (Schumacher 2000, S. 111; 2002, S. 253). Auf Basis der *SINUS-Milieus* (Flaig u. a. 1997) zeigt sich, dass im Grundschullehramt unter N = 514 Studierenden der Pädagogischen Hochschulen Freiburg und Karlsruhe 61.1 %, unter Referendaren 60.2 % und unter berufstätigen Lehrkräften sogar 68.3 % einem liberal-intellektuellen Milieu entstammen (Schumacher 2000, S. 118; 2002, S. 255), das zu den gesellschaftlichen Leitmilieus gezählt wird und durch diese Wertung ebenfalls klassentheoretisch umgedeutet werden kann. Der Lebensstil dieses Milieus kann als demokratisch, individuell, emanzipatorisch, tolerant und offen beschrieben werden. Er sei geprägt durch »Fortschrittsvertrauen, Mitgestaltung und Mitverantwortung« (Schumacher 2002, S. 256). Die Ergebnisse überraschen auch deshalb, weil die Gruppe um Koch/ Cloetta u. a. (1972) im Zuge der postulierten »Konstanzer Wanne« abnehmende Liberalität bei gleichzeitiger Zunahme autokratischen Selbstverständnisses annahm.

Die Schwierigkeit eines solch milieuorientierten Zugangs besteht darin, dass Lebensstile an weicheren Kriterien fest gemacht werden und wohl deshalb hochdifferenzielle Studien wie PISA auf Klassenmodelle zurückgreifen, die eine Vergleichbarkeit von Daten aus verschiedenen Kontexten ermöglichen (Baumert/ Schümer 2001). Dennoch fordern solche Ergebnisse, die knapp zwei Drittel der GH-Studierenden einem entfalteten Milieu zurechnen, dazu auf zu prüfen, ob das Lehramt heute noch als »Aufstiegsberuf« charakterisiert werden kann.

Operationalisierung

Insgesamt finden zur Analyse sozialer Ungleichheit im Bildungssystem wie auch in der nationalen und internationalen Forschung zur sozialen Mobilität weitgehend theoretisch fun-

dierte Klassen- oder Schichtmodelle Anwendung. Lagenmodelle sowie Milieu- und Lebens-
stilansätze (Hradil 2005) haben die hierarchischen Modelle in der empirischen Forschung
noch keineswegs abgelöst (Maaz 2006). Neben kulturellen und sozialen Ressourcen (Bourdieu 1983; Coleman 1996; Baumert/Schümer 2001) gilt weiterhin die *sozioökonomische Stellung* der Familien als bedeutsamstes Beschreibungsmerkmal sozialer Disparitäten. Sie beschreibt entlang finanzieller Mittel, Macht und Prestige die relative Position der Eltern in der
sozialen Hierarchie. Die sozioökonomische Stellung kann durch etablierte Indizes quantifi-
ziert werden. Mangels geeigneter Alternativen hat in der Lehrerbildungsforschung die Erfassung des kulturellen und sozialen Kapitals bislang keine (wesentliche) Beachtung erfahren.
Dieses Desiderat greift die Studie auf und geht einen explorativen Weg der Operationalisierung kulturellen und sozialen Kapitals im Kontext der Lehrerbildungsforschung.

Traditionell wird die soziale Herkunft über die *sozioökonomische Stellung* der Familie (finanzielle Mittel, Macht, Prestige) erhoben, die Auskunft über die relative Position der Familie
in der sozialen Hierarchie gibt. Diese drei Indikatoren lassen sich nur schwer operationalisieren, da wegen indiskret empfundenen Fragens oder Unkenntnis der gewünschten Daten methodische Probleme entstehen können. Gängig ist daher die Erfassung der Berufstätigkeit der
Eltern, die Hinweise auf alle drei Aspekte geben kann (Baumert u. a. 2001). Lebens- und
Lernbedingungen hängen eng mit materiellen Ressourcen zusammen. Das beginnt beim eigenen Aufwachsen (Betreuung, Bildungsgegenstände, Ernährung, außerschulische Aktivitäten etc.) und reicht über die Schulzeit (Bücher, Nachhilfe, Auslandsaufenthalte etc.) bis hin
zur Studienwahl (Finanzierung, Wohn- und Lernumgebung, Bücher, Computer etc.). Wie
viel Geld können Eltern in die Bildung und Erziehung ihrer Kinder investieren? Welche
Rahmenbedingungen für den Umgang mit Kulturgütern (z. B. Erlernen eines Musikinstru-
ments) oder soziale Kontakte (z. B. Teilnahme an Jugendfreizeiten) können sie schaffen?

Neuer ist, dass im Anschluss an Bourdieu (zuletzt 1983) und Coleman (zuletzt 1996) auch
das kulturelle und soziale Kapital der Familien Bestandteil der Beschreibung sozialer Herkunft ist. Gemeint sind soziale und kulturelle Ressourcen, die den personalen Handlungsspielraum erweitern oder kurz »Humankapital« (Coleman 1988). Kulturelles und soziales
Kapital können die sozioökonomische Stellung beeinflussen. Daher werden im Anschluss an
PISA (Baumert u. a. 2001, S. 326) alle drei Größen als Facetten sozialer Herkunft erhoben.

Kulturelles Kapital erweitert den Handlungsspielraum des Individuums. Der Umgang mit
Kulturgütern führt über Wahrnehmungs-, Deutungs- und Handlungsschemata zu Kompe-
tenzen und Kenntnissen, die auch ökonomisch von Bedeutung sind (Kunstwerke, Literatur,
Bildungszertifikate, Titel etc.). Im Anschluss an Bourdieu/Passeron (1964) kann von einer
»Kultur der Herrschenden« ausgegangen werden, die einen Zusammenhang zwischen sozialer Schicht und Bildungserfolg mit sich bringt. Heranwachsende, die keinen Anschluss an die
Kultur der Herrschenden finden, entwickeln eine Gegenkultur und die soziale Anpassung
scheitert (Schrader u. a. 1976). Einen der wenigen Ansätze, das Konzept Bourdieus zu operationalisieren, unternahmen Wessel u. a. (1997). Die Schule gilt traditionell als »Mittelschichts-
institution« (Lütkens 1959), die vom Elternhaus verlangt, dass dort schulrelevante Fertigkeiten (z. B. Zielstrebigkeit) durch Eltern vermittelt werden. Kulturelles Kapital lässt sich daher
sowohl strukturell (etwa durch den Besuch einer »elitären« Bildungseinrichtung) oder funktional (Formen der Teilhabe an der bürgerlichen Kultur) fassen (Baumert u. a. 2001, S. 40).

Coleman (1988) betont die herkunftsbedingte Bedeutung sozialer Beziehungen, da Sozialkontakte (ökonomische) Handlungen, die das Individuum anstrebt, möglich machen oder

zumindest erleichtern. Bildungsmaßnahmen sind nach Coleman (1982) nur dann erfolgreich, wenn sie soziales Kapital voraussetzen können. Als Quelle für Sozialkapital können der soziale Austausch in Familie, Nachbarschaft, Freundeskreis, Kirche, Verein, Ethnie usw. gelten. Aus den gegenseitigen Erwartungen und Verpflichtungen in solchen Gemeinschaften entsteht Vertrauen, das die Grundlage für Zusammenarbeit bildet (Baumert u. a. 2001, S. 41). Ein struktureller Aspekt sozialen Kapitals ist die Verfügbarkeit sozialer Netzwerke, insbesondere in der Familie; zum funktionalen Aspekt gehören Intensität und Qualität der Kommunikation (Erziehungsstile) in der Familie. Zahlreiche Studien weisen darauf hin (zusammenfassend: Baumert u. a. 2001, S. 42), dass die Ausbildung von sozialem Kapital eine wichtige Voraussetzung für Schulerfolg ist, gerade indem Eltern Zeit und Kraft in Erziehung investieren.

Die soziale Herkunft wurde in Anlehnung an das Vorgehen in der PISA-Studie (Baumert/ Schümer 2001) operationalisiert. Die berücksichtigten Merkmale und die daraus resultierenden Indizes sind in Tabelle 14 im Überblick dargestellt. Ausgehend von 21 Konstrukten lassen sich acht Indizes bilden, durch welche sich dann die drei Dimensionen sozialer Herkunft abbilden lassen: sozioökonomische Stellung, kulturelles Kapital und soziales Kapital. Jede Kapitalsorte wird schließlich durch einen Kennwert (Meta-Index) repräsentiert.

Tabelle 14: Operationalisierung des Konstrukts »Soziale Herkunft«

Meta-Index	Index	Konstrukt
sozioöko-nomische Stellung (SEI)	International Socio-Economic Index of Occupational Status (SEI)	Berufe der Eltern (BER)
		berufliche Stellung und Weisungsbefugnis (BSW)
	[Relativer Wohlstand der Familie]	[Wohnverhältnisse]
		[Besitz von Gebrauchsgütern mit hohem Anschaffungswert]
kulturelles Kapital der Familie (KKF)	ethnische Herkunft (EHK)	[Geburtsland der Studierenden]
		[Dauer des Aufenthalts in Deutschland]
		[Muttersprache der Studierenden und vorwiegende Sprache in der Familie]
		Geburtsland der Eltern (GLE)
	Humankapital der Eltern (HDE)	Schulbildung der Eltern (SEL)
		Berufsbildung der Eltern (BEL)
	kulturelle Praxis der Familie (KPF)	Besitz von Kulturgütern (BVK)
		kulturelles Leben in der Familie (KLF)
soziales Kapital der Familie (SKF)	Struktur der Familie (SDF)	Personen im Haushalt (PIH)
		Geschwisteranzahl und -konstellation (GSW)
		Zusammenleben der Eltern (ZUS)
	Eltern-Kind-Beziehung (EKB)	[Erwerbstätigkeitsstatus]
		elterliche Unterstützung der Kinder (EUK)
		Erziehungsstil der Eltern (EZS)
		Verhältnis zu den Eltern (VZE)
	Außenbeziehungen (ABZ)	Umzugshäufigkeit (UMZ)
		soziales und ehrenamtliches Engagement (SEE)

Anmerkung: Die in [eckigen Klammern] gefassten Konstrukte/ Indizes wurden nicht zur Berechnung der Meta-Indizes der drei Kapitalsorten herangezogen. Gründe für die Auslassung in der vorliegenden Stichprobe sind insbesondere starke Deckeneffekte und eine daraus resultierende geringe Varianz der Daten, die keine signifikanten Differenzierungen zulassen. Die Auswahlkriterien, die Kodierung der Konstrukte und die Berechnung der (Meta-)Indizes werden in den nachfolgenden Teilkapiteln erörtert.

3.2.1 Sozioökonomische Stellung

Vor dem Hintergrund der theoretischen Überlegungen und dem vergleichsweise knappen Forschungsstand prüft dieses Teilkapitel folgende *Hypothesen*: (1) Studienanfänger unterscheiden sich lehramtsspezifisch bezüglich der sozioökonomischen Stellung ihrer Herkunftsfamilie. (2) Es existieren verschiedene soziale Rekrutierungsmuster zwischen den Studierenden unterschiedlicher Lehrämter. (3) Der Lehrerberuf ist auch heute noch ein Aufstiegsberuf. (4) Eine hochgradige Berufsvererbung ist für den Lehrerberuf typisch.

Berufstätigkeit der Eltern und der sozioökonomische Index (ISEI)

Um die mit einzelnen Berufen verbundene soziale Hierarchie valide auf Berufsrangskalen abzubilden, wurde auf die *International Standard Classification of Occupation (ISCO-88)* zurückgegriffen (International Labour Office 1990; Teile des Kapitels wurden bereits publiziert: Cramer 2010b). Als notwendige Angaben wurden die Berufe von Mutter und Vater getrennt anhand der Berufsbezeichnung erhoben. Außerdem wurde zur präzisen Klassifizierung eine Tätigkeitsbeschreibung erbeten. Für eine korrekte Verkodung einiger Berufe (z. B. Selbstständige) mussten zusätzlich Angaben zur Weisungsbefugnis (Anzahl der Untergebenen) als Indikator der mit der Tätigkeit verbundenen Verantwortung erhoben werden. In Zweifelsfällen war bei der Klassifizierung das *Handbuch für die Berufsverkodung* der GESIS (Geis 2009) maßgebend. Aus den gesammelten Informationen lassen sich nicht nur die im Weiteren berichteten Sozialklassenzugehörigkeiten und der ISEI-Index erzeugen, sondern auch Rückschlüsse auf die »Vererbung« des Lehrerberufs innerhalb einer Familie ziehen.

Die ISCO-Klassifikation unterscheidet zehn Berufshauptgruppen (vgl. Tabelle 15), 28 Berufsgruppen (Unterteilung der Berufshauptgruppen), 116 Berufsuntergruppen (Unterteilung der Berufsgruppen) und 390 Berufsgattungen (Unterteilung der Berufsuntergruppen). Acht der zehn Berufshauptgruppen sind durch »Skill-Levels« abgegrenzt, die das entscheidende Zuordnungskriterium für die einzelnen Berufe zu diesen Gruppen auf höchster Ordnungsebene sind. Diese Klassifikation von Fähigkeitsniveaus wurde über die Ausbildungsstufen und -kategorien der *International Standard Classification of Education (ISCED)* definiert (OECD 1997, S. 203). Höhere Berufe setzen demnach i. d. R. auch höhere Bildungsabschlüsse voraus. Je höher also der Skill-Level, desto höher ist der jeweilige Beruf hierarchisch angesiedelt. Die Berufshauptgruppen 4 bis 8 sind demselben Skill-Level (2) zugehörig. In den Definitionen der Berufshauptgruppen 1 (Angehörige gesetzgebender Körperschaften, leitende Verwaltungsbedienstete und Führungskräfte in der Privatwirtschaft) sowie 0 (Soldaten) kann nicht auf generelle Skill-Levels verwiesen werden, da nicht wie in anderen Gruppen Ähnlichkeitskriterien, sondern große Unterschiede in der Verantwortung (z. B. Leitungsfunktionen) relevant sind. Die erheblichen Differenzen der Skill-Levels werden hier in den Berufsgruppen und -untergruppen berücksichtigt. Die höchsten von Mutter oder Vater erreichten Berufe sind in Tabelle 15 abgebildet.

Auf dem ISCO-88-Code aufbauend können Kennwerte zur Klassifikation der sozioökonomischen Stellung gewonnen werden. Dazu gehört der *Standard Index of Occupational Prestige Scores (SIOPS)*, das auch als »Treiman-Index« bezeichnete, gängigste Berufsprestigemaß (Treiman 1977). In Weiterentwicklung ist der *International Socio-Economic Index (ISEI)* von Ganzeboom u. a. (1992) zu nennen. Er koppelt die sozioökonomische Stellung vom Berufsprestige ab und erklärt diese ausschließlich über Bildungsgrad und Einkommen der Erwerbstätigen. Vorliegend wird mit dem ISEI operiert, der sich in der empirischen Bildungsforschung durchgesetzt hat.

Tabelle 15: Höchster Beruf der Eltern nach ISCO-88-Klassifikation (t_1)

ISC (N=552; Angaben in%)	GH	RS	GY	SP	LA	ZM	SL
1 Führungskräfte	4.1	6.5	5.3	1.9	4.6	5.3	(–)
2 Wissenschaftler	33.0	28.0	48.7	43.4	38.0	73.7	4
3 Techniker/ähnliche Berufe	44.2	37.6	32.9	41.5	39.2	19.3	3
4 Bürokräfte/kaufmännische Angestellte	3.6	6.5	3.3	1.9	3.8	–	2
5 Dienstleistung/Verkauf	7.6	8.6	3.3	3.8	6.1	–	2
6 Fachkräfte Landwirtschaft	0.5	2.2	–	3.8	1.0	–	2
7 Handwerk/ähnliche Berufe	4.6	8.6	3.3	1.9	4.6	1.8	2
8 Anlagenbediener	0.5	–	1.3	–	0.6	–	2
9 Hilfsarbeitskräfte	2.0	2.2	2.0	1.9	2.0	–	1
0 Soldaten	–	–	–	–	–	–	(–)

Frage: Welcher Tätigkeit geht Ihre Mutter/Ihr Vater gegenwärtig nach? *Abkürzung:* SL=Skill-Level. *Anmerkungen:* Höchster von Mutter *oder* Vater ausgeübter Beruf. Fehlende Angaben: 2.9%.

Berufstätigkeit der Eltern und Sozialschichten (EGP-Klassen)

Neben dem ISEI hat sich in der soziologischen Forschung ein weiteres, anschaulicheres und gesellschaftstheoretisch fundiertes sozioökonomisches Klassifikationsmodell etabliert. Die *Erikson-Goldthorpe-Portocarero-Klassifikation (EGP)* weist Berufe nach der Art der Tätigkeit (selbstständig, abhängig beschäftigt), der Weisungsbefugnis (keine, geringe, große) und der erforderlichen Qualifikation (keine, niedrige, hohe) elf Sozialklassen (EGP-Klassen) zu (Erikson u. a. 1979). Durch ein differenziertes Rekodiersystem (Ganzeboom/Treimann 1996; Ganzeboom u. a. 1989) ist es möglich, EGP-Klassen auf Basis von ISCO-88-Codes zu erzeugen, wenn zusätzlich Informationen zur *beruflichen Stellung* und zu den *Weisungsbefugnissen* der Eltern vorliegen. Die EGP-Klassen wurden nach dem Verfahren von Ganzeboom/Treimann (1996) generiert und dem gängigen siebenstufigen Standard (z. B. Baumert/Schümer 2001, S. 338) nach Erikson u. a. (1979) angepasst (vgl. Tabelle 16).

Tabelle 16: Übersicht zu den Sozialklassen nach dem EGP-Modell

Sozialklassen (EGP)		Beschreibung
I	Obere Dienstklasse	Führende Angestellte, höhere Beamte, Selbstständige mit mehr als 10 Mitarbeitern, Hochschullehrer, typische Professionsberufe (Mediziner, Juristen etc.)
II	Untere Dienstklasse	Semiprofessionen, mittleres Management, Beamte im mittleren/gehobenen Dienst, Lehrer, technische Angestellte mit nicht-manuellen Aufgaben
III	Routinedienstleistungen	Klassische Büro- und Verwaltungsberufe, aber auch Verkaufs- und Servicetätigkeiten
IV	Selbstständige	Als »Kleinbürgertum« bezeichnete Berufsgruppen wie Handwerker, Landwirte, Kleinunternehmer oder mithelfende Familienangehörige
V/VI	Facharbeiter	Arbeiter mit Leitungsfunktion (Vorarbeiter) oder Arbeiter in manuellen Berufen, die eine Ausbildung erfordern
VII	Un-/angelernte Arbeiter	Beschäftigte in manuellen Berufen ohne Ausbildung, z. B. einfache Landarbeiter oder Reinigungskräfte

Anmerkung: Beschreibung erfolgt in Anlehnung an: Erikson u. a. 1979.

Die EGP-Klassen sind zusätzlich zum metrischen ISEI als Beschreibungskategorie deshalb unverzichtbar, weil sie die Zusammensetzung der lehramtsspezifischen Klientel (Rekrutierungsmuster) erklären können. ISEI und EGP-Klassen stehen in einem erwartet deterministischen Zusammenhang: Je kleiner die Klassen-Nummer, desto höher der Index ($\eta^2 = .534$***). Tabelle 17 zeigt die Sozialklassenzugehörigkeit (EGP) und die erreichten Werte bezüglich des sozioökonomischen Index (ISEI) der Studierenden nach Lehrämtern.

Tabelle 17: Sozialklassen (EGP) und sozioökonomischer Index (ISEI) (t_1)

EGP/ISE (N=571)		Lehramt					
Code	EGP-Klassenbezeichnung (in %)	GH	RS	GY	SP	LA	ZM
I	Obere Dienstklasse	24.7	22.6	26.3	16.7	23.9	24.3
II	Untere Dienstklasse	44.9	45.2	51.3	63.0	48.9	68.9
III	Angestellte/Routinedienstleistungen	13.6	6.5	5.3	3.7	8.7	4.1
IV	Selbstständige	10.1	16.1	9.9	9.3	11.1	1.4
V	Facharbeiter	3.5	5.4	3.3	1.9	3.6	1.4
VI	Qualifizierte Arbeiter	2.5	3.2	3.9	1.9	3.0	–
VII	Un-/Angelernte Arbeiter	0.5	1.1	–	3.7	0.8	–
EGP1	Dienstklasse (I+II)	69.6	67.8	77.6	79.7	72.8	93.2
EGP2	Mittelschicht (III+IV)	23.7	22.6	15.2	13.0	19.8	5.5
EGP3	Arbeiterklasse (V+VI+VII)	6.5	9.7	7.2	7.5	7.4	1.4
Index	Socio-Economic Index of Occupational Status	GH	RS	GY	SP	LA	ZM
ISE	ISEI-Index	54.8	52.0	59.0	56.1	55.7	72.5

Anmerkung: Angaben zu den EGP-Klassen (EGP) in % (Spaltensumme: 100 %). Angaben zum ISEI-Index (ISE) entsprechen dem Indexwert. Alle Angaben für das Elternteil mit jeweils höchstem Wert; fehlende Angaben (3.1 %) fallweise gelöscht. Um einen gröberen Vergleich zu ermöglichen, werden die EGP-Klassen zusätzlich zu drei Meta-Klassen (EGP1 bis EGP3) zusammengefasst.

Lehramts- und Geschlechterspezifik

Ein erster Zugang ergibt sich durch einen Vergleich der ISEI-Werte. Die GY-Studierenden weisen die höchste sozioökonomische Stellung auf, dann folgen die SP- und GH-Studierenden, die sich stark ähneln, wiederum mit einigem Abstand folgen die RS-Studierenden ($\eta^2 = .027$**). Zwischen diesen drei Gruppen ergeben sich Abstufungen, die jeweils in etwa den unterschiedlichen ISEI-Werten, die Gymnasiallehrer (70) und Grundschullehrer (66) bei der Transformation der Berufsverkodung erreichen, entsprechen. Die Differenzen lassen die Annahme einer lehramtsspezifischen sozioökonomischen Disparität der befragten Studierenden zu. Damit bestätigt sich die Annahme einer sozialen Unterschiedenheit der Lehramtsklientel (Hypothese 1) für die vorliegende Stichprobe. Ein Blick auf die Sozialklassenzugehörigkeiten zeigt, dass sich die beobachteten Unterschiede dort nur in der Zusammenschau mehrerer Sozialklassen replizieren lassen. Die SP-Studierenden rekrutieren sich zwar zu einem geringeren Anteil aus der oberen Dienstklasse, kompensierend höher liegt jedoch ihr Anteil in der unteren Dienstklasse. Dies wird durch die Synopse beider Dienstklassen leicht ersichtlich (EGP1).

Bei einem geschlechterspezifischen Berufsgruppenvergleich unter Einbezug der sozioökonomischen Stellung ergeben sich keine signifikanten Unterschiede. Dies mag insbesondere auf die kleinen männlichen Teilstichproben zurückzuführen sein. Es zeigen sich im lehramtsspezifischen Vergleich zumindest Hinweise darauf, dass sich Studenten im RS-Lehramt aus Familien mit höherer sozioökonomischer Stellung rekrutieren als ihre Kommilitoninnen

(η^2=.015; SEI_w=51.2; SEI_m=55.5). Ähnliche Unterschiede zeigen sich auch für das GH-Lehramt (η^2=.007; SEI_w=54.4; SEI_m=58.8). Annähernd identisch hingegen sind die Werte im Bereich GY-Lehramt (η^2=.000; SEI_w=58.9; SEI_m=59.0) und SP-Lehramt (η^2=.000; SEI_w=56.0; SEI_m=56.8). Dies lässt zumindest vermuten, dass die RS- und GH-Studiengänge eher für solche männlichen Studierenden attraktiv sind, die im direkten Vergleich zu ihren Kommilitoninnen eine höhere sozioökonomische Stellung aufweisen (ihre ISEI-Werte nähern sich dem GY-Durchschnittswert an), und dass sie ihre Entscheidung für diese Studiengänge möglicherweise bewusster treffen als ihre Mitstudentinnen.

Insbesondere der Schulleistung (gemessen an der Abiturnote: Köller u. a. 2004) und dem Besuch einer bestimmten Form der gymnasialen Oberstufe (allgemeinbildende vs. berufliche Gymnasien: Maaz 2006) konnten Effekte auf die Studien- und Berufswahlentscheidung nachgewiesen werden. Um zu prüfen, ob die sozioökonomische Stellung auch bei der Kontrolle (Adjustierung) der besuchten Schulform und des Leistungsindikators Abiturnote überhaupt einen signifikanten Einfluss auf die Lehramtswahl hat, wurden alle drei Variablen in ein Regressionsmodell gefasst. Die Analyse beschränkt sich auf den Vergleich der Studierenden im RS- und GY-Studiengang, da hier der größte Einfluss der sozioökonomischen Stellung zu erwarten ist (s. o.). Überprüft wurden die Einflüsse mit einer binär logistischen Regressionsrechnung, deren Modellanpassung stimmig ist (Omnibus-Test: χ^2=41.24; p=.000; N=227). Das Modell erklärt 22.8 % der Gesamtvarianz. Berichtet werden Effektkoeffizienten $Exp(\beta)$ sowie das Signifikanzniveau des Wald-Tests. Werte $Exp(\beta)>1$ bedeuten einen positiven Effekt des Faktors (besuchte Schulform) sowie der Kovariaten (sozioökonomische Stellung, Abiturnote) auf die Lehramtsentscheidung, Werte $Exp(\beta)<1$ einen negativen Effekt. Die Wahrscheinlichkeit, dass sich z. B. Studierende mit steigender sozioökonomischer Stellung eher für das GY-Lehramt entscheiden, würde in einem Wert $Exp(\beta)>1$ zum Ausdruck kommen.

Die Entscheidung für ein GY-Lehramtsstudium wird im Vergleich zur RS-Lehramtswahl (Referenzkategorie) besonders durch den Besuch eines allgemeinbildenden Gymnasiums ($Exp(\beta)$=5.80; p=.000) erklärt. Auch ist die Wahrscheinlichkeit, dass sich Studierende mit besserer Abiturnote (kleinerer Notenwert) eher für das GY-Lehramt statt für das RS-Lehramt entscheiden, signifikant höher ($Exp(\beta)$=.52; p=.030). Schließlich hat die sozioökonomische Stellung (SEI) einen signifikanten Effekt auf die Lehramtswahl, wenngleich dieser am schwächsten ist ($Exp(\beta)$=1.022; p=.036). Damit bestätigt sich, dass die sozioökonomische Stellung auch unter Kontrolle von Schulform- und Leistungsmerkmalen einen signifikanten, zugleich aber vergleichsweise schwachen Effekt auf die Lehramtsentscheidung hat. Zwischen Lehrämtern, die sich aus sozioökonomisch vergleichbarer Klientel rekrutieren (z. B. GH- und SP-Lehramt), ist der sozioökonomische Einfluss auf die Lehramtswahl nicht messbar.

Sozioökonomische Rekrutierungsmuster im Lehramt

Um zu prüfen, ob sich die sozioökonomische Zusammensetzung der Studierendenklientel schulartspezifisch unterscheidet, wurden die Assoziationsmaße zwischen den einzelnen Lehrämtern und der Vergleichsgruppe Zahnmedizin berechnet (vgl. Tabelle 18). Die sozialen Rekrutierungsmuster zwischen den Lehrämtern unterscheiden sich in der vorliegenden Stichprobe zwar stärker als bei Kühne (2006, S. 624), die einzig signifikanten Differenzen bestehen aber zwischen den einzelnen Lehrämtern und der Zahnmedizin. Eine Ausnahme bildet hier aufgrund der großen Anteile an der unteren Dienstklasse das SP-Lehramt. Innerhalb der

»klassischen« Lehrämter (GH, RS, GY) kann also zunächst von einem weitgehend ähnlichen Rekrutierungsmuster ausgegangen werden, versteht man diese Muster als vergleichbare Verteilungsverhältnisse der einzelnen EGP-Klassen zwischen den Berufsgruppen. Dieses Ergebnis darf nicht verschleiern, dass die oben berichteten lehramtsspezifischen sozioökonomischen Unterschiede dennoch existieren. Im Hinblick auf die ähnlichen Rekrutierungsmuster zwischen den klassischen Lehrämtern muss Hypothese 2 für den Geltungsraum der vorliegenden Daten falsifiziert werden: Die Entscheidung für ein bestimmtes Lehramt steht nur in unerheblichen Maß im Zusammenhang mit der sozioökonomischen Stellung. Obwohl sich Anhaltspunkte für verschiedenartige Rekrutierungsmuster zwischen Lehrämtern zeigen, werden die beobachteten Unterschiede nicht signifikant. Die zudem deutlichen Unterschiede der Herkunftsmuster zwischen den Lehrämtern und der Zahnmedizin (Professionsvergleich) bestätigen, dass die Differenzen zwischen Lehrämtern als eher gering zu bewerten sind. Die Entscheidung für ein bestimmtes Lehramt ist damit weniger durch die gesellschaftliche Zusammensetzung der jeweiligen Studierendenklientel gegeben, wohl aber, wie oben gezeigt wurde, durch deren sozioökonomische Stellung insgesamt.

Tabelle 18: Beziehungen zwischen den EGP-Mustern der Berufsgruppen (t_1)

N=571	GH	RS	GY	SP
RS	.14	–	–	–
GY	.15	.14	–	–
SP	.22	.22	.16	–
ZM	.26**	.34**	.28*	.27

Angegebene Kennwerte: Cramers-V (CI). * $p < .05$; ** $p < .01$ (Signifikanzprüfung mittels χ^2-Verfahren).

Klassenaufstiege und -abstiege sowie Konsolidierung der sozioökonomischen Stellung

Alle Lehrämter, die eine wissenschaftliche Ausbildung erfordern, sind nach den Transformationen aus der ISCO-88-Berufsklassifikation in die EGP-Klasse II (untere Dienstklasse) eingruppiert. 79.7 % der SP-Studierenden, 77.6 % der GY-Studierenden, 69.6 % der GH-Studierenden und 67.8 % der GH-Studierenden stammen aus der unteren oder oberen Dienstklasse (vgl. Tabelle 2). Für diese insgesamt knapp drei Viertel (72.8 %) der künftigen Lehrkräfte bedeutet die Entscheidung für ein Lehramtsstudium keinen sozialen Aufstieg. Knapp die Hälfte (48.9 %) der befragten Studierenden reproduzieren mit Erreichen des von ihnen angestrebten Lehramtsabschlusses die Sozialklasse, aus der sie stammen. Nur für ein gutes Viertel der Studierenden (27.2 %), die aus den EGP-Klassen III bis VII stammen, bedeutet die Entscheidung für ein Lehramtsstudium einen sozioökonomischen Aufstieg. Für ein knappes Viertel der Befragten (23.9 %), die aus der oberen Dienstklasse stammen, ergibt sich durch den Lehramtsabschluss sogar ein leichter sozialer Abstieg. Ein solcher ist im GY-Lehramt am häufigsten (26.3 %) und nimmt über das GH- und RS- bis hin zum SP-Lehramt (16.7 %) ab. Letzteres weist zugleich aufgrund der hohen Reproduktionsquote auch die wenigsten Klassenaufstiege auf (20.5 %). Aufsteiger sind vor allem die Studierenden des RS- (32.3 %) und GH-Lehramts (30.2 %). Insgesamt führt die Entscheidung für ein Lehramtsstudium in Baden-Württemberg selten zu einem Klassenaufstieg. Ebenso häufig sind sozioökonomische Abstiege. Das Lehramt erfüllt daher eher die Funktion einer Konsolidierung des sozialen Status. In Baden-Württemberg kann der Lehrerberuf für die künftige Lehrerschaft entgegen der Hypothese 3 kaum als »Aufstiegsberuf« charakterisiert werden.

Berufsvererbung

Neuere Studien bestätigen die landläufige Annahme einer »Berufsvererbung« des Lehrerberufs in Familien (Hirsch u. a. 1990; Kühne 2006; Gehrmann 2007a; Herzog u. a. 2007). Die vorliegenden Daten ermöglichen ein differenziertes Bild (vgl. Tabelle 19). Zwischen den Lehrämtern zeigen sich hochsignifikante Unterschiede (CI = .13**). Ein gutes Viertel aller GY-Studierenden (27.0 %) hat mindestens ein Elternteil, das selbst Lehrerin oder Lehrer ist. Im SP-Lehramt sind es nur geringfügig weniger (22.2 %). Deutlich geringer fällt die Berufsvererbung unter GH-Studierenden (14.6 %) und RS-Studierenden (11.8 %) aus. Generell lässt sich für das Lehramtsstudium an Universitäten eine fast doppelt so hohe Berufsvererbung (27.0 %) feststellen wie an Pädagogischen Hochschulen (15.1 %; CI = .14**).

Tabelle 19: Berufsvererbung (Eltern im Lehrerberuf/ Zahnarztberuf) (t_1)

N = 571; Angaben in %	GH	RS	GY	SP	LA	ZM
genau ein Elternteil	13.6	6.5	21.7	16.7	15.1	21.6
beide Elternteile	1.0	5.4	5.3	5.6	3.6	2.7
mindestens ein Elternteil (»Berufsvererbung«)	14.6	11.8	27.0	22.2	18.7	24.3

Anmerkung: Daten extrahiert aus den Angaben der Studierenden über die Berufe ihrer Eltern. Welche Lehrämter die Eltern unterrichten, geht aus den Daten nicht hervor.

Während nur 17.1 % der Studentinnen mindestens ein Elternteil im Lehramt haben, sind es 27.2 % der Studenten. Der Unterschied ist eher moderat, aber hoch signifikant (CI = .14**). In anderen Studien ist hingegen eine stärkere Berufsvererbung an die Töchter zu beobachten (Kühne 2006; Herzog u. a. 2007, S. 144). Es ergibt sich eine starke Abhängigkeit der Berufsvererbung im Lehramt von der Sozialklassenzugehörigkeit, denn für viele Befragte ist die Zugehörigkeit zu den Dienstklassen durch ein Elternteil im Lehrerberuf gegeben (CI = .26***).

Im Schnitt fällt die Erblichkeit im Lehramt geringer aus als unter Zahnmedizinern. Die Quote der Berufsvererbung (mindestens ein Elternteil Zahnarzt) liegt bei 24.3 %. Werden Eltern mit eingerechnet, die einen anderen Arztberuf ausüben, steigt die Quote auf 40.5 % und liegt höchst signifikant über dem Vergleichswert (18.7 %) im Lehramt (CI = .19***). Zwei Fünftel aller Zahnmedizinstudierenden haben damit mindestens ein Elternteil in einem Arztberuf. Dass für den Lehrerberuf eine hochgradige Berufsvererbung typisch sei (Hypothese 4), kann daher unter der Einschränkung verifiziert werden, dass diese unter Zahnmedizinern noch stärker ausgeprägt ist.

Diskussion der Ergebnisse

Die Analysen haben im Kern zum Ergebnis, dass sich Erstsemester im Lehramt hinsichtlich ihrer sozialen Herkunft (gemessen am sozioökonomischen Status) signifikant unterscheiden. Insbesondere zwischen Studierenden des GY- und RS-Lehramts treten solche Unterschiede deutlich zutage, während diese zwischen den GH- und SP-Studierenden geringer sind. Zugleich sind die sozialen Rekrutierungsmuster unter den Lehrämtern sehr ähnlich (vergleichbare Verteilungsverhältnisse der Sozialklassen zwischen den Berufsgruppen). Verglichen mit anderen Faktoren (z. B. Abiturleistung) ist der Einfluss der sozioökonomischen Stellung auf die Lehramtswahl als relevant, zugleich aber als eher gering einzuschätzen. Für 72.8 % der künftigen Lehrkräfte bedeutet die Entscheidung für ein Lehramtsstudium keinen sozialen Aufstieg, 48.9 % reproduzieren die Sozialklasse, aus der sie stammen. Nur für 27.2 % der Befragten ist das Lehramtsstudium die Perspektive für einen sozioökonomischen Aufstieg, 23.9 % steigen sogar aus der oberen Dienstklasse ab.

Die beobachtete Beziehung zwischen Lehramtsentscheidung und sozioökonomischer Stellung ist vor dem Hintergrund der Studie von Kühne (2006, S. 623) überraschend, die bundesweit keine Abhängigkeit zwischen Lehramtstyp und sozialer Herkunft erkennen lässt. Auf Grundlage seiner Daten stammen GY-Lehrkräfte in Westdeutschland zu 25.9 % aus EGP-Klasse I und 25.2 % aus Klasse II; GH-Lehrer zu 26.9 % aus EGP-Klasse I und 33.3 % aus Klasse II (ebd., S. 625). Die Herkunftsquoten aus dem Arbeitermilieu sind dort bei beiden Lehrämtern vergleichbar (20.5 % GH; 21.7 % GY). Kühne vertritt die »These von der allmählichen sozialen Annäherung« (ebd., S. 622) der Lehrämter. Gemessen an diesem recht homogenen Bild fallen die im Vergleich deutlich höheren Sozialklassenzugehörigkeiten der vorliegend Befragten auf. Diese mögen durch die in der Bevölkerung Baden-Württembergs überproportional hohe Klassenzugehörigkeit zu erklären sein, aber auch die Selektivität der Stichprobe wird einen Einfluss auf diese Unterschiede haben. Außerdem sind die größeren Differenzen *zwischen* den Lehrämtern in der vorliegenden Stichprobe auffällig.

Wenn sich die Lehrer hinsichtlich ihres sozioökonomischen Status unterscheiden und sich zugleich jene Lehrer in »niederen« Lehrämtern auch selbst aus sozial schwächer gestellten Familien rekrutieren, spricht dies zunächst für eine Reproduktion sozialer Herkunft im Lehrerberuf. Unter der Annahme, dass der sozioökonomische Status und die kulturelle Praxis eine Beziehung zueinander aufweisen (Watermann/Baumert 2006), kann somit eine Konsolidierung der sozialen Herkunft in der Schule befürchtet werden. Ob allerdings die Lehramtsstudierenden aus bildungsferneren Schichten im späteren Beruf auch ihre Schüler in irgendeiner Weise benachteiligen, ist anhand der vorliegenden Daten nicht zu prüfen. Es könnte im Gegenteil sein, dass gerade diese Lehrkräfte im Beruf aufgrund ihrer eigenen Herkunftserfahrung besonders bemüht sind, den Kindern und Jugendlichen einen Weg zum Klassenaufstieg zu eröffnen. Vor diesem Hintergrund kann der von Kühne (2006, S. 630) postulierte Zusammenhang von schichtspezifischem Lehrerverhalten und deren Rekrutierungsprofil weder bestätigt noch falsifiziert werden. Sollte sich dieser Zusammenhang jedoch als richtig erweisen, spräche dies für die im Anschluss an die *Baumert-Expertise* (Ministerium 2007) vollzogene Reform der Lehrerbildung in Nordrhein-Westfalen, die eine Angleichung der Ausbildungsdauer bei gleichzeitiger Differenzierung der Inhalte in den unterschiedlichen Lehramtsstudiengängen realisiert (vgl. dazu auch die korrespondierenden gewerkschaftlichen Forderungen: Keller 2010). Allerdings erzeugt diese Reform durch die wieder eingeführte Gliederung der Ausbildung nach Lehrämtern – im Vergleich zur vorher praktizierten Organisation der Lehrerbildung in Stufen (Primarstufe, Sekundarstufe I und II) – zugleich vermutlich auch wieder sozial divergierende Rekrutierungsanreize.

Die Berufsvererbung ist für das Lehramt typisch. Unter den Professionsberufen ist die Vererbung nur im Arztberuf stärker (Kühne 2006, S. 627). Lehramtsstudierende an Universitäten haben wesentlich öfter auch selbst Lehrer als Eltern als dies bei Studierenden der Pädagogischen Hochschulen der Fall ist. Entgegen den Ergebnissen anderer Studien scheint es besonders für männliche Studierende reizvoll, den Lehrerberuf eines Elternteils zu ergreifen. Verglichen mit den Daten von Kühne (2006, S. 627) liegen die hiesigen Quoten zur Berufsvererbung im GY-Lehramt im bundesweiten Mittel (24.0 %), im GH-Lehramt aber deutlich unter dem Schnitt von 24.3 %. Gehrmann (2007, S. 94) berichtet für die Universität Rostock eine Quote von 20.4 %. Berücksichtigt man, dass die Werte von Kühne lediglich auf der Vererbung des Vaters auf die Kinder beruhen, fällt die Berufsvererbung für den Geltungsraum der vorliegenden Studie unterdurchschnittlich gering aus (17.8 %). Dies liegt möglicherweise an dem schwächeren Anreiz, in einem Bundesland mit sehr niedriger Arbeitslosigkeit und hohen Durchschnittseinkommen die mit dem Lehrerberuf einhergehenden Sicherheiten anzustreben. Der von Kühne (2006, S. 627) vorgenommene Schluss, die Selbstrekrutierung im Lehramt sei in besonderem Maße bezüglich der Töchter geschlechtsspezifisch, muss angesichts der hohen Frauenquote im Lehramt kritisch gesehen werden; und gerade über die Mütter liegen ja keine ALLBUS-Daten vor. Gleichwohl bestätigen auch andere Untersuchungen (Herzog u. a. 2007) und die vorliegenden Daten, dass zumindest die Quote der Berufsvererbung unter weiblichen Studierenden im Lehramt höher ausfällt. Dies ist auch ein Hinweis darauf, dass die Berufswahlentscheidung (vgl. 4.3.1, S. 324) zumindest nicht ausschließlich auf rationalen Motiven beruht (Krieger 2000; Treptow 2006).

Im Blick auf die Lehrerbildungsforschung wird deutlich, dass sowohl Studien mit nationalem Geltungsanspruch (Kühne 2006), wie auch stark lokal verankerte Erhebungen (Schumacher 2002) die soziale Ungleichheit zwischen Lehramtsstudierenden weder repräsentativ erfassen noch abschließend erklären können. Sie sind entweder zu allgemein oder zu spezifisch angelegt, um die Eigenarten eines länderspezifischen Lehrerbildungssystems zu erklären. Auch die vorliegende Studie kann hier nur begrenzt belastbare Daten liefern. Sie ermöglicht aber den Binnenvergleich innerhalb eines ausgewählten Lehrerbildungssystems.

Bedeutung der sozioökonomischen Stellung

Der international anerkannte ISEI wird nachfolgend als zentraler Indikator der sozioökonomischen Stellung insgesamt verwendet (Variablencode: »SEI«). Mit seiner Hilfe kann auch geklärt werden, welches Potenzial der zu Studienbeginn bereits festgelegten sozioökonomischen Herkunft als Prädiktor für Überzeugungen und Werthaltungen der Lehramtsstudierenden zukommt, die für die Entwicklung von Professionalität bedeutend sein können. Um solche möglichen Bezüge zu anderen Variablen aufzuzeigen, wurde mittels allgemeinem linearen Modell der Einfluss des ISEI auf die zu beiden Zeitpunkten erfassten metrischen Variablen geprüft. Nach einer manuellen Anpassung verbleiben nur sieben abhängige Variablen im Modell, die sich auf signifikante Weise durch die sozioökonomische Stellung prognostizieren lassen (vgl. Tabelle 20).

Studierende mit höherer sozioökonomischer Stellung zeigen zu beiden Erhebungszeitpunkten auch eine größere geografische Mobilitätsbereitschaft (GMO). Dieser Befund ist zu beiden Erhebungszeitpunkten hoch signifikant. Kaum überraschend ist vor dem Hintergrund der PISA-Studien die Beobachtung, dass Lehramtsstudierende mit höherer sozioökonomischer Stellung ihrer Herkunftsfamilie auch die höhere Chance auf einen besseren Schulabschluss haben (NOA; umgepolt: je kleiner die Note, desto besser ist der Schulabschluss). Das sozioökonomische Kapital ist auch ein Indikator für die Zustimmung zu dreierlei Bildungsvorstellungen. Wer über größere Ressourcen verfügt, wird nach dem dritten Semester mit erhöhter Wahrscheinlichkeit einem gebildeten Menschen folgende Eigenschaften zuweisen: er beherrscht mindestens eine Fremdsprache in Wort und Schrift (BVS2_8), er ist sich der zentralen Probleme der Gegenwart und seiner Mitverantwortlichkeit für deren Lösung bewusst (BVS2_2) und er kennt und wertschätzt klassische Kulturgüter unserer Gesellschaft (BVS2_6). Solche Studierende neigen auch eher dazu, die biologische Anlage von Intelligenz und Begabung zu betonen (SUE2). Offenbar weist eine vergleichsweise höhere sozioökonomische Stellung auf ein eher konservatives Verständnis von Bildung hin, das die Notwendigkeit eines verantwortungsbewussten Handelns in der pluralen Gesellschaft betont und um die für den interkulturellen Dialog notwendigen Fremdsprachen sowie um die Kenntnis der eigenen und angeborenen kulturellen Identität weiß. Insgesamt muss das Vorhersagepotenzial aber als eher gering eingestuft werden. Der ISEI hat daher zwar zur Beschreibung der Lehramtsklientel eine Berechtigung in der empirischen Lehrerbildungsforschung, seine Bedeutung als Eingangsvariable sollte aber nicht überbewertet werden.

Tabelle 20: Bedeutung der sozioökonomischen Stellung (t_1 auf t_1/t_2)

Code	Index/Item	β	T	p	R^2
GMO	geografische Mobilität (t_1)	.02	3.58	.000	.029
GMO2	geografische Mobilität (t_2)	.02	3.36	.001	.025
BVS2_8	ein gebildeter Mensch beherrscht mindestens eine Fremdsprache (t_2)	.02	2.70	.007	.016
NOA	Gesamtdurchschnitt Abiturnote (t_1)	-.01	-2.71	.007	.016
BVS2_2	Bildungsverständnis nach Klafki (t_2)	.01	2.50	.013	.013
SUE_2	Vererbung spielt bei Intelligenz/Begabung eine sehr geringe Rolle (t_1)	-.01	-2.19	.029	.009
BVS2_6	Bildungsverständnis nach Bueb (t_2)	.01	2.15	.032	.009

Methode: allgemeines lineares Modell (GLM multivariat). *Abkürzungen*: β=Beta-Koeffizient; T=T-Wert der Signifikanzprüfung; p=Signifikanz; R^2=aufgeklärte Varianz. *Modellanpassung*: F=5.27; p=.000 (Pillai-Spur=.086; Hotelling-Spur=.095); N=398 (fehlende Werte fallweise gelöscht). *Anmerkungen*: Ergebnisse sortiert nach abnehmendem Betrag der Beta-Koeffizienten. Prädiktor ist die sozioökonomische Stellung (t_1). Potenzielle abhängige Variablen sind alle metrischen Variablen, die zu t_1 und t_2 erfasst wurden.

Relativer Wohlstand der Familie

Ergänzend sollen nachfolgend Ergebnisse zum relativen Wohlstand der Familie berichtet werden, der neben ISEI und EGP-Klassen als weiterer Indikator für den sozioökonomischen Status angesehen wird (Baumert/Schümer 2001, S. 332). Im Wesentlichen stützen die folgenden Ausführungen die oben getroffenen Aussagen. Es liegen Daten zu den Wohnverhältnissen der Herkunftsfamilien der Studierenden und deren Besitz von Gebrauchsgütern mit hohem Anschaffungswert vor. Die Wohnverhältnisse wurden gestaffelt nach Größe und Art der Wohnumgebung erfasst (vgl. Tabelle 21).

Gut drei Viertel aller Befragten (77.5%) wohnten im Alter von 13-19 Jahren überwiegend in einem Haus (Reihen-, Doppel- oder Einfamilienhaus). Nur 1.4% lebten beengt (1- oder 2-Zimmer-Wohnung). Damit können die Wohnverhältnisse in der Herkunftsfamilie insgesamt als sehr gut gelten. Unterschiede zwischen Lehrämtern, Geschlechtern, Fächern oder nach Alter werden nicht signifikant. Allerdings unterscheiden sich die Wohnverhältnisse nach Sozialklassen hoch signifikant (CI=.16***). Studierende aus der oberen Dienstklasse leben zu 79.4% in einem Haus, jene aus der Klasse ungelernter Arbeiter nur zu 44.4%.

Tabelle 21: Wohnverhältnisse der Familie (t_1)

WDF (N=519; Angaben in %)	GH	RS	GY	SP	LA
1- oder 2-Zimmer-Wohnung	1.0	1.1	1.9	1.9	1.4
3- oder 4-Zimmer-Wohnung	16.5	12.6	14.2	7.4	14.1
Wohnung mit 5 oder mehr Zimmern	8.3	6.3	5.2	7.4	6.8
Reihenhaus	7.3	8.4	12.9	9.3	9.4
Doppelhaushälfte	14.6	7.4	10.3	18.5	12.4
Einfamilienhaus	51.9	64.2	55.5	55.6	55.7
nicht beantwortet	0.5	0.0	0.0	0.0	0.2
Quote: Wohnen in einem Haus (gesamt)	73.8	80.0	78.7	83.4	77.5

Frage: In welchen Räumlichkeiten haben Sie im Alter von 13-19 Jahren überwiegend gewohnt?

Auch der Besitz von Gebrauchsgütern mit hohem Anschaffungswert beansprucht, Auskunft über die sozioökonomische Stellung zu geben. Im Pretest wurde geprüft, welche Güter der Herkunftsfamilien als Indikator dienen können. Der prozentuale Besitz von sechs in der Haupterhebung abgefragten Gütern differenziert sich nach Standorten und Lehrämtern wie in Tabelle 22 dargestellt. Familien der GY-Studierenden besitzen signifikant mehr Gebrauchsgüter mit hohem Anschaffungswert als jene der PH-Studierenden (CI = .18*). Als differenzierender Indikator bietet sich besonders der Hochgeschwindigkeits-Internetanschluss an (CI = .18***). Die drei PH-Lehrämter unterscheiden sich hingegen nur unwesentlich. Auffällige Differenzen zeigen sich nur dahingehend, dass GH-Herkunftsfamilien häufiger zwei oder mehr Fernseher besitzen (CI = .14*). Außerdem zeigen sich Differenzen zwischen den EGP-Sozialklassen: Während etwa in den Arbeiterfamilien 11.9 % der Befragten keinen der genannten Gegenstände besitzen, sind dies in den Dienstklassen nur 1.6 % (CI = .15*).

Tabelle 22: Besitz von Gebrauchsgütern mit hohem Anschaffungswert (t_1)

GHA (N=510; Angaben in %)	GH	RS	GY	SP	PH	UN	LA
Geschirrspülmaschine	86.4	88.4	96.1	94.4	88.2	96.1	90.6
Wäschetrockner	65.5	67.4	74.8	66.7	66.2	74.8	68.6
mehr als ein Fernseher	70.4	54.7	71.0	63.0	65.1	71.0	66.9
mehr als ein PKW	58.1	66.3	72.3	61.1	60.6	72.3	64.2
Hochgeschwindigkeits-Internetanschluss	56.1	53.7	72.3	46.3	53.8	72.3	59.5
hochwertiges Mobiliar	40.5	40.0	45.8	38.9	40.0	45.8	41.9
Mittelwert	62.8	61.8	72.1	61.7	62.3	72.1	65.3

Frage: Welche der folgenden Gegenstände befanden sich im Hausrat des Haushalts, in dem Sie im Alter von 13-19 Jahren gelebt haben?

3.2.2 Kulturelles Kapital der Familie

Überlegungen zum theoretischen Hintergrund und zur Operationalisierung des kulturellen Kapitals wurden bereits an anderer Stelle ausgeführt (vgl. S. 157). Hier werden die Ergebnisse entlang der operationalisierten Dimensionen berichtet. Dazu gehören die ethnische Herkunft, das Humankapital der Eltern und die kulturelle Praxis der Familie.

Ethnische Herkunft

Die ethnische Herkunft verweist auf die in der Herkunftsfamilie der Studierenden gelebte Kultur. Gerade in Migrantenfamilien wird häufig die Herkunftssprache gesprochen oder eine religiöse Prägung bestimmt Alltag und Umgang. Studierende, die aufgrund der Zugehörigkeit zu einer fremden Ethnie erschwerte Bedingungen bei der Integration in den Studienalltag erleben (z. B. aufgrund Sprachbarrieren oder Ausgrenzungserfahrungen), sind daher bezüglich ihres kulturellen Kapitals schwächer gestellt. Die ethnische Herkunft wurde über die Geburtsländer von Studierenden und ihren Eltern sowie die Aufenthaltsdauer der Studierenden in Deutschland, ihre Muttersprache sowie die vorwiegend in der Familie gesprochene Sprache erfasst. Mit 94.3 % wurden fast alle Befragten in Deutschland geboren (vgl. Tabelle 23). Durch die geringe Anzahl an Befragten, die im Ausland geboren wurden, ist das Geburtsland der Studierenden (GLS) vorliegend kein tauglicher Indikator für die ethnische Herkunft.

Tabelle 23: Geburtsland der Studierenden (t_1)

GLS (N=510; Angaben in %)	GH	RS	GY	SP	LA
Deutschland	92.7	95.8	95.5	94.4	94.3
Rumänien	1.9	–	1.9	–	1.4
Russland	1.9	1.1	0.6	–	1.2
Sonstige (11 Länder)	3.5	4.4	1.8	5.6	2.4
nicht in Deutschland geboren	7.3	4.2	4.5	5.6	5.7

Frage: In welchem Land sind Sie geboren? *Anmerkung*: Sonstige Länder sind (je eine Nennung): Bosnien, Estland, Kasachstan, Kosovo, Polen, Portugal, Südafrika, Tadschikistan, Türkei, Ukraine und USA.

Geeigneter erscheint das Geburtsland der Eltern, da diese noch häufiger als ihre Kinder aus dem Ausland stammen. Von 12.8 % der Studierenden ist mindestens ein Elternteil im Ausland geboren, von 7.3 % sind es beide Elternteile (vgl. Tabelle 24). Damit ist anzunehmen, dass für gut ein Zehntel der Befragten der Einfluss einer anderen »Kultur« (meist einer osteuropäischen) auf die erfahrene elterliche Erziehung und Sozialisation mit prägend war.

Tabelle 24: Geburtsland der Eltern (t_1)

GLE (N=510; Angaben in %)	Mutter					Vater				
	GH	RS	GY	SP	LA	GH	RS	GY	SP	LA
Deutschland	90.8	89.5	91.0	90.7	90.6	88.3	87.4	91.6	92.6	89.6
Rumänien	1.9	1.1	2.6	1.9	2.0	1.9	1.1	2.6	–	1.8
Russland	2.4	1.1	0.6	–	1.4	1.9	1.1	0.6	–	1.2
Polen	1.0	–	1.3	–	0.8	1.9	–	0.6	–	1.0
Türkei	1.0	1.1	0.6	–	0.8	1.5	1.1	0.6	–	1.0
Kasachstan	0.5	1.1	–	–	0.4	0.5	1.1	–	1.9	0.6
Frankreich	–	–	0.6	–	0.2	0.5	1.1	0.6	–	0.6
Bosnien	–	1.1	–	1.9	0.4	–	–	–	1.9	0.2
Kroatien	–	–	0.6	–	0.2	0.5	1.1	–	–	0.4
Ukraine	–	–	0.6	–	0.2	0.5	–	0.6	–	0.4
Sonstige (20 Länder)	2.5	5.5	1.2	1.9	2.6	2.5	6.6	1.8	–	2.8
nicht in Deutschland geboren	9.2	10.5	9.0	9.3	9.4	11.7	12.6	8.4	7.4	10.4

Frage: In welchem Land sind Ihre Eltern geboren? *Anmerkung*: Sonstige Länder sind: Belgien, Brasilien, England, Griechenland, Guadeloupe, Kosovo, Libanon, Namibia, Niederlande, Österreich, Portugal, Schweden, Schweiz, Serbien, Spanien, Südafrika, Tadschikistan, Thailand, Tschechien, Vietnam.

Die Lehramtsstudierenden wurden weiterhin gefragt, seit dem wievielten Lebensjahr sie in der Bundesrepublik Deutschland leben. Studierende aus Migrantenfamilien leben überwiegend bereits in der zweiten oder höheren Generation in Deutschland. 5.7 % der Befragten sind nach ihrer Geburt zugezogen, 4.5 % innerhalb der ersten 10 Lebensjahre. Lediglich 1.2 % waren 11 Jahre und älter. Damit ist die Zahl der Befragten, die in einem fremden Kulturraum groß geworden sind, äußerst gering. Eine fremde Kultur begegnete auch den migrierten Studierenden wohl meist nur sekundär durch ihre Familie oder deren soziales Umfeld.

Für 96.7 % der Befragten ist Deutsch die Muttersprache. Eine Verteilung der übrigen 3.3 % nach auffälligen Mustern ist nicht gegeben. Die Lehramtsstudierenden sprechen in ihren Familien vorwiegend Deutsch (96.9 %). Eine systematische Verteilung der übrigen 3.1 % besteht auch hier nicht. Die Muttersprache und die vorwiegend in den Familien gesprochene Sprache sind damit in der Stichprobe kein differenzierendes Merkmal der ethnischen Herkunft.

Durch die hohe Zahl in Deutschland geborener Studierender (94.3 %) erscheint es sinnvoll, die ethnische Herkunft besser am Geburtsland der Eltern (GLE) festzumachen. Die Kodierung des *Index ethnische Herkunft (EHK)* erfolgt gestaffelt: 1 = beide Eltern im fremdsprachigen Ausland geboren; 2 = ein Elternteil im fremdsprachigen, das andere im deutschsprachigen Ausland geboren; 3 = ein Elternteil im fremdsprachigen Ausland, das andere in Deutschland geboren; 5 = beide Eltern im deutschsprachigen Ausland geboren; 6 = ein Elternteil im deutschsprachigen Ausland, das andere in Deutschland geboren; 7 = beide Eltern in Deutschland geboren. Als deutschsprachiges »Ausland« sind die Nennungen »Österreich« und »Schweiz« definiert. Damit trägt der Index der Annahme Rechnung, dass europäische Länder desselben Sprachraumes auch eine große kulturelle Nähe aufweisen. Die Dauer des Aufenthalts in Deutschland, die Muttersprache und die vorwiegend gesprochene Sprache in der Familie erweisen sich durch die hohe Deckung (deutsche Herkunft) und die damit geringe Varianz als kein sinnvoller Indikator für die ethnische Herkunft.

Humankapital der Eltern

Das Humankapital der Eltern ist durch die von Müttern und Vätern der Studierenden erreichte Schul- und Berufsbildung definiert. Es besteht die Annahme eines starken Einflusses der elterlichen Bildungsressourcen auf die Erziehung der Studierenden und die Möglichkeiten und Perspektiven, welche die Eltern ihren Kindern im Bildungssystem einräumen (können). Eltern, die selbst einen hohen Bildungsgrad erreicht haben, werden sich auch eher für ihre Kinder eine möglichst hochwertige Bildung wünschen und sie entsprechend fördern, während Mütter und Väter aus dem Arbeitermilieu oftmals zu wenig Humankapital besitzen, um ihren Kindern die maximale Förderung im deutschen Bildungssystem zuteil werden zu lassen, selbst wenn sie das wünschen (kaum Lernhilfe, geringe Kenntnis des Bildungssystems und der Möglichkeiten usw.).

Die *Schulbildung* der Eltern wurde in Anlehnung an die 18. Sozialerhebung des Deutschen Studentenwerks (Isserstedt u. a. 2007, S. 125-128) erfasst (vgl. Tabelle 25). Es ist gängig, den höchsten schulischen Bildungsgrad von Mutter *oder* Vater als Variable zu verwenden (Isserstedt u. a. 2007, S. 125). Vorliegend werden aber zunächst Angaben für Mutter *und* Vater getrennt erfasst, um einen vollständigen Eindruck zu erhalten. Fast die Hälfte der Väter, aber nur ein Drittel der Mütter haben Abitur. Die Quote der Mütter/ Väter ohne Schulabschluss liegt unter 2 %. Insgesamt sind die Abschlüsse deutlich höher als im Bevölkerungsdurchschnitt der jeweiligen Elterngeneration (Baumert u. a. 2005, S. 100). Während fast zwei Drittel (65.8 %) der GY-Studierenden mindestens ein Elternteil mit Hochschulreife haben, trifft dies auf deutlich weniger Eltern der SP-Studierenden zu (55.6 %). Unter den GH-Studierenden hat nur die Hälfte (51.5 %) ein Elternteil mit Abitur, nur auf die knappe Hälfte (46.3 %) der RS-Studierenden trifft dies zu. Lediglich 5.8 % der Befragten mit Eltern, die maximal einen Hauptschulabschluss erreichten, studieren an den Universitäten, im RS-Studiengang sind dies fast dreimal so viele (16.8 %). Gemessen an bundesweit repräsentativen Vergleichsdaten (vgl. Tabelle 25) liegt das über die Lehramtsstudierenden hinweg erfasste Niveau elterlicher Schulbildung in etwa auf dem Bundesdurchschnitt der Studierenden aller Fächer. Die Eltern der GY-Studierenden haben weit überdurchschnittliche Schulabschlüsse, jene der SP-Studierenden liegen ungefähr auf durchschnittlichem Niveau und die der GH- und insbesondere RS-Studierenden deutlich darunter.

Tabelle 25: Schulbildung der Eltern (t_1)

SEL (N=510; Angaben in %)	Mutter LA	Vater LA	höchster Abschluss von Mutter *oder* Vater					
			GH	RS	GY	SP	LA	VG
kein Schulabschluss	1.2	1.6	0.5	2.1	0.6	–	0.8	1
Volks-/Hauptschule	20.8	26.3	13.6	16.8	5.8	9.3	11.4	14
Realschule/Mittlere Reife	42.8	23.8	33.5	33.7	25.8	35.2	31.4	28
Abitur/Hochschulreife	34.0	46.4	51.5	46.3	65.8	55.6	55.3	58
mir nicht bekannt	1.0	1.8	1.0	–	1.9	–	1.0	–
keine Angabe	0.2	0.2	–	1.1	–	–	0.2	–

Frage: Welchen *höchsten* Schulabschluss hat/hatte Ihre Mutter/Ihr Vater? *Abkürzungen:* VG=Vergleichsdaten (Isserstedt u. a. 2007, S. 126). *Anmerkung:* Vergleichsdaten beziehen sich auf Eltern Studierender aller Hochschulen/Studiengänge/Semester und sind für das Bundesgebiet repräsentativ.

Ebenfalls in Anlehnung an die 18. Sozialerhebung (Isserstedt u. a. 2007, S. 128-131) wurde der *berufsqualifizierende Abschluss* der Eltern erfasst (vgl. Tabelle 26). Zwar unterscheidet diese Klassifikation nicht wie üblich (Brauns/Steinmann 1999) zwischen Fachhochschul- und Universitätsabschlüssen, sie stellt aber wichtige Vergleichsdaten bereit. Immerhin 5.1 % der Mütter und 3.3 % der Väter haben keinen Berufsabschluss. Allerdings haben nur 1.6 % der befragten Lehramtsstudierenden Eltern, die beide keinen berufsqualifizierenden Abschluss besitzen. Wie zuvor hinsichtlich der Schulbildung kann auch hier der jeweils höchste Berufsabschluss von Mutter *oder* Vater als relevant erachtet werden. Während drei Fünftel (59.4 %) der GY-Studierenden mindestens ein Elternteil mit (Fach-)Hochschulabschluss haben, trifft dies nur auf die knappe Hälfte der SP-Studierenden zu (46.3 %). Unter den GH-Studierenden haben nur zwei Fünftel (41.3 %) mindestens ein akademisches Elternteil, unter den RS-Studierenden sogar nur ein knappes Drittel (31.6 %). Nur 16.8 % der Studierenden mit Eltern, die maximal eine Lehre abgeschlossen oder einen Facharbeiterabschluss haben, studieren an den Universitäten, im RS-Lehramt sind es doppelt so viele (32.6 %). Verglichen mit den bundesweit repräsentativen Vergleichsdaten (vgl. Tabelle 26) liegt das über alle Lehramtsstudierenden hinweg erfasste Niveau der Berufsbildung der Eltern in etwa auf dem Bundesdurchschnitt aller Studierenden (zu berücksichtigen sind hier die vorliegend ausgewiesenen Non-Responder, während in der Vergleichsstichprobe nur gültige Prozente berichtet werden). Die Eltern der GY-Studierenden sind beruflich überdurchschnittlich hoch qualifiziert, jene der SP-Studierenden liegen ungefähr auf durchschnittlichem Niveau und die der GH- und besonders RS-Studierenden deutlich darunter.

Tabelle 26: Berufsausbildung der Eltern (t_1)

BEL (N=510; Angaben in %)	Mutter LA	Vater LA	Mutter oder Vater					
			GH	RS	GY	SP	LA	VG
kein Berufsabschluss	5.1	3.3	1.0	2.1	1.3	3.7	1.6	2
Lehre/ Facharbeiter	51.7	28.5	29.6	32.6	16.8	25.9	25.9	27
Meisterprüfung	2.9	12.4	9.2	14.7	10.3	11.1	10.8	20
Fach-/ Ingenieurschule	8.3	9.6	12.6	13.7	8.4	11.1	11.4	
(Fach-)Hochschule	24.4	39.4	41.3	31.6	59.4	46.3	45.5	51
mir nicht bekannt	6.5	5.9	4.9	4.2	3.9	–	3.9	–
keine Angabe	1.2	0.8	1.5	1.1	–	1.9	1.0	–

Frage: Welchen *höchsten* Berufsabschluss hat/ hatte Ihre Mutter/ Ihr Vater? *Abkürzungen:* VG=Vergleichsdaten (Isserstedt u. a. 2007, S. 130). *Anmerkungen:* Vergleichsdaten beziehen sich auf Eltern Studierender aller Hochschulen/ Studiengänge/ Semester und sind für das Bundesgebiet repräsentativ. Die Kategorien »Meisterprüfung« und »Fach-/ Ingenieurschule« wurden in der 18. Sozialerhebung erstmals gemeinsam ausgewiesen, weshalb an dieser Stelle keine Differenzierung möglich ist.

Das Humankapital (operationalisiert über ordinale Merkmale der jeweils höchsten Schulbildung (SEL) und Berufsbildung (BEL) von Mutter *oder* Vater der Studierenden) kann im Sinne eines Bildungsniveaus (BNV) als Kombination von schulischer Bildung und beruflicher Qualifikation interpretiert werden (Jöckel u. a. 1998, S. 15; Hoffmeyer-Zlotnik u. a. 2004, S. 36). Die dort vorgeschlagene Verbindung beider Variablen zu einem Bildungsniveau wurde auf die erhobenen Daten adaptiert. Es ergibt sich folgende Kodierung (vgl. Tabelle 27).

Tabelle 27: Kodierung des Bildungsniveaus bzw. Humankapitals der Eltern (t_1)

BNV Berufsbildung (BEL)	Schulabschluss (SEL)			
	kein Schulabschluss	Volks-/ Hauptschule	Realschule/ Mittlere Reife	Abitur
kein Berufsabschluss	1	2	3	4
Lehre/ Facharbeiter	3	3	4	5
Meisterprüfung	4	4	5	6
Fach-/ Ingenieurschule	–	5	6	7
Hochschule	–	7	7	8

Je höher die in der Kodierung vergebene Ziffer, desto höher ist das Bildungsniveau in gegenseitiger Abhängigkeit von Schul- und Berufsbildung. Tabelle 28 zeigt die Verteilung der Niveaustufen des Bildungsniveaus bzw. »Humankapitals« im Lehramtsvergleich. Wird dem Bildungsniveau eine Intervallskalierung unterstellt und der Mittelwert über die Niveaustufen berechnet, ergibt sich ein höchst signifikanter Lehramtsunterschied ($\eta^2 = .041^{***}$; $M_{GH} = 6.07$; $M_{RS} = 5.66$; $M_{GY} = 6.74$; $M_{SP} = 6.21$). Damit verfügen die Eltern der RS-Studierenden über das geringste, jene der GY-Studierenden über das größte Humankapital. Das als relevant erachtete höchste Bildungsniveau von Mutter *oder* Vater wird in einem weiteren Schritt durch Kodierung in den üblichen sieben Stufen in einen *Index Humankapital der Eltern (HDE)* transformiert: 1=Niveau 1; 1.86=Niveau 2, 2.71=Niveau 3, 3.57=Niveau 4, 4.43=Niveau 5, 5.29=Niveau 6, 6.14=Niveau 7, 7=Niveau 8.

Tabelle 28: Bildungsniveau bzw. Humankapital der Eltern (t_1)

BNV (N=466-480; Angaben in%)	Mutter LA	Vater LA	Mutter oder Vater GH	RS	GY	SP	LA
Bildungsniveau Stufe 1	0.6	0.9	0.5	1.1	–	–	0.4
Bildungsniveau Stufe 2	2.1	1.3	0.5	1.1	–	1.9	0.6
Bildungsniveau Stufe 3	18.4	16.1	6.8	13.5	4.8	3.8	7.1
Bildungsniveau Stufe 4	36.6	22.1	23.6	19.1	12.9	24.5	19.6
Bildungsniveau Stufe 5	7.3	7.5	11.5	15.7	11.6	9.4	12.1
Bildungsniveau Stufe 6	6.2	7.3	7.9	11.2	5.4	7.5	7.7
Bildungsniveau Stufe 7	3.9	4.1	7.3	5.6	4.8	7.5	6.2
Bildungsniveau Stufe 8	24.8	40.8	41.9	32.6	60.5	45.3	46.2

Interpretation: Je höher die Niveaustufe, desto höher das Bildungsniveau/ Humankapital.

Kulturelle Praxis der Familie

Auch die kulturelle Praxis einer Familie gibt Einblick in das prägende Umfeld der Lehramts-studierenden im Rahmen ihrer Erziehung und Sozialisation. Angenommen wurde, dass der *Besitz von Kulturgütern (BVK)* wie z. B. klassischer Literatur oder das gemeinsame Besuchen von Veranstaltungen mit hoher kultureller Bedeutungszuschreibung (z. B. Theateraufführungen) im Sinne des *kulturellen Lebens in der Familie (KLF)* Indikatoren für die kulturelle Praxis der Familien insgesamt sind. Als Kulturgüter wurden Musikinstrumente, Kunstwerke, klassische Literatur sowie Enzyklopädien definiert (vgl. Tabelle 29). Um eine möglichst einheitliche Schätzung durch die Studierenden zu erleichtern, wurden Spezifikationen (z. B. Anschaffungswert) hinzugefügt.

Tabelle 29: Besitz von Kulturgütern (t_1)

BVK (N=419-486)	GH M	SD	RS M	SD	GY M	SD	SP M	SD	LA M	SD
1 Musikinstrumente (Anschaffungswert > 200 €)	2.12	1.87	2.41	2.80	2.20	1.94	2.20	1.96	2.21	2.10
2 Kunstwerke (originale Bilder, Skulpturen etc.)	3.26	9.83	3.23	12.16	2.72	9.39	3.53	9.77	3.11	10.11
3 Bücher (klassische Literatur und Gedichtbände; Schätzung)	92.0	188.9	93.2	248.0	144.8	302.6	66.9	108.1	106.0	236.3
4 Wörterbücher und Enzyklopädien (Einzelbände; Schätzung)	18.6	24.8	22.4	38.3	23.10	30.5	15.8	27.8	20.4	29.9
Index Besitz von Kulturgütern (BVK)	4.19	1.31	4.12	1.35	4.40	1.37	4.07	1.28	4.22	1.34

Frage: Wie viele der folgenden Gegenstände befanden sich im Hausrat des Haushalts, in dem Sie im Alter von 13-19 Jahren gelebt haben? *Antwortformat:* freie Zifferneingabe. *Anmerkungen:* Der Index (BVK) setzt eine Rekodierung der Items wie folgt voraus: BVK_1: 1=0; 3=1; 5=2; 7=3 und mehr Musikinstrumente; BVK_2: 4=0; 5=1-2; 6=3-5; 7=6 und mehr Kunstwerke; BVK_3: 1=0-4; 2=5-10; 3=11-20; 4=21-40; 5=41-70; 6=71-200; 7=201 und mehr Bücher; BVK_4: 1=0-3; 2=4-5; 3=6-9; 4=10-14; 5=15-20; 6=21-35; 7=36 und mehr Wörterbücher/ Enzyklopädien.

Hohe Standardabweichungen verweisen auf eine erhebliche Varianz beim Besitz von Kultur-gütern und machen aussagekräftige Vergleiche zwischen Gruppen schwer. So ergibt sich etwa keine signifikante Differenzierung nach Lehramt. Da auch die maximale Anzahl der einzelnen Gegenstände stark variiert (es werden etwa viel mehr Bücher als Musikinstrumente besessen), erscheint auch ein Vergleich zwischen einzelnen Gütern schwierig. Aus diesem

Grund wurde die absolute Anzahl der Güter jeweils in vergleichbar große Gruppen rekodiert, was später auch gewährleistet, dass alle Gegenstände ähnlich stark in den Index eingehen (vgl. Anmerkungen Tabelle 29). Die Ausprägungen der Items weisen bei der Kodierung zu berücksichtigende Besonderheiten auf. Da etwa 62.1 % der Haushalte kein Kunstwerk besitzen, kann dies schon als Normalfall gelten und kann daher nicht »negativ« in den Index eingehen. Deshalb beginnt die rekodierte Skala BVK_2 erst bei Stufe 4. Weiterhin ist die Anzahl der Musikinstrumente meist geringer als die übliche siebenstufige Skalierung, was bei der Rekodierung die Auslassung von Stufen erforderlich macht. Die rekodierten Items werden durch Mittelwertbildung zu einem *Index Besitz von Kulturgütern (BVK)* zusammengefasst. Dieser erweist sich auf Individualebene als aussagekräftiger Indikator für kulturelles Kapital. Er korreliert stark mit dem Humankapital der Eltern (HDE/BVK: r=.45***).

Um einen Eindruck vom kulturellen Leben in den Herkunftsfamilien der Lehramtsstudierenden zu gewinnen, wurde nach Ereignissen gefragt, die auf gemeinschaftliche Aktivitäten der Familie und deren Teilhabe an hoch bewerteten Formen der Kultur zielen (vgl. Tabelle 30). Die Angaben wurden zur besseren Vergleichbarkeit für ein bestimmtes Alter erbeten. Den Lehramtsstudierenden wurde nach eigener Einschätzung im Kindesalter mehrmals wöchentlich vorgelesen, im Alter von 13 bis 19 Jahren hörten sie mindestens vierteljährlich gemeinsam in der Familie bewusst Musik. Allenfalls vierteljährlich diskutierten sie in der Familie über Bücher und besuchten Museen. Seltener als einmal jährlich fand der Besuch einer Theater- bzw. Opernaufführung statt. Insgesamt erscheint die Teilhabe der Befragtenfamilien am kulturellen Leben als dem zuvor skizzierten Bildungsniveau entsprechend.

Tabelle 30: Kulturelles Leben in der Familie (t$_1$)

KLF (N=506-509)	GH M	GH SD	RS M	RS SD	GY M	GY SD	SP M	SP SD	LA M	LA SD
1 von jemandem vorgelesen bekommen (Kindesalter)	1.33	7.15	2.12	1.35	1.79	1.16	1.70	1.08	1.66	4.63
2 gemeinsam bewusst Musik anhören (13-19 Jahre)	2.47	7.34	2.83	1.83	2.21	8.35	3.06	1.76	2.52	6.62
3 gemeinsam über Bücher diskutieren (13-19 Jahre)	3.28	1.68	3.38	1.76	3.07	1.70	3.57	1.68	3.27	1.70
4 gemeinsam ein Museum besuchen (13-19 Jahre)	3.43	7.28	3.96	1.11	3.06	8.33	2.13	14.07	3.28	7.97
5 gemeinsam eine Theater-/Opernaufführung besuchen (13-19 Jahre)	3.97	7.32	4.37	1.16	4.23	1.18	4.69	1.01	4.20	4.72
Mittelwert	2.90	6.15	3.33	1.44	2.87	4.14	3.03	3.92	2.99	5.13

Frage: Wie oft ergaben sich die folgenden Ereignisse in Ihrer Familie? *Skala:* 1=wöchentlich; 2=monatlich; 3=vierteljährlich; 4=jährlich; 5=seltener; 6=fehlend; 7=nie. *Beim ersten Item:* 1=täglich; 2=2-3mal die Woche; 3=1mal die Woche; 4=ab und zu; 5=selten; 6=fehlend; 7=nie.

Lehramtsunterschiede werden nicht signifikant, aber Differenzen nach Hochschultypus. Uni-Studierende besuchen mit ihren Familien öfter Museen (η^2=.009*; M$_{UN}$=3.79; M$_{PH}$=4.05) sowie Theater- und Opernaufführungen (η^2=.009*; M$_{UN}$=4.39; M$_{PH}$=4.68), was auf die mit diesen Aktivitäten verbundenen Kosten zurückzuführen sein dürfte, die sich die ökonomisch besser gestellten Eltern der GY-Studierenden eher leisten können (vgl. 3.2.1, S. 160). Studentinnen diskutieren rückblickend häufiger mit Eltern über Bücher (η^2=.009*; M$_w$=3.30; M$_m$=3.80) und besuchen auch öfter Theater- und Opernaufführungen (η^2=.011*; M$_w$=4.53;

$M_m = 4.93$). GY-Studierenden mit Fach Theologie wird häufiger vorgelesen als jenen mit Fach Mathematik ($\eta^2 = .071^*$; $M_{TH} = 4.58$; $M_{MA} = 4.83$). Die Differenzierung der kulturellen Praxis nach sozioökonomischer Stellung wird entlang aller Items höchst signifikant. Kinder aus Familien der oberen Dienstklasse bekommen beispielsweise fast täglich vorgelesen, während das Vorlesen in der Klasse der un-/angelernten Arbeiterfamilien höchstens einmal wöchentlich geschieht ($\eta^2 = .108^{***}$; $M_{EGP1} = 1.56$; $M_{EGP7} = 3.65$); ein Hinweis auf den Zusammenhang von sozioökonomischer Stellung und kulturellem Kapital insgesamt.

Der *Index* für die übergeordnete *kulturelle Praxis der Familie (KPF)* wird als arithmetisches Mittel aus den Indizes KLF und BKV generiert. Der so berechnete Wert korreliert stark mit dem *Index Besitz von Kulturgütern (BVK)* (KLF/BKV: $r = .45^{***}$). Der Teilindex KLF ergibt sich zuvor aus dem invertierten Mittel über die Items KLF_1 bis KLF_5 (7 = maximale Häufigkeit, 1 = minimale Häufigkeit).

Meta-Index kulturelles Kapital der Familie und seine Bedeutung

Der *Meta-Index kulturelles Kapital der Familie (KKF)* errechnet sich als ungewichtetes arithmetisches Mittel aus den drei Indizes für ethnische Herkunft (EHK), Humankapital (HDE) und kulturelle Praxis (KPF). Er nimmt den theoretischen Wertebereich von 1 = geringes kulturelles Kapital bis 7 = großes kulturelles Kapital ein und ist das zweite wichtige Maß für die Bestimmung der sozialen Herkunft. Der Index KKF korreliert vergleichbar hoch mit seinen Teilindizes. Die Interkorrelationen der Indizes sind Tabelle 40 (vgl. S. 187) zu entnehmen. Der stärkste Zusammenhang besteht zwischen Humankapital und kultureller Praxis.

Wie zuvor für die sozioökonomische Stellung (vgl. Tabelle 20, S. 168) soll auch hier eine Idee von der Reichweite des kulturellen Kapitals als Variable in der Lehrerbildungsforschung gewonnen werden. Das allgemeine lineare Modell (GLM) zeigt ein signifikantes Vorhersagepotenzial des Meta-Index kulturellen Kapitals (KKF) auf 19 metrische Variablen aus der ersten und zweiten Erhebung. Die signifikanten Einflüsse des kulturellen Kapitals sind nicht nur zahlreicher, sondern insgesamt auch deutlich stärker als bei der sozioökonomischen Stellung und mit höherer Varianzaufklärung verbunden. Das kulturelle Kapital erweist sich daher als vergleichsweise bedeutsamere unabhängige Variable für die Lehrerbildungsforschung.

Die stärksten Effekte hat das kulturelle Kapital der Herkunftsfamilie auf Variablen, die von der Forschung zur Lehrerbelastung und -gesundheit erhoben wurden (4.1.1, S. 266). Je stärker das kulturelle Kapital ausgeprägt ist, desto größer ist die Wahrscheinlichkeit, dass die befragten Studierenden ein höheres Maß an sozialer Unterstützung erfahren (ESU2) und geringeren beruflichen Ehrgeiz (BEG2) sowie Perfektionsstreben (PFS2) zeigen. Wer auf hohes kulturelles Kapital zurückgreifen kann, profitiert offenbar eher von seinen Ressourcen und muss weniger Kraft in die Ausbildung investieren. Solche Befragte berichten von weniger kritischen Lebensereignissen (KLA), entsprechend geringer ist unter ihnen allerdings auch die Wahrscheinlichkeit ausgeprägter Fähigkeiten zur offensiven Problembewältigung (OPW2). Hohes kulturelles Kapital dürfte daher förderlich für die Lehrergesundheit sein und zugleich auf einen Schonungstypus hinweisen.

Studierende mit hohem kulturellen Kapital schneiden im Abitur insgesamt besser ab (NOA; umgepolt), was sich im Detail auch in den Noten im Fach Mathematik (NOM) und Deutsch (NOD) zeigt, nicht aber in der Religionsnote. Das kulturelle Kapital erweist sich als ein stärkerer Prädiktor für die Schulleistung denn die sozioökonomische Stellung.

Tabelle 31: Bedeutung des kulturellen Kapitals (t_1 auf t_1/t_2)

Code	Index/Item	β	T	p	R^2
ESU2	Erleben sozialer Unterstützung (AVEM-Inventar) (t_2)	.63	4.35	.000	.048
BEG2	beruflicher Ehrgeiz (AVEM-Inventar) (t_2)	-.59	-3.73	.000	.035
PFS2	Perfektionsstreben (AVEM-Inventar) (t_2)	-.55	-3.02	.003	.022
NOM	Abiturnote Mathematik (Punkte) (t_1)	.43	2.22	.027	.011
OPW2	offensive Problembewältigung (AVEM-Inventar) (t_2)	-.43	-2.69	.008	.017
KLA	kritische Lebensereignisse (Anzahl) (t_1)	-.34	-2.91	.004	.021
NOD	Abiturnote Deutsch (Punkte) (t_1)	.32	2.51	.013	.015
EMW	emotionale Wärme (elterliches Erziehungsverhalten) (t_1)	.30	5.09	.000	.066
KUÜ	Kontrolle und Überbehütung (elterliches Erziehungsverhalten) (t_1)	-.29	-3.13	.002	.024
GMO	geografische Mobilität	.28	3.20	.002	.025
ABS	Ablehnung und Strafe (elterliches Erziehungsverhalten) (t_1)	-.26	-3.84	.000	.037
OEE	Orientierung am elterlichen Erziehungsverhalten (t_1)	-.21	-5.15	.000	.067
SVS_5	Schule hat eine Enkulturationsfunktion (t_1)	.21	3.32	.001	.028
VOM	vorbildorientierte Motivation (Berufswahlmotivation) (t_1)	.19	2.99	.003	.022
BVS2_6	Bildungsverständnis nach Bueb (t_2)	.16	2.14	.033	.010
OEE2	Orientierung am elterlichen Erziehungsverhalten (t_2)	-.15	-3.88	.000	.038
SUE_12	Hervorbringen autonomer Menschen vor Wissensvermittlung (t_1)	.15	2.10	.037	.010
NOA	Gesamtdurchschnitt Abiturnote (t_1)	-.10	-3.16	.002	.025
BAK_6	Bedeutsamkeitseinschätzung: berufsbegleitende Unterstützung (t_1)	.09	2.06	.040	.009

Abkürzungen: β=Beta-Koeffizient; T=T-Wert der Signifikanzprüfung; p=Signifikanz; R^2=aufgeklärte Varianz. *Modellanpassung:* F=6.38; p=.000 (Pillai-Spur=.266; Hotelling-Spur=.362); N=355 (fehlende Werte fallweise gelöscht). *Methode:* allgemeines lineares Modell (GLM multivariat). *Anmerkungen:* Ergebnisse sortiert nach abnehmendem Betrag der Beta-Koeffizienten. Prädiktor ist das kulturelle Kapital der Familie (KKF) zu t_1. Potenzielle abhängige Variablen waren alle metrischen Variablen, die zu t_1/t_2 erfasst wurden.

Auffällig ist der Zusammenhang mit dem erlebten elterlichen Erziehungsverhalten der Befragten. Studierende mit hohem kulturellen Kapital haben eine größere Wahrscheinlichkeit, emotionale Wärme (EMW) zu erfahren und seltener von elterlicher Kontrolle und Überbehütung (KUÜ) sowie Ablehnung und Strafe (ABS) betroffen zu sein. Entsprechend würden sie sich bei der Erziehung eigener Kinder auch stärker an der selbst erlebten Erziehung orientieren (OEE und OEE2; beide umgepolt). Gleichwohl ist ihre geografische Mobilität (GMO) zu Studienbeginn größer und damit auch ihre Bereitschaft, das Elternhaus zu verlassen.

Ein ausgeprägtes kulturelles Kapital führt mit höherer Wahrscheinlichkeit zu einer Zustimmung der Befragten zur Aussage, die Schule müsse in die Kultur unserer Gesellschaft einführen und diese entwickeln (SVS_5), ebenso wie zu der Annahme, ein gebildeter Mensch würde die klassischen Kulturgüter unserer Gesellschaft kennen und wertschätzen (BVS2_6). Für diese Studierenden ist wichtiger, dass die Schule charakterlich gefestigte und autonome Menschen hervorbringt, statt in erster Linie Wissen zu vermitteln (SVS_12). Sie orientieren sich bei der Berufswahl mit einer größeren Wahrscheinlichkeit an Vorbildern (VOM). Insgesamt lassen sich Befragte mit einem ausgeprägten kulturellen Kapital auch hinsichtlich ihrer berufsspezifischen Haltung als kulturell fokussiert beschreiben.

3.2.3 Soziales Kapital der Familie

Überlegungen zum theoretischen Hintergrund und zur Operationalisierung des sozialen Kapitals wurden bereits an anderer Stelle ausgeführt (vgl. S. 157). Hier werden die Ergebnisse entlang der operationalisierten Dimensionen berichtet. Diese sind die Struktur der Familie, die Eltern-Kind-Beziehung sowie die Außenbeziehungen der Studierenden.

Struktur der Familie

Die Struktur der Familie gibt Hinweise auf das Zusammenleben und die möglichen Sozialkontakte der Befragten im Kindes- und Jugendalter. Mit der Anzahl der Personen im Haushalt steigen auch die Anzahl der Kommunikationspartner und der Grad an Auseinandersetzung, um den Alltag möglichst konfliktfrei zu gestalten. Außerdem wird davon ausgegangen, dass eine »intakte« Familienstruktur, d. h. ein Zusammenleben von Mutter und Vater zur gemeinsamen Wahrnehmung der Erziehungsverantwortung sowie die Möglichkeit des Austauschs unter Geschwistern das soziale Kapital erhöhen.

Angaben zur Anzahl der *Personen im Haushalt (PIH)* wurden differenziert nach der Gesamtanzahl, den Eltern, Geschwistern, Großeltern und sonstigen Personen erhoben. In einem durchschnittlichen Haushalt der Lehramtsstudierenden leben 4.62 Personen. Darunter sind neben den Befragten im Schnitt 1.92 Eltern, 1.47 Geschwister, 0.19 Großeltern und 0.08 sonstige Personen. Unterschiede nach Lehramt und Hochschultypus werden nicht signifikant. Die *Geschwisteranzahl und -konstellation (GSW)* der Studierenden wurde eigens erfasst (vgl. Tabelle 32), weil nicht ausgeschlossen werden kann, dass einzelne Geschwisterteile in anderen Haushalten leben (z. B. durch Trennung der Eltern oder Auszug älterer Geschwister).

Tabelle 32: Geschwisteranzahl und -konstellation (t₁)

GSW (N=510; Angaben in %)	GH	RS	GY	SP	LA
keine Geschwister (Einzelkinder)	7.8	12.6	17.4	5.6	11.4
mindestens ein Geschwisterteil	92.2	87.4	81.9	94.4	88.4
nicht beantwortet	–	–	0.6	–	0.2
falls ja: 1 Geschwisterteil	50.0	44.6	55.5	47.1	50.2
falls ja: 2 Geschwisterteile	30.5	33.7	27.3	41.2	31.4
falls ja: 3 Geschwisterteile	9.5	14.5	10.9	5.9	10.4
falls ja: 4 Geschwisterteile	7.4	4.8	5.5	2.0	5.8
falls ja: 5 Geschwisterteile	1.1	–	0.8	2.0	0.9
falls ja: 6 Geschwisterteile	1.1	1.2	–	2.0	0.9
falls ja: 7 Geschwisterteile	0.5	1.2	–	–	0.4

Frage: Haben Sie Geschwister? Falls ja: wie viele?

Der Lehramtsvergleich wird nicht signifikant, PH-Studierende haben aber tendenziell mehr Geschwister als Uni-Studierende (η^2=.012**; M_{PH}=1.74; M_{UN}=1.39). 11.4 % der Lehramtsstudierenden sind Einzelkinder, 46.3 % sind Erstgeborene, 19.8 % sind Sandwichkinder und 22.5 % sind Letztgeborene. Das Lehramt scheint daher insbesondere von erstgeborenen Kindern gewählt zu werden. Womöglich besteht ein Zusammenhang zwischen der Rolle der/ des Ältesten in der Verantwortung gegenüber jüngeren Geschwistern und dem Interesse an einem pädagogischen Beruf. Zählt man zu den Erstgeborenen außerdem die Einzelkinder, ergibt sich eine Quote von 57.7 %.

Die Frage nach dem Verhältnis der Eltern zueinander bzw. nach dem *Zusammenleben der Eltern (ZUS)* ist ein Indikator für die Familienstruktur und den alltäglichen Umgang untereinander (vgl. Tabelle 33). Die Befürchtung, die Frage könnte zu indiskret sein, hat sich als unbegründet erwiesen (nur 0.4 % der Befragten beantworten die Frage nicht). Die befragten Lehramtsstudierenden stammen aus überdurchschnittlich intakten Familien. Nur 11.6 % der Eltern der Befragten sind geschieden, weitere 4.3 % leben getrennt. 80.8 % der Eltern leben hingegen in einer Ehe oder festen Partnerschaft. Im GH-Lehramt besteht eine überdurchschnittlich hohe Scheidungsquote, die sich von jenen in den anderen Lehrämtern aber nicht signifikant unterscheidet. Das Zusammenleben der Eltern ist eine Variable, die insbesondere auf individueller Ebene aussagekräftig ist.

Tabelle 33: Zusammenleben der Eltern (t_1)

ZUS (N = 510; Angaben in %)	GH	RS	GY	SP	LA
leben zusammen	74.8	83.2	85.2	87.0	80.8
leben getrennt	4.9	5.3	3.9	1.9	4.3
sind geschieden	16.5	7.4	7.7	11.1	11.6
Mutter/ Vater ist Witwe/ Witwer	2.9	3.2	3.2	–	2.7
beide Eltern sind tot	–	1.1	–	–	0.2
nicht beantwortet	1.0	–	–	–	0.4

Frage: Leben Ihre Eltern zusammen, getrennt oder in Scheidung?

Bei der Kodierung der Familienstruktur zu einem Index ergeben sich hinsichtlich deren Aussagekraft für das soziale Kapital notwendige Setzungen. Die erste Annahme geht davon aus, dass in einem besonders kleinen Haushalt im Kindes- und Jugendalter eine stärkere Fixierung und Abhängigkeit der Familienmitglieder voneinander und damit auch eine geringere Öffnung nach außen zu erwarten ist. Andererseits wird sich auch bei Großfamilien eine starke Bindung der einzelnen Familienmitglieder ergeben, weil sich ein Großteil des Lebens in der Familie abspielt, um die Gemeinschafts- und (finanziellen) Abhängigkeitsbeziehungen aufrecht zu erhalten. Die gängigste Größe eines Haushalts mit vier Personen (40.9 % aller Befragten) wird als Konstellation angesehen, in der die sozialen Kontakte nach außen eine nicht einseitige, aber auch eine zeitlich noch intensive Beziehung zwischen Eltern und Kindern ermöglichen. Die Personen im Haushalt (PIH) werden daher wie folgt kodiert: 1 = sieben oder mehr Personen; 3 = zwei oder sechs Personen; 5 = drei oder fünf Personen; 7 = vier Personen.

Hinsichtlich der Geschwisterkonstellation (GSW) wird angenommen, dass Kinder, die mit Geschwistern aufwachsen aufgrund der Interaktion mit diesen eher Außenbeziehungen eingehen, zugleich aber eine geringere Elternbindung aufweisen. Sie sind daher vermutlich stärker in der Lage, soziale Beziehungen nach außen aufzubauen. Unter den Studierenden mit Geschwistern wird nochmals zwischen den Erstgeborenen, Letztgeborenen und Sandwichkindern mit abnehmender Zuschreibung der Fähigkeit zur Herstellung von Außenbeziehungen unterschieden (1 = Einzelkinder; 3 = Sandwichkinder; 5 = Letztgeborene; 7 = Erstgeborene).

Beim Zusammenlebens der Eltern (ZUS) wird davon ausgegangen, dass Studierende ohne Eltern oder mit nur einem (lebenden) Elternteil geringere soziale Ressourcen mitbringen als solche, deren Eltern getrennt leben oder geschieden sind. Beide Konstellationen werden aber als Indikator für ein eher schwächer ausgeprägtes soziales Kapital erachtet, während das Zusammenleben der Eltern als begünstigend eingestuft wird: 1 = beide Eltern sind tot bzw. Mutter/ Vater ist Witwe/ Witwer; 4 = leben getrennt/ sind geschieden; 7 = leben zusammen.

Eher schwache positive Interkorrelationen der drei Werte sind angesichts der abstrakten Strukturinformationen nicht überraschend (Tabelle 40, S. 187). Gleichwohl stützt der positive

Zusammenhang im Kern die im Rahmen der Kodierung angestellten Überlegungen. Der *Index Struktur der Familie (SDF)* errechnet sich als arithmetisches Mittel aus den drei Werten.

Eltern-Kind-Beziehung

Die Beziehung zwischen Eltern und Kindern ist für das Aufwachsen wesentlich. Sie wird beeinflusst durch gemeinsame Zeit, die Eltern mit Kindern verbringen, das den Kindern gegenüber gebrachte Interesse sowie durch den Erziehungsstil der Eltern. Eine gute Eltern-Kind-Beziehung ist Hinweis auf ein intaktes soziales Beziehungsgefüge im Kindes- und Jugendalter und damit auch Indikator für das Vorhandensein von sozialem Kapital insgesamt.

Der Erwerbstätigkeitsstatus der Eltern (EWS) scheint zunächst eine Kategorie der sozioökonomischen Stellung zu sein (vgl. 3.2.1, S. 160). Bei näherer Betrachtung erweist er sich aber als möglicher Indikator für einen ggf. durch die Erwerbstätigkeit bedingten strukturellen Mangel an Zeit der Eltern für die Kinder, etwa bei der Vollerwerbstätigkeit beider Eltern. Da jedoch der gegenwärtige Erwerbstätigkeitsstatus erfragt wurde, könnten nur vorsichtige Rückschlüsse auf die tatsächliche Erwerbstätigkeit der Eltern zu der Zeit gezogen werden, als die Studierenden noch im Elternhaus lebten. Hinzu kommt, dass eine sinnvolle Rekodierung des Erwerbstätigkeitsstatus zur Indexberechnung aufgrund der nicht unerheblichen Anzahl an Eltern im Ruhestand kaum möglich ist. Daher erweist sich der Erwerbstätigkeitsstatus als Indikator für die Eltern-Kind-Beziehung vorliegend als wenig aussagekräftig. Die Ergebnisse werden dennoch berichtet, weil die Berufstätigkeit von Eltern darauf schließen lässt, dass eine Finanzierung des Studiums der Kinder einfacher gelingen kann (vgl. Tabelle 34).

Tabelle 34: Erwerbstätigkeitsstatus der Eltern (t_1)

EWS	Mutter					Vater				
(N=510; Angaben in %)	GH	RS	GY	SP	LA	GH	RS	GY	SP	LA
voll erwerbstätig	38.8	22.1	35.5	33.3	34.1	77.1	76.8	84.5	85.2	80.2
in Teilzeit beschäftigt	36.9	43.2	40.0	46.3	40.0	3.9	1.1	3.2	1.9	2.9
arbeitslos/ Kurzarbeit	2.4	1.1	1.9	–	1.8	2.4	1.1	1.3	–	1.6
im Ruhestand	4.4	7.4	1.9	–	3.7	9.8	15.8	5.8	9.3	9.6
nicht erwerbstätig	15.5	24.2	20.6	20.4	19.2	1.5	–	1.3	1.9	1.2
verstorben/ unbekannt	1.5	1.1	–	–	0.8	4.9	4.2	3.9	–	3.9
keine Angabe	0.5	1.1	–	–	0.4	0.5	1.1	–	1.9	0.6
Quote der Erwerbstätigen	75.7	65.3	75.5	79.6	74.1	81.0	77.9	87.7	87.1	83.1

Frage: Welcher Tätigkeit geht Ihre Mutter/ Ihr Vater gegenwärtig nach?

Von 86.5 % der Studierenden ist mindestens ein Elternteil voll erwerbstätig; von 92.9 % mindestens ein Elternteil in Voll- oder Teilzeit. In keinem einzigen Fall sind beide Eltern arbeitslos oder von Kurzarbeit betroffen. Von 31.4 % der Studierenden ist mindestens ein Elternteil nicht erwerbstätig. Befragte mit mindestens einem voll erwerbstätigen Elternteil beziehen seltener BAföG (CI=.15**) und geben häufiger an, finanziell von ihren Eltern abhängig zu sein (CI=.17**; vgl. 3.6.1, S. 230).

Die Auswirkung elterlicher Unterstützung auf die Entwicklung von Kindern und Jugendlichen (EUK) wurde intensiv untersucht (Grolnick/ Slowiaczek 1994; Wild/ Gerber 2009). Häufig beziehen sich die Ansätze auf die *Self-Determination-Theory* (Deci/ Ryan 1993), wonach die drei Grundbedürfnisse Autonomie, Kompetenz und menschliche Nähe von zentraler Bedeutung für persönliche Entwicklung und psychisches Wohlbefinden sind. Eine Metaanalyse zeigt mittlere positive Effekte elterlichen Unterstützungsverhaltens auf die Entwicklung ihrer Kinder (Fan/ Chen 2001). Es ist daher auch zu erwarten, dass die Eltern-Kind-Beziehung durch den Grad an unterstützendem Elternverhalten geprägt wird und die Unterstützung als soziales Kapital gelten kann. Die für den Zuschnitt der vorliegenden Arbeit entwickelte Skala operationalisiert verschiedene Formen elterlicher Unterstützung in schulischen Belangen. Da die Einschätzung aus Sicht der Studierenden erfolgt, müssen die Ergebnisse als die von ihnen wahrgenommene Unterstützung (Unterstützungserleben) gedeutet werden. Die kurze Skala weist gute Reliabilitätseigenschaften auf.

Tabelle 35: Elterliche Unterstützung der Kinder in schulischen Belangen (t₁)

EUK (N = 509-510)	M	SD	TZ
1 Meine Eltern haben mich gefragt, wie es in der Schule war	6.46	1.09	92.5
2 Meine Eltern haben sich mit mir um meine Hausaufgaben gekümmert	4.87	1.80	62.7
3 Meine Eltern haben mir Dinge erklärt, die ich nicht verstanden habe	5.30	1.69	72.0
4 Meine Eltern haben mich vor Klassenarbeiten abgefragt	4.89	1.84	65.3
5 Mindestens ein Elternteil war zuhause, als ich aus der Schule kam	5.67	1.83	75.1
Index elterliche Unterstützung der Kinder (EUK); α = .79	5.44	1.65	–

Frage: Wie oft ereigneten sich die folgenden Dinge, als Sie selbst noch zur Schule gingen? *Skala:* 1 = gar nie; 7 = sehr oft. *Anmerkung:* TZ = tendenzielle Zustimmung (Stufen 5/ 6/ 7 in %).

Abbildung 12: Elterliche Unterstützung nach Geschwisterkonstellation (t₁)

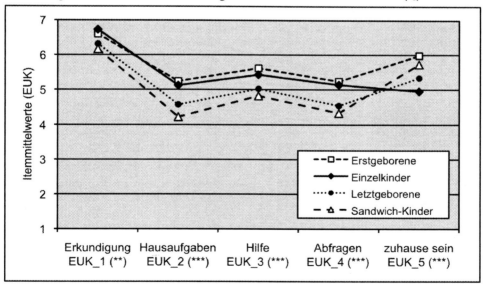

***p < .001; **p < .01 (ANOVA); N = 505-506.

Insgesamt scheinen die Lehramtsstudierenden im Elternhaus gut unterstützt worden zu sein. Besonders häufig zeigten die Eltern aus Studierendensicht Interesse an schulischen Belangen (Item 1), eine aktive Unterstützung bzw. konkrete Hilfe (Items 2 und 4) ist deutlich schwächer ausgeprägt. Der einzig signifikante Unterschied nach Lehrämtern ergibt sich bezüglich der Erkundigung der Eltern nach dem Schulalltag. Je höher das Lehramt, desto häufiger fragten die Eltern auch nach, wie es in der Schule war (Item 1: $\eta^2=.022^*$; $M_{GH}=6.28$; $M_{RS}=6.46$; $M_{GY}=6.61$; $M_{SP}=6.69$). Studentinnen nehmen rückblickend mehr erklärende Hilfe seitens ihrer Eltern wahr als Studenten (Item 3: $\eta^2=.018^{**}$; $M_w=5.40$; $M_m=4.80$). Dies gilt etwas abgeschwächt auch für die Häufigkeit des Abfragens vor Klassenarbeiten (Item 4: $\eta^2=.010^*$; $M_w=4.97$; $M_m=4.48$). Die stärkste Abhängigkeit des elterlichen Unterstützungserlebens ergibt sich jedoch mit der Geschwisterkonstellation Studierender (vgl. Abbildung 12). Die erlebte schulische Unterstützung durch die Eltern ist bei den Erstgeborenen am größten, gefolgt von den Einzelkindern. Diese Beobachtung mag ein Grund dafür sein, warum sich gerade Erstgeborene für ein Lehramtsstudium entscheiden (vgl. S. 178). Letztgeborene sehen sich noch besser unterstützt als Sandwichkinder; beide aber deutlich schlechter als die Erstgeborenen.

Der *Erziehungsstil der Eltern (EZS)* gibt eine Orientierung über die Beziehung zwischen Eltern und Kindern. Auch die neuere Forschung zu Erziehungsstilen (Tausch/ Tausch 1963; Schneewind 1991; Krohne/ Hock 1998) geht auf die Vorarbeiten von Kurt Lewin (1939) zurück, der experimentell drei Erziehungsstile (autoritär, demokratisch, laissez-faire) unterschied. Erfragt wurde der durch die Lehramtsstudierenden wahrgenommene Erziehungsstil in Anlehnung an die Shell-Studie (2006, S. 62-64), die ebenfalls auf Lewins Klassifizierung zurückgreift (vgl. Tabelle 36). Ergänzt wurde bei der Operationalisierung ein zweiter Aspekt des demokratischen Erziehungsstils (Item 5). Diese Erweiterung bewährt sich aufgrund der hohen Zustimmung zu diesem Item. Ein direkter Vergleich beider Stichproben ist nur schwer möglich, da das Item 5 Überschneidungen zu Item 4 und Item 6 aufweist. Auch daher bietet es sich an, insgesamt 3 Kategorien zu unterscheiden, die klassische Erziehungsstile beschreiben: autoritär (Items 1-3), demokratisch (Items 4/5) und laissez-faire (Items 6/7).

Tabelle 36: Erziehungsstil der Eltern (t_1)

EZS (N=502; Angaben in %)	GH		RS		GY		SP		LA		VG	
	w	m	w	m	w	m	w	m	w	m	w	m
1 Meine Eltern sagten mir, was ich zu tun habe	2	5	3	–	2	–	2	–	2	1	7	11
2 Es gab häufiger Streit, aber am Ende setzten sich meistens meine Eltern durch	6	5	5	11	2	5	6	–	5	6	7	9
3 Es gab häufiger Streit, aber am Ende setzte meistens ich mich durch	4	9	3	11	6	5	–	–	4	7	8	5
4 Wir redeten miteinander und kamen gemeinsam zu einer Entscheidung	22	5	20	21	19	13	16	–	20	12	51	43
5 Meine Eltern haben mich aktiv beraten, ließen mich dann aber frei entscheiden	47	36	55	42	56	59	67	40	53	48	–	–
6 Meine Eltern haben mich weitgehend selbst entscheiden lassen	13	27	11	16	13	13	8	20	12	18	23	27
7 Meine Eltern haben sich aus meinen Angelegenheiten herausgehalten	5	9	3	–	1	3	–	20	3	5	2	4
nicht beantwortet	1	5	1	0	2	3	0	20	1	4	–	–
autoritär (Items 1-3)	12	18	11	21	9	10	8	0	11	14	22	25
demokratisch (Items 4/ 5)	69	41	75	63	75	72	84	40	73	60	51	43
anti-autoritär/ laissez-faire (Items 6/ 7)	18	36	13	16	14	15	8	40	15	22	25	31

Frage: Wenn es um wichtige Probleme in Ihrem Leben ging, wie haben sich Ihre Eltern da normalerweise verhalten? *Antwortformat:* erzwungene Einfachantwort. *Anmerkungen:* VG=Vergleichsdaten (Shell 2006, S. 62). Da in der Shell-Studie nur ganze Werte publiziert sind, wird hier auf Dezimalstellen verzichtet.

Studentinnen empfinden ihre Erziehung im Rückblick tendenziell, nicht aber signifikant, demokratischer als Studenten. In dieser grundsätzlichen Beobachtung bestätigen sich die Shell-Ergebnisse auch in der vorliegenden Stichprobe. Auffällig ist jedoch, dass der demokratische Erziehungsstil unter Lehramtsstudierenden insgesamt deutlich stärker ausgeprägt ist als in der Durchschnittsbevölkerung dieses Alters. Lehramtsstudierende erfahren also eine überdurchschnittlich kommunikative und verhandlungsbasierte Erziehung. In Abhängigkeit von der Sozialklassenzugehörigkeit zeigt sich insbesondere in der Arbeiterklasse eine starke Abnahme des demokratischen Erziehungsstils zugunsten der beiden anderen Muster (demokratischer Anteil: EGP1: 76.0 %; EGP2: 73.7 %; EGP3: 48.8 %). Auch für den Erziehungsstil scheint die Geschwisterkonstellation von Bedeutung. Einzelkinder empfinden rückblickend zu 86.0 % eine demokratische Erziehung, die Erstgeborenen zu 76.5 %. Letztgeborene (64.6 %) und Sandwichkinder (62.9 %) berichten deutlich seltener von einer demokratischen Erziehung. Durch die große Anzahl an Erstgeborenen im Lehramtsstudium ist von einer Klientel auszugehen, die überwiegend eine typisch demokratische Erziehung genossen hat.

Neben den Erziehungsstilen kann das *Verhältnis der Lehramtsstudierenden zu ihren Eltern (VZE)* auch im Sinne eines sozial-emotionalen Klimas beschrieben werden. In Anlehnung an die Shell-Studie (Shell 2006, S. 59-62) wurden vier Verhältnisbeschreibungen erfasst, die sich einem eher guten (Items 1/2) oder einem eher schlechten (Items 3/4) Miteinander zuordnen lassen (vgl. Tabelle 37). Die Shell-Studie unterscheidet nicht zwischen Mutter und Vater, weshalb diese Differenzierung der Vergleichbarkeit halber auch vorliegend nicht vorgenommen wurde. Rückmeldungen Teilnehmender ergaben allerdings, dass eine solche Unterscheidung notwendig sei. Lehramtsstudierende sehen das Verhältnis zu ihren Eltern, vergleichbar mit der Durchschnittsbevölkerung in ihrem Alter, zu rund 90 % als eher gut an. Männliche GH-Studierende haben häufiger ein angespanntes Verhältnis zu ihren Eltern als alle anderen Befragten. Darüber hinaus ergaben sich keine signifikanten Differenzen nach unabhängigen Variablen. Die Variable VZE ist daher eher auf individueller Ebene aussagekräftig.

Tabelle 37: Verhältnis zu den Eltern (t$_1$)

VZE	GH		RS		GY		SP		LA		VG	
(N = 505; Angaben in %)	w	m	w	m	w	m	w	m	w	m	w	m
1 wir kommen bestens miteinander aus	35	14	33	37	41	49	45	60	37	38	41	35
2 wir kommen klar, auch wenn es gelegentlich Meinungsverschiedenheiten gibt	58	59	63	53	53	46	47	40	56	51	50	55
3 wir verstehen uns oft nicht/es gibt häufig Meinungsverschiedenheiten	4	14	4	11	5	3	8	–	5	7	7	7
4 unser Verhältnis ist schlecht und es gibt ständig Meinungsverschiedenheiten	2	9	–	–	1	–	–	–	1	2	1	3
nicht beantwortet	1	5	–	–	1	3	–	–	1	2	–	–
eher gutes Verhältnis (Items 1/2)	93	73	96	90	94	95	92	100	93	89	91	90
eher schlechtes Verhältnis (Items 3/4)	6	23	4	11	6	3	8	0	6	9	8	10

Frage: Wie würden Sie das Verhältnis zu Ihren Eltern beschreiben? *Antwortformat:* erzwungene Einfachantwort. *Anmerkungen:* VG = Vergleichsdaten (Shell 2006, S. 61). Da in der Shell-Studie nur ganze Werte publiziert sind, wird hier auf Dezimalstellen verzichtet.

Der *Index Eltern-Kind-Beziehung (EKB)* repräsentiert drei Kennwerte durch Bildung des arithmetischen Mittels. Als erster Wert liegt der Index elterliche Unterstützung der Kinder in schulischen Belangen (EUK) bereits vor. Zweitens werden Erziehungsstile (EZS) so kodiert, dass ein demokratischer Umgang als Indikator für eine intakte Eltern-Kind-Beziehung gedeutet wird, während autoritäre oder laissez-faire Erziehung als Zeichen einer eher ungünstigen oder gestörten Beziehung verstanden werden: 1 = Items 1/7; 3 = Items 2/3/6; 7 = Items 4/5. Das Verhältnis zu den Eltern (VZE) geht abgestuft in den Index mit ein: 1 = Item 4; 3 = Item 3; 5 = Item 2; 7 = Item 1. Die Interkorrelationen finden sich in Tabelle 40 (vgl. S. 187).

Außenbeziehungen

Die Ergebnisse zur *Umzugshäufigkeit (UMZ)* werden später berichtet (vgl. 3.6.2, S. 232). Leitend ist hier die Annahme, dass sich häufiger umgezogene Studierende öfter ein neues soziales Umfeld aufbauen mussten und dabei hinsichtlich ihres sozialen Umgangs mit anderen herausgefordert wurden. Nicht übersehen werden darf andererseits auch eine mögliche Überforderung Heranwachsender durch zu häufige Umzüge. Denn wer niemals Gelegenheit hatte sich heimisch zu fühlen, dem wird es auch schwer fallen, einmal dauerhafte und tragende Sozialkontakte aufzubauen.

Das *soziale und ehrenamtliche Engagement (SEE)* ist nicht nur ein Indikator für zahlreiche Sozialkontakte, die sich durch die Aktivität ergeben, sondern weist auch auf Interesse am Mitmenschen hin. Durch das Engagement in Vereinen, Kirchen oder Hilfsorganisationen werden Studierende sozial aktiv und übernehmen gesellschaftspolitische Verantwortung. Verschiedene Formen ehrenamtlichen Engagements wurden in Anlehnung an die Shell-Studie (Shell 2006, S. 126) erfasst (vgl. Tabelle 38).

Tabelle 38: Soziales und ehrenamtliches Engagement (t_1)

SEE (N_{LA} = 504; N_{ZM} = 79; Angaben in %)	GH	RS	GY	SP	LA	ZM	VG
1 Verein	65	82	62	56	67	63	40
2 Kirche	48	51	56	57	52	24	15
3 Projekt, selbst organisierte Gruppe oder Netzwerk	21	22	33	28	26	19	13
4 Hilfsorganisationen (Greenpeace, Amnesty Internat. etc.)	5	7	7	7	6	–	4
5 Gruppe, Funktion oder Amt an der Hochschule*	5	6	9	2	6	6	23
6 Rettungsdienst oder Freiwillige Feuerwehr	4	5	7	6	5	11	7
7 Partei	3	2	5	2	3	1	2
8 Gewerkschaft	1	1	–	–	1	–	2

Frage: Haben Sie schon einmal in einer der folgenden Organisationen oder Gruppen aktiv mitgearbeitet? *Abkürzung:* VG = Vergleichsdaten aus Shell-Studie (Shell 2006, S. 126). *Shell: »Schule und Hochschule«. Da in der Shell-Studie nur ganze Werte publiziert sind, wird hier auf Dezimalstellen verzichtet.

Im Vergleich zu den bundesweiten Daten der Shell-Studie zeigt sich ein überdurchschnittlich hohes soziales und ehrenamtliches Engagement unter den Lehramtsstudierenden. 87.5 % aller Befragten waren bereits in mindestens einem Ehrenamt aktiv. Der Professionsvergleich zeigt, dass diese Zahl auch unter anderen Studierenden vergleichsweise hoch ist (Zahnmedizin: 77.0 %). Zwei Drittel der befragten Lehramtsstudierenden sind in einem Verein aktiv, die Hälfte unter ihnen in den Kirchen, ein weiteres Viertel in Projekten, selbst organisierten Gruppen oder Netzwerken.

Männliche Studierende sind häufiger in einem Verein aktiv (CI = .13**; 80.5 % zu 63.7 %). Uni-Studierende engagieren sich öfter in einem Projekt, einer selbstorganisierten Gruppe oder einem Netzwerk als PH-Studierende (CI = .12*; 32.7 % zu 22.5 %). GY-Studierende mit

Fach Mathematik sind substanziell häufiger in Vereinen aktiv als solche mit Fach Theologie (CI=.36**; 84.2 % zu 44.7 %). In Kirchen engagieren sich hingegen die GY-Theologiestudierenden deutlich häufiger als GY-Mathematikstudierende (CI=.36**; 83.0 % zu 47.4 %), was auf eine überdurchschnittlich starke kirchliche Sozialisation Theologiestudierender hinweist. Je mehr verschiedenen Formen des Engagements die Befragten bereits nachgegangen sind, desto mehr unterschiedliche pädagogische Vorerfahrungen (vgl. 3.4.1, S. 199) haben sie gemacht (PVO/SEE: r=.33***). Der Professionsvergleich zeigt, dass Lehramtsstudierende signifikant häufiger in Kirchen engagiert sind (CI=.19***), während Zahnmedizinstudierende tendenziell häufiger bei Rettungsdienst oder Freiwilliger Feuerwehr aktiv sind (CI=.09*).

Zur Vorbereitung der Indexbildung wird zunächst, ausgehend von der durchschnittlichen Umzugshäufigkeit (2 Umzüge) und unter Bezugnahme auf die obigen Überlegungen und auf explorative Rechnungen eine progressive Kodierung der Umzüge (UMZ) vorgenommen: 1=kein Umzug/mehr als 4 Umzüge; 4=1 Umzug/3 Umzüge; 7=2 Umzüge. Die Kodierung des sozialen und ehrenamtlichen Engagements (SEE) erfolgt schrittweise: 1=kein Engagement; 3=Engagement in einem Bereich; 5=Engagement in zwei Bereichen; 7=Engagement in drei oder mehr Bereichen. Dabei wird angenommen, dass ein Engagement in einem oder zwei Bereichen (70.0 % der Nennungen) ein jeweils tendenziell positives oder negatives Signal für das Maß an Außenbeziehungen ist. Kein Engagement im sozialen oder ehrenamtlichen Bereich wird als negativer Indikator, ein Mitwirken in drei oder mehr Bereichen als positiver Indikator verstanden. Die Angaben sind nur ein Anhaltspunkt für das Maß an ehrenamtlicher Arbeit, weil die Intensität des jeweiligen Engagements nicht erhoben wurde. Wer etwa in einer Kirche aktiv ist, kann dort gleich viele Einzelaufgaben übernehmen wie eine andere Person, die Ehrenämter in mehreren Kategorien ausübt, dort aber in jeweils geringerem Maße mitarbeitet. Die beiden Variablen UMZ und SEE korrelieren nicht signifikant (r=.03) und müssen als zwei statistisch unabhängige Indikatoren des Grades an Außenbeziehung angesehen werden. Sie werden daher durch Bildung des arithmetischen Mittels zum *Index Außenbeziehung (ABZ)* zusammengefasst, der beide Variablen ähnlich repräsentiert (ABZ/UMZ: r=.78***; ABZ/SEE: r=.65***).

Meta-Index soziales Kapital der Familie und dessen Bedeutung

Das soziale Kapital der Familie wurde sehr breit über die Elemente dreier Indizes, *Index Struktur der Familie (SDF)*, *Index Eltern-Kind-Beziehung (EKB)* sowie *Index Außenbeziehung (ABZ)* operationalisiert. Entsprechend schwach sind die positiven Korrelationen zwischen den Indizes (vgl. Tabelle 40, S. 187). Um die semantisch zusammengehörigen Konstrukte dennoch in einem gemeinsamen Wert zu repräsentieren, wurde der *Meta-Index soziales Kapital der Familie (SKF)* als ungewichtetes arithmetisches Mittel aus den drei Indizes gebildet. Ein hoher Wert weist auf ein stärker ausgeprägtes soziales Kapital hin, ein geringer ausgeprägter Wert auf ein niedrigeres soziales Kapital. Der Meta-Index SKF ist das dritte zentrale Maß für die soziale Herkunft insgesamt.

Wie zuvor hinsichtlich der sozioökonomischen Stellung (Tabelle 20, S. 168) und des kulturellen Kapitals (Tabelle 31, S. 177) soll auch für das soziale Kapital geprüft werden, inwieweit diese Eingangsbedingung ein Erklärungspotenzial für andere Variablen aufweist. In dem in Tabelle 39 abgebildeten allgemeinen linearen Modell (GLM) hat der Index ein signifikantes Vorhersagepotenzial für zehn der zu t_1 oder t_2 erfassten metrischen Variablen. Insgesamt erklärt das soziale Kapital als Prädiktor mehr und stärkere Effekte als die sozioökonomische Stellung, zugleich aber ist ihre Bedeutung geringer als jene des kulturellen Kapitals.

Tabelle 39: Bedeutung des sozialen Kapitals (t_1 auf t_1/t_2)

Code	Index/Item	β	T	p	R^2
ESU2	Erleben sozialer Unterstützung (AVEM-Inventar) (t_2)	.87	5.36	.000	.069
OEE	Orientierung am elterlichen Erziehungsverhalten (t_1)	-.39	-9.16	.000	.179
PVO	Umfang pädagogischer Vorerfahrungen (t_1)	.35	4.14	.000	.043
OEE2	Orientierung am elterlichen Erziehungsverhalten	-.31	-7.81	.000	.137
INT_5	Interesse an unternehmerischen Tätigkeiten (t_1)	.27	3.27	.001	.027
UNK	Unterrichtsklima (Erfahrungen mit Schule) (t_1)	.20	2.98	.003	.022
SCK	Schulklima (Erfahrungen mit Schule) (t_1)	.19	2.22	.027	.013
SUE_16	ohne Druck/ Disziplin wird auch die beste Lehrkraft nichts erreichen (t_1)	.19	2.14	.033	.012
INT_4	Interesse an sozialen Tätigkeiten (t_1)	.15	2.68	.008	.018
OUL	Orientierung am Unterrichtsstil der eigenen Lehrer (t_1)	-.10	-2.67	.008	.018

Abkürzungen: β = Beta-Koeffizient; T = T-Wert der Signifikanzprüfung; p = Signifikanz; R^2 = aufgeklärte Varianz. *Modellanpassung*: F = 14.16; p = .000 (Pillai-Spur = .273; Hotelling-Spur = .376); N = 388 (fehlende Werte wurden fallweise gelöscht). *Methode*: allgemeines lineares Modell (GLM multivariat). *Anmerkungen*: Ergebnisse sortiert nach abnehmendem Betrag der Beta-Koeffizienten. Prädiktor ist das soziale Kapital der Familie (SKF) zu t_1. Potenzielle abhängige Variablen waren alle metrischen Variablen, die zu t_1/t_2 erfasst wurden.

Wie zuvor das kulturelle Kapital erhöht auch ein höheres soziales Kapital die Chance einer stärkeren sozialen Unterstützung (ESU2) erheblich. Wer über größere soziale Ressourcen verfügt, wird sich bei der Erziehung eigener Kinder wahrscheinlicher an der selbst erlebten elterlichen Erziehung orientieren (OEE und OEE2; beide umgepolt; hohe Varianzaufklärung). Selbiges gilt zu Studienbeginn im Rahmen erster Unterrichtsversuche deutlich abgeschwächt auch für die Orientierung am Unterrichtsstil der eigenen Lehrer (OUL; umgepolt). Studierende mit ausgeprägtem Sozialkapital werden wahrscheinlich mehr verschiedene pädagogische Vorerfahrungen (PVO) ins Studium mitbringen. Sie werden meist auch das Unterrichts- (UNK) und Schulklima (SCK) an ihrer früheren Schule besser beurteilen. Ihr Interesse an unternehmerischen (INT_5) und sozialen Tätigkeiten (INT_4) ist stärker ausgeprägt. Ein hochgradiges soziales Kapital führt außerdem mit einer größeren Wahrscheinlichkeit zu der Erziehungsvorstellung, ohne Druck und Disziplin könne auch die beste Lehrkraft nichts erreichen (SUE_16). Ingesamt verfügen Befragte mit großen sozialen Ressourcen nicht nur über unterstützende Netzwerke, sie bewerten auch das soziale Miteinander in Elternhaus und Schule positiver als Befragte mit geringerem Sozialkapital.

3.2.4 Ergebnisse im Vergleich

Tabelle 40 zeigt die Interkorrelationen zwischen allen Indizes und damit die Beziehungen zwischen den Konstrukten, über welche die drei Kapitalsorten sozialer Herkunft operationalisiert wurden. Auffällig ist der starke Zusammenhang zwischen sozioökonomischer Stellung (SEI) und kulturellem Kapital der Familien (KKF), während das soziale Kapital (SKF) zu beiden Meta-Indizes geringere aber ebenfalls signifikante Bezüge aufweist. Nicht nur die Zusammenhänge zwischen den Meta-Indizes, sondern auch alle signifikanten Korrelationen zwischen deren Teilkonstrukten sind positiver Ausprägung. Dies spricht für generell positive Beziehungen zwischen sozioökonomischer Stellung, kulturellem und sozialem Kapital.

Tabelle 40: Interkorrelationen der Indexwerte zur sozialen Herkunft (t_1)

Interkorrelationen (N=469-509)		EHK	HDE	KPF	KKF	SDF	EKB	ABZ	SKF
SEI	sozioökonomische Stellung	.18***	.63***	.40***	.55***	-.01	.12*	.10*	.11*
EHK	ethnische Herkunft der Eltern	1	.12**	.20***	.65***	.11*	.18***	.13**	.21***
HDE	Humankapital der Eltern		1	.49***	.77***	-.06	.13**	.09	.08
KPF	kulturelle Praxis der Familie			1	.69***	.06	.32***	.16***	.28***
KKF	kulturelles Kapital der Familie				1	.04	.26***	.14**	.22***
SDF	Struktur der Familie					1	.16***	.13**	.66***
EKB	Eltern-Kind-Beziehung						1	.09	.58***
ABZ	Außenbeziehungen							1	.69***
SKF	soziales Kapital der Familie								1

***p<.001; **p<.01; *p<.05 (Pearson-Korrelationen; zweiseitige Signifikanzprüfung).

Tabelle 41: Soziale Herkunft nach unabhängigen Variablen (t_1)

Lehramt		GH	RS	GY	SP	LA	N	η^2
sozioökonomische Stellung (SEI)	M	54.8	52.0	58.9	56.1	55.7	496	.027**
	SD	16.0	14.2	14.8	13.5	15.1		
kulturelles Kapital (KKF)	M	5.39	5.24	5.68	5.47	5.46	479	.026**
	SD	1.05	1.04	0.93	0.94	1.01		
soziales Kapital (SKF)	M	4.82	4.99	5.08	5.09	4.96	499	.020*
	SD	0.87	0.81	0.80	0.80	0.84		
Hochschultyp		**PH**	**UN**		**PH**	**UN**	**N**	**η^2**
sozioökonomische Stellung (SEI)	M	54.2	58.9	SD	14.9	14.8	496	.020**
kulturelles Kapital (KKF)	M	5.36	5.68	SD	1.03	0.93	479	.021**
soziales Kapital (SKF)	M	4.91	5.08	SD	0.85	0.80	499	.009*
Fach		**GY/MA**	**GY/TH**		**GY/MA**	**GY/TH**	**N**	**η^2**
sozioökonomische Stellung (SEI)	M	53.6	57.1	SD	15.4	15.5	64	.011
kulturelles Kapital (KKF)	M	5.46	5.70	SD	0.93	0.79	62	.016
soziales Kapital (SKF)	M	5.15	5.04	SD	0.57	0.83	66	.004
Geschlecht		**w**	**m**		**w**	**m**	**N**	**η^2**
sozioökonomische Stellung (SEI)	M	55.2	58.0	SD	15.2	13.9	496	.005
kulturelles Kapital (KKF)	M	5.44	5.54	SD	1.01	1.04	479	.004
soziales Kapital (SKF)	M	4.98	4.89	SD	0.84	0.84	499	.001
Gymnasiale Oberstufe		**AG**	**BG**		**AG**	**BG**	**N**	**η^2**
sozioökonomische Stellung (SEI)	M	56.9	50.2	SD	15.0	13.9	453	.031***
kulturelles Kapital (KKF)	M	5.55	5.12	SD	0.96	1.36	437	.029***
soziales Kapital (SKF)	M	5.04	4.95	SD	0.78	0.78	455	.002

Signifikanzprüfung (ANOVA): ***p<.001; **p<.01; *p<.05.

Insgesamt hängt die soziale Herkunft der befragten Lehramtsstudierenden signifikant vom studierten Lehramt ab (vgl. Tabelle 41). Bezüglich der sozioökonomischen Stellung und des kulturellen Kapitals werden die Differenzen hoch bedeutsam. Hier weisen die GY-Studieren-den jeweils die größten Ressourcen auf, stufenweise gefolgt von den Studierenden der SP-, GH- und RS-Lehrämter. Hinsichtlich des sozialen Kapitals werden die Differenzen immerhin schwach signifikant. Hier verfügen die GY- und SP-Studierenden über vergleichbare Res-sourcen, gefolgt von RS- und GH-Studierenden. Kontrastieren lassen sich diese Unterschiede nochmals zwischen Hochschultypen: Uni-Studierende weisen generell (entlang aller Kapi-talsorten) eine signifikant höhere soziale Herkunft auf, als Studierende an PHs. Sicherlich sind hier auch regionale Faktoren (Klientel der Einzugsgebiete) für die Differenzen verantwortlich. Die Zusammenschau der Kapitalsorten bestätigt die im Rahmen der Ausführungen zur sozioökonomischen Stellung vorgestellte Annahme, Studierende verschiedener Lehrämter würden sich nach ihrer sozialen Herkunft unterscheiden (vgl. 3.2.1, S. 160). Es bestehen deutliche, aber keine substanziellen Unterschiede der sozialen Herkunft nach Lehramt.

Die soziale Herkunft zeigt entlang keiner Kapitalsorte eine Abhängigkeit von den Fächern Mathematik und Theologie oder vom Geschlecht. Allerdings unterscheiden sich die Befragten nach der Form der von ihnen besuchten gymnasialen Oberstufe, nach ihrer sozioökonomischen Stellung und nach ihrem kulturellen Kapital höchst signifikant. Offenbar schicken die Eltern höherer sozialer Herkunft ihre Kinder häufiger auf ein allgemeinbildendes Gymnasium, während Studierende aus beruflichen Gymnasien aus Familien vergleichsweise niederer sozialer Herkunft stammen. Ein Zusammenhang mit den angesprochenen Lehramtsdifferenzen besteht derart, als dass Studierende aus der allgemeinbildenden gymnasialen Oberstufe häufiger in das GY-Studium einmünden (vgl. 3.3.2, S. 189). Abhängigkeit vom Alter weist alleine das soziale Kapital auf. Je älter die Befragten sind, desto geringer bewerten sie ihr soziales Kapital (SKF/ ALT: r=-.31***). Dies ist besonders über die als schlechter beurteilte Eltern-Kind-Beziehung (EKB) älterer Befragter zu erklären. Wegen dieser Verzerrung scheint eine kohortenspezifische Untersuchungsanlage in der Lehrerbildungsforschung notwendig.

3.3 Schulischer Bildungsweg und Vorbildung

Die schulische Biografie angehender Lehrkräfte und ihre Bedeutung für die professionelle Entwicklung war bislang kaum Gegenstand empirischer Forschung. Dabei erscheint es zumindest plausibel, dass der schulische Bildungsweg und die damit verbundene Vorbildung sowohl die Studienwahlentscheidung als auch das Studierverhalten (sowie damit die professionelle Entwicklung) und schließlich das Unterrichtshandeln der künftigen Lehrpersonen beeinflussen könnte. Welcher Zusammenhang besteht etwa zwischen der Form der besuchten gymnasialen Oberstufe (z. B. allgemeinbildendes Gymnasium vs. berufliches Gymnasium) und der Entscheidung für ein bestimmtes Lehramt? Haben Studierende an PHs häufiger als künftige Gymnasiallehrer auch selbst eine Haupt- oder Realschule besucht? Sind die erreichten Abiturnoten ein Indikator für die Lern- und Leistungsmotivation im Studium? Wie gestalten Lehramtsstudierende die Zeit zwischen Schule und Studium? Um solche und angrenzende Fragestellungen zu erörtern, werden nachfolgend die dazu erhobenen Daten berichtet. Die Beantwortung der Fragen erfolgt teilweise allerdings erst an späterer Stelle.

3.3.1 Ort des Erwerbs der Hochschulreife

Fast alle (99.0 %) der befragten Lehramtsstudierenden haben ihre Hochschulreife in Deutschland erworben. Vergleichbare internationale Schulabschlüsse, die für ein Hochschulstudium qualifizieren, sind im Lehramt äußerst selten. Tabelle 42 zeigt, wie sich der Ort des Erwerbs der Hochschulreife auf die einzelnen Bundesländer verteilt.

RS-Studierende haben ihre Hochschulreife am häufigsten in Baden-Württemberg erworben, GY-Studierende deutlich seltener, GH- und SP-Studierende am seltensten (CI=.21*). Gut ein Drittel (35.0 %) der GH-Studierenden hat zwischen Schulabschluss und Studienbeginn das Bundesland gewechselt, unter RS-Studierenden sind es nur 15.8 %. Hier ergeben sich Parallelen zur beruflichen Mobilität im Lehramt (vgl. 3.6.3, S. 233). Zwar können stichhaltige Standortvergleiche nicht vorgenommen werden (vgl. 2.2.1, S. 142), die großen Differenzen deuten aber darauf hin, dass die Pädagogischen Hochschulen Freiburg und Heidelberg vermutlich eher Studierende aus anderen Bundesländern anziehen, während jene in Schwäbisch Gmünd und Weingarten offenbar eine stark lokale Klientel ansprechen. Insgesamt ist eine weitgehende Bindung der Lehramtsstudierenden an das Bundesland zu beobachten, in dem sie ihre Hochschulzugangsberechtigung erworben haben (70.8 %). Diese Tendenz und die damit verbundene, eher geringe Mobilität bei der Wahl des Studienortes sind auch in einer Untersuchung unter Lehramtsstudierenden der Universität Rostock (68.2 % Verbleib im Bundesland) beobachtet worden (Gehrmann 2007a, S. 93).

Tabelle 42: Erwerb der Hochschulreife nach Bundesländern (t_1)

HSR (N=510; Angaben in %)	FR	HD	KA	LB	SG	WG	HB	TÜ	GH	RS	GY	SP	LA
Baden-Württemberg	58.6	59.8	70.5	75.0	84.2	83.0	63.8	75.0	65.0	84.2	71.6	66.7	70.8
Bayern	–	0.9	3.3	–	–	6.4	4.3	4.6	1.5	2.1	4.5	1.9	2.5
Berlin	6.9	–	–	–	–	2.1	–	–	1.5	–	–	–	0.6
Brandenburg	6.9	–	1.6	–	1.8	–	–	0.9	1.9	–	0.6	–	1.0
Hessen	–	13.7	1.6	2.3	–	–	4.3	0.9	6.8	3.2	1.9	1.9	4.1
Mecklenburg-Vorpommern	3.4	–	–	–	–	–	–	–	0.5	–	–	–	0.2
Niedersachsen	10.3	2.6	–	6.8	–	2.1	2.1	0.9	3.4	–	1.3	5.6	2.4
Nordrhein-Westfalen	–	6.8	4.9	2.3	–	2.1	2.1	1.9	3.9	1.1	1.9	7.4	3.1
Rheinland-Pfalz	–	2.6	3.3	–	–	–	19.1	2.8	1.9	–	7.7	1.9	3.3
Saarland	–	–	1.6	–	–	–	–	2.1	0.9	0.5	–	1.3	–	0.6
Sachsen	–	1.7	–	–	–	–	–	0.9	0.5	–	0.6	1.9	0.6
Sachsen-Anhalt	–	0.9	–	–	1.8	–	–	0.9	1.0	–	0.6	–	0.6
Schleswig-Holstein	3.4	1.7	3.3	–	–	–	–	0.9	1.9	–	0.6	1.9	1.2
Thüringen	–	1.7	–	–	3.5	–	–	0.9	1.9	–	0.6	–	1.0
keine Angabe	10.3	7.7	9.8	13.6	8.8	4.3	2.1	8.3	7.8	9.5	6.5	11.1	8.0

3.3.2 Gymnasiale Oberstufe und andere weiterführende Schulen

In Baden-Württemberg haben die beruflichen Gymnasien, die aufbauend auf der Mittleren Reife zur Fachhochschulreife oder allgemeinen Hochschulreife führen, eine wichtige schulische Qualifikationsfunktion. Berufliche Gymnasien sind reine gymnasiale Oberstufen, die bewusst einer eher gymnasialfernen Klientel den Zugang zur Hochschulreife eröffnen (Maaz u. a. 2004, S. 155). Sie sollen nur 15 % ihrer Schüler aus allgemeinbildenden Gymnasien (Mittlere Reife nach Klasse 10) rekrutieren. Die Mehrheit der Jugendlichen kann beim Eintritt in die berufliche gymnasiale Oberstufe einen Realschulabschluss oder eine Fachschulreife vorweisen. In mehreren Studien konnte repliziert werden, dass Schüler der Sekundarstufe I eine sozial schwächere Gruppe bilden als solche der Sekundarstufe II (z. B. Baumert/Köller 1998; Baumert u. a. 2001; Maaz u. a. 2004). Es ist daher zu erwarten, dass sich auch vorliegend die Absolventen der allgemeinbildenden (AG) und beruflichen Gymnasien (BG) sozioökonomisch unterscheiden. Die Absolventen der AG stammen, gemessen am ISEI (vgl. 3.2.1, S. 160), aus Familien deutlich höherer sozioökonomischer Stellung als jene der BG ($\eta^2 = .031$***; $SEI_{AG} = 56.9$; $SEI_{BG} = 50.2$).

Tabelle 43 zeigt die besuchten Formen gymnasialer Oberstufe. Während GY-Studierende fast ausschließlich Oberstufen allgemeinbildender Gymnasien besucht haben (86.5 %), sind GH-Studierende deutlich seltener (71.8 %) und RS-Studierende nur zur Hälfte (52.6 %) den »klassischen« gymnasialen Bildungsweg gegangen (CI = .20***). Die PH-Studierenden besuchen häufiger als Uni-Studierende die beruflichen Gymnasien (CI = .24***; PH: 21.7 %; UN: 8.4 %). Damit haben die PH-Studierenden öfter eine berufsnahe Schulbildung genossen, zugleich aber seltener als Uni-Studierende von einer allgemeinen und möglichst breiten Schulbildung profitiert. Vermutlich entscheiden sich Absolventen der beruflichen Gymnasien bewusst für eine praxisnähere Lehramtsausbildung bzw. möchten in Schularten unterrichten (besonders Realschule), die sie selbst als Schüler durchlaufen haben.

Tabelle 43: Besuchte Form der gymnasialen Oberstufe (t$_1$)

SFO (Angaben in %)	FR	HD	KA	LB	SG	WG	HB	TÜ	GH	RS	GY	SP	LA	ZM
Allgemeinbildendes GY	58.6	70.1	68.9	81.8	63.2	57.4	89.4	85.2	71.8	52.6	86.5	77.8	73.3	82.2
Berufliches GY	24.1	14.5	18.0	13.6	28.1	42.6	6.4	9.3	18.9	34.7	8.4	9.3	17.6	11.1
Ganztagsschule	–	1.7	–	–	–	–	–	–	–	1.1	–	1.9	0.4	2.2
Gesamtschule	6.9	5.1	8.2	2.3	3.5	–	–	–	5.3	4.2	–	1.9	3.1	–
Internat	–	–	1.6	–	–	–	–	1.9	–	1.1	1.3	–	0.6	1.1
Sonstige	10.3	8.5	3.3	2.3	5.3	–	4.3	2.8	3.9	6.3	3.2	9.3	4.7	3.3
keine Angabe	–	–	–	–	–	–	–	0.9	–	–	0.6	–	0.2	–

N$_{LA}$ = 509; N$_{ZM}$ = 79. *Frage:* In welcher Schulform haben Sie die gymnasiale Oberstufe besucht? *Anmerkung:* Die Kategorie »Sonstige« wurde nicht weiter differenziert. Hier sind wohl auch Absolventen der Waldorf-Schulen verortet.

Ein vorsichtiger Standortvergleich lässt vermuten, dass die Hochschulen durch eine heterogene Klientel geprägt sind und an Standorten mit stark regionaler Rekrutierung (vgl. 3.3.1, S. 188) auch prozentual mehr Befragte studieren, die ein berufliches Gymnasium besucht haben. Je jünger die Studierenden sind, desto öfter kommen sie von allgemeinbildenden Gymnasien (CI = .22***; 19 Jahre und jünger: 81.3 %; 21 Jahre: 73.3 %; 22-25 Jahre: 53.3 %). Der Besuch von Ganztagsschulen und Internaten ist unter den Befragten unüblich (0.4 %), auch haben nur 3.1 % eine Gesamtschule besucht. Der Professionsvergleich zeigt, dass Zahnmedizin-Studierende häufiger als Lehramtsstudierende die Oberstufe an allgemeinbildenden Gymnasien besucht haben, während ihr Anteil an Absolventen beruflicher Gymnasien (vergleichbar mit den GY- und SP-Studierenden) bei rund 11 % liegt und damit geringer als im GH- und RS-Lehramt ausfällt.

Tabelle 44: Besuch anderer weiterführender Schulen (neben GY-Oberstufe) (t$_1$)

AWS (N = 496; Angaben in %)	GH	RS	GY	SP	LA
vor gymnasialer Oberstufe mindestens eine andere Schule besucht	18.9	27.4	9.0	13.0	16.9
vor gymnasialer Oberstufe die Realschule besucht	16.0	25.3	8.3	11.4	14.9
vor gymnasialer Oberstufe die Hauptschule besucht	5.0	6.5	0.8	2.4	3.7

Frage: Haben Sie neben dieser Schule (gymnasiale Oberstufe, siehe Tabelle 43) noch andere weiterführende Schulen besucht? Falls ja, welche (Realschule/ Hauptschule/ andere Schule)? *Anmerkung:* Nennungen »andere Schule« (6.3 %): z. B. Abendgymnasium, Berufsfachschule, Highschool usw.

Um weiterhin zu wissen, welche schulbiografischen Karrieren die Lehramtsstudierenden vor der gymnasialen Oberstufe durchliefen, wurde auch nach anderen besuchten weiterführenden Schulen gefragt (vgl. Tabelle 44). Ein Viertel (25 %) aller RS-Studierenden hat selbst die Realschule besucht. Unter den GH- und RS-Studierenden haben jeweils über 5.0 % der Befragten einen Aufstieg von der Hauptschule bis zum Abitur vollzogen. Die geradlinigste Schulbildung haben die GY-Studierenden durchlaufen (nur 9.0 % besuchten mehr als eine weiterführende Schule), unter den GH-Studierenden sind es 16.0 %, bei den künftigen RS-Lehrern sogar 25.3 % (CI = .12*).

3.3.3 Schulnoten in der Abiturprüfung

Die von den Studierenden erreichten abiturrelevanten Schulnoten sowie die Abiturdurchschnittsnote sind harte Selektionsindikatoren. Sie werden in der empirischen Bildungsforschung standardmäßig erhoben (z. B. Trautwein u. a. 2007). Tabelle 45 zeigt die Abiturleistungen der Befragten im Überblick (Gesamtnote, Noten in Mathematik, Deutsch, Religion).

Tabelle 45: Schulnoten in der Abiturprüfung (t_1)

NOA/NOM/NOD/NOR		GH	RS	GY	SP	LA	ZM
Abitur (Gesamtnote)	M	2.53	2.22	1.97	2.06	2.25	1.94
(NOA)	SD	0.54	0.51	0.52	0.48	0.58	0.57
Mathematik (Punkte)	M	7.30	8.40	8.78	9.69	8.21	11.9
(NOM)	SD	3.55	3.70	3.57	3.14	3.63	2.50
Deutsch (Punkte)	M	9.54	9.58	10.9	9.89	9.98	10.8
(NOD)	SD	2.47	2.42	2.07	2.20	2.38	2.40
Religion (Punkte)	M	10.8	11.4	12.1	11.8	11.5	11.9
(NOR)	SD	2.32	2.51	2.22	2.04	2.36	2.27

N_{LA} = 483-508; N_{ZM} = 70-76. *Frage:* Welche Durchschnittsnoten haben Sie erreicht? *Anmerkungen:* Die Angabe zur Abitur-Gesamtnote wurde als Komma-Note (Gesamtergebnis: Note 1-6) erbeten. Angaben zu den Fächern Mathematik, Deutsch und Religion basieren auf der Abiturprüfung (falls belegt), alternativ wurde die letzte bekannte Punktzahl erfragt. Alle Fachnoten liegen im Punktesystem (0-15 Punkte) vor.

Mit einem Abiturschnitt der Note 2.25 erreichen die befragten Lehramtsstudierenden Schulleistungen, die etwas über dem Schnitt in Baden-Württemberg für das Jahr 2007 von 2.32 liegen (Statistisches Landesamt 2007). Zugleich schneiden sie schlechter ab als Zahnmedizinstudierende mit der Gesamtnote 1.94 (η^2 = .027***). GY-Befragte erreichen einen ähnlichen Abiturschnitt wie angehende Zahnmediziner. Beide Gruppen weisen damit weit überdurchschnittliche Noten auf. Besonders im Schulfach Mathematik sind ZM-Studierende im Vergleich zu LA-Studierenden deutlich besser (η^2 = .083***; M_{LA} = 8.21; M_{ZM} = 11.87), während ihr Vorsprung im Fach Deutsch nur noch gering (η^2 = .010*; M_{LA} = 9.98; M_{ZM} = 10.79) und im Fach Religion nicht signifikant ist. 11.8 % der befragten LA-Studierenden haben einen Abiturschnitt von 1.5 oder besser, mehr als ein Drittel (36.9 %) von 2.0 oder besser.

Je »höher« das angestrebte Lehramt, desto besser sind auch die Abiturnoten der Studierenden. Deterministische Unterschiede zeigen sich entlang der Abitur-Gesamtnote (η^2 = .176***), die bei GY-Studierenden über einen halben Notenwert höher liegt als im GH-Lehramt. Aber auch die Differenzen entlang der Fachnoten in der Abiturprüfung sind höchst signifikant (Mathematik: η^2 = .051***; Deutsch: η^2 = .060***; Religion: η^2 = .054***). Damit wählen die »besseren« Schüler auch höhere Lehrämter. Zu vergleichbaren Ergebnissen kommen Blömeke u. a. (2008a, S. 204). Einschränkend muss angemerkt werden, dass Abiturnoten nur bedingt etwas über tatsächliche Schulleistungen aussagen und auch die Leistungen selbst erheblich zwischen Bundesländern variieren (Trautwein u. a. 2007; Nagy u. a. 2009). Für die sich vorliegend auf Baden-Württemberg beschränkenden Daten können die Unterschiede aber als durchaus relevant gelten.

Auch der direkte Vergleich der Hochschultypen zeigt bezüglich des Abiturschnitts einen signifikanten Vorsprung der Uni-Studierenden vor jenen der PHs ($\eta^2=.103^{***}$; $M_{UN}=1.97$; $M_{PH}=2.37$). GY-Studierende mit Fach Mathematik haben einen deutlich besseren Abiturschnitt als solche mit Fach Religion ($\eta^2=.094^*$; $M_{GY/MA}=1.78$; $M_{GY/TH}=2.15$). Während die Mathematikstudierenden auch deutlich bessere Abitur-Mathematiknoten erreicht haben als Theologiestudierende ($\eta^2=.165^{**}$; $M_{GY/MA}=11.68$; $M_{GY/TH}=8.52$), waren letztere im Schulfach Religion nicht signifikant besser als ihre MA-Kommilitonen ($\eta^2=.011$). Selbiges gilt auch für die Deutschnoten ($\eta^2=.020$). Einzelkinder erreichen signifikant bessere Abitur-Gesamtnoten ($\eta^2=.022^*$; $M_{EK}=2.05$; $M_{EG}=2.24$; $M_{SK}=2.27$; $M_{LG}=2.36$) und Deutschnoten ($\eta^2=.027^{**}$; $M_{EK}=11.00$; $M_{EG}=9.97$; $M_{SK}=9.87$; $M_{LG}=9.61$), was eine überdurchschnittliche Förderung vermuten lässt. Absolvierende allgemeinbildender Gymnasien erreichen bessere Abitur-Gesamtnoten ($\eta^2=.017^{**}$; $M_{AG}=2.21$; $M_{BG}=2.39$), Deutschnoten ($\eta^2=.017^*$; $M_{AG}=10.14$; $M_{BG}=9.38$) und Mathematiknoten ($\eta^2=.010^*$; $M_{AG}=8.38$; $M_{BG}=7.47$), während sich die Religionsnoten nicht unterscheiden.

Im Anschluss an die PISA-Studie stellt sich die Frage, ob der dort diskutierte Zusammenhang von Schulleistung und sozialer Herkunft (Baumert/Schümer 2001) auch für die befragten Lehramtsstudierenden gilt. Ein moderater Zusammenhang von Abiturschnitt und sozialer Herkunft bestätigt sich bezüglich der sozioökonomischen Stellung (NOA/SEI: $r=-.15^{**}$) und des kulturellen Kapitals (NOA/KKF: $r=-.17^{**}$), nicht aber mit Blick auf soziales Kapital. Befragte mit höherer sozialer Herkunft erreichen bessere Abitur-Gesamtnoten. Fachnoten zeigen nur mit kulturellem Kapital signifikante Korrelationen: in Mathematik (NOM/KKF: $r=.14^{**}$) und Deutsch (NOD/KKF: $r=.17^{**}$) stärker als in Religion (NOR/KKF: $r=.10^*$).

Auffällig sind diesbezüglich die in den Fächern Deutsch und besonders Religion im Vergleich zur Mathematik geringeren Standardabweichungen, die auf eine homogenere Verteilung der Noten schließen lassen. Während in Mathematik »gute« und »schlechte« Noten vergeben werden, liegen die Schulleistungen der künftigen Lehrkräfte in Deutsch und Religion näher beisammen. Dies wird auf deutlich bessere Noten, besonders im Fach Religion (»Standard-Zwei«) zurückzuführen sein. Eine solche einheitliche Vergabepraxis von Noten im Religionsunterricht mag herkunftsbedingte Unterschiede puffern, muss aber im Blick auf dessen Status als ordentliches Lehrfach (GG Art. 7,3) kritisch gesehen werden (Nipkow 1979). Die Leistungsbewertung in Religion erscheint zwar sozial gerecht, zugleich aber kaum differenziert und aussagekräftig.

Weiterhin ist zu fragen, welche Aussagen sich anhand der Abiturnoten über die professionelle Entwicklung Lehramtsstudierender treffen lassen. Um dies zu prüfen, wurde die Abitur-Gesamtnote als Prädiktor in ein allgemeines lineares Modell (GLM) aufgenommen und deren Effekte auf die zu beiden Zeitpunkten erfassten metrischen Variablen geprüft. So wird ersichtlich, welche Bedeutung dem harten Selektionskriterium für die Vorhersage anderer ausbildungsrelevanter Variablen zukommt. Da die Abitur-Durchschnittsnote negativ gepolt ist (kleinerer Wert entspricht besserer Note), müssen negative Effekte in Tabelle 46 positiv interpretiert werden und umgekehrt.

Tabelle 46: Bedeutung der Abitur-Durchschnittsnote (t_1/t_2)

Code	Index/Item (Erhebungszeitpunkt)	β	T	p	R^2
EIB2	Erfolgserleben im Beruf (AVEM-Inventar) (t_2)	-1.82	-7.15	.000	.021
LZF2	Lebenszufriedenheit (AVEM-Inventar) (t_2)	-.87	-3.66	.000	.017
INT_2	Interesse an intellektuell-forschenden Tätigkeiten (t_1)	-.56	-3.88	.000	.015
SCK	Schulklima (Erfahrungen mit Schule) (t_1)	-.37	-3.01	.003	.120
SVS_3	Schule hat eine Selektionsfunktion (t_1)	.34	2.28	.023	.034
BVS_8	ein gebildeter Mensch beherrscht mindestens eine Fremdsprache (t_1)	-.34	-2.08	.038	.024
SUE_18	Lehrkräfte sollten Pädagogen, weniger Fachwissenschaftler sein (t_1)	.33	2.61	.010	.027
REL	Religiosität (t_1)	-.33	-2.15	.032	.024
UNK	Unterrichtsklima (Erfahrungen mit Schule) (t_1)	-.32	-3.22	.001	.050
SUF2	Studienaktivitäten sind wichtiger als Freizeitaktivitäten (t_2)	-.31	-2.83	.005	.012
VOM	vorbildorientierte Motivation (Berufswahlmotivation) (t_1)	-.29	-2.63	.009	.019
GEW	Gewissenhaftigkeit (Persönlichkeitsmerkmal) (t_1)	-.28	-4.15	.000	.044
SOK	Sozialklima (Erfahrungen mit Schule) (t_1)	-.28	-3.04	.003	.011
BVS_2	Bildungsverständnis nach Klafki (t_2)	-.26	-3.00	.003	.038
OUL	Orientierung am Unterrichtsstil der eigenen Lehrer (t_1)	.24	4.44	.000	.012
OFF	Offenheit (Persönlichkeitsmerkmal) (t_1)	-.24	-2.69	.008	.018
SVS_5	Schule hat eine Enkulturationsfunktion (t_1)	-.23	-2.31	.022	.026
STI	inhaltsbezogenes Studieninteresse (t_1)	-.22	-3.19	.002	.014
KLB	kritische Lebensereignisse (Belastungserleben) (t_1)	.22	2.05	.042	.014
INT_4	Interesse an sozialen Tätigkeiten (t_1)	.17	2.15	.032	.023
ZUF2	Studienzufriedenheit (t_2)	-.16	-2.57	.011	.011
BLF2	Beurteilung der Lehrveranstaltungen in den Fächern (t_2)	-.16	-2.38	.018	.018
ABEa	Interesse: auf individuelle Bedürfnisse eingehen (t_1)	.15	2.10	.037	.012

Abkürzungen: β = Beta-Koeffizient; T = T-Wert der Signifikanzprüfung; p = Signifikanz; R^2 = aufgeklärte Varianz. *Modellanpassung:* F = 5.61; p = .000 (Pillai-Spur = .267; Hotelling-Spur = .364); N = 378 (fehlende Werte fallweise gelöscht). *Methode:* allgemeines lineares Modell (GLM multivariat). *Anmerkungen:* Ergebnisse sortiert nach abnehmendem Betrag der Beta-Koeffizienten. Prädiktor ist die Abitur-Durchschnittsnote zu t_1. Potenzielle abhängige Variablen waren alle metrischen Variablen, die zu t_1 und t_2 erfasst wurden.

Auf 23 abhängige Variablen hat die Abitur-Durchschnittsnote einen signifikanten und i. d. R. positiven Einfluss. Zunächst zeichnen sich Studierende, die einen höheren Notenschnitt erreicht haben, mit höherer Wahrscheinlichkeit durch ein stärkeres Erfolgserleben im Beruf bzw. bei Studienaktivitäten (EIB2), eine größere Lebenszufriedenheit (LZF2) und ein geringeres Belastungserleben bei kritischen Lebensereignissen (KLB) aus. Gute Noten sind auch über die Schulzeit hinaus ein Indikator für Ausgeglichenheit in Studium und Beruf. Sie sind zu Studienbeginn ein schwacher Prädiktor von Studieninteresse (STI) und erhöhen die Wahrscheinlichkeit von Studienzufriedenheit (ZUF2) nach dem dritten Semester. Auch wird von erfolgreichen Abiturienten die fachliche Lehre besser beurteilt (BLF2). Das Interesse solcher Befragter an intellektuell-forschenden Tätigkeiten (INT_2) ist zu Studienbeginn häufig größer. Sie sehen die Studienaktivitäten öfter als Mittelpunkt ihres Alltags (SUF). Zugleich ist ihr soziales Interesse (INT_4) und ihr Interesse, als Lehrkraft auf individuelle Bedürfnisse der Schüler einzugehen (ABEa), wahrscheinlich schwächer ausgeprägt. »Gute« Schüler sind bei der Berufswahlentscheidung mit höherer Wahrscheinlichkeit durch Vorbilder motiviert (VOM), was sich auch in ihrer stärkeren Orientierung am Unterricht der eigenen Lehrer niederschlägt (OUL; umgepolt).

Mit 12 % Varianzaufklärung hat die Abiturnote große Bedeutung für die Vorhersage einer positiven Beurteilung des Schulklimas an der früheren Schule (SCK), deutlich schwächer trifft dies auf das Unterrichtsklima zu (UNK). Überraschend lehnen die besseren Schüler mit erhöhter Wahrscheinlichkeit die Selektionsfunktion der Schule stärker ab (SVS_3) und betonen deren Enkulturationsfunktion (SVS_5). Vermutlich leiden sie insbesondere unter dem Leistungsdruck der gymnasialen Oberstufe. Ein sehr guter Abiturschnitt erhöht die Wahrscheinlichkeit, Lehrkräfte eher als Fachwissenschaftler und weniger als Pädagogen zu sehen. Erfolgreiche Abiturienten schreiben einem gebildeten Menschen häufiger die Beherrschung mindestens einer Fremdsprache in Wort und Schrift (BVS_8) sowie ein Bewusstsein für Gegenwartsprobleme und die Mitverantwortlichkeit für deren Lösung (BVS_2) zu. Lehramtsstudierende mit besserer Abiturnote empfinden sich selbst schließlich zu Studienbeginn mit einer höheren Wahrscheinlichkeit als religiös (REL), offen (OFF) und gewissenhaft (GEW).

Insgesamt kommt der Abitur-Durchschnittsnote eine auffällig hohe Aussagekraft für relevante Merkmale der professionellen Entwicklung Lehramtsstudierender zu. Dies erklärt sich wohl daher, dass Studierende mit »gutem« Abitur vermutlich auch hohe Leistung im Studium erzielen. Überprüft werden kann diese Annahme allerdings erst im weiteren Verlauf des Längsschnitts, wenn mindestens die Noten des Ersten Staatsexamens vorliegen.

3.3.4 Besuch des Religionsunterrichts

Da vorliegend einer Differenzierung der Studienfächer Mathematik und Theologie besondere Bedeutung zukommt, wurde erfasst, ob und ggf. welche Form von Religionsunterricht (RU) die befragten Lehramtsstudierenden in ihrer Schulzeit besuchten (vgl. Tabelle 47). Studierende mit Studienfach Evang. Theologie (ET) haben i. d. R. in ihrer Schulzeit auch das Schulfach Evang. Religion belegt (93.6 %), Studierende mit Fach Kath. Theologie (KT) das Schulfach Kath. Religion (95.1 %). Allerdings entscheiden sich auch 6.3 % der Befragten mit Kath. RU oder Ethikunterricht für ein Studium des Faches Evang. Theologie, umgekehrt nur 3.2 % mit »fremden« Fächern für das Studium der Kath. Theologie. Lehramtsspezifisch bestätigt sich das Verteilungsmuster der Konfessionszugehörigkeit (vgl. 3.1.3, S. 154). Die GH- und GY-Studierenden besuchten selbst meist den Evang. RU, während die RS-Befragten überwiegend den Kath. RU besuchten. In der LA-Stichprobe haben etwa die Hälfte der Befragten den Evang. RU, ein Drittel den Kath. RU und ein Zehntel das Fach Ethik besucht.

Tabelle 47: Besuch des Religionsunterrichts in der eigenen Schulzeit (t_1)

BRU (N=510; Angaben in %)	MA	ET	KT	GH	RS	GY	SP	LA
Evangelische Religion	47.7	93.6	1.6	52.4	41.1	49.7	59.3	50.2
Katholische Religion	40.3	2.7	95.1	30.1	51.6	36.1	31.5	36.1
Ethik	10.2	3.6	1.6	13.1	2.1	12.9	9.3	10.6
keines der Fächer	1.7	–	1.6	3.4	5.3	0.6	–	2.5
keine Angabe	–	–	–	1.0	–	0.6	–	0.6

Frage: Welches der folgenden Unterrichtsfächer haben Sie in Ihrer Schulzeit überwiegend besucht?

Dem Besuch des Religionsunterrichts und den dort gemachten Erfahrungen kommt nach den Interviews offenbar eine zentrale Bedeutung für die Fachwahl zu (vgl. 4.3.5, S. 352), etwa indem das Weltbild der Schüler fundamental erschüttert wird (1), sich ein bestimmtes Bild von Religionsunterricht gefestigt hat (2), die Erfahrungen während der Schülerbiografie stark divergieren (3) oder indem ihm eine besondere Rolle im Fächerkanon zugeschrieben wird (4).

(1)   In der 7. Klasse kam meine Religionslehrerin rein und hat gesagt: »Wir untersuchen jetzt, ob Jesus Christus wirklich gelebt hat«. Das war für mich erstmal ein Schock. Am Anfang war das eben immer so: In der Bibel steht etwas und das glaubt man eben schön. Und dann kommt sie und stellt wirklich das i-Tüpfelchen des ganzen Glaubens in Frage. [...]. Mittlerweile kann ich damit umgehen, aber das ist mir noch in Erinnerung. [P1-M20GY]

(2)   Egal, mit wem man redet: Das ist das Fach, da geht man hin, man malt ein bisschen was an, man schaut einen Film und das war es dann. Ich habe wenige Leute getroffen, die sagen, sie haben einen richtig guten Reliunterricht gehabt, oder: »Da habe ich was mitgenommen«. [L2-W21GY]

(3)   Die beste Religionsunterrichtserfahrung hatte ich in der Oberstufe, weil meine Lehrerin [...] uns ihre Meinung nicht aufzwingen wollte, sondern weil es viele Diskussionen gab. [...]. Davor habe ich es immer so ein bisschen einengend empfunden. [...]. Der Reliunterricht in der Grundschule war ein bisschen wie Jungschar. [K1-W21GH]

(4)   In Religion ist man ja manchmal auch freier und kann Themen ansprechen, die vielleicht sonst im Unterricht nie zur Sprache kommen. Irgendwelche ethischen Grundsatzfragen oder Persönlichkeitsfragen. Eigentlich spielt der Religionsunterricht schon eine sehr wichtige Rolle, auch wenn er nicht so wahrgenommen wird. [M1-W20GY]

3.3.5 Aktivitäten vor dem Studium

Die professionelle Entwicklung Lehramtsstudierender wird auch davon bestimmt sein, welche Vorerfahrungen die Befragten in ihr Studium mitbringen. Zahlreiche Studierende haben die Zeit zwischen Abitur und Studienbeginn genutzt, um in verschiedenen Kontexten Lebenserfahrung zu sammeln. In Einzelfällen können bereits junge Erstsemester auf Erfahrungen aus verschiedensten Aktivitäten vor Studienbeginn zurückblicken (5).

(5)   Ich habe ein Praktikum in der Grundschule gemacht, Nachhilfe gegeben, habe zwei kleinere Geschwister. Im Ausland habe ich ein Praktikum an einer Sonderschule gemacht und mit Behinderten gearbeitet. [...]. Ich war dann vireinhalb Monate in Ecuador, drei Monate in den USA und sechs Wochen in England. [C1-W20GH]

Derart umfangreiche Erfahrungen haben vor Studienbeginn allerdings nur wenige der Befragten gemacht (vgl. Tabelle 48). Immerhin rund zwei Drittel aller GH- und RS-Studierenden können umfangreichere Aktivitäten zwischen Abitur und Studienbeginn vorweisen, während mehr als die Hälfte der GY-Studierenden direkt nach der Schule mit dem Studium beginnt (CI=.21***). Die künftigen GY-Lehrkräfte »rutschen« damit überwiegend »von der Schule in die Schule«, während insbesondere die SP-Studierenden die Zeit zwischen Schule und Studium fast geschlossen nutzen, um Distanz zu gewinnen. 54.2 % der Uni-Studierenden, aber nur 28.0 % der PH-Studierenden beginnen direkt nach der Schule zu studieren (CI=.25***). Damit fehlt den Befragten im höheren Lehramt später vermutlich verstärkt der nötige Abstand zur Schule. Sie profitieren seltener von außerschulischer und außeruniversitärer Berufs- und Lebenserfahrung.

Das Gymnasium in Baden-Württemberg genießt landläufig den Ruf, besonders »realitätsund berufsfern« zu sein. Außeruniversitäre Erfahrungen bei nur knapp der Hälfte der künftigen Gymnasiallehrerschaft sind dem zuträglich. Da ein wichtiger Grund für einen häufigeren Direkteinstieg der GY-Studierenden ins Studium vermutlich aber auch die dort längeren Studienzeiten sind, muss darüber nachgedacht werden, welche Anreize für zusätzliche Erfahrungen vor Studienbeginn geschaffen werden können. Neben einem freiwilligen Engagement kann auch – wie dies in den Lehrämtern, die auf einem PH-Studium aufbauen, der Fall ist – über ein pflichtgemäßes Betriebs- oder Sozialpraktikum nachgedacht werden. Nach den Verordnungen des Kultusministeriums über den Vorbereitungsdienst und die Zweite Staatsprüfung für die Lehrämter an Grund- und Hauptschulen (GHPO II – 2001: § 2 Abs. 1, Nr. 5),

Realschulen (RPO II – 2007: § 2, Abs. 1, Nr. 7) und Sonderschulen (SPO II – 2003: § 2 Abs. 1 Nr. 5) ist es für die Zulassung zum jeweiligen Vorbereitungsdienst erforderlich, ein Betriebs- oder Sozialpraktikum im Umfang von mindestens vier Wochen oder eine vergleichbare sonstige praktische Tätigkeit mit Kindern oder Jugendlichen absolviert zu haben. Der Nachweis über ein abgeleistetes Betriebs- oder Sozialpraktikum ist vor Beginn des Vorbereitungsdienstes von einem der Regierungspräsidien anerkennen zu lassen. Schwierigkeiten ergeben sich aus der derzeitigen Anrechnungspraxis: Wer Beziehungen zu sozialen Einrichtungen oder Betrieben hat, kann häufig eine Praktikumsteilnahme umgehen. Sinnvoll hingegen erscheint, dass soziales Engagement, etwa in der Kinder- und Jugendarbeit, als Praktikum angerechnet werden kann. Eine solche Regelung belohnt wiederum ein freiwilliges Engagement, ggf. schon vor Studienbeginn. Zugleich fällt auf, dass Studentinnen häufiger direkt von der Schule kommen als ihre Kommilitonen, was auch den Wehr- bzw. Ersatzdienstzeiten geschuldet sein dürfte ($CI = .18^{***}$; w: 39.3 %; m: 20.0 %).

Tabelle 48: Aktivitäten vor dem Studium (t_1)

AVS ($N_{LA} = 509$; $N_{ZM} = 79$; Angaben in %)	GH	RS	GY	SP	LA	ZM
komme direkt von der Schule	30.6	34.0	54.2	7.4	36.0	39.3
ein Studium/eine Berufsausbildung *abgeschlossen*	7.8	14.9	1.9	16.7	8.3	16.4
ein Studium/eine Berufsausbildung *abgebrochen*	17.0	13.8	9.7	3.7	12.8	18.0
Wehrdienst geleistet	0.5	2.1	1.3	–	1.0	6.6
Zivildienst geleistet	4.4	10.6	9.7	9.3	7.7	8.2
ein Freiwilliges Soziales Jahr (FSJ) etc. gemacht	22.3	11.7	8.4	51.9	19.3	4.9
ein *freiwilliges* Praktikum gemacht	20.4	8.5	10.3	29.6	16.1	13.1
ein *Pflicht*-Praktikum (studienrelevant) gemacht	1.9	5.3	1.9	3.7	2.8	n.a.
einen Auslandsaufenthalt gemacht (nicht: Urlaub)	20.9	20.0	22.6	25.9	21.8	9.8
sonstige Aktivitäten	17.0	21.3	15.5	7.4	16.3	6.6

Frage: Was haben Sie vor Ihrem jetzigen Studium getan? *Anmerkung:* Das Pflicht-Praktikum wurde bei den ZM-Studierenden nicht abgefragt (n. a.).

Eine abgeschlossene berufliche Qualifikation bringen ein Sechstel der SP- und RS-Befragten aber nur ein Zwölftel der GH-Studierenden und fast keine GY-Studierenden ins Lehramtsstudium mit. Unter Befragten mit Berufsabschluss haben jeweils 15.8 % ein fachfremdes oder fachverwandtes (Sozialarbeit, Erziehungswissenschaft etc.) Studium abgeschlossen, 50.0 % eine fachfremde und 18.4 % eine fachverwandte (Erzieherin etc.) Ausbildung. Für 98.1 % der Uni-Studierenden aber nur für 89.0 % der PH-Studierenden ist das Lehramtsstudium die berufliche »Erstausbildung« ($CI = .15^{**}$). Ein Erststudium ist es für 68.4 % der Befragten; eine Studie unter Lehramtsstudierenden der Universität Rostock kommt dort auf 83.8 % (Gehrmann 2007a, S. 93; ältere Daten liegen sogar bei 92.0 %: Gehrmann 2003, S. 337). Verglichen damit weisen die Befragten häufiger Vorstudienzeiten auf. Je älter die Studierenden, desto eher verfügen sie auch über eine andere berufliche Qualifikation ($CI = .49^{***}$; 19-21 Jahre: 1.3 %; 22-25 Jahre: 29.5 %; 26 Jahre und älter: 67.5 %).

Die Abbruchquote vorzeitiger beruflicher Qualifikation ist unter den GH-Studierenden mit 17.0 % am größten und nimmt zum RS-, GY- und SP-Lehramt um je rund 4 Prozentpunkte ab. Hauptsächlich wurden akademische Studien vorzeitig beendet, wovon 44.3 % fachfremde und 37.7 % fachverwandte waren. Unter letzteren sind 15 frühere GY-Studierende, die sich nun in einen PH-Studiengang eingeschrieben haben. Umgekehrt sind es nur drei

GH-Befragte, die in das GY-Lehramtsstudium gewechselt haben. Auch zwei ZM-Studierende haben früher einen GY-Abschluss angestrebt. Männliche Studierende haben ihre vorzeitige Qualifikation etwas häufiger abgebrochen als Studentinnen (CI = .12*). Es fällt insgesamt auf, dass vor Aufnahme des Lehramtsstudiums überwiegend Ausbildungsberufe abgeschlossen, Studiengänge hingegen abgebrochen wurden. Dies deutet auf eine eher geringe Bereitschaft hin, ein Lehramtsstudium als »volles« Zweitstudium zu verfolgen.

Unter den männlichen Befragten haben nur 5.9 % Wehrdienst geleistet, 45.9 % haben sich für den Ersatzdienst (»Zivildienst«) entschieden. Ein Freiwilliges Soziales Jahr (FSJ) etc. haben ein Fünftel aller Lehramtsstudierenden (w: 20.8 %; m: 11.8 %) absolviert. Die Hälfte aller SP-Studierenden, fast ein Viertel der GH-Studierenden aber nur ein Zehntel der RS- und noch weniger GY-Studierende entscheiden sich für ein solches Jahr (CI = .23***), an den Pädagogischen Hochschulen sind es 24.0 %, an den Universitäten 8.4 % (CI = .18***).

Im Lehramt (besonders SP und GH) besteht insgesamt eine starke Tendenz zur sozialen und diakonischen Vorbildung im Rahmen der Pflichtpraktika und Freiwilligendienste. Ein knappes Drittel der SP- und ein Fünftel der GH-Studierenden haben vor Studienbeginn ein freiwilliges Praktikum absolviert. GY- und RS-Studierende tun das seltener (CI = .14**). Ein Pflichtpraktikum, wie das für die PH-Lehrämter eingeforderte Betriebs- und Sozialpraktikum (s. o.), wird vor Studienbeginn selten durchlaufen. Studentinnen machen tendenziell häufiger freiwillige Praktika (CI = .11*; w: 16.7 %; m: 12.9 %), während Studenten eher Pflichtpraktika absolvieren (CI = .14*; w: 2.1 %; m: 5.9 %).

Die Häufigkeit, mit der die Befragten ihrem Studium Auslandsaufenthalte vorschieben, ist zwischen den Lehrämtern vergleichbar. Knapp jeder vierte Lehramtsstudierende nimmt diese Chance wahr. Studierende mit niederer sozioökonomischer Stellung schrecken wohl aufgrund der hohen Kosten eher vor einem Auslandsaufenthalt zurück (η^2 = .024**; Aufenthalt: SEI = 59.9; kein Aufenthalt: SEI = 54.5). Auffällig ist, dass Studentinnen signifikant häufiger im Ausland waren als ihre Kommilitonen (CI = .19***; w: 24.7 %; m: 7.1 %). Möglicherweise wollen sie im Anschluss an den Wehr- und Ersatzdienst nicht nochmals ein Jahr vor Studienbeginn »verlieren«. Die Auslandsaktivitäten verteilen sich wie folgt: 31.4 % der Studierenden arbeiteten als Au Pair; 21.0 % waren in einem Freiwilligendienst engagiert; 11.7 % machten ein Jahr »work and travel«; 10.5 % waren auf einem Missionseinsatz oder besuchten eine Bibelschule; 8.6 % machten eine Sprachreise; 7.6 % absolvierten ein Auslandspraktikum (z. B. Lernhilfe); 5.7 % besuchten eine Auslandsschule; jeweils 1.9 % studierten im Ausland oder halfen bei einem Arbeitseinsatz. 16.3 % geben an, »sonstige« Aktivitäten vor Beginn ihres Studiums gemacht zu haben, die nicht in den vorhandenen Kategorien erfasst sind. Darunter fallen insbesondere Phasen der Berufstätigkeit und Kindererziehung oder Aushilfsjobs.

Zahnmedizinstudierende kommen kaum häufiger als LA-Studierende direkt von der Schule. Wer unter ihnen bereits eine berufliche Qualifikation abschloss, tat dies zu 81.8 % in einem fachverwandten Ausbildungsberuf (Zahntechniker, Zahnarzthelferin, Krankenschwester etc.). Sie bleiben damit i. d. R. in ihrer Branche, während LA-Studierende mit beruflicher Vorbildung zu 65.8 % aus fachfremden Berufen ins Lehramt finden (CI = .57**). ZM-Studierende leisten, aufgrund ihrer höheren Männerquote (vgl. 3.1.1, S. 152), häufiger Wehrdienst (CI = .14**) und absolvieren viermal seltener ein FSJ (CI = .12*). Dies verweist auf die stärkere soziale Orientierung im Lehramt (vgl. 4.3.4, S. 345).

Schließlich wurde erfasst, im wievielten Semester ihres jetzigen Studienganges die Befragten eingeschrieben sind (vgl. Tabelle 49). In der LA-Stichprobe sind zu t_1 ausschließlich Studierende im ersten Semester erfasst. Die Angabe zum aktuellen *Fach*semester ist daher lediglich als Kontrollvariable eingesetzt worden, um eine kohortenspezifische Stichprobe garantieren zu können. Einen höheren Informationsgehalt hingegen besitzen die Daten zur Frage, im wievielten *Hochschul*semester die Studierenden aktuell eingeschrieben sind. Rund ein Fünftel aller befragten GH- und RS-Studierenden war bereits in einem anderen Studiengang immatrikuliert. Bei den GY- und SP-Studierenden sind es jeweils nur etwa ein Zehntel (CI = .20*).

Tabelle 49: Anzahl der Hochschulsemester (t$_1$)

SEM (N = 509)	GH	RS	GY	SP	LA
Anzahl Studierender mit mehr als einem Hochschulsemester (in %)	20.9	18.9	9.7	11.1	16.1
Durchschnittliche Hochschulsemesteranzahl	2.67	2.07	1.23	1.67	1.74

Frage: Im wievielten Semester an einer Hochschule insgesamt (inkl. diesem Semester) sind Sie gegenwärtig eingeschrieben?

3.3.6 Sprachkenntnisse

In der globalisierten Welt sind Fremdsprachenkenntnisse wichtig und aus vielen qualifizierten Berufen nicht wegzudenken. Das Lehramt scheint, abgesehen vom Fremdsprachenunterricht und vereinzelten bilingualen Unterrichtsmodellen, eines der wenigen akademischen Berufsfelder zu sein, in dem ein Auskommen ohne fundierte Fremdsprachenkenntnisse möglich ist. Daher wurde erfasst, in welchem Maße Sprachkenntnisse unter Lehramtsstudierenden vorhanden sind, die alternative berufliche Perspektiven erleichtern. 79.8 % der Befragten geben an, neben Deutsch mindestens eine weitere Sprache fließend oder verhandlungssicher zu sprechen. Unter den GY-Studierenden sind es 92.3 %, im RS-Lehramt 78.9 %, im GH-Lehramt 74.8 % und im SP-Lehramt nur 64.8 % (CI = .17***). Unter diesen Befragten sprechen nach eigenen Angaben fließend: 58.7 % ausschließlich Englisch, 20.6 % Englisch und Französisch, 4.0 % Englisch und Spanisch, 3.7 % ausschließlich Französisch, 3.2 % Französisch, Englisch und Spanisch sowie 9.8 % andere Kombinationen. Die GY-Klientel hat in sprachlicher Hinsicht die größten Vorteile bei einer optionalen beruflichen Neuorientierung.

3.4   Vorerfahrungen

Wie bereits im vorigen Teilkapitel (3.3, S. 188) deutlich wurde, kann beim Eintritt in ein institutionalisiertes Lehrerbildungssystem nicht von gleichen Eingangsbedingungen der Erstsemester ausgegangen werden, weil einige etwa bereits eine abgeschlossene Berufsausbildung oder Sprachkenntnisse aus einer bilingualen Familie mitbringen, die ihnen z. B. einen Vorsprung an fachlichem Wissen einbringen können. Noch einschlägiger scheinen Vorerfahrungen zu sein, die unmittelbar mit der späteren Unterrichtstätigkeit in Beziehung stehen: Haben etwa Studierende mit pädagogischen Vorerfahrungen Vorteile in den Schulpraktika? Hinzu kommen prägende Erfahrungen aus der eigenen Schulzeit: Orientieren sich Lehramtsstudierende, die Schule selbst als Schüler positiv erlebten, eher an den eigenen Lehrern als solche, die eine skeptische Erinnerung an ihre Schulzeit haben? Auch Erfahrungen mit der familiären Erziehung gehören zur Sozialisation künftiger Lehrkräfte. Besteht etwa ein Zusammenhang zwischen der Art und Weise, von den Eltern erzogen worden zu sein und dem Unterrichtsstil der ersten eigenen schulpraktischen Versuche? Schließlich kann die Berufswahlreife im Sinne einer Disposition als Produkt von Vorerfahrungen aufgefasst werden.

3.4.1 Pädagogische Vorerfahrungen

Gute Erfahrungen bei der Ausübung pädagogischer Tätigkeiten sind vermutlich für viele Interessierte ein Grund, sich für ein Lehramtsstudium zu entscheiden (vgl. 4.3.1, S. 324). Solche Befragte haben z. B. kleinere Geschwister betreut, leiten eine Jugendgruppe (Kirche, Sportverein usw.), geben Nachhilfe oder haben einen pädagogischen Beruf (z. B. Erzieherin) erlernt und ausgeübt. Auch hinsichtlich der schulpraktischen Ausbildung ist anzunehmen, dass Befragte mit pädagogischen Vorerfahrungen Vorteile – etwa im Rahmen erster Unterrichtsversuche – haben. Solche einschlägigen Vorerfahrungen wurden im Rahmen des Projekts *Career Counseling for Teachers (CCT)* erfasst (http://www.cct-germany.de). Ein Selbsterkundungsfragebogen im Internet soll helfen, »private« Erfahrungen im pädagogischen Umgang mit Kindern und Jugendlichen zu reflektieren und auf dieser Grundlage zu prüfen, ob und wie die eigene pädagogische Neigung im Zusammenhang mit der Berufswahlentscheidung steht bzw. ob die als hilfreich erachteten pädagogischen Vorerfahrungen überhaupt gemacht wurden. In der Reflexion dieser Vorerfahrungen sollen Interessierte lernen, ihre einschlägigen Fähigkeiten besser einzuschätzen (Mayr 2000; 2001a; 2001b; Sieland/ Nieskens 2001; Mayr 2002a). Ob Studierende, die sich hinsichtlich der Qualität und Quantität ihrer pädagogischen Vorerfahrungen unterscheiden, tatsächlich unterschiedliche Entwicklungsverläufe aufweisen, ist empirisch aber ungeklärt.

Der Fragebogen misst die Ähnlichkeit zwischen den bereits ausgeübten pädagogischen Tätigkeiten und der Arbeit von Lehrpersonen. Die pädagogische Tätigkeit von Lehrkräften ist dabei dadurch gekennzeichnet, dass sie im Kern auf Gruppen (nicht auf Einzelne) sowie auf eine Unterrichtstätigkeit (nicht Betreuung etc.) zielt. So werden Vorerfahrungen wie das Trainieren einer Gruppe beim Kinderturnen i. d. R. eher mit den Anforderungen des Lehrerberufs vergleichbar und dafür auch für dessen Ausübung hilfreich sein, als z. B. die Fürsorge gegenüber kleineren Geschwistern. Die Skala operationalisiert daher vier verschiedene Bereich pädagogischer Vorerfahrung: (1) Betreuung Einzelner; (2) Betreuung von Gruppen; (3) Unterrichten Einzelner; (4) Unterrichten von Gruppen. Zusätzlich wird erfasst, in welchem Maße sich die Befragten bei der jeweiligen Tätigkeit als erfolgreich erachtet haben und wie sehr ihnen die Tätigkeit Freude bereitet hat. Im Originalkontext sind die Skalen zu den vier Typen pädagogischer Vorerfahrung dichotom angelegt: 1 = nein; 2 = ja. Die vertiefenden Fragen nach »Erfolg« und »Freude« bei den jeweiligen Tätigkeiten werden auf einer Skala von 1-3 eingeschätzt: 1 = nein; 2 = teilweise; 3 = ja. Für die vorliegende Erhebung wurden die Items dem gewählten Standard entsprechend siebenstufig skaliert. Die Formulierungen wurden teils leicht redaktionell bearbeitet.

Insgesamt positionieren sich die befragten Lehramtsstudierenden hinsichtlich der Anzahl ihrer pädagogischen Vorerfahrungen mit leichter Tendenz zu »sehr häufig« (vgl. Tabelle 50). 9.8 % der Befragten haben für einzelne Kinder und Jugendliche noch »gar nie« Freizeitaktivitäten gestaltet, bezüglich der Gruppen-Freizeitangebote sind es 13.8 %. Einzelne Kinder und Jugendliche trainiert oder unterrichtet haben 10.9 % noch »gar nie«, bezogen auf Training oder Unterricht in Gruppen sind es 33.1 %. Erfahrung aus geplant-konzentrierter Arbeit mit Gruppen, die schulischer Unterrichtsarbeit ähnelt, fehlt einem Drittel der künftigen Lehrkräfte, während 24.2 % angeben, diese »sehr oft« gemacht zu haben. Es wird später geprüft, ob Befragte mit dieser einschlägigen Vorerfahrung an »Unterrichtsarbeit mit Gruppen« auch Vorteile bei ersten Unterrichtsversuchen haben (vgl. 5.3, S. 448). Zumindest ist anzunehmen, dass Studierende, die bereits Gruppen von Kindern oder Jugendlichen trainiert oder unterrichtet haben, vor diesem Erfahrungshintergrund die Anforderungen des Lehrerberufs und die eigenen pädagogischen Fähigkeiten höher einschätzen (vgl. 4.4.1, S. 372).

Tabelle 50: Pädagogische Vorerfahrungen (t_1)

PVO (N=386-501)	GH M	RS M	GY M	SP M	LA M	LA SD
1 Haben Sie für *einzelne* Kinder oder Jugendliche Freizeitaktivitäten gestaltet (z.B. ein Buch vorgelesen, einen Ausflug unternommen...)?	5.08	4.71	4.34	5.09	4.79	1.98
2 Waren Sie dabei Ihrer Einschätzung nach erfolgreich?	5.70	5.75	5.48	5.79	5.66	1.29
3 Hat Ihnen diese Tätigkeit Freude bereitet?	6.34	6.33	5.98	6.38	6.23	1.30
4 Haben Sie für *Gruppen* von Kindern oder Jugendlichen Freizeitaktivitäten gestaltet (z.B. eine Geburtstagsparty organisiert, in einem Ferienlager mitgearbeitet...)?	4.76	5.03	4.53	5.28	4.80	2.11
5 Waren Sie dabei Ihrer Einschätzung nach erfolgreich?	5.74	5.78	5.60	6.10	5.75	1.39
6 Hat Ihnen diese Tätigkeit Freude bereitet?	6.25	6.25	6.02	6.52	6.21	1.42
7 Haben Sie *einzelne* Kinder oder Jugendliche *trainiert* oder *unterrichtet* (z.B. Reitstunden gegeben, Nachhilfeunterricht erteilt...)?	4.68	5.27	5.13	4.48	4.90	2.06
8 Waren Sie dabei Ihrer Einschätzung nach erfolgreich?	5.53	5.65	5.50	5.46	5.54	1.47
9 Hat Ihnen diese Tätigkeit Freude bereitet?	5.92	6.08	5.92	5.91	5.95	1.52
10 Haben Sie *Gruppen* von Kindern oder Jugendlichen *trainiert* oder *unterrichtet* (z.B. einen Chor geleitet, einen Malkurs gehalten...)?	3.32	4.21	3.40	3.42	3.52	2.45
11 Waren Sie dabei Ihrer Einschätzung nach erfolgreich?	4.57	5.03	4.55	4.85	4.68	2.18
12 Hat Ihnen diese Tätigkeit Freude bereitet?	5.06	5.57	4.77	5.40	5.11	2.35
Index Umfang pädagogischer Vorerfahrungen (PVO)	4.47	4.81	4.35	4.57	4.51	1.42

Skala: 1 = gar nie; 7 = sehr oft. *Frage:* Wie oft haben Sie bereits die folgenden Erfahrungen im Umgang mit Kindern und Jugendlichen gemacht? *Anmerkung:* Der *Index Umfang pädagogischer Vorerfahrungen (PVO)* berechnet sich als arithmetisches Mittel aus den Items 1/4/7/10.

GH- und SP-Studierende haben für *einzelne* Kinder und Jugendliche subjektiv häufiger Freizeitaktivitäten gestaltet als RS- und besonders GY-Studierende (Item 1: $\eta^2 = .027^{**}$). Befragte aller Lehrämter sehen sich dabei vergleichbar erfolgreich an, während die Freude an dieser Tätigkeit bei den GY-Studierenden etwas, aber nicht signifikant geringer ausfällt. Studentinnen kümmern sich deutlich häufiger um einzelne Kinder und Jugendliche als Studenten ($\eta^2 = .039^{***}$; $M_w = 4.96$; $M_m = 3.90$). Auch schätzen sie bei dieser Tätigkeit ihren Erfolg ($\eta^2 = .037^{***}$; $M_w = 5.76$; $M_m = 5.09$) und ihre Freude ($\eta^2 = .054^{***}$; $M_w = 6.37$; $M_m = 5.54$) signifikant höher ein. Sandwichkinder und Erstgeborene unter den Studierenden kümmern sich häufiger um einzelne Kinder oder Jugendliche als Letztgeborene und Einzelkinder, was vermutlich auf die Betreuung jüngerer Geschwister zurückzuführen ist ($\eta^2 = .028^{**}$; $M_{EK} = 3.96$; $M_{EG} = 4.94$; $M_{SW} = 5.08$; $M_{LG} = 4.62$).

In Bezug auf die für Kinder und Jugendliche gestalteten *Gruppen*-Freizeitaktivitäten zeigen sich keine signifikanten Lehramtsunterschiede, wenngleich sich die GY-Studierenden auch hier tendenziell am seltensten engagieren. Weibliche Studierende haben diese Tätigkeit mit etwas mehr Freude ausgeübt als ihre Kommilitonen ($\eta^2=.017^*$; $M_w=6.29$; $M_m=5.81$). Selbiges gilt für die Erstgeborenen ($\eta^2=.023^*$; $M_{EK}=6.12$; $M_{EG}=6.42$; $M_{SW}=6.17$; $M_{LG}=5.89$).

Das Trainieren und der Unterricht von *einzelnen* Kindern und Jugendlichen wurde von Studierenden in den klassischen Sekundarlehrämtern (RS und GY) häufiger praktiziert als im GH- und SP-Lehramt ($\eta^2=.019^*$). Zugleich werden Erfolg und Freude zwischen den Lehrämtern gleich eingeschätzt. GY-Studierende mit Fach Mathematik sind hinsichtlich dieser Tätigkeit (Nachhilfe?) aktiver als jene des Faches Theologie ($\eta^2=.021^*$; $M_{MA}=6.10$; $M_{TH}=4.77$).

Ein Trainieren und Unterrichten von Kinder- und Jugend*gruppen* wurde insgesamt deutlich seltener als die anderen Tätigkeitsformen, von RS-Studierenden jedoch signifikant häufiger als von Befragten der anderen Lehrämter betrieben ($\eta^2=.018^*$).

Zusammenfassend fällt auf, dass sich künftige Primar- und Sonderpädagogen häufiger mit Individuen beschäftigt haben, während von künftigen Sekundarlehrkräften öfter eine Quasi-Unterrichtsarbeit als pädagogische Vorerfahrung mitgebracht wird. Es lässt sich also ein Zusammenhang zwischen der Interessenlage an pädagogischer Arbeit vor Studienbeginn und der Entscheidung für ein bestimmtes Lehramt vermuten, der sich im Hinblick auf die Studien- und Berufswahlmotivation erhärtet (vgl. 4.3.1, S. 324). Eng mit pädagogischen Vorerfahrungen hängt auch das sozial-ehrenamtliche Engagement der Befragten zusammen (vgl. Tabelle 38, S. 184). Die Interviews geben Hinweise darauf, dass die Erfahrungen mit pädagogischem Engagement vor Studienbeginn i. d. R. äußerst positiv ausfallen (6). Sie werden deutlich von anderen Aktivitäten unterschieden (7). Die Studierenden artikulieren, dass sie diese Erfahrungen auch geprägt haben (8). Offensichtlich weisen solche Lehramtsstudierende schon vor Studienbeginn eine hohe Affinität zu pädagogischen Tätigkeiten insgesamt auf.

(6)   Das war überwiegend positiv [...]. Da dachte man von der Voreinstellung her, dass man den Kindern oder Jugendlichen zuerst gar nicht so viel zutraut und dann später kam sehr viel zurück. Das waren auch immer wieder Erfolgserlebnisse und positive Überraschungen. [F1-M27GH]

(7)   Es macht einfach Spaß, mit Kindern zu arbeiten. [...]. Ich habe auch an der Kasse bei IKEA gearbeitet. Das hat mich überhaupt nicht ausgefüllt. Dann durfte ich einen Tag ins Kinderparadies – das war viel witziger. [G1-W21GH]

(8)   Ich habe in der evangelischen Kirche Jugendarbeit gemacht. [...]. Es hat mir viel Spaß gemacht und ich würde sagen, es hat mich schon ein bisschen beeinflusst. [H1-W21GH]

Die Befragten berichten von einem persönlichen Gewinn als Folge des pädagogischen Engagements. Dazu gehören etwa die Auseinandersetzung mit der eigenen Persönlichkeit (9), erste Erfahrungen mit den Anforderungen, denen Kinder ausgesetzt sein können (10) oder die Wahrnehmung der Bedeutung von Selbstwirksamkeitserwartung (11).

(9)   Für mich persönlich war das FSJ auf jeden Fall eine hilfreiche Erfahrung, weil ich vom Charakter her eher so ein bisschen der ruhige Typ bin, eher so ein bisschen schüchtern, würde ich sagen. Deshalb war es doch eine gute Erfahrung zu sehen, wie ich mit solchen Leuten klar komme. [O1-M20GY]

(10)   Ich [...] habe viel »Psychologisches« dabei gelernt. Ich hatte [als Trainer] z. B. eine super Schwimmerin, aber wenn sie Wettkampf hatte, musste sie sich freitags schon von der Schule abholen lassen, weil sie sich übergeben hatte und es ihr schlecht war. [...]. Sie hatte in der Schule [...] vor jeder wichtigen Arbeit solche Probleme. [D1-M20RS]

(11)   Die Jugendarbeit hat mich selbst sehr geprägt und ich hatte auch leitende Funktionen inne [...]. Ich war das letzte Jahr im Ausland und habe da ein Zirkusprojekt aufgebaut und mit Kindern über Sprachbarrieren hinweg gearbeitet. [...]. Wenn man eine Gruppe leitet oder wenn man Verantwortung bekommt, wächst man daran sehr stark. Ich habe erfahren, [...], dass man Jugendlichen etwas zutrauen muss, dass sie das wirklich stärken kann. [M1-W20GY]

Wie Detailanalysen später zeigen, sind die zunächst vermuteten starken Zusammenhänge zwischen pädagogischen Vorerfahrungen und dem Erfolgserleben im Schulpraktikum kaum haltbar (vgl. 5.3, S. 448). Vorerfahrungen sind allerdings ein bedeutsamer Indikator für die Berufswahlreife (vgl. 3.4.5, S. 213) und ein motivationaler Faktor bei der Berufswahlentscheidung (vgl. 4.3.1, S. 324). Die Berechnung eines allgemeinen linearen Modells (GLM), in dem der Umfang pädagogischer Vorerfahrungen als Prädiktor der nach dem dritten Semester (t_2) erfassten abhängigen Variablen angenommen wurde, verweist besonders auf ein Vorhersagepotenzial für den gefühlten Kompetenzzuwachs in den ersten Semestern (vgl. Tabelle 51).

Tabelle 51: Bedeutung pädagogischer Vorerfahrungen (t_1 auf t_2)

Code	Index/Item	β	T	p	R^2
REL2	Religiosität	.23	3.54	.000	.029
SVS2_2	Schule hat die Aufgabe, zu erziehen	.14	2.97	.003	.020
INT2_5	Interesse an unternehmerischen Tätigkeiten	.13	2.83	.005	.018
ABE2c	gefühlter Kompetenzzuwachs: auf individuelle Bedürfnisse eingehen	-.13	-2.71	.007	.016
KIK2c	gefühlter Kompetenzzuwachs: kommunizieren/ interagieren/ kooperieren	-.12	-2.36	.019	.012
KOL2b	Kompetenzerwartung: Konflikte lösen	.11	2.81	.005	.017
BSF2c	gefühlter Kompetenzzuwachs: soziale Beziehungen schätzen/ fördern	-.11	-2.64	.009	.015
FUI2c	gefühlter Kompetenzzuwachs: sich fortbilden und informieren	-.11	-2.60	.010	.015
WVE2c	gefühlter Kompetenzzuwachs: Werte vermitteln	-.10	-2.42	.016	.012
SWE2	Selbstwirksamkeitserwartung	.08	3.35	.001	.026
KZW2	gefühlter Kompetenzzuwachs (insgesamt)	-.07	-2.41	.016	.012

Abkürzungen: β = Beta-Koeffizient; T = T-Wert der Signifikanzprüfung; p = Signifikanz; R^2 = aufgeklärte Varianz. *Modellanpassung:* F = 5.53; p = .000 (Pillai-Spur = .139; Hotelling-Spur = .161); N = 390 (fehlende Werte wurden fallweise gelöscht). *Methode:* allgemeines lineares Modell (GLM multivariat). *Anmerkungen:* Ergebnisse sortiert nach abnehmendem Betrag der Beta-Koeffizienten. Prädiktor ist der Umfang pädagogischer Vorerfahrungen (PVO) zu t_1. Potenzielle abhängige Variablen waren alle metrischen Variablen, die zu t_2 erfasst wurden.

Studierende mit mehr verschiedenen pädagogischen Vorerfahrungen berichten mit höherer Wahrscheinlichkeit von einem geringeren gefühlten Kompetenzzuwachs entlang beruflicher Tätigkeiten (KZW2). Dies wird bezüglich der Tätigkeitsfelder des Eingehens auf individuelle Bedürfnisse, Kommunizierens, Interagierens und Beratens, Schätzens und Förderns sozialer Beziehungen, des sich Fortbildens und Informierens sowie des Vermittelns von Werten signifikant deutlich. Eine Erklärung hierfür ist, dass Studierende mit umfangreichen pädagogischen Vorerfahrungen zu Studienbeginn vergleichsweise hohe Kompetenzerwartungen haben, die im Studienverlauf eine eher geringe Entwicklung zulassen (PVO/ KOM: r=.23***). Studierende mit umfangreicheren pädagogischen Vorerfahrungen schätzen ihre Religiosität wahrscheinlicher hoch ein (REL2). Hier ist eine Verbindung mit dem oft im Rahmen christlicher Organisationen und Kirchen ausgeübten sozialen Engagement zu sehen (vgl. Tabelle 38, S. 184). Ein leicht positiver Effekt geht von pädagogischen Vorerfahrungen auch auf die Annahme der Drittsemester aus, Schule habe die Aufgabe zu erziehen (SVS2_2). Dies kann als Indikator dafür gesehen werden, dass pädagogische Vorerfahrungen zwar eine existierende, vermutlich aber eher schwache Bedeutung für Schul- und Erziehungseinstellungen haben. In dieser Weise ist auch die mit dem Umfang pädagogischer Vorerfahrungen steigende Wahrscheinlichkeit eines größeren Interesses an unternehmerischen Tätigkeiten (INT2_5) sowie einer höheren Selbstwirksamkeitserwartung (SWE2) zu lesen.

3.4.2 Erfahrungen mit Schule und Lehrern

Welche Bedeutung die Erfahrungen mit Schule und Unterricht im Kindes- und Jugendalter für die professionelle Entwicklung Lehramtsstudierender haben, wurde bislang kaum empirisch bearbeitet. Dabei liegt die Vermutung nahe, dass die eigenen Schulerfahrungen etwa Zusammenhänge zur Berufswahlmotivation oder zu den Überzeugungen und Werthaltungen (»professional beliefs«) der Lehramtsstudierenden aufweisen. Schließlich wird in unterschiedlichen Feldern der Bildungsforschung von einer »Sozialisationsfunktion« der Schule ausgegangen, zumal die vorliegend Befragten mindestens 13 Jahre eine allgemeinbildende Schule besucht haben. Nachfolgend wird angenommen, dass sowohl die Erfahrungen mit Schule im Sinne des erlebten Sozial-, Klassen-, Unterrichts- und Schulklimas, als auch der Grad der Orientierung an den eigenen Lehrern eine Bedeutung für die professionelle Entwicklung Lehramtsstudierender haben kann.

Erfahrungen mit Schule (Schul- und Klassenklima)

Um das in Schule und Unterricht erlebte Klima zu erfassen, wurde der *Linzer Fragebogen zum Schul- und Klassenklima für die 8.-13. Klasse (LFSK 8-13)* in einer gekürzten Fassung eingesetzt (Eder 1998). Unter »Klima« werden die von Schülern wahrgenommenen Lernumwelten verstanden (Eder 1998, S. 8/ 39). In einem Klassenteil der Skala werden Sozialklima (Items 1-5; vgl. Tabelle 52), Klassenklima (Items 6-9) und Unterrichtsklima (Items 10-14) operationalisiert, ein Schulteil erfasst das Schulklima (Items 15-18). Die vier Subskalen sind in 18 Facetten differenziert. Vorliegend wurde bezüglich jeder Facette aus insgesamt 107 Items jenes Item mit der höchsten Trennschärfe (r_{it}) ausgewählt. Da hier das erinnerte Schul- und Klassenklima erfasst wird, ist ein Vergleich der erhobenen Daten mit der Eichstichprobe wenig aussagekräftig – denn diese basiert auf Angaben von Schülern. Die Analysen dienen also nicht einer Verortung der Daten in einem größeren Kontext, sondern dem Generieren einer unabhängigen Variable für den weiteren Verlauf der Studie.

Die mit der Skala erhobenen Daten lassen sich im Klassenteil faktorenanalytisch nicht komplett entlang der originalen Subskalen trennen. Daher wurden nur jene Items zur Subskalenbildung ausgewählt, die anhand ihrer Faktorladungen (l_x) eindeutig zugeordnet werden können. Im Schulteil erfolgt die Itemauswahl für die Subskala aufgrund der SPSS-Reliabilitätsstatistik »Skala, wenn Item gelöscht«. Es ist davon auszugehen, dass die Daten zum Schulklima zu späteren Erhebungszeitpunkten eine geringere Rolle spielen, da der Einfluss des einzelnen Lehrers auf das Schulklima begrenzt ist. Daher kann die in diesem Bereich niedrige Reliabilität akzeptiert werden. Zur Original-Skala kann kritisch angemerkt werden, dass die Items sehr pauschal formuliert sind. Einige Probanden berichten entsprechend auch im Kommentarfeld am Ende des Fragebogens von Schwierigkeiten bei deren Beantwortung: Lehrkräfte und Klassen sind zu verschieden, um eine generelle Beurteilung vornehmen zu können. Zugleich ist dieser Spagat zwischen Engführung und Verallgemeinerung notwendig, um nicht nur punktuelle Einschätzungen zu erhalten.

Die Befragten beurteilen das Klassen-, Unterrichts- und Schulklima im Rückblick auf ihre Schulzeit tendenziell positiv, während das Sozialklima eher negativ bewertet wird. Das Unterrichtsklima wird von GY-Studierenden positiver erinnert als an PHs ($\eta^2 = .032^{**}$; $M_{GH} = 4.48$; $M_{RS} = 4.62$; $M_{GY} = 4.95$; $M_{SP} = 4.49$). Auch das Schulklima wird von GY-Studierenden, aber auch von RS-Probanden besser bewertet als im GH- und SP-Lehramt ($\eta^2 = .021^*$; $M_{GH} = 4.18$; $M_{RS} = 4.49$; $M_{GY} = 4.61$; $M_{SP} = 4.07$). Mit steigendem Alter wird das Klassenklima negativer erinnert ($\eta^2 = .021^*$; $M_{19-} = 5.26$; $M_{20} = 5.06$; $M_{21} = 4.92$; $M_{22-25} = 4.86$; $M_{26+} = 4.47$).

Tabelle 52: Erfahrungen mit Schule (Schul- und Klassenklima) (t_1)

EMS (N = 504-505)		Lehramt M	SD	Faktorladung l_1	l_2	l_3
1	Wenn ein S. in Schwierigkeiten war, bemühten sich die Lehrer, ihm zu helfen	4.62	1.33	-.31	.58	.29
2	Schüler, die früher einmal unangenehm aufgefallen waren, bekamen dies immer wieder zu spüren (-)	4.77	1.48	**.69**	-.07	.05
3	Die Vertreter der Schüler wurden von den L. häufig nicht ernst genommen (-)	3.50	1.74	**.54**	-.15	-.17
4	Bei den Noten spielte es manchmal eine Rolle, wie sympathisch man dem Lehrer war (-)	5.40	1.38	**.69**	-.12	-.03
5	Unsere Lehrer waren hauptsächlich an den guten Schülern interessiert (-)	4.41	1.61	**.68**	-.23	-.11
6	Wenn jemand aus der Klasse Hilfe brauchte, halfen ihm die Mitschüler gerne	4.97	1.43	.01	.21	**.84**
7	Bei uns arbeiteten die einzelnen Schüler eher gegeneinander als miteinander (-)	2.97	1.64	.27	.00	**-.79**
8	Die meisten Schüler lernten gerne und strengten sich für die Schule an	3.76	1.24	.08	.44	.34
9	Für die Lehrer war es bei uns oft nicht einfach, im Unterricht die Ruhe aufrecht zu erhalten (-)	3.81	1.69	.21	-.25	-.21
10	In unserer Schule konnte man es sich kaum leisten, krank zu werden, weil man sonst den Anschluss versäumte (-)	3.00	1.59	.41	.12	-.02
11	Viele Lehrer gingen im Stoff einfach weiter, obwohl sie genau wussten, dass noch nicht alle mitgekommen waren (-)	4.27	1.64	.56	-.34	-.18
12	Die meisten Lehrer gaben sich Mühe, den Unterricht anschaulich und praxisnah zu gestalten	4.53	1.43	-.18	**.78**	.15
13	Bei uns versuchten die Lehrer immer wieder, den Unterricht durch Filme, Versuche und Exkursionen interessant zu gestalten	4.76	1.40	-.05	**.80**	.18
14	Bei uns wurde regelmäßig überprüft, ob die Hausaufgaben richtig waren	4.65	1.64	-.08	**.58**	-.17
15	An unserer Schule wurden die Schüler ständig genau beaufsichtigt (-)	3.13	1.40	–	–	–
16	Bei uns wurden die Schüler ermuntert, sich neben dem Unterricht auch noch für andere Dinge zu interessieren	3.89	1.88	–	–	–
17	An unserer Schule ging es fröhlich, angstfrei und verständnisvoll zu	4.82	1.59	–	–	–
18	Gute schulische Leistungen wurden an unserer Schule öffentlich hervorgehoben	4.60	1.88	–	–	–

Subskalen Code	Index	Lehramt M	SD	Interkorrelation KLK	UNK	SCK
SOK	Sozialklima (Items 2-5); $\alpha = .67$	3.48	1.10	.26**	.29**	.37**
KLK	Klassenklima (Items 6/7); $\alpha = .69$	5.00	1.34	1	.26**	.39**
UNK	Unterrichtsklima (Items 12-14); $\alpha = .64$	4.65	1.14		1	.44**
SCK	Schulklima (Items 16/17); $\alpha = .56$	4.36	1.45			1

Frage: Sie bringen bestimmte Erfahrungen aus Ihrer eigenen Schulzeit mit. Inwieweit entspricht das Folgende Ihren Erfahrungen? *Skala:* 1 = trifft überhaupt nicht zu; 7 = trifft voll und ganz zu. *Anmerkungen:* Items, die mit (-) markiert sind, wurden ausschließlich zur Indexberechnung umkodiert. Die Hauptkomponentenanalyse mit Kaiser-Normalverteilung und Varimaxrotation erklärt 47.4% der Gesamtvarianz. Faktorladungen (l_x), die für die Auswahl von Items zur Subskalenbildung herangezogen wurden, sind fett dargestellt. Die Interkorrelationen der Indizes wurden nach Pearson (zweiseitige Signifikanz) berechnet. Die Facetten der vier Subskalen sind: (1) Pädagogisches Engagement, (2) Restriktivität, (3) Mitsprache, (4) Gerechtigkeit, (5) Komparation, (6) Gemeinschaft, (7) Rivalität, (8) Lernbereitschaft, (9) Störneigung, (10) Leistungsdruck, (11) Unterrichtsdruck, (12) Vermittlungsqualität, (13) Schülerbeteiligung, (14) Kontrolle der Schülerarbeit, (15) Strenge-Kontrolle, (16) Anregung und Vielfalt, (17) Wärme, (18) Betonung von Leistung.

Erfahrungen mit und Orientierung an den eigenen Lehrern

Die Lehramtsstudierenden unterscheiden sich in ihrer Haltung gegenüber den Lehrern, bei denen sie selbst Unterricht hatten. Eine Minderheit berichtet in den Interviews von mehrheitlich positiven Erfahrungen (12). Die Mehrzahl verweist auf eher schlechte Erfahrungen mit den eigenen Lehrern. Diese gehen auf Angst und Langeweile (13) sowie eine schlechte Vorbereitung der Lehrkräfte zurück (14), oder die Befragten zweifeln an deren Berufswahlmotivation und pädagogischen Eignung (15). Neben Studierenden, die ein eher pauschales Urteil fällen, verweisen zahlreiche Befragte auf ambivalente Erfahrungen. Sie unterscheiden zwischen der fachlichen und pädagogischen Eignung einzelner Lehrkräfte (16), zwischen verschiedenen Lehrkräften (17), zwischen den Erfahrungen an verschiedenen Schulen (18) oder trennen die persönliche Sympathie gegenüber den Lehrkräften von der Beurteilung ihrer Unterrichtsarbeit (19).

(12) Wobei wir bis auf ein einziges Mal [...] immer nur sehr, sehr tolle Lehrer hatten. Sie waren immer sehr engagiert und man hat immer gut verstanden, was sie gesagt haben. Es war interessant und sie waren auch von der Persönlichkeit her [...] sehr sympathisch und angenehm. Wir hatten viele gute Lehrer. [B1-W42GH]

(13) Ich hatte vor fast allen Lehrern Angst, weil sie permanent abgefragt haben und mit irgendetwas gedroht haben, einen autoritären Führungsstil hatten. Das fand ich nicht gut [...]. Die standen immer vor der Tafel und haben das wirklich langweilig runtergerasselt. [...]. Ich fand die Lehrer immer schrecklich. [A1-W19RS]

(14) Die [mangelnde] Vorbereitung von Lehrern, deren Null-Bock-Verhalten [kritisiere ich]: »Die [Schüler] sind jetzt groß, da muss ich nichts vorbereiten, da komme ich rein und rede irgendetwas und gut ist's«. [G2-W22GH]

(15) Meine Schulzeit im Ganzen war nicht positiv. [...]. Ich [...] habe auch wirklich erlebt, dass es Lehrer gibt, die Lehrer geworden sind, weil: Beamter, Geld, Ferien. Sportlehrer hatten von einer Pädagogikstunde sicherlich noch nie etwas mitbekommen [...]. Solche Leute gehören einfach nicht in den Schuldienst. Auch Kunstlehrer, die uns wirklich malen lassen haben: »ja, macht mal«. [...]. Es gab [...] wirklich extrem schlechte [Lehrer], bei denen ich nicht sagen kann, dass das Pädagogen sind. Sie sind Fachwissenschaftler, aber keine Pädagogen. [C1-W20GH]

(16) Mir ist jetzt im Nachhinein klar geworden, dass man einfach zu wenig Pädagogik und solche Dinge macht, wenn man Gymnasiallehramt studiert. Ein Referendar hatte ein super Fachwissen [...], aber er konnte nichts rüberbringen. Er [...] ist gar nicht an die Klasse herangekommen. [D1-M20RS]

(17) Ich hatte durchaus einige Lehrer, die ich positiv fand. [...]. Aber dann hat man natürlich auch die anderen Beispiele, bei denen man weiß, dass man es so auf jeden Fall nicht machen möchte, die eben nur vorne stehen und im Unterricht, den sie schon fünf Jahre so gehalten haben, wieder die gleichen Folien hinlegen. [E1-W19RS]

(18) Bei mir war es zweigeteilt. [...]. Ich habe zuerst das Gymnasium abgebrochen und da waren [...] die Erfahrungen eher negativ [...]. Dann habe ich das Abitur auf dem Abendgymnasium nachgeholt und da waren die Erfahrungen durch die Bank bei allen Lehrern sehr positiv. [F1-M27GH]

(19) Die meisten Lehrer waren privat sehr sympathisch, aber ich fand im Unterricht waren sie oftmals [...] überfordert. Da habe ich mich öfters gefragt, inwiefern da die pädagogische Ausbildung zu kurz gekommen ist. Bei den meisten Lehrern hatte ich das Gefühl, sie möchten mit ihrem Wissen angeben. Ob wir das dann später wissen, war ihnen egal. Die ziehen ihr Programm vorne durch und wer hinterherhinkt, der hat ein Problem. [K1-W21GH]

Die Antworten legen nahe, dass sich Lehramtsstudierende intensiv mit den Erinnerungen an die eigene Schulzeit befassen, diese reflektieren und sich vermutlich zumindest implizit auch an positiven oder negativen Beispielen ihrer eigenen Lehrer orientieren oder sich von ihnen abgrenzen. Um eine Vorstellung davon zu erhalten, in welchem Grad der selbst erlebte Unterricht – vermittelt über die eigenen Lehrer – auch einen Einfluss auf das spätere Unterrichtsverhalten der künftigen Lehrkräfte haben könnte, wurde ergänzend gefragt: »Würden Sie Ihre Schüler so unterrichten, wie Sie selbst von Ihren Lehrern unterrichtet wurden?«

(1 = genau so; 2 = ungefähr so; 3 = anders; 4 = ganz anders). Diese Frage wurde korrespondierend zu der Frage nach der Orientierung am elterlichen Erziehungsverhalten gestellt (vgl. 3.4.3, S. 207) und zu t_2 wiederholt.

Insgesamt positionieren sich die Befragten zu t_1 auf die gestellte Frage neutral, mit leichter Tendenz zur Verneinung (M = 2.58; SD = 0.64; N = 499). GY-Studierende würden noch am ehesten »genau so« unterrichten wie ihre eigenen Lehrer (3.9 %), unter den GH-Studierenden kreuzen nur 0.5 % die Stufe »1« an, von den RS- und SP-Studierenden niemand. Lehramtsunterschiede werden signifikant (η^2 = .031**; M_{GH} = 2.66; M_{RS} = 2.63; M_{GY} = 2.41; M_{SP} = 2.65). Ein Grund dafür, dass sich künftige GY-Lehrkräfte am ehesten am Unterricht eigener Lehrer orientieren, könnte im von ihnen positiv bewerteten Unterrichtsklima in ihrer eigenen Schulzeit liegen (s. o.). Studierende mit geringerem kulturellen und sozialen Kapital sind eher geneigt, den Unterrichtsstil ihrer Lehrer abzulehnen, womöglich weil sie sich selbst stärker benachteiligt oder nicht ausreichend unterstützt fühlten (KKF/ OUL: r = -.13**; SKF/ OUL: r = -.14**; umgepolt). Befragte wenden sich tendenziell stärker vom selbst erlebten Unterricht ab, je größer der zeitliche Abstand zur eigenen Schulzeit ist (ALT/ OUL: r = 12**; umgepolt). Ausschließlich Einzelkinder tendieren, gemessen am Skalenmittelwert (2.5), zur Übernahme des Unterrichtsstils der eigenen Lehrer (η^2 = .018*; M_{EK} = 2.38; M_{EG} = 2.56; M_{SK} = 2.66; M_{LG} = 2.65).

Studierende orientieren sich besonders dann am Unterrichtsstil der eigenen Lehrer, wenn sie ein positives Schulklima (SCK/ OUL: r = -.46***; umgepolt) sowie Unterrichtsklima (UNK/ OUL: r = -.49***), aber auch Sozialklima (SOK/ OUL: r = -.30***) und Klassenklima (KLK/ OUL: r = -.29***) erlebt haben. Damit prägen positive Erinnerungen an die eigene Schulzeit das Verhalten künftiger Lehrkräfte vermutlich stärker, als dass negative Aspekte des Schullebens weiter tradiert werden. Zugleich sind die starken Korrelationen ein Hinweis auf die vermutlich große Bedeutung, die den Schulerfahrungen der Studierenden für deren künftiges berufliches Handeln zukommt. Es kann daher ein Einfluss der Prägung aus der eigenen Schulzeit auf die (berufs-)biografische Entwicklung angenommen werden.

Tabelle 53: Orientierung am Unterrichtsstil der eigenen Lehrer (t_1/ t_2)

OUL (N = 406)		GH	RS	GY	SP	LA
t_1	M	2.67	2.61	2.41	2.62	2.57
	SD	0.63	0.67	0.63	0.49	0.63
t_2	M	2.77	2.73	2.35	2.96	2.66
	SD	0.54	0.66	0.60	0.62	0.63
$t_{1/2}$	M_{Diff}	-0.10	-0.12	0.06	-0.34	-0.08
	T	-1.88	-1.38	1.10	-3.07	-2.33
	p	.062	.171	.287	.004	.020

Frage: Würden Sie Ihre Schüler so unterrichten, wie Sie selbst von Ihren Lehrern unterrichtet wurden? *Skala:* 1 = genau so; 2 = ungefähr so; 3 = anders; 4 = ganz anders.

Im Längsschnitt zeigt sich insgesamt eine signifikant zunehmende Ablehnung der Orientierung am Unterrichtsstil eigener Lehrer (vgl. Tabelle 53). Diese Bewegung ist im SP-Lehramt besonders stark ausgeprägt, im GH- und RS-Lehramt aber unbedeutsam. Im GY-Lehramt zeigt sich sogar die gegenteilige, allerdings nicht signifikante Tendenz: Nur hier steigt der Mittelwert zu t_2 etwas an, was auf eine nun eher stärkere Orientierung am früher selbst erlebten Unterricht hindeuten mag. Diese gegensätzliche Bewegung lässt die Lehramtsunterschiede zu t_2 deterministisch werden (η^2 = .115***; M_{GH} = 2.78; M_{RS} = 2.73; M_{GY} = 2.35; M_{SP} = 2.96).

Für die befragten GY-Studierenden scheint eine kritische Reflexion der selbst erlebten Unterrichtspraxis in besonderem Maße geboten, die von der gegenwärtigen Ausbildung aufgrund der geringen bildungswissenschaftlichen Anteile kaum geleistet werden kann. Insgesamt, aber eben nur aufgrund der Situation an den PHs, wächst im Zuge des fortschreitenden Studiums und mit zeitlichem Abstand zur eigenen Schulzeit zumindest moderat auch die Distanzierung vom erinnerten Unterricht.

3.4.3 Erfahrungen mit familiärer Erziehung

Es ist davon auszugehen, dass nicht nur die Erfahrungen Lehramtsstudierender aus der eigenen Schulzeit, sondern auch die erlebte familiäre Erziehung Bedeutung für die professionelle Entwicklung erlangen kann. Diese Vermutung wird durch Interviews dahingehend bestärkt, als dass die Befragten in ihren narrativen Berichten über elterliches Erziehungsverhalten fast durchweg Bezüge zur Schule herstellen (20) bis (25). Viele begründen ihre Zufriedenheit mit der eigenen Erziehung auch über Unterstützung bei schulischen Angelegenheiten.

(20) Meine Eltern haben mich perfekt erzogen. [...]. Ohne sie wäre ich nicht so weit gekommen, [...], auch bei schulischen Leistungen. Sie haben sich dahinter geklemmt und mir geholfen, standen immer hinter mir. [A1-W19RS]

(21) Ich finde, dass meine Eltern das gut gemacht haben und mich immer unterstützt haben in der Grundschule. [...]. Mein Vater hat mich immer abgefragt, obwohl er immer viel arbeiten musste. [D1-M20RS]

(22) Meine Mutter kam dann mit der Pädagogik dazu, weil sie auch Lehrerin ist, und ich könnte mir wirklich durchaus vorstellen, dass ich das später dann so übernehme. Man ist dadurch ja geprägt. [E1-W19RS]

(23) Meine Eltern sind beide Pädagogen. [...]. Von daher war ein pädagogischer Einfluss in der Erziehung da und das empfand ich einfach als gut. [I1-W20RS]

(24) Ich durfte immer Fragen stellen und mein Vater ist selbst Lehrer, was mich sicherlich geprägt hat, weil ich eben neugierig war und viel wissen wollte und er konnte mir immer alles erklären. Das hat mich natürlich immer sehr beeindruckt und er war in vieler Hinsicht auch mein Vorbild. [L1-W19GY]

(25) Ich komme aus einer Pfarrfamilie und habe da wirklich sehr gute Unterstützung bekommen, sei es bei schulischen Problemen oder allgemein in der Freizeit. [O1-M20GY]

In Einzelfällen wird, gerade in der Kritik mangelnder schulischer Unterstützung, zumindest implizit eine Abgrenzung vom elterlichen Erziehungsverhalten deutlich. Auch hier scheinen schulische Bezüge bei der Erinnerung an die erfahrene Erziehung im Elternhaus eine Rolle zu spielen (26) bis (28).

(26) Es war nicht so, dass sich jemand hingesetzt und mit einem gelernt hat, aber es war immer wichtig, was man für Noten hatte. [...]. Wir durften machen, was wir wollten, aber mussten eben gut in der Schule sein. [B1-W42GH]

(27) Wenn ich ein Problem hatte, bin ich zu meiner Schwester gegangen. Ich wurde auch nie [von meinen Eltern] gefragt, wie es in der Schule war oder so. Ich habe seit ich 18 Jahre bin meine Zeugnisse unterschrieben und meine Eltern haben sie nie gesehen. Ich hatte einmal eine Frage, die ich dann meinen Eltern gestellt habe und sie konnten sie mir nicht beantworten oder wollten auch nicht mit mir lernen. [G1-W21GH]

(28) Mein Vater hat sich aus der Erziehung relativ herausgehalten. [...]. Meine Mutter hat zu arbeiten angefangen, als ich in der 3. Klasse war und dann habe ich mir morgens selbst Frühstück gemacht und bin selbst aufgestanden [...]. Ob man da wirklich schon so viel Verantwortung übernehmen kann? Ich hatte zum Beispiel nie was zu trinken und was zu essen in der Schule dabei und deshalb hat mir da öfter mal der Magen geknurrt. [K1-W21GH]

Aufgrund der quantitativen Daten lässt sich ein starker Zusammenhang zwischen dem an anderer Stelle erfassten elterlichen Interesse am Fortkommen ihrer Kinder in der Schule (vgl. Tabelle 35, S. 181) und deren Erziehungsverhalten (s. u.) bestätigen. Studierende, deren Eltern sich mehr um schulische Belange gekümmert haben, sehen das elterliche Erziehungsverhalten auch viel stärker durch emotionale Wärme geprägt (IFK/EMW: $r=.51^{***}$). Kinder solcher Eltern erfahren zugleich weniger Ablehnung und Strafe (IFK/ABS: $r=-.22^{***}$) und ihnen wird tendenziell weniger Verantwortung übertragen (IFK/ÜVV: $r=-.11^*$). Wer selbst Unterstützung in schulischen Belangen erfahren hat, orientiert sich viel eher am Erziehungsverhalten der eigenen Eltern (IFK/OEE: $r=.37^{***}$; umgepolt). Damit erweist sich die selbst erlebte Unterstützung durch die Eltern bei schulischen Belangen als wesentliches Merkmal eigener Erziehungserfahrung. Dies wiederum untermauert die Annahme, erlebte familiäre Erziehung insgesamt sei für die professionelle Entwicklung Lehramtsstudierender relevant.

Um solche potenziellen Einflüsse kontrollieren zu können, wurde der *Fragebogen zum erinnerten elterlichen Erziehungsverhalten (FEE)* in einer gekürzten und ergänzten Fassung eingesetzt (Schumacher/Eisemann/Brähler 2000). Er ist ein Selbstbeurteilungsinstrument zur Erfassung von Erinnerungen erwachsener Personen an das Erziehungsverhalten ihrer Eltern. Das Instrument erfasst also retrospektive Daten, was eine Verzerrung gegenüber der tatsächlichen Erziehung durch die Eltern nicht ausschließt. Der Bogen unterscheidet drei Subskalen: Ablehnung und Strafe (Items 1/5/9), emotionale Wärme (Items 2/6/10) sowie Kontrolle und Überbehütung (Items 3/7/11), die im Original durch je acht Items operationalisiert wurden. Vorliegend wurde das Instrument je Subskala auf die drei Items mit höchster Trennschärfe (r_{it}) gekürzt und im Anschluss an den Pretest um eine weitere bedeutsame Dimension, Übertragung von Verantwortung (Items 4/8/12), mit eigenen Items ergänzt (vgl. Tabelle 54). Die faktorenanalytische Trennung gelingt mit Ausnahme der Items 3 und 8, sodass Subskalen gebildet werden können. Die Reliabilitätseigenschaften sind zufriedenstellend bis sehr gut. Aufgrund der Modifikation der Skala ist ein Vergleich mit der Eichstichprobe nicht möglich.

Lehramtsstudierende haben aus eigener Sicht im Elternhaus recht wenig Ablehnung und Strafe erfahren, während ihnen viel emotionale Wärme zuteil wurde. Knapp die Hälfte der Befragten fühlt sich rückblickend aber zu sehr kontrolliert und überbehütet. Außerdem wurde der Mehrheit schon früh Verantwortung übertragen. Zwischen den Lehrämtern ergibt sich nur hinsichtlich der emotionalen Wärme ein leicht signifikanter Unterschied zugunsten der Uni-Studierenden ($\eta^2=.008^*$; $M_{UN}=6.28$; $M_{PH}=6.05$). Dieser beruht mit auf ihrer höheren sozialen Herkunft. Insbesondere das soziale Kapital weist einen starken positiven Bezug zur emotionalen Wärme (SKF/EMW: $r=.40^{***}$) und einen deutlichen negativen Zusammenhang zur erfahrenen Ablehnung und Strafe (SKF/EMW: $r=-.24^{***}$) auf. Abgeschwächt zeigen sich diese Beziehungen auch mit dem kulturellen Kapital (SKF/EMW: $r=.23^{***}$; SKF/EMW: $r=-.17^{***}$). Studierenden niederer sozioökonomischer Stellung wird auch mehr Verantwortung übertragen (SEI/ÜVV: $r=-.10^*$). Das gilt ebenfalls für Sandwichkinder, die sich noch vor den Erstgeborenen (hier haben die Eltern vermutlich noch größere Kapazitäten) wohl häufig um jüngere Geschwister kümmern ($\eta^2=.064^{***}$; $M_{EK}=4.11$; $M_{EG}=4.80$; $M_{SK}=5.35$; $M_{LG}=4.31$). Studenten geben an, von ihren Eltern häufiger Ablehnung und Strafe erfahren zu haben als ihre weiblichen Mitstudierenden ($\eta^2=.019^{**}$; $M_w=2.18$; $M_m=2.64$). Während mit zunehmendem Alter dem elterlichen Erziehungsverhalten mehr ablehnendes und strafendes Verhalten zugeschrieben wird (ALT/ABS: $r=.15^{**}$), sinkt zugleich der erinnerte Grad an emotionaler Wärme (ALT/EMW: $r=-.20^{***}$).

Tabelle 54: Elterliches Erziehungsverhalten (t_1)

EEV	Lehramt		Faktorladung			
(N=504-505)	M	SD	l_1	l_2	l_3	l_4
1 Wurden Sie von Ihren Eltern hart bestraft, auch für Kleinigkeiten?	2.00	1.44	-.21	**.77**	.14	.09
2 Spürten Sie, dass Ihre Eltern Sie gerne hatten?	6.17	1.25	**.87**	-.20	.02	-.02
3 Versuchten Ihre Eltern Sie zu beeinflussen, etwas »Besseres« zu werden?	3.30	2.01	.13	.37	.48	.00
4 Wurde Ihnen früh Verantwortung übertragen (für kleine Geschwister oder zu pflegende Angehörige)?	4.55	1.91	.03	.07	-.01	**.84**
5 Kam es vor, dass Sie als Kind vor anderen ausgeschimpft oder geschlagen wurden?	2.16	1.58	-.16	**.80**	-.03	.07
6 Konnten Sie von Ihren Eltern Unterstützung erwarten, wenn Sie vor einer schweren Aufgabe standen?	6.25	1.28	**.83**	-.22	-.03	-.09
7 Kam es vor, dass Ihre Eltern aus Angst, Ihnen könnte etwas zustoßen, Dinge verboten, die anderen in Ihrem Alter erlaubt wurden?	4.13	2.02	.02	.06	**.84**	-.01
8 Mussten Sie sich schon früh für Ihr Handeln rechtfertigen?	3.95	1.70	-.15	.38	.44	.31
9 Wurden Sie von Ihren Eltern manchmal so behandelt, dass Sie sich schämten?	2.62	1.72	-.34	**.64**	.24	-.04
10 Wurden Sie von Ihren Eltern getröstet, wenn Sie traurig waren?	5.95	1.45	**.88**	-.13	.01	-.02
11 Finden Sie, dass Ihre Eltern übertrieben ängstlich waren, dass Ihnen etwas zustoßen könnte?	3.23	1.94	-.05	.02	**.84**	-.08
12 Wurde schon früh von Ihnen erwartet, dass Sie im Haushalt mithelfen?	4.90	1.83	-.11	.03	-.04	**.82**

Subskalen		Lehramt		Interkorrelation		
Code	Index	M	SD	EMW	KUÜ	ÜVV
ABS	Ablehnung und Strafe (Items 1/5/9); α=.71	2.26	1.26	-.46**	.24**	.13**
EMW	emotionale Wärme (Items 2/6/10); α=.87	6.13	1.18	1	-.02	-.11*
KUÜ	Kontrolle und Überbehütung (Items 7/11); α=.71	3.68	1.74		1	-.05
ÜVV	Übertragung von Verantwortung (Items 4/12); α=.60	4.72	1.58			1

Frage: Inwieweit treffen die folgenden Erfahrungen hinsichtlich Ihres Elternhauses auf Sie zu? *Skala:* 1=trifft überhaupt nicht zu; 7=trifft voll und ganz zu. *Anmerkungen:* Die Hauptkomponentenanalyse mit Kaiser-Normalverteilung und Varimaxrotation erklärt 65.9% der Gesamtvarianz. Faktorladungen (l_x), die für die Auswahl von Items zur Subskalenbildung herangezogen wurden, sind fett dargestellt. Die Interkorrelationen der Indizes wurden nach Pearson (zweiseitige Signifikanz) berechnet. Im Original werden alle Items für Mutter und Vater getrennt abgefragt.

Wie zuvor im Blick auf die Erfahrungen mit Schule (vgl. 3.4.2, S. 203) wurde hier in Anlehnung an die Shell-Studie (Shell 2006, S. 57-59) gefragt, wie die selbst erlebte Erziehung und das (prospektive) eigene Erziehungsverhalten zusammenhängen (vgl. Tabelle 55). Während zu Studienbeginn die Übernahme des Unterrichtsstils der eigenen Lehrer tendenziell abgelehnt wurde (M=2.62), würden die Lehramtsstudierenden ihre eigenen Kinder »ungefähr so« (M=2.02) erziehen, wie sie von ihren Eltern erzogen wurden (T=-17.09; p=.000). Das entspricht einer tendenziellen Zustimmung (Stufe 1/2) von TZ=78.5%. Im weitesten Sinne orientieren sich die Studierenden daher bei eigenen Erziehungsvorstellungen eher an Eltern, denn an Lehrern – wenngleich Unterrichts- und Erziehungsarbeit natürlich nicht leichfertig gleichgesetzt werden dürfen. Lehramtsunterschiede werden nicht signifikant. Mit zunehmendem Alter nimmt die Ablehnung des elterlichen Erziehungsverhaltens stark zu (ALT/OEE: r=.29***). Gerade wer bereits eigene Kinder hat, scheint seine Erziehungsvorstellungen zu revidieren und lehnt dann das elterliche Erziehungsverhalten eher ab (η^2=.041***; M_{MK}=2.64; M_{OK}=2.01). In der Shell-Studie ist die tendenzielle Orientierung am elterlichen Erziehungsverhalten mit 71% etwas geringer (Shell 2006, S. 58).

Tabelle 55: Orientierung am elterlichen Erziehungsverhalten (t₁/t₂)

OEE (N=409)		GH	RS	GY	SP	LA
t₁	M	2.12	2.04	1.95	1.87	2.02
	SD	0.81	0.82	0.70	0.69	0.77
t₂	M	2.14	2.05	1.94	1.87	2.03
	SD	0.74	0.78	0.64	0.69	0.72
t₁/₂	M_Diff	-0.02	-0.01	0.01	0.00	-0.01
	T	-0.50	-0.21	0.15	0.00	-0.33
	p	.619	.836	.880	1.000	.739

Frage: Würden Sie Ihre eigenen Kinder so erziehen, wie Ihre Eltern Sie erzogen haben? *Skala*: 1=genau so; 2=ungefähr so; 3=anders; 4=ganz anders.

Tabelle 55 zeigt die Mittelwerte, nach Lehrämtern differenziert im längsschnittlichen Vergleich. Es stellen sich keinerlei signifikante Veränderungen ein. Die Orientierung am elterlichen Erziehungsverhalten kann damit, anders als die Orientierung am Unterrichtsstil der eigenen Lehrer (vgl. Tabelle 53, S. 206), als zeitlich weitgehend stabil gelten.

Wer sich stärker an der elterlichen Erziehung orientiert, hat weniger Ablehnung und Strafe aber viel mehr emotionale Wärme erfahren (OEE/ABS: r=.52***; OEE/EMW: r=-.59***; umgepolt). Das Maß an Kontrolle und Überbehütung sowie an Übertragung von Verantwortung steht nur in einem leichten negativen Zusammenhang mit der Übernahmetendenz (OEE/KÜÜ: r=.17**; OEE/ÜVV: r=.11*; beide umgepolt). Wer sich eher an Eltern orientiert, richtet sich auch stärker am Unterrichtsverhalten eigener Lehrer aus bzw. umgekehrt (OUL/OEE: r=.20**). Es besteht offenbar die allgemeine Tendenz, sich stärker oder schwächer an erzieherischen Vorbildern zu orientieren. Abbildung 13 zeigt starke Beziehungen zwischen elterlichem Erziehungsverhalten und Erziehungsstilen (vgl. Tabelle 36, S. 182).

Abbildung 13: Elterliches Erziehungsverhalten und Erziehungsstile (t₁)

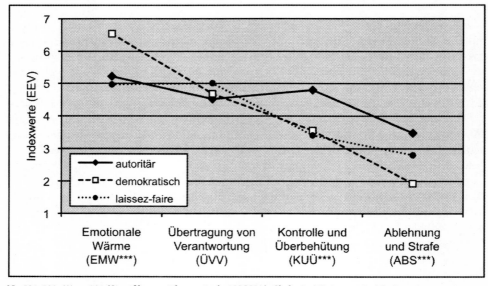

N=501-502. ***p<.001 (Signifikanzprüfung mittels ANOVA). *Skala*: 1=Minimum; 7=Maximum.

Demokratisch erzogene Lehramtsstudierende haben durch ihre Eltern die geringste Ablehnung und Strafe erfahren, sogar deutlich weniger als die laissez-faire Erzogenen ($\eta^2 = .189^{***}$).
Ihnen wurde zugleich mit Abstand am meisten emotionale Wärme geschenkt ($\eta^2 = .310^{***}$).
Kontrolle und Überbehütung erfahren demokratisch erzogene Befragte vergleichbar häufig
wie laissez-faire Aufgewachsene; die autoritär Erzogenen signifikant mehr ($\eta^2 = .055^{***}$). Nur
in Bezug auf die Übertragung von Verantwortung ergeben sich keine nennenswerten Differenzen. Insgesamt erleben demokratisch erzogene Studierende auch dort »Erziehungsvortei-
le«, wo eigentlich die Stärken der anderen Erziehungsstile vermutet werden könnten (z. B.
weniger Ablehnung und Strafe sowie mehr emotionale Wärme bei »laissez-faire«). In
Abbildung 14 wird der Zusammenhang zwischen elterlichem Erziehungsverhalten und dem
anderenorts erläuterten Verhältnis zu den Eltern (vgl. Tabelle 37, S. 183) betrachtet.

Abbildung 14: Elterliches Erziehungsverhalten und Verhältnis zu den Eltern (t₁)

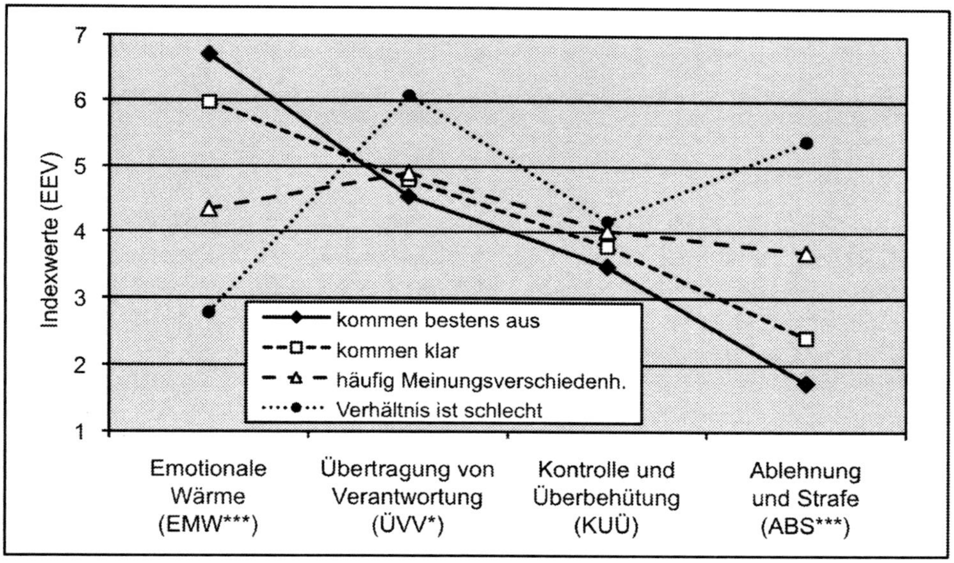

N = 504-505. ***p < .001; *p < .05 (Signifikanzprüfung mittels ANOVA). *Skala:* 1 = Minimum; 7 = Maximum.

Je besser die Befragten heute mit ihren Eltern auskommen, desto weniger Ablehnung und
Strafe ($\eta^2 = .217^{***}$) und desto mehr emotionale Wärme ($\eta^2 = .567^{***}$) haben sie in ihrer Erziehung erfahren. Es besteht eine bedeutsame Beziehung zwischen der Erziehung und dem späteren zwischenmenschlichen Verhältnis von Eltern und Kindern. Kontrolle und Überbehütung haben keine Bedeutung für das heutige Verhältnis. Wer aber ein schlechtes Verhältnis
zu seinen Eltern hat, dem wurde als Kind auch eher Verantwortung übertragen ($\eta^2 = .016^*$).

3.4.4 Verhältnis der Erfahrungen in Schule und Familie

Zu t₁ sind die Befragten häufig noch stark in ihrer familiären Rolle und den dort gemachten
Erziehungserfahrungen verankert. Um einen Anhaltspunkt dafür zu erhalten, inwieweit sie

bereits die familiäre Erziehung von den Aufgaben einer Lehrkraft im Unterricht unterscheiden können, wurden sie in den Interviews gefragt, ob sich die (guten) Erfahrungen aus dem Elternhaus auch auf die Rolle als Lehrkraft übertragen lassen. Viele Befragte sehen im Erziehungsauftrag eine Verbindung der pädagogischen Beziehung zwischen Eltern und Kindern mit jenen von Lehrern und Schülern. Die erziehungsbezogenen Prägungen und Überzeugungen aus dem Elternhaus schlagen sich demnach aus Sicht der Erstsemester zumindest implizit auch im Unterricht nieder (29). Parallelen zwischen familiärer Erziehung und Unterricht werden daher vornehmlich in persönlichen Prägungen und Überzeugungen sowie deren Auswirkungen auf das eigene Verhalten im Unterricht gesehen (30). Wer selbst Kinder hat, sieht aufgrund dieser pädagogischen Vorerfahrung einen Vorteil für den Unterricht (31).

(29) Als Lehrperson hat man die Verantwortung, die Erziehung zu übernehmen. Die Einstellung, die man zur Erziehung hat, das, was man vom Elternhaus mitgenommen hat, überträgt man [...] auf seinen Beruf. [N1-W21GY]

(30) Es gibt sicher Unterschiede, aber vom Prinzip her kann man sicherlich Einiges [aus der Familie] anwenden, weil man als Lehrer, denke ich, schon sehr viel Verantwortung hat und auch den Erziehungsauftrag hat, den man durchführen soll. Ich denke, es erleichtert es, wenn mal selbst Kinder hat, [...], weil man einfach schon viel gewohnt ist, weil man weiß, wie man mit Jugendlichen, mit Kindern umgehen muss. [...]. Man kann schon Einiges übernehmen: wenn man zuhause Geduld mit Kindern hat, dass man dann in der Schule eben auch Geduld hat und nicht gleich herumschreit, sondern Fragen nochmals beantwortet oder Sachen nochmals erklärt. [L1-W19GY]

(31) Man geht natürlich mit eigenen Kindern immer anders um. [...]. In einer Klasse wird man es nochmals anders machen, aber [...] kindliche Verhaltensweisen sind einem sehr vertraut und das ist ein echter Vorteil. [B1-W42GH]

Insgesamt artikulieren die Befragten eine deutliche Differenz zwischen familiärer Erziehung und Unterricht, die im Kern auf zwei Deutungsmustern beruht. Betont wird einerseits der Unterschied zwischen einer individuellen Beziehung im Familienleben und der Interaktion mit vielen Kindern in der Schule (32). Die familiäre Situation wird hier durch die Möglichkeit einer stärkeren Zuwendung klar im Vorteil zur pädagogischen Beziehung in der Schule gesehen, weshalb teils der Wunsch geäußert wird, zumindest einzelne Aspekte einer individuellen Beziehung auch in der Schule zu realisieren (33). Es liegt nahe, dass die Befragten vor diesem Hintergrund (zu) große Klassenstärken kritisieren (34). Sie sehen in der begrenzten Möglichkeit individueller Förderung ein Problem von Schul- und Unterrichtsrealität (35).

(32) Ich finde schon, dass es ein Unterschied ist. In der Familie kann man viel mehr auf den Einzelnen eingehen und anders arbeiten. So muss ich ja schauen, dass ich allen Schülern gerecht werde. [G1-W21GH]

(33) Man hat eben nicht nur zwei Schüler, sondern eine ganze Klasse oder meistens mehrere Klassen. Man hat nicht die Zeit, die in einer Familie da ist. [...]. In gewissen Zügen kann man das übertragen, dass Schüler Entscheidungen treffen können, dass man Ihnen mit Rat und Tat zur Seite steht, Unterstützung und Ratschläge gibt. [C1-W20GH]

(34) Es sind viel zu viele Kinder. Da kann man nicht auf jedes einzelne Kind eingehen, wie man auf das eigene eingehen kann. [...]. Deshalb finde ich es problematisch, dass 30 Leute in einer Klasse sind. Das ist nicht gut. [A1-W19RS]

(35) Sehr viel, was ich in der Familie erfahren habe, [...], kann ich in Schule oder Unterricht als Lehrer nicht umsetzen oder ist vielleicht auch gar nicht gefragt. Gerade Positives, dass das Individuum zum Zuge kommt, gefördert wird [...] – dafür ist kein oder kaum Platz am Gymnasium. So viele hageln durch und fallen durchs Raster. [M1-W20GY]

Andererseits sehen die Lehramtsstudierenden auch schon zu Studienbeginn durchaus eine Differenz zwischen Eltern- bzw. Familienrolle und Lehrerrolle. Eine erste Facette dieser Rollendifferenz besteht im Verhältnis von Nähe und Distanz (36). Das persönlichere Verhältnis zu den Kindern wird dabei mit einer besonderen Verantwortung ihnen gegenüber verbunden (37). Die persönliche Beziehung zwischen Eltern und Kindern sei eher durch Menschlichkeit gekennzeichnet (38), während die schulische Lehrer-Schüler-Beziehung eben auch durch Merkmale wie Autorität geprägt sei (39). Die Lehrerrolle erfordere daher eine vergleichsweise stärkere emotionale Kontrolle bzw. Balance (40). Außerdem wird die Rolle der Lehrkraft durch besondere Aufgaben, wie etwa die Wissensvermittlung, von der Elternrolle unterschieden (41). Die vergleichsweise geringere Vertrautheit mit Schülern und die fehlende individuelle Interaktionsebene führe dazu, dass es keine festen Reaktionsmuster auf ein bestimmtes Schülerverhalten gebe (42).

(36)   Man ist als Mutter oder [...] im Unterricht in einer ganz anderen Rolle, weil der distanzierter ist. [N1-W21GY]

(37)   Ganz kann man es nicht vergleichen, denn zu den eigenen Kindern ist es ein viel persönlicheres Verhältnis. [...]. Man hat eben mehr Verantwortung für die eigenen Kinder. [I1-W20RS]

(38)   Das ist ja schon was anderes. Es sind ja nicht meine Kinder! Das Menschliche ist eben anders. Eltern gehen mit dem [eigenen] Kind ja anders um, als sie mit Kindern umgehen, wenn sie Lehrer sind. [A1-W19RS]

(39)   Meine Eltern waren nie so sehr die Autoritätspersonen. Das wollten sie einfach nicht und vielleicht würde ich das ein bisschen ändern, wenn ich dann Lehrerin wäre. Ich will keine strenge Lehrerin sein, aber ich würde doch von meinem Status Gebrauch machen. [H1-W21GH]

(40)   Bei der Eltern-Kind-Situation kommt viel stärker die emotionale Ebene mit hinein. [...]. Man muss im Unterricht ein Gleichgewicht finden: zu emotionslos darf es nicht sein, aber zu emotionsgeladen auch nicht. [F1-M27GH]

(41)   Man soll oder man kann als Lehrer nicht in eine Mutter- oder Vaterrolle schlüpfen. Das ist ganz klar eine andere Rolle. [...]. Der Lehrer ist ja auch Wissensvermittler und das sind Eltern [...] nicht primär. [C1-W20GH]

(42)   Es ist natürlich schon eine andere Situation, wenn man individuell [...] auf die Schüler eingehen muss und man weiß eben nicht vorher, welche Probleme auftreten und wie man sich in der Situation verhalten muss. [O1-M20GY]

Insgesamt sehen Lehramtsstudierende zu Studienbeginn bereits sehr deutlich einen Unterschied zwischen der pädagogischen Beziehung in Familien und jener im Unterricht. Zumindest in einigen wesentlichen Punkten thematisieren sie dabei Merkmale eines professionellen Rollenverständnisses, was sich etwa in der impliziten Aufnahme des Gegensatzpaares Nähe vs. Distanz, in emotionaler Kontrolle oder in Handeln unter Ungewissheit fassen lässt. Es liegt daher nahe, dass auch Erstsemester zumindest gedanklich bereits den Weg einer professionellen Entwicklung eingeschlagen haben, indem sie ihre eigene Rolle als künftige Lehrkraft beschreiben und definieren.

3.4.5 Berufswahlreife

In Vorwegnahme der Fragen zur Berufswahlmotivation (vgl. 4.3.1, S. 324) kann gefragt werden, ob die Studierenden zu Studienbeginn (t_1) überhaupt schon in der Lage waren, eine begründete und entschlossene Berufswahlentscheidung zu treffen. Mit Aufnahme des Studiums für ein allgemeinbildendes Lehramt verbindet sich in mehr als dreiviertel der Fälle der explizite Wunsch, auch den Lehrerberuf ergreifen zu wollen (Dann/ Lechner 2001; Ziegler 2004; Herzog 2007; Kuhlee/ Buer 2009). Die Absicht, den Beruf unbedingt ergreifen zu wollen, erlaubt eine recht gute Prognose über einen erfolgreichen Studienverlauf (Brühwiler 2001; Lipowsky 2003). Wer hingegen Unsicherheit bei der Berufswahlentscheidung für das Lehramt zeigt, hat ein höheres Risiko, später unter beruflichen Belastungen zu leiden (Seifert 1994; Behr 1999). Eine reflektierte Berufswahlentscheidung erweist sich für die professionelle Entwicklung als bedeutsam (Plöger 2006).

Zur Erfassung der Berufswahlreife liegt ein Fragebogen zu *Einstellungen zur Berufswahl und beruflichen Arbeit (EBwA)* vor (Seifert/ Stangl 1986), der über 45 Items Aspekte des beruflichen Selbstkonzepts, der Berufswahl sowie der beruflichen Wertorientierung bzw. der Arbeits- und Berufsbedeutsamkeit mittels vierstufiger Likert-Skala erfasst (1=stimme vollständig zu; 4=stimme überhaupt nicht zu). Vorliegend wurde eine auf den Lehrerberuf zugeschnittene Kurzfassung der Skala herangezogen (Mayr 1994a, S. 51), wobei je Facette nur ein Item nach Trennschärfe (r_{it}) ausgewählt wurde: Sicherheit/ Entschiedenheit bei der Berufswahl (Item 1), Berufswahlengagement (Item 2), Informationsbereitschaft und Flexibilität bei der Berufswahlentscheidung (Item 3) sowie Eigenaktivität/ Selbstständigkeit bei der Berufswahlentscheidung (Item 4).

Tabelle 56: Berufswahlreife (t_1)

BWR (N_{LS}=563-564; N_{LF}=304-305; N_{ZM}=79) Item	LS M	LS SD	LF M	LF SD	S/F r	ZM M	ZM SD
1 Ich weiß schon ziemlich genau, welche Anforderungen in meinem Beruf gestellt werden	5.38	1.15	5.73	1.19	.17**	5.85	0.98
2 Es ist nicht so wichtig, für welchen Beruf man sich entscheidet, da man später immer noch in einen anderen überwechseln kann (-)	2.38	1.37	2.32	1.33	.18**	2.18	1.42
3 Bevor man die endgültige Berufswahlentscheidung trifft, sollte man sich über mehrere Berufe informiert haben	6.13	1.13	5.38	1.50	.09	6.21	1.07
4 Ich würde meinen Wunschberuf auch dann ergreifen, wenn meine Eltern dagegen wären	6.07	1.24	5.96	1.17	.18**	6.21	1.07
Index Berufswahlreife (BWR)	5.80	0.67	5.64	0.78	.19**	6.02	0.55

Frage: Inwieweit treffen die folgenden Überlegungen rund um die Berufswahl auf Sie zu? *Skala:* 1=trifft überhaupt nicht zu; 7=trifft voll und ganz zu. *Anmerkungen:* Der Index Berufswahlreife (BWR) errechnet sich aus dem arithmetischen Mittel der vier Items (Item 2 wurde zuvor umkodiert). Die Skala ist nicht reliabel, was aufgrund der Auswahl nur eines Items je Subskala abzusehen war. Der Index dient daher lediglich als Anhaltswert der Berufswahlreife.

Die Berufswahlreife (BWR) ist unter den befragten Lehramtsstudierenden insgesamt recht hoch ausgeprägt. Sie scheinen sich bei der Berufswahl i. d. R. sicher zu sein, haben sich über den Beruf informiert und zeigen bei der Entscheidung Eigeninitiative. Zwischen Lehrämtern ist die Berufswahlreife vergleichbar. Das Berufswahlengagement allerdings ist im GY-Studiengang etwas schwächer ausgeprägt als in anderen Lehrämtern, vermutlich weil sich mit dem Universitätsabschluss auch mehr berufliche Alternativen ergeben als mit der Ersten Staatsprüfung an den PHs (Item 2: η^2=.020**; M_{GH}=2.28; M_{RS}=2.32; M_{GY}=2.66; M_{SP}=2.07; umgepolt). Auch im direkten Vergleich nach Hochschultyp wird dieser Unterschied signifikant (Item 2: η^2=.018**; M_{UN}=2.66; M_{PH}=2.26). Studentinnen sind bei der Berufswahl engagierter und festgelegter als ihre Kommilitonen (Item 1: η^2=.028***; M_w=2.28; M_m=2.89). Insgesamt ist die Berufswahlreife der Studentinnen aber nur geringfügig höher (η^2=.016**; M_w=5.84; M_m=5.61; vgl. 3.6.3, S. 233).

Aus Sicht Fremdeinschätzender sind Lehramtsstudierende bei ihrer Berufswahlentscheidung sicherer und entschiedener als dies die Befragten selbst beurteilen (Item 1: T=3.58; p=.000). Das Berufswahlengagement (Item 2) sowie die Eigenaktivität/ Selbstständigkeit bei der Entscheidung (Item 4) werden vergleichbar eingeschätzt. Die Informationsbereitschaft und Flexibilität hingegen ist aus Sicht der Studierenden deutlich größer, als es die Fremdbilder vermuten lassen (Item 3: T=-6.80; p=.000). Trotz oder gerade wegen der insgesamt schwachen Korrelation zwischen Selbst- und Fremdbildern erscheint die Fremdeinschätzung hinsichtlich der Berufswahlreife aufschlussreich. Die Studierenden nehmen ihren Entscheidungsprozess offenbar anders wahr, als ihre Freunde, Eltern oder Geschwister. Ob dabei die Selbst- oder die Fremdeinschätzung ein realistischeres Bild zeichnet, ist ungewiss. Es ist den Fremdbildern nach zu vermuten, dass die Berufswahlreife in der Selbstsicht insgesamt überschätzt wird (T = 2.83; p = .005).

Die Berufswahlreife insgesamt ist unter Zahnmedizin-Studierenden etwas stärker ausgeprägt als unter Lehramtsstudierenden ($\eta^2 = .011^*$), was insbesondere auf größere Sicherheit und Entschlossenheit bei der Berufswahl (Item 1: $\eta^2 = .017^{**}$) zurückzuführen ist. Allerdings muss hier berücksichtigt werden, dass in der Zahnmedizin auch Studierende aus höheren Semestern befragt wurden (vgl. 2.2.3, S. 149). Wesentlicher Grund für die höheren Werte unter ZM-Studierenden dürfte aber das dort noch klarer umrissene Berufsbild sein.

In einem positiven Zusammenhang mit der Berufswahlreife sind pädagogische Vorerfahrungen zu sehen (vgl. 3.4.1, S. 199). Zwar korrelieren deren Umfang und die Berufswahlreife nur leicht positiv (PVO/ BWR: r = .10*), die Auswertung der Gespräche mit den Erstsemestern im Lehramt deutet aber darauf hin, dass zumindest in Einzelfällen pädagogische Vorerfahrungen zu einer Bewusstmachung verschiedener beruflicher Anforderung führen und die Berufswahl daher entschiedener getroffen wird. Die Befragten erkennen etwa im Rahmen des Nachhilfeunterrichts Verständnisschwierigkeiten der Kinder (43), in der Jungschararbeit die Anforderungen bei der Führung von Gruppen (44), die Bedeutung einer (professionellen) Distanz zu Schule und Unterricht (45) oder haben in einem freiwilligen Vorpraktikum für sich geprüft, ob das Berufsbild ihren Erwartungen entspricht (46). Es liegt daher nahe, dass Schulabgänger mit pädagogischen Vorerfahrungen eher einschätzen können, auf was sie sich beim Lehrerberuf einlassen und dass sie daher hinsichtlich der Berufswahl »reifer« sind.

(43) Ich habe drei Jahre Nachhilfe gegeben. Von daher habe ich dann auch gelernt, [...] wie man gerade mit schwächeren Kindern [...] umgeht. Das hat mir einfach Spaß gemacht – wie man das den Kindern noch mal erklären kann, wenn sie es nicht verstanden haben, auch wenn sie es zum dritten Mal nicht verstanden haben. [E1-W19RS]

(44) Ich habe Jungschararbeit gemacht. [...]. Da waren es dann 30 [Kinder], also schon Klassengröße. [...]. Durch die Vorerfahrung, die man sammelt, weiß man auch mehr, was auf einen zukommt, dass eben nicht alles so rosarot ist und es schon einen gewissen Stress mit sich bringt. [I1-W20RS]

(45) Ich finde [...] gut, wenn man ein Jahr vor Studienbeginn irgendwie Erfahrungen sammelt, [...] weil man dann Abstand hat und das distanziert sehen kann. Wenn man jetzt mit Blick auf den Lehrerberuf noch gar nichts gemacht hat, also weder bei der Schülermitverwaltung engagiert war noch sonst in einem sozialen Verein engagiert war [...], ist man auf jeden Fall im Nachteil, weil man gar nicht weiß, ob einem das eigentlich liegt, ob man mit Gruppen umgehen kann, ob man sich vor der Gruppe auch wohlfühlt. [N1-W21GY]

(46) Eine gute Freundin [...] ist Lehrerin. Bei ihr habe ich ein Praktikum gemacht und ich muss sagen, die Perspektive des Lehrers, soweit ich das mitbekomme – also wie ich meine Freundin erlebe, was sie erzählt und was ich in dem kurzen Praktikum gesehen habe –, ist genau das, was ich will. [B1-W42GH]

3.5 Persönlichkeitsmerkmale

Die Forschung beschäftigt sich seit über 100 Jahren mit der Lehrerpersönlichkeit und damit, ob und wie sich eine »gute« Lehrperson anhand von Eigenschaften beschreiben lässt (Weinert 1996, S. 141). Die Suche zielt auf Persönlichkeitsmerkmale der Lehrkräfte, die den Lernerfolg der Schüler erklären können (Helmke 2004; Bromme/ Rheinberg 2006, S. 299; Köller

2008, S. 212). In der ersten Hälfte des 20. Jahrhunderts kann von einem »Persönlichkeitsparadigma« in der Lehrerforschung gesprochen werden (Besser/ Krauss 2009, S. 71). Zwar zeigen sich einige (triviale) Zusammenhänge zwischen Lehrerpersönlichkeit und Schülerlernen, es gibt aber nicht *das* Persönlichkeitsprofil, das als besonders wünschenswert oder effektiv beschrieben werden könnte (Bromme/ Haag 2004), weshalb Persönlichkeitsmerkmale in der Forschung zwar weiterhin eine Rolle spielen, das Paradigma alleine aber nicht zur Erklärung erfolgreichen Schülerlernens ausreicht (Helmke 2004; Besser/ Krauss 2009, S. 72). Auch werden Persönlichkeitsmerkmale im Zusammenhang mit der Berufswahl diskutiert (vgl. 4.3.1, S. 324) und zur Studierfähigkeitsprognose herangezogen (Gold/ Souvignier 2005).

Zahlreiche Einzelstudien zur Lehrerpersönlichkeit liegen vor (zusammenfassend: Dietrich 1983; Lipowsky 2003; Mayr/ Neuweg 2006; Ziegler 2009; Mayr 2011). Es überwiegen Ansätze zu der Frage, wie sich für Lehrer typische Persönlichkeitsprofile beschreiben lassen und wie sich diese von anderen Berufsgruppen unterscheiden (Müller-Forbrodt 1972; Gold/ Giesen 1993; Bergmann/ Eder 1994; Giesen/ Gold 1994; Mayr 1994b; Seifert 1994; Behr 1999; Denzel u. a. 2005; Spinath u. a. Heise 2005; Foerster 2006). Die aufgrund des beruflichen Profils häufig in den Blick geratenden Persönlichkeitsdimensionen Extraversion, Gewissenhaftigkeit und Neurotizismus wurden mit Blick auf berufliche Zufriedenheit, unterrichtliches Handeln und Belastungserleben untersucht (Dietrich 1983; Urban 1984; 1992; Mayr/ Paseka 2002; Lipowsky 2003; Mayr/ Neuweg 2006). Die Befundlage ist uneinheitlich und Ergebnisse sind aufgrund unterschiedlicher Stichproben und Forschungsfragen kaum vergleichbar.

Die Persönlichkeitspsychologie rückt zunehmend in das Umfeld der Handlungspsychologie, Persönlichkeitsmerkmale haben »mit dem Handeln der Menschen« (Kuhl 2010, S. 15) zu tun. Der Einfluss der Persönlichkeit auf beruflichen Erfolg von Lehrern bzw. ihre Bedeutung für die (berufs-)biografische Entwicklung wird in der empirischen Lehrerbildungsforschung kontrovers diskutiert. Die Bedeutung der Persönlichkeit für den subjektiven Berufserfolg und die Berufszufriedenheit gilt als groß (Hertramph/ Herrmann 1999; Bromme/ Haag 2004). Unbeantwortet ist die Frage, welchen Teil die Lehrerbildung zur Persönlichkeitsbildung beitragen kann (Blömeke 2004a), gelten Persönlichkeitsmerkmale doch als (relativ) stabil (Asendorpf 2005). Deshalb werden sie vorliegend zu den Eingangsbedingungen der Lehrerbildung gerechnet und nur zu Studienbeginn erfasst. Persönlichkeitsmerkmale können, wie der nachfolgend skizzierte Forschungsstand zeigt, als wichtige Voraussetzung der professionellen Entwicklung zukünftiger Lehrkräfte angenommen werden, was eine theoretische wie empirische Auseinandersetzung mit ihnen erfordert.

Stand der Forschung

Im Zusammenhang mit Lehrerbildung haben sich zwei divergierende Vorstellungen von *Lehrerpersönlichkeit* herausgebildet. Die Vertreter der ersten Position gehen davon aus, die Entwicklung der Lehrerpersönlichkeit sei ein wichtiges Ziel von Lehrerbildung. Persönlichkeit kann sich in diesem Verständnis verändern und hinsichtlich der beruflichen Anforderungen geformt werden. Eine Veranlagung zu bestimmten Persönlichkeitsmustern im Sinne von Begabung, Talent oder besonderer Eignung für den Lehrerberuf wird in solchen Ansätzen meist vermieden oder abgelehnt (Bohnsack 2004; Bromme/ Haag 2004). Auch in der Lehrerbildungsforschung wird oft eine mögliche Veränderung der Lehrerpersönlichkeit unterstellt, weil künftige Lehrkräfte nur dort ausgebildet werden können – Maßnahmen der institutionalisierten Lehrerbildung also nur dort fruchten – wo sich auch Veränderungen einstellen können. Eine (weitgehende) Stabilität von Persönlichkeitsmerkmalen stünde in der Argumentation der Vertreter dieses Ansatzes den Ausbildungsbemühungen, ja sogar der Möglichkeit zur Ausbildung selbst entgehen (Mayr/ Neuweg 2006). Auch die theoretische Schwäche einiger Ansätze, besonders aber die Angst mancher Pädagogen, die Wirksamkeit der Lehrerbildung könne geringer ausfallen als erhofft, mögen Gründe für eine zögerliche Rezeption der Persönlichkeitspsychologie in der Lehrerbildungsforschung sein (Mayr 2007, S. 152). Die professionelle Ausbildung von Lehrpersonal stößt im Blick auf die weitgehend stabilen Persönlichkeitsmerkmale an ihre Grenzen, auch weil sie, folgt man der Persönlichkeitspsychologie, genetisch determiniert sind (McCrae u. a. 2000). Daher weist die skizzierte Debatte eine Nähe zu Fragen nach Lehrerauslese vs. Lehrerausbildung auf (vgl. S. 18). Übersehen wird seitens der Vertreter einer Entwicklungsfähigkeit von Persönlichkeit leicht, dass diese nicht das einzig mögliche Ziel der Lehrerbildung sein kann und die Annahme einer stabilen Persönlichkeitsstruktur die Wirksamkeit von Lehrerbildung nicht prinzipiell ausschließt.

Aus Sicht der zweiten Perspektive ist Lehrerpersönlichkeit ein »Ensemble relativ stabiler Dispositionen, die für das Handeln, den Erfolg und das Befinden im Lehrerberuf bedeutsam sind« (Mayr/ Neuweg 2006, S. 183). Die Annahme einer (relativen) Stabilität der Lehrerpersönlichkeit findet bereits in frühesten Arbeiten zur Lehrerbildung eine Grundlegung. Erste Ansätze gibt es in der geisteswissenschaftlichen Pädagogik (Kerschensteiner 1921), später finden Typisierungsversuche in einen eher paidotropen (am Kinde orientierten) oder mehr logotropen (an der Sache orientierten) Lehrertypus statt (Caselmann 1949). Nach dem 2. Weltkrieg wird der »geborene Erzieher« gefordert (Lamszus 1948, S. 106), der auch im Werk von Spranger (1958) prominent vertreten wird. Die frühe empirische Unterrichtsforschung schließt sich diesem Zugang an (Getzels/ Jackson 1963). Seit etwa 1970 ist eine zunehmende Ablösung dieses Persönlichkeitsansatzes durch das »Prozess-Produkt-Paradigma« zu beobachten (im Überblick: Mayr/ Neuweg 2006, S. 184; Besser/ Krauss 2009, S. 72), unterstützt durch die Verklärung der idealen Lehrerpersönlichkeit und die häufig unangemessene methodische Vorgehensweise in der Forschung. Doch auch der Versuch, konkrete Fertigkeiten zu trainieren und deren Erfolg in Unterrichtssituationen zu messen, wurde in den 1980er Jahren in Folge der kognitiven Wende zunehmend durch den Expertiseansatz verdrängt. Erst jüngst wurde das lange akzeptierte Prozess-Produkt-Modell von Lehrerhandeln und Schülerverhalten aufgrund einer Metaanalyse erneut kritisiert (Seidel/ Shavelson 2007). Im Zentrum der Forschung steht nun weniger das Verhalten als vielmehr das einfacher zu fassende Wissen von Lehrpersonen.

In der Auffassung, Wissen könne nur vermittelt über die Lehrperson in den Unterrichtsprozess einfließen, scheint eine Wiederentdeckung des Persönlichkeitsansatzes im Rahmen der Expertiseforschung zumindest denkbar. Die Glaubwürdigkeit des persönlichkeitspsychologischen Ansatzes im Blick auf seine Tragfähigkeit für die heutige Lehrerbildungsforschung hängt vom Nachweis ab, dass es einerseits überhaupt berufsbedeutsame Persönlichkeitsmerkmale gibt und andererseits davon, ob diese stabil sind. Sowohl für die Begründung der Relevanz- als auch Stabilitätsthese ergeben sich aus der persönlichkeitspsychologischen Forschung und dem Einsatz ihrer Instrumente in der Lehrerbildungsforschung viele Anhaltspunkte (zusammenfassend: Mayr/ Neuweg 2006, S. 186). Es erscheint daher kaum plausibel, hinter den Stand der Persönlichkeitspsychologie zurückzugehen, zumal auch Lehrkräfte selbst (Hertramph/ Herrmann 1999) und die interessierte Öffentlichkeit (Pintarich 2002, S.

188) von mehr oder weniger »geeigneten« Personen für den Lehrerberuf ausgehen. Entscheidend ist daher nicht der Abschied vom Einsatz eines persönlichkeitspsychologischen Instrumentariums in der Lehrerbildungsforschung, sondern eine Prüfung seiner Aussagekraft für sich stellende Forschungsfragen.

Dabei erscheint die Erfassung von Persönlichkeitsmerkmalen als ein Teil der Eingangsbedingungen für die Ausbildung angemessen. Zugleich kommt die Forschung zu Eingangbedingungen nicht ohne die Berücksichtigung weiterer Dimensionen aus. Die Reduktion von Argumentationsgängen auf Erkenntnisse der Persönlichkeitspsychologie ist dabei ebenso abzulehnen, wie eine gänzliche Verbannung der mit ihr verbundenen Instrumente aus dem Inventar der Lehrerbildungsforschung. Vielleicht würde zur Beilegung des wenig zielführenden Positionsstreits eine noch deutlichere Unterscheidung der Begriffe »Lehrerpersönlichkeit« (zur Beschreibung der Gesamtheit aller Äußerungen von Persönlichkeit) einerseits und »Persönlichkeitsmerkmale von Lehrkräften« (als psychische Dispositionen im Sinne der Persönlichkeitspsychologie) andererseits beitragen. Es erscheint außerdem wichtig, die Gefahr einer Überschätzung der Lehrerpersönlichkeit und eine damit verbundene mögliche Überforderung Studierender im Blick zu behalten. Die Persönlichkeit macht nicht die Ganzheit des Lehrers aus – sonst wäre mit der Persönlichkeitsforschung ja auch eine Rückkehr zum »geborenen Erzieher« intendiert. Es geht vielmehr um eine realistische Wahrnehmung der mit der Lehrerpersönlichkeit verbundenen Zusammenhänge (Schweitzer 2006, S. 189).

Argumente für die Relevanz der Persönlichkeitsmerkmale finden sich in der berufspsychologischen Forschung zur Persönlichkeit (Mayr 2007, S. 152). Psychische Stabilität (als Gegenpol zu Neurotizismus) und Gewissenhaftigkeit werden als günstige Voraussetzungen für die meisten Berufe verstanden. Extraversion gilt als Merkmal erfolgreicher Berufstätiger in »Kontaktberufen« wie z. B. im Verkauf oder Management (Salgado 1997; Seibert/ Kraimer 2001). Auch beeinflussen Persönlichkeitsmerkmale die Lebensweise und damit indirekt die berufliche Kompetenz (Blickle 1996; Zhang 2003). Diese Befunde wurden in der Lehrerbildungsforschung verschiedentlich repliziert (Urban 1984, 1992; Mayr 1994b; Gamsjäger/ Sauer 1996; Mayr 2002b; zusammenfassend: Mayr/ Neuweg 2006). Außerdem zeigt sich eine positive Korrelation akademischer Leistungen mit dem Persönlichkeitsmerkmal Offenheit (Mayr 2003; Lüdtke/ Trautwein 2004).

In der Erziehungswissenschaft verläuft die Rezeption solcher Befunde eher zögerlich (Bromme/ Rheinberg 2006). Mayr kommt unter Rekurs auf die vorhandenen Forschungsergebnisse zu dem Schluss, dass Persönlichkeitsmerkmale »eine langfristige Prognose des pädagogischen Handelns und Befindens von Lehrpersonen zu erlauben scheinen« (Mayr 2007, S. 152). Sollte sich dies bestätigen, könnte die Erfassung von Persönlichkeitsmerkmalen ein angemessener Weg sein, um die Studien- und Berufsberatung sowie die Entwicklung geeigneter Auswahlverfahren für den Lehrerberuf zu unterstützen. Ein erster Ansatz findet sich etwa im Internetportal zur Selbsterkundung für Lehramtsinteressierte (http://www.cct-germany.de). Konkrete Zusammenhänge zwischen allgemeinen Persönlichkeitsmerkmalen und deren Einfluss auf die Wirkungskette der Lehrerbildung können aufgrund der Komplexität des Gegenstandes jedoch kaum abgeleitet werden (vgl. S. 84). Persönlichkeitsmerkmale sind nur ein denkbarer Bedingungsfaktor. Für verschiedene Forschungsschwerpunkte liegen interessante Ergebnisse zu Persönlichkeitsmerkmalen in der Lehrerbildung vor.

An der Universität Bamberg wurde im Rahmen eines Projektversuchs in Auswahlgesprächen und einer begleitenden Pilotstudie zu klären versucht, welche Persönlichkeitsmerkmale

Studienanfänger des Grundschullehramts mitbringen und ob sich die Persönlichkeitsmerkmale der Teilnehmenden am Auswahlverfahren von solchen anders rekrutierter Studierender unterscheiden (Faust u. a. 2003; Foerster 2006, S. 52-60). Hinsichtlich der Persönlichkeitseigenschaft »Neurotizismus« zeigt etwa ein Drittel der Teilnehmenden signifikant geringe Werte und damit eine höhere emotionale Stabilität. Die »Extraversion« ist gemessen an Durchschnittswerten stark ausgeprägt, ihre Facette Frohsinn hingegen ist bei 21 % der Befragten geringer ausgeprägt. Studienanfänger weisen weiterhin niedrige Werte bezüglich der »Offenheit für Erfahrungen« auf, ein kritischer Hinweis hinsichtlich der intellektuellen Beweglichkeit und Selbstreflexivität. Für die Studienberatung könnte dies, der zitierten Studie folgend, Anlass für die Konstruktion bestimmter Risikomuster sein, nach deren Diagnose sich z. B. von der Berufswahlentscheidung abraten ließe (vgl. S. 18).

Eine Längsschnittstudie zeigt, dass Persönlichkeitsmerkmale einen erheblichen Varianzanteil entlang von Dimensionen wie Selbstwahrnehmung, Berufszufriedenheit und Umgang mit Belastungen aufklären (Urban 1984; Urban 2004). Extraversion, Neurotizismus und Gewissenhaftigkeit weisen in ihrer normativ positiven Ausprägung starke Beziehungen mit Leistungsorientierung und Berufszufriedenheit (Tokar u. a. 1998), aber auch mit einer geringeren Beanspruchung in der Berufseingangsphase (Keller-Schneider 2009; 2010) auf. In neueren Publikationen zu diesen Daten wird auf die Prognostizierbarkeit der Nutzung bestimmter Lernwege und des Ausmaßes selbsteingeschätzter Kompetenzen durch Persönlichkeitsmerkmale, insbesondere durch die Dimensionen Extraversion und Gewissenhaftigkeit verwiesen (Mayr 2007). Ein Anhaltspunkt für die Prognose der Bewährung in Studium und Beruf wird gewonnen (Hanfstingel/ Mayr 2007).

Operationalisierung

In der Lehrerbildungsforschung haben verschiedene Verfahren zur Persönlichkeitsdiagnostik Anwendung gefunden (Mayr/ Neuweg 2006, S. 187). Inzwischen hat sich das in der Psychologie etablierte *Fünf-Faktoren-Modell* (*»Big Five«*) zur Beschreibung der Persönlichkeit durchgesetzt, das von McCrae/ Costa (1987) entwickelt wurde (Vorarbeit: Goldberg 1981; Überblick: Bartussek 1996; John/ Srivastava 1999; McCrae/ Costa 1999). Grundannahme ist, dass sich Persönlichkeit über fünf weitgehend stabile und unabhängige Merkmalspaare abbilden lässt: Neuroticism (Neurotizismus), Extraversion (Extraversion), Openness (Offenheit für Erfahrungen), Agreeableness (Verträglichkeit) und Conscientiousness (Gewissenhaftigkeit). Die Hauptfaktoren lassen sich in jeweils sechs Facetten differenzieren (vgl. Tabelle 57).

Die menschliche Persönlichkeit erweist sich diesem psychologischen Modell folgend als so vielschichtig, dass es eine »ideale« Lehrerpersönlichkeit nicht geben kann, wohl aber Persönlichkeitseigenschaften, die eine Person als geeigneter oder weniger geeignet für das Lehramt erscheinen lassen. Vor diesem Hintergrund fragen Brandstätter/ Mayr (1994) nach spezifischen Persönlichkeitsmerkmalen des Lehrerberufs. Sie heben dabei drei Merkmale unter den Big Five besonders hervor: Extraversion wird als *Kontaktbereitschaft* zugespitzt, Neurotizismus wird invertiert zu *psychischer Stabilität* und Gewissenhaftigkeit wird als *Selbstkontrolle* gedeutet. Eine stärker ausgeprägte Kontaktbereitschaft (EXT) wird als günstig für eine erfolgreiche und befriedigende Berufstätigkeit beurteilt. Lehrpersonen haben im Alltag, abgesehen von Zeiten der Vorbereitung und Korrektur, ständig mit Menschen zu tun. Wer stark introvertiert und damit eher sachorientiert ist, wird Schwierigkeiten mit den permanenten zwischenmenschlichen Anforderungen haben. Einen »guten Draht« zu Schülern aufzubauen, fällt extravertierten Menschen leichter. Ein Mindestmaß an psychischer Stabilität (NEU) ist Voraussetzung für die Bewältigung der täglichen Anforderungen im Lehramt. Anderenfalls steigt das Belastungsempfinden auf ein unerträgliches Maß – gesundheitliche Beeinträchtigungen können die Folge sein (vgl. 4.1.1, S. 266). Die Erwartungen von Kindern, Eltern, Kollegen, Schulleitung und Gesellschaft können zu belastenden Rollenkonflikten führen. Psychische Stabilität geht einher mit Selbstbewusstsein und Gelassenheit. Sowohl für ein effektives Studium als auch für die Berufsausübung ist Selbstkontrolle (GEW) notwendig. Die nach wie vor bestehenden, allerdings fachabhängigen Freiheiten in Lehramtsstudiengängen müssen verantwortungsbewusst genutzt werden, damit eine effektive Ausbildung erfolgen kann. Mangelnde Selbstdisziplin führt zu längeren Studienzeiten und vermutlich auch zu schlechteren Leistungen. Im Lehrerberuf gilt die Fähigkeit zur Selbstorganisation als wichtige Kompetenz, um Unterrichts- und Arbeitsplanung erfolgreich zu bewältigen.

Tabelle 57: Die Big-Five-Persönlichkeitsmerkmale und ihre Facetten

Neurotizismus (NEU)	Extraversion (EXT)	Offenheit für Erfahrungen (OFF)	Verträglichkeit (VER)	Gewissenhaftigkeit (GEW)
Ängstlichkeit	Herzlichkeit	für Fantasie	Vertrauen	Kompetenz
Reizbarkeit	Geselligkeit	für Ästhetik	Freimütigkeit	Ordentlichkeit
Depression	Durchsetzungsvermögen	für Gefühle	Altruismus	Pflichtbewusstsein
soziale Befangenheit	Aktivität	für Handlungen	Entgegenkommen	Leistungsstreben
Impulsivität	Erlebnishunger	für Ideen	Bescheidenheit	Selbstdisziplin
Verletzlichkeit	Frohsinn	für Normen/Werte	Gutherzigkeit	Besonnenheit

Quelle: Ostendorf/Angleitner 2004 (nach Costa/McCrae 1992).

Es erscheint aber auch plausibel, die Merkmale »Offenheit« und »Verträglichkeit« in der Lehrerbildungsforschung nicht auszublenden. Personen mit einer hohen Ausprägung des Merkmals Offenheit (OFF) sind nicht nur neugierig und offen für neue Ideen, sie zeichnen sich auch durch ihren Einfallsreichtum und ihre Kreativität aus. Sie sind an Ästhetischem (Musik, Kunst etc.) interessiert und bevorzugen Abwechslung statt Routine. Neben ihrer Sensibilität für fremde und eigene Emotionen spielt die Bereitschaft eine Rolle, Traditionen in Frage zu stellen und für Neues offen zu sein. Schließlich lässt sich Verträglichkeit (VER) als Neigung zu Altruismus und Hilfsbereitschaft beschreiben. Personen mit einer starken Ausprägung dieses Merkmals können als warm, empathisch, kooperativ oder nachsichtig gelten. Ein höheres Maß an Offenheit und Verträglichkeit kann daher als förderlich für den Lehrerberuf gelten. Natürlich kann eine zu starke Ausprägung bei beiden Merkmalen auch zu negativem Verhalten führen, etwa dem ständigen Bedürfnis, alles in Frage stellen zu wollen oder einer zu starken Identifikation mit Schülern, welche zu Lasten der psychischen Stabilität geht.

Das wohl gängigste Inventar zur vollständigen Erfassung der Big Five, das *NEO-Personality Inventory (NEO-PI-R)*, umfasst 240 Items (Costa/McCrae 1992; deutsche Adaption: Ostendorf/Angleitner 2004). Selbst dessen revidierte Kurzform, das *NEO-Five-Factor Inventory (NEO-FFI)* benötigt noch immer 60 Items (Costa/McCrae 1992; deutsche Adaption: Borkenau/Ostendorf 1991; 1993). Daher wurden zahlreiche Anstrengungen unternommen, ein knappes Inventar zu entwickeln, das die Erhebung der Big Five im Rahmen angewandter Forschung ökonomisch ermöglicht. Im Pretest wurde eine *Kurzversion des Big-Five-Inventory (BFI-K)* eingesetzt, welche die fünf Hauptfaktoren über 21 Items erfasst (Rammstedt/John

2005). Die Faktoren konnten aber nicht sauber getrennt werden und wo berechenbar, waren die Reliabilitätswerte unzureichend. Daher wurde in der Haupterhebung auf den NEO-PI-R zurückgegriffen und bezüglich jeder Facette das Item mit höchster Trennschärfe ausgewählt. In dem nun 30 Items umfassenden Instrument ist jede Facette durch ein Item repräsentiert.

Die faktorenanalytische Trennung der Items nach den fünf Hauptmerkmalen gelingt nicht vollständig (vgl. Tabelle 58). Aufgrund der schwachen Faktorladungen bzw. einer zu starken Ladung auf mehreren Faktoren zugleich, konnten nur 20 Items für die Subskalenbildung herangezogen werden. Jedes Hauptmerkmal ist daher lediglich durch drei bis fünf Items repräsentiert. Die internen Konsistenzen sind entsprechend mäßig (Offenheit, Verträglichkeit, Gewissenhaftigkeit) bis akzeptabel (Extraversion, Neurotizismus). Angesichts der guten theoretischen und empirischen Absicherung der einzelnen Items in der Originalskala (NEO-PI-R) erscheint es aber legitim, mit den Daten zu rechnen – zumal ein Vergleich mit Normwerten nicht beabsichtigt ist.

Ergebnisse

Unter Berücksichtigung der eingeschränkten Belastbarkeit der berechneten Indizes zeigt sich die Tendenz, dass Extraversion das am stärksten ausgeprägte Persönlichkeitsmerkmal unter den befragten Lehramtsstudierenden ist (vgl. Tabelle 58). Mit etwas Abstand folgen Gewissenhaftigkeit und Verträglichkeit, noch schwächer ausgebildet ist die Offenheit für Erfahrungen. Weit schwächer, mit einem Wert unterhalb der Skalenmitte, ist die Neigung zur negativ konnotierten Dimension Neurotizismus verortet. Mangels Vergleichbarkeit mit Normwerten werden die Daten erst durch Differenzierung nach unabhängigen Variablen aussagekräftig.

Zwischen Lehrämtern ergibt sich nur hinsichtlich der Verträglichkeit ein signifikanter Unterschied. Sie ist stärker ausgeprägt, je mehr das Lehramtsprofil auf individuelle Förderung der Schüler zielt ($\eta^2 = .020^*$; $M_{GY} = 5.16$; $M_{RS} = 5.23$; $M_{GH} = 5.38$; $M_{SP} = 5.57$). Verträglichkeit gibt in erster Linie über die Qualität intrapersonaler Beziehungen Auskunft. Befragte an Universitäten sind tendenziell offener für neue Erfahrungen als jene an Pädagogischen Hochschulen ($\eta^2 = .013^*$; $M_{UN} = 5.30$; $M_{PH} = 5.04$), weisen zugleich aber die bereits beschriebene geringere Verträglichkeit auf ($\eta^2 = .011^*$; $M_{UN} = 5.16$; $M_{PH} = 5.37$). GY-Studierende mit Fach Mathematik zeichnen sich durch höhere Gewissenhaftigkeit aus, sind somit als organisierter, sorgfältiger, effektiver oder zuverlässiger zu beschreiben als die dortigen Theologiestudierenden ($\eta^2 = .110^{**}$; $M_{GY/MA} = 5.62$; $M_{GY/TH} = 5.03$). Je höher die sozioökonomische Stellung, desto geringere Verträglichkeitswerte erreichen die Befragten (SEI/ VER: $r = .18^{***}$). Das soziale Kapital weist schwache positive Bezüge zur Gewissenhaftigkeit (SKF/ GEW: $r = .12^{**}$) und Extraversion (SKF/EXT: $r = .11^*$) auf. Unter Studentinnen ist die Verträglichkeit erheblich stärker ausgeprägt ($\eta^2 = .031^{***}$; $M_w = 5.38$; $M_m = 4.93$), eine Tendenz besteht auch bezüglich der Gewissenhaftigkeit ($\eta^2 = .013^*$; $M_w = 5.45$; $M_m = 5.21$).

Tabelle 58: Persönlichkeitsmerkmale »Big Five« (t₁)

BIF (N_LS=503-505; N_LF=305-306; N_ZM=77-79)	LS M	LF M	S/F r	ZM M	l₁	l₂	l₃	l₄	l₅
Neurotizismus (NEU)									
1 Ich empfinde selten Furcht oder Angst (-)	3.83	4.22	.28***	5.15	.15	.22	-.22	.03	-.06
6 Man hält mich für eine reizbare oder leicht erregbare Person	2.82	3.04	.38***	3.17	.50	.03	.37	.05	.00
11 Manchmal erscheint mir alles ziemlich düster und hoffnungslos	3.43	2.63	.29***	3.10	.05	-.21	**.69**	-.03	.03
16 Ich fühle mich anderen oft unterlegen	3.45	–	–	3.10	-.19	-.26	**.57**	-.21	-.07
21 Ich habe Schwierigkeiten, meinen Begierden zu widerstehen	3.79	–	–	4.20	.50	.17	.35	-.26	.05
26 Wenn ich unter starkem Stress stehe, fühle ich mich manchmal als ob ich zusammenbreche	3.62	–	–	3.48	-.04	-.10	**.64**	-.03	.05
Extraversion (EXT)									
2 Ich unterhalte mich wirklich gerne mit anderen Menschen	6.22	6.29	.32***	6.18	-.02	**.70**	-.05	.08	.23
7 Ich habe gerne viele Leute um mich herum	5.18	5.15	.36***	5.33	-.04	**.70**	-.01	.06	.01
12 Es fällt mir schwer, eine führende Rolle zu übernehmen (-)	2.63	2.79	.23***	2.49	-.34	-.33	.19	-.25	-.13
17 Ich bin ein sehr aktiver Mensch	5.42	–	–	5.70	.18	**.54**	-.15	.35	.01
22 Manchmal habe ich etwas nur wegen des Nervenkitzels getan	3.09	–	–	3.95	.35	.17	-.16	-.22	.16
27 Ich bin ein fröhlicher, gut gelaunter Mensch	5.87	–	–	5.95	-.07	**.62**	-.27	.08	.05
Offenheit für Erfahrungen (OFF)									
3 Ich habe ein aktives und lebendiges Phantasieleben	5.63	5.43	.25***	5.37	.09	.33	.04	-.04	**.50**
8 Wenn ich Literatur lese oder ein Kunstwerk betrachte, empfinde ich manchmal ein Frösteln oder eine Welle der Begeisterung	5.02	4.85	.36***	4.25	.01	.01	.05	.01	**.66**
13 Ich erlebe einen weiten Bereich verschiedener Gefühle und Empfindungen	5.47	5.19	.24***	5.13	-.09	.16	.38	-.06	**.46**
18 Ich ziehe es vor, meine Zeit in vertrauter und bekannter Umgebung zu verbringen (-)	4.93	–	–	4.67	.08	.02	.40	.08	-.26
23 Ich habe oft Spaß daran, mit Theorien oder abstrakten Ideen zu spielen	4.35	–	–	3.82	.21	-.11	-.20	.02	**.67**
28 Die Treue zu den eigenen Idealen und Prinzipien ist wichtiger als »Aufgeschlossenheit« (-)	3.96	–	–	3.83	.11	-.22	.25	.16	.06
Verträglichkeit (VER)									
4 Ich glaube, dass die meisten Menschen im Grunde gute Absichten haben	5.14	5.20	.19**	4.18	-.36	.28	-.04	.04	.34
9 Um zu bekommen was ich will, bin ich notfalls bereit, Menschen zu manipulieren (-)	2.25	2.30	.17**	2.89	**.65**	-.03	.01	-.04	.11
14 Ich versuche, stets rücksichtsvoll und sensibel zu handeln	5.98	5.72	.27***	5.39	**-.56**	.06	.19	.09	.35
19 Wenn jemand einen Streit anzettelt, bin ich bereit zurückzuschlagen (-)	3.47	–	–	4.33	**.52**	.15	.20	-.04	.01
24 Ich glaube, dass ich anderen überlegen bin (-)	3.07	–	–	3.69	**.57**	-.08	-.15	.06	.21
29 Für arme und ältere Menschen kann man nie genug tun	5.48	–	–	5.37	-.26	.11	.15	.07	.11
Gewissenhaftigkeit (GEW)									
5 Ich halte mich auf dem Laufenden und treffe gewöhnlich intelligente Entscheidungen	5.38	5.97	.11	5.33	.22	.04	-.23	**.50**	.29
10 Ich halte meine Sachen ordentlich und sauber	5.30	5.55	.48***	5.08	-.13	.08	.08	**.64**	-.17
15 Wenn ich eine Verpflichtung eingehe, so kann man sich auf mich bestimmt verlassen	6.49	6.54	.31***	6.27	-.16	.18	.07	**.55**	.00
20 Ich arbeite hart, um meine Ziele zu erreichen	5.47	–	–	5.80	.06	.12	.01	**.69**	-.01
25 Ich habe Schwierigkeiten, mich dazu zu bringen, das zu tun, was ich tun sollte (-)	3.60	–	–	3.64	.21	.02	.31	**-.51**	.04
30 Bevor ich handle, überdenke ich grundsätzlich die möglichen Konsequenzen	5.09	–	–	4.89	-.09	-.40	.01	.46	.26

(Fortsetzung auf nächster Seite)

(Fortsetzung)

Subskalen Code	Index	LS M	SD	ZM M	SD	Interkorrelation EXT	OFF	VER	GEW
NEU	Neurotizismus (Items 11/16/26); α=.66	3.51	1.33	3.22	1.15	-.31***	-.03	.08	-.19***
EXT	Extraversion (Items 2/7/17/27); α=.69	5.67	0.88	5.81	0.86	1	.18***	-.03	.23***
OFF	Offenheit für Erfahrungen (Items 3/8/13/23); α=.53	5.12	1.06	4.63	1.11		1	-.14**	.02
VER	Verträglichkeit (Items 9/14/19/24); α=.51	5.31	0.93	4.50	0.96			1	.11*
GEW	Gewissenhaftigkeit (Items 5/10/15/20/25); α = .59	5.41	0.78	5.23	0.79				1

Frage: Menschen sind verschieden. Inwieweit treffen die folgenden Eigenschaften auf Sie zu? *Skala:* 1 = trifft überhaupt nicht zu; 7 = trifft voll und ganz zu. *Anmerkungen:* Items, die mit (-) markiert sind, wurden ausschließlich zur Indexberechnung umkodiert. Die Berechnung der Reliabilitätswerte erfolgt auf Grundlage der Lehramtsstudierenden. Die Hauptkomponentenanalyse mit Kaiser-Normalverteilung und Varimaxrotation erklärt 39.5 % der Gesamtvarianz. Faktorladungen (l_x), die für die Auswahl von Items zur Subskalenbildung herangezogen wurden, sind fett dargestellt. Die Interkorrelationen der Indizes wurden nach Pearson (zweiseitige Signifikanz) berechnet.

Im Professionsvergleich sind die Merkmale Offenheit (η^2=.024***) und besonders Verträglichkeit (η^2=.080***) bei den künftigen Lehrkräften erheblich stärker ausgeprägt als unter Zahnmedizinstudierenden. Eine große Offenheit für Erfahrungen ist im Lehrerberuf deshalb förderlich, weil solche Personen ihre eigenen Gefühle deutlicher wahrnehmen und an persönlichen und öffentlichen Vorgängen stärker interessiert sind. Sie können als wissbegierig, intellektuell und phantasievoll charakterisiert werden und hinterfragen bestehende Normen kritisch. Außerdem sind sie in ihrem Urteil unabhängig und sind bereit, neue Handlungsweisen zu erproben. Die substanziell höheren Verträglichkeitswerte verweisen auf eine ausgeprägt stärkere altruistische Neigung der Lehramtsstudierenden. Sie begegnen anderen mit größerem Verständnis, Wohlwollen und Mitgefühl, sind hilfsbereit und empfänglich für die Hilfe anderer. Außerdem kennzeichnet eine hohe Verträglichkeit zwischenmenschliches Vertrauen und Harmoniebedürfnis. Schulabgänger, die sich für das Lehramtsstudium entscheiden, erscheinen daher aufgrund ihrer Persönlichkeitsmerkmale besser für den Lehrerberuf geeignet als diejenigen Abiturienten, die sich im ZM-Studiengang einschreiben. Die angehenden Lehrkräfte erweisen sich im Blick auf den zwischenmenschlichen Umgang mit Schülern, Eltern und Kollegen als geeignet.

Die Skala musste aus pragmatischen Gründen für den Fremdbild-Fragebogen weiter gekürzt werden (drei Items je Dimension). Eine Berechnung vergleichbarer Indizes zwischen Selbst- und Fremdbild ist daher nicht möglich, weshalb ein Vergleich auf Ebene der einzelnen Items vorgenommen wird. Studierende empfinden eher Furcht oder Angst als das von außen angenommen wird (Item 1: T = 3.04; p = .003). Auch überschätzen Fremdbeurteilende die Eigenschaft Studierender, sich auf dem Laufenden zu halten und sinnvolle Entscheidungen zu treffen (Item 5: T = -7.25; p = .000). Aus Sicht von Freunden, Eltern und Geschwistern sind die Studierenden eher bereit, notfalls Menschen zu manipulieren, um zu bekommen, was sie wollen (Item 9: T = 3.18; p = .002). Von außen halten angehende Lehrkräfte ihre Sachen ordentlicher und sauberer als sie dies selbst einschätzen (Item 10: T = -2.16; p = .032). Studierenden erscheint manchmal alles erheblich düsterer und hoffnungsloser als es Fremdeinschätzende vermuten (Item 11: T = 7.43; p = .000). Es fällt ihnen aber aus der Selbstsicht leichter, eine führende Rolle einzunehmen als dies von außen beobachtet wird (Item 12: T = 3.93; p = .000). Sich selbst empfinden Studierende emotionaler, als sie es nach außen zeigen (Item 13: T = 3.50;

p=.001). So ist es naheliegend, dass sie aus eigener Anschauung auch rücksichtsvoller und sensibler zu handeln versuchen als dies wahrgenommen wird (Item 14: T=3.77; p=.000).

Die zentrale Beobachtung aus diesem Vergleich ist, dass Persönlichkeitseigenschaften, die in starkem Maße emotional konnotiert sind, von außen sogar im Familien- und Freundeskreis schwächer wahrgenommen werden, als die Lehramtsstudierenden dies selbst tun. Unterschätzt werden etwa ihre Ängstlichkeit, ihre Depressionsneigung, ihre Offenheit für Gefühlsäußerungen und ihre altruistische Neigung. Vermutlich kann der Schulalltag solche Verzerrungen zwischen Selbst- und Fremdbildern noch verstärken, sodass Schüler die emotionalen Äußerungen ihrer Lehrer eher unterschätzen. Zumindest aber ist zu erwarten, dass Lehrer z. B. bei Unterrichtsstörungen oder Kritik stärker emotional betroffen sind, als dies seitens der Kinder und Jugendlichen wahrgenommen wird. Dies erfordert eine Klärung der Beziehungsebene im Unterricht.

Bedeutung der Persönlichkeitsmerkmale

Die Ergebnisse zweier allgemeiner linearer Modelle zeigen, dem Stand der Forschung entsprechend, zahlreiche Prädiktionen der Persönlichkeitsmerkmale. Beide Modelle nehmen die fünf Persönlichkeits-Indizes als Prädiktorvariablen an. Das erste Modell prüft deren Aussagekraft für die metrischen Variablen zu Studienbeginn, das zweite Modell für jene nach dem dritten Semester. Aufgrund der vielen signifikanten Effekte werden nachfolgend nur solche explizit interpretiert, die entweder auf höchst signifikantem Niveau ($p < .001$) abgesichert sind oder eine besonders starke Vorhersagekraft ($\beta \geq .30$) auf mindestens hoch signifikantem Niveau ($p < .01$) zeigen.

Persönlichkeitsmerkmale können zu Studienbeginn (t_1) hinsichtlich ihres Vorhersagepotenzials als äußerst aussagekräftig gelten. Im ersten Modell verbleiben 44 abhängige Variablen bzw. Indizes, auf die mindestens ein Persönlichkeitsmerkmal einen signifikanten Effekt ausübt (vgl. Tabelle 59). Eine verstärkte Neigung zu *Neurotizismus* führt mit einer erhöhten Wahrscheinlichkeit zu einer schlechteren Bewertung des Schulklimas an der früheren Schule (SCK) und zu einer geringeren Erwartung an den eigenen Erfolg im Rahmen künftiger Schulpraktika. Außerdem erhöht geringere psychische Stabilität die Wahrscheinlichkeit, die Belastung durch kritische Lebensereignisse (KLB) höher einzuschätzen. Solche Studierende haben mit einer höheren Wahrscheinlichkeit in ihrer eigenen Zeit als Schüler versucht, ihre Schwächen zu verbergen (VLZ).

Eine höhere Ausprägung der Dimension *Extraversion* steigert die Wahrscheinlichkeit, dass Befragte umfangreichere pädagogische Vorerfahrungen mitbringen (PVO). Extravertierte Studierende haben ein überproportional stark ausgeprägtes Interesse an unternehmerischen Tätigkeiten (INT_5). Sie tendieren zu einer vergleichsweise hohen intrinsischen Berufswahlmotivation (INM) und zeichnen sich durch eine höhere Berufswahlreife aus (BWR). Stärker extravertierte Studierende erwarten, in Schulpraktika erfolgreicher zu sein (SPA) und schätzen deren Bedeutung höher ein (BAK_4).

Tabelle 59: Bedeutung der Persönlichkeitsmerkmale (t_1)

Code	Index/Item	NEU	EXT	OFF	VER	GEW
ZEI	zeitlicher Studienaufwand insgesamt	-.50	-.94	-.66	1.52	2.50**
BMO	berufliche Mobilität	-.09	.08	.18*	-.16	-.20*
NOA	Gesamtdurchschnitt Abiturnote	.02	.06	-.08*	.02	-.16***
NOM	Abiturnote Mathematik (Punkte)	-.26	-.56*	-.14	.00	.88***
NOD	Abiturnote Deutsch (Punkte)	-.13	-.11	.42**	.10	.41*
NOR	Abiturnote Religion (Punkte)	-.20	-.08	.47***	.23	.13
PVO	Häufigkeit pädagogischer Vorerfahrungen	-.05	.32***	.05	.04	.19*
UNK	Unterrichtsklima (Erfahrungen mit Schule)	.00	.11	.02	.03	.20**
SCK	Schulklima (Erfahrungen mit Schule)	-.29***	-.02	-.10	-.12	.19*
ABS	Ablehnung und Strafe (elterliches Erziehungsverhalten)	.18**	-.03	.18**	-.10	-.09
OEE	Orientierung am elterlichen Erziehungsverhalten	.08**	-.06	.08	-.06	.02
KLB	kritische Lebensereignisse (Belastungserleben)	.27***	.10	.10	-.01	.00
INT_2	Interesse an intellektuell-forschenden Tätigkeiten	-.12	-.14	.39***	-.13	.22*
INT_3	Interesse an künstlerisch-sprachlichen Tätigkeiten	-.03	.03	.51***	.29**	-.07
INT_4	Interesse an sozialen Tätigkeiten	.01	.19**	.07	.25***	-.03
INT_5	Interesse an unternehmerischen Tätigkeiten	-.05	.40***	-.05	-.18*	.31**
INT_6	Interesse an ordnend-verwaltenden Tätigkeiten	.01	-.04	-.15	-.29**	.54***
BWR	Index Berufswahlreife	.00	.15***	.05	.06	.22***
MDE	Motivation durch Erfolg (Berufswahlmotivation)	.05	.16*	.03	-.37***	.32***
EXM	extrinsische Motivation (Berufswahlmotivation)	.11*	.02	-.11*	-.24***	.00
INM	intrinsische Motivation (Berufswahlmotivation)	.06*	.18***	.05	.14***	.07
STI	inhaltsbezogenes Studieninteresse	-.08*	.08	.16***	.03	.28***
SVS_2	Schule hat die Aufgabe, zu erziehen	.16**	.21*	.11	.16*	.11
SVS_4	Schule hat eine Integrationsfunktion	.09*	.14*	.08	.05	.15*
SVS_6	Schule hat die Aufgabe, Schüler individuell zu fördern	.01	-.01	.12*	.17**	.20**
BVS_1	Bildungsverständnis nach Horkheimer	-.03	.24*	.03	-.25**	.02
BVS_2	Bildungsverständnis nach Klafki	-.05	-.05	.22***	.07	.14*
BVS_3	Bildungsverständnis nach Humboldt	-.04	.05	.26***	.08	.10
EVS_3	Erziehung ist, Kindern deutliche Grenzen zu setzen	.00	.24**	.00	-.16*	.16
EVS_6	Erziehung ist, Kindern Disziplin und Ordnung beizubringen	.16**	.19**	-.12	-.20*	.22*
SUE_6	Vermittlung von Sachwissen hat Vorrang vor Pädagogik	-.01	-.08	-.26***	-.34***	.04
SUE_11	in Schule muss man mit Veränderungen zurückhaltend sein	-.03	-.13	-.20**	-.22**	-.01
SUE_16	ohne Druck/Disziplin wird auch die beste Lehrkraft nichts erreichen	.13*	.22*	-.17*	-.21*	.18
SUF	Studienaktivitäten sind wichtiger als Freizeitaktivitäten	.09*	-.08	-.03	-.01	.47***
IBT	Interesse an beruflichen Tätigkeiten (insgesamt)	-.06*	.11**	.10**	.06	.14**
KOM	Kompetenzerwartung (insgesamt)	-.08*	.14**	.14**	-.05	.15**
ALZ	Annäherungs-Leistungsziele (Leistungsmotivation)	.08	.21**	.07	-.42***	.26***
VLZ	Vermeidungs-Leistungsziele (Leistungsmotivation)	.29***	-.11	-.01	.00	-.18
ARV	Arbeitsvermeidung (Leistungsmotivation)	-.05	.13	.04	-.25**	-1.0***
SPA	Erfolgserwartung an Schulpraktika	-.13***	.16***	.01	.08*	.16***
BAK_3	Bedeutsamkeitseinschätzung: erziehungswissenschaftliches Studium	.03	.12	.12*	.05	.20**
BAK_4	Bedeutsamkeitseinschätzung: Schulpraktika	.04	.14***	.00	.07	.07
BAK_5	Bedeutsamkeitseinschätzung: Vorbereitungsdienst (Referendariat)	-.01	.09*	-.03	.09*	.05
BAK_6	Bedeutsamkeitseinschätzung: berufsbegleitende Unterstützung	.05	.16**	.03	.09*	.12*

Berichtete Werte: Beta-Koeffizienten (β). *Abkürzungen:* NEU = Neurotizismus; EXT = Extraversion; OFF = Offenheit; VER = Verträglichkeit; GEW = Gewissenhaftigkeit; ***p < .001; **p < .01: *p < .05. *Modellanpassungen:* NEU: F = 4.10; p = .000 (Pillai-Spur = .374; Hotelling-Spur = .597). EXT: F = 3.11; p = .000 (Pillai-Spur = .312; Hotelling-Spur = .453). OFF: F = 3.62; p = .000 (Pillai-Spur = .354; Hotelling-Spur = .528). VER: F = 4.08; p = .000 (Pillai-Spur = .373; Hotelling-Spur = .594). GEW: F = 6.02; p = .000 (Pillai-Spur = .467; Hotelling-Spur = .877). *Methode:* allgemeines lineares Modell (GLM multivariat). *Anmerkungen:* Ergebnisse in thematische Gruppen sortiert. Prädiktoren sind die Indizes der Persönlichkeitsmerkmale (NEU; EXT; OFF; VER; GEW) zu t_1. Potenzielle abhängige Variablen waren alle metrischen Variablen, die zu t_1 erfasst wurden.

Studierende mit ausgeprägter *Offenheit* haben mit hoher Wahrscheinlichkeit auch bessere Abiturnoten in den Fächern Deutsch (NOD) und Religion (NOR). Ihr Interesse an intellektuell-forschenden (INT_2) sowie künstlerisch-sprachlichen Tätigkeiten (INT_3) ist, wie tendenziell auch ihr Studieninteresse insgesamt (STI), meist stärker ausgeprägt. Diese Befragten vertreten häufiger ein komplexes Bildungsverständnis, etwa die Annahme, der Mensch müsse sich der Probleme der Gegenwart bewusst sein und um seine Mitverantwortlichkeit für deren Lösung wissen (BIL_2) oder er müsse sich mit der Welt auseinandersetzen und sich aktiv an ihrer Gestaltung beteiligen (BIL_3). Pädagogische Bemühungen haben im Vergleich zur Vermittlung von Sachwissen für offene Studierende meist einen überdurchschnittlich hohen Stellenwert (SUE_6).

Ein hohes Maß an *Verträglichkeit* weist auf die höhere Wahrscheinlichkeit hin, dass Studierende sich für soziale Tätigkeiten interessieren (INT_4). Für die Berufswahlmotivation ist die Verträglichkeit ein guter Indikator: In hohem Maße verträgliche Personen entscheiden sich unwahrscheinlicher aufgrund von Erfolgsabsichten (MDE) oder extrinsischen Motiven (EXM) für den Lehrerberuf – zugleich weisen sie wahrscheinlicher intrinsische Berufswahlmotive (INM) auf. Sie lehnen die Vermittlung von Sachwissen zugunsten einer stärkeren Orientierung an pädagogischen Bemühungen entschiedener ab (SUE_6). Auffällig sind ihre geringen Annäherungs-Leistungsziele (ALZ), was auf eine unterdurchschnittliche Leistungsmotivation verträglicher Lehramtsstudierender schließen lässt.

Das Persönlichkeitsmerkmal *Gewissenhaftigkeit* ist der vielfältigste Prädiktor zu t_1. Eine starke Ausprägung erhöht die Wahrscheinlichkeit Lehramtsstudierender massiv, ihr Studium mit einem hohen Zeitaufwand zu verfolgen (ZEI). In hohem Maße gewissenhafte Befragte haben im Mathematik-Abitur in aller Regel bessere Leistungen erzielt (NOM). Ihr Interesse an unternehmerischen (INT_5), insbesondere aber ordnend-verwaltenden Tätigkeiten (INT_6) ist, wie auch ihr Studieninteresse insgesamt (STI), überdurchschnittlich groß. Sie erscheinen hinsichtlich ihrer Berufswahl »reifer« zu sein (BWR) und sind bei ihrer Berufswahlentscheidung in hohem Maße an Erfolg orientiert (MDE). Schon in der Schulzeit war ihr Streben nach guten Leistungen stärker (ALZ) und ihre Tendenz zur Arbeitsvermeidung (ARV) deutlich geringer ausgeprägt. Ihre hohe Leistungsorientierung in der Schulzeit spiegelt sich auch in der Absicht wider, als Erstsemester die Studienaktivitäten zugunsten von Freizeitaktivitäten verstärkt zum Lebensmittelpunkt zu machen (SUF). Ihre Erwartung an einen Erfolg in den Schulpraktika ist signifikant höher (SPA).

Das zweite Modell verweist auf weitere 31 nach dem dritten Semester (t_2) erfasste abhängige Variablen bzw. Indizes, auf die mindestens ein Persönlichkeitsmerkmal einen signifikanten Effekt ausübt (vgl. Tabelle 60). Zu Studienbeginn erfasste Persönlichkeitsmerkmale sind damit auch für die Vorhersage von Variablen relevant, denen während des Studiums eine Rolle für die professionelle Entwicklung Lehramtsstudierender zukommt. Die Stärke der Effekte liegt dabei insgesamt deutlich höher als entlang der zu t_1 prognostizierten Variablen. Studierende mit einer Neigung zum *Neurotizismus* haben ein höheres Perfektionsstreben (PFS2) und eine gesteigerte Verausgabungsbereitschaft (VAG2). Sie resignieren bei Misserfolgen wahrscheinlicher (RBM2) und haben eine geringere Distanzierungsfähigkeit (DFK2) sowie innere Ruhe bzw. Ausgeglichenheit (IRA2). Mit höherer Wahrscheinlichkeit weisen sie eine geringe Lebenszufriedenheit (LZF) auf und berichten von einer vergleichsweise geringen sozialen Unterstützung (ESU2). Die stärksten Effekte psychischer Stabilität (im Sinne einer geringen Neurotizismusneigung) zielen damit allesamt auf Variablen arbeitsbezogener Verhaltens- und Erlebensmuster (vgl. 4.1.1, S. 266) und sind Indikator einer aus Sicht der psychischen Gesundheit wünschenswerten Persönlichkeitsstruktur.

Tabelle 60: Bedeutung der Persönlichkeitsmerkmale (t_2)

Code	Index/Item	NEU	EXT	OFF	VER	GEW
SUF2	Studienaktivitäten sind wichtiger als Freizeitaktivitäten	.00	-.23*	.12	.02	.55***
BMO2	berufliche Mobilität	-.02	.17	.24**	.08	-.39**
OEE2	Orientierung am elterlichen Erziehungsverhalten	.10**	-.06	.12**	-.02	.02
ZUF2	Studienzufriedenheit	-.07*	-.03	.04	.02	.13*
QAK2_3	Qualitätseinschätzung: erziehungswissenschaftliches Studium	-.05	-.08	.05	.14	.29**
QAK2_4	Qualitätseinschätzung: Schulpraktika	.02	.20*	-.08	.14	.20*
NAK2_1	Nutzenseinschätzung: fachwissenschaftliches Studium	-.11	-.08	-.02	-.03	.37**
SWE2	Selbstwirksamkeitserwartung	-.07*	.07	.06	-.05	.17**
INT2_2	Interesse an intellektuell-forschenden Tätigkeiten	-.08	-.31**	.27**	-.17	.12
INT2_3	Interesse an künstlerisch-sprachlichen Tätigkeiten	.02	.01	.38***	.08	-.13
BLF2	Beurteilung der Lehrveranstaltungen in den Fächern	-.07	-.01	.16***	.06	.12*
BLE2	Beurteilung der Lehrveranstaltungen in Erziehungswissenschaft	-.05	-.13	.14*	.10	.14
BAK2_4	Bedeutsamkeitseinschätzung: Schulpraktika	.02	.11**	.02	-.03	.03
VLZ2	Vermeidungs-Leistungsziele (Leistungsmotivation)	.22**	-.20	.08	-.11	-.12
ARV2	Arbeitsvermeidung (Leistungsmotivation)	.02	.05	.00	-.07	-.51***
ABK2	Ausbildungsklima	-.03	.09	.03	.00	.16*
SBA2	subjektive Bedeutsamkeit der Arbeit (AVEM-Inventar)	.06	-.54*	.11	-.25	1.57***
BEG2	beruflicher Ehrgeiz (AVEM-Inventar)	.10	-.05	.01	-.70***	1.49***
VAG2	Verausgabungsbereitschaft (AVEM-Inventar)	.59***	-.35	-.06	-.44*	1.77***
PFS2	Perfektionsstreben (AVEM-Inventar)	.46**	-.40	-.35	-.60**	1.83***
DFK2	Distanzierungsfähigkeit (AVEM-Inventar)	-.43**	.78***	-.44**	.06	-.74**
RBM2	Resignationstendenz (bei Misserfolg) (AVEM-Inventar)	.65***	-.32	-.02	-.14	-.04
OPW2	offensive Problembewältigung (AVEM-Inventar)	-.27*	.30	.04	-.13	.87***
IRA2	innere Ruhe/Ausgeglichenheit (AVEM-Inventar)	-.65***	.03	-.34	-.08	.19
EIB2	Erfolgserleben im Beruf (AVEM-Inventar)	-.33*	-.25	.17	-.46*	1.07***
LZF2	Lebenszufriedenheit (AVEM-Inventar)	-.49***	.47*	-.16	-.23	.36
ESU2	Erleben sozialer Unterstützung (AVEM-Inventar)	-.40**	.29	-.18	-.04	-.06
BVS2_2	Bildungsverständnis nach Klafki	-.06	-.05	.07	.09	.21**
BVS2_3	Bildungsverständnis nach Humboldt	-.04	-.03	.22***	.00	.14
EVS2_6	Erziehung ist, Kindern Disziplin und Ordnung beizubringen	.06	.20*	-.13	-.25**	.20
KOM2	Kompetenzerwartung (insgesamt)	-.05	.09	.10*	.01	.22***

Berichtete Werte: Beta-Koeffizienten (β). *Abkürzungen:* NEU = Neurotizismus; EXT = Extraversion; OFF = Offenheit; VER = Verträglichkeit; GEW = Gewissenhaftigkeit; ***p < .001; **p < .01; *p < .05. *Modellanpassungen:* NEU: F = 2.61; p = .000 (Pillai-Spur = .256; Hotelling-Spur = .344). EXT: F = 2.68; p = .000 (Pillai-Spur = .261; Hotelling-Spur = .353). OFF: F = 3.94; p = .000 (Pillai-Spur = .342; Hotelling-Spur = .520). VER: F = 1.68; p = .018 (Pillai-Spur = .181; Hotelling-Spur = .221). GEW: F = 4.41; p = .000 (Pillai-Spur = .368; Hotelling-Spur = .582). *Methode:* allgemeines lineares Modell (GLM multivariat). *Anmerkungen:* Ergebnisse in thematische Gruppen sortiert. Prädiktoren sind die Indizes der Persönlichkeitsmerkmale (NEU; EXT; OFF; VER; GEW) zu t_1. Potenzielle abhängige Variablen waren alle metrischen Variablen, die zu t_2 erfasst wurden.

Die *Extraversion* hat für die Vorhersage von Variablen, die nach dem dritten Semester erfasst wurden, eine vergleichsweise geringe Bedeutung. Extravertierte Studierende werden i. d. R. eine deutlich stärkere Distanzierungsfähigkeit aufweisen (DFK2). Zugleich haben sie ein vergleichsweise geringes Interesse an intellektuell-forschenden Tätigkeiten (INT_2). Eine ausgeprägte *Offenheit* hingegen weist auf stärker ausgeprägte künstlerisch-sprachliche Interessen hin (INT_3), verbunden mit einer geringeren Distanzierungsfähigkeit (DFK2). Lehrveranstaltungen in Fächern werden von offenen Studierenden tendenziell besser beurteilt (BLF2). Sie schließen sich auch zu t_2 vermehrt einem Bildungsverständnis an, das die Beschäftigung des Menschen mit der Welt und seine aktive Beteiligung an ihrer Gestaltung betont (BVS2_3).

Verträglichkeit weist auf die reduzierte Wahrscheinlichkeit von hohem beruflichem Ehrgeiz (BEG2), Verausgabungsbereitschaft (VAG2) und Perfektionsstreben (PFS2) hin.

Der *Gewissenhaftigkeit* kommt die mit Abstand stärkste Bedeutung für die Prädiktion metrischer Variablen nach dem dritten Semster (t_2) zu. Im Blick auf arbeitsbezogene Verhaltens- und Erlebensmuster ist das Vorhersagepotenzial besonders stark. Gewissenhafte Studierende zeigen mit stark erhöhter Wahrscheinlichkeit höhere Verausgabungsbereitschaft (VAG2) sowie beruflichen Ehrgeiz (BEG2) und schätzen die Bedeutsamkeit der Arbeit subjektiv höher ein (SBA2). Ihr auffällig starkes Perfektionsstreben (PFS2) und die damit verbundene geringere Distanzierungsfähigkeit (DFK2) könnte in gesundheitlicher Hinsicht Risiken bergen (vgl. 4.1.1, S. 266). Allerdings kann ihr gesteigertes Erfolgserleben bei beruflichen Tätigkeiten (EIB2) und ihre höhere Chance einer offensiven Problembewältigung (OPW2) kompensierend wirken. Angesichts dieser Musterausprägungen ist eine primäre Orientierung an Studienaktivitäten statt an Freizeitaktivitäten (SUF2) sowie eine geringere Arbeitsvermeidung (ARV2) gewissenhafter Studierender zu erwarten. Die berufliche Mobilität allerdings leidet unter der starken Fokussierung gewissenhafter Befragter auf ihren Beruf (BMO2). Den Nutzen fachwissenschaftlicher Studienanteile für die Ausübung beruflicher Tätigkeiten bewerten sie überdurchschnittlich hoch (NAL2_1). Ihre Kompetenzerwartungen entlang überfachlicher Tätigkeiten sind tendenziell höher (KOM2).

In der Zusammenschau der für beide Erhebungszeitpunkte separat durchgeführten Analysen lassen sich gemeinsame Linien erkennen. Befragte mit *neurotischer* Neigung erwarten von sich selbst weniger Erfolg in der Schulpraxis und fühlen sich vermehrt durch kritische Lebensereignisse belastet. Sie weisen ein höheres Risiko auf, durch den Berufsalltag (gesundheitlich) belastet zu werden. Stärker *extravertierte* Lehramtsstudierende bringen umfangreichere pädagogische Vorerfahrungen und höhere intrinsische Motivation mit. Sie blicken dem Unterrichten mit hohen Erfolgserwartungen entgegen und weisen eine erhöhte Distanzierungsfähigkeit auf, was als positiver Hinweis auf eine erfolgreiche Bewältigung des Berufsalltags gedeutet werden kann. Die *offenen* Befragten werden mit hoher Wahrscheinlichkeit überdurchschnittliche Leistungen zeigen und sind stärker am Fachstudium orientiert. Befragte mit einer *verträglichen* Persönlichkeitsausprägung erweisen sich als stärker sozial orientiert und pädagogisch motiviert. Ihr berufliches Engagement ist aber schwächer ausgeprägt. Lehramtsstudierende mit einer *gewissenhaften* Persönlichkeit investieren überdurchschnittlich viel Zeit und Kraft in ihr Studium und sind hoch leistungsmotiviert. Sie haben an sich selbst hohe Erwartungen und streben nach beruflichem Erfolg, worin auch eine Neigung zu exzessivem Engagement bestehen dürfte.

Exemplarische Vertiefung: Extraversion vs. Introversion

In den Gesprächen wurde explizit danach gefragt, wie sich die Lehramtsstudierenden hinsichtlich ihrer Persönlichkeitseigenschaften charakterisieren würden. Dabei kamen die Befragten auf die subjektive Bedeutung der Extraversion für das Lehrerhandeln zu sprechen. Es besteht ein generelles Bewusstsein darüber, dass Extraversion eine für die Ausübung des Lehrerberufs positive Eigenschaft (47) oder sogar notwendig ist (48). Gerade Studierende, die sich selbst als eher introvertiert bezeichnen, problematisieren diese Selbsteinschätzung im

Hinblick auf das Unterrichten. Sie sehen sich im Nachteil gegenüber extravertierten Mitstudierenden, die es vor der Klasse »leichter« hätten (49) oder haben Respekt vor den beruflichen Anforderungen (50). Häufig artikulieren sie auch, es sei situationsabhängig, ob sie ihre eher extravertierte oder introvertierte Seite zeigen – beide Persönlichkeitsausprägungen seien aber in ihnen vereint (51). Einzelne Befragte würdigen auch die Bedeutung eher introvertierter Phasen im Lehreralltag (52).

(47) Ich kann auf Menschen zugehen. [...]. Es gehört einfach zu meinem Beruf, das mache ich gerne. [H1-W21GH]

(48) Im Unterricht muss man schon ein stückweit extravertiert sein. [F1-M27GH]

(49) Ich bin vom Charakter her eher so ein bisschen der ruhige Typ, eher schüchtern. [...]. Wenn jetzt jemand [...] offener ist und sich vorne hinstellen kann: Ich denke, der hat es dann schon leichter [vor der Klasse]. [O1-M20GY]

(50) Ich war früher total schüchtern und zurückhaltend [...]. Ich bin nicht so der Mensch, der jeden Tag Freunde am Hals braucht. [...]. Frage: Wie bewerten Sie die Perspektive, dass Sie einen Beruf ergreifen wollen, in dem Sie mit 30 Kindern sechs Stunden am Tag zusammen in einem Raum sind [...]? Ja, das wird schwierig, [...], anfangs wird das bestimmt schwierig. Aber wenn man sich dann eingelebt hat [...], dann geht das, glaube ich. [A1-W19RS]

(51) Es kommt ganz darauf an. Das ist »sowohl als auch« bei mir. Ich rede oft gerne und auch lange, aber manchmal ist einfach Ruhe [angesagt]. [N1-W21GY]

(52) Ich habe Phasen, in denen bin ich total offen, brauche immer etwas mit irgendjemandem und dann kommt aber auch eine Phase, in der ich sage: »Okay, jetzt reicht es, jetzt brauche ich mal Zeit für mich«. Das passt dann zum Lehrer-Sein vielleicht wieder ganz gut, weil ich dann beides habe. [M1-W20GY]

Die Lehramtsstudierenden selbst artikulieren einen gefühlten Zusammenhang zwischen dem, was sich über das Merkmalspaar Extraversion vs. Introversion fassen lässt und beruflichen Handlungssituationen im Unterricht. Extraversion wird, wie in der Forschungslage, als positive Voraussetzung für das Unterrichten wahrgenommen. Zugleich wird aber deutlich, dass teils auch Merkmale einer introvertierten Lehrerpersönlichkeit vorteilhaft sein mögen – etwa die Fähigkeit zu beobachten, diagnostizieren, reflektieren oder sich selbst zurücknehmen zu können. Gerade im Blick auf offenen Unterricht erscheint eine Balance zwischen beiden Seiten notwendig. Auch die Fähigkeit zur Distanzierung vom eigenen Unterricht ist im Blick auf die Vermeidung zu großer Belastungen zumindest phasenweise unerlässlich. Dieser Aspekt einer kontextspezifischen Bewertung von Extra- *und* Introversion als wünschenswerte und/oder förderliche Eigenschaften von Lehrpersonen wurde bislang, wohl auch aufgrund seiner Normativität, in der Lehrerbildungsforschung weitgehend ausgeblendet. Hier liegt auch deshalb ein Desiderat, weil zu starke oder einseitige Ausprägungen der Persönlichkeitsmerkmale in der differenziellen Psychologie als problematisch erachtet werden. Von einer einfachen Beziehung zwischen Extraversion und professioneller Handlungskompetenz – im Sinne »je extravertierter, desto kompetenter« – ist deshalb zu warnen. Es wird zu prüfen sein, unter welchen spezifischen Bedingungen bestimmte Ausprägungen von Persönlichkeitsmerkmalen wünschenswert sind. Hierzu erscheint es künftig sinnvoll, wie im Rahmen der Berufseignungsinventare üblich (z. B. Hossiep/ Paschen 2003), keine einzelnen Persönlichkeitsmerkmale, sondern komplexe Persönlichkeitsprofile zu beschreiben, die für den Lehrerberuf angemessen erscheinen. Allerdings wird es kaum das *eine* Persönlichkeitsprofil geben, welches unabhängig von Lehramt, Klassenstufe, Fach, Unterrichtsstil oder den jeweils angewandten Methoden als Generalprädiktor für erfolgreichen Unterricht angesehen werden kann. Daher erscheint ein sorgfältiger, kritischer und nicht verallgemeinernder Umgang mit Persönlichkeitsmerkmalen in der Lehrerbildungsforschung angebracht.

3.6 Begleitumstände

Als Kontext der Studiensituation Lehramtsstudierender müssen neben konstanten Eingangsbedingungen (vgl. 3.1 bis 3.5) auch sich wandelnde Begleitumstände wie finanzielle Ressourcen, Mobilität oder kritische Lebensereignisse berücksichtigt werden. Veränderungen dieser
Kontextvariablen sind vermutlich weniger Folge als vielmehr Ursache einschneidender Phasen oder sogar Brüche in der (berufs-)biografischen Entwicklung. So könnten etwa finanzielle
Engpässe, eingeschränkte Mobilität aufgrund von Heirat oder der Geburt eines Kindes sowie
der plötzliche Tod eines nahen Familienangehörigen zum Abbruch des Studiums führen.

3.6.1 Finanzsituation

In Erweiterung der sozioökonomischen Stellung (vgl. 3.2.1, S. 160) ist auch die Finanzsituation ein Indikator für die finanziellen Mittel, über die Studierende tatsächlich verfügen (vgl.
Tabelle 61). 12.6 % der Lehramtsstudierenden geben zu Studienbeginn an, überhaupt keine
Probleme bei der Studienfinanzierung zu haben, unter Zahnmedizinstudierenden sind es nur
4.9 %. Im Lehramtsvergleich empfinden GY- und SP-Studierende ihre finanzielle Abhängigkeit von den Eltern als stärker (CI=.15**). Dies ist überraschend, weil gerade diese Studierenden sozioökonomisch besser gestellt sind: Je höher die sozioökonomischen Ressourcen, desto
stärker ist auch die gefühlte finanzielle Abhängigkeit (SEI/FIN_2: r=.16***). Ein Grund könnte sein, dass Befragte aus einem Elternhaus mit mehr finanziellen Möglichkeiten seltener eigenes Geld verdienen müssen. GH-Studierende beziehen am häufigsten BAföG, die RS-
Studierenden am seltensten. Trotz dieser Differenz ist bei den GH- und RS-Studierenden das
Belastungsempfinden durch die Kosten für das Studium tendenziell höher als in den beiden
anderen Lehrämtern. Sozioökonomisch höhergestellte Befragte erhalten seltener BAföG (SEI/
FIN_3: r=.14**) und sehen sich durch die Kosten des Studiums geringer belastet (SEI/FIN_4:
r=.25***). Wer häufiger kritische Lebensereignisse berichtet, sieht sich stärker durch Kosten
des Studiums belastet (KLA/FIN_4: r=.18***), erhält häufiger BAföG (KLA/FIN_3: r=.14**)
und muss neben dem Studium öfter Geld verdienen (KLA/FIN_5: r=.14**). Vereinfacht lässt
sich annehmen, dass schwierige Lebenssituationen die Studienfinanzierung erschweren.

    Die Einschätzung der eigenen Finanzsituation ist zumindest teilweise einem subjektiven
Empfinden unterworfen, das nicht mit den tatsächlichen finanziellen Ressourcen konform
gehen muss. GY-Studierende, die einen höheren Lebensstandard aus dem Elternhaus gewohnt sind, erleben vermutlich auch die Entbehrungen zu Studienbeginn als stärker. Nur ein
gutes Drittel unter ihnen muss neben dem Studium selbst Geld verdienen (36.2 %), obwohl
das im Schnitt knapp die Hälfte aller Lehramtsstudierenden tut (CI=.15**). Das Muster der
GY-Studierenden lässt sich in ähnlicher Weise auch auf die ZM-Studierenden übertragen,
klagen diese doch mit am häufigsten über Probleme der Studienfinanzierung bei gleichzeitig
im Vergleich zum Lehramt deutlich geringerer BAföG-Förderquote. Längsschnittlich nimmt
das finanzielle Belastungserleben unter LA-Studierenden etwas ab, was vermutlich sowohl
durch die nun höhere BAföG-Förderquote als auch die gestiegene Erwerbstätigkeitsquote zu
erklären sein dürfte. Die ZM-Studierenden hingegen sehen sich zu t_2 finanziell stärker gefordert, wahrscheinlich weil sie den finanziellen Aufwand und die damit verbundenen Finanzie-
rungsprobleme eher erkennen als zu Studienbeginn.

Studierende mit Nebenjob wurden nach der Art des Jobs gefragt. Wurden mehrere Tätigkeiten genannt, wurde die jeweils erste kodiert. Nach Kategorisierung von 244 Angaben ist zu Studienbeginn (t_1) das Erteilen von Nachhilfeunterricht der üblichste Weg, um Geld zu verdienen (15.6 %). Ebenfalls häufig arbeiten die Befragten als Aushilfe im Verkauf, an der Kasse oder im Supermarkt (13.9 %). An dritter Stelle folgt die Gastronomie (11.1 %). Weitere 7.4 % arbeiten in der Altenpflege, einer Behinderteneinrichtung oder im Gesundheitswesen, 7.0 % verdienen beim Babysitten oder einer Kinderbetreuung ihr Geld und 6.1 % arbeiten als Aushilfe in der Produktion. 4.9 % der Befragten sind studienbegleitend noch in ihrem erlernten (alten) Beruf tätig, 4.1 % verdienen Geld als Musik- oder Sportlehrer, z. B. in Musikschulen oder Vereinen. Weniger als jeweils 2.0 % sind im Handwerk, bei einem Telefondienst oder im Bereich Haushaltshilfe/Raumpflege tätig, gehen einer Vermarktungsaufgabe nach (»Promotion«) oder unterhalten ein Gewerbe. Nicht präzise zugeordnet werden können 9.4 % der Befragten, die angaben, einen »Ferienjob« zu machen und weitere 14.8 % Einzelnennungen.

Tabelle 61: Finanzsituation (t_1/t_2)

FIN/FIN2 (Angaben in %)	t_1						t_2					
	GH	RS	GY	SP	LA	ZM	GH	RS	GY	SP	LA	ZM
1 Ich habe überhaupt keine Probleme, mein Studium zu finanzieren	12.6	18.2	16.5	4.5	14.0	4.9	12.8	12.8	19.8	17.0	15.4	14.3
2 Ich bin von meinen Eltern finanziell abhängig	67.7	63.6	82.7	86.4	73.5	82.0	67.7	56.4	80.2	83.0	71.1	85.7
3 Ich erhalte BAföG	26.9	15.6	18.1	20.5	21.4	8.2	35.4	26.9	21.4	23.4	28.2	9.5
4 Die Kosten für das Studium belasten mich finanziell enorm	31.1	36.4	22.8	18.2	28.2	27.9	28.7	32.1	15.1	19.1	24.1	33.3
5 Ich muss neben meinem Studium Geld verdienen	44.9	64.9	36.2	54.5	47.0	41.0	53.7	69.2	42.1	61.7	54.0	40.5

$N_{LA/t1}=510$; $N_{ZM/t1}=79$; $N_{LA/t2}=414$; $N_{ZM/t2}=42$. *Frage*: Wie beurteilen Sie ausgehend von Ihrer derzeitigen finanziellen Situation die nachfolgenden Aussagen? (Mehrfachnennungen möglich; Antwortformat: Checkbox). *Anmerkung*: Falls Item 5 angekreuzt wurde, wurde zusätzlich gefragt: »Mit welchem Job werden Sie Ihr Geld verdienen?« (t_1) bzw. »Mit welchem Job verdienen Sie Ihr Geld?« (t_2).

In der Folgeerhebung (t_2) konnten 220 Angaben kodiert werden. Auffällig ist der nun noch höhere Prozentsatz an Studierenden, die Nachhilfe erteilen (18.6 %) und das, obwohl neben der etwa gleichbleibenden Zahl an Jobs im Bereich Verkauf/Kasse/Supermarkt (15.0 %) Befragte nun häufig als studentische Hilfskraft arbeiten (13.6 %). An vierter Stelle steht jetzt die Gastronomie (8.2 %), gefolgt von Tätigkeiten im Bereich Altenpflege/Behindertenarbeit/Gesundheitswesen (7.3 %). Babysitten und Kinderbetreuung machen nun nur noch 5.0 % aus, alle anderen Angaben erreichen weniger prozentuale Anteile. Die Antwort »Ferienjob« liegt nun bei 5.9 %, die sonstigen Angaben bei 13.2 %. Damit fällt insgesamt auf, dass Lehramtsstudierende häufig in für sie typischen, d. h. in mit ihrer späteren Berufstätigkeit stark verwandten Aushilfsjobs wie Nachhilfe-, Musik- oder Sportunterricht arbeiten, im Sozialwesen tätig sind oder Kinder betreuen. Unter Einschränkung zeigt sich diese Professionsspezifik auch unter den 22 Angaben der ZM-Studierenden, die ausschließlich zu t_1 erfasst wurden. Diese erteilen nur zu 8 % Nachhilfe und arbeiten überwiegend in der Produktion (16 %) oder in den Bereichen Altenpflege/Behinderteneinrichtung/Gesundheitswesen sowie Verkauf/Kasse/Supermarkt (je 12 %).

3.6.2 Wohnsituation und Umzüge

Ein weiterer Indikator der finanziellen Stellung ist die Wohnsituation (vgl. Tabelle 62). Lehramtsspezifische Unterschiede werden nicht signifikant, wenngleich die Sonderpädagogen zu Studienbeginn auffällig seltener bei Eltern und Verwandtschaft wohnen (13.0 %) und stattdessen häufiger in Wohngemeinschaften leben (35.2 %). Es sind insbesondere die Einzelkinder, die noch bei den Eltern leben (43.1 %). Die verheirateten Lehramtsstudierenden hingegen wohnen zu 78.9 % in einer größeren Miet- oder Eigentumswohnung. Während im Alter von maximal 19 Jahren noch 44.0 % bei Eltern oder Verwandten leben, sind es unter den mindestens 26-Jährigen gerade noch 5.7 % (CI = .27***). ZM-Studierende wohnen im Vergleich zu LA-Studierenden deutlich seltener im Elternhaus, bei Verwandten oder im Studentenwohnheim (CI = .19**). Häufig leben sie in privat angemieteten Zimmern oder größeren Wohnungen (zusammen 49.2 %). Die befragten künftigen Zahnmediziner wohnen damit insgesamt eigenständiger und exklusiver.

Während zu Studienbeginn noch 30.8 % der Lehramtsstudierenden bei Eltern oder Verwandten wohnen, sind es nach dem dritten Semester nur noch 23.4 %. Die i. d. R. aus dem Elternhaus ausgezogenen 7.4 % der Befragten ziehen vermutlich vorwiegend in Wohngemeinschaften. Da das Leben in Wohngemeinschaften vergleichsweise billig ist, wird der Verbleib im Elternhaus oftmals auch ein Kostenfaktor sein. Bei den ZM-Studierenden ist die Bewegung hin zur Wohngemeinschaft besonders auffällig. Viele Befragte lernen wohl in den ersten Semestern Mitstudierende kennen, mit denen sie eine Wohngemeinschaft gründen.

Tabelle 62: Wohnsituation (t_1/t_2)

| WOH/ WOH2 | t_1 | | | | | | t_2 | | | | | |
(Angaben in %)	GH	RS	GY	SP	LA	ZM	GH	RS	GY	SP	LA	ZM
bei Eltern oder Verwandten	31.7	33.8	33.1	15.9	30.8	19.0	28.2	24.4	19.8	14.9	23.4	14.3
Zimmer (Studentenwohnheim)	15.0	14.3	17.3	22.7	16.4	14.3	14.1	14.1	24.6	17.0	17.6	9.5
Zimmer (von privat gemietet)	10.8	10.4	14.2	13.6	12.0	28.6	8.6	7.7	8.7	12.8	8.9	23.8
Wohngemeinschaft (WG)	22.8	22.1	26.0	34.1	24.8	19.0	25.8	28.2	35.7	38.3	30.7	40.5
größere Wohnung (von privat)	15.0	15.6	6.3	9.1	11.8	19.0	18.4	19.2	7.1	12.8	14.5	11.9
Eigentumswohnung (Familienbesitz)	4.8	3.9	2.4	4.5	3.9	–	4.9	6.4	4.0	4.3	4.8	–
keine Angabe	–	–	0.8	–	0.2	–	–	–	–	–	–	–

$N_{LA/t1}$ = 509; $N_{ZM/t1}$ = 79; $N_{LA/t2}$ = 414; $N_{ZM/t2}$ = 42. *Frage:* Wo wohnen Sie unter der Woche während des Semesters?

Die Anzahl der bis Studienbeginn erlebten Umzüge der Studierenden kann ergänzend eine Information darüber sein, wie stark diese örtlich verankert oder gar gebunden sind (vgl. Tabelle 63). Wer noch nie umgezogen ist, dem wird ein Auszug aus dem Elternhaus hin zum Hochschulstandort schwerer fallen als jenen, die schon häufiger Ortswechsel erlebt haben. Andererseits ist anzunehmen, dass zu häufige Umzüge das Heimisch-Werden an einem Ort – und damit möglicherweise auch am Studienort – erschweren und ein unstetes Studierverhalten fördern können.

Die GH-Studierenden sind noch vor RS- und insbesondere GY-Studierenden am häufigsten in ihrem Leben umgezogen (η^2 = .031**). Dies überrascht, wird doch gerade den Studierenden an den Universitäten landläufig eine höhere Mobilität bei der Wahl des Studienortes nachgesagt. Die Lehramtsklientel an den Universitätsstandorten Heidelberg und Tübingen erweist sich offenbar durchaus als regional verwurzelt. Je älter die Befragten zu Studienbeginn sind, desto häufiger sind sie auch umgezogen (ALT/UMZ: $r = .46^{***}$). Dies deutet darauf hin, dass den Studierenden während ihres Studiums i. d. R. eine größere Zahl an Umzügen bevorsteht, die mit kritischen Lebensereignissen (vgl. 3.6.4, S. 237) verbunden sein können, wie die Korrelation zwischen beiden Variablen zeigt (KLA/UMZ: $r = .16^{***}$). Zu t_1 zeigt sich kein signifikanter professionsspezifischer Unterschied in der Umzugshäufigkeit.

Tabelle 63: Anzahl der Umzüge bis Studienbeginn (t_1) und seit Studienbeginn (t_2)

UMZ/UMZ2		GH	RS	GY	SP	LA	ZM
t_1	M	2.39	1.84	1.58	2.43	2.05	1.98
	SD	2.51	1.99	1.49	1.95	2.12	2.48
t_2	M	0.47	0.47	0.63	0.45	0.52	0.88
	SD	0.76	0.91	0.76	0.69	0.78	1.02

$N_{LA/t1} = 509$; $M_{ZM/t1} = 74$; $M_{LA/t2} = 413$; $M_{ZM/t2} = 42$. *Fragen:* Wie oft sind Sie in Ihrem Leben umgezogen? (t_1); Wie oft sind Sie seit dem Beginn Ihres Studiums umgezogen? (t_2).

Nach dem dritten Semester (t_2) wurden die Studierenden gefragt, wie oft sie seit Studienbeginn umgezogen sind. Im Vergleich zu t_1 zeigt sich hier ein gegensätzliches Bild: Nun sind es Uni-Studierende, die häufiger umzogen. Der Unterschied ist wohl mit der schwierigeren Wohnsituation an den Uni-Standorten zu erklären. Denkbar ist aber auch, dass GY-Studierende im Vergleich häufiger erst nach Studienbeginn an den Hochschulort ziehen. ZM-Studierende sind nach Studienbeginn häufiger umgezogen als LA-Studierende ($\eta^2 = .017^{**}$).

3.6.3 Mobilität

Umzüge können Anhaltspunkt für die Mobilitätsbereitschaft der Studierenden sein, müssen diese aber keineswegs determinieren. Vielleicht sind im Einzelfall ja gerade die in der Kinder- und Jugendzeit erlebten Umzüge ein Grund für den Wunsch, während des Studiums örtlich gebunden zu bleiben, um so ein bislang vermisstes soziales Umfeld aufbauen zu können. Da eine eher geringe Mobilitätsbereitschaft von Beginn an den Besuch bestimmter Hochschulen verhindern und damit auch Ausbildungswege in bestimmte Lehrämter verschließen kann, ist Mobilität besonders zu Studienbeginn ein wichtiger Faktor bei der Wahl des Studienorts.

Mittels der *Mobilitätsskala (MOB-BG)* wurden über zwei Subskalen von je 10 Items die berufliche Mobilitätsbereitschaft (BMO) und geografische Mobilitätsbereitschaft (GMO) erfasst (Dalbert 1999). Vorliegend wurde das Instrument auf zwei Items je Subskala gekürzt, was zu Einbußen bei der Reliabilität führt. Aufgrund der sauberen Faktorentrennung erscheint die Subskalenbildung aber legitim (vgl. Tabelle 64). Die Indizes BMO und GMO korrelieren nur leicht ($r = .12^{**}$). Berufliche und geografische Mobilität sind daher weitgehend unabhängig voneinander zu interpretieren. Mit der Umzugshäufigkeit (UMZ) korreliert die berufliche Mobilität etwas stärker (BMO: $r = .18^{***}$) als die geografische Mobilität (GMO: $r = .14^{**}$). Wer häufiger umgezogen ist, besitzt tendenziell also auch eine größere Mobilitätsbereitschaft.

Tabelle 64: Berufliche und geografische Mobilität (t₁)

BMO/GMO Item	LS M SD	LF M SD	S/F r	ZM M SD	Faktorlad. l_1 l_2
1 Ich kann mir vorstellen, irgendwann im Arbeits- leben einen völlig neuen Beruf zu erlernen	4.16 1.86	4.17 1.72	.34***	3.05 1.76	-.02 **.83**
2 Es würde mir schwer fallen, wegen eines Arbeitsplatzes meine Heimat zu verlassen (-)	3.85 2.06	3.78 1.89	.43***	2.63 1.45	**-.84** -.09
3 Ich hoffe, dass ich in meinem erlernten Beruf mein ganzes Leben tätig sein kann (-)	5.53 1.53	5.14 1.62	.34***	5.59 1.92	-.12 **-.81**
4 Es gibt kaum Orte in Deutschland, an denen ich nicht bereit wäre zu leben und zu arbeiten	3.79 1.87	3.86 1.71	.20***	3.42 1.85	**.84** .01
Subskalen Code Index	LA (S) M SD	LA (F) M SD	S/F r	ZM M SD	Interkorr. GMO
BMO berufliche Mobilität (Items 1/3); α=.51	3.31 1.39	3.60 1.40	.43***	2.76 1.54	.12**
GMO geografische Mobilität (Items 2/4); α=.60	3.97 1.66	4.00 1.51	.43***	4.40 1.39	1

N_{LS}=507-508; N_{LF}=305-306; N_{ZM}=77-78. *Frage:* Wie stark treffen die folgenden Aussagen auf Sie zu? (S); Wie stark treffen die folgenden Aussagen Ihrer Einschätzung nach auf X zu? (F). *Skala:* 1=trifft überhaupt nicht zu; 7=trifft voll und ganz zu. *Anmerkungen:* Die Berechnung der Reliabilität erfolgt auf Grundlage der Lehramtsstudierenden. Items, die mit (-) markiert sind, wurden ausschließlich zur Indexberechnung umkodiert. Die Hauptkomponenten-analyse mit Kaiser-Normalverteilung und Varimaxrotation erklärt 69.7 % der Gesamtvarianz. Faktorladungen (l_x), die für die Auswahl von Items zur Subskalenbildung herangezogen wurden, sind fett dargestellt. Die Interkorrelatio-nen wurden nach Pearson (zweiseitige Signifikanz) berechnet.

Die befragten Lehramtsstudierenden zeichnen sich zu Studienbeginn insgesamt durch eine eher geringe Mobilitätsbereitschaft aus. Dennoch ist ihre berufliche Mobilität etwas höher ausgeprägt als unter künftigen Zahnmedizinern (η^2=.014**). Dies ist sicher dadurch zu erklä-ren, dass ein Studium der Zahnmedizin – noch stärker als ein Lehramtsstudium – auf ein en-ges Berufsbild vorbereitet und Beschäftigungsalternativen zum Zahnarztberuf weitgehend ausschließt. Im Professionsvergleich wird deutlich, dass Lehramtsstudierende durchaus Al-ternativen zum Lehrerberuf sehen. Sowohl im Lehrer- als auch im Zahnarztberuf ist eine ge-wisse geografische Mobilität erforderlich, um nach abgeschlossener Ausbildung einen Ar-beitsplatz zu finden. Sie ist im Vergleich zur beruflichen Mobilität unter ZM-Studierenden tendenziell aber nicht signifikant höher ausgeprägt als unter den LA-Studierenden. Das könnte auf die landesweit weniger vorhandenen Studienorte für Zahnmedizin zurückzufüh-ren sein, deren Erreichen bereits während des Studiums häufiger einen Auszug aus dem El-ternhaus erfordert (vgl. 3.6.2, S. 232). In der Lehramtsstichprobe ist die berufliche Mobilität der PH-Studierenden geringer ausgeprägt als jene der Uni-Studierenden (η^2=.009*; M_{PH}=3.23; M_{UN}=3.51). Tatsächlich sind die beruflichen Perspektiven der PH-Absolventen stärker auf das Lehramt eingeschränkt. Die baden-württembergische Erste Staatsprüfung ist kein berufsqualifizierender Abschluss (wie Bachelor, Master oder früher Magister und Di-plom), sondern qualifiziert »lediglich« für die zweite Phase (vgl. S. 66).

Geografische Mobilität nimmt mit der sozioökonomischen Stellung moderat zu (SEI/ GMO: r=.14**). Die Ausübung von Routinedienstleistungen erfordert eine geringere Mobili-tät als die Ausübung hochqualifizierter Berufe. Berufliche Mobilität ist unter Studentinnen etwas schwächer ausgeprägt als unter ihren Kommilitonen (η^2=.009*; M_w=3.25; M_m=3.61). Dies schlägt sich auch in der Studien- und Berufswahlmotivation (vgl. 4.3.1, S. 324) nieder (BWM Item 14: »Ich möchte Lehrer/in werden, weil ich Beruf und Familie vereinbaren kön-nen will«; η^2=.017**; M_w=5.66; M_m=5.11). Substanziell unterscheiden sich die berufliche und geografische Mobilität in Abhängigkeit vom Alter der Studierenden. Die berufliche Mobilitätsbereitschaft steigt mit zunehmendem Alter kontinuierlich an (BMO/ ALT: r =.19***). Je älter die Befragten, desto eher sehen sie Alternativen zum Lehrerberuf. Die geografische Mobilitätsbereitschaft nimmt in den ersten beiden Jahren nach dem Abitur zu, sinkt dann aber stetig (η^2=.044***; $M_{19.}$=3.49; M_{20}=3.94; M_{21}=4.48; M_{22-25}=3.78; M_{26+}=3.67). In einer Lebensphase, in der feste Partnerschaften, Familienplanung und soziale Absicherung eine zunehmende Rolle spielen, nimmt offenbar auch der Wunsch nach Sesshaftigkeit wieder zu. Geografische Mobilität ist unter Studierenden mit jüngeren Geschwistern stärker ausgeprägt (η^2=.017*; M_{EK}=3.45; M_{EG}=3.99; M_{SK}=4.25; M_{LG}=3.45). Studierende ohne feste Partnerbeziehung sind geografisch mobiler als jene in einer festen Partnerschaft und als Verheiratete (η^2=.025**; M_{OP}=4.21; M_{FP}=3.79; M_{VH}=3.24). Die Daten zur Berufswahlmotivation (vgl. 4.3.1, S. 324) zeigen den Hinweis auf eine geringere geografische Mobilität der SP-Studierenden (BWM Item 11: »Ich möchte Lehrer/in werden, weil ich in meiner vertrauten Umgebung bleiben möchte«; η^2=.019*; M_{GH}=3.30; M_{RS}=3.30; M_{GY}=3.40; M_{SP}=2.52).

Die Fremdeinschätzungen der Lehramtsstudierenden korrelieren insgesamt hoch mit deren Selbsteinschätzungen. Diese hohe Übereinstimmung lässt ein relativ unverzerrtes Bild der eigenen Wahrnehmung der Mobilitätsbereitschaft erwarten. Ein Einfluss der sozialen Erwünschtheit auf das Antwortverhalten der Studierenden kann daher wohl ausgeschlossen werden. Zwischen Selbst- und Fremdbild unterscheidet sich lediglich Item 3 signifikant (T=-4.99; p=.000), wonach die Studierenden selbst stärker als von außen wahrgenommen hoffen, das ganze Leben lang in ihrem Beruf tätig sein zu können. So wird auch die berufliche Mobilität Studierender von den Fremdbildern etwas überschätzt (T=-3.07; p=.002).

Tabelle 65: Berufliche und geografische Mobilität (t_1/ t_2)

BMO/ BMO2/ GMO/ GMO2 (N=413-414)		M_{t1}	M_{t2}	M_{Diff}	T	p
1	Ich kann mir vorstellen, irgendwann im Arbeitsleben einen völlig neuen Beruf zu erlernen	4.20	3.98	0.22	2.52	.012
2	Es würde mir schwer fallen, wegen eines Arbeitsplatzes meine Heimat zu verlassen (-)	3.82	3.74	0.08	-1.01	.314
3	Ich hoffe, dass ich in meinem erlernten Beruf mein ganzes Leben tätig sein kann (-)	5.47	5.19	0.28	-3.54	.000
4	Es gibt kaum Orte in Deutschland, an denen ich nicht bereit wäre zu leben und zu arbeiten	3.84	3.63	0.21	2.23	.026
BMO	berufliche Mobilität (Items 1/ 3); α_{t1}=.51; α_{t2}=.69	3.36	3.39	-0.03	-0.48	.632
GMO	geografische Mobilität (Items 2/ 4); α_{t1}=.60; α_{t2}=.65	4.01	3.94	-0.07	0.90	.370

Lehramt (Selbstbild)

Frage: Wie stark treffen die folgenden Aussagen auf Sie zu? *Skala:* 1 = trifft überhaupt nicht zu; 7 = trifft voll und ganz zu. *Anmerkungen:* Items, die mit (-) markiert sind, wurden ausschließlich zur Indexberechnung umkodiert.

Zu t_2 bestätigt sich die Faktorenstruktur der Skala (aufgeklärte Gesamtvarianz: 75.4 %), die Subskalenreliabilitäten erhöhen sich (vgl. Tabelle 65). Es liegen wieder Selbst- und Fremdbilder von Lehramtsstudierenden sowie Angaben von Zahnmedizinstudierenden vor. Sowohl die berufliche als auch die geografische Mobilität erweisen sich unter den Lehramtsstudierenden über die beiden Messzeitpunkte hinweg als stabil. Auf Ebene der Items ist zu beobachten, dass die Hoffnung, tatsächlich lebenslang im Beruf tätig sein zu können, abnimmt (Item 3), parallel sinkt aber auch die Bereitschaft, später ggf. einen anderen Beruf zu erlernen (Item 1). Die räumliche Flexibilität nimmt etwas ab (Item 4). Bei der Indexbildung gleichen sich die auf Ebene der Items signifikanten Änderungen aber aus. Nach Lehrämtern differenziert ergeben sich keine signifikanten längsschnittlichen Veränderungen.

Die für t_1 berichteten Unterschiede nach Hochschultypus sind zu t_2 nicht mehr feststellbar. Alle anderen für die Eingangserhebung berichteten Differenzen lassen sich so in der Tendenz auch zu t_2 bestätigen. Unter den ZM-Studierenden zeigen sich insgesamt ebenfalls keine signifikanten Bewegungen bezüglich der Mobilität. Auf Ebene der einzelnen Items fällt jedoch deren nun verstärkte Hoffnung auf, das ganze Leben im erlernten Beruf tätig sein zu können (Item 3: $T = 3.51$; $p = .001$).

Selbst- und Fremdbilder korrelieren zu t_2 geringfügig stärker als zu t_1 (BMO: $r = .47^{***}$; GMO: $r = .47^{***}$). Damit schätzen die Mitstudierenden die Mobilitätsbereitschaft der untersuchten Lehramtsstudierenden zu t_2 vergleichbar gut ein wie die Familienmitglieder zu t_1. Die Fremdeinschätzung der Mobilitätsbereitschaft erscheint daher insgesamt als möglich – gleichzeitig sind die Selbstbilder als realistisch bzw. zutreffend zu erachten.

Anhaltspunkte für die Ursachen der insgesamt eher geringen geografischen Mobilität sind den Interviews mit Lehramtsstudierenden zu entnehmen, in denen nach ihren Gründen für die Wahl eines Hochschulstandortes gefragt wurde. Zentrales Motiv der regionalen Studienortwahl ist eine starke Verbundenheit mit dem Heimatort. Einigen Studierenden fällt die Loslösung vom gewohnten sozialen Umfeld (zumindest in letzter Konsequenz) schwer (53), andere haben familiäre Verpflichtungen, welche die geografische Mobilität offenbar prinzipiell ausschließen (54). Manche Befragte versuchen einen Studienort zu wählen, der mit den örtlichen Gegebenheiten in der Heimat vergleichbar ist (55). Der Studienalltag während des Semesters einerseits und die Gestaltung der Freizeit andererseits werden von manchen Studierenden getrennt, ohne beide Seiten gegeneinander auszuspielen (56). Auch bestehende Sozialkontakte werden als Argument für örtliche Gebundenheit angeführt (57).

(53)   Ich wollte an die PH X, weil das am nächsten ist. Ich wollte nicht so weit fahren. [...]. Ich wollte aber schon hier wohnen, damit ich ein bisschen unabhängig von meinen Eltern bin. Frage: Sie haben zu Hause noch einen Freundeskreis? *Ja, das ist der Grund weshalb ich dann auch nach Hause fahre. [A1-W19RS]*

(54)   Frage: Warum studieren Sie in X? Das ist sehr einfach zu beantworten. Ich wohne in X und Y ist die nächste PH. Ich wäre überall hingegangen, wenn es näher gewesen wäre. [...]. Ich habe Kinder und muss zu Hause präsent sein. Deshalb muss das unkompliziert funktionieren. Ich kann nicht irgendwo anders hingehen. [B1-W42GH]

(55)   In X hatte ich auch eine Zusage, aber in eine Großstadt wollte ich nicht. Y ist so ein bisschen wie Z, ein bisschen verschlafen, und ich fühle mich hier wohl [...]. Das erinnert mich an meinen Heimatort Z. [K1-W21GH]

(56)   Ich freue mich jedes Wochenende, wenn ich heimfahre. Aber ich habe mich nach den Semesterferien auch gefreut, wieder hier zu sein, meine Lebensaufgabe zurück zu haben und meine Freundinnen wieder zu sehen. [...]. Ich wohne ja in einem Teilort von X und das ist so ein Dorf wie dort, wo ich herkomme. [...]. Mein Heimatort ist nicht viel anders als die Region hier: regional schwäbisch. [K2-W22GH]

(57)   Örtliche Gebundenheit ist sinnvoll, wenn man Familie oder Kinder hat, damit die Kinder dann im gewohnten Umfeld aufwachsen. Wenn sie da ihre Kontakte haben, ist es dann schwer, bis man [...] am neuen Ort wieder solche Kontakte gefunden hat. [...]. Man hat dann auch so eine Art Rückhalt. [O1-M20GY]

Es erscheint wenig plausibel, eine stärker oder schwächer ausgeprägte berufliche oder geografische Mobilitätsbereitschaft als normativ »besser« oder »schlechter« für die professionelle Entwicklung zu bewerten. Allerdings korreliert etwa die berufliche Mobilität mit der Offenheit der Befragten für neue Erfahrungen (BMO/OFF: $r = .19^{***}$), was ein Hinweis dafür ist, dass beruflich flexiblere Studierende auch eher bereit sind, sich innovativ an der Gestaltung von Schule und Unterricht zu beteiligen. Solche Befunde deuten darauf hin, dass die Mobilität einen Einfluss auf die professionelle Entwicklung Lehramtsstudierender haben kann.

Um potenzielle Einflüsse der Mobilität zu Studienbeginn auf studienrelevante Variablen zu überprüfen, wurde ein allgemeines lineares Modell (GLM) gerechnet (vgl. Tabelle 66). Die berufliche und geografische Mobilität zu Studienbeginn wurden dabei als Prädiktoren angenommen, als abhängige Variablen kamen alle nach dem dritten Semester (t_2) erfassten Items bzw. Indizes in Betracht. Anzahl und Stärke der Effekte sind eher gering.

Tabelle 66: Bedeutung der Mobilität (t_2)

Code	Index/Item	BMO	GMO
RBM2	Resignationstendenz (bei Misserfolg) (AVEM-Inventar)	-.42**	-.25*
QAK2_4	Qualitätseinschätzung Schulpraktikum/Schulpraktika	-.17**	.02
BVS2_1	Bildungsverständnis nach Horkheimer	.12*	.10
BVS2_3	Bildungsverständnis nach Humboldt	.11**	.07
BVS2_8	Ein gebildeter Mensch beherrscht mindestens eine Fremdsprache	.14	.16*
WVE2b	Kompetenzerwartung: Werte vermitteln	.03	.09**
FUI2b	Kompetenzerwartung: sich fortbilden und informieren	.14**	.05

Berichtete Werte: Beta-Koeffizienten (β). *Abkürzungen:* ***p<.001; **p<.01; *p<.05. *Modellanpassungen:* BMO: F=5.72; p=.000 (Pillai-Spur=.129; Hotelling-Spur=.148). GMO: F=2.93; p=.006 (Pillai-Spur=.071; Hotelling-Spur=.076). N=279 (fehlende Werte fallweise gelöscht). *Methode:* allgemeines lineares Modell (GLM multivariat). *Anmerkungen:* Ergebnisse in thematische Gruppen sortiert. Prädiktoren sind die Indizes berufliche Mobilität (BMO) und geografische Mobilität (GMO) zu t_1. Potenzielle abhängige Variablen waren alle metrischen Variablen, die zu t_2 erfasst wurden.

Eine höhere berufliche und geografische Mobilität bedeuten, dass entsprechende Studierende häufig eine geringere Resignationstendenz bei Misserfolgen aufweisen (RBM2). Wer höhere berufliche Mobilität zeigt, wird wahrscheinlicher die Qualität der Schulpraktika geringer einschätzen (QAK2_4). Beruflich mobilere Studierende schreiben einem gebildeten Menschen vermehrt die Eigenschaft zu, Herr über die Anforderungen zu sein, welche die Gesellschaft an ihn stellt (BVS2_1) oder schreiben ihm zu, sich aus eigenem Antrieb intensiv mit der Welt auseinanderzusetzen und sich durch die eigene Tätigkeit aktiv an ihrer Gestaltung zu beteiligen (BVS2_3). Die geografische Mobilität hingegen erhöht die Wahrscheinlichkeit der Studierenden, das Beherrschen mindestens einer Fremdsprache in Wort und Schrift als Teil ihres Bildungsverständnisses zu sehen (BVS2_8). Schließlich haben geografisch mobilere Studierende vergleichsweise höhere Kompetenzerwartungen bezüglich des Vermittelns von Werten (WVE2b), beruflich mobilere Befragte hingegen bezüglich des sich Fortbildens und Informierens (FUI2b). Insgesamt erscheint die Mobilität im Sinne von Flexibilität zu Studienbeginn eine existierende, wenngleich eher geringe prognostische Bedeutung aufzuweisen.

3.6.4 Kritische Lebensereignisse

Der Mensch ist vielen kritischen Ereignissen im Lebenslauf ausgesetzt, die oftmals kein kalkulierbares Produkt der Lebensführung sind. Es erscheint sinnvoll, in der Lehrerbildungsforschung solche einschneidenden Ereignisse zu erfassen, gerade wenn (berufs-)biografische Entwicklungsverläufe berücksichtigt werden sollen. Studienabbrüche, Prüfungsversagen oder die Studiendauer könnten wesentlich von solchen nicht-institutionalisierten Begleitumständen abhängen. Neben die berufliche Biografie tritt die private Biografie, die zumindest in bestimmten Phasen die professionelle Entwicklung stärker prägen mag als die institutionalisierte Lehrerbildung selbst.

Um solche Einflüsse kontrollieren zu können, wurden kritische Lebensereignisse im Anschluss an den *Life Experiences Survey (LES)* erfasst (Sarason u. a. 1989). Eine deutsche Kurzfassung mit 14 Items liegt vor (Schwarzer 2000, S. 23-25). Die Items 15/16 wurden als ergänzende Aspekte hinzugefügt, Items 17-19 wurden in Anlehnung an die *Holmes-Rahe Social Readjustment Rating Scale (SRRS)* formuliert (Holmes/Rahe 1967), die ausgehend von einem Wert von 100 (Scheidung) verschieden starke Einflüsse von »life-change-units« definiert.

Entlang der so entwickelten Skala wurden die Befragten zu beiden Erhebungszeitpunkten zunächst gebeten anzugeben, von welchen der genannten Lebensereignisse sie in den letzten sechs Monaten getroffen wurden (KLA). In einem zweiten Schritt sollten sie den Grad der Belastung entlang der jeweiligen Ereignisse angeben (KLB). Studierende, die nur zu t_1 an der Studie teilnahmen, unterscheiden sich weder in der Anzahl der Nennungen noch in ihrem Belastungsempfinden von Befragten, die an beiden Erhebungen teilnahmen. Aus diesem Grund wird kein fallbezogener längsschnittlicher Vergleich vorgenommen, sondern es werden die Ergebnisse der jeweils vollen Stichproben berichtet. So lässt sich die jeweilige Befragungsklientel zu Studienbeginn und nach dem dritten Semester beschreiben (vgl. Tabelle 67).

Tabelle 67: Kritische Lebensereignisse (t_1/t_2)

KLA/KLB/KLA2/KLB2 ($N_{t1}=510$; $N_{t2}=414$)	Lehramt (t_1) JA in%	Belastung M	SD	Lehramt (t_2) JA in%	Belastung M	SD
1 Streit mit Partner, Nachbarn oder Verwandten	62.5	5.55	1.43	43.7	5.03	1.78
2 Tod der (Ehe-)partnerin bzw. des (Ehe-)partners	–	–	–	–	–	–
3 Tod eines anderen Familienmitglieds	21.4	5.25	1.84	16.9	4.92	2.15
4 Tod einer Freundin/eines Freundes	8.6	5.50	1.87	5.8	3.79	2.52
5 Tod eines geliebten Tieres	16.5	4.92	2.01	7.7	4.22	2.43
6 Umzug in eine andere Wohnung	52.4	3.10	1.77	26.1	2.60	1.68
7 eigene schwere Krankheit	8.2	5.02	2.02	8.2	3.78	2.39
8 schwere Krankheit einer nahestehenden Person	28.0	5.74	1.41	24.6	5.14	1.84
9 Schlaflosigkeit und Schlafstörungen	29.8	4.59	1.59	30.0	4.56	1.45
10 Verwicklung in ein Gerichtsverfahren	2.5	3.81	2.37	4.1	2.58	2.26
11 finanzielle Schwierigkeiten	22.0	5.12	1.50	22.9	4.68	1.68
12 Ehescheidung	2.7	3.67	2.31	2.7	2.33	2.19
13 Trennung einer langjährigen Partnerschaft	9.0	5.42	1.97	8.0	4.74	2.48
14 Probleme aus Gründen der Religiosität	5.5	4.45	1.94	7.2	3.31	2.19
15 Probleme mit Essgewohnheiten (z. B. Übergewicht)	22.5	5.06	1.75	21.7	4.33	1.86
16 Unfall mit Folgen für physische und psychische Gesundheit	4.1	4.40	2.12	4.8	3.10	2.53
17 intensive Pflege eines nahen Angehörigen	5.9	4.78	2.12	6.8	3.62	2.33
18 eigene Hochzeit	1.6	2.83	1.95	2.2	1.25	0.87
19 Geburt eines eigenen Kindes	1.4	2.67	2.12	2.9	2.00	1.84
20 massive Änderung des Lebensstils (Kleidung, Aktivitäten etc.)	11.4	3.53	2.10	7.5	2.48	1.82

Frage: Bitte geben Sie an, von welchen der genannten Lebensereignisse Sie in den letzten 6 Monaten getroffen wurden. Geben Sie dann bitte an, wie sehr Sie die entsprechenden Ereignisse jeweils belastet haben. *Skala:* 1=hat mich gar nicht belastet; 7=hat mich sehr belastet. JA=hat mich getroffen (Residual).

Zu Studienbeginn (t_1) äußern 93.7% der Lehramtsstudierenden von mindestens einem der aufgelisteten kritischen Lebensereignisse in den letzten sechs Monaten betroffen gewesen zu sein, 58.8 % sogar von drei oder mehr. Durchschnittlich wurden die Befragten von 3.19 Ereignissen getroffen, die sie im Schnitt zumindest mäßig belastet haben (M = 4.72). Fast zwei Drittel aller Befragten liegen im Streit mit Partnern, Nachbarn oder Verwandten, was auch als größere Belastung empfunden wird. Die Hälfte ist in den vergangenen sechs Monaten umgezogen, was nur mäßig belastet hat. Ein knappes Drittel der Befragten leidet bereits zu Studienbeginn unter Schlaflosigkeit und Schlafstörungen. Vergleichbar viele Befragte mussten sich mit der schweren Krankheit einer nahestehenden Person auseinandersetzen. Immerhin 22.5 % leiden bereits unter Übergewicht, Magersucht oder vergleichbaren Essstörungen. Weitere 22.0 % der Befragten nennen finanzielle Schwierigkeiten als Belastungsfaktor. Gerade im Hinblick auf die gesundheitlichen Beeinträchtigungen bei Schlaf und Ernährung kann etwa ein Drittel der Befragten schon zu Studienbeginn als erheblich belastet gelten. Diese Beobachtung lässt vermuten, dass eine hohe Belastung von Lehrpersonal nicht nur Folge des Berufsalltags ist (vgl. 4.1.1, S. 266).

Die durchschnittliche Anzahl der empfundenen kritischen Lebensereignisse unterscheidet sich zwischen den Lehrämtern signifikant. Die RS- und GH-Studierenden sehen sich etwas häufiger betroffen als die GY- und SP-Studierenden (η^2 = .019*; M_{GH} = 3.37; M_{RS} = 3.57; M_{GY} = 2.90; M_{SP} = 2.70). Studentinnen nennen mehr kritische Lebensereignisse (η^2 = .008*; M_w = 3.28; M_m = 2.75) und empfinden sich stärker belastet (η^2 = .008*; M_w = 4.78; M_m = 4.46).

Im dritten Semester waren nach eigenen Angaben 86.0 % der Lehramtsstudierenden von mindestens einem kritischen Lebensereignis betroffen, 22.5 % von drei oder mehr Ereignissen. Im Schnitt wurden die Befragten von 2.56 Ereignissen getroffen, die sie durchschnittlich vergleichbar belastet haben wie zu Studienbeginn (M = 4.60). Im Vergleich zu t_1 berichten nun nur noch gut zwei Fünftel der Studierenden von Streit mit dem Partner, Nachbarn oder Verwandten, was sicherlich auch auf die vielen Auszüge aus dem Elternhaus bei und nach Studienbeginn zurückzuführen ist. Die sich mit dem Studium einstellende neue Lebenssituation kann hier also eine Entlastung bedeuten. Während des dritten Semesters zieht nur noch ein Viertel der Studierenden um – auch hier ist die gefühlte Belastung in den sechs Monaten vor t_2 geringer. Wie zu Studienbeginn leidet auch im dritten Semester ein knappes Drittel der Befragten an Schlaflosigkeit und Schlafstörungen, die sie immerhin als mittlere Belastung empfinden. Vermutlich aufgrund der nun größeren räumlichen Distanz vieler Studierender zur Heimat betrifft die Konfrontation mit einer schweren Krankheit einer nahestehenden Person nun nur noch ein Viertel der Befragten. Der Anteil an Studierenden mit finanziellen Schwierigkeiten bleibt, wie auch die Anzahl an Studierenden mit Problemen der Essgewohnheit, gleich. Zu t_2 haben sich die eingangs beobachtbaren Lehramtsunterschiede in der Anzahl der kritischen Lebensereignisse nivelliert. Allerdings nennen Studentinnen weiterhin mehr Ereignisse (η^2 = .010*; M_w = 2.66; M_m = 1.95) und sie fühlen sich im Schnitt auch stärker durch diese belastet (η^2 = .032**; M_w = 4.71; M_m = 3.95). Im Ganzen erscheint der Studienalltag in den ersten drei Semestern eine eher positive Auswirkung auf die Wahrnehmung kritischer Lebensereignisse der Lehramtsstudierenden zu haben. Sowohl die absolute Anzahl der Nennungen als auch der empfundene Belastungsgrad gehen etwas zurück.

Abschließend wird geprüft, welche Bedeutung die Belastung durch kritische Lebensereignisse für die professionelle Entwicklung Lehramtsstudierender haben kann. Dazu wurden das durchschnittliche Belastungserleben zu t_2 (KLB2) als Prädiktor und alle metrischen Variablen bzw. Indizes zu t_2 als abhängige Variablen in ein allgemeines lineares Modell (GLM) aufgenommen. Geprüft wird so, in welchem Maße die Belastung durch kritische Lebensereignisse in den letzten sechs Monaten vor t_2 die Wahrscheinlichkeit bestimmter Variablenausprägungen prognostiziert, die ebenfalls zu t_2 erfasst wurden (vgl. Tabelle 68).

Tabelle 68: Bedeutung der kritischen Lebensereignisse (t_2)

Code	Index/Item	β	T	p	R^2
DFK2	Distanzierungsfähigkeit (AVEM-Inventar)	-.51	-4.48	.000	.055
VAG2	Verausgabungsbereitschaft (AVEM-Inventar)	.38	3.00	.003	.025
ESU2	Erleben sozialer Unterstützung (AVEM-Inventar)	-.26	-2.49	.013	.018
RBM2	Resignationstendenz (bei Misserfolg) (AVEM-Inventar)	.26	2.23	.027	.014
VLZ2	Vermeidungs-Leistungsziele (Leistungsmotivation)	.14	2.50	.013	.018
ZUF2	Studienzufriedenheit	-.08	-3.05	.002	.026
BLF2	Beurteilung der Lehrveranstaltungen in den Fächern	-.07	-2.45	.015	.017

Abkürzungen: β = Beta-Koeffizient; T = T-Wert der Signifikanzprüfung; p = Signifikanz; R^2 = aufgeklärte Varianz. *Modellanpassung:* F = 4.89; p = .000 (Pillai-Spur = .092; Hotelling-Spur = .101); N = 346 (fehlende Werte fallweise gelöscht). *Methode:* allgemeines lineares Modell (GLM multivariat). *Anmerkungen:* Ergebnisse sortiert nach abnehmendem Betrag der Beta-Koeffizienten. Prädiktor ist die durchschnittliche Belastung durch kritische Lebensereignisse (KLB2) zu t_2. Potenzielle abhängige Variablen waren alle metrischen Variablen, die zu t_2 erfasst wurden.

Ein hohes, durch kritische Lebensereignisse bedingtes Belastungserleben zu t_2 erhöht insbesondere das Risiko Lehramtsstudierender, geringere Distanzierungsfähigkeit aufzuweisen (DFK2). Gleichzeitig besteht die verstärkte Tendenz solcher Befragten zur Verausgabungsbereitschaft (VAG2). Mit höherer Wahrscheinlichkeit erleben sie weniger soziale Unterstützung (ESU2) und resignieren bei Misserfolgen leichter (RMB2). Diese Befunde zeigen, dass ein durch kritische Lebensereignisse hervorgerufenes Belastungserleben auch für die berufliche Belastung und damit schließlich für die psychische Gesundheit im Lehrerberuf eine beachtenswerte Rolle spielen (vgl. 4.1.1, S. 266). Tendenziell bedeutet ein höheres Belastungserleben auch mit höherer Wahrscheinlichkeit, dass die Befragten ihre Leistungsdefizite im Studium zu verbergen versuchen (VLZ2), eine geringe Studienzufriedenheit zeigen (ZUF2) sowie die Lehrveranstaltungen in den Fächern schlechter beurteilen (BLF2). Kritische Lebensereignisse haben daher insgesamt durchaus eine Bedeutung für die (berufs-)biografische Entwicklung, wobei wesentliche Aspekte auch durch die Erfassung berufsbezogener Verhaltens- und Erlebensmuster abgedeckt sein dürften (vgl. 4.1.1, S. 266).

3.7 Studiensituation

Die konstanten Eingangsbedingungen (3.1 bis 3.5) und die sich wandelnden Begleitumstände auf individueller Ebene der Studierenden (3.6) führen zu einer Studien- und Berufswahlentscheidung (vgl. 4.3.1, S. 324), die sich in der Wahl eines Studienganges und einer Hochschule manifestiert. Die zu beiden Erhebungszeitpunkten jeweils aktuelle Studiensituation der angehenden Lehrkräfte wird nachfolgend beschrieben. Dabei wird neben Hochschule und Studiengang auf die Studienrichtung »Europalehramt«, die Gewichtung der Fächer, die Affinität zu einzelnen Fächern, den zeitlichen Studienaufwand sowie auf die besuchten Lehrveranstaltungen und Praktika eingegangen. Schließlich wird erläutert, wie die Befragten das Verhältnis von Studienaktivitäten und Freizeitaktivitäten gestalten.

3.7.1 Hochschule und Studiengang

In den beiden Fragebögen wurde erfasst, an welcher Hochschule (Frage: »An welcher Hochschule sind Sie immatrikuliert?«) und in welchen Studiengängen (Frage: »In welchem Studiengang sind Sie eingeschrieben?«) die Befragten immatrikuliert sind. Hochschule (Standort) und Studiengang (Lehramt) sind wichtige unabhängige Variablen der vorliegenden Studie. Die genauen Zahlen und Verteilungen der befragten Studierenden auf Hochschulen und Studiengänge sind den Ausführungen zur Stichprobe (vgl. 2.2.1, S. 142) zu entnehmen.

Zunächst werden verschiedene Gründe, die zur Wahl eines bestimmten Lehramtsstudienganges führen, anhand von Interviewausschnitten vorgestellt. Demnach kann die Wahl schon sehr früh getroffen worden sein, etwa aufgrund guter Erfahrungen mit einer bestimmten Schulart (58). Häufig ist eine stärkere Orientierung an Kindern *oder* Jugendlichen für die Wahl mit ausschlaggebend; in Einzelfällen wird dabei der Grundschule eine eher erzieherische, den Sekundarstufen mehr eine bildende Funktion zugewiesen (59). Von vielen Befragten wird ein HS-Schwerpunkt wegen der Klientel bewusst zugunsten eines GS-Schwerpunktes oder eines RS-Studiums gemieden (60)/(61), andere Studierende sehen gerade in ihr eine Herausforderung und einen Anreiz (62)/(63). Immer wieder entdecken GH-Studierende während ihrer Praktika die Hauptschule für sich und machen dort gute Erfahrungen – entgegen der ursprünglichen Entscheidung für einen GS-Schwerpunkt. Die Wahl eines Lehramts kann auch durch eine vorgeordnete Fachwahlentscheidung (vgl. 4.3.5, S. 352) determiniert sein, weil bestimmte Wunschfächer nur am Gymnasium unterrichtet werden (64). Über die unterschiedliche Wahrnehmung der Hochschultypen lässt sich gerade von Studierenden etwas erfahren, die beide Ausbildungssysteme zumindest flüchtig kennen (66)/(67). Die stärkere Berufsfeldorientierung der PH-Studiengänge wird hervorgehoben (68), aber auch Angst geäußert, das Uni-Studium hätte eine Überforderung bedeuten können (69).

(58) Ich war noch nicht einmal in der Schule, als ich schon GS-Lehrer werden wollte. In der GS hat es mir gut gefallen. Das habe ich nie wieder revidiert, weil ich auch eher den Bezug zu jüngeren Kindern gerne habe. [B1-W42GH]

(59) An der GS sind mir die Kinder einfach zu jung. Ich glaube, ich würde nicht mit denen klarkommen. Mir gefällt das so, wenn die in die Pubertät kommen, das ist einfach interessanter. [...]. An der GS wird ja mehr erzogen, da wird ja weniger beigebracht – und ich will eben mehr beibringen. [A1-W19RS]

(60) An der HS werden die Lehrer auch geschlagen und das finde ich schon krass. [...]. Das war mit ein Grund, weshalb ich nicht HS-Lehramt machen wollte. Ich habe schon Angst und Respekt vor denen. [A1-W19RS]

(61) In der HS [gibt es] einfach nochmal andere Probleme [...] als in der RS. Auch wegen Französisch [habe ich mich gegen die HS entschieden], weil man das in der RS einfach mehr anwenden kann. [E1-W19RS]

(62) Mit den eher vernachlässigten Jugendlichen kann man auch sehr viel Positives erleben. Das hat sich in der Jugendarbeit bestätigt. Da waren viele mit Migrationshintergrund und aus der HS. Die Erfahrungen haben mich darin bestätigt, HS zu machen. [F1-M27GH]

(63) Frage: Warum haben Sie sich für den Schwerpunkt HS entschieden? Es wird viel kritisiert, dass die Jugend heute so schlimm ist, die Lehrer nicht rankommen und es keine Zukunft gibt. Gerade da muss angesetzt werden, um was zu ändern, dass eben auch [...] Jugendliche mit Migrationshintergrund eine Chance haben. [C1-W20GH]

(64) Der Wechsel von der HS zur GS ist mir anfangs ein bisschen schwer gefallen, weil ich mich an der HS sehr wohl gefühlt habe. [...]. Ich kann an der HS besser mit Schülern umgehen [...], weil sie älter sind. Ich kann mit ihnen vernünftige Gespräche führen. [...]. An der HS habe ich mich im Lehrerkollegium sehr wohl gefühlt. Da wurde ich komplett aufgefangen. In den HS, die ich bisher kennen gelernt habe, ist das Lehrerkollegium sehr kooperativ, weil die einfach mehr zusammenarbeiten müssen als es hier in der GS der Fall ist. [...]. Ich kann von Schülern mehr erwarten im Unterricht. [C2-W22GH]

(65)   *Latein und Theologie habe ich schon in der Schule gerne gemacht. Latein kann man eben nur am GY unterrichten und dann hat sich das für mich so ergeben. [O1-M20GY]*

(66)   *Eigentlich wollte ich GY-Lehramt machen. Ich habe erst in X ein Semester studiert und jetzt gewechselt, weil es mir einfach zu theoretisch war und ich doch eher mit kleineren Kindern arbeiten will. Frage: Haben Sie an der PH die Erfahrung gemacht, dass es anders ist als in X? Ja, total. [...]. Die Vorlesungen sind durch Medien unterstützt, das gab es in X nie. In den Seminaren ist es eher wie in der Schule, dass man nicht so viel selbst machen muss, sondern viel mehr vorgegeben bekommt. Auch inhaltlich: [Es ist] einfach praxisorientierter und nicht so tiefgründig im wissenschaftlichen Bereich. [...]. Hier wird man schon ein bisschen verwöhnt [...]. Die meisten Dozenten waren ja an der Schule und haben [...] dieses »Lehrer-Sein« und jemandem etwas beibringen wollen beibehalten – nicht so stures Vorlesen – und wollen uns vielleicht auch einen Anreiz geben, es selbst später so zu machen. [H1-W21GH]*

(67)   *Frage: War es richtig, von der Uni an die PH zu wechseln? Ja, auf jeden Fall. [...]. Die didaktischen Vorlesungen gefallen mir und die haben mir in X gefehlt. Der Praxisbezug ist toll. Gerade mache ich hier schon das dritte Praktikum. Ich wusste, dass es in X erst nach dem vierten Semester ein Praktikum geben wird. Das wäre mir zu spät gewesen und auch zu sehr wissenschaftlich orientiert. Teilweise hat mir das sehr gut gefallen [...], aber ich will nicht nur Wissenschaftlerin sein, sondern Pädagogin. Das hat mir an der Uni ein bisschen gefehlt. [H2-W22GH]*

(68)   *Was ich bisher gehört habe über Tagespraktika und Blockpraktika finde ich gut. Wenn man GY-Lehramt studiert, hat man das ja gar nicht. [...]. Das war ein Grund, weshalb ich das RS-Lehramt gewählt habe. [A1-W19RS]*

(69)   *An die PH zu gehen war eine gute Entscheidung. Ich denke, ich wäre mit der Uni total überfordert gewesen. Die ist einfach viel größer und anders von den Strukturen her. Die PH hier ist schon gut. [G2-W22GH]*

Die Motive der Entscheidung für ein bestimmtes Lehramt lassen sich zusammenfassend als *klientelspezifisch* (Alter, attribuierte Verhaltensmuster usw. der Schüler) oder *inhaltsspezifisch* (Realisierung bestimmter Fächer, Theorie vs. Praxis, vermutete Unterschiede des Charakters der Studiengänge usw.) fassen. Zugleich werden solche Motivlagen in vielen Fällen der Berufswahlentscheidung nachgeordnet sein und von dieser determiniert (vgl. 4.3.1, S. 324). Auch Faktoren wie etwa die geografische Mobilität werden die Lehramtsentscheidung beeinflussen: Wer die vom Heimatort nächstgelegene Hochschule wählt, wird folglich nur die dort angebotenen Studiengänge wählen können (vgl. 3.6.3, S. 233). Das im Vergleich zu den PHs dem Uni-Studium zugeschriebene höhere Leistungs- und Anforderungsniveau mag oftmals eine Präselektion bei der Lehramtsentscheidung bedeuten. Es ist insgesamt also keineswegs davon auszugehen, dass sich Studierende aus überwiegend intrinsischen Motiven für ein bestimmtes Lehramt entscheiden. Gerade weil an den einzelnen Hochschulstandorten und -typen nicht alle Lehrämter angeboten werden, dürfte die Präselektion in Baden-Württemberg überdurchschnittlich stark ausfallen.

3.7.2 Europalehramt

An den Pädagogischen Hochschulen Freiburg und Karlsruhe besteht die Möglichkeit, die GH- und RS-Lehrämter als »Europalehrämter« zu studieren. Die Immatrikulation in diese Lehramtsstudiengänge mit Profil setzt das Bestehen einer Spracheingangsprüfung sowie die Bereitschaft zu einem obligatorischen Auslandssemester voraus. Eine Vorbereitung auf bilingualen Unterricht sowie europäische Kulturstudien nimmt eine besondere Stellung in der Ausbildung ein. Um zu erfassen, welche Studierenden sich für das Modell »Europalehramt« entschieden haben, wurde die Frage nach dem Studiengang (vgl. 3.7.1, S. 241) wie folgt erweitert: »Trifft Folgendes zu? (Mehrfachauswahl: Europalehramt, Aufbaustudium, Teilzeitstudium)«. Auffällig ist der hohe Anteil an befragten Europalehramtsstudierenden in Freiburg (30.8 % bei einer Quote von 15.0 % in der Grundgesamtheit) und Karlsruhe (24.0 % bei einer

Quote von 13.7 %). Europalehramtsstudierende sind verstärkt zur Teilnahme an der Studie bereit. Sie machen im GH-Lehramt insgesamt 7.9 %, im RS-Lehramt 9.0 % der Teilstichproben aus.

3.7.3 Gewichtung der Studienfächer

Die einzelnen Studienfächer können in unterschiedlichen Gewichtungen studiert werden. Im GY-Studiengang wird zwischen Haupt- und ggf. Beifächern unterschieden, im SP-Studiengang zwischen dem Pflichtfach und einem zusätzlichen Fach. In den GH- und RS-Lehrämtern lässt sich zwischen Hauptfach, Leitfach und affinem Fach mit abnehmendem Gewicht bzw. abnehmender Anzahl verpflichtender Semesterwochenstunden (vgl. Tabelle 2, S. 78) unterscheiden. Besonders das affine Fach ist als ergänzendes »Schmalspurfach« zu bewerten. Die Gewichtungsverhältnisse sind am Beispiel der Fächer Mathematik (MA) und Theologie (ET/KT) Tabelle 69 zu entnehmen.

Tabelle 69: Gewichtung der Studienfächer Mathematik und Theologie (t_1)

GSF (N = 306; Angaben in %)		GH	RS	GY	SP	LA
MA	Hauptfach	51.9	27.7	96.4	45.8	51.7
	Beifach (GY) bzw. zusätzliches Fach (SP)	–	–	3.6	54.2	8.0
	Leitfach	26.0	40.4	–	–	22.2
	Affines Fach	22.1	31.9	–	–	18.2
ET	Hauptfach	3.5	–	96.9	28.6	31.8
	Beifach (GY) bzw. zusätzliches Fach (SP)	–	–	3.1	71.4	5.5
	Leitfach	35.1	42.9	–	–	23.6
	Affines Fach	61.4	57.1	–	–	39.1
KT	Hauptfach	3.0	–	100	100	21.3
	Beifach (GY) bzw. zusätzliches Fach (SP)	–	–	–	–	–
	Leitfach	27.3	12.5	–	–	18.0
	Affines Fach	69.7	87.5	–	–	60.7

Frage: Welche Fächer studieren Sie und welche Gewichtung haben diese? (*Antwortformat:* Matrix mit drei Feldern für die Nennung der Fächer sowie jeweils Einfachauswahl der Fachgewichtung laut Tabelle).

Mathematik studieren im GH-Lehramt 51.9 % der Befragten als Hauptfach, im RS-Lehramt nur 27.7 %, an den Universitäten sind es mit 96.4 % fast alle. Die Entscheidung für das Fach ist im GY-Lehramt daher vermutlich aus Eigenmotivation heraus gefallen, während Studierende an den PHs aufgrund der formalen Vorgaben (vgl. Tabelle 2, S. 78) das Fach Mathematik wohl auch als Kompromiss wählen. Wer etwa als Leitfach das Fach Deutsch studiert, muss als affines Fach Englisch, Französisch oder Evang./Kath. Theologie studieren. Theologie lässt sich als einziges affines Fach zu allen möglichen Leitfächern kombinieren. Daraus ergibt sich einerseits die Möglichkeit für alle Studierenden – unabhängig von ihrer Fächerkombination – das Fach Theologie zu studieren, weshalb mit vergleichsweise vielen Interessenten zu rechnen ist. Andererseits wird die Flexibilität vermutlich auch Studierende dazu bewegen Theologie zu wählen, obwohl sie dies bei erweiterten Kombinationsmöglichkeiten anderer Fächer nicht getan hätten. Außerdem besteht aufgrund der Flexibilität die Gefahr, eher ein anderes Fach als Theologie mit größerem Studienumfang (Haupt- oder Leitfach) zu wählen, weil dieses andere Fach sonst in der Fächerkombination gar nicht studiert werden kann.

Die im Fach Mathematik substanziellen Unterschiede der Fachgewichtung zwischen den Universitäten und Pädagogischen Hochschulen (CI=.39***) werden für das Fach Evang. Theologie (CI=.90***) und Kath. Theologie (CI=.85***) deterministisch. Kaum einer der Befragten wählt das Fach Theologie an den PHs noch als »erstes Fach«, stattdessen überwiegt die Entscheidung für eine affine Gewichtung. Unter den Befragten RS-Studierenden in katholischer Theologie liegt die Quote sogar bei 87.5 %. Der Grund hierfür ist insbesondere in den Prüfungsordnungen der PHs zu suchen, welche die Wahl eines schulischen Hauptfaches erfordern und zugleich beliebige Fächerkombinationen mit diesem Hauptfach ausschließen. Das Fach Theologie lässt sich vielfältig kombinieren und wird daher in affiner Gewichtung wohl häufig aus strategischen Gründen gewählt. Damit muss für die religionspädagogische Ausbildung an den PHs ein zentrales Problem hinsichtlich einer nicht ausreichend fundierten Ausbildung künftiger Religionslehrkräfte angenommen werden – und das, obwohl das Fach Religion bei der Lehrerversorgung bereits jetzt als »Mangelfach« gilt. Diese Gewichtungsproblematik beeinflusst auch die Studiensituation an den PHs selbst. Während die schulischen Hauptfächer mit häufig wohl nur sekundär interessierten Studierenden überfüllt sind, sterben »kleine« Fächer zunehmend aus bzw. werden in geringem Umfang studiert.

3.7.4 Affinität zu einzelnen Fächern

Um festzustellen, ob bestimmte Fächer einer Fächerkombination den Habitus der künftigen Lehrkräfte besonders prägen, wurde offen nach der Affinität der Studierenden zu einzelnen Fächern gefragt (vgl. Tabelle 70). Nur 12.5 % (PH: 8.5 %) der Studierenden mit Fach Evang. Theologie sehen dieses auch als ihr Lieblingsfach an, beim Fach Kath. Theologie sind es 18.8 % (PH: 16.2 %). Mathematikstudierende identifizieren sich zu 23.8 % (PH: 21.5 %) primär mit diesem Fach. Befragte, die sowohl das Fach MA als auch das Fach ET belegen, mögen ET etwas lieber (4.8 % Differenz), bei MA/KT-Studierenden hingegen ist die Bevorzugung des Faches MA erheblich (11.8 % Differenz). Gerade ET-Studierende identifizieren sich zu t_1 verhältnismäßig wenig mit ihrem Fach. Dies wird durch die große Gleichwertigkeit bestätigt, welche sie ihren zwei oder drei Fächern insgesamt zumessen (39.8 %) – über die Stichprobe hinweg sagen nur 27.4 % der Befragten, alle Fächer seien gleich wichtig. Die insgesamt höchste Affinität besteht zu den Fächern Englisch (9.8 %), Deutsch (8.9 %) und Mathematik (8.5 %). Evang. Theologie (3.3 %) und Kath. Theologie (2.4 %) liegen weit dahinter.

Tabelle 70: Affinität zu einzelnen Fächern bzw. Lieblingsfächer (t_1/t_2)

LIE/ LIE2 (Angaben in %)	t_1					t_2				
	MA	ET	KT	MA/ET	MA/KT	MA	ET	KT	MA/ET	MA/KT
alle Fächer gleich	18.5	39.8	18.8	33.3	35.3	22.9	20.8	17.5	10.5	33.3
Mathematik	23.8	–	–	23.8	29.4	18.1	–	–	15.8	26.7
Evang. Theologie	–	12.5	–	28.6	–	–	22.2	–	47.4	–
Kath. Theologie	–	–	18.8	–	17.6	–	–	17.5	–	–
ein anderes Fach	57.7	45.4	52.6	14.0	17.7	59.0	57.0	65.0	26.3	40.0

N_{t1}=304; N_{t2}=251. *Frage*: Welches der von Ihnen studierten Fächer bedeutet Ihnen am meisten? (*Antwortformat*: offene Angabe »folgendes Fach« oder Residualoption »alle Fächer sind gleichwertig«). *Anmerkung*: Grundlage der Prozentwerte für die Gesamtaffinität zu einem Fach ist die Zahl dessen absoluter Nennungen in der Stichprobe.

Zu t_2 verändert sich das Bild vermutlich aufgrund der Studienerfahrung merklich. Das Fach Mathematik wird von seinen Studierenden seltener als Lieblingsfach beurteilt, während das Fach Evang. Theologie, auch in seiner Kombination mit Mathematik, fast doppelt so oft als Lieblingsfach bezeichnet wird als in der Eingangserhebung. Dies lässt vermuten, dass Studierende im Fach Evang. Theologie positive Studienerfahrungen machen, während dies im Mathematikstudium eher umgekehrt zu sein scheint. Bezüglich des Faches Kath. Theologie ändert sich von t_1 zu t_2 kaum etwas. Auffällig ist allerdings, dass von den 17 Studierenden mit der Fächerkombination Mathematik und Kath. Theologie (MA/KT) niemand mehr Kath. Theologie als Lieblingsfach definiert.

3.7.5 Zeitlicher Studienaufwand

Das zeitliche Nutzungsverhalten von Lehrangeboten und der Wirkungsgrad institutionalisierter Lehrerbildung stehen vermutlich in einem Zusammenhang (Lüders u. a. 2006, S. 128). Die professionelle Entwicklung Lehramtsstudierender hängt daher neben strukturellen, curricularen und personalen Faktoren wohl auch vom in den Besuch von Lehrveranstaltungen und in das Selbststudium investierten Zeitaufwand ab. Aufgewandte Zeit ist zwar nur ein quantitatives Kriterium für den Umfang dieser Aktivitäten, gilt aber als »gutes Maß« (Lüders/ Eisenacher 2007, S. 133).

Das siebte Studiensurvey *Studiensituation und studentische Orientierungen* (Bargel u. a. 2001) verweist auf einen geringen Aufwand an Studienzeit Studierender der Erziehungswissenschaft (31.2 Wochenstunden) im Vergleich zu Lehramtsstudierenden (32.9 bis 34.4 Wochenstunden) oder gar Studierenden der Medizin-, Ingenieurs- oder Naturwissenschaften (bis zu 41 Wochenstunden bei Humanmedizinern). Zu ähnlichen Ergebnissen kommt die *17. Sozialerhebung des deutschen Studentenwerks* (Isserstedt u. a. 2004). Zwar verweisen solche Studien auf einen engen Zusammenhang zwischen Studiengang und -aufwand, sie sind jedoch nicht in der Lage, die hoch differenzierten Lehramtsstudiengänge zu unterscheiden. Berücksichtigt werden muss auch, dass sich mit zunehmender Semesterzahl die zum Besuch von Lehrveranstaltungen investierte Zeit zugunsten des Selbststudiums verschiebt und Studienanfänger grundsätzlich mehr Zeit für Lehrveranstaltungen aufwenden (Isserstedt u. a. 2004, S. 254). Auch die Faktoren Erwerbstätigkeit, individuelle Leistungsfähigkeit, Interesse oder der Hochschulstandort haben Einfluss auf die Studienzeit (Lüders u. a. 2006, S. 118).

Die Ergebnisse einer explorativen Studie, die Lehramts- und Diplomstudierende der Erziehungswissenschaft vergleicht, bestätigen die bislang vorliegenden Befunde (Lüders u. a. 2006): Studierende eines Doppelstudiums wenden die meiste Studienzeit auf (33.3 Wochenstunden), gefolgt von Lehramtsstudierenden (30.1) und Studierenden der Erziehungswissenschaft (25.0), die insgesamt den letzten Rangplatz einnehmen (Lüders u. a. 2006, S. 120-127). Der Zeitaufwand für den Besuch von Lehrveranstaltungen ist im Lehramt (20.4 Wochenstunden) weitaus größer als im Studium der Erziehungswissenschaft (15.9). Auffällig ist die Abhängigkeit des Studienaufwandes vom Lehramt: künftige Gymnasiallehrer wenden die meiste Zeit auf (33.5 Wochenstunden), Studierende des Realschullehramts bereits weniger (30.4) und Grundschulstudierende am wenigsten (29.2). Der zeitliche Mehraufwand, den Studierende der Sekundarstufe I und II (6.2 bzw. 6.0 Wochenstunden) gegenüber den Primarstufenlehrern (5.6) für das erziehungswissenschaftliche Studium aufbringen, ist minimal; gemessen am Gesamtaufwand der Studienzeit liegt er bei etwa 20 %.

Erste Daten zeigen einen höheren Aufwand für die Erlangung eines ECTS-Punkts im Masterstudiengang verglichen mit Bachelor-Studiengängen (Lüders/ Eisenacher 2007). Zugleich ist eine große Schwankung des Zeitaufwandes zwischen einzelnen Fächern zu beobachten (zwischen 14 und 33 Zeitstunden pro ECTS-Punkt). Große Schwankungen der Angaben unterschiedlicher Studien und große Standardabweichungen innerhalb der Skalen sowie die große Bandbreite (»range«) der Angaben lassen auf eine geringe Validität der Datenlage schließen, die für den selbsteingeschätzten Studienaufwand typisch erscheint (z. B. Lüders u. a. 2006, S. 120). Außerdem ist aufgrund der Vielzahl an möglichen Fächerkombinationen bislang keine Ursachenforschung zur Erklärung der Unterschiede möglich. Die Forschung zum Studienaufwand sollte sich neben der Deskription künftig stärker um die Erklärung des zeitlichen Studienverhaltens bemühen (erste Ansätze: Helmke/ Schrader 1996).

Vorliegend wurde der zeitliche Studienaufwand getrennt nach dem Besuch von Lehrveranstaltungen, dem Selbststudium und dem sonstigen Studienaufwand erfasst (vgl. Tabelle 71). Der absolute zeitliche Studienaufwand ist nach Studierendenangaben für das dritte Semester zwischen den Lehrämtern vergleichbar und liegt zwischen 33.6 Zeitstunden im SP-Lehramt und 36.2 Zeitstunden im RS-Lehramt. Damit liegen die befragten Lehramtsstudierenden etwa im bundesweiten Mittel von 35.2 Zeitstunden. Sie wenden etwas mehr Zeit auf als Studierende der Sozialwissenschaften (30.3 Stunden) und erheblich weniger als Studierende der Medizin (44.9 Stunden; Bargel u. a. 2008, S. 21). Die Angaben liegen über anderen Vergleichswerten (Lüders u. a. 2006, S. 124). Dort wird ein zeitlicher Studienaufwand von 28.3 Zeitstunden für SP-Studierende genannt, Grundschulstudierende (29.2 Stunden) sowie Studierende der Sekundarstufe I (30.4 Stunden) wenden etwas mehr Zeit auf. Im Vergleich mit der Sekundarstufe II (33.5 Stunden) zeigt sich eine eher geringe Differenz. Baden-württembergische Lehramtsstudiengänge scheinen sich durch eine nicht selbstverständliche Ähnlichkeit des zeitlichen Studienaufwandes auszuzeichnen. Für die landläufige Annahme, das GY-Lehramt sei zeitlich aufwendiger, spricht daher zwar die Studiendauer insgesamt (Regelstudienzeit), nicht aber zwingend die wöchentliche zeitliche Belastung.

Tabelle 71: Zeitlicher Studienaufwand (t_2)

ZSA2 (N=397-404; Angaben in Zeitstunden/ Woche)	GH	RS	GY	SP	LA	ZM	Vergleichsdaten		
							SW	ME	GE
1 Besuch von Lehrveranstaltungen (Vorlesungen, Seminare, Praktika etc.)	21.4	21.0	17.0	21.0	20.0	22.6	15.1	23.9	18.5
2 Selbststudium (Vor- und Nachbereitung, Prüfungsvorbereitung, Anfertigung schriftlicher Arbeiten etc.)	11.7	12.5	16.2	10.4	13.0	22.8	10.8	17.3	12.0
3 Sonstiger Studienaufwand (Verwaltung, Organisatorisches etc.)	2.7	2.8	1.5	2.2	2.3	2.0	4.4	3.7	4.7
gesamt	35.8	36.2	34.7	33.6	34.8	47.4	30.3	44.9	35.2

Frage: Wie viele Zeitstunden haben Sie im zurückliegenden Semester *wöchentlich* für die folgenden Studienaktivitäten investiert? *Vergleichsdaten:* Bargel u. a. 2008, S. 21. *Abkürzungen:* SW = Sozialwissenschaften; ME = Medizin; GE = Studierende gesamt (Uni und FH).

Während die Studierenden an den PHs deterministisch mehr Zeit für den Besuch von Lehrveranstaltungen aufwenden ($\eta^2 = .094^{***}$; $M_{PH} = 21.2$; $M_{UN} = 17.1$), wenden die Uni-Studierenden substanziell mehr Zeit für das Selbststudium auf ($\eta^2=.055^{***}$; $M_{PH}=11.6$; $M_{UN}=16.3$). Die Differenzierung des sonstigen Studienaufwandes nach Hochschultypus scheitert knapp an der Signifikanzgrenze. Es deutet sich die Tendenz hin zu einem höheren Zeitaufwand für verwaltende und organisatorische Tätigkeiten an den PHs an ($\eta^2=.009$; $M_{PH}=2.6$; $M_{UN}=1.5$).

Die für das Lehramtsstudium zu beobachtenden Unterschiede zwischen dem Zeitaufwand für den Besuch von Lehrveranstaltungen einerseits und für das Selbststudium andererseits lassen sich so im Professionsvergleich bei den Zahnmedizinstudierenden nicht erkennen. Beide Teile des Studiums nehmen vergleichbar viel Zeit in Anspruch. Während der Besuch von Lehrveranstaltungen ZM-Studierende nur etwas mehr beansprucht als LA-Studierende ($\eta^2=.012^*$), ist die für das Selbststudium aufgebrachte Arbeitszeit der ZM-Studierenden annähernd doppelt so hoch wie in den LA-Studiengängen ($\eta^2=.079^{***}$) und entsprechend auch der zeitliche Studienaufwand insgesamt substanziell größer ($\eta^2=.066^{***}$). Die ZM-Studierenden wenden nach eigenen Angaben insgesamt mehr Zeit auf als Medizinstudierende im bundesweiten Mittel (vgl. Tabelle 71).

Die referierten Globaleinschätzungen machen hinsichtlich ihrer Güte eine kritische Prüfung notwendig, denn das von Lüders u. a. (2006) vorgeschlagene Verfahren macht eine präzise Bestimmung des tatsächlichen zeitlichen Studienaufwandes kaum möglich. Da vorliegend die von den Studierenden tatsächlich besuchten Lehrveranstaltungen semesterbezogen und nach Ausbildungskomponenten erfasst wurden (vgl. 3.7.6), ist für den Bereich der Lehrveranstaltungen eine präzisere, da kleinschrittig erfasste Kontrollgröße gegeben. Für das dritte Semester geben die GH-Studierenden 12.2 belegte Lehrveranstaltungen je 90 Minuten (2 SWS) an, das entspricht 18.2 Zeitstunden, im RS-Lehramt sind es 12.8 Lehrveranstaltungen (19.2 Zeitstunden), im GY-Lehramt 10.7 Lehrveranstaltungen (16.1 Zeitstunden) und im SP-Lehramt 15.8 Veranstaltungen (23.7 Zeitstunden). Aufgrund der dezidierten Erfassung der Lehrveranstaltungen ist anzunehmen, dass die unten berichteten Angaben der realen Praxis genauer entsprechen als die hiesigen Globaleinschätzungen. GH-Studierende schätzen vergleichsweise 3.2 Zeitstunden zu viel, bei den RS-Studierenden sind es 1.8 Stunden und im GY-Lehramt 0.9 Stunden. Die SP-Studierenden unterschätzen ihren tatsächlichen Aufwand für den Besuch von Lehrveranstaltungen um 3.7 Zeitstunden. Werden mögliche Fehlerquellen (z. B. Annahme, eine Lehrveranstaltung würde zwei Zeitstunden statt 90 Minuten dauern) mit berücksichtigt, liegen die hier vorgenommenen Globaleinschätzungen recht nahe am tatsächlichen Zeitaufwand für den Besuch von Lehrveranstaltungen. Es kann also auch Einschätzungen eine gewisse Aussagekraft unterstellt werden. Zumindest verfälschen die Ungenauigkeiten bei der Einschätzung die oben berichteten erheblichen Lehramtsdifferenzen wohl nur unwesentlich. Andererseits kann mangels Präzision bezweifelt werden, ob die seitherige Forschungspraxis bei der Erfassung des zeitlichen Studienaufwandes auf Dauer tragfähig ist – allenfalls aus pragmatischer und ökonomischer Sicht erscheint dies plausibel.

3.7.6 Besuchte Lehrveranstaltungen und absolvierte Schulpraktika

Zu t_2 wurden die Lehramtsstudierenden gefragt, wie viele Lehrveranstaltungen (Seminare, Vorlesungen) sie in den ersten drei Semestern belegt haben. Die Angaben wurden nach Semestern differenziert erbeten, um eine präzise Rekapitulation der belegten Lehrveranstaltungen und semesterspezifische Auswertungen zu ermöglichen. Die Befragten wurden gebeten, sich möglichst genau an die belegten Veranstaltungen zu erinnern oder, wenn möglich, ihre alten Semesterstundenpläne zur Hand zu nehmen. Neben den fachbezogenen Angaben wurde erfasst, auf welche Fächer sich die Angaben jeweils beziehen. In Tabelle 72 wurden die Angaben für zwei bzw. drei Fächer zusätzlich zusammengefasst (»Fachstudium«). Die Zahlen für die Allgemeine Pädagogik und Schulpädagogik wurden zu »Pädagogik« summiert, diese und Daten für Pädagogische Psychologie/ Forschungsmethoden sowie zusätzliche Fächer wie Soziologie, Philosophie usw. wurden zu »Bildungswissenschaften« kumuliert.

Die diskutierte Beobachtung, dass SP-Studierende in den ersten drei Semestern die meisten Lehrveranstaltungen besuchen, die RS- und GH-Studierenden rund vier Veranstaltungen weniger belegen und die GY-Studierenden nochmals etwa acht Veranstaltungen weniger (vgl. 5.2.2, S. 427), bestätigt sich. Die über alle Studierenden der Bundesrepublik hinweg zu machende Beobachtung, dass mit höherer Semesterzahl weniger Lehrveranstaltungen besucht werden und stattdessen das Selbststudium mehr Raum einnimmt (Isserstedt u. a. 2004, S. 254), kann zumindest für die ersten Semester nicht bestätigt werden: Die für den Besuch von Lehrveranstaltungen investierte Zeit bleibt über die drei Semester hinweg weitgehend konstant. In ihr erstes Fach investieren die Befragten lehramtsübergreifend die meiste Zeit, gefolgt vom zweiten Fach und ggf. dritten Fach. Diese Beobachtung gilt so abgeschwächt auch für GY-Studierende, obwohl deren beide Hauptfächer formal vergleichbaren Umfang haben. Offenbar haben nicht nur die Prüfungsordnungen, sondern auch das besondere Interesse an einem bestimmten Fach (vgl. 3.7.4, S. 244) Einfluss auf das zeitliche Studierverhalten.

Tabelle 72: Anzahl besuchter Lehrveranstaltungen (t₂)

LVS2 (N=259-401) Item	Semesterzahl			Lehramt				
	1.	2.	3.	GH	RS	GY	SP	LA
1. Fach	2.99	3.03	3.24	8.25	8.52	9.09	12.4	9.02
2. Fach	2.65	2.49	2.48	6.80	6.95	8.13	6.07	7.13
3. Fach (optional)	1.27	1.34	2.02	3.34	5.62	2.77	6.33	3.99
Allgemeine Pädagogik (AP)	1.24	1.13	0.97	3.85	3.51	0.26	3.93	3.10
Schulpädagogik (SP)	0.97	1.05	1.15	3.21	3.11	1.19	4.11	2.75
Pädagogische Psychologie/ Forschungsmethoden (PP)	0.80	0.63	0.69	2.00	2.23	0.62	2.79	1.80
zusätzliche Fächer wie Soziologie, Philosophie etc. (ZF)	0.47	0.47	0.49	1.47	1.68	0.46	1.07	1.25
sonstige Lehrveranstaltungen	1.42	1.30	1.38	4.37	3.09	3.31	2.04	3.62
Fachstudium (1. Fach+2. Fach+ggf. 3. Fach)	6.91	6.86	7.74	18.4	21.1	20.0	24.8	20.1
Pädagogik (LVP2=AP+SP)	2.21	2.18	2.12	7.06	6.62	1.45	8.04	5.85
Bildungswissenschaften (LVB2=AP+SP+PP+ZF)	3.48	3.28	3.30	10.5	10.5	2.53	11.9	8.90
gesamt	11.8	11.4	12.4	33.3	34.7	25.8	38.7	32.7

Frage: Wie viele Lehrveranstaltungen (Seminare, Vorlesungen) haben Sie in den ersten drei Semestern belegt? *Anmerkung:* Die Angaben beziehen sich auf Lehrstunden je 90min bzw. 2 Semesterwochenstunden (SWS). Der Wert 1.00 würde also bedeuten, dass im Schnitt eine 90-minütige Lehrveranstaltung belegt wurde.

Bildungswissenschaftliche Studienanteile nehmen in den ersten drei Semestern einen etwas größeren Zeitaufwand in Anspruch wie das erste Fach. Sie können damit in der baden-württembergischen Lehrerbildung insgesamt als durchaus prominent gelten. Allerdings ergeben sich auffällige Lehramtsunterschiede. Die SP-Studierenden haben nach drei Semestern in der Summe zwölf bildungswissenschaftliche Lehrveranstaltungen belegt, RS- und GH-Studierende zehneinhalb, die GY-Studierenden mit gerade zweieinhalb Veranstaltungen erheblich weniger (η^2=.575***). An den PHs macht das bildungswissenschaftliche Studium in den ersten drei Semestern insgesamt knapp die Hälfte des Umfangs der Fachstudien aus, im GY-Studiengang ein Zehntel. Studierende an den PHs durchlaufen damit in den ersten drei Semestern ein breites Grundlagenstudium im bildungswissenschaftlichen Bereich, an den Universitäten werden in der Regel nur die einführenden Vorlesungen in die Allgemeine Pädagogik, Schulpädagogik, Pädagogische Psychologie und/oder Soziologie gehört.

Die umfangreichen bildungswissenschaftlichen Studienanteile an PHs können zumindest in den traditionellen Studienstrukturen als Besonderheit der deutschen Lehrerbildungslandschaft angesehen werden. Im Vergleich zur konsekutiv organisierten Lehrerbildung sind die bildungswissenschaftlichen Anteile der gymnasialen Lehrerbildung in Baden-Württemberg allerdings als marginal zu bewerten. Zugleich wird der Umfang bildungswissenschaftlicher Studien jüngsten Reformplänen zufolge auch an Pädagogischen Hochschulen deutlich reduziert werden. Damit erscheint die baden-württembergische Lehrerbildung insgesamt im Blick auf ihre (zunehmend) geringen bildungswissenschaftlichen Anteile im Bundesländervergleich bald im umgekehrten Sinne eine Sonderstellung einzunehmen.

Veranstaltungen in Allgemeiner Pädagogik werden tendenziell etwas früher (1. und 2. Semester) besucht, jene der Schulpädagogik eher später (2. und 3. Semester). Die Konfrontation mit Grundlagen der Allgemeinen Pädagogik kann i. d. R. als Erstkontakt mit der Erziehungswissenschaft angenommen werden. Eine auffällige Ausnahme sind die GY-Studierenden, von welchen nur 21.5 % während der ersten Semester überhaupt mindestens eine Veranstaltung in Allgemeiner Pädagogik belegt haben, in der Schulpädagogik haben dies immerhin 79.4 % getan. Der Umfang an belegten Veranstaltungen in Pädagogischer Psychologie/Forschungsmethoden oder in Fächern wie Soziologie und Philosophie ist vergleichsweise noch deutlich geringer. Ein Fünftel (20.0 %) der GY-Studierenden hat in den ersten drei Semestern keine einzige pädagogische Lehrveranstaltung belegt, bezogen auf alle bildungswissenschaftlichen Angebote ist es noch immer ein Achtel (12.6 %) der Befragten. Die gegenwärtige gymnasiale Lehrerbildung in Baden-Württemberg wird daher von einem beachtlichen Teil an Studierenden durchlaufen, die in ihren ersten Semestern keinerlei erziehungswissenschaftliche Grundlagen studieren. Es reicht offensichtlich nicht aus, einen frühzeitigen Einstieg in die pädagogischen Studien in Studienplänen oder Orientierungshilfen für das Studium zu empfehlen; eine erziehungswissenschaftliche Grundbildung in Lehramtsstudiengängen lässt sich nur durch die Verankerung von Pflichtveranstaltungen in den Prüfungsordnungen garantieren. Die Neuausrichtung der Lehrerbildung in modularisierten Studiengängen ist zumindest in dieser Hinsicht zu begrüßen.

Schließlich sind fächerspezifische Tendenzen zu beobachten. Besuchen etwa Gymnasialstudierende mit Hauptfach Mathematik in den ersten drei Semestern im Schnitt 11.4 Lehrveranstaltungen, werden im Hauptfach Theologie konfessionsübergreifend nur 7.0 Lehrveranstaltungen belegt. Die Erklärung hierfür ist wohl das umfangreiche Sprachstudium, das Theologiestudierende zu Studienbeginn bindet (sie belegen 5.7 »sonstige Veranstaltungen« mehr als MA-Studierende; in ihnen ist das Sprachstudium enthalten). Wird dieser Aufwand mit berechnet, kommen die TH-Studierenden auf insgesamt 12.7 Lehrveranstaltungen im Rahmen ihres Faches und liegen damit sogar etwas vor den MA-Studierenden. Dieses Beispiel zeigt, dass die Anzahl belegter Lehrveranstaltungen fachspezifische Besonderheiten aufweist, die bislang nicht untersucht wurden. Im Vergleich dieser beiden Studierendengruppen zeigt sich auch, dass GY-Studierende insgesamt in den ersten drei Semestern mit durchschnittlich 1.4 Pädagogikveranstaltungen und 2.0 bildungswissenschaftlichen Veranstaltungen mehr erziehungswissenschaftliche Grundlagen studieren als angehende gymnasiale Religionslehrkräfte (Pädagogik: 0.9; Bildungswissenschaften: 1.4). So ist es für angehende GY-Religionslehrkräfte auch üblich, dass sie bis einschließlich des dritten Semesters keine religionspädagogische Veranstaltung belegt haben (80.8 %), 7.7 % der betroffenen Studierenden haben genau eine, weitere 11.5 % zwei oder mehr Religionspädagogik-Seminare belegt. Vermutlich bindet das Sprachstudium in Theologie zu Beginn Kapazitäten, die nicht nur das eigene Fachstudium »verzögern«, sondern auch die Verlagerung des Besuchs pädagogischer Studien auf einen späteren Studienabschnitt notwendig machen. Ähnliche Tendenzen sind zwar auch in Fächern wie Biologie oder Chemie zu vermuten, in denen der Studienbeginn durch Pflichtpraktika geprägt ist – empirisch erweist sich hier jedoch besonders der Besuch bildungswissenschaftlicher Veranstaltungen eher mit dem Fachstudium vereinbar (Pädagogik: 0.96; Bildungswissenschaften: 1.96). Angehende gymnasiale Religionslehrkräfte entfernen sich daher in den ersten Semestern auffällig stark von pädagogischen Inhalten.

PH-Studierende besuchen im Hauptfach in den ersten drei Semestern durchschnittlich 9.0 Lehrveranstaltungen, im Leitfach sind es 6.7 und im affinen Fach 4.2 Veranstaltungen. Dieser Befund untermauert die Annahme, dass der Umfang affin gewichteter Fächer kaum ausreicht, um dort mehr als Grundlagen oder rudimentäre Einblicke zu erhalten. Zugleich wird deutlich, dass Lehramtsstudierende an den PHs auch in ihrem Hauptfach nur rund drei Viertel der Anzahl an Veranstaltungen im Vergleich zu einem an Universitäten studierten Hauptfach belegen. Dies ist nicht nur auf das »Dreifachstudium«, sondern auch auf die umfangreicheren bildungswissenschaftlichen und schulpraktischen Studienanteile zurückzuführen.

Bislang unberücksichtigt blieb in der Forschung, welche Bedeutung dem zeitlichen Studienumfang überhaupt für die Ausprägung anderer Variablen zukommt. Hierin liegt ein Desiderat, weil die Quantität alleine keine belastbare Datengrundlage ist, um etwa die Frage zu beantworten, ob ein zeitlich umfangreicheres Studium pädagogischer Anteile auch zu einer höheren Bedeutsamkeitseinschätzung der erziehungswissenschaftlichen Ausbildung führt. Um diese exemplarische Frage zu beantworten, wurde ein allgemeines lineares Modell (GLM) berechnet, das die Vorhersagekraft des Umfangs der bis einschließlich des dritten Semesters belegten pädagogischen Veranstaltungen für die zu t_2 erfassten Items und Indizes überprüft (vgl. Tabelle 73).

Tabelle 73: Bedeutung der Anzahl belegter pädagogischer Lehrveranstaltungen (t_2)

Code	Index/Item	β	T	p	R²
VEM2	Relevanz der Praktika: Erlernen der Umgangs mit Vermittlungsmedien	-.08	-3.17	.002	.033
EVS2_1	Erziehung ist, absichtsvoll und zweckgerichtet Einfluss zu nehmen	-.07	-2.00	.046	.011
FUI2b	Kompetenzerwartung: sich fortbilden und informieren	.06	2.64	.009	.022
NAK2_4	Nutzeneinschätzung: Schulpraktika	-.06	-2.61	.010	.022
BLE2	Beurteilung der Lehrveranstaltungen in Erziehungswissenschaft	.06	2.56	.011	.021
FUI2c	gefühlter Kompetenzzuwachs: sich fortbilden und informieren	.06	2.00	.047	.011
UVB2	Relevanz der Praktika: Erlernen der Unterrichtsvorbereitung	-.05	-2.35	.019	.017

Abkürzungen: β=Beta-Koeffizient; T=T-Wert der Signifikanzprüfung; p=Signifikanz; R²=aufgeklärte Varianz. *Modellanpassung:* F=4.16; p=.000 (Pillai-Spur=.103; Hotelling-Spur=.114); N=263 (fehlende Werte fallweise gelöscht). *Methode:* allgemeines lineares Modell (GLM multivariat). *Anmerkungen:* Ergebnisse sortiert nach abnehmendem Betrag der Beta-Koeffizienten. Prädiktor ist der Umfang belegter pädagogischer Lehrveranstaltungen in den ersten drei Semestern (LVP2). Potenzielle abhängige Variablen waren alle metrischen Variablen, die zu t_2 erfasst wurden.

Je umfangreicher die pädagogischen Studien, desto wahrscheinlicher ist die Annahme Studierender, das Ziel der Schulpraktika sei es, den Umgang mit Vermittlungsmedien (VEM2) oder die Unterrichtsvorbereitung (UVB2) zu erlernen. Vermutlich erwarten sie eine Adressierung dieser Kompetenzen bereits im Rahmen des pädagogischen Studiums. Dies würde auch erklären, warum ein zeitlich umfangreicheres Studium pädagogischer Anteile zu einer geringeren Nutzenszuschreibung an die Schulpraktika (NAK2_4) und zu einer tendenziell höheren Kompetenzerwartung (FUI2b) wie auch zu einem gefühlt stärkeren Kompetenzzuwachs (FUI2c) hinsichtlich des sich Fortbildens und Informierens führt. Das Pädagogikstudium schärft offenbar das Bewusstsein dafür, dass der Kompetenzerwerb sowohl Teil des Selbststudiums als auch des lebenslangen Lernens ist.

Die Wahrscheinlichkeit einer besseren Beurteilung erziehungswissenschaftlicher Lehrveranstaltungen steigt leicht, wenn mehr einschlägige Vorlesungen und Seminare besucht werden (BLE2). Ein Erziehungsverständnis, das sich durch Zweckbestimmung und zielgerichtete Einflussnahme des Erziehers auf den Edukanden auszeichnet (EVS2_1), wird eher abgelehnt. Die Modellberechnung zeigt insgesamt, dass die Anzahl der besuchten pädagogischen Studien vergleichsweise wenige Einflüsse auf Merkmale der professionellen Entwicklung hat, die zugleich auch nur sehr schwach sind. Zu erwartende Vorhersagen, wie etwa eine mit zunehmender Studienerfahrung im pädagogischen Bereich einhergehende, steigende Bedeutsamkeitszuschreibung an die bildungswissenschaftliche Ausbildungskomponente (vgl. 5.2, S. 407), sind nicht möglich. Der Umfang des erziehungswissenschaftlichen Studiums ist damit zwar nicht unerheblich, offenbar aber auch nicht von zentraler Bedeutung für die Vorhersage lehrerbildungsbezogener Variablen.

Tabelle 74: Anzahl der absolvierten Schulpraktika (t_2)

PRA2 (N=302-303; Angaben in %)	GH	RS	GY	SP	LA
Einführungspraktikum absolviert	90.5	90.8	4.3	89.1	83.8
Tagespraktikum 1 absolviert (PH)	55.6	42.3	–	58.7	36.4
Tagespraktikum 2 absolviert (PH)	3.7	6.4	–	2.2	2.9
Blockpraktikum 1 absolviert (PH)	52.9	57.9	–	63.0	51.7
Blockpraktikum 2 absolviert (PH)	1.3	–	–	–	0.7
Praxissemester (Uni) absolviert	–	–	–	–	1.3
bislang kein Schulpraktikum absolviert	4.3	2.6	96.8	2.1	31.8

Frage: Haben Sie *in Ihrem Studium* bereits Schulpraktika bzw. Unterrichtsversuche absolviert? *Anmerkung:* Die 4.3 % der GY-Studierenden mit Einführungspraktikum haben zuvor an einer PH studiert oder kreuzen diese Option aufgrund eines freiwilligen Schulpraktikums (Hospitation bei befreundeten Lehrkräften etc.) an. Zwei Studierende der PH Weingarten nehmen am dortigen Modellversuch »Praxisjahr« teil und belegen daher keine regulären Praktika.

Zum zweiten Erhebungszeitpunkt wurde erfasst, ob und wenn ja welche schulpraktischen Erfahrungen die Studierenden bereits gemacht haben (vgl. Tabelle 74). 68.2 % der Befragten haben bereits mindestens ein Schulpraktikum durchlaufen. Während zwischen 95.7 % und 97.9 % der Studierenden in den PH-Lehrämtern vor Beginn des vierten Semesters zumindest ein Schulpraktikum absolviert haben, hat noch keiner der Uni-Studierenden das verpflichtende Praxissemester durchlaufen, das i. d. R. im 5. Semester stattfindet. Damit gilt auch nach Einführung des Praxissemesters im GY-Lehramt in Baden-Württemberg, dass sich Studierende von PH und Uni hinsichtlich ihrer schulpraktischen Erfahrungen in den ersten Semestern diametral unterscheiden. Zusätzlich zu den absoluten Zahlen wurden die Fächer erfragt, in welchen die fachspezifischen Tagespraktika (PH) absolviert wurden. Die Ergebnisse werden nicht im Detail berichtet, können aber dort, wo eine Differenzierung nach bestimmten Praktika notwendig wird, als Filter dienen.

3.7.7 Verhältnis von Studien- und Freizeitaktivitäten (Prioritäten)

Über ein Polaritätsprofil wurde in Anlehnung an die Sozialerhebung des Deutschen Studentenwerks (Isserstedt u. a. 2004, S. 434) erfragt, wie die Befragten das Verhältnis von Studien- und Freizeitaktivitäten gestalten wollen. Der linke Pol der Skala gibt Freizeitaktivitäten den Vorrang, während der rechte Pol Studium und Hochschule in den Lebensmittelpunkt rückt, worauf fast alle Aktivitäten ausgerichtet sein werden (vgl. Tabelle 75).

Tabelle 75: Verhältnis von Studien- und Freizeitaktivitäten (t_1/t_2)

SUF/SUF2		GH	RS	GY	SP	LA	ZM
t_1	M	5.28	5.42	5.33	5.16	5.31	5.65
	SD	1.11	1.04	0.96	1.09	1.05	1.02
t_2	M	4.87	4.94	5.16	4.71	4.95	6.23
	SD	1.20	1.05	1.35	1.24	1.29	0.86
$t_{1/2}$	N	164	78	123	45	410	26
	M_{Diff}	0.41	0.48	0.17	0.45	0.36	-0.58
	T	3.93	2.92	1.47	2.71	5.44	-2.59
	p	.000	.005	.143	.009	.000	.016

Frage: Bitte bewerten Sie, wie Sie das Verhältnis von Studienaktivitäten und Freizeitaktivitäten in Ihrem Studium gestalten wollen (LA_{S_t1}); Bitte bewerten Sie, wie X das Verhältnis von Studienaktivitäten und Freizeitaktivitäten in ihrem/seinem Studium gestalten will (LA_{F_t1}); Bitte bewerten Sie, wie Sie gegenwärtig das Verhältnis von Studienaktivitäten und Freizeitaktivitäten gestalten (LA_{S_t2}); Bitte bewerten Sie, wie X gegenwärtig das Verhältnis von Studienaktivitäten und Freizeitaktivitäten gestaltet (LA_{F_t2}). *Skala:* 1=Studium und Hochschule werden eher im Hintergrund stehen, weil meine Interessen und Aktivitäten außerhalb der Hochschule vorrangig sein werden; 7=Studium und Hochschule werden den Mittelpunkt bilden, auf den fast alle meine Interessen und Aktivitäten ausgerichtet sein werden. Die Formulierung wurde zu t_2 angepasst (»Studium und Hochschule stehen eher im Hintergrund...«).

Die Stichproben der Lehramtsstudierenden (M=5.29; SD=1.06) und Zahnmedizinstudierenden (M=5.19; SD=1.14) unterscheiden sich zu t_1 nicht signifikant. Alle befragten Studierenden neigen in der Eingangserhebung zu einer Schwerpunktsetzung auf die Studienaktivitäten. Lediglich 6.2 % der Lehramts- und 3.6 % der Zahnmedizin-Studierenden geben tendenziell an, die Freizeitaktivitäten würden im Vordergrund stehen (Antwortstufen 1-3). In Abhängigkeit von den unabhängigen Variablen ergeben sich keinerlei signifikante Differenzierungen. Am auffälligsten ist noch die Tendenz einer geringfügig aber nicht signifikant stärkeren Studienorientierung weiblicher Studierender (M_w=5.33; M_m=5.11). Die erfassten Fremdbilder überschätzen das Engagement der Studierenden für Studium und Hochschule erheblich (M=5.62; SD=1.13). Die Studierenden machen daher zu Studienbeginn vermutlich realistische Angaben zu ihren Prioritäten.

Zwar liegt der Schwerpunkt bei den Lehramtsstudierenden auch nach dem dritten Semester weiter auf Studium und Hochschule, die Interessen und Aktivitäten außerhalb der Hochschule werden aber hoch signifikant bedeutsamer eingeschätzt als zu Studienbeginn (t-Test: M_{t1}=5.31; M_{t2}=4.95; N=410; T=5.44; p=.000). Diese Entwicklung ist unter PH-Studierenden besonders deutlich, im GY-Lehramt wird sie nicht signifikant. Unter Zahmedizinstudierenden ist sogar die gegenteilige Entwicklung festzustellen: Studium und Hochschule sind noch zentraler für die Lebensgestaltung als in der Eingangserhebung. Die Lehrerbildung scheint den Befragten also zumindest gefühlt mehr Freiräume für Freizeitaktivitäten einzuräumen als zu Studienbeginn erwartet, während die ZM-Studierenden zu einer noch stärkeren Fokussierung auf das Studium tendieren.

Während zu t_1 Eltern, Geschwister und Freunde der Probanden deren Studienorientierung überschätzen, zeigt sich nach dem dritten Semester eine recht genaue Beurteilung durch die Kommilitonen (S/ F: r = .37***), mit einer signifikanten aber eher geringen Unterschätzung der Orientierung der Befragten am Studium (t-Test: M_S = 5.10; M_F = 4.84; N = 164; T = 2.48; p = .014). Soziale Erwünschtheit hat daher vermutlich zwar einen existierenden, aber schwachen Effekt auf die Selbsteinschätzung.

Die quantitativen Daten geben lediglich Aufschluss über die subjektive Gewichtung von Studien- und Freizeitaktivitäten. In den Gesprächen mit Lehramtsstudierenden wird zusätzlich die Bedeutsamkeit dieses Verhältnisses deutlich. Hierin scheinen sich PH- und Uni-Studierende erheblich zu unterscheiden. Die PH-Studierenden machen zu Studienbeginn (t_1) sehr deutlich, dass den Freizeitaktivitäten eine hervorgehobene Bedeutung zukommen sollte (70). Dafür werden bewusst Abstriche beim Studieren in Kauf genommen (71) und der Grad der Anstrengungen wird z. B. am Notwendigen zur Einhaltung der Regelstudienzeit bemessen (72). Die Mehrzahl der PH-Studierenden sieht genug Freiräume, einer Pflege der privaten Interessen (73) und Verpflichtungen (74) ohne Schwierigkeiten nachkommen zu können. Andere erleben die Studieneingangsphase als hohe Anforderung an die eigenen Kapazitäten und als Zustand, der sich mittelfristig zugunsten mehr privaten Freiraumes verschieben soll. Den Aktivitäten neben dem Studium wird dabei auch eine Rolle für die professionelle Entwicklung zugeschrieben (75)/ (76). Studienanfänger können das Studium als zu theoretisch und weltfremd erachten, was Aktivitäten außerhalb des Studienalltags für die berufsspezifische Entwicklung unerlässlich erscheinen lässt (77).

(70) Mein Privatleben ist definitiv noch am allerwichtigsten, das steht für mich an erster Stelle [...]: indem ich eben einfach mit meinen Freunden [...] nur private Dinge rede, indem ich meinen Freund habe und mit Freunden aus der Heimat telefoniere. Das ist für mich viel wichtiger als das Studium. [C1-W20GH]

(71) Mir ist Freizeit auf jeden Fall wichtiger. [...]. Ich könnte mehr für das Studium tun, aber dann gibt es immer Dinge, die wichtiger sind und die sind dann eben privater Natur. [G1-W21GH]

(72) Im Moment liegt die Hauptaktivität eher weniger im Studium. [...]. Mir ist es hauptsächlich wichtig, das Studium auch in den sieben Semestern durchzuziehen. [D1-M20RS]

(73) Anfangs ist es schon so, dass man mehr Freizeit hat und auch die Leute kennenlernt. Aber später, wenn man dann drin ist, dann macht man ja schon mehr für die Hochschule, weil einem auch Spaß macht. [A1-W19RS]

(74) Bisher geht es tadellos [Familie und Studium zu vereinbaren]. Im Moment habe ich sogar den Eindruck, es bringt Vorteile für alle Beteiligten. [B1-W42GH]

(75) Zur Zeit ist das Studium der Mittelpunkt. [...]. Es ist fast schon zu viel und sehr umfangreich, deshalb muss es auch zum Mittelpunkt werden. Man muss sich anderweitig eher einschränken. [...]. Für den Lehrerberuf lernt man sehr viel, wenn man mit Freunden weggeht. Da kann man sehr viele soziale Kompetenzen erlernen. [F1-M27GH]

(76) Momentan sind es 70 bis 80 Prozent PH, weil einfach gerade immens viel vorzubereiten und zu lesen ist, aber das ändert sich dann auch noch. Ich bin jetzt eben auch am Anfang und muss schauen, dass ich alles geregelt bekomme. [...]. Ich bin prinzipiell schon zufrieden, dass das Studium so einen großen Anteil hat, weil es mir sehr wichtig ist, aber ich möchte nicht, dass ich zeitlich nichts anderes mehr machen kann. [H1-W21GH]

(77)   Wenn man sich zu sehr mit dem Lernen bzw. mit dem Fachlichen beschäftigt, dann ist man so aus der Welt, dann sitzt man daheim und lernt und macht die Sachen, bekommt aber einfach nicht mit, was man später auch braucht: sich nicht nur in seiner eigenen Welt mit seinem Wissen zu beschäftigen, sondern eben auch die Lebenswelt der Kinder zu kennen und überhaupt die Lebenswelt zu kennen. So muss man eben abwägen. [I1-W20RS]

Unter Studierenden des GY-Lehramts überwiegt hingegen eine gefühlt hohe Anforderung in der Studieneingangsphase. Gleichzeitig betonen aber die Uni-Studierenden den notwendigen privaten Ausgleich zum Studium (78)/ (79), wenngleich Studium und Freizeit nicht voneinander getrennt gesehen oder gegeneinander ausgespielt werden – sie bilden eine notwendige und gefühlte Einheit im alltäglichen Leben (80). Dies könnte darauf hinweisen, dass Studieren an den PHs von einigen Befragten eher als »Pflichtübung« auf dem Weg in den Lehrerberuf angesehen wird, während Uni-Befragte das Studium häufiger als Lebensmittelpunkt wahrnehmen (vgl. 4.3.1, S. 324).

(78)   Am Anfang [...] habe ich mich nur auf mein Studienfach Mathematik konzentriert und mich da total vereinnahmen lassen, weil es einfach total viel war, was uns aufgeladen wurde. Ich hatte das Gefühl, dass ich da jetzt mitkommen muss, um nicht abzuhängen. Alles andere wurde dann eben zurückgestellt [...]. Das sind aber Dinge, die eigentlich nicht zu kurz kommen dürfen [...]. Irgendwie muss ich da einen Kompromiss finden. [N1-W21GY]

(79)   Momentan ist das Studium schon dominierend, [...] es nimmt einen erheblichen Anteil des Tages ein. [...]. Aber ich habe schon vor, in den nächsten Semestern doch ein bisschen mehr Freizeit zu machen [...]. Ich denke, das ist eigentlich auch ganz wichtig zum Ausgleich, vor allem für sich selbst. [O1-M20GY]

(80)   Ich würde Freizeit und Studium gar nicht mal so strikt trennen. Ich mache ja in der Freizeit auch Dinge, die mich interessieren, die mir für das Studium etwas bringen und ich lerne im Studium Dinge, die ich in meiner Freizeit vielleicht auch gerne mache, weil ich ja das studiere, was mich interessiert. [L1-W19GY]

Die im Studienverlauf (t_2) gestiegene Freizeitorientierung der PH-Studierenden wird von einigen Befragten deutlich artikuliert (81). Offenbar wird mit Ausnahme der Blockpraktika insbesondere die vorlesungsfreie Zeit häufig auch als tatsächlich freie Zeit empfunden (82). Ein Teil der Studierenden scheint nur solche Veranstaltungen zu absolvieren, die ihnen pflichtgemäß (laut Prüfungsordnung) abverlangt werden (83). Die Arbeitsbelastung wird auch deshalb als insgesamt eher gering eingestuft (84). Erklärt werden kann dies über die nun einfachere Studienorganisation, die Folge des »Einlebens« im Hochschulbetrieb ist. Stattdessen wird mehr Zeit in das inhaltliche Studium investiert, das bei manchen PH-Studierenden nun durchaus stärker interessengeleitet und intensiver erfolgt (85).

(81)   Ich komme sonntagabends wieder hierher und dann mache ich von Sonntag bis Mittwoch bis ein oder zwei Uhr nur Sachen für die PH. Am Wochenende habe ich dann frei. [A2-W21RS]

(82)   Ich habe es nie so erlebt, dass es zu viel ist. [...]. Ich habe mir größere Schwierigkeiten vorgestellt, wie ich das mache, aber das sind ja nur drei Monate, dann sind wieder drei Monate Ferien. [...]. Die Arbeitszeitbelastung finde ich überhaupt nicht übertrieben – das ist echt eher wenig. [B2-W44GH]

(83)   Drei Monate Semesterferien, nur eine Hausarbeit schreiben: mir war wirklich langweilig. [K2-W22GH]

(84)   An der PH habe ich Zeit für andere Dinge. Ich habe da ja drei volle Tage und den Rest der Zeit bin ich im Prinzip zu Hause, kann parallel arbeiten aber auch mal sagen: »Ich mache jetzt was anderes«. [C2-W22GH]

(85)   Ich habe jetzt eigentlich deutlich mehr zu arbeiten [als zu Studienbeginn]. [...]. Von den Kursen her suche ich natürlich jetzt mehr die Dinge, die mich interessieren und bringe da auch mehr Engagement ein. [...]. Man studiert auch effektiver. [...]. Am Anfang muss eben jeder Modul 1 machen. Da sitzt jeder drin und lässt sich berieseln, weil das einfach Pflicht ist. Im Anschluss kann man sich das aussuchen, was einem Spaß macht. [E2-W21RS]

Unter den GY-Studierenden ist quantitativ keine Prioritätenverschiebung zwischen Freizeit- und Studienaktivitäten festzustellen, was durch die qualitativen Daten gedeckt ist. Zwar geht auch hier der zeitliche Aufwand für die Studienorganisation zurück, die frei gewordene Zeit wird aber zunehmend durch das inhaltliche Studium beansprucht (86). Gerade im GY-Studiengang scheint die Gewöhnung an den Studienalltag von großer Bedeutung (87).

(86)   *Bei der Organisation des Studiums ist mehr Routine drin, aber es will immer noch geplant werden. Der Stress ist raus, aber von der Veranstaltungsdichte her habe ich jetzt mehr. Das steigert sich jedes Semester. [M2-W22GY]*

(87)   *Am Anfang [...] konnte ich mit der gewaltigen Anforderung nicht umgehen, so dass ich gesagt habe: »Erstmal alles zurückstellen und schauen, dass man die Prüfungen besteht«. [...]. Die Durchfallquote war ziemlich hoch. Nach dem ersten Semester habe ich schon gemerkt: so läuft es und ich kann trotzdem Freizeitsachen ausüben. [N2-W22GY]*

Offenbar unterscheiden sich PH- und Uni-Lehramtsstudierende hinsichtlich ihrer subjektiven Wahrnehmung der (zeitlichen) Anforderungen durch das Studium erheblich, was wohl auch durch eine real geringere Arbeitsbelastung an den PHs zu erklären ist. Ein Freizeitausgleich wird von allen Studierenden gleichermaßen für wichtig erachtet, nur kann er in den ersten Semestern von PH-Studierenden einfacher eingerichtet werden. Sie wenden nicht nur absolut gesehen weniger Zeit für ihr Studium auf (vgl. 3.7.5, S. 245), sondern erleben i. d. R. den Studienalltag in den ersten drei Semestern auch als weniger dicht. Die GY-Studierenden artikulieren zumeist, durch die Studienanforderungen gut ausgelastet zu sein. Vielleicht gelingt es ihnen auch daher, Studium und Freizeit nicht als getrennte Welten wahrzunehmen, sondern als zwei Facetten von Alltag zu verstehen.

Das Verhältnis von Studien- und Freizeitaktivitäten hat im Anschluss an die Berechnung eines allgemeinen linearen Modells (GLM) beachtenswerte Aussagekraft (vgl. Tabelle 76), insbesondere für die Ausprägung arbeitsbezogener Verhaltens- und Erlebensmuster (vgl. 4.1.1, S. 266). Studierende mit stärkerer Studienorientierung haben eine größere Wahrscheinlichkeit, zu Verausgabungsbereitschaft (VAG2), Perfektionsstreben (PFS2), beruflichem Ehrgeiz (BEG2) sowie einer höheren subjektiven Wahrnehmung der Bedeutsamkeit von Arbeit (SBA2) zu neigen. Ihre Distanzierungsfähigkeit (DFK2) ist geringer ausgeprägt bei einer gleichzeitig höheren Chance, Probleme offensiv zu bewältigen (OPW2). Eine starke Studienorientierung ist hinsichtlich der Leistungsorientierung Studierender ein positiver Indikator. In exzessiver Ausprägung birgt ein ausschließlich am Studium orientierter Alltag in Folge erhöhten Belastungserlebens aber eine Gefahr für die psychische Gesundheit.

Weitaus schwächer, aber doch signifikant schränkt eine stärkere Studienorientierung und die damit offenbar verbundene Fixierung auf ein Berufsbild die berufliche Mobilität ein (BMO). Die Vorstellung, Erziehung bedeute Kindern und Jugendlichen Disziplin und Ordnung beizubringen, ist bei stärker studienorientierten Befragten eher anzufinden – wohl ein Spiegel ihrer Selbstdisziplin bzw. Ordnungstendenz (EVS2_6). Eine starke Studienorientierung ist weiterhin ein Hinweis auf die Haltung, wichtiges Ziel der Schulpraktika sei es, Regeln der Unterrichtsvorbereitung zu erlernen (UVB2) sowie auf ein stärker ausgeprägtes Interesse an intellektuell-forschenden Tätigkeiten (INT2_2). Eine geringere Tendenz zur Arbeitsvermeidung (ARV2) sowie eine höhere Wahrscheinlichkeit der Unterdrückung eigener Defizite (VLZ) weist auf eine höhere Leistungsmotivation der stärker am Studium orientierten Befragten hin. Schließlich sind die Kompetenzerwartungen bezüglich der eigenen Fortbildungs- und Informationsfähigkeit (FUI2b) sowie der Unterrichtsplanung und -gestaltung (UPG2b) unter den stärker an Studium und Hochschule orientierten Studierenden höher. Diese gilt auch für die Vorhersage berufsspezifischer Selbstwirksamkeitserwartung (SWE2).

Tabelle 76: Bedeutung Verhältnis von Studien- und Freizeitaktivitäten (t_1 auf t_2)

Code	Index/Item	β	T	p	R^2
VAG2	Verausgabungsbereitschaft (AVEM-Inventar)	.76	4.20	.000	.058
SBA2	subjektive Bedeutsamkeit der Arbeit (AVEM-Inventar)	.74	4.24	.000	.059
PFS2	Perfektionsstreben (AVEM-Inventar)	.71	3.77	.000	.047
BEG2	beruflicher Ehrgeiz (AVEM-Inventar)	.63	4.09	.000	.055
DFK2	Distanzierungsfähigkeit (AVEM-Inventar)	-.52	-3.23	.001	.034
OPW2	offensive Problembewältigung (AVEM-Inventar)	.50	3.21	.001	.033
BMO2	berufliche Mobilität	-.27	-3.24	.001	.034
EVS2_6	Erziehung ist, Kindern Disziplin und Ordnung beizubringen	.21	2.95	.004	.028
UVB2	Relevanz der Praktika: Erlernen der Unterrichtsvorbereitung	.18	3.19	.002	.033
INT2_2	Interesse an intellektuell-forschenden Tätigkeiten	.18	2.11	.036	.013
ARV2	Arbeitsvermeidung (Leistungsmotivation)	-.17	-2.62	.009	.021
VLZ2	Vermeidungs-Leistungsziele (Leistungsmotivation)	.16	2.00	.046	.011
FUI2b	Kompetenzerwartung: sich fortbilden und informieren	.15	2.56	.011	.020
SWE2	Selbstwirksamkeitserwartung	.12	3.46	.001	.039
UPG2b	Kompetenzerwartung: Unterricht planen und gestalten	.12	2.71	.007	.023

Abkürzungen: β=Beta-Koeffizient; T=T-Wert der Signifikanzprüfung; p=Signifikanz; R^2=aufgeklärte Varianz. *Modellanpassung:* F=3.92; p=.000 (Pillai-Spur=.187; Hotelling-Spur=.230); N=272 (fehlende Werte fallweise gelöscht). *Methode:* allgemeines lineares Modell (GLM multivariat). *Anmerkungen:* Ergebnisse sortiert nach abnehmendem Betrag der Beta-Koeffizienten. Prädiktor ist das Verhältnis von Studien- und Freizeitaktivitäten (SUF) zu t_1. Potenzielle abhängige Variablen waren alle metrischen Variablen, die zu t_2 erfasst wurden.

3.8 Studienabbruch

Um einen Eindruck von den Beweggründen für einen Studienabbruch unter den Befragten zu erhalten, wurden alle betroffenen Teilnehmenden gebeten, einen eigens hierfür erstellten *Fragebogen Studienabbruch (FS)* auszufüllen. Natürlich kann nicht ausgeschlossen werden, dass auch unter den Non-Respondern zu t_2 weitere Studierende zu finden sind, die ihr Studium abgebrochen haben (vgl. 2.2.1, S. 142). Ein genauer Zeitpunkt für die Befragung kann nicht angegeben werden, da die Betroffenen unmittelbar nach Bekanntwerden ihres Studienabbruchs mit der Bitte kontaktiert wurden, den Bogen online auszufüllen oder die Paper-pencil-Version anzufordern. Der Rücklauf erstreckt sich daher über den gesamten Zeitraum zwischen den beiden Erhebungszeitpunkten. Aufgrund der geringen Fallzahl von insgesamt 22 Datensätzen ist eine Differenzierung nach unabhängigen Variablen nicht möglich. Ausgefüllt haben den Abbrecherbogen zehn GY-Studierende, sieben GH-Studierende sowie jeweils zwei RS- und SP-Studierende. Außerdem wurde unter Zahnmedizinstudierenden ein Abbrecherbogen ausgefüllt, der nicht ausgewertet wurde.

Der Studienerfolg bzw. -abbruch gibt aus bildungspolitischer und hochschulorganisatorischer Sicht Auskunft über die Effektivität eines Studiengangs (Heublein u. a. 2003, S. 1). Daher sind sowohl Ausmaß als auch Beweggründe des Studienabbruchs wichtige Informationen bei der Beurteilung eines Ausbildungssystems wie der Lehrerbildung. Die Ursachen und Beweggründe eines Studienabbruchs vor dem Examen sind vielfältig. Sie machen zusammen einen Prozess aus, der am Ende den Ausschlag für den eigentlichen Abbruch gibt. So kann die Wahl eines falschen (nicht zur Person passenden) Studiengangs etwa eine mangelnde Identifikation mit dem Fach hervorrufen, die ihrerseits zu geringer Lernmotivation, schlechten Zensuren und dem Gefühl einer Überforderung führt. So können Bedingungsfaktoren des Abbruchs zu individuellen Studienabbruch-Motiven führen, die in der Summe der ausschlaggebende Abbruchgrund sind (ebd., S. 7).

Unter Leitung einer Forschergruppe des *Deutschen-Hochschul-Informationssystems (HIS)* wurden anhand einer Stichprobe von insgesamt ca. 3000 Studienabbrechern (Repräsentativitätsanspruch für das Bundesgebiet) die Ursachen des Studienabbruchs in Deutschland untersucht (Heublein u. a. 2003, S. VII und S. 2). Insgesamt gelten als subjektive Begründungen eines Studienabbruchs insbesondere eine berufliche Neuorientierung (17 %), finanzielle Probleme (17 %) oder mangelnde Studienmotivation (16 %). 50 % aller Studienabbrüche werden nach Angabe der Abbrecher vorwiegend aufgrund eines dieser entscheidenden Motive vollzogen (ebd., S. 10). Kommen nicht nur die ausschlaggebenden, sondern alle Abbruchmotive in den Blick, zeigt sich noch ein weiterer, zentraler Faktor: 71 % aller Befragten verweisen auf mindestens eine problematische Studienbedingung, die mit für den Studienabbruch verantwortlich war. Als schlecht empfundene Studienbedingungen bestärken daher meist die Entscheidung zum Studienabbruch, sind aber nur in 8 % der Fälle auch entscheidender Auslöser. Leistungsprobleme (11 %) und Prüfungsversagen (8 %) spielen, wie auch familiäre Probleme (10 %) und Krankheit (5 %), eine eher nebengeordnete Rolle.

Als wesentliche Bedingungsfaktoren des Abbruchs lassen sich im Anschluss an ein Modell des Studienabbruch-Prozesses (Heublein u. a. 2003, S. 6) verkürzt nennen: soziale/ berufliche Herkunft; Studienvoraussetzungen (in Schule usw. erworbene Kompetenzen); Informationsstand; Studienerwartungen zu Studienbeginn; Fachkultur; Arbeitswelt/ Arbeitsmarkt; Lebensbedingungen (Finanzierung, Betreuungspflichten); psychische und physische Ressourcen; Studienmotivation; berufliche Einstellungen (z. B. Identifikation mit Studium und Fach); soziale Integration sowie Studienbedingungen und -erfahrungen. Diese Auflistung zeigt die Komplexität der im Rahmen der Ursachenforschung zu Studienabbrüchen zu untersuchenden Variablen, der die vorliegende Studie nicht umfassend Rechnung tragen kann. Vielmehr soll Auskunft über spezifische Motive des Studienabbruchs gegeben werden. Damit sind die Ergebnisse allenfalls Exploration der Abbruchgründe in Lehramtsstudiengängen insgesamt.

Eine Studie an Pädagogischen Hochschulen zeigt, dass die ausschlaggebenden Studienabbruchgründe eher bei der eigenen Person als bei der Institution Hochschule gesucht werden (Henecka/ Gesk 1996, S. 110; Gesk 1999). Die Abbruchentscheidung folgt einem Prozess, in dem die eigene Situation als zunehmend schlechter wahrgenommen wird. Falsche Vorstellungen von Studium und Berufsbild können als wesentliche Motive des Studienabbruches gelten. Potenzielle Anreize für eine Fortsetzung des Studiums spielen kaum eine Rolle – die betroffenen Befragten haben zum Zeitpunkt des Studienabbruchs bereits eine berufliche Alternative vor Augen.

Ausschlaggebende Gründe für den Studienabbruch

Die entscheidenden Motive für eine Exmatrikulation wurden über eine offene Frage erfasst: »Bitte beschreiben Sie in wenigen Sätzen die ausschlaggebenden Gründe für Ihre Entscheidung, das Lehramtsstudium zu beenden«. Die freie Möglichkeit zur Antwort lässt erwarten, dass die Befragten insbesondere zentrale Exmatrikulationsgründe äußern. Die Antworten lassen sich inhaltlich in sechs Gruppen fassen. Der häufigste Grund (7 Nennungen) ist eine *berufliche Neuorientierung*, die auf der Zusage für den ursprünglich gewünschten Studienplatz (88) oder einer Interessenverlagerung (89) gründet. Auch der Abschied von einer »Alibi-Lösung Lehramt« kann hierzu gerechnet werden (90).

(88)   Ich wollte eigentlich schon immer lieber reine Biologie studieren, bin aber erst über das Nachrückverfahren reingekommen. Das Lehramtsstudium war sozusagen meine zweite Wahl. [W20GH]

(89)   Ich habe festgestellt, dass mich das Fach Theologie, welches ich ursprünglich auf Lehramt studiert habe, näher interessiert und ich mir einen kirchlichen Dienst besser vorstellen kann als den Schuldienst. [W21GY]

(90)   Meine Entscheidung für den Studienabbruch beruht darauf, dass ich mir [...] nie richtig Gedanken gemacht habe, was ich später werden möchte und mich eher spontan für ein Lehramtsstudium entschieden habe. [W20GY]

Fünf Studienabbrecher nennen Gründe für ihre Exmatrikulation, die auf *falsche Erwartungen* an das Studium oder Studienangebot zurückgehen (91). Drei Studierende sprechen explizit ein *Scheitern an den pädagogischen Anforderungen* des Berufs als Exmatrikulationsgrund an (92) bis (94). Für zwei Befragte spielen ein zeitlicher (95) oder finanzieller *Druck* (96) die ausschlaggebende Rolle. In einem Statement werden *persönliche Enttäuschung und Verletzung* mit den Studienbedingungen deutlich (97). Schließlich geben drei Studierende an, (wiederholt) durch die Zwischenprüfungen gefallen zu sein. Folge war ein freiwilliger Abbruch des Studiums oder die zwangsweise Exmatrikulation.

(91)   Ich war mit der allgemeinen Situation an der Universität unzufrieden. Es war mir viel zu theoretisch und chaotisch und vor allem zu anonym! Diese fünf Jahre durchzustehen, war für mich unvorstellbar! [W21GY]

(92)   Ich habe gemerkt, dass ich den pädagogischen Anforderungen des Lehrerberufs nicht gewachsen bin. [M21GH]

(93)   Im dreiwöchigen Blockpraktikum haben sich meine Zweifel bestätigt, dass mir der Beruf als Lehrer nicht liegt. Der Umgang mit Kindern und Jugendlichen macht mir sehr viel Spaß, allerdings nicht das Unterrichten. [W19GH]

(94)   Im Praktikum habe ich nur eine negative Rückmeldung meines Dozenten erhalten, [...] die sehr persönlich war, teilweise beleidigend. Mir liegt viel an der Arbeit mit Kindern, doch er sagte, ich solle den Stoff durchziehen. [M19GH]

(95)   Zu zeitintensiv als Mutter zweier Kinder durch ständige Präsentationen. [W35RS]

(96)   Finanzieller Druck sehr hoch, da nebenbei arbeiten ausgeschlossen war (Studium sehr anspruchsvoll). [W20RS]

(97)   Man wird in keiner Weise auf den Beruf vorbereitet und zum »Arschloch« erzogen, indem Notenvergaben willkürlich laufen. Schlechte Betreuung, da man ja »nur« Lehrämtler ist. Keine eigenen Veranstaltungen. [M21GY]

Standardisierte Studienabbruchgründe

In der zitierten HIS-Studie wurde ein *Fragebogen zu Ursachen und Bedingungen der Exmatrikulation* eingesetzt (Heublein u. a. 2003), in dem eine standardisierte und faktorenanalytisch abgesicherte Skala zu Gründen der Beendigung des Studiums Anwendung fand. 29 Studienabbruchmotive lassen sich acht Subskalen zuordnen: problematische Studienbedingungen (Items 1-8, 11); Leistungsprobleme (Items 9/10, 13-15); berufliche Neuorientierung (Items 20, 23/24); mangelnde Studienmotivation (Items 12, 18/19, 22); familiäre Probleme (Items 27/28); finanzielle Probleme (Items 21, 25/26); Prüfungsversagen (Items 16/17) und Krankheit (Item 29). Die vorliegende Stichprobe ist zu klein, um die faktorenanalytische Struktur zu überprüfen oder um Subskalen-Indizes zu berechnen. Bei der Interpretation der Daten ist daher besondere Sorgfalt geboten. Die Auswertung erfolgt auf Ebene der einzelnen Items.

Weil die Angaben im Vergleich zu den Selbstbildern über einen separaten Fragebogen und zeitlich versetzt erhoben wurden, konnte die Originalskalierung beibehalten werden, was einen Vergleich beider Datensätze über die Zusammenfassung der Stufen 1 und 2 (tendenzielle Zustimmung) möglich macht (vgl. Tabelle 77). Heublein u. a. (2003, S. VII und S. 2) beziehen sich auf eine Stichprobe von ca. 3 000 Studienabbrechern des Exmatrikulationsjahrganges 2000/2001 (VG), die für Deutschland repräsentativ sei; der Umfang der Lehramts-Teilstichprobe (VL) wird nicht berichtet.

Tabelle 77: Gründe für den Studienabbruch (t₁ bis t₂)

GSA (N=20-21)	Lehramt			VG	VL
	M	SD	TZ	TZ	TZ
1 unübersichtliches Studienangebot	3.43	1.36	28.5	19	26
2 überfüllte Lehrveranstaltungen	3.57	1.47	19.0	24	33
3 fehlender Berufs- und Praxisbezug des Studiums	2.90	1.68	50.0	45	44
4 mangelhafte Organisation des Studiums	2.90	1.34	47.6	32	39
5 mangelhaftes fachliches Niveau der Lehrveranstaltungen	4.10	0.83	0.0	32	39
6 fehlende Betreuung durch Dozenten	3.19	1.66	42.8	31	31
7 Anonymität in der Hochschule	3.67	1.53	28.6	34	33
8 war an der Hochschule isoliert	4.57	0.81	4.8	17	18
9 zuviel Studien- und Prüfungsstoff	3.48	1.54	28.5	31	16
10 Studienanforderungen waren zu hoch	3.70	1.59	25.0	28	14
11 Studium dauert zu lange	3.76	1.45	19.1	33	41
12 falsche Erwartungen in Bezug auf das Studium	2.81	1.44	42.8	49	44
13 habe den Einstieg ins Studium nicht geschafft	4.00	1.41	19.0	21	14
14 war dem Leistungsdruck im Studium nicht gewachsen	4.40	1.23	10.0	22	13
15 Zweifel an persönlicher Eignung zum Studium	3.38	1.47	28.6	36	25
16 Zwischenprüfung nicht bestanden	4.57	1.21	9.5	18	7
17 Abschlussprüfung nicht bestanden	4.80	0.89	5.0	7	8
18 Desinteresse am Beruf, den das Studium ermöglicht hätte	3.29	1.49	33.3	19	31
19 nachgelassenes Interesse am Fach/den Fächern	3.38	1.56	38.1	29	31
20 Wunsch nach praktischer Tätigkeit	3.48	1.47	23.8	58	56
21 will schnellstmöglich Geld verdienen	4.00	1.38	23.8	32	31
22 schlechte Arbeitsmarktchancen in meinem Fach	3.90	1.45	19.0	20	19
23 Angebot eines fachlich interessanten Arbeitsplatzes	3.71	1.62	28.6	31	32
24 Angebot eines finanziell attraktiven Arbeitsplatzes	4.29	1.23	9.6	24	26
25 finanzielle Engpässe	4.29	1.23	9.6	31	23
26 Studium und Erwerbstätigkeit waren nicht mehr zu vereinbaren	4.52	1.25	14.3	31	26
27 familiäre Gründe	4.48	1.25	14.3	23	23
28 Schwangerschaft	5.00	0.00	0.00	7	8
29 Krankheit	4.90	0.44	0.00	–	–
sonstige Gründe	3.00	1.67	42.9	–	–

Frage: Welche Rolle spielten die folgenden Gründe für die Beendigung Ihres Studiums bzw. für das Verlassen Ihrer bisherigen Hochschule? *Skala:* 1 = eine sehr große Rolle, 5 = überhaupt keine Rolle. *Anmerkungen:* TZ = tendenzielle Zustimmung in % (Stufen 1/2). VG = Vergleichsdaten gesamt (TZ); VL = Vergleichsdaten Lehramt (TZ) (für VG und VL liegen nur ganzzahlige Prozentwerte vor).

Die Einschätzungen fast aller Beweggründe liegen über dem Skalenmittelwert und spielen daher einzeln eine eher geringe Rolle für den Studienabbruch. 50.0 % der Befragten stimmen einem fehlenden Berufs- und Praxisbezug des Studiums tendenziell zu (Item 3). 47.6 % der Studienabbrecher sehen in der mangelnden Organisation des Studiums (Item 4), 42.8 % in der fehlenden Betreuung durch Dozierende (Item 6) starke Gründe für die Beendigung ihres

Studiums. Ebenfalls große Bedeutung kommt der Aussage zu, man hätte falsche Erwartungen an das Studium gehabt (Item 12). Es folgen die Äußerungen, das Interesse an den Fächern habe nachgelassen (Item 19) bzw. es bestehe ein Desinteresse am ursprünglich angestrebten Beruf (Item 18). Vergleichbar starke Motive sind die Klage über ein unübersichtliches Studienangebot (Item 1), die Anonymität an der Hochschule (Item 7), zu viel Studien- und Prüfungsstoff, aber auch Zweifel an der persönlichen Eignung (Item 15) sowie das Angebot eines fachlich interessanten Arbeitsplatzes (Item 23). Immerhin rund ein Viertel meint, die Studienanforderungen seien zu hoch gewesen (Item 10), äußert den Wunsch nach einer praktischen Tätigkeit (Item 20) oder will möglichst schnell Geld verdienen (Item 21).

Die ausschlaggebenden Gründe für die Exmatrikulation weisen einen unmittelbaren Bezug zum Studium auf. Sie beziehen sich entweder auf problematische Studienbedingungen oder zeugen von einer mangelnden Studienmotivation. Familiäre und finanzielle Gründe, Krankheit, aber auch eine berufliche Neuorientierung spielen eine eher nebengeordnete Rolle. Die Beweggründe für den Studienabbruch hängen vorliegend also unmittelbar mit den Studienerfahrungen an der Hochschule zusammen. Es besteht daher Grund zur Annahme, dass sich die hier befragten Studierenden an der Hochschule schwer getan haben und ihre Entscheidung, das Lehramtsstudium abzubrechen, wohl aufgrund dieser schlechten Erfahrungen treffen. Zugleich kann nicht ausgeschlossen werden, dass die Befragten die wahren Motive für ihre Exmatrikulation nicht immer nennen und die tatsächlichen Gründe für das eigene Scheitern externalisieren. Diese werden dann z. B. den Studienbedingungen zugeschrieben. Gleichwohl ist aus bildungspolitischer und hochschulorganisatorischer Sicht zu fragen, warum sich diese Gruppe an Studierenden im Studium so schwer tut und schließlich scheitert.

Im Vergleich zu den Prozentwerten der HIS-Erhebung fällt auf, dass der Wunsch nach einer praktischen Tätigkeit (Item 20) bundesweit bei mehr als der Hälfte der Studienabbrecher im Lehramt besteht, dieser vorliegend aber nur von einem knappen Viertel der Befragten geäußert wird. Das mangelnde fachliche Niveau der Lehrveranstaltungen (Item 5) spielt überhaupt keine Rolle, auch die Studiendauer (Item 11) ist seltener als in der Vergleichsstichprobe ein Exmatrikulationsmotiv. Selbiges gilt für finanzielle Gründe (Item 25) oder die Notwendigkeit, Studium und Erwerbstätigkeit zu vereinbaren (Item 26). Stärker betont wird von den befragten Abbrechern hingegen die mangelhafte Organisation des Studiums (Item 4), die fehlende Betreuung durch Dozenten (Item 6) sowie zu hohe Studienanforderungen (Item 10). Zwar ist der Vergleich aufgrund der geringen Stichprobe nicht abgesichert – eine Tendenz lässt sich aber doch vermuten: Die Studienabbrecher der baden-württembergischen Lehramtsstudiengänge begründen ihre Exmatrikulationsentscheidung überdurchschnittlich deutlich mit der Kritik an problematischen Studienbedingungen. Diese sind vermutlich oft nicht nur ein moderierender Faktor, sondern auch das ausschlaggebende Abbruchmotiv.

Schließlich stellt sich die wichtige Frage, auf welche Weise sich die Studienabbrecher von den in der Stichprobe verbleibenden Studierenden unterscheiden. Idealerweise ließe sich dies über eine binäre logistische Regressionsrechnung mit der Unterscheidung Abbruch vs. Verbleib als abhängiger Variable prüfen, für deren Durchführung die Anzahl der Studienabbrecher aber zu gering ist. Daher sollen in Abgängigkeit von dieser Variable vorgenommene Mittelwertvergleiche beider Gruppen entlang der zu t_1 erfassten Items zumindest Anhaltspunkte für Unterscheidungsmerkmale aufzeigen.

Abbrecher unterscheiden sich von Studierenden stark durch ihren geringeren Umfang an pädagogischen Vorerfahrungen (PVO: $\eta^2 = .016^{**}$; $M_{AB} = 3.65$; $M_{ST} = 4.55$). Sie haben durch

Eltern eine stärkere Kontrolle und Überbehütung erfahren (KUÜ: $\eta^2=.012^*$; $M_{AB}=4.60$; $M_{ST}=3.64$) sowie tendenziell auch weniger Verantwortung übertragen bekommen (ÜVV: $\eta^2=.007$; $M_{AB}=4.07$; $M_{ST}=4.75$). Ihre intrinsischen Berufswahlmotive sind schwächer ausgeprägt (INM: $\eta^2=.013^*$; $M_{AB}=5.03$; $M_{ST}=5.48$), in der Tendenz auch ihr Studieninteresse insgesamt (STI: $\eta^2=.007$; $M_{AB}=5.08$; $M_{ST}=5.42$). Erziehen ist aus Sicht der Abbrechenden eine weniger bedeutsame Funktion der Schule (SVS_2: $\eta^2=.008^*$; $M_{AB}=4.80$; $M_{ST}=5.40$). Auch die Aufgabe der Schule, in die Tradition der Kultur einzuführen und diese zu entwickeln, ist aus ihrer Warte vergleichsweise unbedeutend (SVS_5: $\eta^2=.011^*$; $M_{AB}=4.80$; $M_{ST}=5.44$). Sie schließen sich stärker als die Studierenden einem Erziehungsverständnis an, nach dem Kindern deutliche Grenzen gesetzt werden sollten ($\eta^2=.008^*$; $M_{AB}=5.60$; $M_{ST}=4.95$). Die größten Differenzen zeigen sich jedoch hinsichtlich der Ausbildungskomponenten Vorbereitungsdienst (BAK_6: $\eta^2=.038^{***}$; $M_{AB}=5.03$; $M_{ST}=5.48$) sowie der Unterstützung in der Berufseinstiegsphase (BAK_5: $\eta^2=.026^{***}$; $M_{AB}=5.03$; $M_{ST}=5.48$), die beide von den Abbrechenden zu Studienbeginn als substanziell weniger bedeutsam eingeschätzt wurden. Abgeschwächt gilt dies auch für die Schulpraktika (BAK_4: $\eta^2=.008^*$; $M_{AB}=5.03$; $M_{ST}=5.48$). Weiterhin zeigen Studienabbrecher ein tendenziell geringeres kulturelles Kapital als die restlichen Befragten. Aufgrund der kleinen Stichprobe scheitert der Vergleich aber knapp an der Signifikanzgrenze ($\eta^2=.007$; $M_{AB}=5.03$; $M_{ST}=5.48$).

Studienabbrecher im Lehramt unterscheiden sich zusammenfassend dahingehend von den Lehramtsstudierenden, dass sie bereits zu Studienbeginn eine geringere intrinsische Motivation für das Berufsbild aufweisen und sich offenbar weniger mit den beruflichen Tätigkeiten identifizieren. Verbunden mit ihrer geringeren Eigenverantwortlichkeit und Selbstständigkeit führt dies vermutlich zu einem höheren Risiko, ein Lehramtsstudium abzubrechen. Günstig erscheinen pädagogische Vorerfahrungen, weil sie einen Eindruck von den mit dem Lehrerberuf verbundenen Aufgaben vermitteln und damit falsche Erwartungen mindern. Studierende, welche die beschriebenen Tendenzen der Abbrechenden aufweisen, dürften sich in professioneller Hinsicht weniger stark entwickeln. Vor diesem Hintergrund erscheint in den vorliegenden Fällen der Studienabbruch nicht nur aus Sicht der Betroffenen, sondern auch aus Sicht der Lehrerbildungsforschung durchaus gerechtfertigt.

Nutzung von Beratungsangeboten

Im Rahmen der HIS-Befragung wurde auch erfasst, welche Beratungsangebote die Studierenden vor ihrer Exmatrikulation wahrgenommen haben und welchen Nutzen sie diesen jeweils zusprechen (Heublein u. a. 2003, Anhang S. 5). Die Abbrecher wurden auch vorliegend gefragt: »Haben Sie für Ihre Entscheidung über die Exmatrikulation Angebote von folgenden Beratungsstellen in Anspruch genommen und wie schätzen Sie den Nutzen dieser Beratungen für sich ein?« Vorgegeben wurden sechs Typen von Beratungsstellen sowie die Option »Sonstige«, für welche die Befragten zunächst angeben sollten, ob sie die Angebote in Anspruch nahmen (Checkbox) und, in einem zweiten Schritt, für wie nützlich sie diese jeweils erachten (1 = sehr nützlich; 5 = nutzlos).

54.5 % der Befragten haben kein einziges Beratungsangebot wahrgenommen. Von den Übrigen haben fünf Studierende die »Studienberatung in einem einzelnen Fach« besucht, drei Personen die »zentrale Studienberatung an der Hochschule«, zwei Studierende waren beim »Arbeitsamt« und jeweils eine Person besuchte die »psychologische Studierendenberatung«, ein Angebot vom »Studentenwerk« oder von »Vereinen, Kirchen, privaten Vermittlungsstellen u. ä.«. Drei Studierende gaben an, »andere Beratungsstellen« (Steuerberater, Gespräch mit Freunden, keine Spezifikation) genutzt zu haben. Wer Beratungsangebote nutzte, beurteilt deren Nutzen als eher hoch (M=1.91; SD=0.75).

Problematisch erscheint neben der Tatsache, dass die Studienabbrecher nur selten Beratungsangebote wahrnehmen auch, dass viele offenbar unzureichend über die Angebote informiert sind und diese deshalb nicht nutzen. Der nachfolgende Fragebogenkommentar (98) zeigt zugleich aber, dass die Betroffenen auch aufgrund ungesicherter Auskünfte Mitstudierender vor der Nutzung der Beratungsangebote zurückschrecken. Darin wird die generelle Unsicherheit einiger Studienabbrecher deutlich. Es ist daher verstärkt zu prüfen, wie die beratenden Stellen frühzeitig an die potenziell betroffenen Studierenden herantreten können.

(98) *Ich wollte Studienberatung in Anspruch nehmen, hatte aber keine Information, wo ich diese finden kann und habe von anderen Studenten gehört, dass diese nicht »individuell« passiert und die Berater nicht gut genug auf diese Studenten eingingen! [W21GY]*

Beweggründe für eine Fortsetzung des Studiums

Es sollten neben den Motiven für die Exmatrikulationen auch Möglichkeiten erhoben werden, deren Anzahl zu reduzieren. Die Studierenden wurden daher mittels offenem Antwortformat gefragt: »Was hätte Sie bewegen können, ihr Studium fortzusetzen? (bitte in Stichworten beschreiben)«. Sieben Studierende machen deutlich, dass kein externer Anreiz etwas an ihrer Entscheidung hätte ändern können. Entweder war das Lehramtsstudium von Beginn an nicht die erste Wahl (99) oder die Praxiserfahrung führt zu einer generellen Ablehnung des Berufs (100) oder Studiums (101).

(99) *Das Lehramtsstudium war für mich immer nur eine Übergangslösung, da ich den gewünschten Medizin-Studienplatz nicht erhielt. [W21GY]*

(100) *Nichts, da ich weiß, dass ich in diesem Beruf nie glücklich gewesen wäre. [W19GH]*

(101) *Wahrscheinlich nichts, weil ich mich überhaupt nicht wohl gefühlt habe. [W19GY]*

Vier weitere Äußerungen zielen auf Anreize, die von außen geschaffen werden könnten, wie eine bessere finanzielle Unterstützung durch den Staat, eine bessere Beratung beim Schreiben von Hausarbeiten sowie Hilfestellungen für Mütter mit kleinen Kindern. Auch die Perspektive beruflicher Sicherheit wird genannt. Drei Studierende sprechen bessere Bedingungen im Studium an, das »humaner« sein, mehr Praxisbezug aufweisen oder nicht zu »theorielastig« sein solle. Die drei Durchgefallenen nennen ein Bestehen ihrer Prüfungen als Anreiz einer Fortsetzung. Zwei Befragte hätten als Anlass für das Weiterstudieren eine Veränderung bei sich selbst als notwendig erachtet (102)/(103).

(102) *Ich denke, es hätte sich etwas in mir bewegen müssen [...]. Ich war mir einfach nicht sicher, ob ich diesen Beruf mit vollster Leidenschaft ausüben kann und hatte Angst, den Schülern nicht gewachsen zu sein. [M22GH]*

(103) *Wenn ich mehr Motivation für das Unterrichten und Vorbereiten des Unterrichts gehabt hätte und der Lehrerberuf nicht als Sackgasse enden könnte [fehlende berufliche Alternativen]. [M21GH]*

Insgesamt machen die Antworten auf die Frage nach möglichen Anreizen deutlich, dass bildungspolitisch und hochschulorganisatorisch wohl nur wenige Möglichkeiten bestehen, Exmatrikulationen zu verhindern. Präventionsmaßnahmen wären wohl allenfalls durch bessere

Betreuung und Unterstützung der Studierenden und intensivere Berufswahlvorbereitung möglich. Diese Befunde decken sich in der Tendenz mit Ergebnissen einer Studie an PHs (Henecka/Gesk 1996). Für die meisten Betroffenen ist eine Exmatrikulation unausweichlich oder durch Umstände bedingt, die sich dem Einfluss von Politik und Hochschule entziehen (gezielte Neuorientierung, Zweifel an persönlicher Eignung, Prüfungsversagen usw.).

Weiterhin wurden die Studierenden gefragt: »Wenn Sie die Möglichkeit gehabt hätten, das Studium schon nach sechs Semestern mit einem Bachelor (B. A.) abzuschließen: Hätten Sie diese Möglichkeit genutzt?« (Antwortformat: 1 = bestimmt genutzt; 2 = wahrscheinlich genutzt; 3 = vielleicht genutzt; 4 = keinesfalls genutzt). Nur zwei Befragte geben an, diese Möglichkeit »bestimmt genutzt« zu haben, sieben hätten sie »vielleicht genutzt« und weitere zehn Studierende hätten sie »keinesfalls genutzt«. Damit antworten 85.0 % der Befragten auf der eher ablehnenden Seite (Stufen 3/4) der Skala (M = 3.25; SD = 0.97). Auch eine Organisation der Studiengänge, die mit dem Bachelor bereits nach sechs Semestern einen berufsqualifizierenden Abschluss ermöglicht hätte, wäre daher für die befragten Studienabbrecher offenbar kaum ein Anreiz für die Fortsetzung ihres Studiums gewesen. Die Länge der Lehrerbildung insgesamt sowie die eher einseitigen beruflichen Möglichkeiten, die sich mit dem Abschluss ergeben, sind daher kaum die wesentlichen Motive für einen Studienabbruch.

Lebenszufriedenheit und berufliche Pläne für die Zukunft

Um einzuschätzen, ob die Entscheidung zur Exmatrikulation für die Studienabbrecher zu einer Sinnkrise führt oder eher eine Erleichterung bedeutet, wurde gefragt: »Sind Sie mit Ihrer jetzigen Lebenssituation alles in allem zufrieden?« (1 = ja, vollständig; 5 = nein, gar nicht). Die Lebenszufriedenheit der Studienabbrecher ist sehr hoch (M = 1.68; SD = 1.00). 57.9 % der Befragten geben sogar an, »vollständig« zufrieden zu sein, niemand ist »gar nicht« zufrieden. Der zurückliegende Studienabbruch wird damit wohl als Befreiung empfunden und führt nicht zu einer persönlichen Krise. In diesem Verständnis muss die Exmatrikulationsentscheidung der Studierenden als richtig anerkannt und respektiert werden. Ein administratives Bemühen, die befragten Abbrecher im Lehramtsstudium zu halten, wäre wohl unangemessen für deren (berufs-)biografische Entwicklung.

Am Ende des Fragebogens wurden die Studienabbrecher gefragt, wie sie ihren weiteren beruflichen Weg nun beschreiten wollen: »Wie sehen Ihre beruflichen Pläne für die Zukunft aus?« (offene Antwort). Elf Befragte haben sich nach dem Abbruch ihres Lehramtsstudiums in anderen Studiengängen eingeschrieben und fünf Studierende haben eine Ausbildung begonnen. Jeweils eine befragte Person arbeitet im alten Beruf, macht eine Weiterbildung oder ein freiwilliges soziales Jahr (FSJ).

In einer weiteren Frage wurde der künftige berufliche Weg erfasst: »Was und wo wollen Sie künftig studieren bzw. welche Ausbildung möchten Sie künftig absolvieren und wo wollen Sie das tun? (bitte Studien- bzw. Ausbildungsgang, Abschlussziel, Hochschule/Ausbildungseinrichtung und Ort nennen)«. Drei Abbrecher beginnen in einem dem Lehramt verwandten pädagogischen Studiengang »Sozialpädagogik/soziale Arbeit«, die anderen Befragten orientieren sich völlig neu. Das Spektrum der Fächer reicht von Maschinenbau über Chemie bis hin zur Zahnmedizin. Wer eine Ausbildung beginnt, tut dies mit Ausnahme einer angehenden Erzieherin ebenfalls in nicht-pädagogischen Feldern (technisches Produktdesign, Verwaltungswesen usw.). Die bei den meisten Abbrechern zu beobachtende fachliche Neuorientierung lässt darauf schließen, dass aufgrund der Studienerfahrung ein bewusster Abschied von pädagogischen Handlungsfeldern erfolgt.

4   Prozessmerkmale

Unter Prozessmerkmalen der professionellen Entwicklung in der Lehrerbildung werden Variablen verstanden, die Auskunft über die professionelle Handlungskompetenz von Lehrkräften geben (vgl. 1.1.3, S. 35). Verändern sich diese im Laufe der Zeit, lässt sich an ihnen die professionelle Entwicklung Lehramtsstudierender im Kontext der institutionalisierten Lehrerbildung nachzeichnen. Die Prozessmerkmale sind damit sowohl Ergebnis einer bestimmten Entwicklungsstufe als auch Ausgangspunkt der weiteren professionellen Entwicklung. Je nach Fragestellung und Kontext sind sie sowohl abhängige als auch unabhängige Variablen. Die einzelnen Prozessmerkmale werden vier Dimensionen zugeordnet. *Selbstregulative Fähigkeiten* werden erstens operationalisiert als arbeitsbezogene Verhaltens- und Erlebensmuster, die Auskunft über das Belastungserleben und die (psychische) Lehrergesundheit geben (4.1.1). Eine weitere in der Lehrerbildung zentrale Ressource der Selbstregulation ist die Selbstwirksamkeitserwartung, die Gewissheit, auch gegen Widerstände etwas mit den Schülern erreichen zu können (4.1.2). Zweitens werden *Überzeugungen und Werthaltungen* als Prozessmerkmale der professionellen Entwicklung angenommen. Dazu gehören Einstellungen gegenüber Schule und Erziehung (4.2.1), vor dem Hintergrund der fachlichen Differenzierung nach Mathematik- und Theologiestudierenden aber auch die Frage nach Religiosität (4.2.2). Schließlich wird erörtert, welche Vorstellungen Lehramtsstudierende von Grundbegriffen wie Schule, Bildung und Erziehung haben bzw. ob und wie sich diese im Studienverlauf ändern (4.2.3). In einem dritten Teilkapitel werden *motivationale Orientierungen* als Prozessvariablen entfaltet. Die Berufswahlmotivation bildet hier insofern eine Ausnahme, als dass sie lediglich im Rahmen der Entscheidung für den Lehrerberuf eine Rolle spielt (4.3.1). Berufliche Ziele hingegen können sich in der Berufsbiografie ändern, etwa wenn ab einem gewissen Zeitpunkt eine Funktionsstelle in Betracht gezogen wird (4.3.2). Das inhaltsbezogene Studieninteresse gibt darüber Auskunft, wie stark von Zeit zu Zeit die Orientierung an den Inhalten des Studiums ausfällt (4.3.3), während die Interessen der Studierenden an bestimmten Tätigkeiten die Studienorientierung der Befragten ausdrückt (4.3.4). Bislang wenig Beachtung erfuhr die spezifische Motivation, sich für ein bestimmtes Studienfach zu entscheiden (4.3.5). Auch die Leistungsmotivation hat Bedeutung für die professionelle Entwicklung (4.3.6). Viertens wird die Entwicklung von Professionalität am Prozessmerkmal des *Professionswissens* nachvollziehbar, das im Sinne von überfachlichen Kompetenzerwartungen aufgezeigt (4.4.1) und kritisch diskutiert wird (4.4.2).

4.1   Selbstregulative Fähigkeiten

Das subjektive *Belastungserleben* gilt als Prädiktor für die Verweildauer im Beruf (Rudow 1999) sowie für Unterrichtsqualität (Maslach/ Leiter 1999). Die Verbindung von hohem beruflichem Engagement und zugleich Distanzierungsfähigkeit (»balanced commitment«) ist ein günstiger Selbstregulationsstil (Hallsten 1993). Das erste deutschsprachige Instrument zur Erfassung der Beanspruchung im Lehrerberuf wurde von Schaarschmidt/ Fischer (1997) vorgelegt. Es unterschied drei Beanspruchungsmuster psychischer Regulation: Arbeitsengagement (commitment), Widerstandsfähigkeit (resilience) und berufsbegleitende Emotionen (experience of success and social support). In weiteren Studien wurden vier Regulationstypen generiert, die sich hinsichtlich Engagement und Distanzierung unterscheiden (Schaarschmidt u. a. 1999; Schaarschmidt 2002). Diese Beanspruchungs- bzw. Regulationsmuster konnten in lehrerspezifischen Studien repliziert werden (z. B. Klusmann u. a. 2006). Die Verbindung starken Engagements mit gleichzeitig hoher Distanzierungsfähigkeit kann als Ressource aufgefasst werden, die signifikante korrelative Zusammenhänge mit hoher Berufszufriedenheit, niedriger emotionaler Erschöpfung, Wohlbefinden und erfolgreicher Unterrichtsführung aufweist. Außerdem stärken Lehrkräfte mit dieser Ressource die kognitive Selbstständigkeit ihrer Schüler und bieten ihnen mehr konstruktive Unterstützung.

Die *Fähigkeit zur Selbstregulation* gilt als Voraussetzung für die psychische Funktionsfähigkeit handelnder Personen (Baumert/ Kunter 2006, S. 501). Im Sinne eines angemessenen Umgangs mit persönlichen Ressourcen wird sie als Teil der professionellen Handlungskompetenz von Lehrkräften angesehen. Im Kern geht es um eine Ausgewogenheit verschiedener berufsbezogener Merkmale, die auf mehr oder weniger günstige Bedingungen für eine erfolgreiche professionelle Entwicklung angehender Lehrkräfte, aber auch auf deren Erfolg und Verbleib im Beruf selbst schließen lassen.

4.1.1 Belastungserleben und Gesundheit

Fragen der Lehrergesundheit wurden früh unter Begriffen wie »Lehrerangst« (Raether 1982) oder »Lehrerstress« (Scholz/ Jehle 1983) thematisiert und Handlungsbedarf markiert. Erst mit der postulierten Verbindung von Burnout-Syndrom und Lehrerberuf (Freudenberger 1974; Barth 1997; Kleiber/ Enzmann 1999) rückte die Lehrergesundheit in den Fokus einer breiteren (wissenschaftlichen) Öffentlichkeit. Mitte der 1990er Jahre wurden zwei Monografien vorgelegt, die auch Bezüge zu Fragen der Prävention und Intervention herstellen (Rudow 1994; Ulich 1996). Im Anschluss entstanden empirische Arbeiten zu Ursachen, Bedingungen und/ oder Folgen von Belastungen und Beanspruchungen im Lehrerberuf (Wendt 2001; Krause 2002; Schönwälder u. a. 2003; Schaarschmidt 2004; Dick 2006) sowie zu Präventions- und Interventionsstrategien (Heyse 2004; Hillert u. a. 2005; Schaarschmidt/ Kieschke 2007b).

Ausgangspunkt ist die Beobachtung, dass Lehrkräfte in hohem Maße unter psychosomatischen Krankheiten leiden und entsprechend behandelt werden (Weber 2003; Hillert/ Schmitz 2004). Fragen psychischer Gesundheit unter Lehrkräften werden im Anschluss an Berufszufriedenheit, gefühlte Berufsbelastung und im Zusammenhang mit Burnout erforscht und diskutiert (Urban 1984; 1992; Barth 1997; Schaarschmidt 2004; Klusmann u. a. 2006; Rothland 2007a; 2009). Die medizinisch-psychotherapeutische Komponente der Lehrergesundheit wird im Blick auf kurzfristige, psychophysische Beanspruchungsreaktionen untersucht (Scheuch/ Knothe 1997; Bickhoff 2002; Schönhofen/ Schwerdtfeger 2006). Insbesondere unter dem Interventionsaspekt werden die medizinischen Fragen zuweilen populärwissenschaftlich instrumentalisiert (Bauer 2004a; 2004b; Häfner/ Bauer 2005; Bauer 2007). Immerhin hat diese Form der Rezeption die öffentliche Diskussion um Lehrerbelastung beflügelt: von den »Leiden der Lehrer« (Etzold 2000), dem »Horrortrip Schule« (Hinrichs u. a. 2003) oder den »Ausgebrannten« (Zeit 2006) ist in der Presse die Rede (Blömeke 2005; Rothland 2007c, S. 7).

Burnout gilt als problematischste Beanspruchungsfolge. Gemeint ist ein sich in Stufen vollziehender Prozess des Ausgebrannt-Seins (Schaarschmidt 2009, S. 611). Einem Überengagement folgen Phasen der Müdigkeit, verbunden mit Enttäuschung und Überdruss, Reizbarkeit und Rückzugstendenzen. Einhergehen können psychosomatische Reaktionen, die in ein Stadium anhaltender Erschöpfung münden, verbunden mit Niedergeschlagenheit, Verzweiflung und Leistungsinsuffizienz. Ein wichtiger Auslöser für Burnout ist das dauerhafte Ungleichgewicht zwischen Geben und Empfangen (Siegrist 1991), das sich im Lehrerberuf häufig sowohl in zwischenmenschlichen Beziehungen als auch aufgrund der Rahmenbedingungen in der Organisation Schule einstellt (vgl. 1.1.1, S. 14).

Wichtig erscheint der Hinweis, dass nicht alle Lehrkräfte gleichermaßen belastet sind und es viele »gesunde« Lehrpersonen gibt (Scheuch u. a. 1995; Ulich 1996, S. 226; Schaarschmidt 2005, S. 19; Gehrmann 2007b). Es sind Aspekte des Schülerverhaltens, die die Ranglisten der Belastungsfaktoren anführen (Kramis-Aebischer 1995; Stähling 1998; Wendt 2001; Dick 2006), zugleich aber auch für eine hohe Berufszufriedenheit verantwortlich sein können (Grunder/ Bieri 1995; Ipfling u. a. 1995). Der Grat zwischen Zufriedenheit und Belastung ist schmal und an die Lehrer-Schüler-Interaktion gebunden. Gleichwohl weist das Berufsbild eine besondere Anforderungsstruktur auf (Schaarschmidt 2005; Rothland/ Terhart 2007). Die zentrale Beanspruchung resultiert aus der Unterrichtsarbeit und liegt insbesondere im zwischenmenschlichen, emotionalen und motivationalen Bereich. Schaarschmidt (2005, S. 15) sieht in keinem anderen Beruf vergleichbar starke Beanspruchungsverhältnisse.

Stand der Forschung

Ausgangspunkt für die gegenwärtige Belastungsforschung sind die vielfältigen Merkmale der beruflichen Tätigkeit von Lehrkräften und deren Rahmenbedingungen (vgl. 1.1.1, S. 14). Auf deren Grundlage lassen sich verschiedene theoretische Belastungs-/Beanspruchungsmodelle unterscheiden (im Überblick: Dick/Stegmann 2007). Diese Ansätze ergänzen sich wechselseitig und machen deutlich, dass erst ein multiperspektivischer Zugang, der personale Merkmale *und* Umgebungsvariablen als ursächlich für Belastungserleben ansieht, die notwendige theoretische Basis für die Forschung ist. Für die Lehrerbildung sind diese überwiegend auf die Berufstätigkeit von Lehrkräften zielenden Aspekte deshalb von Bedeutung, weil die Lehrerbildung letztlich auf die Handlungssituation in Unterricht und Schule vorbereitet.

In einem ersten *Belastungs-/Beanspruchungsmodell* unterscheidet Rudow (1994, S. 43) objektive Belastungen (Arbeitsaufgaben und -bedingungen), die durch »Widerspiegelung« in subjektive Belastungen überführt werden, aus denen dann eine Reaktion auf die Beanspruchung resultiert, die zu Beanspruchungsfolgen führt. Die Widerspiegelung vollzieht sich durch die Verarbeitung der objektiven Belastungen vor den individuellen Handlungsvoraussetzungen wie Einstellungen, sozialer Kompetenz, pädagogischer Qualifikation, Berufserfahrung oder dem emotionalen bzw. körperlichen Befinden. So wird etwa die objektiv gegebene Lärmbelastung in einer Unterrichtssituation von einer Lehrkraft auch subjektiv als Belastung erlebt, weil sie dem eigenen Wunsch nach Ruhe entgegensteht. Gelingt es der Lehrkraft auf Dauer nicht, den Lärm einzudämmen und damit die objektive Belastung durch Klassenführung etc. zu vermeiden oder in der Freizeit zu kompensieren, resultiert aus der subjektiv wahrgenommenen Belastung eine dauerhafte Beanspruchungsreaktion der Unzufriedenheit, die zu Belastungsfolgen wie chronischen Erkrankungen führen kann.

Das *transaktionale Stressmodell* versteht »Stress« als Folge einer Transaktion zwischen Umwelt und Person, die auf dreierlei Bewertungsprozessen beruht (Lazarus/Folkman 1984; Lazarus 1995). Durch die primäre Bewertung wird ein Ereignis hinsichtlich seiner Bedeutung für das eigene Wohlbefinden bewertet. Wird es aufgrund der Gefahr von Verlust, Bedrohung oder Herausforderung als potenziell belastend beurteilt, wird in einer sekundären Bewertung eine mögliche Bewältigungsstrategie ausgewählt. Durch eine Neubewertung wird schließlich mit Blick auf den Erfolg oder Misserfolg der Bewältigungsstrategie geprüft, ob sich diese bewährt hat oder ob eine andere Strategie notwendig wird. Führen die Strategien nicht zum gewünschten Erfolg, kann sich ein dauerhaftes Belastungserleben einstellen. Am obigen Beispiel erläutert: Die Lärmsituation wird primär als potenzielle Belastung wahrgenommen, sekundär wird durch konsequente Disziplinierungsmaßnahmen versucht, sie zu beseitigen. Da die Strategie scheitert, versucht die Lehrkraft in einer Neubewertung den Stressor durch Freizeitsport zu bewältigen. Auch diese Maßnahme ändert nichts am dauerhaften Belastungsgefühl und führt zur permanenten Unzufriedenheit im Berufsalltag.

Die motivationale Komponente blieb in den vorangehenden Modellen unberücksichtigt und findet in der Adaption des *Job Characteristics Model* (Hackman/Oldham 1980) durch Dick (2006) Berücksichtigung. Ausgangspunkt sind berufliche Tätigkeitsmerkmale, die mit zunehmender Ausprägung die Verantwortung im Beruf erhöhen und damit einerseits Motivationspotenzial bergen, andererseits aber auch die Gefahr des Scheiterns erhöhen (Anforderungsvielfalt, Ganzheitlichkeit, Wichtigkeit der Aufgabe, Autonomie und Rückmeldungen auf die Tätigkeit). Die Auswirkung der Tätigkeitsmerkmale ist, dem Modell folgend, insbesondere die intrinsische Arbeitsmotivation. Als Moderatorvariablen mit positiver Auswirkung auf die Beziehung zwischen Tätigkeitsmerkmalen und hoher Arbeitsmotivation werden ein hohes Bedürfnis nach persönlicher Entfaltung, größtmögliche Qualifikation, gute Beziehungen zu Vorgesetzten und Kollegen sowie die gute Bezahlung und Sicherheit des Arbeitsplatzes angenommen. Das Modell geht davon aus, dass die Moderatorvariablen nicht direkt beeinflusst werden können und eine Erhöhung intrinsischer Motivation an den Tätigkeitsvariablen ansetzen muss. Letztere werde daher als »Motivationspotenzial« verstanden. Auf den Lehrerberuf übertragen zeigt sich die Anforderungsvielfalt etwa in der Zuständigkeit für verschiedene Fächer, in der Ganzheitlichkeit der Unterrichtsarbeit in verschiedenen Klassenstufen, in der hoheitlichen Bedeutung der Zensurenvergabe, in der Autonomie bei didaktischmethodischen Entscheidungen und in den Rückmeldungen durch Erfolg oder Misserfolg der Schüler bei Abschlussprüfungen sowie bei Elterngesprächen. Wer umgekehrt deutliche Einschränkungen entlang der Tätigkeitsmerkmale erfährt, wird vermutlich auch eine geringere Motivation aufweisen und sensibler für Belastungserleben sein.

Die *Theorie der Handlungsregulation (HRT)* hat, entgegen dem Interesse an den subjektiven Bewertungen der Betroffenen im vorangehenden Ansatz, die objektive Betrachtung der Arbeitsbedingungen zum Gegenstand (Oesterreich/Volpert 1987). Die vier Axiome der Theorie sind verkürzt: (1) die Existenz eines zielgerichteten menschlichen Handelns; (2) der Bezug des Handelns auf einen Gegenstand, der Teil der Umwelt ist; (3) die Bestimmung des Handelns durch gesellschaftliche Gegebenheiten; (4) das sich im Prozess ergebende Handlungsgefüge aus Einzelhandlungen. Übertragen auf das pädagogische Handeln in der Schule besteht das Dilemma darin, als Lehrer das nicht objektivierbare Subjekt »Schüler« verändern zu wollen. Die Lehrkraft ist daher auf einen indirekten Zugang angewiesen, in dem sie die Lernumgebung (Objekt) so gestaltet, dass die Schüler (Subjekte) mit erhöhter Wahrscheinlichkeit die angebotenen Lerngelegenheiten nutzen. Handeln vollzieht sich in der HRT in Kreisläufen, die im hierarchisch-sequenziellen Handlungsmodell beschrieben werden (Oesterreich 1981; Volpert 1987). Demnach steht am Anfang einer Handlung ein Ziel (z. B. der erfolgreiche Abschluss einer Unterrichtseinheit), das durch abgeleitete Teilziele (z. B. einzelne Unterrichtssequenzen) erreicht werden soll. Nach Abschluss des gesamten Prozesses wird abgeglichen, ob das Erreichte mit dem ursprünglich intendierten Ziel übereinstimmt. Die Teilziele sind durch zyklische Rückkopplungen miteinander verbunden. Damit gefährdet die Nichterreichung eines Teilziels nicht zugleich das übergeordnete Ziel, weil auch andere Teilziele den Erfolg auf der übergeordneten Ebene gewährleisten können. Es sind die »Arbeitsaufgaben« im Sinne der beruflichen Anforderungen, die modellgetreu die Schnittstelle von Organisation und handelndem Individuum herstellen. Sind die Arbeitsanforderungen »menschengerecht«, werden sie normativ positiv belegt als »Anforderungen« bezeichnet – sind sie das Gegenteil, als negative »Belastungen« (Leitner 1999; Krause 2003). Belastungen resultieren modellimmanent aus Arbeitsbedingungen, die menschengerechtes Handeln behindern. Im Schulbetrieb entstehen solche besonders dann, wenn die Bedingungen für die Durchführung im Widerspruch zu den angestrebten Zielen stehen, z. B. wenn der Akteur keine Ressourcen zur Beseitigung des Widerspruches hat. Eine gute Arbeitsumgebung zeichnet sich durch wenige oder keine Widersprüchlichkeiten aus. Im obigen Bild gesprochen wäre die Arbeitsatmosphäre in der Klasse dann durch geringe Lärmbelastung geprägt, die einen Unterrichtsfluss ermöglicht.

Um die breite empirische Basis der Belastungsforschung zum Lehrerberuf zu erschließen, bietet sich der von Rothland (2007) herausgegebene Band zur *Belastung und Beanspruchung im Lehrerberuf* an. Er offeriert nicht nur eine Einführung in den Forschungsgegenstand, sondern sammelt auch Ergebnisse zahlreicher aktueller Einzelstudien zum Forschungsfeld. Die Themen reichen von psychischen Belastungen im Unterricht (Krause/Dorsemagen 2007b) über eine kritische Diskussion von Burnout bis hin zu psychischen und psychosomatischen Erkrankungen von Lehrpersonal (Hillert 2007). Thematisiert wird auch das Spannungsverhältnis zwischen der vorzeitigen Pensionierung von Lehrpersonal einerseits (Jehle/Schmitz 2007) sowie die durchaus zu beobachtende Zufriedenheit im Beruf trotz faktisch gegebener Beanspruchungen andererseits (Gehrmann 2007b). Vor diesem Hintergrund gilt es zu prüfen, wie Lehrkräfte überhaupt mit Belastungen umgehen (Sieland 2007) und welche Maßnahmen der Intervention und Prävention sich anbieten. Die Beiträge hierzu reichen von der Diskussion verschiedener Arbeitszeitmodelle (Dorsemagen u. a. 2007) über soziale Unterstützungssysteme (Rothland 2007b) und konkrete stressbezogene Interventionen (Lehr u. a. 2007) bis hin zu einem ressourcenorientierten Selbstmanagement für Lehrkräfte (Storch u. a. 2007). Es existieren weiterhin etliche Überblicksdarstellungen zu den sich anschließenden internationalen Befunden der Belastungsforschung – meist mit je individueller Schwerpunktsetzung (Guglielmi/Tatrow 1998; Rudow 2000; Kyriacou 2001; Hillert/Schmitz 2004; Friedmann 2006; Lambert/McCarthy 2006). Empirischer Ausgangspunkt aller Studien ist der Befund, dass Lehrkräfte international ein auffällig hohes Risiko der psychischen Belastung und des Burnouts aufweisen (Vandenberghe/Huberman 1999).

Allein der exemplarische Einblick in die gegenwärtige deutsche Forschungslandschaft zur Belastung im Lehrerberuf zeigt die Notwendigkeit eines synoptischen und ordnenden Überblicks. Hierzu scheint die Unterscheidung von fünf Paradigmen sinnvoll, die verschiedenen Argumentationsgängen der Ursachensuche einer auffällig hohen Belastung im Lehrerberuf entsprechen (Krause/ Dorsemagen 2007a, S. 55-58). Die erste Argumentationslinie sieht gesellschaftliche Veränderungen wie den zunehmenden Medienkonsum als Ursache für den Autoritätsverlust der Lehrkräfte und die abnehmende Wertschätzung ihnen gegenüber an, was wiederum Auslöser des Belastungserlebens sei. Die Vertreter der zweiten Argumentationslinie schreiben dem Lehrerberuf generelle Merkmale zu, die über längere Zeit konstant bleiben und ein Belastungserleben hervorrufen, etwa die ausbleibende Belohnung für hohes soziales Engagement oder das fehlende Gleichgewicht in der Lehrer-Schüler-Beziehung (Nicht-Reziprokität). Eine dritte Linie schreibt bestimmten Schulformen, besonders der Hauptschule, eine besonders schwierige Schülerklientel zu, deren problematisches Sozialverhalten und geringe Leistungsorientierung zu besonders belastenden Herausforderungen im Berufsalltag führe. Viertens könnten, unabhängig vom Typus, die Arbeitsbedingungen an der Einzelschule im Sinne einer »Brennpunktschule« oder aufgrund der spezifischen Zusammensetzung des Kollegiums, der Ausstattung usw. als besondere Herausforderung wahrgenommen werden. Eine fünfte Argumentationslinie schreibt den Grad der wahrgenommenen Belastung den Persönlichkeitsmerkmalen der Lehrpersonen zu – (weitgehend) unabhängig von äußeren Bedingungen. Die zu allen Argumentationsmustern angeführten empirischen Befunde legen nahe, dass das Belastungserleben multikausale Ursachen aufweist und sich daher ein breiter Zugang zum Forschungsfeld anbietet. Die Diskussion um angemessene Interventionsmaßnahmen sollte daher nicht einseitig mit Blick auf die individuelle Selbstregulation oder die Verbesserung der Rahmenbedingungen geführt werden.

Hilfreich zur Erfassung der Forschungslage ist auch das von Krause/ Dorsemagen (2007, S. 58-60) angebotene Raster zur Einordnung der empirischen Untersuchungen. Als (1) *Einflussfaktoren* auf das Belastungserleben werden arbeitsbezogene (z. B. Arbeitszeit) und personenbezogene Merkmale (z. B. Alter und Geschlecht) sowie außerberufliche Einflüsse (z. B. kritische Lebensereignisse) untersucht. (2) *Folgen* werden aufgrund kurzfristig-aktueller (z. B. Herzrasen oder Gereiztheit) oder mittel- bis langfristiger bzw. chronischer Beanspruchungsreaktionen (z. B. Dienstunfähigkeit aufgrund psychosomatischer Störungen) sowie nicht-berufsspezifischer Merkmale (z. B. Folgen für Lehrerversorgung oder Unterrichtsqualität) operationalisiert. Die untersuchten (3) *Interventionen* unterscheiden Maßnahmen zur Verhältnisprävention (bezogen auf Arbeitsbedingungen, z. B. Ausstattung des Arbeitsplatzes im Lehrerzimmer) oder Verhaltensprävention (bezogen auf das Individuum, z. B. Aneignung von Coping-Strategien). Eingebettet ist die Untersuchung von Einflussfaktoren, Folgen und Interventionen in die Analyse (4) gesellschaftlicher Rahmenbedingungen (z. B. Sozialprestige des Lehrerberufs). Desiderate bestehen hinsichtlich der gesellschaftlichen Rahmenbedingungen, die bislang kaum im Zusammenhang mit der Belastungsfrage diskutiert wurden sowie im Blick auf nicht-lehrerspezifische Folgen und die Verhältnisprävention (ebd., S. 75).

Die *Potsdamer Lehrerstudie* (Schaarschmidt 2005; Schaarschmidt/ Kieschke 2007a) hat im Lehrerbildungsdiskurs der letzten Jahre große Beachtung gefunden. Im Kern stehen keine psychischen oder physischen Beeinträchtigungen, sondern das berichtete Verhalten und Erleben im Zusammenhang mit beruflichen Anforderungssituationen und die sich darin spiegelnden Gesundheitsressourcen und -risiken (Schaarschmidt 2005, S. 21). Mittels des AVEM-Inventars (s. u.) wurden über 20 000 Lehrkräfte sowie ca. 8 000 Vertreter anderer Berufe mit hoher psychosozialer Beanspruchung (z. B. Pflegekräfte, Polizeibeamte etc.) befragt. Lehrkräfte gehören zu über 60 % zwei Risikomustern an, die auf eine hohe Berufsbelastung und eine damit einhergehende gesundheitliche Belastung schließen lassen. Lehrpersonen, bei denen diese Risikomuster stark ausgeprägt sind, zeichnen sich durch ein hohes Maß an innerer Unruhe, Unausgeglichenheit und durch begrenzte Distanzierungsfähigkeit aus. Sie haben ein eingeschränktes Lebensgefühl aufgrund allgemeiner Unzufriedenheit und neigen wegen Misserfolgserleben zur Resignation. Es fällt ihnen schwer, sich zu entspannen. Soziale Unterstützung erleben diese Lehrkräfte nur wenig (zusammenfassend: Schaarschmidt/ Fischer 2008, S. 18-20). Problematisch ist insbesondere, dass die Studie einen Zusammenhang des hohen Beanspruchungserlebens nicht nur mit den personalen Voraussetzungen, sondern explorativ auch mit beruflichen Bedingungen nachweisen konnte. In einem weiteren Schritt wurden Interventionsmaßnahmen für Lehrkräfte im Beruf, aber auch für Lehramtsstudierende und -anwärter begründet und deren Interventionseffekte überprüft, die auf vorteilhafte Musterentwicklungen hinweisen.

Klusmann u. a. (2006) können die vier Typen Schaarschmidts (s. u.) nicht nur in einer repräsentativen und reinen Lehrerstichprobe replizieren, sondern auch zeigen, dass sich die von Mathematiklehrkräften erlebte Belastung (N = 314 Schulklassen) in dem von den Schülern berichteten Unterrichtsverhalten dieser Lehrkräfte widerspiegelt. Die Schüler wurden nach sechs Merkmalen wahrgenommener Unterrichtsqualität gefragt. Entlang vier der untersuchten Dimensionen (kognitive Selbstständigkeitsförderung, Interaktionstempo, Gerechtigkeit und Sozialorientierung) zeigen sich zwischen den vier AVEM-Typen (s. u.) signifikante Unterschiede dahingehend, dass die Schüler den Unterricht von Lehrkräften, die dem Gesundheitstyp zugeordnet werden können, am positivsten beurteilen. Die Musterzugehörigkeit hat weiterhin eine unmittelbare Bedeutung für die Unterrichtsebene. Der Gesundheitstyp (Muster G) kann als das wünschenswerte arbeitsbezogene Verhaltens- und Erlebensmuster für den Lehrerberuf gelten. Alle Abweichungen von diesem Typus sind vor dem Hintergrund des beruflichen Engagements (Schontyp bzw. Muster S) oder wegen der Gefährdung der psychischen Gesundheit (Risikomuster A und B) als vergleichsweise problematisch einzustufen.

Das Persönlichkeitsmerkmal *Extraversion* hat einen hemmenden Effekt, *Neurotizismus* hingegen fördert eine geringe Berufszufriedenheit und ein hohes Belastungsempfinden (Ipfling u. a. 1995; Lipowsky 2003; Foerster 2006, S. 46). Die Fehlpassung von Persönlichkeitsmerkmalen und beruflichen Anforderungen wird als zentrales Dilemma des Lehrerberufs deklariert (Schröder 2006, S. 220). Verschiedene Studien verweisen darauf, dass Anzeichen von Belastungserleben und Burnout bereits im Referendariat und sogar schon im Studium vorkommen (Schorn/ Buchwald 2007). Pessimistische Zahlen sehen 60 % der Studierenden als überfordert und wenig engagiert an (Rauin 2007, S. 64).

Werden die Ursachen der Belastung in älteren Studien hauptsächlich bei den Akteuren selbst verortet, berücksichtigen neuere Ansätze auch die Rahmenbedingungen und damit verschiedene organisatorische und strukturelle Faktoren als Auslöser oder zumindest als moderierende Variablen des Belastungserlebens (Becker 1995). Die derzeit stark diskutierten Befunde zur Lehrerbelastung messen dem Umfeld zwar durchaus eine Rolle bei der Belastung zu (Schaarschmidt 2005), untersucht werden im Kern aber nur personenbezogene Merkmale. Dies wurde jüngst dahingehend kritisiert, dass diese Schwerpunktsetzung personenunabhängige bzw. bedingungs- und verhältnisbezogene Variablen weitgehend außer Acht ließe – hinzu käme eine einseitige konzeptionelle Ausrichtung der Forschung (Krause/ Dorsemagen 2007a, S. 76). Bislang sei kein Nachweis erbracht, dass die Belastung im Kern auf persönlichkeitsbezogene Variablen und nicht etwa auf arbeits- und situationsbezogene Merkmale zurückzuführen sei (Rothland/Terhart 2009, S. 803). Im Anschluss an arbeits- und organisationspsychologische Zugänge seien daher Untersuchungen notwendig, die strukturelle sowie berufsspezifische Merkmale des Handlungsfeldes Schule und der Unterrichtsarbeit berücksichtigen und sich so einer kontextspezifischen Erfassung der Beanspruchungen annehmen. Wichtig sei die Verknüpfung von personellen Merkmalen und Kontextvariablen.

Eine solche Verbindung erscheint unabdingbar. Allerdings wird auch weiterhin der Grad der Belastung forschungspragmatisch oft nur an Personenmerkmalen festzumachen sein. Es gilt dann aber zu prüfen, inwieweit die Kontextmerkmale das Belastungserleben prognostizieren können. Hinzu kommt, dass bislang kaum erforscht wurde, wie Lehrkräfte mit den erlebten Belastungen umgehen und welche erfolgreichen Strategien sie zu deren Bewältigung anwenden. Eine Studie von Herzog (2007) weist darauf hin, dass verschiedenste Coping-Strategien zu einer effektiven Belastungsbewältigung führen können, also kein Königsweg existiert. Schaarschmidts Forschungsansatz bedarf daher keiner Revision, sondern einer Erweiterung. Die Belastung selbst ist dann als Folge personenspezifischer *und* kontextspezifischer Bedingungen aufzufassen. Gerade weil bei Schaarschmidt weitgehend Personenmerkmale erfasst wurden, scheint die Schlussfolgerung, erforderliche Veränderungen seien insbesondere in (1) veränderten Rahmenbedingungen des Berufs, (2) verbesserten Arbeitsbedingungen vor Ort, (3) bei den Lehrkräften selbst sowie (4) in der Ausbildung des Lehrernachwuchses zu sehen (2005, S. 145-156), in den ersten beiden Punkten kaum empirisch abgesichert. Dies führt zu dem von Rothland (2008) markierten Forschungsdesiderat, auf das die vorliegende Studie unter Rückgriff auf die erfassten kontextbezogenen Merkmale reagiert. Um auch situative Einflussfaktoren auf die Lehrerbelastung zu berücksichtigen, bietet sich eine Mehrebenenbetrachtung an (Schumacher u. a. 2009, S. 620). Die Forscher unterscheiden Belastungen, die von der Ebene der Individuen, des Unterrichts, der Einzelschule, des Bildungssystems und schließlich der Gesellschaft insgesamt ausgehen und bahnen damit den Weg für eine Lehrerbelastungsforschung, die sich an einem erweiterten Kreis möglicher Bedingungsfaktoren orientiert. Diese verweist außerdem auf methodische sowie inhaltlich-theoretische Desiderate (ebd., S. 623). Gefragt werden muss auch nach der Bedeutung von Berufsbelastungen für das Lernen der Schüler sowie nach erfolgreichen und tragfähigen Bewältigungsstrategien (Rothland/Terhart 2009, S. 804).

Operationalisierung

Dem Mainstream der Belastungsforschung folgend wird eine Kurzform des Verfahrens *Arbeitsbezogene Verhaltens- und Erlebensmuster (AVEM)* eingesetzt, mit dem auf elf Dimensionen, die jeweils mit vier Items operationalisiert wurden, das Verhalten und Erleben gegenüber Arbeits- und Berufsanforderungen erfasst wird (Schaarschmidt/Fischer 2008, S. 7-10; Vorarbeiten: Schaarschmidt/Fischer 2001; Schaarschmidt 2004). Die elf Dimensionen lassen sich drei Bereichen zuordnen. (1) Das *Arbeitsengagement* wird über die Subskalen Subjektive Bedeutsamkeit der Arbeit (SBA), beruflicher Ehrgeiz (BEG), Verausgabungsbereitschaft (VAG), Perfektionsstreben (PFS) und Distanzierungsfähigkeit (DFK) erfasst. Das Engagement gegenüber den Arbeitsanforderungen ist ein Indikator für Sinnerleben und aktive Lebenseinstellung. Unter Gesundheitsaspekten ist aber ein kontrollierter und zielgerichteter Einsatz der Kräfte nach persönlichen Schwerpunktsetzungen entscheidend (Walschburger

1990), weshalb überhöhtes Arbeitsengagement durchaus negative Auswirkungen auf das Belastungserleben haben kann. Deshalb kommt der Distanzierungsfähigkeit (Erholungsfähigkeit) eine wichtige Bedeutung zu (Richter u. a. 1990), gerade wenn der berufliche Ehrgeiz und die Verausgabungsbereitschaft einer Person oder Berufsgruppe hoch ausgeprägt sind. (2) Die Distanzierungsfähigkeit markiert zugleich, zusammen mit der Resignationstendenz bei Misserfolg (RBM) sowie den Dimensionen offensive Problembewältigung (OPW) und innere Ruhe/ Ausgeglichenheit (IRA) die erlebte *Widerstandskraft* gegenüber Belastungen. Ein solch offensives Vertrauen in die eigenen Möglichkeiten ist Ausdruck psychischer und physischer Gesundheit (Becker 1986). Eine positive Lebenseinstellung fördert das Entwickeln von Bewältigungsstrategien (Coping). (3) Dem Bereich der *Emotionen* sind die Dimensionen Erfolgserleben im Beruf (EIB), Lebenszufriedenheit (LZF) und Erleben sozialer Unterstützung (ESU) zugeordnet. In Gefühlsregungen äußern sich die eher labilen oder stabilen Voraussetzungen, auf deren Grundlage sich der Umgang mit Arbeitsanforderungen vollzieht. Große soziale Unterstützung wirkt sich positiv auf das Wohlbefinden aus (Schwarzer/ Leppin 1989).

Die Arbeits- und Berufsanforderungen können mittels Clusteranalyse vier Mustern zugeordnet und unter dem Gesundheitsaspekt beurteilt werden (Schaarschmidt/ Fischer 2008, S. 11-15). Durch Beschreibung dieser komplexeren arbeitsbezogenen Verhaltens- und Erlebensmuster (vgl. Tabelle 78) ergeben sich die besonderen Möglichkeiten des Verfahrens für die Lehrerbildungsforschung, indem die Musterverteilungen mit Normwerten aus lehramtsspezifischen Eichstichproben verglichen werden können.

Tabelle 78: Kurzbeschreibung der vier AVEM-Muster

Muster G (Gesundheitstyp)	hohes (aber nicht überhöhtes) berufliches Engagement, ausgeprägte Widerstandsfähigkeit gegenüber Belastungen, positives Lebensgefühl (»psychische Gesundheit«)
Muster S (Schonungstyp)	ausgeprägte Schonungs- (oder auch Schutz-)tendenz gegenüber beruflichen Anforderungen
Risikomuster A (Typ Anspannung)	Exzessives Engagement (Selbstüberforderung) bei eher eingeschränktem Lebensgefühl und verminderter Widerstandsfähigkeit gegenüber Belastungen
Risikomuster B (Typ Burnout)	vorherrschendes Erleben von Überforderung, Erschöpfung und Resignation

Quelle: Schaarschmidt/ Fischer 2008, S. 14.

Diese Musterausprägungen sind prototypisch zu verstehen und beziehen sich so nur auf Personen mit einer vollen Musterausprägung (Zuordnungsfunktion über Diskriminanzanalyse generiert). Nur selten finden sich solche vollen Musterausprägungen vor – meist überwiegt nur ein Muster oder es treten zwei Muster vergleichbar stark auf. So werden fünf Stufen der Musterausprägung unterschieden (Schaarschmidt/ Fischer 2008, S. 16): (1) volle Ausprägung (ein Muster >95 %); (2) akzentuierte Ausprägung (ein Muster >80 % und ≤95 %); (3) tendenzielle Ausprägung (ein Muster >50 % und ≤80 %, kein zweites Muster >30 %); (4) Kombination (zwei vorherrschende Muster, beide insgesamt >80 %, wobei das schwächer ausgeprägte Muster >30 %); (5) nicht zuzuordnen (keine der obigen Kriterien treffen zu). Eine sichere Musterzuordnung (volle Ausprägung) gelingt im vorliegenden Datensatz nur bezüglich 19.3 % der Lehramt-Selbstbilder, 21.2 % der Lehramt-Fremdbilder und 14.6 % der Zahnmedizinstudierenden. Die tendenzielle Musterzuordnung ist allerdings hinsichtlich 94.9 % der Lehramt-Selbstbilder, 95.1 % der Lehramt-Fremdbilder und 97.6 % der Zahnmedizin-Studierenden möglich. Die Musterverteilungen im Rahmen der Ergebnisdarstellung beruhen daher generell auf tendenziellen Ausprägungen. Je nach Ausprägung und Kombination der Muster, insbesondere der beiden Risikomuster, schlagen Schaarschmidt/ Fischer (2008, S. 16-19) verschiedene Interventionsmaßnahmen vor.

Tabelle 79: AVEM-Skalenmittelwerte (Rohdaten) (t_2)

AVE (N_{LS}=403-407; N_{LF}= 161-165; N_{ZM}=41)		LS		LF		S/ F	ZM		VG	
Code	Skala	M	SD	M	SD	r	M	SD	M	SD
SBA	subjektive Bedeutsamkeit der Arbeit (α=.81)	11.06	3.33	11.46	3.09	.35***	11.84	3.39	10.8	3.1
BEG	beruflicher Ehrgeiz (α=.74)	14.23	3.00	14.74	2.78	.50***	15.61	1.94	13.5	2.8
VAG	Verausgabungsbereitschaft (α=.81)	12.12	3.46	13.22	3.07	.41***	13.80	3.03	11.1	3.0
PFS	Perfektionsstreben (α=.83)	14.41	3.43	15.10	3.47	.32***	15.48	2.47	14.0	2.8
DFK	Distanzierungsfähigkeit (α=.74)	12.86	3.10	12.39	3.09	.32***	11.40	2.99	13.2	2.7
RBM	Resignationstendenz (bei Misserfolg) (α=.80)	10.86	3.10	9.81	2.75	.18*	11.76	3.33	10.5	3.0
OPW	offensive Problembewältigung (α=.85)	13.55	2.96	14.28	2.82	.22**	14.08	2.76	14.0	3.0
IRA	innere Ruhe/ Ausgeglichenheit (α=.76)	13.74	3.09	13.69	3.33	.32***	12.86	3.20	14.0	3.0
EIB	Erfolgserleben im Beruf (α=.86)	15.38	3.14	16.10	2.74	.22**	15.77	2.64	14.9	3.0
LZF	Lebenszufriedenheit (α=.84)	16.44	2.79	16.61	2.41	.41***	16.62	2.51	16.3	2.7
ESU	Erleben sozialer Unterstützung (α=.66)	16.94	2.74	16.12	3.06	.35***	16.73	2.62	17.0	2.7

Frage: Inwieweit stimmen Sie den nachfolgenden Aussagen zu? *Skala (rekodiert):* 4=minimale Ausprägung; 20=maximale Ausprägung. *Anmerkung:* VG=Vergleichsdaten aus Eichstichprobe unter N=972 Lehramtsstudierenden (Schaarschmidt/ Fischer 2008, S. 102). Dort angegebene Werte haben nur eine Dezimale. *Beispielitems:* Die Arbeit ist für mich der wichtigste Lebensinhalt (SBA); Was meine berufliche Entwicklung angeht, so halte ich mich für ziemlich ehrgeizig (BEG); Wenn es sein muss, arbeite ich bis zur Erschöpfung (VEG); Meine Arbeit soll stets ohne Fehl und Tadel sein (PFS); Auch in der Freizeit beschäftigen mich viele Arbeitsprobleme (DFK); Wenn ich keinen Erfolg habe, resigniere ich schnell (RBM); Ein Misserfolg kann bei mir neue Kräfte wecken (OPW); Mich bringt so leicht nichts aus der Ruhe (IRA); Mein bisheriges Berufsleben war recht erfolgreich (EIB); Ich habe allen Grund, meine Zukunft optimistisch zu sehen (LZF); Mein Partner/ meine Partnerin (bzw. die Person, zu der die engste persönliche Beziehung besteht) zeigt Verständnis für meine Arbeit (ESU).

Die Originalskala sieht ein Antwortformat in fünf Stufen (5=trifft völlig zu; 4=trifft überwiegend zu; 3=trifft teils/ teils zu; 2=trifft überwiegend nicht zu; 1=trifft überhaupt nicht zu) vor. Um keine Irritation unter den Probanden hervorzurufen, wurde das übliche siebenstufige Antwortformat mit Polbeschriftung (1=trifft überhaupt nicht zu; 7=trifft voll und ganz zu) beibehalten. Zur Vergleichbarkeit der Daten mit Werten von Schaarschmidt/ Fischer (2008) und um die Erlebens- und Verhaltensmuster zu berechnen, war daher zunächst eine Überführung der Daten aus der siebenstufigen in eine fünfstufige Skala notwendig. Da die Skalen zwar grafisch eine umgekehrte Polarität aufweisen (Original: links=Zustimmung; hier: rechts=Zustimmung), diese bei der Auswertung aber irrelevant ist (im Original wie auch hier bedeutet ein hoher Wert eine hohe Zustimmung), ist eine Umpolung der Daten nicht erforderlich. Die siebenstufige Skala, über welche die Daten erfasst wurden, kann also direkt nach folgendem Muster in eine fünfstufige Skala rekodiert werden: 1=1; 2=1.67; 3=2.33; 4=3.00; 5=3.67; 6=4.33; 7=5.00. Im Anschluss wurde, unter Berücksichtigung der Polarität der einzelnen Items, die Summe der Subskalen gebildet. Der Summenwert nimmt Werte zwischen minimal 4=geringste Zustimmung und maximal 20=höchste Zustimmung an. Die Berechnung der Risikomuster erfolgte mittels SPSS-Prozedur (Diskriminanzfunktion) (Schaarschmidt/ Fischer 2008, S. 59). Aufgrund der Skalenüberführung lassen sich geringfügige Verzerrungen der Daten vermutlich nicht vermeiden, denn jedes Antwortformat erzeugt bei den Probanden auch ein spezifisches Antwortverhalten. Insgesamt kann aufgrund der dezidierten Adaption der einzelnen Werte aber von eher geringen Verfälschungen ausgegangen werden, was der Abgleich mit der Eichstichprobe nahe legt (s. u.).

Ein Abdruck des Wortlauts aller 44 Items der AVEM-Kurzform ist urheberrechtlich nicht möglich. Deshalb werden nur die Kennwerte der Subskalen berichtet. Ein Beispielitem zu jeder Subskala kann den Anmerkungen von Tabelle 79 entnommen werden, vollständige Itemformulierungen können dem Befragungsmaterial entnommen werden (Schaarschmidt/ Fischer 2008). Die Subskalen erreichen befriedigende bis sehr gute Reliabilitätseigenschaften.

Ergebnisse im Vergleich mit der Eichstichprobe

Am Beginn der Ergebnisdarstellung steht der Vergleich der vorliegenden Daten mit Referenzdaten von Schaarschmidt/ Fischer (2008, S. 93), die aus einer Eichstichprobe unter 972 Lehramtsstudierenden in Deutschland stammen. Der Datenabgleich kann nicht nur Spezifika der befragten (baden-württembergischen) Lehramtsklientel aufzeigen, sondern gibt auch Auskunft über die Güte der vorliegenden Daten. Auf den ersten Blick ergibt sich ein plausibles Gesamtbild, da die Daten eine große Ähnlichkeit zur Eichstichprobe aufweisen (vgl. Abbildung 15; Detaildaten: vgl. Tabelle 79, S. 274).

Abbildung 15: Vergleich AVEM-Rohwerte von Lehramt und Eichstichprobe (t₂)

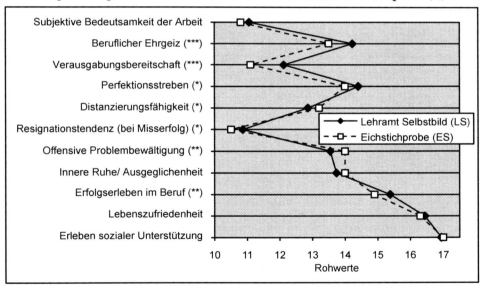

N_{LS}=403-407; N_{ES}=972. ***p < .001; **p < .01; *p < .05 (Signifikanzprüfung auf Mittelwertunterschiede: t-Test). *Anmerkung:* Die Daten der Eichstichprobe sind Schaarschmidt/ Fischer (2008, S. 102) entnommen.

Im Detail zeigen sich partiell bedeutsame Mittelwertunterschiede der Rohdaten. Der berufliche Ehrgeiz und die Verausgabungsbereitschaft sind unter den befragten Lehramtsstudierenden höchst signifikant stärker ausgeprägt als im bundesweiten Mittel. Auch bei der Dimension »Erfolgserleben im Beruf« erreichen die Befragten deutlich höhere Werte. Eine Tendenz zur stärkeren Ausprägung ergibt sich weiterhin hinsichtlich des Perfektionsstrebens, der Distanzierungsfähigkeit und der Resignationstendenz. Schwächer ausgeprägt sind die Werte der Probanden lediglich hinsichtlich der offensiven Problembewältigung. Die insgesamt höheren Mittelwerte der Befragten lassen zunächst vermuten, dass diese überdurchschnittlich positive Verhaltens- und Erlebensmuster aufweisen. Allerdings kann eine zu hohe Ausprägung des Arbeitsengagements auch ein Hinweis auf Risikomuster A sein, weshalb die Musterverteilungen näher untersucht werden (vgl. Abbildung 16).

Abbildung 16: AVEM-Musterverteilungen Lehramt und Zahnmedizin (t₂)

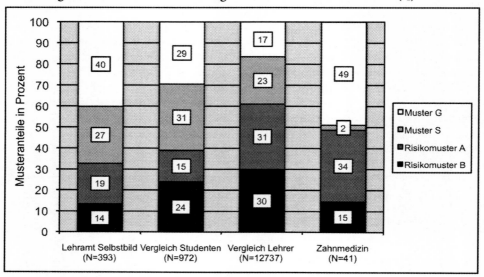

Anmerkungen: Die Vergleichsdaten (Schaarschmidt/Fischer 2008, S. 57) beziehen sich bei »Vergleich Studenten« auf Lehramtsstudierende in Deutschland, bei »Vergleich Lehrer« auf berufstätige Lehrkräfte in Deutschland. In beiden Fällen sind keine näheren Spezifikationen wie Semesterzahl oder Anzahl der Berufsjahre verfügbar. Infolge gerundeter Werte weicht die Summe (wie im Original) von 100 % ab.

Der Gesundheitstyp (Muster G) ist mit 40 % tendenzieller Zugehörigkeit unter den Befragten (»Lehramt Selbstbild«), auch verglichen mit 29 % in der Eichstichprobe unter Lehramtsstudierenden (»Vergleich Studenten«), das dominante Muster. Zwei Fünftel aller befragten Studierenden können nach dem dritten Semester daher durch ein hohes (aber nicht überhöhtes) Engagement – bei gleichzeitig ausgeprägter Widerstandsfähigkeit gegenüber Belastungen – charakterisiert werden. Weitere 27 % sind dem Schonungstyp (Muster S) zuzuordnen, der über ausgeprägte Schutztendenzen verfügt und damit ebenfalls als psychisch gesund eingestuft werden kann. Die Beobachtung, dass dem Schonungstyp in der Eichstichprobe mit 31 % etwas mehr Studierende zugewiesen werden, bestärkt die Annahme, dass die vorliegend befragte Klientel überdurchschnittlich engagiert studiert.

Die Lehramtsstudierenden weisen mit 33 % Zugehörigkeit zu einem der beiden Risikomuster ein im Vergleich zur Eichstichprobe (39 %) eher geringes Gesundheitsrisiko auf. Während ihr Überforderungserleben bzw. ihre Burnout-Neigung (Risikomuster B) deutlich geringer als im Bundesdurchschnitt ausgeprägt ist, weisen sie zugleich allerdings ein etwas höheres exzessives Engagement auf (Risikomuster A). Es gilt daher die obige Befürchtung, dass hoher Ehrgeiz und Verausgabungsbereitschaft langfristig zu einem Gesundheitsrisiko für etwa ein Fünftel der zu t_2 befragten Studierenden führen kann. Die Referenzdaten von Lehrkräften im Beruf (»Vergleich Lehrer«) jedenfalls verweisen auf eine wohl starke Zunahme der beiden Risikomuster (hier: 61 %) in der Berufsbiografie.

Verglichen mit diesen Daten erweisen sich die vorliegend befragten Lehramtsstudierenden als relativ gering gesundheitlich gefährdet. Jedenfalls bestätigen sich die Befunde der ebenfalls an Pädagogischen Hochschulen durchgeführten Studie von Rauin (2007) nicht, nach der weit über die Häfte der Lehramtsstudierenden bereits im Studium überfordert und folglich belastet sei. Es legt sich eher nahe, dass das Belastungserleben in der (berufs-)biografischen Entwicklung von Lehrkräften zunimmt. Personen, die ein Lehramtsstudium wählen, entstammen daher nicht bereits von Beginn an einer in gesundheitlicher Hinsicht riskanten Klientel, vielmehr sind es bestimmte Entwicklungen, insbesondere vermutlich die berufspraktischen An- und Herausforderungen, die zu einem überdurchschnittlich hohen Belastungserleben im Lehramt führen. Gleichwohl weist auch vorliegend immerhin ein Drittel aller Befragten bereits eines der beiden Risikomuster auf, was als besorgniserregend einzustufen ist.

Es ist freilich nicht auszuschließen, dass die eher positiven Ergebnisse für die vorliegend Befragten auch der Positivselektion der Stichprobe geschuldet sein könnten. Allerdings gewährleistet auch die Eichstichprobe insofern keine Repräsentativität für alle Lehramtsstudierenden, als weder die Zugehörigkeit der Befragten zu bestimmten Lehramtsstudiengängen kontrolliert wird noch eine Transparenz hinsichtlich der Verteilung von Kohorten, Hochschulen, Studienfächern, Lehrerbildungssystemen usw. gegeben ist. Wichtig ist daher letztlich die fallbezogen darstellbare längsschnittliche Entwicklung der Daten. Erst dann wird deutlich, zu welchem Zeitpunkt und unter welchen Rahmenbedingungen die Zugehörigkeit zu Risikomustern (zumindest erwartungsgemäß) zunimmt.

Professionsvergleich

Der Professionsvergleich zeigt (vgl. Abbildung 17), dass ZM-Studierende entlang der Subskalen zum beruflichen Ehrgeiz, zur Verausgabungsbereitschaft und zum Perfektionsstreben signifikant höhere Rohwerte als die LA-Studierenden erreichen. Damit ist ihr Arbeitsengagement zu t_2 höher als unter Lehramtsstudierenden. Allerdings fällt zugleich auf, dass unter den künftigen Zahnmedizinern die Distanzierungsfähigkeit, die als notwendiges Kompensationsmoment zur Erholung von beruflichen Anforderungen gilt, niedriger ausgeprägt ist als unter Lehramtsstudierenden. Darüber hinaus zeigen sich entlang der Items zur Widerstandskraft und zu den Emotionen keine signifikanten Professionsunterschiede. Zumindest für Ende des dritten Semesters lässt sich aufgrund der Rohwerte nicht feststellen, dass Lehramtsstudierende in besonderer Weise Belastungen ausgesetzt sind. Zu diesem Zeitpunkt erscheinen die ZM-Studierenden hinsichtlich der psychischen Gesundheit eher gefährdet.

Die Musterverteilungen zwischen Lehramt und Zahnmedizin (vgl. Abbildung 16, S. 276) bestätigen diese Vermutung. Zwar liegt in beiden Professionen die Ausprägung des Risikomusters B auf vergleichbarem Niveau (14-15 %), die ZM-Studierenden (34 %) weisen aber im Vergleich zum Lehramt (19 %) einen weitaus höheren Anteil am Risikomuster A auf, was auf verhältnismäßig mehr Studierende schließen lässt, die zu einem exzessiven Engagement und damit zur Selbstüberforderung neigen, einhergehend mit einem eingeschränkten Lebensgefühl und verminderter Widerstandsfähigkeit gegenüber Belastungen. Die Alternative, im Sinne einer ausgeprägten Schonungstendenz »gesund« mit den hohen Anforderungen des ZM-Studiums umzugehen (Muster S), zeigt sich nur bei einem einzigen Befragten. Mit der Hälfte der befragten ZM-Studierenden ist damit ein überproportional hoher Anteil dem Gesundheitstypus (Muster G) zuzuordnen. Für die Zahnmedizin ergibt sich der Eindruck, dass sich Studierende zu gleichen Teilen entweder als hoch engagiert und zufrieden oder als exzessiv engagiert und belastet erleben. Aufgrund der geringen Fallzahl muss dieser Befund unter Vorbehalt gelten, jedoch spricht für die Bedeutung des Ergebnisses, dass die ZM-Befragten aufgrund geringer Studierendenzahlen mehr als die Hälfte der Kohorte ausmachen.

Abbildung 17: Vergleich AVEM-Rohdaten zwischen Lehramt und Zahnmedizin (t$_2$)

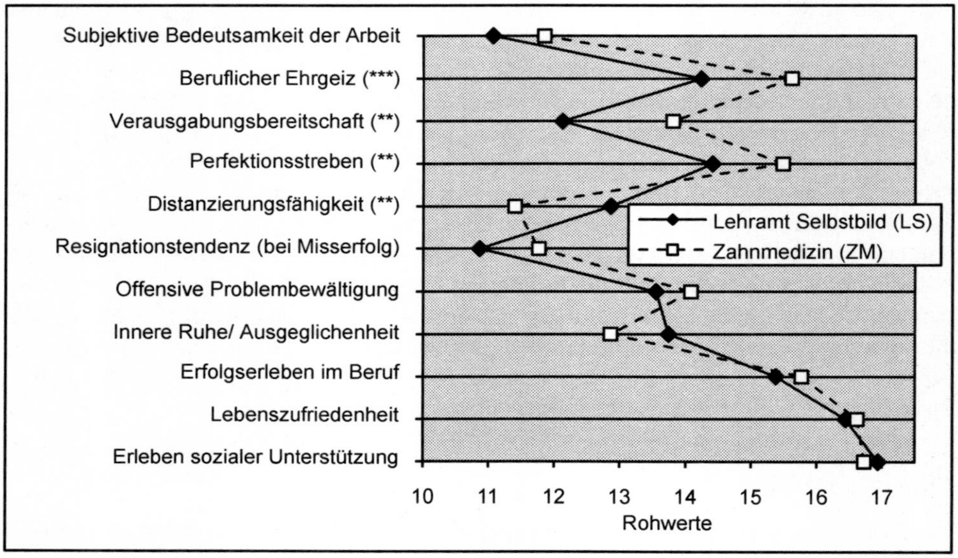

N$_{LS}$=403-407; N$_{ZM}$=41. ***p < .001; **p < .01; *p < .05 (Signifikanzprüfung auf Mittelwertunterschiede: t-Test).

Für die Forschung zur Belastung und Gesundheit im Lehrerberuf macht der Professionsvergleich erneut deutlich, dass, zumindest für die erste Phase der Lehrerbildung, die den berufstätigen Lehrkräften zugeschriebenen äußerst hohen Risikowerte im Studium noch nicht zwingend gelten müssen. Es ist also dort besondere Vorsicht geboten, wo die Lehramtsklientel schon aufgrund ihrer Eingangsbedingungen vorschnell als »krank« beschrieben wird. Es liegt vielmehr auf der Hand, eine umfassende längsschnittliche wissenschaftliche Begleitung angehender Lehrkräfte unter dem Gesundheitsaspekt vorzunehmen. Auf diese Weise ließe sich nicht nur die Entwicklung der arbeitsbezogenen Verhaltens- und Erlebensmuster protokollieren, sondern ggf. auch die (berufs-)biografischen Abschnitte und/oder Brüche genauer bestimmen, die zu erhöhtem Belastungserleben und damit zu einem psychischen Gesundheitsrisiko führen. Werden zudem Kontextbedingungen erfasst, kann herausgearbeitet werden, welche Einflüsse das Belastungserleben tatsächlich moderieren.

Ergebnisse nach unabhängigen Variablen

Signifikante Lehramtsunterschiede ergeben sich auf Ebene der Subskalen nur bezüglich des beruflichen Ehrgeizes, der im SP-Lehramt geringer ausgeprägt ist als in den anderen Studiengängen (BEG2: $\eta^2 = .021^*$; $M_{GH} = 14.36$; $M_{RS} = 14.75$; $M_{GY} = 14.12$; $M_{SP} = 13.16$). Dies führt dazu, dass im Vergleich der Musterverteilungen die befragten SP-Studierenden eine verhältnismäßig geringe Zugehörigkeit zum Risikomuster A aufweisen (13 %), also seltener unter hoher Anspannung und Selbstüberforderung leiden (vgl. Abbildung 18). Unter GH-Studierenden kommt dieses Muster fast doppelt so oft vor (22 %). Zugleich ist bei SP-Studierenden der Schonungstyp (Muster S) auffällig stark ausgeprägt. Risikomuster B, das über ein Erleben von Überforderung, Erschöpfung und Resignation (Burnout) Auskunft gibt, ist in allen Lehrämtern am schwächsten ausgeprägt, im GH-Lehramt (17 %) aber etwas häufiger vertreten als in anderen Studiengängen (11-12 %). Insgesamt weisen die GH-Studierenden am häufigsten die Zugehörigkeit zu einem der Risikomuster auf (39 %), gefolgt von RS-Studierenden (32 %), GY-Studierenden (29 %) und schließlich SP-Studierenden (24 %). Die hinsichtlich ihrer Musterverteilung am weitesten auseinander liegenden Lehrämter GH und SP unterscheiden sich zwar leicht signifikant (CI = .20*), die vier Musterverteilungen insgesamt unterscheiden sich aber nicht statistisch bedeutsam voneinander (CI = .09). Arbeitsbezogene Verhaltens- und Erlebensmuster können zu t_2 als lehramtsunabhängig gelten. Im Vergleich zu Schaarschmidt/ Fischer (2001) zeigen sich auch in der nationalen PISA-Repräsentativstichprobe keine signifikanten Lehramtsunterschiede (Klusmann u. a. 2006, S. 171).

Abbildung 18: AVEM-Musterverteilungen im Lehramtsvergleich (t_2)

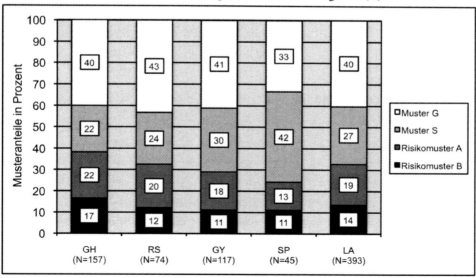

Je höher die sozioökonomische Stellung (SEI), desto höher ist tendenziell auch die Lebenszufriedenheit (LZF2: r = .12*) und desto stärker ist das Erleben sozialer Unterstützung (ESU2: r = .10*). Ein größeres kulturelles Kapital der Befragten (KKF) mindert das Arbeitsengage-

ment (BEG2: r=-.19***; VAG2: r=-.16**; PFS2: r=-.15**) sowie die offensive Problembewältigung (OPW2: r=-.12*). Zugleich sind bei Studierenden mit großen kulturellen Ressourcen
die Distanzierungsfähigkeit (DFK2: r=.13**), Lebenszufriedenheit (LZF2: r=.13**) sowie das
Erleben sozialer Unterstützung (ESU2: r=.22***) stärker ausgeprägt. Das soziale Kapital
(SKF) korreliert positiv mit dem Bereich der arbeitsbezogenen Emotionen (EIB2: r=.11*;
LZF2: r=.17**; ESU2: r=.25***). Diese Differenzen nach sozialer Herkunft schlagen sich auch
signifikant in der Musterverteilung nieder (vgl. Tabelle 80). Eine Differenzierung des kulturellen und sozialen Kapitals nach den vier Mustern wird substanziell: Studierende mit gerin-
gerer sozialer Herkunft gehören häufiger den beiden Risikomustern an. Inwieweit die soziale
Herkunft die Musterzugehörigkeit prognostizieren kann, wird unten diskutiert.

Tabelle 80: AVEM-Musterverteilung und soziale Herkunft (t$_2$)

| (N=374-388) | Muster G | | Muster S | | Risikomuster A | | Risikomuster B | | |
Code Skala	M	SD	M	SD	M	SD	M	SD	η^2
SEI sozioökonomische Stellung	56.1	13.6	57.4	14.7	52.8	15.0	53.9	18.3	.013
KKF kulturelles Kapital	5.50	1.03	5.77	0.77	5.25	0.98	5.24	1.08	.042**
SKF soziales Kapital	5.19	0.79	4.96	0.85	4.82	0.90	4.74	0.88	.041**

**p<.01 (Signifikanzprüfung mittels ANOVA). *Anmerkungen:* Die angegebenen Kennwerte sind ISEI-Index (SEI: je
höher der Index, desto höher die sozioökonomische Stellung) sowie Meta-Index kulturelles Kapital (KKF: 1=Mini-
mum; 7=Maximum) und Meta-Index soziales Kapital (SKF: 1=Minimum; 7=Maximum).

Distanzierungsfähigkeit ist unter GY-Studierenden mit Fach Theologie stärker ausgeprägt als
unter solchen mit Fach Mathematik (DFK2: η^2=.101*; M$_{GY/MA}$=11.41; M$_{GY/TH}$=13.83). Auf
die Musterverteilung insgesamt, die sich fachspezifisch nicht signifikant unterscheidet, hat
dieser Befund allerdings keinen ausreichend starken Einfluss. Das Alter der Befragten hat
keine Auswirkung auf das Antwortverhalten. Signifikante Geschlechterunterschiede zeigen
sich in einer stärker ausgeprägten inneren Ruhe/ Ausgeglichenheit der männlichen Studierenden (IRA2: η^2=.027**; M$_w$=13.52; M$_m$=14.95), aber auch in deren etwas höherer Distanzierungsfähigkeit (DFK2: η^2=.013*; M$_w$=12.71; M$_m$=13.71). Die subjektive Bedeutsamkeit
der Arbeit ist hingegen bei Studentinnen tendenziell stärker ausgeprägt (SBA2: η^2=.012*;
M$_w$=12.79; M$_m$=13.81). Diese geschlechterspezifischen Tendenzen finden sich so auch in der
allgemeinen Eichstichprobe (Schaarschmidt/ Fischer 2008, S. 103); leider werden dort keine
geschlechterspezifischen Werte für Lehramtsstudierende berichtet. Die weibliche und männliche Musterverteilung unterscheidet sich nicht signifikant (CI=.09; w: G=39%, S=26%,
A=20%, B=15%; m: G=45%, S=30%, A=18%, B=7%). Gleichwohl gehören mit 25% Zugehörigkeit die Studenten seltener den Risikomustern an als ihre Kommilitoninnen (35%).

Vergleich von Selbst- und Fremdbildern im Lehramt

Die vorliegenden Daten ermöglichen erstmals in der Forschung zu den arbeitsbezogenen
Verhaltens- und Erlebensmustern einen Vergleich von Selbst- und Fremdeinschätzung. Mittels AVEM-Kurzskala wurden über alle 44 Items auch Fremdbild-Daten eingeholt. Die Korrelationen zwischen Selbst- und Fremdbild auf Ebene der Subskalen sind im Vergleich zu anderen Skalen der Studie hoch (vgl. Tabelle 79, S. 274). Gerade das Arbeitsengagement (erste
fünf Subskalen) der Probanden wird aufgrund der höchst signifikanten Korrelationen zwi-

schen Selbst- und Fremdbild sehr ähnlich (passgenau) eingeschätzt und kann von den befragten Kommilitonen offenbar gut beurteilt werden. Gleichwohl lassen sich auch hier signifikante Mittelwertdifferenzen erkennen (vgl. Abbildung 19).

Abbildung 19: Vergleich der Rohwerte zwischen Selbstbild und Fremdbild (t_2)

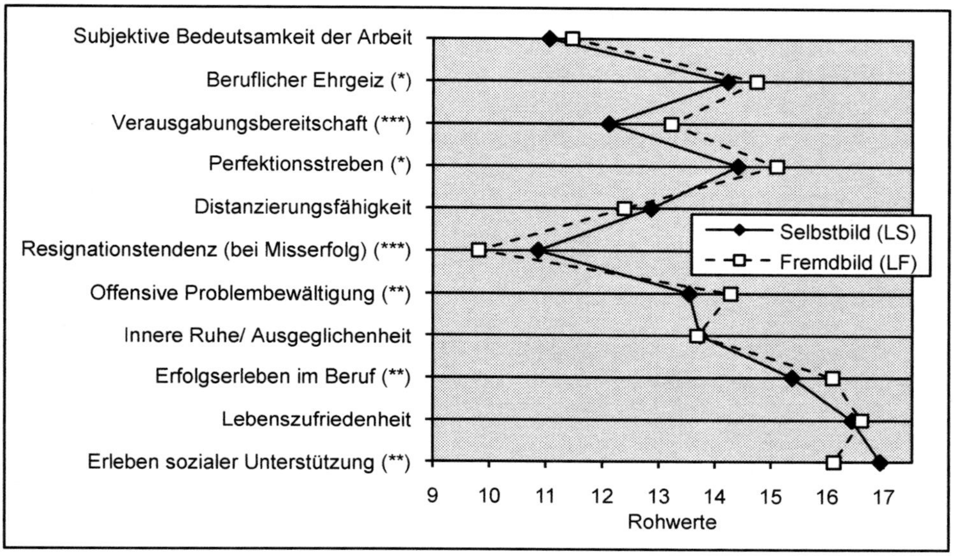

$N_{LS} = 403$-407; $N_{LF} = 161$-165. ***$p < .001$; **$p < .01$; *$p < .05$ (Signifikanzprüfung auf Mittelwertunterschiede: t-Test).

Die Verausgabungsbereitschaft wird in der Fremdsicht überschätzt, wie abgeschwächt auch
der berufliche Ehrgeiz und das Perfektionsstreben der Lehramtsstudierenden. Gleichzeitig
wird die Resignationstendenz deutlich unterschätzt, die offensive Problembewältigung und
das Erfolgserleben im Beruf werden aber überschätzt. Die Fremdeinschätzenden zeichnen
damit ein Bild von Lehramtsstudierenden, das im Vergleich zu den Selbstbildern durch höheres Arbeitsengagement und geringere Widerstandsfähigkeit gekennzeichnet ist. Nur das Erleben sozialer Unterstützung ist aus der Selbstsicht stärker als dies von den Mitstudierenden
angenommen wird. Ein Blick auf die Musterverteilungen zeigt, welche Konsequenzen dies für
die psychische Gesundheit haben kann (vgl. Abbildung 20).

Jeweils 8 % der Studierenden sind nach Selbst- und Fremdeinschätzung dem Risikomuster
B (»Burnout«) zuzuordnen. Hinsichtlich des Risikomusters A (»Anspannung«) fällt die Zuweisung durch die Fremdeinschätzenden deutlich größer aus. Ein knappes Drittel (31 %) der
Probanden zeichnet sich aus Sicht Mitstudierender durch Selbstüberforderung und vermin-
derte Widerstandsfähigkeit aus, was aufgrund von Selbsteinschätzungen nur zu 21 % der Fall
ist. Der Anteil am Gesundheitstyp (Muster G) ist aus beiden Perspektiven vergleichbar (42-
44 %), während der Schonungstyp (Muster S) aus der Innensicht deutlich häufiger vorkommt
(29 %) als dies von Mitstudierenden gesehen wird (17 %). Insgesamt weisen die Fremdbilder
39 % der Fälle (Befragten) einem der Risikomuster zu, die korrespondierenden Selbstbilder
nur zu 29 %. Damit besteht keine Gefahr, dass Mitstudierende die gesundheitlichen Risiken

arbeitsbezogener Verhaltens- und Erlebensmuster unterschätzen. Indem sie die Risiken anderer erkennen, reflektieren sie vermutlich sogar das eigene Belastungserleben. Ob allerdings die Fremdeinschätzungen von Dozierenden und Praxisbetreuenden vergleichbar empathisch sind, bleibt offen. Eine notwendige Sensibilität für Belastungs- und Gesundheitsfragen bereits während des Studiums und erster Schulpraktika ist seitens der Ausbildenden im Sinne einer Begleitung der professionellen Entwicklung Lehramtsstudierender notwendig. Jedenfalls stellen gerade Mitstudierende, die die Probanden hinsichtlich studienbezogener Belange am besten einschätzen können sollten, deren psychisch-gesundheitliche Stabilität in Frage.

Abbildung 20: AVEM-Musterverteilungen von Selbst- und Fremdbild (t₂)

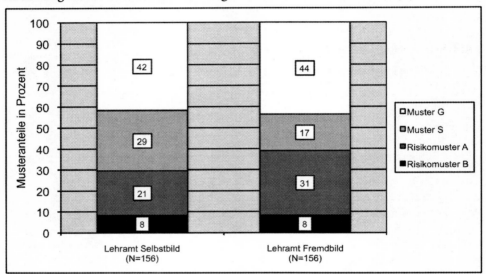

Anmerkung: Um einen direkten Vergleich zu ermöglichen, wurden die Selbstbilddaten in dieser Abbildung auf die Fälle reduziert, zu denen auch ein korrespondierendes Fremdbild vorliegt. Entsprechend weicht die Musterverteilung von den Selbstbildern der vollen Stichprobe (vgl. Abbildung 16, S. 276) ab.

Schulpraxis und Belastungserleben

In den Interviews artikulieren die Studierenden, dass bereits in den studienbegleitenden Praktika ein Gefühl für die eigene Belastbarkeit und Eignung für den Lehrerberuf entsteht (104). Außerdem kann sich – vermittelt über die schulpraktischen Erfahrungen – ein Bild von der Lehrerschaft bzw. von der künftigen beruflichen Rolle entwickeln, das auf die enormen Anforderungen und auf mangelnde Hilfestellungen beim Unterrichten verweist (105).

(104) Im Blockpraktikum [...] kann man erkennen [ob man sich belastet fühlt], weil man da viel unterrichtet, viel vorbereiten muss [...]. Wenn die Studenten morgens total fertig kommen, weil sie die ganze Nacht die Stunde vorbereitet haben oder nicht auf die Schüler eingehen können, sondern gereizt sind [...], wenn [...] ich eine Klasse nicht unter Kontrolle habe, [...] wenn da immer Lärm ist, dann habe ich irgendwann ein Problem. [D2-M22RS]

(105) Ich will in der Schule arbeiten, aber ich bin nicht überzeugt. Mit den Schülern der 8. und 9. Klasse will ich nicht arbeiten. [...]. Die Gesellschaft versteht diese Probleme leider nicht. [...]. Niemand will mit diesen [schwierigen] Kin-

dern arbeiten. [...]. Die Lehrer haben wirklich keine Unterstützung. Jeder steht allein vor der Klasse und kann nichts machen. [J2-W41RS]

Ausgehend von diesen Einzelfällen soll nachfolgend geprüft werden, ob sich ein Zusammenhang von Praxiserfahrungen und Belastungserleben auch quantitativ abbilden lässt. Dazu wurde die Abhängigkeit des Erfolgs im Schulpraktikum (SPA2; vgl. 5.3, S. 448) von der AVEM-Musterzugehörigkeit überprüft. Es zeigen sich deterministische Differenzen ($\eta^2 = .073^{***}$; $M_G = 5.53$; $M_S = 5.29$; $M_A = 5.35$; $M_B = 4.93$). Wer ein ausgewogenes Maß an beruflichem Engagement zeigt, erlebt sich in der Schulpraxis also am erfolgreichsten (Muster G). Den zweiten Erfolgsgrad erreichen Studierende entweder mit exzessivem und auf Dauer gesundheitsgefährdendem Engagement (Risikomuster A) oder aber mit dem Gegenteil, einer ausgeprägten Schonungstendenz (Muster S). Das geringste schulpraktische Erfolgserleben kommt Studierenden des Risikomusters B zu, bei denen sich das Gefühl von Überforderung und Erschöpfung sowie eine Resignationstendenz einstellt. Schulpraktische Erfahrungen sind hochgradig von arbeitsbezogenen Erlebens- und Verhaltensmustern abhängig.

Es könnte durchaus sein, dass die spezifischen Praxiserfahrungen nicht die Folge, sondern der Auslöser für eine bestimmte Musterzuordnung sind. Daher wurde weiterhin geprüft, ob bereits die vor jeglicher Praxiserfahrung (t_1) abgefragten Erwartungen an die Schulpraktika (SPA; vgl. 5.3, S. 448) in Abhängigkeit von den zu t_2 vorliegenden Musterzuordnungen differieren. Es zeigt sich eine substanzielle Abhängigkeit der Erwartungen von der Musterverteilung ($\eta^2 = .042^{**}$; $M_G = 4.83$; $M_S = 4.69$; $M_A = 4.55$; $M_B = 4.48$). Studierende, die zu Studienbeginn eine positivere Erwartung an ihren Erfolg in den späteren Schulpraktika äußern, gehören damit häufiger den Gesundheitstypen G und S an und weisen seltener eine Zugehörigkeit zu den Risikomustern A und B auf. Dieser Befund bestätigt zwar keine Kausalität, markiert aber die Tatsache, dass zwischen den Haltungen gegenüber den schulpraktischen Erfahrungen sowie den arbeitsbezogenen Verhaltens- und Erlebensmustern schon Erstsemester Beziehungen herstellen. Dies mag darauf hinweisen, dass sich eine nähere Prüfung lohnt, inwieweit die Schulpraxis und damit die spezifische berufliche Tätigkeit von Lehrkräften für das überdurchschnittlich hohe Belastungserleben im Lehrerberuf verantwortlich sind.

Bedingungen hohen Belastungserlebens und Intervention

Mit Blick auf die professionelle Entwicklung Lehramtsstudierender ist zu fragen, welche Bedingungen die Wahrscheinlichkeit einer Zugehörigkeit zu den Risikotypen erhöhen und so die (Berufs-)biografie gefährden. Es soll also geprüft werden, welche Bedingungen bereits zu Studienbeginn ein Vorhersagepotenzial für die Musterzuordnung aufweisen. Es wird angenommen, dass der Gesundheitstyp (Muster G), der sich durch ein hohes aber nicht exzessives berufliches Engagement, ausgeprägte Widerstandsfähigkeit gegenüber Belastungen und ein positives Lebensgefühl auszeichnet, die besten Voraussetzungen für eine erfolgreiche Berufsausübung im Sinne psychischer Gesundheit aufweist. Die Frage ist also, warum zahlreiche Lehramtsstudierende eben nicht diesem wünschenswerten Gesundheitstyp angehören und worin mögliche Auslöser für diese Abweichung liegen. Statistisch gesehen soll also geprüft werden, aufgrund welcher Prädiktoren und mit welchen Wahrscheinlichkeiten sich Studierende, die dem Muster S (»Schonung«) sowie den Risikomustern A (»Anspannung«) und B (»Burnout«) zugeordnet werden können, vom Gesundheitstypus unterscheiden.

Um dieser Frage nachzugehen, wurde eine multinominale logistische Regressionsrechnung mit der AVEM-Musterzuordnung als abhängiger Variable und allen zu t_1 erfassten metrischen Variablen als potenziellen Prädiktoren durchgeführt. Als abhängige Variable wurde die tendenzielle AVEM-Musterzugehörigkeit gesetzt, wobei der Gesundheitstyp (Muster G) als Referenzkategorie im Regressionsmodell dient. Im Zuge der Modellanpassung wurden alle Prädiktoren beibehalten, die nach dem Likelihood-Quotienten-Test einen signifikanten Einfluss auf das Gesamtmodell haben (p < .05). Die Modellanpassung wird höchst signifikant und lässt eine Interpretation der Parameter zu (vgl. Tabelle 81). Die Varianzaufklärung des Modells ist gut (Rohrlack 2007, S. 204). 55.5 % der Fälle können alleine aufgrund der Prädiktorenausprägungen dem richtigen Muster zugeordnet werden. Die Parameterschätzung erfolgt auf Basis der Wald-Statistik. Interpretiert wird statt der standardisierten Beta-Koeffizienten das anschaulichere Quotientenverhältnis (»odds ratio«; vgl. 2.1.3, S. 128).

Tabelle 81: Prädiktoren der Abweichung vom Gesundheitstyp (t_1 auf t_2)

Index/ Item (Code)	Muster S			Risikomuster A			Risikomuster B		
	β	Exp(β)	p	β	Exp(β)	p	β	Exp(β)	p
kulturelles Kapital (KKF)	0.59	1.80	.002	-0.08	0.93	.631	0.01	1.01	.959
soziales Kapital (SKF)	-0.39	0.68	.058	-0.56	0.57	.004	-0.49	0.61	.034
Neurotizismus (NEU)	-0.02	0.98	.886	0.42	1.53	.001	0.66	1.93	.000
Verträglichkeit (VER)	0.57	1.76	.003	0.11	1.11	.513	0.35	1.41	.099
Gewissenhaftigkeit (GEW)	-1.54	0.22	.000	-0.32	0.73	.204	-0.89	0.41	.003
Vermeidungs-Leistungsziele (VLZ)	-0.39	0.68	.002	0.15	1.17	.183	-0.10	0.91	.496
Arbeitsvermeidung (ARV)	0.39	1.47	.003	0.10	1.10	.451	0.18	1.20	.228
Orientierung an eigenen Lehrern (OUL)	-0.48	0.62	.077	-0.15	0.86	.548	0.67	1.96	.027
Bedeutsamkeit Fachwissenschaft (BAK_1)	-0.36	0.70	.004	-0.02	0.98	.860	-0.35	0.71	.015
(Konstante)	7.13	–	.007	1,81	–	.460	1.84	–	.518

Abkürzungen: β=standardisierter Beta-Koeffizient; Exp(β)=odds ratio; p=Signifikanz (Wald-Statistik). *Modell:* multinominale logistische Regression. *Modellanpassung:* N=353; χ^2=191.17; df=27; p=.000. *Varianzaufklärung:* Pseudo R^2: Cox/Snell=.48; Nagelkerke=.45; McFadden=.21. *Abhängige Variable:* AVEM-Musterzuordnung (1=Muster G; 2=Muster S; 3=Risikomuster A; 4=Risikomuster B). *Referenzkategorie:* Muster G. *Klassifikation:* Anteil der Fälle, die aufgrund der Prädiktoren dem richtigen Muster zugeordnet werden können: Muster G (73.2 %); Muster S (62.5 %); Risikomuster A (24.3 %); Risikomuster B (36.7 %); gesamt (55.5 %).

Lehramtsstudierende, die tendenziell dem Schonungstyp (Muster S) zugeordnet werden können, zeichnen sich durch ausgeprägte Schonungs- und/oder Schutztendenzen gegenüber beruflichen Anforderungen aus. Sie sind zwar keinem psychisch-gesundheitlichen Risiko ausgesetzt, weisen aber aufgrund ihres geringen Engagements im Vergleich zum Gesundheitstyp letztlich keine wünschenswerte Konstitution für den Lehrerberuf auf. Die Chance einer Abweichung vom Gesundheitstyp mit Folge einer Klassifikation als Schonungstyp nimmt erheblich ab, wenn die befragte Person eine höhere Gewissenhaftigkeit aufweist (Exp(β)=0.22). Bei der Erhöhung des Index Gewissenhaftigkeit (GEW) um einen Skalenwert (z. B. von M=4.00 auf M=5.00) reduziert sich die Wahrscheinlichkeit für Studierende, dem Schonungs- statt dem Gesundheitstyp anzugehören also bereits um das 4.5-fache. Umgekehrt haben Personen mit vergleichbar höherer Ausprägung des Index Neurotizismus (NEU) ein um den Faktor 1.8 erhöhtes Risiko, dem Schonungstyp anzugehören. Wer in der Schule dazu neigte, (vermeintlich) geringe Leistungen zu verbergen, weist bei einstufiger Erhöhung des entsprechenden Index (VLZ) ein 1.5-fach geringeres Risiko auf, dem Schonungstyp zugeordnet zu werden;

wer indes schon als Schüler eine entsprechend höhere Arbeitsvermeidung (ARV) zeigt, hat eine vergleichbar höhere Chance. Ein um eine Stufe erhöhtes kulturelles Kapital (KKF) verdoppelt die Wahrscheinlichkeit, dem Schonungstyp zugeordnet zu werden (Faktor 1.8). Je höher schließlich die Bedeutung des fachwissenschaftlichen Studiums (BAK_1) eingeschätzt wird, desto geringer ist die Gefahr, Schonungstendenzen zu zeigen (Faktor 1.4).

Studierende mit tendenzieller Zugehörigkeit zum Risikomuster A zeichnen sich durch ein exzessives Engagement und damit durch die Gefahr einer Selbstüberforderung aus, die von einem eingeschränkten Lebensgefühl und einer geringen Widerstandsfähigkeit gegenüber Belastungen begleitet wird. Der Risikotyp A erweist sich daher als »ungesunde« Übersteigerung des ebenfalls hohen Engagements des Gesundheitstypus – verbunden mit entsprechend negativen und für den Lehrerberuf wenig wünschenswerten Begleiterscheinungen. Die Regressionsrechnung liefert Anhaltspunkte, welche zu Studienbeginn erfassten Prädiktoren die Wahrscheinlichkeit eines Abweichens vom Gesundheitstyp (Muster G) zum Risikomuster A befördern. Nur zwei der im Regressionsmodell verbliebenen Prädiktoren haben signifikante Effekte. Ein um eine Skalenstufe höheres soziales Kapital der Studierendenfamilien (SKF) verdoppelt fast die Chance, dem Gesundheitstyp anzugehören (Faktor 1.8). Wer hingegen eine entsprechend höhere Neurotizismusausprägung (NEU) aufweist, gehört mit einem um das 1.5-Fache gesteigerten Risiko eher dem Muster A an.

Der Risikotyp B ist gekennzeichnet durch ein Erleben von Überforderung, zeigt Anzeichen von Erschöpfung und neigt zur Resignation. Die Gefahr eines Abweichens vom Gesundheitstyp zugunsten des Risikotypus B ist ebenfalls mit durch das Persönlichkeitsmerkmal Neurotizismus (NEU) vorherzusagen, dessen Erhöhung um einen Skalenwert die Wahrscheinlichkeit fast verdoppelt (Faktor 1.9). Wie zuvor mindert auch hier ein entsprechend höher ausgeprägtes soziales Kapital (SKF) die Gefahr, dem in Hinsicht der psychischen Gesundheit problematischen Risikotypen B anzugehören merklich (Faktor 1.6). Auffällig ist die Bedeutung der Orientierung am Unterrichtsstil der eigenen Lehrer (OUL). Eine um einen Skalenwert höhere Abgrenzung vom als Schüler selbst erlebten Unterricht führt zu einer doppelt so hohen Wahrscheinlichkeit, dem Risikomuster B anzugehören (Faktor 2.0). Gerade Studierende, die den Schulalltag gezielt verändern und modernisieren möchten, laufen demnach Gefahr, unter Erschöpfungszuständen zu leiden und zu resignieren. Schließlich prognostiziert eine bereits im ersten Semester geringe Bedeutungszuschreibung an das fachwissenschaftliche Studium (BAK_1) das Risiko, dem Muster B anzugehören um das 1.4-Fache.

Zusammenfassend ist (1) ein »Abrutschen« vom Gesundheitstyp zum Schonungstyp insbesondere dann gegeben, wenn die Lehramtsstudierenden bereits zu Studienbeginn eine geringe Gewissenhaftigkeit, eine hohe Verträglichkeit, ein hohes kulturelles Kapital sowie eine Tendenz zur Arbeitsvermeidung und Geringschätzung fachwissenschaftlicher Studienanteile aufweisen. Solche Studierende lassen sich als unterdurchschnittlich organisiert, ordentlich und zuverlässig, zugleich aber als überdurchschnittlich hilfsbereit und empathisch charakterisieren. Sie stammen eher aus gebildeten sowie kulturell interessierten Elternhäusern und neigen dazu, der fachwissenschaftlichen Ausbildung eine geringere Bedeutung zuzumessen. (2) Lehramtsstudierende mit erhöhtem Risiko, statt dem Gesundheitstypus dem Risikomuster A (»Anspannung«) anzugehören, lassen sich als eher angespannt, ängstlich, nervös oder empfindlich beschreiben. Ihnen fehlt im Vergleich zum Gesundheitstyp ein hochgradig intaktes soziales Netzwerk, das sich durch Unterstützung in der Familie oder ausgeprägte Außenbeziehungen (z. B. durch soziales und ehrenamtliches Engagement) charakterisieren lässt. (3)

Die Gefahr einer Zugehörigkeit zum Risikomuster B (»Burnout«) erhöht sich für Studieren-de, die zu Studienbeginn wie jene mit Neigung zum Risikomuster A beschrieben wurden. Sie grenzen sich außerdem scharf von dem selbst als Schüler erlebten Unterricht der eigenen Lehrer ab und schätzen die Bedeutung der Fachwissenschaft als vergleichsweise gering ein.

Insgesamt lässt sich die Gefahr, vom Gesundheitstyp (Muster G) abweichend einem der beiden Risikomuster anzugehören, näherungsweise durch ein stark ausgeprägtes Persönlich-keitsmerkmal Neurotizismus (vgl. 3.5, S. 215) sowie ein vergleichsweise geringes soziales Ka-pital (vgl. 3.2.3, S. 177) erklären. Beide Merkmale können als relativ stabile Eingangsbedin-gungen des Lehramtsstudiums gelten. Es erscheint daher wahrscheinlich, dass die Neigung Lehramtsstudierender, sich zu Angehörigen eines der Risikotypen zu entwickeln, zumindest tendenziell bereits vor Studienbeginn diagnostiziert werden kann. Ob sich diese Vermutung bestätigt und welche Konsequenzen dies ggf. für die Beratung oder gar Zulassung von Studie-renden haben könnte, müsste allerdings vertiefend geprüft werden. Weiterhin kann insbe-sondere der Schonungstyp aufgrund von zu Studienbeginn erfassten Merkmalen erkannt werden. Aufgrund des geringen Engagements, das von Studierenden dieses Typs im Berufs-alltag zu erwarten ist, erscheint die Abweichung vom Gesundheitstyp ebenso wenig wün-schenswert, wenngleich sich mit ihm kein Risiko für die psychische Gesundheit verbindet.

Eine notwendige Präventionsarbeit kann nur dort ansetzen, wo auf die isolierten Prädikto-ren Einfluss genommen werden kann. Das kulturelle und soziale Kapital entziehen sich gänz-lich, die Persönlichkeitsmerkmale Neurotizismus, Verträglichkeit und Gewissenhaftigkeit weitgehend einer Intervention, da sie naturgemäß nicht bzw. nur in engen Grenzen beein-flusst werden können. Sinnvoll erscheint es daher eher im Bereich der Bewusstmachung mo-tivationaler Faktoren wie der Leistungsmotivation anzusetzen. Denkbar wäre, die Bedeutung einer Balance von Arbeitsengagement und Erholung im Rahmen von verpflichtenden Ein-führungsveranstaltungen zu thematisieren. Außerdem erscheint eine systematische Aufarbei-tung und Reflexion der Erfahrungen aus der eigenen Schulzeit in solch einem verbindlichen Rahmen sinnvoll, um damit einen produktiven Umgang mit den eigenen Voreinstellungen und Haltungen zu ermöglichen. Der Stellenwert fachlicher und fachwissenschaftlicher Studi-enanteile sollte transparent gemacht werden, etwa anhand der bereits erläuterten Bedeutsam-keit von fachlichem Professionswissen für die Schülerleistungen.

Eine realistische Einschätzung der begrenzten Interventionsmöglichkeiten zur Prävention von Belastungserleben im Rahmen der institutionalisierten Lehrerbildung erscheint ange-bracht. Studierende, die bereits als Erstsemester eindeutig einem Risikomuster zugeordnet werden können, sollten auch auf Angebote hochschulexterner Anbieter hingewiesen werden. Seminare zu Körpersprache und Kommunikation, Selbstbehauptung oder in Einzelfällen auch eine therapeutische Beratung bzw. psychologisches Coaching können durchaus ange-messen sein, bedenkt man die (berufs-)biografischen Folgen des Burnout. Auch in solchen Settings ist die Persönlichkeitsstruktur zwar nicht grundsätzlich reversibel, sie dienen aber einer intensivierten Reflexion von Routinen. In der Lehrerbildung sollten die Möglichkeiten von Microteaching und Videoanalysen neu in den Blick geraten.

4.1.2 Selbstwirksamkeitserwartung

Die Beschäftigung mit der Selbstwirksamkeitserwartung von Lehrkräften (Überblick: Schwarzer/Warner 2011) geht zurück auf Arbeiten zu Kontrollüberzeugungen (Rotter 1966), die im Blick auf die Unterrichtstätigkeit modifiziert wurden (Armor u. a. 1976; Überblick: Baumert/Kunter 2006, S. 501-503). Bandura prägte den Begriff der Selbstwirksamkeit (»perceived self-efficacy«), der die Überzeugung von Personen beschreibt, trotz vorhandener Barrieren über Fähigkeiten und Mittel zu verfügen, Handlungen durchzuführen, die zur Erreichung eines gesetzten Zieles notwendig sind (Bandura 1977; 1997). Zeitgemäß formuliert geht es um »die subjektive Gewissheit, neue oder schwierige Anforderungssituationen aufgrund eigener Kompetenz bewältigen zu können« (Warner/Schwarzer 2009, S. 629). Selbstwirksamkeit entsteht durch eigenen Erfolg, aber auch aufgrund stellvertretender Erfahrungen durch Beobachtung anderer, durch Fremdbewertung und Selbstinstruktion oder aufgrund der Wahrnehmung eigener Gefühle (Bandura 1993; Warner/Schwarzer 2009, S. 634). Es liegt nahe, Lehrkräfte dort zu unterstützen, wo sie Defizite aufweisen, um dauerhafte Misserfolgserfahrungen zu verhindern und Selbstwirksamkeit zu fördern (Wong 1997). Interventionsstudien zeigen die Steigerungsfähigkeit der Selbstwirksamkeitserwartung von Lehramtsstudierenden und Lehrkräften durch Aus-, Fort- und Weiterbildung (Warner/Schwarzer 2009, S. 636).

Für Deutschland wurde gezeigt, dass Selbstwirksamkeitsüberzeugungen nicht nur zur Bewältigung von beruflichem Stress und Berufsbelastungen beitragen (Schmitz 2001) sowie das Burnout-Risiko reduzieren (Schmitz/Schwarzer 2002), sondern auch mit einem größeren beruflichen Engagement und beruflicher Zufriedenheit einhergehen (Schmitz/Schwarzer 2000). Auch kann die kollektive Selbstwirksamkeitserwartung innerhalb eines Kollegiums positiven Einfluss auf die individuelle Selbstwirksamkeitserwartung einer Lehrkraft haben (Schwarzer/Schmitz 1999; Goddard 2001). Es konnte sogar ein Einfluss kollektiver Selbstwirksamkeitserwartung auf die Mathematikleistung von Schülern nachgewiesen werden (Hoy u. a. 2002). Insgesamt erweisen sich Selbstwirksamkeitserwartungen als wichtige Komponente der psychischen Regulationsfähigkeit von Lehrkräften (Baumert/Kunter 2006, S. 503). Sie sind eine wichtige Voraussetzung für die Schulreform insgesamt (Edelstein 2002). Eine hohe Selbstwirksamkeitserwartung hat außerdem positiven Einfluss auf die Motivation und Leistungsbereitschaft von Lehrpersonen (Schunk 1995; Zimmermann 2000; Warner/Schwarzer 2009, S. 630). Über die längsschnittliche Entwicklung von Selbstwirksamkeitserwartung über die Phasen der Lehrerbildung hinweg ist wenig bekannt. Einzelne Studien lassen vermuten, dass sie gerade während Praxisphasen geringer ausfällt (Tschannen-Moran u. a. 1998; Hoy/Spero 2005). Eine Abhängigkeit der Selbstwirksamkeit von (berufs-)biografischen Einflüssen sowie dem spezifischen schulischen Umfeld ist daher naheliegend (Goddard u. a. 2004).

Selbstwirksamkeitserwartungen sind Teil der motivationalen Orientierung von Lehrkräften (Tschannen-Moran u. a. 1998; Warner/Schwarzer 2009). Lehrpersonen mit ausgeprägter Selbstwirksamkeitserwartung unterrichten enthusiastischer (Allinder 1994), weisen dabei eine stärkere normative Bindung auf (Coladarci 1992) und verbleiben wahrscheinlicher bis zum Ruhestand im Beruf (Burley u. a. 1991). Einflüsse erhöhter Selbstwirksamkeitserwartung auf den Unterricht zeigen sich etwa im Blick auf das Unterstützungsverhalten gegenüber Schülern (Podell/Soodak 1993). Selbstwirksame Lehrkräfte kümmern sich verstärkt um Schüler mit Lernschwierigkeiten (Gibson/Dembo 1984) und unterrichten innovativer, aktivierender und reflektierter (Riggs/Enochs 1990; Allinder 1994). Weiterhin liegen einzelne

Studien vor, die positive Zusammenhänge zwischen Lehrerselbstwirksamkeit und Schülermerkmalen wie Leistung (Asthton/ Webb 1986; Ross 1992), Motivation (Midgley u. a. 1989)
und der Selbstwirksamkeit der Schüler (Anderson u. a. 1988) aufzeigen. Im Vorbereitungsdienst fallen Selbstwirksamkeitserwartungen höher aus als im Studium (Schulte u. a. 2008).

Im deutschsprachigen Raum wird meist die allgemeine Selbstwirksamkeitserwartung erhoben und diskutiert (Schwarzer/ Jerusalem 2002). Für das besondere Profil des Lehrerberufs
existiert allerdings auch eine spezifische Skala zur Lehrer-Selbstwirksamkeit, die vorliegend
eingesetzt wird (Brockmeyer/ Edelstein 1997; Schmitz 1998; Schmitz/ Schwarzer 2000;
Schwarzer/ Hallum 2008). Für die Skalenkonstruktion wurden vier berufliche Anforderungs-
profile (berufliche Leistung, berufliche Weiterentwicklung, soziale Interaktion mit Schülern,
Eltern und Kollegen sowie der Umgang mit Berufsstress) identifiziert und mit zehn Items
operationalisiert. Die Formulierungen verweisen auf die besondere semantische Struktur von
Selbstwirksamkeitserwartung, die subjektive Gewissheit, auch trotz vorhandener Barrieren
etwas erreichen zu können. Um diese Skala auch unter Studierenden einsetzen zu können,
wurden die Items entsprechend umformuliert. Die Originalskala weist in verschiedenen
Stichproben eine interne Konsistenz von $.76 \leq \alpha \leq .82$ auf. Die Selbstwirksamkeit wurde nur zu
t_2 erfasst, die Reliabilität liegt auf dem Niveau der Originalskala (vgl. Tabelle 82).

Tabelle 82: Selbstwirksamkeitserwartung (t_2)

SWE2 (N=413)	GH M	RS M	GY M	SP M	LA M	SD
1 Ich bin mir sicher, dass ich auch mit den problematischen Schülern in guten Kontakt kommen kann, wenn ich mich darum bemühe	5.67	5.68	5.46	5.83	5.62	1.12
2 Ich weiß, dass ich zu den Eltern guten Kontakt halten kann, selbst in schwierigen Situationen	5.27	5.45	5.24	5.17	5.28	1.10
3 Ich weiß, dass ich es schaffe, selbst den problematischsten Schülern den prüfungsrelevanten Stoff zu vermitteln	4.51	4.86	4.62	4.51	4.61	1.20
4 Ich bin mir sicher, dass ich mich in Zukunft auf individuelle Probleme der Schüler noch besser einstellen kann	5.39	5.37	5.22	5.55	5.35	1.06
5 Selbst wenn mein Unterricht gestört wird, bin ich mir sicher, die notwendige Gelassenheit bewahren zu können	5.20	5.41	4.88	5.13	5.14	1.26
6 Selbst wenn es mir mal nicht so gut geht, kann ich doch im Unterricht immer noch gut auf die Schüler eingehen	5.22	5.40	5.18	4.85	5.20	1.11
7 Auch wenn ich mich noch so sehr für die Entwicklung meiner Schüler engagiere, weiß ich, dass ich nicht viel ausrichten kann (-)	2.87	2.78	2.90	2.81	2.86	1.39
8 Ich bin mir sicher, dass ich kreative Ideen entwickeln kann, mit denen ich ungünstige Unterrichtsstrukturen verändere	5.52	5.42	5.50	5.43	5.49	1.04
9 Ich traue mir zu, die Schüler für neue Projekte zu begeistern	5.93	5.97	5.90	6.02	5.94	0.83
10 Ich kann innovative Veränderungen auch gegenüber skeptischen Kollegen durchsetzen	4.77	5.00	5.17	4.66	4.92	1.15
Index Selbstwirksamkeitserwartung (SWE2); $\alpha = .80$	5.26	5.38	5.23	5.23	5.27	0.68

Frage: Inwieweit stimmen Sie den folgenden Aussagen zu? *Skala:* 1 = trifft überhaupt nicht zu; 7 = trifft voll und ganz
zu. *Anmerkung:* Items, die mit (-) markiert sind, wurden ausschließlich zur Indexberechnung umkodiert.

Die Selbstwirksamkeitserwartung der Befragten wird auf der Skala insgesamt moderat positiv
eingeschätzt. Sie trauen sich durchaus zu, auch gegen Widerstand etwas im Unterricht bewegen zu können. Die einzig signifikanten Unterschiede nach unabhängigen Variablen ergeben
sich bezüglich der Geschwisterkonstellation: Einzelkinder, Erstgeborene und Letztgeborene

haben eine höhere Selbstwirksamkeitserwartung als Sandwichkinder ($\eta^2=.025^\star$; $M_{EK}=5.36$; $M_{EG}=5.32$; $M_{LG}=5.30$; $M_{SK}=5.06$).

Auf Ebene der einzelnen Items zeigen sich interessante Unterschiede. So glauben etwa GY-Studierende eher, dass sie innovative Veränderungen auch gegenüber skeptischen Kollegen durchsetzen können, während die Zustimmung zu dieser Aussage über das RS- und GH- bis hin zum SP-Lehramt kontinuierlich abnimmt (Item 10: $\eta^2=.027^\star$). Männliche Studierende sehen sich dazu eher in der Lage als ihre Kommilitoninnen ($\eta^2=.025^{\star\star}$; $M_m=5.35$; $M_w=4.85$). Umgekehrt erwarten GY-Studierende von sich die geringste Gelassenheit bei Unterrichtsstörungen ($\eta^2=.022^\star$), männliche Studierende eine etwas stärkere als ihre Mitstudierenden ($\eta^2=.010^\star$; $M_m=5.44$; $M_w=5.08$). GY-Studierende mit Fach Mathematik schätzen sich selbst gelassener ein als jene mit Fach Theologie ($\eta^2=.086^\star$; $M_{GY/MA}=5.24$; $M_{GY/TH}=4.44$).

Auch in den Interviews wurde zu t_2 die Selbstwirksamkeitserwartung angesprochen. Dabei wurde, mit leichten Variationen, etwa folgender Impuls gegeben: »Stellen Sie sich bitte vor, Sie stehen als Lehrkraft vor der Klasse und machen die Erfahrung, dass (einzelne) Schüler einfach kein Interesse an Ihrem Unterricht zeigen und deshalb auch stören oder schlechte Zensuren schreiben. Meinen Sie, solche Erfahrungen gehören unweigerlich zum Berufsbild, sodass man diese einfach akzeptieren oder hinnehmen muss?« Die interviewten Lehramtsstudierenden antworten darauf wie folgt:

(106) Ich würde der Sache auf den Grund gehen, warum die [Schüler] schlechte Erfahrungen mit dem Fach haben und was ihnen nicht passt. [...]. Es stört mich ja auch, wenn meine Schüler [...] keine Lust haben. [G2-W22GH]

(107) Ich würde mich nicht damit abfinden, deren Desinteresse zu unterdrücken. Ich würde schon versuchen herauszufinden, woran es genau liegt. [...]. Wenn man weiß, dass die Kinder schon in der GS vorgeprägt sind [...], kann man teils gar nicht mehr so viel verbessern oder beeinflussen. Das muss man auch akzeptieren. [M2-W22GY]

(108) Man muss beobachten, woran es liegt: ob der [Schüler] eher faul ist, ob es an der Familie liegt, ob es sein Umfeld ist [...]. Ich kann mir vorstellen, dass man sich irgendwann fragt: »Warum machst du das eigentlich?«. Aber es muss auch Tage geben, an denen man sagt: »Du hast den Beruf gewählt, du musst das Beste daraus machen«. [P2-M22GY]

(109) Sicherlich gibt es da in den Klassen einige Charaktere, die schwer zu erreichen sind. Aber das ist gerade die Herausforderung, [...] den Stoff möglichst interessant zu machen, damit jeder etwas mitnimmt. [O2-M22GY]

(110) Die Aufgabe des Lehrers ist es, die Schüler zu motivieren und dann andere Zugänge zu schaffen. [...]. Es führt sicher in gewissem Maße zu Frust, weil nicht klar ist, warum man die Schüler nicht genug motivieren kann. Aber ich denke, man muss immer Ansätze finden und das Positive im Schüler sehen und es herauskitzeln. [E2-W21RS]

(111) Es gibt immer Leute, die weniger interessiert sind als andere. [...]. Das nur hinzunehmen und nichts dagegen zu unternehmen ist fraglich, weil man vielleicht Versuche machen sollte und schauen, warum das so ist. Kann ich da etwas ändern? [...]. Ich denke, die Motivation, das was einen erhält, ist eben dort, wo etwas fruchtete. [I2-W21RS]

(112) Hinnehmen muss man das nicht. Wenn man neue Methoden ausprobiert, um die Schüler mit einzubinden, dann kann der Schüler nicht abschalten [...]. Das ist natürlich eine normale Situation, dass die Schüler überhaupt nicht schätzen, was man da selbst einbringt [...], und es kommt nichts zurück, nicht das kleinste Stück an Interesse. Das ist normal. [...]. Man kann nicht die ganze Welt verändern, indem man sich da reinhängt. [N2-W22GY]

(113) Ich würde dann an mir arbeiten und die Kinder motivieren und mich nicht damit abfinden [...]. Ich glaube, bei manchen kann man nichts machen. [...]. Das sind Facetten vom Lehrerberuf, die einfach da sind. [H2-W22GH]

(114) Ich kann das schon mal ertragen, aber wenn das dann die Regel ist, weiß ich nicht, was ich dann mache. Das würde schon an mir zehren. [...]. Mein Gott ja, das wird immer einmal passieren [...]. Aber wenn das immer nur so ist, dann ist das schon schwierig. [...]. Der einzige Weg damit umzugehen ist, sich Strategien zu überlegen, wie man die Schüler doch interessieren könnte und wie man sie zur Arbeit aktivieren kann. Ich weiß nicht, ob es klappen wird oder kann, aber ich würde es natürlich versuchen, denn was soll man sonst als Lehrer tun? [B2-W44GH]

(115) So wie das normal abläuft, muss man das einfach hinnehmen. Man müsste die Schüler anders fördern: aus der Gruppe herausnehmen und individuell etwas mit ihnen machen. [...]. Wenn sie überhaupt kein Interesse haben und sich komplett dagegen wehren, dann kann man das eigentlich vergessen. [...]. Mit Sicherheit führt das zu Frust. [...]. Man denkt dann immer: »Ich mache das bestimmt mal anders«, aber wenn man im Unterrichtsalltag drin ist, ist es verdammt schwer, das umzusetzen. [...]. Wenn ich unterrichte, denke ich, die »schnallen« das wirklich nicht, egal auf welchem Weg ich das erkläre. [...]. Aber ich bin irgendwie noch überzeugt, dass es auf irgendeinem Weg doch funktioniert. [C2-W22GH]

(116) Ich bin da nicht so verträumt [...]. Es wird immer Schüler geben, die absolut kein Interesse haben, mitzumachen. Wenn die Motivation von ihnen selbst aus nicht kommt und sie die Motivation von außen nicht annehmen, kann man da nicht mehr so viel machen. [...]. Das hatte ich jetzt schon im Praktikum, dass die Lehrer dann sagen: »Die Schüler lernen ohnehin nichts – die kannst du vergessen«. Dem Lehrer habe ich jetzt nichts gesagt, aber später, wenn ich mal ein Kollege wäre, dann würde ich vielleicht schon sagen: »Du musst das versuchen«. [...]. Ich habe gedacht: Die armen Schüler, die sind abgestempelt als »blöd« und haben keine Chance mehr. [...]. Ich denke mal, da sind die Schüler auf jeden Fall mit daran schuld. [...]. Die waren in Mathe eben sehr schlecht. [D2-M22RS]

(117) Man muss natürlich etwas machen, aber [...] es gibt immer Schüler, die kein Interesse [...] haben. Es ist wirklich schwer, dagegen zu kämpfen und ich finde nur eine Lösung: die Zusammenarbeit zwischen Schule und Eltern. [...]. Für mich persönlich ist es beleidigend, wenn Schüler kein Interesse an meinem Fach haben. [J2-W41RS]

(118) Da muss [...] man die anderen so weit motivieren, dass sie ein bisschen was mitnehmen oder sich sogar begeistern lassen für das Fach. [...]. Das ist leichter gesagt als getan. Wenn man dann vor einer Klasse steht und damit beschäftigt ist, 20 Schülern etwas beizubringen und fünf sind da, die stören, das stelle ich mir schwierig vor. [...]. Ich glaube, da braucht man dann ein dickes Fell oder muss so ein bisschen Ignoranz entwickeln. [...]. Solange die nicht stören, kann ich mich bestimmt damit abfinden. [...]. Das muss man ja auch. [L2-W21GY]

In den ersten Antworten betonen die Befragten meist die Notwendigkeit einer Analyse des Desinteresses einzelner Schüler oder der durch sie verursachten Störungen. Dies kann als Hinweis darauf gedeutet werden, dass ihnen solche Probleme nicht egal sind und sie als Handlungsaufforderung verstanden werden (106). Gleichzeitig wird immer wieder die Begrenztheit des eigenen Veränderungspotenzials betont (107). Das Scheitern kann zu einer fundamentalen Hinterfragung des eigenen Handelns und auch der Berufswahl führen (108). Es besteht unter den Befragten Einigkeit darüber, dass Probleme im Unterricht entstehen, die gelöst werden sollten, ein Scheitern dabei aber nicht ausgeschlossen ist. Entscheidend ist nun, wie mit diesem Paradigma verfahren wird. Manche Studierende gehen produktiv damit um, was auf eine ausgeprägte Selbstwirksamkeitserwartung schließen lässt. Sie sehen gerade im Schaffen eines Zugangs zu desinteressierten oder störenden Schülern eine positive Herausforderung (109) oder sogar eine Kernaufgabe des Lehrers (110). Die Verbesserung problematischer Umstände herbeizuführen und den Interventionserfolg zu sehen, scheint einigen Studierenden auch die zentrale Quelle für die eigene Motivation zu sein (111). Eine weitere Gruppe von Befragten sieht die Notwendigkeit einer Intervention, schätzt deren Erfolg aber als eher gering ein. Gründe hierfür sind die Annahme, man könne einzelne Schüler durch das Engagement eines Einzelnen nicht gänzlich verändern (112), das Scheitern gehöre eben unausweichlich zum Lehrerberuf (113) wie auch die generelle Unsicherheit pädagogischen Handelns (114). Auch Erfahrungen aus ersten eigenen Unterrichtsversuchen können eine solche Skepsis zwischen Interventionsbereitschaft und Entmutigung bestärken (115). Eine dritte Gruppe an Befragten reagiert eher resignierend auf die zu bewältigenden Probleme, was auf eine eher schwächer ausgeprägte Selbstwirksamkeitserwartung hinweist. Selbst wenn sich Ärger über die Resignation routinierter Lehrkräfte einstellt, sehen diese Befragten den eigenen Unterricht kaum als Ursache der Situation an und sehen die Schüler selbst in der Mitschuld; eine Analyse der Ursachen für die Probleme oder die Einsicht der Notwendigkeit einer solchen bleibt aus (116). Desinteresse oder Unterrichtsstörungen werden dann als Kritik an der eigenen Arbeit verstanden (117), was bereits unter Studierenden zu einer gewissen Gleichgültigkeit führen kann (118).

Die Auseinandersetzung mit dem Interviewmaterial zeigt eine große Bandbreite hinsichtlich der Selbstwirksamkeitserwartungen Lehramtsstudierender. Es ist längsschnittlich genau zu prüfen, wie sich solche Haltungen entwickeln und welche Auslöser zu schleichenden oder abrupten Änderungen oder Brüchen in der Selbstwirksamkeitserwartung führen.

Tabelle 83: Bedeutung der Selbstwirksamkeitserwartung (t_2)

Code	Index/Item	β	T	p	R^2
OPW2	offensive Problembewältigung (AVEM-Inventar)	1.80	6.93	.000	.157
RBM2	Resignationstendenz (bei Misserfolg) (AVEM-Inventar)	-1.49	-5.14	.000	.093
IRA2	innere Ruhe/Ausgeglichenheit (AVEM-Inventar)	1.43	4.93	.000	.086
BEG2	beruflicher Ehrgeiz (AVEM-Inventar)	1.33	4.99	.000	.088
LZF2	Lebenszufriedenheit (AVEM-Inventar)	1.13	4.65	.000	.077
EIB2	Erfolgserleben im Beruf (AVEM-Inventar)	1.05	3.51	.001	.046
SAR2	Relevanz der Praktika: Erlernen der Arbeit mit Schülern	.78	6.45	.000	.139
SBA2	subjektive Bedeutsamkeit der Arbeit (AVEM-Inventar)	.67	2.17	.031	.018
SPA2	Erfolgserleben in Schulpraktika	.56	9.06	.000	.241
INT2_5	Interesse an unternehmerischen Tätigkeiten	.56	5.01	.000	.089
UVB2	Relevanz der Praktika: Erlernen der Unterrichtsvorbereitung	.55	5.84	.000	.117
VEM2	Relevanz der Praktika: Erlernen des Umgangs mit Vermittlungsmedien	.54	4.90	.000	.085
KOM2	Kompetenzerwartung (insgesamt)	.51	8.50	.000	.219
UIU2	Relevanz der Praktika: Umsetzung des Erlernten im Unterricht	.50	5.07	.000	.091
INT2_1	Interesse an praktisch-technischen Tätigkeiten	.43	2.43	.016	.022
SVS2_2	Schule hat die Aufgabe, zu erziehen	.38	3.41	.001	.043
QAK2_2	Qualitätseinschätzung: didaktisch-methodisches Studium	.35	2.92	.004	.032
KOL2c	gefühlter Kompetenzzuwachs: Konflikte lösen	.35	2.67	.008	.027
VLZ2	Vermeidungs-Leistungsziele (Leistungsmotivation)	-.34	-2.40	.017	.022
INT2_2	Interesse an intellektuell-forschenden Tätigkeiten	.34	2.26	.025	.019
ABK2	Ausbildungsklima	.33	4.50	.000	.073
SVS2_6	Schule hat die Aufgabe, Schüler individuell zu fördern	.32	4.37	.000	.069
ARV2	Arbeitsvermeidung (Leistungsmotivation)	-.32	-2.78	.006	.029
SUF2	Studienaktivitäten sind wichtiger als Freizeitaktivitäten	.32	2.65	.009	.023
USA2c	gefühlter Kompetenzzuwachs: Unterricht/Schule analysieren/weiterentwickeln	.32	2.30	.022	.020
INT2_4	Interesse an sozialen Tätigkeiten	.31	4.03	.000	.059
NAK2_2	Nutzeneinschätzung: didaktisch-methodisches Studium	.29	2.47	.014	.023
BVS2_3	Bildungsbegriff nach Humboldt	.27	3.06	.002	.035
QAK2_3	Qualitätseinschätzung: erziehungswissenschaftliches Studium	.27	2.09	.037	.017
SVS2_4	Schule hat eine Integrationsfunktion	.25	3.41	.001	.043
BLE2	Beurteilung der Lehrveranstaltungen in Erziehungswissenschaft	.25	2.69	.008	.027
UPG2c	gefühlter Kompetenzzuwachs: Unterricht planen und gestalten	.25	2.48	.014	.023
ZUF2	Studienzufriedenheit	.24	3.54	.000	.046
NAK2_4	Nutzeneinschätzung: Schulpraktika	.24	2.58	.010	.025
BLF2	Beurteilung der Lehrveranstaltungen in den Fächern	.23	3.16	.002	.037
CAS2	curriculare Abstimmung	.21	2.37	.019	.021

Abkürzungen: β = Beta-Koeffizient; T = T-Wert der Signifikanzprüfung; p = Signifikanz; R^2 = aufgeklärte Varianz. *Modellanpassung:* F = 7.15; p = .000 (Pillai-Spur = .536; Hotelling-Spur = .115); N = 259 (fehlende Werte fallweise gelöscht). *Methode:* allgemeines lineares Modell (GLM multivariat). *Anmerkungen:* Ergebnisse sortiert nach abnehmendem Betrag der Beta-Koeffizienten. Prädiktor ist die Selbstwirksamkeitserwartung (SWS2). Potenzielle abhängige Variablen waren alle metrischen Variablen, die zu t_2 erfasst wurden.

Schließlich soll geprüft werden, welche Bedeutung der Selbstwirksamkeitserwartung für die Vorhersage anderer Variablen zukommt, die ebenfalls nach dem dritten Semester erfasst wurden. Dazu wurde die Selbstwirksamkeitserwartung als Prädiktor in ein allgemeines lineares Modell gefasst, mögliche abhängige Variablen waren alle zu t_2 erfassten metrischen Items bzw. Indizes. Da die Selbstwirksamkeitserwartung auf alle Kompetenzerwartungen einen signifikanten Effekt hat, wurde nur der stellvertretende Index Kompetenzerwartung (KOM2) im Modell belassen. Für alle anderen Variablen ist die Signifikanz der Effekte das Kriterium für einen Verbleib. Alleine die Quantität von 36 abhängigen Variablen, auf welche die Selbstwirksamkeitserwartung einen signifikanten Einfluss hat, unterstreicht die Bedeutung dieses Konstrukts in der Lehrerbildungsforschung (vgl. Tabelle 83).

Die größte Vorhersagekraft der Selbstwirksamkeit kommt arbeitsbezogenen Verhaltens- und Erlebensmustern zu. Studierende mit einer erhöhten Selbstwirksamkeitserwartung haben eine deutlich größere Chance auf eine Balance zwischen erhöhtem beruflichen Ehrgeiz (BEG2) und hoher subjektiver Bedeutsamkeit der Arbeit (SBA2) einerseits sowie einer ausgleichenden, offensiven Problembewältigung (OPW2) andererseits. Ihr Risiko einer Resignation bei Misserfolgen ist erheblich geringer (RBM2), ihr Erfolgserleben zugleich erhöht (EIB2). Möglich ist ihnen eine »Work-Life-Balance« auch aufgrund positiver Emotionen wie einer hohen Lebenszufriedenheit (LZF2) und einer verstärkten inneren Ruhe bzw. Ausgeglichenheit (IRA2). Diese Merkmalsausprägungen lassen vermuten, dass in hohem Maße selbstwirksame Studierende häufiger dem Gesundheitstypus und seltener den Risikomustern angehören (vgl. 4.1.1, S. 266). Zur Überprüfung dieser Annahme wurde die AVEM-Verteilung für das Drittel der Studierenden mit höchster Selbstwirksamkeitserwartung (M≥5.60) berechnet. In dieser Verteilung gehören dem Gesundheitstypus 57.4 % der Befragten an, dem Schonungstypus 20.6 %, dem Risikomuster A (»Anspannung«) 18.4 % und dem Risikomuster B (»Burnout«) lediglich 3.7 %. Im Vergleich zur Gesamtstichprobe (vgl. Abbildung 16, S. 276) gehören unter dem Drittel mit höchster Selbstwirksamkeitserwartung dem Gesundheitstypus rund 17 % mehr Befragte an, die Zugehörigkeit zum Schonungstypus ist um 6 % geringer, Risikomuster A bleibt vergleichbar stark und Risikotypus B gehören 10 % weniger Studierende an. Eine hohe Selbstwirksamkeitserwartung kann als ein Schlüssel zu möglichst geringem beruflichen Belastungserleben und ausgeprägter psychischer Gesundheit im Lehrerberuf gelten.

Selbstwirksame Studierende schätzen die Relevanz der Schulpraktika für berufliche Anforderungen wahrscheinlich höher ein (SAR2/UVB2/VEM2/UIU2). Sie zeigen ein größeres Erfolgserleben in den Schulpraktika (SPA2) und ihr allgemeines Interesse ist fast durchweg stärker ausgeprägt (INT2_5/INT2_1/INT2_2/INT2_4). Hohe Selbstwirksamkeit führt außerdem zu einer gesteigerten Kompetenzerwartung insgesamt (KOM2) – hinsichtlich des Konfliktlösens (KOL2c), der Evaluation (USA2c) und der Unterrichtsplanung und -gestaltung (UPG2c) auch zu einem intensiver wahrgenommenen Kompetenzzuwachs. Die geringere Arbeitsvermeidung (ARV) bei der gleichzeitig schwächeren Tendenz, die eigenen Defizite zu verbergen (VLZ), deutet auf eine höhere und zugleich aufrichtige Leistungsorientierung hin. Entsprechend richten sich selbstwirksame Lehramtsstudierende stärker an Studium und Hochschule aus als an ihren Freizeitaktivitäten (SUF2).

Ausgeprägte Selbstwirksamkeit führt mit erhöhter Wahrscheinlichkeit dazu, dass Studierende das Ausbildungsklima insgesamt besser beurteilen (ABK2) wie auch eine höhere Studienzufriedenheit äußern (ZUF2). Solche Befragte erachten sowohl die Qualität (QAK2_2) als auch den Nutzen (NAK2_2) des didaktisch-methodischen Studiums als höher. Auch die Qualität des erziehungswissenschaftlichen Studiums (QAK2_3) sowie der Nutzen der Schulpraktika für die spätere Berufsausübung (NAK2_4) wird von ihnen i. d. R. höher eingeschätzt. Die erlebten Lehrveranstaltungen werden positiver bewertet (BLE2/ BLF2), ebenso wie die zeitliche und inhaltliche Abstimmung von Lehrveranstaltungen (CAS2). Weiterhin prognostiziert hohe Selbstwirksamkeitserwartung auch eine stärkere Übereinstimmung mit der Annahme, Aufgabe der Schule sei es, zu erziehen (SVS2_2), Kinder in ihrer Individualität zu fördern (SVS2_6) und diese in die Gesellschaft zu integrieren (SVS2_4). Sie teilen schließlich verstärkt eine Auffassung von Bildung, nach der sich ein gebildeter Mensch mit der Welt auseinandersetzt und sich aktiv an ihrer Gestaltung beteiligt (BVS2_3).

Zusammenfassend erweist sich die Selbstwirksamkeitserwartung nicht nur hinsichtlich des Gesundheitsaspekts, sondern auch bezüglich der Annahme einer Relevanz der eigenen Ausbildung und der gesteigerten Wahrnehmung ihres Nutzens und ihrer Qualität als positiver Indikator. Die mit einer hohen Selbstwirksamkeit einhergehenden Erwartungen an die eigenen Leistungen und den Kompetenzerwerb sind ebenfalls als der professionellen Entwicklung zuträglich einzuschätzen. Die Selbstwirksamkeitserwartung erweist sich daher als ein unverzichtbares Konstrukt in der empirischen Lehrerbildungsforschung, deren Erfassung über eine Vielzahl relevanter Variablen Auskunft geben kann. Eine hohe Ausprägung erscheint dabei für eine positive (berufs-)biografische Entwicklung Lehramtsstudierender wünschenswert.

4.2 Überzeugungen und Werthaltungen

Überzeugungen und Werthaltungen sind schon vor Studienbeginn weitgehend vorhanden und werden nur in engen Grenzen verändert (Goodlad 1991). Verinnerlichte Idealvorstellungen, z. B. die Annahme, berufliche Belastungen könnten einen selbst nicht treffen, können in der Ausbildung enttäuscht werden, weil die ideale Praxis unter Umständen im Widerspruch zu Studieninhalten und Theorie stehen kann (Oelkers 1996, S. 9). Es besteht die Gefahr, dass sich die Ausbildung an den Bedürfnissen der Studierenden ausrichtet (Klientenanpassung) und diese letztlich selbst bestimmen, was sie lernen sollten (Spirgi/ Stadelmann 1997). Gerade in den nicht-modularisierten Lehramtsstudiengängen konnte dies zu einem Pseudo-Praxisbezug bei weitgehender Beliebigkeit der Ausbildungsinhalte führen (Oelkers 1996, S. 10).

Im von Baumert/ Kunter (2006, S. 482) vorgeschlagenen Modell professioneller Handlungskompetenz werden Überzeugungen (»beliefs«) und Werthaltungen (»value commitments«) anhand einer epistemologisch begründeten Unterscheidung zwischen Wissen und Glauben dem Umfeld subjektiver Überzeugungen zugeschrieben (ebd., S. 496). Als untersuchbare Aspekte werden im Anschluss an Vorarbeiten von Pajares (1992) und Op't Eynde/ De Corte/ Verschaffel (2002) vier Forschungsbereiche unterschieden (Baumert/ Kunter 2006, S. 497): (1) Wertbindungen (»Value Commitments«); (2) epistemologische Überzeugungen/ Weltbilder (»epistemological beliefs«/ »world views«); (3) subjektive Theorien über Lehren und Lernen; (4) Zielsysteme für Curriculum und Unterricht. Solche Werthaltungen und Überzeugungen sind rein subjektiv und erfordern daher nicht die etwa an das Professionswissen (vgl. 4.4, S. 370) angelegten Validitätsmaßstäbe. Überzeugungen und Werthaltungen sind als individuelle und die Wahrnehmung der Wirklichkeit vorstrukturierende Grundorientierungen zu verstehen (Laucken 1974; Calderhead 1996; Sembill/ Seifried 2009, S. 346).

Werthaltungen bzw. *Wertbindungen* meinen eine Berufsethik des Lehrerberufs, der sich Oser (1998) im Sinne einer Berufsmoral von Fürsorge, Gerechtigkeit und Wahrhaftigkeit nähert. Es wird angenommen, dass solche Wertpräferenzen Einfluss auf den Umgang mit Heterogenität, die unterstützende Gestaltung von Lernumgebungen und auf die Bezugsnormen für die Leistungsbeurteilung haben (Baumert/ Kunter 2006, S. 498). *Epistemologische Überzeugungen* oder *Weltbilder* sind Begrifflichkeiten für subjektive Theorien von Lehrkräften über Wissen und Wissenserwerb, z. B. die Struktur, Genese und Rechtfertigung von Wissensbeständen (Hofer-Pintrich 1997; Duell/ Schommer-Aikins 2001; Leuchter u. a. 2006; Müller u. a. 2008b). Solche »beliefs« strukturieren die Wahrnehmung der Welt, beeinflussen Denkprozesse, das Lernen und die Motivation von Lehrpersonen (Köller u. a. 2000). Ihr Einfluss auf das Lehrerhandeln gilt als gesichert, insbesondere wenn eine konstruktivistische Grundorientierung besteht (Peterson u. a. 1989; Staub/ Stern 2002; Brunner u. a. 2006; Seifried 2009), kann aber in einzelnen Studien nicht repliziert werden (Leuchter u. a. 2008). Mit Schoenfeld (1988) kann davon ausgegangen werden, dass sich Unterrichtsprozesse aus der Vermittlung zwischen Überzeugungen, Zielvorstellungen und Fachwissen entwickeln. *Subjektive Theorien über das Lehren und Lernen* beeinflussen, auch in Anlehnung an zahlreiche Interventionsstudien (Sammlung: Baumert/ Kunter 2006, S. 499), Unterrichtsziele sowie das professionelle Selbstverständnis und Handeln von Lehrkräften. Es besteht ein Zusammenhang zwischen den Lehr-Lernvorstellungen der Lehrer und Schüler (Trigwell u. a. 1999). Im Hinblick auf Zielvorstellungen im Mathematikunterricht bestehen erhebliche kulturelle Unterschiede (Baumert u. a. 2004). *Zielsysteme für Curriculum und Unterricht* betreffen schließlich die Frage danach, zu welchem Ergebnis die Bemühungen um qualitativ hochwertigen Unterricht und um die schulische Arbeit führen sollen. Insgesamt erscheint problematisch, dass die einzelnen Forschungslinien weitgehend unverbunden sind (Sembill/ Seifried 2009, S. 349).

Im vorliegenden Kapitel werden zu allen vier Bereichen Daten erfasst und ausgewertet. Werthaltungen werden anhand von Schul- und Erziehungseinstellungen der Lehramtsstudierenden erfasst (4.2.1). Epistemologische Überzeugungen werden am Beispiel der Religiosität der Befragten erhoben, was sich unter Bezugnahme auf die vorliegend angestrebte Differenzierung von Mathematik- und Religionsunterricht nahelegt (4.2.2). Dem Bereich der subjektiven Theorien über das Lehren und Lernen können in einem erweiterten Begriffsverständnis Fragen nach den Schul-, Bildungs- und Erziehungsvorstellungen der Lehramtsstudierenden zugeordnet werden (4.2.3). Letztere weisen auch eine Nähe zu den Zielsystemen für Curriculum und Unterricht auf, indem durch sie deutlich wird, was etwa die Schule leisten soll oder welche Kriterien einen gebildeten Menschen ausmachen.

4.2.1 Schul- und Erziehungseinstellungen

Seit den 1970er Jahren wird zu Schul- und Erziehungseinstellungen angehender Lehrkräfte geforscht (Koch 1972; Bauer 1973; Müller-Forbrodt 1973). Der Forschungsstand zu Überzeugungen (»beliefs«) oder auch Vorannahmen, Einstellungen und Erwartungen von Lehramtsstudierenden und Lehrkräften erweist sich als vergleichsweise umfangreich (Blömeke 2004a, S. 64 und die dort angegebene Literatur; Ortenburger/ Kuper 2010). Demnach haben Lehramtsstudierende Vorannahmen über schul- und unterrichtsrelevante Studieninhalte, die durch die eigenen Erfahrungen von Schule und Lernen (vgl. 3.4.2, S. 203) maßgeblich geprägt werden. Solche beliefs ändern sich über die Dauer der Ausbildung kaum und wirken daher als Filter, der viele der nicht mit den Vorannahmen zu vereinbarenden Inhalte zurückhält. Effektiv scheint die Lehrerbildung daher besonders dann zu sein, wenn sie an die beliefs anknüpft und diese, sofern beabsichtigt, schrittweise in andere Positionen überführt. Die wohl einflussreichsten Überzeugungen sind der Glaube Studierender an ihre eigenen Fähigkeiten (Kagan 1992, S. 40) und die damit verbundene Annahme, die Persönlichkeit sei für den Lehrerberuf wichtiger als Wissen oder kognitive Fähigkeiten (Wideen u. a. 1998, S. 142).

Eine besondere Bedeutung kommt der ersten und lange Zeit einzigen spezifischen Längsschnittuntersuchung im deutschsprachigen Raum zu (Koch u. a. 1972). Abgefragt wurden dort verschiedene schulspezifische Einstellungen, wie etwa das Verhältnis von Anlage vs. Umwelt oder Allgemeinbildung vs. Spezialisierung. Wesentliche Erkenntnis der Untersuchung ist, dass sich Lehramtsstudierende zu Studienbeginn bezüglich ihrer schulspezifischen Einstellungen nicht von Studierenden anderer Fachrichtungen unterscheiden. Während der Ausbildung ändern sich diese Überzeugungen jedoch. Mit dem Eintritt ins Berufsleben wird die Entwicklung disziplin- und berufsspezifischer Überzeugungen, die Indikator für eine professionelle Entwicklung ist, zurückgesetzt (»Konstanzer Wanne«). Tendenziell werden die nach dem Abitur eher konservativen Überzeugungen während des Studiums zunächst liberalisiert (Kontextbewusstsein, Partnerschaftlichkeit, Veränderungsbewusstsein), die Veränderungen aber im Verlauf des Vorbereitungsdienstes wieder rückgängig gemacht. Eine Anschlussstudie verweist auf die Fortschreibung dieser Tendenz in den ersten Berufsjahren (Dann u. a. 1981). Ein möglicher Grund hierfür könnte die im Rahmen von niederländischer Forschung gemachte Beobachtung sein, dass Lehrkräfte in den ersten Berufsjahren zur Anpassung an die an der jeweiligen Schule herrschenden Handlungsroutinen neigen und damit häufig gegen die aus der Ausbildung mitgebrachten Überzeugungen handeln (Brouwer/ten Brinke 1995, S. 4). Die Errungenschaften der institutionalisierten Lehrerbildung scheinen regelrecht durch die Schulerfahrung »ausgelöscht« zu werden (Zeichner/Tabachnik 1981, S. 7). Diesen Ergebnissen folgend erscheint es schlüssig, die Lehrerbildung als »low impact enterprise« (Lortie 1975, S. 81; Ball u. a. 2001, S. 437) oder »weak intervention« (Richardson 1996) aufzufassen. Eine solche Annahme stützt die Forderung nach einer Liberalisierung der Curricula in der Lehrerbildung (vgl. 1.2.4, S. 80).

Vorliegend wird eine modifizierte Fassung des in der zitierten Längsschnittstudie angewandten *Konstanzer Fragebogen für Schul- und Erziehungseinstellungen (KSE)* eingesetzt (Koch u. a. 1972, S. 4-6), der im Original über sechs Subskalen und insgesamt 92 Items Haltungen zu folgenden Bereichen erfasst (vgl. Tabelle 84): Allgemeinbildung vs. Spezialisierung (Items 1/7/13); Anlage vs. Umwelt (Items 2/8/14); Berufung vs. Job (Items 3/9/15); Druck vs. Zug (Items 4/10/16); negative Reformeinstellungen vs. Veränderungsbereitschaft (Items 5/11/17); Selbstverständnis als Pädagoge vs. Selbstverständnis als Fachwissenschaftler (Items 6/12/18). Es wurden nach Itemtrennschärfe und nach inhaltlicher Aktualität der Formulierungen drei Items pro Subskala ausgewählt und redaktionell angepasst. Beabsichtigt war, auf diese Weise eine handhabbare Kurzskala zu entwickeln. Die faktorenanalytische Trennung in sechs Subskalen misslingt jedoch. Dies mag auch daran liegen, dass die beschriebenen Gegensatzpaare Reinformen von Schul- und Erziehungseinstellungen vermuten lassen, die so empirisch (zumindest heute) nicht existieren. Aufgrund der Unmöglichkeit einer Skalenbildung wird nachfolgend eine Analyse auf Ebene der einzelnen Items durchgeführt. Sie geben Einblick in grundsätzliche Überzeugungen der Studierenden.

Tabelle 84: Schul- und Erziehungseinstellungen (t_1)

SUE (N=494-496)	GH M	RS M	GY M	SP M	LA M	LA SD
1 Die Konzentrierung auf bestimmte Fächer sollte schon früher einsetzen, als es heute der Fall ist (-)	3.50	3.54	3.41	3.31	3.46	1.71
2 Vererbung spielt bei Intelligenz und Begabung nur eine sehr geringe Rolle (-)	4.00	4.17	3.79	4.25	3.99	1.60
3 Niemand kann von einer Lehrkraft erwarten, dass sie mehr tut als ihre Pflicht (-)	2.53	2.59	2.29	2.65	2.48	1.32
4 Strafe ist als Erziehungsmittel ganz allgemein ungeeignet (-)	4.06	4.05	3.77	3.94	3.96	1.68
5 Das Bildungs- und Schulsystem muss ständig radikal in Frage gestellt und reformiert werden (-)	4.66	4.23	4.39	4.96	4.53	1.69
6 Im Zweifelsfall muss die Vermittlung fundierten Sachwissens Vorrang vor allgemeinen pädagogischen Bemühungen haben (-)	2.84	3.14	2.96	2.88	2.94	1.44
7 Das Prinzip der breiten Allgemeinbildung muss heute doch als veraltet bezeichnet werden (-)	2.90	2.78	2.53	3.38	2.81	1.49
8 An den Intelligenzleistungen ihrer Schüler kann die Lehrkraft im Grunde wenig ändern	2.86	3.21	3.09	2.85	2.99	1.41
9 Eine Lehrkraft, die nicht mehr mit Idealismus bei der Sache ist, sollte besser den Beruf wechseln	4.96	4.86	5.15	4.78	4.98	1.50
10 Wer Schüler straft, zeigt damit im Grunde nur, dass er nicht in der Lage ist, den Unterricht interessant und fesselnd zu gestalten (-)	3.96	3.54	3.64	3.48	3.73	1.64
11 In der Schule muss man mit plötzlichen Veränderungen zurückhaltend sein und sollte an Altbewährtem festhalten	2.37	2.42	2.52	2.20	2.41	1.21
12 Die Schule sollte nicht in erster Linie Wissen vermitteln, sondern vor allem charakterlich gefestigte/ autonome Menschen heranbilden	4.92	4.62	4.71	5.13	4.82	1.36
13 Die Schule sollte in erster Linie eine umfassende Bildung anstreben und weniger Wert auf gründliche Detailkenntnisse in einzelnen Gebieten legen	4.70	4.48	4.68	4.94	4.68	1.42
14 Abgesehen von Grenzfällen ist Intelligenz eine reine Sache der Erziehung (-)	3.12	3.16	2.90	2.71	3.02	1.51
15 Man kann eigentlich keine wirklich gute Lehrkraft sein, wenn man das Unterrichten vorwiegend als Mittel zum Broterwerb auffasst	5.78	5.75	5.81	5.12	5.71	1.58
16 Ohne Druck und Disziplin wird auch die beste Lehrkraft nichts erreichen	3.84	4.16	4.39	3.54	4.04	1.52
17 Neue Bildungspläne sollten auch dann zumindest erprobt/ umgesetzt werden, wenn deren Folgen noch nicht einschätzbar sind (-)	4.08	3.92	3.69	3.83	3.91	1.55
18 Lehrkräfte sollten vor allem Pädagogen und weniger Fachwissenschaftler sein	5.44	5.11	4.73	5.60	5.18	1.45

Frage: Es gibt unterschiedliche Auffassungen von Schule und Erziehung. Inwieweit treffen die folgenden Aussagen aus Ihrer Sicht zu? *Skala:* 1=trifft überhaupt nicht zu; 7=trifft voll und ganz zu. *Anmerkungen:* Items, die mit (-) markiert sind, wurden zur Indexberechnung umkodiert.

Entlang der einzelnen Items ergeben sich teils hoch signifikante Lehramtsspezifika. Zwar sind alle befragten Lehramtsstudierenden tendenziell der Meinung, Lehrkräfte sollten vor allem Pädagogen und weniger Fachwissenschaftler sein, die SP-Studierenden stimmen dieser Aussage jedoch erwartungsgemäß am stärksten, die GY-Studierenden hingegen am schwächsten zu (Item 18: $\eta^2 = .051^{***}$). Dieser substanzielle Unterschied weist eine Parallele zu der Bedeutsamkeitseinschätzung der fachwissenschaftlichen und erziehungswissenschaftlichen Studienanteile durch die Studierenden auf (vgl. 5.2.3, S. 432). Ebenfalls klar zu unterscheiden sind die Positionen zu der Auffassung, eine Lehrkraft könne ohne Druck und Disziplin nichts erreichen. Eine solche Meinung wird von den GY-Studierenden tendenziell geteilt, die RS- sowie GH-Studierenden positionieren sich eher neutral und die SP-Studierenden lehnen sie mehrheitlich ab (Item 16: $\eta^2 = .036^{***}$). Das Prinzip einer breiten Allgemeinbildung wird in allen Lehrämtern keineswegs als veraltet angesehen. Es wird allerdings von GY-Studierenden am deutlichsten, von SP-Studierenden hingegen nur schwach vertreten (Item 7: $\eta^2=.028^{**}$). Alle Befragten tendieren zu der Meinung, das Bildungs- und Schulsystem müsse ständig radikal in Frage gestellt und reformiert werden. Am deutlichsten ist eine solche Position bei den SP-Studierenden zu erkennen, während diese von GY- und RS-Studierenden vergleichsweise schwach vertreten wird (Item 5: $\eta^2=.017^{*}$). Es besteht unter den Studierenden die einhellige Meinung, man könne eigentlich keine wirklich gute Lehrkraft sein, wenn man das Unterrichten überwiegend als Mittel zum Broterwerb auffasse. Gleichwohl stimmen SP-Studierende diesem Item signifikant schwächer zu als Studierende anderer Lehrämter (Item 15: $\eta^2=.017^{*}$).

Die einzige modellbezogen angenommene Dimension, aus der kein Item signifikante lehramtsspezifische Ausprägungen erfährt, ist jene der Anlage vs. Umwelt. Es ist daher zu fragen, ob eine solche Kategorie im gegenwärtigen Selbstverständnis von Lehrkräften überhaupt noch eine Rolle spielt. Empirisch ist zu beobachten, dass sowohl von der Anlage (Item 14) als auch von der Umwelt (Item 8) her argumentiert wird. Beide Seiten werden als alleiniges Erklärungsmodell für die Intelligenzleistungen von Schülern abgelehnt. Studierende sehen die Entwicklung ihrer Schüler daher offenbar sowohl durch genetische Determination als auch durch Einwirkungen von außen, etwa durch Erziehung und Sozialisation beeinflusst. Je nach beruflicher Kommunikationssituation ist aber von unterschiedlichen Argumentationsmustern auszugehen. Wenn Schüler schlechte Leistungen erbringen oder undiszipliniert sind, wird dies allzu gerne auf deren Anlage abgeschoben (»Diese Schüler werden das nie lernen«). Empfindet eine Lehrkraft den eigenen Unterricht jedoch als erfolgreich, wird auf die Beeinflussbarkeit der Kinder und Jugendlichen (Umwelt) hingewiesen (»Da haben die Schüler viel dazu gelernt«). In diesem Zwiespalt ist die Frage nach Anlage und Umwelt noch immer aktuell und zeigt Bezüge zur Selbstwirksamkeitserwartung von Lehrpersonen: Wer die Erblichkeit (Anlage) von Intelligenz betont, hat auch eine geringere Selbstwirksamkeitserwartung und sieht damit geringere Chancen einer Einflussnahme auf die Entwicklung seiner Schüler (SWE/ SUE_8: $r=-.19^{***}$).

Korrespondierend zu den lehramtsspezifischen Analysen sehen PH-Studierende Lehrkräfte substanziell stärker als Pädagogen (Item 18: $\eta^2=.041^{***}$). Uni-Studierende glauben eher, dass Druck und Disziplin notwendige Voraussetzungen sind, um als Lehrkraft etwas erreichen zu können (Item 15: $\eta^2=.024^{***}$; $M_{PH}=5.37$; $M_{UN}=4.73$). Zugleich artikulieren sie die Notwendigkeit von Allgemeinbildung deutlicher (Item 7: $\eta^2=.016^{**}$; $M_{PH}=2.94$; $M_{UN}=2.53$). Sie erwarten eher als die PH-Studierenden, dass eine Lehrkraft mehr tut als ihre Pflicht (Item 3: $\eta^2=.009^{*}$; $M_{PH}=2.57$; $M_{UN}=2.29$). Allerdings ist die Bereitschaft unter den PH-Studierenden geringfügig größer, neue Bildungspläne auch dann zumindest zu erproben und umzusetzen, wenn deren Folgen nicht abschätzbar sind (Item 17: $\eta^2=.009^{*}$; $M_{PH}=4.00$; $M_{UN}=3.69$).

Mit abnehmender sozioökonomischer Stellung wird der Schule weniger die Aufgabe zugeschrieben, autonome Menschen heranzubilden, während Wissensvermittlung an Bedeutung gewinnt (SEI/ SUE_12: $r=.12^{*}$). Entsprechend wird von Studierenden aus niederen Einkommensschichten eine notwendige Allgemeinbildung tendenziell weniger stark betont (SEI/ SUE_7: $r=-.11^{*}$). Studierende mit einem höheren kulturellen Kapital plädieren für eine stärkere Allgemeinbildung (KKF/ SUE_1: $r=-.12^{**}$; KKF/ SUE_7: $r=-.14^{**}$) und sehen den Lehrer in erster Linie als Pädagogen (KKF/ SUE_6: $r=-.11^{*}$; KKF/ SUE_12: $r=.12^{*}$). Wer hohes soziales Kapital aufweist geht eher mit der Aussage konform, auch die beste Lehrkraft könne ohne Druck und Disziplin nichts erreichen (SKF/ SUE_16: $r=.13^{**}$).

Entlang mehrerer Items zeigen sich signifikante Geschlechterunterschiede. Studentinnen lehnen es entschiedener ab, in der Schule an Altbewährtem festzuhalten und mit Veränderungen vorsichtig zu sein (Item 11: $\eta^2 = .022^{**}$; $M_w = 2.33$; $M_m = 2.81$). Sie lehnen im Vergleich zu ihren Kommilitonen Strafe als Erziehungsmittel eher ab (Item 4: $\eta^2 = .019^{**}$; $M_w = 4.06$; $M_m = 3.43$) und erachten Druck und Disziplin als weniger wichtig (Item 16: $\eta^2 = .009^*$; $M_w = 3.97$; $M_m = 4.36$). Männliche Studierende hingegen messen der Erziehung im Hinblick auf die Intelligenz ihrer Schüler eine bedeutendere Rolle zu (Item 14: $\eta^2 = .018^{**}$; $M_w = 2.93$; $M_m = 3.47$). Für Studenten hat das Fachwissen neben allgemeinen pädagogischen Bemühungen eine höhere Bedeutung (Item 6: $\eta^2 = .009^*$; $M_w = 2.88$; $M_m = 3.23$).

Druck und Disziplin werden mit zunehmendem Alter (ALT) der Erstsemester im Lehramt als weniger wichtige Maßnahmen einer Lehrkraft angesehen (Item 16: $r = -.15^{**}$). Ältere Studierende sehen das Lehramt auch eher als Mittel zum Broterwerb (Item 15: $r = -.15^{**}$). Zugleich erhöht sich mit zunehmendem Alter die Reformbereitschaft der Erstsemester (Item 17: $r = .11^*$), eine Tendenz, die sich unter älteren Lehrkräften im Beruf nicht bestätigen dürfte.

Bedingungen pädagogischer Orientierung

Mit dem Gegensatzpaar Selbstverständnis als Pädagoge vs. Selbstverständnis als Fachwissenschaftler (Items 6/ 12/ 18) wird die alte Frage danach aufgenommen, ob sich eine einzelne Lehrkraft eher am Fach oder an den Schülern orientiert (Caselmann 1949). Der Hintergrund dieser Annahme einer weitgehend stabilen Grundorientierung von Lehrkräften wurde bereits im Rahmen der Persönlichkeitsmerkmale diskutiert (vgl. 3.5, S. 215). Nachfolgend wird geprüft, welche Bedingungen zu einer stärker fachlichen oder schülerorientierten Grundhaltung führen können.

Tabelle 85: Pädagogische Orientierung nach Lehramt und Geschlecht (t_1)

POR (N=436; Angaben in %)	GH	RS	GY	SP	w	m	LA
eher fachlich orientiert	40.5	54.9	58.5	39.1	46.7	55.9	48.2
eher pädagogisch orientiert	59.5	45.1	41.5	60.9	53.3	44.1	51.8

Als Kriterium für eine eher am Fach oder stärker am Schüler orientierten Lehrkraft dienen die drei im Anschluss an Koch u.a. (1972, S. 4-6) erfassten Items zum Selbstverständnis als Pädagoge vs. Selbstverständnis als Fachwissenschaftler (vgl. 4.2.1, S. 294). Zur Generierung einer binären Variable erscheint es legitim, die drei Items unter Berücksichtigung ihrer Polarität zu einem *Index Pädagogische Orientierung (PÄO)* zusammenzufassen, wenngleich dessen interne Konsistenz ($\alpha = .55$) für eine weitere Berücksichtigung als metrischer Wert zu gering ist und daher keine Berücksichtigung fand. Die Stichprobe teilt sich am Median = 5.00 des Index in zwei Hälften. Studierende mit Werten über dem Median (M>5.00) werden in einer dichotomen Variable *pädagogische Orientierung (POR)* als eher pädagogisch orientiert (»paidotrop«), solche mit Werten unter dem Median (M<5.00) als stärker fachorientiert (»logotrop«) definiert. Genau auf dem Median liegen N=59 Fälle, die bei der Kodierung der binären Variable nicht berücksichtigt werden. Die dichotome Variable unterscheidet 48.2% eher fachlich orientierte Studierende von 51.8% stärker pädagogisch orientierten Studierenden (vgl. Tabelle 85). Die Verteilung der Studierenden auf beide Gruppen wird zwischen den Lehrämtern signifikant (CI=.17**). SP- und GH-Studierende orientieren sich eher an Schülern, während GY- und RS-Studierende stärker fachlich orientiert sind. Erwartbare Geschlechterdifferenzen zeigen sich nur tendenziell, werden aber nicht signifikant (CI=.07).

Nun kann geprüft werden, durch welche Merkmale die Zugehörigkeit der Studierenden zu einem der beiden Typen prognostiziert werden kann. Hierfür wird eine binär logistische Regressionsrechnung gewählt, in der die dichotome Unterscheidung Fach/Schüler als abhängige Variable aufgenommen und deren Vorhersage durch die ebenfalls zu Studienbeginn erfassten metrischen Variablen geschätzt werden. Als Referenzkategorie dient die fachliche Orientierung. Die im Modell verbleibenden Prädiktoren schätzen die signifikanten Effekte auf eine Zugehörigkeit zum schülerorientierten bzw. pädagogischen Typus (vgl. Tabelle 86).

Tabelle 86: Prädiktoren einer pädagogischen Orientierung (t_1)

Code	Index/Item	β	Exp(β)	p
BAK_3	Bedeutsamkeitseinschätzung: erziehungswissenschaftliches Studium	1.30	3.66	.000
INT_4	Interesse an sozialen Tätigkeiten	1.10	3.01	.000
BAK_1	Bedeutsamkeitseinschätzung: fachwissenschaftliches Studium	-1.02	.36	.000
DUBa	Interesse: diagnostizieren und beraten	-.77	.46	.001
EVS_5	Erziehung ist, Heranwachsende zum Guten und Richtigen zu leiten	.76	2.13	.001
OEE	Orientierung am elterlichen Erziehungsverhalten	.72	2.06	.007
SVS_6	Schule hat die Aufgabe, Schüler individuell zu fördern	.71	2.03	.001
SUF	Studienaktivitäten sind wichtiger als Freizeitaktivitäten	-.70	.50	.000
KIKa	Interesse: kommunizieren/interagieren/kooperieren	.49	1.63	.030
EVS_6	Erziehung ist, Kindern Disziplin und Ordnung beizubringen	-.48	.62	.007
KLB	kritische Lebensereignisse (Belastungserleben)	-.39	.68	.016
BVS_5	Ein gebildeter Mensch hat in einem Bereich hochspezialisierte Kenntnisse	-.36	.70	.004
BVS_2	Bildungsverständnis nach Klafki	.36	1.43	.048
NOD	Abiturnote Deutsch (Punkte)	.29	1.33	.002
NOR	Abiturnote Religion (Punkte)	-.28	.76	.004
SEI	sozioökonomische Stellung (insgesamt; ISEI-Index)	.05	1.05	.000
(Konstante)		-13.10	.00	.000

Abkürzungen: β=standardisierter Beta-Koeffizient; Exp(β)=odds ratio; p=Signifikanz (Wald-Statistik). *Modellanpassung:* N=261; χ^2=174.22; df=16; p=.000 (Omnibus-Test). *Varianzaufklärung:* Pseudo R^2: Cox/Snell=.47; Nagelkerke=.63. *Abhängige Variable:* Pädagogische Orientierung (1=eher fachlich orientiert; 2=eher pädagogisch orientiert). *Referenzkategorie:* fachliche Orientierung. *Klassifikation:* Anteil der Fälle, die aufgrund der Prädiktoren dem richtigen Muster zugeordnet werden können: 83.9%.

Der stärkste Prädiktor für Schülerorientierung ist die Bedeutsamkeitseinschätzung des erziehungswissenschaftlichen Studiums (BAK_3). Liegt diese bei einem Befragten A um einen Skalenwert höher als bei dessen Kommilitonen B, wird A mit einer um den Faktor 3.7 höheren Wahrscheinlichkeit auch dem pädagogischen Typus angehören. Ein um einen Skalenwert höheres Interesse an sozialen Tätigkeiten (INT_4) bedeutet die 3.0-fache Wahrscheinlichkeit von Schülerorientierung, ein gleichermaßen erhöhtes Interesse am Kommunizieren, Interagieren und Kooperieren (KIKa) die 1.6-fache Wahrscheinlichkeit. Wer hingegen die Bedeutsamkeit des fachwissenschaftlichen Studiums entsprechend höher einschätzt, für den sinkt die Wahrscheinlichkeit, dem paidotropen Typus anzugehören um das 2.8-Fache (BAK_1). Eine Halbierung der Wahrscheinlichkeit dieser Zuordnung entsteht auch durch ein einstufig stärker ausgeprägtes Interesse am Diagnostizieren und Beraten (DUBa: Faktor 2.2).

Wer sich stärker am elterlichen Erziehungsverhalten orientiert, zeigt die doppelte Wahrscheinlichkeit, dem paidotropen Typus anzugehören (OEE: Faktor 2.1), das Gegenteil gilt für

Studierende, für die Studium und Hochschule im Mittelpunkt stehen (SUF: Faktor 2.0). Wer sich durch kritische Lebensereignisse stärker belastet fühlt, wird eher dem logotropen Typus angehören (Faktor 1.5). Dies gilt tendenziell auch für Studierende mit einer besseren Religionsnote (NOR: Faktor 1.3), während umgekehrt die guten Deutschschüler eher eine pädagogische Orientierung aufweisen (NOD: Faktor 1.3). Die sozioökonomische Stellung ist zwar ein hoch signifikanter Prädiktor, ihr Effekt ist aber sehr gering und kaum zu interpretieren.

Schließlich weisen Vorstellung von Schule, Bildung und Erziehung auf eine höhere oder niedrigere Wahrscheinlichkeit hin, dem paidotropen statt dem logotropen Typus anzugehören. Für den Paidotropen sprechen die Vorstellung, Erziehung bedeute, Heranwachsende zum Guten und Richtigen zu leiten (EVS_5: Faktor 2.1) sowie die Zuschreibung an die Schule, sie habe die Aufgabe, Schüler in ihrer Individualität zu fördern (SVS_6: Faktor 2.0). Die Zuschreibung, ein gebildeter Mensch sei sich der zentralen Probleme der Gegenwart bewusst und wisse um seine Mitverantwortlichkeit für deren Lösung, ist Hinweis auf eine 1.4-fach höhere Wahrscheinlichkeit, dem schülerorientierten Typ anzugehören (BVS_2). Andererseits spricht für die Zuordnung zum eher fachorientierten Lehramtsstudierenden die Annahme, Erziehung bedeute, Kindern und Jugendlichen Disziplin und Ordnung beizubringen (EVS_6: Faktor 1.6) sowie die Meinung, ein gebildeter Mensch zeichne sich dadurch aus, dass er in einem Bereich hoch spezialisierte Kenntnisse aufweise (BVS_5: Faktor 1.4).

4.2.2 Religiosität

Da in der vorliegenden Studie die Fächer Mathematik und Theologie als fachspezifisches Differenzierungsmerkmal gewählt wurden, interessiert auch, inwieweit die individuelle Religiosität im Zusammenhang mit der Fachwahl steht. Dalbert/ Katona-Sallay (1996) haben Religiosität über eine Skala mit sechs Items operationalisiert (vgl. Tabelle 87).

Tabelle 87: Religiosität (t_1/t_2)

REL (N$_{t1/t2}$=411-413)	Lehramt (Selbstbild)								
	M$_{t1}$	SD$_{t1}$	TZ$_{t1}$	M$_{t2}$	SD$_{t2}$	TZ$_{t2}$	M$_{Diff}$	T	p
1 In schwierigen Situationen hilft mir mein Glaube an Gott	4.17	2.26	50.5	4.20	2.29	51.4	-.032	-0.44	.658
2 Die Achtung/ Einhaltung von Feiertagen ist mir wichtig	3.85	2.10	43.1	4.03	2.04	47.8	-.185	-2.16	.031
3 Meine religiöse Überzeugung verleiht meinem Leben Sinn	3.61	2.29	38.9	3.75	2.27	41.1	-.139	-2.00	.046
4 Ich gehe regelmäßig in eine Kirche, Synagoge, Moschee	3.00	2.13	28.7	2.98	2.17	25.5	.024	0.38	.706
5 Ich glaube an Gott	5.32	2.16	70.1	5.28	2.16	68.0	.034	0.53	.588
6 Ich lese regelmäßig in der Bibel, der Tora oder dem Koran	2.55	2.04	20.4	2.54	2.09	20.5	.010	0.16	.872
Index Religiosität (REL); α$_{t1}$=.91; α$_{t2}$=.91	3.76	1.79	–	3.80	1.81	–	-.043	-0.97	.332

Frage: Es gibt vielfältige religiöse Haltungen. Inwieweit treffen diese Haltungen auch auf Sie zu? *Skala:* 1=trifft überhaupt nicht zu; 7=trifft voll und ganz zu. *Anmerkung:* TZ=tendenzielle Zustimmung in % (Stufen 5/6/7).

Das sehr abstrakt erscheinende Item (»Ich bin überzeugt, dass Gott über unser Schicksal wacht«) hat im Pretest keine befriedigende Korrelation mit der Gesamtskala erreicht und wurde durch eine eigene Formulierung ersetzt (Item 3). Die Items »Ich glaube an Gott« und »Ich bin ein gläubiger Mensch« erscheinen darüber hinaus redundant. Letzteres Item wurde daher durch Item 6 substituiert. Außerdem wurden die Formulierungen für nichtchristliche Religionen geöffnet. Aus theologischer Sicht lässt sich aufgrund der Items eine Trennung der Skala in die Subskalen Glaube (Beziehung zu einem Gott; Items 1/3/5) und Kirchlichkeit (institutionelle Anbindung an eine Glaubensgemeinschaft; Items 2/4/6) vermuten, die sich nach einer explorativen Faktorenanalyse jedoch nicht bestätigt. Der erste Faktor löst bereits 68.9 % (t_1) bzw. 70.2 % (t_2) der Gesamtvarianz auf. Die Skala ist eindimensional, ihre interne Konsistenz ist sehr gut.

Während unter Erstsemestern mit 70.1 % tendenzieller Zustimmung eine klare Tendenz zur Bejahung eines Gottesglaubens besteht (Item 5), erfährt diese Gottesbeziehung als Hilfe in schwierigen Situationen mit 50.5 % eine schwächere Zustimmung (Item 1) und ist keinesfalls der alleinige sinnstiftende Aspekt im Leben (Item 3: TZ=38.9 %). Mit der Religiosität einhergehende Einstellungen und Handlungen, etwa die Achtung und Einhaltung von Feiertagen (Item 2: TZ=43.1 %), mehr noch der regelmäßige Besuch eines Gotteshauses (Item 4: TZ=28.7 %) oder die Lektüre religiöser Schriften (Item 6: TZ=20.4 %) treffen nach Auskunft der Befragten seltener zu. Hohe Standardabweichungen verweisen auf die heterogene Positionierung der Befragten. Die Studierenden antworten eher an den Polen der Skala als in der neutralen Mitte und bezeichnen sich daher entweder als stark oder als schwach religiös – nicht aber als »mittel« religiös. Die Lehramtsstudierenden beschreiben sich insgesamt als durchaus religiös, wobei Aspekte individueller Religiosität (Glaube) auf Ebene der einzelnen Items stärker ausgeprägt sind als Formen religiösen Handelns (Kirchlichkeit). Für viele Studierende des Faches Theologie gehört Religiosität und Kirchlichkeit aber zusammen (119). Sie sind daran interessiert, ihren Glauben durch das Studium zu vertiefen (120).

(119) Für mich ist es wichtig, dass beides da ist, also auch die Gemeinde, dass man in die Kirche geht, dass man eine Gemeinschaft hat, in der man Glaube leben kann. [I1-W20RS]

(120) Ich erhoffe mir vom Studium, dass es den Glauben noch vertieft bzw. mehr Antworten [...] gibt. [O1-M20GY]

Zwischen Lehrämtern ergeben sich zu Studienbeginn keine signifikanten Unterschiede der Religiosität insgesamt (REL). Es besteht die Tendenz, dass GY-Studierende häufiger in einer Bekenntnisschrift lesen als Studierende der PH-Lehrämter (Item 6: η^2=.011*; M_{GY}=2.87; M_{PH}=2.41), was sicherlich mit durch das intensive Bibelstudium der GY-Theologiestudierenden zu erklären ist. Im Geschlechtervergleich wird deutlich, dass männlichen Studierenden die Achtung und Einhaltung von Feiertagen etwas wichtiger ist als ihren Kommilitoninnen (Item 2: η^2=.010*; M_m=4.34; M_w=3.76).

Ein deterministischer Zusammenhang besteht zwischen den sich selbst als wesentlich religiöser beschreibenden GY-Hauptfachstudierenden des Faches Theologie und jenen der Mathematik. Die MA-Studierenden liegen etwa auf der Skalenmitte, die Studierenden des Faches Theologie signifikant darüber (η^2=.164**; $M_{GY/MA}$=4.13; $M_{GY/TH}$=5.48). Zwischen TH-Studierenden verschiedener Lehrämter zeigen sich deutliche Differenzen (vgl. Tabelle 88). TH-Studierende im GH-Studiengang schätzen sich als deterministisch weniger religiös ein als Kommilitonen im RS- oder GY-Studiengang (η^2=.094**). Das bedeutet im Umkehrschluss, dass gerade dort schwächer religiöse Befragte zu Religionslehrkräften ausgebildet werden, wo das Fach Theologie überwiegend mit affiner (geringer) Gewichtung studiert wird (vgl. 3.7.3, S. 243). Dies bestätigt auch die Unterscheidung der Religiosität nach Fachgewichtung (vgl. Tabelle 88). Studierende im affinen Fach fallen durch eine deterministisch geringere Religiositätseinschätzung auf (η^2=.181***). Im affinen Fach Theologie unter GH-Studierenden sind die Selbsteinschätzungen der Religiosität sogar leicht im ablehnenden Bereich der Skala. Damit befindet sich insbesondere die Religionslehrerbildung an den Pädagogischen Hochschulen in einer prekären Situation. Es sind Ausbildungsreformen notwendig, die das Fach Theologie als Hauptfach wieder attraktiver machen und zugleich die Zahl unfreiwilliger oder extrinsisch motivierter Studierender (Anreiz der vielen möglichen Fächerkombinationen mit dem Fach Theologie) reduzieren.

Tabelle 88: Religiosität der Studierenden mit Fach Theologie (t_1)

Lehramt	Fachgewichtung	N	M	SD	M_{LA}
	Hauptfach	3	5.56	0.98	
GH	Leitfach	17	4.97	1.45	4.25
	Affines Fach	41	3.86	1.48	
RS	Leitfach	7	6.00	0.75	4.81
	Affines Fach	19	4.37	1.15	
GY	Hauptfach	35	5.23	1.50	5.28
	Beifach	1	6.83	0.00	
SP	Hauptfach	2	5.58	0.82	5.47
	Nebenfach	4	5.42	1.27	

Anmerkung: Datengrundlage ist der komplette t_1-Datensatz (N = 129 relevante Fälle).

Im Längsschnitt zeigen sich keine bemerkenswerten Veränderungen hinsichtlich der Religiosität insgesamt (REL/ REL2; vgl. Tabelle 87, S. 300). Sie kann als äußerst stabil angesehen werden. Auf Ebene der einzelnen Items ist lediglich zu beobachten, dass die Achtung und Einhaltung von Feiertagen (Item 2) zu t_2 als wichtiger eingeschätzt wird. Zugleich stimmen die Befragten nun auch der Aussage häufiger zu, ihr Glaube würde ihrem Leben Sinn verleihen (Item 3). Die denkbare Vorannahme, die Anforderungen des Studienalltags würden sowohl die persönliche Religiosität als auch religiöses und kirchliches Handeln zunehmend zurückdrängen, bestätigt sich nicht. Dies gilt insbesondere für die Theologiestudierenden, unter denen sogar die Tendenz einer Religiositätszunahme zu beobachten ist, die allerdings knapp an der Signifikanzgrenze scheitert (REL: $M_{t1}=4.81$; $M_{t2}=4.97$; T = -1.84; p = .068). Die bedeutendste Änderung unter den Theologiestudierenden ist der gefestigte Gottesglaube (Item 5: $M_{t1}=6.26$; $M_{t2}=6.49$; T = -2.50; p = .014). Signifikante Zunahmen zeigen sich auch im Blick auf den sinnstiftenden Religiositätsaspekt (Item 3: $M_{t1}=4.83$; $M_{t2}=5.12$; T = -2.21; p = .029) und die zunehmende Lektüre in der Bibel (Item 6: $M_{t1}=3.61$; $M_{t2}=3.90$; T = -2.20; p = .030). Theologiestudierende können daher zu t_2 als religiös gefestigt charakterisiert werden. Von einer Glaubenskrise aufgrund des wissenschaftlich-theologischen Studiums kann nicht die Rede sein.

Weiterhin soll festgestellt werden, ob die Entscheidung für das Fach Theologie mit einer religiösen Sozialisation in Verbindung steht. In Anlehnung an die Shell-Studie wurde daher die Bedeutung von Religion im Elternhaus erfasst (vgl. Tabelle 89). Die Lehramtsstudierenden stammen zu 41.0 % aus »sehr« oder »ziemlich« religiösen Elternhäusern. Nach der Shell-Studie sagen das nur 28 % der westdeutschen Jugendlichen im Alter von 12 bis 25 Jahren (vgl. Shell 2006, S. 223). Die befragten Lehramtsstudierenden können damit als überdurchschnittlich religiös sozialisiert gelten, wenngleich sie absolut gesehen im Elternhaus mehrheitlich eher schwach religiös geprägt wurden. Lehramtsunterschiede sind nicht signifikant. Auffällige Unterschiede zeigen sich zwischen den stärker religiös sozialisierten Theologiestudierenden und jenen, die Theologie nicht in ihrer Fächerkombination haben ($\eta^2 = .055$***). Offenbar fördert eine stärkere religiöse Sozialisation die Entscheidung für das Fach Theologie.

Tabelle 89: Bedeutung von Religion im Elternhaus (t_1)

REH (N=505)	TH	KT	EK	EG	SK	LG	GH	RS	GY	SP	LA
M	2.38	2.82	3.07	2.69	2.33	2.69	2.77	2.51	2.63	2.63	2.66
SD	0.83	0.90	0.65	0.89	0.98	0.89	0.86	0.80	0.95	1.09	0.91

Frage: Welche Bedeutung hat Religion in Ihrem Elternhaus? Kommen Sie aus einem... *Skala:* 1 = sehr religiösen Elternhaus; 2 = ziemlich religiösen Elternhaus; 3 = weniger religiösen Elternhaus; 4 = überhaupt nicht religiösen Elternhaus. *Abkürzungen:* TH = Fach Theologie belegt; KT = kein Fach Theologie belegt; EK = Einzelkind; EG = Erstgeborene; SK = Sandwich-Kind; LG = Letztgeborene.

Erstgeborene stammen aus »weniger religiösen« Elternhäusern, während Studierende mit Geschwistern, besonders Sandwichkinder, ihr Elternhaus häufiger als religiös geprägt ansehen (η^2 = .050***). Dies ist vermutlich dadurch zu erklären, dass stark religiöse Paare mehr Kinder haben. Zwischen der religiösen Sozialisation im Elternhaus (REH) und der selbsteingeschätzten Religiosität (REL) besteht ein deterministischer positiver Zusammenhang (η^2 = .340***; sehr religiöses Elternhaus: M_{REL} = 5.61; ziemlich r. E.: M_{REL} = 4.45; weniger r. E.: M_{REL} = 3.46; überhaupt nicht r. E.: M_{REL} = 2.04). Die Variablen korrelieren sehr stark (r = -.57***; Skalen gegensätzlich gepolt). Die religiöse Prägung des Elternhauses hat daher vermutlich eine große Bedeutung für die Religiosität Lehramtsstudierender. Ehrenamtliches Engagement in einer Kirche wird von Studierenden aus religiöseren Elternhäusern viel häufiger ausgeübt (SEE_3/REH: r = -.40***; umgepolt).

Weiterhin ist zu fragen, in welchem Zusammenhang die eigene Religiosität und Vorstellungen von Schule und (Religions-)Unterricht stehen. Zahlreiche Studierende sind in den Interviews gegenüber Religion aufgeschlossen, kritisieren aber insbesondere kirchliches Handeln und kirchlich-konfessionelle Strukturen (121). Solchen Studierenden erschließt sich der Sinn des Religionsunterrichts in seinem bekennenden Charakter nicht, wenngleich sie eine ethische Auseinandersetzung mit Grundfragen des Lebens durchaus schätzen (122). Wer für eine solche ethische Grundbildung plädiert, sieht für den Religionsunterricht allenfalls in konfessionell-kooperativer Gestalt eine Berechtigung. Dem entgegen steht das Plädoyer einer angehenden Religionslehrerin für einen konfessionell verankerten Unterricht, der von einem klaren religiösen Bekenntnis der Lehrkraft ausgehe. Es solle in einem solchen Unterricht zwar nicht »missioniert«, wohl aber Glauben »vermittelt« werden (123). Ein anderer Theologiestudent macht deutlich, Glaube müsse »wachsen«, er könne nicht indoktriniert werden. Um überzeugend unterrichten zu können, sei ein klarer konfessioneller Standpunkt notwendig, der einen authentischen und damit überzeugenden Unterricht ermögliche. Religionsunterricht wird auch als bewusster Kontrapunkt zum sonstigen Schulalltag verstanden (125).

(121) *Meine Eltern sind ziemlich christlich und ich war auch nach meiner Kommunion Messdiener, aber nur drei Monate. Dann habe ich zum Pfarrer gesagt, dass [...] ich [...] das nicht machen möchte. [...]. Ich habe keine Probleme mit dem Glauben und ich akzeptiere auch jede andere Religion. [...]. Aber was die Kirche [...] gemacht hat, ist in meinen Augen nicht so richtig und nicht redlich; gerade die ganzen Dinge im Mittelalter, die mit dem Glauben vertreten wurden. [D1-M20RS]*

(122) *Ich glaube an Gott und ich glaube, dass da irgendwo ein Sinn ist. [...]. Aber dass dafür eine Kirche notwendig ist [...] und dass man einer bestimmten Religion angehört, Christentum, Islam [...]: ich weiß nicht, ob das unbedingt nötig ist. [...]. Ich würde schon ein Fach wie Religion haben wollen, aber es vielleicht eher als »Ethik« bezeichnen, also dass jemand über die verschiedenen Möglichkeiten der Religionen lehrt [...], aber niemals vermittelt: »Ich glaube das und das müsst ihr auch glauben«. Das finde ich falsch, auch dass man aufteilt in evangelisch und katholisch. Man muss doch erstmal über alles Bescheid wissen, um dann zu entscheiden. [C1-W20GH]*

(123) Ich stelle mir das nicht irgendwie missionarisch vor, also dass man zwanghaft versucht, die Schüler zu bekehren, sondern mehr als ein Vermitteln des christlichen Glaubens. Ich habe eben persönlich sehr gute Erfahrungen mit dem christlichen Glauben gemacht und würde mich selbst auch als gläubig bezeichnen. Ich würde den Schülern schon gerne vermitteln, dass das eine Bereicherung fürs Leben ist und ihnen aber auf jeden Fall die eigene Meinung lassen. Als Lehrer muss man schon neutral sein. [...]. Man braucht eine gewisse Religiosität, damit man Religionsunterricht machen kann, zumindest evangelischen. Ich hatte auch einmal eine Lehrerin, bei der man richtig gemerkt hat, dass sie eine Abneigung gegen Religion hat und da habe ich mich gefragt, warum sie das Fach unterrichtet. Es war dann eigentlich Ethik, total neutral und distanziert. Sobald man als Schüler versucht hat, irgendwas in Richtung religiöse Diskussion anzuzetteln, weil einen das interessiert hat, wurde das sofort abgeblockt [...]. Darauf muss man schon auch eingehen können. [L1-W19GY]

(124) Dem Missionieren gegenüber bin ich eher negativ eingestellt, weil man niemanden zu seinem Glauben zwingen kann. Der Glaube wächst und gedeiht – man kann vielleicht jemanden hinführen oder Impulse geben. [...]. Bei religionskundlichem Unterricht denke ich jetzt eher, ein Lehrer steht vor der Landkarte und zeigt wo Erfurt ist oder sagt, dass Gott in drei Personen vereinigt ist. Wenn man das so den Schülern beibringt, denken die auch: »OK, ja, da ist nichts dahinter«. Ein Religionslehrer sollte den Glauben auch innerlich leben. Dann wird er eher respektiert, weil man [...] spürt, dass da etwas dahintersteckt. Das Kundliche ist dann eher so kalt. Wenn man es selbst glaubt oder lebt, wärmt man es auf. [P1-M20GY]

(125) Es ist wichtig, dass der Mensch in diesem stressigen Leben mal zur Ruhe kommt, über sich selbst reflektiert, den anderen besser wahrnimmt als im normalen Unterricht, in dem es nicht die Möglichkeit gibt. [P1-M20GY]

In der Folgebefragung (t$_2$) verfügen die Theologiestudierenden über erste Erfahrungen mit dem wissenschaftlichen Studium, das im Zusammenhang mit der eigenen Religiosität unterschiedlich bewertet wird. Eine erste Gruppe an Befragten wertet die kritische Auseinandersetzung mit dem eigenen Glauben positiv. Man bekomme einen anderen Zugang zur eigenen Religiosität (126) und gehe im Glauben gestärkt aus dem Studium hervor. Eine zweite Gruppe Studierender berichtet allerdings, dass die fundamentale Auseinandersetzung mit dem eigenen Glauben zu Konflikten führen könne. Der eigene Glaube und die wissenschaftliche Theologie ließen sich nicht (immer) miteinander vereinbaren, was im Kern zu einem Festhalten an alten Vorstellungen führen könne, obwohl sie im Anschluss an die Studieninhalte aus Sicht der Befragten revidiert werden müssten (128). Obgleich die wissenschaftlich-theologische Auseinandersetzung von den meisten Theologiestudierenden als gewinnbringend erachtet wird, ist sie häufig mit einem schmerzvollen Prozess des Überwindens eines eher kindlichen, »synthetisch-konventionellen Glaubens« (Fowler 1991) verbunden. Dabei werden auch zentrale Glaubensfragen angesprochen und Gewissheiten wie nach der Auferstehung Christi erschüttert (129). Die meisten Studierenden sind zuversichtlich, dass sie am Ende dieses Prozesses einer tiefgehenden Selbstreflexion gestärkt aus dem Studium hervorgehen (130).

(126) Frage: Beeinflusst es einen, wenn man die eigene Religiosität wissenschaftlich reflektiert? [...]. Wenn man sich da richtig tief reindenkt und sich damit beschäftigt: ja, auf jeden Fall. Frage: Wie? Eher kritisch? Nein. So, dass man einen anderen Zugang und eine andere Sicht bekommt. [H2-W22GH]

(127) Persönlich hat sich viel geändert, seit ich im »Theologischen Stift« wohne, weil [...] man dort ins Gespräch kommt [...] – und natürlich auf Basis der Vorlesungen, die man zusammen besucht, diskutieren kann [...]. Das hat mich unheimlich gestärkt im Glauben und auch vor allem in dem, darüber zu reden. [L2-W21GY]

(128) Der Horizont wird extrem erweitert durch das Studium, auch durch die historisch-kritische Exegese, von der man [zuvor] noch nie gehört hat. [...]. Bewusst darüber nachzudenken und zu hinterfragen, was man bisher einfach so hingenommen hat, ist eine Herausforderung, aber nichts, was mich in meinem Glauben unsicherer macht oder total abbringt davon. Dadurch, dass man auch Kommilitonen hat, die gläubig sind – im Herzen –, ist man in einer Gemeinschaft, in der man darüber reden kann und sich gegenseitig ein Stück weit ermutigen kann. [...]. Als positiv würde ich das nicht durchgehend werten. [...]. Mit meinem Verständnis von dem, wer Gott ist und wer Jesus ist, kann ich da teilweise nicht mit. Das sind Punkte, wo man Studieninhalte aufnimmt, aber nicht verinnerlicht. [...]. [I2-W21RS]

(129) Wenn der Glaube vorher eher kindlich war, naiv war, dann wird man ins kalte Wasser geschmissen. Ich habe diese Woche gelernt, dass weder Jona im Fisch war, noch dass Mose gelebt hat, dass es den Turmbau zu Babel gar nicht gab, dass Adam und Eva auch nur eine beispielhafte Erzählung ist. Man kommt doch auf eine höhere Ebene in Theologie. Deswegen ist es schwer, an einem kindlichen Glauben festzuhalten. Man kommt vom liebenden Gott zu einem anderen Gottesbild. Es verändert sich. [...]. Das Konstrukt, das man früher einmal hatte, stürzt ein und man muss sich neu orientieren. [...]. Wenn man gar nicht mehr weiß, was man eigentlich noch glauben darf! Wenn die ganzen Wunder in der Bibel gar nicht so sein sollen, warum soll man dann an das Wunder der Auferstehung glauben? Sowas finde ich dann eher verwirrend, wenn man an allem zweifelt, nur an dem nicht. Ich denke aber, dass ich eher gestärkt aus dem Studium gehen werde. [K2-W22GH]

(130) Ich wurde vorgewarnt, [...], dass es zum Teil schwierig ist mit Theologie, weil es nicht nur reiner Inhalt [...] ist, sondern weil man sich auch mit sich selbst auseinandersetzen muss. Das musste ich bisher noch nicht in so großem Umfang. [...]. Man kommt schon an Punkte, wo man sich im Klaren darüber werden muss, was man selbst glaubt. Aber das ist es eigentlich, was ich erwartet hatte. [...]. Frage: Sie sehen nicht die Gefahr, [...] dass da ein Weltbild für Sie zusammenbricht? Doch, die Gefahr besteht bestimmt. Es wird vielleicht mal schwer, aber [...] am Ende entwickelt man sich weiter und man kann für viele Dinge Standpunkte entwickeln, die man dann auch vertreten kann. [...]. Ich habe gehört, dass man am Ende des Studiums mehr Fragen hat als am Anfang. [L2-W21GY]

Die Aussagen der Theologiestudierenden nach dem dritten Semester sind für die Arbeit von zentraler Bedeutung, weil sich in ihnen eine durch die fachwissenschaftliche Auseinandersetzung initiierte Entwicklung vollzieht, die sich so ohne die institutionalisierte Lehrerbildung nicht vollzogen hätte. Die fundamentale Erschütterung des eigenen (religiösen) Weltbildes, der sich in deren Folge vollziehende Weg einer Selbstreflexion und die notwendige (Neu-)Positionierung sind zweifelsohne Prozess und Produkt des Studiums. Diese Wechselwirkung zwischen Studium und Person verweist idealtypisch auf eine professionelle Entwicklung. Die Interviewausschnitte verweisen aber nicht nur auf eine Kompetenzentwicklung im Sinne der Reflexionsfähigkeit – die Studierenden entwickeln neue Standpunkte, die sie ohne die Ausbildung vermutlich nicht hätten. In diesem Sinne verweist religiöse Entwicklung im vorliegenden Fall auch auf den Zuwachs an theologisch-religionspädagogischer Kompetenz (Elsenbast 2004; Fischer 2006; Cramer 2008; EKD 2008; Schweitzer 2008).

Nachdem sich die Religiosität als längsschnittlich weitgehend konstant erwiesen hat, lässt sich weiterhin fragen, welche Bedeutung von dieser Variable für die Vorhersage lehrerbildungsspezifischer Merkmale ausgeht. Um hierfür Anhaltspunkte zu gewinnen, wurde die Berechnung eines allgemeinen linearen Modells mit der Religiosität (REL2) als Prädiktor und allen nach dem dritten Semester erfassten metrischen Items und Skalenwerten als potenziellen abhängigen Variablen durchgeführt. Nach einer schrittweise manuellen Modellanpassung verbleiben nur drei signifikante Effekte (Modellanpassung: $F=3.90$; $p=.009$. Pillai-Spur $=.029$; Hotelling-Spur $=.030$; $N=395$; fehlende Werte fallweise gelöscht). Stärker religiöse Studierende schätzen mit leicht erhöhter Wahrscheinlichkeit die Bedeutsamkeit der Unterstützung in der Berufseinstiegsphase höher ein (BAK2_6: $\beta=.06$; $T=.2.33$; $p=020$. $R^2=.011$). Daneben ist ihre Chance einer höheren Kompetenzerwartung hinsichtlich des sich Fortbildens und Informierens stärker ausgeprägt ($\beta=.06$; $T=.2.11$; $p=035$. $R^2=.009$), was diesbezüglich auch für den Kompetenzzuwachs zu beobachten ist ($\beta=.08$; $T=.2.36$; $p=019$. $R^2=.011$). Der Religiosität kommt damit – jenseits der Beschäftigung mit Fragen nach der Religionslehrerbildung – als Variable in der empirischen Lehrerbildungsforschung eine vernachlässigbare Bedeutung zu, weil sie kaum Erklärungspotenzial für die Ausprägung anderer Variablen hat.

4.2.3 Schul-, Bildungs- und Erziehungsverständnis

Welches Schul-, Bildungs- und Erziehungsverständnis angehende Lehrkräfte haben, wurde bislang nicht explizit untersucht. Es ist davon auszugehen, dass solche Überzeugungen, im Sinne subjektiver und impliziter Vorstellungen, das Lehrerhandeln mitbestimmen und so auch Bedeutung für das Lernen der Schüler erlangen (Baumert/ Kunter 2006, S. 499). Daneben führen Vorannahmen, Einstellungen und Haltungen zu einer spezifischen Sicht und Wahrnehmung der eigenen Entwicklung im Kontext der institutionalisierten Lehrerbildung. Aus erziehungswissenschaftlicher Sicht zielen »professional beliefs« auf den Kern des professionellen Selbstverständnisses des Lehrers als Pädagogen. Vorstellungen über die Funktionen von Schule, Ideen von Bildung und Konzepten von Erziehung kommt aber nicht nur hinsichtlich der berufsspezifischen Überzeugungen eine Bedeutung zu, sie verweisen auch auf unterschiedliche Wissensformen, etwa den Grad der Identifikation mit alltäglichem, pädagogischem oder erziehungswissenschaftlichem Wissen (vgl. 4.4, S. 370).

Es existieren kaum Vorarbeiten. Erst nach Durchführung von t_1 sind ähnliche Daten aus einer anderen Studie erschienen (Müller u. a. 2008a). Die dort befragten angehenden Mathematiklehrkräfte sehen die Funktion von Schule eher in der Sozialisation (als Sammelkategorie der Qualifikations- und Integrationsfunktion von Schule) und weniger in der Selektionsfunktion, die neutral bewertet wird (ebd., S. 295). Es gibt Hinweise, dass Lehrkräfte im Beruf die Selektionsfunktion regelrecht ablehnen (Fried 2002). Lehramtsunterschiede zeigen sich kaum, wenngleich künftige GY- und Gesamtschullehrkräfte die Selektionsfunktion im Vergleich zu GH-Studierenden eher akzeptieren.

Mangels zu t_1 existierender Vorarbeiten wurden zur Erfassung des Schul-, Bildungs- und Erziehungsverständnisses drei Skalen entwickelt. Das Schulverständnis (SVS) wird mit sechs Items, das Bildungsverständnis (BVS) mit acht Items und das Erziehungsverständnis (EVS) mit weiteren sechs Items operationalisiert. Die jeweiligen Subskalen beanspruchen keine interne Konsistenz. Sie decken vielmehr, in Anlehnung an Theorien, verschiedene Begriffsdefinitionen ab. Auf diese Weise ist es möglich abzubilden, welchem Begriffsverständnis die Studierenden vorrangig folgen und ob sich dieses während der ersten Studiensemester ändert.

Grundlage für die Formulierung der Items zum *Schulverständnis (SVS)* sind zunächst zwei zentrale Tätigkeitsbeschreibungen bzw. Aufgaben von Lehrkräften (vgl. Tabelle 90): das Unterrichten, das oft vorschnell ausschließlich mit dem Aspekt der Wissensvermittlung konnotiert wird (Item 1) sowie das Erziehen, das im Verständnis der Studienanfänger vermutlich mit der Reaktion auf Unterrichtsstörungen in Verbindung gebracht wird (Item 2). Beide Items zusammen operationalisieren in einem tiefergehenden Verständnis die *Qualifikationsfunktion* von Schule, die auf die Steigerung gesellschaftlicher Produktivität zielt. Auch die weiteren Items leiten sich von allgemeinen Funktionen der Schule ab, die darüber Auskunft geben, welche Leistung die Schule gegenüber der Gesellschaft erbringt (Wiater 2009, S. 70). Funktionen zielen auf die Handlungsfähigkeit des sozialen Systems (Fend 2006). Sie sind von feinschrittigen Aufgabenbeschreibungen der Schule zu unterscheiden, wenngleich die Instruktion im Fragebogen nach »Aufgaben« fragt, obwohl hier meist Funktionen operationalisiert wurden – eine Setzung in der Annahme, der Funktionsbegriff könnte für Erstsemester unscharf sein. Item 3 operationalisiert die *Selektionsfunktion* von Schule, den Zusammenhang von Schule und gesellschaftlicher Berufs- bzw. Sozialstruktur (Allokation). Die Beziehung zwischen Schule und gesellschaftlicher Loyalität, die *Sozialisationsfunktion*, oder angesichts der Herausforderungen von Globalisierung und Pluralität besser *Integrationsfunktion*, wird über Item 4 erfasst. Auf die *Enkulturationsfunktion*, also das Wechselspiel von Schule und Kulturentwicklung, zielt Item 5. Schließlich operationalisiert Item 6 eine weitere Tätigkeit von Lehrkräften, die im Sinne von Differenzierung und Individualisierung zugleich die Funktion einer *Personalisation* betrifft, das Zusammenspiel von freiheitlich-demokratischer Gesellschaft und Entfaltung des Individuums.

Tabelle 90: Schul-, Bildungs- und Erziehungsverständnis (t$_1$/t$_2$)

SVS/ SVS2/ BVS/ BVS2/ EVS/ EVS2 N$_{LA(t1)}$=497-498; N$_{LA(t2)}$=408-410; N$_{ZM(t1)}$=78-79	LA$_{t1}$		LA$_{t2}$		ZM$_{t1}$	
(SVS) Die Schule hat die Aufgabe, Schülerinnen und Schüler...	M	SD	M	SD	M	SD
1 zu unterrichten	6.62	0.70	6.55	0.74	6.59	0.86
2 zu erziehen	5.37	1.33	5.40	1.31	4.57	1.72
3 in Schullaufbahnen zu sortieren und sie so unterschiedlichen beruflichen Positionen zuzuordnen	3.51	1.73	3.64	1.75	4.05	1.94
4 durch Unterricht und Schulleben in die Gesellschaft zu integrieren	6.05	0.94	6.29	0.83	5.66	1.29
5 in die Tradition unserer Kultur einzuführen und diese zu entwickeln	5.41	1.18	5.59	1.11	5.08	1.37
6 in ihrer besonderen Individualität zu fördern	6.33	0.97	6.43	0.86	5.46	1.66
(BVS) Ein gebildeter Mensch zeichnet sich dadurch aus, dass...	M	SD	M	SD	M	SD
1 er Herr über die Anforderungen ist, die unsere Gesellschaft an ihn stellt [Horkheimer]	4.86	1.50	5.12	1.35	4.55	1.38
2 er sich der zentralen Probleme der Gegenwart bewusst ist und um seine Mitverantwortlichkeit für deren Lösung weiß [Klafki]	5.85	1.02	5.96	0.96	5.66	1.30
3 er sich aus eigenem Antrieb intensiv mit der Welt auseinandersetzt und sich durch die eigene Tätigkeit an ihrer Gestaltung beteiligt [Humboldt]	5.85	1.07	5.98	0.97	5.28	1.47
4 er viel gelernt hat, weiß und kann	5.06	1.51	4.75	1.50	5.00	1.58
5 er in einem Bereich hochspezialisierte Kenntnisse oder Fertigkeiten aufweist	4.39	1.64	4.04	1.61	4.82	1.78
6 er die klassischen Kulturgüter unserer Gesellschaft kennt und wertschätzt [Bueb]	4.74	1.46	4.80	1.46	4.64	1.46
7 er einen akademischen Abschluss nachweisen kann	3.19	1.68	2.90	1.60	3.26	1.89
8 er mindestens eine Fremdsprache in Wort und Schrift beherrscht	3.71	1.87	3.76	1.84	3.90	1.99
(EVS) Erziehung bedeutet, ...	M	SD	M	SD	M	SD
1 absichtsvoll und zweckgerichtet auf Kinder und Jugendliche Einfluss zu nehmen [Brezinka]	4.98	1.62	5.02	1.55	4.85	1.70
2 Heranwachsenden zur Mündigkeit zu verhelfen [Mollenhauer]	6.08	1.06	6.33	0.86	5.51	1.35
3 Kindern deutliche Grenzen zu setzen [Bueb]	4.98	1.43	5.11	1.39	5.05	1.64
4 Kindern die Bedingungen zu schaffen, in denen sie ohne Eingriffe der Erwachsenen wachsen können [Rousseau]	5.04	1.62	4.90	1.64	4.70	1.81
5 Heranwachsende zum Guten und Richtigen zu leiten	5.96	1.04	5.66	1.21	6.00	1.08
6 Kindern und Jugendlichen Disziplin und Ordnung beizubringen	4.85	1.35	4.79	1.29	5.30	1.57

Frage: Wie denken Sie über Schule, Bildung und Erziehung? *Skala:* 1=trifft überhaupt nicht zu; 7=trifft voll und ganz zu. *Anmerkung:* Der Inhalt eckiger Klammern wurde nicht im Fragebogen abgedruckt.

Bei der Operationalisierung des *Bildungsverständnisses (BVS)* wurde zur Vereinfachung nach Merkmalen gefragt, die einem gebildeten Menschen zugeschrieben werden können. Die erste Beschreibung (Item 1) wurde in Anlehnung an Max Horkheimer formuliert, nach dem ein gebildeter Mensch Herr über die Anforderungen sei, welche die Gesellschaft an ihn stelle (Horkheimer 1952). Item 2 beruht auf der Bildungskonzeption Wolfgang Klafkis, aus dessen Sicht sich ein gebildeter Mensch dadurch auszeichne, dass er sich der zentralen Probleme der Gegenwart bewusst sei und um seine Mitverantwortlichkeit für deren Lösung wisse (Klafki

1994). Mit Wilhelm von Humboldt wird einem gebildeten Menschen in Item 3 die Eigenschaft zugeschrieben, er würde sich aus eigenem Antrieb intensiv mit der Welt auseinandersetzen und sich durch die eigene Tätigkeit aktiv an ihrer Gestaltung beteiligen (Humboldt 1793). Im Vergleich zu diesen komplexen Bildungsvorstellungen operationalisieren die folgenden Items eine stark reduzierende Auffassung von Bildung. Item 4 zielt auf Bildung im Sinne einer Anhäufung von Wissen, Item 5 verortet Bildung in einem Expertentum mit exklusivem Charakter. In Item 6 wird dem gebildeten Menschen Kenntnis klassischer Kulturgüter der Gesellschaft sowie deren Wertschätzung zugeschrieben. Item 7 unterstellt, gebildet sei, wer einen akademischen Abschluss nachweisen könne; eine formale Bestimmung mit komplexitätsreduzierendem Charakter. Ähnlich ist Item 8 zu lesen, welches Bildung mit Fremdsprachenkenntnissen in Verbindung bringt. Die zunächst als Indikator für ein »einfaches« Bildungsverständnis lesbare Formulierung weist, was sich unten empirisch bestätigt, auch eine Anschlussfähigkeit an die Idee Humboldts einer »sprachlichen Bildung« auf (Dörpinghaus u. a. 2006, S. 74) oder wird als notwendige Voraussetzung der Handlungsfähigkeit in einer globalisierten Welt verstanden.

Ähnlich wie das Bildungsverständnis wurde auch das *Erziehungsverständnis (EVS)* unter Bezugnahme auf verschiedene theoretische Erziehungskonzepte erfasst. Item 1 operationalisiert in vereinfachter Weise die Annahme Wolfgang Brezinkas, Erziehung bedeute, absichtsvoll und zweckgerichtet auf Kinder und Jugendliche Einfluss zu nehmen (Brezinka 1978). Unter Rekurs auf Klaus Mollenhauer formuliert Item 2, Erziehung sei, Heranwachsenden zur Mündigkeit zu verhelfen (Mollenhauer 1982). Die Vorstellung, Erziehung bedeute, Kindern deutliche Grenzen zu setzen (Item 3) ist eine weit verbreitete Erziehungslehre. In Anlehnung an Jean-Jacques Rousseau wird Erziehung in Item 4 operationalisiert als das Schaffen von Bedingungen, in deren Rahmen sich Kinder weitgehend ohne Eingriffe der Erwachsenen entwickeln können (Rousseau 1762). Die gleichsam idealisierende wie normative Vorstellung, Erziehung sei, Heranwachsende zum Guten und Richtigen zu leiten, verweist auf ein eher einfaches Bild von Erziehung. Selbiges gilt für die Annahme, Erziehung sei es, Kindern und Jugendlichen Disziplin und Ordnung beizubringen – eine Auffassung, die gegenwärtig wiederum mit Bernhard Bueb gefasst werden kann (Bueb 2006).

Schulverständnis

Zu Studienbeginn wird das Unterrichten von Lehramtsstudierenden als Hauptaufgabe der Schule angesehen, gefolgt vom Auftrag der Förderung von Schülern in ihrer Individualität (vgl. Abbildung 21). An dritter Stelle steht die gesellschaftliche Integration durch die Schule. Selbst die Enkulturationsfunktion wird insgesamt noch etwas wichtiger als die Erziehungsfunktion angesehen. Alle diese Aspekte sind aus Sicht der Lehramtsstudierenden grundsätzlich Funktionen der Schule. Ausschließlich ihre Selektionsfunktion wird abgelehnt.

Unterschiede bezüglich des Unterrichtens sind zwischen den Lehrämtern zu Studienbeginn eher gering ($\eta^2 = .018^*$). Erhebliche Differenzen nach Lehramtstypus ($\eta^2 = .056^{***}$) zeigen sich hinsichtlich des Erziehens als Aufgabe der Schule, das für weniger bedeutsam als das Unterrichten erachtet wird. Studierende der Sonderpädagogik und der Primarstufe räumen dem Erziehen einen stärkeren Stellenwert ein als Studierende der Sekundarlehrämter. Der Professionsvergleich zeigt, dass Lehramtsstudierende die Erziehungsaufgabe der Schule stärker anerkennen als Zahnmedizinstudierende ($\eta^2 = .032^{***}$; $M_{LA} = 5.37$; $M_{ZM} = 4.57$). Die Selektionsfunktion indes wird von ZM-Studierenden eher gesehen ($\eta^2 = .009^*$; $M_{LA} = 3.51$; $M_{ZM} = 4.05$). Im Lehramt wird diese Funktion der Schule tendenziell abgelehnt, am stärksten von SP-Studierenden, wenngleich die Lehramtsunterschiede nicht signifikant werden. Eine individuelle Förderung der Schüler sehen SP- und GH-Studierende stärker als Aufgabe der Schule an als die RS- und GY-Studierenden ($\eta^2 = .033^{**}$). Die Integrations- und Enkulturationsfunktion von Schule unterscheiden sich nicht lehramtsspezifisch, wenngleich die tendenziell jeweils stärkste Funktionszuschreibung durch die SP-Studierenden erfolgt und über das GH- und RS-Lehramt bis hin zu den GY-Studierenden leicht abnimmt. Die ZM-Studierenden sehen diese drei Funktionen, insbesondere die individuelle Förderung, als weniger bedeutsam für die Schule an (Item 4: $\eta^2 = .015^{**}$; Item 5: $\eta^2 = .007^*$; Item 6: $\eta^2 = .061^{***}$). Damit positionieren sich LA-Studierenden im Professionsvergleich eindeutiger an den für die Schule typischen Funktionen – die Ausnahme ist eine deutlichere Abwendung von der Selektionsfunktion.

Abbildung 21: Schulverständnis im Lehramtsvergleich (t_1)

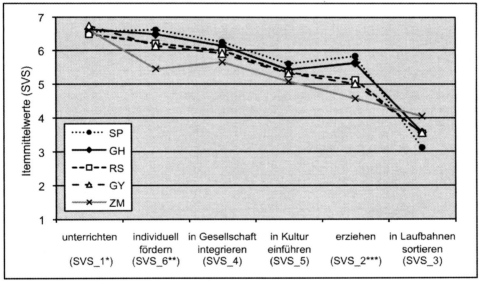

N=575-576. $^{***}p < .001$; $^{**}p < .01$; $^*p < .05$ (Signifikanztest für die Lehramtsdifferenzen: ANOVA). *Skala*: 1 = Minimum; 7 = Maximum. *Anmerkung*: Items sortiert nach abnehmendem durchschnittlichen Mittelwert (LA).

Uni-Lehramtsstudierende betonen die Aufgabe des Unterrichtens etwas stärker ($\eta^2 = .011^*$; $M_{PH} = 6.57$; $M_{UN} = 6.73$). Umgekehrt sehen die PH-Studierenden die Erziehungsaufgabe als substanziell wichtiger an ($\eta^2 = .032^{***}$; $M_{PH} = 5.53$; $M_{UN} = 5.01$). Die Integrationsfunktion ($\eta^2 = .010^*$) und Aufgabe der individuellen Förderung ($\eta^2 = .018^{**}$) nehmen PH-Studierende etwas stärker wahr. Fachunterschiede zeigen sich im Blick auf die stärkere Betonung der Erziehung durch GY-Studierende mit Fach Theologie im Vergleich zu jenen mit Fach Mathematik ($\eta^2 = .107^{**}$; $M_{GY/MA} = 4.35$; $M_{GY/TH} = 5.34$). Individualität zu fördern, erachten weibliche LA-Studierende stärker als Aufgabe der Schule ($\eta^2 = .025^{***}$; $M_w = 6.40$; $M_m = 5.99$). Sie betonen auch vermehrt die Integrationsfunktion (η^2=.015**; M_w=6.10; M_m=5.79) und Erziehungsfunktion (η^2=.009*; M_w=5.43; M_m=5.09).

Zum zweiten Erhebungszeitpunkt (t_2) werden besonders die Integration, aber auch die Enkulturation höchst bzw. hoch signifikant stärker als Funktion der Schule wahrgenommen (vgl. Tabelle 91). Das Unterrichten bleibt aus Sicht der Befragten aber die insgesamt wichtigste Aufgabe der Schule, wenngleich dessen Bedeutung nun etwas geringer eingeschätzt wird. Das Bewusstsein, dass auch die Selektion eine Funktion von Schule ist, wird während der ersten drei Semester nur unwesentlich gestärkt. Erziehung als Aufgabe von Schule bleibt in ihrer Bedeutung gänzlich unverändert. Insgesamt deuten die Veränderungen darauf hin, dass die Befragten die vorrangige Aufgabe der Schule nun noch stärker als in der Eingangserhebung darin sehen, die Kinder und Jugendlichen durch differenzierenden Unterricht in ihrer Identitätsfindung als Subjekt in der Gesellschaft zu begleiten.

Tabelle 91: Schul-, Bildungs- und Erziehungsverständnis (t_1/t_2)

SVS/SVS2/BVS/BVS2/EVS/EVS2 (N=406-409)	Lehramt (Selbstbild)				
	M_{t1}	M_{t2}	M_{Diff}	T	p
(SVS) Die Schule hat die Aufgabe, Schülerinnen und Schüler...					
1 zu unterrichten	6.64	6.55	0.09	2.22	.027
2 zu erziehen	5.39	5.39	0.00	-0.04	.971
3 in Schullaufbahnen zu sortieren und sie so unterschiedlichen beruflichen Positionen zuzuordnen	3.50	3.65	-0.15	-1.60	.110
4 durch Unterricht und Schulleben in die Gesellschaft zu integrieren	6.04	6.29	-0.24	-4.53	.000
5 in die Tradition unserer Kultur einzuführen und diese zu entwickeln	5.39	5.59	-0.21	-2.90	.004
6 in ihrer besonderen Individualität zu fördern	6.35	6.43	-0.08	-1.64	.101
(BVS) Ein gebildeter Mensch zeichnet sich dadurch aus, dass...					
1 er Herr über die Anforderungen ist, die unsere Gesellschaft an ihn stellt [Horkheimer]	4.82	5.12	-0.30	-3.30	.001
2 er sich der zentralen Probleme der Gegenwart bewusst ist und um seine Mitverantwortlichkeit für deren Lösung weiß [Klafki]	5.86	5.97	-0.11	-1.97	.050
3 er sich aus eigenem Antrieb intensiv mit der Welt auseinandersetzt und sich durch die eigene Tätigkeit an ihrer Gestaltung beteiligt [Humboldt]	5.83	5.99	-0.16	-2.71	.007
4 er viel gelernt hat, weiß und kann	5.05	4.75	0.31	4.11	.000
5 er in einem Bereich hochspezialisierte Kenntnisse oder Fertigkeiten aufweist	4.38	4.03	0.35	3.88	.000
6 er die klassischen Kulturgüter unserer Gesellschaft kennt und wertschätzt [Bueb]	4.72	4.81	-0.09	-1.03	.304
7 er einen akademischen Abschluss nachweisen kann	3.19	2.90	0.29	3.33	.001
8 er mindestens eine Fremdsprache in Wort und Schrift beherrscht	3.73	3.77	-0.03	-0.38	.703
(EVS) Erziehung bedeutet, ...					
1 absichtsvoll und zweckgerichtet auf Kinder und Jugendliche Einfluss zu nehmen [Brezinka]	4.96	5.01	-0.05	-0.55	.580
2 Heranwachsenden zur Mündigkeit zu verhelfen [Mollenhauer]	6.08	6.32	-0.24	-4.51	.000
3 Kindern deutliche Grenzen zu setzen [Bueb]	4.96	5.11	-0.15	-2.18	.030
4 Kindern die Bedingungen zu schaffen, in denen sie ohne Eingriffe der Erwachsenen wachsen können [Rousseau]	5.03	4.89	0.14	1.55	.121
5 Heranwachsende zum Guten und Richtigen zu leiten	5.96	5.66	0.30	4.66	.000
6 Kindern und Jugendlichen Disziplin und Ordnung beizubringen	4.84	4.79	0.05	0.69	.490

Frage: Wie denken Sie über Schule, Bildung und Erziehung? *Skala:* 1=trifft überhaupt nicht zu; 7=trifft voll und ganz zu. *Anmerkung:* M_{Diff}=Mittelwertdifferenz (M_{t1}-M_{t2}); T=T-Wert; p=Signifikanz. Signifikante Mittelwertunterschiede abgesichert durch t-Test für gepaarte Stichproben. Inhalt eckiger Klammern nicht im Fragebogen gedruckt.

Die Lehramtsdifferenzen unterscheiden sich zu t_2 von den Ausführungen zu t_1. Bezüglich der Unterrichtsaufgabe (Item 1) ergeben sich keine signifikanten Differenzen mehr. Hinsichtlich der Erziehungsaufgabe bleiben die Unterschiede hingegen substanziell (Item 2: $\eta^2 = .047{***}$; $M_{GH} = 5.51$; $M_{RS} = 5.53$; $M_{GY} = 4.99$; $M_{SP} = 5.85$). Differenzen bezüglich der Selektionsfunktion werden nun signifikant (Item 3: $\eta^2 = .020^*$; $M_{GH} = 5.68$; $M_{RS} = 5.68$; $M_{GY} = 5.90$; $M_{SP} = 4.96$). Auch die Sozialisationsfunktion wird nun von SP-Studierenden stärker eingeschätzt (Item 4: $\eta^2 = .033{**}$; $M_{GH} = 6.26$; $M_{RS} = 6.37$; $M_{GY} = 6.12$; $M_{SP} = 6.63$). Die Enkulturationsfunktion bleibt lehramtsunspezifisch (Item 5) und für die Aufgabe der individuellen Förderung sind wie zuvor hoch signifikante Differenzen zu konstatieren (Item 6: $\eta^2 = .032{**}$; $M_{GH} = 6.49$; $M_{RS} = 6.38$; $M_{GY} = 6.27$; $M_{SP} = 6.78$). Damit lässt sich in der Tendenz eine Konsolidierung lehramtsspezifischer Differenzen bei der Beschreibung von Funktionen und Aufgaben der Schule feststellen. Das Unterrichten scheint zu t_2 als »Kerngeschäft« von Schule akzeptiert, während besonders die Erziehungsaufgabe lehramtsspezifisch wahrgenommen wird.

Neben den quantitativen Daten wurden auch die Interviewpartner zu beiden Erhebungszeitpunkten gebeten, knapp zu erläutern, was ihrer Ansicht nach die zentrale Aufgabe bzw. Funktion der Schule ist. Die Antworten sind in Tabelle 92, teils leicht gekürzt, angeführt. In jeder Zeile finden sich Aussagen jeweils eines Befragten. Die Antworten wurden näherungsweise den Kategorien der standardisierten Erfassung zugewiesen (vgl. Tabelle 91, S. 310).

Tabelle 92: Schulverständnis in Interviews (t_1 und t_2)

zu Studienbeginn (t_1)	nach dem dritten Semester (t_2)
Kindern gewisse Dinge vermitteln, die wichtig sind für das Erwachsenwerden. [A1-W19RS] 1/2	Sie muss die Kinder erziehen und ihnen die Fächer näher bringen [...], den Einstieg ins Berufsleben erleichtern und sie unterstützen. [A2-W21RS] 1/2/6
In der Schule muss, denke ich, selbstverständlich Wissen vermittelt werden und ich denke, man hat auch eine Erziehungsaufgabe. [B1-W42GH] 1/2	Schule sollte für eine gewisse Chancengleichheit sor-gen können, sollte so sein, dass Kinder was lernen können, [...] auch emotional. Eine gewisse erzieherische Funktion hat sie auch. [B2-W44GH] 1/6
Das ist schwer, denn Schule ist komplex. Es ist auf jeden Fall definitiv die Erziehung und Wissens-vermittlung und [...] dass eben selektiert wird, ist heute auf jeden Fall noch Aufgabe der Schule, weil einfach sortiert wird, ob jemand Abitur hat und damit studieren kann [...]. [C1-W20GH] 1/2/3	Schüler zu erziehen. In der HS ist das wahrscheinlich die einzige Erziehung, die stattfindet, zuhause wird da nicht viel gemacht. Dass die Schüler ihren Weg im Leben finden und zu einem Beruf kommen. Man ist mehr Ersatzmutter als alles andere und nebenher vermittelt man Inhalte. [C2-W22GH] 1/2/4/6
Wissen zu vermitteln und individuell auf die Schüler einzugehen, [...], ihre Stärken und Schwächen zu erkennen und mit den Schülern gemeinsam an beidem zu arbeiten. [D1-M20RS] 1/6	Die wichtigste Aufgabe ist, den Stoff zu vermitteln, aber auch soziale Dinge, also unsere Kultur zu vermitteln, wie man sich verhält in einer Gesellschaft. [D2-M22RS] 1/4
Kinder zu erziehen und ihnen für das weitere Leben einfach etwas beizubringen. [E1-W19RS] 1/2	Sie muss Wissen vermitteln, damit die Schüler mög-lichst mit gleichem Bildungsstand hinausgehen, aber auch Erziehung heutzutage. Da gehören eben auch Umgangsformen dazu. [E2-W21RS] 1/2/5/6
Den Schüler darauf vorbereiten, sich selbst in der Welt, im Alltag orientieren zu können. [F1-M27GH] 2	Die Kernaufgabe der Schule ist, die Schüler auf ihr späteres Leben vorzubereiten. [F2-M28GH] 2
Allgemeinwissen vermitteln vielleicht? [G1-W21GH] 1	Unterrichten eben und dann vielleicht auch noch erziehen. [G2-W22GH] 1/2

(Fortsetzung auf nächster Seite)

(Fortsetzung)

zu Studienbeginn (t₁)	nach dem dritten Semester (t₂)
Das Interesse am Lernen wecken und unterrichten, bilden [...] und auch erziehen, was daheim versäumt wird [...] auffangen. [H1-W21GH] 1/2	Bildung und Erziehung der Kinder und Jugendlichen mit dem Ziel, erfolgreich in die Gesellschaft einge-gliedert werden zu können. [H2-W22GH] 1/ 2/ 4
Die Sozialisation, also das Vorbereiten der Kids auf die Gesellschaft, also das berufliche Leben, Sozialverhalten in der Gesellschaft, [...] einfach auch das Wissen und Fördern des Potenzials, das sie mitbringen. [I1-W20RS] 4/6	Sie muss auf jeden Fall bilden im Sinne einer allge-meinen Bildung [...], aber auch den Charakter und die Persönlichkeit und die sozialen Kompetenzen [...], damit Kinder später bereit sind für die Gesellschaft. [I2-W21RS] 1/2/4
Verschiedene Informationen und Kenntnisse zu bekommen, je mehr, desto besser, das ist für mich das Wichtigste. [J1-W40RS] 1	Die Schule dient dazu, dass die Kinder die ersten Kenntnisse bekommen, wie sie weiter in dieser Gesellschaft leben werden. [J2-W41RS] 1/4
Ich denke vor allem Bezugsort von Kindern, von Jugendlichen zu sein; sich selbst erstmal zu finden und in die Welt, in die Gesellschaft einzusteigen. [K1-W21GH] 4	Die Eingliederung in die Gesellschaft, dass sie sich irgendwo finden [...]. Teamwork und diese sozialen Kompetenzen, dass sie auch das dort lernen und wirklich auch die Wissensvermittlung, also Bildung, der erzieherische Bereich. [K2-W22GH] 1/2/4
Erziehen und Bilden hätte ich gesagt, die Schüler zum einen dazu befähigen, ihren Platz in der Ge-sellschaft einzunehmen, [...] sich selbst zu finden, und zum anderen, sich in die Gesellschaft einzu-gliedern und ein gutes und glückliches Leben zu führen. [L1-W19GY] 1/2/4	Kinder zu mündigen Menschen zu erziehen. [...]. Dass man [...] Menschen hat, die selbst entscheiden können, die ihren Weg für sich finden, die sicher auch viel wissen, [...], mit dem Leben klar kommen, wissen, wo sie hin möchten und sich Dinge selbstständig erarbeiten können. [L2-W21GY] 1/2/4
Schule sollte ein Ort sein, an dem jeder, und zwar wirklich jeder, die Möglichkeit erhält, sich selbst zu entdecken und letztendlich seinen Weg zu finden. Da gehört [...] fachliches Wissen zu vermitteln dazu [...]. [M1-W20GY] 1/4	Gesellschaftsfähig machen. [...] Ich glaube, dass die Schule einen wichtigen Beitrag zur Demokratie leisten sollte. [...]. Zum anderen, dass [...] jedes Kind seinen Weg findet und sich entfalten kann. [M2-W22GY] 1/2/4
Das Primärziel ist der Bildungsauftrag, der zu er-füllen ist, dass Schüler [...] ein Fundament an Bil-dung haben und damit dann weiterkommen. [...]. Und eben auch, dass Lehrer einem gewissen Er-ziehungsauftrag nachkommen, gerade wenn das von den Eltern versäumt wird. [N1-W21GY] 1/2	Zentrale Aufgaben sehe ich in der Wissensvermitt-lung. Die Schüler zu begleiten in ihrem Erwachsen-werden, da eine Richtung vorgeben, [...], damit geht ein stückweit Erziehen einher. [...]. Und andere Fähigkeiten [...]: wie man sich in einer Gruppe verhält, dass man Sachen hinterfragt. [N2-W22GY] 1/2/4
Auf den Lebensweg der einzelnen Schüler positiven Einfluss zu nehmen, sie zu Verantwortungsbewusst-sein erziehen und ihnen in gewissem Maß helfen, sie erfolgreich in ein geregeltes Leben auf eigenen Beinen zu führen. [O1-M20GY] 2/4/6	Es ist wichtig, dass Unterricht die Schüler eben in die Gesellschaft integriert und in ihrer besonderen Indi-vidualität fördert und so in gewissem Maße auch ein bisschen erzieht. [...]. Die Wissensvermittlung spielt doch eine große Rolle. [O2-M22GY] 1/2/6
Sie muss eine Stütze sein von der Kindheit ins Erwachsenenleben. [P1-M20GY] 2/4	Die Schule soll den folgenden Generationen einen Grundstock an Basiswissen vermitteln, damit sie sich in der Welt orientieren können. [P2-M22GY] 1/4

Frage (leicht variiert): »Was muss die Schule aus Ihrer Sicht unbedingt leisten?« *Anmerkung:* Zuweisung der Antwor-ten zu folgenden Kategorien: 1=Unterricht; 2=Erziehung; 3=Selektion; 4=Sozialisation; 5=Enkulturation; 6=indivi-duelle Förderung.

Zu t₁ ist in den spontanen Aussagen von elf der 16 Lehramtsstudierenden der Verweis auf das Unterrichten als zentrale Aufgabe von Schule enthalten. Hier wird insbesondere die Notwen-digkeit artikuliert, Schule müsse im Sinne der Wissensvermittlung »bilden«. In zehn State-ments wird die Erziehungsfunktion von Schule, häufig unter dem Verweis auf die Notwen-digkeit einer Erziehung zur Mündigkeit, thematisiert. Auf die Sozialisationsfunktion der Schule, ihre Aufgabe, Schüler auf ein Leben in der Gesellschaft vorzubereiten und in diese einzubinden, verweisen sechs Befragte. Der Bedarf einer individuellen Förderung einzelner Schüler, etwa aufgrund einer Diagnose, zur Herstellung von Chancengleichheit oder zur Berufsvorbereitung, wird zu Studienbeginn von drei Befragten genannt. Nur eine Person nennt die Selektionsfunktion, keine geht explizit auf die Enkulturationsfunktion ein, wenngleich diese implizit von der Erziehungsaufgabe und Sozialisationsfunktion tangiert wird. Vereinfacht sehen die Lehramtsstudierenden aufgrund der Interviewdaten zu t_1 die Aufgabe der Schule im Kern darin, zu bilden und zu erziehen. Aufgrund der geringen Fallzahl kann diese Tendenz zwar nicht verallgemeinert werden, sie lässt aber vermuten, dass gerade zu Studienbeginn die anderen Funktionen von Schule kaum im Blick sind.

Zu t_2 festigt sich dieses Bild. Zu unterrichten wird von 15 Befragten, zu erziehen von zwölf Befragten als wichtige Aufgabe der Schule angesehen. Die Sozialisationsfunktion gewinnt an Bedeutung (zehn Nennungen), die individuelle Förderung wird vergleichbar häufig genannt (fünf Nennungen), die Enkulturationsfunktion (eine explizite Nennung) und Selektionsfunktion (nicht mehr genannt) bleiben unbedeutend. Während zu Studienbeginn von den 16 Befragten insgesamt 31 Aspekte genannt werden, äußern diese nach dem dritten Semester bei einer vergleichbaren Instruktion 43 Aufgaben und Funktionen. Im fallbezogenen Vergleich scheint sich das Verständnis von Schule auszudifferenzieren. Dieses den heutigen Funktionen und Aufgaben von Schule eher gerecht werdende, komplexere Schulverständnis ist vermutlich (auch) eine Folge der institutionalisierten Lehrerbildung: Die Studierenden entwickeln zunehmend ein professionelles Verständnis von Schule.

Im Vergleich zum Fragebogen, in dem die Items vorgegeben waren, sind die Interviewdaten als spontane Reaktionen auf die Frage nach der zentralen Aufgabe von Schule zu verstehen. Die Antworten aus den Gesprächen verweisen daher eher auf ein verinnerlichtes Bild von den Aufgaben der Schule. Es liegt nahe, dass etwa die Sozialisationsfunktion oder die Notwendigkeit einer individuellen Förderung quantitativ schon zu Studienbeginn als hoch bedeutsam eingeschätzt werden, die Erstsemester letztlich aber noch ein Bild von Schule verinnerlicht haben, das sich nach der langjährigen Erfahrung als Schüler weitgehend auf Unterricht und Erziehung beschränkt. Die qualitativen Daten weisen zumindest darauf hin, dass es im Rahmen der ersten Semester gelingt, ein stark vereinfachtes Schulverständnis zunehmend in eine komplexe Auffassung von Aufgaben und Funktionen der Schule zu überführen.

Bildungsverständnis

Die Lehramtsstudierenden stimmen der Beschreibung einer gebildeten Person am deutlichsten im Anschluss an den Bildungsbegriff Klafkis (im Sinne eines Bewusstseins um Gegenwartsprobleme und die eigene Mitverantwortlichkeit für deren Lösung; Item 2), sowie in Anlehnung an Humboldt (selbstinitiative Auseinandersetzung mit der Welt und gestalterische Beteiligung; Item 3) zu (vgl. Abbildung 22). Auch das Wissen und Können des Menschen (Item 4) sowie seine Fähigkeit, Herr über die gesellschaftlichen Anforderungen zu sein (Horkheimer; Item 1), stehen aus ihrer Sicht für einen gebildeten Menschen. Als weniger treffende Beschreibungen werden die Kenntnis und Wertschätzung klassischer Kulturgüter (Item 6) und die Verfügbarkeit hochspezialisierter Kenntnisse oder Fertigkeiten (Item 5) erachtet. Kein typisches Attribut eines gebildeten Menschen ist aus Studierendensicht das Merkmal, mindestens eine Fremdsprache zu beherrschen (Item 8), insbesondere auch jenes, über einen akademischen Abschluss zu verfügen (Item 7). Damit äußern Lehramtsstudierende insgesamt ein Verständnis von Bildung, das eher einem humanistischen und komplexen Bildungsbegriff entspricht, statt mit der Beschreibung scharf umrissener Fähigkeiten und Fertigkeiten einem stark vereinfachten Bildungsverständnis zu folgen. Gebildet zu sein, meint aus ihrer Sicht mehr als das, was Standards und Kompetenzen zu erfassen vermögen.

Abbildung 22: Bildungsverständnis im Lehramtsvergleich (t_1)

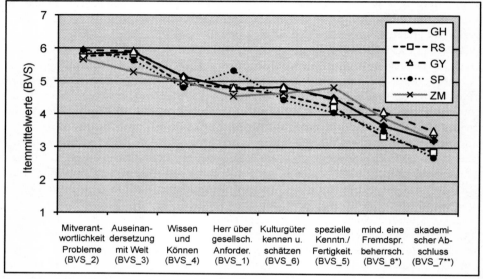

N=575-576. **p<.01; *p<.05 (Signifikanztest für die Lehramtsdifferenzen: ANOVA). *Skala:* 1=Minimum; 7=Maximum. *Anmerkung:* Items sortiert nach abnehmendem durchschnittlichen Mittelwert (LA).

Signifikante lehramtsspezifische Unterschiede im Bildungsverständnis ergaben sich unter den Erstsemestern (t_1) nur hinsichtlich des akademischen Abschlusses (Item 7: $\eta^2=.027$**) und des Beherrschens einer Fremdsprache (Item 8: $\eta^2=.022$*). Wenngleich alle Studierenden diese beiden Merkmale als eher ungeeignet zur Beschreibung eines gebildeten Menschen erachten, fällt dieses Urteil doch bei SP- und RS-Studierenden am deutlichsten aus. GH- und insbesondere GY-Studierende messen solch klar umrissenen Charakteristika eine etwas stärkere Definitionskraft zu. Die SP-Studierenden verbinden Bildung auffällig stark mit der Fähigkeit, Herr über die gesellschaftlichen Anforderungen zu sein (Item 1). Vermutlich ist es für sie bereits zu Studienbeginn ein besonderes Bildungsziel, ihre spätere Schülerklientel an den Sonderschulen auf ein eigenständiges Leben vorzubereiten. Insgesamt fällt auf, dass GH- und GY-Studierende in ihrem Bildungsverständnis sehr nahe beieinander liegen und den Items meist am stärksten zustimmen, während RS- und letztlich SP-Studierende etwas zurückhaltender antworten. Der Professionsvergleich zeigt seitens der Lehramtsstudierenden außerdem eine höchst signifikant stärkere Präferenz für den Humboldtschen Bildungsbegriff (Item 3: $\eta^2=.021$***; $M_{LA}=5.85$; $M_{ZM}=5.39$). Für die ZM-Studierenden hingegen meint Bildung vergleichsweise stärker das Verfügen über hoch spezialisierte Fähigkeiten und Fertigkeiten (Item 5: $\eta^2=.007$*; $M_{LA}=4.39$; $M_{ZM}=4.82$), was der Ausrichtung ihres Studiums entspricht. Lehramtsspezifika ergeben sich zu t_2 nur noch hinsichtlich der Zuschreibung, ein gebildeter

Mensch beherrsche mindestens eine Fremdsprache in Wort und Schrift. Diese treten aber aufgrund der vergleichsweise stärkeren Akzentuierung durch GY-Studierende deutlicher zutage – ein Hinweis auf den hohen Stellenwert der Fremdsprachen am Gymnasium (Item 8: $\eta^2 = .044^{***}$; $M_{GH} = 3.46$; $M_{RS} = 3.65$; $M_{GY} = 4.33$; $M_{SP} = 3.43$).

PH-Studierende lehnen einen akademischen Abschluss (Item 7: $\eta^2 = .015^{**}$; $M_{PH} = 3.05$; $M_{UN} = 3.50$) und das Beherrschen einer Fremdsprache (Item 8: $\eta^2 = .018^{**}$; $M_{PH} = 3.55$; $M_{UN} = 4.09$) als Attribute eines gebildeten Menschen noch stärker ab als die Uni-Studierenden. Das Bildungsverständnis der Studentinnen ist stärker durch eine kognitive Fähigkeitsbeschreibung bestimmt (Item 4: $\eta^2 = .017^{**}$; $M_w = 5.15$; $M_m = 4.62$). Geringfügig teilen sie auch eher den Bildungsbegriff Humboldts (Item 3: $\eta^2 = .008^{*}$; $M_w = 5.89$; $M_m = 5.63$).

Bis nach dem dritten Semester (t_2) nimmt besonders ein stark verkürzendes Bildungsverständnis deutlich ab (vgl. Tabelle 91). Dass ein gebildeter Mensch viel gelernt hat, weiß und kann (Item 4), dass er sich durch hochspezialisierte Kenntnisse und Fertigkeiten in einem Bereich auszeichnet (Item 5) oder dass er einen akademischen Abschluss nachweisen kann (Item 7), findet nun eine geringere Zustimmung. Stattdessen betonen die Lehramtsstudierenden zunehmend einen geisteswissenschaftlich-pädagogischen Bildungsbegriff, was sich in einer stärkeren Zustimmung zu der Annahme äußert, ein gebildeter Mensch sei mit Horkheimer Herr über die Anforderungen, die unsere Gesellschaft an ihn stelle (Item 1) oder jemand, der sich im Sinne Humboldts durch eigeninitiative Auseinandersetzung mit der Welt aktiv an deren Gestaltung beteiligt (Item 3). Diese Veränderungen lassen insgesamt den Schluss zu, dass sich die Studierenden im Grundstudium mit dem Bildungsbegriff beschäftigen und sich seine Bedeutungsfacetten zunehmend erschließen.

Tabelle 93: Bildungsverständnis in Interviews (t_1 und t_2)

zu Studienbeginn (t_1)	nach dem dritten Semester (t_2)
Wenn jemand z. B. etwas gut kann, dann ist er in diesem Fach eben gut gebildet. [...]. Die Mutter von meiner Freundin zum Beispiel hat nur die GS gemacht und wurde danach abgemeldet, aber sie kann super kochen. Deshalb finde ich eigentlich, dass sie schon gebildet ist. [A1-W19RS] 5	Ich finde, jeder Mensch ist irgendwie gebildet. Das Merkmal: dass er einfach gut ist in dem, was er tut. Dass er einen Beruf hat, der ihm Spaß macht, dass er das Fachwissen hat, nicht nur Allgemein- oder Weltwissen, [...], damit man weiß, was man da macht. [A2-W21RS] 5
Was ich mir unter gebildet vorstelle, ist ein Mensch, der [...] Selbstverantwortung tragen kann aufgrund seines Wissens. [B1-W42GH] 1	Ein gebildeter Mensch weiß in vielen Bereichen gut Bescheid und verhält sich moralisch positiv. [B2-W44GH] 4/ 5
Jemand mit Lebenserfahrung, der [...] auch [...] schulisch gebildet ist [...]. Ich kann nicht sagen, dass jemand gebildet ist, nur weil er Mathe studiert hat, definitiv nicht. Es gehört mehr dazu. Ich denke, dass das Allgemeinwissen eine große Rolle spielt. [C1-W20GH] 4	Er findet den Weg in seinem Leben, er kommt im Leben klar und zerbricht nicht an Problemen. [C2-W22GH] 1
Ein gebildeter Mensch ist jemand mit viel Lebenserfahrung, der diese Lebenserfahrung auch in Taten umsetzt und damit umgehen kann. [...]. Das 14-jährige Mädchen aus Pforzheim, das Abitur gemacht hat, ist vielleicht schlau, aber gebildet ist sie noch nicht. [D1-W20RS] 4	Jemand, der ein hohes Allgemeinwissen hat, also über viele Fachgebiete Bescheid weiß und/ oder in einem Themengebiet sehr viel weiß, sehr viel Forschung betrieben hat. [D2-M22RS] 4/ 5
Er weiß etwas, [...] einfach auf verschiedenen Gebieten. [E1-W19RS] 4	Der offen ist für Neues und der schon viel Wissen angesammelt hat. [E2-W21RS] 4

(Fortsetzung auf nächster Seite)

(Fortsetzung)

zu Studienbeginn (t$_1$)	nach dem dritten Semester (t$_2$)
Ein gebildeter Mensch kann sich in [...] seinem alltäglichen Lebensumfeld zurechtfinden und hat das Rüstzeug, sich im Alltag zu behaupten und mit seinem Umfeld zu kommunizieren. [F1-M27GH] 1	Soziale Kompetenz, Problembewältigungsstrategien und noch einen dritten Punkt, dass er sich in gewisse Dinge schnell einarbeiten kann und dazu Techniken beherrscht. [F2-M28GH] 2
Das ist jemand, der über seine Grenzen hinaus fragt und versucht, über sich selbst hinauszuwachsen, [...] um dann zu Antworten zu gelangen, die er davor vielleicht nicht hatte. [G1-W21GH] 3	Vielleicht ein breites Fachwissen, allein schon, dass er lesen und schreiben kann und dass er auch selbstständig denken kann. [G2-W22GH] 4/ 5
Dass man viel weiß und auch differenzieren kann, [...] was einfach wichtig ist zu wissen und was nicht. [...]. Dass man nicht nur in einem Gebiet gebildet ist – das ist nicht Bildung – [...] aber nicht oberflächlich, also keine Allgemeinbildung. [H1-W21GH] 4/ 5	Der ist auf jeden Fall aktiv, selbst interessiert an Dingen und nicht nur eine kurze Zeitspanne, sondern das ist ja ein lebenslanger Prozess, Bildung. [H2-W22GH] 3
Bildung macht nicht nur das aus, dass man viel weiß, also vom Intellekt her, sondern eben auch, wie ich mit Menschen umgehe, also so diese emotionale Intelligenz. [I1-W20RS] 1/4	Für mich ist ein gebildeter Mensch keine Person, die viel Wissen hat, hochintellektuell ist, aber einfach auf der menschlichen Ebene nicht agieren kann. [I2-W21RS] 1/4
Ein gebildeter Mensch hat ein hohes Niveau in allgemeinen Kenntnissen und gleichzeitig sehr gute Kenntnisse in einem/ zwei konkreten Bereichen, z. B. ein gebildeter Chemiker. [J1-W40RS] 4/ 5	Er hat tiefe Kenntnisse, nicht unbedingt in allen Bereichen, sondern das kann auch in einem Bereich sein. [J2-W41RS] 5
Einmal Allgemeinwissen, so ein bisschen: Wie funktioniert die Welt? Ob das jetzt Politik ist oder allgemeine Dinge, kulturelle Dinge oder so. Aber vor allem denke ich eigene Kompetenzen zu stärken, also sich zu finden. [K1-W21GH]1/4/6	Dass er interessiert ist, vielleicht auch kritisch, dass er nicht alles glaubt, was andere ihm erzählen, sondern auch alles kritisch hinterfragt. [K2-W22GH] 3
Ein gebildeter Mensch ist jemand, der selbstständig Entscheidungen treffen kann, über sein Leben entscheiden kann, indem jedem hinterherläuft und Dinge auch mal kritisch hinterfragt. [L1-W19GY] 1/3	Mündigkeit, ein gewisses Maß an Selbstreflexion würde ich sagen, überhaupt nachdenken über die Welt, Eigenverantwortung übernehmen können. [L2-W21GY] 1/3
Selbstkenntnis, soziale Kompetenzen [...]. Die Auseinandersetzung mit sich und der Welt ist auch noch ein Punkt. Man ist ja nie fertig gebildet. [...]. Bildung ist ein Prozess. [M1-W20GY] 1/3	Neugier, Kritikfähigkeit und Kommunikationsfähigkeit [M2-W22GY] 1/3
Auf der einen Seite [...] das Fachwissen, aber eben auch Allgemeinbildung. [N1-W21GY] 4/ 5	Allgemeinwissen. [...]. Da gehört für mich dazu, wie man mit anderen umgeht. [N2-W22GY] 1/ 5
Verantwortungsbewusstsein gegenüber Mitmenschen, Hilfsbereitschaft, [...], sich mit den Problemen der Zeit auseinandersetzen. [O1-M20GY] 2	Ein gewisses Maß an Wissen, auch ein Fachwissen, respektvoller Umgang mit seinen Mitmenschen. [O2-M22GY] 4/ 5
Dass er einen anderen aussprechen lässt, dass er nicht gleich die Faust nimmt, wenn es Konflikte gibt, sondern das Gespräch sucht, friedlich, hilfsbereit, nett, zuvorkommend. [P1-M20GY] 2	Er sollte zuverlässig sein, er sollte seine Meinung begründen können, er sollte offen sein, er sollte abwägen können, er sollte sozial integriert sein. [P2-M22GY] 1

Frage (leicht variiert): Was macht für Sie einen gebildeten Menschen aus? *Anmerkung:* Zuweisung der Antworten zu folgenden Kategorien: 1=Horkheimer; 2=Klafki; 3=Humboldt; 4=breites Wissen; 5=Spezialwissen; 6=Bueb; 7=Akademiker; 8=Fremdsprache.

Neben der quantitativen Einschätzung vorgegebener Bildungsvorstellungen wurde in den Interviews zu beiden Erhebungszeitpunkten zusätzlich nach einem eher intuitiven Bildungsbegriff gefragt. Die Interviewpartner sollten, da die direkte Frage nach dem Bildungsbegriff zu abstrakt erschien, Merkmale einer gebildeten Person nennen. Aus diesen lässt sich dann wiederum auf den Bildungsbegriff der Befragten schließen. Die Antworten sind, teilweise gekürzt, Tabelle 93 zu entnehmen. In jeder Zeile finden sich die Aussagen jeweils einer befragten Person. Die einzelnen Antworten wurden näherungsweise den Kategorien der standardisierten Erfassung zugewiesen (vgl. Tabelle 91, S. 310).

Zu Studienbeginn verweisen die Aussagen von acht der 16 Lehramtsstudierenden auf ein Begriffsverständnis, das Bildung als Ansammlung möglichst breiten Wissens versteht. Oft wird ein solches Bildungsverständnis auch mit einer als notwendig erachteten Allgemeinbildung oder Lebenserfahrung verbunden. Am zweithäufigsten werden gebildete Menschen im Sinne Horkheimers als »gesellschaftsfähig« charakterisiert (sechs Nennungen). Dazu gehören etwa seine Fähigkeit zur Identitätsfindung, Selbstverantwortung, Zwischenmenschlichkeit und Alltagsbewältigung. Vier Befragte schreiben gebildeten Menschen vertiefte Kenntnisse in einem speziellen Bereich zu. Den Humboldtschen Bildungsbegriff tangieren drei Studierende. Eine Nähe zum Bildungsverständnis nach Bueb kann lediglich einem Befragten unterstellt werden. Dass ein gebildeter Mensch einen akademischen Abschluss habe oder mindestens eine Fremdsprache beherrsche, wird nicht artikuliert. Zu t_1 scheinen die Befragten Bildung daher im Wesentlichen auf die Wissenskomponente (insbesondere ein breites Wissen) sowie eine soziale bzw. gesellschaftliche Komponente zu reduzieren.

In der Wiederholungsbefragung bleibt eine Bestimmung des Bildungsbegriffs über ein breites (sechs Nennungen) und nun insbesondere in Sparten vertieftes Wissen (sieben Nennungen) zentral. Dass dem Spezialwissen jetzt eine höhere Bedeutung zukommt, ist möglicherweise der Domänenspezifik des Studienalltags geschuldet. Die sozial-gesellschaftliche Komponente im Sinne Horkheimers bleibt den Befragten wichtig (fünf Nennungen), während wiederum nur drei Befragte eine Nähe zum Humboldtschen Bildungsbegriff zeigen. Ein Studierender argumentiert nun mit Klafki. Die Interviews weisen zu t_2 kein merklich von t_1 unterschiedenes Verständnis von Bildung auf.

Wie beim Schulverständnis ergibt sich auch beim Bildungsbegriff eine aufgrund der qualitativen Daten zwar nicht zu revidierende, wohl aber zu relativierende Interpretation der quantitativen Ergebnisse. Da den Interviewten keine Kategorien für die Charakterisierung eines gebildeten Menschen vorgegeben wurden, ist wiederum anzunehmen, dass das qualitativ erfasste Bildungsverständnis eher dem verinnerlichten Bildungsbegriff der Befragten entspricht. In den Fragebogendaten schlägt sich der Wissenszuwachs durch die Beschäftigung mit dem Bildungsbegriff in Einführungsveranstaltungen durchaus nieder. Ob sich dieses über die Lehrerbildung vermittelte Wissen aber tatsächlich in einer Änderung der eigenen Vorstellung von Bildung und damit eventuell auch im Handeln zukünftiger Lehrkräfte niederschlägt, muss aufgrund der Interviews kritisch gesehen werden.

Erziehungsverständnis

Erziehung bedeutet aus Sicht der befragten Lehramtsstudierenden hauptsächlich, Heranwachsenden zur Mündigkeit zu verhelfen (Item 2; Mollenhauer) und sie zum Guten und Richtigen zu leiten (Item 5; vgl. Abbildung 23). Alle anderen Erziehungsdefinitionen werden deutlich schwächer präferiert, wenngleich auch sie eine tendenzielle Zustimmung erfahren. Die Erziehungsauffassung Rousseaus, Kindern Bedingungen zu schaffen, in denen sie weitgehend ohne Eingriffe der Erwachsenen wachsen können (Item 4), liegt noch etwas vor Brezinkas Vorstellung, absichtsvoll und zweckgerichtet auf Kinder und Jugendliche Einfluss nehmen zu wollen (Item 1). Letztere ist vergleichbar stark akzeptiert wie die Absicht, Kindern deutlich Grenzen zu setzen (Item 3). Am geringsten konnotieren die Lehramtsstudierenden Attribute wie Disziplin und Ordnung (Item 6) mit dem Erziehungsbegriff.

Abbildung 23: Erziehungsverständnis im Lehramtsvergleich (t₁)

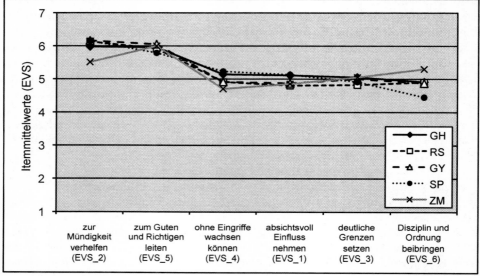

N = 575. Lehramtsdifferenzen werden nicht signifikant. *Skala:* 1 = Minimum; 7 = Maximum. *Anmerkung:* Items sortiert nach abnehmendem durchschnittlichen Mittelwert (LA).

Zwischen den Lehrämtern ergeben sich hinsichtlich der Erziehungsvorstellungen keine signifikanten Differenzen. Lediglich im Blick auf die geringer eingeschätzte Bedeutung von Disziplin und Ordnung für den Erziehungsbegriff fallen die SP-Studierenden auf. Es wird im weiteren Verlauf der Studie zu prüfen sein, ob die Beschäftigung mit dem Erziehungsbegriff im Rahmen des Studiums zu einer signifikanten und ggf. auch lehramtsabhängigen Ausdifferenzierung der Erziehungsvorstellungen führt. Je älter die Studierenden, desto weniger spielt die Auffassung eine Rolle, Erziehung bedeute, Kindern einen Raum für deren eigenständige Entfaltung zu schaffen (ALT/EVS_4: r = -.10*) und Heranwachsende zum Guten und Richtigen zu leiten (ALT/EVS_5: r = -.09*). Die professionsspezifische Analyse zeigt, dass Erziehung als Weg zur Mündigkeit unter Lehramtsstudierenden einen erheblich stärkeren Zuspruch erfährt als unter künftigen Zahnmedizinern (Item 2: η^2 = .021***; M_{LA} = 6.08; M_{ZM} = 5.63). Andererseits bringen die ZM-Studierenden Begriffe wie Disziplin und Ordnung stärker mit Erziehung in Verbindung (Item 6: η^2 = .015**; M_{LA} = 4.85; M_{ZM} = 5.32). Es scheint demnach für Lehramtsstudierende zu Studienbeginn charakteristisch, Erziehung als positive Begleitung auf dem Weg zur Mündigkeit zu verstehen, wobei das Setzen von Grenzen oder die Anleitung zu Disziplin und Ordnung eine vergleichsweise nachrangige Bedeutung einnehmen.

In der Wiederholungsbefragung (t₂) findet ein moralisch-normatives Erziehungsverständnis – Erziehung sei es, Heranwachsende zum Guten und Richtigen zu leiten (Item 5) – weniger Zustimmung als zu Studienbeginn (vgl. Tabelle 91). Gleichzeitig ist nun mit Mollenhauer ein Erziehungsbegriff stärker ausgeprägt, der Erziehung als Verhelfen Heranwachsender auf ihrem Weg zur Mündigkeit versteht. Wie zuvor für den Bildungsbegriff lässt sich hier für den Erziehungsbegriff eine Auseinandersetzung im Rahmen des Studiums vermuten, die zu einer angemesseneren Bestimmung zentraler pädagogischer Begriffe beiträgt. Die Beobachtung, dass die Aussage »Kindern deutliche Grenzen zu setzen« nun etwas stärker als Erziehungsmerkmal verstanden wird, ist vermutlich auch mit den ersten schulpraktischen Erfahrungen und den dortigen Disziplinproblemen zu erklären: Wer sich im Rückblick auf die Schulpraktika oft gewünscht hätte, dass die Schüler aufmerksamer zuhören, der betont das Grenzen-Setzen auch stärker (SPA2_1/EVS_3: $r = .16^{**}$).

Nach Lehrämtern differenziert zeigen sich nach dem dritten Semester teils signifikante Differenzen im Erziehungsverständnis. Heranwachsende zum Guten und Richtigen zu leiten ist nun für die GY-Studierenden von höherer Bedeutung, während die SP-Studierenden diese Auffassung substanziell weniger teilen (Item 5: $\eta^2 = .051^{***}$; $M_{GH} = 5.68$; $M_{RS} = 5.68$; $M_{GY} = 5.90$; $M_{SP} = 4.96$). Unterscheiden lassen sich die Lehrämter nun auch bezüglich der Auffassung, Erziehung bedeute, Kindern und Jugendlichen Disziplin und Ordnung beizubringen, was ebenfalls von den künftigen GY-Lehrkräften viel deutlicher mitgetragen wird als von den angehenden Sonderpädagogen (Item 6: $\eta^2 = .030^{**}$; $M_{GH} = 4.67$; $M_{RS} = 4.86$; $M_{GY} = 5.06$; $M_{SP} = 4.35$). Schließlich stimmen SP-Studierende jetzt der Vorstellung stärker als GH-, insbesondere aber RS- und GY-Studierende zu, Erziehung bedeute, Heranwachsenden zur Mündigkeit zu verhelfen (Item 2: $\eta^2 = .024^*$; $M_{GH} = 6.41$; $M_{RS} = 6.28$; $M_{GY} = 6.15$; $M_{SP} = 6.53$). Damit werden die zu t_1 nicht signifikanten Unterschiede im Studienverlauf bedeutsam. Dies lässt vermuten, dass die Beschäftigung mit dem Erziehungsbegriff im Rahmen des Studiums nicht zu einer einheitlichen Entwicklung im Erziehungsverständnis Studierender verschiedener Lehrämter führt, wohl aber zu einer spezifischen Schärfung. Das geschieht offenbar in Abhängigkeit von der später zu unterrichtenden Klientel: SP-Studierende werden bei ihren Schülern eher Selbstständigkeit und Mündigkeit erreichen wollen, während sich GY-Studierende mehr auf ein normativ-moralisches Erziehungsverständnis festlegen. Die akademische Auseinandersetzung mit dem Erziehungsbegriff regt offenbar ein Nachdenken über das eigene Erziehungsverständnis an – dieses wird aber wohl letztlich eher über berufsspezifische Überzeugungen und Ausrichtungen definiert.

Zusätzlich zur quantitativen Einschätzung entlang der vorgegebenen Kategorien wurde in den Interviews zu beiden Erhebungszeitpunkten nach einem spontanen und damit eher intuitiven Erziehungsbegriff gefragt. Die Gesprächspartner sollten knapp erläutern, was Sie unter »Erziehung« verstehen. Ihre Antworten sind, teils etwas gekürzt, Tabelle 94 zu entnehmen. In jeder Zeile finden sich die Aussagen jeweils einer befragten Person. Die einzelnen Antworten wurden näherungsweise den Kategorien der standardisierten Erfassung zugewiesen (vgl. Tabelle 91, S. 310).

Die Erstsemester verweisen in acht von insgesamt 16 Statements auf Werte, Normen und Moral, indem es Ziel der Erziehung sei, Heranwachsende zum Guten und Richtigen zu leiten. Dabei spielt auch Erziehung zur Mündigkeit im Sinne Mollenhauers, besonders aber der Aspekt einer gesellschaftlichen Integrationshilfe eine wichtige Rolle (sechs Nennungen). Vier Befragte argumentieren mit Rousseau, Erziehung müsse zwar Begleitung der Kinder sein, sie sollten aber genug Freiraum haben, um sich möglichst ohne direkten Einfluss der Erwachsenen zu entwickeln. Jeweils drei Interviewte argumentieren in Anlehnung an Brezinka, Erziehung sei eine intentionale Einflussnahme auf die Heranwachsenden. Drei weitere Befragte sehen die Vermittlung von Tugenden als zumindest einen Aspekt von Erziehung an. Kindern Grenzen zu setzen, wird nicht explizit genannt. Zu t_1 herrscht unter den Interviewten, wie es sich auch quantitativ abbildet, ein Erziehungsverständnis vor, das stark moralisch-normativ geprägt ist und die Mündigkeit der Heranwachsenden zum Ziel hat.

Tabelle 94: Erziehungsverständnis in Interviews (t_1 und t_2)

zu Studienbeginn (t_1)	nach dem dritten Semester (t_2)
z. B. wenn man in die Klasse geht und sagt: »Zieh die Mütze ab!«, das gehört ja schon zur Erziehung. [...]. Den Kindern [...] eben auf dem Weg ins Erwachsenenleben zu helfen. [A1-W19RS] 2/6	Einfach Grenzen setzen und Werte, Normen der Gesellschaft beibringen. Das hört sich jetzt nicht vorlesungsmäßig an, aber ich finde das stimmt wirklich. [A2-W21RS] 3/5
Wenn ich [...] Kinder dabei begleite, sich in unserer Gesellschaft zurechtzufinden. Das bezieht sich nicht nur auf die Werte und Normen, sondern auch auf den Wissensstand. [B1-W42GH] 2/5	Erziehung ist: hilfreich den Kindern beiseite stehen, damit die Kinder in ihrem Leben gut zurecht kommen werden und im Moment auch besser zurecht kommen. [B2-W44GH] 4
Dass ein Kind von einem erfahrenen Menschen im sozialen Umgang geprägt wird, zum handelnden Individuum erzogen wird. [...]. Am Ende soll ein selbstständiger Mensch stehen. [C1-W20GH] 1/2	Erziehung bedeutet, den jungen Menschen auf seinem Lebensweg zu begleiten, ihn zu unterstützen und durch Ratschläge auf den richtigen Weg zu bringen: ein Wegbegleiter sein. [C2-W22GH] 4/5
Ihm zu helfen, sich weiterzuentwickeln und zu einem guten Menschen [...] zu werden. [D1-M20RS] 4/5	Die Schüler darauf vorbereiten, später einen Beruf zu ergreifen, soziale Fähigkeiten beizubringen und [...] Selbstbewusstsein zu lernen. [D2-M22RS] 2
Dass man sich in der Gesellschaft einordnen kann, aber auch seine eigene Meinung hat und [...] da gehören die Werte schon dazu, also dass man mit den Menschen normal redet. [E1-W19RS] 2/5	Dass man die Kinder als Kind wahrnimmt und die Individuen da abholt, wo sie stehen und versucht weiterzuentwickeln. [...]. Man macht jemandem die Türe auf, man duscht sich. [E2-W21RS] 4/6
Zur Erziehung in der Schule gehören [...] vielschichtige Bereiche, also Erziehung, Bildung und auch, die Lust am Lernen zu vermitteln. [F1-M27GH] –	Erziehung ist, Strategien zu vermitteln, in einer demokratischen und pluralistischen Gesellschaft tolerant miteinander umgehen zu können. [F2-M28GH] 5
Versuch, Menschen zu beeinflussen, sich in eine besondere Richtung zu entwickeln. [G1-W21GH] 1	Wenn ich von jemand beeinflusst werde und dann mein Handeln danach ausrichte. [G2-W22GH] 1
Dass man Kinder auf den richtigen Weg im Handeln bringt, im Miteinander und für sich selbst wichtige Entscheidungen zu treffen und mit der Möglichkeit, sich zu entwickeln. [H1-W21GH] 4/5	Kindern, die noch unverbraucht sind, jung, Hilfestellung in der Weiterentwicklung [zu geben], mit dem Ziel, dass sie sich in der Gesellschaft zurechtfinden und ihren Weg finden. [H2-W22GH] 2/4
Unter Berücksichtigung des Einzelnen erziehen zu dem, dass man sich im Gesellschaft integrieren kann, sich zurecht findet, sein Leben leben kann, Eigenständigkeit, Selbstständigkeit. [I1-W20RS] 2	Sicher nicht mit dem Zeigefinger [...], sondern erziehen [...] im Sinne eines Vorbildes. [...]. Dadurch werden Kinder herangeführt an Dinge, die wichtig und gut sind im Leben. Auf so einer Ebene von Gleichheit, nicht von oben herab. [I2-W21RS] 4/5
Die Kinder sollen [...] lernen, wie man in dieser Gesellschaft [...] zwischen Leuten leben soll. [...]. Der Erzieher soll dabei helfen. [...]. Wie soll man z. B. andere Menschen begrüßen? [J1-W40RS] 2/6	Man kann ungebildet sein, aber man sagt: »Dieser Mann oder diese Frau ist gut erzogen«. Das bedeutet, dass diese Person wirklich die Regeln der Gesellschaft gut beherrscht. [J2-W41RS] 6
Die Menschen nicht anzugleichen, aber eine gesellschaftliche Ordnung schaffen, ob das Respekt und Achtung sind oder auch Moral. [K1-W21GH] 5/6	Dass man sich vielleicht in der Gesellschaft zurechtfindet, dass man weiß, wie man sich verhalten muss, ohne anderen zu schaden. [K2-W22GH] 2

(Fortsetzung auf nächster Seite)

(Fortsetzung)

zu Studienbeginn (t₁)	nach dem dritten Semester (t₂)
Wenn man versucht, den Schüler in eine bestimmte Richtung zu dirigieren oder zu ziehen. Man hat gewisse Ziele [...] und man versucht, den Schüler durch bestimmte Methoden dazu zu bringen, so zu werden, wie man das wünscht. [L1-W19GY] 1	Das ist ja immer ein gewisses Lenken. Man möchte ja die Kinder zu etwas hinbiegen, wovon der Lehrer ausgeht, dass das gut für sie ist. Ein Dirigieren oder ein Lenken der Kinder dazu, dass sie sich in die Gesellschaft integrieren können. [L2-W21GY] 1/2
Erziehung ist schon irgendwann abgeschlossen, [...] auch wertgebunden. Erziehung hat das Ziel, nach humanistischen Ansprüchen aus dem Mensch einen Mensch zu machen, also Gesellschaftsfähigkeit und all diese Tugenden. [...]. Eigentlich möchte ich sie schon prägen, man ist ja Vorbild. Ob man dann erzieht, ist die andere Frage. [M1-W20GY] 4/5	Ich halte es mit der Definition »Abgrenzung« [...]. Erziehung ist schon ein Eingreifen in die Entwick-lung eines Kindes [...]. Erziehung findet jedenfalls zwischen zwei Personen statt – man kann fragen, ob jeder jeden erzieht? Sie ist zielgerichtet, man hat eine Absicht und greift auch in die Freiheit des zu Erziehenden ein – gerechtfertigt. [M2-W22GY] 1
Erziehung geht in Richtung Werte und Normen und auch Moralvermittlung. [...]. Wenn man jetzt sagt: »Diese Person ist gebildet«, da ist die Erziehung schon auch mit drin. [...]. [N1-W21GY] 5	»Erziehen heißt: Vorbild sein!«, das haben mir meine Eltern immer gesagt. [...]. Man hat seine eigenen Werte und Normen gefunden [...] und man erzieht, indem man das auch selbst lebt. [N2W22GY] 4/5
Das sind die Werte, die man von seinen Eltern ver-mittelt bekommt. Erziehung bedeutet auch, so zu handeln, wie man eigentlich von anderen behandelt werden möchte [...], dass man bestimmte gute Eigen-schaften mitbekommt. [O1-M20GY] 4/5	Dass man von zuhause Merkmale mitbekommt, wie man sein Leben auf die Reihe bekommt und wie man sich gegenüber anderen Kulturen und der Gesellschaft verhält. So gewisse Aspekte, die für das Zusammen-leben wichtig sind. [O2-M22GY] 2/4/5
Manche Dinge, gerade wenn man Kleinkind ist, weiß man noch nicht [...]: dass zum Beispiel eine Herdplatte heiß ist. Das muss man seinem Kind eben beibringen. [P1-M20GY] –	Erziehung sollte Kindern [...] die Möglichkeit geben, sich zu entfalten. Allerdings sollte sie auch Grenzen aufzeigen [...]. Alles Wischi-Waschi, [...], das geht eben einfach nicht. [P2-M22GY] 3/4

Frage (leicht variiert): Was bedeutet für Sie Erziehung? *Anmerkung*: Zuweisung der Antworten zu folgenden Katego-rien: 1 = Brezinka; 2 = Mollenhauer; 3 = Grenzen setzen; 4 = Rousseau; 5 = zum Guten leiten; 6 = Bueb.

Nach dem dritten Semester prägt die Interviews nun vornehmlich eine Erziehungsauffassung, die die Entwicklung Heranwachsender in möglichst optimalen Rahmenbedingungen (Rous-seau) stark betont (acht Nennungen). Ein moralisch-normatives Erziehungsverständnis geht leicht zurück (sechs Nennungen), während Erziehung zur Mündigkeit (Mollenhauer) die Äußerungen vergleichbar stark prägt (fünf Nennungen). Eine direkte Einflussnahme (Bre-zinka) wird wiederum von nur drei Befragten geäußert, zwei Studierende verweisen noch auf die Vermittlung von Tugenden. Zu t₁ nicht erwähnt, verweisen nun immerhin zwei Studie-rende auf eine Erziehung, die den Schülern deutliche Grenzen setzen müsse. Damit zeigt sich für die Erziehungsvorstellungen auch zu t₂ eine merkliche Übereinstimmung zwischen quan-titativen und qualitativen Ergebnissen. Allerdings tritt in den Interviews die Vorstellung von Erziehung als Begleitung und Schaffen von günstigen Rahmenbedingungen deutlicher hervor als in den Fragebogendaten. Das freie Assoziieren der eigenen Erziehungsvorstellung rekur-riert dabei vielleicht auf das in den ersten Semestern gewonnene Bild einer – zumindest häu-fig im Kontrast zu den eigenen Schulerfahrungen – »modernen« Unterrichtskultur, die sich stärker am reformpädagogischen Bild des Lehrers als Berater und Begleiter orientiert.

Abhängigkeit von der pädagogischen Orientierung

Abschließend wird geklärt, in welchem Maße das Schul-, Bildungs- und Erziehungsverständ-nis in Abhängigkeit von der pädagogischen Orientierung (POR) variiert (vgl. Tabelle 85, S.

298) und damit möglicherweise auf basale Überzeugungen wie eine eher am Schüler oder eher am Fach ausgerichtete Grundorientierung zurückzuführen ist. Hinsichtlich des Schulverständnisses wird deutlich, dass die eher am Schüler orientierten Befragten die individuelle Förderung (SVS_6) und Erziehung (SVS_2) in deutlich höherem Maße als Aufgabe der Schule ansehen (vgl. Tabelle 95). Auch die Sozialisationsfunktion wird von ihnen stärker betont (SVS_4). Bezüglich des Bildungsverständnisses präferieren die eher pädagogisch orientierten Studierenden den komplexen Bildungsbegriff Humboldts, wonach sich ein gebildeter Mensch aus eigenem Antrieb intensiv mit der Welt auseinandersetzt und sich durch die eigene Tätigkeit an ihrer Gestaltung beteiligt (BVS_3). Zugleich lehnen sie ein stark vereinfachtes Bildungsverständnis im Vergleich zu den am Fach orientierten Kommilitonen eher ab, etwa die Annahme, ein gebildeter Mensch habe Wissen angehäuft (BVS_4), würde in einem Bereich hochspezialisierte Kenntnisse oder Fertigkeiten aufweisen (BVS_5) oder einen akademischen Abschluss besitzen (BVS_7). Der Gedanke einer Erziehung zur Mündigkeit wird von den eher paidotropen Studierenden bevorzugt (EVS_2), während die stärker logotropen Befragten Erziehung deutlich stärker mit Disziplin und Ordnung in Verbindung bringen (EVS_6).

Tabelle 95: Abhängigkeit von der fachlichen bzw. pädagogischen Orientierung (t_1)

SVS/BVS/EVS nach POR (N=356)	fachlich M	pädagogisch M	η^2	p
(SVS) Die Schule hat die Aufgabe, Schülerinnen und Schüler...				
2 zu erziehen	5.18	5.61	.027	.002
4 durch Unterricht und Schulleben in die Gesellschaft zu integrieren	6.14	6.38	.021	.006
6 in ihrer besonderen Individualität zu fördern	6.29	6.58	.032	.001
(BVS) Ein gebildeter Mensch zeichnet sich dadurch aus, dass...				
3 er sich aus eigenem Antrieb intensiv mit der Welt auseinandersetzt und sich durch die eigene Tätigkeit an ihrer Gestaltung beteiligt [Humboldt]	5.92	6.16	.018	.012
4 er viel gelernt hat, weiß und kann	5.12	4.45	.050	.000
5 er in einem Bereich hochspezialisierte Kenntnisse oder Fertigkeiten aufweist	4.35	3.73	.038	.000
7 er einen akademischen Abschluss nachweisen kann	3.05	2.70	.013	.034
(EVS) Erziehung bedeutet, ...				
2 Heranwachsenden zur Mündigkeit zu verhelfen [Mollenhauer]	6.17	6.45	.025	.003
6 Kindern/Jugendlichen Disziplin/Ordnung beizubringen [Bueb]	5.05	4.56	.035	.000

Frage: Wie denken Sie über Schule, Bildung und Erziehung? *Skala*: 1 = trifft überhaupt nicht zu; 7 = trifft voll und ganz zu. *Anmerkung*: Der Inhalt eckiger Klammern wurde nicht im Fragebogen abgedruckt. Dargestellt werden nur Items mit signifikanter Mittelwertunterscheidung.

Zusammenfassend zeigt sich, dass der paidotrope Typus ein komplexeres Verständnis von Bildung und Erziehung zeigt, während der logotrope Studierende einfachere und konkretere Begriffsbestimmungen präferiert. Hinsichtlich des Schulverständnisses ist der eher pädagogisch ausgerichtete Typus »näher« an den Schülern. Die dichotome Unterscheidung zweier »Lehrertypen« berücksichtigt damit zwar keinesfalls alle relevanten Merkmale für eine Typisierung von Lehrpersonen, sie gibt aber Auskunft über eine Grundorientierung, die unmittelbar im Zusammenhang mit den Vorstellungen der Lehramtsstudierenden und künftigen Lehrkräfte von Schule, Bildung und Erziehung steht.

Zusammenfassung

Die subjektiven Vorstellungen der Lehramtsstudierenden von Schule, Bildung und Erziehung sind während der ersten drei Semester einem moderaten Veränderungsprozess unterworfen. Während die Änderungen in den quantitativen Daten auf eine wissenschaftliche Auseinandersetzung mit dem Bildungs- und Erziehungsbegriff schließen lassen, die zu einem zunehmend »angemesseneren« Begriffsverständnis führt, ändert sich die Vorstellung von den Aufgaben der Schule nur wenig. Vermutlich sind Aufgaben und Funktionen von Schule zwar Gegenstand erziehungswissenschaftlicher Einführungsveranstaltungen – das Wissen schlägt sich aber offenbar nicht im Antwortverhalten der Studierenden (und damit wohl auch nicht in deren Selbstverständnis als künftige Lehrkräfte) nieder. Wenngleich insgesamt eine professionelle Entwicklung der Befragten im Umgang mit den Fachbegriffen unterstellt werden kann, so sind auch zu t₂ sehr breite Begriffsverständnisse vorherrschend: Eine einzelne Person schreibt Schule, Bildung und Erziehung durchaus mehrere und teils divergierende Bedeutungsfacetten zu. Wie die Interviewbeispiele zeigen, kann auch nach dem dritten Semester nicht ohne Weiteres von einem aus erziehungswissenschaftlicher Sicht klaren Verständnis der Termini ausgegangen werden. Gerade die im Fragebogen vorgegebenen Deutungsangebote rufen offenbar ein Antwortverhalten hervor, das durch ein Wissen aus Einführungsveranstaltungen geprägt ist. Die spontanen und damit eher intuitiven Antworten in den Interviews zeigen aber, dass die längsschnittlichen Änderungen auf individueller Ebene wohl meist nur gering sind. Dies lässt sich auch quantitativ anhand nicht signifikant werdender Korrelationen zwischen den jeweiligen mittleren Differenzen (Mittelwert der Beträge M_{t1}-M_{t2}) der Begriffseinschätzungen für das Schul-, Bildungs- und Erziehungsverständnis und anhand der Anzahl an besuchten Lehrveranstaltungen in Pädagogik (LVP2) aber auch in den Bildungswissenschaften insgesamt (LVB2) nachvollziehen. Der Einfluss der Lehrerbildung auf den Umgang der Studierenden mit zentralen erziehungswissenschaftlichen Begriffen scheint daher zumindest in den ersten Semestern begrenzt.

4.3   Motivationale Orientierungen

Lange war die Forschung zu akademischer Motivation durch behavioristische Ansätze geprägt, die einseitig nach dem Anreiz des Studiums für Studierende fragten (Lepper 1988). Dieser Zugang wurde von der Motivationspsychologie abgelöst, die besonders die Lern- und Leistungsmotivation betonte (Heckhausen 1989). Auch diese Einengung wurde folgenreich kritisiert (Brophy 1983; Krapp 1993) und führte zur Suche nach intrinsischen Motivlagen (Deci/ Ryan 1985), die eine gleichermaßen theoretisch fundierte wie systematische Interessenforschung ermöglichen (Krapp/ Prenzel 1992; Renninger u. a. 1992). Im Rahmen der Berufsinteressenforschung wurde eine Vielzahl an Instrumenten eingesetzt (Überblick: Schiefele u. a. 1992, S. 5). Es liegt eine aktuelle Überblicksdarstellung zu den wesentlichen Ansätzen einer Modellierung und Erforschung der Motivation als Bedingungsfaktor der Professionalitätsentwicklung im Lehrerberuf vor (Krapp/ Hascher 2009). Eine Metaanalyse verweist auf die Bedeutung von Motivation für das Lernen (Schiefele u. a. 1993a). Brühwiler (2001) macht deutlich, dass Motivation nicht nur einen Einfluss auf den Erwerb kognitiver Kompetenzen hat, sondern auch einen Effekt auf erfolgreiche professionelle Entwicklung im Rahmen der

Lehrerbildung zeigt. Motivation ist nicht nur Bedingungsfaktor von Ausbildungserfolg, sondern auch dessen Ergebnis als Zielkriterium effektiver Lehrerbildung (Krapp 1996, S. 105).

Enthusiasmus und Engagement von Lehrkräften dienen nachweislich der Schülermotivation (Brophy/Good 1986; Gage/Berliner 1996; Helmke 2004) und haben Vorbildcharakter für die Schüler (Patrick u. a. 2003). Kunter (2008) überwindet ein solch instrumentelles Verständnis von Enthusiasmus und beschreiben diesen im Sinne einer Persönlichkeitseigenschaft als emotional-intrinsischen Motivationsfaktor. Enthusiasmus in diesem Sinne meint dann das positive emotionale Erleben während der Berufsausübung als Lehrkraft (Baumert/Kunter 2006, S. 504). Der Enthusiasmus für das Unterrichten steht in einer positiven Beziehung mit der Qualität von Klassenführung, während die Begeisterung für das Fach selbst keinen Einfluss auf den Unterricht hat (Kunter 2008).

Motivationale Orientierungen beschränken sich in einem weiteren Verständnis nicht auf die gegenstands- oder tätigkeitsbezogenen Aspekte des Lehrerhandelns. Zu denken ist hinsichtlich der Erstsemester auch an deren Berufswahlmotivation, also die Gründe, die zu einer Entscheidung für den Lehrerberuf geführt haben (4.3.1). Eine weitere motivationale Facette ist die Orientierung an beruflichen Zielen (4.3.2). Auch das inhaltsbezogene Studieninteresse wird als motivationaler Faktor aufgefasst. Dabei geht es nicht wie zuvor um motivationale Lagen, die im Zusammenhang mit dem Berufsbild bzw. den beruflichen Tätigkeiten stehen, sondern um die Motivation zum Studieren selbst und zur der Beschäftigung mit dessen Inhalten (4.3.3). Dabei kommt auch der allgemeinen Interessenlage eine Bedeutung zu, weil diese Auskunft über eine mögliche Studienorientierung gibt, etwa darüber, ob intellektuell-forschende Tätigkeiten oder organisatorische Tätigkeiten überhaupt im Blickfeld der Studierenden sind (4.3.4). Ein Desinteresse an diesen beiden Tätigkeitsbereichen würde vermutlich auch ein Desinteresse am Studieren selbst bedeuten, weil weder das wissenschaftliche Arbeiten noch die Selbstorganisation des eigenen Studiums mit Freude ausgeführt würden. Bislang kaum im Blick der empirischen Forschung war, welche spezifischen Motivationsgründe zu der Entscheidung führen, ein bestimmtes Fach zu studieren. Vorliegend wurde die Fachwahlmotivation exemplarisch für die Fächer Mathematik und Theologie erfasst und verglichen (4.3.5). Schließlich ist die Lern- und Leistungsmotivation eine Variable der professionellen Entwicklung Lehramtsstudierender (4.3.6). Sie hat vermutlich nicht nur eine Bedeutung für die formale Qualifikation (Noten), sondern auch für äußere Faktoren wie die Studiendauer oder die Zufriedenheit mit dem Studium.

4.3.1 Berufswahlmotivation

Unter der Annahme einer lebenslangen professionellen beruflichen Entwicklung beschränkt sich die Berufswahl nicht auf die Entscheidungsphase im Zusammenhang mit der Einschreibung, sondern rekurriert bereits auf die Vorerfahrungen aus der eigenen Schulzeit, die für das spätere berufliche Handeln als bedeutsam gelten (Lortie 1975). Für Österreich wurde gezeigt, dass der Lehrerberuf als Wunschberuf aus Schülersicht in den letzten drei Schuljahren vor Abschluss der Hochschulreife (Matura) abnimmt (zwischen 13.4 % und 9.6 % der Befragten; Bergmann/Eder 1994, S. 51). Unter »Berufswahl« werden alle beruflichen Entscheidungen verstanden (Beck 1999), die unter Kompromissen und Selbsteinschränkungen getroffen werden – zentrale Kriterien sind hierbei das Sozialprestige und der Geschlechtsstereotyp der möglichen Berufe (Gottfredson 1981; 2005; Ratschinski 2009). Die Entscheidung für den Lehrerberuf dürfte neben diesen Kriterien insbesondere von Interessen, Überzeugungen und Werthaltungen beeinflusst sein, da sich den Studienberechtigten eine Fülle an möglichen Berufen eröffnet und die Notwendigkeit der Kompromissbildung daher vergleichsweise gering ist (Ziegler 2009, S. 414). Motive für die Berufswahl geben nicht nur Auskunft über die einschlägige Motivation, Lehrer zu werden (etwa pädagogisches Interesse oder ein sicheres Einkommen), sie können auch ein Indikator für Überzeugungen und Werthaltungen (»beliefs«) der Studierenden gegenüber dem Berufsbild sein. Ein internalisierter »Beweggrund für ein Verhalten« (Dorsch 1987, S. 427) kann neben dem Berufswahlentscheid auch Einfluss auf die Ausbildung und Berufsausübung an sich haben (Kersten 2001, S. 413). Berufswahlmotive können etwa Hinweise darauf geben, ob Lehramtsstudierende nach ihrer Ausbildung überhaupt in den Beruf einsteigen.

Forschungslage

Berufswahl- und Studienwahlmotive müssen nicht zusammenfallen. Berufswahlmotive erklären die Entscheidung für den Lehrerberuf im Allgemeinen, d.h. im Wesentlichen ohne Berücksichtigung von Studienwahlmotiven wie der Wahl eines bestimmten Lehramts oder der Studienfächer. Studienwahlmotive werden später thematisiert (vgl. 4.3.5), wenngleich sie eine große Nähe zur Berufswahlmotivation aufweisen, denn die Mehrzahl der befragten Lehramtsstudierenden möchte später auch im Lehrerberuf arbeiten (vgl. 4.3.2). Speziell für die Situation Studierender an Pädagogischen Hochschulen kann angenommen werden, dass Studien- und Berufswahlmotive eng zusammenhängen, da das dortige Studium stark auf das Berufsbild »Lehrer« festlegt (Rauin/ Meier 2007, S. 122). Allerdings zeigt sich auch, dass eine Festlegung auf ein Berufsbild zu Studienbeginn in anderen akademischen Disziplinen (z.B. Zahnmedizin) noch stärker ausfällt (vgl. Tabelle 64, S. 234).

Die Berufswahlmotivation für das Lehramt wurde in zahlreichen Studien unter Rekurs auf das »Berufsbild Lehrer« (vgl. 1.1.1, S. 14) und die damit einhergehenden Tätigkeiten und Bedingungen operationalisiert (Fröhlich 1979; Steltmann 1980; Eugster 1984; Zwettler 1985; Österreich 1987; Hirsch u. a. 1990; Willer 1993; Terhart u. a. 1994; Flach u. a. 1995; Henecka/ Gesk 1996; Brühwiler/ Spychinger 1997; Kersten/ Gasser 1997; Mayr 1998b; Ulich 1998; Brühwiler 1999; Krieger 2000; Kersten 2001; Martin/ Steffgen 2002; Lipowsky 2003; Kiel u. a. 2004; Ulich 2004; Klusmeyer 2005; Eberle/ Pollak 2006; Herzog u. a. 2007; Rauin/ Meier 2007; Ortenburger 2010; Rothland 2010a). Die Forschungslage lässt entgegen des Bildes vom Lehrerberuf in der Öffentlichkeit vermuten, dass intrinsische Motive die Berufswahl determinieren und weit bedeutsamer sind als extrinsische Motivlagen (Terhart u. a. 1994, S. 96; Rothland/ Terhart 2009, S. 793). Der Befund lässt sich – zumindest aufgrund der Selbstauskünfte der Studierenden – auch international replizieren (Bishkov u. a. 1998; Blömeke u. a. 2010c, S. 160). Angehende Lehrkräfte wollen mit Kindern und Jugendlichen arbeiten, Wissen vermitteln und erziehen sowie einer »sinnvollen« Tätigkeit nachgehen (Ziegler 2009, S. 418). Die Motive für die Aufnahme des Studiums sind pädagogisch-intrinsischer Art (Schaefers 2002, S. 67), was die Absicht der Studierenden stützt, den Lehrerberuf später auch ausüben zu wollen (Terhart u. a. 1994; Ulich 2000; Drechsel 2001). Es bestehen Anhaltspunkte für eine über die Ausbildungszeit relativ konstante intrinsische Berufswahlmotivation (Brühwiler 1999, S. 123). Außerdem verweisen die Ergebnisse qualitativer Forschung auf die Zunahme pragmatischer gegenüber ideeller Motivlagen (Hirsch u. a. 1990). Obwohl die Mehrzahl Lehramtsstudierender weiblich ist, gelten berufliche Orientierungen als bedeutsamer für die Berufswahlentscheidung als das Geschlecht (Mayr/ Paseka 2002; Lipowsky 2003). Die Entscheidung für den Lehrerberuf als »Aufsteigerberuf« gilt so in dieser Form heute allenfalls noch für bestimmte Regionen und Lehrämter (vgl. 3.2.1, S. 160).

Innerhalb der Motivlagen zeigen sich geschlechts- und lehramtsspezifische Unterschiede. Unter Frauen ist die pädagogisch-intrinsische Motivation, und die Familienverträglichkeit des Berufs stärker ausgeprägt, während Männer die Wissensvermittlung und gesellschaftliche Relevanz des Berufs stärker betonen (Ziegler 2009, S. 418). Studierende des GY- und RS-Lehramts führen häufiger fachliche Interessen im Zusammenhang mit der Berufswahl an, während für angehende GH-Lehrkräfte kindorientierte und erzieherische Motive schwerer wiegen (Ziegler 2009, S. 419). Die Entscheidung für den Lehrerberuf wird zunehmend selbstbestimmt erlebt (Terhart u. a. 1994; Herzog 2007) und das Bewusstsein über die beruflichen Anforderungen ist bereits bei der Berufswahl vorhanden (Dann/ Lechner 2001). Problematisch erscheint in der Diskussion zur Berufswahlmotivation im Lehramt ein fehlender einheitlicher theoretischer Bezugsrahmen, der eine Vergleichbarkeit der vielen Einzelergebnisse ermöglichen würde (Ziegler 2009). Ein möglicher Ansatzpunkt hierfür könnte künftig etwa in dem von Ratschinski (2009) vorgelegten Überblick zum Stand der Berufswahltheorie liegen, den es konsequent und konsensfähig auf den Lehrerberuf zu übertragen gilt.

Für diese beispielhaften Befunde ließen sich auch gegensätzliche oder weniger eindeutige Daten anführen. Die Forschung zur Berufswahlmotivation ist daher jenseits der zentralen Aussage der ausschlaggebenden pädagogisch-intrinsischen Motivation durchaus inkonsistent (Rothland/ Terhart 2009, S. 793). Dies liegt nicht nur an den ungleichen Wegen der Operationalisierung (z. B. standardisiert vs. offen, unterschiedliche Skalenlänge, verschiedene vorgegebene Motive und Antwortformate) und Zugängen (z. B. retrospektiv vs. prospektiv), sondern zumindest zu einem Teil auch an Einflüssen der sozialen Erwünschtheit. Der einseitige Zugang über die Methode der Befragung und die oft fehlenden Daten über Anwärter *vor* Aufnahme des Studiums lassen an der Validität der Ergebnisse zahlreicher Studien zweifeln. Mit der zentralen Bedeutung der intrinsischen Motive verbindet sich außerdem die Gefahr einer Enttäuschung von Vorerwartungen im Verlauf der Ausbildung und bei der Berufsausübung. Die Selektionsfunktion der Schule und die mit ihr verbundene Pflicht und Verantwortung zur Leistungsbeurteilung kann etwa die intrinsischen Motive und die mit ihnen einhergehenden Überzeugungen zu einer Herausforderung werden lassen (Kiel u. a. 2004).

Operationalisierung

Die angewandte Skala wurde in Anlehnung an Lipowsky (2003, S. 159-162) erstellt, der an Vorarbeiten von Henecka/ Gesk (1996, S. 128) anschließt. Aus folgenden Subskalen wurden aufgrund der Trennschärfe jeweils drei Items ausgewählt: Pädagogische Orientierung (Items 1/ 12/ 23); Tätigkeitsorientierung und Idealismus (Items 2/ 13/ 24); berufliche Sicherheit, Einkommen, Familie und Freizeit (Items 3/ 14/ 25); Verlegenheitsentscheidung bzw. Ersatzlösung (Items 4/ 15/ 26); Erwartungssicherheit (Items 5/ 16/ 27); Aufstiegs- und Karriereorientierung (Items 6/ 17/ 28); kreativ-autonomische Orientierung (Items 7/ 18/ 29); Bedürfnis nach Wirksamkeit (Items 8/ 19/ 30); andere Einflüsse (Items 11/ 22/ 33). Bei letzteren drei Subskalen greift Lipowsky teils auf das *Work Value Inventory* (Super 1963; deutsch: Seifert/

Bergmann 1983) zurück, teils zieht er eigene qualitative Studien zur Generierung von Faktoren heran (Lipowsky 2003, S. 155-159). Die Skala wird durch zwei Subskalen aus einem anderen Kontext ergänzt (Ulich 2004, S. 21-26), um weitere inhaltliche Facetten zu berücksichtigen: erfahrungsbestimmte Motive (Items 9/20/31) und Folgen (Items 10/21/32).

Durch die breite Anlage der Skala kann von der Abdeckung wesentlicher Motivlagen ausgegangen werden. Allerdings gelingt die faktorenanalytische Trennung der 33 Items in die 11 beschriebenen Subskalen nicht. Mayr (1998) weist darauf hin, dass sich üblicherweise vier empirische Faktoren (intrinsisch vs. extrinsisch sowie studienbezogen vs. berufsbezogen) bei der Skalierung von Studien- und Berufswahlmotiven zeigen. Da bei der Konstruktion der Skala aber die studienbezogenen Items ausgeblendet wurden, ergibt sich explorativ eine andere Vier-Faktoren-Struktur, die 39.2 % der Gesamtvarianz erklärt (vgl. Tabelle 96). Es lassen sich unterscheiden: (MDE) Motivation durch Erfolg; (EXM) extrinsische Motivation; (INM) intrinsische Motivation; (VOM) vorbildorientierte Motivation. Die sich für die Subskalen ergebenden Reliabilitätswerte sind mäßig bis gut. Unter den Zahnmedizinstudierenden kam eine Skala zum Einsatz, welche um die lehramtsspezifischen Formulierungen auf insgesamt 23 Items gekürzt wurde. Bei der Hauptkomponentenanalyse wurde eine zweifaktorielle Lösung (intrinsisch/ extrinsisch) erzwungen, die allerdings nur 28.4 % der Gesamtvarianz erklärt. Zur Befragung der ZM-Studierenden wurden bezüglich der Items 4/5/9/16/23/27/31 die Begriffe »Lehrer« durch »Zahnarzt«, »pädagogische« durch »zahnärztliche« usw. ersetzt. Außerdem wurde von jeder Skala ein Item auch im Fremdbild-Fragebogen erfasst. Diese Vergleichsdaten helfen zu prüfen, ob die Lehramtsstudierenden dazu neigen, die eigene Berufswahlmotivation aufgrund sozialer Erwünschtheit auffällig stark intrinsisch darzustellen.

Ergebnisse

Die insgesamt mit Abstand bedeutsamste Motivlage für die Wahl des Lehrerberufs (t_1) ist – dem oben skizzierten Forschungsstand entsprechend – die pädagogisch-intrinsische Motivation (INM) (vgl. Tabelle 96). Arbeit mit jungen Menschen entspricht den eigenen pädagogischen Neigungen und dem Wunsch, daraus Lebenssinn und Freude schöpfen zu können. Die Berufswahlmotivation durch Hoffnung auf beruflichen Erfolg und Entwicklungsmöglichkeiten (MDE) spielt eine vergleichsweise geringe Rolle. Dennoch sind für die Berufswahlentscheidung schon aus Sicht der Erstsemester die mit dem Berufsbild einhergehende Autonomie und der Wunsch, die Ergebnisse der eigenen Arbeit sehen zu können, wichtig. Weniger bedeutend ist bei der Berufswahl die Orientierung an Vorbildern wie eigenen Lehrern oder Verwandten im Lehrerberuf. Ebenfalls Ablehnung erfahren extrinsische Berufswahlmotive wie Sicherheit und Einkommen, das Lehramt als »Notlösung« oder die Annahme eines relativ leicht zu bewältigenden Studiums. Es besteht ein positiver Zusammenhang zwischen der Motivation durch Erfolg und der extrinsischen Motivation bzw. der vorbildorientierten Motivation. Eine Mischung aus diesen drei Motivlagen beschreibt einen Lehrertypus, dem vorrangig soziale und finanzielle Absicherung, die Orientierung am selbst erlebten Schulleben sowie der berufliche Erfolg als Grundlage für die Berufswahlentscheidung dienen.

Tabelle 96: Berufswahlmotivation (t_1)

BWM (N_{LS}=500-502; N_{LF}=304-305; N_{ZM}=79)	LS M	LS SD	LF M	S/F r	ZM M	l_1	l_2	l_3	l_4
1 ich mit jungen Menschen arbeiten möchte	6.50	0.78	–	–	–	-.06	-.09	**.61**	-.16
2 ich Freude an der Vermittlung von Wissen habe	6.32	0.89	6.19	.07	–	.24	-.12	.31	.05
3 ich einen sicheren Arbeitsplatz will	4.72	1.71	4.33	.28**	5.64	.38	**.53**	-.05	-.11
4 das Lehramtsstudium die beste Alternative ist	3.33	1.94	4.10	.16**	3.75	.10	**.57**	-.16	-.01
5 ich genau weiß, was mich im Lehrerberuf erwartet	4.96	1.43	5.31	.25**	5.53	.44	-.05	.20	.17
6 ich Führungsaufgaben übernehmen möchte	4.70	1.63	–	–	–	**.65**	.03	-.04	.06
7 ich meine/ mein eigene/ r Chef/ in sein will	4.08	1.84	3.97	.19**	6.07	**.63**	.28	-.11	-.02
8 ich das Gefühl haben will, etwas zu leisten	5.62	1.37	–	–	6.26	**.61**	-.07	.21	.08
9 ich gute Erfahrung mit eigenen Lehrern gemacht habe	4.97	1.67	4.83	.35**	5.16	.27	-.12	-.05	**.66**
10 weil ich berufliche Zufriedenheit erlangen will	5.78	1.30	–	–	6.13	.47	.00	.41	.08
11 ich in meiner vertrauten Umgebung bleiben möchte	3.25	1.87	3.32	.42**	3.13	.35	.36	-.05	.02
12 ich jungen Menschen etwas mitgeben möchte	6.59	0.71	6.20	.13*	–	-.02	-.20	**.65**	-.05
13 ich meine Fähigkeiten und Interessen verwirklichen will	6.07	1.04	–	–	5.61	.37	-.01	.44	.02
14 ich Beruf und Familie vereinbaren können will	5.57	1.58	5.28	.20**	5.59	.24	.33	.15	-.08
15 sich mein eigentlicher Berufswunsch nicht realisieren ließ	1.77	1.41	–	–	1.72	-.02	.47	-.30	-.13
16 der Lehrerberuf in unserer Familie Tradition hat	1.60	1.33	–	–	1.77	.07	.18	-.04	**.51**
17 ich hohes berufliches Ansehen erlangen möchte	2.45	1.67	–	–	3.72	**.52**	.45	-.10	.12
18 ich im Beruf wichtige Entscheidungen selbst treffen will	4.66	1.51	–	–	–	**.70**	.16	-.02	.03
19 ich die Ergebnisse der eigenen Arbeit sehen können möchte	5.55	1.30	5.33	.12**	5.74	**.62**	.04	.30	.05
20 ich gute Erfahrungen in der Kinder- und Jugendarbeit, einem FSJ oder dem Zivildienst gemacht habe	5.46	2.05	–	–	–	-.04	.02	.44	.00
21 ich im ständigen Umgang mit jungen Menschen selbst »jung« bleiben will	4.23	1.78	–	–	–	.07	.43	.36	.21
22 ich den Rat von Familienangehörigen/ Freunden bekam	2.88	1.87	–	–	2.70	-.01	**.51**	.14	.40
23 pädagogische Arbeit meinen Neigungen entspricht	6.01	1.14	–	–	5.74	.07	-.13	**.60**	.02
24 ich mit Menschen arbeiten möchte (kein »Bürojob«)	6.29	1.25	–	–	6.28	.07	-.09	.42	-.03
25 ich ein sicheres Einkommen haben möchte	4.96	1.64	–	–	5.74	.43	**.61**	-.07	-.13
26 ich keine Idee habe, was ich sonst tun sollte	1.73	1.32	–	–	1.84	-.18	**.56**	-.29	.09
27 mir andre Personen Vorbild sind (z. B. eigene Lehrer, Eltern)	3.95	2.04	4.87	.23**	3.90	.16	.14	.06	**.75**
28 ich gute Karrierechancen haben möchte	3.04	1.73	–	–	4.80	**.52**	.49	-.15	.08
29 ich eigenverantwortlich meine Arbeit planen will	5.24	1.36	–	–	5.84	**.72**	.02	.08	.03
30 ich erkennbaren Einfluss auf junge Menschen haben möchte	5.34	1.41	–	–	-	.32	.07	.36	.08
31 ich es besser machen will als meine eigenen Lehrer	4.56	1.91	–	–	2.67	.14	.27	.12	**-.44**
32 ich Lebenssinn und -freude aus der Arbeit mit jungen Menschen schöpfen können will	5.69	1.32	–	–	–	.04	.06	**.70**	.00
33 das Lehramtsstudium im Vergleich zu anderen Studiengängen relativ einfach zu bewältigen ist	1.75	1.20	–	–	–	-.11	**.62**	-.05	.12

Subskalen Code / Index	LS M	LS SD	ZM M	ZM SD	EXM	INM	VOM
MDE Motivation durch Erfolg (Items: 6-8/ 17-19/ 28/ 29); α = .83	4.42	1.05	–	–	.38***	.02	.26***
EXM extrinsische Motivation (Items LS: 3/ 4/ 22/ 25/ 26/ 33; α=.69 – Items ZM: 3/ 7/ 17/ 25/ 28; α=.74)	3.23	1.03	5.21	1.11	1	-.18***	.19***
INM intrinsische Motivation (Items LS: 1/ 12/ 23/ 32; α=.61 – Items ZM: 13/ 19/ 23; α=.60)	6.20	0.69	5.80	0.90	–	1	-.03
VOM vorbildorientierte Motivation (Items 9/ 16/ 27); α=.61	3.51	1.24	–	–	–	–	1

Instruktion: Ich möchte Lehrer/ in werden, weil ... (LS); Nach meinem Eindruck möchte X Lehrerin bzw. Lehrer werden, weil ... (LF); Ich möchte Zahnärztin bzw. Zahnarzt werden, weil ... (ZM). *Skala:* 1=trifft überhaupt nicht zu; 7=trifft voll und ganz zu. *Anmerkungen:* Die Hauptkomponentenanalyse mit Kaiser-Normalverteilung und Varimaxrotation erklärt 39.2 % der Gesamtvarianz. Faktorladungen (l_x), die für die Auswahl von Items zur Subskalenbildung herangezogen wurden, sind fett dargestellt. Die Interkorrelationen der Indizes wurden nach Pearson (zweiseitige Signifikanz) berechnet.

Die Motivlagen unterscheiden sich zwischen den Lehrämtern signifikant (vgl. Abbildung 24). Intrinsische Motivation ist unter GH-Studierenden und künftigen Sonderpädagogen deutlich stärker ausgeprägt als unter RS- und insbesondere GY-Studierenden ($\eta^2 = .087^{***}$). Das Bild kehrt sich bezüglich der extrinsischen Motivation regelrecht um. GY-Studierende legen mehr Wert auf Sicherheit und Status ($\eta^2 = .024^{**}$). Sie sind es auch, die sich stärker an Vorbildern orientieren als PH-Studierende ($\eta^2 = .062^{***}$), was vor allem auf ihre subjektiv bessere Einschätzung der eigenen Lehrer zurückzuführen ist (Item 9: $\eta^2 = .054^{***}$; $M_{PH} = 4.72$; $M_{UN} = 5.56$). Dieser Befund wird durch Ergebnisse an anderer Stelle gestützt (vgl. Tabelle 53, S. 206). Die Motivation durch beruflichen Erfolg ist unter den SP-Studierenden am geringsten, vermutlich weil sie um die Schwierigkeit wissen, bei ihrer künftigen Klientel Lernerfolge zu erreichen. Erfolg durch berufliche Perspektiven nimmt als Motiv über die GH- und RS-Studierenden bis hin zu den künftigen GY-Lehrkräften stetig zu ($\eta^2 = .023^{**}$).

Abbildung 24: Berufswahlmotivation nach Lehramt (t$_1$)

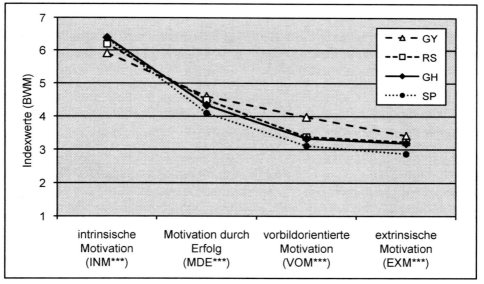

N = 500-502. ***p < .001; **p < .01 (Signifikanztest für die Lehramtsdifferenzen: ANOVA). *Skala*: 1 = Minimum; 7 = Maximum. *Anmerkung*: Items sortiert nach abnehmendem durchschnittlichen Mittelwert.

Weibliche Lehramtsstudierende sind bei der Berufswahlentscheidung substanziell stärker intrinsisch motiviert ($\eta^2 = .064^{***}$; $M_w = 6.28$; $M_m = 5.80$). Zugleich sind die männlichen Studierenden eher extrinsisch orientiert ($\eta^2 = .027^{***}$; $M_w = 3.15$; $M_m = 3.61$). Möglicherweise liegt hierin auch ein Grund für die größere Anzahl von Frauen im Lehramt. Bei Einzelkindern ist die Motivation durch Erfolg besonders stark ausgeprägt ($\eta^2 = .024^{**}$; $M_{EK} = 4.79$; $M_{EG} = 4.43$; $M_{SK} = 4.18$; $M_{LG} = 4.48$). Auffällig ist auch ein positiver Zusammenhang zwischen vorbildorientierter Motivationslage und sozialer Herkunft: je höher der sozioökonomische Status (SEI/VOM: r = .15**) und das kulturelle Kapital der Herkunftsfamilie (KKF/VOM: r = .17**), desto eher orientieren sich die Studierenden auch an Vorbildern.

Da die Selbstbild-Skala sehr umfangreich ist, konnten im Fremdbild-Fragebogen aus forschungsökonomischen Gründen nur ausgewählte korrespondierende Items abgefragt werden. Eine Indexberechnung war daher nicht möglich, weshalb ein Vergleich auf Ebene der einzelnen Items vorgenommen werden muss. Die Freude an der Vermittlung von Wissen wird von den Lehramtsstudierenden als etwas bedeutsamer für die Berufswahlmotivation angesehen, als dies aus der Fremdeinschätzung hervorgeht (Item 2: T=2.56; p=.011). Das gilt auch für den Wunsch, einen sicheren Arbeitsplatz haben zu wollen (Item 3: T=2.96; p=.003). Von außen wird allerdings wesentlich stärker vermutet, das Lehramtsstudium sei für die Betroffenen die beste Alternative (Item 4: T=-5.74; p=.000). Gute Erfahrungen mit den eigenen Lehrern sind aus Sicht der Studierenden tendenziell ausschlaggebender (Item 9: T=2.46; p=.015). Der Grund, jungen Menschen etwas mitgeben zu wollen, ist sogar erheblich wichtiger (Item 12: T=6.98; p=.000). Den Lehrerberuf zu wählen, um Familie und Beruf vereinbaren zu können, ist Studierenden wichtiger als dies von außen angenommen wird (Item 14: T=2.90; p<.004). Auffällig ist weiterhin die Annahme der Fremdeinschätzenden, die Orientierung an Vorbildern wie einem Lehrer oder den Eltern sei für die Berufswahl bedeutsam, was die Studierenden selbst eher ablehnen (Item 27: T=-6.67; p=.000). Die Freunde, Eltern und Geschwister schätzen auch die Erwartbarkeit der Aufgaben im Lehrerberuf als ein stärkeres Berufswahlmotiv ein (Item 5: T=-3.27; p=.001). Zusammenfassend werden jeweils drei eher extrinsische Einzelmotive (Items 3/4/5/9/14/27) von den Studierenden bzw. Fremdeinschätzenden als gewichtiger für die Berufswahlentscheidung angesehen. Dieser Patt-Situation stehen zwei von den Studierenden bedeutsamer erachtete intrinsische Motive gegenüber (Items 2/12). Daher kann den Fremdeinschätzenden keinesfalls unterstellt werden, sie würden eine vermeintlich zu erwartende soziale Erwünschtheit bei der Einschätzung von Berufswahlmotiven durch Studierende entlarven. Im Gegenteil kann vermutet werden, dass die tatsächlich eher intrinsischen Motive von Außenstehenden unterschätzt werden.

An sämtliche einschlägigen Studien zur Berufswahlmotivation kann die Anfrage gestellt werden, ob nicht gerade bei Fragen zur Berufswahlmotivation die soziale Erwünschtheit zu einer erheblichen Verzerrung führt und die intrinsischen Motive daher überbewertet werden. Gerade weil der Lehrerschaft landläufig »zu viel Urlaub« oder »zu gute Bezahlung« nachgesagt wird, würden demnach die Studierenden stärker als tatsächlich gegeben auf ihre intrinsische Motivation verweisen. Neben dem oben vorgenommenen Abgleich von Selbst- und Fremdeinschätzungen kann auch der Vergleich mit den Studierenden der Zahnmedizin diesen Vorwurf zwar nicht ausräumen, wohl aber deutlich relativieren. Im Vergleich mit den LA-Studierenden sind die ZM-Studierenden deutlich schwächer intrinsisch motiviert (η^2=.044***). Auffälliger ist aber noch das zugleich eklatant stärkere Ausmaß extrinsischer Motive der ZM-Studierenden (η^2=.261***). Ein Blick auf die großen Differenzen rechtfertigt diese Feststellungen, obwohl sich die verglichenen Indizes aus teils verschiedenen Items berechnen (vgl. Tabelle 96) – zumal sich die Differenzen auch im Vergleich der einzelnen Items zeigen. Unter Berücksichtigung dieser Befunde muss die stark einseitige, intrinsische Motivation der Lehramtsstudierenden bei der Berufswahlentscheidung sehr ernst genommen werden. Zugleich bedeutet dieser Befund nicht, dass alle Erstsemester im Lehramt in solch hohem Maße intrinsisch motiviert sind, denn die positive Selektion der Stichprobe wirkt sich im Lehramt stärker aus als in der Zahnmedizin (vgl. 2.2, S. 142). Es ist davon auszugehen, dass sich gerade die stark intrinsisch motivierten Lehramtsstudierenden an der Befragung beteiligt haben. Gleichwohl sind die Befragten als stark intrinsisch motivierte Studierende ein nicht unwesentlicher Teil der Lehramtsstudierenden insgesamt.

Vertiefungen anhand der Interviews

Eine Tiefendimension der zentralen Motivlagen für die Berufswahlentscheidung eröffnen die Interviews. Die Lehramtsstudierenden wurden zu Studienbeginn gefragt, warum sie sich für den Lehrerberuf entschieden haben. Für einige Studierende ist die Berufswahlentscheidung ein wichtiger Schritt auf dem Weg, den seit vielen Jahren angestrebten Traumberuf bzw. Kindheitstraum zu verwirklichen (131)/ (132). Die Motivation erwächst hier insbesondere aus dem mit der Entscheidung verbundenen persönlichen Gewinn. Auch wer die Berufswahl später trifft, kann von persönlich bereichernden Motiven geleitet sein, etwa vom Wunsch, sich beruflich aktiv an der Gesellschaft zu beteiligen (133) oder ein möglichst praxisnahes Studium zu absolvieren (134). Wer sich seiner Entscheidung sicher ist, realisiert die Berufswahl auch trotz Hindernissen, etwa entgegen (vermeintlich) schlechter Einstellungschancen (135) oder ungeachtet eines bereits abgeschlossenen hochqualifizierten Studiums (136). Für Studierende, die direkt nach dem Abitur ihr Studium aufnehmen, scheinen die Motive älterer Kommilitonen häufig nicht nachvollziehbar (137).

(131) Seit meiner Kindheit fand ich das schon toll. Das liegt mir eben. Ich würde auch nichts anderes machen wollen. [...]. Seit der Grundschule wollte ich schon immer Lehrerin werden. [...]. Ich fand das immer toll, dass die Lehrer einem was mitgegeben haben. Die guten Lehrer behält man ja wirklich sein ganzes Leben im Kopf. [A1-W19RS]

(132) Ich glaube, ich war noch nicht einmal in der Schule, als ich schon Grundschullehrer werden wollte. In der Grundschule hat es mir gut gefallen. Da bin ich auch dabei geblieben und habe das nie wieder revidiert. [B1-W42GH]

(133) Der Hauptmotivationsgrund bei mir ist, dass ich durch meinen Beruf [...] aktiv am gesellschaftlichen Leben teilhaben möchte, [...], dass ich da aktiv etwas machen kann und persönlich weiterkomme. [N1-W21GY]

(134) Ich mag gerne Praxis, nicht nur Theorie. »Diplomer« stelle ich mir eher [...] gut für die Forschung vor. [...]. Als Lehrer hat man mit Jugendlichen zu tun, kann sie auf ihrem Weg begleiten, lernt die neue Generation besser kennen, kann mit ihnen kommunizieren und sich unterhalten, kann mit ihnen irgendwas entwickeln. [P1-M20GY]

(135) Viele haben auch zu mir gesagt, dass ich niemals einen Platz bekäme und es viel zu viele Lehrer gebe. Das war mir im Grunde egal. Ich wollte das machen, was mir wirklich Spaß macht. [...]. Ich probiere es eben mal und wenn es nicht klappt: Es gibt so viele Möglichkeiten. [A1-W19RS]

(136) Der alte Beruf war nie das, was ich machen wollte. Ich wollte immer Lehrer werden. Ich habe das nur studiert, weil damals jeder sagte, dass [...] alle [Lehrer] arbeitslos sind. Jetzt mache ich, was ich eigentlich wollte. [B1-W42GH]

(137) Ich kenne auch ein paar Ältere, die sich dafür [Lehrerberuf] entschieden haben und meinten, sie seien in der »Midlife Crisis« und einfach nicht zufrieden mit dem, was sie gemacht haben. [A1-W19RS]

Eine andere Motivlage für die Berufswahl sind pädagogische Vorerfahrungen (Willer 1993; Rothland 2010a), die sowohl als Auslöser für die Entscheidung wie auch als Bestätigung der persönlichen Eignung für pädagogisches Arbeiten erachtet werden (138). Besonders unterrichtsnahe pädagogische Vorerfahrungen scheinen eine Entscheidung für den Lehrerberuf zu fördern (139), während etwa Erfahrungen aus der kirchlichen Jugendarbeit als etwas von schulischen Aufgaben zu Unterscheidendes wahrgenommen und daher auch weniger als entscheidungsrelevant angesehen werden (140). Die Orientierung an oder Abgrenzung von den selbst erlebten Lehrern spielt ebenfalls eine nennenswerte, nicht aber die ausschlaggebende Rolle bei der Berufswahlentscheidung. Zwar wird die Vorbildfunktion der als »gut« erlebten

Lehrer (141) – ebenso wie die Abgrenzung von »schlechten« Lehrern und der daraus resultierende Wunsch, etwas besser machen zu wollen (142) – durchaus in den Interviews thematisiert, die i. d. R. aber heterogene Erfahrung mit Lehrern schwächt diese Motivlage (143).

*(138) Ich habe eben ein Praktikum in der Grundschule gemacht und dann war klar, dass das schon was für mich ist
und mir gefallen würde. [...]. Das Nachhilfe-Geben vielleicht auch. Ich habe einfach gemerkt, dass ich erklären kann,
dass die Kinder es verstehen und dass ich mit Menschen umgehen kann. [C1-W20GH]*

*(139) Im Schulsport war ich eigentlich diejenige, die den Lehrerjob übernommen hat. [...]. Ich war diejenige, die allen
gesagt hat: »Du musst das im Turnen so machen oder anders machen«. [...]. Die Lehrerin hat mir dann sogar die
Kreide gegeben und gesagt: »übernimm mal«. Das hat mir eigentlich riesig Spaß gemacht und dann habe ich gedacht,
dass das eigentlich schon was Tolles ist, so zu vermitteln. [L1-W19GY]*

*(140) Ich habe zwar Jugendarbeit in der Kirche gemacht, [...] nur war das eine ganz andere Zielgruppe. [...]. Was
mich eher bestärkt hat, Lehrer zu werden, waren die Lehrer, die ich selbst in der Schule hatte. [L1-W19GY]*

*(141) Ich hatte wirklich Lehrer, bei denen es mir Spaß gemacht hat und ich mir dachte: Das wäre doch auch etwas für
mich – jemanden unterrichten, jemanden für etwas begeistern. [H1-W21GH]*

*(142) Es gab auch wirklich extrem schlechte Lehrer, bei denen ich nicht sagen kann, dass das Pädagogen sind. [...].
Frage: War es für Sie eine wesentliche Motivation, selbst etwas besser machen zu wollen? [...]. Es ist sicherlich nicht
nur deshalb, aber es ist auf jeden Fall ein Aspekt. Das würde ich so unterschreiben. [C1-W20GH]*

*(143) Es gab überwiegend schlechte Beispiele an Lehrern. [...]. So will ich es nicht machen, so würde ich nicht an die
Sache herangehen. [...]. Natürlich gibt es auch die guten Beispiele, die Motivation von diesen Lehrern, die es wirklich
auch geschafft haben, etwas rüber zu bringen. [...]. Das will ich auch mal verkörpern, dass [...] die Schüler [...] von mir
sagen: »Da macht Unterricht ja Spaß, da lerne ich etwas, da nehme ich etwas mit«. [N1-W21GY]*

Ein nicht unerheblicher Teil der befragten Erstsemester entscheidet sich offenbar auch mit
aufgrund von Ratschlägen anderer für ein Lehramtsstudium. Zumindest können die Empfehlungen von eigenen Lehrern (144), Lehrkräften aus dem Bekanntenkreis (145), Personen, die
von deren eigenem Berufsbild abraten (146) oder von professionellen Berufsberatern (147)
dann ausschlaggebend sein, wenn der Lehrerberuf ohnehin in die engere Wahl kommt. Insgesamt fällt auf, dass sich die Studierenden neben solchen Ratschlägen laut ihren Aussagen
nur äußerst selten von extrinsischen Motiven leiten lassen. Wenn eine extrinsische Berufswahlmotivation zur Sprache kommt, dann wird sie meist scharf verurteilt und stattdessen die
Notwendigkeit einer pädagogisch-intrinsisch geleiteten Berufswahl betont (148). Extrinsische
Motive kommen i. d. R. nur dann offen zur Sprache, wenn sie durch eine notwendige Verbesserung der eigenen Lebenssituation gerechtfertigt erscheinen (149). Zugleich wird meist aber
auch nicht verschwiegen, dass die intrinsischen Motive zwar ausschlaggebend sind, die Entscheidung aber zusätzlich durch extrinsische Annehmlichkeiten des Berufsstandes befördert
wird (150). Es erscheint ohnehin kaum plausibel, extrinsische Motivlagen generell negativ zu
beurteilen – wer freut sich nicht über einen sicheren Arbeitsplatz und eine leistungsgerechte
Bezahlung (zur Frage der Einschätzung extrinsischer Motive als Teilaspekte einer vielschichtigen Motivation insgesamt: Cramer u. a. 2009b, S. 195-198)?

*(144) Ich hatte zunächst einmal von meiner Lateinlehrerin die Rückmeldung bekommen, dass das durchaus
vorstellbar wäre, mich als Lehrer zu sehen. [O1-M20GY]*

*(145) Der Vater von einem Freund, der Rektor ist, hat gesagt, ich soll die Fächer wählen, die mir am meisten Spaß
machen. Für diesen Tipp bin ich ihm noch immer dankbar, weil ich sehe, dass Beruf einerseits Berufung sein muss –
man muss eine Neigung dafür haben – andererseits muss der Beruf auch Spaß machen. [P1-M20GY]*

*(146) Ein Sportstudium war immer die Nr. 1 und Lehrer werden die Nr. 2. Aber mir wurde dann von meinem Trai-
ner und vielen anderen Leuten gesagt, ich soll doch lieber Lehramt machen, weil ich einfach auch bessere Zukunfts-
chancen habe. [...]. Ich möchte gerne Lehrer werden und ich kann es gut mit Sport verbinden. [D1-M20RS]*

*(147) Ich wollte auf jeden Fall etwas mit Sprachen machen und etwas mit Menschen [...]. Dann war ich im BIZ [Be-
rufs-Informations-Zentrum] und der Berater hat mir [...] das Europalehramt [empfohlen]. [E1-W19RS]*

*(148) Viele wollen Lehrer werden wegen Ferien und Geld [...]. Meine Mitbewohnerin macht es nur deshalb und das
finde ich richtig schade. Da denke ich immer an die armen Kinder. Man muss das schon mit Leib und Seele machen.
Es muss Spaß machen. Ich habe es ja im Praktikum gemerkt, dass es mir viel Spaß macht, mit den Kindern zu arbeiten. Das ist einfach sehr süß, wie sie an einem hängen und wie sie alles aufnehmen. Ich finde das toll. [A1-W19RS]*

*(149) Ich hatte keine andere Wahl. Es ist für mich nicht einfach. Ich habe zusammen mit meinem Mann insgesamt
fünf Kinder. [...]. Das war für uns eine solch schwierige Entscheidung. Jetzt bringe ich kein Geld nach Hause und ich
habe nicht so viel Zeit für meine Familie. Manchmal bin ich selbst nervös. [...]. Es ist selbstverständlich, dass ich mehr
Schwierigkeiten als andere habe, die [...] Deutsch als Muttersprache sprechen. [...]. Ich studiere Chemie, Mathematik
und Physik und das gibt mir [...] Hoffnung, dass ich in Zukunft Arbeit bekomme. [J1-W40RS]*

*(150) Ja, irgendwann muss man sich eben entscheiden. [...]. Irgendwie hat mich das Geregelte, und dass man wirklich
über Jahre [...] mit einer Gruppe arbeitet [...], dann letztendlich schon überzeugt. [M1-W20GY]*

Zentraler Faktor für die Berufswahl ist auch in den Interviews die pädagogisch-intrinsische
Motivation. Es ist den Interviewten wichtig, über die Kinder Einfluss auf die Gesellschaft zu
nehmen und etwas positiv zu verändern (151), auch wenn hierin eine besondere Herausforderung des Berufs liegt (152). Mit dem Wunsch (erzieherischen) Einflusses auf die Entwicklung Jugendlicher ist der pädagogischen Motivation die Vorfreude auf Wissensvermittlung
zuzurechnen (153). Die pädagogischen Motive werden im Rahmen der Fachwahlmotivation
weiter vertieft (vgl. 4.3.5, S. 352).

*(151) Ich finde den Beruf sehr wichtig für die Gesellschaft. [...]. Es gibt eigentlich keinen schöneren Beruf als »Lehrer«,
in dem man mit Kindern arbeiten kann, ihnen wirklich etwas vermitteln kann. Man hat so einen Einfluss auf die Gesellschaft, auf die Entwicklung der Kinder. Das ist eine riesige Chance, die man da nutzen kann. [L1-W19GY]*

*(152) Schule ist auch eine Herausforderung. Da kann man so viel ändern und das hat mich letztendlich auch über-
zeugt, Lehrerin zu werden. [M1-W20GY]*

*(153) Ich finde es einfach spannend, der Jugend Wissen zu vermitteln, [...], die Jugend zu prägen bzw. diesem Gesell-
schaftsbild von der Jugend ein bisschen entgegenzuwirken und zu versuchen, den Jugendlichen möglichst viel auf den
restlichen Lebensweg mitzugeben. [O1-M20GY]*

Nur in seltenen Fällen gibt es einen initialen Anlass für die Entscheidung, ein Lehramtsstudium aufzunehmen (154). Im Regelfall aber handelt es sich bei der Berufswahl um einen Entscheidungsprozess. Manche Studierende legen sich zuvor auf einen pädagogischen Beruf fest
und entscheiden sich dann in einem zweiten Schritt für das Lehramt (155), andere schwanken zwischen einem reinen Fachstudium und der Entscheidung, das Wunschfach im Rahmen
eines Lehramtsstudienganges zu studieren (156). Ausschlaggebend für die endgültige Entscheidung sind oftmals die klare und sichere berufliche Perspektive im Lehramt im Vergleich
zum Diplom-/Magister- bzw. Bachelor-/Masterstudium (157). Manche Studierende verwer-
fen einen schon früher dagewesenen Gedanken an ein Lehramtsstudium zunächst und nehmen diesen nach einem längeren Prozess und aufgrund äußerer Anstöße wieder auf (158).
Auch kann der Respekt vor den beruflichen Anforderungen die Entscheidung für ein Lehramtsstudium bremsen oder ggf. verhindern (159), wenngleich dieses Beispiel auch deutlich
macht, dass das Lehramt in Einzelfällen eine »Alternative« oder gar »Notlösung« sein dürfte,
weil sich der eigentliche Studien- bzw. Berufswunsch nicht realisieren ließ. Schließlich sehen

sich einige Studierende als »Spätbekehrte« derart, dass sie sich erst im Erwachsenenalter und aufgrund einschneidender Erfahrungen für den Lehrerberuf entscheiden (160).

(154) Unser Nachbar starb und dann überlegte ich nachts, ob er wohl, wenn er so zurückblicken würde, mit seinem Leben zufrieden wäre [...]. Ich dachte mir: Oh je, ich habe nicht das gemacht, was ich eigentlich wollte. Dann dachte ich: So, jetzt mache ich es. Es war tatsächlich diese Nacht, in der ich beschloss, es zu tun. [...]. Eigentlich war das schon immer mein zentraler Berufswunsch, daran gab es nie Zweifel. Es ärgert mich bis heute, dass ich mir es damals ausreden ließ. [B1-W42GH]

(155) Die Erfahrungen mit Kindern waren da [Kindersportschule] einfach so positiv, dass ich mich gefragt habe, ob ich Erzieher werden soll [...] oder eben Lehrer. Ein Stück weit ist es gewachsen. [F1-M27GH]

(156) Ursprünglich wollte ich [...] Sport »auf Diplom« studieren und dann im Verein unterrichten. Das hat sich in den letzten eineinhalb Jahren geändert. [...]. Ich habe gemerkt, dass ich das doch lieber privat mache. [G1-W21GH]

(157) Ich wollte dann irgendetwas, Kunsttherapie oder so, machen. Dann dachte ich: Okay, das wird nicht gesucht, ist auch nicht wirklich hundertprozentig mein Fall und »Lehrer« war so als Gedanke schon immer da. [H1-W21GH]

(158) Das ist eher gewachsen. Früher war mal der Gedanke da, aber dann habe ich ihn schnell zur Seite gedrängt und mich eher für Grafikdesign interessiert. [...]. Durch ein paar Erlebnisse, vielleicht auch einfach durch das Feedback von Menschen um mich herum, habe ich mich dann dafür entschieden. [I1-W20RS]

(159) Ich hatte Angst vor dieser Dauerpräsenz, die ein Lehrer zeigen muss. Ein Lehrer kann nicht abschalten, wie es Leute im Büro machen können. [...]. Mir sind dann aber die Vorteile des Berufs klar geworden und dass es wirklich ein Beruf für mich wäre, weil mir Arbeit mit Kindern und Jugendlichen Spaß macht, weil ich da Erfahrung habe. Dann hatte ich mich trotzdem für beides beworben und dort [Kultur-/Medienbildung] war der NC zu hoch. [K1-W21GH]

(160) Ich konnte mir anfangs nie vorstellen, in Richtung Pädagogik zu gehen oder im Schulwesen irgendetwas zu machen. Die entscheidende Wende kam dann, als ich einen europäischen Freiwilligendienst gemacht habe und da eben überwiegend in Schulen [...] gearbeitet habe. [...]. Da habe ich es einfach ausprobiert und gemerkt: ja, da will ich mich eigentlich weiterbilden. Diese Arbeit macht mir Spaß. [...]. Also, das kam bei mir erst spät. [N1-W21GY]

Zu t$_2$ wurde in Ergänzung zu den Berufswahlmotiven auch danach gefragt, ob die Studierenden nach den ersten drei Semestern ihre Berufswahl im Rückblick als richtige Entscheidung beurteilen. Eine erste Gruppe von Befragten sieht sich in der Berufswahl bedingungslos bestätigt (161)/(162). Die zweite Gruppe sieht sich in ihrer Entscheidung zwar bestätigt, äußert aber keine Euphorie beim Gedanken an das Berufsbild (163)/(164). Drittens gibt es Befragte, die vor Studienbeginn keine konkreten Erwartungen an die Ausbildung hatten, grundsätzlich an ihrer Entscheidung festhalten, aber zumindest am Studium auch Zweifel regen (165)/(166). Solche Zweifel beziehen sich auf die Studienorganisation und Anlaufschwierigkeiten (167), die Leistungsanforderungen (168) oder auf eine aus Studierendensicht häufig zu geringe Berufsfeld- und Praxisorientierung des Studiums (169).

(161) Ich fühle mich total bestätigt. [...]. Klar, die ersten Unterrichtsversuche sind nicht so gut gewesen, aber das macht mir schon viel Spaß. Das liegt mir total, [...] das ist das, was ich immer werden wollte. [A2-W21RS]

(162) Ich will auf jeden Fall noch immer Lehrer werden. Das ist ein super Beruf. Er macht total viel Spaß und ich habe da ein Händchen dafür. Ich kann das einfach, das ist ein Talent von mir, würde ich behaupten. [D2-M22RS]

(163) Im Rückblick betrachtet [war das] eine gute Entscheidung. [...]. Ich habe positive Erfahrungen gemacht und es macht mir auch einfach Spaß. [F2-M28GH]

(164) Im Laufe der Zeit hat sich der Berufswunsch nur bestätigt. Ich hoffe, das ändert sich jetzt nicht durch das Praxissemester. Bislang bin ich nicht ins Zweifeln gekommen. Ich fühle mich sehr wohl hier. [N2-W22GY]

(165) Viele Erwartungen hatte ich nicht wirklich. Wenn man nicht speziell weiß, was auf einen zukommt, dann geht man einfach mal rein. [...]. Bisher ist alles in Ordnung. Es ist nicht immer so, wie ich es mir vorgestellt habe. Zumindest bleibe ich dabei und wechsle nicht den Studiengang. [I2-W21RS]

(166) Ich hatte gar keine richtigen Erwartungen an das Studium. [...]. Irgendwie wusste ich ja, dass ich Lehrer werden möchte, dass ich das auch kann [...]. Natürlich will man Rezepte haben: Wie gestalte ich Unterricht? Wie läuft es am besten? Aber das habe ich relativ schnell abgelegt und verstanden, dass das nicht geht. [C2-W22GH]

(167) Es gefällt mir gut hier. Ich hätte vielleicht anders beginnen müssen. Am Anfang waren wir nicht richtig informiert, was wir jetzt besuchen müssen oder wie oder was. Vielleicht hätte ich da einiges ändern können [...]. Die ersten zwei Semester fand ich jetzt nicht so gut, aber irgendwie ab dem dritten? [...]. Am Anfang bin ich gekommen, habe mich in die Vorlesung gesetzt und bin wieder gegangen. Jetzt beschäftige ich mich auch damit. [G2-W22GH]

(168) Mit dem Beruf bin ich auf jeden Fall zufrieden, [...], aber das Studium hier ist schon hart. Ich habe jetzt beide schweren Matheprüfungen geschrieben in diesem Semester und alle bestanden. Jetzt bin ich überglücklich und mache in Mathe auch wirklich nur noch das, was in der Prüfungsordnung steht. [D2-M22RS]

(169) Es war die richtige Entscheidung. Manchmal ist mir das schon zu viel Theorie, aber ja, man kann nicht alles gleichzeitig haben. Frage: Sie fiebern also dem Schulpraktikum entgegen? [...]. Das wird spannend [...]. Ich habe auch teilweise Angst davor. [...]. Es ist schon eine Herausforderung, sich vor eine Klasse zu stellen. [M2-W22GY]

Die größte Unsicherheit der Studierenden mit Blick auf die getroffene Berufswahlentscheidung ergibt sich beim Gedanken an die Anforderungen der Schulpraxis, auf die sich einige nicht ausreichend vorbereitet sehen und daher befürchten, ihr nicht gewachsen zu sein. Gerade die unterrichtsbezogenen Anforderungen an der Grundschule haben Befragte häufig unterschätzt (170). Zentral sind aber die Zweifel, die sich angesichts von Disziplinproblemen und Klassenführung ergeben (171). Aufgrund der Angst vor einem Scheitern an den disziplinarischen Anforderungen im Unterricht zweifeln einzelne Studierende an ihrer Berufswahlentscheidung (172). Bedenken hinsichtlich der Berufswahl äußern in diesem Zusammenhang insbesondere Studierende, die sich selbst als wenig stressresistent oder als perfektionistisch erleben (173). Solche Fragen von Gesundheit und Belastungserleben werden an anderer Stelle vertieft (vgl. 4.1.1, S. 266). Nur ein einziger Interviewpartner plant zu t₂ allerdings, das Lehramtsstudium aufzugeben und in die Pfarramts-Theologie zu wechseln (174). Diese Entscheidung erfolgt offenbar auch aufgrund der Annahme, das Pfarramt sei von den disziplinarischen Dingen entlastet und entspräche daher eher den persönlichen Fähigkeiten.

(170) Im Bereich Hauptschule fühle ich mich 100 % bestätigt. Das ist mein Ding, das möchte ich auch machen. Die Grundschule habe ich immer ein bisschen unterschätzt. Ich dachte: »Grundschule, das bekommt ja jeder hin«. Aber nein! Diese Meinung habe ich komplett über den Haufen geworfen. Grundschullehrer leisten noch viel mehr als jeder andere Lehrer. Die Arbeit sollte man nicht missachten. [C2-W22GH]

(171) Das war wirklich eine richtige Entscheidung. [...]. Ich bin überzeugt, dass ich auch weiter in diesem Bereich arbeiten werde und möchte, [...] aber ich bin nicht überzeugt, ob ich wirklich in der Schule arbeiten will. [...]. Die Zusammenarbeit zwischen Eltern und Schule existiert fast nicht. [...]. Ich habe eine Freundin am Anfang gefragt: »Willst du wirklich als Lehrerin arbeiten?« Sie sagte: »Oh ja, ich will«. Ihre Augen leuchteten. Vor kurzem habe ich sie wieder gefragt. Sie: »Nein, nie, nie, nie«. Aber nur, weil in der Schule keine Disziplin herrscht – nur aus diesem Grund. Es ist so schade, dass diese jungen Leute kommen, weil sie Lehrer werden wollen und dann enttäuscht werden. [J2-W41RS]

(172) Die Entscheidung für das Berufsbild schwankt ein bisschen. [...]. Mein Vater ist ja Lehrer [...] und er hat beschrieben, was in den Klassen zum Teil abgeht. [...] Das wird echt anstrengend. [...]. Ich habe mehr und mehr das Gefühl, dass das ein sehr sinnvoller Beruf ist, [...], der wunderschön sein kann, aber auch anstrengend, wo man schon sehr stressresistent sein muss [...]. Ich bin gespannt, wie das dann im Praktikum ist, wenn man mit der Realität konfrontiert wird. [L2-W21GY]

(173) Das sind Tage, wo ich mir darüber Gedanken mache, wie das später als Lehrer wird. Ob ich wirklich mit der Belastung [...] klarkomme? Ich neige dazu, viel zu machen, vielleicht zu viel. Ob es nicht einfacher für mich wäre, einen Bürojob zu machen, wo man keine Arbeit mit nach Hause nimmt? [...]. Ob ich später die Disziplin habe zu sagen: Jetzt reicht es, jetzt bin ich für meine Familie da, jetzt mache ich mal eine ganze Woche nichts – oder ob ich zu Burnout neige? Das ist für mich ein Punkt, an dem ich reflektieren muss, viel an mir arbeiten muss. Ich weiß das jetzt

schon, dass ich eventuell dazu tendieren könnte. Frage: Sind Sie sehr perfektionistisch? *Ja, ganz extrem. [...]. Ich sage ungern »nein«. [C2-W22GH]*

(174) Ich habe mich jetzt vorsichtshalber umgeschrieben für »Pfarramts-Theologie« [...]. Aber ich habe am Anfang des Studiums schon überlegt, ob ich Pfarramt oder Lehramt wählen soll. [...]. Man hat im Lehramt zwar das Wissen, aber das dann später vor der Klasse zu vermitteln? Ich denke da fehlt einem das Handwerkszeug dazu, wie man mit den einzelnen Schülern umgeht, wie man auf sie eingeht [...]. Man hat im Pfarramt einfach mit einer ganz anderen Personengruppe zu tun [...]. Vom Charakter her sehe ich mich auch eher im Pfarramt, weil ich einfach ein ruhigerer Typ bin und ich kann nicht so vorne hinstehen und die »Peitsche« auspacken. [O2-M22GY]

Bedeutung der Berufswahlmotivation

Um abschließend zu prüfen, welche Bedeutung der Berufswahlmotivation als Variable in der empirischen Lehrerbildungsforschung zukommt, wurde ein allgemeines lineares Modell gerechnet, in das die vier Indizes zur Berufswahlmotivation als Prädiktoren und alle zu t_2 erfassten metrischen Variablen als potenzielle abhängige Variablen aufgenommen wurden (vgl. Tabelle 97). So angelegt prüft das Modell, welchen Effekt die Berufswahlmotivation langfristig auf das Studierverhalten der Lehramtsstudierenden hat. Mit 24 im Modell verbleibenden signifikanten abhängigen Variablen erweist sich die Berufswahlmotivation als bedeutsam für verschiedene Untersuchungsbereiche.

Stärker pädagogisch-intrinsisch motivierte Befragte weisen eine höhere Wahrscheinlichkeit auf, auch mehr Lehrveranstaltungen in Pädagogik (LVP2) bzw. in den Bildungswissenschaften zu besuchen (LVB2), während höhere vorbildorientierte Motivation das gegenteilige Vorhersagepotenzial zeigt. Intrinsisch Motivierte schätzen die Bedeutsamkeit des didaktisch-methodischen Studiums höher ein (BAK2_2), während eine stärkere extrinsische Motivation meist Hinweis auf eine geringere Bedeutsamkeitszuschreibung an die berufsbegleitende Unterstützung ist (BAK2_6). Befragte mit ausgeprägten extrinsischen Motiven beurteilen fachliche Lehrveranstaltungen als weniger gut (BLF2).

Befragte mit einer an Erfolg und Entwicklungsperspektiven ausgerichteten Berufswahlentscheidung zeigen mit viel höherer Wahrscheinlichkeit starken beruflichen Ehrgeiz (BEG2), größeres Perfektionsstreben (PFS2) und höhere Verausgabungsbereitschaft (VAG2). Zugleich tendieren sie dazu, Probleme offensiv zu bewältigen (OPW2), während sowohl für stärker intrinsisch, als auch für extrinsisch motivierte Studierende das Gegenteil zutrifft. Erfolgsmotivierte Studierende werden daher in der Schule wahrscheinlicher ein höheres Engagement zeigen, sind zugleich aber auch eher gesundheitlich gefährdet (vgl. 4.1.1, S. 266). Extrinsisch motivierte Studierende tendieren eher zur Verschleierung ihrer Defizite (VLZ2) und zeigen gleichzeitig eine geringere Selbstwirksamkeitserwartung (SWE2), die bei erfolgsorientierten Studierenden stärker ausgeprägt ist. Intrinsisch und aufgrund von Vorbildern motivierte Studierende berichten von einer größeren Anzahl kritischer Lebensereignisse (KLA2).

Pädagogisch-intrinsisch motivierte Studierende werden mit höherer Wahrscheinlichkeit die Förderung von Schülern in ihrer besonderen Individualität als Aufgabe der Schule ansehen (SVS_6). Extrinsisch motivierte Befragte haben wahrscheinlicher ein komplexitätsreduzierendes Verständnis von Bildung (BVS2_4/ 5/ 7/ 8), während am beruflichen Erfolg orientierte Studierende einem gebildeten Menschen eher die Kenntnis und Wertschätzung der klassischen Kulturgüter unserer Gesellschaft zuschreiben (BVS_6). Letztere stimmen auch der Aussage wahrscheinlicher zu, Erziehung sei, Kindern und Jugendlichen Disziplin und Ordnung beizubringen (EVS_6). Die Kompetenzerwartung an das eigene Schätzen und Fördern sozialer Beziehungen (BSF2b) sowie an das Vermitteln von Werten (WVE2b) ist unter intrinsisch motivierten Studierenden höher ausgeprägt. Sie orientieren sich im Vergleich zu den durch Vorbilder motivierten Befragten aber auch weniger stark am Unterrichtsstil der eigenen Lehrer (OUL2; umgepolt). Schließlich weisen die erfolgsorientierten Lehramtsstudierenden eine höhere Kompetenzerwartung hinsichtlich der Evaluationsaufgaben auf (USA2b).

Tabelle 97: Bedeutung der Berufswahlmotivation (t_1 auf t_2)

Code	Index/Item	MDE	EXM	INM	VOM
LVB2	Umfang des Besuchs von Lehrveranst. in den Bildungswissenschaften	-.19	-.20	1.31*	-.82***
LVP2	Umfang des Besuchs von Lehrveranstaltungen in Pädagogik	-.20	-.11	.99***	-.58***
BAK2_2	Bedeutsamkeitseinschätzung: didaktisch-methodisches Studium	.02	-.05	.16**	-.04
BAK2_6	Bedeutsamkeitseinschätzung: berufsbegleitende Unterstützung	.05	-.18***	.10	-.03
BLF2	Beurteilung der Lehrveranstaltungen in den Fächern	.03	-.13**	.01	.05
KLA2	kritische Lebensereignisse (Anzahl)	-.10	.19	.46*	.32**
SWE2	Selbstwirksamkeitserwartung	.13***	-.10**	.08	.03
VLZ2	Vermeidungs-Leistungsziele (Leistungsmotivation)	.00	.29***	-.06	.04
ARV2	Arbeitsvermeidung (Leistungsmotivation)	-.15	.33	-.25	-.03
BEG2	beruflicher Ehrgeiz (AVEM-Inventar)	1.16***	.04	-.13	-.21
VAG2	Verausgabungsbereitschaft (AVEM-Inventar)	.71***	-.28	-.06	.17
PFS2	Perfektionsstreben (AVEM-Inventar)	.78***	-.08	-.25	-.04
OPW2	offensive Problembewältigung (AVEM-Inventar)	.69***	-.46**	-.46*	.10
SVS2_6	Schule hat die Aufgabe, Schüler individuell zu fördern	.05	-.07	.21**	-.08*
BVS2_4	ein gebildeter Mensch hat viel gelernt, weiß und kann vieles	.10	.20*	.09	.06
BVS2_5	ein gebildeter Mensch hat in einem Bereich hochspezialisierte Kenntnisse	.19*	.23*	-.01	.00
BVS2_6	Bildungsverständnis nach Bueb	.26**	-.11	.16	.05
BVS2_7	ein gebildeter Mensch hat einen akademischen Abschluss	.06	.29**	-.16	.04
BVS2_8	ein gebildeter Mensch beherrscht mindestens eine Fremdsprache	.13	.34**	-.27	.09
EVS2_6	Erziehung ist, Kindern Disziplin und Ordnung beizubringen	.25***	.12	-.09	.11*
BSF2b	Kompetenzerwartung: soziale Beziehungen schätzen/fördern	.01	-.06	.20**	.02
WVE2b	Kompetenzerwartung: Werte vermitteln	.07	-.07	.22**	.08
USA2b	Kompetenzerwartung: Unterricht/Schule analysieren/weiterentwickeln	.17**	-.05	-.12	.09*
OUL2	Orientierung am Unterrichtsstil der eigenen Lehrer	.01	.01	.16**	-.14***

Berichtete Werte:: β = Beta-Koeffizienten. ***p < .001; **p < .01: *p < .05. *Modellanpassungen:* MDE: F = 3.39; p = .000 (Pillai-Spur = .194; Hotelling-Spur = .241). EXM: F = 3.36; p = .000 (Pillai-Spur = .193; Hotelling-Spur = .239). INM: F = 3.43; p = .000 (Pillai-Spur = .196; Hotelling-Spur = .243). VOM: F = 3.36; p = .000 (Pillai-Spur = .192; Hotelling-Spur = .238). N = 366 (fehlende Werte fallweise gelöscht). *Methode:* allgemeines lineares Modell (GLM multivariat). *Anmerkungen:* Ergebnisse in thematische Gruppen sortiert. Prädiktoren sind die vier Indizes der Berufswahlmotivation (MDE/EXM/INM/VOM) zu t_1. Potenzielle abhängige Variablen waren alle metrischen Variablen, die zu t_2 erfasst wurden.

Zusammenfassend erweist sich die pädagogisch-intrinsische Berufswahlmotivation als uneingeschränkt wünschenswerte Ausprägung, erachtet man diese als Prädiktor zahlreicher positiv besetzter Variablen wie der Absicht, sich umfangreich erziehungswissenschaftlich zu bilden oder sich in seinem Selbstverständnis an Schülern auszurichten. Ebenfalls ein Indikator für eine positive professionelle Entwicklung scheint die Motivation durch Erfolg zu sein, weist diese doch auf ein hohes Maß an Engagement und Enthusiasmus hin. Weniger wünschenswerte Variablenausprägungen verbinden sich mit einer starken extrinsischen sowie an Vorbildern orientierten Berufswahlmotivation.

4.3.2 Berufliche Ziele

Neben der standardisierten Erfassung der Berufswahlmotivation der LA- und ZM-Studierenden sollten die Befragten auf die offene Frage antworten: »Wie sehen Ihre beruflichen Pläne für die Zukunft aus? (Bitte in Stichworten beschreiben)«. Im Vergleich zu einer standardisierten Erfassung der Berufswahlmotivation (s. o.) ermöglicht diese Frage zu beiden Erhebungszeitpunkten die Intentionsstärke (freie Nennung des wichtigsten Motivs) und Intentionsstabilität (im Längsschnitt) zu berücksichtigen. So wird deutlich, wer zu Beginn des Studiums unbedingt Lehrer werden will. Eine vergleichbare Frage fand bei Lipowsky (2003, S. 155) Anwendung. Nur 40 % der dort befragten Lehrerbildungsabsolventen, die (noch) nicht in der Schule arbeiten, gaben an, vorrangig als Lehrer arbeiten zu wollen. Nur 20 % der kategorisierten Antworten lassen auf ein Karriereziel schließen.

Zu t_1 machten 478 der insgesamt 510 befragten Lehramtsstudierenden bei diesem offenen Antwortformat Angaben, die kategorisiert wurden. 32.4 % der Antwortenden geben schlicht an, Lehrer werden zu wollen. Für sie steht das Erreichen des Berufsziels im Vordergrund. 20.5 % geben zusätzlich explizit intrinsische Motive an, die sich mit dem Berufsziel verbinden. Das kann der Verweis auf das Interesse an lebenslanger Fortbildung sein, der Wunsch, ein »guter Lehrer« zu werden oder die Absicht, Schülern Perspektiven zu geben, die über die Vermittlung von Wissen hinausgehen. Weitere 8.4 % der Erstsemester wollen Lehrer werden, sehen aber zugleich die Perspektive, nach einigen Jahren der Berufstätigkeit einen völlig anderen Beruf auszuüben oder sich bereits während der Lehramtsausbildung ein zweites Standbein aufzubauen. 8.2 % nennen neben dem Berufswunsch mindestens ein extrinsisches Motiv wie die Verbeamtung, finanzielle Absicherung oder eine Anstellung in der Nähe des Heimatortes. 6.5 % geben an, das Berufsziel, Lehrkraft zu sein, sei gleichwertig mit der Familienplanung. Damit verbunden sind häufig extrinsische Motive wie der Wunsch nach einem eigenen Haus oder finanzieller Sicherheit. Das Interesse, zumindest zeitweise im Ausland unterrichten zu wollen, nennen 5.2 % als primäres Ziel. 4.4 % sehen zunächst den Abschluss des Studiums als zu erreichendes Ziel an, 4.2 % ziehen eine Promotion und wissenschaftliche Laufbahn in Erwägung und 3.3 % streben bereits zu Studienbeginn ein Aufbau- oder Zweitstudium an. Nur 2.2 % geben an, sich eine Karriere in Schulleitung oder Schulverwaltung vorstellen zu können, was dem gegenwärtigen Desinteresse an Funktionsstellen unter Lehrkräften entspricht. Schließlich sehen 1.9 % der Befragten ihr gegenwärtiges Studium als prüfenden Versuch an, ob das Lehramt zu ihnen passt. Falls nicht, sind sie bereit, einen ganz anderen Weg einzuschlagen. Auf sonstige Angaben entfallen weitere 1.9 %.

In der Wiederholungsbefragung (t_2) machen 402 der 415 befragten Lehramtsstudierenden Angaben. Nach der Kategorisierung geben 32.3 % der Studierenden an, Lehrer werden zu wollen. Damit orientieren sich im Vergleich zu t_1 vergleichbar viele Befragte am primären Berufsziel. Mit nun 12.9 % der Studierenden, die das Berufsziel Lehrer mit intrinsischen Motiven verbinden, nimmt diese Zielorientierung ab. Für 8.5 % ist es das vorrangige Ziel, zunächst das Studium erfolgreich zu beenden. Dieser Wert ist rund doppelt so hoch wie zu t_1. Vermutlich zeigen die Studienerfahrungen aus den ersten drei Semestern, dass ein guter Abschluss nicht selbstverständlich ist. Gleichzeitig scheint im Verlauf des Studiums die zukünftige berufliche Perspektive zugunsten der gegenwärtigen Verortung des Lebensmittelpunkts im Studienalltag etwas zurückzutreten. Mit t_1 vergleichbar sind die 7.7 % der Lehramtsstudierenden, die neben dem Berufsziel, Lehrer sein zu wollen, zusätzlich extrinsische Faktoren nennen.

6.0 % der Studierenden – und damit fast doppelt so viele wie zu Studienbeginn – streben ein Zweit- oder Aufbaustudium an oder können sich eine solche Weiterqualifikation zumindest vorstellen. Ähnlich groß ist der Anteil der Befragten (5.7 %), für den eine Berufstätigkeit als Lehrkraft im Ausland eine Option oder sogar definiertes Ziel ist. Für 5.5 % der Befragten ist der Lehrerberuf zwar primäres Ziel, sie möchten sich aber ein zweites Standbein aufbauen. Eine Vereinbarkeit von Beruf und Familienplanung erwähnen nur noch 4.0 %. Mit ebenfalls 4.0 % nennen nun deutlich mehr Befragte auch die Option oder die Absicht, eine Karriere in der Schulleitung oder Schulverwaltung anzustreben. Die relative Anzahl an Personen mit einer schulinternen Karriereorientierung steigt damit während der ersten Semester deutlich an, ist absolut gesehen aber noch immer gering. Das Referendariat zu beginnen, nennen 3.2 % der Befragten als derzeitiges berufliches Ziel. Mit 3.0 % zeigen noch weniger Lehramtsstudierende als zu Beginn Interesse an einer wissenschaftlichen Laufbahn, an einer Forschungsaktivität oder an einer Promotion. Allerdings mag der Schwund an dieser Stelle durch die Zunahme des Interesses an einem Aufbau- oder Zweitstudium (6.0 %) abgedeckt sein. Weitere 6.2 % der Angaben lassen sich keiner Kategorie zuordnen.

Unter den Zahnmedizinstudierenden haben zu t_1 nur 68 % der Befragten auf die offene Frage nach beruflichen Zielen geantwortet. Die Angaben unterscheiden sich dahingehend von jenen der Lehramtsstudierenden, als dass die künftigen Zahnmediziner noch stärker auf die Ausübung des Berufs fixiert sind, auf den sie im Studium vorbereitet werden (vgl. 3.6.3, S. 233). 27.8 % der Befragten nennen als vorrangiges Ziel, später eine eigene Praxis zu eröffnen, während 16.7 % allgemein formulieren, den Beruf des Zahnarztes ausüben zu wollen. 13.0 % streben eine fachliche Höherqualifizierung, z. B. im Bereich der Oral- oder Kieferchirurgie an. Häufiger als im Lehramt besteht der Wunsch, den Beruf zumindest vorübergehend im Ausland auszuüben (9.3 %). Ebenfalls 9.3 % der Befragten möchten den Beruf mit einer Familiengründung vereinbaren. 7.4 % der künftigen Zahnmediziner äußern den vorrangigen Wunsch, in einer Gemeinschaftspraxis tätig zu werden oder eine solche zu gründen. Die weiteren Motive lassen sich nur im Umfang von Einzelfällen fassen. Damit nennen die ZM-Studierenden im Vergleich zu den LA-Studierenden kaum intrinsische oder extrinsische Motivlagen. Das Erreichen des Zahnarztberufs steht im Mittelpunkt der anvisierten Zielerreichung.

Für die Lehramtsstudierenden ist insgesamt zu beobachten, dass es für sie im Laufe der ersten drei Semester zunehmend wichtiger wird, Alternativen zum Lehrerberuf in Betracht zu ziehen. Eine berufliche Weiterqualifikation oder Neuorientierung durch ein Aufbau- oder Zweitstudium nimmt, wie auch der explizite Wunsch nach einem zweiten beruflichen Standbein, deutlich zu. Eine Karriere in Wissenschaft oder Schulleitung bzw. Schulverwaltung scheint wenig attraktiv zu sein, wird aber von einigen Studierenden zumindest nicht ausgeschlossen. Die Mehrheit zielt darauf ab, einem geregelten Berufsalltag als »normale« Lehrkraft nachzugehen, ggf. mit einer (zeitweiligen) Berufstätigkeit im Ausland oder verbunden mit dem Wunsch, sich lebenslang fortzubilden und weiterzuentwickeln. Der Professionsvergleich zeigt, dass der Wunsch Lehramtsstudierender nach einer Vereinbarkeit von Familie und Beruf unter den Befragten nicht auffällig bedeutsam ist. Im Kern orientieren sich die Studierenden an der beruflichen Perspektive, als Lehrkraft tätig sein zu wollen.

Die Interviews zu t_1 erlauben, die oben kategorisierten und quantifizierten beruflichen Ziele in einer Tiefendimension zu diskutieren. Anhand der qualitativen Daten lassen sich drei verschiedene berufliche Zielperspektiven erkennen. Eine erste Gruppe an Studierenden wundert sich regelrecht über die Frage, wo sie sich beruflich in etwa zehn Jahren sehen. Für sie steht außer Frage, dass sie den Lehrerberuf ergreifen wollen und werden (175)/(176). Für Befragte dieser Gruppe ist eine berufliche Weiterentwicklung allenfalls systemimmanent denkbar, weil sie an der genuin pädagogischen Tätigkeit festhalten wollen (177). Für eine zweite Gruppe steht das Erreichen des Berufsziels »Lehrer« zunächst im Vordergrund, sie äußern aber, berufsbiografisch flexibel bleiben zu wollen und möchten sich zumindest eine berufliche Alternative offen halten. Diese Studierenden betonen häufig, dass sie ihren weiteren beruflichen Weg auf sich zukommen lassen (178) und sind zugleich skeptisch, ob sie ihr ganzes Berufsleben ein volles Deputat ausüben wollen und können (179). Auch wird von ihnen oft generell in Frage gestellt, ob sie den Lehrerberuf dauerhaft ausüben werden (180). Häufig wurde in den Gesprächen auch danach gefragt, ob sich die Befragten eine Schulleitungskarriere vorstellen können. Gerade in der Gruppe der berufsbiografisch nicht festgelegten wird aber deutlich, dass eine solche Aufgabe nur eine unter vielen Alternativen ist (181). Wer nicht auf das Berufsbild des Lehrers festgelegt ist, nimmt meist auch eine Höherqualifikation in Kauf, um berufliche Alternativen zu realisieren (182) oder plant schon zu Studienbeginn ein Aufbaustudium (183). Eine dritte Gruppe sieht sich bereits zu Studienbeginn nicht dauerhaft im Lehramt (184). Auch planen zahlreiche Studierende längere Pausen für die Familienplanung ein, sehen sich nach dieser Unterbrechung jedoch häufig im Lehramt (185). Einige Erstsemester haben zumindest eine berufliche Vision über das Lehramt hinaus (186).

(175) Ich mache mir im Moment gar keine Gedanken. Mein Ziel ist das Unterrichten als Lehrerin. [B1-W42GH]

(176) Ich denke »Lehrer« ist schon ein Beruf fürs Leben. [L1-W19GY]

(177) Ich möchte später wirklich an eine Schule und dort als Lehrer unterrichten. [...]. Eine Schulleitungskarriere würde ich auch nicht ausschließen, [...] weil man ja ein stückweit trotzdem noch pädagogisch tätig sein kann. [...]. Sie erweitert dann nur das Aufgabenfeld. [F1-M27GH]

(178) Da bin ich völlig offen. Ich habe keinen festgelegten Plan, dass ich immer Lehrer sein möchte. [O1-M20GY]

(179) Eine Schulleitungsaufgabe könnte ich mir durchaus vorstellen. [...]. Man kann noch so ein toller Lehrer sein, aber irgendwann [...] kann man einfach nicht mehr [...] so viel unterrichten. [G1-W21GH]

(180) Ich bin überhaupt nicht festgefahren. Ich weiß nicht, ob ich mein Leben lang Lehrerin [...] in Deutschland sein möchte. [...]. Ich kann mir auch vorstellen, etwas in einem ganz anderen Bereich zu machen. [N1-W21GY]

(181) Schulleiter zu werden [...] würde ich nicht ausschließen. [...] Ich arbeite jetzt nicht darauf hin und ich glaube, ich will auch wirklich mal zehn, 20 Jahre Lehrer sein. Dann kann man wirklich besser mitreden [...]. Vielleicht will ich dann doch wieder in die freie Jugendarbeit oder ich gehe in die Entwicklungshilfe – wer weiß. [M1-W20GY]

(182) Man kann in die Wirtschaft gehen, man könnte sich auch noch eher in die Kirche integrieren, als Pastoralreferent. Notfalls müsste man sich dann eben später noch weiterbilden. [P1-M20GY]

(183) Ich sehe mich vorrangig in der Schule, aber ich habe mir auch schon überlegt, mich ein bisschen zu spezialisieren, vielleicht auch noch einen Erweiterungsstudiengang in Beratung anzuhängen. [I1-W20RS]

(184) Ich kann mir nicht vorstellen, dass ich mein ganzes Leben wirklich HS-Lehrerin bleibe. Ich muss auf jeden Fall irgendeinen Wechsel haben. Ich denke, dass dieses Studium mir das auch eröffnet, dass ich flexibel bin. [C1-W20GH]

(185) Ich habe schon vor, das mein Leben lang durchzuziehen. [...]. Ich schaue, dass ich meine eigene Familie aufbaue und vielleicht dann so von 30 bis 40 nicht arbeite und später wieder einsteige. [K1-W21GH]

(186) Ich [...] könnte mir vorstellen, dass ich nicht mein Leben lang Lehrerin bin und dann vielleicht doch die therapeutische Richtung ausprobiere und eine Fortbildung in die Richtung mache. [...]. Ich würde vielleicht schon so ein paar Jahre Lehrerin sein. Aber man kann auch nebenher [...] eine Fortbildung machen [...]. Was mich wirklich reizt, aber das ist ein hochgestecktes Ziel, dass ich irgendwann an der PH oder so unterrichte und Dozentin bin. [...]. Vielleicht auch gerade in den Erziehungswissenschaften oder so. Das würde mich schon reizen. [H1-W21GH]

Nach dem dritten Semester festigt sich eine dieser drei Positionen meist. Wer das Berufsbild »Lehrer« gezielt verfolgt, sieht sich in dieser Entscheidung oft bestätigt (187)/(188). Befragte, die zu t_1 eine berufliche Flexibilität artikulieren, betonen diese auch zu t_2, selbst wenn vorrangig der Lehrerberuf im Blick ist (189). Wer eine Höherqualifikation im Blick hat, sieht andererseits auch die Möglichkeit, nach einigen Jahren an einer Schule den Beruf zu verlassen (190). Die Gruppe Studierender mit Offenheit für Alternativen scheint aufgrund der im Studium kennengelernten Möglichkeiten (191), aber auch aufgrund erster Praxiserfahrungen größer zu werden (192). Befragte mit beruflichen Visionen jenseits des Lehramts artikulieren diese zu t_2 erneut (192). Es erhärtet sich der Eindruck, dass die beruflichen Ziele während der ersten Semester relativ konstant sind. Diese These wird durch die sich zwischen den Erhebungswellen nicht ändernde berufliche Mobilität gestützt (vgl. 3.6.3, S. 233).

(187) Ich sehe mich in der Schule. Mir macht das wirklich total Spaß und ich denke wirklich, ich mache das mein ganzes Leben lang. Ich will auch nichts anderes machen. [A2-W21RS]

(188) Da hat sich nichts geändert. Ich sehe mich als Lehrer an einer Schule. [F2-M28GH]

(189) Ich kann mir nach wie vor vorstellen, irgendetwas anderes zu machen [...], aber die erste Priorität ist Lehrerin zu werden. Und ich finde Schule nach wie vor spannend und das Interesse hat sich eher gesteigert. [M2-W22GY]

(190) In zehn Jahren will ich schon noch Lehrer sein, aber ob es nach 20 oder 30 Jahren noch so ist? Ich wusste schon von Anfang an, dass ich erstmal die Erfahrung möchte. Was mich interessiert, ist die Beratung. [I2-W21RS]

(191) Was ich [...] noch machen müsste, ist eben ein Masterstudiengang oder ein Promotionsaufbaustudiengang, um promovieren zu können. [...]. Dann kann man sich auf der einen Seite mit der Schule beschäftigen und auf der anderen Seite mit etwas ganz anderem – als zusätzliche Perspektive. [F2-M28GH]

(192) Vielleicht bin ich irgendwann nicht mehr Lehrer und mache etwas anderes. [...]. Frage: Kommt eine wissenschaftliche Karriere in Frage? Nein, auf keinen Fall. Ich muss etwas Praktisches tun. Frage: Schulleitung? Nein, da würde ich mich zu sehr reinsteigern. Vielleicht eher in Richtung Seminararbeit [...] oder Sozialarbeit. [...]. Das ist immer noch etwas Soziales, eine hohe Belastung, aber vielleicht auf eine andere Art und Weise. [C2-W22GH]

(193) Ich [...] kann mir einen halben Lehrauftrag vorstellen und die andere Zeit an der PH in der Lehrerausbildung [...]. Es kann gut sein, dass es mir nach fünf Jahren nicht mehr reicht und ich etwas Neues brauche. [H2-W22GH]

Die Festlegung auf den Lehrerberuf einerseits, die Offenheit sowohl in der Schule als auch in anderen Berufen tätig zu sein andererseits sowie drittens der Wunsch, sich ein zweites Standbein aufzubauen, werden offenbar meist schon zu Studienbeginn angebahnt. Aus den beruflichen Zielen der Erstsemester lassen sich daher vermutlich zumindest tendenziell Informationen über deren Einmündung ins Berufsleben gewinnen. Ob etwa die beruflichen Ziele zu Studienbeginn bereits die Wahrscheinlichkeit für ein Absolvieren des Referendariats, einen Studienabbruch oder den Einstieg und Verbleib im Lehramt prognostizieren können, kann aber erst später im Längsschnitt beantwortet werden.

4.3.3 Inhaltsbezogenes Studieninteresse

Während die Berufswahlmotivation auf die Bedeutung des Berufsbildes für die Entscheidung zielt, ein Lehramtsstudium zu beginnen, erklärt das inhaltsbezogene Studieninteresse, welche Rolle die Orientierung an den Inhalten des Studiums für die eingeschlagene Laufbahn haben kann. Das Interesse an bestimmten Lerninhalten weist Bezüge zur Qualität von Lernprozessen auf und kann sowohl als Voraussetzung wie auch als Folge der fachlichen Ausbildung angesehen werden (Schiefele u. a. 1992, S. 3). Es zeigen sich starke positive Zusammenhänge zwischen dem Studieninteresse als motivationalem Faktor und den Leistungen der Studierenden (Trost 1975; Kühn 1983; Schiefele/ Krapp/ Schreyer 1992). Außerdem ist das Studieninteresse in der Forschung ein Indikator zur Erklärung von Fachwahl, Studienwechseln, Studienzufriedenheit oder dem Studienabbruch (Winteler/ Sierwald 1987; Winteler u. a. 1988; Bergmann 1992). In allen Fällen bedeutet ein hohes Studieninteresse auch eine größere Stabilität bei der Umsetzung der ursprünglichen Studienpläne. Als besonders wichtiges Merkmal des Studieninteresses wird dessen Selbstintentionalität diskutiert. Die Hinwendung zu einem Objekt erfolgt demnach aus intrinsischen Motiven, die direkt auf das Objekt oder eine damit verbundene Handlung Bezug nehmen (Krapp 1992). In diesem Verständnis hat inhaltsbezogene Studienmotivation einen affektiven und keinen kognitiven Charakter. Das persönliche Interesse an einem Fach, dessen Inhalten oder dem damit verbundenen Studium (Lehrveranstaltungen, Selbststudium usw.) ist für die Studienmotivation ausschlaggebend.

Zur Erfassung wird der *Fragebogen zum Studieninteresse (FSI)* eingesetzt (Schiefele u. a. 1992; 1993b). Der standardisierte Fragebogen mit 18 Items dient zur Erfassung des inhaltlichen Interesses am Studienfach oder einem seiner definierten Ausschnitte (z. B. Lehrveranstaltungen, Themen). Drei Subskalen zielen auf emotionale Valenzen (positive emotionale Beziehung zum speziellen Fach: Items 1/4), wertbezogene Valenzen (positive Wertschätzung des Studienfaches: Items 2/5) und den intrinsischen Charakter (intrinsisch motivierte Beschäftigung mit den Studieninhalten: Items 3/6). Das im Original nach Rasch skalierte Instrument weist sehr gute Reliabilitätseigenschaften auf. Bei der Erstellung einer Kurzversion mit 6 Items (Mayr 1998) wurden die im Originalbogen vorkommenden Begriffe wie »Studienfach« oder »Fachstudium« durch den allgemeineren Begriff »Studium« ersetzt. So zielt das hier eingesetzte Instrument nicht auf das einzelne Unterrichtsfach, sondern auf das Studium insgesamt. Vorliegend, wie auch bei Mayr (1998, S. 5), misslingt die faktorenanalytische Trennung in drei Subskalen, so dass es zweckmäßig erscheint, zumindest in der Kurzskala das Studieninteresse empirisch als eindimensional zu betrachten. Der erste Faktor erklärt vorliegend 35.6 % der Gesamtvarianz. Die Reliabilitätseigenschaft der Skala ist ausreichend. Es liegen zusätzlich Fremdeinschätzungen und Daten der Zahnmedizinstudierenden vor.

Die Ergebnisse zum Studieninteresse sind in Tabelle 98 abgebildet. Das Studieninteresse der GY-Studierenden ist höher als jenes der RS- und insbesondere der SP- und GH-Studierenden ($\eta^2 = .021^*$; $M_{GH} = 5.29$; $M_{RS} = 5.45$; $M_{GY} = 5.58$; $M_{SP} = 5.32$). Die stärkere Fachorientierung Uni-Studierender im Vergleich zu PH-Studierenden ($\eta^2 = .017^{**}$; $M_{UN} = 5.58$; $M_{PH} = 5.34$) zeigt sich auch in einer höheren Bedeutsamkeitseinschätzung des fachwissenschaftlichen Studiums, was auf eine fachliche Identifikation GY-Befragter mit dem Studium insgesamt schließen lässt (vgl. 5.2, S. 407). Liest man das inhaltsbezogene Studieninteresse als Indikator für Lernmotivation (vgl. 4.3.6, S. 361), lassen sich seitens GY-Studierender auch vergleichsweise höhere kognitive Studienleistungen erwarten.

Item 1, das die Fachwahl mit der persönlichen Neigung verbindet, erfährt die höchste Zustimmung. Studentinnen zeigen ein tendenziell stärker ausgeprägtes Studieninteresse als ihre Kommilitonen ($\eta^2 = .012^*$; $M_w = 5.45$; $M_m = 5.20$). LA-Studierende haben ein minimal höheres Studieninteresse als ZM-Studierende ($\eta^2 = .007^*$). Der Index inhaltsbezogenes Studieninteresse (STI) unterscheidet sich zwischen Selbst- und Fremdeinschätzung nicht signifikant. Damit bewerten die Studierenden ihr Studieninteresse allenfalls tendenziell kritischer als Außenstehende. Auf Ebene der einzelnen Items ist diese Tendenz durchweg zu beobachten, obwohl

Selbst- und Fremdbild meist nur schwach korrelieren. Der Vergleich zeigt, dass Studierende ihr Studieninteresse vermutlich realistisch einschätzen.

Tabelle 98: Inhaltsbezogenes Studieninteresse (t_1)

STI ($N_{LS}=500$-502; $N_{LF}=301$-305; $N_{ZM}=78$-79)		LS		LF		S/F	ZM	
		M	SD	M	SD	r	M	SD
1	Ich bin mir sicher, Fächer/ein Fach gewählt zu haben, welche/s meinen persönlichen Neigungen entsprechen/entspricht	6.03	1.17	6.32	0.96	.29**	5.90	1.34
2	Wenn ich ehrlich sein soll, sind mir meine Studienfächer/mein Studienfach manchmal eher gleichgültig (-)	1.67	1.11	1.55	0.92	.11	1.80	1.33
3	Nach einem langen Wochenende oder Urlaub werde ich mich wieder auf das Studium freuen	5.27	1.39	5.58	1.31	.12*	4.59	1.60
4	Die Beschäftigung mit den Inhalten meines Studiums wird für mich eigentlich recht wenig mit Selbstverwirklichung zu tun haben (-)	2.87	1.53	2.73	1.45	.16*	3.17	1.52
5	Ich habe mein jetziges Studium vor allem wegen der interessanten Studieninhalte gewählt	4.77	1.68	4.94	1.51	.19*	4.97	1.47
6	Ich rede lieber über meine Hobbies als über meine Studienfächer/mein Studienfach (-)	3.06	1.59	2.47	1.37	.11	3.46	1.59
Index inhaltsbezogenes Studieninteresse (STI); $\alpha=.62$		5.41	0.84	5.60	0.85	.20**	5.18	0.85

Frage: Inwieweit treffen die folgenden Aussagen auf Sie zu? (LS/ZM); Inwieweit treffen die folgenden Aussagen hinsichtlich der Studienfächer von X zu? (LF). *Skala:* 1 = trifft überhaupt nicht zu; 7 = trifft voll und ganz zu. *Anmerkungen:* Items, die mit (-) markiert sind, wurden zur Indexberechnung umkodiert. Die interne Konsistenz wurde auf Grundlage der LA-Selbstbilddaten berechnet.

Abschließend wird geprüft, in welcher Weise das unter Erstsemestern abgefragte inhaltsbezogene Studieninteresse Variablen prognostizieren kann, die zu t_2 erfasst wurden. Auf diese Weise wird deutlich, welche Aussagekraft die Variable zu Studienbeginn für die Studienrealität nach dem dritten Semester hat. Dazu wurde ein allgemeines lineares Modell (GLM) berechnet, in dem das inhaltsbezogene Studieninteresse (STI) als Prädiktorvariable dient. Als potenzielle abhängige Variablen wurden alle zu t_2 erfassten metrischen Variablen angenommen. Nach einer schrittweise manuellen Modellanpassung verbleiben diejenigen abhängigen Variablen im Modell, auf die das Studieninteresse signifikanten Effekt hat (vgl. Tabelle 99).

Studierende, die zu Studienbeginn ein starkes inhaltsbezogenes Studieninteresse aufweisen, sind üblicherweise älter (ALT2). Sie weisen nach dem dritten Semester mit höherer Wahrscheinlichkeit ein größeres Arbeitsengagement (SBA2/BEG2) und Erfolgserleben in Studium und Beruf (EIB2) auf. Zugleich bewältigen sie ihre Probleme überdurchschnittlich offensiv (OPW2) und zeigen eine geringere Resignationstendenz (RBM2). An den Studieninhalten interessierte Befragte können daher als weniger belastet und gesundheitlich gefährdet gelten (vgl. 4.1.1, S. 266). Ihre Arbeitsvermeidung ist wahrscheinlich geringer ausgeprägt (ARV2) und sie wollen ihre Leistungen eher öffentlich zeigen (ALZ2). Studienaktivitäten sind für sie tendenziell wichtiger als Freizeitaktivitäten (SUF2). Inhaltsbezogenes Studieninteresse ist weiterhin ein Indikator für eine höhere Einschätzung der Bedeutsamkeit (BAK2_3), der Qualität (QAK2_3) und des Nutzens (NAK2_3) erziehungswissenschaftlicher Studienanteile. Auch die Bedeutsamkeit (BAK2_1) und der Nutzen (NAK2_1) der fachwissenschaftlichen Studien in den Unterrichtsfächern sowie die Qualität des didaktisch-methodischen Studiums (QAK2_2) werden höher beurteilt. Sie bewerten die fachliche Lehre besser (BLF2). Inhaltsbezogen Interessierte zeichnen sich weiterhin durch ihre meist höhere geografische Mobilitätsbereitschaft (GMO2), eine exklusivere Wohnsituation, die auf größere finanzielle Ressourcen schließen lässt (WOH2), ein größeres Interesse an künstlerisch-sprachlichen Tätigkeiten (INT2_3) und eine höhere Selbstwirksamkeitserwartung (SWE2) aus. Eingangs stärker an den Inhalten interessierte Studierende nehmen die curriculare Abstimmung von Studieninhalten und die Studienorganisation (CAS2) sowie das Ausbildungsklima (ABK2) positiver wahr und sind mit dem Studium insgesamt zufriedener (ZUF2). Die Relevanz der Schulpraktika sehen sie im Erlernen der Unterrichtsvorbereitung (UVB2) und im Üben von deren Umsetzung im Unterricht (UIU2). Das inhaltsbezogene Studieninteresse ist weiterhin Hinweis auf ein Bildungsverständnis nach Klafki (BVS2_2) oder Humboldt (BVS2_3). Schließlich schätzen inhaltlich interessierte Studierende ihre Religiosität (REL2) stärker ein.

Tabelle 99: Bedeutung des inhaltsbezogenen Studieninteresses (t_1 auf t_2)

Code	Index/Item	β	T	p	R^2
ALT2	Alter	0.83	2.68	.008	.023
OPW2	offensive Problembewältigung (AVEM-Inventar)	0.73	3.35	.001	.038
SBA2	subjektive Bedeutsamkeit der Arbeit (AVEM-Inventar)	0.64	2.61	.010	.022
BEG2	beruflicher Ehrgeiz (AVEM-Inventar)	0.64	2.94	.004	.028
EIB2	Erfolgserleben im Beruf (AVEM-Inventar)	0.57	2.41	.017	.018
RBM2	Resignationstendenz (bei Misserfolg) (AVEM-Inventar)	-0.53	-2.29	.023	.016
ARV2	Arbeitsvermeidung (Leistungsmotivation)	-0.46	-5.35	.000	.096
GMO2	geografische Mobilität	0.40	3.14	.002	.033
QAK2_3	Qualitätseinschätzung: erziehungswissenschaftliches Studium	0.40	4.02	.000	.055
NAK2_3	Nutzeneinschätzung: erziehungswissenschaftliches Studium	0.39	3.16	.002	.033
INT2_3	Interesse an künstlerisch-sprachlichen Tätigkeiten	0.36	3.36	.001	.038
WOH2	Wohnsituation	0.33	2.72	.007	.024
BAK2_1	Bedeutsamkeitseinschätzung: fachwissenschaftliches Studium	0.30	3.18	.002	.034
SUF2	Studienaktivitäten sind wichtiger als Freizeitaktivitäten	0.30	3.21	.001	.034
BAK2_3	Bedeutsamkeitseinschätzung: erziehungswissenschaftliches Studium	0.28	2.76	.006	.025
REL2	Religiosität	0.27	2.00	.047	.011
NAK2_1	Nutzeneinschätzung: fachwissenschaftliches Studium	0.27	2.35	.020	.017
ZUF2	Studienzufriedenheit	0.25	4.88	.000	.081
QAK2_2	Qualitätseinschätzung: didaktisch-methodisches Studium	0.25	2.59	.010	.021
BLF2	Beurteilung der Lehrveranstaltungen in den Fächern	0.25	4.58	.000	.071
UVB2	Relevanz der Praktika: Erlernen der Unterrichtsvorbereitung	0.25	3.13	.002	.033
ALZ2	Annäherungs-Leistungsziele (Leistungsmotivation)	0.23	2.37	.019	.017
CAS2	curriculare Abstimmung	0.22	3.25	.001	.035
UIU2	Relevanz der Praktika: Umsetzung des Erlernten im Unterricht	0.22	2.69	.008	.023
BVS2_2	Bildungsverständnis nach Klafki	0.21	2.92	.004	.028
ABK2	Ausbildungsklima	0.20	3.44	.001	.040
SWE2	Selbstwirksamkeitserwartung	0.17	3.58	.000	.043
KOM2	Kompetenzerwartung (insgesamt)	0.15	2.91	.004	.028
BVS2_3	Bildungsverständnis nach Humboldt	0.15	2.11	.036	.013

Abkürzungen: β=Beta-Koeffizient; T=T-Wert der Signifikanzprüfung; p=Signifikanz; R^2=aufgeklärte Varianz. *Modellanpassung:* F=2.99; p=.000 (Pillai-Spur=.294; Hotelling-Spur=.417); N=262 (fehlende Werte fallweise gelöscht). *Methode:* allgemeines lineares Modell (GLM multivariat). *Anmerkungen:* Ergebnisse sortiert nach abnehmendem Betrag der Beta-Koeffizienten. Prädiktor ist das inhaltsbezogene Studieninteresse (STI) zu t_1. Potenzielle abhängige Variablen waren alle metrischen Variablen, die zu t_2 erfasst wurden.

4.3.4 Allgemeine Interessenlage und Studienorientierung

Ausgangspunkt für die nachfolgenden Überlegungen ist die interessenbasierte Berufswahltheorie von John L. Holland (1997). Ihre Grundannahme ist, dass sich Menschen berufliche Umfelder suchen, die ihren individuellen Interessen und Fähigkeiten entsprechen. Tritt eine Diskrepanz zwischen beruflicher Tätigkeit und Interesse auf, verlässt eine Person ihr aktuelles berufliches Umfeld und sucht sich eine Tätigkeit mit größerer Übereinstimmung. In beruflichen Interessen manifestiert sich theorieimmanent gedacht die Persönlichkeitsstruktur. Die unterschiedlichen Interessenorientierungen beruhen z. B. auf Werten, Selbstüberzeugungen, berufsbezogenen Einstellungen oder Lebenszielen. In diesem Verständnis weist die Erfassung der weitgehend stabilen berufsspezifischen Interessen eine Nähe zur Erfassung der Persönlichkeitsmerkmale auf (vgl. 3.5, S. 215) und gibt Auskunft über eine grundlegende Studienorientierung. Der von Holland postulierte Zusammenhang zwischen Interessenstruktur und Persönlichkeitsmerkmalen bestätigt sich aufgrund mittelstarker Korrelationen zwischen beiden Variablengruppen in der vorliegenden Lehramtsstichprobe (vgl. Tabelle 100).

Tabelle 100: Zusammenhang von Interessen und Persönlichkeitsmerkmalen (t_1)

Interkorrelationen (N=501-504)	NEU	EXT	OFF	VER	GEW
praktisch-technisches Interesse	-.16***	.06	.11*	-.04	.02
intellektuell-forschendes Interesse	-.09*	.07	.27***	-.09*	.09
künstlerisch-sprachliches Interesse	-.02	.06	.27***	.13**	.00
soziales Interesse	.01	.12**	.05	.24***	.02
unternehmerisches Interesse	-.13**	.30***	.02	-.07	.22***
ordnend-verwaltendes Interesse	-.02	.03	-.06	-.06	.22***

***p<.001; **p<.01; *p<.05 (Pearson-Korrelationen; zweiseitige Signifikanzprüfung). *Abkürzungen:* NEU=Neurotizismus; EXT=Extraversion; OFF=Offenheit; VER=Verträglichkeit; GEW=Gewissenhaftigkeit.

Welche Interessen Lehramtsstudierende in ihre Ausbildung mitbringen, wurde mehrfach untersucht (etwa: Abel 1997; Lipowsky 2003; Langmeyer u. a. 2009). Im Anschluss stellt sich die Frage, ob ein bestimmtes Interessenmuster für künftige Lehrkräfte typisch ist, ob dieses ggf. unter Studierenden verschiedener Lehrämter variiert und wie es sich längsschnittlich verändert. Das mehr oder weniger stark ausgeprägte Interesse an verschiedenen Aspekten des Studiums verweist auf die Studienorientierung und die praktische Gestaltung bzw. Ausrichtung der Ausbildung durch die Studierenden im Rahmen ihrer Steuerungsmöglichkeiten und ist damit für das Verhältnis von Angebot und Nutzung zentral (vgl. 1.2.2, S. 70). Außerdem kann die Erfassung von Interessenlagen Hinweise auf die Validität der Skalen zur Studien- und Berufswahlmotivation geben.

Zur Erfassung der Interessen wurde eine Kurzform des *Allgemeinen Interessen-Struktur-Tests AIST-R* (Bergmann/ Eder 2005) angewandt, welcher nach Hollands Modell sechs schulisch-berufliche Interessendimensionen unterscheidet: praktisch-technische Interessen (realistic), intellektuell-forschende Interessen (investigative), künstlerisch-sprachliche Interessen (artistic), soziale Interessen (social), unternehmerische Interessen (enterprising), konventionelle Interessen (conventional). Wegen der Anfangsbuchstaben der englischen Begriffe wird häufig auch vom *RIASEC-Modell* gesprochen. Aus dem individuellen Profil können anhand der Testergebnisse Berufsempfehlungen abgeleitet werden. In der Kurzform hat Johannes Mayr die einzelnen Dimensionen durch Tätigkeiten umschrieben und in jeweils ein Item gefasst (unveröffentlicht). Zwar erreicht die Skala nicht die Zuverlässigkeit des AIST-R, doch war dieser mit insgesamt 60 Items vorliegend zu umfangreich. Die einzelnen Dimensionen lassen sich wie folgt charakterisieren (Bergmann/ Eder 2005; vgl. Tabelle 101):

- *Praktisch-technische Orientierung*: Personen mit einer Vorliebe für Tätigkeiten, die Kraft, Koordination und handwerkliche Geschicklichkeit erfordern und zu sichtbaren Ergebnissen führen. Typisch ist der Umgang mit Werkstoffen, Werkzeug und Maschinen. Fähigkeiten und Fertigkeiten der Menschen dieses Typus liegen im mechanisch-technischen Bereich, während erzieherisch-soziale Tätigkeiten eher abgelehnt werden. Materielle Dinge wie Geld, Macht und Status sind ihnen wichtig. Ingenieurberufe sind für diese Klientel typisch.
- *Intellektuell-forschende Orientierung*: Menschen dieses Typus lieben die Auseinandersetzung mit naturwissenschaftlichen oder kulturellen Phänomenen und haben den Willen, sie zu verstehen und zu kontrollieren. Sie sind sozialen Tätigkeiten eher abgeneigt und verfügen über mathematisch-naturwissenschaftliche Kompetenzen. Ihr Wertmaßstab ist Wissen und Wissenschaft. Bevorzugt werden intellektuell-forschende Berufe.
- *Künstlerisch-sprachliche Orientierung*: Personen dieser Orientierung mögen offen-unstrukturierte Aktivitäten wie die künstlerische Selbstdarstellung oder kreative Schaffenskraft im Umgang mit Material, Sprache oder Menschen. Weniger Interesse haben sie an strukturierten und klar abgegrenzten Tätigkeiten. Ihre Stärken liegen in den Bereichen Sprache, Ästhetik und Schriftstellerei. Sie streben künstlerische und freie Berufe wie »Musiker« oder »Designer« an.
- *Soziale Orientierung*: Menschen dieses Typus mögen es, sich mit anderen Menschen zu befassen. Sie zielen auf Tätigkeiten wie Unterrichten oder Versorgen. Systematische oder handwerkliche Tätigkeiten liegen ihnen weniger. Ihre Fähigkeiten und Fertigkeiten liegen im zwischenmenschlichen Bereich, im sozialen Umgang und bei der Erziehung. Sie richten ihre Werte an ethischen Überlegungen aus. Typisch für sie sind pädagogische, beratende oder medizinisch-therapeutische Berufe.
- *Unternehmerische Orientierung*: Menschen mit dieser Orientierung neigen zu Tätigkeiten, die Kommunikations- und Verhandlungsgeschick erfordern, um ein bestimmtes organisatorisches Ziel zu erreichen. Beobachtende oder systematische Tätigkeiten liegen ihnen weniger, wohl aber besitzen sie Führungsstärke und Überzeugungskraft. Ihr Handeln ist auf sozialen, politischen oder ökonomischen Erfolg ausgerichtet. Sie tendieren zu unternehmerischen Berufen oder zum Management.
- *Ordnend-verwaltende (konventionelle) Orientierung*: Personen dieses Typus lieben den geordneten Umgang mit Daten, während ihnen unstrukturierte und kreative Tätigkeiten weniger liegen. Typisch sind für sie Berufe im Umgang mit Daten, Regeln und Gesetzen (z. B. höhere Verwaltungsberufe oder Recht).

Lehramtsstudierende zeichnen sich durch soziales Interesse aus (vgl. Abbildung 25), das sich zwischen den Lehrämtern aber substanziell unterscheidet ($\eta^2 = .062^{***}$; $M_{SP} = 6.80$; $M_{GH} = 6.51$; $M_{RS} = 6.32$; $M_{GY} = 6.07$). Lehrämter, die stärker durch soziale Tätigkeiten geprägt sind, werden von Studierenden mit einer stärkeren sozialen Orientierung gewählt (SP/ GH), während in der Sekundarstufe die sozialen Aspekte im Lehrerberuf (vermeintlich) weniger bedeutsam sind (RS/ GY). Die Befragten wählen aufgrund ihres starken sozialen Interesses insgesamt einen zu ihnen passenden Beruf. Wie Studierende ihr soziales Interesse verstehen, wird exemplarisch in den Interviews deutlich. Soziales Interesse artikuliert etwa, wer sich zu Kindern hingezogen fühlt (194), ihnen gerne etwas beibringt (195) oder im Umgang mit anderen gute Erfahrungen gemacht hat (196). Ausgeprägte soziale Interessen haben wohl eine stärkere Identifikation mit sozialen Tätigkeiten im Beruf zur Folge (197).

(194) Ich denke, ich kann gut mit Kindern umgehen. [...]. Es hat mich immer schon zu Kindern hingezogen. Als ich 15 oder 16 Jahre alt war und meine Freundinnen angefangen haben, sich für Männer zu interessieren, habe ich mich immer noch mit den Kleinkindern aus der Nachbarschaft beschäftigt. [B1-W42GH]

(195) Mir macht es unheimlichen Spaß, Kindern etwas beizubringen. [D1-M20RS]

(196) Ich gehe sehr gerne mit Menschen um und ich hoffe gut. Bisher kamen positive Rückmeldungen. [L1-W19GY]

(197) Ich tendiere definitiv zum Sozialen. [...]. Das sind die Sachen, von denen ich meine, dass sie wichtig sind und mit denen ich mich auch identifiziere. [C1-W20GH]

Tabelle 101: Interessenlage und Studienorientierung (t_1)

INT (N$_{LS}$=501-502; N$_{LF}$=305; N$_{ZM}$=79)	LS		LF		S/F	ZM	
	M	SD	M	SD	r	M	SD
1 **praktisch-technische Tätigkeiten:** z.B. mit Maschinen oder technischen Geräten arbeiten; Holz, Metall oder sonstige Materialien bearbeiten, Geräte oder Maschinen reparieren...	3.19	1.83	3.06	1.71	.56**	5.43	1.61
2 **intellektuell-forschende Tätigkeiten:** z.B. Experimente durchführen, wissenschaftliche Literatur lesen, abstrakte Probleme bearbeiten, neue Ideen entwickeln, genau beobachten und analysieren...	4.39	1.74	5.06	1.53	.27**	4.34	1.60
3 **künstlerisch-sprachliche Tätigkeiten:** z.B. zeichnen, malen, musizieren, Übersetzungen vornehmen, sich mit Kunst und Literatur auseinandersetzen, etwas schauspielerisch darstellen...	5.57	1.57	5.68	1.47	.46**	4.76	1.90
4 **soziale Tätigkeiten:** z.B. andere Menschen betreuen, pflegen, unterrichten, beraten, unterstützen, mit anderen zusammenarbeiten, für andere sorgen...	6.37	0.95	6.28	0.93	.38**	4.95	1.47
5 **unternehmerische Tätigkeiten:** z.B. etwas organisieren, eine Unternehmung leiten, andere beaufsichtigen, beeinflussen, führen, für etwas werben, verkaufen...	5.39	1.42	5.38	1.35	.35**	5.07	1.64
6 **ordnend-verwaltende Tätigkeiten:** z.B. Dokumentationen anlegen, Statistiken erstellen, Korrespondenzen führen, Gesetze und Regelungen entwerfen und anwenden, eine Buchhaltung machen...	3.76	1.83	4.14	1.61	.25**	2.82	1.87

Instruktion: Bitte schätzen Sie Ihr Interesse an den folgenden Tätigkeiten ein (LS/ZM); Bitte schätzen Sie das Interesse von X an den folgenden Tätigkeiten ein (LF). *Skala:* 1=überhaupt kein Interesse; 7=sehr großes Interesse.

Die zweitstärksten Orientierungen künftiger Lehrkräfte sind künstlerisch-sprachlich und unternehmerisch (vgl. Abbildung 25). Die Differenzierung nach Lehrämtern wird bezüglich beider Interessengebiete nicht signifikant. Lediglich leicht zustimmend positionieren sich die Lehramtsstudierenden in Bezug auf ihre intellektuell-forschende Orientierung, wobei diese bei GY-Studierenden am stärksten ausgeprägt ist und hin zu den GH-Studierenden und SP-Studierenden sprunghaft abnimmt (η^2=.024**; M_{GY}=4.72; M_{RS}=4.57; M_{SP}=4.19; M_{GH}=4.12). Entsprechend ist das Interesse am akademischen Arbeiten an den Universitäten tendenziell stärker ausgeprägt als an den PHs (η^2=.015**). Ein leichtes Desinteresse bekunden Studierende an ordnend-verwaltenden Tätigkeiten, das in allen Lehrämtern vergleichbar ausgeprägt ist. Zwar ist dieses tendenzielle Desinteresse für sozial orientierte Personen nicht untypisch, doch ist der Lehrerberuf stark mit verwaltenden Aufgaben verknüpft, etwa bei der Archivierung von Unterrichtsmaterial, der Notenverwaltung oder dem Führen von Listen. Das geringste Interesse artikulieren die Befragten gegenüber praktisch-technischen Tätigkeiten, das bei Menschen mit starkem sozialen Interesse üblicherweise gering ausgeprägt ist.

Die intellektuell-forschende Orientierung ist unter GY-Studierenden der Mathematik hochsignifikant stärker ausgeprägt als unter GY-Theologiestudierenden und in erheblichem Maße fachspezifisch (η^2=.166**; $M_{GY/MA}$=5.75; $M_{GY/TH}$=4.23). Umgekehrt ist die soziale Orientierung unter GY-Theologiestudierenden stärker (η^2=.079*; $M_{GY/MA}$=5.65; $M_{GY/TH}$=6.28). GY-Mathematikstudierende weisen eine stärkere Orientierung an ordnend-verwaltenden Tätigkeiten auf (η^2=.059*; $M_{GY/MA}$=4.34; $M_{GY/TH}$=3.45). Entlang der anderen Orientierungen ergeben sich keine signifikanten Fächerunterschiede, wenn Lehrämter und Fachgewichtungen kontrolliert werden. Insgesamt lassen die erheblichen Unterschiede zwischen MA- und TH-Studierenden vermuten, dass Fachunterschiede auch zwischen anderen Fächern und

Fachdidaktiken neben der Entscheidung für das Berufsbild »Lehrer« unterschiedliche Interessenlagen erklären.

Weiterhin bestehen auch geschlechtsspezifische Unterschiede der Interessenlage. Studentinnen sind vor allem stärker sozial orientiert ($\eta^2=.064^{***}$; $M_w=6.48$; $M_m=5.83$). Ihr intellektuell-forschendes Interesse ist dafür geringer ausgeprägt als das ihrer Kommilitonen ($\eta^2=.030^{***}$; $M_w=4.26$; $M_m=5.07$). Tendenzen zeigen sich hinsichtlich des stärkeren Interesses von Studentinnen an unternehmerischen Tätigkeiten ($\eta^2=.022^{**}$), während Studenten sich eher praktisch-technisch orientieren ($\eta^2=.019^{**}$). Die künstlerisch-sprachliche Orientierung ist unter Studentinnen kaum stärker ($\eta^2=.009^{*}$).

Abbildung 25: Interessenlage im Lehramts- und Professionsvergleich (t₁)

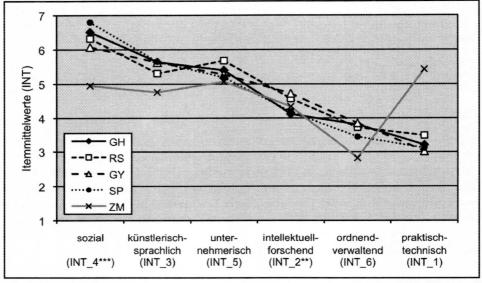

N=501-502. $^{***}p<.001$; $^{**}p<.01$ (Signifikanztest für die Lehramtsdifferenzen: ANOVA). *Skala:* 1=Minimum; 7=Maximum. *Anmerkung:* Items sortiert nach abnehmendem durchschnittlichen Mittelwert (LA).

Aus fremdeinschätzender Sicht wird das Interesse an intellektuell-forschenden Tätigkeiten höher bewertet als die Lehramtsstudierenden das selbst tun (T=-5.55; p=.000). Damit wird die Wissenschaftsorientierung Lehramtsstudierender zu Studienbeginn wohl auch generell eher überschätzt. Selbige Beobachtung gilt für die Überbewertung des Interesses an ordnend-verwaltenden Tätigkeiten (T=-3.47; p=.001). Unterschätzt wird hingegen das Interesse der Studierenden an sozialen Tätigkeiten (T=2.71; p=.007). Insgesamt gelingt es den Fremdeinschätzenden sehr gut, das Interesse an den praktisch-technischen, künstlerisch-sprachlichen und unternehmerischen Tätigkeiten der Lehramtsstudierenden einzuschätzen. Die hohen Korrelationen zwischen Selbst- und Fremdbildern lassen auf eine insgesamt valide Abbildung der Interessenlage durch die Fremdbilder schließen.

Die Interessenlage der Erstsemester im Lehramt unterscheidet sich hinsichtlich der praktisch-technischen Orientierung erheblich von den Zahnmedizinstudierenden ($\eta^2=.161^{***}$;

$M_{LA}=3.19$; $M_{ZM}=5.43$; vgl. Abbildung 25). Während praktisch-technische Interessen das Selbstverständnis der ZM-Studierenden prägen, sind sie im Lehramt von geringster Bedeutung. Korrespondierend sind die sozialen Interessen unter den künftigen Zahnmedizinern viel geringer ausgeprägt als unter Lehramtsstudierenden ($\eta^2=.220^{***}$; $M_{LA}=6.37$; $M_{ZM}=4.95$). Für beide Berufssparten sind die typischen Interessenlagen bestimmend. Auch hinsichtlich der künstlerisch-sprachlichen ($\eta^2=.034^{***}$) und der ordnend-verwaltenden Tätigkeiten ($\eta^2=.034^{**}$) sind ZM-Studierende weniger interessiert.

Insgesamt sind, mit Ausnahme des praktisch-technischen Bereichs, die Lehramtsstudierenden entlang aller Orientierungen stärker interessiert. Während sich die ZM-Studierenden durch ihr praktisch-technisches Interesse definieren, zeigen die LA-Studierenden ein breites Interesse, insbesondere am sozialen, unternehmerischen und künstlerisch-sprachlichen Bereich. Dies spricht für eine Charakterisierung des künftigen Lehrpersonals als vielfältig interessierte »Allrounder«, während sich die Zahnmediziner durch ein einseitiger ausgerichtetes Interesse definieren. In den Interviews zeigt sich, dass es Lehramtsstudierenden schwer fällt, die Frage nach den zwei Tätigkeitsbereichen mit ihrem größten Interesse zu benennen. Viele Studierende artikulieren ein weites Interesse (198) und begründen in Einzelfällen auch die Berufswahlentscheidung mit dieser Vielseitigkeit (199). Das vielschichtige Interesse scheint durchaus charakteristisch für die Berufsgruppe »Lehrer« zu sein.

(198) Das ist schwierig, weil ich eigentlich sehr breit gefächert bin. [M1-W20GY]

(199) Als ich diesen Bereich im Fragebogen ausgefüllt habe, dachte ich bei mir ein Stück weit, dass alles so ein bisschen zu mir passt. Es ist sehr vielschichtig bei mir. Deshalb habe ich mir dann auch gedacht, dass es passt, wenn ich mir die Hauptschule ausgesucht habe, weil man da eigentlich auch alles unterrichten muss. [F1-M27GH]

Tabelle 102: Interessenlage und Studienorientierung (t_2)

INT2	LS		LF		S/F	ZM	
($N_{LS}=413$; $N_{LF}=165$; $N_{ZM}=42$)	M	SD	M	SD	r	M	SD
1 praktisch-technisches Interesse	3.59	1.83	3.07	1.65	.49**	5.17	1.46
2 intellektuell-forschendes Interesse	4.72	1.59	4.98	1.37	.22**	4.52	1.53
3 künstlerisch-sprachliches Interesse	5.68	1.47	5.52	1.48	.50**	4.64	1.75
4 soziales Interesse	6.42	0.85	6.47	0.79	.14	5.24	1.30
5 unternehmerisches Interesse	5.62	1.25	5.37	1.35	.14	5.05	1.50
6 ordnend-verwaltendes Interesse	4.45	1.68	4.28	1.63	.15	3.29	1.77

Instruktion: Bitte schätzen Sie Ihr Interesse an den folgenden Tätigkeiten ein (LS); Bitte schätzen Sie das Interesse von X an den folgenden Tätigkeiten ein (LF). *Skala:* 1=überhaupt kein Interesse; 7=sehr großes Interesse. *Anmerkung:* Die ausführliche Formulierung der Items ist Tabelle 101, S. 347 zu entnehmen.

Zum zweiten Erhebungszeitpunkt liegen erneut Selbst- und Fremdeinschätzungen von Lehramtsstudierenden sowie ergänzend Daten von Zahnmedizinstudierenden vor (vgl. Tabelle 102). Während die Angehörigen zu t_1 bezüglich der unternehmerischen Orientierung eine hohe Übereinstimmung erreicht haben, gelingt dies Mitstudierenden zu t_2 nicht. Letztere sind im Vergleich zu den Angehörigen aber in der Lage, die intellektuell-forschende Orientierung zumindest einigermaßen genau einzuschätzen, was auf ihre Nähe zum Studienalltag der Befragten verweist. Zu t_2 gelingt den Mitstudierenden, wie zu Studienbeginn den Angehörigen, eine hohe Übereinstimmung bezüglich praktisch-technischer wie künstlerisch-sprachlicher Interessen. Fallbezogen verbunden schätzen die Mitstudierenden die unternehmerische ($T=2.68$; $p=.008$), die künstlerisch-sprachliche ($T=2.21$; $p=.029$) und die praktisch-technische Orientierung (T=2.09; p=.038) zu niedrig ein, während die intellektuell-forschende Orientierung überschätzt wird (T=-2.55; p=.012).

Für die Lehramtsstudierenden ergeben sich mehrere hochsignifikante längsschnittliche Veränderungen der Interessenlage (vgl. Tabelle 103). Die auffälligste betrifft die ordnend-verwaltende Orientierung, die deutlich zunimmt. Grund hierfür könnten die Anforderungen und Erfolge bei der selbstständigen Organisation des Studienalltags sein. So ist auch die Zunahme der unternehmerischen Orientierung zu verstehen. Das Interesse an praktisch-technischen Tätigkeiten nimmt zu, vielleicht weil ein Ausgleich zu dem eher kognitiv ausgerichteten Studium gesucht wird. Die nach dem dritten Semester im Vergleich zu Studienbeginn stärkere intellektuell-forschende Orientierung ist aufgrund des mit dem Studium einhergehenden wissenschaftlichen Arbeitens zu erwarten gewesen.

Während im Lehramt alle Orientierungen eine ansteigende Tendenz aufweisen, ist das Bild bei den ZM-Studierenden durch positive wie auch negative Veränderungen geprägt. Die Veränderungen werden aufgrund der kleinen Stichprobe zwar nicht signifikant, können aber wegen den großen Abweichungen der jeweiligen Mittelwerte doch als bedeutsam interpretiert werden. Auffällig ist insbesondere die Abnahme des Interesses an praktisch-technischen Tätigkeiten, die wohl am ehesten durch die hohen handwerklichen Anforderungen in den Praktika der ersten Semester erklärt werden kann. Ebenso scheint die nun schwächer ausgeprägte künstlerisch-sprachliche Orientierung eine Folge des Studienalltags zu sein, der kaum Raum für Freizeitaktivitäten in diesem Bereich lässt. Eine starke Zunahme ist hinsichtlich der sozialen Orientierung ZM-Studierender zu verzeichnen. Wie im Lehramt nimmt auch hier die intellektuell-forschende Orientierung zu. Die für t_1 berichteten Differenzen nach unabhängigen Variablen lassen sich im Kern so auch zu t_2 bestätigen.

Tabelle 103: Interessenlage und Studienorientierung im Längsschnitt (t_1/t_2)

INT/INT2 (N$_{LA}$=410-411; N$_{ZM}$=42)	Lehramt					Zahnmedizin				
	M$_{t1}$	M$_{t2}$	M$_{Diff}$	T	p	M$_{t1}$	M$_{t2}$	M$_{Diff}$	T	p
praktisch-technisches Interesse	3.26	3.59	-0.33	-4.70	.000	5.57	5.17	0.41	1.68	.101
intellektuell-forschendes Interesse	4.47	4.72	-0.25	-3.30	.001	4.26	4.52	-0.26	-0.97	.339
künstlerisch-sprachliches Interesse	5.59	5.68	-0.09	-1.42	.156	5.02	4.64	0.38	1.77	.084
soziales Interesse	6.41	6.42	-0.01	-0.21	.832	4.83	5.24	-0.41	-1.62	.114
unternehmerisches Interesse	5.40	5.62	-0.23	-3.24	.001	5.00	5.05	-0.05	-0.20	.841
ordnend-verwaltendes Interesse	3.79	4.46	-0.66	-7.72	.000	3.10	3.29	-0.19	-0.83	.441

Anmerkungen: M$_{Diff}$=Mittelwertdifferenz (M$_{t1}$-M$_{t2}$); T=T-Wert; p=Signifikanz. Signifikante Mittelwertunterschiede abgesichert durch t-Test für gepaarte Stichproben. Die Formulierung der Items ist Tabelle 101, S. 347 zu entnehmen.

Für die Interessenlage wird nun geprüft, welches Vorhersagepotenzial sie für studienrelevante Variablen hat. Es sollen also Anhaltspunkte für die Bedeutung der Interessen von Erstsemestern für deren professionelle Entwicklung identifiziert werden. Dazu wurden in einem allgemeinen linearen Modell (GLM) zunächst die sechs Interessenbereiche als Prädiktoren und die zu t_2 erfassten metrischen Variablen als Zielvariablen angenommen (vgl. Tabelle 104). Das künstlerisch-sprachliche (INT_3) und das ordnend-verwaltende Interesse (INT_6) wurden dann allerdings aus dem Modell entfernt, da sie keine signifikanten Zwischensubjektiveffekte zeigten. Es verbleiben 17 abhängige Variablen im manuell angepassten Modell, für die mindestens ein Interessenbereich einen signifikanten Effekt aufweist.

Tabelle 104: Bedeutung der allgemeinen Interessenlage (t_1 auf t_2)

Code	Index/Item	INT_1	INT_2	INT_4	INT_5
NAK2_1	Nutzeneinschätzung: fachwissenschaftliches Studium	.08	.05	-.06	.23**
BLE2	Beurteilung der Lehrveranstaltungen in Erziehungswissenschaft	.08*	.11**	.14	-.08
UIU2	Relevanz der Praktika: Umsetzung des Erlernten im Unterricht	-.07	.07	.10	.08
SAR2	Relevanz der Praktika: Erlernen der Arbeit mit Schülern	.01	.10*	.02	.21***
VEM2	Relevanz der Praktika: Erlernen des Umgangs mit Vermittlungsmedien	-.03	.04	-.03	.17**
SWE2	Selbstwirksamkeitserwartung	.03	.04	.10*	.10**
BEG2	beruflicher Ehrgeiz (AVEM-Inventar)	-.06	.24*	-.21	.37**
RBM2	Resignationstendenz (bei Misserfolg) (AVEM-Inventar)	-.28**	-.28*	.01	-.41**
OPW2	offensive Problembewältigung (AVEM-Inventar)	.28**	.33**	-.32	.37**
LZF2	Lebenszufriedenheit (AVEM-Inventar)	.19*	.02	.35	.20
KOL2b	Kompetenzerwartung: Konflikte lösen	.04	.07	.16	.10
BSF2b	Kompetenzerwartung: soziale Beziehungen schätzen/fördern	.03	.00	.19**	.07*
WVE2b	Kompetenzerwartung: Werte vermitteln	.07*	.08*	.28***	.00
USA2b	Kompetenzerwartung: Unterricht/Schule analysieren/weiterentwickeln	.01	.11**	.06	.09*
SSO2b	Kompetenzerwartung: sich selbst organisieren	.03	.06	.01	.11**
FUI2b	Kompetenzerwartung: sich fortbilden und informieren	.06	.09*	.02	.03
KOM2	Kompetenzerwartung (insgesamt)	.03	.06*	.12*	.06

***p < .001; **p < .01; *p < .05. *Angegebene Kennwerte: Beta-Koeffizienten (β). Abkürzungen:* INT_1 = praktisch-technisches Interesse; INT_2 = intellektuell-forschendes Interesse; INT_4 = soziales Interesse; INT_5 = unternehmerisches Interesse. *Modellanpassungen:* INT_1: F = 1.95; p = .015 (Pillai-Spur = .119; Hotelling-Spur = .135). INT_2: F = 1.83; p = .025 (Pillai-Spur = .112; Hotelling-Spur = .126). INT_4: F = 2.18; p = .005 (Pillai-Spur = .131; Hotelling-Spur = .150). INT_5: F = 3.52; p = .000 (Pillai-Spur = .195; Hotelling-Spur = .242). N = 268 (fehlende Werte fallweise gelöscht). *Methode:* allgemeines lineares Modell (GLM multivariat). *Anmerkungen:* Ergebnisse in thematische Gruppen sortiert. Prädiktoren sind die vier allgemeinen Interessenlagen (INT_1/INT_2/INT_4/INT_5) zu t_1. Potenzielle abhängige Variablen waren alle metrischen Variablen, die zu t_2 erfasst wurden.

Lehramtsstudierende mit einem zu Studienbeginn ausgeprägten Interesse an unternehmerischen Tätigkeiten werden nach dem dritten Semester wahrscheinlicher auch den Nutzen des fachwissenschaftlichen Studiums höher einschätzen (NAK2_1). Die Relevanz der Schulpraktika für die Berufsausübung sehen sie überdurchschnittlich stark im Üben der Arbeit mit Schülern (SAR2) und dem Umgang mit Vermittlungsmedien (VEM2). Wer unter den Lehramtsstudierenden intellektuell-forschende und praktisch-technische Fähigkeiten präferiert, wird erziehungswissenschaftliche Lehrveranstaltungen vermutlich besser beurteilen (BLE2).

Das Interesse an sozialen und unternehmerischen Tätigkeiten ist ein Indikator für eine tendenziell höhere Selbstwirksamkeitserwartung (SWE2). Eine praktisch-technische, intellektuell-forschende und unternehmerische Orientierung erhöht die Chance einer offensiven Problembewältigung deutlich (OPW2), während gleichzeitig das Risiko einer Resignationstendenz bei Misserfolgen sinkt (RBM2). Intellektuell-forschendes und unternehmerisches Interesse weist außerdem auf einen erhöhten beruflichen Ehrgeiz hin (BEG2). Die praktisch-technische Ausrichtung ist Prädiktor für eine höhere Lebenszufriedenheit (LZF2).

Schließlich hat die Interessenlage eine Vorhersagekraft für die Kompetenzerwartung (KOM2). Das Interesse an intellektuell-forschenden Tätigkeiten erhöht die Wahrscheinlichkeit einer höheren Kompetenzselbsteinschätzung bezüglich des Evaluierens von Schule und Unterricht (USA2b) sowie des sich Fortbildens und Informierens (FUI2b). Die eigenen Fähigkeiten und Fertigkeiten hinsichtlich des Schätzens und Förderns sozialer Beziehungen (BSF2b) sowie des Vermittelns von Werten (WVE2b) werden besonders von sozial orientierten Studierenden hoch eingeschätzt. Die Fähigkeit zur Selbstorganisation ist schließlich im

Zusammenhang mit einem unternehmerischen Interesse zu sehen (SSO2b). Damit erweist sich ein breites und stark ausgeprägtes Interesse an praktisch-technischen, intellektuell-forschenden, sozialen und unternehmerischen Tätigkeiten als Indikator einer normativ positiven professionellen Entwicklung Lehramtsstudierender insgesamt.

4.3.5 Fachwahlmotivation

Im Vergleich zur Berufswahlmotivation (vgl. 4.3.1) und zum inhaltsbezogenen Studieninteresse (vgl. 4.3.3) liegen für die Erfassung von Fachwahlmotiven bislang fast keine Skalen vor. Dabei definieren sich Lehramtsstudierende in ihrem studien- oder berufsbezogenen Selbstverständnis mitunter durch die Fächerkombination oder ein einzelnes Fach, das sie gewählt haben (vgl. 4.3.3). Eine der wenigen einschlägigen Untersuchungen wurde von Feige (2007, S. 13-19) zu Motiven der Studienfachwahl künftiger Religionslehrkräfte in Baden-Württemberg vorgelegt. Den Daten zufolge entscheiden sich die Studierenden für das Fach Theologie insbesondere aus persönlichem Interesse, um Religionslehrer zu werden und aus Interesse an theologischen Fragen. Eine Notlösung sei das Theologiestudium nicht, auch der Erwartungsdruck Dritter spiele keine Rolle. Konfessionelle Unterschiede in der Fachwahlmotivation sind entlang der meisten Items gering, selbiges gilt für die Differenzierung nach Pädagogischen Hochschulen und Universitäten. Die Studienfachwahl ist daher im Wesentlichen aufgrund der »individuumszentrierten Legitimationsbegründungen« (ebd., S. 18) zu verstehen.

Vorliegend besteht die besondere Herausforderung darin, ein Instrument zu entwickeln, das einerseits den spezifischen Besonderheiten der Fachwahl in den Fächern Mathematik und Theologie gerecht wird sowie zugleich eine Vergleichbarkeit zwischen den Items der Fachwahlskalen zulässt. Aus diesem Grund wurde nicht auf Vorarbeiten zurückgegriffen, sondern im Pretest eine offene Frage zur Fachwahlmotivation gestellt (»Warum haben Sie sich für das Fach Mathematik/ Theologie entschieden?«). Aus den kategorisierten Antworten wurden dann zwei vergleichbare Skalen zur Fachwahlmotivation für die Fächer Mathematik und Theologie erstellt. Für die Skala »Fachwahlmotivation Mathematik« ergibt sich nach einer explorativen Faktorenanalyse eine fünf-faktorielle Lösung, die Skala »Fachwahlmotivation Theologie« führt zu einer sechs-dimensionalen Lösung. Gemeinsame Faktoren sind: pädagogische Motivation (PGM), positive Erfahrungen (PER), Interesse am Fachstudium (IAF), Orientierung an Vorbildern (OAV) und extrinsische Motivation (ETM). Für das Fach Theologie lässt sich eine zusätzliche Dimension persönlicher Gewinn (PGE) isolieren. Für die Subskalenbildung war neben den Faktorladungen eine semantische Vergleichbarkeit von korrespondierenden Items aus beiden Skalen maßgeblich. Entsprechend konnten nur wenige Items je Subskala ausgewählt werden. Die internen Konsistenzen sind sehr gut bis mäßig, für die extrinsische Motivation allerdings schlecht (vgl. Tabelle 105 und Tabelle 106).

Bevor die fächerspezifischen Ergebnisse berichtet werden, sollen Vorüberlegungen aufgrund der Interviews zu t_1 verschiedene Problembereiche bei der Fachwahl verdeutlichen, die insbesondere die Situation an den PHs betreffen. Eine erste Schwierigkeit ergibt sich aus den eingeschränkten Möglichkeiten bei der Fachwahl, da nur bestimmte Kombinationen (vgl. 1.2.3, S. 74) zugelassen sind (200). Viele Studierende sind damit gezwungen, Fächer zu belegen, die sie eigentlich gar nicht studieren wollen oder an denen sie zumindest nur ein sekundäres Interesse haben (201). Allerdings gehen sie mit dieser Situation pragmatisch um und versuchen, eine möglichst passende Kombination zu wählen, für die sie sich auch begeistern können (202). Anlässe für eine bestimmte Fachwahl können auch aus den Rahmenbedingungen zum Zeitpunkt der Aufnahme des Studiums hervorgehen. Zu denken ist etwa an mangelnde Informiertheit (203), Orientierung an Einstellungschancen (204), Vorwissen aus früheren Berufen (205) und in Einzelfällen auch an äußeren Druck (206).

(200) Ich habe geschaut, welche Fächer da noch dazupassen würden. Da gab es nur sehr wenige. Es gab nur Religion – kommt für mich nicht in Frage – Physik habe ich mich nicht getraut und dann noch Haushalt/ Textil. [B1-W42GH]

(201) Mathe war immer mein Lieblingsfach, aber Geschichte und Informatik habe ich nur zwangsläufig mitgewählt. [...]. Eigentlich hat mich nur Mathe wirklich interessiert. [A1-W19RS]

(202) Ich würde kein Fach studieren, das mir dann nicht Spaß macht. Da kann man sich ja dann auch etwas anderes heraussuchen, finde ich. [E1-W19RS]

(203) Ich wollte an der PH Kunst studieren, aber ich wusste nicht, dass man davor eine Eingangsprüfung machen muss und dann habe ich eben Geschichte gewählt. [A1-W19RS]

(204) Berater der PH haben mir auch geraten, diese Fächer zu wählen, weil es nicht so viele freiwillig Studierende für die Naturwissenschaften gibt. [J1-W40RS]

(205) Ich dachte, ich nehme Biologie, weil ich das [aufgrund meines alten Berufes] bereits ziemlich gut kann und [...] da müsste ich vermutlich relativ wenig dafür tun. [B1-W42GH]

(206) Ich wollte Deutsch als Hauptfach studieren. [...]. Ich habe [...] negative Reaktionen bekommen, z.B. hat mir eine Lehrerin gesagt: »Nein, nein, das ist unmöglich, dass Sie Deutsch studieren. Können Sie sich vorstellen, dass ich nach Land X [Osteuropa] komme und dort Fach Y [Landessprache] unterrichte? Das ist unmöglich! Sagen Sie mir jetzt sofort, dass Sie das nicht machen!« [...]. Also habe ich Chemie, Mathematik, Physik und das ist gut. [J1-W40RS]

Insbesondere eine durch die eingeschränkten Fächerkombinationen motivierte Fachwahl markiert ein Problem für die PH. Mögen diese Restriktionen aus ausbildungsorganisatorischen und bedarfsbezogenen Gründen zumindest auf den ersten Blick plausibel erscheinen (vgl. 1.2.3, S. 74), sind sie in motivationaler Hinsicht äußerst problematisch. Wie Beispiel (201) zeigt, studieren manche Befragte das eine Fach höchst motiviert, die anderen, zwangsweise kombinierten Fächer aber ohne jede emotionale Bindung. Es ist daher durchaus denkbar, dass Lehrkräfte, die ein Studium unter solchen Bedingungen durchlaufen haben, ihren Unterricht in einem Fach höchst motiviert und brillant gestalten, während sie für den Unterricht in anderen Fächern kaum motiviert sein dürften und sich aufgrund des ehemals demotivierten Studierverhaltens vermutlich auch weniger Wissen angeeignet haben. Entschärft wird diese Gefahr durch den zumindest in Einzelfällen berichteten Prozess einer zunehmenden Identifikation mit und Freude an einem Fach, das ursprünglich nur zwangsweise belegt wurde – wenngleich in diesem Beispiel von Beginn an zumindest eine Grundaffinität bestand (207). Ob die Fachwahlmotivation tatsächlich derart großen Einfluss auf den Unterricht hat, kann an dieser Stelle lediglich vermutet werden und bedarf einer näheren Untersuchung im weiteren Verlauf der Studie, wenn auch Daten über die Unterrichtspraxis vorliegen.

(207) Mathe war noch nie so mein Lieblingsfach, wobei ich es als wichtig ansehe, dass man es lernt. Ich hatte bereits eine Vorlesung in Didaktik und die fand ich sehr interessant: diese ganzen neuen Sachen, die wir [selbst] eben gar nicht so gemacht haben, mit Problemlösen anstatt Auswendiglernen – Rechenregeln lernen [...], ohne zu wissen, was man eigentlich macht! Das ist ein interessanter Wandel und deshalb interessiert es mich. Aber in der Schule war ich nie ein Mathe-Genie. [...]. In Mathe muss ich mich dann eben richtig reinhängen. [D1-M20RS]

Fachwahlmotive Mathematik

Wie Tabelle 105 zeigt, ist das stärkste Einzelmotiv bei der Fachwahl Mathematik die Annahme, selbst etwas gut erklären zu können (Item 12), gefolgt von pädagogischen Motiven wie dem Willen zur Unterstützung der Schüler (Items 16/17) und dem Wunsch, die eigene Freude am Fach weiterzugeben (Item 4).

Tabelle 105: Fachwahlmotive Mathematik (t_1)

FMM (N = 170-172)	Lehramt		Faktorladung				
	M	SD	l_1	l_2	l_3	l_4	l_5
1 ...weil mir ein bestimmter Mensch ein besonderes Vorbild ist	3.01	2.07	.12	.03	-.03	**.81**	.08
2 ...weil der Mathematikunterr. in meiner Schulzeit sehr positiv/ anregend war	5.16	1.66	.16	.63	.11	**.50**	-.14
3 ...weil mich eine Mathematiklehrkraft in meiner Schulzeit begeistert hat	4.78	1.91	.15	.35	.17	**.73**	-.15
4 ...weil ich die eigene Freude an Mathematik weitergeben möchte	5.44	1.63	.45	.62	.22	.24	-.19
5 ...weil der Mathematikunterricht jungen Menschen eine andere Sicht auf die Welt ermöglicht	4.03	1.79	.65	-.02	.28	.40	-.08
6 ...weil ich jungen Menschen zeigen will, wie wichtig Mathematik im Berufsleben ist	4.66	1.77	.62	-.02	.45	.23	.10
7 ...weil ich selbst großes Interesse an speziellen Themen der Mathematik habe	4.92	1.70	.51	.47	.24	-.11	-.26
8 ...weil ich mir selbst meinen naturwissenschaftlichen Horizont erweitern möchte	4.63	1.78	**.86**	.03	.08	.05	.10
9 ...weil ich selbst äußerst spannend finde, welche Logik hinter all den Dingen steckt	5.26	1.76	.65	.37	.21	-.01	-.04
10 ...weil ich in meiner eigenen Schulzeit im Fach Mathematik immer gute Noten hatte	4.80	1.88	.19	**.72**	-.09	.09	.24
11 ...weil ich Erfahrung als Nachhilfelehrer in Mathematik habe	4.49	2.32	.09	**.57**	.10	.09	.25
12 ...weil ich anderen etwas gut erklären kann	5.70	1.20	.11	**.55**	.14	.03	.36
13 ...weil das Fach einfach zu unterrichten ist	2.84	1.90	-.11	.28	.06	.02	**.75**
14 ...weil es die formalen Regeln für das Studium erfordern (z. B. Fächerkombination)	2.55	2.12	-.25	-.58	-.07	-.05	.31
15 ...weil sich aus dem Fachstudium gute Einstellungschancen ergeben	3.42	1.96	.03	-.08	.03	-.07	**.77**
16 ...weil ich jungen Menschen helfen möchte, die an Mathematik zu scheitern drohen	5.61	1.37	.06	.17	**.84**	.03	.01
17 ...weil ich junge Menschen dabei unterstützen möchte, einen guten Abschluss zu machen	5.59	1.45	.15	.10	**.86**	.04	.04
18 ...weil ich das naturwissenschaftliche Wissen und Können junger Menschen fördern möchte	5.41	1.35	.48	.01	**.66**	.10	.09
19 ...weil ich ein ausgeprägtes wissenschaftlich-mathematisches Interesse habe	4.60	1.62	**.62**	.39	.14	.16	-.03
20 ...weil ich mich für die Studieninhalte des Faches interessiere	4.72	1.74	**.73**	.40	.02	.15	-.13
21 ...weil ich neugierig bin, was mich im Fachstudium erwartet	4.71	1.69	**.77**	.26	.01	.04	-.02

Subskalen		Lehramt		Interkorrelation			
Code	Index	M	SD	PER	IAF	OAV	ETM
PGM	pädagogische Motivation (Items 16/17/18); α=.73	5.52	1.21	.22**	.37**	.22**	.05
PER	positive Erfahrungen (Items 10/11/12); α=.60	5.00	1.37	1	.46**	.39**	.26**
IAF	Interesse am Fachstudium (Items 19/20/21); α=.59	4.68	1.44		1	.44**	-.08
OAV	Orientierung an Vorbildern (Items 1/2/3); α=.71	4.32	1.48			1	-.05
ETM	extrinsische Motivation (Items 13/15); α=.56	3.13	1.61				1

Frage: Aus welchen Gründen haben Sie sich dazu entschieden, Mathematik als Unterrichtsfach zu studieren? *Skala:* 1 = trifft überhaupt nicht zu; 7 = trifft voll und ganz zu. *Anmerkungen:* Die Hauptkomponentenanalyse mit Kaiser-Normalverteilung und Varimaxrotation erklärt 64.7 % der Gesamtvarianz. Faktorladungen (l_k), die für die Auswahl von Items zur Subskalenbildung herangezogen wurden, sind fett dargestellt. Die Interkorrelationen der Indizes wurden nach Pearson (zweiseitige Signifikanz) berechnet.

Die formalen Regeln für das Studium (Item 14) scheinen, wie eine vermeintlich vergleichsweise einfache Unterrichtsarbeit im Fach Mathematik (Item 13), kaum eine Rolle zu spielen. Auch die Orientierung an Vorbildern (Item 1) ist bei der Fachwahlentscheidung sekundär. Diese Einzelbeobachtungen schlagen sich in den Indexwerten der Subskalen nieder, die später interpretiert werden. Das Interesse am Fachstudium (IAF) steht in starkem Zusammenhang mit der positiven Erfahrung eigener Fähigkeiten bzw. mit dem Unterricht (PER) sowie der Orientierung an Vorbildern wie dem selbst erlebten Mathematikunterricht und/oder den eigenen Lehrern (OAV). Wer positive Erfahrungen mit Mathematik gemacht hat (PER), orientiert sich stärker an Vorbildern (OAV). Außerdem ist eine Beziehung zwischen pädagogischer Motivation (PGM) und fachlichem Interesse (IAF) zu beobachten. Die extrinsische Motivation korreliert negativ mit allen anderen Motivlagen.

In den Interviews mit Mathematikstudierenden wurden deren Fachwahlmotive eigens angesprochen. Die Gespräche verweisen auf eine Entscheidung für das Fach Mathematik, weil es den Studierenden in der Schule Spaß gemacht hat (208), oder weil sie in Mathematik gut waren (209). Aus diesen positiven Erfahrungen heraus kann der Wunsch erwachsen, auch Schülern die Freude an Mathematik weitergeben zu wollen. Für andere Studierende steht das Interesse am Fach und seiner Logik im Vordergrund (210), das für die Begeisterung ausschlaggebend sein kann (211). Positive und negative Vorerfahrungen mit Mathematik hängen häufig – wie sich bereits aufgrund der Fragebogendaten zeigte – mit dem selbst erlebten Mathematikunterricht zusammen. Wo die Erfahrung mit Mathematiklehrern gut war, wird auch der Unterricht als gewinnbringend erinnert (212). Hier dürfte die Vorbildfunktion der Lehrkräfte die Fachwahl bestärken (213). Wer hingegen die eigenen Mathematiklehrer und deren Unterricht als »schlecht« erinnert, der hat den Antrieb, es selbst besser machen zu wollen (214). Dabei wird auch eine notwendige Einheit aus positiven fachlichen und menschlichen Kriterien gesehen (215), um die Schüler zu erreichen (216). Eine Fachwahlentscheidung kann schließlich auch aufgrund positiv besetzter pädagogischer Vorerfahrungen (z. B. aus dem Nachhilfeunterricht) erwachsen (217).

(208) Mathe macht mir eben einfach Spaß und den Spaß will ich auch weitergeben. [A1-W19RS]

(209) Ich habe Mathe genommen, weil ich das [Fach] eigentlich immer schon am liebsten mochte. Das konnte ich schon in der Schule immer am besten. Das fand ich immer sehr interessant und nie langweilig. [B1-W42GH]

(210) Ich mag Mathe generell. Ich weiß nicht – diese Logik – so wie es eben zusammen passt, da ist Sinn dahinter. Das gefällt mir, aber auch die Inhalte. [C1-W20GH]

(211) Die Sachen herauszubekommen und zu knobeln – da ist die Begeisterung jedenfalls da. [N1-W21GY]

(212) Ich bin von positiven Erfahrungen geprägt. Mathelehrer hatte ich fast immer sehr gute. Ich kann es mir auch schwer vorstellen, dass Leute, die schlechte Mathelehrer hatten, danach so etwas studieren. Irgendwo muss die Begeisterung ja herkommen, dass [...] Mathematik echt Spaß machen kann. [N1-W21GY]

(213) Ich hatte eigentlich gute Mathelehrer, die es einfach gut rüber gebracht haben. Ich habe es verstanden, ich hatte keine Probleme, ich habe Erklärungen bekommen, wenn etwas unklar war. [C1-W20GH]

(214) Die wichtigere Rolle spielt, dass ich es besser machen will. Mein Matheunterricht war so »Thema durchbringen«. Hauptsache, ihr könnt das und das rechnen und dann rechnen üben. In den Arbeiten war ich dann immer gut, aber ich weiß jetzt nicht mehr, was im Abitur war. [...]. Das war wirklich nur auf die Klausur hin lernen, es üben, üben, üben und es dann schreiben und danach konnte man es wieder vergessen. [D1-M20RS]

(215) Meine Mathelehrer waren eine Katastrophe. Also nein, es war wirklich keiner gut. Ein Lehrer hat es einem schon gut beigebracht, aber er war menschlich ein »Arschloch«, um es einmal so auszudrücken. Ich würde das alles ganz anders machen [...] und den Kindern zeigen, dass es auch wirklich Spaß machen kann. [A1-W19RS]

(216) Bei manchen Mathelehrern merkt man schon, dass sie eben in ihr Fach vernarrt sind. Sie merken nicht, wenn ein Schüler nicht mehr mitkommt. Dann blocken sie total und machen in ihrem Stoff weiter. [...]. Ich will mal irgendwie die Mathematik ein bisschen wärmer an die Schüler heranbringen. [P1-M20GY]

(217) Ich habe auch [...] Nachhilfe gegeben in Mathe und da habe ich gemerkt, dass das einfach Spaß macht. Anderer Unterricht kann natürlich auch interessant sein, aber mit Mathe ist das nochmal etwas anderes. [N1-W21GY]

Die Interviews lassen vermuten, dass eine Entscheidung für das Fach Mathematik in besonderem Maße auf die eigenen mathematischen Fähigkeiten und die daraus resultierenden guten Erfahrungen mit Mathematikunterricht und -lehrern zurückgeht. Anders als nachfolgend bei der Entscheidung für das Fach Theologie, scheinen bei der Mathematik außerschulische Erfahrungen eine allenfalls nebengeordnete Rolle im Motivgemenge der Fachwahl zu spielen.

Fachwahlmotive Theologie

Die Entscheidung für das Fach Theologie wird maßgeblich durch den Wunsch bestimmt, jungen Menschen Werte und Normen (Item 5) sowie Glaubensinhalte (Item 6) zu vermitteln, ohne dabei unbedingt »missionieren« (Item 7) zu wollen (vgl. Tabelle 106). Die Begleitung bei der Identitätsfindung und Entwicklung (Item 19) ist ebenso ein Grund für die Fachwahl Theologie wie das Interesse am Fach selbst (Item 21). Wie im Fach Mathematik werden auch bei der Entscheidung für das Fach Theologie die extrinsischen Motive am stärksten abgelehnt (Items 14/15/16). Im Übrigen steht die Fachwahlentscheidung eher mit einer Religionslehrkraft, welche die Befragten begeistert hat, im Zusammenhang (Item 3), als mit einer geistlichen Person (Item 4; $T = 3.56$ $p = .000$), wenngleich beide Motivlagen weniger bedeutend sind.

Die Item-Interkorrelationen verweisen auf einen starken Zusammenhang zwischen dem Interesse am Fach (IAF) und dem Wunsch nach persönlichem Gewinn (PGE). Theologiestudierende trauen ihrem Fachstudium zu, dass es ihnen bei der Beantwortung ihrer Fragen und dem Wachsen im eigenen Glauben nutzt. Wie unter den Mathematikstudierenden scheint auch hier die pädagogische Motivation (PGM) zu einem erheblichen Teil aus dem Interesse am Fach (IAF) zu erwachsen. Auch zwischen pädagogischer Motivation (PER) und positiven Erfahrungen aus Kirchengemeinde und Jugendarbeit besteht ein deutlicher Zusammenhang.

Tabelle 106: Fachwahlmotive Theologie (t_1)

FMT (N = 165-166)	Lehramt M	SD	l_1	l_2	l_3	l_4	l_5	l_6
1 ...weil mir ein bestimmter Mensch ein besonderes Vorbild ist	3.21	2.01	.08	.23	-.04	**.70**	.37	-.05
2 ...weil der Religionsunterricht in meiner Schulzeit sehr positiv/ anregend war	4.83	1.92	.05	-.01	.26	**.80**	-.06	.02
3 ...weil mich eine Religionslehrkraft in meiner Schulzeit begeistert hat	4.19	2.12	.12	-.04	.12	**.88**	.01	-.09
4 ...weil mich eine Pfarrerin/ein Pfarrer begeistert hat	3.60	2.10	.08	.56	.10	.27	.11	-.18
5 ...weil ich jungen Menschen Werte und Normen vermitteln will	5.80	1.38	.65	.02	.24	.05	.17	-.04
6 ...weil ich jungen Menschen Glaubensinhalte vermitteln will	5.60	1.60	.55	.36	.41	-.10	.26	-.16
7 ...weil ich die missionarische Chance nutzen möchte, junge Menschen für den Glauben zu gewinnen	3.72	2.01	.39	.36	.12	-.20	.43	-.03
8 ...weil ich selbst auf der Suche nach Antworten auf meine Fragen bin	3.87	2.14	.09	-.09	.13	.14	**.85**	.00
9 ...weil ich selbst im Glauben wachsen möchte	4.78	1.98	.26	.24	.31	.08	**.71**	-.10
10 ...weil ich selbst großes Interesse an der Bibel habe	4.51	1.89	.36	.36	.41	-.14	.31	-.35
11 ...weil ich gute Erfahrungen in einer Kirchengemeinde gemacht habe	4.98	2.02	.29	**.76**	.09	-.04	.01	-.08
12 ...weil ich mehrere Jahre in der Kinder- und Jugendarbeit mitgearbeitet habe	4.81	2.38	.23	**.71**	.00	-.01	-.18	-.07
13 ...weil ich in meiner Familie stark religiös sozialisiert/ erzogen wurde	3.50	2.01	-.04	**.70**	.09	.01	.25	.04
14 ...weil das Fach einfach zu unterrichten ist	2.24	1.50	.02	-.16	-.18	.02	.01	**.75**
15 ...weil es die formalen Regeln für das Studium erfordern (z. B. Fächerkombination)	2.42	2.14	-.19	-.32	-.44	-.19	-.11	.49
16 ...weil sich aus dem Fachstudium gute Einstellungschancen ergeben	3.03	1.98	-.17	.05	.12	-.09	-.04	**.81**
17 ...weil ich jungen Menschen helfen möchte, ein erfülltes Leben zu gestalten	5.08	1.62	**.85**	.20	.19	.06	.05	.03
18 ...weil ich Anlaufstelle für junge Menschen sein will, die nach dem Sinn des Lebens suchen	5.10	1.76	**.84**	.17	.13	.08	.11	-.10
19 ...weil ich junge Menschen bei ihrer Identitätsfindung/ Entwicklung unterstützen möchte	5.48	1.60	**.85**	.12	.10	.21	.04	-.17
20 ...weil ich ein ausgeprägtes wissenschaftlich-theologisches Interesse habe	4.24	1.78	.18	.04	**.60**	.13	.23	-.11
21 ...weil ich mich für die Studieninhalte des Faches interessiere	5.48	1.49	.21	.10	**.84**	.14	.05	-.16
22 ...weil ich neugierig bin, was mich im Fachstudium erwartet	5.04	1.75	.18	.06	**.76**	.11	.10	.12

Subskalen Code Index	Lehramt M	SD	PER	IAF	OAV	PGE	ETM
PGM pädagogische Motivation (Items 17/18/19); α=.90	5.22	1.52	.36**	.42**	.25**	.32**	-.20*
PER positive Erfahrungen (Items 11/12/13); α=.68	4.43	1.68	1	.21**	.08	.20*	-.16*
IAF Interesse am Fachstudium (Items 20/21/22); α=.73	4.92	1.35		1	.30**	.42**	-.13
OAV Orientierung an Vorbildern (Items 1/2/3); α=.77	4.08	1.67			1	.26**	-.12
PGE persönlicher Gewinn (Items 8/9); α=.76	4.33	1.85				1	-.12
ETM extrinsische Motivation (Items 14/16); α=.51	2.63	1.44					1

Frage: Aus welchen Gründen haben Sie sich dazu entschieden, Religion als Unterrichtsfach zu studieren? *Skala:* 1 = trifft überhaupt nicht zu; 7 = trifft voll und ganz zu. *Anmerkungen:* Die Hauptkomponentenanalyse mit Kaiser-Normalverteilung und Varimaxrotation erklärt 66.7 % der Gesamtvarianz. Faktorladungen (l_x), die für die Auswahl von Items zur Subskalenbildung herangezogen wurden, sind fett dargestellt. Die Interkorrelationen der Indizes wurden nach Pearson (zweiseitige Signifikanz) berechnet.

Ein Blick auf die Gespräche mit den Theologiestudierenden zu Studienbeginn erklärt die einzelnen Motivlagen nochmals deutlicher. Die (religions-)pädagogische Motivation für ein Theologiestudium äußert sich etwa in dem Wunsch, als Christ jungen Menschen ein Vorbild zu sein (218). Das Interesse am Fach und der damit verbundene Wunsch eines persönlichen Gewinns, nämlich in religiösen Fragen selbst weiter zu kommen, wird auch in den Interviews in einem starken Zusammenhang gesehen (219). Dabei gehen diese häufig sehr starken sekundären Fachwahlmotive letztlich meist auf die primäre Motivation zurück, die von guten Erfahrungen mit dem selbst erlebten Religionsunterricht herrührt (220). Gute Erfahrungen mit dem Religionsunterricht oder der Religionslehrkraft können durchaus Überlegungen anstoßen, ob das Religionslehramt in Frage kommt, der Ausschlag für eine Fachwahl Theologie dürfte letztlich aber i. d. R. nicht über die Orientierung an Vorbildern zu erklären sein (221). Positive wie negative Erfahrungen in der eigenen religiösen Sozialisation werden ebenfalls im Zusammenhang mit der möglichen Entscheidung für ein Theologie-Lehramtsstudium gesehen (222). Hinzu kommen positive Erfahrungen aus einer Kirchengemeinde oder der Jugendarbeit, die den Wunsch wecken, selbst erfahrenen Möglichkeiten auch der kommenden Generation zu eröffnen (223). Immer wieder wird auf eine Sonderstellung im Fächerkanon verwiesen und die damit verbundenen besonderen Möglichkeiten des Faches betont (224).

(218) Ich bin selbst überzeugter Christ und glaube, dass es einfach wichtig ist, den Kids Werte mitzugeben und auch dahinter zu stehen – also als Religionslehrer nicht nur vorne zu stehen und gar nicht hinter dem Eigentlichen zu stehen und nur zu lehren, sondern auch einfach mit dem Leben Vorbild zu sein – also auch in Taten. [I1-W20RS]

(219) Interessiert hat mich Religion schon immer. Es gab zwei Auslöser. Das eine war der Unterricht [...] in der Oberstufe, weil wir einen Lehrer hatten, der sehr viel Wert auf wissenschaftliche Arbeit gelegt hat [...]. Er hat einen sehr anspruchsvollen Unterricht gemacht, was [...] mich sehr angesprochen hat. Da habe ich mich zum ersten Mal richtig mit den Hintergründen beschäftigt und gemerkt, dass mir das sehr viel Spaß macht und dass ich das weiter verfolgen möchte. Das andere war, dass ich immer sehr gerne sehr leidenschaftlich diskutiert habe [...] über Religion, über Glauben. Da wurden mir sehr viele Fragen gestellt, die ich so pauschal nicht beantworten konnte oder über die ich mir selbst Gedanken gemacht habe. [...]. Dann habe ich gesagt: Das möchte ich weiter verfolgen, weil es mich interessiert. [L1-W19GY]

(220) Wir hatten wirklich eine gute Religionslehrerin, die sehr interessant vermittelt hat und wo man richtig Spaß im Religionsunterricht hatte. Da habe ich mir gedacht: Das kann doch auch etwas für dich sein. [O1-M20GY]

(221) Ich hatte einen Religionslehrer, der seinen Unterricht so gestaltet hat, dass ich gesagt habe: »Das ist ein vorbildlicher Unterricht«. Frage: War das mit ein Grund, warum Sie sich für das Fach entschieden haben? Das hat es noch verstärkt, aber es war kein Hauptgrund. [I1-W20RS]

(222) Ich denke schon, dass es auf die Persönlichkeit einwirkt, wenn man von zuhause eine gewisse Religion mitbekommt bzw. wenn man in einer Gemeinde aufwächst. Das kann dann später schon die Berufsentscheidung beeinflussen, wenn man sich zu Religion stark hingezogen fühlt bzw. wenn man damit aufwächst. [O1-M20GY]

(223) Ich habe Jungschar gemacht, Kinderkirche, und ich habe auch einmal Jugendkreis geleitet. Dann hatte ich auch Reli als Hauptfach und habe darin mein Abitur geschrieben. Es ist einfach etwas, was mich sehr interessiert, was ich spannend finde und was man auch, wie ich finde, weitergeben soll. Nicht allein aus diesem Glaubens- bzw. christlichen Effekt [heraus], sondern weil es auch viel mit Ethik zu tun hat und auch mit Selbstfindung. [K1-W21GH]

(224) Es ging mir zuerst um die Inhalte und die Überlegung, dass es ein tolles Fach ist, in dem man sehr viel vermitteln kann. [...]. Das Fach ist zwar ein Fach, in dem relativ viele drinsitzen und sagen: »Hier muss ich nichts tun«, [...] andererseits denke ich, wenn man es gut machen kann und viel rüberbringt, dann ist es ein Fach mit unglaublich vielen Chancen, in dem die Kinder etwas lernen, was sie für den Alltag brauchen können, was sie für ihr ganzes Leben brauchen können – anders als jetzt Mathe zum Beispiel. Das sind Sachen, die brauche ich nie wieder. [L1-W19GY]

Gerade mit affiner Fachgewichtung an den Pädagogischen Hochschulen wird das Fach Theologie aber häufig primär wegen seiner vielfältigen Kombinationsmöglichkeiten (225) oder guten Berufsaussichten (226) gewählt. Schließlich wurden auch Studierende ohne Fach Theologie gefragt, ob sie sich ein Studium des Faches Theologie hätten vorstellen können und warum ggf. nicht. Gründe gegen die Fachwahl Theologie sind etwa schlechte Erfahrungen mit Religionsunterricht oder Kirche (227). Selbst Studierende, die der Theologie nahe stehen, können Schwierigkeiten haben, sich mit der Rolle des Religionsunterrichts zu identifizieren

(228). In anderen Gesprächen wächst der Eindruck, dass einige Studierende Religions- und Ethikunterricht nicht trennscharf unterscheiden und den Religionsunterricht zwar als wichtig, aber auch als diffus erachten (229).

(225) Religion habe ich [als affines Fach] gewählt, weil es einfach in die Fächerkombination gepasst hat. [...]. Also sonst hätte ich Religion nie genommen, aber jetzt habe ich eben festgestellt, dass es eigentlich eine ganz nette Sache ist. [...]. So als Religionslehrer wird man ja schon so ein bisschen belächelt und so. Wenn man sagt, dass man Religion studiert, fassen sich alle an den Kopf. [...]. Es kam für mich [ursprünglich] nie in Frage. [G1-W21GH]

(226) Zum einen musste ich Religion belegen: Wenn man zwei Sprachen studiert, kann man kein anderes Fach dazu machen. Dann wird es auch noch gesucht [...] und es macht auf jeden Fall Spaß, Kindern Geschichten aus der Bibel zu erzählen und mit ihnen da ranzugehen. Ja, aber so in dieser Reihenfolge war es auch, ehrlich gesagt. [H1-W21GH]

(227) Wir hatten sehr viele ethische Themen und einen super Religionslehrer, er war auch Pfarrer [...]. Er suchte sehr viel Kontakt zu den Jugendlichen, verbrachte Freizeit mit ihnen und auch ich [...] war da dabei. Ich fand ihn unheimlich sympathisch und er machte unheimlich interessanten Unterricht. Es hatte sehr wenig mit klassischer Religiosität zu tun, was mich sehr angesprochen hat. Religionsunterricht [als Fach] käme für mich trotzdem nicht in Frage, obwohl ich ihn wirklich sehr positiv erlebt habe. Ich wäre nicht in der Lage, Religionsunterricht zu geben. [...]. Das alles mit der Kommunion usw., da bekomme ich schon Zustände, wenn ich überhaupt nur daran denke. [B1-W42GH]

(228) Mich interessiert Theologie wirklich sehr, aber [...] ich denke, sie ist doch etwas sehr Persönliches. [...]. Es ist meine Erfahrung, dass man durch Religion auch Menschen erschrecken kann. Die gehen dann auf Distanz [...]. Außerdem bin ich Tochter zweier Pfarrer. Ich habe irgendwie genug Theologie für mich mitbekommen. [M1-W20GY]

(229) Zum Unterrichten finde ich Religion und auch Ethikunterricht mit die spannendsten Fächer überhaupt, weil man da sehr frei etwas machen kann [...]. In die engere Auswahl kam es dann nicht, weil Politik [...] einen größeren Stellenwert bei mir einnimmt. Aber ich würde dem gegenüber jetzt auf gar keinen Fall abgeneigt sein. [N1-W21GY]

Insgesamt wird in den Interviewausschnitten deutlich, dass zwischen den einzelnen Motivlagen teilweise große Zusammenhänge bestehen. Vorbildliche Religionslehrer werden im Zusammenhang mit gutem Religionsunterricht gesehen. Die eigene christliche Sozialisation weist eine Beziehung zu dem Wunsch auf, Glaubensinhalte zu vermitteln. Mit den Berufsaussichten stehen die Kombinationsmöglichkeiten des Faches im Zusammenhang. Es dürfte daher in aller Regel kein einzelnes Motiv, sondern eher ein Motivgemenge für die Fachwahlentscheidung Theologie verantwortlich sein. Die Studierenden sind sich der ausschlaggebenden Motive möglicherweise selbst nicht immer bewusst.

Die eingangs berichteten Ergebnisse von Feige (2007, S. 13-19), der persönliches Interesse, das Berufsziel Religionslehrer und das Interesse an theologischen Fragen als wichtigste Studienfachwahlmotive annimmt, müssen nicht revidiert, wohl aber ergänzt werden. Vorliegend ist die pädagogische Motivation, etwa junge Menschen bei ihrer Identitätsfindung und Entwicklung zu unterstützen, für die Fachwahl gleich bedeutend wie das persönliche Interesse am Fach oder an theologischen Fragen. Bei Feige wurden vergleichbare Motive nicht erfasst. Dass eine Verlegenheitslösung oder extrinsische Motive (z. B. bessere Berufsaussichten oder Empfehlung Dritter) eine geringe Bedeutung für die Fachwahl haben, bestätigt sich vorliegend zwar quantitativ, die Interviewdaten zeigen aber, dass solchen Gründen – gerade im Blick auf das Fach Theologie in affiner Gewichtung an Pädagogischen Hochschulen (vgl. 3.7.3, S. 243) – eine größere Bedeutung zukommen dürfte als sich aus der Einschätzung vorgegebener Items erschließt. Dies verdeutlicht, dass die Fachwahlmotivation alleine aufgrund standardisierter Fragebögen kaum adäquat erfasst werden kann, da die Vorgabe einiger Auswahloptionen womöglich die eigentlichen Motive nicht oder nicht ausreichend abdeckt.

Vergleich der Fachwahlmotive Mathematik und Theologie

Auf Ebene der einzelnen Items ergeben sich signifikante Differenzen (t-Test). Der Mathematikunterricht wurde anregender empfunden als der Religionsunterricht (FMM_2/ FMR_2: T=2.58; p=.011). Die Begeisterung für eine bestimmte Lehrkraft des Faches ist in Mathematik stärker ausgeprägt als in Theologie (FMM_3/ FMR_3: T=4.09; p=.000). Eine vermeintlich einfache Unterrichtbarkeit des Faches spielt in Mathematik eine größere Rolle (FMM_13/ FMR_14: T=4.12; p=.000), ebenso die sich aus dem Fachstudium ergebenden Einstellungschancen (FMM_15/ FMR_16: T=2.60; p=.010). Das wissenschaftlich-mathematische Interesse der Studierenden mit Fach Mathematik ist stärker ausgeprägt als das wissenschaftlich-theologische Interesse Studierender des Faches Theologie (FMM_19/ FMR_20: T=2.88; p=.004). Andererseits interessieren sich die Theologiestudierenden deutlich stärker für die Studieninhalte ihres Faches (FMM_20/ FMR_21: T=-8.42; p=.000). Sie sind auch etwas neugieriger auf das, was Sie im Fachstudium erwartet (FMM_21/ FMR_22: T=-2.53; p=.012).

Abbildung 26: Fachwahlmotive Mathematik und Theologie im Vergleich (t₁)

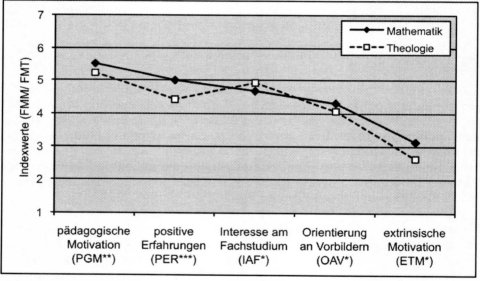

N=165-166. ***p<.001; **p<.01; *p<.05 (signifikante Mittelwertdifferenzen geprüft mittels ANOVA). *Skala:* 1=Minimum; 7=Maximum. *Anmerkung:* Items sortiert nach abnehmendem Mittelwert (MA).

Obwohl die direkte Vergleichbarkeit der Indizes aufgrund der jeweils an das Fach angepassten Itemformulierungen methodisch eingeschränkt ist, soll der Veranschaulichung der Ergebnisse halber ein niederschwelliger Vergleich vorgenommen werden (vgl. Abbildung 26). Bezüglich aller Indexpaare werden die Mittelwertunterschiede signifikant. Die pädagogische Motivation ist unter Mathematikstudierenden stärker ausgeprägt. Für sie sind außerdem positive Erfahrungen im Umfeld ihres Faches für die Fachwahl von größerer Bedeutung. Ebenfalls stärker für die Fachwahlentscheidung von Bedeutung sind für die Studierenden mit Fach Mathematik auch die Orientierung an Vorbildern sowie die extrinsischen Motive. Lediglich das Interesse am Fachstudium ist unter den Theologiestudierenden stärker ausgeprägt. Das Interesse am Fachstudium (IAF) steht in beiden Fächern in starkem Zusammenhang mit der pädagogischen Motivation (PGM). Vermutlich sehen einerseits die Studierenden mit stark pädagogischer Ausrichtung die Notwendigkeit des Fachstudiums, auf der anderen Seite bedingt wohl zunehmendes fachliches Wissen auch den Wunsch, dieses weiterzugeben.

4.3.6 Lern- und Leistungsmotivation

Während bislang affektive motivationale Merkmale untersucht wurden, soll nun erfasst werden, ob auch die Lern- und Leistungsmotivation eine Bedeutung für die professionelle Entwicklung Lehramtsstudierender hat. Ein solcher Zusammenhang ist zu vermuten, da das Lern- und Leistungsverhalten in der Lehrerbildung an bestimmte (berufliche) Ziele geknüpft ist. Im Folgenden werden diejenigen Zielorientierungen erfasst, welche Studierende in besonderem Maße zu Engagement im Studium veranlassen oder dieses verhindern. So lassen sich Anhaltspunkte gewinnen, warum sich Lernerfolge und Studienleistungen – neben Fragen der Begabung – bei einigen Studierenden eher einstellen als bei anderen. Da die Studienleistungen zum zweiten Erhebungszeitpunkt noch nicht erfasst wurden, dienen die Angaben zur Lern- und Leistungsmotivation insbesondere als möglicher Prädiktor abhängiger Variablen wie dem selbsteingeschätzten Erfolg im Praktikum oder den Kompetenzerwartungen. Wie in Kapitel 4.3 schon mehrfach deutlich wurde, sind die Ziele von Personen in der heutigen motivationspsychologischen Forschung das entscheidende Kriterium zur Bestimmung deren motivationalen Lage (Spinath u. a. 2002, S. 7). Der Grad an Zielstrebigkeit ist daher für alles menschliche Handeln charakteristisch. Wenn sich die Handlungsziele einer Person bestimmen lassen, dann lassen sich auch Indikatoren dafür gewinnen, welche Handlungen sie zukünftig einmal ausführen könnte. Anwendung in der Lehrerbildungsforschung findet die Erfassung der Lern- und Leistungsmotivation etwa in Arbeiten zum selbstorganisierten Lernen (Wolf/ Rausch 2006).

Stand der Forschung

Diskutiert werden die bereits ins Studium mitgebrachten Leistungsvoraussetzungen. Die Mehrzahl der Untersuchungen verweist dabei auf eine Negativauswahl im Lehramt: Hoch motivierte und leistungsbereite Studierende entscheiden sich i. d. R. nicht für ein Lehramtsstudium bzw. die Lehramtsstudierenden zeigen ein geringeres Leistungsprofil als Studierende anderer Studiengänge (Abele u. a. 1999; Lipowsky 2003, S. 101; Spinath u. a. 2005). Einer Studie zufolge zeigt sich ein lehramtsspezifischer Unterschied: Studierende des GH-Lehramts sollen demnach geringere Leistungsvoraussetzungen aufweisen als jene des GY-Lehramts (Giesen/ Gold 1993; 1994). Solche Befunde scheinen allerdings kaum repräsentativ und variieren regional (Bergmann/ Eder 1994). Sie sind besonders deshalb fragwürdig, weil Leistungsmotivation mehr meint als die messbaren Leistungsvoraussetzungen, die häufig ausschließlich über die Abiturnote operationalisiert werden (vgl. 3.3.3, S. 191).

Zahlreiche Forschungsbefunde unterstreichen die Bedeutung von Zielen für Lernen und Leistung in Ausbildungseinrichtungen (Überblick: Spinath u. a. 2002, S. 10-12). Ein zentraler Befund deutet darauf hin, dass Leistungen auf Anstrengungen zurückgeführt werden, nicht aber auf tatsächliche Fähigkeiten (Ames 1984). Demnach werden schlechte Leistungen durch Attribution mit mangelndem Engagement gerechtfertigt und umgekehrt (Mueller/ Dweck 1998). Personen mit ausgeprägten Lernzielen erweisen sich Lernanforderungen gegenüber positiver eingestellt (Nicholls u. a. 1985) und weisen höhere intrinsische Motivation auf (Elliot/ Church 1997). Ihr Interesse am behandelten Gegenstand ist stärker ausgeprägt (Harackiewicz u. a. 1997). Studierende, die sich stärker an Lernzielen statt an Leistungszielen orientieren, dürften daher i. d. R. auch leichter hohe kognitive Lernleistungen hervorbringen.

Doch auch ausgeprägte Leistungsziele können positive Auswirkungen auf die reale Leistung haben. Insbesondere eine starke Ausprägung von *Annäherungs-Leistungszielen*, also die Neigung zur Demonstration der eigenen Leistung, prognostiziert real starke Leistungen (Elliot/ Church 1997). Im Gegenzug deuten ausgeprägte *Vermeidungs-Leistungsziele* (Tendenz, vermeintlich geringere Leistungen zu verbergen) meist auf schwächere Leistungen hin, weil diese eine langfristige und vertiefende Beschäftigung mit Inhalten erschweren. Es konnte ergänzend gezeigt werden, dass beide Leistungszieldimensionen dann ein negativer Indikator für Performanz sind, wenn sie mit einem geringen Fähigkeitsselbstkonzept einhergehen (Spinath/ Stiensmeier-Pelster 2000). Schließlich weist die Tendenz einer *Arbeitsvermeidung* auf eine geringe intrinsische Motivation für, und ein geringes Interesse an einem Gegenstand hin (Harackiewicz u. a. 2000). Wer eine Arbeitsvermeidungstendenz zeigt, wird sich i. d. R. kaum dauerhaft mit einem Inhalt beschäftigen und ihn meiden, weshalb dann schlechtere Leistungen zu erwarten sind (Spinath u. a. 2002, S. 29).

Operationalisierung

Das Lern- und Leistungsverhalten im Studium ist an Zielvorstellungen gebunden. Da zum Zeitpunkt t_1 noch keine Informationen über das tatsächliche Studierverhalten und die damit verbundenen motivationalen Dispositionen der Lehramtsstudierenden erhoben werden konnten, wurde auf *Skalen zur Erfassung der Lern- und Leistungsmotivation (SELLMO)* zurückgegriffen, die sowohl für den Einsatz unter Schülern als auch Studierenden validiert wurden (Spinath u. a. 2002). So können rückblickende Angaben der Erstsemester zu ihrer Lern- und Leistungsmotivation als Schüler (SELLMO-S: t_1) mit Daten zur Situation im Studium (SELLMO-ST: t_2) verglichen werden. Das Instrument erfasst im Original über 31 Items vier verschiedene Zielorientierungen, die einen Einfluss auf die Lern- und Leistungsmotivation haben: Lernziele, Annäherungs-Leistungsziele (ALZ: Items 1/ 4/ 7), Vermeidungs-Leistungsziele (VLZ: Items 2/ 5/ 8) und Arbeitsvermeidung (ARV: Items 3/ 6/ 9). Um eine möglichst knappe Skala einsetzen zu können, wurde auf die erste Zieldimension (Lernziele) aus inhaltlichen Gesichtspunkten verzichtet, da sich diese zwischen Schule und Studium wesentlich unterscheiden und kaum vergleichbar sein dürften. Außerdem wurde mit der inhaltsbezogenen Studienmotivation bereits ein ähnliches Konstrukt erfasst (vgl. 4.3.3, S. 341). Für die anderen Subskalen wurden jeweils die drei Items mit höchster Trennschärfe ausgewählt. Die Faktorenstruktur bleibt erhalten, die interne Konsistenz der Skalen ist ausreichend bis gut.

Leistungsmotivation in der eigenen Schulzeit

In Anlehnung an das erinnerte schulische Verhalten der befragten Erstsemester in den Lehramtsstudiengängen sind Annäherungs-Leistungsziele am stärksten ausgeprägt (vgl. Tabelle

107). Die Befragten erweisen sich als ehrgeizig und waren zu Schulzeiten bestrebt, die eigenen Fähigkeiten und Fertigkeiten auch unter Beweis zu stellen. Neutral positionieren sie sich hingegen bezüglich ihrer Vermeidungs-Leistungsziele. Eine Versagensangst ist damit nicht wesentlich, existiert aber grundsätzlich. Arbeitsvermeidung spielt eine geringere Rolle. Es besteht ein moderat-signifikanter Zusammenhang zwischen Annäherungs-Leistungszielen und Vermeidungs-Leistungszielen. Wer also danach strebt, die eigenen Fähigkeiten auch zu zeigen, versucht zugleich auch eher, seine Lücken zu verbergen. Weiterhin kann ein positiver Zusammenhang zwischen Vermeidungs-Leistungszielen und Arbeitsvermeidung beobachtet werden. Studierende, die als Schüler zur Arbeitsvermeidung neigten, versuchten zugleich auch eher, ihre Defizite nicht offenbar werden zu lassen. Insgesamt erweisen sich die befragten Lehramtsstudierenden als ehemals leistungsorientierte Schüler. Dieser Befund stützt die Annahme, dass die Stichprobe positiv selektiert ist (vgl. 2.2, S. 142).

Tabelle 107: Leistungsmotivation in der Schule (t_1)

LEI (N=491-492)	Lehramt		Faktorladung		
	M	SD	l_1	l_2	l_3
1 zu zeigen, dass ich die Inhalte beherrschte	5.50	1.33	-.13	.13	**.75**
2 dass andere Schüler nicht dachten, ich sei dumm	4.23	1.87	.15	**.68**	.32
3 zu Hause keine Arbeiten erledigen zu müssen	3.02	1.77	**.80**	.11	.03
4 bessere Noten oder Beurteilungen zu bekommen als andere	4.04	1.83	.01	.45	**.61**
5 mich nicht zu blamieren (z. B. durch falsche Ergebnisse/ dumme Fragen)	4.28	2.01	.06	**.85**	.00
6 nicht so schwer zu arbeiten	3.38	1.75	**.87**	.13	-.02
7 das, was ich konnte und wusste, auch zu zeigen	5.42	1.51	.11	-.19	**.77**
8 zu verbergen, wenn ich weniger wusste als andere	3.77	1.78	.15	**.77**	-.08
9 den Arbeitsaufwand stets gering zu halten	3.65	1.89	**.86**	.08	-.02
Subskalen	**Lehramt**		**Interkorrelation**		
Code Index	M	SD	VLZ	ARV	
ALZ Annäherungs-Leistungsziele (Items 1/4/7); α=.56	4.98	1.14	.26**	.02	
VLZ Vermeidungs-Leistungsziele (Items 2/5/8); α=.71	4.09	1.50	1	.25**	
ARV Arbeitsvermeidung (Items 3/6/9); α=.81	3.35	1.54		1	

Frage: Bitte erinnern Sie sich an Ihre eigene Zeit als Schülerin/als Schüler. In der Schule ging es mir darum, ... *Skala:* 1=trifft überhaupt nicht zu; 7=trifft voll und ganz zu. *Anmerkungen:* Die Hauptkomponentenanalyse mit Kaiser-Normalverteilung und Varimaxrotation erklärt 65.7% der Gesamtvarianz. Faktorladungen (l_x), die für die Auswahl von Items zur Subskalenbildung herangezogen wurden, sind fett dargestellt. Die Interkorrelationen der Indizes wurden nach Pearson (zweiseitige Signifikanz) berechnet.

Die Vermeidungs-Leistungsziele unterscheiden sich zwischen Lehrämtern (η^2=.026**; M_{GH}=4.33; M_{RS}=3.92; M_{GY}=3.80; M_{SP}=4.28). Studierende der GH- und SP-Lehrämter geben an, in der Schulzeit ihre Defizite eher verborgen zu haben, während GY- und RS-Lehramtsstudierende diese häufiger zeigten. Außerdem besteht die Tendenz künftiger GY-Lehrkräfte, in ihrer Schulzeit die eigenen Fähigkeiten und Fertigkeiten deutlicher unter Beweis gestellt zu haben als Studierende anderer Lehrämter (η^2=.017*; M_{GH}=4.86; M_{RS}=5.00; M_{GY}=5.20; M_{SP}=4.84). Korrespondierend zu diesen Ergebnissen neigen Uni-Studierende zu höheren Annäherungs-Leistungszielen (η^2=.015**; M_{PH}=4.89; M_{UN}=5.20), während sie zugleich seltener Vermeidungs-Leistungsziele (η^2=.016**; M_{PH}=4.21; M_{UN}=3.80) als die PH-Studierenden zeigen. Befragte an Universitäten lassen sich in ihrer eigenen Schulzeit daher als leistungsorientierter bezeichnen. Dieser Befund wird durch die besseren Abiturnoten der GY-Studierenden gestützt (vgl. 3.3.3, S. 191). Arbeitsvermeidung in der Schulzeit ist bei Studenten stärker ausgeprägt als bei ihren Kommilitoninnen ($\eta^2 = .020$**; $M_w = 3.26$; $M_m = 3.85$). Hinsichtlich der Annäherungs- und Vermeidungs-Leistungsziele zeigen sich keine Geschlechterdifferenzen.

Leistungsmotivation im Studium

Zum zweiten Erhebungszeitpunkt wurden die zu t_1 korrespondierenden Items aus dem Instrument SELLMO-ST (für Studierende) eingesetzt. Neben den Selbstbildern der Lehramtsstudierenden wurden auch Fremdbilder im Lehramt sowie Selbstbilder unter ZM-Studierenden erhoben. Nach einer Hauptkomponentenanalyse der Selbstbild-Lehramtsdaten lässt sich die Faktorenstruktur der Originalskala erneut gut replizieren (vgl. Tabelle 108). Auffällig ist, dass Item 4 stärker auf dem Faktor Vermeidungs-Leistungsziele (VLZ2) lädt als auf dem Faktor Annäherungs-Leistungsziele (ALZ2), dem es aus semantischen Gründen zugerechnet wird. Hierin zeigt sich, dass es für Studierende eher als für Schüler ein Annäherungs-Leistungsziel ist, bessere Noten oder Beurteilungen zu bekommen als andere. Die interne Konsistenz der Skalen ist befriedigend bis gut.

Tabelle 108: Leistungsmotivation im Studium (t_2)

LEI2 (NLS=410-411; NLF=164-165; NZM=40)	LS M	SD	LF M	SD	S/F r	ZM M	SD	l_1	l_2	l_3
1 zu zeigen, dass ich die Inhalte beherrsche	4.97	1.51	5.45	1.26	.21**	5.42	1.36	.22	-.05	**.78**
2 dass andere Studierende nicht denken, ich sei dumm	2.99	1.79	3.60	1.80	.16*	3.25	1.81	**.80**	.08	.23
3 zu Hause keine Arbeiten erledigen zu müssen	2.00	1.25	2.21	1.37	.14	2.02	1.14	.17	**.81**	.01
4 bessere Noten oder Beurteilungen zu bekommen als andere	3.17	1.79	3.39	1.80	.23**	3.22	1.58	.59	.10	**.47**
5 mich nicht zu blamieren (z. B. durch falsche Ergebnisse oder dumme Fragen)	3.12	1.87	3.60	1.78	.26**	3.25	1.82	**.87**	.13	.15
6 nicht so schwer zu arbeiten	2.18	1.31	2.38	1.38	.20*	2.40	1.48	.17	**.87**	.06
7 das, was ich kann und weiß, auch zu zeigen	5.10	1.64	5.52	1.30	.15	5.40	1.65	.11	.06	**.83**
8 zu verbergen, wenn ich weniger weiß als andere	2.64	1.52	2.96	1.52	.23**	2.68	1.27	**.76**	.25	.04
9 den Arbeitsaufwand stets gering zu halten	2.57	1.57	2.61	1.68	.16*	2.50	1.65	.08	**.86**	-.01
Subskalen	**LS**		**LF**		**S/F**	**ZM**		**Interkorrel.**		
Code Index	M	SD	M	SD	r	M	SD	VLZ	ARV	
ALZ2 Annäherungs-Leistungsziele (It. 1/4/7); α = .65	4.41	1.27	4.79	1.07	.34**	4.68	1.08	.53**	.13**	
VLZ2 Vermeidungs-Leistungsziele (It. 2/5/8); α = .80	2.92	1.47	3.39	1.35	.25**	3.06	1.22	1	.32**	
ARV2 Arbeitsvermeidung (Items 3/6/9); α=.82	2.25	1.19	2.40	1.23	.24**	2.31	1.09	–	1	

Frage: Im Studium geht es mir darum, … *Skala:* 1 = trifft überhaupt nicht zu; 7 = trifft voll und ganz zu. *Anmerkungen:* Die Hauptkomponentenanalyse mit Kaiser-Normalverteilung und Varimaxrotation erklärt 70.0 % der Gesamtvarianz. Faktorladungen (l_x), die für die Auswahl von Items zur Subskalenbildung herangezogen wurden, sind fett dargestellt. Die Interkorrelationen der Indizes wurden nach Pearson (zweiseitige Signifikanz) berechnet. Die Faktorenanalyse und die Interkorrelationen beruhen auf den Lehramts-Selbstbilddaten.

Lehramtsstudierende orientieren sich im Studium nur moderat an Annäherungs-Leistungszielen (ALZ2). Leistung nach außen und gegenüber anderen zu zeigen, erscheint nicht von zentraler Bedeutung. Vergleichbar ausgeprägt ist die Abwendung von Vermeidungs-Leistungszielen (VLZ2). Die Befragten versuchen eher nicht, eigene Defizite zu verbergen. Sehr schwach ist die Tendenz zur Arbeitsvermeidung. Studierende sind in hohem Maße bereit, ihr Studium mit Engagement zu verfolgen.

Lehramtsunterschiede werden zu t_2 nur hinsichtlich der Annäherungs-Leistungsziele signifikant. Wie zu t_1 für die Leistungsmotivation in der Schule gesehen, stellen nun auch im Studium GY-Studierende ihre Fähigkeiten klarer unter Beweis als Befragte der PH-Lehrämter ($\eta^2=.017^{**}$; $M_{PH}=4.30$; $M_{UN}=4.66$). Die Leistungsmotivation nimmt vom GY-Lehramt über das RS-Lehramt bis hin zu den GH- und SP-Studiengängen ab ($\eta^2=.026^{*}$; $M_{GH}=4.22$; $M_{RS}=4.53$; $M_{GY}=4.66$; $M_{SP}=4.21$). Dies ist ein Hinweis darauf, dass die GY-Studierenden vermutlich auch eine im Vergleich höhere reale Leistung erbringen. An anderer Stelle wurde bereits deutlich, dass selbiges auch für das der Lernmotivation nahestehende inhaltliche Studieninteresse gilt (vgl. 4.3.3, S. 341).

Die Arbeitsvermeidung ist im Studium, wie schon in der Schule, bei männlichen Studierenden stärker ausgeprägt ($\eta^2=.037^{***}$; $M_w=2.15$; $M_m=2.79$). Studentinnen können daher nach eigenen Angaben als strebsamer charakterisiert werden. Je geringer die Arbeitsvermeidung (ARV2) ausgeprägt ist, desto mehr zeitlichen Studienaufwand (ZEI2; vgl. 5.2.2, S. 427) erbringen Befragte ($r=-.17^{**}$). Wieviel Zeit die Studierenden in ihr Studium investieren, hängt also nicht nur von den curricularen Möglichkeiten ab (vgl. 5.1.3, S. 403), sondern auch von ihrer Arbeitseinstellung.

Die Fremdeinschätzungen sind auf Ebene der einzelnen Items eher ungenau. Auf Indexebene sind die korrelativen Zusammenhänge zwischen Selbst- und Fremdbild zwar signifikant, aber nur mäßig stark. Es gelingt den Mitstudierenden nur ansatzweise, die Probanden hinsichtlich ihrer Lern- und Leistungsmotivation treffend einzuschätzen. Die Annäherungs-Leistungsziele ($T=-3.11$; $p=.002$) und Vermeidungs-Leistungsziele ($T=-2.65$; $p=.009$) werden wie die Arbeitsvermeidung ($T=-2.62$; $p=.010$) überschätzt. Damit tendieren Fremdeinschätzende dazu, generell weiter rechts auf der Skala zu antworten. Den Selbsteinschätzungen der Lehramtsstudierenden lässt sich daher kaum eine Überschätzung unterstellen und daher ist eine realistische Einschätzung der eigenen Leistungsmotivation anzunehmen. Im Professionsvergleich der Selbstbilder zeigen sich keine signifikanten Mittelwertdifferenzen, wenngleich die Index-Werte der ZM-Studierenden etwas höher liegen. Generell erweisen sich beide Studierendengruppen aber als vergleichbar lern- und leistungsmotiviert.

Tabelle 109: Leistungsmotivation (t_1/t_2)

LEI/ LEI2 (N=404-405)	Lehramt (Selbstbild)				
	M_{t1}	M_{t2}	M_{Diff}	T	p
1 zu zeigen, dass ich die Inhalte beherrsche	5.48	4.94	0.54	6.15	.000
2 dass andere Studierende nicht denken, ich sei dumm	4.16	2.99	1.17	11.32	.000
3 zu Hause keine Arbeiten erledigen zu müssen	2.99	2.01	0.96	10.57	.000
4 bessere Noten oder Beurteilungen zu bekommen als andere	4.05	3.17	0.88	9.06	.000
5 mich nicht zu blamieren (z.B. durch falsche Ergebnisse/ dumme Fragen)	4.26	3.13	1.14	10.64	.000
6 nicht so schwer zu arbeiten	3.32	2.20	1.12	12.84	.000
7 das, was ich kann und weiß, auch zu zeigen	5.41	5.09	0.32	3.50	.001
8 zu verbergen, wenn ich weniger weiß als andere	3.75	2.65	1.10	11.51	.000
9 den Arbeitsaufwand stets gering zu halten	3.59	2.57	1.02	11.29	.000
Code Index	M_{t1}	M_{t2}	M_{Diff}	T	p
ALZ Annäherungs-Leistungsziele (Items 1/4/7)	4.98	4.40	0.58	8.88	.000
VLZ Vermeidungs-Leistungsziele (Items 2/5/8)	4.06	2.92	1.13	14.86	.000
ARV Arbeitsvermeidung (Items 3/6/9)	3.30	2.25	1.04	14.17	.000

Frage: In der Schule/ im Studium ging/ geht es mir darum, ... *Skala*: 1=trifft überhaupt nicht zu; 7=trifft voll und ganz zu. *Anmerkung*: Items, die mit (-) markiert sind, wurden ausschließlich zur Indexberechnung umkodiert.

Im längsschnittlichen Vergleich zwischen Lern- und Leistungsmotivation in der Schule (t_1) und im Studium (t_2) zeigt sich durchweg eine hochsignifikante Abnahme der Einschätzungen und damit eine Tendenz hin zu ablehnendem Antwortverhalten (vgl. Tabelle 109). Besonders deutlich ist die Entwicklung bezüglich der Vermeidungs-Leistungsziele. In ihrer Schulzeit verbargen die Befragten ihre Defizite viel eher, als sie dies heute als Lehramtsstudierende tun. Das Studium ist wohl durch einen vergleichsweise offeneren und produktiveren Umgang mit den eigenen Schwächen verbunden, der Vermeidungs-Leistungsziele eher zurückdrängt. Deutlich schwächer, wenngleich ebenfalls erheblich, ist der Rückgang an Annäherungs-Leistungszielen einzuschätzen. Es ist Studierenden im Vergleich zu ihrer Schülerrolle nun weniger wichtig, eigene Fähigkeiten öffentlich unter Beweis zu stellen. Ein Wert etwas über der Skalenmitte lässt auf die Balance zwischen Leistungsprofilierung (»Streber« sein) und Bedeutungslosigkeit der Anerkennung guter Leistungen durch andere vermuten. Zugleich wird deutlich, dass in Lehramtsstudiengängen eine gewisse Resignation hinsichtlich der öffentlichen Anerkennung guter Leistungen zu existieren scheint. Gute Leistungen scheinen zwar für die Einstellungschancen nach wie vor erstrebenswert – Anlass, diese vor Mitstudierenden, Dozierenden, Angehörigen und/ oder Freunden zu zeigen, besteht aber kaum. Schließlich sinkt die Arbeitsvermeidung von der Schule hin zum Studium erheblich. Studierende scheinen damit insgesamt im Studium stärker leistungsmotiviert als zu ihrer eigenen Schulzeit zu sein, wenngleich die zu t_2 geringeren Annäherungs-Leistungsziele einer Gewissheit dieser Entwicklung den Boden nehmen.

Die Interviews mit den Lehramtsstudierenden stützen die quantitative Annahme einer höheren Leistungsorientierung im Studium aber deutlich. Im Rahmen der Gespräche wurden die Studierenden gefragt, ob sie ihre Motivation, etwas zu leisten, früher in der Schule oder heute im Studium stärker einschätzen. Sie erklären eine größere Leistungsmotivation im Studium insbesondere dadurch, dass sie die Inhalte im Studium schlicht mehr interessieren (230). Dabei spielt die Auswahl von Lehrveranstaltungen nach den persönlichen Neigungen eine nennenswerte Rolle, soweit dies im Rahmen der Wahlangebote möglich ist (231). Im Vergleich zur Schule werden nicht nur die Verabschiedung von einem breiten Fächerkanon und eine Zuwendung zu den eigenen spezifischen Interessen positiv erlebt, leistungsmotivierend ist auch, dass entlang der eigenen Interessengebiete etwas gefordert wird (232). Leistungsmotivation kann aus dem Willen zur Auseinandersetzung mit den Inhalten und dem damit verbundenen und als hilfreich erachteten Wissenszuwachs entstehen (233).

(230) Gerade in diesem Semester ist es so, dass ich sehr viele Veranstaltungen habe, die mich sehr interessieren, die ich machen will, [...], weil ich einfach das studiere, was mich interessiert. [N2-W22GY]

(231) Im Studium lernt man mehr interessenspezifisch. [...]. Inwieweit mache ich nur Dinge, die mich interessieren und lasse die anderen weg? Inwieweit lasse ich mich begeistern für Sachen, die ich machen muss? [I2-W21RS]

(232) Ich bin motivierter, [...] weil ich heute die Inhalte habe, die mich wirklich interessieren. Ich habe nicht mehr die bunte Mischung an Fächern, die mich einfach nicht interessieren. [...]. Jetzt muss man wirklich was tun. Man will einfach auch mehr: ich will das ja wissen und ich will das ja lernen und das ist ja spannend. Da lerne ich jetzt lieber, obwohl der Umfang natürlich fünfmal so viel ist wie in der Schule. [L2-W21GY]

(233) Ganz klar im Studium. Das ist einfach so. [...]. Jetzt studiere ich zwei Fächer [...], die mich wirklich interessieren. Da habe ich einfach Fragen an die Welt, [...] die mich reizen, und ich denke, die werden mich auch sehr lange begleiten. Ich glaube dass das, was ich hier angeboten bekomme, mir da weiterhilft und deshalb versuche ich wirklich [...] so viel wie möglich mitzunehmen. Das ist ja auch Sinn und Zweck des Studiums. [M2-W22GY]

Immer wieder wird artikuliert, dass ein Zusammenhang zwischen dem Grad an Interesse, das den Inhalten gegenüber gebracht wird, und der Leistungsmotivation besteht (234). Wichtig erscheint dabei auch die Motivation, ein konkretes Ziel (Studienabschluss oder Beruf) zu erreichen (235). Auch der Wunsch, gute Zensuren zu erreichen, wird als Anreiz empfunden (236). Schließlich besteht aus Sicht der Studierenden ein Zusammenhang zwischen dem Interesse an Inhalten des Studiums und dem Gefühl der Freiwilligkeit (237). Zwar existieren auch im Studium verpflichtende Inhalte, sie werden aber eher mit »Freiwilligkeit«, die Schule hingegen mit »Zwang« konnotiert (238). Wer interessiert ist, verbindet mit dem Studium auch Spaß, selbst wenn Studieren im Vergleich zum Schulleben einen Mehraufwand bedeutet (239). In Einzelfällen wird aber auch deutlich, dass einige Studierende das Studium als weniger motivierend erleben als ihre Schulzeit, was mit einer fundamentalen Kritik des Studiums einhergeht (240). Gerade unter den nicht an der Studie beteiligten Studierenden dürften daher auch solche schwachen Ausprägungen von Leistungsmotivation immer wieder vorkommen. Die nennenswerte Korrelation zwischen Annäherungs-Leistungszielen und Ausbildungsklima (ALZ2/ ABK2: $r = .23^{***}$) zeigt, dass sich Leistungsmotivation und die Beurteilung des Ausbildungsklimas vermutlich gegenseitig bedingen: Je größer die Motivation der Studierenden, desto eher schreiben sie ihrem Studium und der Hochschule auch positive Merkmale zu und umgekehrt (vgl. 4.3.6, S. 361). Tendenziell zeigt sich auch, dass Studierende, die das Ausbildungsklima schlechter einschätzen, eher zu Arbeitsvermeidung neigen, wobei die mangelnde Leistungsbereitschaft umgekehrt auch der Grund für die negativen Zuschreibungen an das Studium sein könnte. Eine weiterführende Diskussion dieser Befunde findet sich im Schlusskapitel (vgl. S. 499).

(234) Für manche Vorlesungen lese ich gerne, wenn es mich interessiert, und für andere weniger. [...]. Mich interessieren jetzt hier viel mehr Sachen. Klar, weil es auch mein Beruf ist, mein Studium, das mich interessiert. Aber [...] es ist auch nicht so, dass ich nur noch lese und nur noch wissbegierig bin in jedem Fach. [H2-W22GH]

(235) Ich bin an der PH motivierter als an der Schule. [...]. Man hat wirklich ein Ziel vor Augen. [F2-M28GH]

(236) Im Studium bin ich stärker motiviert [...], weil ich jetzt ein konkretes Ziel in der Hand habe, das ich erreichen will. Mein Ehrgeiz ist hier viel größer. Ich weiß nicht warum, aber in der Schule ist man immer der Mitläufer [...]. Hier wird man dann eben auch anders belohnt – durch gute Noten. [K2-W22GH]

(237) Jetzt macht man es doch mehr freiwillig, weil man weiß, es ist ein Thema, das einen interessiert. [...]. Die Fächer, die man studiert, interessieren einen wirklich. [E2-W21RS]

(238) Gerade in den ersten zwei Semestern ist man noch ein bisschen blauäugig und denkt, man braucht alles, was die [Dozenten] einem geben – man muss das schlucken. Deshalb habe ich [...] immer alles gelesen und gemacht. [...]. Motivierter bin ich vielleicht im Studium, denn beim Abitur war eben so ein Zwang dahinter. [C2-W22GH]

(239) Es macht mir hier einfach mehr Spaß als an der Schule. [...]. Ich war in der Schule schon relativ faul. [...]. Ich mache jetzt wesentlich mehr als ich in meinem kompletten Schulleben gemacht habe. [G2-W22GH]

(240) Ich mache an der PH weniger als an der Schule. [...]. Wenn man hier alles machen müsste, um super vorbereitet zu sein: Das ist einfach zu viel. Bei jeder Vorlesung einen zehnseitigen Text nach- oder vorbereiten? Das geht einfach nicht. Da muss man einfach Prioritäten setzen [...]. Wer lernt denn schon gerne so richtig? Hier an der PH ist es viel Auswendiglernen. Das macht einfach keinen Spaß. An der Schule war das mehr Transferwissen und -denken. [...]. Man lernt auch nicht so viel – das würde man auch in zwei Semestern hinbekommen. [...]. Das sehen viele so, alle meine Freunde eigentlich. Das Studium macht nicht wirklich Spaß – also nein! [...]. Die ganzen Didaktiken und die Pflichtveranstaltungen, da fragt man sich, wozu man das machen soll, denn das bringt eben einfach nichts. Man quält sich hier, muss das absitzen. [...]. Gewisse Vorlesungen würde ich sofort streichen, die braucht man echt nicht. Das ist echt nur noch Qual, sonst nichts. [A2-W21RS]

Bedeutung der Leistungsmotivation im Studium

Die nach dem dritten Semester erfasste Leistungsmotivation ist ein Prädiktor für zahlreiche Ausprägungen anderer zu t_2 erfasster Variablen (vgl. Tabelle 110). Stark ausgeprägte Annäherungs-Leistungsziele und zugleich schwache Vermeidungs-Leistungsziele erhöhen die Wahrscheinlichkeit einer höheren geografischen Mobilität Lehramtsstudierender (GMO2) sowie deren gesteigertes Interesse an unternehmerischen Tätigkeiten (INT2_5). Höhere Annäherungs-Leistungsziele sind außerdem ein Prädiktor für eine größere Studienzufriedenheit (ZUF2) und eine bessere Einschätzung des Ausbildungsklimas (ABK2). Ausgeprägte Annäherungs-Leistungsziele sind, verbunden mit einer geringen Tendenz zur Arbeitsvermeidung, Zeichen einer starken Orientierung an Studium und Hochschule als Lebensmittelpunkt (SUF2). Studierende mit stärkeren Vermeidungs-Leistungszielen werden i. d. R. ihre fachlichen Lehrveranstaltungen schlechter beurteilen (BLF2). Der Nutzen der Ausbildung in den Fächern (NAK2_1) wird, wie auch die Bedeutsamkeit des Vorbereitungsdienstes (BAK2_5), von Befragten mit Neigung zur Arbeitsvermeidung geringer bewertet.

Befragte, die zur Arbeitsvermeidung neigen, werden mit höherer Wahrscheinlichkeit weniger Zeit für das Studium insgesamt (ZEI2), insbesondere für das Selbststudium aufbringen (ZSA2_2). Sie tendieren dazu, ihren Erfolg in den Schulpraktika geringer einzuschätzen (SPA2). Stärkere Annäherungs- und schwächere Vermeidungs-Leistungsziele sind Zeichen höherer Selbstwirksamkeitserwartung (SWE2). Wer eine ausgeprägte Tendenz hat, seine Schwächen zu verbergen, fühlt sich eher durch kritische Lebensereignisse belastet (KLB2).

Ein großes Vorhersagepotenzial kommt der Leistungsmotivation für arbeitsbezogene Verhaltens- und Erlebensmuster zu (vgl. 4.1.1, S. 266). So wird etwa starkes Arbeitsengagement (SBA2/ BEG2/ VAG2/ PFS2) gut durch die Kombination hoher Annäherungs-Leistungsziele und geringer Arbeitsvermeidung vorhergesagt. Wer neben starken Annäherungs-Leistungszielen schwache Vermeidungs-Leistungsziele zeigt, hat eine größere Chance, seine Probleme offensiv bewältigen zu können (OPW2), weist häufiger eine innere Ruhe bzw. Ausgeglichenheit auf (IRA2) und ist im Leben zufriedener (LZF2). Ein starkes Erfolgserleben im Beruf wird alleine durch positive Annäherungs-Leistungsziele vorhergesagt (EIB2). Resignationstendenz wird durch ausgeprägte Vermeidungs-Leistungsziele befördert (RBM2). Geringe Vermeidungs-Leistungsziele sind allerdings, verbunden mit der Tendenz zur Arbeitsvermeidung, ein Indikator für Distanzierungsfähigkeit (DFK2).

Der Schule wird eine Erziehungsaufgabe (SVS2_2) wahrscheinlicher von Studierenden zugeschrieben, die eine geringe Arbeitsvermeidungstendenz aufweisen. Ausgeprägte Annäherungs-Leistungsziele weisen, bei gleichzeitig geringer Tendenz zur Arbeitsvermeidung auf Studierende hin, die einen gebildeten Menschen als Herr über die Anforderungen beschreiben, die unsere Gesellschaft an ihn stellt (BVS2_1) oder als jemanden, der sich der zentralen Probleme der Gegenwart bewusst ist und um seine Mitverantwortlichkeit für deren Lösung weiß (BVS2_2). Der Humboldtsche Bildungsgedanke, Bildung sei die eigeninitiative Auseinandersetzung mit der Welt und die Beteiligung an ihrer Gestaltung (BVS2_3), wird von Studierenden mit hohen Annäherungs-Leistungszielen bei gleichzeitig geringen Vermeidungs-Leistungszielen favorisiert. Wer hingegen ausschließlich erhöhte Annährungs-Leistungsziele zeigt, schreibt einem gebildeten Menschen eher Fremdsprachenkenntnisse zu; wer zu Vermeidungs-Leistungszielen neigt, sieht in ihm eher einen Akademiker (BVS2_7).

Auf fast alle abgefragten Kompetenzerwartungen hat die Leistungsmotivation einen Effekt, weshalb nur der Index Kompetenzerwartung (KOM2) im Modell belassen wurde. Die Wahrscheinlichkeit einer überdurchschnittlich hohen Kompetenzerwartung ist allgemein dann groß, wenn die Befragten hohe Annäherungs-Leistungsziele und zugleich schwach ausgeprägte Vermeidungs-Leistungsziele zeigen. Außerdem weisen geringe Vermeidungs-Leistungsziele auf einen gefühlt größeren Kompetenzzuwachs bezüglich des Eingehens auf individuelle Bedürfnisse hin (ABE2c).

Tabelle 110: Bedeutung der Leistungsmotivation im Studium (t₂)

Code	Index/Item	ALZ	VLZ	ARV
GMO2	geografische Mobilität	.39***	-.23*	-.04
SUF2	Studienaktivitäten sind wichtiger als Freizeitaktivitäten	.20**	.05	-.31***
ZUF2	Studienzufriedenheit	.14**	-.04	-.03
ABK2	Ausbildungsklima	.16**	-.02	-.07
BAK2_5	Bedeutsamkeitseinschätzung: Vorbereitungsdienst (Referendariat)	.07	-.01	-.17**
NAK2_1	Nutzeneinschätzung: fachwissenschaftliches Studium	.06	.14	-.27**
BLF2	Beurteilung der Lehrveranstaltungen in den Fächern	.06	-.11*	-.05
INT2_5	Interesse an unternehmerischen Tätigkeiten	.19*	-.16*	-.11
SWE2	Selbstwirksamkeitserwartung	.12**	-.08*	-.07
KLB2	kritische Lebensereignisse (Belastungserleben)	-.15	.32***	-.16
SPA2	Erfolgserleben in Schulpraktika	.08	-.06	-.11*
ZSA2_2	zeitlicher Studienaufwand (Selbststudium)	.64	.63	-1.70**
ZEI	zeitlicher Studienaufwand insgesamt	1.12	.70	-2.30**
SBA2	subjektive Bedeutsamkeit der Arbeit (AVEM-Inventar)	.47*	.30	-.75***
BEG2	beruflicher Ehrgeiz (AVEM-Inventar)	1.06***	-.10	-.56***
VAG2	Verausgabungsbereitschaft (AVEM-Inventar)	.72***	.44*	-.93***
PFS2	Perfektionsstreben (AVEM-Inventar)	.68**	.15	-.49*
DFK2	Distanzierungsfähigkeit (AVEM-Inventar)	.12	-.69***	.64**
RBM2	Resignationstendenz (bei Misserfolg) (AVEM-Inventar)	-.37	.74***	.01
OPW2	offensive Problembewältigung (AVEM-Inventar)	.96***	-.45**	-.03
IRA2	innere Ruhe/Ausgeglichenheit (AVEM-Inventar)	.49*	-.75***	.23
EIB2	Erfolgserleben im Beruf (AVEM-Inventar)	.76***	-.30	-.16
LZF2	Lebenszufriedenheit (AVEM-Inventar)	.57**	-.44**	-.09
SVS2_2	Schule hat die Aufgabe, zu erziehen	-.02	.07	-.21**
BVS2_1	Bildungsverständnis nach Horkheimer	.21*	-.03	-.23**
BVS_2	Bildungsverständnis nach Klafki	.21**	-.10	-.13*
BVS_3	Bildungsverständnis nach Humboldt	.16**	-.18**	-.08
BVS_7	ein gebildeter Mensch hat einen akademischen Abschluss	.04	.22*	.01
BVS_8	ein gebildeter Mensch beherrscht mindestens eine Fremdsprache	.28*	.06	-.05
KOM2	Kompetenzerwartung (insgesamt)	.12**	-.17***	.02
ABE2c	gefühlter Kompetenzzuwachs: auf individuelle Bedürfnisse eingehen	.03	-.22**	.03

***p < .001; **p < .01; *p < .05. *Angegebene Kennwerte*: Beta-Koeffizienten (β). *Modellanpassungen*: ALZ: F=3.80; p=.000 (Pillai-Spur=.379; Hotelling-Spur=.610). VLZ: F=3.04; p=.000 (Pillai-Spur=.328; Hotelling-Spur=.488). ARV: F=3.02; p=.000 (Pillai-Spur=.326; Hotelling-Spur=.408). N=227 (fehlende Werte fallweise gelöscht). *Methode*: allgemeines lineares Modell (GLM multivariat). *Anmerkungen*: Ergebnisse in thematische Gruppen sortiert. Prädiktoren sind die drei Indizes der Leistungsmotivation im Studium (ALZ2/VLZ2/ARV2) zu t₂. Potenzielle abhängige Variablen waren alle metrischen Variablen, die zu t₂ erfasst wurden.

Zusammenfassend erweist sich Leistungsmotivation im Studium besonders in der Kombination verschiedener Facettenausprägungen als aussagekräftiger Prädiktor. Besonders auffällig ist die Kombination starker Annäherungs-Leistungsziele und einer geringen Tendenz zur

Arbeitsvermeidung, welche Studierende prognostiziert, die ihr Leben stark am Studium ausrichten, ein hohes Arbeitsengagement zeigen und ein komplexes wie auch gesellschaftsbezogenes Bildungsverständnis aufweisen.

4.4 Professionswissen

Die Professionsforschung beschäftigt sich in Anlehnung an die Kognitionstheorie mit dem Wissensaufbau und dem Transfer von Wissen in berufliches Können (Baer u. a. 2006, S. 142). Sie erforscht damit den Prozess, wie explizites Theoriewissen in implizites Handlungswissen überführt werden kann. Der traditionelle Lernweg – verbunden mit der Vorstellung, Theorie müsste zunächst vorhanden sein, um diese dann im Wissen um didaktische Modelle handlungswirksam machen zu können – erzeugt allenfalls »träges Wissen« (Wahl 2005; Wahl u. a. 2007). Vielmehr sollten systematische Wissensaneignung und situiertes Lernen eng miteinander verwoben werden (Reusser 2005).

Lehrerwissen wird heute meist in vier Bereiche kategorisiert (Shulman 1987): (1) subject matter knowledge (fachbezogenes Wissen); (2) pedagogical knowledge (Wissen über Klassen- und Gesprächsführung etc.); (3) curricular knowledge (Wissen über Lehrpläne, deren Aufbau und Auswahl von Inhalten); (4) pedagogical content knowledge (Wissen über Methoden, Lerntheorien etc. und deren Zusammenhang). Neuere Ansätze bauen auf diesem Grundschema auf. Bromme betont sowohl die bewusst gelernten Fakten, Theorien und Regeln wie auch die Erfahrungen und Einstellungen (Bromme 1992, S. 10). Ein solcher Wissensbegriff räumt Überzeugungen eines Lehrers einen angemessenen Raum ein (Baer u. a. 2006, S. 143).

Innovative Forschungsbemühungen existieren mit Bezug auf das Fach Mathematik. Versteht man das Schulfach als engeren Handlungsrahmen von Lehrkräften (Goodson u. a. 1999), ist es kaum nachvollziehbar, warum fach- und fachdidaktisches Wissen in ihrer Bedeutung für das Handlungswissen bislang weitgehend übergangen wurden. Baumert/Kunter (2006, S. 490) konstatieren daher ein eklatantes Empiriedefizit fachwissenschaftlich-fachdidaktischer Forschung. Die wenigen quantitativen Studien würden auf Indikatoren wie besuchten Fachkursen oder Abschlüssen beruhen, welche die eigentliche fachliche und fachdidaktische Kompetenz der Lehrkräfte nicht zu messen vermögen. Qualitative Studien lassen vermuten, dass für das Fach Mathematik ein Zusammenhang zwischen dem konzeptuellen Fachverständnis der Lehrkräfte und ihrem fachdidaktischen Handlungsrepertoire besteht (Baumert/Kunter 2006, S. 492). Fachdidaktischem Wissen der Lehrperson kann im Mathematikunterricht eine positive Auswirkung auf die Unterrichtsqualität und somit auch auf den Lernzuwachs der Schüler unterstellt werden (Carpenter/Fennema 1992).

Studien von Ball/Bass (2003), McGrath u. a. (2003) sowie Phelps/Schilling (2004) sind erste Versuche, die Erfassung fachlicher und fachdidaktischer Expertise von Lehrkräften theoriegeleitet durchzuführen. Im deutschsprachigen Kontext hat die CoActiv-Gruppe (Krauss u. a. 2004) dieses Vorgehen aufgenommen und weiterentwickelt. Die Gruppe differenziert fachdidaktisches Wissen in drei Facetten: (1) Wissen über das Potenzial von Aufgaben; (2) Wissen über Schülervorstellungen; (3) Wissen über Repräsentations- und Erklärungsmöglichkeiten (Baumert/Kunter 2006, S. 495). Auf dieser Basis wurde ein Fachwissenstest entwickelt. Die Ergebnisse zeigen, dass Fachwissen und fachdidaktisches Wissen bei zunehmender Expertise der Lehrkräfte stärker vernetzt sind (Krauss u. a. 2004) und dass zwischen den einzelnen Lehrämtern/ Ausbildungsgängen erhebliche Kompetenzunterschiede bestehen. Außerdem erweist sich Fachwissen als notwendige, aber nicht hinreichende Voraussetzung für Unterrichtsqualität und hohe Schülerleistungen (Baumert/ Kunter 2006, S. 496). Es ist gleichsam die Grundlage für eine fachdidaktische Optimierung des Unterrichts. Offen bleibt bislang die Frage nach dem Zusammenhang von generischen pädagogischen Kompetenzen und dem domänenspezifischen Wissen sowie die Prüfung der Übertragbarkeit der für das Fach Mathematik gültigen Befunde auf andere Wissensdomänen.

Vorliegend wird das »subject matter knowledge« bewusst ausgeblendet, da dessen solide Erfassung für die Fächer Mathematik und Theologie den Rahmen der Studie sprengen würde – zumal für die fachliche Ausbildung der Religionslehrkräfte keinerlei geeignete Instrumentarien (Wissenstests) vorliegen, die den gegenwärtigen Ansprüchen an Güte gerecht werden würden. Die Bereiche »pedagogical knowledge«, »curricular knowledge« und »pedagogical content knowledge« werden zumindest in einigen Aspekten operationalisiert. Dabei kommt allerdings kein Wissenstest im engeren Sinn zur Anwendung, sondern eine Skala, die nach den Kompetenzerwartungen der Lehramtsstudierenden entlang einzelner Aspekte der drei Wissensbereiche fragt. Professionswissen wird daher aus forschungspragmatischen Gründen auf überfachliche Kompetenzen reduziert, die sich aus den alltäglichen Anforderungen bzw. Aufgaben des Lehrerberufs ableiten lassen. Wie später ausführlich erörtert wird, bedeutet der Weg einer Selbsteinschätzung der eigenen überfachlichen Kompetenz keineswegs, dass damit zugleich pädagogisches Wissen selbst erfasst wird (vgl. 4.4.2, S. 386).

In Princeton wurden Expertenbefragungen und Tätigkeitsanalysen über die im Lehrerberuf erforderlichen Kompetenzprofile durchgeführt. Die Ergebnisse zeigen ein weitgehend einheitliches Bild allgemeiner »pädagogischer« Kompetenzen wie Klassenführung, Organisation von Lernprozessen, Wissen über Lern- und Entwicklungsprozesse, Fähigkeiten zur Diagnose und Leistungsbeurteilung sowie Handlungskompetenz, die für die Ausübung des Berufs charakteristisch sind (Reynolds u. a. 1992). Shulman generierte fünf Jahre zuvor ähnliche Kategorien, rechnete zum professionellen Kernwissen von Lehrkräften aber außerdem die »foundations of education«, also bildungs- und schultheoretisches, bildungssoziologisches und -historisches sowie erziehungsphilosophisches Wissen (Shulman 1987). Auf Grundlage dieser Studien sowie ähnlicher Ansätze von Terhart (2002) und Darling-Hammond/ Bransford (2005) entwickeln Baumert/ Kunter (2006, S. 485) eine Synopse von Facetten generischen pädagogischen Wissens und Könnens von Lehrkräften:

(1) Konzeptuelles bildungswissenschaftliches Grundlagenwissen:
- Erziehungsphilosophische, bildungstheoretische und historische Grundlagen von Schule und Unterricht;
- Theorie der Institution;
- Psychologie der menschlichen Entwicklung, des Lernens und der Motivation.
(2) Allgemeindidaktisches Konzeptions- und Planungswissen:
- Metatheoretische Modelle der Unterrichtsplanung;
- Fachübergreifende Prinzipien der Unterrichtsplanung;
- Unterrichtsmethoden im weiten Sinne.
(3) Unterrichtsführung und Orchestrierung von Lerngelegenheiten:
- Inszenierungsmuster von Unterricht;
- Effektive Klassenführung (classroom management);
- Sicherung einer konstruktiv-unterstützenden Lernumgebung;
(4) Fachübergreifende Prinzipien des Diagnostizierens, Prüfens und Bewertens.

Die empirische Forschungslage zu allgemeinen pädagogischen Fähigkeiten ist ernüchternd. Es liegen weder geeignete Instrumente zur Erfassung einzelner Kompetenzfacetten vor, noch kann gegenwärtig geprüft werden, welche Bedeutung diese letztlich für ein erfolgreiches Handeln von Lehrpersonen haben (Baumert/ Kunter 2006, S. 485). Studien aus den USA zeigen lediglich Zusammenhänge zwischen der Zertifizierung von Lehrkräften für bestimmte Fächer und den Outcomes der von ihnen unterrichteten Schüler (Wayne/ Youngs 2003). Ein Effekt allgemeiner pädagogischer Kompetenzen auf Schülerleistungen (Darling-Hammond 2000) kann kaum als erwiesen gelten (Wilson/ Floden 2003; Floden/ Meniketti 2005). Die Forschung steht daher vor der Herausforderung, die Verbindung von Wissen und praktischem Können zu erfassen. Erste Ansätze im deutschsprachigen Raum finden sich hierzu in den unten referierten Arbeiten von Blömeke und König.

4.4.1 Berufsbezogene Interessen und Kompetenzerwartungen

In der empirischen Lehrerbildungsforschung wird seit einigen Jahren unter der Annahme gearbeitet, die Kompetenzentwicklung künftiger Lehrkräfte sei ein geeignetes Kriterium, um die Wirksamkeit der Lehrerbildung und den beruflichen Erfolg festzustellen bzw. vorherzusagen (z. B. Oser/ Oelkers 2001; Lipowsky 2003; KMK 2004; Allemann-Ghionda/ Terhart 2006; Hilligus/ Rinkens 2006; Hartig/ Klieme 2007; Lüders/ Wissinger 2007; Prenzel u. a. 2007; Blömeke u. a. 2008c; Frey 2008; Rothland/ Terhart 2009; Zlatkin-Troitschanskaia u. a. 2009; Gehrmann u. a. 2010; Maag Merki/ Werner 2011). Diese Beobachtung gilt jenseits der Fächer und Fachdidaktiken auch für den bildungswissenschaftlichen (erziehungswissenschaftlichen) Bereich. Ihm werden zumeist generelle (»überfachliche«) Kompetenzen zugeschrieben, die für das berufliche Handeln als Lehrperson ausschlaggebend sind. Die meisten Ansätze folgen zumindest implizit einer »Entwicklungsmetapher« (Gehrmann 2007a), gehen also von einem kumulativen Prozess des Erwerbs überfachlicher Kompetenzen in der Berufsbiografie von Lehrkräften aus. Die Kompetenzdebatte hat im erziehungswissenschaftlichen Diskurs seit der Jahrtausendwende eine Beachtung wie kaum ein anderes Themenfeld erfahren. Davon zeugen u. a. die Bei- und Sonderhefte der führenden erziehungswissenschaftlichen Zeitschriften, die zahlreichen Tagungen der DGfE zur Kompetenzfrage sowie die Einrichtung des Schwerpunktprogramms »Kompetenzdiagnostik« durch die DFG (Gräsel/ Krolak-Schwerdt 2009).

Allgemeiner Stand der Forschung

In der derzeitigen Forschung zur Kompetenz in Lehrerbildung und -beruf werden zunehmend pädagogisch-psychologische Kompetenzmodelle diskutiert (Schwindt u. a. 2009, S. 211-214). Ausgangspunkt ist die Annahme, Lehrkräfte würden berufsspezifische Kompetenzen benötigen, um alltägliche Anforderungen des Berufslebens bewältigen zu können. Solche Kompetenzen lassen sich in Lehr-Lern-Theorien beschreiben (Berliner 1987; Borko/ Livingston 1989; Seidel u. a. 2005) Bearbeitet werden sowohl mögliche theoretische Konzeptionen (strukturelle Komponente) als auch Möglichkeiten einer Modellierung des Kompetenzerwerbs (prozessorientierte Komponente).

Der (1) strukturelle Forschungsstrang geht von den komplexen Anforderungen des Berufs aus (vgl. 1.1.1, S. 14). Zentrale und zugleich schwierige Aufgabe von Lehrkräften ist es dann,

Lernprozesse zu initiieren und zu unterstützen. Die Unterrichtsforschung verweist auf förderliche Bedingungen wie eine transparente Zielorientierung, die Begleitung von Lehr-Lern-Prozessen und das Schaffen eines positiven Lernklimas (Shuell 1996; Helmke/Weinert 1997; Seidel/Shavelson 2007). Professionelle Lehrkräfte zeichnen sich dadurch aus, dass sie lernwirksamen Unterricht erkennen und beschreiben, die Bedeutung von Unterrichtssituationen für den weiteren Lehr-Lern-Prozess prognostizieren und das Unterrichtsgeschehen vor dem Hintergrund wissenschaftlicher Theorie und Empirie erklären können (Seidel/Prenzel 2007; Schwindt u. a. 2009). Der (2) prozessorientierte Forschungsstrang nimmt an, dass sich pädagogisch-psychologische Kompetenz schrittweise und kumulativ aufbaut (Hammerness u. a. 2002). Das Erklären von Unterrichtsprozessen setzt die Fähigkeit zur Vorhersage voraus – diese wiederum basiert auf der Fähigkeit zur Beschreibung. Lehrerkompetenz entwickelt sich daher in Ausbildung und Berufsleben von einer naiven Generalisierbarkeit hin zu einer differenzierten und wissensbasierten Wahrnehmung (Schwindt u. a. 2009, S. 214). Gearbeitet wird in der Forschung meist mit Videostudien, so etwa im Projekt *LUV – Lernen aus Unterrichtsvideos* (Prenzel/Seidel 2003; Seidel u. a. 2004) oder der *IPN-Videostudie* (Seidel u. a. 2006a; 2006b). Ergebnis ist exemplarisch, dass Schulinspektoren und erfahrene Lehrkräfte im Bereich des Erklärens und Vorhersagens höhere Kompetenzen erreichen, während Studierende Unterricht besser beschreiben können (Seidel/Prenzel 2007). Eine Anschluss-Studie *(OBSERVE)* wird durchgeführt (Schwindt u. a. 2009).

Der Schwerpunkt gegenwärtiger Forschung liegt allerdings auf inhaltlich-fachdidaktischen Studien, die beanspruchen, Aussagen über den Kompetenzerwerb oder die Kompetenzentwicklung Lehramtsstudierender auf Basis von Selbsteinschätzungen treffen zu können (z. B. Oser/Oelkers 2001; Baer/Fraefel 2003; Hoeltje u. a. 2003; Lipowsky 2003; Seipp 2003; Nolle 2004; Rauin/Maier 2005; Abs 2006; Arnold 2006; Bodensohn/Schneider 2006; Dörr/Küster 2006; Hascher 2006; Mayr 2006a; Schubarth u. a. 2006; Baer u. a. 2007; Gehrmann 2007a; Rauin/Meier 2007; Bodensohn/Schneider 2008; Frey 2008; Gröschner 2008; Müller 2010). Die Autoren der meisten Studien markieren aufgrund der subjektiven Selbsteinschätzungen die Grenze ihres Zuganges deutlich. Häufig werden Lehramtsstudierende nach der Einschätzung ihrer Fähigkeiten und Fertigkeiten entlang beruflicher Tätigkeiten gefragt, die sie selbst noch nicht ausgeführt haben (prospektive Kompetenzen). Es wird daher im Folgenden der Begriff »Kompetenzerwartungen« für jenes Konstrukt gewählt, das bislang in der Literatur zumeist als selbsteingeschätzte Kompetenz bezeichnet wurde. Kompetenzerwartungen verweisen auf die subjektive Einschätzung des eigenen Wissens und Könnens sowie auf den prospektiven und damit hypothetischen Charakter solcher Selbstauskünfte.

Aufgrund des Mangels an geeigneten Testverfahren für die Erfassung überfachlicher Fähigkeiten und Fertigkeiten und der mit ihrer Entwicklung und ihrem Einsatz verbundenen Unzulänglichkeiten ist wohl zu erklären, warum in der Lehrerbildungsforschung hinsichtlich der Erhebung überfachlicher Kompetenzen bislang fast ausschließlich die recht einfach und kostengünstig zu erfassenden Selbsteinschätzungen der Lehramtsstudierenden als methodischer Zugang gewählt wurden. Ein solcher Ansatz wurde prominent von Oser (2001) praktiziert (Zusammenfassungen bei: Gehrmann 2007a, S. 88-90; Rauin/Meier 2007, S. 103-107). Das Vorgehen verweist aber auf erhebliche methodische und inhaltliche Schwächen bei der Kompetenzselbsteinschätzung insgesamt und wurde daher eingehend diskutiert und kritisiert (z. B. Ostermeier/Prenzel 2002; Terhart 2002; Criblez 2003; Fuchs/Zutavern 2003; Strittmatter 2004; Herzog 2005; Terhart 2005; Mayr 2006b). Dennoch beziehen sich Anschlussstudien

explizit auf Osers Vorlage, etwa zum Berufsschulwesen in der Schweiz (Städeli 2003; Oser/
Renold 2005) oder für das deutsche Schulsystem die Studie von Seipp (2003). Zahlreiche weitere Studien (s. o.) nehmen mindestens implizit Bezug auf Osers Vorgehen, indem sie mit
Selbsteinschätzungen arbeiten. Baumert/Kunter (2006, S. 479) sprechen daher von einer hohen »Augenscheinvalidität« der von Oser umrissenen Kompetenzen. Es fehlt dem Modell
aber, wie die kritische Rezeption (Herzog 2005) und auch Oser selbst (2005) anmerken, insbesondere an der Rahmung durch eine Theorie professioneller Handlungskompetenz.

Dass ein Zusammenhang zwischen den erfassten Kompetenzerwartungen und den tatsächlichen Fähigkeiten und Fertigkeiten der Studierenden besteht, wird in den genannten Studien
nur selten in Frage gestellt. Dabei geht die methodische Diskussion zur Kompetenzmodellierung und -diagnostik viel weiter. Statt von Einzelbeobachtungen wird zunehmend von einer
Palette an Beobachtungen in variablen Situationen ausgegangen. Zumeist kommen standardisierte Testverfahren oder Videoanalysen zum Einsatz. Der Trend geht hin zu psychometri-
schen Modellen, die aus dem in der Testsituation beobachteten Verhalten (Performanz) auf
die zu erfassende (tatsächliche) Kompetenz schließen lassen (Klieme/Hartig 2007, S. 25).
Anwendung finden dabei häufig Modelle der *Item-Response-Theorie (IRT)*, die Zusammenhänge zwischen dem Lösungsverhalten bei der Testaufgabenbearbeitung und dem der Lösung zugrunde liegenden Dispositionsmerkmal beschreiben helfen (Hartig 2009). Weiterhin
erscheint der verstärkte Einsatz mehrdimensionaler Modelle notwendig, die das Zusammenspiel verschiedener zur Lösung einer Testaufgabe relevanter Merkmale modellieren können.
Neben der Frage nach geeigneten Modellen wird es zunehmend möglich, die Eigenschaften
der Testaufgaben bei der Kompetenzmessung zu berücksichtigen, denn die Lösungsanforde-
rungen sind nicht nur auf die Aufgabe selbst, sondern auch auf allgemeine Handlungsanfor-
derungen zu beziehen. Fachunabhängige Kompetenzen wie die bildungswissenschaftlichen
Fähigkeiten und Fertigkeiten weisen – wie auch nicht-kognitive Kompetenzfelder (z. B. »Soft-
Skills«) – eine hohe Komplexität auf und sind durch einfache Messmodelle nicht zu operationalisieren (Klieme/Hartig 2007, S. 26). Selbstregulative Fähigkeiten etwa erfordern häufig
eine Balance zwischen verschiedenen Verhaltensmustern und sind daher nicht einfach auf
einer Skala von starken und schwachen Ausprägungen (wie bei der IRT unterstellt) abzubilden (Maag Merki 2004). Kategoriale Modelle oder Mischverteilungsmodelle (Rost 1996)
könnten hier eventuell eine passgenauere Modellierung ermöglichen.

Geeignete Instrumentarien für eine solide Erfassung pädagogischen Wissens lagen zum
Zeitpunkt der Durchführung der Erhebungswellen noch nicht vor. Erste Versuche einer präzisen Messung erziehungswissenschaftlichen Wissens wurden im Rahmen der Studie *Mathematics Teaching in the 21st Century (MT21)* vorgenommen (Blömeke u. a. 2008c). Zentrale
Schwierigkeit dabei ist es, dass die Definition erziehungswissenschaftlichen Wissens und dessen Abgrenzung von anderen Wissensdomänen oder Überzeugungen und Werthaltungen
schwer fällt (Blömeke u. a. 2008c, S. 172). Erst in einer konkreten Handlungssituation (z. B.
Planung und Durchführung von Unterricht) wird deutlich, ob und in welchem Maße erziehungswissenschaftliches Wissen eine berufsrelevante Bedeutung erfährt. Aufgrund der internationalen Vergleichbarkeit wird erziehungswissenschaftliches Wissen in dieser Studie über
allgemeindidaktische, pädagogisch-psychologische und bildungssoziologische Aspekte sowie
die zugehörigen Indikatoren Unterrichtsplanung, Lernzielkontrolle und Umgang mit sozialer
Ungleichheit erfasst. Diese starke Eingrenzung des Spektrums erziehungswissenschaftlicher
Facetten der Lehrerbildung erscheint aufgrund der Komplexität der Erfassung notwendig (of-

fene Fragen statt multiple-choice). Ein weiteres Problem ergibt sich beim »Rating« der Antworten, da »richtig« oder »falsch« bzw. eine stärkere oder schwächere Ausprägung erziehungswissenschaftlichen Wissens eine normative Setzung verlangen, die häufig nur schwer, oftmals auch gar nicht zu treffen ist (ebd., S. 175). Bewertet wurden schließlich die Breite und Tiefe deklarativen und prozeduralen Wissens sowie die Kohärenz der Argumentation bzw. die Verwendung von Fachsprache (ebd., S. 188). Die drei Dimensionen korrelieren nur schwach – ein Hinweis auf das in den traditionellen Lehrerbildungsstrukturen (noch) weitgehend fehlende Kerncurriculum und die Vielgestaltigkeit der Inhalte pädagogischer Studien in der Lehrerbildung. Außerdem ist entlang der drei Bereiche die längsschnittliche Zunahme des Wissens vom Studienbeginn über das Hauptstudium bis zum Referendariat zu beobachten (Blömeke u. a. 2008, S. 322). Die Daten sind allerdings insofern nur eingeschränkt interpretierbar, als dass es sich um keinen echten Längsschnitt handelt, sondern um den Vergleich dreier Kohorten, die querschnittlich untersucht wurden; Drittvariablen können daher nicht ausreichend kontrolliert werden.

Bei vergleichbarem Umfang erziehungswissenschaftlicher Studienanteile der im Rahmen der Studie MT21 untersuchten Lehramtsstudiengänge zeigen die GS-, HS- und RS-Studierenden ein substanziell ausgeprägteres erziehungswissenschaftliches Wissen, insbesondere ein umfangreicheres pädagogisch-psychologisches Wissen (Blömeke u. a. 2008b, S. 212). Die Autorinnen vermuten, dass die GHS-Lehrerbildung praxisnäher angelegt ist und die Studierenden hier von zusätzlichen erziehungswissenschaftlichen Lehrangeboten Gebrauch machen. Für den Bereich der Allgemeinen Didaktik lassen sich keine Lehramtsunterschiede feststellen, bezüglich der Bildungssoziologie haben die GY- und Gesamtschulstudierenden einen leichten Vorsprung. Die untersuchten Referendarinnen weisen ein ausgeprägteres erziehungswissenschaftliches Wissen auf als Referendare. Es zeigen sich außerdem Zusammenhänge zwischen erziehungswissenschaftlichem Wissen und Überzeugungen: Studierende mit höherem allgemeindidaktischen und pädagogisch-psychologischen Wissen teilen auch eine stärkere Orientierung an neuen (differenzierenden) Lernformen (ebd., S. 214). Dies geht einher mit der höheren pädagogisch-intrinsischen Motivation weiblicher Befragter.

Ausgehend von diesen Vorarbeiten und Erfahrungen wurde die Entwicklung eines Tests zur Erfassung erziehungswissenschaftlichen Wissens weiter vorangetrieben (König u. a. 2008; König/Blömeke 2009; König u. a. 2010). Das Instrument ist insofern richtungweisend, als es die Erfassung erziehungswissenschaftlichen Wissens methodisch anschlussfähig macht an die hoch entwickelten Instrumente in der fachdidaktischen Forschung, etwa zur Diagnose mathematischer Kompetenz und Lesekompetenz, wie sie u. a. in den großen Schulleistungsvergleichsstudien Anwendung finden (z. B. Baumert u. a. 2001; Prenzel u. a. 2007a). Dies bedeutet Innovation für den Bereich der Erfassung bildungswissenschaftlicher Kompetenzen.

Die Absicht, Testverfahren auch jenseits vergleichsweise einfach zu überprüfender kognitiver Kompetenzen wie in Mathematik oder zur Lesekompetenz zu entwickeln, war längst überfällig. Das Problem der Anwendung eines solchen Instrumentariums liegt aber darin, dass aus zeitökonomischen Gründen nur wenige Wissensbereiche abgefragt werden können. Der Test muss daher auf das abgestimmt sein, was tatsächlich Gegenstand von Lehrveranstaltungen und/oder Selbststudium war. Für eine Anwendung in der vorliegenden Studie, die sich über mehrere Hochschulen und verschiedene Curricula erstreckt, wäre das Verfahren daher nur bedingt zu gebrauchen. Eine Adaption ginge zu Lasten der Testgüte und Vergleichbarkeit. Es muss sich zeigen, ob die Debatte um ein Kerncurriculum Erziehungswissenschaft (Wigger/ Horn 2002; DGfE 2010) künftig Wissensbereiche identifizieren lässt, die so elementar sind, dass die mit ihnen verbundenen kognitiven Kompetenzen hochschul- und lehramtsübergreifend als Teil des Curriculums vorausgesetzt werden können.

Forschung mittels Selbsteinschätzungen

In Bezug auf die Selbsteinschätzung der eigenen Kompetenz unter Lehramtsstudierenden des ersten Semesters ist eine hohe Selbstüberschätzung zu erwarten. Eine Studie unter 212 Erstsemestern aus Innsbruck zeigt etwa, dass diese bereits zu Studienbeginn glauben, hinsichtlich der Unterrichtsgestaltung mindestens ebenso gut unterrichten zu können wie die Lehrkräfte, von denen sie kürzlich noch selbst als Schüler unterrichtet wurden (Hartmann/ Weiser 2007). Vergleichbar hohe Selbstüberschätzungen der eigenen Kompetenz finden sich zu Studienbeginn wohl in keiner anderen Disziplin. Die hohe eigene Kompetenzerwartung ist daher sicherlich zunächst eine berufsspezifische Besonderheit. Eine mögliche Erklärung hierfür könnte sein, dass Abiturienten bislang keinem anderen Beruf – nicht einmal dem der Eltern – in vergleichbar intensiver Weise begegnet sind. Auch das eher schlechte Image des Lehrerberufs in der Öffentlichkeit und die teils schlechten Erfahrungen aus 13 Jahren Schule mögen, um das eigene Selbstwertgefühl zu erhalten, Studierende veranlassen zu glauben, sie könnten selbst besser unterrichten als ihre eigenen Lehrer.

Entscheidender für die Selbstüberschätzung ist aber wohl ein berufsunspezifisches Phänomen, die Beobachtung, dass Personen mit geringerem Wissensstand annehmen, sie wüssten mehr als jene, die über mehr Wissen verfügen. Inkompetente Personen überschätzen ihre eigenen Fähigkeiten, nehmen die Kompetenz anderer nicht ausreichend wahr und sind sich so ihrer eigenen Inkompetenz kaum bewusst. Dieses Phänomen konnte in mehreren Experimenten (z. B. zur Selbsteinschätzung grammatikalischer Fähigkeiten bei Studierenden) repliziert werden und wird als »Dunning-Kruger-Effekt« bezeichnet (Kruger/ Dunning 1999). Vergleichbare Überschätzungen der eigenen Kompetenz beobachten Fitzgerald u. a. (2003) bezüglich Medizinstudierender bei der Lösung fachlicher Aufgaben. In beiden Fällen erweisen sich die Selbstüberschätzungen als relativ stabil – erst ein intensives Training zur Steigerung der jeweiligen Fähigkeiten führte zu einer Annäherung von realer Kompetenz und deren Selbsteinschätzung. So beobachten Hartmann/ Weiser (2007), dass die von ihnen untersuchten Lehramtsstudierenden nach ihren ersten schulpraktischen Erfahrungen ihre eigene Kompetenz geringer einschätzen als zuvor, vermutlich weil sie sich ihrer eigenen Inkompetenz während des Praktikums bewusst werden und daher ihre Selbsteinschätzung korrigieren.

Ein möglicher Erklärungsversuch für dieses Phänomen scheint das *Modell der unbewussten Inkompetenz* (Howell/ Fleishman 1982) zu sein. Auch beobachten Marlovits/ Schratz (2003) anhand ihrer morphologischen Analyse eine gewisse »Unbelehrbarkeit« der Studierenden zu Beginn ihres Studiums. Diese würden ihre Entwicklung als abgeschlossen ansehen und erwiesen sich als stark veränderungsresistent. Offensichtlich fehle ihnen der Blick für die Komplexität der Aufgaben und Anforderungen im Lehrerberuf. Sie würden Unterrichtsqualität diffus definieren und einer erfolgreichen Lehrkraft insbesondere die Fähigkeiten und Fertigkeiten zuschreiben, die sie selbst gut beherrschten (z. B. rhetorische Gewandtheit). Erst durch die Konfrontation mit den eigenen Defiziten (z. B. im Praktikum) werde den Studierenden ihre Inkompetenz bewusst – nach andauerndem Training spezifischer Fähigkeiten und Fertigkeiten nehme die tatsächliche Kompetenz zu und es könne von einer »bewussten Kompetenz«

gesprochen werden. Schließlich würden die erworbenen Fähigkeiten so verinnerlicht (Routine), dass sich eine »unbewusste Kompetenz« einstelle. Der Weg von einer unbewussten Inkompetenz zu einer unbewussten Kompetenz erweist sich nach diesem Modell als langwieriger Prozess der Kompetenzaneignung und -reflexion.

Anderen Studien zufolge ist die Kompetenzeinschätzung Lehramtsstudierender schon zu Studienbeginn durchaus realistisch (vgl. die meisten der zu Kapitelbeginn angeführten Untersuchungen). Es ist unwahrscheinlich, dass der Dunning-Kruger-Effekt bei allen diesen Studien nur aufgrund methodischer Unzulänglichkeiten ausbleibt. Für Forschungsansätze zur Selbsteinschätzung von Kompetenzen in der Anfangsphase der Lehrerbildung lässt sich kein generell zu beobachtender Trend einer Kompetenzzunahme oder -abnahme feststellen – zumindest sind die Untersuchungen in erheblichem Maße von den regional und international stark unterschiedlichen Lehrerbildungssystemen abhängig. Für die Mehrzahl der auf Selbsteinschätzungen basierenden Studien im deutschsprachigen Raum lässt sich aber ein längsschnittlicher Zuwachs der Kompetenzerwartungen konstatieren.

Operationalisierung

Der Forschungsstand weist auf etliche methodische Probleme der aktuellen Praxis einer Erfassung überfachlicher Kompetenzen hin. Diese Herausforderungen und eine mögliche Perspektive der Forschung mittels Selbsteinschätzungen werden später ausführlich diskutiert (vgl. 4.4.2, S. 386). Nachfolgend soll nun zunächst ein traditionelles Selbsteinschätzungsverfahren dargelegt werden.

Die Operationalisierung des Interesses an beruflichen Tätigkeiten (IBT) und der berufsspezifischen Kompetenzerwartungen (KOM) erfolgt entlang beruflicher Tätigkeitsbereiche. Die Erstsemester wurden gefragt, wie gerne sie verschiedene Tätigkeiten im Lehrerberuf vermutlich einmal ausführen werden und – in einem zweiten Schritt – wie gut sie diese Tätigkeiten bereits heute beherrschen. Zu t_2 wurde die zweite Teilfrage erneut gestellt. Die Frage nach »wie gerne« gibt Auskunft über das *Interesse* der Studierenden an den Tätigkeiten, »wie gut« zielt auf die subjektive Einschätzung der *Kompetenzerwartung* entlang der Tätigkeiten.

Bei der Erstellung eines Instruments zur Erfassung der Kompetenzerwartungen war der Wunsch leitend, die mit dem Lehrerberuf verbundenen überfachlichen Anforderungen möglichst breit abzubilden. Dies machte eine Zusammenschau verschiedener überfachlicher Kompetenzmodelle (Mayr 1998b; Oser/ Oelkers 2001; Lipowsky 2003; KMK 2004) notwendig. Auf Basis der Vorlagen wurden elf zentrale überfachliche Tätigkeitsbereiche im Lehrerberuf identifiziert: Unterricht planen und gestalten (UPG); Verhalten kontrollieren (VKO); Konflikte lösen (KOL); auf individuelle Bedürfnisse eingehen (ABE); Kommunizieren, Interagieren und Kooperieren (KIK); soziale Beziehungen schätzen und fördern (BSF); Werte vermitteln (WVE); Diagnostizieren und Beraten (DUB); Unterricht und Schule analysieren und weiterentwickeln (USA); sich selbst organisieren (SSO), sich fortbilden und informieren (FUI). Jede Subskala wurde durch jeweils drei Items operationalisiert (vgl. Tabelle 111). Diese Beschränkung ist Folge einer Setzung, um das Instrument knapp und handhabbar zu gestalten. Wo in den Originalen skalenstatistische Angaben vorlagen, wurde die Itemtrennschärfe für die Auswahl der Items herangezogen. Waren solche Angaben nicht verfügbar, wurde nach semantischen Kriterien der Formulierungen ausgewählt. In der Darstellung wird den Interessen (IBT) bei Differenzierung nach Tätigkeitsbereichen der Buchstabe »a« angehängt

(z. B. UPGa), Kompetenzerwartungen (KOM) der Buchstabe »b« (z. B. UPGb) und dem gefühlten längsschnittlichen Kompetenzzuwachs (KZW) der Buchstabe »c« (z. B. UPGc).

Tabelle 111: Interessen und Kompetenzerwartungen (t_1/t_2)

IBT/KOM/KOM2 (N_{t1}=479-492; N_{t2}=406-409)	a) Wie gerne? (t_1)		b) Wie gut? (t_1)		b) Wie gut? (t_2)	
	M	SD	M	SD	M	SD
UPG 1 komplexe Themen für Schüler verständlich aufbereiten	5.95	1.06	4.62	1.25	5.20	1.02
2 Unterricht methodisch abwechslungsreich gestalten	6.33	0.96	4.54	1.36	5.33	1.14
3 Medien sinnvoll einsetzen (Auswahlkriterien, Umsetzung)	6.08	0.99	4.74	1.35	5.34	1.07
VKO 4 verschiedene Formen der Leistungsbeurteilung anwenden	5.40	1.32	3.53	1.48	4.07	1.50
5 die Schüler dazu bewegen, die Regeln der Schule einzuhalten	4.88	1.40	4.18	1.40	4.92	1.15
6 Schülerarbeiten (Klassenarbeit, Hausaufgabe etc.) korrigieren	5.05	1.52	4.47	1.61	4.85	1.67
KOL 7 Disziplinprobleme im Unterricht lösen	4.52	1.54	3.97	1.43	4.70	1.24
8 Konfliktlösungs-Strategien anwenden	5.29	1.32	4.07	1.53	4.59	1.34
9 außenstehende Experten (Beratungsstellen, Schulpsychologen etc.) einbinden	4.79	1.59	3.33	1.56	4.25	1.67
ABE 10 individuelle Aufgaben für lernschwache Schüler entwickeln	5.87	1.15	4.04	1.61	4.85	1.36
11 verschiedene Lernstrategien vermitteln	5.95	1.06	4.11	1.47	4.89	1.20
12 Kinder mit Außenseiterrolle (Behinderungen, Immigranten) in die Klasse integrieren	6.21	1.02	4.51	1.52	4.88	1.32
KIK 13 Unterrichts-, Eltern- und Beratungsgespräche führen	5.14	1.50	3.87	1.66	4.52	1.65
14 im Kollegium zusammenarbeiten	6.18	0.91	5.04	1.52	5.36	1.31
15 Netzwerke aufbauen (Kontakte zu sozialen Einrichtungen, Schule öffentlich präsentieren etc.)	5.35	1.44	4.04	1.57	4.69	1.54
BSF 16 Interesse an der Lebenswelt der Schüler zeigen (Pausengespräche etc.)	6.21	0.98	5.48	1.39	6.01	0.96
17 Schüler bei der Planung von Aktivitäten mitentscheiden lassen	6.30	0.88	5.22	1.36	5.80	1.02
18 zum Lernen motivieren	6.13	0.94	4.75	1.33	5.49	0.91
WVE 19 demokratische Werte bewusst vertreten	5.72	1.20	4.71	1.43	5.49	1.19
20 Wertebewusstsein und Verantwortungsbereitschaft anregen	6.28	0.87	4.94	1.25	5.64	0.97
21 zum selbstbestimmten Urteilen und Handeln erziehen	6.19	0.93	4.55	1.27	5.45	1.09
DUB 22 Leistungsstärken und -schwächen der Schüler erkennen	6.07	1.01	4.46	1.47	5.38	1.11
23 Entscheidungshilfen für die Schullaufbahn geben (Fächerwahl, Schulwechsel etc.)	5.66	1.28	3.92	1.59	4.60	1.47
24 Schüler/Eltern bei Gefährdungen (Gewalt, Drogen etc.) beraten	5.37	1.42	3.51	1.64	4.14	1.65
USA 25 Evaluationsmethoden und -verfahren anwenden	4.77	1.43	3.22	1.44	4.12	1.42
26 Formen der Schulentwicklung umsetzen	5.00	1.18	3.25	1.43	4.10	1.39
27 das eigene Unterrichtsverhalten kontrollieren	5.46	1.19	3.75	1.53	5.04	1.15
SSO 28 Aufgaben effektiv organisieren (Unterrichtsplanung, Schulaktivitäten etc.)	6.04	0.99	4.53	1.53	5.32	1.13
29 sich Informationen beschaffen (Unterrichtsmaterial, Bildungspläne, Verordnungen etc.)	5.63	1.31	4.74	1.49	5.79	0.94
30 mit der eigenen Arbeitskraft ökonomisch umgehen können (Schutz vor »Burnout« etc.)	5.56	1.31	3.79	1.59	4.54	1.41
FUI 31 Fortbildungsangebote auswählen und wahrnehmen	6.10	1.03	4.51	1.59	4.93	1.46
32 den aktuellen Stand der Wissenschaft zur Kenntnis nehmen	5.68	1.19	4.42	1.42	4.85	1.32
33 mich über das Weltgeschehen (Politik etc.) informieren	5.50	1.43	4.66	1.64	5.02	1.51

Frage: Stellen Sie sich nun bitte vor, Sie wären bereits Lehrerin bzw. Lehrer. a) Wie gerne werden Sie diese Tätigkeiten als Lehrerin oder Lehrer vermutlich einmal ausführen? b) Wie gut beherrschen Sie diese Tätigkeiten bereits heute? *Skala:* a) 1=sehr ungerne; 7=sehr gerne; b) 1=überhaupt nicht gut; 7=sehr gut.

Prospektive Kompetenzerwartungen im Sinne der vorliegenden Selbsteinschätzungen sind zwar keine gemessenen oder beobachteten Fähigkeiten und Fertigkeiten (vgl. 4.4.2, S. 386),

sie verweisen aber auf das Selbstkonzept der Lehramtsstudierenden. Die elf Kompetenzbereiche sind, wie auch in anderen Studien zur Einschätzung berufsspezifischer Interessen und
Kompetenzerwartungen, nicht faktorenanalytisch replizierbar – hierzu wäre wohl eine Zuspitzung auf detailliertere, insbesondere kognitive Kompetenzen notwendig. Sie dienen in
ihrem überfachlichen Anspruch als inhaltliche Gliederungshilfe. Daher werden, semantisch
und unter Verweis auf die oben genannten Originalskalen gerechtfertigt, Indizes über die
Subskalen berechnet. Die internen Konsistenzen liegen angesichts der Kürze der Skalen (je
drei Items) im akzeptablen bis guten Bereich (vgl. Tabelle 112; Tabelle 113).

Interesse an beruflichen Tätigkeitsbereichen

Das insgesamt stärkste Interesse zeigen die Lehramtsstudierenden am Fördern sozialer Beziehungen, gefolgt vom Planen und Gestalten von Unterricht sowie dem Vermitteln von
Werten (vgl. Tabelle 112). Auch das Eingehen auf individuelle Bedürfnisse erfährt ein starkes
Interesse. In eine zweite Gruppe lassen sich die Bereitschaft zur Fortbildung und Information, zur Selbstorganisation und zum Diagnostizieren und Beraten fassen. Ein geringeres Interesse besteht am Kommunizieren, Interagieren und Kooperieren. Die Schlussgruppe bilden
das Kontrollieren von Verhalten, das Analysieren und Weiterentwickeln von Unterricht und
Schule sowie das Konfliktlösen.

Tabelle 112: Interesse an beruflichen Tätigkeitsbereichen (t_1)

IBT (N=489-492)		GH	RS	GY	SP	w	m	LA	
Code	Skala	M	M	M	M	M	M	M	SD
UPGa	Unterricht planen und gestalten (α=.55)	6.11	6.04	6.19	6.08	6.17	5.86	6.12	0.74
VKOa	Verhalten kontrollieren (α=.54)	5.09	5.24	5.21	4.70	5.12	5.07	5.11	1.03
KOLa	Konflikte lösen (α=.67)	4.90	4.95	4.67	5.14	4.89	4.71	4.87	1.15
ABEa	auf individuelle Bedürfnisse eingehen (α=.71)	6.06	5.94	5.82	6.45	6.11	5.44	6.01	0.86
KIKa	Kommunizieren/Interagieren/Kooperieren (α=.60)	5.51	5.59	5.59	5.55	5.56	5.48	5.55	0.98
BSFa	soziale Beziehungen schätzen und fördern (α=.64)	6.24	6.18	6.20	6.26	6.25	6.02	6.22	0.71
WVEa	Werte vermitteln (α=.68)	6.02	5.88	6.21	6.10	6.07	6.03	6.06	0.79
DUBa	Diagnostizieren und Beraten (α=.68)	5.62	5.66	5.88	5.50	5.72	5.57	5.70	0.97
USAa	Unterricht/Schule analysieren/weiterentwick. (α=.73)	5.01	5.02	5.23	4.99	5.09	5.01	5.08	1.02
SSOa	sich selbst organisieren (α=.62)	5.70	5.77	5.80	5.71	5.77	5.62	5.74	0.91
FUIa	sich fortbilden und informieren (α=.61)	5.60	5.86	6.00	5.52	5.75	5.81	5.76	0.92

Anmerkung: Instruktion und Frage: siehe Tabelle 111, S. 378.

Es zeigt sich eine substanzielle Lehramtsabhängigkeit des Interesses am Eingehen auf individuelle Bedürfnisse, welches unter SP-Studierenden am deutlich stärksten, bei GY-Studierenden am schwächsten ausgeprägt ist (ABE: η^2=.045***). Im Gegenteil geben GY-Studierende
eher an, sich gerne fortbilden und informieren zu wollen – ein Anliegen, das über das RS-
und GH- bis hin zum SP-Lehramt kontinuierlich abnimmt (FUI: η^2=.042***). Verhalten kontrollieren werden RS- und GY-Studierende vermutlich lieber als GH- und SP-Studierende
(VKO: η^2=.023**). GY-Studierende haben größeres Interesse am Vermitteln von Werten als
Studierende des SP-, GH- und insbesondere des RS-Lehramts (WVE: η^2=.021*). Es erstaunt,
dass gerade die künftigen SP-Lehrkräfte am wenigsten gerne diagnostizieren und beraten

(DUB: $\eta^2=.018^*$). Sie besitzen zugleich aber das größte Interesse am Konfliktlösen, während dieses unter GY-Studierenden am schwächsten ausgeprägt ist (KOL: $\eta^2=.017^*$).

Im direkten Vergleich der Ausbildungsinstitutionen zeigt sich insbesondere, dass die Bereitschaft zur Fortbildung unter Uni-Studierenden substanziell stärker ausgeprägt ist als an den PHs (FUI: $\eta^2=.030^{***}$; $M_{PH}=5.66$; $M_{UN}=6.00$). PH-Absolvierende werden vermutlich aber lieber auf individuelle Bedürfnisse eingehen (ABE: $\eta^2=.020^{**}$; $M_{PH}=6.09$; $M_{UN}=5.82$). Nach eigener Auskunft werden Uni-Studierende eher Werte vermitteln (WVE: $\eta^2=.015^{**}$; $M_{PH}=6.00$; $M_{UN}=6.21$) sowie diagnostizieren und beraten (DUB: $\eta^2=.016^{**}$; $M_{PH}=5.62$; $M_{UN}=5.88$). Das Konfliktlösen gehört stärker zum Selbstbild der PH-Studierenden (KOL: $\eta^2=.013^{***}$; $M_{PH}=4.95$; $M_{UN}=4.67$).

Signifikante Fachunterschiede zeigen sich nicht, wohl aber geben weibliche Studierende deterministisch stärker an, lieber auf individuelle Bedürfnisse eingehen zu wollen (ABE: $\eta^2=.083^{***}$). Auch Unterrichtsplanung und -gestaltung wird von Studentinnen deutlicher präferiert (UPG 1: $\eta^2=.023^{**}$). Unter ihnen besteht eine im Vergleich zu ihren Kommilitonen stärkere Tendenz, soziale Beziehungen schätzen und fördern zu wollen (BSF: $\eta^2=.014^{**}$).

Kompetenzerwartungen entlang beruflicher Tätigkeitsbereiche

Nach ihrer Selbsteinschätzung können die befragten Lehramtsstudierenden zu Beginn ihres Studiums am besten bereits soziale Beziehungen fördern und schätzen (vgl. Tabelle 113). Ebenfalls kompetent schätzen sich die Erstsemester hinsichtlich des Vermittelns von Werten, der Planung und Gestaltung von Unterricht sowie der Fähigkeit, sich fortzubilden und zu informieren ein. Annähernd neutral bewerten sie ihre Fähigkeiten und Fertigkeiten in Bezug auf ihre Selbstorganisation, das Eingehen auf individuelle Bedürfnisse, auf die Kontrolle von Schülerverhalten sowie in diagnostischer und beratender Hinsicht. Eher inkompetent sehen sie sich mit Blick auf das Lösen von Konflikten.

Tabelle 113: Kompetenzerwartungen entlang beruflicher Tätigkeitsbereiche (t_1)

KOM (N=484-491) Code Skala	GH M	RS M	GY M	SP M	w M	m M	LA M	SD
UPGb Unterricht planen und gestalten ($\alpha=.65$)	4.55	4.63	4.86	4.32	4.68	4.39	4.63	1.01
VKOb Verhalten kontrollieren ($\alpha=.65$)	4.13	3.96	4.12	3.78	4.07	3.97	4.06	1.15
KOLb Konflikte lösen ($\alpha=.72$)	3.78	3.74	3.80	3.92	3.80	3.74	3.79	1.21
ABEb auf individuelle Bedürfnisse eingehen ($\alpha=.72$)	4.14	4.26	4.25	4.40	4.29	3.86	4.22	1.23
KIKb Kommunizieren/Interagieren/Kooperieren ($\alpha=.74$)	4.15	4.33	4.49	4.39	4.34	4.15	4.31	1.29
BSFb soziale Beziehungen schätzen und fördern ($\alpha=.71$)	5.05	5.12	5.28	5.24	5.19	4.94	5.15	1.09
WVEb Werte vermitteln ($\alpha=.74$)	4.70	4.60	4.92	4.57	4.74	4.70	4.73	1.07
DUBb Diagnostizieren und Beraten ($\alpha=.77$)	3.85	4.02	4.20	3.65	3.94	4.11	3.96	1.30
USAb Unterricht/Schule analysieren/weiterentwick. ($\alpha=.79$)	3.27	3.44	3.66	3.21	3.40	3.46	3.41	1.23
SSOb sich selbst organisieren ($\alpha=.61$)	4.20	4.46	4.61	4.04	4.35	4.36	4.35	1.16
FUIb sich fortbilden und informieren ($\alpha=.57$)	4.40	4.62	4.80	4.15	4.48	4.83	4.53	1.14

Anmerkung: Instruktion und Frage: siehe Tabelle 111, S. 378.

Zwischen den Lehrämtern schätzen GY-Studierende ihre Fortbildungsbereitschaft und ihre Fähigkeit zur Informationsbeschaffung am größten ein (FUI: $\eta^2=.036^{**}$), was auch für die Selbstorganisationskompetenz gilt, die ebenfalls über RS- und GH-Studierende bis hin zu den

SP-Erstsemestern kontinuierlich abnimmt (SSO: $\eta^2=.032^{**}$). Ähnliche Stufenverhältnisse zeigen sich in Bezug auf die Fähigkeit zur Analyse und Weiterentwicklung von Unterricht und Schule (USA: $\eta^2=.021^*$) sowie hinsichtlich der Diagnose- und Beratungskompetenz (DUB: $\eta^2=.020^*$). Im Vergleich der Institutionen lassen sich die Beobachtungen des Lehramtsvergleichs replizieren. Hinsichtlich der Skalen UPG ($\eta^2=.022^{**}$; $M_{PH}=4.54$; $M_{UN}=4.86$), FUI ($\eta^2=.024^{**}$; $M_{PH}=4.42$; $M_{UN}=4.80$) und SSO ($\eta^2=.022^{**}$; $M_{PH}=4.24$; $M_{UN}=4.61$) liegen die GY-Studierenden deutlich vor den Befragten der PHs. Längsschnittlich muss geklärt werden, ob die höchst abstrakten Kompetenzerwartungen eine Verbindung zur tatsächlichen Kompetenz im Lehrerhandeln aufweisen werden oder ob sich die GY-Studierenden lediglich als die Befragten mit höchstem Selbstbewusstsein hinsichtlich ihrer ins Studium mitgebrachten Fähigkeiten und Fertigkeiten erweisen (vgl. 4.1.2, S. 287).

Entsprechend dem stärkeren Interesse von Studentinnen am Eingehen auf individuelle Bedürfnisse schätzen sie diesbezüglich auch ihre Kompetenz höher ein als ihre Kommilitonen ($\eta^2=.016^{**}$; $M_w=4.29$; $M_m=3.86$). Allenfalls tendenziell lässt sich die höhere Kompetenzeinschätzung der Studentinnen bezüglich des Planens und Gestaltens von Unterricht fassen ($\eta^2=.011^*$; $M_w=4.68$; $M_m=4.39$), während die Lehramtsstudenten ihre Fähigkeit, sich fortzubilden und zu informieren etwas höher beurteilen ($\eta^2=.013^*$; $M_w=4.48$; $M_m=4.83$). Ältere Studierende haben ein geringeres Vertrauen in die eigene Kompetenz der Planung und Gestaltung von Unterricht ($\eta^2=.030^{**}$; $M_{19.}=4.96$; $M_{26+}=4.32$).

Nicht zuletzt stehen auch die pädagogischen Vorerfahrungen (vgl. 3.4.1, S. 199) in einem zumindest leichten Zusammenhang mit den Kompetenzerwartungen zu Beginn des Studiums (berichtet werden Korrelationen $r\geq.15$). Wer bereits für Gruppen von Kindern oder Jugendlichen Freizeitaktivitäten gestaltet hat, sieht sich eher in der Lage, Konflikte zu lösen (PVO_4/KOL: $r=.19^{***}$). Besser kommunizieren, interagieren und kooperieren meinen Studierende zu können, die vor Studienbeginn häufiger einzelne Kinder betreut haben (PVO_1/KIK: $r=.17^{***}$) oder Gruppen von Kindern unterrichtet oder trainiert haben (PVO_10/KIK: $r=.17^{***}$). Wer öfter Gruppen betreut hat, erachtet seine Fähigkeit, soziale Beziehungen zu schätzen und fördern als größer (PVO_7/BSF: $r=.16^{**}$) und kann sich auch besser selbst organisieren (PVO_7/SSO: $r=.18^{***}$). Wer einzelne Kinder häufiger betreut hat, dem fällt es leichter, Werte zu vermitteln (PVO_1/WVE: $r=.15^{**}$).

Längsschnittliche Veränderung der Kompetenzerwartungen

Die längsschnittliche Veränderung der Kompetenzerwartungen ist deshalb besonders interessant, weil sich in ihr widerspiegeln könnte, welche Leistung die Befragten ihrem Studium in den einzelnen Bereichen zuschreiben. In diesem Verständnis setzen eine Reihe von Studien zur selbsteingeschätzten Kompetenz das Ausmaß der Änderungen auch mit einem tatsächlichen Zuwachs an Performanz gleich (s.o.). Aufgrund der begrenzten Aussagekraft von Selbsteinschätzungen erscheint dies so zwar nicht möglich, die Änderungen in den Kompetenzerwartungen können aber als Indikator dafür gelesen werden, ob sich die Studierenden zunehmend selbst in der Lage sehen, die jeweiligen Tätigkeiten im Beruf kompetent auszuführen. Die Zunahme ist dabei vermutlich auf eine verstärkte Konfrontation der Befragten mit den jeweiligen Aufgabenbeschreibungen im Studium zurückzuführen.

Zunächst fällt eine generelle Kompetenzzunahme auf, die entlang aller Subskalen höchst signifikant ist (vgl. Tabelle 114). Diese Beobachtung deckt sich mit den Ergebnissen anderer

Studien zur Kompetenzselbsteinschätzung durch Lehramtsstudierende (Fraefel/ Baer 2006; Müller 2010, S. 286). Der Dunning-Kruger-Effekt (s. o.), wonach Novizen in verschiedenen Berufsfeldern ihre eigene Kompetenz höher einschätzen als Fortgeschrittene, zeigt sich keineswegs. Offenbar wird im Gegenteil eine Steigerung eigener Fähigkeiten und Fertigkeiten, zumindest aber eine höhere Identifikation mit den kommenden beruflichen Anforderungen wahrgenommen. Der größte Zuwachs an Kompetenzerwartungen ergibt sich bezüglich des Konfliktlösens (KOL), des Kontrollierens von Verhalten (VKO) und des Kommunizierens und Interagierens (KIK). Die stärksten Veränderungen stellen sich also entlang von Tätigkeiten ein, die zu Studienbeginn eher weniger im Interesse der Studierenden lagen (vgl. Abbildung 27, S. 385). Gerade dort wird offenbar durch das Studium ein Lernzuwachs bzw. Interessenzuwachs erreicht. Die mit Abstand geringste Steigerung der Kompetenzerwartung ergibt sich bezüglich des Planens und Gestaltens von Unterricht (UPG). Dies ist deshalb erstaunlich, weil gerade an den Pädagogischen Hochschulen in den ersten Semestern durch Lehrveranstaltungen zur Unterrichtsplanung und im Rahmen erster Praktika besonderer Wert auf diesen Bereich gelegt wird. Die gefühlte Kompetenzentwicklung scheint daher offenbar auch von den individuellen Voraussetzungen und nicht nur von den institutionellen Maßnahmen bestimmt zu sein. Diese Vermutung macht einen Vergleich der Ausbildungssysteme notwendig (vgl. Abbildung 27). Die längsschnittliche Steigerung der Kompetenzerwartungen – am Beispiel der Planung und Gestaltung von Unterricht (UPG) – fällt an den Pädagogischen Hochschulen stärker aus als an Universitäten. Die institutionellen Unterschiede der Curricula haben offenbar einen, wenngleich moderaten Einfluss auf die Entwicklung der Kompetenzerwartungen.

Tabelle 114: Kompetenzerwartungen im Längsschnitt (t$_1$/ t$_2$)

KOM/ KOM2 (N = 396-401)		M$_{t1}$	M$_{t2}$	M$_{Diff}$	T	p
UPGb	Unterricht planen und gestalten	4.52	4.91	-0.39	-6.37	.000
VKOb	Verhalten kontrollieren	4.34	5.21	-0.86	-15.06	.000
KOLb	Konflikte lösen	3.45	4.42	-0.97	-13.72	.000
ABEb	auf individuelle Bedürfnisse eingehen	3.96	4.69	-0.73	-10.36	.000
KIKb	Kommunizieren/ Interagieren/ Kooperieren	4.72	5.52	-0.80	-14.10	.000
BSFb	soziale Beziehungen schätzen und fördern	5.16	5.76	-0.60	-10.41	.000
WVEb	Werte vermitteln	4.34	4.85	-0.51	-7.01	.000
DUBb	Diagnostizieren und Beraten	4.23	4.86	-0.63	-9.66	.000
USAb	Unterricht/ Schule analysieren/ weiterentwickeln	3.81	4.51	-0.70	-10.89	.000
SSOb	sich selbst organisieren	4.08	4.61	-0.52	-8.06	.000
FUIb	sich fortbilden und informieren	4.66	5.29	-0.63	-12.04	.000

Anmerkungen: Instruktion und Frage: siehe Tabelle 111, S. 378. Signifikante Mittelwertunterschiede sind durch t-Test für gepaarte Stichproben abgesichert (T-Wert und Signifikanzniveau angegeben).

Der Vergleich der Ausbildungssysteme verweist aber noch auf einen anderen zentralen Befund. Zwar steigen die Kompetenzerwartungen wie oben erläutert von t$_1$ zu t$_2$ höchst signifikant an, was auch für die nach PH und Uni differenzierte Entwicklung gilt, doch fällt der absolute Zuwachs an den PHs stärker aus als an den Unis. Diese Beobachtung lässt mehrere Deutungen zu. Es könnte (1) sein, dass die PH-Studierenden ihren Kompetenzzuwachs deshalb stärker einschätzen, weil sie ihre Kompetenzen zu Studienbeginn vergleichsweise geringer erachten und daher ein größeres Entwicklungspotenzial sehen und zu t$_2$ auch quittieren. Andererseits liegt (2) die Vermutung nahe, die umfangreichere Ausbildung in den Bildungswissenschaften an den PHs würde auch zu einer gefühlt stärkeren Kompetenzentwicklung im überfachlichen Bereich beitragen. Dies kann aber aufgrund der Daten nicht untermauert werden. Die Anzahl besuchter bildungswissenschaftlicher Lehrveranstaltungen und die Kompetenzerwartungen stehen zu t_2 in keinem signifikanten Zusammenhang (LVB2/ KOM2: r=-.07). Selbiges gilt auch für die Beziehung mit den ausschließlich erziehungswissenschaftlichen Lehrveranstaltungen (LVP2/ KOM2: r=-.07). Auch wenn die tatsächliche Entwicklung der Kompetenzerwartung von t_1 zu t_2 mit der Anzahl der besuchten Lehrveranstaltungen korreliert wird, ergibt sich kein signifikanter Zusammenhang (KZW2/ LVB2: r=.04). Daher scheint das erste Erklärungsmodell plausibler. In jedem Fall ist die von der Lehre in den Bildungswissenschaften im weiteren und der Erziehungswissenschaft im engeren Sinn unabhängige Entwicklung der Kompetenzerwartung alarmierend und stellt der erziehungsswissenschaftlichen Ausbildung hinsichtlich ihrer Bedeutung für die überfachliche Lehrerbildung ein schlechtes Zeugnis aus (vgl. 5.2, S. 407).

Eine zweite wichtige Beobachtung bezieht sich auf die absolute Steigerung der Kompetenzerwartung, bildlich gesprochen also auf den Abstand zwischen der jeweiligen t_1- und t_2-Linie in Abbildung 27. Dieser durchschnittliche längsschnittliche Zuwachs (KZW2) wurde als Mittelwert über die elf Differenzen der Indizes der Kompetenzerwartung (M_{UPG2}-M_{UPG} usw.) gebildet. Insgesamt unterscheiden sich die Institutionen zwar nicht signifikant nach dem Kompetenzzuwachs (KZW2: η^2=.001; M_{PH}=0.68; M_{UN}=0.64), entlang der einzelnen Dimensionen zeigen sich aber durchaus auffällige Differenzen. Der größte gefühlte Kompetenzzuwachs (bezüglich der Planung und Gestaltung von Unterricht) wurde oben bereits angesprochen (UPG2c: η^2=.021**; M_{PH}=0.73; M_{UN}=0.40). Ebenfalls hoch signifikant sind schwächere Veränderungen an der Uni hinsichtlich der Selbstorganisation (SSO2c: η^2=.018**; M_{PH}=0.96; M_{UN}=0.62). Insgesamt besteht daher zumindest die Tendenz, dass der gefühlte Kompetenzzuwachs an den PHs stärker ausfällt als an den Unis. Die Kompetenzerwartungen der PH- und Uni-Studierenden sind zu t_2 näher beieinander – entlang mehrerer Subskalen liegen sie nun auf vergleichbarem Niveau (UPG2b/ KOL2b/ ABE2b/ BSF2b/ WVE2b, SSO2b). Es ist daher eine längsschnittliche Annäherung der Kompetenzerwartungen Lehramtsstudierender in den beiden Hochschultypen zu beobachten. Vermutlich trägt die Lehrerbildung damit hinsichtlich der abgefragten beruflichen Tätigkeitsbereiche zu einer Nivellierung der zu Studienbeginn beobachtbaren Eingangsunterschiede bei. Im weiteren Längsschnitt muss geprüft werden, ob sich diese Tendenz verstärkt oder die Erwartungen weiter auseinanderdriften.

Zu beiden Erhebungszeitpunkten ist ein geringerer Abstand zwischen höchstem und niedrigstem Wert der Kompetenzerwartungen an den Unis ($range_{t1/UN}$=1.54; $range_{t2/UN}$=1.17) im Vergleich zu den PHs ($range_{t1/PH}$=1.78; $range_{t2/PH}$=1.45) zu beobachten, was sich bildlich in einer flacheren Amplitude der Linien ausdrückt. Dies bedeutet, dass Uni-Studierende ihre Kompetenzerwartungen zu beiden Erhebungszeitpunkten als eher vergleichbar beurteilen, während PH-Studierende zwischen den Dimensionen größere Unterschiede sehen. Längsschnittlich bleibt der Unterschied bestehen. Dies könnte darauf hindeuten, dass die umfangreichere bildungswissenschaftliche Ausbildung an den PHs nicht dazu beiträgt, dass dort Studierende ihre kollektiv gefühlten Kompetenzdefizite in Bezug auf die Ausübung beruflicher Tätigkeiten stärker bearbeitet sehen als Uni-Studierende.

Abbildung 27: Hochschulspezifika der Kompetenzerwartungen (t_1/t_2)

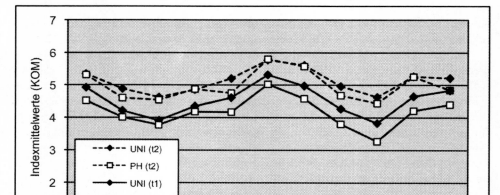

$N = 396\text{-}401$. *Anmerkung*: Alle Mittelwertunterschiede zwischen t_1 und t_2 sind sowohl für die PH als auch für die Uni höchst signifikant (t-Test für abhängige Stichproben: $p < .001$).

Zusammenhänge von Interessen und Kompetenzerwartungen

Es zeigt sich ein starker Zusammenhang zwischen dem Interesse an beruflichen Tätigkeitsbereichen (INT) und der subjektiven Kompetenzeinschätzung (KOM) durch die Studierenden entlang des Tätigkeitsprofils. Während durchschnittlich alle 33 Tätigkeiten von den Erstsemestern vermutlich einmal gerne ausgeführt werden, beherrschen die Befragten einige Tätigkeiten nach eigener Auskunft zu Beginn ihres Studiums schon recht gut, andere hingegen weit weniger gut. Zwischen dem Interesse und der Kompetenzeinschätzung bezüglich beruflicher Tätigkeiten besteht ein starker Zusammenhang (durchschnittliche Korrelation zwischen Interessen- und Kompetenzeinschätzung über alle Items: $r = .37^{***}$). Auch auf Ebene der Indizes bestätigt sich weitgehend eine Proportionalität zwischen Interessen und Kompetenzerwartungen. Abbildung 28 zeigt, dass sich nur bezüglich drei der Tätigkeitsbereiche eine nennenswerte Abweichung von diesem Trend ergibt. Hinsichtlich des Eingehens auf individuelle Bedürfnisse (ABE), des Diagnostizierens und Beratens (DUB) sowie des Analysierens und Weiterentwickelns von Schule und Unterricht (USA) gehen Interesse und Kompetenzerwartung überdurchschnittlich weit auseinander. Vermutlich empfinden Studierende gerade bezüglich dieser Tätigkeitsbereiche eine besonders große Diskrepanz zwischen der eigenen Vorstellung von beruflichem Handeln und ihrem Fähigkeits-Selbstkonzept.

Da die Studierenden zu beiden Erhebungszeitpunkten nur vermuten können, wie gut sie die einzelnen beruflichen Tätigkeiten beherrschen, ist davon auszugehen, dass die individuellen Interessen die Kompetenzeinschätzungen stark beeinflussen. Wenn sich dies längsschnittlich bestätigt, könnten Kompetenzen zumindest vage über das Erfragen von Interessen zu Studienbeginn prognostiziert werden. Dies wäre ein wesentlicher Fortschritt im Zuge der Suche nach Verfahren für eine Selbsterkundung oder Eignungsprüfung in der Lehrerbildung. Voraussetzung für ein solches Vorgehen wäre allerdings, dass sich tatsächlich erfasste Performanz (z. B. durch teilnehmende Beobachtung oder Videoanalyse im Unterricht) an die Interessenlage zu Studienbeginn rückbinden lässt. Ob und ggf. wie sich Kompetenzerwartungen prognostizieren lassen, wird später geprüft (vgl. 4.4.2, S. 386).

Abbildung 28: Zusammenhang von Interessen und Kompetenzerwartungen (t_1)

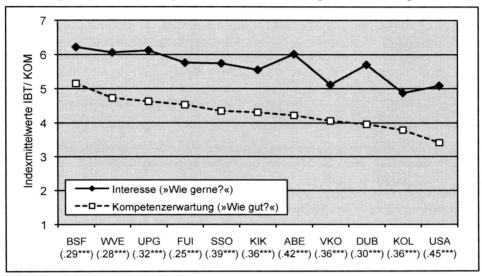

***p < .001; N = 483-492. *Anmerkungen:* Angaben in Klammern sind Pearson-Korrelationen zwischen den Indizes Interesse (INT) und Kompetenzerwartung (KOM). Werte sortiert nach abnehmendem durchschnittlichen Mittelwert (KOM). Die vollständige Bezeichnung der Indizes kann Tabelle 114, S. 382 entnommen werden.

Bedingungsfaktoren hoher Kompetenzerwartung

Abschließend soll geprüft werden, welche zu Studienbeginn erfassten Variablen die Kompetenzerwartung nach dem dritten Semester zu prognostizieren vermögen. Dazu wurde eine schrittweise lineare Regressionsrechnung durchgeführt. Im finalen Modell verbleiben verhältnismäßig wenige Variablen mit signifikanten Effekten auf die Kompetenzerwartung insgesamt. Die Effekte sind zudem als eher schwach einzuschätzen (vgl. Tabelle 115).

Das deutlich größte Vorhersagepotenzial kommt dem Persönlichkeitsmerkmal Gewissenhaftigkeit (GEW) zu. Dessen starke Ausprägung führt, wie in abgeschwächter Weise auch eine überdurchschnittliche Offenheit (OFF) und Extraversion (EXT), zu einer höheren Wahrscheinlichkeit, dass die Lehramtsstudierenden hohe Kompetenzerwartungen an sich selbst stellen. Wer mit Blick auf die Schule eine fachliche Spezialisierung zugunsten einer breiten Allgemeinbildung präferiert, wird ebenfalls wahrscheinlicher eine höhere Kompetenzerwartung zeigen (SUE_1). Selbiges gilt für Befragte, die schon zu Studienbeginn eine hohe Erfolgserwartung an die eigenen Schulpraktika äußern (SPA) und die sich von ihren Eltern stärker kontrolliert und überbehütet gefühlt haben (KUÜ). Ein Hinweis auf eine meist geringer ausgeprägte Kompetenzerwartung ist es, wenn Lehramtsstudierende schon zu Schulzeiten eher dazu neigten, ihre (vermeintlichen) Defizite zu verbergen (VLZ) oder eine gefühlt höhere Belastung durch kritische Lebensereignisse (KLB) artikulieren.

Tabelle 115: Bedingungsfaktoren hoher Kompetenzerwartung (t_1 auf t_2)

Code	Index/Item	β	T	p
GEW	Gewissenhaftigkeit (Persönlichkeitsmerkmal)	.25	4.68	.000
OFF	Offenheit (Persönlichkeitsmerkmal)	.16	3.08	.002
SUE_1	Die Konzentrierung auf bestimmte Fächer in der Schule ist wichtig	.15	2.92	.004
VLZ	Vermeidungs-Leistungsziele (Leistungsmotivation)	-.15	-2.73	.007
SPA	Erfolgserwartung an Schulpraktika	.14	2.49	.013
KLB	kritische Lebensereignisse (Belastungserleben)	-.13	-2.44	.015
KUÜ	Kontrolle und Überbehütung (elterliches Erziehungsverhalten)	.12	2.31	.022
EXT	Extraversion (Persönlichkeitsmerkmal)	.11	1.93	.055
(Konstante)		–	5.05	.000

Abkürzungen: β = standardisierter Beta-Koeffizient; T = T-Wert der Signifikanzprüfung; p = Signifikanz. *Modellanpassung:* F = 14.39; p = .000 (ANOVA); R^2 = .294; korr. R^2 = .273; N = 286 (fallweise Löschung). *Methode:* schrittweise lineare Regression (vorwärts); Kriterium: F-Wahrscheinlichkeit ≤ .05. *Anmerkungen:* Ergebnisse sortiert nach abnehmendem Betrag der Beta-Koeffizienten. Abhängige Variable ist der Gesamtindex Kompetenzerwartung (KOM2) zu t_2. Potenzielle Prädiktoren waren alle metrischen Variablen, die zu t_1 erfasst wurden.

Mit Blick auf die Diskussion um Laufbahnberatung und Auswahl Lehramtsstudierender aufgrund standardisierter Tests (vgl. S. 18) lässt sich feststellen, dass die Kompetenzerwartung angehender Lehrkräfte nur in engen Grenzen und unter großer Unsicherheit prognostiziert werden kann. Zwar erklären die Prädiktoren immerhin 29 % der Varianz der Kompetenzerwartung insgesamt (KOM2), doch beruht dieses Potenzial auf bestimmten, als typisch und relevant vorausgesetzten überfachlichen Kompetenzen. Für eine sinnvolle und zielgerichtete Beratung erscheint ein auf Kompetenzerwartungen basierendes Instrument aber nur dann sinnvoll, wenn lehramts- und/oder fachspezifische Kompetenzen definiert und gewichtet sowie die individuellen Werte dann mit diesen Standards abgeglichen werden. Gleichwohl erweisen sich einmal mehr Eigenschaften wie Gewissenhaftigkeit oder Extraversion als förderlich für die professionelle Entwicklung angehender Lehrkräfte.

4.4.2 Perspektiven und Grenzen der Kompetenzselbsteinschätzung

Dieses Teilkapitel thematisiert Grenzen und Perspektiven von Kompetenzselbsteinschätzungen in der Lehrerbildungsforschung, wie sie dargestellt und diskutiert wurden. Ausgehend von der Forschungslage wird nach empirischen Anhaltspunkten für die Annahme gesucht, selbsteingeschätzte Kompetenz sei eher Ausdruck des (beruflichen) Selbstverständnisses künftiger Lehrkräfte als ein zuverlässiger und valider Kompetenzindikator. Das Ergebnis der Auseinandersetzung ist ein Plädoyer für eine Neujustierung der Forschung mittels Kompetenzselbsteinschätzungen: Studien, die diese Instrumente einsetzen, waren und sind nicht überflüssig – nur gilt es künftig, Kompetenzerwartungen nicht unter einem leistungs- bzw. performanzspezifischen Fokus zu lesen, sondern die Daten als Indikatoren für Erwartungen, Voreinstellungen und Haltungen (»professional beliefs«) der Studierenden gegenüber künftigen beruflichen Anforderungen zu interpretieren (Reusser u.a. 2011; Cramer 2010a).

Im Anschluss an die bereits angerissenen Fragen einer methodisch zeitgemäßen und hinreichenden Kompetenzerfassung (vgl. 4.1.1, S. 266) erscheinen die Studien, die mit selbsteingeschätzten Kompetenzen arbeiten, methodisch antiquiert – zumindest kann hinterfragt werden, inwieweit solche Ansätze überhaupt Kompetenzen im engeren Sinne erheben. Hat die Erfassung von Kompetenzerwartungen angesichts der methodischen Weiterentwicklungen bei der Kompetenzdiagnostik überhaupt noch eine Berechtigung – und wenn ja, welche? Insbesondere bezüglich der sozialwissenschaftlichen Gütekriterien Objektivität und Validität weisen die Kompetenzerwartungen erhebliche Defizite auf. Zumindest finden sich keine plausiblen Argumente für die Annahme, Selbsteinschätzungen würden nach wissenschaftlichen Maßstäben auf die tatsächliche Kompetenz der Befragten schließen lassen oder diese sogar unmittelbar abbilden. Mit dem Ziel einer möglichst soliden Kompetenzmessung erscheint daher ein Abschied von den Kompetenzselbsteinschätzungen unumgänglich. Sind damit jedoch die regen Bemühungen um die Erfassung von Kompetenzerwartungen und die so generierten Ergebnisse hinfällig? Schließlich sind solche Studien gegenwärtig die Grundlage für einen erheblichen Teil der Argumentation in der empirischen Lehrerbildungsforschung. Sie sind ökonomisch durchzuführen, daher weit verbreitet und bieten (vermeintliches) Vergleichspotenzial. Hinzu kommt, dass die wenigen Tests noch im Versuchsstadium sind und sich erst zeigen muss, was sich mit deren Ergebnissen tatsächlich anfangen lässt. Die Kompetenzselbsteinschätzungen werden deshalb kurzfristig also nicht aus der Forschungslandschaft verschwinden.

Aus diesem Grund erscheint es notwendig darüber nachzudenken, was die Daten in Studien, die mittels selbsteingeschätzter Kompetenzen arbeiten, eigentlich abbilden bzw. aussagen. Eine gründliche Lektüre lässt durchaus ein Potenzial dieses Zugangs erkennen. Allerdings liegt das Potenzial, so die Hypothese, nicht in der Kompetenzdiagnostik, sondern vielmehr in der *Nähe der Kompetenzerwartungen zum (beruflichen) Selbstverständnis* der Befragten, das sich so auch in anderen Untersuchungsdimensionen, etwa in deren Interessenlage oder Selbstwirksamkeitserwartung ausdrückt.

Im Folgenden sollen daher Anhaltspunkte für eine Erhärtung der Vermutung gewonnen werden, selbsteingeschätzte Kompetenzen im Sinne von Kompetenzerwartungen könnten insbesondere durch das (berufliche) Selbstverständnis erklärt werden. Dazu werden ausgewählte unabhängige Variablen, die zu Studienbeginn erfasst wurden, zusammen mit den Kompetenzerwartungen nach dem dritten Semester in Regressionsmodelle gefasst. In elf Regressionsrechnungen (eine je Dimension) wird geprüft, in welchem Maße die zu t_1 erfassten Prädiktoren die Subskalen-Indizes der Kompetenzselbsteinschätzungen zu t_2 jeweils prognostizieren. Bei der Auswahl der Prädiktoren ist die Absicht leitend, zweierlei Typen von Variablen zu repräsentieren. Einerseits wurden Variablen gewählt, die kaum mit dem Selbstbild der Befragten in Verbindung gebracht werden, auch weil sie konstante Eingangsbedingungen in das Lehramtsstudium beschreiben. Als solche Variablen können die Abiturnote (vgl. 3.3.3, S. 191), die Anzahl der pädagogischen Vorerfahrungen (vgl. 3.2.1, S. 160), die sozioökonomische Stellung (vgl. 3.4.1, S. 199) sowie das Geschlecht und das Alter der Befragten gelten. Auf der anderen Seite werden Prädiktoren in die Modelle integriert, die eine große Nähe zum (beruflichen) Selbstbild der Befragten aufweisen. Als solche werden Persönlichkeitsmerkmale (vgl. 3.5, S. 215), Religiosität (vgl. 4.2.2, S. 300), Selbstwirksamkeitserwartung (vgl. 4.1.2, S. 287), allgemeine Interessen (vgl. 4.3.4, S. 345) sowie die Berufswahlmotivation (vgl. 4.3.1, S. 324) angenommen.

Die Effekte der zu Studienbeginn erfassten Prädiktorvariablen auf die nach dem dritten Semester erhobenen Kompetenzerwartungen der Lehramtsstudierenden sind in Abbildung 29 berichtet. Sozioökonomische Stellung, Geschlecht und Alter haben keine hoch signifikante Vorhersagekraft für die Kompetenzerwartungen. Selbiges gilt für die Persönlichkeitsmerkmale Offenheit und Verträglichkeit sowie das Interesse an praktischen, sozialen, unternehmerischen und ordnend-verwaltenden Tätigkeiten. Dennoch wurden auch diese Variablen in den Regressionsmodellen belassen, damit ihre Resteffekte bei den Berechnungen nicht unberücksichtigt bleiben. Ziel der Berechnungen ist ja nicht, ein möglichst passgenaues Modell für die Vorhersage der Kompetenzerwartungen zu generieren, sondern die Art der Variablen mit starker Prädiktion zu bestimmen. Die aufgeklärte Gesamtvarianz der einzelnen Modelle erscheint mit 14-28 % zunächst recht gering, liegt angesichts der Breite des Konstrukts der Kompetenzerwartungen und aufgrund des bewussten Verzichts auf eine möglichst gute Modellanpassung aber im Bereich des Erwartbaren.

Auf zehn der elf Subskalen-Indizes hat die berufsspezifische Selbstwirksamkeitserwartung einen hoch signifikanten und meist starken positiven Effekt. Kein anderer zu Studienbeginn erfasster Prädiktor hat eine annähernd so starke Vorhersagekraft für Kompetenzerwartungen zu t_2. Dies deutet darauf hin, dass sich Kompetenzerwartungen Lehramtsstudierender zu einem bedeutsamen Teil durch deren berufsspezifische Selbstwirksamkeitserwartung erklären lassen: Wer selbst daran glaubt, etwas bei Schülern erreichen zu können, der schätzt seine beruflichen Fähigkeiten und Fertigkeiten hoch ein und umgekehrt. Daneben kommt besonders dem Persönlichkeitsmerkmal Gewissenhaftigkeit eine starke Vorhersagekraft für die Kompetenzerwartungen insgesamt zu. Lehramtsstudierende, bei denen diese stärker ausgeprägt ist, werden zu t_2 ihre Kompetenz Unterricht zu planen und gestalten, Verhalten zu kontrollieren, zu kommunizieren, interagieren und kooperieren, Unterricht und Schule zu analysieren und weiterentwickeln sowie sich selbst zu organisieren höher einschätzen.

Von den anderen abgebildeten Prädiktoren geht jeweils nur ein als relevant erachteter Effekt aus. Ausschließlich zwei unabhängige Variablen, die oben als eher unbedeutend für das (berufliche) Selbstverständnis angenommen wurden (Abiturnote und pädagogische Vorerfahrungen), haben bedeutsamen Einfluss auf die Kompetenzerwartungen. Alle anderen Effekte gehen insbesondere von der lehrerspezifischen Selbstwirksamkeitserwartung und von Persönlichkeitsmerkmalen, aber auch von Interessen, der Religiosität oder Berufswahlmotivation der Befragten aus.

Ausgehend von diesem Befund erhärtet sich die Vermutung, dass Kompetenzerwartungen ein Ausdruck des (beruflichen) Selbstverständnisses sind, das sich insbesondere in der lehrerspezifischen Selbstwirksamkeitserwartung spiegelt. Diese Beobachtung legt die oben vorgeschlagene Neujustierung der Interpretation selbsteingeschätzter Kompetenzen nahe. Sie sollten in der Lehrerbildungsforschung nicht länger als vermeintlicher Indikator »realer Kompetenz« missverstanden oder fehlinterpretiert werden, denn sie sind weder gemessene noch beobachtete Performanz, die auf tatsächliche Kompetenz als Disposition schließen ließe. Vielmehr sollten Kompetenzselbsteinschätzungen zur Bestimmung des Selbstverständnisses entlang verschiedener berufstypischer Tätigkeiten eingesetzt werden. In dieser Weise verstanden, helfen Kompetenzselbsteinschätzungen, die Klientel künftiger Lehrkräfte genauer zu beschreiben und ihre Voreinstellungen, Erwartungen und Haltungen gegenüber dem Lehrerberuf (»beliefs«) zu bestimmen. Ihre Bedeutung ist im Informationsgehalt über die studienbezogene und berufsspezifische Orientierung der Befragten zu sehen und zu würdigen. In letzterem Verständnis hat das Erfassen von Kompetenzerwartungen weiterhin eine – wenngleich neujustierte – Berechtigung. Durch einen Vergleich von verschiedenen Ausbildungsinstitutionen, Phasen oder Lehrämtern in der Lehrerbildungsforschung ist es etwa möglich, die jeweils typischen Haltungen und Eigenschaften der künftigen Lehrkräfte herauszuarbeiten bzw. Einflüsse (z. B. divergierende Erfahrungen aus Schulpraktika) auf deren professionelle Entwicklung abzubilden.

Abbildung 29: Vorhersage der Kompetenzerwartungen (t_1 und t_2)

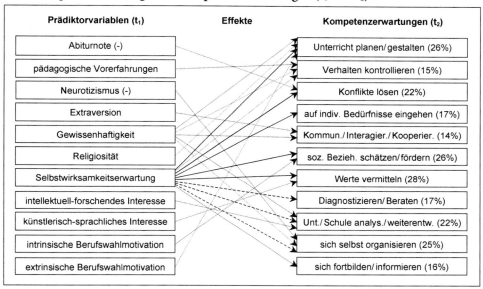

Darstellung: $\beta \geq .31$ (durchgezogene Linie); $\beta = .21$ bis $.30$ (gestrichelte Linie); $\beta \leq .20$ (gepunktete Linie). *Anmerkungen:* Dargestellt werden alle Effekte auf hoch signifikantem Niveau ($p < .01$). Die Prozentangaben beziehen sich jeweils auf die aufgeklärte Gesamtvarianz der Modelle (R^2). Der von den Variablen »Abiturnote« und »Neurotizismus« ausgehende Effekt ist negativ. Die Abbildung enthält das Ergebnis der Berechnung von elf Regressionsmodellen. In jeder Rechnung wurden die Effektstärken der Prädiktorvariablen für die Vorhersage jeweils einer Kompetenzerwartung bestimmt. In die Modelle sind mit eingeflossen, in die Abbildung aufgrund zu geringer Effekte aber nicht mit aufgenommen: sozioökonomische Stellung, Geschlecht, Alter, Offenheit, Verträglichkeit sowie praktisches, soziales, unternehmerisches und ordnend-verwaltendes Interesse.

Die zahlreichen Selbsteinschätzungs-Studien (s. o.) haben gezeigt, dass die einzelnen Kompetenzerwartungen in einem je spezifischen Zusammenhang mit einer Vielzahl relevanter Merkmale stehen. Diese Untersuchungen waren und sind keineswegs überflüssig – nur gilt es künftig, die Zusammenhänge nicht unter einem leistungs- bzw. performanzspezifischen Fokus zu lesen, sondern die Angaben als Haltung oder Verortung der Studierenden gegenüber künftigen beruflichen Anforderungen zu interpretieren. Eine längsschnittliche Zunahme der Kompetenzerwartungen wäre dann allerdings auch kein Indikator für einen Zuwachs der Fähigkeiten und Fertigkeiten der Studierenden, sondern ein Hinweis auf deren zunehmende Identifikation mit den beruflichen Aufgaben bzw. Anforderungen, die als Lehrkraft auf sie warten. Dieser Forschungsbefund sollte gegenüber dem Nachweis einer tatsächlichen Performanzsteigerung als Folge der Ausbildungserfahrungen nicht übersehen werden, denn der Erfolg der Lehrerbildung muss sich letztlich nicht primär am Lehrerhandeln, sondern an den Schülerleistungen messen lassen (Terhart 2003). Dass ein positiver Zusammenhang zwischen dem (beruflichen) Selbstverständnis und den tatsächlichen Kompetenzleistungen künftiger Lehrkräfte besteht, ist zugleich keineswegs ausgeschlossen und erscheint wahrscheinlich – einen Nachweis hat bislang allerdings keine Studie eindeutig erbracht. Bei einem Forschungsinteresse am (beruflichen) Selbstbild Lehramtsstudierender erscheint es daher legitim, weiterhin Kompetenzerwartungen zu erfassen. Ansätze, die allerdings auf eine solide Kompetenzdiagnostik zielen, müssen sich von den Selbsteinschätzungen verabschieden.

5   Ausbildungserfahrungen

Im Anschluss an das dritte Semester (t_2) liegen keine Indikatoren wie Examensnoten etc. vor, die Auskunft über den Erfolg der Ausbildung geben könnten. Leistungen in Examina sind ohnehin allenfalls produktbezogene Merkmale von Studienerfolg. Sie bilden die tatsächliche Performanz, die auf Kompetenzen im Sinne von Dispositionen schließen ließe, nicht ab. Daher erscheint es zweckmäßig, die subjektiven Ausbildungserfahrungen der Studierenden als »Zwischenergebnis« der Entwicklung von Professionalität in den Mittelpunkt der nachfolgenden Untersuchungen zu rücken. Aus dem Bericht der Erfahrungen Studierender mit der institutionalisierten Lehrerbildung und ihren sich wandelnden Erwartungen und Einstellungen lässt sich etwas über die Lehrerbildung und den Prozess professioneller Entwicklung erfahren. Tatsächliche Entwicklungen lassen sich erst nach Abschluss weiterer Erhebungswellen nachzeichnen. Der erste Erhebungszeitpunkt bietet hier kaum Vergleichspotenzial, da die Befragten zu Studienbeginn ja noch über keine vergleichbaren Studienerfahrungen verfügen. Die umfangreiche Bestandsaufnahme der Ausbildungserfahrungen ist daher als vorläufiger Einblick in die wahrgenommenen Folgen der institutionalisierten Lehrerbildung auf dem Weg der professionellen Entwicklung Studierender zu bewerten.

Als bedeutsame Ausbildungserfahrung wurde zunächst die *Zufriedenheit der Studierenden mit der Ausbildung und deren Organisation* angenommen. Facetten der Zufriedenheit sind das Ausbildungsklima (5.1.1), die Studienzufriedenheit (5.1.2) sowie der Grad an curricularer Abstimmung des Studienangebots (5.1.3). Operationalisiert wurde weiterhin, wie die Lehramtsstudierenden die *Bedeutsamkeit* (5.2.1), die *Qualität* (5.2.2) und den *Nutzen* (5.2.3) *der Ausbildungskomponenten* in der Lehrerbildung einschätzen (Zusammenhänge: 5.2.4). Die Einschätzungen schlagen sich unmittelbar in der Beurteilung der Lehrveranstaltungen nieder (5.2.5). Schließlich ist anzunehmen, dass die Erfolgserwartungen an die *Schulpraktika* und die dort ggf. gemachten Erfolgserfahrungen (5.3.1) sowie der ihnen zugeschriebene Nutzen (5.3.2) für die Ausübung des Lehrerberufs insgesamt bedeutsam und ein wichtiger Indikator der professionellen Entwicklung sind.

5.1   Zufriedenheit mit der Ausbildung und deren Organisation

Ausgangspunkt der Analyse von Ausbildungserfahrungen ist die *Zufriedenheit der Studierenden mit der Ausbildung und deren Organisation*. Dazu zählt das Ausbildungsklima, also die wahrgenommene Atmosphäre an der Hochschule und in den Lehrveranstaltungen sowie die Kommunikation unter Studierenden und mit Dozierenden (vgl. 5.1.1). Dies ist ein erster und grober Indikator dafür, ob die Befragten ihr Studium als gewinnbringend erachten. Weiterhin wurde *Studienzufriedenheit* explizit erfragt (vgl. 5.1.2). In ihr wird deutlich, wie zufrieden die Studierenden mit dem Studienangebot, ihren sozialen Kontakten und (sofern bereits erlebt) mit ihren eigenen Unterrichtsversuchen sind. Ein aus studienorganisatorischer Sicht wichtiger Aspekt der Zufriedenheit ist auch der Grad an *curricularer Abstimmung,* also der Frage danach, inwieweit die Angebote (z. B. Lehrveranstaltungen) zeitlich und inhaltlich aufeinander abgestimmt sind (vgl. 5.1.3). Die ungünstige zeitliche Abstimmung bedeutet ggf. eine notwendig längere Dauer des Studiums; die inhaltlich schlechte Koordination hat vermutlich sogar Konsequenzen für die Qualität der Ausbildung insgesamt.

5.1.1 Ausbildungsklima

Lehrerbildung vollzieht sich an Institutionen, die den Charakter von Organisationen aufweisen. Die Merkmale des Zusammenlebens in Organisationen werden als »Organisationsklima«, gleichsam als soziales Klima in den Institutionen verstanden und untersucht (Überblick: Gebert/Rosenstiel 2002). In der Schulforschung wurde in Anlehnung an die Forschung zum Organisationsklima das Schul- und Klassenklima untersucht (Bessoth 1989; Eder 1992; 1996). Berücksichtigt werden personale Merkmale sowie die Interaktion zwischen Individuen und der Situation. Dazu gehören Verhaltensmuster, organisatorische Rahmenbedingungen, architektonische Merkmale oder Normen und Regeln. Die meisten Verfahren zur Erfassung des sozialen Klimas in Bildungseinrichtungen beziehen sich auf die Schule. In welcher Weise das Klima an Hochschulen und Studienseminaren Einfluss auf die professionelle Entwicklung Lehramtsstudierender hat, ist empirisch völlig ungeklärt.

Operationalisierung

Ein Verfahren zur Erfassung des allgemeinen *Ausbildungsklimas* in der Lehrerbildung entwickelte Wild-Näf (2001, S. 167-171) in Anlehnung an das *Organisations-Klima-Instrument (OKI)* von Bessoth (1989). Dieses Instrumentarium ist allerdings auf die schweizerische Situation zugeschnitten, wo sich Lehrerbildung nur in Teilen an Hochschulen, zumeist aber im Stile einer Berufsausbildung vollzieht. Die dort angewandten Items wurden daher vorliegend auf die Situation eines Hochschulstudiums zugeschnitten. In Anlehnung an Wild-Näf (2001, S. 168) weisen besonders zwei Indikatoren auf ein positives Ausbildungsklima hin: (1) die Struktur und die Rahmenbedingungen des Studiums fördern eine Lernleistung der Studierenden; (2) die Reichhaltigkeit des Zusammenlebens begünstigt eine positive Studienkultur und damit die Lernatmosphäre. Es wurde versucht, diese Faktoren mit zwei Subskalen je fünf Items abzubilden (vgl. Tabelle 116): die strukturell begünstigte Leistungsorientierung (Items 1/3/5/7/9) sowie die Reichhaltigkeit der Studienkultur (Items 2/4/6/8/10). Eine empirische Trennung der Faktoren auf Basis der Lehramts-Selbstbilddaten zu t_1 scheitert jedoch. Die Hauptkomponentenanalyse mit zwei erzwungenen Faktoren löst nur 40.3 %, eine explorative Analyse mit dreifaktorieller Lösung 50.7 % der Gesamtvarianz. In beiden Fällen ist eine saubere Trennung der Faktoren aufgrund der varimaxrotierten Ladungen semantisch nicht plausibel. Aus diesem Grund wird vorliegend eine Auswertung der Skala auf Ebene der Items durchgeführt. Zusätzlich wird ein Index Ausbildungsklima (ABK) über alle Items berechnet, der eine zufriedenstellende Reliabilität aufweist.

    Neben den Selbstbild-Daten der Probanden (LA_{S1}) wurden auf dem Fremdbild-Fragebogen auch deren Mitstudierende zum Ausbildungsklima befragt. Sie wurden ausnahmsweise nicht um eine Fremdeinschätzung, sondern entlang der identischen Skala ebenfalls um eine

Selbsteinschätzung gebeten (LA$_{S2}$). Damit erhöht sich die Datengrundlage auf N = 573-575 Lehramts-Selbstbilder. Differenzierungen nach unabhängigen Variablen können allerdings nur auf Grundlage von Selbstbildern der eigentlichen Probanden (LA$_{S1}$) berechnet werden, da die entsprechenden Variablen auf dem Fremdbild-Fragebogen nicht erfasst wurden. Außerdem ist zu bedenken, dass die zusätzlichen Selbsteinschätzungen (LA$_{S2}$) von Studierenden aus unterschiedlichen Kohorten stammen (können).

Allgemeines Ausbildungsklima

Die Befragten fühlen sich an der Hochschule in hohem Maße akzeptiert (Item 10) und bestätigen, dort viele interessante Begegnungen (Item 2) gemacht zu haben (vgl. Tabelle 116). Auch artikulieren sie mehrheitlich, dass hohe Erwartungen an sie gestellt werden (Item 7). Eine tendenzielle Zustimmung ergibt sich gegenüber den Aussagen, Meinungsverschiedenheiten würden offen ausdiskutiert (Item 8) und es gebe viele Aktivitäten wie Feste und Reisen an der Hochschule (Item 6). Kaum im positiven Bereich positionieren sich die Befragten gegenüber der Aussage, die Ziele der Ausbildung seien immer klar (Item 1) und die Studierenden besuchten die Lehrveranstaltungen regelmäßig (Item 3). Ob die örtlichen Bedingungen eine lernfördernde Umgebung bieten, wird neutral eingeschätzt (Item 9). Die Aussage, an der Hochschule werde wenig Zeit vertrödelt (Item 5), wird, wie auch die Aussage, die Hochschule sei fast wie ein Zuhause (Item 4), eher ablehnend beurteilt. Das Ausbildungsklima wird von den Lehramtsstudierenden insgesamt neutral, mit einer leicht positiven Tendenz bewertet (ABK). Zwar wird das Klima entlang keines der Items als schlecht beurteilt – auffällig hohe Zustimmungen ergeben sich aber allenfalls bezüglich des eigenen Akzeptanzgefühls.

Tabelle 116: Ausbildungsklima (t$_2$)

ABK2 (N$_{LA(S1)}$=409-410; N$_{LA(S2)}$=163-165; N$_{LA}$=573-575; N$_{ZM}$=41-42)	GH M	RS M	GY M	SP M	LA$_{S1}$ M	LA$_{S2}$ M	LA M	SD	ZM M	SD
1 Die Ziele der Ausbildung sind immer klar	4.42	4.63	4.24	4.36	4.18	4.34	1.67	4.40	5.19	1.76
2 An der Hochschule habe ich viele interessante Begegnungen	5.42	5.53	5.89	5.49	5.61	5.59	1.29	5.59	4.98	1.79
3 Die Studierenden besuchen die Lehrveranstaltungen regelmäßig	4.42	4.49	4.52	3.77	4.35	4.38	1.49	4.39	4.40	1.71
4 Die Hochschule ist für mich fast wie ein Zuhause	3.31	3.38	4.11	3.47	3.66	3.60	1.75	3.58	3.55	1.76
5 An der Hochschule wird wenig Zeit vertrödelt	3.67	3.23	3.87	3.40	3.60	3.61	1.56	3.61	4.31	1.70
6 Es gibt viele Aktivitäten an der Hochschule (z. B. Feste, Reisen)	4.43	4.27	4.97	4.45	4.30	4.49	1.59	4.56	4.46	1.42
7 An die Studierenden werden hohe Erwartungen gestellt	5.17	4.74	5.75	4.45	5.31	5.21	1.29	5.18	6.36	0.88
8 Hier werden Meinungsverschiedenheiten ausdiskutiert	4.70	4.40	4.78	4.62	4.21	4.53	1.38	4.66	3.52	1.57
9 Die örtlichen Bedingungen bieten eine lernfördernde Umgebung	3.83	3.94	4.47	3.28	4.00	3.98	1.74	3.98	4.19	1.53
10 Ich fühle mich an der Hochschule akzeptiert	5.80	5.91	5.82	5.60	5.71	5.78	1.18	5.80	5.67	1.26
Index Ausbildungsklima (ABK2); α=.72	4.52	4.45	4.84	4.29	4.58	4.50	4.55	0.80	4.67	0.79

Frage: Inwieweit stimmen Sie den nachfolgenden Aussagen zu Ihrer gegenwärtigen Studiensituation zu? *Skala:* 1 = trifft überhaupt nicht zu; 7 = trifft voll und ganz zu. *Anmerkungen:* LA$_{S1}$ = Selbstbilder der regulären Lehramtsstichprobe; LA$_{S2}$ = Selbstbilder der Kommilitonen aus Fremdbild-Fragebogen; LA = gesamt (LA$_{S1}$+LA$_{S2}$).

Ein präziser Vergleich der Daten mit Werten von Wild-Näf (2001) ist aufgrund der modifizierten Formulierungen und der dort dichotomen Skalierung nicht möglich. Anhaltspunkte ergeben sich aber durch einen Vergleich der tendenziellen Zustimmungen/ Ablehnungen. Die Ziele ihrer Ausbildung erachten nach Wild-Näf (2001, S. 169) 71 % der Studierenden als nicht immer klar, vorliegend sind es nur TA=31.7 %. Unter den schweizerischen Befragten sind 83 % sogar der Meinung, es werde erheblich Zeit vertrödelt, was hier »nur« TZ=29.7 % der Antworten unterstellt werden kann. 88 % meinen, sie hätten viele interessante Begegnungen (hier: TZ=83.4 %), 89 % fühlen sich an der Einrichtung akzeptiert (hier: TZ=86.6 %). Die strukturell begünstigte Leistungsorientierung scheint bei den vorliegend Befragten daher höher als in der schweizerischen Stichprobe ausgeprägt, während die Reichhaltigkeit der Studienkultur vergleichbar eingeschätzt wird.

Zwischen den einzelnen Lehrämtern variiert die Beurteilung des Ausbildungsklimas erheblich (vgl. Tabelle 116). Die GY-Studierenden schätzen das Klima an ihrer Hochschule (ABK2) am besten ein, mit einigem Abstand folgen die GH- und RS-Lehrämter, mit geringem Abstand folgt dann der SP-Studiengang (η^2=.055***). Bei genauerer Betrachtung erweisen sich diese Unterschiede insbesondere als Differenzen zwischen den Hochschultypen. An Universitäten wird das Ausbildungsklima substanziell besser bewertet als an Pädagogischen Hochschulen (η^2=.048***; M_{PH}=4.46; M_{UN}=4.84). Deterministisch ist dieser Unterschied hinsichtlich der viel höheren Erwartungen, die Uni-Studierende durch ihr Studium an sich gestellt sehen (η^2=.084***; M_{PH}=4.93; M_{UN}=5.75). Für sie ist die Hochschule aber dennoch eher ein Zuhause (η^2=.037***; M_{PH}=3.36; M_{UN}=4.10) und bietet ein lernförderlicheres Klima (η^2=.032***; M_{PH}=3.77; M_{UN}=4.46). Mit Ausnahme der Items 1/3/8/10 liegen die Einschätzungen der Uni-Studierenden signifikant über jenen der PH-Befragten. Der Hochschultyp erweist sich als ein zentrales Kriterium für das Ausbildungsklima. Bei direktem Vergleich der PH-Lehrämter zeigt sich weiterhin, dass GH-Studierende noch vor RS- und schließlich SP-Studierenden die höchsten Anforderungen an sich gestellt sehen (η^2=.044**). Zugleich empfinden SP-Studierende die Regelmäßigkeit des Besuchs der Lehrveranstaltungen durch Mitstudierende in ihrem Studiengang weniger gegeben als die anderen PH-Befragten (η^2=.032*).

Im Professionsvergleich werden die Differenzen im Ausbildungsklima zwischen LA- und ZM-Studierenden insgesamt nicht signifikant. Auf Ebene der einzelnen Items gibt es aber dennoch auffällige Unterschiede. Die Zustimmung zur Aussage, an die Studierenden würden hohe Erwartungen gestellt, ist unter den ZM-Befragten deterministisch höher (η^2=.069***; M_{LA}=5.18; M_{ZM}=6.36). LA-Studierende hingegen sehen Meinungsverschiedenheiten in ihrem Studiengang häufiger ausdiskutiert (η^2=.058***; M_{LA}=5.18; M_{ZM}=6.36). Für ZM-Studierende sind die Ziele ihrer Ausbildung klarer (η^2=.019**; M_{LA}=4.40; M_{ZM}=5.19). Sie geben aber auch an, seltener interessante Begegnungen an der Hochschule zu haben (η^2=.018**; M_{LA}=5.59; M_{ZM}=4.98). Aus Sicht ZM-Studierender wird weniger Zeit vertrödelt (η^2=.016**; M_{LA}=3.61; M_{ZM}=4.31). Damit erscheint das ZM-Studium aus Sicht der Studierenden organisatorisch straffer und zielgerichteter, was im Vergleich zum LA-Studium aber auch zu Lasten einer demokratischen und zwischenmenschlichen Studienkultur gehen mag.

Vertiefungen auf Grundlage der Interviews

In den Interviews werden von den Lehramtsstudierenden im Anschluss an das dritte Semester verschiedene Faktoren angesprochen, die für das gefühlte Ausbildungsklima mitverantwortlich sind. Ausgangspunkt dafür ist häufig eine Artikulation mehrerer Aspekte von Zufriedenheit und Unzufriedenheit, verbunden mit einem summarischen Gesamturteil (241)/(242). Wichtig für ein positives Erleben des Ausbildungsklimas erscheint zunächst der Grad an Identifikation mit dem Studium und auch der Hochschule als Institution (243). Offenbar finden sich Studierende mit einem ähnlichen Identifikationsgrad in Gruppen zusammen, wobei die Gruppenzugehörigkeit einen Einfluss auf die mehr oder weniger aktive Teilhabe an Lehrveranstaltungen und Hochschulleben haben dürfte (244). Einige Studierende beurteilen das Ausbildungsklima fachspezifisch unterschiedlich (245). Der Umgang mit den Dozierenden wird meist positiv beurteilt (246), gerade wenn zu Studienbeginn ein bewusster Kontakt zu den Erstsemestern gesucht wurde (247). Allerdings hängt dieses Verhältnis auch davon ab, wie stark die Studierenden jeweils auf die Dozierenden zugehen (248). Eine gewisse Offenheit und Extraversion scheint für ein positives Erleben des Ausbildungsklimas vorteilhaft (249).

(241) An der PH fühle ich mich wohl, die ist echt schön. Die Dozenten sind nett und antworten schnell auf E-Mails und sind besorgt um ihre Studenten. Es ist [aber] unorganisiert und das ist nicht so gut für mich. [A2-W21RS]

(242) Ich zähle mich zu denen, die sich wohl fühlen. Ich wohne nicht hier und ich werde es auch nicht tun, aber an der PH selbst, auf dem Campus, da fühle ich mich schon wohl. Ich kann mich in die Cafeteria setzen und ich kann mich in den Innenhof setzen und will da jetzt nicht direkt wieder weg. Ich fühle mich schon wohl. [C2-W22GH]

(243) Man kommt schon gut in Kontakt. Es sind auch alle nett hier, [...], aber ich bin jetzt nicht der Typ, der die ganze Zeit an der PH rumhängt. Ich habe dann vielleicht weniger Leute, mit denen ich mich zum Lernen treffen kann. Es gibt wirklich Leute, die sind mit der ganzen PH befreundet und gehen da total drin auf. [G2-W22GH]

(244) Die meisten, die ich kenne, die gehen wirklich gerne an die Uni. Die, die nicht gerne gehen, sind ja ohnehin nicht da und »sparen« sich die Kurse. [L2-W21GY]

(245) Unter den Studenten ist es gut. Man kommt schnell ins Gespräch, weil wir alle im gleichen Boot sitzen. Bei den Dozenten ist es unterschiedlich, je nachdem, wie offen sie sind. In Mathe ist es auch schwerer, irgendwie ein Publikum zu begeistern oder persönlich anzusprechen als in der Religionspädagogik. [P2-M22GY]

(246) Die Professoren unterstützen uns. Das ist ein gutes Klima. Sie helfen bei Fragen zum Studium. [D2-M22RS]

(247) Die Dozenten haben ja auch immer diese Einführungswoche, in der man [...] sich beraten lassen kann und da hat man doch das Gefühl, dass man sehr herzlich willkommen ist und gut aufgenommen wird. [O2-M22GY]

(248) [Das Verhältnis zu Dozierenden] ist eher distanziert. Es gibt schon Studenten, die immer im Kontakt sind und Fragen stellen und [...] nach der Vorlesung zum Reden hingehen. Da gehöre ich eher nicht dazu. [N2-W22GY]

(249) Mir gefällt es hier, [...], der Anschluss auch an Freunde, die das Studium schön machen. [...]. Es kommt immer auf die Offenheit an und inwieweit man bereit ist, etwas zu machen. [I2-W21RS]

Die beschriebenen Faktoren werden vermutlich besonders von räumlichen Bedingungen moderiert, die zugleich selbst Indikatoren für das erlebte Ausbildungsklima sind. So wird das Klima an verschiedenen Standorten der Institute innerhalb einer Universität unterschiedlich bewertet, was u. a. auf die Architektur und die räumliche Umgebung zurückzuführen sei (250). Auch die Größe der Hochschule insgesamt scheint Einfluss auf das Ausbildungsklima zu haben. Kleinere Organisationseinheiten wie die PHs werden als familiärer erlebt (251), während man an der Uni schon Gefahr laufe, unterzugehen (252). Dies muss aber nicht zwangsweise zu einer unterschiedlichen Bewertung des Klimas insgesamt führen (253). Auf Nachfrage, ob die Hochschule auch ein stückweit »Heimat« geworden sei, antworten die meisten Befragten allerdings zurückhaltend (254)/(255).

(250) Vor allem hier unten in der Stadt [...] finde ich es angenehm. Oben auf dem Berg ist es nicht so schön, wenn man in den fensterlosen Räumen ist. [N2-W22GY]

(251) Eigentlich gehe ich recht gerne hin. Man kennt ja die meisten Leute schon vom Sehen und grüßt sich auf dem Gang. In X [Universitätsstadt], da rennt man aneinander vorbei und da ist alles so kühl und distanziert. Da geht man unter in der Masse, und hier [PH in Stadt y]: da ist man einfach wer. [K2-W22GH]

(252) Die Uni ist schon sehr anonym, da kann man auch echt untergehen. [...]. Die Kommunikation mit den Dozenten ist eher anonym, wobei wir in einem Seminar nur zehn waren - da war es dann schon sehr persönlich. [M2-W22GY]

(253) Es ist [...] alles kleiner [an der PH]. [...]. An der Uni X war es so, dass es manche gab, die habe ich nie gesehen. Hier haben alle Pädagogik, Psychologie und daher kennt man sich und so finde ich das vom Klima her familiärer, aber nicht unbedingt besser. Ich habe mich in X [Universitätsstadt] auch sehr wohl gefühlt. [H2-W22GH]

(254) Heimat [ist die Hochschule] jetzt nicht. Ich freue mich jedes Wochenende, wenn ich heim fahre. Aber ich habe mich jetzt nach diesen Semesterferien gefreut, wieder hier zu sein – meine Lebensaufgabe wieder zurück zu haben, aber auch dass ich meine Freundinnen wieder sehen konnte.

(255) Ich bin eigentlich gerne hier und Kontakte sind leicht zu knüpfen, sowohl mit Studierenden als auch mit Dozenten. [...]. Es ist auf jeden Fall ein großer Teil meines Lebens. Aber »Heimat«? – ich weiß nicht. [H2-W22GH]

Schließlich sind die Äußerungen teils auch mit stark wertenden Urteilen verbunden. Einerseits werden Studium und Hochschulleben als herausragende Bereicherung wahrgenommen (256), andererseits berichten Studierende von einem weit verbreiteten Unzufriedenheitsgefühl mit dem Studienalltag (257). Dieses konkretisiert sich sowohl im Zwischenmenschlichen, als auch in der häufig als schlecht erlebten Organisation der Studiengänge (258). Im Extremfall werden solche negativen Erfahrungen auch allen Mitstudierenden unterstellt und so als kollektive Erfahrungen deklariert (259).

(256) Ich gehe auf jeden Fall gerne hin. Es ist was ganz anderes als in der Schule. Was mir gefällt ist, dass man die Selbstständigkeit hat, zu entscheiden, wo man hingehen möchte und was man braucht. Ich empfinde das als Privileg, da hingehen zu dürfen. Man hat Dozenten, die wirklich zum Großteil sehr gut sind und einem Einblicke gewähren – wirklich spannende Themen – und einen an ihrem Wissen und ihrer Forschung teilhaben lassen. Das finde ich ein Privileg, auf jeden Fall. Von daher macht es mir Spaß. [...]. Ich finde es ein bisschen anonymer als in der Schule. [...]. Dort war es eben ein Klassenverband [...], hier ist man mehr auf sich selbst angewiesen. [L2-W21GY]

(257) Ich persönlich fühle mich wohl und empfinde es nicht als anonyme Atmosphäre. Man kommt schon in Kontakt. [...]. Ob das nur an der PH liegt, dass die Studierenden unglaublich viel meckern? Das ist auf jeden Fall keine positive Atmosphäre. [...]. Es lässt sich nicht greifen, ein generelles Unmutsgefühl und Unzufriedenheitsgefühl, was sich [...] dann immer weiter fortsetzt in die berufliche Zukunft. [...]. Wenn man sich mit Lehrern unterhält, die machen auch selbst alles schlecht – sich, die Schule und die Schüler. [F2-M28GH]

(258) Es gibt da auch viele Probleme, [...] auch unter den Dozenten, die die Studierenden dann abbekommen. [...]. Auch unter Studierenden gibt es Probleme, die würde ich als eher neutral oder ins Negative bewerten. Im Moment sind viele Probleme da, was die Organisation betrifft. Das bekommt die PH X einfach nicht hin. [C2-W22GH]

(259) Es tut mir leid, aber ich soll ehrlich sein. Das System gefällt mir nicht. Aus persönlichen Gesprächen mit anderen Studierenden kann ich sagen, dass fast alle, wirklich alle, unzufrieden sind. Und ich habe niemals, niemals, niemals etwas Positives gehört – ehrlich! [...]. Ich habe das Gefühl, dass ich zu viel kritisiere. [...]. Ich habe immer Angst, dass ich etwas verpasse – und das stimmt: Ich verpasse immer etwas. Es gibt natürlich Informationen, [...], aber so unklar, unkonkret und unorganisiert [...]. Wir sind gekommen, um zu studieren! [J2-W41RS]

Es wird gerade in kritischen Statements deutlich, dass das erlebte Ausbildungsklima eine erhebliche Rolle für die Studienzufriedenheit insgesamt haben dürfte. Quantitativ bestätigt sich eine extrem starke Korrelation zwischen dem Ausbildungsklima und der Studienzufriedenheit (ABK2/ZUF2: $r=.51^{***}$). Für die professionelle Entwicklung Studierender ist dies dahingehend relevant, als dass eine positive Einschätzung des Ausbildungsklimas auch mit stärker ausgeprägten Annäherungs-Leistungszielen und damit einer größeren Leistungsmotivation einhergeht (ABK/ALZ: r = .25***).

Bedeutung des Ausbildungsklimas

Abschließend wird geprüft, welche Bedeutung dem Ausbildungsklima für die Erklärung studienbezogener Variablen zu t_2 zukommt. Die zur Prüfung herangezogene Regressionsanalyse zeigt, dass alle signifikanten Effekte, die vom Ausbildungsklima ausgehen, positiv und teils recht stark sind (vgl. Tabelle 117). Dies kann mit Blick auf die Polarität der prognostizierten Variablen so interpretiert werden, dass einem positiven Ausbildungsklima, zumindest aber dessen positiver Wahrnehmung, eine durchweg förderliche Bedeutung für die professionelle Entwicklung zukommt.

Tabelle 117: Bedeutung des Ausbildungsklimas (t_2)

Code	Index/Item	β	T	p	R^2
SBA2	subjektive Bedeutsamkeit der Arbeit (AVEM-Inventar)	.99	4.09	.000	.055
NAK2_1	Nutzeneinschätzung: fachwissenschaftliches Studium	.68	6.25	.000	.123
QAK2_2	Qualitätseinschätzung: didaktisch-methodisches Studium	.62	6.74	.000	.141
QAK2_3	Qualitätseinschätzung: erziehungswissenschaftliches Studium	.60	6.27	.000	.124
CAS2	curriculare Abstimmung	.55	8.92	.000	.226
QAK2_1	Qualitätseinschätzung: fachwissenschaftliches Studium	.54	6.23	.000	.123
NAK2_3	Nutzeneinschätzung: erziehungswissenschaftliches Studium	.46	3.78	.000	.047
ZUF2	Studienzufriedenheit	.45	9.48	.000	.250
NAK2_2	Nutzeneinschätzung: didaktisch-methodisches Studium	.45	4.98	.000	.081
BLF2	Beurteilung der Lehrveranstaltungen in den Fächern	.37	7.00	.000	.151
ALZ2	Annäherungs-Leistungsziele (Leistungsmotivation)	.37	3.85	.000	.049
BVS2_1	Bildungsverständnis nach Horkheimer	.35	3.48	.001	.039
SAR2	Relevanz der Praktika: Erlernen der Arbeit mit Schülern	.35	3.47	.001	.039
BLE2	Beurteilung der Lehrveranstaltungen in Erziehungswissenschaft	.32	4.37	.000	.036
BVS2_6	Bildungsverständnis nach Bueb	.32	2.90	.004	.027
QAK2_4	Qualitätseinschätzung: Schulpraktika	.30	3.35	.001	.037
UIU2	Relevanz der Praktika: Umsetzung des Erlernten im Unterricht	.28	3.50	.001	.040
REL2	Religiosität	.28	2.09	.037	.012
UVB2	Relevanz der Praktika: Erlernen der Unterrichtsvorbereitung	.26	3.36	.001	.037
KOM2	Kompetenzerwartung (insgesamt)	.24	4.53	.000	.067
SWE2	Selbstwirksamkeitserwartung	.22	4.71	.000	.073
NAK2_4	Nutzeneinschätzung: Schulpraktika	.20	2.74	.006	.024
VEM2	Relevanz der Praktika: Erlernen des Umgangs mit Vermittlungsmedien	.20	2.20	.029	.014
BVS2_2	Bildungsverständnis nach Klafki	.19	2.54	.012	.020
SVS2_5	Schule hat eine Enkulturationsfunktion	.17	2.02	.045	.011
SPA2	Erfolgserleben in Schulpraktika	.14	2.50	.013	.019

Abkürzungen: β = Beta-Koeffizient; T = T-Wert der Signifikanzprüfung; p = Signifikanz; R^2 = aufgeklärte Varianz. *Modellanpassung:* F = 8.41; p = .000 (Pillai-Spur = .472; Hotelling-Spur = .896); N = 271 (fehlende Werte fallweise gelöscht). *Methode:* allgemeines lineares Modell (GLM multivariat). *Anmerkungen:* Ergebnisse sortiert nach abnehmendem Betrag der Beta-Koeffizienten. Prädiktor ist das Ausbildungsklima (ABK2) zu t_2. Potenzielle abhängige Variablen waren alle metrischen Variablen, die zu t_2 erfasst wurden. Der Index Kompetenzerwartung (KOM2) repräsentiert die signifikanten Effekte der nicht einzeln aufgenommenen Kompetenzen.

Befragte, die das Ausbildungsklima überproportional positiv wahrnehmen, schätzen den Nutzen fachwissenschaftlicher (NAK2_1), erziehungswissenschaftlicher (NAK2_3), didak-

tisch-methodischer (NAK2_2) sowie schulpraktischer (NAK2_4) Ausbildungskomponenten
für den späteren Beruf wahrscheinlicher hoch ein. Selbiges gilt bezüglich der Qualitätseinschätzung entlang aller Ausbildungsbestandteile (QAK2_1/2/3/4). Fachliche (BLF2) wie erziehungswissenschaftliche Lehrveranstaltungen (BLE2) werden eher positiv beurteilt, wenn
Studierende das Ausbildungsklima besser wahrnehmen. Sehr große Varianzaufklärung hat
das Ausbildungsklima für die Studienzufriedenheit (25 %) und für die wahrgenommene inhaltliche und organisatorische Abstimmung des Studiums (23 %).

Wer das Ausbildungsklima besser beurteilt, misst mit höherer Wahrscheinlichkeit der Arbeit eine größere subjektive Bedeutung zu (SBA2). Entsprechend größer ist i. d. R. auch die
Leistungsorientierung (ALZ2) und Selbstwirksamkeitserwartung (SWE2) solcher Studierender. Ein weiterer Indikator für das Arbeitsengagement dieser Klientel ist die insgesamt höhere Erwartung an die eigene Kompetenz (KOM2). Zumindest geringfügig erhöht die Wahrnehmung eines positiveren Ausbildungsklimas auch die Chance auf Erfolgserleben in den
ersten Schulpraktika (SPA2). Deren Nutzen wird entlang aller Facetten höher eingeschätzt
(SAR2/ UIU2/ UVB2/ VEM2). Auch für verschiedene Bildungsvorstellungen hat das Klima
ein Vorhersagepotenzial. Wer es positiv wahrnimmt, der wird mit größerer Wahrscheinlichkeit einem gebildeten Menschen zuschreiben, er sei Herr über die Anforderungen, welche die
Gesellschaft an ihn stelle (BVS2_1), er kenne und wertschätze die traditionellen Kulturgüter
(BVS2_6), sei sich der Probleme der Gegenwart bewusst und beteilige sich an deren Lösung
(BVS2_2). Solche Befragte unterstellen der Schule ferner verstärkt eine Enkulturationsfunktion (SVS2_5). Eine Diskussion dieser Befunde findet sich im Schlusskapitel (vgl. S. 504).

5.1.2 Studienzufriedenheit

In der Hochschulforschung wurde Studienzufriedenheit zunehmend zum Gegenstand empirischer Untersuchungen (Apenburg 1980; Meulemann 1991; Spies u. a. 1996; Westermann
u. a. 1996; Heise u. a. 1997; Stebler 2000; Walther 2000; Westermann 2001). International hat
das Forschungsfeld eine lange Tradition (Berdie 1944; Gregg 1972; Beelick 1973), auch im
deutschsprachigen Raum finden sich ältere Studien (Fisch 1973; Groffmann/ Schmidtke
1977). Studienzufriedenheit gilt als Indikator der Effektivität von Hochschulen (Franklin
1996) und wird bei positiver Evaluation zur hochschulpolitischen Werbung eingesetzt (Damrath 2006, S. 228). Definieren lässt sich Studienzufriedenheit als »Einstellung zum Studium
insgesamt« (Westermann 2001, S. 694).

Intensive Bemühungen um die Erfassung der Studienzufriedenheit zur Prognostizierung
von Studienerfolg wurden im deutschsprachigen Raum im Rahmen einer Längsschnittstudie
unternommen, in der anfänglich 3 500 Schüler der zwölften Klassenstufe bis zum Studienabschluss begleitet wurden (Giesen u. a. 1986). Studienzufriedenheit wird dort am Erfolg sowie
der Zufriedenheit bezüglich studiennaher Inhalte festgemacht. Unter Erfolg werden ausschließlich Prüfungsleistungen erfasst, da nur sie in Zeugnissen dokumentiert würden und
somit eine unmittelbare Auswirkung auf den Berufseinstieg, etwa bei der Bewerberselektion
hätten (Giesen u. a. 1986, S. 64). Mit der Entscheidung für eine bestimmte berufliche Richtung verbände sich zugleich aber die Erwartungshaltung, ob man selbst mit dieser Berufswahl
zufrieden sein werde, so die Autoren weiter. Trotz dieses engen Zuschnitts wird betont, die
Studienzufriedenheit könne das Resultat einer Vielzahl an Faktoren sein, etwa von der gelun-

genen Integration in den Kreis Mitstudierender oder von einer hohen Selbsteinschätzung eigener Fortschritte (Giesen u.a. 1986, S. 71). Dazu rechnen die Autoren Merkmale wie die Beurteilung der eigenen Fachwahl oder die Zufriedenheit mit den eigenen Leistungen.

Zentrales Ergebnis der Untersuchung ist, dass bei der Prognose von Studienzufriedenheit fachübergreifenden Faktoren eine höhere Bedeutung zukommt als fachspezifischen. Im Anschluss an eine multiple Regressionsrechnung ist Neurotizismus der stärkste Prädiktor einer geringen Studienzufriedenheit (Giesen u.a. 1986, S. 76). Invertiert bedeutet dies, dass emotional stabile Studierende die höchste Wahrscheinlichkeit aufweisen, nach eigener Einschätzung im Studium erfolgreich zu sein. Ebenfalls starke Vorhersagekraft haben eine geringe Leistungsängstlichkeit sowie die Schnelligkeit intellektueller Verarbeitung. Die Autoren sprechen von »Fleiß und Selbstvertrauen« Studierender als einem vorhersagewirksamen »Zufriedenheitssyndrom« (Giesen u.a. 1986, S. 76). Weitere Prädiktoren sind eine eher unkritische Haltung gegenüber eigenem Handeln, eine hohe Zufriedenheit mit zurückliegenden Leistungen sowie eine positive Beurteilung von Umweltfaktoren. Vor diesem Hintergrund sind auch vorliegend hohe Korrelationen der Studienzufriedenheit mit den Konstrukten Neurotizismus (vgl. 3.5, S. 215), Leistungsmotivation (vgl. 4.3.6, S. 361), Selbstwirksamkeitserwartung (vgl. 4.1.2, S. 287) und mit dem Ausbildungsklima (vgl. 5.1.1, S. 392) zu erwarten.

Neuere Studien nehmen diese Vorarbeiten auf, beleuchten aber auch kritisch die Einschränkung von Studienzufriedenheit auf wenige zentrale Merkmale. Außerdem fällt in der Studie von Giesen u.a. (1986) auf, dass die Studienzufriedenheit ein kaum theoretisch fundiertes Konstrukt ist. Die im vorangehenden Teilkapitel diskutierten Interviewausschnitte zum Ausbildungsklima zeigen aber, dass Studienzufriedenheit ein viel breiteres Phänomen sein dürfte, das auch Aspekte wie ein »Heimatgefühl« an der Hochschule inkludiert. Neuere Ergebnisse verweisen z.B. auf die Abhängigkeit der Studienzufriedenheit von Diskrepanzen zwischen Fähigkeiten der Studierenden und Studienanforderungen (Spies u.a. 1998) oder Studierendenbedürfnissen und Lehrangebot (Spies u.a. 1996).

Nach Damrath (2006) dominieren interaktionistische Ansätze die Forschung. Sie erklären Studienzufriedenheit über Persönlichkeits- und Umweltvariablen. Der Aufarbeitung des Forschungsstandes folgend sieht die Autorin Studienzufriedenheit im Wesentlichen durch die Balance von vier Faktoren bestimmt: (1) Fähigkeiten und Bedürfnisse; (2) Angebote und Anforderungen; (3) Ziele und antizipatorische Erfüllungszustände sowie (4) studienrelevante Wertorientierungen, die in ein systemtheoretisches Rahmenmodell eingeordnet werden (Parsons 1968). In einer Befragung unter Studierenden in Mainz (N=2504) lässt sich aber nur fachbezogenen Variablen und studienrelevanten Wertorientierungen ein Erklärungspotenzial für Studienzufriedenheit nachweisen (ebd., S. 285).

Während sich zwischen Neurotizismus und Studienzufriedenheit eine negative Korrelation einstellt (s.o.), wird die Zufriedenheit neben psychischer Stabilität durch Persönlichkeitsmerkmale wie Kontaktbereitschaft und Selbstkontrolle erhöht (Urban 1992; Mayr/Mayrhofer 1994). Auch der Erfolg in Schulpraktika und die schulpraktische Arbeit selbst fördern Studienzufriedenheit (Flach u.a. 1995; Mayr/Mayrhofer 1996; Mayrhofer/Mayr 1996; Mayr/Mayrhofer 1997). Als Determinanten gelten auch Studieninteresse und berufliche Orientierungen (Heise u.a. 1997) sowie die bereits erwähnten Studienziele (Krampen 1979). Andere Ansätze sehen Studienzufriedenheit insbesondere durch die Qualität des Lehrangebots und dessen persönlichen Nutzen bedingt (Gehrmann 2007a, S. 92). Studienzufriedenheit scheint auch von der Diskrepanz zwischen Anforderungen des Studiums einerseits und den eigenen

Fähigkeiten andererseits abzuhängen (Spies u. a. 1996; 1998) und ist ein Faktor von Studienerfolg insgesamt (Rindermann/ Oubaid 1999). Auch zu demografischen Merkmalen wie Ethnizität oder Gender lassen sich Beziehungen zeigen (Shirk 2002). Solche partiellen Befunde erscheinen in den Einzelstudien plausibel. Unklar ist aber, ob die angenommenen Prädiktoren bei gleichzeitiger Kontrolle anderer Größen noch einen bedeutenden Effekt zeigen.

Im Anschluss an Giesen u. a. (1986) sowie Seifert/ Bergmann (1992) haben Mayrhofer/ Mayr (1996) ein Instrument zur Erfassung von Studienzufriedenheit entwickelt. Vorliegend lassen sich aufgrund einer explorativen Faktorenanalyse wie in der Original-Skala drei Subskalen bilden, die sich teilweise aber aus anderen Items generieren. Es erscheint plausibel, mit Blick auf die Besonderheiten des Lehramtsstudiums, eine Unterteilung in die Dimensionen Zufriedenheit mit dem Angebot (Items 1-3, 5/6; α=.70), Zufriedenheit mit sozialen Kontakten (Items 9/10; α=.48) sowie mit den Unterrichtsversuchen (Items 4/8; α=.49) vorzunehmen, die über insgesamt zehn Items erfasst werden. Aufgrund der unzureichenden Reliabilitätswerte der letzteren beiden Subskalen, die mit jeweils nur zwei Items gebildet wurden, wird aber auf eine faktorielle Trennung verzichtet und die Studienzufriedenheit als eindimensional behandelt. Die Gesamtskala erreicht eine gute interne Konsistenz (α=.79). Mayr (1998) ergänzt die Skala um zwei generelle Einschätzungen: Zufriedenheit mit dem Studium insgesamt (Item 11) und mit der Entscheidung für den Lehrerberuf (Item 12). Die Globaleinschätzung der Studienzufriedenheit über ein Item korreliert mit dem Index Studienzufriedenheit stark positiv (Item 11/ ZUF2: r=.61***); deutlich schwächer, aber dennoch signifikant ist der Zusammenhang mit der Pauschaleinschätzung der Berufswahl (Item 12/ ZUF2: r=.24***). Die Skalen wurden sprachlich leicht modifiziert, da sie ursprünglich auf die Lehrerbildung in Österreich zugeschnitten wurden.

Tabelle 118: Studienzufriedenheit (t$_2$)

ZUF2 (N$_{1-3/5-7/9-12}$=409-415; N$_{4/8}$=286-287)	GH M	RS M	GY M	SP M	LA M	LA SD
1 den Inhalten, die im Laufe des Studiums behandelt werden?	4.27	4.13	4.67	4.49	4.39	1.35
2 den Studienbedingungen und der Studienorganisation?	3.12	3.14	3.85	3.00	3.33	1.43
3 der methodischen Gestaltung von Seminaren und Vorlesungen?	4.13	4.06	4.31	4.38	4.20	1.22
4 der Betreuung Ihrer Unterrichtsversuche?	5.13	5.01	5.00	5.32	5.13	1.47
5 den Studienanforderungen?	4.63	4.63	4.44	4.89	4.60	1.27
6 den Möglichkeiten, Ihre speziellen Fähigkeiten einzusetzen und weiterzuentwickeln?	4.05	4.05	3.76	4.34	4.00	1.44
7 Ihren Leistungen in Seminaren und Vorlesungen?	4.79	5.13	5.22	5.38	5.05	1.29
8 Ihren Leistungen bei den Unterrichtsversuchen?	5.58	5.45	5.40	5.57	5.54	0.98
9 den Möglichkeiten, mit den Professoren in Kontakt zu kommen?	4.80	5.18	4.77	4.87	4.87	1.43
10 den Möglichkeiten, mit anderen Studierenden in Kontakt zu kommen?	5.88	6.12	6.05	6.04	5.99	1.05
11 dem Studium insgesamt?	5.15	5.09	5.26	5.26	5.19	1.09
12 Ihrer Entscheidung für den Lehrerberuf?	6.17	6.28	5.81	5.96	6.06	1.10
Index Studienzufriedenheit (ZUF2); α=.79	4.63	4.69	4.63	4.83	4.66	0.74

Frage: Wie zufrieden sind Sie mit ... ? (Falls Sie bislang noch keine schulpraktischen Erfahrungen im Rahmen Ihres Studiums gemacht haben, lassen Sie die Fragen 4 und 8 bitte einfach unbeantwortet). *Skala*: 1=überhaupt nicht zufrieden; 7=voll und ganz zufrieden.

Insgesamt ist die Studienzufriedenheit nur moderat positiv ausgeprägt (vgl. Tabelle 118). Die Zufriedenheit mit sozialen Kontakten (M$_{9/10}$=5.43) und mit den eigenen (sofern bereits gemachten) Unterrichtsversuchen (M$_{4/8}$=5.32) ist weit größer als jene mit dem Studienangebot

($M_{1-3/5/6}=4.11$). Vergleichsweise eher unzufrieden sind die Befragten mit den Studienbedingungen und der Studienorganisation (Item 2), aber auch die Möglichkeit, eigene Fähigkeiten einzubringen (Item 6) und die methodische Gestaltung von Lehrveranstaltungen (Item 3) werden nur neutral beurteilt. Mit ihrer Entscheidung für den Lehrerberuf sind die Studierenden deutlich zufriedener als mit dem Studium selbst ($M_{12}=6.06$; $M_{11}=5.19$; $T=16.08$; $p=.000$).

Unter RS- und GH-Studierenden ist die Zufriedenheit mit der Entscheidung für den Lehrerberuf höher als unter Studierenden der SP- und GY-Lehrämter ($\eta^2=.028^{**}$). Möglicherweise eröffnen die SP- und GY-Studiengang mehr alternative berufliche Perspektiven, die eher an der eigenen Entscheidung für den Lehrerberuf zweifeln lassen. Einen Einfluss auf diese Lehramtdifferenzen dürfte die Beobachtung haben, dass weibliche Studierende, die in PH-Studiengängen häufiger vertreten sind, mit ihrer Berufswahlentscheidung etwas zufriedener sind als ihre Kommilitonen ($M_w=6.11$; $M_m=5.76$; $\eta^2=.013^*$). Schließlich stehen die sozioökonomische Stellung und die Studienzufriedenheit in einem leicht positiven Zusammenhang (SEI/ ZUF2_11: $r=.13^{**}$). Je stärker sich die Befragten durch ihr Studium finanziell belastet sehen, desto weniger zufrieden sind sie mit ihrem Studium (FIN2_4/ ZUF2_11: $r=-.13^{**}$). Ein ausgereiftes Stipendiensystem erscheint sinnvoll, um eine vergleichbare Studienzufriedenheit aller Studierenden zu begünstigen. Hohe Zufriedenheit mit dem Studienangebot ist schon deshalb wünschenswert, weil zufriedene Studierende höhere Annäherungs-Leistungsziele zeigen und damit als stärker leistungsmotiviert gelten können (ALZ2/ ZUF2: $r=.22^{***}$).

Bedingungsfaktoren von Studienzufriedenheit

Der sich in anderen Studien erweisende negative Zusammenhang zwischen Neurotizismus und Studienzufriedenheit (s. o.) besteht auch vorliegend (NEU/ ZUF2: $r=-.14^{**}$), ist aber vergleichsweise schwach. Es ist zu klären, welche Faktoren stattdessen für eine hohe Studienzufriedenheit zentral sind. Die vorliegende Studie bietet die Möglichkeit einer breiten Prüfung, welche studienrelevanten metrischen Variablen (t_2) die Studienzufriedenheit nach dem dritten Semester prognostizieren. Dazu wurde eine schrittweise lineare Regressionsrechnung durchgeführt, in deren Endmodell 15 signifikante Prädiktoren verbleiben (vgl. Tabelle 119). Die sich abzeichnenden Effekte sind eher schwach.

Studierende, die die Qualität der von ihnen absolvierten Schulpraktika (QAK2_4), ihrer fachwissenschaftlichen (QAK2_1) und didaktisch-methodischen Ausbildungskomponenten (QAK2_2) höher einschätzen, sind wahrscheinlicher auch mit ihrem Studium zufrieden. Dies gilt auch für Befragte, die ihr fachwissenschaftliches Studium als bedeutsamer erachten (BAK2_1) und die fachwissenschaftliche Lehre besser beurteilen (BLF2). Eine hohe Bedeutsamkeitseinschätzung der erziehungswissenschaftlichen Ausbildungsbestandteile ist hingegen Prädiktor einer geringeren Zufriedenheit (BAK2_3), während zugleich Studierende, die die erziehungswissenschaftliche Lehre positiv beurteilen, zufriedener mit dem Studium sind (BLE2). Dieser beunruhigende Befund deutet auf eine Diskrepanz zwischen Erwartungen an Pädagogische Studien und deren tatsächliche Wahrnehmung hin (vgl. 5.2, S. 407).
Neben der Wahrnehmung einzelner Ausbildungskomponenten ist auch die positiv erlebte inhaltliche und organisatorische Abstimmung der Lehrveranstaltungen und Studienaktivitäten ein Prädiktor höherer Studienzufriedenheit (CAS2). Eine solche Erhöhung der Chance zufriedener Studierender bringt auch ein als gut wahrgenommenes Ausbildungsklima mit sich (ABK2). Die stärkste Vorhersagekraft kommt allerdings dem Erfolgserleben hinsichtlich

berufs- bzw. studienrelevanter Merkmale zu (EIB2). Vermutlich ist die Bestätigung im Studierverhalten durch Dozierende, Mitstudierende oder das eigene Gefühl ein positiver Faktor für die professionelle Entwicklung. Förderlich erscheint auch die Unterstützung durch ein soziales Netzwerk (ESU2). Wer eine geringere Kompetenzerwartung an die eigene Selbstorganisation hat, wird wahrscheinlicher auch weniger zufrieden sein (SSO2b). Selbiges gilt für Befragte, die weniger Zeit für ihr Selbststudium aufbringen (ZEI2_2) und eher dazu tendieren, ihre Defizite zu verbergen (VLZ2). Schließlich weist auch ein komplexes Bildungsverständnis, das einem gebildeten Menschen unterstellt, er würde sich aus eigenem Antrieb mit der Welt auseinandersetzen und sich durch Selbsttätigkeit an ihrer Gestaltung beteiligen, auf eine geringere Studienzufriedenheit hin (BVS2_3). Wahrscheinlich bevorzugen solche Befragte umfangreiche Gestaltungsmöglichkeiten eines möglichst individuellen Studiums, die in den gegenwärtigen Studienstrukturen der Lehramtsstudiengänge eher eingeschränkt sind.

Tabelle 119: Bedingungsfaktoren einer hohen Studienzufriedenheit (t₂)

Code	Index/Item	β	T	p
EIB2	Erfolgserleben im Beruf (AVEM-Inventar)	.24	5.33	.000
QAK2_4	Qualitätseinschätzung: Schulpraktika	.21	4.80	.000
QAK2_1	Qualitätseinschätzung: fachwissenschaftliches Studium	.20	4.42	.000
BLE2	Beurteilung der Lehrveranstaltungen in Erziehungswissenschaft	.20	3.65	.000
CAS2	curriculare Abstimmung	.15	3.09	.002
ABK2	Ausbildungsklima	.13	2.47	.014
BLF2	Beurteilung der Lehrveranstaltungen in den Fächern	.13	2.45	.015
ZEI2_2	aufgebrachte Zeit für das Selbststudium	-.11	-2.78	.006
ESU2	Erleben sozialer Unterstützung (AVEM-Inventar)	.11	2.64	.009
QAK2_2	Qualitätseinschätzung: didaktisch-methodisches Studium	.11	2.40	.017
BAK2_1	Bedeutsamkeitseinschätzung: fachwissenschaftliches Studium	.11	2.40	.017
SSO2b	Kompetenzerwartung: sich selbst organisieren	-.11	-2.40	.017
BAK2_3	Bedeutsamkeitseinschätzung: erziehungswissenschaftliches Studium	-.11	-2.10	.037
BVS2_3	Bildungsbegriff Humboldt	-.10	-2.32	.021
VLZ2	Vermeidungs-Leistungsziele (Leistungsmotivation)	.09	2.11	.036
(Konstante)		–	1.62	.106

Abkürzungen: β=standardisierter Beta-Koeffizient; T=T-Wert der Signifikanzprüfung; p=Signifikanz. *Modellanpassung:* F=24.89; p=.000 (ANOVA); R²=.639; korr. R²=.613; N=265 (fallweise Löschung). *Methode:* schrittweise lineare Regression (vorwärts); Kriterium: F-Wahrscheinlichkeit≤.05. *Anmerkungen:* Ergebnisse sortiert nach abnehmendem Betrag der Beta-Koeffizienten. Abhängige Variable ist die Studienzufriedenheit (ZUF2) zu t₂. Die potenziellen Prädiktoren waren alle metrischen Variablen, die zu t₂ erfasst wurden.

Dem Forschungsstand gemäß lässt sich vorliegend bestätigen, dass ein Erfolgserleben im Studium und ein positives Ausbildungsklima Prädiktoren hoher Studienzufriedenheit sind. Diese Faktoren sind allerdings nicht ausschließlich an die schulpraktischen Ausbildungskomponenten gebunden. Ebenfalls replizieren lässt sich der Befund, die Qualität des Angebots habe einen moderierenden Einfluss, während der Nutzen der Ausbildungskomponenten keine signifikante Bedeutung für die Vorhersage von Zufriedenheit im Studium hat. Bislang nicht im Blick waren Prädiktoren wie die curriculare Abstimmung, ein soziales Unterstützungssystem oder die Selbstorganisationsfähigkeit als positive Prädiktoren von Studienzufriedenheit. Da das Modell insgesamt 61 % der Varianz erklärt, erweisen sich besonders ausbildungsbezogene Variablen für die Studienzufriedenheit als relevant. Sie kann daher kaum bereits durch die

Eingangsbedingungen prognostiziert werden. Problematisch ist die Diskrepanz zwischen den Erwartungen an das Studium und der Studienrealität.

5.1.3 Curriculare Abstimmung

Die Notwendigkeit curricularer Abstimmung für Lehramtsstudiengänge ergibt sich bereits aus der Existenz dreier wesentlich zu unterscheidender Ausbildungsbereiche: Fachstudium (Fachwissenschaft/ Fachdidaktik), bildungswissenschaftliches Studium (Erziehungswissenschaft, Pädagogische Psychologie, ethisch-philosophisches Grundlagenstudium) sowie Schulpraxis (Schulpraktika). Weitgehend ungeklärt ist, wie sich diese drei Ausbildungsbereiche aus Sicht Studierender zueinander verhalten. Erfolgt etwa bei der Planung des Lehrangebots eine Abstimmung der meist durch unterschiedliche Institute organisierten Bereiche oder gibt es thematische Verknüpfungen bzw. eine Bezugnahme zwischen den einzelnen Komponenten? Die curriculare Abstimmung hat folglich eine *zeitliche* Dimension (z. B. studienorganisatorische Abstimmung der Pflichtveranstaltungen durch die Hochschule) und eine *inhaltliche* Dimension (z. B. Vermeidung unnötiger Dopplungen).

Einen Versuch zur empirischen Klärung der Frage, ob Lehramtsstudierende die Ausbildungsbereiche als kumulative Einheit wahrnehmen oder diese aus ihrer Sicht unverknüpft nebeneinander stehen, wurde im Rahmen des Projekts *Neukonzeption der Grundschullehrerausbildung (GLANZ)* an der Universität Bamberg unternommen. Dort wird im Wesentlichen nach vier Aspekten gefragt (Abel 2006, S. 32): (1) fächerübergreifende Zusammenhänge; (2) Wiederholung von Inhalten; (3) zeitliche Abstimmung von Lehrveranstaltungen und (4) Zusammenhänge innerhalb der Inhalte. Hinzu kommen einige Items zu den Studienbedingungen und zum Studienangebot (ebd., S. 34-41). Inhaltliche Abstimmungen werden von 71 % der Befragten kaum oder nicht wahrgenommen. Dies gilt insbesondere für Zusammenhänge zwischen Fachwissenschaften und Fachdidaktiken. Entsprechend gering (3 %) ist der Anteil Studierender, der massive inhaltliche Wiederholungen empfindet. Die zeitliche Abstimmung wichtiger Lehrveranstaltungen sehen nur 40 % der Befragten als ausreichend an (ebd., S. 37). Eine Clusteranalyse zeigt, dass die zeitliche Abstimmung als notwendige, aber nicht hinreichende Voraussetzung für das Erkennen eines inhaltlichen Zusammenhangs gesehen werden kann. Die Items zur Studienbedingung und Studienorganisation erscheinen aufgrund der kleinen Stichprobe (N=42; 70 % aller relevanten Absolventen) und der starken Fokussierung auf eine begrenzte Population (ein Lehramt; eine Hochschule) wenig aussagekräftig. Die Ergebnisse sind daher nur begrenzt belastbar. Der Gewinn der Untersuchung liegt aber neben dem unmittelbaren Monitoring für den betroffenen Studiengang auf besonders in der Bewusstmachung eines notwendigen Untersuchungsgegenstandes und in Anregungen für die Itemauswahl zum Konstrukt »curriculare Abstimmung«.

Die vorliegend nach dem dritten Semester (t₂) angewandte Skala (vgl. Tabelle 120) nimmt Anregungen aus Arbeiten von Abel (2006) auf, verzichtet aber auf das dort angewandte Matrixverfahren. Durch die Vielzahl an zu berücksichtigenden Fächern erscheint eine trennscharfe Auswertung sonst kaum möglich. Generiert wurde eine Skala mit sechs Items, die verschiedene Facetten curricularer Abstimmung abdeckt: fächerübergreifende Zusammenhänge (Item 1); unnötige Wiederholungen/ Dopplungen (Item 2); zeitliche Abstimmung (Item 3); Bezüge zwischen Lehrveranstaltungen (Item 4); curricularer Aufbau (Item 5) sowie

Zusammenhang der Ausbildungskomponenten (Item 6). Der erste Faktor löst nach explorativer Hauptkomponentenanalyse bereits 41.9 % der Gesamtvarianz auf. Der Skala kann daher Eindimensionalität unterstellt werden, ihre interne Konsistenz ist akzeptabel.

Tabelle 120: Curriculare Abstimmung (t_2)

CAS2 (N=413-415)	GH M	RS M	GY M	SP M	LA M	 SD	 TZ
1 In den Lehrveranstaltungen wurden verschiedene fächerübergreifende Zusammenhänge deutlich	4.13	3.87	3.93	4.11	4.02	1.43	40.9
2 Manche Inhalte in verschiedenen Fächern sind unnötige Wiederholungen/ Dopplungen (-)	4.25	4.01	3.27	4.62	3.95	6.24	58.0
3 Die wichtigsten Lehrveranstaltungen waren zeitlich aufeinander abgestimmt (keine Überlappungen)	3.39	3.01	3.44	3.64	3.36	1.80	29.3
4 Innerhalb der jeweiligen Fächer bestehen sinnvolle Bezüge zwischen den Lehrveranstaltungen	4.07	3.84	4.19	3.98	4.06	1.43	38.0
5 Die Lehrveranstaltungen eines Faches bauen aufeinander auf, auch wenn sie von verschiedenen Dozenten gehalten werden	3.91	3.99	4.24	4.17	4.05	1.53	40.1
6 Die einzelnen Teile meines Studiums stehen in einem sinnvollen und sich ergänzenden Zusammenhang	4.17	4.04	4.33	4.06	4.18	1.34	41.6
Index curriculare Abstimmung (CAS2); α=.67	3.91	3.78	4.14	3.89	3.95	0.97	–

Frage: Inwieweit stimmen Sie den nachfolgenden Aussagen zu? *Skala:* 1 = trifft überhaupt nicht zu; 7 = trifft voll und ganz zu. *Anmerkung:* Items, die mit (-) markiert sind, wurden ausschließlich zur Indexberechnung umkodiert.

Die Befragten bescheinigen ihren Studiengängen insgesamt eine mittelmäßige curriculare Abstimmung. Eine zeitliche Abstimmung der Termine für die wichtigsten Lehrveranstaltungen wird nur von einem knappen Drittel (TZ=29.3 %) der Befragten gesehen (Item 3). Die anderen Items werden weitgehend neutral beantwortet. Am besten wird die curriculare Abstimmung von den GY-Studierenden beurteilt, mit einigem Abstand folgen die Einschätzungen der GH- und SP-Studierenden, am schlechtesten fällt das Urteil der RS-Studierenden aus (CAS2: η^2=.020*). Auf Ebene der einzelnen Items werden diese Unterschiede besonders bezüglich unnötiger inhaltlicher Wiederholungen oder Dopplungen deutlich, die unter GY-Studierenden am seltensten wahrgenommen werden (Item 2: η^2=.074***). Aus Sicht GY-Studierender mit Fach Theologie wurden in den Lehrveranstaltungen eher fächerübergreifende Zusammenhänge deutlich als unter solchen mit Fach Mathematik (Item 1: η^2=.085*; $M_{GY/MA}$= 3.35; $M_{GY/TH}$=4.36). Auch mit zunehmendem Alter werden häufiger fächerübergreifende Zusammenhänge gesehen (Item 1: η^2=.022*; M_{20-}=3.78; M_{21}=4.02; M_{22-25}=3.93; M_{26+}=4.63). Offensichtlich gelingt es älteren Studierenden – wohl auch aufgrund ihrer größeren Erfahrung aus anderen ausbildungsbezogenen oder beruflichen Kontexten – eher, die einzelnen Studieninhalte vernetzt wahrzunehmen.

Die Interviews gewähren einen detaillierteren Einblick. Insbesondere die zeitliche curriculare Abstimmung wird häufig kritisiert (260). Aus Sicht der Befragten können zeitliche Überschneidungen und damit eine mangelnde organisatorische Abstimmung von Lehrveranstaltungen die Effektivität beim Studieren deutlich einschränken, was zu Unzufriedenheit und ggf. zu einer längeren Studiendauer führen kann (261). Ein zumindest gefühltes Informationsdefizit und widersprüchliche Auskünfte verstärken die Planungsschwierigkeiten (262).

(260) Es ist echt extrem schwierig, die Hauptfächer zu kombinieren, weil die [Lehrveranstaltungen] immer zu den besten Zeiten sind. [...]. Ich hätte jetzt noch mehr belegt, wenn das möglich gewesen wäre. [A2-W21RS]

(261) Man könnte viel effektiver studieren, wenn sich die blöden Veranstaltungen nicht immer überschneiden würden. Wenn auch alles angeboten würde, was man braucht, dann [...] würde sich niemand ärgern. [C2-W22GH]

(262) Alleine bis man immer weiß, bis wann man was belegt haben muss, das nimmt einfach Zeit weg. Alles gibt es bestimmt irgendwo schwarz auf weiß, aber man muss eben immer wissen, wo. [...]. Da wird viel herumgeredet, und am Schluss kommt heraus, dass es eben doch nicht so ist. [E2-W21RS]

Gründe für die oft als problematisch wahrgenommene curriculare Abstimmung sind vielfältig und nicht für alle Studierenden gleich. Je nach Fächerkombination können sich mehr oder weniger Überschneidungen ergeben (263). Gerade an PHs verhindern häufig auch die Tagespraktika, die an je einem Wochentag während der Vorlesungszeit stattfinden, einen gleichzeitigen Besuch wichtiger Lehrveranstaltungen (264). An Universitäten führt die Umstellung auf konsekutive Studiengänge in Fächern, in denen die Lehramtsstudierenden hinsichtlich der Studienanforderungen einfach an die Bachelor-Studiengänge angedockt werden, zu Problemen (265). Die Studierenden sehen aber auch die vielfältigen Herausforderungen der für die Studienorganisation Verantwortlichen (266). Studierende mit familiären Verpflichtungen bzw. Teilzeitstudierende können aufgrund ihrer eingeschränkten Flexibilität besondere Schwierigkeiten bei ihrer Studienplanung erfahren (267). Auch persönliche Wünsche, wie freie Abende oder verlängerte Wochenenden, können die Planung erschweren (268).

(263) Bisher hat es sich ganz gut gefügt, aber von Kommilitonen habe ich es auch schon anders gehört. Das kommt auf die Fächerkombination an. [I2-W21RS]

(264) Ich habe dienstags Praktikum und die meisten Vorlesungen sind dienstags bis sechs. Das schaffe ich nicht, von morgens bis abends volle Power zu geben – und dann sind drei Vorlesungen auch noch zeitgleich. [H2-W22GH]

(265) Ich habe jetzt noch ein drittes Fach dazugenommen und das ist schon in Bachelor-Modulen organisiert. [...]. Ich habe bisher noch keine Veranstaltung belegen können, da die Sachen so aufeinander aufbauen, dass man nicht eine Sache zwischendrin machen kann, sondern dass da gleich ein ganzer Rattenschwanz mitkommt. [N2-W22GY]

(266) Manchmal ist es verwunderlich, dass so etwas innerhalb eines Instituts passiert. [...]. In Erziehungswissenschaft findet das [eine Abstimmung] schon statt, [...], aber da sind die Institute dann in einzelne Abteilungen untergliedert und da sind dann zu große Schnitte. Wahrscheinlich fehlt auch die Zeit, das besser abzustimmen und dann gibt es noch Probleme mit der Dozentenversorgung oder es ist noch unsicher, wer unterrichtet. [F2-M28GH]

(267) Ich merke das natürlich ganz extrem, weil ich zeitlich so gebunden bin. Ich kämpfe da schon ein bisschen, aber das ist meine Privatangelegenheit. [B2-W44GH]

(268) Wenn man flexibel ist, lässt sich das immer organisieren [...]. Aber wenn man sagt: »Ich möchte abends nicht bis acht, halb zehn Vorlesung haben«, [...], dann bremst einen das. Da bremst man sich selbst aus. [H2-W22GH]

Die Beobachtung, dass montags und freitags meist weniger Lehrveranstaltungen angeboten werden, scheint dabei gleichermaßen Folge terminlicher Präferenzen Studierender *und* Dozierender zu sein. Für die wenigen Studierenden, die zu den »Randterminen« erscheinen, »lohnt« es sich aus Dozierendensicht vermeintlich nicht, Lehrveranstaltungen anzubieten; andererseits bleiben an solchen Tagen wohl viele Studierende der Hochschule fern, weil ihnen die Anreise für das knappe Lehrangebot oder wegen nur einer Veranstaltung nicht effektiv erscheint. Eine Änderung dieses Kreislaufs und damit eine optimierte zeitliche Abstimmung scheint nur möglich, wenn neben verstärkten organisatorischen Bemühungen auch ein Umdenken bei Studierenden und Lehrenden stattfindet. Zumindest kann erwartet werden, dass die Tagespraktika auf einem Tag liegen, an dem keine Pflichtveranstaltungen stattfinden, deren Nichtbesuch eine längere Studiendauer zufolge haben könnte. Gerade an kleineren Organisationseinheiten wie den PHs erscheint es realistisch, eine besser Abstimmung erzielen zu können – dabei können individuelle Präferenzen nicht immer berücksichtigt werden. In der Praxis ergeben sich teils kuriose Lösungsversuche der Überschneidungsproblematik (269). Meist reagieren aber besonders an den Universitäten die Studierenden auf Abstimmungsprobleme mit einer gewissen individuellen Flexibilität und der Einsicht, dass ein maßgeschneidertes Paket aufgrund der Vielzahl individueller Situationen nicht von der Hochschule bereitgestellt werden kann (270).

(269) Wir haben uns dann schließlich darauf geeinigt, weil wir acht Leute waren, dass wir immer eine Viertelstunde früher aus der einen Veranstaltung gehen und eine Viertelstunde in der anderen zu spät kommen. [E2-W21RS]

(270) Dieses Semester gibt es das erste Mal Überschneidungen. Da muss man dann gewichten, da ist dann der Student gefragt. Ich kann mir nicht vorstellen, dass es die Uni hinbekommt, für jeden Lehrämtler einen Stundenplan zu kreieren, bei dem es keine Überschneidungen gibt. [P2-M22GY]

Neben Fragen zeitlicher Abstimmung ist für die professionelle Entwicklung besonders eine inhaltliche Abstimmung zwischen den Lehrveranstaltungen relevant. Die Studierenden erleben durchaus eine solche inhaltliche Koordination. Diese variiert aber offenbar einmal mehr zwischen den jeweiligen Fächern an den verschiedenen Hochschulen (271). Häufig handelt es sich aber auch nur um eine gefühlte oder implizit vorhandene Abstimmung (272). Eine solche ist zwar erfreulich, erscheint gleichwohl aber nur selten transparent (273).

(271) In Englisch war es vernetzt, das hatte alles miteinander zu tun, da konnte man darauf aufbauen, [...], in Mathe leider überhaupt nicht. Das hat alles etwas mit Zahlen zu tun, ja, aber den Rest, den konnte ich nicht miteinander in Beziehung setzen. In Erziehungswissenschaft [...]: nein, da konnte ich auch keinen direkten Bezug zwischen den Veranstaltungen herstellen. Klar hatte alles mit Erziehungswissenschaft zu tun. [C2-W22GH]

(272) Mir ist es schon oft passiert, dass ich in der einen Vorlesung etwas erklärt bekommen habe und das dann in einer anderen einfach vorausgesetzt wird, [...] gerade damit man darauf aufbauen kann. [L2-W21GY]

(273) Die bauen schon aufeinander auf, vor allem in Theologie hat man sich zu den Vorlesungen in den Seminaren dann tiefer mit den Büchern oder Kapiteln beschäftigt – und da ging es dann spezifisch in die Tiefe. [O2-M22GY]

Sowohl die Transparenz der Studienstruktur und die damit mögliche inhaltliche Vernetzung der Lehrveranstaltungen, wie auch die Vermeidung unnötiger Dopplungen, sind ein besonderes Potenzial der modularisierten Studiengänge. Die in Baden-Württemberg (bislang) nicht auf konsekutive Strukturen umgestellten Lehramtsstudiengänge erscheinen zumindest in diesem Punkt vergleichsweise defizitär und deuten auf mögliche und sinnvolle Optimierungen hin. Zumindest sind die Grenzen der Wahrnehmung von unnötigen Dopplungen (Redundanz), sinnvoller Wiederholung oder angemessener Vertiefung fließend (274)/ (277).

(274) Mathe-Modul 1 und 2 waren ziemlich dasselbe. Das war bei Englisch auch so, aber da wurde in Modul 2 dann eher vertieft. Da war es schon wieder besser. [A2-W21RS]

(275) Das »Seminar Lehren, Lernen, Unterricht (LLU)« ist fast das Gleiche wie die Vorlesung »Einführung in die Schulpädagogik«, bis auf einige Themen, die dann zusätzlich kamen. Frage: Sie hatten nicht den Eindruck einer sinnvollen Vertiefung? Nein. Lag vielleicht auch daran, dass [...] ich dazu schon etwas gelesen hatte. [M2-W22GY]

(276) Es ist schon recht konfus. In Deutsch höre ich jetzt in Modul 3 wieder ganz viel, was ich in Modul 1 schon gehört habe. Die Dozentin sagte, das wären einfach wichtige Inhalte, die man nicht vergessen sollte. [K2-W22GH]

(277) Dopplungen können ganz hilfreich sein für das Staatsexamen. [I2-W21RS]

Zusammenfassend verbindet sich mit der gegenwärtigen Wahrnehmung der curricularen Abstimmung von Lehramtsstudiengängen in Baden-Württemberg das Desiderat einer Optimierung. Eine gute zeitliche und inhaltliche Abstimmung der Studiengänge erscheint sowohl vor dem Hintergrund eines durch ein Kerncurriculum gesteuerten Kompetenzerwerbs (vgl. S. 68) als auch hinsichtlich eines möglichst effektiven Studienverlaufs sinnvoll. Curriculare Abstimmung ist ein Katalysator für eine möglichst gute Passung von Angebot und Nutzung (vgl. 1.2.2, S. 70). Nur wenn die studienorganisatorischen Rahmenbedingungen eine optimale Nutzung der Lernangebote ermöglichen, wird die professionelle Entwicklung Studierender auch möglichst groß sein können.

5.2 Ausbildungskomponenten: Bedeutsamkeit, Qualität und Nutzen

Der Diskurs darüber, welche Ausbildungskomponenten für die Lehrerbildung zentral sind und in welchem Verhältnis sie zueinander stehen, hat eine lange Tradition. Die Geschichte der Lehrerbildung verweist im Zuge der Akademisierung des »niederen Lehramts« auf eine zunehmend wissensbasierte und theoretische Ausbildung (Überblick: Sandfuchs 2004, S. 19-24; Kemnitz 2011). In Folge der »Verwissenschaftlichung« des gesamten Lehrerbildungssystems findet eine intensive Auseinandersetzung mit dem Verhältnis von Theorie und Praxis statt, verbunden mit der Frage, welche Seite für die Lehrerbildung maßgeblich ist (Dietrich/ Klink 1970). Schon in den 1950er und 60er Jahren legt der *Deutsche Ausschuss für das Erziehungs- und Bildungswesen* mehrere breit angelegte Gutachten vor, die sich intensiv mit dem Theorie-Praxis-Verhältnis beschäftigen (Deutscher Ausschuss 1966). Die Debatte führte damals allerdings zu keinem reformrelevanten Ergebnis, sodass bis heute das Theorie-Praxis-Problem als ungeklärt gelten kann. Entsprechend sind die aktuellen Lehrerbildungsmodelle durch Theorie- und Praxisphasen bzw. -elemente gekennzeichnet. Auch neuere Evaluationsstudien nehmen das Theorie-Praxis-Verhältnis in den Blick (Liebrand-Bachmann 1981; Eckerle/ Partry 1987; Nickolaus 1996; Oser/ Oelkers 2001). In jüngerer Zeit verlagert sich die Debatte zunehmend auf den Versuch einer Verhältnisbestimmung von Wissen und Handeln. Dieser Diskurs ist durch die Einsicht bestimmt, dass sich Theorie und Praxis nicht kontradiktorisch gegenüberstehen, sondern eine angemessene Verknüpfung »theoretischen Wissens« und »praktischen Handelns« erfolgen muss.

Zu klären ist dabei, wie die Qualität der Ausbildungskomponenten eingeschätzt wird und welchen Nutzen diese für die spätere Berufsausübung aus Studierendensicht haben. Welche Bedeutung die Befragten etwa dem fachwissenschaftlichen Studium oder den Schulpraktika im Vergleich zumessen, gibt Auskunft über mögliche Schwerpunktsetzungen der Studierenden im Studium (vgl. 5.2.1). Erachten sie Teilbereiche ihrer Ausbildung als weniger wichtig, wird hier vermutlich die Lern- und Leistungsmotivation und damit auch der Kompetenzzuwachs geringer ausfallen. Solche Bedeutsamkeitszuschreibungen sind als Auslöser oder Folge eng mit der wahrgenommenen Qualität (vgl. 5.2.2) und dem zugemessenen Nutzen (vgl. 5.2.3) der jeweiligen Ausbildungskomponenten verbunden (vgl. 5.2.4). Die Einschätzungen schlagen sich unmittelbar in der Beurteilung der Lehrveranstaltungen, etwa zwischen den Fächern und der Erziehungswissenschaft, nieder (vgl. 5.2.5).

5.2.1 Bedeutsamkeitseinschätzung der Ausbildungskomponenten

Die Wissensforschung unterscheidet verschiedene Wissensformen (Bromme 1992). Maßgeblich sind die Arbeiten von Shulman (1991), nach denen sich Fachwissen und pädagogisches Wissen zu einem *paedagogical content knowledge* verbinden (vgl. 4.4, S. 370). Diese wissenspsychologische Erkenntnis und die sich anschließenden Deutungen legen nahe, eine angeleitete, wissenschaftliche Reflexion der eigenen Praxiserfahrung als wesentlichen Bestandteil der Lehrerbildung aufzufassen. Der Aufbau praktischen Wissens ist dann unmittelbar an die Erfahrung eigenen Könnens gekoppelt (Koch-Priewe 2002, S. 4). Die Gegenposition hierzu nimmt unter Verweis auf die *Wissensverwendungsforschung* an, es handle sich bei wissenschaftlichem Wissen einerseits und Praxiswissen andererseits um zwei disparate Wissensformen (Radtke 1996). Beide blieben im Subjekt zunächst ohne Verbindung und kämen nur unter günstigen Bedingungen im Laufe der Berufspraxis zusammen.

Der moderne Diskurs um Wissen und Handeln zeigt, dass sowohl Theorie als auch Praxis bei der Organisation einer möglichst optimalen, also auf die professionelle Entwicklung zielenden Lehrerbildung, keine die jeweils andere Seite determinierenden Größen sein können. Vielmehr ist ihre wechselseitige Bezugnahme entscheidend. Dieser aus wissenschaftlicher Sicht weitgehend unbestrittene Konsens scheint allerdings an der Basis der Lehrerbildung noch lange nicht angekommen oder zumindest verinnerlicht worden zu sein. Die Studierenden selbst halten meist die Praxis für elementar, ähnlich wie viele Ausbildende der zweiten Phase sowie Ausbildungslehrer in den Schulpraktika. Die Vertreter der ersten Phase nehmen häufig gewissermaßen eine Gegenposition als »Anwälte« der Theorie ein. Es erscheint daher für das Verständnis der Entwicklung Lehramtsstudierender unabdingbar, etwas über ihre Sicht des Verhältnisses von Theorie und Praxis zu erfahren. Während sich Vertreter eines kompetenzorientierten Professionalitätsverständnisses häufig auf Shulman beziehen (vgl. S. 32), verneinen Anhänger einer strukturtheoretischen Betrachtung von Professionalität eine (einfache) Verbindung zwischen Wissen und Handeln (vgl. S. 30).

Aufgrund der divergierenden theoretischen Konzeptionen und Forschungsbefunde erscheint kein abschließendes Urteil darüber möglich, welche Bedeutung akademischem Wissen für die Unterrichtspraxis zukommt (Koch-Priewe 2002, S. 5). Es ist daher anzunehmen, dass das Verhältnis von Wissen und Können äußerst komplex und kaum zu operationalisieren ist. Handlungstheoretisch betrachtet können Lehrkräfte häufig nicht erklären, warum sie in einer bestimmten Handlungssituation entsprechend gehandelt haben. Dies lässt vermuten, dass Handlungsmuster keine bewussten kognitiven Entsprechungen haben – eine Annahme, die unter Begriffen wie »tacit knowledge«, »intuitivem Handeln« oder »implizitem Wissen« diskutiert wird (Neuweg 1999). Es erscheint daher weiterhin sinnvoll zu fragen, ob und ggf. wie sich die Lehrerbildung am Modelllernen im Sinne eines Lernens an gelingender Praxis oder »best practice« orientieren kann. Unklar ist bis heute ferner, ob eine bestimmte Reihenfolge oder aber die Gleichzeitigkeit beider Komponenten sinnvoller ist (Koch-Priewe 2002, S. 2). Es erscheint jedenfalls kaum plausibel, dass alleine sogenannte »handlungsleitende Kognitionen« (»teacher thinking«) für das Verhalten von Lehrern verantwortlich sind. Auf dem Weg einer professionellen Entwicklung künftiger Lehrkräfte erscheint daher eine stärkere Verzahnung von Theorie und Praxis naheliegend und erstrebenswert (Girmes 2006, S. 23).

Stand der Forschung

Der hohe Stellenwert von Praxis ist aus Sicht fast aller an der Lehrerbildung Beteiligten unumstritten (vgl. 5.3, S. 448). Umfragen an der Universität Frankfurt etwa zeigen, dass 65 % der Lehramtsstudierenden die Praktikumsdauer als zu kurz einschätzen (Horn 1991). Die implizite Kritik an der Theorielastigkeit wird in Äußerungen einzelner Studierender explizit: »Die wissenschaftliche Ausbildung an der Universität kann nur schöngeistiges Zusatzwissen sein. [...]. Das heißt, dass die wissenschaftliche Ausbildung keinen besseren Pädagogen ausmacht, höchstens einen gebildeteren« (ebd., S. 199).

Auch den Fachwissenschaften wird Studien zufolge eine große Bedeutung zugeschrieben, insbesondere im Blick auf deren wissenschaftliche Qualität und Nutzen für die Berufsausübung (Schadt-Krämer 1992; Ulich 1996; Merzyn 2004; Nolle 2004; Terhart 2003, S. 9; Lersch 2006) – ein Befund, der sich in der vorliegenden Stichprobe, zumindest im Vergleich mit der Einschätzung anderer Komponenten, nur bedingt replizieren lässt. Die Fachstudien gelten für GY-Studierende als identitätsstiftend (Terhart 2009, S. 431). Selbige Studien zeigen weiterhin, dass Lehramtsstudierende – wohl auch aufgrund einer fehlenden einfachen Übertragbarkeit akademischen Wissens auf die Handlungsebene – bildungswissenschaftlichen Studien im weiteren und erziehungswissenschaftlichen Studien im engeren Sinne eine eher geringe Bedeutung zumessen. Dies gilt wiederum insbesondere bezüglich deren Nutzen für die Berufsausübung und ihre wissenschaftliche Dignität. Eine solche Geringschätzung mag Folge des kleinen Umfangs erziehungswissenschaftlicher Studien in der traditionellen grundständigen Lehrerbildung sein – sie werden als weitgehend zusammenhangslos, wenig systematisiert und kaum berufsfeldbezogen erlebt (Terhart 2009, S. 431). Obwohl die erste Phase an der Vermittlung wissenschaftlicher Grundlagen orientiert ist und die Erfahrungen daher kaum überraschen, wünschen sich Studierende wie auch Lehrer eine Intensivierung berufsbezogener Elemente bereits während des Studiums (Bauer 1977, S. 72; Bayer 1980; Homfeldt 1983; Schulz 1984; Schadt-Krämer 1992, S. 235; Reintjes 2007). Während erziehungswissenschaftliche Studienanteile traditionell kaum in Studien- und Prüfungsordnungen verankert waren (Bayer 1980), haben Reformen der Curricula in den vergangenen Jahren erziehungswissenschaftliche Lehrveranstaltungen häufig bereits in den ersten Semestern obligatorisch verankert. Dies hat einer Studie zufolge aber nichts am Akzeptanzproblem pädagogischer Studien geändert (Hartmann/Weiser 2007).

Mathematikstudierende und -referendare, die für eine Erhöhung erziehungswissenschaftlicher Ausbildungsbestandteile plädieren, sprechen sich auch für die Ausdehnung mathematikdidaktischer Anteile aus (Müller u.a. 2008a, S. 298). Die Fachwissenschaft Mathematik hingegen zeigt jedoch kaum Zusammenhänge mit den erziehungswissenschaftlichen und didaktischen Komponenten. Der Wunsch nach Ausdehnung des Umfangs erziehungswissenschaftlicher Studienanteile ist am größten, gefolgt von der Stärkung der Fachdidaktik. Ein Ausbau der Fachwissenschaften hingegen ist von kaum einem der Befragten angeregt worden. Insgesamt wird der Wunsch nach einer Intensivierung der berufsbezogenen Ausbildung laut (ebd., S. 299). Zu ähnlichen Ergebnissen gelangt eine Studie in Brandenburg (Schubart u.a. 2005, S. 115): Über zwei Drittel der Befragten erachten die fachwissenschaftlichen Ausbildungsbestandteile als zu umfangreich, rund die Hälfte sieht die erziehungswissenschaftliche Komponente als unterrepräsentiert an – bezogen auf die Fachwissenschaft sind es sogar vier Fünftel. Beide Studien stellen keine Lehramtsspezifika fest.

Operationalisierung

In studienorganisatorischer Hinsicht lassen sich Theorie und Praxis bzw. Wissen und Handeln als Ausbildungskomponenten nicht scharf voneinander trennen. Es ist allenfalls möglich, eher theoretische oder praktische bzw. eher wissens- oder handlungsbezogene Bestandteile zu differenzieren. Im Kern lassen sich in der Lehrerbildung sechs Ausbildungskomponenten unterscheiden. Zu den eher wissensbezogenen Teilen gehören die fachwissenschaftliche, die fachdidaktische und die bildungswissenschaftliche Komponente, wobei letztere in Baden-Württemberg das erziehungswissenschaftliche und pädagogisch-psychologische Studium sowie ethisch-philosophische Grundlagenstudium (ggf. Philosophie, Soziologie, Theologie) umfasst. Den verstärkt handlungsbezogenen Komponenten sind die Schulpraktika, der Vorbereitungsdienst sowie die berufsbegleitende Unterstützung in der Berufseingangsphase (»dritte Phase«) zuzurechnen. Alle sechs Ausbildungskomponenten wurden zu beiden Erhebungszeitpunkten hinsichtlich ihrer Bedeutsamkeit eingeschätzt (vgl. dieses Teilkapitel) sowie ausschließlich zu t_2 zusätzlich bezüglich ihrer Qualität (vgl. 5.2.2, S. 427) und ihres Nutzens für die Berufsausübung bewertet (vgl. 5.2.3, S. 432). Die jeweilige Einschätzung der sechs Komponenten erfolgt über eine eigens entwickelte siebenstufige Likert-Skala mit Endpunktbeschriftung. Jede Komponente wird mit nur einem Item erfasst, da keine Subskalenbildung beabsichtigt ist. Einige der Ergebnisse zu t_1 wurden bereits publiziert (Cramer u. a. 2009a).

Statt nach dem bildungswissenschaftlichen Studium – der Terminus ist unter Lehramtsstudierenden in Baden-Württemberg (noch) nicht gängig – wurde explizit nach dem erziehungswissenschaftlichen Studium gefragt. Im Kern werden die vom Fachbereich Erziehungswissenschaft an Pädagogischen Hochschulen und Universitäten organisierten Studienanteile angesprochen. Da sich diese gerade aus Sicht der Erstsemester sowie in studienorganisatorischer Hinsicht besonders an den PHs aber kaum scharf vom Studium der Pädagogischen Psychologie und den anderen bildungswissenschaftlichen Komponenten trennen lassen, geht vermutlich die Einschätzung aller bildungswissenschaftlichen Felder mit in die Bewertung ein. In den Interviews wird deutlich, dass Studierende in der Regel zwischen Fachwissenschaft, Fachdidaktik, Erziehungswissenschaft (PH) bzw. Pädagogischen Studien (Uni) sowie der Schulpraxis unterscheiden.

Ergebnisse

Die Erstsemester wurden um eine Bedeutsamkeitseinschätzung der sechs Ausbildungskomponenten (fachwissenschaftliches, fachdidaktisches und erziehungswissenschaftliches Studium, schulpraktische Studien, Vorbereitungsdienst sowie berufsbegleitende Unterstützung in der Berufseinstiegsphase) gebeten. Im Folgenden werden die Ergebnisse für die Befragten insgesamt sowie differenziert nach unabhängigen Variablen vorgestellt (vgl. Tabelle 121).

Auffällig sind zu t_1 zunächst die insgesamt hohen Itemmittelwerte, die angesichts der Frage nach der Bedeutsamkeit nicht überraschen und auch aus anderen Untersuchungen bekannt sind (z. B. Oser/ Oelkers 2001). Es liegt nahe, dass die Studierenden allen Ausbildungskomponenten eine relativ hohe Bedeutung zumessen. Trotz dieser erwarteten Deckeneffekte, die auch als Ausdruck der Hoffnung von Erstsemestern auf eine beruflich qualifizierende eigene Ausbildung gelesen werden können, ergeben sich auffällige Unterschiede zwischen den einzelnen Komponenten. Bereits im ersten Semester erachten die Lehramtsstudierenden die berufspraktischen und damit handlungsbezogenen Anteile ihrer Ausbildung als am wichtigsten. Die Schulpraktika (Item 4) liegen dabei vielleicht aufgrund ihrer zeitlichen Nähe zur gegenwärtigen Situation der Studierenden in ihrer Bedeutung noch vor dem Vorbereitungsdienst (Item 5). Die immer wieder eingeforderte Stärkung der dritten Phase durch Supervision oder Entlastung der Junglehrerschaft (Terhart 2001) wird von den Neuimmatrikulierten ebenfalls hoch bedeutsam eingeschätzt (Item 6). Allen Elementen der ersten Phase, und damit den eher wissensbezogenen Komponenten, wird hingegen eine signifikant geringere Bedeutung zugemessen. Das didaktisch-methodische Studium (Item 2) liegt noch auf dem Niveau der berufsbegleitenden Unterstützung, das erziehungswissenschaftliche Studium schon deutlich dahinter (Item 3). Schlusslicht hinsichtlich seiner Bedeutung für die Ausbildung ist aus Sicht der Studierenden aber das fachwissenschaftliche Studium in den Unterrichtsfächern (Item 1). Die relative Geringschätzung erziehungswissenschaftlicher Studien durch Lehramtsstudierende ist nicht unerwartet, besonders seitens Studierender des GY-Lehramts (Schadt-Krämer 1992; Reintjes 2007). Überraschend ist aber insbesondere, dass die Beobachtung der geringen Bedeutungszumessung an das fachwissenschaftliche Studium selbst unter den GY-Studierenden gilt, wenngleich die Differenzen in der Einschätzung der Bedeutsamkeit zwischen den einzelnen Bestandteilen des Studiums hier geringer ausfallen.

Tabelle 121: Bedeutsamkeit der Ausbildungskomponenten (t_1)

BAK (N=474)	GH M	RS M	GY M	SP M	w M	m M	LA M	SD
1 fachwissenschaftliches Studium in den Unterrichtsfächern	5.51	5.78	5.00	5.60	5.62	5.53	5.60	1.30
2 didaktisch-methodisches Studium in den Unterrichtsfächern	6.50	6.26	6.36	6.35	6.42	6.01	6.35	0.84
3 erziehungswissenschaftliches Studium	6.38	5.94	5.96	6.15	6.27	5.51	6.15	1.08
4 Schulpraktika	6.84	6.67	6.76	6.69	6.78	6.20	6.69	0.71
5 Vorbereitungsdienst (Referendariat)	6.64	6.60	6.54	6.55	6.64	6.04	6.55	0.85
6 berufsbegleitende Unterstützung in der Berufseinstiegsphase	6.39	6.40	6.50	6.36	6.43	5.96	6.36	0.85

Frage: Für wie wichtig erachten Sie die folgenden Ausbildungsanteile? *Skala:* 1=nicht wichtig; 7=sehr wichtig.

Es sind die insgesamt als sehr wichtig erachteten Schulpraktika ($\eta^2=.051$***) und das als am wenigsten bedeutsam erachtete fachwissenschaftliche Studium ($\eta^2=.037$***), entlang derer sich die Einschätzungen der Studierenden in den verschiedenen Lehrämtern höchst signifikant unterscheiden. Mit zunehmendem Alter der im späteren Lehrerberuf zu erwartenden Schülerklientel (Primarstufe – Sekundarstufe I – Sekundarstufe II) nimmt die Bedeutsamkeit der Schulpraktika in der Einschätzung der Erstsemester ab. Zugleich steigt die Wertschätzung des fachwissenschaftlichen Studiums an. Auch dem didaktisch-methodischen ($\eta^2=.022$*) sowie dem erziehungswissenschaftlichen Studium ($\eta^2=.032$**) wird die höchste Bedeutsamkeit von GH-Studierenden zugeschrieben. Insgesamt verweist der Lehramtsvergleich auf verschiedene Erwartungen der Studierenden in den einzelnen Lehrämtern hinsichtlich ihres Studiums, die insbesondere zwischen künftigen GH- und GY-Lehrkräften deutlich werden. Für letztere sind die einzelnen Ausbildungskomponenten weitgehend gleichgewichtig, während erstere den praktischen Studienanteilen eine weit größere Bedeutung zuschreiben.

Diesen Befund stützt auch der Vergleich zwischen Studierenden an Pädagogischen Hochschulen und Universitäten, der nur bezüglich der Schulpraktika deutliche Unterschiede zeigt ($\eta^2=.043$***; $M_{PH}=6.78$; $M_{UN}=6.46$). GY-Studierende mit Fach Mathematik erachten sie als weitaus weniger wichtig als jene mit Fach Theologie ($\eta^2=.119$**; $M_{GY/MA}=5.85$; $M_{GY/TH}=6.55$).

Eventuell sehen TH-Studierende eine vergleichsweise große Anforderung bezüglich der Umsetzung ihres Wissens im Unterricht, während MA-Studierende geringeren Übungsbedarf sehen. Auch besteht die Tendenz, dass gymnasiale TH-Studierende das fachwissenschaftliche Studium wichtiger einschätzen als ihre Kommilitonen im Fach MA, die sogar unter dem Gesamtdurchschnitt liegen. Offenbar messen TH-Studierende einer soliden theologischen Ausbildung hohe Bedeutung zu. Vermutlich erkennen sie ihre wissenschaftlich-theologischen Defizite, während besonders an den Pädagogischen Hochschulen die eigenen fachlichen Vorkenntnisse im Fach Mathematik häufig als weitgehend ausreichend für die Unterrichtsarbeit in der Primar- und Sekundarstufe I angesehen werden (s. u.).

Weiterhin zeigen sich erhebliche geschlechterspezifische Abhängigkeiten der Bedeutsamkeitszuschreibungen. Einzig hinsichtlich der Wichtigkeit des fachwissenschaftlichen Studiums liegen Studentinnen und Studenten gleichauf. Weibliche Studierende messen allen anderen Ausbildungsbestandteilen eine wesentlich höhere Bedeutung zu. Besonders deutlich wird dies bezüglich der Schulpraktika, des Vorbereitungsdienstes sowie des erziehungswissenschaftlichen Studiums. Nicht deterministisch, aber immer noch substanziell sind diese Unterschiede hinsichtlich der Berufseinstiegsphase und des didaktisch-methodischen Studiums. Wahrscheinlich schreiben künftige Lehrerinnen ihrer Ausbildung ein insgesamt größeres Potenzial für die Berufsvorbereitung zu, während die werdenden Lehrer sich eher auf ihre mitgebrachten Kompetenzen stützen.

Im professionsspezifischen Vergleich lässt sich der Ausbildungsverlauf von angehenden Zahnmedizinern der Lehrerbildung nicht direkt gegenüberstellen (z. B. fehlt die didaktisch-methodische Komponente). Deshalb wurden ZM-Studierende nur nach der Bedeutsamkeit dreier Ausbildungsbestandteile gefragt, die einen niedrigschwelligen Vergleich ermöglichen: fachwissenschaftliches Studium, praktische Studienanteile und Unterstützung in der Berufseinstiegsphase (vgl. Tabelle 122).

Tabelle 122: Bedeutsamkeit der Komponenten im Professionsvergleich (t_1)

$N_{LA}=473$; $N_{ZM}=79$	M_{ZM}	SD_{ZM}	M_{LA}	SD_{LA}
fachwissenschaftliches Studium	5.92	1.13	5.60	1.30
praktische Studienanteile	6.61	0.74	6.69	0.71
berufsbegleitende Unterstützung in der Berufseinstiegsphase	6.10	1.14	6.36	0.85

Frage: Für wie wichtig erachten Sie die folgenden Ausbildungsanteile? *Skala*: 1 = nicht wichtig; 7 = sehr wichtig. *Anmerkungen*: Im Vergleich zu den bei Cramer u. a. 2009a, S. 774 veröffentlichten Daten konnte die ZM-Stichprobe auf N = 79 erweitert werden. Die Werte weichen folglich geringfügig voneinander ab.

Der t-Test für unabhängige Stichproben ergibt entlang der drei Items keine signifikanten Mittelwertunterschiede. So beurteilen Zahnmedizinstudierende im Vergleich zu Lehramtsstudierenden das fachwissenschaftliche Studium zwar tendenziell als wichtiger, eine statistische Gewähr für diese Differenz existiert aber nicht. Dies gilt auch für die Beobachtung, dass LA-Studierende der Unterstützung in der Berufseinstiegsphase geringfügig höhere Bedeutung zumessen. Damit wird ersichtlich, dass die geringere Wichtigkeit, die LA-Studierende ihrer fachwissenschaftlichen Ausbildung zu Studienbeginn zuschreiben, kein lehramtsspezifisches Urteil ist. Auch künftige Zahnmediziner sehen praktische Studienanteile generell als wichtiger an. Dieses Ergebnis überrascht insofern nicht, als dass ZM-Studierende von Beginn ihres Studiums an zahlreiche praktische Übungen absolvieren müssen und das Bestehen dieser Praxiskurse mit über den Erfolg des Studiums entscheidet. Studierende des Lehramts und der Zahnmedizin sind gleichermaßen bereits in der Studieneingangsphase vom Berufsbild her geprägt, das in beiden Fällen stark mit praktischem Handeln assoziiert wird.

Aufschlussreich ist weiterhin ein Blick auf die Item-Interkorrelationen, aus denen Anhaltspunkte hervorgehen, wie die Studierenden die curriculare Abstimmung einschätzen (vgl. Tabelle 123). Das fachwissenschaftliche Studium wird allenfalls in einem schwachen Zusammenhang mit dem didaktisch-methodischen Studium gesehen. Letzteres hingegen zeigt Bezüge zur Wichtigkeit aller anderen Komponenten, insbesondere zum erziehungswissenschaftlichen Studium – und jenes wiederum zu den Schulpraktika. Erwartungsgemäß besteht die stärkste Korrelation zwischen Schulpraktika und Vorbereitungsdienst. Die berufsbegleitende Unterstützung in der Berufseinstiegsphase steht in leichtem Zusammenhang mit den anderen Komponenten. Ausnahme ist wiederum das fachwissenschaftliche Studium, dem offensichtlich keine Bedeutung für den Berufseinstieg zugemessen wird. Insgesamt erfährt damit der fachwissenschaftliche Studienanteil gegenüber allen anderen Ausbildungskomponenten durch die Erstsemester eine geringere Wertschätzung. Er wird als weitgehend unabhängig von den anderen Bestandteilen gesehen. Zu einem vergleichbaren Ergebnis kamen bereits die Ausführungen zur curricularen Abstimmung (vgl. 5.1.3, S. 403).

Aufgrund der Positivselektion der vorliegenden Stichprobe beteiligen sich vermutlich gerade die stark intrinsisch motivierten Lehramtsstudierenden an der Studie. Diese Befragten sehen das Berufsbild »Lehrer« im Zentrum der eigenen Studien- und Berufswahlentscheidung (vgl. 4.3.1, S. 324) und werden daher in aller Regel auch erziehungswissenschaftlichen und schulpraktischen Ausbildungskomponenten eine höhere Bedeutung zumessen. Für sie steht die pädagogische und schulpraktische Ausbildung im Vordergrund: Während die intrinsische Berufswahlmotivation (INM) höchst signifikant positiv mit einer hohen Bedeutsamkeitszuschreibung der didaktisch-methodischen (BAK_2: r=.34***), der erziehungswissenschaftlichen (BAK_3: r=.27***) und der schulpraktischen Komponente (BAK_4: r=.29***) in der ersten Phase korreliert, besteht keinerlei Zusammenhang mit dem fachwissenschaftlichen Studium. Intrinsisch motivierte Studierende orientieren sich damit erwartungsgemäß insbesondere an den pädagogischen und handlungsbezogenen Ausbildungsbestandteilen.

Der fachwissenschaftlichen Ausbildung wird, so kann man zusammenfassen, von Studienanfängern nur wenig Anschlussfähigkeit an die anderen Teile des Studiums bzw. keine unterstützend-erleichternde Funktion für den Berufseinstieg und die Berufsausübung zugetraut. Stattdessen wird allen berufspraktischen Anteilen noch vor dem didaktisch-methodischen und erziehungswissenschaftlichen Studium eine hohe Bedeutung zugemessen. Vereinfacht

Tabelle 123: Item-Interkorrelationen der Ausbildungskomponenten (t₁)

Item-Interkorrelationen (BAK)	didaktisch-methodisch. Studium	erziehungs-wissenschaftl. Studium	Schul-praktika	Vorberei-tungsdienst	berufsbeglei-tende Unter-stützung
fachwissenschaftliches Studium	.195***	.079	-.044	-.018	.065
didaktisch-methodisches Studium		.410***	.299***	.229***	.261***
erziehungswissenschaftliches Studium			.305***	.219***	.216***
Schulpraktika				.450***	.284***
Vorbereitungsdienst (Referendariat)					.269***

***p < .001; N=474. *Anmerkung:* Korrelationen nach Pearson (zweiseitige Signifikanzprüfung).

gesagt: Erstsemester im Lehramt denken »von der Praxis her«. Alles, was in der Ausbildung unmittelbar mit dem Berufsbild und den eigenen Vorstellungen von der Unterrichtstätigkeit zu tun hat, wird auch als besonders bedeutsam angesehen. Bereits Erstsemester schreiben der zweiten und dritten Phase der Ausbildung, also dem Vorbereitungsdienst und dem Berufseinstieg, eine höhere Bedeutung zu als der ersten Phase des Studiums, in der sie sich selbst zu t_1 befinden. Daher sind alle studienvorbereitenden Beratungsangebote in der Schule, aber auch die Hochschulen selbst hinsichtlich ihrer Informationsorgane sowie Dozierende in Einführungsveranstaltungen gefragt, um künftigen Lehrkräften die Schwerpunkte und Funktionen der einzelnen Ausbildungsphasen transparent zu machen.

Längsschnittliche Veränderungen

Im Vergleich zur Eingangserhebung werden zu t_2 fast alle Ausbildungskomponenten im Lehramt als noch bedeutsamer eingeschätzt (vgl. Abbildung 30). Höchst signifikant nimmt die Bedeutsamkeitszuschreibung des didaktisch-methodischen Studiums und der Unterstützung in der Berufseinstiegsphase zu. Signifikant, wenngleich schwächer, ist auch der Bedeutungszuwachs bei den Schulpraktika. Hinsichtlich des fachwissenschaftlichen Studiums und des Vorbereitungsdienstes ist die Zunahme statistisch unbedeutend. Der allgemeine Anstieg bei der Bedeutsamkeitszuschreibung verweist vermutlich auf die gefestigte Haltung der Studierenden, dass die Komponenten notwendige und sinnvolle Bestandteile der Lehrerbildung sind. Diese Bewegung scheint für akademische Ausbildungswege typisch zu sein, denn auch unter den ZM-Studierenden nehmen die Werte entlang zwei der drei abgefragten Komponenten signifikant zu (fachwissenschaftliches Studium: $M_{t2}=6.29$; berufsbegleitende Unterstützung: $M_{t2}=6.36$; praktische Studienanteile ($M_{t2}=6.74$) werden schon zu t_1 so bedeutsam eingeschätzt ($M_{t1}=6.61$), dass kaum eine signifikante Steigerung möglich ist).

Eine auffällige Ausnahme gegen diesen Trend ergibt sich im Blick auf das erziehungswissenschaftliche Studium. Die erziehungswissenschaftlichen Studienanteile werden zu t_2 nicht nur als einzige Ausbildungskomponente weniger bedeutsam eingeschätzt als zu Studienbeginn, die abnehmende Entwicklung ist auch erheblich stärker als alle Zuwächse entlang der anderen Komponenten. Eine Erklärung hierfür könnte darin liegen, dass Lehramtsstudierende in den ersten drei Semestern kaum erziehungswissenschaftliche Lehrveranstaltungen belegt haben, sie deren Inhalte, Gestalt und Nutzen somit nicht kennen und der Erziehungswissenschaft daher auch keine Bedeutung für die Ausbildung insgesamt zuschreiben. Eine solche Argumentation würde allerdings auch auf den Vorbereitungsdienst sowie die Unterstützung in der Berufseinstiegsphase zutreffen. Empirisch besteht kein signifikanter Zusammenhang zwischen der Bedeutsamkeitseinschätzung der erziehungswissenschaftlichen Komponente und der Anzahl belegter erziehungswissenschaftlicher Lehrveranstaltungen (LVP2/BAK2_3: $r=.06$). Studierende mit mehr belegten Veranstaltungen in Erziehungswissenschaft schätzen die Erziehungswissenschaft demnach nicht als bedeutsamer ein. Es erscheint so, als ob die Befragten die Erziehungswissenschaft nicht aus Unkenntnis als zunehmend unbedeutender beurteilen: Gerade weil Lehramtsstudierende die erziehungswissenschaftliche Lehre kennen, schätzen sie diese als wenig bedeutsam für ihre Ausbildung ein. Damit bestätigt sich für die Lehrerbildung in Baden-Württemberg eine Beobachtung, die ähnlich bereits in Nordrhein-Westfalen gemacht wurde: »Am Ende ihres Studiums beklagen die Studenten die mangelnde

Hilfestellung seitens der Pädagogik, und ihre Einstellung zur Pädagogik ist negativer als zu Beginn des Studiums« (Schadt-Krämer 1992, S. 234).

Abbildung 30: Bedeutsamkeit der Komponenten im Längsschnitt (t_1/t_2)

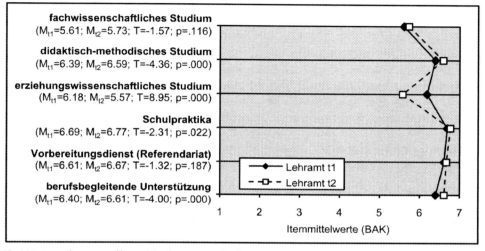

N = 395. *Anmerkung*: signifikante Mittelwertunterschiede abgesichert durch t-Test für gepaarte Stichproben.

Dieser aus erziehungswissenschaftlicher Sicht alarmierende Befund darf nicht verschleiern, dass auch zu t_2 alle abgefragten Ausbildungskomponenten absolut gesehen als gewichtig eingeschätzt werden. Es ist aber auffällig, dass nun das erziehungswissenschaftliche Studium als insgesamt am wenigsten bedeutsam bewertet wird und die fachwissenschaftliche Komponente im Gegenzug um einen Rangplatz aufgestiegen ist. Die Rangplätze der anderen Ausbildungsbestandteile bleiben im Längsschnitt unverändert. Als wesentliche Erklärung für die längsschnittlich stark abnehmende Bedeutsamkeitseinschätzung der erziehungswissenschaftlichen Ausbildung müssen nach ersten Analysen besonders die im Vergleich zu den Fächern schlechteren Erfahrungen aus den entsprechenden Lehrveranstaltungen angenommen werden (vgl. 5.2.5, S. 438). Sowohl die Qualität (vgl. 5.2.2, S. 427) als auch der Nutzen (vgl. 5.2.3, S. 432) des erziehungswissenschaftlichen Studiums werden geringer bewertet als in anderen Komponenten, über die Studierende zu t_2 bereits urteilen können (fachwissenschaftliche und didaktisch-methodische Studien sowie Schulpraktika).

Ein weiterer Grund für die vergleichsweise geringe Bedeutsamkeitszuschreibung an die Erziehungswissenschaft ist in der geringen Akzeptanz des erziehungswissenschaftlichen Curriculums zu vermuten (vgl. 5.2.3, S. 432). Sehen Befragte keinen Sinn in der inhaltlichen Gestaltung einer Ausbildungskomponente, so schätzen sie auch deren Bedeutung gering ein. Wer also die Inhalte des erziehungswissenschaftlichen Studiums ablehnt, kann die Erziehungswissenschaft als Bestandteil der Ausbildung auch insgesamt kaum positiv würdigen. Inhalte müssen plausibel und für die Studierenden einsichtig begründet werden. Die Lehramtsstudierenden haben aber an das erziehungswissenschaftliche Studium bzw. die Pädagogischen Studien falsche Erwartungen – sie meinen, dort das Unterrichten lernen zu können und Ratschläge zu erhalten (vgl. Interviewausschnitte unten). Solche Erwartungen werden enttäuscht und damit die Komponente als wenig sinnvoll erachtet. Dies erfordert – völlig unabhängig von Fragen der Qualitätssicherung und Evaluation – eine bislang ungewohnte Notwendigkeit der Rechtfertigung und Rechenschaftslegung der Studiengänge bzw. Lehrenden hinsichtlich des Studien- und Lehrangebots. Daher erscheint ein wohlbegründetes Kerncurriculum gerade in der Erziehungswissenschaft unerlässlich (vgl. S. 68).

Die größten Lehramtsunterschiede zeigen sich zu t_2 beim fachwissenschaftlichen Studium. Auffälligste längsschnittliche Entwicklung ist, dass die Bedeutsamkeit der Fachwissenschaft nun von RS- noch vor GY-Befragten am höchsten eingestuft wird ($\eta^2 = .042^{**}$; $M_{GH} = 5.60$; $M_{RS} = 6.22$; $M_{GY} = 5.79$; $M_{SP} = 5.40$). Bezüglich der Bedeutsamkeit des didaktisch-methodischen Studiums ist sowohl der Zuwachs als auch der absolute Wert im SP-Lehramt zu t_2 am größten ($\eta^2 = .029^{**}$; $M_{GH} = 6.68$; $M_{RS} = 6.53$; $M_{GY} = 6.44$; $M_{SP} = 6.79$). Hinsichtlich des erziehungswissenschaftlichen Studiums werden Lehramtsunterschiede zu t_2 nicht mehr signifikant, gleichwohl tauschen die Lehrämter die Ränge: GY-Studierende messen ihm jetzt die größte Bedeutsamkeit zu, während die Werte der SP- und GH-Studierenden, insbesondere aber jene der RS-Befragten stark fallen ($\eta^2 = .018$; $M_{GH} = 5.55$; $M_{RS} = 5.28$; $M_{GY} = 5.80$; $M_{SP} = 5.55$). Schulpraktika werden von GY-Studierenden nun als deutlich wichtiger, trotz Annäherung aber noch als am wenigsten bedeutsam beurteilt ($\eta^2 = .020^*$; $M_{GH} = 6.88$; $M_{RS} = 6.76$; $M_{GY} = 6.63$; $M_{SP} = 6.81$). Hinsichtlich des Vorbereitungsdienstes und der berufsbegleitenden Unterstützung werden die Lehramtsdifferenzen so gering, dass sie statistisch unbedeutsam sind. Dies ist in beiden Fällen durch eine Annäherung der GY-Studierenden an die PH-Lehrämter zu erklären.

Vertiefungen auf Grundlage der Interviews

Der Sinn *fachwissenschaftlicher Anteile* der Ausbildung wird i. d. R. nicht in Frage gestellt. Fachwissen gehört aus Sicht der Befragten zum Lehrerberuf (278). Es sei notwendig, um einen Wissensvorsprung gegenüber den Schülern zu haben (279) und um die Hintergründe der Unterrichtsinhalte zu verstehen (280). Die im Vergleich geringste Bedeutsamkeit des fachwissenschaftlichen Studiums zu t_1 geht also nicht auf eine generelle Kritik zurück, sondern auf dessen Umfang und Tiefe im Rahmen des Lehramtsstudiums. Fachwissenschaften werden als zu theoretisch und zu wenig berufsfeldbezogen wahrgenommen und daher eher mit einem Fachstudium denn mit der Lehrerbildung in Verbindung gebracht (281). Gerade zu Studienbeginn irritiert eine grundständige Fachwissenschaft, weil sie den Studienalltag im Lehramt insbesondere im GY-Studiengang dominiert und kaum mit der beruflichen Realität in Verbindung steht (282). Das Studium wird entgegen den Erwartungen als »theoretisch« und wenig praxisnah erlebt. Unklar ist manchen Befragten, welche Bedeutung die Fachwissenschaften (283) und theoretischen Studienanteile überhaupt (284) für die Berufsausübung haben.

(278) Ohne Fachwissen kann ich kein Lehrer sein, mich nicht vor die Schüler hinstellen. [E2-W21RS]

(279) Das Fachwissenschaftliche ist für mich selbst auf jeden Fall wichtig, weil ich einen Wissensvorsprung vor den Schülern brauche. Ich muss einfach Fachwissen haben, auf das ich zurückgreifen kann. [...]. Sonst könnte ich eigentlich ja direkt nach der Schule fünfte Klassen unterrichten gehen. [L2-W21GY]

(280) Klar muss man als Gymnasiallehrer auch eine fundierte Ausbildung haben und das Fachwissen mitbringen, [...] über das hinaus schauen können, was man da eigentlich tatsächlich vermittelt. [N1-W21GY]

(281) Wenn man die Biologie-Vorlesung besucht, hat man das Gefühl, man studiert Biologie und wird mal Biologe. Das finde ich unangemessen. Die Fachwissenschaft ist zu weit weg von meinen Grundschülern, die ich in der Zukunft

sehe. Sie hat damit überhaupt nichts zu tun. Nicht im Entferntesten sehe ich irgendeinen Zusammenhang [...]. Sich [...] mit diesen Dingen herumzuschlagen, finde ich übertrieben, unnötig. Man verschwendet die Zeit. [B1-W42GH]

(282) Gerade am Anfang habe ich gedacht: Warum lernst du jetzt die ganze Theorie? Ich habe mit einer Lehrerin geredet und sie hat gesagt: »Die ersten vier Semester kannst du für die Schule ›canceln‹ – die brauchst du nie wieder! Du lernst höhere Mathematik und dann schaust du mal, was du weiter machst. Dann beginnt erst das Schulleben.« [...]. Jetzt [...] denke ich schon, dass es gut ist, wenn man gewisse Hintergründe hat. [P1-M20GY]

(283) Am Anfang war ich ein bisschen enttäuscht, [...] weil wir da viele theoretische Sachen gemacht haben und gar nichts, was ich von einem Deutschstudium erwartet hätte. [...]. Ich weiß nicht, wo ich das in der Schule wieder anbringen soll. Das ist eben kein Lehrstoff. [G2-W22GH]

(284) Diese reinen Theorieveranstaltungen, [...], da kann ich nichts damit anfangen, das brauche ich nicht. [...]. Ich gehe immer von dem Bild aus, dass ein Lehrer mehr wissen muss als die Schüler, [...], aber ich meine einfach, dass es fast reicht, [...], die Unterrichtsinhalte, die es auch in der Hauptschule gibt, zu thematisieren. [...]. Das wirkt in den Veranstaltungen immer so dermaßen aus allem herausgegriffen, dass ich nicht sagen kann, wofür ich das brauche. Das hat für mich einfach keinen Zusammenhang. Auf gewisse Dinge kann man verzichten. [C2-W22GH]

Die Fachwissenschaften werden im Vergleich zu den Fachdidaktiken vermutlich insbesondere deshalb als weniger bedeutsam erachtet, weil fachliche Kenntnisse bereits aus der eigenen Schulzeit mitgebracht werden, während (fach-)didaktische Aspekte erst im Studium behandelt werden (285). Einige PH-Studierende neigen aufgrund der von ihnen später zu unterrichtenden Schülerklientel und der dort vergleichsweise geringeren fachlichen Anforderungen sogar dazu, das Abiturwissen als ausreichend für ihre berufliche Tätigkeit zu beurteilen (286). Zum Unterrichten gehört aus Studierendensicht mehr als Fachwissen, und dieses relevante »Mehr« wird in der didaktisch-methodischen Ausbildung verortet (287). Nicht nur die fachwissenschaftlichen Studienanteile in den späteren Unterrichtsfächern, sondern auch die erziehungswissenschaftliche Komponente werden vor dem Hintergrund ihrer Theorielastigkeit als weniger bedeutsam für die Berufsausübung erachtet (288).

(285) In den Fachdidaktiken [...] lernt man, wie man das in der Schule rüberbringt. [...]. Fachwissen kann ich mir selbst aneignen, aber wie man das dann ich der Schule rüberbringt, das lernt man dann im Studium. [E2-W21RS]

(286) Ich habe Abitur gemacht und müsste alles können, was ich Realschülern beibringen soll. [...]. Deswegen ist es wichtiger, wie ich am besten vermitteln kann. Wie kann ich einen Stromkreis vereinfachen? Wie kann ich Modelle finden, um dies den Schülern leichter zu erklären, damit sie auch mehr Spaß an Physik haben? [D2-M22RS]

(287) In der Fachdidaktik [...] ist ein Dozent, der schon in der Schule war. [...]. Da lernen wir Sachen und behandeln Fragestellungen, die ich wirklich relevant finde, die ich mir erstmal selbst beantworten muss, damit ich damit dann in die Schule kann. Das finde ich sehr gut, das ist eben die Fachdidaktik, aber das andere, [...], na ja, das ist wieder alles nur wissenschaftlich. Das hat schon seine Berechtigung, aber das Praktische fehlt mir schon ein bisschen. Es kommt dann schon auf mehr an, als dass ich fundiertes Wissen habe. [N2-W22GY]

(288) Das ethisch-philosophische Grundlagenstudium ist natürlich interessant, [...], aber das ist jetzt nichts, was ich konkret in der Schule brauche. Der Dozent war selbst nie Lehrer, der da vorne steht. Da machen wird jetzt Philosophie, aber das ist kein Handwerkszeug für die Schule. [N2-W22GY]

Bereits in den Einschätzungen der Fachwissenschaften wird deutlich, dass die Lehramtsstudierenden dem *didaktisch-methodischen Studium* eine wichtige Bedeutung für die Ausbildung insgesamt zuschreiben. Eine Studentin im Schulpraktikum erinnert gerade solche Lehrveranstaltungen, die aus ihrer Sicht unmittelbaren Anwendungsbezug haben (289). Es ist die Schwerpunktsetzung auf die Fachwissenschaften, die vor dem Hintergrund der konkret für die Berufsausübung als relevant erachteten fachdidaktischen Studien kritisiert wird: Wenn sich die fachwissenschaftliche Ausbildung zu sehr von den schulischen Anforderungen entfernt, verliert sie aus Studierendensicht häufig ihre Legitimation (290). Solche Vorstellungen führen auch dazu, dass eine Studentin die Integration der fachwissenschaftlichen oder sogar erziehungswissenschaftlichen Studienanteile in die Fachdidaktik für möglich erachtet – zumindest an den PHs erweisen sich auch nach dem dritten Semester die Unterschiede offenbar als nicht so groß (291). Die Fachdidaktik wird ferner in einer Nähe zur Schulpraxis gesehen, die für einige Befragte offenbar ein »Lernraum« für Fachdidaktik zu sein scheint (292). Insgesamt wird in solchen Statements deutlich, dass die Studierenden auch nach den ersten drei Semestern i. d. R. noch kein klares Bild von den einzelnen Ausbildungskomponenten ihres Studiums haben und diese nicht trennscharf voneinander unterscheiden können. Folglich überrascht es kaum, dass einzelne Ausbildungskomponenten als verzichtbar erachtet werden.

(289) Es gibt Veranstaltungen, an die kann ich mich erinnern [...]. Das ist ganz klar [...] die Didaktikveranstaltung in Englisch bei x, Mathedidaktik bei y. Da wurden Dinge besprochen, die ich jetzt anwenden kann. [C2-W22GH]

(290) Das Mathestudium ist so hoch wissenschaftlich und da schwebt man in solchen Sphären – und später im Matheunterricht geht es um etwas ganz anderes. Bei Mathe ist eher wichtig, dass man Dinge von verschiedenen Seiten beleuchtet, um möglichst vielen Schülern gerecht zu werden, um auf möglichst verschiedene Weise erklären zu können. Es ist nicht so wichtig, mit irgendwelchen komplexen Zahlen umgehen zu können. [M1-W20GY]

(291) Fachwissenschaft und -didaktik ist ja schon eng kombiniert. Das könnte man schon zusammenfassen, auch wenn ich die Didaktik als wichtiger ansehe als die Fachwissenschaft. Die Erziehungswissenschaft ist ja eigentlich eine Fachwissenschaft, nämlich in Erziehung. Da würde ich die drei in einen Block nehmen. [E2-W21RS]

(292) Das Elementare [...] ist eher die Fachdidaktik und die Praxis. [...]. Fachdidaktik lernen ist ja auch ein Teil des Schulpraktikums. [M2-W22GY]

Der *erziehungswissenschaftlichen Ausbildungskomponente* wird nur von wenigen Studierenden eine zentrale Bedeutung zugemessen. Einerseits sehen die Lehramtsstudierenden zu Studienbeginn, dass sie im erziehungswissenschaftlichen Bereich im Vergleich zur fachlichen Komponente keine Vorkenntnisse mitbringen (293) und artikulieren auch, dass sie als künftige Lehrpersonen gerade im GY-Studiengang ein Defizit an erziehungswissenschaftlichem Wissen aufweisen (294), andererseits herrscht auch nach den ersten drei Semestern noch immer ein falsches Bild vom Gegenstand und der Reichweite des erziehungswissenschaftlichen Studiums vor. Es wird im Kern schnell auf Didaktik und Klassenführung reduziert (295). Seine eigentliche Aufgabe sei es doch, angehenden Lehrkräften Rezepte für gelingenden Unterricht an die Hand zu geben (296). Die Erwartungen an ein berufsfeldbezogenes und »praktisches« pädagogisches Studium werden nun in der Studienwirklichkeit durch Konfrontation mit dem erziehungs*wissenschaftlichen* Studium enttäuscht (297). Da in der Schulpädagogik noch am ehesten die erwarteten Fragen thematisiert werden, wird deren Bedeutung im Vergleich zur Allgemeinen Pädagogik höher eingeschätzt (298).

(293) Ich finde es durchaus wichtig, dass man das mit der Pädagogik macht, gerade weil man das auch in der Schule davor nicht hatte. Daher finde ich, ist das ein großer Bereich. [E1-W19RS]

(294) Ich finde, dass Lehrer viel, viel, viel zu wenig erziehungswissenschaftliche Theorie mitbekommen und das halte ich ehrlich gesagt für ziemlich problematisch. [M1-W20GY]

(295) Die Fachdidaktik und auch die Erziehungswissenschaft spielen eine größere Rolle in ziemlich großen Klassen. Da ist es schon schwer, die alle im Zaum zu halten. Eine größere Rolle spielt die Erziehungswissenschaft auch, um den Stoff interessant rüberzubringen, damit er möglichst viele Kinder anspricht. [O2-M22GY]

(296) Wenn man dann vor der Klasse steht, [...] dass man erziehungspädagogisch vielleicht noch mehr Mittel an die Hand bekommt, wie man sich dann in gewissen Situationen zu verhalten hat. [O1-M20GY]

(297) Was wir bei den didaktischen Sachen lernen, da sind meine Erwartungen, die ich an das erziehungswissen-schaftliche Studium hatte, nicht ganz erfüllt worden. [...]. Das Wissenschaftliche ist schön und gut, aber da fehlt mir noch was. Ich würde da gerne noch mehr lernen. [N2-W22GY]

(298) Man muss differenzieren zwischen Schulpädagogik und Allgemeiner Pädagogik. Schulpädagogik finde ich z. B. total sinnvoll, aber in Allgemeiner Pädagogik denke ich mir wirklich manchmal: wozu machen wir das? [...]. Wenn man dann fragt, wozu man das braucht, kann einem das auch keiner sagen. Ja, für die M1-Prüfung. [G1-W21GH]

Die Enttäuschung der eigenen Erwartungen vor dem Hintergrund einer falschen Vorstellung vom erziehungswissenschaftlichen Studium ist vermutlich ein zentrales Problem für die geringe Bedeutsamkeitseinschätzung dieser Ausbildungskomponente insgesamt. Der erwartete und oftmals nicht erfüllte, zumindest aber nicht wahrgenommene Bezug der Lehrveranstaltungen zur Schul- und Unterrichtswirklichkeit führt wohl letztlich sogar dazu, dass die erziehungswissenschaftliche Komponente in der Ausbildung am ehesten verzichtbar erscheint. Die Studierenden wurden zur Erhärtung dieser Annahme in den Interviews gefragt, welchen der im Fragebogen aufgelisteten Ausbildungsbestanteile sie am ehesten als verzichtbar erachten und warum. Häufig wird das erziehungswissenschaftliche Studium unter Abwägung mit den anderen Komponenten als wichtig, zugleich aber als am ehesten verzichtbar eingestuft. Es sei eben auch »wissenschaftlich« und weit entfernt von der Praxis (299). Letztlich lerne man das »Lehrer sein« doch (nur) in der Praxis – eine aus professionstheoretischer und erziehungswissenschaftlicher Sicht höchst problematische Sichtweise Lehramtsstudierender, die häufig wohl von Mentoren an den Schulen, teils aber auch von Vertretern der zweiten Phase bestärkt werden dürfte (300). Nicht nur das Lernen »aus der Praxis für die Praxis« könne ein erziehungswissenschaftliches Studium substituieren, eine Integration erziehungswissenschaftlicher Ausbildungsbestandteile sei auch in das Studium der Fachwissenschaft (301) und Fachdidaktik (302) möglich. Gerne wird die Erziehungswissenschaft auf Erziehungsfragen im engeren Sinne reduziert, die insbesondere vor dem Hintergrund der eigenen Erfahrung und in der Praxis bearbeitet werden (303) oder die Zuständigkeit für Pädagogische Studien wird gänzlich in der zweiten Phase gesehen (304). Von einzelnen Studierenden wird das erziehungswissenschaftliche Studium aufs Schärfste kritisiert (305).

(299) Ich würde das erziehungswissenschaftliche Studium streichen, weil das für mich wieder ein wissenschaftliches ist. Da macht man die Theorie von Schulpädagogik. Der Dozent [...] macht da alles theoretisch auf einer Ebene... – da kann ich mir auch ein Buch darüber anschauen. Bei den Fachdidaktiken merke ich zum ersten Mal: Okay, das bringt mir was. Das Fachwissenschaftliche sollte schon auch nicht vernachlässigt werden [...]. Schulpraktika und Vorbereitungsdienst sind natürlich unabdingbar und auch die berufsbegleitende Unterstützung. [N2-W22GY]

(300) Am ehesten das erziehungswissenschaftliche Studium, [...], weil diese erziehungswissenschaftlichen Modelle einem vielleicht helfen können, Dinge zu verstehen, aber im Endeffekt kann man das durch [eigene] Erfahrung und durch Erfahrung von [...] älteren Lehrern auch ohne schaffen. [I2-W21RS]

(301) Das erziehungswissenschaftliche Studium würde ich streichen, weil die Fächer wie Sport und Physik da als Fächer schon drauf eingehen. [D2-M22RS]

(302) Ich finde ja, dass sich das erziehungswissenschaftliche und das didaktisch-methodische Studium so ein bisschen überlappen. [...]. Also dann eher die Erziehungswissenschaft [streichen]. [G2-W22GH]

(303) Ich meine, dass ich da irgendwie eine Anlage habe, erzieherisch tätig zu sein und dass das der Bereich ist, auf den ich am ehesten im Studium verzichten kann. [C2-W22GH]

(304) Ich denke, dass im zweiten Teil der Staatsprüfung noch viel Erziehungswissenschaft dazu kommt und die Fachdidaktik und der Bereich Fachwissenschaft wird dann auch im Zuge der Berufstätigkeit immer kürzer treten. So hat man während des Studiums viel Zeit, sich mit der Fachwissenschaft zu beschäftigen. [F2-M28GH]

(305) Die Erziehungswissenschaft [...] kann man komplett vergessen. Ich finde, da reichen Fachdidaktiken bei weitem aus. Ich habe persönlich gar nichts gelernt [...] und ich glaube, dass ich da nicht viel mehr lernen werde. [A2-W21RS]

Die *Schulpraxis* (studienbegleitende Praktika und Vorbereitungsdienst) erfährt seitens der Lehramtsstudierenden zu beiden Erhebungszeitpunkten die größte Bedeutsamkeitszuschreibung. Von vielen Studierenden werden die schulpraktischen Erfahrungen im Zentrum ihrer Ausbildung gesehen. Man könne Unterrichten letztlich nur in der Praxis lernen (306). Mit dem Primat der Praxis geht häufig eine Kritik des fachwissenschaftlichen oder theorielastigen Studiums einher (307). Wie schon als Argument für eine starke Fachdidaktik wird auch die Schulpraxis damit legitimiert, dass es letztlich um die Anwendung des Wissens gehe. Diese Äußerung impliziert zwar als notwendig erachtete fachliche Wissensbestände, die aus Studierendensicht allerdings nicht zwangsweise Folge eines vertieften Studiums sein müssen (308). Es erschließt sich vor dem Hintergrund des gerade an Grund- und Hauptschulen häufig fachfremd erteilten Unterrichts kaum, warum die Fachwissenschaft denn einen solch unverzichtbaren Stellenwert in der Lehrerbildung haben soll, wenn sie im Berufsalltag eine nebengeordnete oder zumindest implizite Rolle spielt. Diese mangelnde Passung von Studieninhalten und Praxiserfordernissen führt nicht selten zu der Annahme, die fachwissenschaftlichen Inhalte seien letztlich austauschbar und im Studium gehe es nur um das Erlernen bestimmter Strategien der Wissensaneignung. Dieses diffuse Bild vom eigenen Studium erzeugt oder stärkt wiederum das Bedürfnis nach »Handwerkszeug« für den Lehrerberuf (309).

(306) Ich denke nicht, dass Praxis zu viel sein kann, weil wir später Lehrer werden und dann gibt es nur noch Praxis. [...]. Ich kann Wissen haben, aber wenn ich nicht weiß, wie ich es vermitteln soll? Das kann ich auch nicht theoretisch lernen. Das geht nur mit Praxis. [C1-W20GH]

(307) Beim Gymnasiallehramt kommt der Praxisanteil viel zu kurz. [...]. Ich studiere nicht die Fächer, um danach ein Fachidiot zu sein, sondern ich studiere, um danach Lehrerin zu sein. [N1-W21GY]

(308) Da man in der Grundschule später ja sowieso jedes Fach unterrichten muss, muss das nicht unbedingt der Schwerpunkt sein. Auf die Schulpraxis sollte man eher den Schwerpunkt legen, gerade was Konfliktsituationen angeht. Wenn man jetzt die gymnasiale Oberstufe durch hat, ist man in den Fächern [...] vielleicht schon mal kein Idiot mehr. [...]. Es bringt ja nichts zu wissen, um was es geht, wenn man es nicht anwenden kann. [K1-W21GH]

(309) Das Praxissemester ist auf jeden Fall wichtig, [...] weil man nur durch die Praxis die Sicherheit bekommt, die man als Lehrer braucht. Natürlich entwickelt man sich dann weiter, wenn man Lehrer ist. [...]. Im Studium lernt man ja eigentlich nur, wie man sich Wissen aneignet und erarbeitet. Ich lerne ja im Studium relativ wenig, was ich später auch den Schülern beibringen werde. Deshalb wäre ein bisschen mehr Praxis schon gut. [L1-W19GY]

Nur selten wird die Notwendigkeit professioneller Reflexion eigener Praxiserfahrungen thematisiert und erkannt. Wo dies geschieht, wird deutlich, dass Theorie und Praxis wechselseitige Implikationen haben und damit Professionalität erst ermöglichen (310). Die Praktika können als Ventil wahrgenommen werden, um das »angestaute« Theoriewissen in die Praxis umzusetzen und dessen Bedeutung dort zu erkennen (311). Als begrenzt hilfreich wird das Praktikum nur in einem Interview erachtet, aber auch dort nur, weil der Vorbereitungsdienst der bessere Ort für Praxiserfahrungen sei (312).

(310) Ich finde es gut, dass man neben der ganzen Theorie auch einmal in die Schule gehen kann, um dort zu experimentieren. Wenn man mit diesen Erfahrungen wieder an die Uni kommt, sieht man vielleicht auch nochmals aus einem anderen Blickwinkel. Vielleicht merkt man ja auch in der Schule: Mir fehlt noch Theoriewissen. [P1-M20GY]

(311) Damit man weiß, was man eigentlich genau machen kann, was möglich ist und wie man die Theorie von der Pädagogischen Hochschule in das Schulleben bringen kann. [H2-W22GH]

(312) Ich denke, das Schulpraktikum ist so eine Schnupper-Erfahrung, in dem ich [...] eben nur so einen Einblick bekomme. Das bekomme ich im Referendariat sicher viel intensiver. [...]. Ich schätze mal, dass man im Referendariat viel mehr mitnimmt, allein schon, weil das Studium eben abgeschlossen ist. [L2-W21GY]

Der *Vorbereitungsdienst* selbst wird zwar, wie auch die Schulpraktika, als hoch bedeutsam eingeschätzt, aufgrund der kollektiven Erfahrungen wird die gegenwärtige Praxis der zweiten Phase aber von einigen Studierenden stark (313) oder sogar grundsätzlich kritisiert (314). Nachgedacht werden sollte insbesondere über die Praxis einiger PHs, Erstsemester schon in den ersten Wochen ihres Studiums im Rahmen eines Einführungs- oder Orientierungspraktikums Unterrichtsversuche über den vollen Zeitraum einer Unterrichtsstunde absolvieren zu lassen. Diese Aufgabe dürfte für viele Studierende nicht nur eine Überforderung bedeuten, sie erscheint für deren professionelle Entwicklung auch wenig gewinnbringend, weil sie noch keinerlei Wissen erworben haben, aufgrund dessen sie ihre Unterrichtsversuche reflektieren könnten. Sinnvoller erscheint zu Studienbeginn daher eine reine Hospitationsphase, in der zunächst eingeübt werden kann, Unterricht aus der für die Studierenden neuen Lehrersicht wahrzunehmen und so den Perspektivenwechsel zu vollziehen. Außerdem fördert die Übertragung von Aufgaben »fertiger« Lehrkräfte an Erstsemester wohl deren Selbstüberschätzung – einige mögen dem Glauben verfallen, sie könnten bereits alles, was für die Berufsausübung notwendig sei (vgl. 4.4.1, S. 372). Die Bereitschaft zu lebenslanger berufsbiografischer Entwicklung von Professionalität wird auf diese Weise vermutlich konterkariert.

(313) Den Vorbereitungsdienst kann man natürlich durch eine Unterstützung in der Berufseinstiegsphase ersetzen. Die Referendare, die ich kenne, die haben alle rotiert – pausenlos im Dauerstress. Ich weiß nicht, ob das nötig ist. Sie fühlten sich auch zum Teil [...] extrem ungerecht benotet. Die waren reihenweise sehr unglücklich. [B2-W44GH]

(314) Das Referendariat finde ich überhaupt nicht wichtig. Warum? Das ist alles so unehrlich. Man bekommt die Vorbereitung hier an der PH, man studiert [...] und dann geht man in die Schule und beginnt zu arbeiten – selbstverständlich sammelt man dort Erfahrungen. Welche Bedeutung hat das Referendariat überhaupt? [...]. Man befindet sich immer im Stress [...] und es ist so unkonkret. [...]. Diese Referendare üben die Prüfungsstunde zwei, drei Mal und die Schüler wissen genau, wer was sagen soll. Das ist ein Spiel. Wie kann man nach einer Stunde entscheiden, ob der Lehrer bereit ist, weiter zu arbeiten oder nicht? Das ist unmöglich. [J2-W41RS]

Schließlich wird auch die *berufsbegleitende Unterstützung in der Berufseingangsphase* als bedeutsam eingeschätzt. Dabei ist den Befragten aber i. d. R. nicht klar, wie sich eine solche gegenüber dem Vorbereitungsdienst verhält. Eine dritte Phase erscheint einzelnen Studierenden daher als überflüssige Wiederholung bzw. Fortführung des Referendariats (315), in dem bereits ein betreuter Einstieg in den Beruf erfolgt sei (316). Dies macht deutlich, dass ein Ausbau bzw. die Etablierung einer dritten Phase wohl nur in enger Abstimmung mit einer Reform des Vorbereitungsdienstes sinnvoll einhergehen kann. Anderenfalls könnten die Anstrengungen als zusätzliche Belastung oder aber als redundant empfunden werden.

(315) Ich würde die professionelle Unterstützung in der Berufseinstiegsphase streichen, weil ich denke, das leistet auch das Referendariat. [...]. Das Referendariat ist schon ein bisschen so die Berufseinstiegsphase. [P2-M22GY]

(316) Ich kann mir vorstellen, dass die berufsbegleitende Unterstützung nicht unbedingt notwendig ist, wenn man schon ein Jahr mit Mentor begleitet wurde. [H2-W22GH]

Mit der Bitte, eine Gewichtung der Ausbildungsbestandteile vorzunehmen, tun sich einige Befragte zu t_1 schwer. Sie plädieren für eine Gleichwertigkeit aller Komponenten (317), sehen zugleich aber eine Ungleichzeitigkeit der einzelnen Bereiche (318). Theoretisches Wissen geht aus Studierendensicht der Schulpraxis meist voraus (319). Häufig ist die Argumentation interessengeleitet (320).

(317) Sie sind alle gleich wichtig. Man sollte sowohl den Alltag geschnuppert haben, als auch in den Erziehungswissenschaften ein bisschen Hintergrundwissen haben [...]. Natürlich ist auch die Fachkompetenz wichtig. [G1-W21GH]

(318) Es sollte alles gleich gewichtet sein. So wie es sich jetzt darstellt, finde ich es recht positiv. Teilweise werden auch erstmal fachliche Grundlagen geschaffen, damit man sie später anwenden kann. [F1-M27GH]

(319) Die Fächer, die Schulpraxis und die erziehungswissenschaftliche Seite sind alle wirklich wichtig. Ich denke, jeder Lehrer sollte unbedingt zuerst feste und sichere Kenntnisse in den Fächern bekommen, das ist selbstverständlich. Erst später, wenn er [...] genug Kenntnisse hat, soll er an die Schule gehen, weil er auch Vorbild für die Schüler ist [...] und sofort Fragen gestellt werden und er sonst keine Antwort hat. [...]. Wenn der Lehrer sein Fach wirklich gut beherrscht, gut erklären und erzählen kann, viele interessante Sachen mitbringt, dann bekommen die Kinder sofort Interesse für dieses Fach [...], dann bekommt er automatisch Disziplin und Ordnung in die Klasse. [J1-W40RS]

(320) Ich bin an allem gleich interessiert. Gerade finde ich Erziehungswissenschaft sehr interessant und freue mich auf die Praktika. Wenn ich die Fächer nicht mögen würde, würde ich sie gar nicht studieren. [H1-W21GH]

Vorhersage hoher Bedeutsamkeitseinschätzungen

Abschließend wird geklärt, wie sich die Bedeutsamkeitseinschätzung der vier Ausbildungskomponenten, die von den Studierenden zu t_2 bereits mehrheitlich durchlaufen wurden und daher auch realistisch eingeschätzt werden können, durch die zu t_1 erfassten Variablen jeweils vorhersagen lässt. Ziel der Analyse ist, einen Eindruck davon zu gewinnen, welche Eigenschaften oder Haltungen der Befragten eine hohe Bedeutsamkeit fachwissenschaftlicher, didaktisch-methodischer und erziehungswissenschaftlicher Studien sowie der Schulpraktika generieren und in welchem Maße ein solches Urteil bereits zu Studienbeginn ausgeprägt und möglicherweise auch schon relativ festgelegt ist. Von einer geringen Veränderbarkeit der Bedeutsamkeitszuschreibung wäre auszugehen, wenn sich diese überwiegend durch stabile Persönlichkeitsmerkmale und Interessen der Studierenden vorhersagen ließe. Sollten sich berufsbezogene Überzeugungen (»professional beliefs«) als die wesentlichen Prädiktoren der Bedeutsamkeitszuschreibung herausstellen, wird diese veränderbar sein.

Grundlage für die Analyse sind vier multiple lineare Regressionsrechnungen. Als abhängige Variable wird die jeweilige Bedeutsamkeitseinschätzung der vier Komponenten zu t_2 angenommen, als unabhängige Variablen gehen alle metrischen Variablen bzw. Indizes ein, die zu Studienbeginn (t_1) erfasst wurden. Um die Prädiktoren mit signifikantem Einfluss auf die Bedeutsamkeitseinschätzung zu isolieren, wurde jeweils eine schrittweise Analyse mit Vorwärtsselektion durchgeführt (vgl. 2.1.3, S. 128). Kennwerte, Güte der Modellanpassung und aufgeklärte Varianz werden jeweils in den Anmerkungen der Tabellen berichtet.

Die erste Regressionsrechnung gibt Auskunft über die Vorhersagewahrscheinlichkeit der Bedeutsamkeitseinschätzung des *fachwissenschaftlichen* Studiums nach dem dritten Semester aufgrund der in der Tabelle aufgelisteten zu t_1 erfassten Prädiktoren (vgl. Tabelle 124). Den stärksten positiven Einfluss hat die Bedeutsamkeitseinschätzung des fachwissenschaftlichen Studiums (BAK_1), die bereits zu t_1 abgegeben wurde. Eine große Vorhersagekraft haben weiterhin das Interesse an Unterrichtsplanung und –gestaltung (UPGa) sowie am Fortbilden und Informieren (FUIa). Eine höhere Einschätzung ist weiterhin von solchen Studierenden wahrscheinlicher, die das Klassenklima als Schüler selbst positiv erlebt haben. Selbiges gilt auch für Befragte, die in der Schule dazu tendierten, eigene Defizite im Unterricht zu verbergen

(VLZ). Wer einen komplexen Bildungsbegriff hat, wird die fachwissenschaftliche Ausbildungskomponente i. d. R. wichtiger beurteilen (BVS_3), ebenso solche Studierende, die die Notwendigkeit einer individuellen Förderung von Schülern als weniger wichtig ansehen (SVS_6). Allenfalls leichten Einfluss haben ein höheres Alter (ALT), eine geringere erfahrene emotionale Wärme bei der elterlichen Erziehung (EMW) sowie eine geringere Bedeutungszuschreibung an das didaktisch-methodische Studium (BAK_2).

Insgesamt steigt die Wahrscheinlichkeit höherer Bedeutungszuschreibung an das fachwissenschaftliche Studium insbesondere dann, wenn Lehramtsstudierende Interesse an der Unterrichtsarbeit und kontinuierlichen Weiterentwicklung zeigen sowie positive Erinnerungen an das Klima im selbst erlebten Unterricht haben. Es erscheint aus Dozierendensicht daher wichtig, im fachwissenschaftlichen Studium (zumindest partiell) Bezüge zur späteren Unterrichtstätigkeit herzustellen und auf Beispiele gelungener Umsetzung von Fachwissenschaft in der Unterrichtspraxis zu verweisen.

Tabelle 124: Prädiktoren hoher Bedeutsamkeit der Fachwissenschaft (t_1 auf t_2)

Code	Index/Item	β	T	p
BAK_1	Bedeutsamkeitseinschätzung: fachwissenschaftliches Studium	.29	5.89	.000
UPGa	Interesse: Unterricht planen und gestalten	.19	3.61	.000
FUIa	Interesse: sich fortbilden und informieren	.18	3.42	.001
KLK	Klassenklima (Erfahrungen mit Schule)	.16	3.28	.001
VLZ	Vermeidungs-Leistungsziele (Leistungsmotivation)	.15	3.00	.003
BVS_3	Bildungsverständnis nach Humboldt	.13	2.59	.010
SVS_6	Schule hat die Aufgabe, Schüler individuell zu fördern	-.13	-2.58	.010
ALT	Alter (absolut)	.12	2.45	.015
EMW	emotionale Wärme (elterliches Erziehungsverhalten)	-.10	-2.13	.034
BAK_2	Bedeutsamkeitseinschätzung: didaktisch-methodisches Studium	-.10	-2.06	.040
(Konstante)		–	0.47	.639

Abkürzungen: β=standardisierter Beta-Koeffizient; T=T-Wert der Signifikanzprüfung; p=Signifikanz. *Modellanpassung:* F=12.47; p=.000 (ANOVA); R^2=.284; korr. R^2=.261; N=326 (fallweise Löschung). *Methode:* schrittweise lineare Regression (vorwärts); Kriterium: F-Wahrscheinlichkeit≤.05. *Anmerkungen:* Die Ergebnisse sind sortiert nach abnehmendem Betrag der Beta-Koeffizienten. Abhängige Variable ist die Einschätzung der Bedeutsamkeit des fachwissenschaftlichen Studiums (BAK_1) zu t_2. Potenzielle Prädiktoren sind alle metrischen Variablen zu t_1.

Die Wahrscheinlichkeit hoher Bedeutsamkeitszuschreibung an das *didaktisch-methodische* Studium zu t_2 steigt insbesondere dann, wenn zu Studienbeginn die Schulpraktika (BAK_4) als besonders wichtig erachtet wurden (vgl. Tabelle 125). Die zu t_1 erfasste Bedeutung des didaktisch-methodischen Studiums (BAK_2) hat erst nach der Bedeutsamkeit des Vorbereitungsdienstes (BAK_5) eine vergleichsweise geringe Vorhersagekraft. Eine ebenfalls geringe Wahrscheinlichkeit hoher Zuschreibungen an die Didaktik und Methodik geht von einer starken sozialen Orientierung aus (INT_4), wie auch von einer niedrigen Kompetenzerwartung bezüglich des Kontrollierens von Verhalten (VKOb).

Insgesamt geht eine hohe Bedeutsamkeitszuschreibung an das didaktisch-methodische Studium insbesondere von Studierenden aus, die zu Studienbeginn das schulpraktische Arbeiten und ein starkes soziales Interesse für sich als zentral erachten. Damit wird die didaktisch-methodische Ausbildungskomponente sehr eng mit der Schulpraxis verknüpft, was darauf hindeutet, dass sich die Erstsemester von der Didaktik und Methodik Impulse für die Praxis erhoffen oder diese erwarten. Für die didaktisch-methodische Ausbildung liegt es daher nahe, theoretische Inhalte mit Beispielen der Unterrichtspraxis zu verbinden. Andererseits erscheint eine frühzeitige Aufklärung über den Gegenstand der Didaktik angebracht, die weit weniger als von den Studierenden angenommen unmittelbar auf Anforderungen der Unterrichtspraxis Bezug nimmt.

Tabelle 125: Prädiktoren hoher Bedeutsamkeit der Didaktik/ Methodik (t_1 auf t_2)

Code	Index/ Item	β	T	p
BAK_4	Bedeutsamkeitseinschätzung: Schulpraktika	.19	3.08	.002
BAK_5	Bedeutsamkeitseinschätzung: Vorbereitungsdienst (Referendariat)	.14	2.52	.012
BAK_2	Bedeutsamkeitseinschätzung: didaktisch-methodisches Studium	.13	2.30	.022
INT_4	Interesse an sozialen Tätigkeiten	.12	2.29	.023
VKOb	Kompetenzerwartung: Verhalten kontrollieren	-.12	-2.25	.025
(Konstante)		–	7.18	.000

Abkürzungen: β=standardisierter Beta-Koeffizient; T=T-Wert der Signifikanzprüfung; p=Signifikanz. *Modellanpassung:* F=15.22; p=.000 (ANOVA); R^2=.192; korr. R^2=.179; N=326 (fallweise Löschung). *Methode:* schrittweise lineare Regression (vorwärts); Kriterium: F-Wahrscheinlichkeit≤.05. *Anmerkungen:* Ergebnisse nach abnehmendem Betrag der Beta-Koeffizienten sortiert. Abhängige Variable ist die Einschätzung der Bedeutsamkeit des didaktisch-methodischen Studiums (BAK_2) zu t_2. Potenzielle Prädiktoren sind alle metrischen Variablen zu t_1.

Eine hohe Bedeutsamkeitszuschreibung an die *erziehungswissenschaftliche* Ausbildung ist dann besonders wahrscheinlich, wenn Studierende diesem Bereich schon zu Studienbeginn Bedeutung zugemessen haben (BAK_3). Wichtig erscheint als Indikator weiterhin das Interesse an der Evaluation von Unterricht und Schule (USAa), ebenso wie das Interesse an künstlerisch-sprachlichen Tätigkeiten (INT_3). Vergleichbar starker Prädiktor ist die Bedeutsamkeitszuschreibung der Erstsemester an die schulpraktische Ausbildung (BAK_4). Studierende, die als Schüler ein positives Sozialklima erlebten (SOK), werden eher die Bedeutung erziehungswissenschaftlicher Ausbildung betonen, wie auch solche, die sich stark aus Gründen der Orientierung an Vorbildern wie den eigenen Lehrern für den Lehrerberuf entscheiden (VOM). Je geringer das Interesse an unternehmerischen Tätigkeiten (INT_5) und die Erwartung an die Fähigkeit, sich selbst zu organisieren (SSOb) sind, desto wahrscheinlicher ist eine hohe Zuschreibung an die Erziehungswissenschaft.

Insgesamt lassen sich Studierende mit hoher Affinität zur erziehungswissenschaftlichen Ausbildung als interessiert an der Weiterentwicklung von Schule und Unterricht beschreiben – diese betrifft nicht den Unterricht selbst, sondern eher dessen abstraktere Metaebene. Von Befragten, die über positive Erfahrungen mit Schule und Unterricht verfügen und zugleich den verwalterischen Bereich des Berufs als eher nebensächlich erachten, ist ebenfalls eine hohe Bedeutungszuschreibung zu erwarten. Studierende erhoffen sich vom erziehungswissenschaftlichen Studium offenbar nicht nur Hinweise für die schulpraktische Arbeit, sondern ebenso stark auch Impulse für eine soziale und harmonische Gestaltung des Schullebens und dessen Weiterentwicklung. Die Strukturierung und Organisation des Arbeitsalltags spielt aus ihrer Sicht im erziehungswissenschaftlichen Studium vermutlich eine eher geringe Rolle. Dieser Befund bestätigt die Annahme, dass die Geringschätzung der erziehungswissenschaftlichen Ausbildung insbesondere durch enttäuschte Erwartungen zu erklären ist – denn die erwartete Beschäftigung mit Schulleben und Unterricht sowie deren Rahmenbedingungen sind nur ein Teil dieser Ausbildungskomponente (vgl. 5.2, S. 407) – zugleich wird für das erziehungswissenschaftliche Kerncurriculum deutlich, dass es nicht ohne die Beschäftigung mit Schulentwicklung (Gestaltung) und Evaluation (Qualitätsentwicklung) auskommen kann.

Tabelle 126: Prädiktoren hoher Bedeutsamkeit der Erziehungswissenschaft (t_1 auf t_2)

Code	Index/Item	β	T	p
BAK_3	Bedeutsamkeitseinschätzung: erziehungswissenschaftliches Studium	.31	5.77	.000
USAa	Interesse: Unterricht/Schule analysieren/weiterentwickeln	.14	2.62	.009
INT_3	Interesse an künstlerisch-sprachlichen Tätigkeiten	.13	2.62	.009
BAK_4	Bedeutsamkeitseinschätzung: Schulpraktika	.13	2.42	.016
SOK	Sozialklima (Erfahrungen mit Schule)	.12	2.43	.016
VOM	vorbildorientierte Motivation (Berufswahlmotivation)	.11	2.28	.023
INT_5	Interesse an unternehmerischen Tätigkeiten	-.11	-2.14	.033
SSOb	Kompetenzerwartung: sich selbst organisieren	-.11	-2.10	.036
(Konstante)		–	0.11	.916

Abkürzungen: β = standardisierter Beta-Koeffizient; T = T-Wert der Signifikanzprüfung; p = Signifikanz. *Modellanpassung:* F = 12.39; p = .000 (ANOVA); R^2 = .238; korr. R^2 = .219; N = 329 (fallweise Löschung). *Methode:* schrittweise lineare Regression (vorwärts); Kriterium: F-Wahrscheinlichkeit≤.05. *Anmerkungen:* Ergebnisse nach abnehmendem Betrag der Beta-Koeffizienten sortiert. Abhängige Variable ist die Einschätzung der Bedeutsamkeit des erziehungswissenschaftlichen Studiums (BAK_3) zu t_2. Potenzielle Prädiktoren sind alle metrischen Variablen zu t_1.

Die Vorhersage einer hohen Bedeutsamkeitseinschätzung der *schulpraktischen* Ausbildung nach dem dritten Semester ist bereits durch die korrespondierende Einschätzung zu Studienbeginn (BAK_4) gegeben (vgl. Tabelle 127). Auffällig ist aber, dass die Ablehnung eines wenig komplexen Bildungsverständnisses ebenfalls eine Wertschätzung der Schulpraktika erhöht (BVS_5). Starkes Potenzial für eine Vorhersage geht auch von einer hohen Bedeutsamkeitszuschreibung an das didaktisch-methodische Studium aus (BAK_2), vom dem Glauben an die eigene Fähigkeit zur Unterrichtsplanung und -gestaltung (UPGb) sowie von der Vorstellung, Erziehung würde dem Menschen zur Mündigkeit verhelfen (EVS_2). Den Schulpraktika messen vornehmlich solche Studierende eine hohe Bedeutung zu, die bereits zu Studienbeginn ein Interesse am Eingehen auf individuelle Bedürfnisse haben (ABEa) und im Elternhaus ein höheres Maß an Kontrolle und Überbehütung erfuhren (KUÜ). Die weiteren Prädiktoren sind vergleichsweise schwach und werden nicht interpretiert.

Insgesamt erhöht sich die Chance auf eine hohe Bedeutsamkeitszuschreibung an die Schulpraktika insbesondere unter Befragten, die eine schulpraktische und methodische Ausbildung schon zu Studienbeginn als wichtig erachten und eine hohe Erwartung an die eigene Fähigkeit zu unterrichten haben. Sie teilen eine eher breite Auffassung von den Anforderungen der Unterrichtsarbeit, die durch individuelle Begleitung von Schülern geprägt ist. In der schulpraktischen Ausbildung erscheint daher eine Bearbeitung der ganzen Breite von Schulpraxis, die neben der Planung und Durchführung von Unterricht auch dessen kritische Reflexion sowie das gesamte schulische Leben und die mit ihm verbundenen beruflichen Herausforderungen mit einschließt, als sinnvoll.

Über alle vier Ausbildungskomponenten hinweg erweist sich die Wahrscheinlichkeit einer hohen Bedeutsamkeitszuschreibung sowohl durch eher konstante Merkmale wie eine spezifische Interessenlage, als auch durch sich verändernde Einstellungen und Haltungen bestimmt. So lassen sich über die Regressionsmodelle einerseits die Bedeutsamkeitszuschreibungen recht gut prognostizieren (Varianzaufklärung zwischen 19 % und 40 %), zugleich besteht aber ein großes längsschnittliches Veränderungspotenzial (vgl. 5.2, S. 407). Für die Lehrerbildungsforschung ergibt sich daher die Notwendigkeit, die Bedeutsamkeitseinschätzung von Ausbildungskomponenten längsschnittlich zu erfassen. Denn es erscheint zwar hilfreich, aus einer Vorhersage mögliche Anhaltspunkte für die Gestaltung der Ausbildung selbst abzuleiten, die Entwicklung der Zuschreibungen selbst ist aber nicht vorherzusehen. Entscheidend ist schließlich, ob zu unterschiedlichen (berufs-)biografischen Zeitpunkten vergleichbare oder unterschiedliche Faktoren zu der jeweils vorgenommenen Beurteilung führen.

Tabelle 127: Prädiktoren hoher Bedeutsamkeit der Schulpraktika (t_1 auf t_2)

Code	Index/Item	β	T	p
BAK_4	Bedeutsamkeitseinschätzung: Schulpraktika	.28	5.24	.000
BVS_5	Ein gebildeter Mensch hat in einem Bereich hochspezialisierte Kenntnisse	-.19	-4.20	.000
BAK_2	Bedeutsamkeitseinschätzung: didaktisch-methodisches Studium	.18	3.57	.000
UPGb	Kompetenzerwartung: Unterricht planen und gestalten	.17	3.69	.000
EVS_2	Erziehung ist, Heranwachsenden zur Mündigkeit zu verhelfen	-.17	-3.63	.000
ABEa	Interesse: auf individuelle Bedürfnisse eingehen	.15	2.95	.003
KUÜ	Kontrolle und Überbehütung (elterliches Erziehungsverhalten)	.14	3.02	.003
BAK_5	Bedeutsamkeitseinschätzung: Vorbereitungsdienst (Referendariat)	.13	2.47	.014
SOK	Sozialklima (Erfahrungen mit Schule)	.12	2.63	.009
BVS_2	Bildungsverständnis nach Klafki	-.12	-2.48	.014
WVEa	Interesse: Werte vermitteln	-.11	-2.29	.022
ALZ	Annäherungs-Leistungsziele (Leistungsmotivation)	.10	2.07	.039
UNT_4	Interesse an sozialen Tätigkeiten	.09	1.92	.056
(Konstante)		–	5.66	.000

Abkürzungen: β=standardisierter Beta-Koeffizient; T=T-Wert der Signifikanzprüfung; p=Signifikanz. *Modellanpassung:* F=16.08; p=.000 (ANOVA); R^2=.401; korr. R^2=.376; N=326 (fallweise Löschung). *Methode:* schrittweise lineare Regression (vorwärts); Kriterium: F-Wahrscheinlichkeit≤.05. *Anmerkungen:* Ergebnisse nach abnehmendem Betrag der Beta-Koeffizienten sortiert. Abhängige Variable ist die Einschätzung der Bedeutsamkeit des Schulpraktikums/ der Schulpraktika (BAK_4) zu t_2. Potenzielle Prädiktoren waren alle metrischen Variablen zu t_1.

Abschließend soll ausschließlich für den zweiten Erhebungszeitpunkt geklärt werden, welche Bedeutung die Beurteilung von Qualität und Nutzen des erziehungswissenschaftlichen Studiums sowie die Bewertung erziehungswissenschaftlicher Lehrveranstaltungen auf die Bedeutsamkeitszuschreibung an das erziehungswissenschaftliche Studium haben. Anlass der Beantwortung dieser Frage ist die im Längsschnitt nur bezüglich des erziehungswissenschaftlichen Studiums abnehmende Bedeutsamkeitszuschreibung (vgl. Abbildung 30, S. 415). Es wurde im Einschlussverfahren eine multiple lineare Regressionsrechnung durchgeführt. Bereits ein Modell mit zwei signifikanten Prädiktoren löst 35 % der Varianz auf (R^2=.348; korr. R^2=.345; N=364). Die Modellanpassung kann als sehr gut bezeichnet werden (ANOVA: F=96.53; p=.000). Sowohl eine hohe Einschätzung des Nutzens erziehungswissenschaftlicher Studien insgesamt (NAK2_3: stand. β=.32; T=6.68; p=.000) als auch eine positive Beurteilung der erziehungswissenschaftlichen Lehrveranstaltungen (BLE2: stand. β=.32; T=6.68; p=.000) lassen auf höchst signifikante Weise die Wahrscheinlichkeit einer hohen Bedeutsamkeitszuschreibung an das erziehungswissenschaftliche Studium (BAK2_3) steigen. Alle anderen möglichen Einflüsse sind, wie alternative Modelle zeigen, vergleichsweise schwach. Auch die pauschale Einschätzung der Qualität des erziehungswissenschaftlichen Studiums (QAK_2) wird in ihrem Einfluss nicht signifikant. Damit erweisen sich der dem erziehungswissenschaftlichen Studium zugeschriebene Nutzen für die Berufsausübung und die differenziert erfasste wahrgenommene Qualität erziehungswissenschaftlicher Lehre als zentral für die Erklärung einer hohen Bedeutsamkeitseinschätzung und umgekehrt. Für die Lehrerbildung ergeben sich daraus die bereits an anderer Stelle beschriebene Notwendigkeit einer Überprüfung und ggf. Neuordnung des erziehungswissenschaftlichen Curriculums einerseits sowie einer Steigerung der Qualität in der Lehre andererseits (vgl. 5.2, S. 407). Beide Aspekte verweisen auf Chancen einer Lehrerbildungsreform im Rahmen der Umstellung auf konsekutive Studiengänge bzw. auf die Modularisierung der Ausbildung.

5.2.2 Qualitätseinschätzung der Ausbildungskomponenten

Untersuchungen, die auf den Vergleich der Wahrnehmung von Qualität einzelner Ausbildungskomponenten durch Lehramtsstudierende zielen, liegen bislang nicht vor. Allerdings zeigen Arbeiten zur Evaluation des tertiären Bildungssystems Bezüge zur Frage nach der Qualität von Lehre und ihrer Operationalisierung. Es kann kein Standardinstrumentarium zur Lehrevaluation geben, da es stets erforderlich ist, ein spezifisches Instrument zu entwickeln oder ein Instrumentarium zumindest so anzupassen, dass es den jeweiligen Bedingungen (Veranstaltungsform, Fach, Zielsetzung der Lehrveranstaltung usw.) gerecht wird (Urban 2004, S. 91). Neben der Entwicklung geeigneter Evaluationsinstrumente beschäftigt sich die Forschung zur Lehrevaluation insbesondere mit Fragen nach möglichen Einflussgrößen bzw. Störgrößen (Z Pädagog Psychol 3-4/1996), mit der Validität und Auswirkungen der Daten sowie dem möglichen Nutzen der Ergebnisse für eine Qualitätsverbesserung akademischer Lehre (Übersicht: Rindermann 1996; 2001; Urban 2004).

Im Anschluss an die Forschungsübersichten scheint eine einheitliche Definition bzw. Operationalisierung von »Qualität« kaum möglich, weil auch die theoretische Rückbindung dieses Begriffs im tertiären System – anders als für den Bereich schulischer »Unterrichtsqualität« (Helmke 2004) – kaum möglich ist. Mit Urban (2004, S. 92) ist daher davon auszugehen, dass sich die Qualität von Hochschullehre durch ihre Operationalisierung selbst, also durch den je spezifischen Blick und die Schwerpunktsetzungen des Evaluierenden definiert. Die bestehenden Instrumente gründen daher auf einem eher empirisch-pragmatischen Ansatz, der den jeweiligen Anforderungen an die Evaluationsvorhaben gerecht wird (Diehl/Kohr 1977; Giesen/Jansen 1983; Hofmann 1988; Rindermann/Amelang 1994; Basler u. a. 1995; Spies u. a. 1996; 1998; Urban 2004).

Stand der Forschung

Zur Ausbildungsqualität existieren nur vereinzelt theoretische und empirische Arbeiten. Sie ist vermutlich Produkt verschiedener Faktoren. Zunächst kann die Ausbildungsqualität nicht losgelöst von der Kompetenz der Ausbildenden (hier: Dozierenden) erklärt werden. Zwar wurden deren Kompetenzen bislang nicht systematisch empirisch erfasst, Kersten (2001, S. 420) hat die Ausbildenden aber immerhin nach ihrer Einschätzung der Ausbildungsqualität in den Schweizerischen Lehrerbildungssystemen gefragt. 79 % der Ausbildenden halten dort die allgemeine Qualität der Ausbildung auf einer fünfstufigen Skala von »ungenügend« bis »ausgezeichnet« für »gut«. Fähigkeiten und Fertigkeiten der Ausbildenden selbst wurden in Evaluationsverfahren bislang kaum berücksichtigt. Die zunehmende universitäre Pflicht zur Rechenschaftslegung im Rahmen von Lehrevaluationen, Hochschulrankings und der Wettbewerb um Drittmittel sowie Studierende bietet hier künftig einen möglichen Ansatzpunkt für die Lehrerbildungsforschung. Zu den Kernkompetenzen der einzelnen Dozierenden werden solche Erhebungen allerdings kaum vordringen. Inwiefern Ausbildende also Einfluss auf die Qualität der Lehrerbildung haben, ist empirisch ungeklärt und ein Forschungsdesiderat.

Ein zweiter Aspekt ist die institutionelle Leistungsfähigkeit insgesamt. Neben dem Personal ist hier an die Studienorganisation (Curricula, Informationsfluss, Strukturiertheit etc.), aber auch an die finanziellen Ressourcen (Ausstattung, Lernumgebung etc.) zu denken, die oftmals mit einer mehr oder weniger günstigen Ausbildungsrealität einhergehen (z. B. überfüllte Lehrveranstaltungen, fehlende Lehrangebote). Ansätze zur Erfassung solcher Aspekte wurden in verschiedenen Teilkapiteln dieser Arbeit dargelegt, etwa im Zusammenhang mit dem Ausbildungsklima (vgl. 5.1.1, S. 392), der curricularen Abstimmung (vgl. 5.1.3, S. 403) oder der Beurteilung von Lehrveranstaltungen (5.2.5, S. 438). Allerdings sind diese Daten deshalb hinsichtlich einer objektiven Leistungsfähigkeit der Institutionen kaum belastbar, weil sie der subjektiven Einschätzung Studierender entstammen. Nötig für eine objektive Sicht wäre eine Evaluationskommission, die vor Ort entlang transparenter Kriterien eine Einschätzung der Ausbildungsqualität vornimmt, etwa wie dies im Rahmen von Akkreditierungsverfahren oder externen Hochschulevaluationen üblich ist. Auch ein solches Vorgehen erscheint im Rahmen der Lehrerbildungsforschung aber kaum realisierbar und angemessen.

Schon aufgrund der Schwierigkeiten, personelle und institutionelle Aspekte von Ausbildungsqualität zu erfassen, muss auch die Sicht der Abnehmerseite von Lehrerbildung im Blick sein. Im Sinne einer notwendigen Passung von Angebot und Nutzung (vgl. 1.2.2, S. 70) erscheint es darüber hinaus unerlässlich, etwas über die Bewertung des Angebots durch Studierende zu erfahren. Die wenigen Befunde hierzu lassen vermuten, dass Ausbildungsqualität durch die Abnehmerseite generell schlechter beurteilt wird als durch die Angebotsseite. Nach der oben zitierten Studie wird die Ausbildungsqualität von GS-Studierenden nur als »eher gut«, von Studierenden der Sekundarlehrämter sogar beinahe neutral bewertet (Kersten 2001, S. 420). Vorliegend wird die Ausbildungsqualität etwa von Facetten wie der Studienzufriedenheit (vgl. 5.1.2, S. 398), dem erlebten Nutzen der Ausbildung für die Berufsausübung (vgl. 5.2.3, S. 432) oder dem selbsteingeschätzten Kompetenzzuwachs (vgl. 4.4, S. 370) tangiert. Zu beachten ist, dass Individuen die Ausbildung auch individuell wahrnehmen und jeweils spezifisch beurteilen. Das Teilkapitel zur wahrgenommenen Ausbildungsqualität (vgl. 5.1.2, S. 398) ist daher nur ein vager Indikator für die Beurteilung des Lehrerbildungssystems insgesamt. Gleichzeitig erscheint es unmöglich, einem Lehrerbildungssystem hohe Qualität zuzuschreiben, wenn diese seitens der Studierenden so nicht wahrgenommen wird.

Operationalisierung

Es soll und kann nachfolgend keine umfassende Evaluation der Lehrqualität noch der spezifischen Qualität einzelner Ausbildungskomponenten geleistet werden. Unter Berücksichtigung der obigen Ausführungen zur Komplexität einer möglichst passgenauen Ausrichtung des Evaluationsinstrumentariums an den jeweiligen Bedingungen einzelner Hochschulen und Lehrveranstaltungen musste eine weite und zugleich pauschale Globaleinschätzung erhoben werden, die im Sinne eines kleinsten gemeinsamen Nenners überhaupt einen Vergleich zwischen Hochschultypen und Lehrämtern zulässt. Zusätzlich soll ein Vergleich mit den Bedeutsamkeits- und Nutzenseinschätzungen möglich sein. In Ergänzung wird an späterer Stelle vertieft nach Aspekten der Qualität in den Lehrveranstaltungen der Fächer und im Bereich Erziehungswissenschaft gefragt (vgl. 5.2.5, S. 438). Entgegen der wünschenswerten, aber kaum zu realisierenden Erfassung der Ausbildungsqualität über die drei Dimensionen (1) Kompetenz der Ausbildenden, (2) Leistung der Institution und (3) Beurteilung durch Studierende, kann aus den obigen Gründen nur die Sicht der Abnehmerseite erfasst werden. Dies geschieht an verschiedenen Stellen des Teilkapitels 5.2 über die genannten Facetten. Die folgende Betrachtung schließt nun aber an die Beurteilung der Bedeutsamkeit einzelner Ausbildungskomponenten an (vgl. 5.2.1, S. 408). Unter der Annahme, dass die wahrgenommene Ausbildungsqualität zwischen den einzelnen Fächern variieren kann, wurde hinsichtlich der fachwissenschaftlichen und der didaktisch-methodischen Ausbildungskomponente neben einer allgemeinen Einschätzung für alle Fächer zusätzlich eine spezifische Auskunft für die Fächer Mathematik und Theologie erbeten. Im Vergleich zu den Bedeutsamkeitseinschätzungen wurde auf die Beurteilung der Komponenten Vorbereitungsdienst und berufsbegleitende Unterstützung verzichtet, weil die Befragten zu t_2 diese Ausbildungsbestandteile noch nicht durchlaufen haben und daher auch deren Qualität nicht adäquat beurteilen können.

Ergebnisse

Die Qualität der Ausbildung wird insgesamt nur mit einer moderat positiven Tendenz beurteilt (vgl. Tabelle 128). Am höchsten wird die Güte der Schulpraktika eingeschätzt. Deutlich geringer bewerten die Befragten die Qualität des fachwissenschaftlichen Studiums. Dann folgt das Qualitätsurteil über die didaktisch-methodische Komponente und schließlich über das erziehungswissenschaftliche Studium. Damit wird gerade die Qualität der Komponenten am geringsten eingeschätzt, die einer Begründung und theoretischen Durchdringung unterrichtlichen Handelns dienen sollen. Diese Beurteilung steht entgegen der recht hohen Bedeutsamkeitszuschreibung, die das didaktisch-methodische Studium erfährt (vgl. 5.2.1, S. 407).

Tabelle 128: Qualität der Ausbildungskomponenten (t_2)

QAK2	GH M	RS M	GY M	SP M	LA M	LA SD	N
1 fachwiss. Studium in den Unterrichtsfächern (alle Fächer)	5.02	4.73	5.49	5.17	5.12	1.14	405
2 didakt.-meth. Studium in den Unterrichtsfächern (alle Fächer)	4.71	4.48	3.71	4.72	4.51	1.39	336
3 erziehungswissenschaftliches Studium	4.49	4.15	3.34	4.43	4.14	1.46	377
4 Schulpraktikum/Schulpraktika	5.62	5.57	2.20	5.55	5.53	1.29	288
5 fachwissenschaftliches Studium in Mathematik	5.03	4.65	5.00	4.90	4.90	1.28	135
6 didaktisch-methodisches Studium in Mathematik	4.85	3.92	2.25	4.45	4.41	1.69	119
7 fachwissenschaftliches Studium in Theologie	5.29	4.65	5.39	5.62	5.20	1.26	127
8 didaktisch-methodisches Studium in Theologie	5.18	4.90	3.69	4.50	4.82	1.56	85

Frage: Wie bewerten Sie die Qualität der nachfolgenden Bestandteile Ihrer Ausbildung? (Falls Sie bislang keine Lehrveranstaltung aus einem oder mehreren der genannten Bereiche besucht haben, kreuzen Sie bitte »bislang noch nicht belegt« an). *Skala:* 1=sehr niedrig; 7=sehr hoch.

Die Qualität des fachwissenschaftlichen Studiums liegt im Fach Theologie aus Sicht der Befragten etwas über der Gesamteinschätzung für alle Fächer; für das Fach Mathematik liegen die Werte, ebenfalls nicht signifikant, geringfügig darunter. Im direkten Vergleich liegen die Werte für das Fachstudium in Theologie signifikant über der korrespondierenden Qualitätseinschätzung in Mathematik (M_{Diff}=0.31; T=-2.74; p=.007). Hinsichtlich des didaktisch-methodischen Studiums ist ebenfalls eine signifikant bessere Beurteilung der Güte im Fach Theologie gegeben (M_{Diff}=0.41; T=2.44; p=.017). Die betroffenen Studierenden schätzen die Qualität ihrer Ausbildung im Fach Theologie damit höher ein als jene im Fach Mathematik. Für die Lehrerbildung insgesamt bedeutet dies, dass eine Beurteilung der Ausbildungsqualität letztlich nur unter Berücksichtigung fachspezifischer Eigenheiten sinnvoll erscheint.

Es zeigen sich zahlreiche substanzielle und sogar deterministische Lehramtsunterschiede. Die fachwissenschaftlichen Studienanteile werden in ihrer Qualität besonders durch GY-Studierende hoch eingeschätzt – über das SP- und GH-Lehramt nehmen die Werte bis hin zum RS-Studiengang stufenweise ab (η^2=.056***). Umgekehrt wird die Güte des didaktisch-methodischen Studiums von GY-Studierenden am geringsten bewertet, während sie aus Sicht der RS-, insbesondere aber der GH- und SP-Studierenden wesentlich höher ist (η^2=.064***). Bezüglich des erziehungswissenschaftlichen Studiums lassen sich die eklatanten Unterschiede in der Qualitätsbeurteilung besonders zwischen Hochschultypen abbilden: PH-Studierende schätzen dessen Güte nach dem dritten Semester deterministisch höher ein als Uni-Studierende (η^2=.091***; M_{PH}=4.39; M_{UN}=3.35). Schulpraktika werden unter Studierenden der PHs vergleichbar beurteilt; ein Vergleich mit dem GY-Lehramt ist aufgrund der dort geringen Zahlen an Studierenden, die bereits das Praktikum absolviert haben, unmöglich. Insgesamt ist aus Sicht Lehramtsstudierender die Qualität der fachwissenschaftlichen Ausbildung an Unis höher, die PHs hingegen lassen sich aus Studierendensicht durch die höhere Güte ihrer didaktisch-methodischen sowie erziehungswissenschaftlichen Ausbildung charakterisieren.

Das fachwissenschaftliche Studium unterscheidet sich in seiner Qualitätsbeurteilung weder im Fach Theologie noch in Mathematik lehramtsspezifisch. Anders verhält es sich mit dem didaktisch-methodischen Studium in Theologie, dessen Qualität besonders im GH- und SP-Studiengang, aber auch von Befragten im RS-Lehramt deutlich höher beurteilt wird als im GY-Lehramt (η^2=.115**). Selbiges lässt sich grob auch für das Fach Mathematik beobachten (η^2=.114**). Beide Vergleiche sind wegen geringer Teilstichproben nur vage, entsprechen aber der oben beschriebenen allgemeinen Tendenz einer höheren Qualitätsbeurteilung der didaktisch-methodischen Ausbildungsbestandteile an Pädagogischen Hochschulen. Berücksichtigt werden muss, dass GY-Theologiestudierende in den ersten Semestern kaum didaktisch-methodische Lehrveranstaltungen im Fach belegen.

Auch in den Interviews wurden die Studierenden zu t_2 gebeten, die Qualität der einzelnen Ausbildungsbestandteile zu beurteilen. Bezüglich der Fachwissenschaft sind unterschiedliche Argumentationsmuster ausschlaggebend. Verglichen wird häufig das fachliche Niveau in den unterschiedlichen Komponenten (321). Eine andere Beurteilungsebene ist jene des Organisationsgrades und der Strukturiertheit der jeweiligen Fächer (322). Weiterhin erscheinen eine Vielfalt des Angebots und die damit verbundenen Wahlmöglichkeiten das Qualitätsurteil positiv zu beeinflussen (323). Ein starker Praxisbezug in den Fächern kann als Qualitätsmerkmal gedeutet werden (324), ebenso wie das persönliche Interesse und die Motivation für ein bestimmtes Fach (325)/(326). Bei einer hohen Identifikation fallen die Qualitätsurteile offenbar eher gut aus (327) – eine mögliche Erklärung für die bessere Beurteilung des Faches Theologie im Vergleich zur Mathematik. Die Qualität fachwissenschaftlicher Lehrveranstaltungen wird auch nach deren didaktischer Gestaltung beurteilt, verbunden mit dem Anspruch, auch dort etwas Didaktisches lernen zu wollen (328). Weiterhin wird die Qualität in Abhängigkeit vom jeweiligen Dozierenden gesehen (329). Dazu gehört, dass das Anforderungsniveau nicht nur ein Qualitätskriterium ist, sondern auch die bewusste Entscheidung für oder gegen bestimmte Lehrveranstaltungen beeinflussen oder determinieren kann (330).

(321) Ich finde die Fächer sind vom Fachwissensstand her [...] schon alle gleich. [E2-W21RS]

(322) Deutsch ist hier sehr gut organisiert. Man kommt zwar in viele Seminare nicht rein, weil sie einfach überfüllt sind, aber dafür ist es von den Klausuren her recht gut organisiert. [K2-W22GH]

(323) In Pädagogik habe ich z. B. die Möglichkeit mir rauszusuchen, worauf ich Lust habe oder was mich interessiert. Das habe ich in Französisch z. B. nicht. Da habe ich fest vorgegebene Module. [E2-W21RS]

(324) Generell bin ich [mit der Qualität] eigentlich zufrieden, aber ich habe ja im Herbst mit Französisch angefangen, und bei dem Fach habe ich das Gefühl, dass man total am Lehrersein vorbei studiert, ganz extrem. [...]. Wenn man da von sich aus nicht gegensteuert, würde ich schon sagen, dass man falsch ausgebildet wird. [M2-W22GY]

(325) Ich habe schon Fächer gehört... – das war genial, wirklich [...]! Da wäre ich auch hingegangen, ohne dass ich studiere. Das war so interessant und so gut gemacht! Ich habe da so viel gelernt! Das ist nicht überall so. [B2-W44GH]

(326) Die Unterschiede sind die Inhalte und wie stark mein Interesse daran ist. Mit der Struktur bin ich in meinen beiden Fächern sehr zufrieden. [N2-W22GY]

(327) Theologie, das ist mein Fach, da würde ich keine Kritik daran üben. Englisch ist ein bisschen unterrepräsentiert hier, habe ich das Gefühl. [K2-W22GH]

(328) Fachwissenschaftlich sind die Dozenten schon alle relativ fit. Didaktisch, muss ich ganz ehrlich sagen, lerne ich hier nichts. [A2-W21RS]

(329) Das ist ja immer auch dozentenabhängig. [M2-W22GY]

(330) Ich hatte immer Glück mit den Dozenten. Manchmal ist es so, dass man von vorneherein weiß, dass der Dozent einen guten Ruf hat – dann gehe ich zu dem. [...]. Bisher war es qualitativ immer gleichwertig. [H2-W22GH]

All diese aus Studierendensicht relevanten Qualitätsmerkmale gelten so auch für das erziehungswissenschaftliche Studium. Dort zeigen sich darüber hinaus spezifische Qualitätskriterien. Erziehungswissenschaftliche Veranstaltungen werden nicht nur dann gut beurteilt, wenn sie möglichst praxisnah sind (331), sondern auch immer dann, wenn sie möglichst konkret sind (332). Einführungsveranstaltungen scheinen daher bei der Beurteilung durch Studierende generell unter ihrem breiten Zuschnitt (333), aber auch aufgrund studienorganisatorischer Probleme wie zu vollen Hörsälen, zu leiden (334). Es erscheint daher wichtig, gerade die zentralen Einführungsveranstaltungen organisatorisch und inhaltlich zu optimieren, weil hier ein wichtiger Erstkontakt hergestellt wird, der möglicherweise das folgende Bild von der Erziehungswissenschaft und damit auch das Studierverhalten prägt. Aus diesem Grund sind einführende Vorlesungen zu Recht eine professorale Aufgabe und Pflicht. Studierende haben ein Recht darauf, auch in der Studieneingangsphase mit den zentralen Vertretern der jeweiligen Komponenten in Berührung zu kommen. Insgesamt scheiden sich am erziehungswissenschaftlichen Studium die Studierenden. Es gibt zwar einzelne Befragte, die dort sehr positive Erfahrungen machen (335), insbesondere an manchen PH-Standorten wird das Fach aber auch negativ wahrgenommen (336). Aufgrund solcher (kollektiver) Erfahrungen wird wohl auch der Erziehungswissenschaft generell ein »weniger wissenschaftlicher« Ruf als den Fächern zugeschrieben (337). Gelobt wird allerdings die »fortschrittliche« mediale Aufbereitung erziehungswissenschaftlicher Lehre (338).

(331) Ich finde Schulpädagogik interessanter [als Allgemeine Pädagogik], gerade weil sie sich auch auf die Praxis bezieht. Da kann man immer gleich Verknüpfungen schließen. [H2-W22GH]

(332) In [...] Schulpädagogik ist das schon sehr spezifisch. Ich habe da z. B. ein Seminar besucht, [...] da haben wir Lernsoftware erstellt. [G2-W22GH]

(333) Die Einführung in die Allgemeine Pädagogik war natürlich hoch theoretisch. Das war eine Vorlesung, das war überhaupt nichts Interaktives. Da hat man nur zugehört oder auch nicht – und das ist nicht mein Traum von einer Lehrveranstaltung. Das sind viel zu viele [...] Leute in der großen Aula. [B2-W44GH]

(334) Ich habe jetzt zuerst die schulpädagogische Einführungsvorlesung besucht. [...]. Es war total überfüllt, es war laut. Man hat nichts mitgenommen, weil ich denke, man hat den Ernst der Lage wohl nicht erkannt. [P2-M22GY]

(335) In den Erziehungswissenschaften ist es eigentlich meistens sehr gut. [...]. Da bin ich immer gerne hingegangen. Letztes Semester hatte ich fünf Vorlesungen in Pädagogik und das war echt super. [H2-W22GH]

(336) Erziehungswissenschaft ist hier ein wenig das »Hassfach«, da geht niemand gerne hin. Die Dozenten sind auch nicht unbedingt die beliebtesten, was nicht an deren Persönlichkeit liegt, sondern an dem, was sie uns mitgeben müssen. [...]. Vor allem Modul 1 war sehr schlimm [...]. Wenn man die Lehrerbildung im 17. und 18. Jh. durchnimmt: Für was brauche ich das? Deshalb ist man immer so zwiegespalten und sitzt drin und hört etwas über Rousseau und seinen Emile und das ist vielleicht ganz interessant, aber man hat keinen Bezug dazu. [...]. Eine Dozentin hat zu uns gesagt: »Wenn man einen akademischen Abschluss anstrebt, dann geht nicht nur alles in der Praxis, sondern da muss man sich auch für Theorie interessieren«. Das war für mich der springende Punkt, wo ich dachte: Sie hat ja Recht, also muss es eben so sein. [K2-W22GH]

(337) [Pädagogik ist] fachlich ein bisschen schlechter und didaktisch sehe ich keinen Unterschied. [M2-W22GY]

(338) Es gab immer Powerpoint-Präsentationen, die den Studenten auch zur Verfügung gestellt wurden – von daher sehr fortschrittlich. In der Mathematik wird an die Tafel geschrieben, das ist auch fortschrittlich, denn ich stelle mir einen Theologie-Professor vor: der schreibt nichts an, auch keine Fremdwörter. [...]. Wenn man sich darauf einlässt, kann man aus der Pädagogik viel mitnehmen, aber man muss sich freiwillig dafür interessieren. [P2-M22GY]

Insgesamt haben Lehramtsstudierende eine Vorstellung von Qualität, die teilweise weit von dem eingangs explorierten Qualitätsbegriff entfernt ist, der auf die Leistungsfähigkeit des Lehrerbildungssystems zielt. Für sie sind einzelne Ausbildungskomponenten dann qualitativ hochwertig, wenn sie diese z. B. als praxisrelevant, konkret, interessant oder den Dozenten als sympathisch erleben. Das Anforderungsniveau, die fachliche Dichte oder die didaktische Aufbereitung von Lehrveranstaltungen wird zwar wahrgenommen, scheint aber eine eher nebengeordnete Rolle zu spielen. Für die Organisation der Lehrerbildung ist dieser Befund nicht unerheblich, weil die gegenwärtigen Curricula weitgehend auf Grundlage inhaltlicher Aspekte formuliert wurden. Es erscheint aber angemessen, auch die (qualitative) Wahrnehmung des Studienangebots durch Studierende bei der Neugestaltung oder Überarbeitung der Studiengänge zu berücksichtigen. Denn nur wenn Studierenden das von ihnen durchlaufene Studium plausibel und für sich selbst sowie ihre berufliche Zukunft sinnvoll erscheint, nutzen sie das Angebot intensiv bzw. nehmen es als qualitativ hochwertig wahr (vgl. 1.2.2, S. 70).

5.2.3 Nutzenseinschätzung der Ausbildungskomponenten

Welchen Nutzen die in den beiden vorangehenden Teilkapiteln hinsichtlich ihrer Bedeutsamkeit und Qualität diskutierten Ausbildungskomponenten für den späteren Berufsalltag als Lehrkraft haben, wurde in der Lehrerbildungsforschung bislang allenfalls implizit berücksichtigt. So gilt etwa die konventionelle akademische Lehrerbildung aufgrund ihrer dominierenden Top-Down-Strategie als wenig effektiv, weil alltägliche berufliche Anforderungen unberücksichtigt bleiben (Sykes 1996; Prenzel/Fischer 2009). Modellversuche und Ansätze, die an Reformmaßnahmen und das situierte Lernen geknüpft sind, werden als gewinnbringender erachtet (Borko 2004; Tytler 2007). Das theoretische Wissen aus Pädagogikseminaren wird häufig als wenig oder nicht hilfreich für die praktische Unterrichtsplanung oder Bewältigung der Unterrichtssituationen erachtet und als diffus und bruchstückhaft erlebt. (Schadt-Krämer 1992, S. 233). Es ist insofern zu erwarten, dass dem empfundenen Nutzen der Ausbildungsbestandteile vermutlich eine hohe Bedeutung für die Beurteilung der Ausbildung insgesamt zukommt (vgl. 5.2, S. 407). Die Operationalisierung folgt dem bereits erläuterten Muster (vgl. 5.2, S. 407). Eine Residualoption stellt wie bei der Qualitätseinschätzung sicher, dass die Angaben nur von Befragten gemacht werden, die schon Teile der entsprechenden Ausbildungskomponenten belegt haben. So wird eine möglichst realistische Einschätzung gewährleistet.

Der Nutzen der Ausbildung für den späteren Berufsalltag als Lehrkraft wird zwar tendenziell mit höheren Werten als die Qualität der Ausbildung (vgl. 5.2.2, S. 427) eingeschätzt, insgesamt aber ebenfalls nur mäßig positiv bewertet (vgl. Tabelle 129). Schulpraktika werden als Ausbildungsbestandteil mit dem größten Nutzen für die Berufsausübung angesehen. Mit deutlichem Abstand folgt das didaktisch-methodische Studium. Wieder deutlich geringer wird der Nutzen des fachwissenschaftlichen Studiums beurteilt, gefolgt von der erziehungswissenschaftlichen Komponente. Damit bestätigt sich hinsichtlich des Nutzens, was vergleichbar bereits hinsichtlich der Bedeutsamkeitseinschätzung und der Qualitätsbeurteilung der Ausbildungskomponenten deutlich wurde: Studierende erachten die schulpraktischen und schulnahen theoretischen Bestandteile ihrer Ausbildung als besonders gewinnbringend für die spätere Berufsausübung. Der Fachwissenschaft, insbesondere aber der Erziehungswissenschaft, wird ein eher geringer Nutzen für berufliche Tätigkeiten zugeschrieben.

Tabelle 129: Nutzen der Ausbildungskomponenten für die Berufsausübung (t_2)

NAK2	GH M	RS M	GY M	SP M	LA M	LA SD	N
1 fachwiss. Studium in den Unterrichtsfächern (alle Fächer)	4.67	4.85	4.57	4.17	4.62	1.52	404
2 didakt.-meth. Studium in den Unterrichtsfächern (alle Fächer)	5.65	5.17	4.71	5.36	5.34	1.38	344
3 erziehungswissenschaftliches Studium	4.59	4.23	4.24	4.36	4.41	1.72	379
4 Schulpraktikum/Schulpraktika	6.44	6.27	6.32	6.19	6.35	1.02	305
5 fachwissenschaftliches Studium in Mathematik	3.93	4.35	3.05	3.00	3.78	1.84	135
6 didaktisch-methodisches Studium in Mathematik	5.44	4.44	4.33	4.95	5.01	1.71	121
7 fachwissenschaftliches Studium in Theologie	4.74	4.77	4.68	4.75	4.73	1.63	128
8 didaktisch-methodisches Studium in Theologie	5.56	5.32	4.75	4.12	5.23	1.50	91

Frage: Wie bewerten Sie den Nutzen der nachfolgenden Bestandteile Ihrer Ausbildung für den späteren Berufsalltag als Lehrkraft? (Falls Sie bislang keine Lehrveranstaltung aus einem oder mehreren der genannten Bereiche besucht haben, kreuzen Sie bitte »bislang noch nicht belegt« an). *Skala:* 1=sehr niedrig; 7=sehr hoch.

Der aufgrund der spezifischen Fragen mögliche Fächervergleich zeigt, dass der Nutzen des fachwissenschaftlichen Studiums für die Berufsausübung im Fach Theologie geringfügig über der Gesamteinschätzung für alle Fächer liegt, die Werte für das Fach Mathematik aber höchst signifikant darunter liegen (M_{Diff}=-0.89; T=-5.62; p=.000). Offenbar wird der MA-Fachwissenschaft ein besonders großes Legitimationsdefizit für die Lehramtsausbildung zugeschrieben. Bezüglich des didaktisch-methodischen Studiums liegen die Werte näher beisammen. Gleichwohl besteht die Tendenz, dass die Bewertungen im Fach Theologie etwas unter dem Durchschnitt für alle Fächer liegen, in Mathematik signifikant darunter (M_{Diff}=-0.33; T=-2.13; p=.035). Insgesamt erweist sich das Studium des Faches Theologie im Vergleich zum MA-Studium aus Sicht Studierender deutlich stärker an den Belangen der künftigen Berufsausübung orientiert. Die Beurteilung des Nutzens der Lehrerbildung für die Bewältigung der Anforderungen im Lehrerberuf ist damit in hohem Maße fachspezifisch.

Deterministische Lehramtsunterschiede zeigen sich hinsichtlich des didaktisch-methodischen Studiums, das insbesondere aus Sicht der GH-Studierenden, aber auch nach Meinung der SP- und RS-Studierenden einen wesentlich größeren Nutzen für die Berufsausübung hat als dies von GY-Studierenden wahrgenommen wird ($\eta^2 = .063^{***}$). Vermutlich werden die stärkere Verankerung der Fachdidaktiken an den Pädagogischen Hochschulen und die dort häufiger vertretenen Dozierenden mit Lehrerbiografie von den Studierenden wahrgenommen und im Blick auf ihren Nutzen für die zukünftige Berufsausübung positiv gewürdigt. Möglicherweise führen auch die bei PH-Studierenden bereits vorhandenen schulpraktischen Erfahrungen zur Einsicht einer notwendigen theoretischen Durchdringung schulpraktischen Handelns. Bezüglich der fachwissenschaftlichen und erziehungswissenschaftlichen Komponente sowie der Schulpraktika zeigen sich keine signifikanten Differenzen.

Die fachspezifische Betrachtung nach Lehrämtern zeigt, dass das fachwissenschaftliche MA-Studium in seinem Nutzen insbesondere von RS- und GH-Studierenden erheblich besser beurteilt wird als von GY- und SP-Befragten ($\eta^2 = .080^*$). Der Nutzen des didaktisch-methodischen Studiums in Mathematik wird hingegen besonders von GH-Studierenden überdurchschnittlich hoch eingeschätzt ($\eta^2 = .072^*$). Das didaktisch-methodische Studium in Theologie erhält von GH- und RS-Studierenden eine vergleichsweise bessere Bewertung bezüglich seines Nutzens für die Berufsausübung ($\eta^2 = .091^*$). Die Vergleiche sind aufgrund geringer Teilstichproben schlecht abgesichert (vgl. 5.2.2, S. 427). Von Frauen wird der Nutzen des didaktisch-methodischen Studiums generell etwas höher eingeschätzt ($\eta^2 = .016^*$; $M_w = 5.41$; $M_m = 4.89$). Je älter die Studierenden, desto geringer erachten sie den Nutzen der Schulpraktika ($\eta^2 = .041^{**}$; $M_{20-} = 6.68$; $M_{21} = 6.57$; $M_{22-25} = 6.22$; $M_{26+} = 6.05$). Es ist im Verlauf des Studiums also mit einer leicht negativen Korrektur der Nutzensbeurteilung zu rechnen.

Die Studierenden wurden in den Interviews zu t_2 gefragt, worin sie den größten Nutzen ihres Studiums für die spätere Berufsausübung sehen und warum. In ihren Antworten verweisen viele Studierende zunächst auf den eher geringen Nutzen der Fachwissenschaft, der meist mit deren Praxisferne begründet wird (339). Es gibt aber durchaus Stimmen, die die Fachwissenschaft für die Berufsausübung als unerlässlich ansehen, etwa weil man einen Wissensvorsprung vor den Schülern brauche und lebenslang weiterlernen müsse (340). Oft wird das Fachwissen auch als Bereicherung der eigenen Person erachtet, als notwendige Ressource für einen kompetenten Unterricht (341). Der Fachwissenschaft wird gerade dann ein unmittelbarer Nutzen für die Berufsausübung zugemessen, wenn sie mit fachdidaktischen Elementen verknüpft wird (342). In der letzten Äußerung wird auch die Problematik angesprochen, dass einige Fächer an den PHs aus organisatorischen Gründen zwar noch studiert werden können, diese aber in der Schule nicht mehr oder in Fächerverbünde integriert unterrichtet werden. Es liegt nahe, dass gerade das fachwissenschaftliche Studium solcher Fächer als besonders berufsfern erlebt und ihm daher kaum Nutzen zugemessen wird.

(339) In Modul 1 hatten wir etwas über Sprechakte und das wurde in Modul 3 wieder aufgegriffen. [...]. Ich weiß jetzt nicht, wo ich das in der Schule wieder anbringen soll. Das ist eben kein Lehrstoff. [G2-W22GH]

(340) Es macht Sinn, nicht nur das Schulwissen zu beherrschen, sonst könnte man auch einen Schüler vorne hinstellen, der den Abiturstoff beherrscht. [...]. Die Auseinandersetzung mit neuen Themen und die Einarbeitung braucht man auch. Einen Lehrplan hat man nicht 30 Jahre lang, sondern es kommt immer wieder Neues dazu. [N2-W22GY]

(341) Theologie, die bringt einem eher für sich selbst etwas, [...] dass man sich entwickelt, dass man Standpunkte feststeckt oder sich über Sachen im Klaren wird. Wenn ich in eine Klasse gehe und werde etwas gefragt, dann kann ich nicht sagen: »Das habe ich mir jetzt noch nicht überlegt«, sondern da muss ich Sachen wissen. [L2-W21GY]

(342) In Mathe sind Fachveranstaltungen und Didaktikveranstaltungen parallel. Die haben mir echt etwas gebracht, [...] was ich auch schon angewandt habe. In Biologie weiß ich nicht so recht, was ich mit dem, was ich gelernt habe, anfangen soll. Das ist extrem theoretisch, geht sehr ins Detail. [...]. Wir machen [...] da Sachen, die man im Unterricht nicht mal ansatzweise verwenden kann. Und dann gibt es das Fach in der Hauptschule überhaupt nicht mehr. [...]. Niemand wird mehr Biologie unterrichten! [...]. Das finde ich schon sehr seltsam. Was soll ich mit diesem extremen Fachwissen? [B2-W44GH]

Der Erziehungswissenschaft wird kaum ein Nutzen für die berufliche Praxis zugemessen (343). Die Studierenden sehen häufig keine Schnittstellen zwischen Studium und Beruf und beklagen auch die breite Anlage des Grundstudiums. Gerade im Vergleich zur Pädagogischen Psychologie wird die Erziehungswissenschaft an Pädagogischen Hochschulen oft als sehr theoretisch und wenig praxisnah erlebt (344). Einem unmittelbaren und fallbezogenen Zugang zu praxisrelevanten Herausforderungen wird der größte Nutzen zugemessen (345). Auch die Fachdidaktiken werden als vergleichsweise konkret und hilfreich für die Praxis wahrgenommen (346). Für viele Studierende gilt die Erziehungswissenschaft daher zwar nicht als ersetzlich, wohl aber als abstrakte »Theorie«, die nur in Verbindung mit Anwendungsfragen eine Bedeutung für die spätere Berufsausübung erlangt (347). Von praktischem Nutzen scheint anstelle der Inhalte häufig vor allem für GY-Studierende die methodische Aufbereitung erziehungswissenschaftlicher Lehrveranstaltungen zu sein (348).

(343) In Erziehungswissenschaft habe ich keine Ahnung, was mir das für das spätere Leben bringt. Da studiert man eben alles so ein bisschen, aber auch nichts richtig, und das macht einfach keinen Spaß. [A2-W21RS]

(344) Was ich bisher in Pädagogischer Psychologie gehört habe, das ist alles sehr interessant [...]. Erziehungswissenschaft ist sehr theoretisch. Da findet man nicht besonders viel aus dem Alltag oder der Praxis. [B1-W42GH]

(345) Ich habe jetzt noch nicht so viele Pädagogikveranstaltungen besucht, aber da bin ich immer enttäuscht, weil es oft um irgendwelche Sachen geht, die nichts mit dem Schulalltag später zu tun haben. Es kann aber auch sein, dass ich da einfach nur in den falschen Veranstaltungen war bis jetzt, aber das war nicht interessant, das hat mir nichts gebracht für später. Dagegen fand ich Psychologie bei Herrn xY sehr interessant. Sehr viele praktische Sachen [...]: wie kann ich damit umgehen und wie kann ich das bemerken und was kann ich machen mit Lese- Rechtschreibschwächen, Verhaltensauffälligkeiten? All das war sehr gut, aber Pädagogik nicht. [D2-M22RS]

(346) Die Fachdidaktiken finde ich wichtiger als die Erziehungswissenschaft. [...]. Ich finde für die Schule bringt mir Erziehungswissenschaft nicht viel. In Modul 1 habe ich schon viel gelernt über die ganzen Lerntheorien, aber das ist eben ziemlich abstrakt. In den Fachdidaktiken bekommt man konkret gesagt, wie man das umsetzen kann. Ich habe Erziehungswissenschaft sofort studiert, damit ich es hinter mir habe – weil es mir nichts bringt. [A2-W21RS]

(347) Erziehungswissenschaft [...] ist ein Unterbau von Wissen, das man später für die pädagogische Praxis hat. Das ist auf jeden Fall hilfreich, aber man vergisst auch viel wieder und es ist nur Prüfungsstoff zum Lernen [...]. Effektiv ist es immer in Verbindung mit Praxis. Alles andere ist [...] nicht unbrauchbar, aber ineffektiver. [I2-W21RS]

(348) Wie man das aufbereitet, lernt man im Studium auf jeden Fall. In der Fachdidaktik oder konkret im erziehungswissenschaftlichen Studium [...] wendet der Dozent eben Methoden an, die man dann anwenden kann, wenn man selber in der Klasse ist. [...]. Da habe ich jedes Mal Ideen im Kopf, was man machen kann. [N2-W22GY]

Der zentrale Nutzen der Lehrerbildung für den späteren Berufsalltag als Lehrkraft liegt aus Studierendensicht in den schulpraktischen Ausbildungskomponenten (Schulpraktika und Vorbereitungsdienst). Die qualitativen Daten hierzu werden im Rahmen der Ausführungen zur Relevanz der Schulpraktika ausführlich berichtet (vgl. 5.3.2, S. 459).

5.2.4 Zusammenhänge zwischen Bedeutsamkeit, Qualität und Nutzen

Die zu t_2 eingeschätzte Bedeutsamkeit sowie Qualität und der Nutzen der Ausbildungskomponenten wurde vorangehend ausführlich, aber weitgehend unabhängig voneinander diskutiert (vgl. 5.2.1 bis 5.2.3). Da die drei Skalen jedoch teils identische Items aufweisen und sich dort nur durch die unterschiedlichen Instruktionsfragen unterscheiden, bietet sich ein direkter Vergleich der Daten an. Die übergeordnete Fragestellung ist demnach, welche Zusammenhänge und Unterschiede zwischen den drei Bereichen bestehen. Dazu werden zunächst die Mittelwerte der vier Items hinsichtlich der Bedeutsamkeits-, Qualitäts- und Nutzenseinschätzung differenziert dargestellt (vgl. Abbildung 31).

Abbildung 31: Vergleich von Bedeutsamkeit, Qualität und Nutzen (t_2)

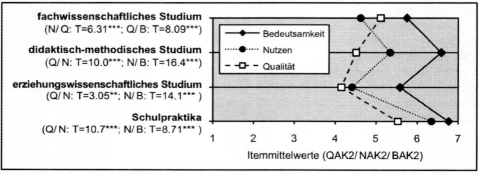

***p < .001; **p < .01. N = 288-410. *Abkürzungen:* T = T-Wert; Q = Qualität (QAK); N = Nutzen (NAK); B = Bedeutsamkeit (BAK). *Anmerkungen:* Für die jeweils benachbarten Werte wurden signifikante Mittelwertunterschiede mittels t-Test abgesichert. Die Schwankung in den Stichprobenumfängen geht auf die Beurteilung des Schulpraktikums zurück, das zahlreiche Studierende noch nicht absolviert haben und dessen Qualität und Nutzen von diesen Befragten daher auch nicht eingeschätzt werden sollte bzw. konnte.

Generell fällt auf, dass die Bedeutsamkeitseinschätzung die höchsten Zustimmungswerte erreicht, i. d. R. mit höchst signifikantem Abstand von der Nutzenseinschätzung gefolgt, welche ihrerseits hoch signifikant aber mit geringerem Abstand vor der Qualitätseinschätzung liegt. Die einzige Abweichung von diesem Muster ergibt sich bezüglich des fachwissenschaftlichen Studiums. Hier liegt hinter der Bedeutsamkeit ausnahmsweise die Qualität vor dem Nutzen. Eine vergleichsweise geringe Bedeutsamkeitszuschreibung an das fachwissenschaftliche Studium erklärt sich daher wohl eher durch dessen wenig ersichtlichen Nutzen als durch einen Qualitätsmangel der Lehrveranstaltungen (vgl. auch nachfolgend die Korrelationen in Tabelle 130, S. 438). Beim didaktisch-methodischen Studium liegen die drei Werte auffällig weit auseinander. Es wird zwar als hoch bedeutsam angesehen, sein Nutzen, besonders aber seine Qualität werden deutlich geringer beurteilt. Der Ausbildungskomponente mit der geringsten Bedeutsamkeitszuschreibung, dem erziehungswissenschaftlichen Studium, wird auch der kleinste Nutzen und die geringste Qualität zugemessen. Starke Korrelationen zeigen, dass die geringe Bedeutsamkeitszuschreibung hier sowohl durch den vergleichsweise geringen Nutzen wie auch durch die eher niedrige Qualität erklärt werden kann. Bedeutsamkeit und Nutzen liegen beim erziehungswissenschaftlichen Studium aber nahe beieinander. Der dem Schulpraktikum zugeschriebene Nutzen liegt vergleichsweise näher an der Bedeutsamkeitseinschätzung als bezüglich anderer Komponenten. Die Qualität wird hingegen klar schwächer, insgesamt aber noch immer hoch bewertet. Auch hier besteht zwischen Nutzen und Bedeutsamkeit eine starke Korrelation.

Weiterhin ist ein fachspezifischer Vergleich für die fachwissenschaftliche und didaktisch-methodische Ausbildungskomponente in den Fächern Mathematik und Theologie bezüglich der Qualitäts- und Nutzenseinschätzung möglich (vgl. Abbildung 32). Auffällig ist hier, dass in beiden Fächern die Qualität des fachwissenschaftlichen Studiums mindestens hoch signifikant vor der Nutzenseinschätzung liegt, während umgekehrt hinsichtlich der didaktisch-methodischen Studienanteile der Nutzen signifikant höher als die Qualität eingeschätzt wird. Die Qualität fachwissenschaftlicher Veranstaltungen wird damit höher bewertet als jene der didaktisch-methodischen, die gegensätzliche Feststellung gilt für den zugeschriebenen Nutzen. Im mathematisch-fachwissenschaftlichen Studium ist die erlebte Diskrepanz zwischen moderat hoher Qualität und im negativen Skalenbereich bewertetem Nutzen besonders groß. Unter Studierenden des Faches Theologie liegen beide Werte höher und deutlich näher beisammen. Das Theologiestudium wird damit von den Befragten nicht nur als qualitätsvoller, sondern insbesondere auch als nützlicher für die spätere Berufsausübung beurteilt. Das didaktisch-methodische Studium wird ebenfalls von Befragten im Fach Theologie etwas besser beurteilt als von MA-Studierenden. Die Einschätzung von Nutzen und Qualität liegt auch hier unter den TH-Studierenden enger zusammen als unter den MA-Befragten. Insgesamt lässt sich im Fächervergleich feststellen, dass für die TH-Studierenden Qualität und Nutzen sowohl im fachwissenschaftlichen als auch im didaktisch-methodischen Studium näher beisammen liegen und für sie daher auch die fachbezogene Ausbildung insgesamt als weniger widersprüchlich hinsichtlich des Verhältnisses von Qualität und Nutzen wahrgenommen wird als unter Studierenden des Faches Mathematik.

Abbildung 32: Fächervergleich von Qualität und Nutzen (t$_2$)

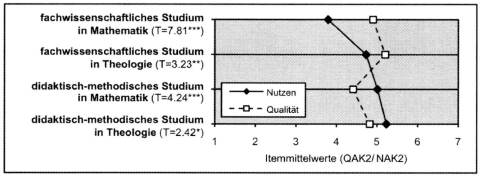

***p < .001; **p < .01; *p < .05. N = 280-323. *Abkürzungen:* T = T-Wert (signifikante Mittelwertunterschiede mittels t-Test abgesichert). Die Schwankung in den Stichprobenumfängen geht auf die Beurteilung des didaktisch-methodischen Studiums zurück, das noch nicht von allen Befragten in den jeweiligen Fächern besucht wurde.

Geklärt wird nun, welche Zusammenhänge zwischen den Ausbildungskomponenten unter Berücksichtigung der Bedeutsamkeits-, Qualitäts- und Nutzenseinschätzung bestehen (vgl. Tabelle 130). Auf die offensichtlichen Korrelationen zwischen Bedeutsamkeit und Nutzen bzw. Bedeutsamkeit und Qualität innerhalb der Komponenten wurde bereits eingegangen. Hier soll zunächst auf die mindestens mittelstarken und allesamt höchst signifikanten Zusammenhänge zwischen Qualität und Nutzen hingewiesen werden. Wer die Qualität einer Ausbildungskomponente hoch einschätzt, der schätzt im Regelfall auch deren Nutzen höher ein bzw. umgekehrt. Es ist also einerseits zu erwarten, dass mit einer Investition der Dozierenden in die Qualität der Lehre auch deren Nutzen für die Berufsausübung von Studierenden höher eingeschätzt wird. Andererseits scheinen Studierende dort, wo ein Bezug zum Berufsalltag hergestellt wird, auch eher eine hohe Qualitätszuschreibung vorzunehmen. Sowohl Investitionen in die Lehrqualität als auch Querverweise zur beruflichen Realität bzw. Anwendungsbezug erscheinen daher (auch in fachwissenschaftlichen Veranstaltungen) sinnvoll. Erwähnenswert sind die jeweils starken Korrelationen zwischen eingeschätztem Nutzen des didaktisch-methodischen Studiums und dem Nutzen des erziehungswissenschaftlichen Studiums bzw. der Schulpraktika. Dem didaktisch-methodischen Studium scheint eine Schlüsselrolle für einen als hoch eingeschätzten Nutzen der erziehungswissenschaftlichen wie schulpraktischen Ausbildungskomponente zuzukommen. Eine weiterführende Diskussion dieser Befunde findet sich im Schlusskapitel (vgl. S. 512).

Tabelle 130: Interkorrelationen der Einschätzung von Ausbildungskomponenten (t_2)

Interkorrelationen	Bedeutsamkeit			Qualität				Nutzen			
(N=283-410)	DM	EW	SP	FW	DM	EW	SP	FW	DM	EW	SP
Bedeuts. Fachwissenschaft	.09	.08	-.05	.14**	.09	.03	.03	.46***	.09	.08	-.04
Didaktik/Methodik	1	.36***	.39***	.01	.12*	.06	.15*	.03	.22***	.13*	.19**
Erziehungswissenschaft		1	.24***	.06	.04	.30***	.02	.03	.19***	.50***	.08
Schulpraxis			1	-.06	.04	.01	.27***	-.08	.15**	.06	.47***
Qualität Fachwissenschaft				1	.24***	.17**	.12*	.32***	.24***	.11*	.16**
Didaktik/Methodik					1	.49***	.33***	.31***	.42***	.22***	.12*
Erziehungswissenschaft						1	.14*	.21***	.31***	.50***	.05
Schulpraxis							1	.15*	.25***	.09	.45***
Nutzen Fachwissenschaft								1	.26***	.29***	.10
Didaktik/Methodik									1	.55***	.46***
Erziehungswissenschaft										1	.22***
Schulpraxis											1

***p<.001; **p<.01; *p<.05 (zweiseitige Signifikanzprüfung; Pearson-Korrelationen). *Abkürzungen:* FW=Fachwissenschaft; DM=Didaktik/Methodik; EW=Erziehungswissenschaft; SP=Schulpraxis.

5.2.5 Beurteilung der Lehrveranstaltungen

Während die Fragen nach der Bedeutsamkeit, der Qualität und dem Nutzen der Ausbildungskomponenten in einer allgemeineren Weise die Beurteilung der einzelnen Teile des Studiums zum Gegenstand hatte (5.2.1 bis 5.2.4), thematisiert dieses Teilkapitel die subjektive Beurteilung der Lehrveranstaltungen durch Studierende im engeren Sinn. Es wird davon ausgegangen, dass bei der Beurteilung der Lehre sowohl die Qualität des Angebots als auch dessen Nutzung durch Studierende eine Rolle spielen. Um von den Studierenden (Abnehmerseite) eine realistische Sicht der Lehre zu erheben, reicht es nicht aus, nach deren Einschätzung der Qualität von Vorlesungen und Seminaren zu fragen. Wichtig erscheint auch, wie das als mehr oder weniger angemessen beurteilte Lehrangebot durch die Befragten genutzt wird.

Denn dabei entscheidet sich der eigentliche Lerngewinn und damit der Beitrag der Lehrveranstaltungen zur professionellen Entwicklung Lehramtsstudierender.

Die Angebotsseite wird im Zusammenhang mit der Frage nach Unterrichtsqualität bearbeitet. Als Ausgangspunkt kann eine Studie dienen, in der Kriterien von Unterrichtsqualität aus gesammelten Schülererfahrungen, didaktischen Theorien und Studien der Unterrichtswissenschaft hergeleitet wurden (Kramis 1990): Bedeutsamkeit, Effizienz und Lernklima. In Folgestudien wurde die Brauchbarkeit dieser Faktoren für die Beurteilung von Lehrveranstaltungen durch Lehramtsstudierende geprüft und als tragfähig erachtet (Mayr 1997).

Dem gegenüber steht die Abnehmerseite mit ihrem Nutzungsverhalten. Etabliert sind hier die Forschung zu Lernstrategien (z. B. Wild/ Schiefele 1994) und die dort angewandten Instrumente, etwa das *Verfahren zur Erfassung von Lernstrategien im Studium (LIST)*. Das Inventar operationalisiert kognitive, metakognitive und ressourcenbezogene Lernstrategien in Anlehnung an den *Motivated Strategies for Learning Questionnaire (MSLQ)* (Pintrich u. a. 1991) sowie das *Learning and Study Strategies Inventory (LASSI)* (Weinstein 1987). Beide Verfahren trennen motivationale und kognitive Aspekte. Dies findet weitreichende Anerkennung (Nenniger 1988; 1991; Friedrich/ Mandl 1992). Unter kognitiven Lernstrategien werden die Komponenten Wiederholung, Elaboration und Organisation gefasst, metakognitive Strategien sind die Facetten Planung, Selbstüberwachung und Regulation. Ressourcenbezogene Strategien operationalisieren die eigene Anstrengung, das Zeitmanagement, die Aufmerksamkeit/ Konzentration (Bereitstellung interner Ressourcen), die Lernumgebung, Nutzung von Literatur sowie Möglichkeiten von Arbeitsgruppen (Nutzung externer Ressourcen).

Johannes Mayr entwickelte unter Bezugnahme auf die referierte Literatur eine Skala mit fünf Dimensionen, die sich in einer Analysestichprobe (N = 1 351) trennen lassen (Mayr 1997; 1998, S. 12). Unterschieden werden dort in einem ersten Bereich zur Qualität der Lehrveranstaltungen die Dimensionen: (1) persönliche Bedeutsamkeit (Items 1/ 2/ 10/ 11); (2) Effizienz und Brauchbarkeit (Items 3/ 4/ 6-8) sowie (3) Arbeitsklima (Items 5/ 9/ 19). Ein zweiter Bereich umfasst zum Lernen in den Lehrveranstaltungen die Faktoren: (4) rezeptiv-diszipliniertes Lernen (Items 12/ 14/ 17/ 18) und (5) aktive kritische Auseinandersetzung (Items 13/ 15/ 16). Dieses kombinierte Instrument wurde vorliegend zu t_2 eingesetzt (vgl. Tabelle 131).

Es ist anzunehmen, dass die auf diesen Dimensionen abgefragten Items je nach Ausbildungskomponente, Fach oder gar Dozierendem unterschiedlich eingeschätzt werden. Eine bislang in der Lehrerbildungsforschung nicht vorgenommene separate Erfassung nach solchen Merkmalen ist wünschenswert und konnte vorliegend zumindest insofern realisiert werden, als dass einerseits Angaben zu den Fächern und andererseits zum erziehungswissenschaftlichen Studium erhoben wurden. Daraus ergibt sich ein so bislang nicht gegebenes Vergleichspotenzial. Problematisch bleibt, wie auch in der Originalskala, dass bezüglich der Facheinschätzung zwei oder drei studierte Fächer zugleich beurteilt werden müssen. Es ist daher beabsichtigt und anzunehmen, dass die Studierenden einen »Durchschnittswert« bei der Beurteilung bilden. Nicht auszuschließen ist aber, dass einzelne Befragte auch ein bestimmtes, besonders positiv oder negativ erlebtes Fach bzw. eine entsprechende Lehrveranstaltung oder einen Dozierenden vor Augen haben, mit der bzw. dem sie sich besonders identifizieren oder von der bzw. dem sie sich besonders abgrenzen.

Eine saubere faktorenanalytische Trennung in die fünf erwarteten Dimensionen ist anhand der vorliegenden Daten nicht möglich. Stattdessen ergeben sich bei einer explorativen Hauptkomponentenanalyse für die Angaben zu den Fächern eine vierfaktorielle, für die Daten zur Erziehungswissenschaft eine dreifaktorielle Lösung. Der erste Faktor klärt für die Fächer bereits 32.0 %, für die Erziehungswissenschaft sogar 40.4 % der Gesamtvarianz auf. Es erscheint daher pragmatisch, die Qualität und das Lernen in den Lehrveranstaltungen als eindimensional zu interpretieren. Das so entstehende Konstrukt unterscheidet nicht zwischen »Qualität« und »Lernen« und verweist auf einen starken Zusammenhang beider Dimensionen. Es wird daher neutral als *Beurteilung der Lehrveranstaltungen* insgesamt bezeichnet, die stärker positiv oder negativ ausgeprägt sein kann. Die Reliabilitäten der Indizes über alle Items liegen bezüglich der Fächer bei $\alpha = .87$ (BLF2), hinsichtlich der Erziehungswissenschaft bei $\alpha = .92$ (BLE2) und sind damit sehr gut. Es wurden außerdem geringfügige sprachliche Anpassungen vorgenommen.

Tabelle 131: Beurteilung der Lehrveranstaltungen (t_2)

BLF2/BLE2 ($N_{LA(BLF)}$=398-408; $N_{LA(BLE)}$=371-381; N_{ZM}=41)	LA_{BLF} M	LA_{BLF} SD	LA_{BLE} M	LA_{BLE} SD	ZM M	ZM SD
1 Es wurden wichtige Themen behandelt	5.47	1.18	4.30	1.56	5.59	1.16
2 Es ging um Themen, die mich schon seit langem interessieren	5.01	1.33	4.16	1.66	5.12	1.25
3 Es wurden wirkungsvolle Lehrmethoden angewandt	4.35	1.51	3.62	1.64	4.10	1.56
4 Der Lehrstoff wurde interessant aufbereitet	4.73	1.39	3.80	1.58	4.12	1.47
5 Es herrschte ein gutes Arbeitsklima	5.20	1.30	4.19	1.62	4.59	1.52
6 Es wurden brauchbare Lernunterlagen zur Verfügung gestellt	5.03	1.37	4.09	1.61	3.71	1.60
7 Ich erhielt Anregungen für die schulpraktische Arbeit	4.45	1.82	4.10	1.79	4.10	1.86
8 Es wurden sinnvolle Leistungsanforderungen gestellt	4.87	1.45	4.24	1.60	4.12	1.89
9 Divergierende Ansichten konnten offen ausgetauscht und diskutiert werden	5.05	1.55	4.69	1.72	3.51	1.49
10 Mein Interesse an den behandelten Themen nahm durch die Lehrveranstaltungen zu	5.42	1.29	4.35	1.71	4.93	1.15
11 Ich konnte persönlich bereichernde Lernerfahrungen machen	5.33	1.32	4.38	1.68	5.15	1.35
12 Ich hörte den Ausführungen der Professoren und der Kommilitonen aufmerksam zu	5.59	1.13	4.84	1.50	5.17	1.30
13 Ich setzte mich mit den Aussagen der anderen kritisch auseinander	5.19	1.32	4.78	1.50	4.59	1.41
14 Ich schrieb wichtige Gedanken mit	5.93	1.33	5.39	1.66	5.32	1.56
15 Ich fragte nach, wenn mir etwas unklar war oder ich etwas genauer wissen wollte	4.82	1.70	4.04	1.77	4.44	1.73
16 Ich brachte meine eigenen Erfahrungen und Meinungen ein	4.72	1.67	3.91	1.82	3.76	1.69
17 Ich bearbeitete Lernaufgaben zielgerichtet	5.46	1.22	4.94	1.45	5.27	1.34
18 Ich besuchte die Lehrveranstaltungen regelmäßig	6.56	0.86	6.01	1.42	5.68	1.64
19 Meine Beiträge wurden von Kommilitonen und Professoren mit Interesse aufgenommen	4.98	1.39	4.37	1.53	3.95	1.58
Index Beurteilung der Lehrveranstaltungen (BLF2/BLE2)	5.17	0.76	4.43	1.04	4.59	0.84

Fragen: Inwieweit treffen die folgenden Aussagen auf die Lehrveranstaltungen in Ihren *Fächern* zu? (LA_{BLF}); Inwieweit treffen die folgenden Aussagen auf die Lehrveranstaltungen in *Erziehungswissenschaft* zu? (LA_{BLE}); Inwieweit treffen die folgenden Aussagen auf die Lehrveranstaltungen in Ihrem *Studiengang insgesamt* zu? (ZM). *Skala:* 1=trifft überhaupt nicht zu; 7=trifft voll und ganz zu. *Anmerkungen:* BLF=Beurteilung der Lehrveranstaltungen in den Fächern; BLE=Beurteilung der Lehrveranstaltungen in Erziehungswissenschaft. Berechnung der Reliabilitätswerte erfolgt auf Basis der Angaben Lehramtsstudierender zu ihren Fächern (LA_{BLF}).

Lehrveranstaltungen in den Fächern

Die Beurteilung der Lehre in den Fächern (BLF2) fällt nach dem dritten Semester insgesamt nur moderat positiv aus (vgl. Tabelle 131). Die stärkste Zustimmung erfahren Items zum regelmäßigen Besuch der Lehrveranstaltungen (Item 18) und zum Mitschreiben wichtiger Gedanken (Item 14). Nur leicht zustimmend positionieren sich Befragte gegenüber einer wirkungsvollen Methodik in der Lehre (Item 3) und Anregungen für die schulpraktische Arbeit (Item 7). Insgesamt liegen alle Einschätzungen recht nahe beisammen (range = 2.21).

Es zeigt sich keine Lehramtsabhängigkeit der Beurteilung von Lehrveranstaltungen in den Fächern (BLF2: $\eta^2 = .005$), auch keine signifikante Differenz des Index zwischen PH und Uni ($\eta^2 = .002$). Auf Ebene der einzelnen Items ergeben sich zwei elementare Unterschiede zwischen den Hochschultypen. PH-Studierende stimmen der Aussage meist zu, sie würden in Fachveranstaltungen Anregungen für die schulpraktische Arbeit bekommen (Item 7), Uni-Studierende lehnen dies mehrheitlich ab. Der Unterschied ist höchst signifikant und deterministisch ($\eta^2 = .327^{***}$; $M_{PH} = 5.14$; $M_{UN} = 2.18$). Außerdem schreiben PH-Studierende ihren Lehrveranstaltungen in den Fächern zu, dass dort eher wirkungsvolle Lehrmethoden angewandt werden (Item 3: $\eta^2 = .027^{**}$; $M_{PH} = 4.51$; $M_{UN} = 3.98$). Unterschiede zwischen einzelnen PH-Lehrämtern sind dabei aber nicht signifikant.

Darüber hinaus gibt es erhebliche Fächerunterschiede. GY-Studierende mit Hauptfach Theologie beurteilen ihre fachlichen Lehrveranstaltungen insgesamt deterministisch positiver als solche mit Hauptfach Mathematik ($\eta^2 = .169^{**}$; $M_{GY/MA} = 4.36$; $M_{GY/TH} = 5.07$). Im Detail beschäftigen sich die TH-Studierenden in ihren Fächern eher mit Fragen, die sie schon seit langem interessieren (Item 2: $\eta^2 = .092^*$; $M_{GY/MA} = 4.21$; $M_{GY/TH} = 5.15$) und erhalten häufiger Anregungen für die schulpraktische Arbeit (Item 7: $\eta^2 = .089^*$; $M_{GY/MA} = 2.47$; $M_{GY/TH} = 3.60$). Sie erachten die Leistungsanforderungen als sinnvoller (Item 8: $\eta^2 = .106^*$; $M_{GY/MA} = 3.82$; $M_{GY/TH} = 4.88$) und sehen einen stärkeren Austausch divergierender Ansichten (Item 9: $\eta^2 = .074^*$; $M_{GY/MA} = 4.00$; $M_{GY/TH} = 4.95$). Ihr Interesse nahm durch die besuchten Lehrveranstaltungen subjektiv beurteilt eher zu (Item 10: $\eta^2 = .108^*$; $M_{GY/MA} = 4.41$; $M_{GY/TH} = 5.38$). Außerdem setzen sich TH-Studierende stärker mit Äußerungen ihrer Mitstudierenden auseinander (Item 13: $\eta^2 = .084^*$; $M_{GY/MA} = 4.59$; $M_{GY/TH} = 5.45$) und bringen ihre eigenen Erfahrungen häufiger ein (Item 16: $\eta^2 = .101^{**}$; $M_{GY/MA} = 3.53$; $M_{GY/TH} = 4.65$). Zwar sind die beschriebenen stärkeren Ausprägungen für das Theologiestudium typisch, etwa die Diskussion verschiedener Ansichten oder das Einbringen eigener Erfahrung – beides dürfte im MA-Studium schon fachbedingt kaum eine Rolle spielen – die MA-Studierenden liegen aber in ihren Einschätzungen entlang keines einzigen Items signifikant über den TH-Studierenden. Dies lässt trotz der geringen Fallzahlen stark vermuten, dass GY-Studierende mit Fach Theologie ihre Lehrveranstaltungen besser beurteilen als jene mit Fach Mathematik. Gleichwohl fragt die Skala nur nach dem Fachstudium insgesamt und damit immer auch nach mindestens einem zweiten Fach. Gestützt wird die Unterschiedsvermutung durch die anderenorts vorgenommene Beurteilung der Qualität des fachwissenschaftlichen und fachdidaktischen Studiums (vgl. 5.2.2, S. 427), bei dem das Fach Theologie ebenfalls besser abschneidet.

Studentinnen schreiben nach eigener Aussage häufiger mit (Item 14: $\eta^2 = .030^{***}$; $M_w = 6.03$; $M_m = 5.39$), bringen ihre Erfahrung aber seltener ein als Kommilitonen (Item 16: $\eta^2 = .025^{**}$; $M_w = 4.61$; $M_m = 5.34$). Männliche Studierende trauen sich eher zu fragen (Item 15: $\eta^2 = .016^*$; $M_w = 4.73$; $M_m = 5.32$) und sehen ihre Beiträge von Kommilitonen und Professoren stärker aufgenommen (Item 19: $\eta^2 = .015^*$; $M_w = 4.91$; $M_m = 5.37$). Sie setzen sich nach eigenen Angaben kritischer mit den Aussagen der anderen auseinander (Item 13: $\eta^2 = .012^*$; $M_w = 5.13$; $M_m = 5.53$), während ihre Kommilitoninnen Lernaufgaben zielgerichteter bearbeiten (Item 17: $\eta^2 = .010^*$; $M_w = 5.51$; $M_m = 5.18$).

Lehrveranstaltungen in Erziehungswissenschaft

Die Lehrveranstaltungen in der Erziehungswissenschaft (BLE2) erfahren im Vergleich zu jenen in den Fächern (BLF2) eine schlechtere und nur leicht positive Beurteilung (vgl. Tabelle 131). Die stärkste Zustimmung kommt auch hier der Regelmäßigkeit des Besuchs von Lehrveranstaltungen (Item18) und dem Mitschreiben wichtiger Gedanken (Item 14) zu. Im Vergleich zu den Fachveranstaltungen werden bezüglich der Erziehungswissenschaft auch Items im ablehnenden Bereich beurteilt: das Anwenden wirkungsvoller Lernmethoden (Item 3) sowie die interessante Aufbereitung des Lernstoffs (Item 4). Insgesamt liegen die Urteile auch hier recht nahe beieinander (range=2.39).

Im Gegensatz zu den Fachveranstaltungen ist die Beurteilung der erziehungswissenschaftlichen Lehre (BLE2) signifikant lehramtsabhängig (η^2=.029*). Am positivsten wird sie von SP-Studierenden bewertet. Die Zustimmung nimmt über das GH- und GY-Lehramt bis hin zu den RS-Studierenden kontinuierlich ab (M_{GH}=4.55; M_{RS}=4.18; M_{GY}=4.31; M_{SP}=4.70). Die Lehramtsunterschiede auf Ebene der einzelnen Items zeigen sich im Kern vereinfacht in der Differenzierung nach Hochschultypus. Deterministische Unterschiede ergeben sich hinsichtlich der regelmäßigeren Anwesenheit von PH-Studierenden (Item 18: η^2=.094***; M_{PH}=6.26; M_{GY}=5.26). GY-Studierende schreiben in erziehungswissenschaftlichen Lehrveranstaltungen substanziell seltener mit (Item 14: η^2=.051***; M_{PH}=5.61; M_{GY}=4.75), was eventuell dadurch zu erklären ist, dass ihnen subjektiv bessere Unterlagen zur Verfügung gestellt werden (Item 6: η^2=.020**; M_{PH}=3.96; M_{GY}=4.48). PH-Studierende fragen eher nach, wenn Sie etwas nicht verstanden haben (Item 15: η^2=.014*; M_{PH}=4.16; M_{GY}=3.67) und sehen ihre Beiträge von Kommilitonen und Professoren besser aufgenommen (Item 19: η^2=.015*; M_{PH}=4.48; M_{GY}=4.05). Aus Studierendensicht ist daher der kommunikative Austausch in den erziehungswissenschaftlichen Lehrveranstaltungen bis einschließlich des dritten Semesters an PHs stärker ausgeprägt als an den Unis, was auch daran liegen mag, dass Uni-Studierende bis zu t_2 hauptsächlich Vorlesungen besucht haben. Nicht pauschal durch Vergleiche nach Hochschultypus zu erklären sind Lehramtsunterschiede bezüglich persönlich bereichernder Erfahrungen, die SP- und GH-Studierende häufiger machen als GY- und RS-Studierende (Item 11: η^2=.033**; M_{GH}=4.50; M_{RS}=4.01; M_{GY}=4.17; M_{SP}=5.02). Die Themen erziehungswissenschaftlicher Lehre interessieren SP- und GY-Studierende eher als GH- und RS-Studierende (Item 2: η^2=.027*; M_{GH}=4.03; M_{RS}=3.84; M_{GY}=4.34; M_{SP}=4.72). Das Interesse an den behandelten Themen nimmt im SP-Lehramt, geringfügig aber auch unter GH- und GY-Studierenden zu, während im RS-Lehramt ein leicht abnehmendes Interesse artikuliert wird (Item 10: η^2=.027*; M_{GH}=4.43; M_{RS}=3.90; M_{GY}=4.32; M_{SP}=4.87). Auch eine kritische Auseinandersetzung mit Aussagen Mitstudierender ist unter RS-Studierenden vergleichsweise gering ausgeprägt (Item 13: η^2=.022*; M_{GH}=4.81; M_{RS}=4.39; M_{GY}=4.90; M_{SP}=5.11). Die SP-Befragten empfinden den Lehrstoff eher interessant aufbereitet als Befragte der anderen Lehrämter (Item 4: η^2=.025**; M_{GH}=3.83; M_{RS}=3.55; M_{GY}=3.60; M_{SP}=4.41).

Fachunterschiede zeigen sich bei der Beurteilung erziehungswissenschaftlicher Lehrveranstaltungen nicht. Die für die Fachveranstaltungen beschriebenen Geschlechterdifferenzen sind aber in sehr ähnlicher Weise auch bezüglich erziehungswissenschaftlicher Lehre zu finden. Während sich fachbezogen keine signifikanten Differenzierungen nach Alter ergeben, beurteilen ältere Studierende die erziehungswissenschaftlichen Lehrveranstaltungen stetig besser (η^2=.023*; M_{20-}=4.11; M_{21}=4.34; M_{22-25}=4.51; M_{26+}=4.70). Möglicherweise trägt zunehmende Lebenserfahrung dazu bei, die erziehungswissenschaftlichen Inhalte als bedeutsamer zu erachten und so auch besser zu beurteilen.

Interessant ist exemplarisch die Rückmeldung einer der wenigen Befragten, die Erziehungswissenschaft als gymnasiales Unterrichtsfach studiert (349). In ihrer Äußerung wird deutlich, dass ein Grund der eher schlechten Beurteilung erziehungswissenschaftlicher Lehre durch Lehramtsstudierende in der fehlenden inhaltlichen Transparenz und einem eher willkürlich erscheinenden Kanon zu absolvierender Lehrveranstaltungen liegen mag. Obwohl diese Studentin im Vergleich zu ihren Mitstudierenden, die lediglich die pädagogischen Pflichtstudien absolvieren, in weit größerem Umfang Erfahrung mit erziehungswissenschaftlicher Lehre gesammelt hat, berichtet sie von den bereits bekannten Problemen wie einer unklaren Struktur, geringen Leistungsanforderungen oder dem begrenzten Nutzen. Bemühungen um eine Modularisierung erscheinen daher begrüßenswert.

(349) Die Entscheidung für das Fach war auf jeden Fall richtig. Nur das Studium [...] fordert einen jetzt nicht dermaßen – manche Veranstaltungen schon, manche eher weniger. Wegen mir könnte das schon mehr ErziehungsWISSEN-SCHAFT sein. [...]. Es hat mich schon angeregt, weiterzudenken und in die Themengebiete reinzukommen. Fachbegriffe sind mir geläufig: Erziehung, Sozialisation, all das – da steht für mich etwas dahinter, und ich glaube das wäre nicht so, wenn ich Erziehungswissenschaft nicht als Fach hätte. [...]. Ich würde nicht sagen, dass die Fachbegriffe zentral für die Schule sind. Ich glaube, dass die Praxiserfahrung viel relevanter ist. Aber wenn man an einer Schule arbeitet, spielt eben die erziehungswissenschaftliche Forschung eine Rolle und nicht die politikwissenschaftliche. Zu wissen, wie dort gearbeitet wird, um die Ergebnisse [der Forschung] zu verstehen, das finde ich schon wichtig. Mit den neuesten Erkenntnissen, die wir dort bekommen und in Büchern lesen, sollten wir auch umgehen können und sie in die Praxis mit einbauen. [...]. Unser Studienplan ist ähnlich wie im Diplomstudiengang – und der ist ein Auslaufmodell. Es hat sich keiner konkret überlegt, was ein »Erziehungswissenschaftler auf Staatsexamen« können sollte. [...]. Wir laufen eben so mit. [M2-W22GY]

Lehrveranstaltungen der Fächer und Erziehungswissenschaft im Vergleich

Für einen Vergleich der Beurteilung von Lehrveranstaltungen in den Fächern mit jenen in Erziehungswissenschaft wurden die Mittelwerte anhand von t-Tests auf signifikante Unterschiede überprüft (vgl. Tabelle 132). Es fällt auf, dass die Werte für die Fächer entlang aller Items und bezogen auf den Index (BLF2/BLE2) höchst signifikant über den Einschätzungen für die Erziehungswissenschaft liegen. Damit wird die Lehre in den Fächern besser eingeschätzt als jene der Erziehungswissenschaft.

Besonders deutlich wird dies im Blick auf die bezüglich der Fächer deutlich stärkere Zustimmung zu der Aussage, dass dort wichtige Themen behandelt wurden (Item 1). Die Zunahme des Interesses an den behandelten Themen (Item 10) sowie ein positives Arbeitsklima (Item 5) sind in den Fächern erheblich stärker ausgeprägt. Auch dort, wo eine bessere Bewertung erziehungswissenschaftlicher Lehre naturgemäß erwartet werden könnte – z. B. im Blick auf das Stellen sinnvoller Leistungsanforderungen (Item 8) oder beim Einsatz wirkungsvoller Lehrmethoden (Item 3) – schneiden die Fächer deutlich besser ab. Die Differenzierung nach Hochschultypus fördert allerdings eine wichtige Ausnahme zutage: Uni-Studierende trauen ihren erziehungswissenschaftlichen Lehrveranstaltungen deutlich mehr Anregungen für die Schulpraxis zu als der Lehre in Fächern (Item 7: $M_{BLF}=2.89$; $M_{BLE}=4.30$; $M_{Diff}=-1.40$; T$=-6.30$; p$=.000$). Dies mag ein Hinweis darauf sein, dass die fachbezogenen Lehrveranstaltungen im GY-Studiengang in besonderem Maße schulpraxisfremd sind (vgl. 5.2.3, S. 432). Insgesamt ist der Befund alarmierend, dass die erziehungswissenschaftliche Lehre absolut gesehen als neutral und allenfalls mit einer leicht positiven Tendenz bewertet wird.

Tabelle 132: Beurteilung der Lehrveranstaltungen im Vergleich (t$_2$)

BLF2/ BLE2		Lehramt (Selbstbild)				
(N = 367-382)		M_{BLF}	M_{BLE}	M_{Diff}	T	p
1	Es wurden wichtige Themen behandelt	5.47	4.30	1.17	12.87	.000
2	Es ging um Themen, die mich schon seit langem interessieren	5.01	4.14	0.87	8.57	.000
3	Es wurden wirkungsvolle Lehrmethoden angewandt	4.39	3.62	0.78	7.87	.000
4	Der Lehrstoff wurde interessant aufbereitet	4.77	3.80	0.97	10.08	.000
5	Es herrschte ein gutes Arbeitsklima	5.22	4.20	1.02	11.24	.000
6	Es wurden brauchbare Lernunterlagen zur Verfügung gestellt	5.05	4.09	0.96	10.82	.000
7	Ich erhielt Anregungen für die schulpraktische Arbeit	4.57	4.10	0.47	3.88	.000
8	Es wurden sinnvolle Leistungsanforderungen gestellt	4.89	4.24	0.65	6.67	.000
9	Divergierende Ansichten konnten offen ausgetauscht und diskutiert werden	5.07	4.68	0.39	3.91	.000
10	Mein Interesse an den behandelten Themen nahm durch die Lehrveranstaltungen zu	5.43	4.34	1.08	11.34	.000
11	Ich konnte persönlich bereichernde Lernerfahrungen machen	5.33	4.38	0.96	10.09	.000
12	Ich hörte den Ausführungen der Professoren und der Kommilitonen aufmerksam zu	5.60	4.84	0.76	10.14	.000
13	Ich setzte mich mit den Aussagen der anderen kritisch auseinander	5.17	4.77	0.40	6.22	.000
14	Ich schrieb wichtige Gedanken mit	5.97	5.39	0.57	8.13	.000
15	Ich fragte, wenn mir etwas unklar war oder ich etwas genauer wissen wollte	4.80	4.03	0.77	9.67	.000
16	Ich brachte meine eigenen Erfahrungen und Meinungen ein	4.71	3.90	0.81	9.03	.000
17	Ich bearbeitete Lernaufgaben zielgerichtet	5.48	4.93	0.55	8.92	.000
18	Ich besuchte die Lehrveranstaltungen regelmäßig	6.59	6.01	0.58	8.92	.000
19	Meine Beiträge wurden von Kommilitonen und Professoren mit Interesse aufgenommen	5.00	4.38	0.62	8.79	.000
Index Beurteilung der Lehrveranstaltungen (BLF2/ BLE2)		5.19	4.43	0.76	13.92	.000

Frage: Inwieweit treffen die folgenden Aussagen auf die Lehrveranstaltungen in Ihren *Fächern* zu? (BLF2); Inwieweit treffen die folgenden Aussagen auf die Lehrveranstaltungen in *Erziehungswissenschaft* zu? (BLE2). *Skala:* 1 = trifft überhaupt nicht zu; 7 = trifft voll und ganz zu. *Anmerkungen:* BLF = Beurteilung der Lehrveranstaltungen in den Fächern; BLE = Beurteilung der Lehrveranstaltungen in Erziehungswissenschaft.

Professionsvergleich

Für einen Professionsvergleich bietet sich an, die fachbezogenen Angaben im Lehramt mit Angaben der Zahnmedizinstudierenden in Beziehung zu setzen, da deren Studium generell am Fach orientiert ist und keine mit dem erziehungswissenschaftlichen Studium im Lehramt vergleichbaren Studienanteile aufweist (vgl. Tabelle 131, S. 440). Lehramtsstudierende schätzen ihre Lehrveranstaltungen in den Fächern insgesamt höchst signifikant positiver ein als Studierende der Zahnmedizin (BLF2: M_{Diff} = -0.58; T = -4.45; p = .000). LA-Studierende stimmen der Aussage erheblich stärker zu, dass ihnen brauchbare Lernunterlagen zur Verfügung gestellt wurden (Item 6: M_{Diff} = -1.32; T = -5.29; p = .000). Selbiges gilt für den Austausch und die Diskussion divergierender Ansichten (Item 9: M_{Diff} = -1.54; T = -6.63; p = .000). Eigene Beiträge sehen LA-Studierende deutlich stärker von Kommilitonen und Professoren aufgenommen (Item 19: M_{Diff} = -1.03; T = -4.17; p = .000). Sie können Erfahrungen stärker einbringen als Befragte der Zahnmedizin (Item 16: M_{Diff} = -0.96; T = -3.66; p = .001). Lehrveranstaltungen werden im Lehramt regelmäßiger besucht (Item 18: M_{Diff} = -0.88; T = -3.44; p = .001). Das Interesse an den behandelten Themen nimmt durch die Lehrveranstaltungen im Lehramt stärker zu als in der Zahnmedizin (Item 10: M_{Diff} = -0.49; T = -2.75; p = .009). Die LA-Studierenden sehen den Lehrstoff eher interessant aufbereitet (Item 4: M_{Diff}=-0.61; T=-2.65; p=.011) und bewerten auch das Arbeitsklima in ihren Lehrveranstaltungen besser (Item 5: M_{Diff}=-0.62; T=-2.60; p=.013). Sie erachten die Leistungsanforderungen als sinnvoller (Item 8: M_{Diff}=-.75; T=-2.54; p=.015). ZM-Studierende setzen sich mit den Aussagen ihrer Kommilitonen weniger kritisch auseinander als LA-Studierende (Item 13: M_{Diff}=-0.61; T=-2.52; p=.016) und schreiben wichtige Gedanken seltener mit (Item 4: M_{Diff}=-0.61; T=-2.52; p=.016). Außerdem hören LA-Studierende Ausführungen der Professoren und Kommilitonen tendenziell stärker zu (Item 12: M_{Diff}=-0.42; T=-2.06; p=.046). Nach Auskunft der Befragten erweist sich das Lernen im LA-Studium insgesamt stärker durch kritische Auseinandersetzung und Mitbestimmung geprägt, zugleich wird die Effektivität höher eingeschätzt. Im Professionsvergleich schneidet das Fachstudium im Lehramt damit vergleichsweise gut ab.

Zusammenhänge

Die Beurteilung fachbezogener Lehrveranstaltungen im Lehramtsstudium steht in höchst signifikant positivem Zusammenhang mit der Bedeutsamkeitseinschätzung fachwissenschaftlicher Studienanteile (vgl. 5.2.1, S. 408). Je besser die fachliche Lehre beurteilt wird, desto bedeutsamer wird auch die Fachwissenschaft für die eigene Ausbildung eingeschätzt (BLF2/ BAK2_1: r=.38***). Noch stärker wird die positive Korrelation zwischen der Beurteilung erziehungswissenschaftlicher Lehre und der Bedeutsamkeitseinschätzung des erziehungswissenschaftlichen Studiums (BLE2/ BAK2_3: r=.49***).

Ähnliche Zusammenhänge ergeben sich zwischen der Einschätzung der Lehre in den Fächern und der Qualitätsbeurteilung der fachwissenschaftlichen Ausbildungskomponente (BLF2/ QAK2_1: r=.38***). Auch die erziehungswissenschaftliche Ausbildung wird qualitativ bedeutender eingeschätzt, wenn die erziehungswissenschaftliche Lehre besser beurteilt wird (BLE2/ QAK2_2: r=.50***).

Schließlich lassen sich vergleichbare Korrelationen auch zwischen der Beurteilung fachbezogener Lehrveranstaltungen und deren Nutzenseinschätzung feststellen: je besser fachliche Lehre beurteilt wird, desto größer wird der Nutzen der fachwissenschaftlichen Ausbildung eingeschätzt (BLF2/ NAK2_1: r=.34***). Auch der Nutzen der erziehungswissenschaftlichen Komponente steigt bei einer besseren Beurteilung korrespondierender Lehrveranstaltungen (NAK2_3/ BLE2: r=.48***).

Es ist zu vermuten, dass sich aufgrund der sehr starken positiven Korrelationen zwischen der Beurteilung der Lehrveranstaltungen einerseits und den Einschätzungen von Bedeutsamkeit, Qualität und Nutzen der korrespondierenden Ausbildungskomponenten andererseits beide Aspekte gegenseitig bedingen und verstärken. Eine ursächliche Annahme über die Wirkungsrichtung lässt sich kaum plausibel vornehmen. Dennoch verweisen die beobachteten Zusammenhänge auf eine enorme Bedeutung der erlebten Lehre für die Bewertung des Studiums insgesamt. Dies gilt für die Lehre in den Fächern, besonders aber für erziehungswissenschaftliche Lehre. Je besser die Lehrveranstaltungen bewertet werden, desto bedeutsamer, qualitätsvoller und nutzensbezogener wird die Ausbildung empfunden. Die Studierenden orientieren sich bei ihrem Urteil über die Ausbildung offenbar kaum an der Funktion der Komponenten in ihrem Zusammenhang, sondern vornehmlich an den stärker positiven oder negativen Erfahrungen aus den jeweiligen Lehrveranstaltungen. Eine optimierte Lehre scheint daher der Schlüssel zu einer hohen Zufriedenheit mit der Ausbildung insgesamt zu sein. Untermauert wird diese Annahme schließlich auch durch den starken Zusammenhang der Studienzufriedenheit (ZUF2) mit der Beurteilung der fachlichen (BLF2: $r=.51^{***}$) und erziehungswissenschaftlichen (BLE2: $r=.32^{***}$) Lehre, wobei sich die Lehre in den Fächern hier wohl auch wegen ihres zeitlichen Umfangs als noch bestimmender erweist.

Bedingungen der Beurteilung von Lehrveranstaltungen

Aufgrund der berichteten Korrelationen ist nicht auszuschließen, dass die Bedeutsamkeitseinschätzung zu t_1 (BAK2) die Bewertung der Lehrveranstaltungen zu t_2 (BLF2/ BLE2) vorhersagen kann. Ob sich eine solche Prädiktion auch bei gleichzeitiger Kontrolle anderer Einflussfaktoren replizieren lässt, soll nachfolgend überprüft werden. Falls ja, wäre die Folge, dass die fachliche und erziehungswissenschaftliche Lehre dann positiver beurteilt wird, wenn die entsprechenden Ausbildungskomponenten bereits zu Studienbeginn als bedeutsamer eingeschätzt werden. In diesem Fall wären die berufsspezifischen Überzeugungen eine zentrale Determinante für die Beurteilung der Lehre.

Eine erste Regressionsrechnung zeigt zunächst, dass aus dem Pool der zu Studienbeginn erfassten metrischen Variablen die Bedeutsamkeitseinschätzung kein signifikanter Prädiktor für die Beurteilung der fachwissenschaftlichen Lehre ist (vgl. Tabelle 133). Wichtigster positiver Prädiktor ist vielmehr das als Schüler selbst wahrgenommene Unterrichtsklima (UNK). Wer sich im schulischen Unterricht wohl gefühlt hat, der beurteilt auch die universitäre fachwissenschaftliche Lehre besser. Ein positives Urteil fällen außerdem wahrscheinlicher solche Studierende, die ein Interesse daran zeigen, sich fortzubilden und zu informieren (FUIa) sowie daran interessiert sind, Werte zu vermitteln (WVEa). Wer eine stärkere Neurotizismusneigung und damit eine geringere psychische Stabilität aufweist, neigt hingegen eher dazu, die fachwissenschaftliche Lehre schlechter zu beurteilen (NEU). Selbiges gilt für Studierende, die in der Schule verstärkt an Altbewährtem festhalten wollen (SUE_11) und eher der Meinung sind, das Prinzip einer breiten Allgemeinbildung müsse heute als veraltet gelten (SUE_7). Auch wer unter Erziehung die Begleitung Heranwachsender auf dem Weg zur Mündigkeit versteht, kritisiert die fachwissenschaftliche Lehre wahrscheinlicher (EVS_2).

Tabelle 133: Prädiktoren der Beurteilung fachwissenschaftlicher Lehre (t_1 auf t_2)

Code	Index/ Item	β	T	p
UNK	Unterrichtsklima (Erfahrungen mit Schule)	.19	3.45	.001
NEU	Neurotizismus	-.17	-3.14	.002
FUIa	Interesse: sich fortbilden und informieren	.15	2.45	.015
SUE_11	In der Schule sollte man an Altbewährtem festhalten	-.14	-2.64	.009
WVEa	Interesse: Werte vermitteln	.13	2.02	.045
SUE_7	Das Prinzip der breiten Allgemeinbildung muss heute als veraltet gelten	-.12	-2.29	.023
EVS_2	Erziehung ist, Heranwachsenden zur Mündigkeit zu verhelfen	-.12	-2.20	.028
(Konstante)		–	9.36	.000

Abkürzungen: β=standardisierter Beta-Koeffizient; T=T-Wert der Signifikanzprüfung; p=Signifikanz. *Modellanpassung:* $F=10.17$; $p=.000$ (ANOVA); $R^2=.199$; korr. $R^2=.197$; $N=295$ (fallweise Löschung). *Methode:* schrittweise lineare Regression (vorwärts); Kriterium: F-Wahrscheinlichkeit≤.05. *Anmerkungen:* Ergebnisse sortiert nach abnehmendem Betrag der Beta-Koeffizienten. Abhängige Variable ist die Beurteilung der Lehrveranstaltungen in den Fächern (BLF2) zu t_2. Potenzielle Prädiktoren waren alle metrischen Variablen, die zu t_1 erfasst wurden.

Die zweite Regressionsrechnung zeigt, dass die Beurteilung erziehungswissenschaftlicher Lehre durch vergleichsweise mehr Variablen und auch etwas stärkere Effekte prognostiziert werden kann (vgl. Tabelle 134). Stärkster Prädiktor ist hier ein verstärkt ausgeprägtes Interesse an der Analyse und Weiterentwicklung von Schule (USAa). An zweiter Stelle folgt bereits die Bedeutsamkeitszuschreibung an das erziehungswissenschaftliche Studium (BAK_3). Anders als zuvor bezüglich der fachlichen Lehre, lässt sich damit die Beurteilung erziehungswissenschaftlicher Lehrveranstaltungen bereits zu Studienbeginn mitunter über die der erziehungswissenschaftlichen Ausbildungskomponente zugemessene Bedeutung vorhersagen. Bedeutsam ist auch der positive Effekt des früher selbst erlebten Klassenklimas (KLK) und Sozialklimas (SOK). Positive Prädiktoren sind weiterhin eine verstärkt erfahrene Kontrolle und Überbehütung durch die eigenen Eltern (KUÜ), ein höheres Interesse an praktisch-technischen Tätigkeiten (INT_1) sowie eine bessere Religionsnote im Abitur (NOR). Wer mehr erziehungswissenschaftliche Lehrveranstaltungen belegt, hat eine größere Chance, diese auch besser zu bewerten (LVP2). Schlechter bewertet wird die erziehungswissenschaftliche Lehre eher von Befragten, die zu t_1 eine hohe Kompetenzerwartung bezüglich der Evaluation von Schule und Unterricht (USAb) sowie unternehmerischer Tätigkeiten aufweisen (INT_5). Selbiges gilt für Befragte, die meinen, Erziehung bedeute, Heranwachsende zum Guten und Richtigen zu leiten (EVS_5).

Tabelle 134: Prädiktoren der Beurteilung erziehungswissenschaftl. Lehre (t_1 auf t_2)

Code	Index/Item	β	T	p
USAa	Interesse: Unterricht/Schule analysieren/weiterentwickeln	.22	3.54	.000
BAK_3	Bedeutsamkeitseinschätzung: erziehungswissenschaftliches Studium	.18	3.31	.001
KLK	Klassenklima (Erfahrungen mit Schule)	.18	3.12	.002
KUÜ	Kontrolle und Überbehütung (elterliches Erziehungsverhalten)	.16	2.86	.005
INT_1	Interesse an praktisch-technischen Tätigkeiten	.13	2.34	.020
USAb	Kompetenzerwartung: Unterricht/Schule analysieren/weiterentwickeln	-.13	-2.18	.030
NOR	Abiturnote Religion (Punkte)	.12	2.27	.024
EVS_5	Erziehung ist, Heranwachsende zum Guten und Richtigen zu leiten	-.12	-2.24	.026
SOK	Sozialklima (Erfahrungen mit Schule)	.12	2.14	.033
INT_5	Interesse an unternehmerischen Tätigkeiten	-.11	-2.05	.042
LVP2	Umfang des Besuchs von Lehrveranstaltungen in Pädagogik	.11	2.00	.047
(Konstante)		–	1.77	.078

Abkürzungen: β = standardisierter Beta-Koeffizient; T = T-Wert der Signifikanzprüfung; p = Signifikanz. *Modellanpassung:* F = 8.05; p = .000 (ANOVA); R^2 = .199; korr. R^2 = .197; N = 281 (fallweise Löschung). *Methode:* schrittweise lineare Regression (vorwärts); Kriterium: F-Wahrscheinlichkeit ≤ .05. *Anmerkungen:* Ergebnisse sortiert nach abnehmendem Betrag der Beta-Koeffizienten. Abhängige Variable ist die Beurteilung der Lehrveranstaltungen in Erziehungswissenschaft (BLE2) zu t_2. Potenzielle Prädiktoren waren alle metrischen Variablen, die zu t_1 erfasst wurden.

Zusammenfassend wird die fachwissenschaftliche Lehre von solchen Lehramtsstudierenden positiver beurteilt, die selbst gute Erfahrungen mit fachlichem Unterricht gemacht haben und einen Selbstinformationsdrang aufweisen. Sie sind offen für neue Erkenntnisse und ziehen eine fachspezifische Unterrichtskultur der breiten Allgemeinbildung vor. Sie scheinen stärker am Fach als an Schülern orientiert zu sein. Wer hingegen die erziehungswissenschaftlichen Lehrveranstaltungen positiver beurteilt, zeigt ein Interesse am Analysieren und Weiterentwickeln von Unterricht und Schule, sagt aber zugleich, dass ihm die notwendigen Kompetenzen im Bereich von Evaluation noch weitgehend fehlen. Solche Studierende schätzen die Bedeutung der Erziehungswissenschaft als Teil ihrer Ausbildung bereits zu Studienbeginn hoch ein und haben selbst in ihrer Schulzeit einen sozialeren Umgang in Klasse und Schule erlebt. Sie sind eher praktisch und weniger unternehmerisch veranlagt.

Die Beurteilung fachlicher wie auch erziehungswissenschaftlicher Lehrveranstaltungen beruht damit in nicht unerheblichem Maße auf Überzeugungen Studierender, die bereits zu Studienbeginn als Eingangsbedingungen vorliegen. Dies deutet darauf hin, dass die Einschätzung der Qualität der Lehre und des Lernens im Studium eine stark subjektive Komponente beinhaltet. Die Notwendigkeit wird deutlich, diese Überzeugungen im ersten Semester zu thematisieren, herauszufordern und in der Auseinandersetzung zwischen Dozierenden und Studierenden auf den Prüfstand zu stellen, ggf. mit der Folge einer wünschenswerten Revision anfänglicher Überzeugungen wie z. B. der Annahme Studierender, die Erziehungswissenschaft habe keine zentrale Bedeutung für die Berufsausübung.

5.3 Schulpraktika

Praxisphasen sind ein zentraler Bestandteil der Lehrerbildung. Allerdings unterscheiden sich ihr Umfang und ihre Organisationsform abhängig von den jeweiligen Studiengängen und Hochschulen. Es lassen sich vier Grundformen an Schulpraktika unterscheiden (Schaeper 2008, S. 32): (1) Kurzpraktika, die z. B. an Pädagogischen Hochschulen als Tagespraktika unter Begleitung eines Dozierenden und eines Ausbildungslehrers durchgeführt werden; (2) Praxissemester, wie z. B. an den Universitäten in Baden-Württemberg oder in Jena, Potsdam oder geplant auch in Nordrhein-Westfalen; (3) Praktika, die dem polyvalenten Zuschnitt der B. A.-Studiengänge dienen sollen, wie z. B. in Bremen oder Osnabrück und (4) studienbegleitende Praktika parallel zu Hochschulveranstaltungen über die gesamte Phase des B. A.- und M. A.-Studiums hinweg, wie z. B. in Rheinland-Pfalz. Die Praktika dienen laut ihrer Verankerung in den Studien- und Prüfungsordnungen dazu, aufgrund der Erfahrungen im Arbeitsumfeld die Studien- und Berufswahl zu überdenken, Theorie der Hochschule und Praxis der Schule zu verschränken und die Anbahnung berufsspezifischer Kompetenzen zu unterstützen (Reinhoffer/Dörr 2008). Die Großzahl Lehramtsstudierender erachtet theoretisches Wissen nämlich nur dann als hilfreich und sinnvoll, wenn es mit eigenen praktischen Erfahrungen oder zumindest Praxisbeispielen verknüpft wird (Schadt-Krämer 1992, S. 233).

Es liegen nur wenige Studien vor, die eine empirische Begleitung der Schulpraktika in der ersten Phase der Lehrerbildung vornehmen. Sie beziehen sich meist auf Kurzpraktika und beruhen auf schriftlichen Befragungen (Mayr/Teml 2003), z. B. vor und nach der Praxisphase (Gröschner/Schmitt 2010a, S. 91). Inwieweit Praktika aber Einfluss auf den weiteren Verlauf der professionellen Entwicklung Lehramtsstudierender aufweisen, ist weitgehend ungeklärt. Ein Ableiten eines Beitrags von Schulpraktika zur professionellen Entwicklung aufgrund von Aussagen Studierender im ersten Praktikum (Meyer 2010) greift zu kurz. Zu den oben genannten Funktionen der Schulpraktika liegen allerdings zahlreiche Einzelbefunde vor (zusammenfassend: Gröschner/Schmitt 2010a). Die Mehrheit der Studien bestätigt, dass sich die Studierenden im Anschluss an erste schulpraktische Erfahrungen in ihrer Berufswahl entweder bestätigt fühlen oder aber sich gegen eine Fortsetzung des Lehramtsstudiums entscheiden (Amrhein u. a. 1998; Moser/Hascher 2000; Hoeltje u. a. 2003; Flagmeyer/Hoppe-Graff 2006;

Englisch u. a. 2007; Dibbern/ Krause-Hotopp 2008; Lauck 2008; Bohl u. a. 2009). Eine Theorie-Praxis-Verzahnung wird von Studierenden im Praktikum kaum wahrgenommen, ebenso wie die Notwendigkeit wissenschaftlicher Theorieangebote als Bezugspunkt für die Reflexion eigenen unterrichtlichen Handelns (Bohl u. a. 2009). Die Notwendigkeit der Verzahnung von Theorie und Praxis erscheint weder in Nachbesprechungen von Unterricht noch aus wissenschaftlicher Sicht genug beachtet (Borko/ Mayfield 1995; Feiman-Nemser 1998; Gröschner/ Schmitt 2010a). Dort, wo Praktika unmittelbar mit begleitenden Lehrveranstaltungen einhergehen, wird dieser Bezug eher wahrgenommen (Hoeltje u. a. 2003; Kerfin/ Pantaleeva 2008).

Eine Schlüsselrolle scheint den Praxisbetreuenden zuzukommen. Wird das Betreuungsverhältnis als Bereicherung wahrgenommen, führt dies zu einem positiven Ausgangspunkt für die weitere professionelle Entwicklung (Seipp 1999; Hascher 2006). Die Anbahnung professioneller Kompetenz im Rahmen der Praktika lässt sich ebenfalls empirisch nachzeichnen (Brouwer/ ten Brinke 1995a; 1995b; Moser/ Hascher 2000; Bodensohn/ Schneider 2008; international: Shkedi/ Laron 2004); gleichwohl sind die Ergebnisse dieser Studien aufgrund der Schwierigkeit einer soliden Kompetenzerfassung vorsichtig zu interpretieren (vgl. 4.4.2, S. 386). Am ehesten sind diese »Kompetenzzuwächse« wohl als zunehmend differenziertere Wahrnehmung beruflicher Aufgaben und Anforderungen zu interpretieren (Hascher 2006). Die Begleitstudie zum Biberacher »Praxisjahr« macht auf mögliche Störeinflüsse aufmerksam (Küster 2008; Müller 2010). Eine umfangreichere Studie wird gegenwärtig in Jena durchgeführt, deren Ergebnisse aber noch nicht vorliegen (Gröschner/ Schmitt 2010a; 2010b).

Es ist anzunehmen, dass die Erfolgserwartungen an Schulpraktika und das dort ggf. gemachte Erfolgserleben (vgl. 5.3.1) sowie der den Praktika zugeschriebene Nutzen (vgl. 5.3.2) für die Ausbildung insgesamt bedeutsam und wichtige Indikatoren der professionellen Entwicklung sind. Die Studierenden machen in den Praktika erste berufsalltagsnahe Erfahrungen, welche Anhaltspunkt für die spätere Wahrnehmung der professionellen Rolle und beruflichen Identität als Lehrkraft sein können.

5.3.1 Erfolgserwartungen an und Erfolgserleben in Schulpraktika

Schulpraktische Erfahrungen sind aus Sicht Lehramtsstudierender der wichtigste Bestandteil ihrer Ausbildung (vgl. 5.2.1, S. 407). Zur Schulpraxis zählen sie auch den Vorbereitungsdienst, in ihrer aktuellen Situation aber spielen die studienbegleitenden Schulpraktika die zentrale Rolle. Es kann davon ausgegangen werden, dass den positiven wie negativen Erfahrungen Bedeutung für die professionelle Entwicklung Lehramtsstudierender zukommt. Diese Annahme bezieht sich nicht nur auf den Kompetenzerwerb in den Praktika, sondern auch auf die berufsbezogenen Überzeugungen, denn die erstmalige Wahrnehmung von Unterricht und Schule aus Sicht des Lehrers geht mit einem Perspektivenwechsel einher, der zu einer Auseinandersetzung mit den langjährigen Schulerfahrungen aus Schülersicht herausfordert. Werden die Bilder von Unterricht und Schule aus der eigenen Schulzeit bestätigt oder abgelehnt bzw. tritt überhaupt eine kritische Auseinandersetzung mit diesen ein? Die Ausführungen an anderer Stelle haben gezeigt, dass sich Lehramtsstudierende gegenüber ihren Schulerfahrungen ambivalent verhalten und den Unterricht der eigenen Lehrer in unterschiedlichem Maße zum Vorbild für das eigene unterrichtliche Handeln nehmen (vgl. 3.4.2, S. 203). Es ist daher zu prüfen, welche Variablen zu einer Wahrnehmung schulpraktischen Erfolgserlebens

Studierender führen. Die Forschungsinitiativen zur Relevanz der Schulpraktika nehmen zu (Wild-Näf 2001; Balzer u. a. 2004; Bodensohn/ Schneider 2006; Hascher 2006), es ist aber noch immer ein Desiderat festzustellen, zumal Zugänge und Forschungsfragen variieren.

Auch in der Forschungsliteratur besteht weitreichende Übereinkunft darüber, dass Schulpraktika zum Kern der Lehrerbildung gehören (Mayr 2007, S. 153). Sowohl angehende wie auch im Beruf stehende Lehrkräfte sehen die Praxis als wesentlichen Ausbildungsbestandteil auf dem Weg des berufsspezifischen Kompetenzerwerbs (Hascher 2006). Ausbildende an der Basis fordern eine verstärkte Praxisreflexion (Seyfried/ Seel 2005). Wirkliche Praxiserfahrungen wie ein konsequentes Scheitern sind aber erst im regulären Berufsalltag möglich (Oser/ Spychinger 2005). Die Praktika erweisen sich demnach als »Experimentierfeld«, in dem ein (teilweises) Scheitern akzeptiert ist und als Teil der zu reflektierenden Ausbildungserfahrungen angesehen werden kann. Vermutlich wird daher der Lehrerfortbildung aus empirischer Sicht eine stärkere Wirksamkeit zugeschrieben als der Erstausbildung (Lipowsky 2004; Cochran-Smith/ Zeichner 2005; Mayr 2007). Auch Persönlichkeitsmerkmalen wird unterstellt, sie hätten eine Bedeutung für die Unterrichtsgestaltung im Praktikum (Urban 1984).

Nimmt man die Annahme ernst, bei den ersten schulpraktischen Versuchen handle es sich nicht um Unterricht im engeren bzw. alltäglichen Sinn, ist davon auszugehen, dass im Rahmen der studienbegleitenden Schulpraktika keine »wirklichen« bzw. berufsnahen Unterrichtserfahrungen gemacht werden. Es ist also kritisch zu prüfen, ob sich die Rückmeldungen der Studierenden zu ihren Praktika tatsächlich als Indikator einer dauerhaft erfolgreichen Unterrichtsarbeit interpretieren lassen oder ob es sich hierbei um überhöhte Spekulationen handelt. Sinnvoll ist es daher, im längsschnittlichen Verlauf auch zu fragen, wie die Aspiranten z. B. die Stimmung im Lehrerzimmer oder das Hospitieren einschätzen. Können sie sich im Anschluss an diese Erfahrungen noch vorstellen, den Beruf zu ergreifen und was motiviert sie (weiterhin) dazu, bzw. was schreckt sie ab? Die sich im Rahmen von Praktika vollziehende Konfrontation der Studierenden mit der Berufswelt stellt daher erneut die Frage nach den Berufswahlmotiven (vgl. 4.3.1, S. 324) und beruflichen Zielen (4.3.2, S. 338).

Operationalisierung

Befragte der GH-, RS- und SP-Lehrämter werden schon früh mit ersten Praxiserfahrungen an Schulen konfrontiert. Im Rahmen von Einführungs- oder Orientierungspraktika, Tagespraktika (beide einmal wöchentlich studienbegleitend) oder Blockpraktika (drei- bzw. vierwöchig in der vorlesungsfreien Zeit) machen sie erste Unterrichtsversuche. Die Ersterfahrungen in der Lehrerrolle werden von Erfolgen, aber auch von Schwierigkeiten begleitet.

Wesentliche Aspekte solcher Gegensätze wurden anhand einer adaptierten Form des *Fragebogens zu Erfolgen und Schwierigkeiten in der Unterrichtsarbeit (FESU)* erfasst (Mayr 2004). Die Originalskala umfasst drei Subskalen: Erfolg (Selbstwirksamkeit) vs. Misserfolg (Selbstunwirksamkeit) mittels Selbsteinschätzung (Items 1/4/7) sowie über die vermutete Einschätzung durch relevante Personen (Items 2/5/8); Energie und Motivation vs. Erschöpfung und Resignation (Items 3/6/9). Sowohl für die t_1-Skala als auch für die t_2-Skala lässt sich die Drei-Faktoren-Struktur nicht replizieren. Das ist wohl der Reduktion der Originalskala auf Basis trennschärfster Items geschuldet, die zwar eine semantisch weite Abbildung des zugrunde liegenden Konstrukts ermöglicht, dabei aber zu Lasten interner Konsistenz geht. Es erscheint daher plausibel, vorliegend eine eindimensionale Struktur anzunehmen und einen Index über alle Items zu bilden. Werden die entsprechenden Items umkodiert, ergibt sich die Interpretation des Index als Wert, der im Sinne einer Selbsteinschätzung über erwarteten Erfolg (t_1) bzw. tatsächlichen Erfolg (t_2) in den Schulpraktika Auskunft gibt.

Die Original-Items zielen auf die Einschätzung eines zurückliegenden Praktikums, weshalb sie für t_2 übernommen werden konnten. Für die t_1-Skala wurden die Items in prospektive Formulierungen überführt. Um die Pole schärfer zu markieren, wurde vorliegend auf eine Skalierung von 1 = trifft überhaupt nicht zu bis 7 = trifft voll und ganz zu übergegangen. Es erscheint generell sinnvoll, zu den Selbsteinschätzungen auch Fremdbilder der Praxisbetreuenden (Vertreter der Hochschule bzw. Ausbildungslehrer) einzuholen, da die Fähigkeit zur Selbstwahrnehmung und -reflexion Studierender im Rahmen erster Unterrichtsversuche vermutlich noch recht gering ausgeprägt sein dürfte. Leider konnte dies aus forschungsökonomischen Gründen vorliegend nicht realisiert werden.

Ergebnisse

Zu Studienbeginn äußern die Studierenden mit gewisser Zurückhaltung (TZ=81.1 %), dass sie sich im Rahmen ihrer Praktika auf den nächsten Unterrichtstag freuen (vgl. Tabelle 135). Vier Fünftel (TZ=79.2 %) glauben, die Praxisbetreuenden werden ihren Umgang mit den Schülern schätzen und eher wenig Skepsis gegenüber der praktizierten Unterrichtsmethodik äußern (TZ=21.2 %). Die Befragten gehen mehrheitlich (TZ=62.3 %) von dem Wunsch aus, dass ihnen ihre Schüler aufmerksamer zuhören. 58.5 % der Erstsemester erwarten, dass die Unterrichtsarbeit ermüdend sein wird. Nur knapp die Hälfte (TZ=47.5 %) rechnet mit einer positiven Beurteilung der eigenen pädagogischen Fähigkeiten durch Mitstudierende. Dass es schwer werden wird, nachzuvollziehen, was in manchen »Problemschülern« vor sich geht, glauben vor den ersten schulpraktischen Erfahrungen hingegen nur 19.5 % der Befragten. Das Gefühl, lieber zu Hause bleiben zu wollen als in die Schule zu gehen, wird sich aus Sicht der Aspiranten nur in Einzelfällen einstellen (TZ=6.5 %). Insgesamt besteht eine zögerliche Erwartung der Studierenden an einen erfolgreichen Verlauf ihrer Praktika (SPA).

Tabelle 135: Erfolgserwartung an die Schulpraktika (t_1)

SPA		Lehramt	
(N=489-490)	M	SD	TZ
1 Ich werde mir oft wünschen, dass mir die Schüler aufmerksamer zuhören (-)	4.82	1.45	62.3
2 Die Betreuer meiner Praktika werden Skepsis gegenüber meiner Unterrichtsmethodik zeigen (-)	3.48	1.36	21.2
3 Oft werde ich lieber zu Hause bleiben wollen, als in die Schule zu gehen (-)	2.15	1.25	6.5
4 Ich werde schwer nachvollziehen können, was in manchen Problemschülern vor sich geht (-)	3.17	1.44	19.5
5 Die Mitstudierenden werden einen positiven Eindruck von meinen pädagogischen Fähigkeiten gewinnen	4.55	1.00	47.5
6 Ich werde mich meist auf den nächsten Unterrichtstag freuen	5.49	1.09	81.1
7 Meist werde ich einen Weg finden, auch lernschwachen Schülern den Lehrstoff zu vermitteln	5.12	1.03	76.3
8 Die Betreuer werden meine Art des Umgangs mit den Schülern schätzen	5.32	0.97	79.2
9 Nach dem Unterricht werde ich oft sehr müde sein (-)	4.75	1.50	58.5
Index Erfolgserwartung an die Schulpraktika (SPA); α=.69	4.73	0.67	–

Frage: Sie werden im Rahmen Ihres Studiums ein Schulpraktikum oder mehrere Schulpraktika absolvieren. Was erwarten Sie von Ihren eigenen Unterrichtversuchen? *Skala:* 1 = trifft überhaupt nicht zu; 7 = trifft voll und ganz zu. *Anmerkungen:* Items, die mit (-) markiert sind, wurden ausschließlich zur Indexberechnung umkodiert. TZ = tendenzielle Zustimmung in % (Stufen 5/6/7).

Lehramtsunterschiede zeigen sich nur bezüglich Item 4: SP-Studierende glauben eher nachvollziehen zu können, was in schwierigen Schülern vor sich geht. Diese Annahme ist im GH-
und besonders GY- und RS-Lehramt schwächer ausgeprägt ($\eta^2 = .023^*$; $M_{SP} = 2.68$; $M_{GH} = 3.08$;
$M_{GY} = 3.31$; $M_{RS} = 3.43$). Vermutlich sind diagnostische und empathische Aspekte der Unterrichtsarbeit im Selbstbild der SP-Studierenden stärker verankert. Auch männliche Studierende tendieren dazu, die Diagnosefähigkeit eher schwächer ausgeprägt zu sehen als ihre Kommilitoninnen ($\eta^2 = .017^{**}$; $M_w = 3.09$; $M_m = 3.60$). Männer vermuten eher, dass Praxisbetreuer
Skepsis im Blick auf ihre Unterrichtsmethodik zeigen ($\eta^2 = .021^{**}$; $M_w = 3.39$; $M_m = 3.94$). Sie
erwarten zugleich aber stärker als Studentinnen, dass die Mitstudierenden ihre pädagogischen Fähigkeiten positiv einschätzen werden ($\eta^2 = .011^*$; $M_w = 4.50$; $M_m = 4.70$). Einzelkinder
und Erstgeborene sind selbstbewusster in der Annahme, lernschwachen Schülern Stoff vermitteln zu können als Letztgeborene und Sandwichkinder ($\eta^2 = .023^*$; $M_{EG} = 5.35$; $M_{EK} = 5.21$;
$M_{LG} = 5.00$; $M_{SK} = 4.89$).

Da Uni-Studierende zu t_2 ihr Praktikum noch nicht absolviert haben, beziehen sich lehramtsspezifische Differenzierungen im Folgenden lediglich auf die PH-Lehrämter. Im Rück-
blick auf ihre ersten schulpraktischen Erfahrungen haben 88.3 % der Befragten den Eindruck,
dass die Betreuenden ihren Umgang mit den Schülern schätzten (vgl. Tabelle 136). 81.1 % der
Praktikanten freute sich auf den nächsten Unterrichtstag. Gut drei Viertel (TZ = 77.2 %) der
Befragten glauben, die Mitstudierenden hätten einen positiven Eindruck ihrer pädagogischen
Fähigkeiten gewonnen. Nur zwei Drittel der Praktikanten (TZ = 65.9 %) meint aber, einen
Weg gefunden zu haben, auch lernschwachen Schülern den Stoff zu vermitteln. Immerhin
44.1 % der Befragten stimmen der Aussage tendenziell zu, sie seien nach dem Unterricht oft
müde gewesen. Disziplinprobleme (TZ = 15.2 %) und Skepsis der Betreuenden gegenüber der
praktizierten Methodik (TZ = 6.0 %) spielen eine eher geringe Rolle. 10.7 % der Praktikanten
berichtet, es sei ihnen schwer gefallen, sich in manche »Problemschüler« hineinzuversetzen.
Jeder siebzehnte Befragte (TZ = 6.0 %) meint, oft lieber zuhause geblieben zu sein, als in die
Schule zu gehen. Die schulpraktischen Erfahrungen scheinen insgesamt positiv auszufallen,
wenngleich einzelne Studierende auch Probleme mit den Praxisanforderungen berichten.

Tabelle 136: Erfolgserleben in den Schulpraktika (t_2)

SPA		Lehramt	
(N = 281-282)	M	SD	TZ
1 Ich hätte mir oft gewünscht, dass mir die Schüler aufmerksamer zuhören (-)	2.84	1.44	15.2
2 Die Betreuer meiner Praktika zeigten Skepsis gegenüber meiner Unterrichtsmethodik (-)	1.98	1.27	6.0
3 Oft wäre ich lieber zu Hause geblieben als in die Schule zu gehen (-)	1.81	1.29	6.0
4 Ich konnte schwer nachvollziehen, was in manchen Problemschülern vor sich geht (-)	2.70	1.34	10.7
5 Die Mitstudierenden dürften einen positiven Eindruck von meinen pädagogischen Fähigkeiten gewonnen haben	5.28	1.29	77.2
6 Ich freute mich meist auf den nächsten Unterrichtstag	5.61	1.35	81.1
7 Meist fand ich einen Weg, auch lernschwachen Schülern den Lehrstoff zu vermitteln	4.87	1.27	65.9
8 Die Betreuer schätzten meine Art des Umgangs mit den Schülern	5.91	1.23	88.3
9 Nach dem Unterricht war ich oft sehr müde (-)	4.12	1.69	44.1
Index Erfolgserleben in den Schulpraktika (SPA2); $\alpha = .70$	5.37	0.73	-

Frage: Inwieweit treffen die folgenden Aussagen auf Ihre bisherigen schulpraktischen Erfahrungen zu? *Skala:* 1 = trifft
überhaupt nicht zu; 7 = trifft voll und ganz zu. *Anmerkungen:* Items, die mit (-) markiert sind, wurden ausschließlich
zur Indexberechnung umkodiert. TZ = tendenzielle Zustimmung in % (Stufen 5/6/7).

Vorfreude auf den nächsten Unterrichtstag ist im SP-Lehramt schwächer ausgeprägt als im RS- und GH-Lehramt (η^2=.026*; M_{GH}=5.75; M_{RS}=5.59; M_{SP}=5.15). Andere Lehramtsvergleiche werden nicht signifikant. Was in »Problemschülern« vor sich geht, können PH-Theologiestudierende im Leitfach eher nachvollziehen als die mit affiner Fachgewichtung (η^2=.053*; $M_{TH/LF}$=2.42; $M_{TH/AF}$=3.09). Dies ist wohl durch die spezifische Motivation zu erklären, die dazu führt, das Fach Theologie in größerem Umfang zu studieren (vgl. 4.3.5, S. 352). Ältere Befragte (26 Jahre und älter) sind skeptischer, ob die Mitstudierenden einen positiven Eindruck von ihren pädagogischen Fähigkeiten gewonnen haben (Item 5: η^2=.041**; M_{20-}=5.25; M_{21}=5.46; M_{22-25}=5.38; M_{26+}=4.68). Sie sind selbstkritischer im Blick auf ihre Fähigkeit zur Vermittlung von Lernstoff an schwächere Schüler (Item 7: η^2=.038*; M_{20-}=4.75; M_{21}=5.09; M_{22-25}=4.91; M_{26+}=4.32) und freuen sich deutlich weniger auf den nächsten Schultag (Item 6: η^2=.033*; M_{20-}=5.70; M_{21}=5.75; M_{22-25}=5.67; M_{26+}=5.00). Neben den ältesten nehmen auch die jüngsten Befragten (20 Jahre und jünger) eine kritischere Selbsteinschätzung vor. Vielleicht fühlen sich die Jüngsten unsicherer und die Ältesten den Aufgaben weniger gewachsen.

Tabelle 137: Vergleich: Erfolgserwartung und Erfolgserleben Schulpraktika (t_1/t_2)

SPA/SPA2 (N=278-279)	Lehramt (Selbstbild)				
	M_{t1}	M_{t2}	M_{Diff}	T	p
1 Wunsch, dass Schüler aufmerksamer zuhören (-)	4.81	2.82	1.99	18.79	.000
2 Betreuer zeigen Skepsis gegenüber Unterrichtsmethodik (-)	3.45	1.97	1.48	15.07	.000
3 lieber zu Hause bleiben, als in die Schule gehen (-)	2.06	1.81	0.25	2.87	.004
4 schwer nachvollziehen, was in Problemschülern vor sich geht (-)	3.10	2.69	0.41	4.06	.000
5 Mitstudierende haben positiven Eindruck von pädagogischen Fähigkeiten	4.57	5.27	-0.70	-7.88	.000
6 Freude auf den nächsten Unterrichtstag	5.51	5.60	-0.09	-1.02	.309
7 lernschwachen Schülern den Lehrstoff vermitteln	5.15	4.86	0.29	3.53	.000
8 Betreuer schätzten Umgang mit den Schülern	5.41	5.91	-0.50	-5.73	.000
9 Müdigkeit nach dem Unterricht (-)	4.70	4.12	0.58	5.50	.000
Index Erfolgserwartung an (SPA) und Erfolgserleben in (SPA2) Schulpraktika	4.72	5.36	-0.63	-13.98	.000

Frage: Inwieweit treffen die folgenden Aussagen auf Ihre bisherigen schulpraktischen Erfahrungen zu? *Skala:* 1 = trifft überhaupt nicht zu; 7 = trifft voll und ganz zu. *Anmerkungen:* Items, die mit (-) markiert sind, wurden ausschließlich zur Indexberechnung umkodiert. Vollständiger Wortlaut der Items: Tabelle 136, S. 452.

Längsschnittlich ergeben sich starke Veränderungen zwischen den Erwartungen an die bevorstehenden Praktika zu t_1 und den tatsächlichen Erfahrungen aus den Praktika zu t_2 (vgl. Tabelle 137). Diese sind sicherlich auch unterschiedlichen Itemformulierungen, angesichts der hohen Signifikanz der Unterschiede wohl aber im Kern empirischen Ursachen zuzuschreiben. Die im Vorhinein geäußerte Annahme der Befragten, die Schüler würden eventuell nicht aufmerksam zuhören, hat sich in den Praktika nicht bestätigt. Das Setting der ersten Praktika (intensive Vorbesprechung und Vorbereitung der Stunden; Anwesenheit einer oder mehrerer Betreuer) unterbindet Unterrichtsstörungen offenbar weitgehend (Item 1). Auch eine zumindest in Teilen erwartete Skepsis der Betreuer gegenüber ihrer Unterrichtsmethodik bestätigt sich für die Befragten nicht (Item 2). Dies lässt auf eine eher geringe Kritik der Praktikanten durch ihre Mentoren schließen. Die zögerliche Erwartung, Mitstudierende würden in den bevorstehenden Praktika einen positiven Eindruck von den eigenen pädagogischen Fähigkeiten gewinnen, hat sich im Rückblick gefestigt (Item 5). Die Betreuenden würdigen den Umgang der Praktikanten mit Schülern stärker als erwartet (Item 8). Nach dem Unterrichten fühlten sich die Praktikanten selbst weniger müde als vorab angenommen (Item

9). Auch können sie besser als erwartet nachvollziehen, was in »Problemschülern« vor sich geht (Item 4). Nach den Praktika gehen die Befragten mit noch größerer Selbstverständlichkeit gerne zum Unterrichten als dies zu Beginn bereits der Fall war (Item 2).

Keine signifikante Veränderung zeigt sich hinsichtlich der Freude auf den nächsten Unterrichtstag (Item 6). Schwieriger als vorab angenommen fällt es den Praktikanten lediglich, Wege zu finden, auch lernschwachen Schülern den Lehrstoff zu vermitteln (Item 7). Insgesamt erweisen sich die Studierenden damit im Vorfeld ihren Praktika gegenüber skeptischer, als sie diese im Anschluss tatsächlich erleben. Diese Veränderung bei der Einschätzung des Erfolgs in den Schulpraktika wird zusammenfassend von der höchst signifikanten Änderung des Index (SPA/SPA2) nachgezeichnet. Von einer Unterschätzung der schulpraktischen Anforderungen durch Erstsemester kann demnach nicht ausgegangen werden. Diese Beobachtung gilt allerdings nur für die Studierenden, die zur zweiten Befragungswelle bereits Schulpraktika absolviert haben, also nicht für GY-Studierende.

Bedingungsfaktoren schulpraktischen Erfolgserlebens

Der Erfolg Studierender beim Unterrichten (t_2) wurde nicht anhand einer Außensicht oder gar objektiv, etwa durch Videoanalyse, erfasst. Dennoch liegt es nahe, ein hohes subjektives Erfolgserleben in den Schulpraktika als akzeptablen Indikator für tatsächlichen Erfolg beim Unterrichten anzunehmen – zumindest werden Befragte, die sich selbst als erfolglos einschätzen, kaum »guten« Unterricht halten (vgl. 4.1.2, S. 287). Dieser zumindest im Anschluss an die Itemformulierungen anzunehmende Zusammenhang zwischen Erfolgserleben und tatsächlichem Erfolg lässt eine Prüfung sinnvoll erscheinen, wie das Erfolgeserleben in Praktika prognostiziert werden kann, gibt dieses doch vermutlich auch Auskunft über den tatsächlichen Unterrichtserfolg. Dazu wurde eine schrittweise lineare Regressionsrechnung durchgeführt, in deren Endmodell 13 signifikante Prädiktoren aus beiden Erhebungswellen verbleiben, die das nach dem dritten Semester erfasste schulpraktische Erfolgserleben (SPA2) mit einer Varianzaufklärung von 39.1 % prognostizieren können (vgl. Tabelle 138).

Stärkster positiver Prädiktor schulpraktischen Erfolgserlebens ist die zu Studienbeginn abgefragte Erfolgserwartung an die Schulpraktika (SPA). Befragte können daher bereits zu Studienbeginn ihr künftiges Erfolgserleben recht gut einschätzen und der tatsächliche Erfolg hängt wohl von dem Glauben an die eigene Fähigkeit zu unterrichten ab. Dies stützt auch die Erkenntnis, dass eine hohe Selbstwirksamkeitserwartung ein ausgeprägtes schulpraktisches Erfolgserleben wahrscheinlicher macht (SWE2). Dritter starker Prädiktor ist eine hohe Qualitätszuschreibung an die Schulpraktika (QAK2_4). Wenn diese qualitätsvoll gestaltet werden, ist die Chance erfolgreichen Absolvierens höher. Wer den Schulpraktika eine Relevanz für die spätere Berufsausübung zuschreibt, erlebt diese auch erfolgreicher (UVB2/VEM2). Schreiben Befragte allerdings dem Vorbereitungsdienst zu Studienbeginn eine hohe Bedeutsamkeit zu, schätzen diese den eigenen Erfolg in den Schulpraktika i. d. R. geringer ein (BAK_5). Offenbar verlagern solche Studierende in ihrem Selbstverständnis die schulpraktische Ausbildung auf die Zeit nach Abschluss des Studiums. Auch ist ein Erfolgserleben mit höherem Alter vermutlich geringer (ALT), es steigt aber mit der Lebenszufriedenheit (LZF2).

Weiterhin fällt auf, dass verschiedene Ausprägungen des Bildungs- und Erziehungsverständnisses schulpraktisches Erfolgserleben prognostizieren können. Wer zu t_2 davon ausgeht, dass ein gebildeter Mensch viel gelernt hat, weiß und kann, wird sich in Schulpraktika wahrscheinlich erfolgreicher erleben (BVS2_4). Im Gegensatz dazu sind Fremdsprachenkenntnisse (BVS_8) und hochspezialisierte Kenntnisse in einem Bereich (BVS_5), die Studierende zu t_1 einem gebildeten Menschen zuschreiben, negativer Prädiktor schulpraktischen Erfolgserlebens. Wer zu Studienbeginn die Annahme teilt, Erziehung sei, Heranwachsenden zur Mündigkeit zu verhelfen, wird sich in den Schulpraktika wahrscheinlich als weniger erfolgreich erleben (EVS_2). Umgekehrt steigt die Chance eines Erfolgserlebens unter Befragten, für die Erziehung verstärkt bedeutet, Kindern die Bedingungen zu schaffen, in denen sie sich ohne Eingriffe Erwachsener entfalten können (EVS_4).

Tabelle 138: Prädiktoren schulpraktischen Erfolgserlebens (t_1/t_2 auf t_2)

Code	Index/Item	β	T	p
SPA	Erfolgserwartung an Schulpraktika (t_1)	.21	4.92	.000
QAK2_4	Qualitätseinschätzung: Schulpraktika (t_2)	.20	4.71	.000
SWE2	Selbstwirksamkeitserwartung (t_2)	.20	4.29	.000
ALT	Alter (t_1)	-.14	-3.54	.000
UVB2	Relevanz der Praktika: Erlernen der Unterrichtsvorbereitung (t_2)	.13	2.67	.008
BVS2_4	Ein gebildeter Mensch hat viel gelernt, weiß und kann vieles (t_2)	.12	2.74	.006
BAK_5	Bedeutsamkeitseinschätzung: Vorbereitungsdienst (Referendariat) (t_1)	-.11	-2.64	.009
LZF2	Lebenszufriedenheit (AVEM-Inventar) (t_2)	.11	2.60	.010
BVS_8	Ein gebildeter Mensch beherrscht mindestens eine Fremdsprache (t_1)	-.11	-2.44	.015
EVS_2	Erziehung ist, Heranwachsenden zur Mündigkeit zu verhelfen (t_1)	-.10	-2.46	.014
BVS_5	Ein gebildeter Mensch hat in einem Bereich hochspezialisierte Kenntnisse (t_1)	-.10	-2.43	.015
EVS_4	Erziehungsbegriff nach Rousseau (t_1)	.09	2.28	.023
VEM2	Relevanz der Praktika: Erlernen des Umgangs mit Vermittlungsmedien (t_2)	.09	1.87	.062
(Konstante)		–	7.81	.000

Abkürzungen: β=standardisierter Beta-Koeffizient; T=T-Wert der Signifikanzprüfung; p=Signifikanz. *Modellanpassung:* F=19.77; p=.000 (ANOVA); R^2=.391; korr. R^2=.371; N=414 (fehlende Werte durch Mittelwert substituiert). *Methode:* schrittweise lineare Regression (vorwärts); Kriterium: F-Wahrscheinlichkeit≤.05. *Anmerkungen:* Ergebnisse sortiert nach abnehmendem Betrag der Beta-Koeffizienten. Abhängige Variable ist der Index Erfolgserleben in Schulpraktika (SPA2) zu t_2. Potenzielle Prädiktoren waren alle metrischen Variablen, die zu t_1 und t_2 erfasst wurden.

Studierende, die sich in den Schulpraktika erfolgreicher einschätzen und damit vermutlich beim Unterrichten auch tatsächlich erfolgreicher sind, zeigen bereits zu Studienbeginn höhere Erwartungen an ihre Praktika und weisen eine höhere Selbstwirksamkeitserwartung auf. Die Qualität der Praktika ist für Erfolgserleben ebenso wichtig wie eine generelle Zufriedenheit. Diese zentralen Prädiktoren sind offenbar bereits Eingangsbedingungen, auf die die institutionalisierte Lehrerbildung nur eingeschränkt reagieren kann. Es erscheint aber im Rahmen der Praktika wichtig, die guten Ansätze unterrichtlichen Handelns Studierender positiv zu verstärken, um sie auf ihrem Weg der professionellen Entwicklung zu bestärken und darin zu bestätigen, etwas erreichen zu können.

Pädagogische Vorerfahrung als Bedingung schulpraktischen Erfolgserlebens

Die vorangehende Regressionsanalyse hat keinen signifikanten Effekt des Umfangs pädagogischer Vorerfahrungen auf schulpraktisches Erfolgserleben gezeigt. Dabei wird häufig angenommen, dem Studium vorangegangene und einschlägige pädagogische Praxis würde das Unterrichten erleichtern (vgl. 3.4.1, S. 199). Insbesondere solche pädagogischen Vorerfahrungen stehen in einem Zusammenhang mit dem Erfolg in den Schulpraktika, bei denen einzelne Kinder oder Jugendliche trainiert oder unterrichtet wurden (PVO_7/ SPA2: r=.22***). Schwächer korrelieren Erfahrungen bei der Gruppenbetreuung von Kindern und Jugendlichen (PVO_4/ SPA2: r=.13*) oder bei der Betreuung einzelner Kinder und Jugendlicher (PVO_1/SPA2: r=.12*) mit dem Erfolgserleben. Überraschend zeigt die abgefragte pädagogische Tätigkeit mit der vermeintlich größten Nähe zur Unterrichtsarbeit, das Trainieren oder Unterrichten von Gruppen, keine signifikante Beziehung mit dem erlebten Praktikumserfolg (PVO_10/SPA2: r=.07). Vermutlich ist das Gruppentraining in Vereinen doch kaum mit den Anforderungen der Unterrichtsarbeit in Schulpraktika vergleichbar, wie auch die Interviews (s. u.) zeigen. Die Einschätzung des Erfolgs bei der Ausübung pädagogischer Tätigkeiten vor Studienbeginn sowie die dabei empfundene Freude korrelieren eher schwach (zwischen r=.11 und r=.18**) mit dem Erfolgserleben im Praktikum (SPA2). Insgesamt kann ein positiver, wenngleich schwacher Zusammenhang zwischen pädagogischen Vorerfahrungen und Erfolgserleben in den Schulpraktika aufgezeigt werden. Die Vorerfahrungen haben daher aufgrund ihrer Vorzeitigkeit vermutlich einen leicht positiven Einfluss auf das Erfolgserleben in den ersten Unterrichtsversuchen, der sich in der obigen Regressionsanalyse bei gleichzeitiger Kontrolle anderer Variablen aber nicht länger als bedeutsam erwiesen hat. Dass Vorerfahrungen zugleich Indikator für einen an objektiven Kriterien gemessenen Erfolg in den Praktika sind, lässt sich nicht bestätigen. Die Bedeutung pädagogischer Vorerfahrungen für das schulpraktische Erfolgserleben wird in der Ausbildungspraxis wohl überschätzt.

Noch kritischer gegenüber diesem (vermeintlich starken) Zusammenhang stimmen die zahlreichen Aussagen Lehramtsstudierender in den Interviews. Zwar teilen Erstsemester häufig die Annahme, pädagogische Vorerfahrungen würden ihnen Vorteile beim Unterrichten offerieren, nach den ersten schulpraktischen Erfahrungen werden diese Vorteile i. d. R. allerdings mit Einschränkungen belegt oder zumindest realistischer eingeschätzt. Entweder werden die pädagogischen Vorerfahrungen eben nur als ein Bedingungsfaktor erfolgreicher schulpraktischer Erfahrungen neben anderen gesehen (350) oder Vorerfahrungen und Schulrealität werden als unterschiedliche Settings mit unterschiedlichen Anforderungen wahrgenommen: Freiwilligkeit vs. Pflicht (351), Individuum vs. Gruppe (352), freundschaftliche vs. professionelle Beziehung (353) oder Altersgruppenspezifik (354).

(350) Mein Mentor hat gesagt, es sei unglaublich, was mir das [Trainertätigkeit] für einen Vorteil bringt. Ich brauche wesentlich kürzer, um Unterricht zu planen, weil ich schon ein besseres Zeitgefühl habe [...] und ich hatte auch kein Problem zu improvisieren, wenn etwas nicht klappte. [...]. Aber es ist nicht nur die Erfahrung, sondern es gibt auch einfach gewisse menschliche Typen, die weniger Probleme damit haben, [zu unterrichten]. [D2-M22RS]

(351) In den Verein kommen die Kinder freiwillig, die wollen ins Training kommen! In die Schule, die ist Pflicht, müssen sie kommen. Da haben sie nicht unbedingt immer Lust und das war schon ein Unterschied. [D2-M22RS]

(352) Frage: Haben Ihnen Ihre Erfahrungen aus der Jugendarbeit geholfen für Ihre Schulpraktika? Ja, das hat etwas geholfen. Frage: Sie sind skeptisch? Ich bin auf jeden Fall skeptisch. Die freie Jugendarbeit oder Vereinsarbeit sind etwas ganz anderes als die Schule. [...]. Als Leiter in der Jugendarbeit hat man andere Möglichkeiten, auf die Kinder einzugehen – individueller und persönlicher als im festen System Schule. [F2-M28GH]

(353) Ich finde es schon etwas ganz Neues, weil man dann ja als Lehrperson vorne steht und nicht als Leiterin von irgendeiner Jugendgruppe. [...]. Da war man eher so der Kumpel. Das hilft schon auch, weil man viel Erfahrung sammeln kann mit den Kindern und merkt, wie man mit ihnen umgehen muss, wie man es hinbekommt, dass sie einem zuhören. Aber ich würde nicht sagen, dass es mir deshalb total leicht fällt. Es gibt auch Situationen, in denen ich vor der Klasse stehe und denke, das ist komplett neu und ganz anders als früher. [...]. Ich würde nicht sagen, dass die Menschen, die so etwas zuvor gemacht haben, es nachher viel einfacher haben oder die besseren Lehrer sind. Da gehört noch viel mehr dazu. [H2-W22GH]

(354) Frage: Verschafft Ihnen die pädagogische Vorerfahrung einen Vorteil? *Zum Teil schon. Was ich gemacht habe, war ja mit relativ kleinen Kindern. Ich denke, das ist für die Schule nicht so wichtig, [...] da werde ich wahrscheinlich nicht so viel anwenden können.* [L2-W21GY]

Es könnte aufgrund dieser relativierenden Befundlage auch sein, dass Personen, die sich für ein Lehramtsstudium entscheiden, schlicht solche Menschen sind, die vor Studienbeginn häufig pädagogische Vorerfahrungen gemacht haben. Der Grund für das ehrenamtliche wie berufliche Engagement wäre in beiden Fällen in der spezifischen Motivation für eine pädagogische Tätigkeit zu suchen. Das schulpraktische Erfolgserleben ist dann aber nicht Folge pädagogischer Vorerfahrungen, vielmehr werden beide Variablen gleichermaßen durch einen dritten, motivationalen Faktor bestimmt. Wäre dem so, würde sich die Erfassung pädagogischer Vorerfahrungen für die Laufbahnberatung oder bei Eignungstests nur bedingt eignen, denn erhoben würde eine Variable, die zwar mäßig mit positiven schulpraktischen Erfahrungen korreliert, nicht aber eine Ursache an sich darstellt.

Unterrichtsversuche und Rückmeldekultur

In den Interviews zu t_2 akzentuieren Studierende weitere Erfahrungen aus ersten Schulpraktika. Nur selten berichten sie, in den Praktika zu lernen, den Unterricht als Planungsaufgabe wahrzunehmen (355). Offenbar erscheint dies zu trivial bzw. ist bereits in Seminaren zur Unterrichtsplanung an Pädagogischen Hochschulen thematisiert worden. Andererseits ist nicht auszuschließen, dass die Studierenden gerade in Blockpraktika ohne Rekurs auf bestimmte Planungsstrategien oder geeignete Literatur Unterrichtsstunden entwerfen und durchführen. Der Charakter des »sich selbst Ausprobierens« scheint für Blockpraktika zentral und legitim (356), birgt zugleich aber die Gefahr einer weitgehenden Gleichgültigkeit gegenüber dem Scheitern – an die Schüler wird hier selten gedacht (357). Dabei wird es seitens der Praktikanten häufig als Vertrauensvorsprung gesehen, wenn ihnen Mentoren möglichst viel Unterricht überlassen. Dass der Grund für ein solches »Zugeständnis« aus Sicht der Mentoren aber auch die eigene Arbeitsentlastung sein kann, ist kaum im Blick (358). In jedem Fall sind die ersten Kontakte mit der Schulpraxis mit einer Differenzerfahrung verbunden, die Praktikanten in eine für sie ungewohnte oder auch überfordernde Situation bringen kann – gerade wenn sie Tätigkeiten ausüben, für die sie innerlich oder formal noch nicht bereit sind (359).

(355) Man lernt, wie Unterricht aufgebaut werden kann, wie man Dinge rüberbringen kann, das Didaktische eben, Methoden in jeder Hinsicht. [I2-W21RS]

(356) Mein Mentor hat mich sehr viel Unterricht machen lassen und hat gesagt, [...] ich darf Sachen ausprobieren. [...]. Das ist das erste Praktikum. Ich bekomme dafür keine Noten – ruhig mal was ausprobieren. [D2-M22RS]

(357) Im Praxissemester kann man sich austesten. [...]. Es ist auch nicht schlimm, wenn die Gruppenarbeit in die Hose geht, weil der Text zu schwer oder zu leicht war. Nächstes Mal weißt du dann, ob du den Text einfacher stellen oder höher strukturieren musst. [P2-M22GY]

(358) Ich durfte den ganzen Matheunterricht übernehmen, hatte also da schon meine festen fünf Stunden die Woche. Dann habe ich viele Englischstunden übernommen, auch nochmals vier, fünf die Woche. [C2-W22GH]

(359) Ich habe gute Rückmeldungen bekommen, allerdings habe ich auch Erfahrung mit schwierigen Fällen gemacht. Bei einem Schüler ging es z. B. darum, dass er mein Spiel gestört hat. [...]. Ich hatte das soweit im Griff, nur hinterher musste ich ihm einen Eintrag verpassen, weil das nicht ging und er die Woche davor schon Schulausschluss hatte. [...]. Das war durchaus eine interessante Erfahrung, nicht gerade schön, aber mit der Realität konfrontiert. [E2-W21RS]

Viel Raum nimmt in den Interviews ein, wie Studierende die Rückmeldungen ihrer betreuenden Ausbildungslehrer und Dozenten in den Praktika wahrnehmen. Die Befragten betonen immer wieder, dass man lernen müsse, mit Kritik umzugehen (360). Da Kritik am eigenen Unterricht oft auch Kritik am Verhalten der Lehrerpersönlichkeit ist und damit leicht als »persönliche« Kritik wahrgenommen wird, kann aus den Rückmeldungen der Betreuenden auch Belastungserleben resultieren (361). Die Erfahrungen mit der Rückmeldekultur in Praktika sind gemischt. Einzelne Studierende kritisieren die Rückmeldestrategien ihrer Betreuenden, aber auch Mitstudierende, die ihre Defizite nicht eingestehen (362). Praktikabel erscheint eine Rezeption der (negativen) Rückmeldungen als »konstruktive Kritik«, die aber oftmals aufgrund der zwischenmenschlichen und beurteilungsbezogenen Abhängigkeiten schwierig scheint (363). Erschwerend kommt hinzu, dass Form und Inhalt der Rückmeldung den Praktikanten häufig willkürlich und damit wenig zielgerichtet erscheinen – konkrete und nachvollziehbare Anregungen werden aber gerne aufgenommen (364). Fragwürdig erscheinen den Aspiranten zu detaillierte oder abwegige Hinweise. Insgesamt lassen die Äußerungen Studierender sowohl auf ein Defizit in der Rückmeldekultur seitens zahlreicher Betreuender als auch auf eine mangelnde Kritikfähigkeit einiger Studierender schließen. Eine systematische Qualifizierung von Ausbildungslehrern in Tages- bzw. Fachpraktika, insbesondere aber der beratenden Mentoren in Blockpraktika erscheint ebenso unerlässlich wie die Schulung im Umgang mit Kritik der Mitpraktikanten. Letztere könnte in Veranstaltungen zur Unterrichtsplanung oder in die Vorbereitung der Schulpraktika integriert werden. Nur eine angemessene Rückmeldekultur trägt dazu bei, dass Schulpraktika über ihren guten Ruf hinaus einen maximalen Beitrag zur professionellen Entwicklung der Lehramtsstudierenden leisten können. Dazu gehört eine hohe Kompetenz der Betreuenden in der Beobachtung und Diagnose von und Kommunikation über Unterricht. Anderenfalls besteht die Gefahr, dass sich etwa problematische Routinen der Praktikanten weiter festigen und das Entwicklungspotenzial nicht, nur gering oder sogar mit negativen Folgen ausgeschöpft wird.

(360) Man muss mit Kritik umgehen können, dass man das nicht persönlich nimmt, wenn einer sagt: »Die Stunde ist jetzt nicht gut gelaufen, denn die Schüler haben gemacht, was sie wollten«. [P2-M22GY]

(361) Das ist auf jeden Fall etwas, was einen teilweise belastet, wenn man überlegt: »Ich habe mir so viel Mühe gegeben und jetzt war das nicht gut«. Am Anfang fand ich es schwierig, damit umzugehen. Da muss man schauen, dass man das nicht so an sich heran lässt, dass man das nicht persönlich nimmt, nicht auf die Person bezieht, sondern auf sich als Auszubildende oder Lernende, die einfach noch keine perfekte Lehrerin ist. [H2-W22GH]

(362) Man kann auch negative Erfahrungen machen. Das kommt darauf an, wie gut die Lehrkräfte und Dozenten geschult sind, mit anderen Menschen umzugehen oder Kritik positiver und negativer zu formulieren. [...]. In meiner Gruppe waren einige, die hatten sehr lange daran zu knabbern. Wenn man ehrlich ist nach einer Stunde, die nicht so gut gelaufen ist, dann merkt man es selbst. [...]. Aus den nicht so gelungenen Stunden kann man am meisten lernen. [...]. Aber manche fühlen sich wirklich persönlich angegriffen. [...]. Etwas Negatives findet man immer. [F2-M28GH]

(363) Am Anfang muss man lernen, mit der Kritik umzugehen und nicht an die Person gehen und sagen: »Okay, du stehst jetzt am Anfang deiner Karriere und die Lehrer haben fünf bis zehn Jahre oder auch 20 Jahre Berufserfahrung. Die wissen, wie der Laden läuft und du kommst da jetzt neu rein.« Dann macht man eben Fehler und die Fehler sind nicht schlimm. [...]. Die Rückmeldungen, die ich bekommen habe, waren eher konstruktiv. Ich kann mir aber auch vorstellen, dass es Lehrer gibt, die eine Konkurrenz in dem neuen Auszubildenden sehen. Die Chemie muss stimmen [...], dass man nicht nur beurteilt wird, sondern ein berufliches Verhältnis aufbaut. [P2-M22GY]

(364) Ich habe das auch selbst gemerkt, dass ich da etwas falsch geplant habe. Verbesserungsvorschläge oder Alternativen finde ich immer gut, aber es ist sehr subjektiv. [...]. Manche suchen nicht so nach Details, sondern nennen nur

konkret zwei, drei Dinge, die man anders machen kann oder auch nicht. Manche halten sich aber auch an Dingen auf, die mir nicht wirklich etwas für meinen späteren Beruf bringen. [H2-W22GH]

(365) Teilweise werden Dinge kritisiert, da denke ich mir: das ist überflüssig. Gestern hatte ich eine Stunde, da hat die Lehrerin rückgemeldet: Wenn das Thema »Gänseblümchen« dran ist, dann könne man ja auf jedes Blatt noch ein Gänseblümchen machen. [...]. Das macht doch jede Lehrerin so, wie sie es mag! Meine erste Mentorin meinte, das sei total überflüssig, ich solle lieber Platz sparen und mehr Aufgaben auf ein Blatt machen. [H2-W22GH]

5.3.2 Relevanz der Schulpraktika

Auf die hohe Bedeutung, die Lehramtsstudierende der schulpraktischen Ausbildung zuschreiben, wurde eingehend hingewiesen (vgl. 5.2.1, S. 408; 5.2.3, S. 432; 5.3.1, S. 449; Balzer u. a. 2004). Unklar ist hingegen weitgehend, warum den Schulpraktika dieser hohe Stellenwert zukommt. Es ist anzunehmen, dass der Grund hierfür in der besonderen Relevanz liegt, die den Praktika für die spätere Berufsausübung zukommt. Diese Vermutung soll empirisch erhärtet und Anhaltspunkte für die Bestimmung des vermuteten oder wahrgenommenen Nutzens aufgezeigt werden.

In der Studie von Oser/Oelkers (2001) wurde nach dem Kompetenzerwerb in der berufspraktischen Ausbildung (Schulpraktika, Praxissemester etc.) gefragt: »Welchen Beitrag hat die berufspraktische Ausbildung Ihrer Meinung nach zur Lösung Ihrer heutigen bzw. zukünftigen schulpraktischen Probleme geleistet?« (Kersten 2001, S. 424). Die Formulierung der Frage zielt nicht auf einen abstrakt-subjektiven Kompetenzerwerb, sondern auf die tatsächliche Anwendbarkeit der erworbenen Fähigkeiten und Fertigkeiten, also auf die Relevanz der Praktika zur Bewältigung berufspraktischer Anforderungen. Auch vorliegend wurde die Skala eingesetzt, das Antwortformat wurde angepasst. Nach einer Hauptkomponentenanalyse lässt sich die vierdimensionale Faktorenstruktur der Originalskala gut replizieren (Kersten 2001, S. 424-427): Unterrichtsvorbereitung (UVB2: Items 1-5); Umsetzung im Unterricht (UIU2: Items 6-8); Schüler-Arbeit (SAR2: Items 9-12) und Vermittlungsmedien (VEM2: Items 13/14). Die Reliabilitätswerte der Subskalen sind mäßig bis sehr gut. Item 10 wird in der Original-Skala der Dimension Umsetzung im Unterricht (UIU2) zugeordnet; die durchgeführte Faktorenanalyse erzwingt vorliegend aber eine Zuweisung zur Subskala Schüler-Arbeit (SAR2). Item 8 wird aus inhaltlichen Gründen in seiner Subskala belassen, wenngleich es auf dem Faktor Unterrichtsvorbereitung sogar etwas stärker lädt. Hohe Interkorrelationen zwischen den Subskalen zeigen die Nähe der Dimensionen. Wird den Praktika z. B. eine hohe Leistung für die Unterrichtsvorbereitung zugeschrieben, wird auch deren Nutzen für die Schüler-Arbeit hoch eingeschätzt.

Lehramtsstudierende, die zum zweiten Befragungszeitpunkt bereits ein Praktikum absolviert hatten, messen den schulpraktischen Erfahrungen hauptsächlich einen Beitrag zum Umgang mit Vermittlungsmedien zu (VEM2). Es ist allerdings anzunehmen, dass die kommende Lehrergeneration bezüglich des Medieneinsatzes (Item 14) Vorerfahrungen mitbringt. Etwas schwächer wird die Leistung der Praktika für die Subskala Umsetzung im Unterricht (UIU2), also z. B. für methodische Entscheidungen oder das Definieren von Unterrichtszielen eingeschätzt. Vergleichbar stark werden aus Sicht der Befragten auch die Anforderungen der Unterrichtsvorbereitung (UVB2) im Rahmen der Praktika tangiert. Auffällig ist der deutlich geringere Wert bei der Schüler-Arbeit (SAR2). Zur Bewältigung der Herausforderungen bei der Arbeit mit Schülern (z. B. Leistungsbewertung, individuelle Diagnostik oder Lösen von

Disziplinproblemen) tragen die Schulpraktika demnach vergleichsweise wenig bei. Diese Annahme wird durch einen deutlichen Zusammenhang zwischen dem Index Schüler-Arbeit sowie der selbsteingeschätzten Kompetenzerwartung des Konfliktlösens bestätigt (SAR2/ KOL2: $r = .27^{***}$). Je niedriger die Studierenden die Leistung ihrer Praktika in diesem Bereich einschätzen, desto geringer bewerten Sie hier auch ihre Fähigkeiten und Fertigkeiten.

Das Potenzial der Praktika an Pädagogischen Hochschulen wird zwischen den verschiedenen dort angebotenen Lehramtsstudiengängen vergleichbar eingeschätzt. Mit zunehmendem Alter sinkt tendenziell die eingeschätzte Leistung der Praktika für die Umsetzung im Unterricht ($\eta^2 = .033$; $M_{20-} = 5.64$; $M_{21} = 5.36$; $M_{22-25} = 5.25$; $M_{26+} = 4.84$). Auf Ebene der Einzelitems fällt lediglich auf, dass weibliche Studierende den Praktika bezüglich der Vorbereitung auf eine angemessene Wahl von Sozialformen, Methoden und Handlungsmustern (Item 7) mehr zutrauen ($\eta^2 = .024^*$; $M_w = 5.59$; $M_m = 5.00$).

Tabelle 139: Relevanz der Schulpraktika zur Bewältigung berufl. Anforderungen (t_2)

RSP2	Lehramt		Faktorladung			
(N=280-281)	M	SD	l_1	l_2	l_3	l_4
1 Unterrichtsvorbereitung allgemein	5.88	1.13	**.61**	.04	.34	.38
2 Eigene Stoffbewältigung	4.76	1.47	**.74**	.15	.12	.17
3 Stoffauswahl und deren Begründung	4.91	1.54	**.76**	.29	-.01	.10
4 Inhaltliche Aufbereitung von Fachthemen	5.22	1.31	**.71**	.18	.36	-.06
5 Erarbeiten von Unterrichtsmaterialien	5.67	1.37	**.59**	.14	.48	.22
6 Unterrichtsevaluation	4.89	1.67	.07	.19	.04	**.81**
7 Wahl von Sozialformen, Methoden und Handlungsmustern	5.58	1.20	.25	.14	.25	**.69**
8 Definieren der Unterrichtsziele	5.46	1.27	.51	.25	.14	**.42**
9 Überprüfen des Lernerfolgs	4.42	1.57	.34	**.73**	.07	.15
10 Analyse von Schülerleistungen	4.10	1.65	.18	**.89**	.06	.15
11 Analyse von Verstehensproblemen einzelner Schüler	4.11	1.67	.15	**.86**	.20	.10
12 Lösen von Disziplinproblemen	4.45	1.60	.08	**.52**	.45	.25
13 Einsatz von Lehr-Lernmitteln und Arbeitsblättern	5.74	1.19	.24	.07	**.83**	.16
14 Einsatz von Medien im Unterricht	5.25	1.51	.17	.20	**.82**	.08

Subskalen		Lehramt		Interkorrelation		
Code	Index	M	SD	UIU2	SAR2	VEM2
UVB2	Unterrichtsvorbereitung (Items 1-5); $\alpha = .82$	5.29	1.05	.57**	.56**	.51**
UIU2	Umsetzung im Unterricht (Items 6-8); $\alpha = .61$	5.31	1.05	–	.52**	.37**
SAR2	Schüler-Arbeit (Items 9-12); $\alpha = .84$	4.27	1.33	–	–	.41**
VEM2	Vermittlungsmedien (Items 13/14); $\alpha = .77$	5.50	1.22	–	–	1

Frage: Welchen Beitrag haben Ihre Schulpraktika bislang zur Bewältigung der folgenden berufspraktischen Anforderungen geleistet? *Skala:* 1 = überhaupt keinen Beitrag; 7 = sehr großen Beitrag. *Anmerkungen:* Die Hauptkomponentenanalyse mit Kaiser-Normalverteilung und Varimaxrotation erklärt 67.3 % der Gesamtvarianz. Faktorladungen (l_x), die für die Auswahl von Items zur Subskalenbildung herangezogen wurden, sind fett dargestellt. Interkorrelationen der Indizes wurden nach Pearson (zweiseitige Signifikanz) berechnet.

In den Interviews wurden die Studierenden zu t_2 gefragt, was man denn eigentlich in den Schulpraktika lernen könne, was also ihr zentraler Nutzen sei (vgl. 5.2.3, S. 432). Aufgrund der bereits vorhandenen Praxiserfahrung äußern sich hauptsächlich PH-Studierende. Den Nutzen der Blockpraktika verorten sie in der Intensität der Praxiserfahrung (366), die Hospitationsphasen und eigene Unterrichtsversuche sowie deren Reflexion einschließt (367). Blockpraktika gelten als Vorwegnahme der »Ernstsituation« (Schadt-Krämer 1992, S. 233). Die persönliche Begleitung wird gewürdigt (369). Andere Studierende sind in den Blockpraktika eher auf sich gestellt und schätzen die vergleichsweise intensive Betreuung durch Ausbildungslehrer und Dozierende in den Tagespraktika (368). Hilfreich erachten die Studierenden in den umfangreichen Blockpraktika auch, das im Studium Behandelte in der Praxis umsetzen zu können (370). Für Einzelne scheinen sie das zentrale Element der Ausbildung zu sein (371). Umgekehrt können die Befragten von den in Praktika wahrgenommenen Defiziten in motivationaler wie steuernder Hinsicht auch für das weitere Studium profitieren (372).

(366) Ich glaube, das Blockpraktikum war für mich am wichtigsten, weil man vier Wochen am Stück in der Schule ist und so viel, wie man da für den späteren Beruf lernt, lernt man, glaube ich, nirgends. [H2-W22GH]

(367) Die Blockpraktika finde ich schon wichtig. [...]. Die erste Woche ist man ja einfach nur so drin und dann kennt man die Klasse schon. Dann weiß man, wie man bestimmte Sachen machen muss. Der Mentor gibt einem echt gute Tipps, [...] wie man die Anweisungen besser gibt oder was man da verbessern könnte. [A2-W21RS]

(368) Im Blockpraktikum ist es eher dieses »Selbst-Ausprobieren« und »Selbst-vor-sich-Hinwursteln«, weil man nicht wirklich die professionelle Hilfe hat. Im Fachtagespraktikum ist das dann doch eher gegeben. [I2-W21RS]

(369) Im Blockpraktikum [...] lernt man sehr, sehr viel, wenn man alleine ist und einen Lehrer nur für sich hat, der dann die Rückmeldung gibt, wie es war. [K2-W22GH]

(370) Ich war jetzt vier Wochen im Praktikum und habe da sicher auch was gelernt. [...]. Es füllt das mit Leben, was ich hier studiere. [...]. Ich lerne das hier [an der Pädagogischen Hochschule] theoretisch und kann mir besser vorstellen, wie das dann in der Schule [...] aussieht. [B2-W44GH]

(371) Im Prinzip hat mich das Blockpraktikum weiter gebracht als mein ganzes Studium, weil man einfach das, was man in der Theorie lernt oder eben nicht lernt, dann in der Praxis anwenden kann. [E2-W21RS]

(372) Ich merke schon, dass mir bestimmte Dinge einfach noch fehlen. Deshalb freue ich mich auch wieder auf das Studium, weil ich jetzt weiß, was ich brauche. [C2-W22GH]

Gerade für die professionelle Entwicklung kommt den Tages- bzw. Fachpraktika allerdings eine Schlüsselfunktion zu. Sie erlauben im Idealfall eine fachspezifische Reflexion der eigenen Unterrichtsversuche vor dem Hintergrund der im Studium behandelten Inhalte. Die Studierenden nehmen die besondere Chance dieser Theorie-Praxis-Verknüpfung häufig auch als gewinnbringend wahr (373). Auch der Nutzen der mit den Tagespraktika verknüpften Lehrveranstaltungen wird überdurchschnittlich hoch beurteilt (374). Allerdings führt die spezifische Organisation der Tagespraktika, in denen Unterrichtsversuche vor mehreren Mitstudierenden sowie einem Mentor und einem Hochschuldozierenden zu halten sind, für einige Studierende auch leicht zu einem Gefühl der Überforderung, was mit einem geringen Nutzen konnotiert wird (375): Die Tagespraktika gelten als vergleichsweise realitätsfern, weil sie einer alltäglichen Dynamik der Planung in Unterrichtseinheiten nicht gerecht würden (376), und weil die »Vorzeigestunden« so im Alltag nicht zu leisten seien (377).

(373) Vom Didaktischen her war das Fachtagespraktikum bisher etwas, was mich sehr weiter gebracht hat, dadurch, dass man eine Begleitveranstaltung dazu hatte und dort den theoretischen Hintergrund mitbekommen hat und selbst praktisch vorgehen konnte. [...]. Was wirklich etwas bringt, wo man am meisten mitnehmen kann, das sind immer noch die schulpraktischen Sachen – verknüpft mit der Theorie. [I2-W21RS]

(374) Ein Pädagogikseminar [...] war sehr gut. [...]. Im Seminar ging es um die Qualität des Unterrichts: zehn Qualitätsmerkmale. [...]. Daran haben wir dann festgemacht, was wir im Tagespraktikum so erlebt haben. Unsere praktischen Erfahrungen, die wir mittwochs gemacht haben, sind dann donnerstags auch ins Seminar eingegangen und wir haben darüber geredet und haben da Sachen wirklich am Unterricht entlang erarbeitet. [D2-M22RS]

(375) Diese Blockpraktika, die helfen schon viel, aber die Tagespraktika: Ich finde die einfach nur furchtbar. Da wird man einfach in eine Klasse gesteckt und muss die perfekte Stunde halten, die später nie so sein wird. Ich finde, da lernt

man nicht viel. [...]. Man plant die eigene Stunde und der Lehrer, Dozent oder Professor schmeißt sie dann um und man muss sie dann so machen, wie er denkt. [A2-W21RS]

(376) Im Tagesfachpraktikum [...], da müssen es diese Vorzeigestunden sein, die in der Realität einfach nicht durchführbar sind. In einem normalen Blockpraktikum kann man einfach an einem Gedanken in der nächsten Stunde weitermachen, auch wenn die Schüler irgendwo hängen. Das kann man im Tagesfachpraktikum einfach nicht realisieren, weil man das direkt angekreidet bekommt, weil man dann nicht mehr seinem Verlaufsplan folgt. [E2-W21RS]

(377) Die Blockpraktika empfinde ich als normalen Lehreralltag und die Tagespraktika als schöne Stunden, die man macht. Aber ich denke, dass man die später zeitlich gar nicht stemmen kann. [F2-M28GH]

Im Detail werden unterschiedlichste Lern- und Erfahrungsbereiche im Rahmen der schulpraktischen Erfahrungen genannt. Befragte berichten etwa, sich über die komplexe Anforderungsstruktur des Unterrichtens bewusst zu werden (378). Zentrale Bereiche sind der Umgang mit Schülern, etwa bei Unterrichtsstörungen, und erste Erfahrungen im Kollegium (379). Praktikanten werden mit der Schule als Organisationseinheit vertraut und sehen die Notwendigkeit einer guten Selbstorganisation (380). Elementar erscheint auch der Vollzug des notwendigen Perspektivenwechsels vom Schüler zum Lehrer (381). Dabei werden Abgrenzungen von gewohnten pädagogischen Arbeitsfeldern und der schulischen Situation vollzogen (382). Über solche Differenzerfahrungen wird die eigene Rolle neu definiert. Außerdem erfüllt das Praktikum aus Studierendensicht die Förderung der eigenen Persönlichkeitsentwicklung (383). In diesem Sinne dient es auch dem Nachweis der »persönlichen« Eignung für den Beruf: die Rückmeldung, von den Schülern akzeptiert zu werden (384).

(378) Das sind so viele Ebenen, die man im Unterricht ansprechen muss. Die Organisation des Unterrichts muss laufen, damit die Stunde so läuft, wie sie geplant war. [...]. Ich muss darauf achten, dass alle Schüler mitmachen, dass keiner Mist macht [...]. Dann muss ich auch noch erzieherisch tätig sein, jemanden ermahnen. [C2-W22GH]

(379) Was ich allgemein aus dem Praktikum mitnehme, ist: Wie gehe ich mit Schülern um? Wie gehe ich mit Störsituationen, mit schwierigen Klassen um? [...]. Wie läuft das im Lehrerzimmer ab und in den Pausen – Pausenaufsicht? Einfach der Alltag des Lehrers wird da deutlich. [E2-W21RS]

(380) Im Blockpraktikum kann man über einen längeren Zeitraum abschätzen, wie die ganze Organisation in einer Schule läuft, wie man sich selbst organisieren muss und wie man sich auf die Stunden vorbereitet. [F2-M28GH]

(381) Vor dem Praktikum kennt man die Generation der Schüler vielleicht nur aus der Verwandtschaft. Aber das ist eine ganz andere Ebene. Man nimmt ja jetzt erstmals Kinder als Schüler wahr und das ist eine Herausforderung, auch für sich selbst, dass man weiß, man ist jetzt der Lehrer, eine Autoritätsperson, und nicht mehr so ein Kumpel. Also dass es jetzt nicht mehr »du, Martina«, sondern »Frau Müller« heißt. [K2-W22GH]

(382) Das Praktikum hilft, den Unterschied zwischen dem Verein und der Schule zu erkennen. Mir war klar, dass das anders ist, aber das richtig zu merken, dass Schüler auch mal keinen Bock haben! [D2-M22RS]

(383) Im Praxisjahr geht es ja weniger um die fachlichen Sachen. Es geht ja mehr darum, dass Lehrerpersönlichkeit festgestellt wird, die eventuell ausgebildet wird, dass da was verbessert wird. [C2-W22GH]

(384) Wichtig ist, Lehrerpersönlichkeit zu haben, zu wissen: Ich kann vor der Klasse stehen, ich kann den Unterricht planen, so dass [...] ich Ziele erreiche, die ich mir setze. Eine andere wichtige Erkenntnis ist: Ich werde von den Schülern angenommen und akzeptiert. Das ist ja grundlegend, sonst funktioniert Unterricht nicht. [C2-W22GH]

Eine der für Erstsemester im Lehramt aber wohl wichtigsten Funktionen der Praktika ist, die eigene Berufswahlentscheidung zu überprüfen, sich zu vergewissern, ob der Beruf »zu einem passt« (385). Tatsächlich findet bei manchen Befragten eine generelle Auseinandersetzung mit der Berufswahlentscheidung statt (386). Sie wollen wissen, auf welchen Beruf sie sich einlassen (387), denn die eigenen Vorstellungen von und Erwartungen an den Beruf könnten sich ja als völlig falsch herausstellen (388). Die Studierenden sehen im Schulpraktikum auch eine notwendige und realistische Rückmeldefunktion über ihren Leistungsstand (389). Offenbar denken einige Studierende schon in den ersten Praktika von den benoteten Unterrichtsversuchen (»Lehrproben«) am Ende des Referendariats her – unabhängig vom Wunsch nach einer weiterführenden Rückmeldung zu den gehaltenen Stunden. Eine Chance sehen einige Studierende der PH Weingarten darin, im Modellversuch »Praxisjahr« (Reinhoffer u. a. 2007; Dieck u. a. 2009; Müller 2010) berufsrelevante Erfahrungen zu sammeln (389).

(385) Der wichtigste Punkt ist, herauszufinden, ob der Job zu einem passt, ob man Spaß hat zu unterrichten. [...]. Diese Einstellung, dass man merkt: das ist mein Job, den will ich machen, das ist toll, das macht Spaß, ich könnte da die ganze Zeit bleiben, ich würde sofort anfangen! [D2-M22RS]

(386) Manchmal denke ich schon: Ist das das Richtige? [...]. Ich komme immer wieder zu dem Schluss, dass es das Richtige ist. Aber im Praktikum, da reflektiert man auf jeden Fall darüber. [H2-W22GH]

(387) Ich finde die Praktika wichtig und dass man sie frühzeitig macht, damit man es, wenn es doch nicht das ist, nicht erst nach dem fünften Semester merkt, sondern früh – dass man weiß, auf was man sich einlässt. [E1-W19RS]

(388) Einfach in der Praxis nochmals überprüfen: Ist die Wahl richtig, stelle ich mir das Richtige vor? Oder hat man nur ein Hirngespinst oder eine Utopie im Kopf, die nicht übereinstimmt mit der Realität? [P2-M22GY]

(389) In der Schulpraxis bekommt man auch die Antwort, wie es jetzt war. [K2-W22GH]

(390) Nach dem zweiten Semester wird das Praxisjahr angeboten. Das werde ich machen bzw. habe mich auf jeden Fall dafür beworben. Das ist, so finde ich, die optimale Möglichkeit um herauszufinden, ob ich Lehrer sein kann, ob das etwas für mich ist und einfach auch, um Erfahrung zu gewinnen. [C1-W20GH]

Erwähnt werden soll auch die grundsätzliche Kritik einer Studentin am Einführungspraktikum (391). Ihre Einwände sind durchaus bedenkenswert. Es ist fatal, wenn etwa Studierende ohne persönlichen Zugang und ohne theologische Ausbildung ihre ersten Unterrichtsversuche gerade im Religionsunterricht absolvieren sollen – ungeachtet der (kirchen-)rechtlichen Fragen. Es erscheint pädagogisch sowohl für Praktikanten als auch für Schüler kaum zu verantworten, wenn Studierende ohne entsprechende fachliche Kenntnisse unterrichten sollen oder müssen. Solche Erfahrungen verweisen auf eine notwendige Prüfung und ggf. Überarbeitung der Konzeption von Einführungspraktika.

(391) Diese Praktika sind für mich völlig unverständlich. [...]. Ich finde das wirklich, wirklich blöd. Als ich z. B. mein Tagespraktikum gemacht habe, bin ich zum ersten Mal in die Schule gekommen und [...] plötzlich, unerwartet für mich, erfahre ich, dass ich Religion in der dritten Klasse unterrichten soll. Ohne Vorbereitung kommen wir in die Schule, damit wir irgendwelche Erfahrungen machen. Das finde ich völlig blöd. Ich studiere Mathematik, Physik und Chemie und ich unterrichte katholische Religion [...]. Warum ist das so? Was kann ich den Schülern beibringen, wenn ich keine Kenntnisse in diesem Fach habe? Ich habe nie eine Religionsstunde [als Schülerin] besucht. [...]. Was für ein Spiel ist das? Die Idee des Einführungspraktikums ist wirklich falsch. Wenn ich keine Kenntnisse habe und Schüler mir Fragen stellen werden: Was soll ich dann machen? [J2-W41RS]

6 Zusammenfassung und Diskussion

In diesem Kapitel werden zentrale Ergebnisse der empirischen Studie zusammengefasst und diskutiert (6.1). Weiterhin werden Herausforderungen markiert und mögliche Perspektiven für die theoretische Modellierung, Lehrerbildung und Lehrerbildungsforschung diskutiert (6.2). Naturgemäß kann und soll eine Zusammenfassung die Lektüre der Einzeldarstellungen in den vorangehenden Kapiteln nicht ersetzen – es kann nicht alles in die Zusammenfassung eingehen. Dennoch soll die nachfolgende Darstellung auch solchen Leserinnen und Lesern, die keine Zeit für eine Gesamtlektüre finden, einen raschen Zugang zu wenigstens einem Teil der Ergebnisse eröffnen. Querverweise deuten auf die umfangreicheren Darstellungen in den vorangehenden Kapiteln hin.

6.1 Zusammenfassung und Diskussion der empirischen Studie

Die empirische Studie hat bereits existierende Forschung repliziert und Daten zu neuen Aspekten der Lehrerbildunsgforschung erhoben. Nicht alles, was vorliegend erfasst und ausgewertet wurde, hat sich für künftige Forschung als interessant oder trangfähig herausgestellt – in diesem Ausschlussprinzip liegt ein Eigenwert. Die Zusammenfassung beschränkt sich auf die Darstellung der wichtigsten, also aussagekräftigsten Befunde entlang der empirischen Kapitel. Im Mittelpunkt stehen Lehramtsunterschiede, längsschnittliche Änderungen und übergreifende Zusammenhänge der Variablen. Auf die Angabe von statistischen Kennwerten, Abkürzungen und Literatur wird weitgehend verzichtet, um eine flüssige Lektüre zu ermöglichen. Die Befunde und Interpretationen sind durch die vorangehend berichteten Daten abgesichert. Interessierte Leserinnen und Leser können sich dort vertieft informieren.

6.1.1 Kurzbeschreibung der Studie

Gegenstand der Studie ist die professionelle Entwicklung Lehramtssstudierender im Rahmen der institutionalisierten Lehrerbildung in Baden-Württemberg (vgl. 2.1.1, S. 115). Sie zielt auf eine grundlegende Bestandaufnahme, die ausgehend von der referierten Forschungslage auf einer empirischen Studie unter Lehramtsstudierenden beruht. Zentrale Fragestellungen sind, welche individuellen Eingangsbedingungen Lehramtsstudierende mitbringen, welche Prozessmerkmale ihre professionelle Entwicklung begleiten und welche Ausbildungserfahrungen sie zu Studienbeginn machen. Die Studie stellt eine breite Datenbasis für künftige Lehrerbildungsforschung sowie für die Neustrukturierung und Optimierung der Studieneingangsphase (exemplarisch für Baden-Württemberg) bereit.
Lehrerbildung in Baden-Württemberg zeichnet sich durch die Besonderheit der zweigeteilten Organisation der ersten Phase (Studium) an Pädagogischen Hochschulen (Grundschul-/Hauptschul-, Realschul- und Sonderpädagogiklehramt) sowie Universitäten (Gymnasiallehr-

amt und höheres Lehramt für Berufsschulen) aus (vgl. 2.1.2, S. 116). Mit der Entscheidung zur Analyse der länderspezifischen Situation soll einerseits dem Defizit an empirischer Lehrerbildungsforschung begegnet werden, andererseits wird das Desiderat aufgenommen, Daten innerhalb eines klar definierten und *spezifischen Lehrerbildungssystems* zu gewinnen. Innerhalb dieser Grenze verfolgt die Studie allerdings eine *breite Untersuchungsanlage*, die es erlaubt, Beziehungen zwischen unterschiedlichsten Dimensionen der empirischen Lehrerbildungsforschung aufzuzeigen. Die Untersuchung kann der Grundlagenforschung zugerechnet werden und muss dort, wo bislang keine ähnlichen Daten vorliegen, als explorativ gelten.

Die Studie erstreckt sich auf *mehrere Institutionen* (alle sechs Pädagogischen Hochschulen sowie die Universitäten Heidelberg und Tübingen), um Aussagen treffen zu können, die sich nicht ausschließlich auf die Eigenarten einer spezifischen Hochschule, deren Standort oder Studierendenklientel beschränken. Daraus lässt sich aber nicht zugleich eine Repräsentativität der Studie für das gesamte Lehrerbildungssystem ableiten (s. u.). Die länderspezifische Situation erfordert weiterhin die *Berücksichtigung beider Hochschultypen*: Pädagogische Hochschule und Universität. Einbezogen werden *Studierende aller allgemeinbildenden Lehrämter*, um die studiengangsbedingten Unterschiede beschreiben zu können. Es können Differenzierungen nach den Lehrämtern für Grund- und Hauptschule, Realschule, Gymnasium sowie Sonderschule vorgenommen werden.

Ein *längsschnittlicher Zugang* ermöglicht es, Aussagen über Veränderungen in der professionellen Entwicklung der befragten Lehramtsstudierenden zu treffen (vgl. Abbildung 9, S. 121). Entwicklung von Professionalität wird dabei als empirisch darstellbare Änderung von Prozessmerkmalen in der Lehrerbildung verstanden. Die untersuchten Prozessmerkmale können selbstregulativen Fähigkeiten, Überzeugungen und Werthaltungen, motivationalen Orientierungen sowie dem Professionswissen zugeordnet werden (Abbildung 2, S. 40). Diese Dimensionen werden operationalisiert und zu *zwei Erhebungszeitpunkten* erfasst, die Perspektive für eine Weiterführung der Studie wird eröffnet. Erhoben werden die Eingangsbedingungen der Lehramtsstudierenden zu Studienbeginn (Erhebungszeitpunkt t_1) und die Veränderung der Variablen im Zeitraum bis Ende des dritten Semesters (t_2). Zu diesem Zeitpunkt liegen erste Erfahrungen mit der Ausbildung vor, die ggf. von den eingangs erfassten Werten abweichende Ausprägungen der Prozessmerkmale zeigen. Es wird davon ausgegangen, dass sowohl institutionelle Faktoren (z. B. das Lehrangebot) als auch nicht-institutionelle Faktoren (z. B. kritische Lebensereignisse) Einfluss auf die Entwicklungsverläufe Lehramtsstudierender haben können. Ausgangspunkt der Beschreibung dieser Entwicklung sind die zu Ausbildungsbeginn bereits vorhandenen *Eingangsbedingungen* Lehramtsstudierender (z. B. ihre soziale Herkunft oder einschlägige Vorerfahrung). Auf deren Grundlage werden Veränderungen der untersuchten *Prozessmerkmale* (z. B. bezüglich Schul- und Erziehungseinstellungen oder der selbsteingeschätzten Kompetenz) nachgezeichnet. Schließlich werden die bislang gemachten *Ausbildungserfahrungen* als Indikator professioneller Entwicklung im Kontext der institutionalisierten Lehrerbildung herangezogen (z. B. Wahrnehmung des Ausbildungsklimas oder Erfolgserleben im Praktikum).

Um die auf Maßnahmen der institutionalisierten Lehrerbildung bezogene professionelle Entwicklung herauszuarbeiten, wurde auch eine *professionsspezifische Vergleichsstichprobe unter Zahnmedizinstudierenden* generiert. Das Zahnmedizinstudium ist stark reglementiert und hoch standardisiert. Aufgrund der organisatorischen Unterschiede beider Ausbildungssysteme lassen sich divergierende Entwicklungen Studierender eher auf die Studienstrukturen zurückführen als bei einer ähnlicheren Vergleichsgruppe. Eine weiteres Desiderat wird mit der Realisierung eines *Zwei-Fächer-Vergleichs zwischen Mathematik- und Theologiestudierenden* aufgenommen, denn obwohl sich der Großteil der Lehrerbildung in den Fächern vollzieht, liegen kaum Studien vor, die fachspezifische Differenzen berücksichtigen. Die beiden Fächer liegen in ihrem Selbstverständnis und in ihrer Ausbildungsstruktur weit auseinander, was Kontrastierungen ermöglicht. Gleichwohl werden Studierende aller Fächer in die Studie mit einbezogen – lediglich der Vergleich erfolgt aus forschungsökonomischen Gründen nur für die genannten Fächer. Der Forderung nach zunehmender Abkehr von Ansätzen, die (ausschließlich) auf Selbstauskünften beruhen, wird die Studie gerecht, indem sie neben den Selbsteinschätzungen der Lehramtsstudierenden auch *korrespondierende Fremdeinschätzungen* von Eltern, Geschwistern und Verwandten (zu Studienbeginn) sowie Kommilitonen (nach dem dritten Semester) erfasst. Schließlich wurden die *Studienabbrecher* im Lehramt mit einem gesonderten Fragebogen befragt, um deren Abbruchmotive darstellen zu können.

Rekrutiert wurde die Lehramts-Stichprobe über die Vorstellung der Studie im Plenum zentraler Informationsveranstaltungen und obligatorischer Einführungsvorlesungen an den Hochschulen sowie zusätzlich vorab durch Beilage eines Informationsblattes zu den Immatrikulationsunterlagen bzw. eines Downloads bei Online-Einschreibungsverfahren. Die Fremdbilder wurden über die befragten Lehramtsstudierenden erreicht. Kontakt zu den Zahnmedizinstudierenden wurde über eine Pflichtveranstaltung hergestellt. Durch verschiedene Maßnahmen wurde in die Pflege der Stichprobe investiert (Informationen zum Stand der Studie, Buchverlosung, Adressdatenaktualisierung usw.).

Die Studie kombiniert *quantitative und qualitative Verfahren* zu einem »Mixed-Methods-Research-Design« (vgl. 2.1.3, S. 128). Die für die Argumentation leitenden quantitativen Daten (Fragebögen) werden durch qualitative Daten (Interviews) inhaltlich validiert, vertieft und exemplifiziert. Das Interviewmaterial gibt außerdem Hinweise auf mögliche Interpretationen der Fragebogendaten. Als Auswertungsverfahren im quantitativen Bereich kommen sowohl deskriptive als auch inferenzstatistische Methoden zum Einsatz. Die Interviews wurden nach der leicht modifizierten Methode des »themenzentrierten Interviews« geführt und inhaltsanalytisch ausgewertet.

Im Anschluss an einen Pretest wurden die *Erhebungsinstrumente* unter Rückgriff auf bereits in anderen Kontexten validierte sowie eigens konstruierte Skalen entwickelt. Die schriftliche Befragung erfolgte in einem kombinierten Paper-pencil- bzw. Online-Verfahren. Zur Anwendung kamen siebenstufige Likert-Skalen sowie Einfach- und Mehrfachantwortformate (Checkbox), in Einzelfällen auch offene Antwortformate (freie Texteingabe). Die Fragebögen sind weitgehend standardisiert. Sieben Bögen kamen zum Einsatz (in beiden Erhebungswellen: je ein Selbst- und Fremdbildfragebogen im Lehramt, je ein Fragebogen in der Zahnmedizin und, unabhängig vom Zeitpunkt, ein Fragebogen für Studienabbrecher). Die fünf Fragebögen im Lehramt können mittels Code jeweils einander zugeordnet werden (»Matching«).

Insgesamt wurden 1 656 Fragebögen (Datensätze) in die *Endauswertung* einbezogen (vgl. 2.2, S. 142). Zu t_1 wurden 1 013 Datensätze für die Analyse aufbereitet (510 Selbstbilder Lehramt; 424 Fremdbilder Lehramt; 79 Selbstbilder Zahnmedizin). In der zweiten Erhebung konnten 643 Datensätze generiert werden, darunter 415 Selbstbilder Lehramt, 164 Fremdbilder Lehramt und 42 Selbstbilder Zahnmedizin. Von 22 Studierenden, die ihr Studium zwischen t_1 und t_2 abgebrochen haben, liegen Daten zu den Motiven ihres *Studienabbruchs* vor (21 Lehramt, einer Zahnmedizin). Weiterhin wurden 32 Interviews mit Lehramtsstudierenden geführt, transkribiert und codiert (16 je Erhebungswelle). Die 16 rekrutierten *Interviewpartner* wurden kontrastiv nach den Merkmalen Geschlecht, Alter, Lehramt/ Hochschultyp, Fächerkombination (Mathematik/ Theologie/ keines der Fächer) und über mehrere Standorte gestreut ausgewählt. Der Verteilung der demografischen Merkmale in der Grundgesamtheit wurde bei der Auswahl der Interviewpartner Rechnung getragen.

Die Probanden wurden in einer *Eingangserhebung (t_1)* vor bzw. zu Beginn ihres Studiums (Wintersemester 2007/ 2008) befragt. Eine *Wiederholungsbefragung (t_2)* wurde nach Abschluss des dritten Semesters dieser Kohorte durchgeführt. 83 % der befragten Erstsemester sind weiblich. Ihr Altersschnitt liegt bei 21.2 Jahren. Bezogen auf die 4 277 Lehramts-Erstsemester, die an den acht Hochschulen begonnen haben (Grundgesamtheit), liegt die Beteiligungsquote zu t_1 bei 12 % aller Studierenden. Die Studie kann *keine Repräsentativität* für Baden-Württemberg beanspruchen. Diese Einschränkung muss neben der geringen Beteiligung bereits aufgrund einer anzunehmenden Positivselektion der Stichprobe durch das Rekrutierungsverfahren und einer (für die Lehrerbildungsforschung typischen) nicht realisierbaren Zufallsauswahl gelten. Repräsentativität erscheint für die durchgeführten Analysen allerdings weniger wichtig: Es wird kein absolutes Ranking vorgenommen, vielmehr werden (längsschnittliche) Zusammenhänge zwischen Variablen beschrieben. Fehlende Werte wurden durch kognitive Pretests (Optimierung der Fragen) eingeschränkt; online wurden die Angaben meist erzwungen. Wegen geringer Ausfälle wurden *fehlende Werte* fallweise gelöscht.

6.1.2 Eingangsbedingungen

Merkmale der Lehramtsstudierenden

Bezüglich der *demografischen Merkmale* (vgl. 3.1, S. 152) geht aus offiziellen Studierendenstatistiken hervor, dass 76 % der Studierenden in der Lehramtskohorte weiblich sind (vgl. 3.1.1, S. 152). Im Studiengang Lehramt an Grund-/ Hauptschulen sowie Sonderschulen sind mehr als vier Fünftel Frauen (jeweils 82 %), im Lehramt Gymnasium (69 %) und Realschule (68 %) sind es immerhin mehr als zwei Drittel. Der Lehrerinnenberuf kann als »Frauenberuf« gelten. Befragte an Pädagogischen Hochschulen sind zu Studienbeginn mit 21.7 Jahren im Schnitt etwas älter als Studienanfänger an Universitäten (20.1 Jahre). Zu Studienbeginn leben 51 % der Befragten in fester Partnerbeziehung oder sind verheiratet, nach dem dritten Semester sind es 56 % (vgl. 3.1.2, S. 153). Immerhin 5 % der Befragten haben zu Studienbeginn bereits ein eigenes oder mehrere eigene Kinder. Alle Befragten mit Kind sind an Pädagogischen Hochschulen eingeschrieben. Zu t_1 sind 47 % evangelisch, 38 % katholisch und lediglich 9 % konfessionslos (vgl. 3.1.3, S. 154).

Studierende verschiedener Lehrämter unterscheiden sich signifikant hinsichtlich ihrer *sozialen Herkunft* (vgl. 3.2, S. 154). Bezüglich der soziökonomischen Stellung und des kulturellen Kapitals werden die Differenzen hoch bedeutsam. Gymnasialstudierende weisen jeweils die größten Ressourcen auf, stufenweise gefolgt von Befragten der Sonderpädagogik und der Grund-/ Hauptschul- und Realschullehrämter. Hinsichtlich des sozialen Kapitals werden die Differenzen schwach signifikant: Gymnasial- und Sonderpädagogikstudierende verfügen hier über vergleichbare Ressourcen, gefolgt von Realschul- und Grund-/ Hauptschulstudierenden. Kontrastieren lassen sich diese Unterschiede nochmals zwischen den Hochschultypen: Universitätsstudierende weisen entlang aller Kapitalsorten eine signifikant höhere soziale Herkunft auf als Befragte an Pädagogischen Hochschulen. Kinder von Eltern höherer sozialer Herkunft gehen häufiger auf ein allgemeinbildendes Gymnasium, während Studierende, die ein berufliches Gymnasium besuchten, bevorzugt aus Familien vergleichsweise niederer sozialer Herkunft stammen. Wenn sich die Lehrerschaft hinsichtlich ihres sozioökonomischen Status unterscheidet und sich zugleich jene Lehrer in »niederen« Lehrämtern auch aus sozial schwächeren Familien rekrutieren, spricht dies zunächst für die Reproduktion sozialer Herkunft im Lehrerberuf und für die Konsolidierung sozialer Disparitäten in der Schule. Ob allerdings Lehramtsstudierende aus bildungsferneren Schichten später im Beruf auch ihre Schüler in irgendeiner Weise benachteiligen, ist anhand der Daten nicht zu prüfen. Es könnte im Gegenteil sein, dass gerade diese Lehrkräfte wegen ihrer Herkunftserfahrung besonders bemüht sind, Kindern und Jugendlichen einen Weg des sozialen Aufstiegs zu eröffnen.

Bezüglich der *sozioökonomischen Stellung* (vgl. 3.2.1, S. 160) zeigen sich ähnliche soziale Rekrutierungsmuster der befragten Lehramtsstudierenden (vergleichbare Verteilungsverhältnisse der einzelnen Sozialklassen zwischen Berufsgruppen). Verglichen mit anderen Faktoren (z. B. Abiturleistung) ist der Einfluss der sozioökonomischen Stellung auf die Lehramtswahl zwar als relevant, zugleich aber als gering einzuschätzen. Für 73 % der künftigen Lehrkräfte bedeutet die Entscheidung für ein Lehramtsstudium keinen sozialen Aufstieg, 49 % reproduzieren die Sozialklasse, aus der sie stammen. Nur für 27 % der Befragten ist das Lehramtsstudium die Perspektive für einen sozioökonomischen Aufstieg, 24 % steigen sogar aus der oberen Dienstklasse ab. Das Lehramt erfüllt daher in Baden-Württemberg eher die Funktion einer Konsolidierung des sozialen Status; als klassischer »Aufstiegsberuf« kann es nicht charakterisiert werden.

Berufsvererbung ist für das Lehramt typisch. 19 % der Befragten haben selbst mindestens ein Elternteil im Lehrerberuf, unter Gymnasialstudierenden sind es sogar 22 %, unter Studierenden des Realschullehramts nur 12 %. Lehramtsstudierende an den Universitäten haben wesentlich öfter auch selbst Lehrer als Eltern als dies bei Befragten der Pädagogischen Hochschulen der Fall ist. Entgegen der Ergebnisse anderer Studien scheint es besonders für männliche Studierende reizvoll zu sein, wie ein Elternteil den Lehrerberuf zu ergreifen.

Studierende aus Familien mit höherer sozioökonomischer Stellung neigen zu einem eher konservativen Verständnis von Bildung, das die Notwendigkeit eines verantwortungsbewussten Handelns in der pluralen Gesellschaft, die dabei hilfreiche Kommunikationsfähigkeit sowie Kenntnis der eigenen und angeborenen kulturellen Identität betont. Insgesamt muss das Vorhersagepotenzial der sozioökonomischen Stellung aber als eher gering eingestuft werden. Ihre Bedeutung als Eingangsbedingung sollte daher nicht überbewertet werden.

Mit Blick auf das *kulturelle Kapital* (vgl. 3.2.2, S. 169) zeigt sich, dass mit 94 % fast alle befragten Lehramtsstudierenden in Deutschland geboren wurden. Von 13 % der Studierenden ist mindestens ein Elternteil im Ausland geboren, von 7 % sind es beide Elternteile. Damit ist anzunehmen, dass für gut ein Zehntel der Befragten der Einfluss einer anderen Kultur auf die erfahrene elterliche Erziehung und Sozialisation mit prägend war. Am stärksten vertreten sind osteuropäische Länder. Studierende aus Migrantenfamilien leben überwiegend bereits in der zweiten oder höheren Generation in Deutschland. 6 % der Befragten sind erst nach ihrer Geburt nach Deutschland gezogen, weitere 6 % während der ersten zehn Lebensjahre, lediglich 1 % waren elf Jahre und älter. Für 97 % der Befragten ist Deutsch die Muttersprache.

Fast die Hälfte der Väter der Befragten, aber nur ein Drittel ihrer Mütter haben Abitur. Die Quote der Eltern ohne Schulabschluss liegt unter 2 %. Insgesamt sind die Abschlüsse deutlich höher als im Bevölkerungsdurchschnitt der Elterngeneration. Während zwei Drittel (66 %) der Gymnasialstudierenden mindestens ein Elternteil mit Hochschulreife haben, trifft dies auf deutlich weniger Eltern der Sonderpädagogik-Studierenden zu (56 %). Unter den Grund-/ Hauptschulstudierenden hat die Hälfte (52 %) mindestens ein Elternteil mit Abitur, unter den Realschulstudierenden bloß die knappe Hälfte (46 %). Nur 6 % der Befragten mit Eltern, die maximal einen Hauptschulabschluss erreicht haben, studieren an Universitäten, im Realschulstudiengang sind dies fast dreimal so viele (17 %).

Während drei Fünftel (59 %) der Gymnasialstudierenden mindestens ein Elternteil mit (Fach-)Hochschulabschluss haben, trifft dies nur auf die knappe Hälfte der Sonderpädagogikstudierenden zu (46.3 %). Unter Grund-/Hauptschulstudierenden haben nur zwei Fünftel (41 %) mindestens ein akademisches Elternteil, unter Realschulstudierenden sogar nur ein knappes Drittel (32 %). Die Realschulstudierenden stammen aus Familien mit dem geringsten, die Gymnasialstudierenden aus solchen mit dem größten Humankapital. In deutlichem positiven Zusammenhang mit dem Humankapital steht der Besitz von Kulturgütern einer Familie (z. B. Musikinstrumente oder Bücher) sowie deren Teilhabe an hoch bewerteten Formen der Kultur (z. B. Theater- und Museumsbesuche).

Je stärker das kulturelle Kapital ausgeprägt ist, desto größer ist die Wahrscheinlichkeit, dass die befragten Studierenden ein höheres Maß an sozialer Unterstützung erfahren sowie geringeren beruflichen Ehrgeiz und Perfektionsstreben zeigen. Wer auf ein hohes kulturelles Kapital zurückgreifen kann, profitiert offenbar eher von seinen Ressourcen und muss weniger Kraft in die Ausbildung investieren. Solche Studierende berichten von weniger kritischen Lebensereignissen, entsprechend geringer ist unter ihnen allerdings auch die Wahrscheinlichkeit einer stark ausgeprägten Fähigkeit zur offensiven Problembewältigung. Kulturelles Kapital dürfte daher förderlich für die Lehrergesundheit sein. Es ist ein stärkerer Prädiktor für höhere Schulleistungen als die sozioökonomische Stellung. Für Studierende mit ausgeprägtem kulturellen Kapital ist es wichtiger, dass die Schule charakterlich gefestigte und autonome Menschen hervorbringt, anstatt in erster Linie Wissen zu vermitteln. Sie orientieren sich bei der Berufswahlentscheidung mit größerer Wahrscheinlichkeit an Vorbildern. Insgesamt lassen sich Lehramtsstudierende mit einem ausgeprägten kulturellen Kapital auch hinsichtlich ihrer berufsspezifischen Haltung als kulturell fokussiert beschreiben.

Hinsichtlich des *sozialen Kapitals* (vgl. 3.2.3, S. 177) zeigt sich, dass in einem durchschnittlichen Haushalt der Lehramtsstudierenden fünf Personen leben. Darunter sind neben den Befragten typischerweise zwei Elternteile und zwei Geschwister. 11 % der Studierenden sind Einzelkinder, 46 % sind Erstgeborene, 20 % Sandwichkinder und 23 % Letztgeborene in der Geschwisterkonstellation. Das Lehramt scheint insbesondere von erstgeborenen Kindern gewählt zu werden. Vermutlich besteht ein Zusammenhang zwischen der Rolle der/des Ältesten in der Verantwortung gegenüber jüngeren Geschwistern und dem Interesse an einem pädagogischen Beruf. Zählt man zu Erstgeborenen außerdem die Einzelkinder, ergibt sich eine Quote von 58 %. Die Befragten stammen aus überdurchschnittlich intakten Familien. Nur 12 % ihrer Eltern sind geschieden, weitere 4 % leben getrennt, 81 % leben hingegen in einer Ehe oder festen Partnerschaft. Von 93 % ist mindestens ein Elternteil in Voll- oder Teilzeit erwerbstätig. Studierende, von denen mindestens ein Elternteil voll erwerbstätig ist, beziehen seltener BAföG und geben häufiger an, finanziell von ihren Eltern abhängig zu sein.

Insgesamt wurden die Lehramtsstudierenden im Elternhaus gut unterstützt. Besonders häufig zeigten die Eltern aus Studierendensicht Interesse an schulischen Belangen. Aktive Unterstützung (z. B. bei Hausaufgaben) ist schwächer ausgeprägt. Je höher das Lehramt, desto häufiger fragten die Eltern auch nach, wie es in der Schule war. Studentinnen nehmen rückblickend mehr erklärende Hilfe seitens ihrer Eltern wahr als Studenten. Die erlebte schulische Unterstützung durch die Eltern ist bei Erstgeborenen am größten, gefolgt von den Einzelkindern. Diese Beobachtung mag mit ein Grund dafür sein, warum sich gerade Erstgeborene für ein Lehramtsstudium entscheiden.

Die Befragten wurden demokratischer erzogen als die Durchschnittsbevölkerung ihren Alters. Sie erfahren eine überdurchschnittlich kommunikative und verhandlungsbasierte Erziehung. In der Arbeiterklasse zeigt sich eine starke Abnahme des demokratischen Erziehungsstils im Vergleich zur Mittelschicht und den Dienstklassen. Das Verhältnis zu ihren Eltern schätzen die Befragten, vergleichbar mit dem Bevölkerungsdurchschnitt in ihrem Alter, zu rund 90 % als eher gut ein. Männliche Grund-/ Hauptschulstudierende haben häufiger ein angespanntes Verhältnis zu ihren Eltern als alle anderen Befragten.

Im Vergleich zum bundesweiten Schnitt zeigen Lehramtsstudierende ein überdurchschnittlich hohes soziales und ehrenamtliches Engagement. 88 % waren bereits in mindestens einem Ehrenamt aktiv. Der Professionsvergleich zeigt, dass diese Zahl auch im Vergleich zu Zahnmedizinstudierenden (77 %) hoch ist. Zwei Drittel der Lehramtsstudierenden sind in einem Verein aktiv, die Hälfte unter ihnen in den Kirchen, ein weiteres Viertel in Projekten, selbst organisierten Gruppen oder Netzwerken. Männliche Studierende sind häufiger in einem Verein aktiv als weibliche, Uni-Studierende engagieren sich öfter in einem Projekt, einer selbstorganisisierten Gruppe oder einem Netzwerk als Studierende der Pädagogischen Hochschulen. Gymnasialstudierende mit Fach Mathematik sind substanziell häufiger in Vereinen aktiv als solche mit Fach Theologie. Letztere engagieren sich aber deutlich häufiger in den Kirchen, was auf eine überdurchschnittlich starke kirchliche Sozialisation der Theologiestudierenden hinweist. Je mehr verschiedenen Formen des Engagements die Studierenden bereits nachgegangen sind, desto größer ist die Anzahl ihrer pädagogischen Vorerfahrungen. Lehramtsstudierende sind häufiger in Kirchen engagiert, während Zahnmedizinstudierende tendenziell häufiger beim Rettungsdienst oder der Freiwilligen Feuerwehr aktiv sind.

Wie zuvor das kulturelle Kapital erhöht auch ein höheres Maß an sozialem Kapital die Wahrscheinlichkeit einer stärkeren sozialen Unterstützung erheblich. Wer über größere soziale Ressourcen verfügt, wird sich bei der Erziehung eigener Kinder wahrscheinlicher an der selbst erlebten elterlichen Erziehung orientieren. Tendenziell orientieren sich solche Studierende im Rahmen eigener Unterrichtsversuche auch eher am Unterrichtsstil eigener Lehrer. Studierende mit ausgeprägtem sozialen Kapital werden wahrscheinlich mehr verschiedene pädagogische Vorerfahrungen ins Studium mitbringen. Sie werden meist auch das Unterrichts- und Schulklima an ihrer früheren Schule besser beurteilen. Ihr unternehmerisches und soziales Interesse ist stärker ausgeprägt. Ein hochgradiges soziales Kapital führt außerdem mit größerer Wahrscheinlichkeit zu der Erziehungsvorstellung, ohne Druck und Disziplin könne auch die beste Lehrkraft nichts erreichen. Ingesamt verfügen Studierende mit großen sozialen Ressourcen nicht nur über unterstützende Netzwerke, sie bewerten auch das soziale Miteinander in Elternhaus und Schule positiver.

Mit Blick auf den *schulischen Bildungsweg und die Vorbildung* der Lehramtsstudierenden (vgl. 3.3, S. 188) zeigt sich, dass Studierende des Realschullehramts ihre Hochschulreife am häufigsten in Baden-Württemberg erworben haben (84 %), Studierende in den gymnasialen Studiengängen seltener (72 %), Befragte der Sonderpädagogik (67 %) und des Grund-/Hauptschullehramts (65 %) am seltensten (vgl. 3.3.1, S. 188). Insgesamt ist eine Bindung der Lehramtsstudierenden an das Bundesland zu beobachten, in dem sie das Abitur abgelegt haben. Die Erwartung, Pädagogische Hochschulen würden eine stärker lokal verwurzelte Lehramtsklientel ansprechen als die Lehrerbildung an Universitäten, bestätigt sich vorliegend nicht.

Lehramtsstudierende, die ein Allgemeinbildendes Gymnasium besucht haben, stammen aus Familien höherer sozioökonomischer Stellung als jene, die ihre Hochschulreife an einem Beruflichen Gymnasium erworben haben (vgl. 3.3.2, S. 189). Während die Gymnasialstudierenden ihr Abitur fast ausschließlich an den Allgemeinbildenden Gymnasien ablegten (87 %), sind die Grund- und Hauptschulstudierenden deutlich seltener (72 %) und Realschulstudierende nur zur Hälfte (53 %) den »klassischen« gymnasialen Bildungsweg gegangen. Die Befragten an den Pädagogischen Hochschulen besuchen häufiger als Uni-Lehramtsstudierende die Beruflichen Gymnasien. Der Professionsvergleich zeigt, dass Zahnmedizinstudierende häufiger als Lehramtsstudierende die Oberstufe an Allgemeinbildenden Gymnasien besucht haben (89 %). Ein Viertel (25 %) der befragten Studierenden des Realschullehramts hat früher selbst einmal die Realschule besucht. Unter den Grund-/Hauptschul- und Realschulstudierenden haben jeweils 5 % der Befragten einen Aufstieg von der Hauptschule bis zum Abitur vollzogen. Die geradlinigste Schulbildung haben die Gymnasialstudierenden durchlaufen (nur 9 % besuchten mehr als eine weiterführende Schule).

Insgesamt erreichen die befragten Lehramtsstudierenden mit einem Abiturschnitt der Note 2.25 Schulleistungen, die etwas über dem Abiturschnitt in Baden-Württemberg für das Jahr 2007 von 2.32 liegen (vgl. 3.3.3, S. 191). Zugleich schneiden sie schlechter ab als Zahnmedizinstudierende (Durchschnitt: 1.94), Gymnasialstudierende erreichen allerdings ein vergleichbar gutes Abitur. Je höher das angestrebte Lehramt, desto besser sind die Abiturnoten der Studierenden (bei Gymnasialstudierenden über einen halben Notenwert höher als im Grund-/Hauptschullehramt). Es zeigt sich eine moderate Beziehung zwischen Abiturnote und sozialer Herkunft, gemessen an sozioökonomischer Stellung und kulturellem Kapital. Studierende höherer sozialer Herkunft erreichen bessere Abiturnoten. Ein besserer Schnitt ist Hinweis auf Befragte mit stärkerem Erfolgserleben im Beruf bzw. bei Studienaktivitäten, größerer Lebenszufriedenheit und geringerem Belastungserleben bei kritischen Lebensereignissen. Gute Noten sind zu Studienbeginn auch ein schwacher Prädiktor von Studieninteresse und für erhöhte Studienzufriedenheit nach dem dritten Semester.

Rund zwei Drittel aller Grund-/Hauptschul- und Sonderpädagogikstudierenden können umfangreichere Aktivitäten zwischen Abitur und Studienbeginn vorweisen, während mehr als die Hälfte der Gymnasialstudierenden direkt nach der Schule mit dem Studium beginnt (vgl. 3.3.5, S. 195). Die künftigen gymnasialen Lehrkräfte »rutschen« damit mehrheitlich »von der Schule in die Schule«, während Sonderpädagogikstudierende die Zeit zwischen Schule und Studium fast geschlossen nutzen, um Distanz zu gewinnen und Erfahrungen zu sammeln. 54 % der Befragten an Universitäten, aber nur 28 % an Pädagogischen Hochschulen beginnen direkt nach der Schule zu studieren.

Eine abgeschlossene berufliche Qualifikation bringen ein Sechstel der befragten Sonderpädagogik- und Realschulstudierenden, aber nur ein Zwölftel der Grund-/Hauptschulstudierenden und fast keine Gymnasialstudierenden ins Lehramtsstudium mit. Für 98 % der Lehramtsstudierenden an Universitäten, aber nur für 89 % an Pädagogischen Hochschulen ist das

Lehramtsstudium die berufliche Erstausbildung. Ein Erststudium ist das Lehramt für 68 % der Befragten. Die Abbruchquote vorzeitiger beruflicher Qualifikation ist unter den Grund-/ Hauptschulstudierenden mit 17 % am größten und nimmt über das Realschul-, Gymnasial- und Sonderschullehramt um je rund 4 % ab. Es fällt insgesamt auf, dass vor der Aufnahme des Lehramtsstudiums überwiegend Ausbildungsberufe abgeschlossen, Studiengänge hingegen abgebrochen wurden. Dies deutet auf eine eher geringe Bereitschaft hin, ein Lehramtsstudium als »volles« Zweitstudium zu verfolgen.

Unter männlichen Befragten haben 6 % Wehrdienst geleistet, 46 % haben sich für Ersatzdienst (»Zivildienst«) entschieden. Ein Freiwilliges Soziales Jahr (FSJ) etc. haben ein Fünftel aller Lehramtsstudierenden (21 % weiblich; 12 % männlich) absolviert. Die Hälfte aller Sonderpädagogikstudierenden, fast ein Viertel der Grund-/Hauptschulstudierenden, aber nur ein Zehntel der Realschulstudierenden und noch weniger Gymnasialstudierende entscheiden sich für ein solches Jahr. Im Lehramt besteht insgesamt eine starke Tendenz zur Vorbildung im Rahmen von sozialen und diakonischen Pflichtpraktika und Freiwilligendiensten. Ein knappes Drittel der Sonderpädagogik- und ein Fünftel der Grund-/Hauptschulstudierenden haben vor Studienbeginn ein freiwilliges Praktikum absolviert. Knapp jeder vierte Lehramtsstudierende macht einen Auslandsaufenthalt vor Beginn des Studiums (Au Pair, »Work and Travel«, Missionseinsatz, Sprachreise, Auslandspraktikum). Rund ein Fünftel aller befragten Grund-/Haupt- und Realschulstudierenden war bereits in einem anderen Studiengang immatrikuliert, unter Gymnasial- und Sonderpädagogikstudierenden nur ein Zehntel. 80 % der Befragten geben an, neben Deutsch mindestens eine weitere Sprache fließend zu sprechen. Unter Gymnasialstudierenden sind es 92 %, im Realschullehramt 79 %, im Grund-/Hauptschullehramt 75 % und im Sonderpädagogiklehramt nur 65 % (vgl. 3.3.6, S. 198).

Vorerfahrungen der Lehramtsstudierenden

Die Lehramtsstudierenden geben in der Tendenz an, »sehr häufig« *pädagogische Vorerfahrungen* mitzubringen (vgl. 3.4.1, S. 199). Allerdings haben 10 % der Befragten für einzelne Kinder und Jugendliche noch »gar nie« Freizeitaktivitäten gestaltet, bezüglich Gruppen-Freizeitangeboten sind es 14 %. Einzelne Kinder und Jugendliche trainiert oder unterrichtet haben 11 % noch »gar nie«, bezogen auf Training oder Unterricht in Gruppen sind dies 33 %. Erfahrung mit geplant-konzentrierter Arbeit in Gruppen, die schulischer Unterrichtsarbeit ähnelt, fehlt einem Drittel künftiger Lehrkräfte, während 24 % angeben, diese »sehr oft« gemacht zu haben. Die künftigen Primar- und Sonderpädagogen haben sich häufiger mit Individuen beschäftigt, während bei den künftigen Sekundarlehrkräften öfter eine Quasi-Unterrichtsarbeit als pädagogische Vorerfahrung mitgebracht wird. Es lässt sich also ein Zusammenhang zwischen der Interessenlage an pädagogischer Arbeit vor Studienbeginn und der Entscheidung für ein bestimmtes Lehramt vermuten. Eng mit pädagogischen Vorerfahrungen hängt auch das soziale und ehrenamtliche Engagement der Befragten zusammen. Die Erfahrungen mit pädagogischem Engagement vor Studienbeginn fallen i. d. R. äußerst positiv aus und sind prägend. Studierende mit vielfältigeren pädagogischen Vorerfahrungen berichten wahrscheinlicher von einem geringeren berufsspezifischen Kompetenzzuwachs.

Das *Klassen-, Unterrichts- und Schulklima* beurteilen Lehramtsstudierende im Rückblick auf ihre Schulzeit tendenziell positiv, während das *Sozialklima* eher negativ bewertet wird (vgl. 3.4.2, S. 203). Gymnasialstudierende erinnern das Unterrichtsklima deutlich positiver als

Befragte an Pädagogischen Hochschulen. Das Schulklima wird von Gymnasialstudierenden, aber auch von Realschulstudierenden besser bewertet als im Grund-/Hauptschul- und Sonderpädagogiklehramt. Die Lehramtsstudierenden unterscheiden sich in ihrer Haltung gegenüber Lehrern, bei denen sie selbst Unterricht hatten. Eine Minderheit berichtet von mehrheitlich positiven, die Mehrzahl verweist auf eher schlechte Erfahrungen mit Lehrern. Negative Erinnerungen gehen auf Angst und Langeweile sowie eine schlechte Vorbereitung der Lehrkräfte zurück, oder es wird an deren Berufswahl und pädagogischen Eignung gezweifelt.

Die Erstsemester möchten selbst eher nicht so unterrichten, wie es die eigenen Lehrer taten. Gymnasialstudierende würden noch am ehesten »genau so« unterrichten wie ihre eigenen Lehrer, unter den Grund-/Hauptschulstudierenden würden dies nur einzelne Befragte tun und von den Realschul- und Sonderpädagogikstudierenden niemand. Studierende mit geringerem kulturellen und sozialen Kapital sind eher geneigt, den Unterrichtsstil ihrer Lehrer abzulehnen, womöglich weil sie sich selbst stärker benachteiligt oder nicht ausreichend unterstützt fühlten. Diese Ablehnungstendenz nimmt mit steigendem Altersabstand zur eigenen Schulzeit zu. Studierende orientieren sich besonders dann an den eigenen Lehrern, wenn sie ein positives Schulklima, Unterrichtsklima, aber auch Sozialklima und Klassenklima erlebt haben. Im Längsschnitt zeigt sich eine zunehmende Ablehnung der Orientierung am Unterrichtsstil der eigenen Lehrer. Diese Bewegung ist im Sonderpädagogiklehramt besonders stark ausgeprägt, nur im Gymnasiallehramt zeigt sich die gegenteilige Tendenz.

Bei der Erinnerung an die selbst erfahrene *Erziehung im Elternhaus* stellen die befragten Lehramtsstudierenden positive Beziehungen mit der Unterstützung durch Eltern bei schulischen Belangen her (vgl. 3.4.3, S. 207). Studierende, deren Eltern sich mehr um schulische Belange gekümmert haben, sehen das elterliche Erziehungsverhalten auch stärker durch emotionale Wärme und weniger Ablehnung und Strafe geprägt. Wer selbst Unterstützung in schulischen Belangen erfahren hat, orientiert sich viel eher am Erziehungsverhalten der eigenen Eltern. Die Befragten haben insgesamt recht wenig Ablehnung und Strafe erfahren, während ihnen viel emotionale Wärme im Elternhaus zuteil wurde. Knapp die Hälfte der Befragten fühlt sich rückblickend aber zu sehr kontrolliert und überbehütet. Außerdem wurde der Mehrheit der Befragten schon früh Verantwortung übertragen. Die Lehramtsstudierenden orientieren sich bei ihren Erziehungsvorstellungen eher an Eltern als an Lehrern – wenngleich Unterrichts- und Erziehungsarbeit natürlich nicht leichtfertig gleichgesetzt werden dürfen. Die demokratisch erzogenen Lehramtsstudierenden haben durch ihre Eltern nach eigener Auskunft die geringste Ablehnung und Strafe erfahren, sogar deutlich weniger als die laissez-faire Erzogenen. Diesen wurde zugleich mit Abstand am meisten emotionale Wärme geschenkt. Kontrolle und Überbehütung erfahren demokratisch erzogene Befragte vergleichbar wenig wie die laissez-faire Aufgewachsenen; die autoritär Erzogenen signifikant mehr. Je besser die Lehramtsstudierenden heute mit ihren Eltern auskommen, desto weniger Ablehnung und Strafe und desto mehr emotionale Wärme haben sie in ihrer Erziehung erfahren.

Viele Befragte sehen im Erziehungsauftrag eine *Verbindung der pädagogischen Beziehung* zwischen Lehrern und Schülern mit der zwischen Eltern und Kindern (vgl. 3.4.4, S. 211). Die erziehungsbezogenen Prägungen aus dem Elternhaus schlagen sich demnach aus Sicht der Erstsemester zumindest implizit auch im Unterricht nieder. Insgesamt wird aber eine deutliche Differenz zwischen familiärer Erziehung und Unterricht artikuliert, die im Kern auf zwei Aspekte zurückzuführen ist: Betont wird auf der einen Seite der Unterschied zwischen einer individuellen Beziehung im Familienleben und der Interaktionen mit vielen Kindern in der

Schule, andererseits sehen die Befragten schon zu Studienbeginn durchaus eine Differenz zwischen Eltern- bzw. Familienrolle und Lehrerrolle. Zumindest teilweise thematisieren sie dabei auch Merkmale eines professionellen Rollenverständnisses.

Die *Berufswahlreife* der befragten Studierenden ist recht hoch und zwischen Lehrämtern vergleichbar (vgl. 3.4.5, S. 213). Sie scheinen sich i. d. R. bei der Berufswahl sicher zu sein, haben sich über den Beruf informiert und zeigen bei der Entscheidung Eigeninitiative. Aus Sicht Fremdeinschätzender sind Lehramtsstudierende bei der Berufswahl sicherer und entschiedener als sie dies selbst beurteilen, Zahnmedizinstudierende sind noch entschlossener. Pädagogische Vorerfahrungen helfen einzuschätzen, was der Lehrerberuf mit sich bringt.

Bedeutung der Persönlichkeitsmerkmale

In einem weiteren Schritt wurden die als weitgehend konstant geltenden *Persönlichkeitsmerkmale* (»Big Five«) erfasst (vgl. 3.5, S. 215). Das Persönlichkeitsmerkmal Verträglichkeit ist unter Lehramtsstudierenden stärker ausgeprägt, je mehr das gewählte Lehramtsprofil auf die individuelle Förderung von Schülern zielt, ist also unter Sonderpädagogikstudierenden am größten und nimmt über das Grund-/ Hauptschullehramt bis hin zum Realschul- und Gymnasiallehramt deutlich ab. Lehramtsstudierende an Universitäten sind tendenziell offener für neue Erfahrungen als jene an Pädagogischen Hochschulen, weisen aber die beschriebene geringere Verträglichkeit auf. Gymnasialstudierende mit Fach Mathematik zeichnen sich durch höhere Gewissenhaftigkeit aus und sind demnach als organisierter, sorgfältiger, effektiver oder zuverlässiger zu beschreiben als dortige Studierende mit Fach Theologie. Je höher die sozioökonomische Stellung der Befragten ist, desto geringere Verträglichkeitswerte erreichen sie. Das soziale Kapital weist schwache positive Bezüge zur Gewissenhaftigkeit und Extraversion auf. Unter Studentinnen ist die Verträglichkeit erheblich stärker ausgeprägt als unter ihren Kommilitonen, eine Tendenz besteht auch bezüglich der Gewissenhaftigkeit.

Im Professionsvergleich fällt auf, dass die Merkmale Offenheit und besonders Verträglichkeit bei den künftigen Lehrkräften erheblich stärker ausgeprägt sind als unter Zahnmedizinstudierenden. Eine große Offenheit für Erfahrungen ist im Lehrerberuf deshalb förderlich, weil offene Personen ihre eigenen Gefühle deutlicher wahrnehmen und an persönlichen und öffentlichen Vorgängen stärker interessiert sind. Sie können als wissbegierig, intellektuell und phantasievoll charakterisiert werden und hinterfragen bestehende Normen kritisch. Außerdem sind sie in ihrem Urteil unabhängig und bereit, neue Handlungsweisen zu erproben. Substanziell höhere Verträglichkeitswerte verweisen auf eine ausgeprägt stärkere altruistische Neigung Lehramtsstudierender. Sie begegnen anderen mit größerem Verständnis, Wohlwollen und Mitgefühl, sind hilfsbereit und empfänglich für die Hilfe anderer. Außerdem kennzeichnet eine hohe Verträglichkeit zwischenmenschliches Vertrauen und Harmoniebedürfnis. Die angehenden Lehrkräfte erweisen sich damit im Blick auf den zwischenmenschlichen Umgang mit Schülern, Eltern und Kollegen als geeignet für den Beruf.

Die zentrale Beobachtung aus dem Selbst-Fremdbild-Vergleich ist, dass Persönlichkeitseigenschaften, die in starkem Maße emotional konnotiert sind, von außen sogar im Familien- und Freundeskreis schwächer wahrgenommen werden als Lehramtsstudierende dies selbst tun. Unterschätzt werden etwa ihre Ängstlichkeit, ihre Depressionsneigung, ihre Offenheit für Gefühlsäußerungen und ihre altruistische Neigung. Vermutlich kann der Schulalltag solche Verzerrungen zwischen Selbst- und Fremdbild noch verstärken, sodass Schüler die Emotionen ihrer Lehrer eher unterschätzen. Zumindest aber ist zu erwarten, dass Lehrer z. B. bei Unterrichtsstörungen oder Kritik stärker emotional betroffen sind, als dies seitens der Schüler wahrgenommen wird. Dies erfordert eine Klärung der Beziehungsebene im Unterricht.

Werden Persönlichkeitsmerkmale als Prädiktorvariablen verstanden, lassen sich folgende grobe Linien erkennen: Befragte mit *neurotischer* Neigung erwarten von sich selbst weniger Erfolg in der Schulpraxis und fühlen sich vermehrt durch kritische Lebensereignisse belastet. Sie weisen ein höheres Risiko auf, durch den Berufsalltag (gesundheitlich) belastet zu werden. Stärker *extravertierte* Lehramtsstudierende bringen umfangreichere pädagogische Vorerfahrungen und eine stärkere intrinsische Motivation mit. Sie blicken dem Unterrichten mit hohen Erfolgserwartungen entgegen und weisen eine erhöhte Distanzierungsfähigkeit auf, was als positiver Hinweis auf die erfolgreiche Bewältigung des Berufsalltags gedeutet werden kann. *Offene* Studierende werden mit hoher Wahrscheinlichkeit überdurchschnittliche Leistungen erzielen und sind stärker am Fachstudium orientiert. Befragte mit *verträglicher* Persönlichkeitsausprägung erweisen sich als stärker sozial orientiert und pädagogisch motiviert. Ihr berufliches Engagement ist vergleichsweise schwächer. Befragte mit einer *gewissenhaften* Persönlichkeit investieren schließlich überdurchschnittlich viel Zeit und Kraft in ihr Studium und sind hoch leistungsmotiviert. Sie haben an sich selbst hohe Erwartungen und streben nach beruflichem Erfolg, worin auch eine Neigung zu exzessivem Engagement besteht.

Im Anschluss an die Interviews besteht aus Studierendensicht ein generelles Bewusstsein darüber, dass Extraversion eine für die Ausübung des Lehrerberufs positive oder sogar notwendige Eigenschaft ist. Gerade Befragte, die sich selbst als eher introvertiert bezeichnen, problematisieren diese Selbsteinschätzung im Hinblick auf den Unterricht. Sie sehen sich im Nachteil gegenüber extravertierten Mitstudierenden, die es vor der Klasse »leichter« hätten oder haben Respekt vor den beruflichen Anforderungen. Manche Gesprächspartner artikulieren, es sei situationsabhängig, ob sie ihre eher extravertierte oder introvertierte Seite zeigten – beide Persönlichkeitsausprägungen seien in ihnen vereint. Einzelne Befragte würdigen auch die Bedeutung introvertierter Phasen im Lehreralltag.

Begleitumstände der Entwicklung von Professionalität

Nur 13 % der befragten Lehramtsstudierenden geben zu Studienbeginn an, überhaupt keine Probleme bei der Finanzierung des Studiums zu haben (vgl. 3.6.1, S. 230). Sozioökonomisch höhergestellte Studierende erhalten seltener BAföG und sehen sich durch die Kosten des Studiums finanziell geringer belastet. Wer häufiger von kritischen Lebensereignissen berichtet, sieht sich auch stärker durch die Kosten des Studiums belastet, erhält häufiger BAföG und muss neben dem Studium öfter Geld verdienen. Vereinfacht lässt sich annehmen, dass schwierige Lebenssituationen die Finanzierung des Studiums erschweren. Nur ein gutes Drittel der Gymnasialstudierenden muss neben dem Studium selbst Geld verdienen, obwohl das im Schnitt knapp die Hälfte aller Lehramtsstudierenden tut.

Für Studierende, die neben dem Studium einem Job nachgehen, ist zu Studienbeginn Nachhilfeunterricht der üblichste Weg, Geld zu verdienen (15 %). Ebenfalls häufig arbeiten sie als Aushilfe im Verkauf, an der Kasse oder im Supermarkt (13 %). An dritte Stelle folgt die Gastronomie (11 %). Nach dem dritten Semester fällt auf, dass nun ein noch höherer Prozentsatz an Studierenden Nachhilfeunterricht erteilt (19 %), und das, obwohl neben der etwa gleich bleibenden Zahl an Jobs im Bereich Verkauf/Kasse/Supermarkt (15 %) nun häufig die

Arbeit als studentische Hilfskraft eine Finanzquelle ist (14 %). Insgesamt arbeiten Lehramtsstudierende häufig in den für sie typischen, d. h. in mit ihrer späteren Berufstätigkeit verwandten Aushilfsjobs wie Nachhilfe-, Musik- oder Sportunterricht, sind im Sozialwesen tätig oder betreuen Kinder. Zahnmedizinstudierende arbeiten vergleichsweise häufiger in der Altenpflege, in Behinderteneinrichtungen und im Gesundheitswesen.

Ein weiterer Indikator für die finanzielle Stellung der Studierenden ist ihre *Wohnsituation* (vgl. 3.6.2, S. 232). Lehramtsspezifische Unterschiede werden nicht signifikant, wenngleich angehende Sonderpädagogen zu Studienbeginn auffällig seltener bei Eltern und Verwandten wohnen (13 %) als der Durchschnitt (23 %) und stattdessen häufiger in Wohngemeinschaften leben (35 %). Es sind insbesondere Einzelkinder, die noch bei den Eltern leben (43 %). Verheiratete Lehramtsstudierende hingegen wohnen zu 79 % in einer größeren Miet- oder Eigentumswohnung. Während im Alter von maximal 19 Jahren noch 44 % bei ihren Eltern oder bei Verwandten leben, sind es unter den mindestens 26-Jährigen gerade noch 6 %. Zahnmedizinstudierende wohnen im Vergleich zu Lehramtsstudierenden deutlich seltener im Elternhaus, bei Verwandten oder im Studentenwohnheim. Häufig leben sie in privat angemieteten Zimmern oder größeren Wohnungen (zusammen 49 %) und wohnen damit eigenständiger und exklusiver. Während zu Studienbeginn noch 31 % der Lehramtsstudierenden bei Eltern oder Verwandten wohnen, sind es nach dem dritten Semester nur noch 23 %.

Die Anzahl der bis Studienbeginn erlebten *Umzüge* der Befragten kann ergänzend eine Information darüber sein, wie stark sie örtlich verankert oder gar gebunden sind. Grund-/ Hauptschulstudierende sind zu t_1 bereits häufiger umgezogen (2.5 mal) als Realschulstudierende (1.8 mal) und Befragte des Gymnasiallehramts (1.5 mal). Dies überrascht, wird doch gerade den Uni-Studierenden landläufig eine höhere Mobilität bei der Wahl des Studienortes nachgesagt. Im Vergleich zur ersten Erhebungswelle zeigt sich für die Zeit von Studienbeginn bis nach dem dritten Semester (t_2) ein gegensätzliches Bild: In diesem Zeitraum sind es gerade Uni-Studierende, die häufiger einen Umzug erlebt haben. Der Unterschied ist wohl mit dem angespannten Wohnungsmarkt an den Standorten Tübingen und Heidelberg zu erklären. Denkbar ist aber auch, dass Gymnasialstudierende vergleichsweise häufiger erst nach Studienbeginn an den Hochschulort ziehen.

Da eine eher geringe *Mobilität* von Beginn an den Besuch bestimmter Hochschulen verhindern und damit auch Ausbildungswege in bestimmte Lehrämter verschließen kann, ist diese ein wichtiges Moment bei der Wahl des Studienorts (vgl. 3.6.3, S. 233). Die befragten Lehramtsstudierenden zeichnen sich zu Studienbeginn durch eine eher geringe Mobilitätsbereitschaft aus. Dennoch ist ihre berufliche Mobilität etwas höher ausgeprägt als unter künftigen Zahnmedizinern. Dies ist sicher dadurch zu erklären, dass ein Studium der Zahnmedizin, noch stärker als ein Lehramtsstudium, auf ein enges Berufsbild vorbereitet und Beschäftigungsperspektiven neben dem Zahnarztberuf weitgehend ausschließt. Sowohl im Lehrer- als auch im Zahnarztberuf ist unterdessen eine gewisse geografische Mobilität erforderlich, um nach abgeschlossener Ausbildung einen Arbeitsplatz finden zu können. Die geografische Mobilität nimmt mit höherer sozioökonomischer Stellung moderat zu. Berufliche Mobilität ist unter Studentinnen etwas schwächer ausgeprägt. Fremdeinschätzungen der Studierenden korrelieren hoch mit deren Selbsteinschätzungen. Die hohe Übereinstimmung lässt ein relativ unverzerrtes Bild der eigenen Wahrnehmung der Mobilitätsbereitschaft erwarten. Diese Differenzen lassen sich ähnlich auch nach dem dritten Semester beobachten. Zentrales Motiv einer regionalen Studienortwahl ist eine starke Verbundenheit mit dem Heimatort. Einigen

Studierenden fällt offensichtlich eine Loslösung vom gewohnten sozialen Umfeld (zumindest in letzter Konsequenz) schwer, andere haben familiäre Verpflichtungen, die geografische Mobilität offenbar prinzipiell ausschließen. Bestehende Sozialkontakte der Familie werden als gewichtiges Argument für eine örtliche Gebundenheit angeführt.

Neben die berufliche tritt die private Biografie, in der *kritische Lebensereignisse* zumindest in bestimmten Phasen die Ausbildung stärker prägen können als die institutionalisierte Lehrerbildung (vgl. 3.6.4, S. 237). Zu Studienbeginn äußern Lehramtsstudierende zu 94 %, in den letzten sechs Monaten von mindestens einem aus 20 aufgelisteten kritischen Lebensereignissen betroffen gewesen zu sein, 59 % sogar von drei oder mehr. Durchschnittlich wurden die Befragten von gut drei Ereignissen getroffen, die sie im Schnitt zumindest mäßig belastet haben. Fast zwei Drittel aller Befragten liegen im Streit mit Partnern, Nachbarn oder Verwandten, was auch als größere Belastung empfunden wird. Ein knappes Drittel der Studierenden leidet bereits zu Studienbeginn unter Schlaflosigkeit und Schlafstörungen, vergleichbar viele Befragte mussten sich mit der schweren Krankheit einer nahestehenden Person auseinandersetzen. Immerhin 23 % leiden bereits unter Übergewicht, Magersucht oder vergleichbaren Essstörungen. Weitere 22 % der Befragten nennen finanzielle Schwierigkeiten als Belastungsfaktor. Gerade im Hinblick auf die gesundheitlichen Beeinträchtigungen bei Schlaf und Ernährung kann etwa ein Drittel der Befragten schon zu Studienbeginn als erheblich belastet gelten. Diese Beobachtung lässt vermuten, dass eine hohe Belastung von Lehrpersonal nicht nur Folge des Berufsalltags ist. Realschul- und Grund-/Hauptschulstudierende sehen sich etwas häufiger betroffen als Gymnasial- und Sonderpädagogikstudierende. Studentinnen nennen mehr kritische Lebensereignisse und empfinden sich als stärker belastet. Zu t2 haben sich die eingangs beobachtbaren Lehramtsunterschiede nivelliert. Studentinnen nennen weiterhin mehr kritische Ereignisse und fühlen sich im Schnitt stärker durch diese belastet. Im Ganzen erscheint der Studienalltag in den ersten drei Semestern eine positive Auswirkung auf die Wahrnehmung kritischer Lebensereignisse zu haben. Sowohl die absolute Anzahl der Nennungen als auch der empfundene Belastungsgrad gehen etwas zurück. Ein hohes, durch kritische Lebensereignisse bedingtes Belastungserleben zum zweiten Erhebungszeitpunkt erhöht insbesondere das Risiko der Lehramtsstudierenden, eine geringere Distanzierungsfähigkeit und zugleich eine höhere Verausgabungsbereitschaft zu zeigen. Mit höherer Wahrscheinlichkeit erleben sie weniger soziale Unterstützung und resignieren bei Misserfolgen schneller. Ein durch kritische Ereignisse hervorgerufenes Belastungserleben ist daher für die berufliche Belastung und somit für die psychische Gesundheit im Lehrerberuf relevant. Kritische Lebensereignisse haben daher durchaus eine Bedeutung für die (berufs-)biografische Entwicklung.

Studiensituation in den Lehramtsstudiengängen

Die *Motive der Entscheidung für ein bestimmtes Lehramt* lassen sich zusammenfassend als *klientelspezifisch* (Alter, attribuierte Verhaltensmuster usw. der Schüler) oder *inhaltsspezifisch* (Realisierung bestimmter Fächer, Theorie vs. Praxis, vermutete Unterschiede des Charakters der Studiengänge usw.) deuten (vgl. 3.7.1, S. 241). Zugleich werden solche Motivlagen in vielen Fällen der Berufswahlentscheidung nachgeordnet sein und von dieser determiniert. Auch Faktoren wie die geografische Mobilität werden die Lehramtsentscheidung beeinflussen: Wer die vom Heimatort nächstgelegene Hochschule wählt, wird folglich nur zwischen den dort angebotenen Studiengängen entscheiden können. Das im Vergleich zu Pädagogischen Hochschulen dem Universitätsstudium zugeschriebene höhere Leistungs- und Anforderungsniveau mag oftmals eine Präselektion bei der Lehramtsentscheidung bedeuten. Es ist also keineswegs davon auszugehen, dass sich Studierende aus überwiegend intrinsischen Motiven für ein bestimmtes Lehramt entscheiden. Gerade weil an unterschiedlichen Hochschulstandorten und -typen generell nicht alle Lehrämter angeboten werden, dürfte die Präselektion im Lehrerbildungssystem Baden-Württembergs überdurchschnittlich stark ausfallen.

Die einzelnen Studienfächer können in unterschiedlichen *Gewichtungen* studiert werden (vgl. 3.7.3, S. 243). Im Gymnasialstudiengang wird zwischen Haupt- und ggf. Beifächern unterschieden, im Sonderpädagogikstudiengang zwischen Pflichtfach und einem zusätzlichen Fach. In den Grund-/Hauptschul- und Realschullehrämtern lässt sich zwischen Hauptfach, Leitfach und affinem Fach mit abnehmender Anzahl der verpflichtenden Semesterwochenstunden differenzieren. Gerade das Fach Evangelische Theologie wird an Pädagogischen Hochschulen kaum noch als Hauptfach (4 %), nur von einer Minderheit als Leitfach (35 %) und von der überwiegenden Mehrheit als affines Fach (61 %) studiert. Für das Fach Katholische Theologie lässt sich eine noch deutlichere Tendenz hin zu einer affinen Fachgewichtung erkennen. Der Grund hierfür ist vornehmlich in den flexiblen Kombinationsmöglichkeiten des Faches Theologie mit anderen Fächern zu suchen. Damit muss für die Pädagogischen Hochschulen das Problem einer nicht ausreichend fundierten theologisch-religionspädagogischen Ausbildung künftiger Religionslehrer angenommen werden – und das, obwohl das Fach Religion als »Mangelfach« bei der Lehrerversorgung gilt. Während die schulischen Hauptfächer Gefahr laufen, mit zunehmend nur sekundär Interessierten überfüllt zu sein, sterben kleine Fächer zunehmend aus bzw. werden nur in geringem Umfang studiert.

Um festzustellen, ob bestimmte Fächer einer Fächerkombination den Habitus der künftigen Lehrkräfte besonders prägen, wurde offen nach der Affinität der Studierenden zu einzelnen Fächern (*Lieblingsfächern*) gefragt (vgl. 3.7.4, S. 244). Die höchste Affinität besteht zu den Fächern Englisch (10 %), Deutsch (9 %) und Mathematik (9 %). Evang. Theologie (3 %) und Kath. Theologie (2 %) liegen weit dahinter. Nur 13 % (an Pädagogischen Hochschulen 9 %) der Studierenden mit Fach Evang. Theologie sehen dieses als ihr Lieblingsfach an, beim Fach Kath. Theologie sind es 19 % (PH: 16 %). Mathematikstudierende identifizieren sich zu 24 % (PH: 22 %) primär mit diesem Fach. Wer sowohl das Fach Mathematik als auch das Fach Evang. Theologie belegt, mag letzteres etwas lieber (5 % Differenz), bei Studierenden mit der Kombination Mathematik/Kath. Theologie hingegen ist die Bevorzugung des Faches Mathematik erheblich (12 % Differenz). Gerade Studierende der Evang. Theologie identifizieren sich zu t_1 verhältnismäßig gering mit ihrem Fach. Zu t_2 verändert sich das Bild merklich, vermutlich aufgrund der Studienerfahrung in den einzelnen Fächern. Das Fach Mathematik wird von Studierenden seltener als Lieblingsfach beurteilt, während das Fach Evang. Theologie, auch in seiner Kombination mit Mathematik, nun fast doppelt so oft als Lieblingsfach bezeichnet wird. Dies lässt vermuten, dass Studierende im Fach Evang. Theologie positive Studienerfahrungen machen, während dies in Mathematik eher umgekehrt zu sein scheint.

Der absolute *zeitliche Studienaufwand* ist vorliegend nach Angaben der Studierenden für das dritte Semester zwischen den Lehrämtern vergleichbar und liegt zwischen 33.6 Zeitstunden im Sonderpädagogiklehramt und 36.2 Zeitstunden im Realschullehramt (vgl. 3.7.5, S. 245). Damit liegen die befragten Lehramtsstudierenden etwa im bundesweiten Mittel von 35.2 Zeitstunden – sie wenden etwas mehr Zeit auf als Studierende der Sozialwissenschaften (30.3 Stunden) und erheblich weniger als Studierende der Medizin (44.9 Stunden). Die baden-württembergischen Lehramtsstudiengänge scheinen sich durch eine nicht selbstverständliche Ähnlichkeit des jeweiligen zeitlichen Studienaufwandes auszuzeichnen, während in anderen Untersuchungen der Zeitaufwand für das Studium des Gymnasiallehramts weit über dem der angehenden Primarlehrkräfte liegt. Studierende an Pädagogischen Hochschulen wenden mehr Zeit für den Besuch von Lehrveranstaltungen auf, Universitätsstudierende investieren im Gegenzug mehr Zeit für das Selbststudium. Die Zahnmedizinstudierenden wenden insgesamt deutlich mehr Zeit für das Studium auf (47.4 Zeitstunden), ihr Selbststudium nimmt, verglichen mit dem Lehramt, sogar den doppelten Umfang ein.

Die in den *Besuch von Lehrveranstaltungen* investierte Zeit bleibt über die drei Semester hinweg weitgehend konstant (vgl. 3.7.6, S. 247). In ihr erstes Fach investieren Studierende lehramtsübergreifend die meiste Zeit, gefolgt vom zweiten und ggf. dritten Fach. Diese Beobachtung gilt abgemildert auch für Gymnasialstudierende, deren beide Hauptfächer formal einen vergleichbaren Studienumfang haben. Offensichtlich haben damit nicht nur die Prüfungsordnungen, sondern auch das besondere Interesse an einem bestimmten Fach Einfluss auf das zeitliche Studierverhalten. Die bildungswissenschaftlichen Studienanteile nehmen zusammen einen vergleichbar großen Zeitaufwand in Anspruch wie das zweite Fach. Während sie an Pädagogischen Hochschulen auch im bundesweiten Vergleich als durchaus prominent gelten können, ist ihr Stellenwert in der gymnasialen Lehrerbildung Baden-Württembergs marginal. An Pädagogischen Hochschulen macht das bildungswissenschaftliche Studium in den ersten drei Semestern knapp die Hälfte des Umfangs des Fachstudiums aus, im Gymnasialstudiengang ein Zehntel. Studierende an Pädagogischen Hochschulen durchlaufen damit zu Studienbeginn ein breites Grundlagenstudium im bildungswissenschaftlichen Bereich, an den Universitäten werden in der Regel nur einführende Vorlesungen in Allgemeine Pädagogik, Schulpädagogik, Pädagogische Psychologie und/oder Soziologie gehört.

Veranstaltungen der Allgemeinen Pädagogik werden tendenziell etwas früher (erstes und zweites Semester) besucht, jene der Schulpädagogik eher später (zweites und drittes Semester). Die Konfrontation mit Grundlagen der Allgemeinen Pädagogik kann daher i. d. R. als Erstkontakt mit der Erziehungswissenschaft angenommen werden. Eine auffällige Ausnahme sind hier Gymnasialstudierende, von welchen nur 22 % während der ersten Semester überhaupt mindestens eine Veranstaltung in Allgemeiner Pädagogik belegt haben, in der Schulpädagogik haben dies immerhin 79 % getan. Ein Fünftel (20 %) der Gymnasialstudierenden hat in den ersten drei Semestern keine einzige erziehungswissenschaftliche Lehrveranstaltung belegt, bezogen auf alle bildungswissenschaftlichen Veranstaltungen ist dies ein Achtel (13 %) der Befragten. Die gymnasiale Lehrerbildung in Baden-Württemberg wird daher zum Zeitpunkt der Erhebungen von einem beachtlichen Teil an Studierenden durchlaufen, die in ihren ersten Studiensemestern keinerlei erziehungswissenschaftliche Grundlagen studieren. Befragte an Pädagogischen Hochschulen besuchen in Fächern mit Hauptfach-Gewichtung in den ersten drei Semestern durchschnittlich 9.0 Lehrveranstaltungen, im Leitfach 6.7 und in affinen Fächern 4.2 Veranstaltungen. Dieser Befund untermauert die Annahme, dass der Umfang affin gewichtet studierter Fächer kaum ausreicht, um dort mehr als Grundlagen oder rudimentäre Einblicke zu erhalten. Der Umfang an belegten pädagogischen Lehrveranstaltungen hat kaum Bedeutung für die Ausprägung anderer lehrerbildungsbezogener Variablen.

Während zwischen 96 % und 98 % der Befragten an Pädagogischen Hochschulen vor Beginn des vierten Semesters zumindest ein Schulpraktikum absolviert haben, hat noch keiner der Universitätsstudierenden das Praxissemester durchlaufen, das i. d. R. im fünften Fachsemester platziert ist. Auch nach Einführung des Praxissemesters im Gymnasiallehramt (Backes-Haase/ Frommer 2004) gilt, dass sich Studierende von Pädagogischen Hochschulen und Universitäten bezüglich der Praxiserfahrung in den ersten Semestern klar unterscheiden.

Alle befragten Studierenden neigen in der Eingangserhebung dazu, Studium und Hochschule im *Mittelpunkt ihrer Aktivitäten* zu sehen (vgl. 3.7.7, S. 252). Lediglich 6 % der Lehramts- und 4 % der Zahnmedizinstudierenden geben tendenziell an, Freizeitaktivitäten würden im Vordergrund stehen. Zwar liegt der Schwerpunkt bei Lehramtsstudierenden auch nach dem dritten Semester weiter auf Studium und Hochschule, die Interessen und Aktivitäten außerhalb der Hochschule werden aber viel bedeutsamer eingeschätzt als zu Studienbeginn. Diese Entwicklung ist unter Studierenden der Pädagogischen Hochschulen besonders deutlich, im gymnasialen Lehramt wird sie nicht signifikant. Unter Zahnmedizinstudierenden ist sogar die gegenteilige Entwicklung festzustellen: Studium und Hochschule sind zu t_2 noch zentraler für die Lebensgestaltung. Die Lehrerbildung scheint den Befragten also zumindest gefühlt mehr Freiräume für Freizeitaktivitäten einzuräumen als zu Studienbeginn erwartet, während die Zahnmedizinstudierenden wohl aufgrund ihrer zahlreichen Studienbelastungen zu einer noch stärkeren Fokussierung auf das Studium tendieren.

Es ist anzunehmen, dass sich Lehramtsstudierende von Pädagogischen Hochschulen und Universitäten hinsichtlich ihrer subjektiven Wahrnehmung der (zeitlichen) Studienanforderungen erheblich unterscheiden, was sicherlich auch durch eine real geringere Arbeitsbelastung an Pädagogischen Hochschulen zu erklären ist. Ein Freizeitausgleich wird von allen Studierenden als wichtig erachtet. Befragte an Pädagogischen Hochschulen wenden nicht nur absolut gesehen weniger Zeit für ihr Studium auf, sie erleben i. d. R. auch den Studienalltag in den ersten drei Semestern als weniger dicht. Gymnasialstudierende artikulieren, durch die Studienanforderungen ausgelastet zu sein. Vielleicht gelingt es ihnen auch daher, Studium und Freizeit nicht als getrennte Welten wahrzunehmen, sondern als zwei Facetten von Alltag.

Befragte mit einer stärkeren Studienorientierung neigen wahrscheinlicher zu Verausgabungsbereitschaft, Perfektionsstreben, beruflichem Ehrgeiz sowie einer höheren subjektiven Wahrnehmung der Bedeutsamkeit von Arbeit. Ihre Distanzierungsfähigkeit ist geringer, bei einer gleichzeitig höheren Ausprägung offensiver Problembewältigung. Eine starke Studienorientierung ist positiver Indikator für die Leistungsorientierung Studierender. In exzessiver Ausprägung birgt ein ausschließlich am Studium orientierter Alltag allerdings die Gefahr eines erhöhten Belastungserlebens.

Studienabbruch im Lehramt

Einige Befragte brechen ihr Studium bis zum zweiten Erhebungszeitpunkt ab (vgl. 3.8, S. 256). 21 Lehramtsstudierende haben den eigens für Studienabbrecher erstellten Fragebogen ausgefüllt. Die Beweggründe für ihre Exmatrikulation sind wichtige Informationen bei der Analyse des Lehrerbildungssystems. Da die Ursachen für einen Abbruch des Studiums vor Erreichen des Examens vielfältig sind, wurde mit offenem Antwortformat nach dem wichtigsten Motiv gefragt. Der häufigste Grund ist eine berufliche Neuorientierung, die auf der Zusage für den ursprünglich gewünschten Studienplatz oder einer Interessenverlagerung gründet. Auch der Abschied von einer »Alibi-Lösung Lehramt« kann hierzu gerechnet werden. Von Bedeutung für die Exmatrikulation scheinen weiterhin falsche Erwartungen an das Studium oder Studienangebot. In einem zweiten Schritt wurden vorgegebene Exmatrikulationsgründe auf einer Skala eingeschätzt. Die wichtigsten Einzelmotive sind der fehlende Berufs- und Praxisbezug des Studiums, die mangelnde Organisation des Studiums, eine fehlende Betreuung durch Dozierende oder falsche Erwartungen an das Studium. Insgesamt fällt auf, dass die ausschlaggebenden Exmatrikulationsgründe einen unmittelbaren Bezug zum Studium aufweisen. Sie beziehen sich entweder auf problematische Studienbedingungen oder zeugen von einer mangelnden Studienmotivation. Die Beweggründe hängen vorliegend also unmittelbar mit den Studienerfahrungen zusammen. Schlechte Studienerfahrungen sind vermutlich häufig nicht nur ein moderierender Faktor, sondern auch das ausschlaggebende Abbruchmotiv. Zugleich kann nicht ausgeschlossen werden, dass die wahren Exmatrikulationsgründe nicht immer genannt werden und die tatsächlichen Gründe für das Scheitern externalisiert und dann den Studienbedingungen zugeschrieben werden. Gleichwohl ist aus bildungspolitischer und hochschulorganisatorischer Sicht zu fragen, warum sich diese Studierendengruppe im Studium so schwer tut und schließlich scheitert.

Von den verbleibenden Lehramtsstudierenden unterscheiden sich die Studienabbrecher zusammenfassend dahingehend, dass sie bereits zu Studienbeginn eine geringere intrinsische Motivation für das Berufsbild aufweisen und sich offenbar in schwächerem Maße mit den beruflichen Tätigkeiten identifizieren. Verbunden mit ihrer geringeren Eigenverantwortlichkeit und Selbstständigkeit führt dies vermutlich zu einem höheren Risiko, ein Lehramtsstudium abzubrechen. Günstig erscheinen pädagogische Vorerfahrungen, weil sie einen Eindruck von den mit dem Lehrerberuf verbundenen Aufgaben vermitteln und so falsche Erwartungen mindern. Studierende, welche die beschriebenen Tendenzen der Abbrechenden aufweisen, dürften sich in professioneller Hinsicht weniger stark entwickeln.

Mehr als die Hälfte (55 %) der befragten Studienabbrecher hat kein einziges Beratungsangebot wahrgenommen. Die Übrigen haben eine Fachstudienberatung, die zentrale Studienberatung an der Hochschule oder eine andere Vermittlungsstelle besucht. Wer ein Beratungsangebot wahrgenommen hat, beurteilt dessen Nutzen als eher hoch. Umso problematischer erscheint die geringe Nutzung, was auch daran liegt, dass die Betroffenen offenbar unzureichend über die Beratungsangebote informiert sind oder sich von ihnen abschrecken lassen.

Für viele Betroffene hätte kein externer Anreiz etwas an ihrer Entscheidung zum Studienabbruch ändern können. Insgesamt wird deutlich, dass bildungspolitisch und hochschulorganisatorisch wohl nur wenige Möglichkeiten bestehen, Exmatrikulationen zu verhindern. Präventionsmaßnahmen wären wohl allenfalls durch die bessere Betreuung und Unterstützung der Studierenden und ein stärker berufsfeldbezogenes Studium möglich. Allerdings scheint für die meisten Betroffenen eine Exmatrikulation entweder unausweichlich oder ist durch Umstände bedingt, die sich dem Einfluss von Politik und Hochschule entziehen (gezielte Neuorientierung, Zweifel an persönlicher Eignung, Prüfungsversagen usw.). Die Lebenszufriedenheit der Studienabbrecher ist sehr hoch. Ein administratives Bemühen, die befragten Abbrecher im Lehramtsstudium zu halten, wäre wohl unangemessen für deren (berufs-)biografische Entwicklung. Dafür sprechen auch die neu eingeschlagenen beruflichen Wege. Das Spektrum der nun studierten Fächer reicht von Maschinenbau über Chemie bis hin zur Zahnmedizin. Wer eine Ausbildung beginnt, tut dies mit Ausnahme einer angehenden Erzieherin ebenfalls in nicht-pädagogischen Feldern. Die zu beobachtende fachliche Neuorientierung ist ein bewusster Abschied von pädagogischen Handlungsfeldern.

6.1.3 Prozessmerkmale

Belastung und Gesundheit

Untersuchungen verweisen auf ein hohes Belastungserleben von Lehrkräften im Schulalltag mit Folgen für deren (psychische) Gesundheit (vgl. 4.1.1, S. 266). Die Befunde zu arbeitsbezogenen Verhaltens- und Erlebensmustern und den dort etablierten vier Belastungstypen ähneln bundesweiten Vergleichsdaten, wenngleich der berufliche Ehrgeiz und die Verausgabungsbereitschaft unter den hier befragten Lehramtsstudierenden höchst signifikant stärker ausgeprägt sind. Auch schätzen die Befragten ihr Erfolgserleben im Beruf höher ein. Die hohe Ausprägung des Arbeitsengagements ist einerseits begrüßenswert, andererseits kann dieses zu exzessivem Engagement führen, das mit Selbstüberforderung, eingeschränktem Lebensgefühl und verminderter Widerstandsfähigkeit gegenüber Belastungen einhergeht (Risikomuster A). Gleichwohl ist der Gesundheitstyp (Muster G) mit 40 % Zugehörigkeit das dominante Muster. Zwei Fünftel aller Befragten können nach dem dritten Semester daher durch ein hohes (aber nicht überhöhtes) Engagement bei gleichzeitig ausgeprägter Widerstandsfähigkeit gegenüber Belastungen charakterisiert werden. Weitere 27 % sind dem Schonungstyp (Muster S) zuzuordnen, der über ausgeprägte Schutztendenzen verfügt und ebenfalls als psychisch gesund eingestuft werden kann. 33 % der Lehramtsstudierenden gehören einem der beiden Risikomuster an. Sie weisen im Vergleich zur Eichstichprobe (39 %) ein geringes Gesundheitsrisiko auf. Während ihr Überforderungserleben bzw. ihre Burnout-Neigung (Risikomuster B) deutlich geringer als im Bundesdurchschnitt ist, weisen sie zugleich ein höheres exzessives Engagement auf (Risikomuster A). Hoher Ehrgeiz und Verausgabungsbereitschaft können langfristig zu einem Gesundheitsrisiko für etwa ein Fünftel der Befragten führen.

Der Professionsvergleich zeigt, dass Zahnmedizinstudierende ein höheres Arbeitsengagement und zugleich eine geringere Distanzierungsfähigkeit (die als notwendiges Kompensationsmoment gilt) zeigen. Sie sind je zur Hälfte entweder dem Gesundheitstypus oder einem der beiden Risikomuster zuzuordnen – Schonungstendenzen sind nicht zu beobachten. Wer ein Lehramtsstudium wählt, entstammt daher nicht bereits von Beginn an einer in gesundheitlicher Hinsicht auffällig problematischen Klientel, vielmehr sind es bestimmte Entwicklungen, vermutlich besonders die berufspraktischen An- und Herausforderungen, die zu einem auffällig hohen Belastungserleben von Lehrern führen. Jedoch weist immerhin ein Drittel der Befragten bereits eines der Risikomuster auf, was als besorgniserregend gelten kann.

Lehramtsunterschiede ergeben sich bezüglich des beruflichen Ehrgeizes, der im Sonderpädagogiklehramt geringer ausgeprägt ist als in den anderen Studiengängen. Dies führt dazu, dass im Vergleich der Musterverteilungen die befragten Sonderpädagogikstudierenden eine verhältnismäßig geringe Zugehörigkeit zu Risikomuster A aufweisen (13 %), also seltener unter hoher Anspannung und Selbstüberforderung leiden. Unter Grund-/Hauptschulstudierenden kommt dieses Muster fast doppelt so oft vor (22 %). Zugleich ist unter Sonderpädagogikstudierenden der Schonungstyp (Muster S) stark ausgeprägt. Risikomuster B, das über ein Erleben von Überforderung, Erschöpfung und Resignation (Burnout) Auskunft gibt, ist in allen Lehrämtern am schwächsten ausgeprägt, im Grund-/Hauptschullehramt (17 %) aber etwas häufiger vertreten als in den anderen Studiengängen (11-12 %). Insgesamt weisen die Grund-/Hauptschulstudierenden die größte Zugehörigkeit zu einem der Risikomuster auf

(39 %), gefolgt von Realschul- (32 %), Gymnasial- (29 %) und Sonderpädagogikstudierenden (24 %). Die Musterverteilungen unterscheiden sich nach Lehrämtern nicht signifikant.

Je höher die sozioökonomische Stellung der Befragten ist, desto höher ist ihre Lebenszufriedenheit und desto stärker ist ihr Erleben sozialer Unterstützung. Ausgeprägte kulturelle Ressourcen mindern das Arbeitsengagement sowie die offensive Problembewältigung. Zugleich sind bei solchen Studierenden die Distanzierungsfähigkeit, Lebenszufriedenheit sowie das Erleben sozialer Unterstützung stärker ausgeprägt. Befragte geringerer sozialer Herkunft gehören häufiger Risikomustern an.

Fremdeinschätzende zeichnen ein Bild von den Lehramtsstudierenden, das im Vergleich zu den Selbstbildern durch höheres Arbeitsengagement und geringere Widerstandsfähigkeit gekennzeichnet ist. Nur das Erleben sozialer Unterstützung ist aus Sicht der Selbstbilder stärker als dies von den Mitstudierenden angenommen wird. Die Fremdbilder weisen 39 % der Fälle einem der beiden Risikomuster zu, die korrespondierenden Selbstbilder nur zu 29 %. Offenbar besteht nicht die Gefahr, dass Mitstudierende die gesundheitlichen Risiken der Befragten unterschätzen, vielmehr stellen sie deren psychische Stabilität merklich in Frage.

Schulpraktische Erfahrungen sind in hohem Maße von arbeitsbezogenen Verhaltens- und Erlebensmustern abhängig. Studierende, die zu Studienbeginn eine positivere Erwartung an ihren Erfolg in Schulpraktika äußern, gehören häufiger den »gesunden« Typen und seltener den Risikomustern A und B an. Dieser Befund bestätigt zwar keine Kausalität, zeigt aber, dass zwischen den Haltungen gegenüber schulpraktischen Erfahrungen sowie dem Belastungserleben schon Erstsemester Beziehungen herstellen. Daher lohnt sich eine nähere Prüfung, inwieweit die Schulpraxis und damit die spezifische berufliche Tätigkeit für das überdurchschnittlich hohe Belastungserleben im Lehrerberuf verantwortlich sind.

Aus Sicht der professionellen Entwicklung Lehramtsstudierender ist zu fragen, welche Bedingungen die Wahrscheinlichkeit einer Zugehörigkeit zu den Risikotypen erhöhen und damit die (Berufs-)biografie gefährden. Insgesamt lässt sich die Gefahr, vom Gesundheitstypen (Muster G) abweichend einem der beiden Risikomuster anzugehören, näherungsweise durch ein stark ausgeprägtes Persönlichkeitsmerkmal Neurotizismus sowie ein vergleichsweise geringes soziales Kapital erklären. Beide Merkmale können als relativ stabile Eingangsbedingungen des Lehramtsstudiums gelten. Es erscheint daher wahrscheinlich, dass die Neigung Lehramtsstudierender, sich zu Angehörigen eines der Risikotypen zu entwickeln, zumindest tendenziell bereits vor Studienbeginn diagnostiziert werden kann.

Selbstwirksamkeitserwartung

Die befragten Lehramtsstudierenden zeigen eine moderat positive Selbstwirksamkeitserwartung (vgl. 4.1.2, S. 287). Sie trauen sich durchaus zu, auch gegen Widerstand etwas im Unterricht bewegen zu können. Es lassen sich keine signifikanten Lehramtsunterschiede erkennen. Die Interviews verweisen auf die Einsicht der Befragten, dass Probleme im Unterricht entstehen können und diese gelöst werden sollten, ein Scheitern dabei aber nicht ausgeschlossen ist. Entscheidend ist nun, wie mit dieser Herausforderung verfahren wird. Manche Studierende gehen produktiv damit um, was auf eine ausgeprägte Selbstwirksamkeitserwartung schließen lässt. Sie sehen gerade im Schaffen eines Zugangs zu desinteressierten oder störenden Schülern eine positive Herausforderung oder sogar eine Kernaufgabe des Lehrers. Die Verbesserung problematischer Umstände herbeizuführen und den Interventionserfolg zu sehen, scheint einigen Studierenden auch die zentrale Quelle für die eigene Motivation zu sein. Eine weitere Gruppe von Befragten sieht die Notwendigkeit einer Intervention, schätzt deren Erfolg aber als eher gering ein. Gründe hierfür sind die Annahmen, man könne einzelne Schüler durch das Engagement eines Einzelnen nicht gänzlich verändern, das Scheitern gehöre eben unausweichlich zum Lehrerberuf oder aber die generelle Unsicherheit pädagogischen Handelns. Auch die Erfahrungen aus ersten eigenen Unterrichtsversuchen können eine solche Skepsis zwischen Interventionsbereitschaft und Entmutigung bestärken. Eine dritte Gruppe unter den Studierenden reagiert eher resignierend auf die zu bewältigenden Probleme, was auf eine eher schwächer ausgeprägte Selbstwirksamkeitserwartung hinweist. Selbst wenn sich Ärger über die Resignation älterer Lehrkräfte einstellt, sehen diese Befragten den eigenen Unterricht kaum als Ursache von Desinteresse oder Unterrichtsstörungen an und geben Schülern eine Mitschuld. Störungen werden dann als Kritik an der eigenen Arbeit verstanden, was zu einer gewissen Gleichgültigkeit führen kann.

Die größte Vorhersagekraft der Selbstwirksamkeitserwartung kommt arbeitsbezogenen Verhaltens- und Erlebensmustern zu. Studierende mit erhöhter Selbstwirksamkeitserwartung haben eine deutlich größere Chance auf eine Balance zwischen erhöhtem beruflichen Ehrgeiz und hoher subjektiver Bedeutsamkeit der Arbeit einerseits sowie einer ausgleichenden, offensiven Problembewältigung andererseits. Ihr Risiko einer Resignation bei Misserfolgen ist erheblich geringer, ihr Erfolgserleben zugleich erhöht. In hohem Maße selbstwirksame Studierende sind häufiger dem Gesundheitstypus und seltener den Risikomustern zuzuordnen. Im Vergleich zur Gesamtstichprobe gehören unter dem Drittel der Studierenden mit höchster Selbstwirksamkeitserwartung rund 17 % mehr Befragte dem Gesundheitstypus an, die Zugehörigkeit zum Schonungstypus ist um 6 % geringer, Risikomuster A bleibt vergleichbar stark und dem Risikotypus B gehören 10 % weniger Studierende an. Eine hohe Selbstwirksamkeitserwartung kann damit ein Schlüssel zu möglichst geringem beruflichen Belastungserleben und ausgeprägter (psychischer) Gesundheit im Lehrerberuf sein.

Selbstwirksamkeitserwartung erweist sich nicht nur hinsichtlich des Gesundheitsaspekts, sondern auch bezüglich der Annahme einer Relevanz der eigenen Ausbildung und der gesteigerten Wahrnehmung ihres Nutzens und ihrer Qualität als positiver Indikator. Mit hoher Selbstwirksamkeit einhergehende Erwartungen an die eigenen Leistungen und den Kompetenzerwerb sind ebenfalls als der professionellen Entwicklung zuträglich einzuschätzen. Die Selbstwirksamkeitserwartung erweist sich daher als ein unverzichtbares Konstrukt der empirischen Lehrerbildungsforschung, deren Erfassung über eine Vielzahl an relevanten Variablen Auskunft geben kann. Eine hohe Ausprägung erscheint dabei wünschenswert für die professionelle Entwicklung Lehramtsstudierender.

Schul- und Erziehungseinstellungen

Studierende bringen bestimmte Schul- und Erziehungseinstellungen in ihr Studium mit (vgl. 4.2.1, S. 294). Zwar sind alle befragten Lehramtsstudierenden tendenziell der Meinung, Lehrkräfte sollten vor allem Pädagogen und weniger Fachwissenschaftler sein, die Sonderpädagogikstudierenden stimmen dieser Aussage jedoch erwartungsgemäß am stärksten, die Gymnasialstudierenden hingegen am schwächsten zu. Ebenfalls klar zu unterscheiden sind Positionen zur Auffassung, eine Lehrkraft könne ohne Druck und Disziplin nichts erreichen. Diese wird von Gymnasialstudierenden tendenziell geteilt, Realschul- sowie Grund-/Hauptschulstudierende positionieren sich eher neutral und die Sonderpädagogikstudierenden lehnen sie mehrheitlich ab. Das Prinzip einer breiten Allgemeinbildung wird in allen Lehrämtern keineswegs als veraltet angesehen, es wird allerdings von Gymnasialstudierenden am deutlichsten, von Sonderpädagogikstudierenden hingegen nur schwach vertreten. Studierende aller Lehrämter tendieren zu der Meinung, das Bildungs- und Schulsystem müsse ständig radikal in Frage gestellt und reformiert werden. Am deutlichsten ist eine solche Position bei den Sonderpädagogikstudierenden zu erkennen, während sie von Gymnasial- und insbesondere Realschulstudierenden vergleichsweise schwächer vertreten wird. Es besteht die einhellige Meinung, man könne keine wirklich gute Lehrkraft sein, wenn man das Unterrichten überwiegend als Mittel zum Broterwerb auffasse. Studierende argumentieren sowohl von der Anlage als auch von der Umwelt her. Wer die Erblichkeit (Anlage) von Intelligenz betont, hat eine schwächere Selbstwirksamkeitserwartung und sieht geringere Chancen einer Einflussnahme auf die Entwicklung seiner Schüler.

Korrespondierend zu den lehramtsspezifischen Analysen sehen Studierende der Pädagogischen Hochschulen Lehrkräfte substanziell stärker als Pädagogen; Universitätsstudierende glauben eher, dass Druck und Disziplin notwendige Voraussetzungen sind, um als Lehrkraft etwas erreichen zu können. Letztere artikulieren die Notwendigkeit von Allgemeinbildung deutlicher und erwarten eher, dass eine Lehrkraft mehr tut als ihre Pflicht. Unter Studierenden an Pädagogischen Hochschulen ist hingegen die Bereitschaft etwas größer, neue Bildungspläne zu erproben und umzusetzen.

Das Selbstverständnis Lehramtsstudierender kann entweder eher dem des Pädagogen (Orientierung am Schüler: »paidotrop«) oder dem des Fachwissenschaftlers (Orientierung am Fach: »logotrop«) entsprechen. Zusammenfassend denken Lehramtsstudierende dann mit hoher Wahrscheinlichkeit schülerorientiert, wenn sie die Bedeutung erziehungswissenschaftlicher Studienanteile hoch einschätzen, Interesse an sozialen Tätigkeiten zeigen und bewusst Einfluss auf eine positive Entwicklung der Schüler nehmen wollen. Umgekehrt weist auf eine stärkere Orientierung am Fach hin, wenn Studierende das fachwissenschaftliche Studium als hoch bedeutsam einschätzen, Interesse am Diagnostizieren und Beraten zeigen sowie Studium und Hochschule im Mittelpunkt ihres Lebens sehen.

Religiosität

Durch Differenzierung der Studierenden mit den Fächern Mathematik und Theologie werden fachspezifische Aussagen möglich. In diesem Zusammenhang wurde geprüft, wie sich die religiöse Selbsteinschätzung (»Religiosität«) der Studierenden beider Fächer unterscheidet (vgl. 4.2.2, S. 300). Während unter 70 % der Erstsemester die klare Tendenz zur Bejahung eines Gottesglaubens besteht, erfährt diese Gottesbeziehung als Hilfe in schwierigen Situationen eine schwächere Zustimmung (50 %) und ist nicht der alleinige sinnstiftende Aspekt im Leben (38 %). Mit der Religiosität einhergehende Einstellungen und Handlungen, etwa die Achtung und Einhaltung von Feiertagen (42 %), mehr noch der regelmäßige Besuch eines Gotteshauses (28 %) oder gar die Lektüre religiöser Schriften (21 %) treffen auf die Befragten seltener zu. Sie positionieren sich stark heterogen und antworten eher an den Polen der Skala als in der neutralen Mitte. Die Befragten bezeichnen sich daher entweder als stark oder als schwach religiös – nicht aber als »mittel« religiös. Lehramtsstudierende beschreiben sich insgesamt als durchaus religiös, wobei Aspekte der individuellen Religiosität (»Glaube«) stärker ausgeprägt sind als Formen religiösen Handelns (»Kirchlichkeit«).

Zwischen den Lehrämtern ergeben sich zu Studienbeginn keine signifikanten Unterschiede hinsichtlich der Religiosität. Ein Zusammenhang besteht zwischen den sich selbst als wesentlich religiöser beschreibenden gymnasialen Hauptfachstudierenden in Theologie und jenen der Mathematik. Im Grund-/Hauptschulstudiengang schätzen sich Theologiestudierende deutlich weniger religiös ein als ihre Kommilitonen im Realschul- oder Gymnasialstudiengang. Das bedeutet im Umkehrschluss, dass gerade dort schwächer religiöse Befragte zu Religionslehrkräften ausgebildet werden, wo das Fach Theologie überwiegend mit affiner und damit geringer Gewichtung studiert wird. Dies zeigt auch eine Unterscheidung der Religiosität nach Fachgewichtung. Die Studierenden in affinen Fächern fallen insgesamt durch eine erheblich geringere Religiositätseinschätzung auf. Im affinen Fach Theologie unter Grund-/Hauptschulbefragten sind die Religiositätseinschätzungen sogar leicht im ablehnenden Bereich der Skala. Damit befindet sich insbesondere die Religionslehrerbildung an Pädagogischen Hochschulen in einer prekären Situation. Es sind Ausbildungsreformen notwendig, die im Fach Theologie wieder mehr Hauptfachstudierende anziehen und zugleich die Zahl »unfreiwilliger« oder extrinsisch motivierter Studierender (vgl. 3.7.3, S. 243) reduzieren.

Längsschnittlich kann die Religiosität als äußerst stabil gelten. Die Annahme, Anforderungen des Studienalltags würden sowohl die persönliche Religiosität als auch religiöses und kirchliches Handeln zunehmend zurückdrängen, bestätigt sich nicht. Theologiestudierende können daher zu t_2 als religiös gefestigt charakterisiert werden. Von einer Glaubenskrise aufgrund des wissenschaftlich-theologischen Studiums kann insgesamt nicht die Rede sein.

Die Lehramtsstudierenden stammen zu 41 % aus »sehr« oder »ziemlich« religiösen Elternhäusern und haben daher eine selbsteingeschätzt stärkere religiöse Sozialisation im Elternhaus erfahren als vergleichbar alte Jugendliche in Westdeutschland (28 %). Die befragten Lehramtsstudierenden können daher als überdurchschnittlich religiös sozialisiert gelten, wenngleich sie absolut gesehen im Elternhaus mehrheitlich eher schwach religiös geprägt wurden. Auffällige Unterschiede zeigen sich zwischen den stärker religiös sozialisierten Studierenden, die das Fach Theologie belegen und jenen, die das Fach nicht in ihrer Fächerkombination haben. Offenbar fördert eine stärkere religiöse Sozialisation auch die Entscheidung, das Fach Theologie zu studieren. Zwischen der religiösen Sozialisation im Elternhaus und der selbsteingeschätzten Religiosität besteht ein starker positiver Zusammenhang. Die religiöse Prägung des Elternhauses hat daher vermutlich enormen Einfluss auf die Religiosität der Lehramtsstudierenden. Bedeutung erlangt hier auch das ehrenamtliche Engagement in einer Kirche, das von Studierenden aus religiöseren Elternhäusern viel häufiger ausgeübt wird.

Zahlreiche Studierende sind in den Interviews gegenüber Religion aufgeschlossen, kritisieren aber insbesondere kirchliches Handeln und kirchlich-konfessionelle Strukturen. Solchen Studierenden erschließt sich der Sinn des Religionsunterrichts in seinem bekennenden Charakter nicht, wenngleich sie eine ethische Auseinandersetzung mit Grundfragen des Lebens durchaus schätzen. Wer für eine solche ethische Grundbildung plädiert, sieht für den Religionsunterricht allenfalls in konfessionell-kooperativer Gestalt eine Berechtigung. Demgegenüber wird Religionsunterricht als konfessionell verankerter Unterricht gesehen, der von einem klaren religiösen Bekenntnis der Lehrkraft ausgeht. Es solle in einem solchen Unterricht zwar nicht »missioniert«, wohl aber Glaube »vermittelt« werden. Um überzeugend unterrichten zu können, sei ein klarer konfessioneller Standpunkt notwendig, der einen authentischen und damit überzeugenden Unterricht ermögliche. Schließlich wird Religionsunterricht auch als bewusster Kontrapunkt zum sonstigen Schulalltag verstanden.

Obgleich die wissenschaftlich-theologische Auseinandersetzung von den meisten Studierenden als gewinnbringend erachtet wird, ist sie häufig mit einem schmerzvollen Prozess des Überwindens eines eher kindlichen Glaubens verbunden. Dabei werden auch zentrale Glaubensfragen angesprochen und Gewissheiten erschüttert. Die meisten Befragten sind zuversichtlich, dass sie am Ende dieses Prozesses tiefgehender Selbstreflexion gestärkt aus dem Studium hervorgehen. Die fundamentale Erschütterung des eigenen (religiösen) Weltbildes, der sich in Folge vollziehende Weg einer Selbstreflexion und die notwendige (Neu-)Positionierung sind zweifelsohne Prozess und Produkt des Studiums. Diese Wechselwirkung zwischen Studium und Studierenden verweist idealtypisch auf eine professionelle Entwicklung.

Schul-, Bildungs- und Erziehungsverständnis

Das Schul-, Bildungs- und Erziehungsverständnis angehender Lehrkräfte kann im Sinne subjektiver und impliziter Vorstellungen den Ausbildungsverlauf und das spätere Lehrerhandeln mitbestimmen und so auch Bedeutung für das Lernen der Schüler erlangen (vgl. 4.2.3, S. 306). Zu Studienbeginn wird das Unterrichten als Hauptaufgabe der Schule angesehen, gefolgt vom Auftrag einer Förderung der Schüler in ihrer Individualität. An dritter Stelle steht die gesellschaftliche Integration durch die Schule. Selbst die Enkulturationsfunktion wird insgesamt noch etwas wichtiger als die Erziehungsfunktion angesehen. Alle diese Aspekte sind aus Sicht Lehramtsstudierender grundsätzlich Funktionen der Schule. Ausschließlich ihre Selektionsfunktion wird abgelehnt. Studierende der Sonderpädagogik und der Primarstufe räumen dem Erziehen einen stärkeren Stellenwert ein als Studierende der Sekundarlehrämter. Der Professionsvergleich zeigt, dass Lehramtsstudierende die Erziehungsaufgabe der Schule stärker anerkennen als Zahnmedizinstudierende. Die Selektionsfunktion hingegen wird von Zahnmedizinstudierenden eher gesehen. Damit positionieren sich Lehramtsstudierende im Professionsvergleich insgesamt eindeutiger an den für die Schule typischen Funktionen – die Ausnahme ist hier eine deutlichere Abwendung von der Selektionsfunktion.

Uni-Studierende betonen die Aufgabe des Unterrichtens stärker. Umgekehrt sehen Studierende Pädagogischer Hochschulen die Erziehungsaufgabe als substanziell wichtiger an. Letztere nehmen die Integrationsfunktion und die Aufgabe individueller Förderung etwas stärker wahr. Fachunterschiede zeigen sich hinsichtlich der stärkeren Betonung von Erziehung durch Gymnasialstudierende mit Fach Theologie im Vergleich zu jenen mit Fach Mathematik. Individualität zu fördern sowie die Integrations- und Erziehungsfunktion sehen weibliche Befragte eher als Aufgabe der Schule an.

Zu t_2 werden besonders die Integration, aber auch die Enkulturation deutlich stärker als Funktion der Schule wahrgenommen. Das Unterrichten bleibt aus Sicht der Befragten aber die insgesamt wichtigste Aufgabe, wenngleich dessen Bedeutung nun etwas geringer eingeschätzt wird. Das Bewusstsein, dass auch die Selektion eine Funktion von Schule ist, wird während der ersten drei Semester nur unwesentlich gestärkt. Erziehung als Aufgabe von Schule bleibt in ihrer Bedeutung gänzlich unverändert. Bezüglich der Unterrichtsaufgabe ergeben sich zu t_2 keine Differenzen mehr. Hinsichtlich der Erziehungsaufgabe bleiben die Unterschiede hingegen substanziell. Damit lässt sich in der Tendenz eine Konsolidierung lehramtsspezifischer Differenzen bei der Beschreibung von Funktionen und Aufgaben der Schule feststellen. Das Unterrichten scheint zu t_2 als »Kerngeschäft« von Schule akzeptiert, während besonders die Erziehungsaufgabe lehramtsspezifisch wahrgenommen wird.

Die Antworten aus den Interviews weisen stärker als die quantitativen Daten auf ein verinnerlichtes Bild von den Aufgaben der Schule hin. Es liegt daher nahe, dass etwa die Sozialisationsfunktion oder die Notwendigkeit einer individuellen Förderung quantitativ schon zu Studienbeginn als hoch bedeutsam eingeschätzt werden, die Erstsemester letztlich aber noch ein Bild von Schule verinnerlicht haben, das sich nach der langjährigen Erfahrung als Schüler weitgehend auf Unterricht und Erziehung beschränkt. Die qualitativen Daten weisen insgesamt zumindest darauf hin, dass es im Rahmen der ersten Semester gelingt, ein stark vereinfachtes Schulverständnis zunehmend in eine komplexe Auffassung von Aufgaben und Funktionen der Schule zu überführen.

Die Lehramtsstudierenden äußern insgesamt ein Verständnis von Bildung, das eher einem humanistischen und komplexen Bildungsbegriff entspricht, anstatt mit der Beschreibung scharf umrissener Fähigkeiten und Fertigkeiten einem stark vereinfachten Bildungsverständnis zu folgen. Gebildet zu sein, meint aus ihrer Sicht mehr als das, was Standards und Kompetenzen zu erfassen vermögen. Vereinfachende Merkmale wie ein akademischer Abschluss oder das Beherrschen einer Fremdsprache werden als eher ungeeignet zur Beschreibung eines gebildeten Menschen erachtet. Sonderpädagogik- und Realschulstudierende lehnen solche Merkmale am deutlichsten ab. Gleichzeitig verbinden die angehenden Sonderpädagogen Bildung auffällig stark mit der Fähigkeit, Herr über die gesellschaftlichen Anforderungen zu sein. Vermutlich ist es für sie bereits zu Studienbeginn ein besonderes Bildungsziel, ihre spätere Schülerklientel auf ein eigenständiges Leben vorzubereiten. Der Professionsvergleich zeigt seitens der Lehramtsstudierenden außerdem eine höchst signifikant stärkere Präferenz für den Humboldtschen Bildungsbegriff, nach dem der Mensch sich selbstständig und aktiv an der Gestaltung der Welt beteiligt. Für die Zahnmedizinstudierenden meint Bildung vergleichsweise stärker das Verfügen über hochspezialisierte Fähigkeiten und Fertigkeiten, was der Ausrichtung ihres Studiums entspricht. Studierende an Pädagogischen Hochschulen lehnen zu t_2 einen akademischen Abschluss und das Beherrschen einer Fremdsprache als Attribute des gebildeten Menschen – und damit einen vereinfachenden Bildungsbegriff – noch stärker ab als Uni-Studierende. Das Bildungsverständnis der Studentinnen ist stärker als jenes ihrer Kommilitonen durch kognitive Fähigkeitsbeschreibung bestimmt.

Zum zweiten Erhebungszeitpunkt (t_2) nimmt insbesondere ein stark vereinfachtes Bildungsverständnis deutlich ab. Stattdessen betonen die Befragten zunehmend einen geisteswissenschaftlich-pädagogischen Bildungsbegriff, was sich in einer stärkeren Zustimmung zu der Annahme äußert, ein gebildeter Mensch sei Herr über die Anforderungen, die unsere Gesellschaft an ihn stelle (Horkheimer) oder jemand, der sich durch eigeninitiative Auseinandersetzung mit der Welt aktiv an ihrer Gestaltung beteilige (Humboldt). Diese Veränderungen lassen den Schluss zu, dass sich die Studierenden in den ersten drei Semestern mit dem Bildungsbegriff beschäftigen und sich dessen Bedeutungsfacetten zunehmend erschließen. In den Fragebogendaten schlägt sich der Wissenszuwachs durch eine Beschäftigung mit dem Bildungsbegriff in Einführungsveranstaltungen offenbar durchaus nieder – ob sich dieses über die Lehrerbildung vermittelte Wissen aber tatsächlich in einer Änderung der eigenen Vorstellung von Bildung und damit eventuell auch im Handeln der zukünftigen Lehrkräfte niederschlägt, muss aufgrund der Interviewdaten kritisch gesehen werden.

Erziehung bedeutet aus Sicht Lehramtsstudierender hauptsächlich, Heranwachsenden zur Mündigkeit zu verhelfen (Mollenhauer) und sie zum Guten und Richtigen zu leiten. Alle anderen vorgegebenen Erziehungsdefinitionen werden deutlich schwächer präferiert, wenngleich auch sie eine tendenzielle Zustimmung erfahren. Die Erziehungsauffassung Rousseaus, Kindern Bedingungen zu schaffen, in denen sie weitgehend ohne Eingriffe der Erwachsenen wachsen können, liegt noch vor Brezinkas Vorstellung, absichtsvoll und zweckgerichtet auf Kinder und Jugendliche Einfluss nehmen zu wollen. Letztere ist vergleichbar stark akzeptiert wie die Absicht, Kindern deutlich Grenzen zu setzen. Die geringste Konnotation mit Erziehung erfahren Attribute wie Disziplin und Ordnung.

Die professionsspezifische Analyse zeigt, dass Erziehung als Weg zur Mündigkeit unter Lehramtsstudierenden erheblich stärkeren Zuspruch erfährt als unter künftigen Zahnmedizinern. Andererseits bringen Zahmedizinstudierende Begriffe wie Disziplin und Ordnung stärker mit Erziehung in Verbindung. Für Lehramtsstudierende zu Studienbeginn scheint charakteristisch, Erziehung als positive Begleitung auf dem Weg zur Mündigkeit zu verstehen, wohingegen das Setzen von Grenzen sowie Disziplin und Ordnung nachrangig sind.

In der Wiederholungsbefragung (t_2) findet ein moralisch-normatives Erziehungsverständnis weniger Zustimmung als zu Studienbeginn. Gleichzeitig ist nun mit Mollenhauer ein Erziehungsbegriff stärker ausgeprägt, der Erziehung als Begleitung Heranwachsender auf ihrem Weg zur Mündigkeit versteht. Wie zuvor für den Bildungsbegriff lässt sich hier für den Erziehungsbegriff eine Auseinandersetzung im Rahmen des Studiums vermuten, die zu einer angemesseneren Bestimmung zentraler pädagogischer Begriffe beiträgt.

Die Beschäftigung mit dem Erziehungsbegriff im Rahmen des Studiums führt nicht zu einer einheitlichen Entwicklung des Erziehungsverständnisses Studierender verschiedener Lehrämter, wohl aber zu einer spezifischen Schärfung. Das geschieht offenbar in Abhängigkeit von der später zu unterrichtenden Klientel: Sonderpädagogikstudierende werden bei ihren Schülern eher deren Selbstständigkeit und Mündigkeit erreichen wollen, während sich Gymnasialstudierende häufiger an klassischen Sekundärtugenden orientieren. Die akademische Auseinandersetzung mit dem Erziehungsbegriff regt also offenbar das Nachdenken über das eigene Erziehungsverständnis an.

In Abhängigkeit von der Typisierung in eher am Schüler und eher am Fach orientierte Lehrkräfte (s. o.) zeigt sich, dass der paidotrope Typus ein komplexeres Verständnis von Bildung und Erziehung hat, während der logotrope Studierende einfachere und konkretere Begriffsbestimmungen präferiert. Hinsichtlich des Schulverständnisses ist der eher pädagogisch ausgerichtete Typus »näher« an den Schülern. Die dichotome Unterscheidung zweier »Lehrertypen« gibt Auskunft über eine Grundorientierung, die unmittelbar im Zusammenhang mit den Vorstellungen Lehramtsstudierender von Schule, Bildung und Erziehung steht.

Die subjektiven Vorstellungen der Lehramtsstudierenden von Schule, Bildung und Erziehung sind während der ersten drei Semester einem moderaten Veränderungsprozess unterworfen. Während die Änderungen in den quantitativen Daten auf eine wissenschaftliche Auseinandersetzung mit dem Bildungs- und Erziehungsbegriff schließen lassen, die zu einem zunehmend »angemesseneren« Begriffsverständnis führt, ändert sich die Vorstellung von den Aufgaben der Schule nur wenig. Vermutlich sind Aufgaben und Funktionen von Schule zwar Gegenstand erziehungswissenschaftlicher Einführungsveranstaltungen – dieses Wissen schlägt sich aber offenbar nicht im Antwortverhalten der Studierenden (und damit wohl auch nicht in deren Selbstverständnis als künftige Lehrkräfte) nieder. Wenngleich insgesamt eine professionelle Entwicklung der Befragten im Umgang mit den Fachbegriffen unterstellt werden kann, so sind auch zu t_2 sehr breite Begriffsverständnisse vorherrschend: Eine einzelne Person schreibt Schule, Bildung und Erziehung durchaus mehrere und teils divergierende Bedeutungsfacetten zu. Auch nach dem dritten Semester kann nicht ohne Weiteres von einem aus erziehungswissenschaftlicher Sicht klaren Verständnis der Termini ausgegangen werden. Längsschnittliche Änderungen auf individueller Ebene sind wohl meist nur gering. Der Einfluss von Lehrerbildung auf den Umgang der Studierenden mit zentralen erziehungswissenschaftlichen Begriffen scheint zumindest in den ersten Semestern begrenzt.

Berufswahlmotivation

Die insgesamt mit Abstand bedeutsamste Motivlage für die Wahl des Lehrerberufs ist die pädagogisch-intrinsische Motivation (vgl. 4.3.1, S. 324). Die Arbeit mit jungen Menschen entspricht den eigenen pädagogischen Neigungen und dem Wunsch, daraus Lebenssinn und Freude schöpfen zu können. Berufswahlmotivation durch Hoffnung auf beruflichen Erfolg und Entwicklungsmöglichkeiten spielt eine vergleichsweise geringe Rolle. Dennoch sind für die Berufswahl schon aus Sicht der Erstsemester die mit dem Berufsbild einhergehende Autonomie und der Wunsch, die Ergebnisse der eigenen Arbeit sehen zu können, wichtig. Weniger bedeutend ist die Orientierung der Studierenden an Vorbildern wie eigenen Lehrern oder Verwandten im Lehrerberuf. Ebenfalls eine Ablehnung erfahren extrinsische Berufswahlmotive wie Sicherheit und Einkommen, das Lehramt als »Notlösung« oder die Annahme eines vergleichsweise leichter zu bewältigenden Studiums. Schließlich besteht ein positiver Zusammenhang zwischen der Motivation durch Erfolg und der extrinsischen Motivation bzw. der vorbildorientierten Motivation. Eine Mischung aus diesen drei Motivlagen beschreibt einen »konservativen« Lehrertypus, dem vorrangig soziale und finanzielle Absicherung, die Orientierung am selbst erlebten Schulleben sowie der berufliche Erfolg als Grundlage für die Berufswahlentscheidung dienen.

Intrinsische Motive sind für die Berufswahl am bedeutsamsten. Mit deutlichem Abstand folgen die Motivation durch Möglichkeiten der Weiterentwicklung sowie durch Vorbilder. Am wenigsten relevant und im ablehnenden Bereich verortet sind aus Studierendensicht extrinsische Motive. Intrinsische Motivation ist unter Primarstufenstudierenden und künftigen Sonderpädagogen deutlich stärker ausgeprägt als unter Realschul- und insbesondere Gymnasialstudierenden. Das Bild kehrt sich hinsichtlich der extrinsischen Motivation um. Gymnasialstudierende legen mehr Wert auf Sicherheit und Status. Vor allem sind sie es auch, die sich stärker an Vorbildern orientieren als Studierende an Pädagogischen Hochschulen, was insbesondere auf die subjektiv bessere Einschätzung der eigenen Lehrer zurückzuführen ist. Die Motivation durch beruflichen Erfolg ist unter Sonderpädagogikstudierenden am geringsten, vermutlich weil sie um die Schwierigkeit wissen, bei ihrer künftigen Klientel Lernerfolge zu erreichen. Erfolgsaussichten nehmen als Motiv über die Grund-/Haupt- und Realschulstudierenden bis hin zu den künftigen Gymnasiallehrkräften stetig zu.

Weibliche Lehramtsstudierende sind substanziell stärker intrinsisch, männliche Befragte eher extrinsisch motiviert. Möglicherweise liegt hierin auch ein Grund für die größere Anzahl an Frauen im Lehramt. Bei Einzelkindern ist die Motivation durch Erfolgsaussichten besonders stark ausgeprägt. Auffällig ist auch ein positiver Zusammenhang zwischen der vorbildorientierten Motivationslage und der sozialen Herkunft: Je höher die sozioökonomische Stellung der Herkunftsfamilie, desto eher orientieren sich Studierende an Vorbildern. Selbiger Zusammenhang zeigt sich mit höherem kulturellen Kapital, das zudem auf eine weniger durch Erfolg motivierte Berufswahl hinweist. Der Vergleich von Selbst- und Fremdbildern zeigt, dass den Fremdbildern keinesfalls unterstellt werden kann, sie würden eine vermeintlich zu erwartende soziale Erwünschtheit bei der Einschätzung von Berufswahlmotiven durch Studierende entlarven. Im Gegenteil kann vermutet werden, dass die tatsächlich eher intrinsischen Motive von außen unterschätzt werden. Auch der Vergleich mit Studierenden der Zahnmedizin relativiert den möglichen Vorwurf, Selbstauskünfte zur Berufswahlmotivation seien in hohem Maße von sozialer Erwünschtheit geprägt. Im Vergleich sind die Zahnmedizinstudierenden zunächst deutlich schwächer intrinsisch motiviert. Auffälliger ist aber zugleich das eklatant stärkere Ausmaß ihrer extrinsischen Motivation. Unter Berücksichtigung dieser Befunde muss die stark einseitige, intrinsische Motivation der Lehramtsstudierenden bei der Berufswahlentscheidung ernst genommen werden. Zugleich bedeutet dieser Befund nicht, dass alle Studienanfänger im Lehramt in solch hohem Maße intrinsisch motiviert sind.

Für einige Interviewte ist die Berufswahlentscheidung ein wichtiger Schritt auf dem Weg, den seit vielen Jahren angestrebten Traumberuf zu verwirklichen. Die Motivation erwächst hier insbesondere aus dem mit der Entscheidung verbundenen persönlichen Gewinn. Eine andere Motivlage für die Berufswahl sind pädagogische Vorerfahrungen, die sowohl als Auslöser für die Entscheidung wie auch als Bestätigung der persönlichen Eignung für pädagogisches Arbeiten erachtet werden. Ein nicht unerheblicher Teil der Erstsemester entscheidet sich offenbar auch teils aufgrund von Ratschlägen anderer für ein Lehramtsstudium. Zumindest können die Empfehlungen von eigenen Lehrern, Lehrkräften aus dem Bekanntenkreis, von Personen, die vom eigenen Berufsbild abraten oder von professionellen Berufsberatern dann ausschlaggebend sein, wenn der Lehrerberuf ohnehin in die engere Wahl kommt. Als zentraler Faktor für die Berufswahl erweist sich auch in den Interviews die pädagogisch-intrinsische Motivation. Es ist den entsprechenden Studierenden wichtig, über Kinder Einfluss auf die Gesellschaft zu nehmen und etwas positiv zu verändern, auch wenn hierin eine besondere Herausforderung des Berufs liegt. Mit dem Wunsch eines (erzieherischen) Einflusses auf die Entwicklung von Schülern ist der pädagogischen Motivation auch die Vorfreude auf Wissensvermittlung zuzurechnen. Die Interessenten lassen sich nur äußerst selten von extrinsischen Motiven leiten. Nur vereinzelt gibt es einen initialen Anlass für die Entscheidung, ein Lehramtsstudium aufzunehmen, im Regelfall aber handelt es sich bei der Berufswahl um einen Entscheidungsprozess.

Nach dem dritten Semester wurde in Ergänzung zu den Berufswahlmotiven auch danach gefragt, ob die Studierenden ihre Berufswahl im Rückblick als richtige Entscheidung beurteilen. Die größte Unsicherheit mit Blick auf die getroffene Berufswahlentscheidung ergibt sich beim Gedanken an die Anforderungen der Schulpraxis, auf die sich einige Studierende nicht ausreichend vorbereitet sehen und daher befürchten, ihr nicht gewachsen zu sein. Zentral sind die Zweifel, die sich angesichts von Disziplinschwierigkeiten und Klassenführung ergeben. Aufgrund der Angst vor einem Scheitern an den disziplinarischen Anforderungen im Unterricht zweifeln einzelne Studierende an ihrer Berufswahlentscheidung. Bedenken hinsichtlich der Berufswahl äußern in diesem Zusammenhang insbesondere Studierende, die sich selbst als wenig stressresistent oder als perfektionistisch erleben.

Stärker pädagogisch-intrinsisch motivierte Lehramtsstudierende weisen eine höhere Wahrscheinlichkeit auf, mehr Lehrveranstaltungen in Pädagogik bzw. in den Bildungswissenschaften zu besuchen, während eine höhere vorbildorientierte Motivation das Gegenteil prognostiziert. Intrinsisch Motivierte schätzen die Bedeutsamkeit des didaktisch-methodischen Studiums höher ein, während eine stärker extrinsische Motivation meist Hinweis auf eine geringere Bedeutsamkeitszuweisung an die berufsbegleitende Unterstützung ist. Studierende mit ausgeprägten extrinsischen Berufswahlmotiven beurteilen die fachliche Lehre weniger gut. Zusammenfassend erweist sich die pädagogisch-intrinsische Berufswahlmotivation als wünschenswerte Ausprägung, erachtet man diese als einen Prädiktor zahlreicher positiv besetzter Variablen wie der Absicht, sich umfangreich erziehungswissenschaftlich zu bilden oder sich in seinem Selbstverständnis an Kindern und Jugendlichen auszurichten. Ebenfalls Indikator für eine positive professionelle Entwicklung scheint die Motivation durch Erfolg zu sein, weist diese doch auf ein hohes Maß an Engagement und Enthusiasmus hin. Weniger wünschenswerte Variablenausprägungen verbinden sich mit einer besonders starken extrinsischen sowie an Vorbildern orientierten Berufswahlmotivation.

Berufliche Ziele

Die offene Frage, wie Lehramtsstudierende ihre beruflichen Pläne für die Zukunft sehen (vgl. 4.3.2, S. 338), zeigt, dass es für sie im Laufe der ersten drei Studiensemester zunehmend wichtiger wird, Alternativen zum Lehrerberuf in Betracht zu ziehen. Eine berufliche Weiterqualifikation oder Neuorientierung durch ein Aufbau- oder Zweitstudium nimmt, wie auch der explizite Wunsch nach einem zweiten beruflichen Standbein, deutlich zu. Eine Karriere in der Wissenschaft oder Schulleitung bzw. Schulverwaltung scheint wenig attraktiv, wird aber von einigen Studierenden zumindest nicht ausgeschlossen. Die Mehrheit der Studierenden aber zielt darauf ab, einem geregelten Berufsalltag als »normale« Lehrkraft nachzugehen, ggf. mit einer (zeitweiligen) Berufstätigkeit im Ausland oder verbunden mit dem Willen, sich lebenslang fortzubilden und weiterzuentwickeln. Der Professionsvergleich zeigt, dass der Wunsch Lehramtsstudierender nach einer Vereinbarkeit von Familie und Beruf unter den Befragten weder zentral noch überdurchschnittlich stark ausgeprägt ist. Im Kern orientieren sich die Studierenden an der beruflichen Perspektive, Lehrer sein zu wollen.

Anhand der qualitativen Daten lassen sich drei verschiedene berufliche Zielperspektiven erkennen: Eine erste Gruppe an Studierenden wundert sich regelrecht über die Frage, wo sie sich beruflich in etwa zehn Jahren sehen. Für sie steht außer Frage, dass sie den Lehrerberuf ergreifen wollen und werden. Eine berufliche Weiterentwicklung ist für diese Studierenden allenfalls systemimmanent denkbar, weil sie an der genuin pädagogischen Tätigkeit festhalten wollen. Für eine zweite Gruppe an Befragten steht das Erreichen des Berufsziels Lehrer zunächst im Vordergrund, sie äußern aber bewusst, berufsbiografisch flexibel bleiben zu wollen. Diese Studierenden betonen häufig, dass sie ihren weiteren beruflichen Weg auf sich zukommen lassen wollen und sind zugleich skeptisch, ob sie ihr ganzes Berufsleben ein volles Deputat ausüben möchten und können. Auch wird von ihnen oft generell in Frage gestellt, ob sie den Lehrerberuf dauerhaft ausüben werden. Gerade solche Studierende äußern, dass eine Schulleitungsstelle nur eine unter vielen Alternativen ist. Wer nicht auf das Berufsbild des Lehrers festgelegt ist, nimmt meist auch eine Höherqualifikation in Kauf, um berufliche Alternativen zu realisieren oder plant schon zu Studienbeginn ein Aufbaustudium. Eine dritte Gruppe sieht sich schon zu Studienbeginn nicht dauerhaft im Lehramt. Zahlreiche Erstsemester planen längere Pausen für die Familiengründung ein, sehen sich jenseits dieser Unterbrechungen jedoch häufig im Lehramt.

Insgesamt erhärtet sich der Eindruck, dass die beruflichen Ziele während der ersten Semester relativ konstant sind. Diese These wird durch die sich zwischen den Erhebungswellen nicht ändernde berufliche Mobilitätsbereitschaft gestützt. Die Festlegung auf den Lehrerberuf einerseits, die Offenheit, sowohl in der Schule als auch in anderen Berufen tätig zu sein andererseits, sowie drittens der Wunsch, sich ein zweites Standbein aufzubauen, werden offenbar meist schon zu Studienbeginn angebahnt. Es kann daher vermutet werden, dass sich aus den beruflichen Zielen der Erstsemester im Lehramt zumindest tendenziell Informationen über deren Einmündung in das Berufsleben gewinnen lassen. Ob etwa die beruflichen Ziele zu Studienbeginn bereits die Wahrscheinlichkeit für ein Absolvieren des Referendariats, einen Studienabbruch sowie den Einstieg und Verbleib im Lehramt prognostizieren können, kann allerdings erst später im Längsschnitt beantwortet werden.

Inhaltsbezogenes Studieninteresse

Während die Berufswahlmotivation auf die Bedeutung des Berufsbildes für die Entscheidung zielt, eine Lehramtsausbildung zu beginnen, erklärt das inhaltsbezogene Studieninteresse, welche Rolle die Orientierung an den Inhalten des Studiums für die eingeschlagene Laufbahn haben kann (vgl. 4.3.3, S. 341). Das Studieninteresse der Gymnasialstudierenden ist höher als jenes der Realschul- und insbesondere der Sonderpädagogik- und Grund-/Hauptschulstudierenden. Die stärkere Fachorientierung Studierender an Universitäten im Vergleich zu jenen an Pädagogischen Hochschulen zeigt sich auch in einer höheren Bedeutsamkeitseinschätzung des fachwissenschaftlichen Studiums, was auf eine fachliche Identifikation gymnasialer Befragter mit dem Studium schließen lässt. Liest man das inhaltsbezogene Studieninteresse als Indikator für Lernmotivation, lassen sich seitens Gymnasialstudierender auch vergleichsweise höhere kognitive Studienleistungen erwarten. Fachwahl und persönliche Neigungen stehen in engem Zusammenhang. Studentinnen haben ein tendenziell stärker ausgeprägtes Studieninteresse, selbiges gilt für Lehramtsstudierende im Vergleich zu Zahnmedizinstudierenden. Unterschiede zwischen Selbst- und Fremdeinschätzung werden nicht signifikant.

Studierende, die zu Studienbeginn ein stark inhaltsbezogenes Studieninteresse aufweisen, sind üblicherweise älter. Sie weisen nach dem dritten Semester mit höherer Wahrscheinlichkeit ein größeres Arbeitsengagement und Erfolgserleben in Studium und Beruf auf. Zugleich bewältigen sie ihre Probleme überdurchschnittlich offensiv und zeigen eine geringere Resignationstendenz. An den Studieninhalten interessierte Befragte können daher als weniger belastet und gesundheitlich gefährdet gelten. Sie sind leistungsorientierter und stellen ihre Studienaktivitäten in den Lebensmittelpunkt. Insbesondere die erziehungswissenschaftliche Ausbildungskomponente wird von stärker inhaltlich interessierten Studierenden bezüglich Bedeutsamkeit, Qualität und Nutzen besser eingeschätzt. Darüber hinaus erfahren die fachwissenschaftlichen Lehrveranstaltungen von ihnen eine auffällig positive Bewertung. Die Zufriedenheit solcher Befragter mit der curricularen Abstimmung von Studieninhalten und Studienorganisation, dem Ausbildungsklima und mit dem Studium insgesamt ist größer. Außerdem bewerten sich inhaltlich interessierte Studierende als religiöser.

Interessenlage und Studienorientierung

Ein wichtiger Faktor bei der Studiengangswahl ist, dass sich Menschen berufliche Umfelder suchen, die ihren individuellen Interessen und Fähigkeiten entsprechen (vgl. 4.3.4, S. 345). Zur Erfassung der Interessen wurde nach sechs allgemeinen Interessendimensionen gefragt: praktisch-technische, intellektuell-forschende, künstlerisch-sprachliche, soziale, unternehmerische sowie konventionelle Interessen. Die Lehramtsstudierenden zeichnen sich besonders durch ihr soziales Interesse aus, das sich zwischen den Lehrämtern substanziell unterscheidet. Lehrämter, die stärker durch soziale Tätigkeiten geprägt sind, werden von Studierenden mit besonders starker sozialer Orientierung gewählt (Sonderpädagogik, Grund-/Hauptschule), während in der Sekundarstufe I/II die sozialen Aspekte im Lehrerberuf (vermeintlich) weniger bedeutsam sind (Realschule, Gymnasium). Die Befragten wählen aufgrund ihres starken sozialen Interesses insgesamt einen zu ihren Aufgaben passenden Beruf. Die zweitstärksten Orientierungen der künftigen Lehrkräfte sind künstlerisch-sprachlich und unternehmerisch. Lediglich leicht zustimmend positionieren sie sich in Bezug auf ihre intellektuell-forschende Orientierung, wobei diese bei Gymnasialstudierenden am stärksten ausgeprägt ist und hin zu den Studierenden der Primarstufe und Sonderpädagogik sprunghaft abnimmt. Entsprechend ist das Interesse am akademischen Arbeiten zu Studienbeginn an den Universitäten tendenziell stärker ausgeprägt als an den Pädagogischen Hochschulen. Ein leichtes Desinteresse bekunden die Studierenden an ordnend-verwaltenden Tätigkeiten, obwohl der Lehrerberuf stark mit entsprechenden Aufgaben verknüpft ist, etwa bei der Archivierung von Unterrichtsmaterial, der Notenverwaltung, dem Führen von Schülerlisten oder der Nutzung von Computern. Das geringste Interesse artikulieren die Befragten gegenüber praktisch-technischen Tätigkeiten, das bei Menschen mit starkem sozialen Interesse üblicherweise schwächer ausgebildet ist.

Insgesamt gelingt es den Fremdeinschätzenden sehr gut, gerade das Interesse an den praktisch-technischen, künstlerisch-sprachlichen und unternehmerischen Tätigkeiten der Lehramtsstudierenden einzuschätzen. Starke Korrelationen zwischen Selbst- und Fremdbildern lassen auf eine valide Abbildung der Interessenlage durch Fremdeinschätzungen schließen.

Während praktisch-technische Interessen das Selbstverständnis von Zahnmedizinstudierenden prägen, sind diese im Lehramt von geringster Bedeutung. Korrespondierend sind die sozialen Interessen unter den künftigen Zahnmedizinern viel geringer ausgeprägt als unter angehenden Lehrkräften. Für beide Berufssparten sind die typischen Interessenlagen bestimmend. Während sich die Zahnmedizinstudierenden durch ihr praktisch-technisches Interesse definieren, zeigen die Lehramtsstudierenden ein breites Interesse, insbesondere am sozialen, unternehmerischen und künstlerisch-sprachlichen Bereich. Dies spricht für eine Charakterisierung des künftigen Lehrpersonals als vielfältig interessierte »Allrounder«, während sich die Zahnmediziner durch ein einseitiger ausgerichtetes Interesse bestimmen.

Das ordnend-verwaltende Interesse der Lehramtsstudierenden nimmt längsschnittlich deutlich zu. Grund hierfür könnten die Anforderungen und Erfolge bei der selbstständigen Organisation des Studienalltags sein. So ist auch eine Zunahme des unternehmerischen Interesses zu verstehen. Das Interesse an praktisch-technischen Tätigkeiten nimmt zu, vielleicht weil ein Ausgleich zu dem eher kognitiv ausgerichteten Studium gesucht wird. Die nach dem dritten Semester im Vergleich zu Studienbeginn stärkere intellektuell-forschende Orientierung ist aufgrund des mit dem Studium einhergehenden wissenschaftlichen Arbeitens zu erwarten gewesen. Ein breites und ausgeprägtes Interesse an praktisch-technischen, intellektu-ell-forschenden, sozialen und unternehmerischen Tätigkeiten kann als ein positiver Indikator der professionellen Entwicklung Lehramtsstudierender insgesamt gelten. Die verschiedenen Interessendimensionen prognostizieren etwa eine höhere Nutzenseinschätzung der Ausbil-dung, Selbstwirksamkeitserwartung oder mehr beruflichen Ehrgeiz.

Fachwahlmotivation

Welche Motive für die Wahl eines bestimmten Faches oder einer Fächerkombination im Rahmen eines Lehramtsstudiums ausschlaggebend sind, ist bislang weitgehend unbekannt. Daher wurden Skalen zur Fachwahlmotivation in den Fächern Mathematik und Theologie entwickelt (vgl. 4.3.5, S. 352). In den Interviews zeigen sich vorab verschiedene Problembereiche bei der Fachwahl, die sich durch Einschränkungen und Vorgaben bei der Kombination verschiedener Fächer ergeben. Viele Studierende sind gezwungen, Fächer zu belegen, die sie eigentlich gar nicht studieren wollen oder an denen sie zumindest nur ein sekundäres Interesse haben. Anlässe für eine bestimmte Fachwahl können auch aus den Rahmenbedingungen zum Zeitpunkt der Aufnahme des Studiums hervorgehen. Zu denken ist etwa an mangelnde Informiertheit, Orientierung an Einstellungschancen, Vorwissen aus früheren Berufen und in Einzelfällen auch an äußeren Druck.

Das stärkste Einzelmotiv bei der *Fachwahl Mathematik* ist die Annahme, selbst etwas gut erklären zu können, gefolgt von pädagogischen Motiven wie dem Willen zur Unterstützung von Schülern und dem Wunsch, die eigene Freude am Fach weiterzugeben. Die formalen Re-geln für das Studium scheinen, wie eine vermeintlich vergleichsweise einfache Unterrichtsar-beit im Fach Mathematik, kaum eine Rolle für die Fachwahl zu spielen. Das Interesse am Fachstudium steht in einem starken Zusammenhang mit positiven Erfahrungen der eigenen Fähigkeiten bzw. mit dem Unterricht sowie der Orientierung an Vorbildern wie dem selbst erlebten Mathematikunterricht und/oder den eigenen Lehrern. Wer positive Erfahrungen mit Mathematik gemacht hat, orientiert sich auch stärker an Vorbildern. Außerdem ist eine Beziehung zwischen pädagogischer Motivation und fachlichem Interesse zu beobachten. Die extrinsische Motivation korreliert mit allen anderen Motivlagen negativ. Die Interviews las-sen vermuten, dass eine Entscheidung für das Fach Mathematik in besonderem Maße auf die eigenen mathematischen Fähigkeiten und die daraus resultierenden guten Erfahrungen mit Mathematikunterricht und -lehrern zurückgeht. Außerschulische Erfahrungen scheinen eine allenfalls nebengeordnete Rolle im Motivgemenge bei der Fachwahl Mathematik zu spielen.

Die *Entscheidung für das Fach Theologie* wird maßgeblich durch den Wunsch bestimmt, jungen Menschen Werte und Normen sowie Glaubensinhalte zu vermitteln, ohne dabei un-bedingt »missionieren« zu wollen. Deren Begleitung bei der Identitätsfindung und Entwick-lung ist ebenso ein Grund wie das Interesse am Fach Theologie selbst. Wie in Mathematik werden auch bei der Entscheidung für das Fach Theologie extrinsische Motive am stärksten abgelehnt. Ein starker Zusammenhang besteht zwischen dem Interesse am Fach und dem Wunsch nach persönlichem Gewinn. Theologiestudierende trauen ihrem Fachstudium zu, dass es ihnen bei der Beantwortung ihrer Fragen und dem Wachsen im eigenen Glauben nützt. Die pädagogische Motivation scheint, wie bei der Fachwahl Mathematik, zu einem er-heblichen Teil aus dem Interesse am Fach zu erwachsen. Auch zwischen pädagogischer Moti-vation und positiven Erfahrungen aus Kirchengemeinde und Jugendarbeit besteht ein Zusammenhang. In den Interviews äußert sich die (religions-)pädagogische Motivation für ein Theologiestudium etwa in dem Wunsch, als Christ jungen Menschen ein Vorbild zu sein. Gute Erfahrungen mit Religionsunterricht oder Religionslehrern können durchaus Überlegungen anstoßen, ob das Religionslehramt in Frage kommt. Der Ausschlag für die Wahl des Faches Theologie dürfte letztlich aber i. d. R. nicht über die Orientierung an Vorbildern zu erklären sein. Positive wie negative Erfahrungen in der eigenen religiösen Sozialisation stehen ebenfalls im Zusammenhang mit der möglichen Entscheidung für das Fach Theologie. An den Pädagogischen Hochschulen allerdings wird Theologie mit affiner Gewichtung häufig wegen seiner Kombinationsmöglichkeiten gewählt.

Im direkten Vergleich wurde der selbst erlebte Mathematikunterricht anregender empfunden als der Religionsunterricht. Die Begeisterung für eine bestimmte Lehrkraft des Faches ist in Mathematik stärker ausgeprägt. Eine vermeintlich einfache Unterrichtbarkeit des Faches spielt in Mathematik eine größere Rolle, ebenso die sich aus dem Fachstudium ergebenden Einstellungschancen. Das wissenschaftlich-mathematische Interesse Studierender mit Fach Mathematik ist stärker ausgeprägt als das wissenschaftlich-theologische Interesse der Theologiestudierenden. Andererseits interessieren sich Theologiestudierende deutlich stärker für die Studieninhalte ihres Faches, auch sind sie etwas neugieriger auf das, was sie im Fachstudium erwartet. Insgesamt ist die pädagogische Motivation unter Mathematikstudierenden höher. Für sie sind außerdem positive Erfahrungen im Umfeld ihres Faches für die Fachwahl von größerer Bedeutung. Ebenfalls stärker für die Fachwahlentscheidung von Bedeutung sind für Studierende mit Fach Mathematik auch die Orientierung an Vorbildern sowie die extrinsischen Motive. Lediglich das Interesse am Fachstudium ist unter den Theologiestudierenden stärker ausgeprägt. Dieses steht in beiden Fächern in starkem Zusammenhang mit der pädagogischen Motivation. Vermutlich sehen die Studierenden mit stark pädagogischer Ausrichtung die Notwendigkeit einer guten fachlichen Ausbildung, auf der anderen Seite bedingt wohl zunehmendes fachliches Wissen den Wunsch, dieses weitergeben zu wollen.

Lern- und Leistungsmotivation

Weiterhin wurde geprüft, ob auch die Lern- und Leistungsmotivation eine Bedeutung für die professionelle Entwicklung Lehramtsstudierender hat (vgl. 4.3.6, S. 361). Dazu wurden diejenigen Zielorientierungen erfasst, welche die Befragten in besonderem Maße zu Engagement in Schule (t_1) und Studium (t_2) veranlassen oder dieses verhindern. In der Schulzeit sind Annäherungs-Leistungsziele (Neigung zur Demonstration der eigenen Leistung) am stärksten ausgeprägt. Die Befragten erweisen sich als ehrgeizig und waren zu Schulzeiten bestrebt, eigene Fähigkeiten unter Beweis zu stellen. Neutral positionieren sie sich hingegen bezüglich ihrer Vermeidungs-Leistungsziele (Tendenz, vermeintlich geringere Leistungen zu verbergen). Eine Versagensangst ist damit nicht wesentlich, existiert aber grundsätzlich. Arbeitsvermeidung spielt eine geringere Rolle. Wer also danach strebt, die eigenen Fähigkeiten auch zu zeigen, versucht zugleich auch eher, seine Lücken zu verbergen. Insgesamt erweisen sich die Befragten als ehemals leistungsorientierte Schüler. Studierende der Grund-/Haupt- und Sonderpädagogiklehrämter geben an, in der Schulzeit ihre Defizite eher verborgen zu haben, während Gymnasial- und Realschulstudierende diese häufiger zeigten. Die Uni-Studierenden lassen sich als ehemals leistungsorientiertere Schüler beschreiben.

Lehramtsstudierende orientieren sich im Studium nur moderat an Annäherungs-Leistungszielen. Leistung nach außen und gegenüber anderen zu zeigen, scheint nicht von zentraler Bedeutung. Vergleichbar ausgeprägt ist die Abwendung von Vermeidungs-Leistungszielen. Die Befragten versuchen eher nicht, eigene Defizite zu verbergen. Sehr schwach ist die Tendenz zur Arbeitsvermeidung ausgeprägt. Die Studierenden sind in hohem Maße bereit, ihr Studium mit Engagement zu verfolgen. Wie zu t_1 bereits für die Leistungsmotivation in der Schule festgestellt, stellen nun auch im Studium die Gymnasialstudierenden eigene Fähigkeiten und Fertigkeiten deutlicher unter Beweis als die Studierenden anderer Lehrämter. Die Leistungsmotivation nimmt über das Realschullehramt bis zu den Grund-/Haupt- und Sonderpädagogikstudiengängen deutlich ab. Dies ist ein Hinweis darauf, dass die Gymnasialstudierenden vermutlich auch eine im Vergleich höhere reale Leistung erbringen. Je geringer die Arbeitsvermeidung, desto mehr zeitlicher Studienaufwand wird erbracht. Wieviel Zeit die Studierenden in ihr Studium investieren, hängt also nicht nur von curricularen Möglichkeiten ab, sondern auch von ihrer Arbeitseinstellung.

Die Fremdeinschätzungen sind eher ungenau. Es gelingt Mitstudierenden nur ansatzweise, die Probanden hinsichtlich ihrer Lern- und Leistungsmotivation treffend einzuschätzen. Im Professionsvergleich der Selbstbilder ergeben sich keine signifikanten Mittelwertdifferenzen. Beide Studierendengruppen erweisen sich als vergleichbar lern- und leistungsmotiviert. Im längsschnittlichen Vergleich zeigt sich zu t_2 ein stärker ablehnendes Antwortverhalten. In ihrer Schulzeit (t_1) verbargen die Befragten ihre Defizite viel eher, als sie dies heute als Lehramtsstudierende tun (t_2). Das Studium ist wohl durch einen vergleichsweise offeneren und produktiveren Umgang mit den eigenen Schwächen geprägt, der Vermeidungs-Leistungsziele eher zurückdrängt. Deutlich schwächer, wenngleich ebenfalls erheblich, ist der Rückgang an Annäherungs-Leistungszielen. Es ist Studierenden im Vergleich zu ihrer Schülerrolle nun weniger wichtig, die eigenen Fähigkeiten öffentlich unter Beweis zu stellen. Zwischen egoistischer Leistungsprofilierung und gefährlicher Bedeutungslosigkeit der Anerkennung guter Leistungen durch andere zeigt sich eine Balance. In den Lehramtsstudiengängen scheint eine gewisse Resignation hinsichtlich der öffentlichen Anerkennung guter Leistungen zu existieren. Gute Leistungen sind zwar wegen der Einstellungschancen nach wie vor erstrebenswert – Anlass, diese vor Mitstudierenden, Dozierenden, Angehörigen und/oder Freunden zu zeigen, besteht aber kaum. Schließlich sinkt die Arbeitsvermeidung von der Schule hin zum Studium erheblich. Studierende scheinen im Studium stärker leistungsmotiviert zu sein als zu ihrer eigenen Schulzeit.

Gestützt wird die quantitative Annahme einer höheren Leistungsorientierung im Studium durch die qualitativen Daten. Interviewte erklären eine größere Leistungsmotivation im Studium insbesondere dadurch, dass sie die Inhalte im Studium schlicht mehr interessieren. Dabei spielt die Auswahl von Lehrveranstaltungen nach persönlichen Neigungen (wo dies möglich ist) eine Rolle. Im Vergleich zur Schule wird nicht nur die Verabschiedung von einem breiten Fächerkanon und eine Zuwendung zu den eigenen spezifischen Interessen positiv erlebt, leistungsmotivierend ist auch, dass entlang der eigenen Interessengebiete etwas gefordert wird. Wer interessiert ist, verbindet mit dem Studium auch Spaß, selbst wenn Studieren im Vergleich zum Schulleben einen Mehraufwand bedeutet. Leistungsmotivation und die Beurteilung des Ausbildungsklimas bedingen sich vermutlich gegenseitig. Tendenziell zeigt sich auch, dass Studierende, die das Ausbildungsklima schlechter einschätzen, eher zu Arbeitsvermeidung neigen, wobei mangelnde Leistungsbereitschaft umgekehrt auch der Grund für die negativen Zuschreibungen an das Studium sein könnte.

Dieser qualitativ wie quantitativ nachvollziehbare Zusammenhang zwischen der Leistungsmotivation und dem Erleben des Studiums zeigt, dass das Interesse an den Inhalten und die Einsicht einer Notwendigkeit des zu studierenden Curriculums erheblichen Einfluss auf die professionelle Entwicklung Lehramtsstudierender haben dürften. Es kann nicht egal sein, ob die Studierenden die von ihnen pflichtgemäß zu absolvierenden Lehrveranstaltungen und Studienanteile als sinnvoll oder sinnlos erachten. Zumindest gilt es im Rahmen der Einführung in das Studium, das Curriculum gegenüber den Studierenden auch zu begründen. Dies setzt zugleich voraus, dass sie den Sinn einer wissenschaftlichen ersten Lehrerbildungsphase erkennen, verstehen, akzeptieren und produktiv mit dieser Ausbildungskomponente umgehen. Es kann nicht vorausgesetzt werden, dass sich das wissenschaftliche Curriculum des Lehramtsstudiums – gerade unter Annahme eines Diktats der Praxis – den Studierenden gleichsam »von selbst« als notwendig oder sinnvoll für die berufliche Ausbildung erschließt. Hier ist Aufklärungsarbeit im Rahmen von Informations- und Orientierungsveranstaltungen für Erstsemester sowie studienbegleitend erforderlich. Außerdem muss ein begründetes Kerncurriculum für die Fächer wie für die Bildungswissenschaften definiert werden.

Interessen und Kompetenzerwartungen entlang beruflicher Tätigkeiten

Dem Professionswissen werden Daten zu berufsspezifischen Interessen und Kompetenzerwartungen zugeschrieben (vgl. 4.4, S. 370). Dass dabei kein Wissen im engeren Sinne erfasst wird, ist im Blick und wird später diskutiert. Die Operationalisierung berufsspezifischer Interessen- und Kompetenzerwartungen erfolgt entlang beruflicher Tätigkeitsbereiche. Erstsemester (t_1) wurden gefragt, wie gerne sie verschiedene Tätigkeiten im Lehrerberuf vermutlich einmal ausführen würden und wie gut sie diese Tätigkeiten bereits heute beherrschen. Die Frage nach dem »wie gerne« gibt Auskunft über die *Interessen* der Studierenden an beruflichen Tätigkeiten, das »wie gut« zielt auf eine subjektive Einschätzung der *Kompetenzerwartung* entlang der einzelnen Tätigkeiten. In der Wiederholungsbefragung nach dem dritten Semester (t_2) wurde ausschließlich die Frage nach der Kompetenzerwartung (»wie gut«) erneut gestellt. Die in der Forschung häufig erfassten prospektiven Kompetenzerwartungen im Sinne von Kompetenz-Selbsteinschätzungen sind zwar keine gemessenen oder beobachteten Fähigkeiten und Fertigkeiten, sie verweisen aber – wie die berufsspezifischen Interessen – auf das (berufliche) Selbstkonzept der Lehramtsstudierenden.

Stärkstes *Interesse* zeigen Lehramtsstudierende am Fördern sozialer Beziehungen, gefolgt vom Planen und Gestalten von Unterricht sowie dem Vermitteln von Werten (vgl. 4.4.1, S. 372). Auch das Eingehen auf individuelle Bedürfnisse erfährt starkes Interesse. In eine zweite Gruppe lassen sich die Bereitschaft zur Fortbildung und Information, zur Selbstorganisation und zum Diagnostizieren und Beraten fassen. Geringeres Interesse besteht am Kommunizieren, Interagieren und Kooperieren. Die Schlussgruppe bilden das Kontrollieren von Verhalten, Analysieren und Weiterentwickeln von Unterricht und Schule sowie das Konfliktlösen.

Der Lehramtsvergleich zeigt eine substanzielle Abhängigkeit des Interesses am Eingehen auf individuelle Bedürfnisse, welches unter Sonderpädagogikstudierenden am deutlich stärksten, bei Gymnasialstudierenden am schwächsten ausgeprägt ist. Im Gegenteil geben Gymnasialstudierende eher an, sich fortbilden und informieren zu wollen – ein Anliegen, das über

das Real- und Grund-/Hauptschul- bis hin zum Sonderpädagogiklehramt kontinuierlich abnimmt. Verhalten kontrollieren werden Realschul- und Gymnasialstudierende vermutlich
lieber als Grund-/Hauptschul- und Sonderpädagogikstudierende. Gymnasialstudierende haben ein größeres Interesse am Vermitteln von Werten als Studierende der Sonderpädagogik-,
Grund-/Hauptschul- und insbesondere Realschullehrämter. Es erstaunt, dass gerade die
künftigen Sonderpädagogiklehrkräfte vermutlich am wenigsten gerne diagnostizieren und
beraten werden. Sie besitzen zugleich aber das größte Interesse am Konfliktlösen, während
dieses unter Gymnasialstudierenden am schwächsten ausgeprägt ist.

Im Blick auf die eigene *Kompetenzerwartung* können die befragten Lehramtsstudierenden
zu Beginn ihres Studiums am besten bereits soziale Beziehungen fördern und schätzen. Ebenfalls kompetent schätzen sich die Erstsemester hinsichtlich des Vermittelns von Werten, der
Planung und Gestaltung von Unterricht sowie der Fähigkeit, sich fortzubilden und zu informieren ein. Annähernd neutral bewerten sie ihre Fähigkeiten und Fertigkeiten in Bezug auf
ihre Selbstorganisation, das Eingehen auf individuelle Bedürfnisse, auf die Kontrolle von
Schülerverhalten sowie in diagnostischer und beratender Hinsicht. Eher inkompetent sehen
sie sich im Blick auf das Lösen von Konflikten.

Zwischen den Lehrämtern schätzen Gymnasialstudierende ihre Fortbildungsbereitschaft
und ihre Fähigkeit zur Informationsbeschaffung am größten ein, was auch für die Selbstorganisationskompetenz gilt, die ebenfalls über die Realschul- und Grund-/Hauptschulstudieren-
den bis hin zu den Sonderpädagogikstudierenden kontinuierlich abnimmt. Selbige Stufenverhältnisse zeigen sich in Bezug auf die Fähigkeit zur Analyse und Weiterentwicklung von
Unterricht und Schule sowie hinsichtlich der Diagnose- und Beratungskompetenz. Überall,
wo sich die Kompetenzerwartungen der Studierenden signifikant unterscheiden, wird deutlich, dass diese bei Gymnasialstudierenden am höchsten liegen und über die Realschul- sowie
Grund-/Hauptschulstudierenden bis hin zu den Sonderpädagogikstudierenden kontinuierlich abnehmen. Längsschnittlich muss geklärt werden, ob die höchst abstrakten Kompetenzerwartungen eine Verbindung zur tatsächlichen Kompetenz im Lehrerhandeln aufweisen
oder ob sich Gymnasialstudierende lediglich als Befragte mit höchstem Selbstbewusstsein
hinsichtlich ihrer ins Studium mitgebrachten Fähigkeiten erweisen.

Im Längsschnitt fällt eine generelle Kompetenzzunahme auf, die entlang aller Subskalen
höchst signifikant ist. Offenbar wird eine Steigerung der eigenen Fähigkeiten und Fertigkeiten wahrgenommen, zumindest aber eine höhere Identifikation mit den kommenden beruflichen Anforderungen. Der größte Zuwachs an Kompetenzerwartungen ergibt sich bezüglich
des Konfliktlösens, Kontrollierens von Verhalten und des Kommunizierens und Interagierens. Die stärksten Veränderungen stellen sich also entlang von Tätigkeiten ein, die zu Studienbeginn eher weniger im Interesse der Studierenden lagen. Gerade dort wird offenbar durch
das Studium ein Lernzuwachs erreicht. Die mit Abstand geringste Steigerung der Kompetenzerwartung ergibt sich bezüglich des Planens und Gestaltens von Unterricht. Dies ist deshalb erstaunlich, weil gerade an Pädagogischen Hochschulen in den ersten Semestern durch
Lehrveranstaltungen zur Unterrichtsplanung und im Rahmen erster Praktika besonderer
Wert auf diesen Bereich gelegt wird. Die gefühlte Kompetenzentwicklung scheint daher offenbar auch von den individuellen Voraussetzungen und eben nicht nur von den institutionellen Maßnahmen bestimmt zu sein. Diese Vermutung macht einen Vergleich der Ausbildungssysteme notwendig. Die längsschnittliche Steigerung der Kompetenzerwartung – am
Beispiel der Planung und Gestaltung von Unterricht – fällt an Pädagogischen Hochschulen

stärker aus als an Universitäten. Die institutionellen Unterschiede der Curricula haben offenbar einen, wenngleich moderaten Einfluss auf die Entwicklung der Kompetenzerwartungen.

Der absolute Zuwachs der Kompetenzerwartungen fällt an Pädagogischen Hochschulen stärker aus als an Universitäten. Den Analysen zufolge erscheint es plausibel, dass erstere ihren Kompetenzzuwachs deshalb stärker einschätzen, weil sie ihre Kompetenzen zu Studienbeginn als vergleichsweise geringer erachten, daher ein größeres Entwicklungspotenzial sehen und dies zu t_2 auch quittieren. In jedem Fall ist die von der Lehre in den Bildungswissenschaften unabhängige Entwicklung der Kompetenzerwartung alarmierend und stellt bildungswissenschaftlichen Ausbildungsbestandteilen hinsichtlich ihrer Bedeutung für die überfachlichen Fähigkeiten und Fertigkeiten ein schlechtes Zeugnis aus.

Eine zweite wichtige Beobachtung bezieht sich auf die Steigerung der Kompetenzerwartung, die an Pädagogischen Hochschulen stärker ausfällt als an Universitäten. Es ist daher eine längsschnittliche Annäherung der Kompetenzerwartungen Lehramtsstudierender in den beiden Hochschultypen zu beobachten. Vermutlich trägt die Lehrerbildung damit zu einer Nivellierung der Kompetenzerwartungen zwischen den Lehrämtern bei. Längsschnittlich muss geprüft werden, ob sich diese Tendenz verstärkt oder die Erwartungen weiter auseinanderdriften. Außerdem beurteilen Universitätsstudierende ihre Kompetenzerwartungen zu beiden Erhebungszeitpunkten als eher vergleichbar bzw. homogener, während Studierende Pädagogischer Hochschulen zwischen den einzelnen Dimensionen größere Unterschiede sehen. Längsschnittlich bleibt dieser Unterschied bestehen. Dies könnte darauf hindeuten, dass die umfangreichere bildungswissenschaftliche Ausbildung an Pädagogischen Hochschulen nicht dazu beiträgt, dass die dortigen Studierenden ihre kollektiv gefühlten Defizite in Bezug auf die Ausübung beruflicher Tätigkeiten stärker bearbeitet sehen als Uni-Studierende.

Es zeigen sich starke Zusammenhänge zwischen dem Interesse an beruflichen Tätigkeiten und der subjektiven Kompetenzeinschätzung durch Studierende entlang des Tätigkeitsprofils. Nur bezüglich drei der Tätigkeitsbereiche wird von diesem Trend nennenswert abgewichen. Hinsichtlich des Eingehens auf individuelle Bedürfnisse, Diagnostizierens und Beratens sowie des Analysierens und Weiterentwickelns von Schule und Unterricht gehen Interesse und Kompetenzerwartung überdurchschnittlich weit auseinander. Vermutlich empfinden die Studierenden gerade bezüglich dieser Tätigkeitsbereiche eine besonders große Diskrepanz zwischen beruflichem Handeln und ihrem Fähigkeits-Selbstkonzept. Da sie zu beiden Erhebungszeitpunkten nur vermuten können, wie gut sie die beruflichen Tätigkeiten beherrschen, ist davon auszugehen, dass die individuellen Interessen die Kompetenzeinschätzung maßgeblich determinieren. Wenn sich dies längsschnittlich bestätigt, könnten Kompetenzen zumindest vage über das Erfragen von Interessen zu Studienbeginn prognostiziert werden. Dies wäre ein wesentlicher Fortschritt im Zuge der Suche nach Verfahren für eine Selbsterkundung oder Eignungsprüfung in der Lehrerbildung. Voraussetzung für ein solches Vorgehen wäre allerdings, dass sich tatsächlich erfasste Kompetenzen (z. B. durch teilnehmende Beobachtung oder Videoanalyse) an die zu Studienbeginn geäußerte Interessenlage rückbinden lassen.

Im Hinblick auf die Diskussion um Laufbahnberatung und Auswahl Lehramtsstudierender aufgrund standardisierter Tests lässt sich feststellen, dass die Kompetenzerwartung angehender Lehrkräfte nur in engen Grenzen und unter großer Unsicherheit prognostiziert werden kann. Für eine sinnvolle und zielgerichtete Beratung erscheint ein auf Kompetenzerwartungen basierendes Instrument aber eigentlich nur dann sinnvoll, wenn lehramts- und/oder fachspezifische Kompetenzen definiert und gewichtet werden sowie die individuellen Werte dann mit diesen Standards abgeglichen werden. Gleichwohl erweisen sich einmal mehr Merkmale wie Gewissenhaftigkeit oder Extraversion als förderliche Eigenschaften der professionellen Entwicklung angehender Lehrkräfte.

Perspektiven und Grenzen der Kompetenzselbsteinschätzung

Es wurde weiterhin geprüft, in welcher Weise ein Zusammenhang zwischen Kompetenzerwartungen und (beruflichem) Selbstverständnis Lehramtsstudierender besteht (vgl. 4.4.2, S. 386). Ein Hinweis auf diesen postulierten Zusammenhang ergibt sich durch den Vergleich von Interessen (»wie gerne«) und Kompetenzerwartungen (»wie gut«) zum ersten Erhebungszeitpunkt. Während die Interessen etwas über die Affinität der Befragten hinsichtlich beruflicher Tätigkeitsbereiche (und damit über deren Selbstverständnis) aussagen, könnte den Kompetenzerwartungen im traditionellen Sinne zugeschrieben werden, sie würden auch tatsächlich Fähigkeiten und Fertigkeiten abbilden. Gegen diese Sichtweise spricht, dass sich zu Studienbeginn ein starker Zusammenhang zwischen Interesse und subjektiver Kompetenzeinschätzung durch Studierende entlang des Tätigkeitsprofils zeigt. Die Kompetenzerwartungen Lehramtsstudierender lassen sich zu einem bedeutsamen Teil durch deren berufsspezifische Selbstwirksamkeitserwartung erklären: Wer selbst glaubt, etwas bei den Schülern erreichen zu können, der schätzt auch seine beruflichen Fähigkeiten und Fertigkeiten hoch ein und umgekehrt. Davon ausgehend erhärtet sich die Vermutung, dass Kompetenzerwartungen ein Ausdruck des (beruflichen) Selbstverständnisses sind, das sich insbesondere in der berufsspezifischen Selbstwirksamkeitserwartung spiegelt. Diese Beobachtung legt die oben vorgeschlagene Neujustierung der Interpretation selbsteingeschätzter Kompetenzen nahe. Sie sollten nicht länger als Indikator tatsächlicher Kompetenz oder beobachtbarer Performanz erachtet, sondern zur Bestimmung des Selbstverständnisses entlang verschiedener berufstypischer Tätigkeiten eingesetzt werden. In dieser Weise verstanden, helfen die Kompetenzselbsteinschätzungen, die Klientel künftiger Lehrkräfte zu beschreiben und ihre Haltungen und Erwartungen gegenüber dem Beruf (»beliefs«) zu bestimmen.

In der Forschungspraxis übliche und häufig kritisierte Selbsteinschätzungen sind damit keineswegs überflüssig – nur gilt es künftig, solche Daten nicht unter einem leistungs- bzw. performanzspezifischen Fokus zu lesen, sondern als Haltung oder Verortung der Studierenden gegenüber künftigen beruflichen Anforderungen zu interpretieren. Eine längsschnittliche Zunahme der Kompetenzerwartungen wäre dann allerdings auch kein Indikator für einen Zuwachs der Fähigkeiten und Fertigkeiten der Studierenden, sondern ein Hinweis auf deren zunehmende Identifikation mit den beruflichen Aufgaben bzw. Anforderungen, die als Lehrkraft auf sie warten. Ob ein solcher Forschungsbefund gegenüber dem Nachweis einer tatsächlichen Performanzsteigerung als Folge der Ausbildungserfahrungen geringgeschätzt werden sollte, darf bezweifelt werden, denn der Erfolg der Lehrerbildung muss sich letztlich nicht primär am Lehrerhandeln, sondern an den Schülerleistungen messen lassen. Dass ein positiver Zusammenhang zwischen (beruflichem) Selbstverständnis und den tatsächlichen Kompetenzleistungen künftiger Lehrkräfte besteht, ist zugleich keineswegs ausgeschlossen und erscheint wahrscheinlich – einen Nachweis hat bislang allerdings keine Studie eindeutig erbracht. Bei einem Forschungsinteresse am (beruflichen) Selbstbild Lehramtsstudierender erscheint es daher legitim, weiterhin Kompetenzerwartungen zu erfassen. Ansätze, die allerdings auf eine solide Kompetenzdiagnostik zielen, müssen sich von ihnen verabschieden.

6.1.4 Ausbildungserfahrungen

Ausbildungsklima

Die Befragten fühlen sich an der Hochschule in hohem Maße akzeptiert und bestätigen, dort viele interessante Begegnungen gemacht zu haben (vgl. 5.1.1, S. 392). Auch artikulieren sie mehrheitlich, dass hohe Erwartungen an sie gestellt werden. Eine tendenzielle Zustimmung ergibt sich gegenüber den Aussagen, Meinungsverschiedenheiten würden offen ausdiskutiert und es gebe viele Aktivitäten wie Feste und Reisen an der Hochschule. Kaum im positiven Bereich positionieren sich die Befragten gegenüber der Aussage, die Ziele der Ausbildung seien immer klar und die Studierenden besuchten die Lehrveranstaltungen regelmäßig. Ob die örtlichen Bedingungen eine lernfördernde Umgebung bieten, wird neutral eingeschätzt. Die Aussage, an der Hochschule werde wenig Zeit vertrödelt, findet, wie auch die Aussage, die Hochschule sei fast wie ein Zuhause, wenig Zustimmung. Das Ausbildungsklima wird von Lehramtsstudierenden insgesamt neutral mit leicht positiver Tendenz bewertet. Zwar wird es entlang keines der Items als schlecht beurteilt – auffällig hohe Zustimmungen ergeben sich aber allenfalls bezüglich des sich selbst Akzeptiert-Fühlens.

Zwischen Lehrämtern variiert die Beurteilung des Ausbildungsklimas erheblich. Die Gymnasialstudierenden schätzen das Klima an ihrer Hochschule am besten ein, mit einigem Abstand folgen Grund-/Hauptschul- und Realschullehrämter, mit geringem Abstand folgt dann der Sonderpädagogikstudiengang. Bei genauerer Betrachtung erweisen sich diese Unterschiede insbesondere als Differenzen zwischen Hochschultypen. An Universitäten wird das Ausbildungsklima substanziell besser bewertet als an Pädagogischen Hochschulen. Besonders stark ist dieser Unterschied hinsichtlich der viel höheren Erwartungen, die Uni-Studierende durch ihr Studium an sich gestellt sehen. Für sie ist die Hochschule aber auch eher ein Zuhause und bietet das lernförderlichere Klima.

Im Professionsvergleich unterscheidet sich das Ausbildungsklima insgesamt nicht signifikant. Gleichwohl empfinden Zahnmedizinstudierende die an sie gestellten Erwartungen vergleichsweise höher. Lehramtsstudierende hingegen sehen Meinungsverschiedenheiten in ihrem Studiengang häufiger ausdiskutiert. Das Zahnmedizinstudium ist aus Studierendensicht organisatorisch straffer und zielgerichteter, was im Vergleich zum Lehramt aber auch zu Lasten einer demokratischen und zwischenmenschlichen Studienkultur gehen mag.

Wichtig für ein positives Erleben des Ausbildungsklimas erscheint zunächst der Grad an Identifikation mit dem Studium und auch der Hochschule als Institution. Offenbar finden sich Studierende mit ähnlichem Identifikationsgrad in Gruppen zusammen, wobei die Gruppenzugehörigkeit Einfluss auf die mehr oder weniger aktive Teilhabe an Lehrveranstaltungen und Hochschulleben haben dürfte. Einige Studierende beurteilen das Ausbildungsklima fachspezifisch unterschiedlich. Der Umgang mit Dozierenden wird meist positiv beurteilt, gerade wenn von ihnen ein bewusster Kontakt zu Erstsemestern gesucht wurde. Das Klima wird an verschiedenen Standorten der Institute innerhalb einer Universität unterschiedlich bewertet, was u. a. auf die Architektur und Lage zurückzuführen ist. Auch die Größe der Hochschule insgesamt scheint einen Einfluss auf das Ausbildungsklima zu haben. Kleinere Organisationseinheiten (Pädagogische Hochschulen) werden als familiärer erlebt, während man an der Universität schon Gefahr laufe, unterzugehen.

Zusammenfassend ist eine positive Wahrnehmung des Ausbildungsklimas insbesondere ein Prädiktor für ein hohes Maß an Studienzufriedenheit. Außerdem bewerten Studierende mit dieser Wahrnehmung die Qualität und den Nutzen der Lehre sowie des Studiums und der Praktika insgesamt höher. Sie erweisen sich als stärker leistungsorientiert und engagiert in studienbezogenen Belangen. Vor dem Hintergrund dieser Beobachtungen erscheinen Überlegungen angebracht, in welcher Weise Bildungspolitik und Hochschulen die Rahmenbedingungen für ein positives Ausbildungsklima verbessern können. Es scheint wichtig, die Ziele der Ausbildung transparent zu machen, interessante Begegnungen an der Hochschule zu ermöglichen, Anreize für den regelmäßigen Besuch der Lehrveranstaltungen zu schaffen, eine vertraute Lernumgebung anzubieten, klare Strukturen und Planungssicherheit anzustreben und den (internationalen) Austausch zu fördern. Es erscheint angemessen, hohe Erwartungen an die Studierenden zu stellen. Dem offenen Austausch von Meinungsverschiedenheiten sollte Raum gegeben werden. Die architektonischen und ausstattungsbezogenen Merkmale scheinen ebenso von Bedeutung wie gegenseitige Akzeptanz.

Studienzufriedenheit

Die Studienzufriedenheit (vgl. 5.1.2, S. 398) gibt Auskunft über die Einstellung zum Studium insgesamt. Als Indikatoren wurden die Zufriedenheit mit dem Studienangebot, mit sozialen Kontakten und mit Unterrichtsversuchen angenommen. Insgesamt ist die Studienzufriedenheit zu t_2 nur moderat positiv ausgeprägt. Die Zufriedenheit mit sozialen Kontakten und den eigenen Unterrichtsversuchen ist weit größer als jene mit dem Studienangebot. Eher unzufrieden sind Befragte mit den Studienbedingungen und der Studienorganisation. Auch die Möglichkeit zur Selbstverwirklichung und die methodische Gestaltung von Lehrveranstaltungen werden nur neutral beurteilt. Mit ihrer Entscheidung für den Lehrerberuf sind die Befragten deutlich zufriedener als mit dem Studium selbst.

Unter Realschulstudierenden und Grund-/Hauptschulstudierenden ist die Zufriedenheit mit der Entscheidung für den Lehrerberuf größer als unter Studierenden der Sonderpädagogik und des gymnasialen Lehramts. Womöglich eröffnen der Sonderpädagogik- und Gymnasialstudiengang mehr alternative berufliche Perspektiven, die eher an der Entscheidung für den Lehrerberuf zweifeln lassen. Einen Einfluss auf diese Lehramtsdifferenzen dürfte auch die Beobachtung haben, dass weibliche Studierende, die an Pädagogischen Hochschulen häufiger vertreten sind, mit ihrer Berufswahlentscheidung tendenziell zufriedener sind. Schließlich stehen die sozioökonomische Stellung und die Studienzufriedenheit insgesamt in einem leicht positiven Zusammenhang. Je stärker sich die Befragten durch ihr Studium finanziell belastet sehen, desto weniger zufrieden sind sie mit ihrem Studium. Ein ausgereiftes Stipendiensystem erscheint unerlässlich, um eine vergleichbare Studienzufriedenheit aller Studierenden zu begünstigen. Eine hohe Zufriedenheit mit dem Studienangebot ist schon deshalb wünschenswert, weil zufriedene Studierende auch signifikant höhere Annäherungs-Leistungsziele haben und damit stärker leistungsmotiviert sind.

Das Erfolgserleben im Studium und ein positives Ausbildungsklima sind starke Prädiktoren hoher Studienzufriedenheit. Diese sind wesentlich, aber nicht ausschließlich an die schulpraktischen Ausbildungskomponenten gebunden. Ebenfalls replizieren lässt sich der Befund, die Qualität des Angebots habe einen moderierenden Einfluss, während der Nutzen der Ausbildungskomponenten keine signifikante Bedeutung für die Vorhersage von Zufriedenheit im

Studium hat. Bislang nicht im Blick waren Faktoren wie die curriculare Abstimmung, ein soziales Unterstützungssystem oder die Selbstorganisationsfähigkeit als positive Prädiktoren von Studienzufriedenheit. Insgesamt ist anzunehmen, dass besonders Prozessvariablen für die Studienzufriedenheit verantwortlich sind und diese daher kaum bereits durch die Eingangsbedingungen prognostiziert werden kann. Problematisch ist die Diskrepanz zwischen den Erwartungen an das Studium und der Studienrealität.

Curriculare Abstimmung

Eine Notwendigkeit curricularer Abstimmung für Lehramtsstudiengänge ergibt sich bereits aus der Existenz dreier wesentlicher und zu unterscheidender Ausbildungsbereiche: Fachstudium, bildungswissenschaftliches Studium sowie Schulpraxis (vgl. 5.1.3, S. 403). Weitgehend ungeklärt ist bislang, wie sich diese drei großen Ausbildungsbereiche aus Sicht Studierender zueinander verhalten. Erfolgt etwa bei der Planung des Lehrangebots eine Abstimmung der meist durch unterschiedliche Institutionen organisierten Bereiche oder gibt es thematische Verknüpfungen bzw. eine Bezugnahme zwischen den einzelnen Komponenten? Die curriculare Abstimmung hat folglich eine zeitliche Dimension (z. B. studienorganisatorische Abstimmung der Pflichtveranstaltungen durch die Hochschule) und eine inhaltliche Dimension (z. B. Vermeidung unnötiger Dopplungen).

Befragte bescheinigen ihren Studiengängen insgesamt eine mittelmäßige bis eher schlechte curriculare Abstimmung. Eine zeitliche Abstimmung der Termine für die wichtigsten Lehrveranstaltungen wird nur von einem knappen Drittel (29 %) der Befragten wahrgenommen. Am besten wird die curriculare Abstimmung insgesamt noch von Gymnasialstudierenden beurteilt, mit einigem Abstand folgen die Einschätzungen der Grund-/Hauptschul- und Sonderpädagogikstudierenden, am schlechtesten fällt das Urteil der Realschulstudierenden aus.

Insbesondere die zeitliche curriculare Abstimmung wird in den Interviews häufig kritisiert. Aus Sicht der Befragten können zeitliche Überschneidungen und damit eine mangelnde organisatorische Abstimmung von Lehrveranstaltungen die Effektivität beim Studieren deutlich einschränken, was zu Unzufriedenheit und ggf. zu einer längeren Studiendauer führen kann. Ein zumindest gefühltes Informationsdefizit und widersprüchliche Auskünfte verstärken die Planungsschwierigkeiten. Die Gründe für die oftmals als problematisch wahrgenommene curriculare Abstimmung sind vielfältig und nicht für die Situation aller Studierenden gleich. In inhaltlicher Hinsicht erleben die Studierenden durchaus eine Koordination, diese variiert aber offenbar stark zwischen den Fächern an verschiedenen Hochschulen. Häufig handelt es sich aber auch nur um eine gefühlte oder implizit vorhandene Abstimmung. Eine solche ist zwar erfreulich, erscheint aber nur selten transparent.

Mit der Wahrnehmung curricularer Abstimmung der Lehramtsstudiengänge in Baden-Württemberg verbindet sich das Desiderat einer Optimierung. Sowohl die Transparenz der Studienstruktur und die damit mögliche inhaltliche Vernetzung der Lehrveranstaltungen, wie auch die Vermeidung unnötiger Dopplungen, sind ein besonderes Potenzial der modularisierten Studiengänge. Die in Baden-Württemberg (bislang) nicht auf konsekutive Strukturen umgestellten Lehramtsstudiengänge erscheinen zumindest in diesem Punkt vergleichsweise defizitär und deuten auf mögliche und sinnvolle Optimierungen hin. Zumindest sind die Grenzen der Wahrnehmung von unnötigen Dopplungen (Redundanz), sinnvoller Wiederholung oder angemessener Vertiefung fließend. Eine gute zeitliche und inhaltliche Abstimmung

der Studiengänge erscheint sowohl vor dem Hintergrund eines wünschenswerten und gesteuerten Kompetenzerwerbs im Sinne eines Kerncurriculums, als auch hinsichtlich eines
möglichst effektiven Studienverlaufs sinnvoll. Die curriculare Abstimmung ist Katalysator für
eine möglichst gute Passung von Angebot und Nutzung. Nur wenn die studienorganisatorischen Rahmenbedingungen eine optimale Nutzung der Lernangebote ermöglichen, wird die
professionelle Entwicklung der Lehramtsstudierenden möglichst gut sein können.

Bedeutsamkeit der Ausbildungskomponenten

Die Erstsemester wurden um eine Bedeutsamkeitseinschätzung der sechs Ausbildungskomponenten (fachwissenschaftliches, fachdidaktisches und erziehungswissenschaftliches Studium, schulpraktische Studien, Vorbereitungsdienst sowie Unterstützung in der Berufseinstiegsphase) gebeten (vgl. 5.2.1, S. 408). Dies dient der Klärung des Verhältnisses von Theorie
und Praxis aus Befragtensicht.

Der fachwissenschaftlichen Ausbildung wird von Erstsemestern nur wenig Anschlussfähigkeit an die anderen Teile des Studiums bzw. keine unterstützend-erleichternde Funktion
für den Berufseinstieg und die Berufsausübung zugetraut. Stattdessen wird allen berufspraktischen Anteilen noch vor dem didaktisch-methodischen und erziehungswissenschaftlichen
Studium eine hohe Bedeutung zugemessen. Vereinfacht gesagt: Erstsemester im Lehramt
denken »von der Praxis her«. Alles, was in der Ausbildung unmittelbar mit dem Berufsbild
und den eigenen Vorstellungen von der Unterrichtätigkeit zu tun hat, wird auch als besonders bedeutsam für die Ausbildung selbst angesehen. Bereits Erstsemester schreiben der zweiten und dritten Phase der Ausbildung (Vorbereitungsdienst und Berufseinstieg) höhere Bedeutung zu als der ersten Phase des Studiums, in der sie sich gegenwärtig befinden. Daher
sind alle studienvorbereitenden Beratungsangebote in der Schule, aber auch die Hochschulen
selbst hinsichtlich ihrer Informationsorgane sowie die Dozierenden in Einführungsveranstaltungen gefragt, um künftigen Lehrkräften die Schwerpunkte und Funktionen der einzelnen
Ausbildungsphasen transparent zu machen. Der fachwissenschaftliche Studienanteil wird als
weitgehend unabhängig von den anderen Bestandteilen gesehen. Auch orientieren sich im
Blick auf die Berufswahl intrinsisch motivierte Studierende insbesondere an pädagogischen
und handlungsbezogenen Ausbildungsbestandteilen, nicht an der Fachwissenschaft.

Es sind gerade die insgesamt als sehr wichtig erachteten Schulpraktika und das als am wenigsten bedeutsam erachtete fachwissenschaftliche Studium, entlang derer sich die Einschätzungen der Studierenden in den verschiedenen Lehrämtern höchst signifikant unterscheiden.
Insgesamt verweist der Lehramtsvergleich auf verschiedene Erwartungen der Studierenden
an ihr Studium, die insbesondere zwischen künftigen Grund-/Hauptschul- und Gymnasiallehrkräften deutlich werden. Für letztere sind die einzelnen Ausbildungskomponenten weitgehend gleichgewichtig, während erstere den praktischen Studienanteilen eine weit größere
Bedeutung zuschreiben. Überraschend ist, dass die Beobachtung der geringen Bedeutungszumessung an das fachwissenschaftliche Studium selbst unter Gymnasialstudierenden gilt.

Der Professionsvergleich zeigt, dass die eher geringe Bedeutung, die der fachwissenschaftlichen Ausbildung zu Studienbeginn zugeschrieben wird, kein lehramtsspezifisches Urteil ist.
Auch künftige Zahnmediziner sehen praktische Studienanteile generell als wichtiger an. Studierende des Lehramts und der Zahnmedizin sind gleichermaßen bereits in der Studieneingangsphase vom Berufsbild her geprägt, das stark mit praktischem Handeln assoziiert wird.

Zu t_2 werden fast alle Komponenten als noch bedeutsamer eingeschätzt. Diese Entwicklung ist bezüglich des didaktisch-methodischen Studiums und der Unterstützung in der Berufseinstiegsphase besonders deutlich. Der allgemeine Anstieg der Bedeutsamkeitszuschreibung verweist wohl auf die gefestigte Haltung Studierender, dass die Komponenten notwendige und sinnvolle Bestandteile der Lehrerbildung sind. Diese Bewegung scheint für akademische Ausbildungswege typisch, denn auch unter Zahnmedizinstudierenden nehmen die Werte entlang des fachwissenschaftlichen Studiums und der berufsbegleitenden Unterstützung zu.

Eine auffällige Ausnahme gegen diesen generellen Trend ergibt sich im Blick auf das erziehungswissenschaftliche Studium. Der erziehungswissenschaftliche Studienanteil wird nach dem dritten Semester nicht nur als einzige Ausbildungskomponente weniger bedeutsam eingeschätzt als zu Studienbeginn, die abnehmende Entwicklung ist auch erheblich stärker als alle Zuwächse entlang der anderen Komponenten. Eine Erklärung hierfür könnte darin liegen, dass Lehramtsstudierende in den ersten drei Studiensemestern kaum erziehungswissenschaftliche Lehrveranstaltungen belegt haben, sie deren Inhalte, Gestalt und Nutzen somit nicht kennen und der Erziehungswissenschaft daher auch keine Bedeutung für die Ausbildung insgesamt zuschreiben. Diese Argumentation würde allerdings auch auf den Vorbereitungsdienst sowie die Unterstützung in der Berufseinstiegsphase zutreffen. Empirisch besteht kein signifikanter Zusammenhang zwischen der Bedeutsamkeitseinschätzung der erziehungswissenschaftlichen Komponente und der erfassten Anzahl belegter erziehungswissenschaftlicher Lehrveranstaltungen. Studierende mit mehr belegten pädagogischen Veranstaltungen schätzen die Erziehungswissenschaft demnach nicht als bedeutsamer ein. Es erscheint so, als ob Studierende die Erziehungswissenschaft nicht aus Unkenntnis als zunehmend unbedeutender beurteilen: Gerade weil Lehramtsstudierende die erziehungswissenschaftliche Lehre kennen, schätzen sie diese als wenig bedeutsam für ihre Ausbildung ein.

Dieser aus erziehungswissenschaftlicher Sicht alarmierende Befund darf nicht verschleiern, dass auch zu t_2 alle abgefragten Ausbildungskomponenten absolut gesehen als gewichtig für die Ausbildung eingeschätzt werden. Es ist aber auffällig, dass nun das erziehungswissenschaftliche Studium als am wenigsten bedeutsam bewertet wird und die fachwissenschaftliche Komponente im Gegenzug um einen Rangplatz aufgestiegen ist. Die Rangplätze der anderen Ausbildungsbestandteile bleiben im Längsschnitt unverändert. Als wesentliche Erklärung für die längsschnittlich stark abnehmende Bedeutsamkeitseinschätzung der erziehungswissenschaftlichen Ausbildung müssen nach ersten Analysen insbesondere die im Vergleich zu den Fächern schlechteren Erfahrungen aus den entsprechenden Lehrveranstaltungen angenommen werden. Sowohl die Qualität als auch der Nutzen des erziehungswissenschaftlichen Studiums werden geringer bewertet als in anderen Komponenten zu t_2.

Die größten Lehramtsunterschiede ergeben sich zu t_2 bezüglich des fachwissenschaftlichen Studiums. Auffälligste längsschnittliche Entwicklung ist dabei, dass die Bedeutsamkeitseinschätzung der Fachwissenschaft nun von den Realschul- noch vor den Gymnasialstudierenden am höchsten eingestuft wird. Bezüglich der Bedeutsamkeit des didaktisch-methodischen Studiums ist sowohl der Zuwachs als auch der absolute Wert im Sonderpädagogiklehramt zu t_2 am größten. Bezüglich des erziehungswissenschaftlichen Studiums werden die Lehramtsunterschiede zu t_2 nicht mehr signifikant. Gleichwohl tauschen die Lehrämter die Ränge: Gerade die Gymnasialstudierenden messen ihm jetzt die größte Bedeutsamkeit zu, während die Werte der Sonderpädagogik- und Grund-/Hauptschulstudierenden, insbesondere aber jene der Realschulstudierenden stark fallen. Schulpraktika werden von Gymnasialstudierenden

nun als deutlich wichtiger, trotz einer Annäherung aber noch immer als am wenigsten bedeutsam beurteilt. Hinsichtlich des Vorbereitungsdienstes und der berufsbegleitenden Unterstützung sind die Lehramtsdifferenzen zu t_2 statistisch unbedeutsam.

In den Interviews wird der Sinn *fachwissenschaftlicher Anteile* der Ausbildung i. d. R. nicht
in Frage gestellt. Fachwissenschaft sei notwendig, um einen Wissensvorsprung gegenüber
den Schülern zu haben und um die Hintergründe der Unterrichtsinhalte zu verstehen. Die im
Vergleich geringste Bedeutsamkeit des fachwissenschaftlichen Studiums geht also nicht auf
eine generelle Kritik zurück, sondern auf dessen Umfang und Tiefe im Rahmen des Lehramtsstudiums. Die Fachwissenschaften werden als zu theoretisch und zu wenig berufsfeldbezogen wahrgenommen und daher eher mit einem Fachstudium denn mit der Lehrerbildung
in Verbindung gebracht.

Bereits in den Einschätzungen der Fachwissenschaften wird deutlich, dass die Lehramtsstudierenden dem *didaktisch-methodischen Studium* wichtige Bedeutung für die Ausbildung
insgesamt zuschreiben. Es ist die real gegebene Schwerpunktsetzung auf die Fachwissenschaften, die vor dem Hintergrund der im engeren Sinne für die Berufsausübung als relevant erachteten fachdidaktischen Studien kritisiert werden: Wenn sich die fachwissenschaftliche
Ausbildung zu sehr von den schulischen Anforderungen entfernt, verliert sie aus Studierendensicht oftmals ihre Legitimation. Ferner ist die Schulpraxis für einige Befragte offenbar ein
»fachdidaktischer Lernraum«.

Der *erziehungswissenschaftlichen Ausbildungskomponente* wird nur von wenigen Studierenden zentrale Bedeutung zugemessen. Einerseits sehen die Befragten zu Studienbeginn,
dass sie im erziehungswissenschaftlichen Bereich keine Vorkenntnisse mitbringen, andererseits herrscht auch nach den ersten drei Semestern noch immer ein falsches Bild von dessen
Gegenstand und Reichweite. Deren eigentliche Aufgabe sei es doch, angehenden Lehrkräften
Rezepte für gelingenden Unterricht an die Hand zu geben. Diese Erwartungen an ein berufsfeldbezogenes und »praktisches« pädagogisches Studium werden in der Studienwirklichkeit
durch Konfrontation mit einem erziehungs*wissenschaftlichen* Studium enttäuscht.

Studienbegleitende *Schulpraktika* erfahren zu beiden Erhebungszeitpunkten die größte Bedeutsamkeitszuschreibung. Viele Befragte sehen diese im Zentrum ihrer Ausbildung. Man
könne Unterrichten letztlich nur in der Praxis lernen. Mit dem Primat der Praxis geht häufig
eine Kritik fachwissenschaftlichen oder theorielastigen Studiums einher. Wie schon als Argument für eine starke Fachdidaktik, wird auch die Schulpraxis damit legitimiert, dass es
letztlich um die Anwendung des Wissens gehe. Diese Äußerung impliziert als notwendig erachtete fachliche Wissensbestände, die aus Studierendensicht allerdings nicht zwingend Folge
eines vertieften Studiums sein müssten.

Der *Vorbereitungsdienst* selbst wird zwar, wie auch die Schulpraktika, als hoch bedeutsam
eingeschätzt, aufgrund der kollektiven Erfahrungen wird die gegenwärtige Praxis der zweiten
Phase (Leistungsdruck etc.) aber von einigen Studierenden stark kritisiert. Schließlich wird
auch die *berufsbegleitende Unterstützung in der Berufseingangsphase* als bedeutsam eingeschätzt. Dabei ist den Befragten aber i. d. R. nicht klar, wie sich eine solche gegenüber dem
Vorbereitungsdienst verhält. Dies macht deutlich, dass ein Ausbau bzw. die Etablierung einer
dritten Phase wohl nur in enger Abstimmung mit einer Reform des Vorbereitungsdienstes
einhergehen könnte. Anderenfalls würden die unternommenen Anstrengungen wohl als zusätzliche Belastung oder als redundant empfunden.

Sowohl eine hohe Nutzenseinschätzung des erziehungswissenschaftlichen Studiums insgesamt als auch eine positive Beurteilung erziehungswissenschaftlicher Lehrveranstaltungen erhöhen auf höchst signifikante Weise die Wahrscheinlichkeit einer hohen Bedeutsamkeitszuschreibung an das erziehungswissenschaftliche Studium. Alle anderen möglichen Einflüsse sind vergleichsweise schwach. Damit erweisen sich der dem erziehungswissenschaftlichen Studium zugeschriebene Nutzen für die spätere Berufsausübung und die differenziert erfasste wahrgenommene Qualität erziehungswissenschaftlicher Lehre als zentral für die Erklärung einer hohen Bedeutsamkeitseinschätzung und umgekehrt. Hieraus ergibt sich die Notwendigkeit einer Überprüfung und ggf. Neuordnung des erziehungswissenschaftlichen Curriculums einerseits und die notwendige Steigerung der Qualität in der Lehre andererseits. Beide Aspekte verweisen auf Chancen einer Lehrerbildungsreform im Rahmen der Umstellung auf konsekutive Studiengänge bzw. auf die Modularisierung der Lehramtsstudiengänge.

Qualität der Ausbildungskomponenten

Die Qualität der Ausbildung wird insgesamt nur mit moderat positiver Tendenz beurteilt (vgl. 5.2.3, S. 432). Am höchsten wird die Güte der Schulpraktika eingeschätzt. Deutlich geringer bewerten die Befragten die Qualität des fachwissenschaftlichen Studiums. Schließlich folgt das Qualitätsurteil über die didaktisch-methodischen Studienanteile und dann jenes über das erziehungswissenschaftliche Studium. Damit wird gerade die Qualität der Ausbildungskomponenten, die einer Begründung und theoretischen Durchdringung unterrichtlichen Handelns dienen sollen, am geringsten eingeschätzt. Diese Beurteilung steht entgegen der hohen Bedeutsamkeitszuschreibung, welche das didaktisch-methodische Studium erfährt.

Bezüglich des fachwissenschaftlichen Studiums wurde die Qualität für die Fächer Theologie und Mathematik separat erfasst. Die subjektive Qualität liegt im Fach Theologie aus Sicht der Befragten etwas über der Gesamteinschätzung für alle Fächer, für das Fach Mathematik geringfügig darunter. Im direkten Vergleich liegen die Werte für das Fachstudium und das didaktisch-methodische Studium in Theologie merklich über der korrespondierenden Qualitätseinschätzung in Mathematik. Mit Blick auf die Lehrerbildung insgesamt bedeutet dies, dass eine Beurteilung der Ausbildungsqualität letztlich nur unter Berücksichtigung fachspezifischer Eigenheiten sinnvoll erfolgen kann.

Die fachwissenschaftlichen Studienanteile werden in ihrer Qualität besonders durch Gymnasialstudierende hoch eingeschätzt – über das Sonderpädagogik- und Grund-/Hauptschullehramt nehmen die Werte bis hin zum Realschulstudiengang stufenweise ab. Umgekehrt wird die Güte des didaktisch-methodischen Studiums von Gymnasialstudierenden am geringsten bewertet, während sie aus Sicht Realschul-, insbesondere aber Grund-/Haupt- und Sonderpädagogikstudierender wesentlich höher ist. Im Urteil der Befragten ist die Qualität der fachwissenschaftlichen Ausbildung an Universitäten höher, Pädagogische Hochschulen hingegen lassen sich durch eine höhere Güte ihrer didaktisch-methodischen sowie erziehungswissenschaftlichen Ausbildung charakterisieren.

In Interviews nach dem dritten Semester sind bezüglich der Qualität der Fachwissenschaft ganz unterschiedliche Argumentationsmuster ausschlaggebend. Verglichen wird häufig das fachliche Niveau in den unterschiedlichen Komponenten. Eine andere Beurteilungsebene ist jene des Organisationsgrades und der Strukturiertheit der jeweiligen Fächer. Weiterhin erscheinen eine Vielfalt des Angebots und die damit verbundenen Wahlmöglichkeiten das

Qualitätsurteil positiv zu beeinflussen. Praxisbezug in den Fächern kann als Qualitätsmerkmal gedeutet werden, ebenso wie das persönliche Interesse und die Motivation für ein bestimmtes Fach. Bei einer hohen Identifikation fallen die Qualitätsurteile offenbar eher gut aus. Gerade hinsichtlich des erziehungswissenschaftlichen Studiums zeigen sich jedoch auch spezifische Merkmale für dessen Qualitätseinschätzung. Veranstaltungen werden nicht nur dann gut beurteilt, wenn sie möglichst praxisnah und konkret sind. Einführungsveranstaltungen scheinen daher bei der Beurteilung durch Studierende nicht nur unter ihrem breiten Zuschnitt zu leiden, sondern auch aufgrund studienorganisatorischer Probleme wie zu vollen Hörsälen. Insgesamt scheiden sich am erziehungswissenschaftlichen Studium die Studierenden. Es gibt zwar einzelne Befragte, die sehr positive Erfahrungen mit der Pädagogik machen, insbesondere an manchen Pädagogischen Hochschulen wird das Fach aber auch sehr negativ wahrgenommen. Solche (kollektiven) Erfahrungen sind es wohl auch, die der Erziehungswissenschaft generell einen »weniger wissenschaftlichen« Ruf als den Fächern zuschreiben. Gelobt wird die »fortschrittliche« mediale Aufbereitung erziehungswissenschaftlicher Lehre.

Für die Lehramtsstudierenden sind Ausbildungskomponenten zusammenfassend dann qualitativ hochwertig, wenn sie diese als praxisrelevant, konkret, interessant oder den Dozenten als sympathisch erleben. Das Anforderungsniveau, die fachliche Dichte oder die didaktische Aufbereitung von Lehrveranstaltungen wird zwar wahrgenommen, scheint aber eine nebengeordnete Rolle zu spielen. Für die Organisation der Lehrerbildung ist dieser Befund nicht unerheblich, weil die gegenwärtigen Curricula weitgehend auf Grundlage inhaltlicher Aspekte formuliert wurden. Es erscheint angemessen, auch die (qualitative) Wahrnehmung des Studienangebots durch Studierende bei einer Neugestaltung oder Überarbeitung der Studiengänge zu berücksichtigen. Nur wenn Studierenden das von ihnen durchlaufene Studium auch plausibel und für sich selbst sowie ihre berufliche Zukunft sinnvoll erscheint, nutzen sie das Angebot intensiv bzw. nehmen dieses als qualitativ hochwertig wahr.

Nutzen der Ausbildungskomponenten

Der Nutzen der Ausbildung für den späteren Berufsalltag als Lehrkraft wird zwar tendenziell mit höheren Werten als die Qualität der Ausbildung eingeschätzt, er wird aber insgesamt ebenfalls nur mäßig positiv bewertet (vgl. 5.2.3, S. 432). Die Schulpraktika werden als der Ausbildungsbestandteil mit dem größten Nutzen für die Berufsausübung angesehen. Mit deutlichem Abstand folgt das didaktisch-methodische Studium. Wieder deutlich geringer wird der Nutzen des fachwissenschaftlichen Studiums beurteilt, gefolgt von der erziehungswissenschaftlichen Komponente. Damit bestätigt sich hinsichtlich des Nutzens, was vergleichbar bereits hinsichtlich der Bedeutsamkeitseinschätzung und der Qualitätsbeurteilung der Ausbildungskomponenten deutlich wurde: Studierende erachten die schulpraktischen und schulnahen theoretischen Bestandteile ihrer Ausbildung als besonders gewinnbringend für die spätere Berufsausübung. Der Fachwissenschaft, insbesondere aber der Erziehungswissenschaft, wird ein eher geringer Nutzen für die beruflichen Tätigkeiten zugeschrieben.

Der Nutzen des fachwissenschaftlichen Studiums für die Berufsausübung liegt im Fach Theologie geringfügig über der Gesamteinschätzung für alle Fächer, die Werte für das Fach Mathematik liegen aber signifikant darunter. Offenbar wird der Fachwissenschaft in Mathematik ein besonders großes Legitimationsdefizit für die Lehrerbildung zugeschrieben. Bezüglich des didaktisch-methodischen Studiums liegen die Werte näher beisammen. Gleichwohl besteht die Tendenz, dass die Einschätzungen im Fach Theologie etwas unter dem Durchschnitt für alle Fächer liegen, in Mathematik signifikant darunter. Insgesamt erweist sich das Studium des Faches Theologie im Vergleich zum Mathematikstudium aus Sicht der Studierenden deutlich stärker an den Belangen der künftigen Berufsausübung orientiert. Die Beurteilung des Nutzens der Lehrerbildung für die Bewältigung der Anforderungen im Lehrerberuf ist damit in hohem Maße fachspezifisch.

Lehramtsunterschiede zeigen sich besonders hinsichtlich des didaktisch-methodischen Studiums, das aus Sicht der Grund-/Hauptschulstudierenden, aber auch nach Meinung der Sonderpädagogik- und Realschulstudierenden einen wesentlich größeren Nutzen für die Berufsausübung hat als dies von Gymnasialstudierenden wahrgenommen wird. Vermutlich werden die stärkere Verankerung der Fachdidaktiken an Pädagogischen Hochschulen und die dort häufiger vertretenen Dozierenden mit Lehrerbiografie von Studierenden wahrgenommen und im Blick auf die zukünftige Berufsausübung als hilfreich erachtet. Möglicherweise führen auch die bei Studierenden der Pädagogischen Hochschulen bereits vorhandenen schulpraktischen Erfahrungen zur Einsicht einer notwendigen theoretischen Durchdringung schulpraktischen Handelns.

In den Interviews verweisen viele Studierende zunächst auf den eher geringen Nutzen der Fachwissenschaft, der meist wiederum mit deren Praxisferne begründet wird. Es gibt aber durchaus Stimmen, die die Fachwissenschaft auch für die Berufsausübung als unerlässlich ansehen, etwa weil man einen Wissensvorsprung vor den Schülern brauche und lebenslang weiterlernen müsse. Oft wird das Fachwissen als Bereicherung der eigenen Person erachtet sowie als notwendige Ressource für kompetenten Unterricht. Der Fachwissenschaft wird gerade dann ein Nutzen für die Berufsausübung zugemessen, wenn sie mit fachdidaktischen Elementen verknüpft wird. Kritisiert wird, dass einige Fächer an den Pädagogischen Hochschulen zwar noch studiert werden können, diese aber in der Schule nicht mehr oder in Fächerverbünde integriert unterrichtet werden. Es liegt nahe, dass gerade dem fachwissenschaftlichen Studium solcher Fächer kaum Nutzen zugemessen wird.

Dem erziehungswissenschaftlichen Studium wird wenig Nutzen für die berufliche Praxis zugemessen. Die Studierenden sehen häufig keine Schnittstellen zwischen Studium und Beruf und beklagen auch die breite Anlage des Grundstudiums. Gerade im Vergleich zur Pädagogischen Psychologie wird die Erziehungswissenschaft an den Pädagogischen Hochschulen oft als sehr theoretisch und wenig praxisnah erlebt. Einem unmittelbaren und fallbezogenen Zugang zu praxisrelevanten Herausforderungen wird der größte Nutzen zugemessen. Auch die Fachdidaktiken werden vergleichsweise konkret und hilfreich für die Praxis wahrgenommen. Für viele Studierende gilt die Erziehungswissenschaft daher zwar nicht als ersetzlich, wohl aber als »abstrakte Theorie«, die nur in Verbindung mit Anwendungsfragen eine Bedeutung für die spätere Berufsausübung erlangt. Von praktischem Nutzen scheint anstelle der Inhalte, häufig vor allem für die Gymnasialstudierenden, die methodische Aufbereitung erziehungswissenschaftlicher Lehrveranstaltungen zu sein.

Zusammenhänge zwischen Bedeutsamkeit, Qualität und Nutzen

Generell fällt auf, dass die Bedeutsamkeitseinschätzung der Ausbildungskomponenten die höchsten Zustimmungswerte erreicht, i. d. R. mit höchst signifikantem Abstand von der Nutzenseinschätzung gefolgt, welche ihrerseits hoch signifikant aber mit geringerem Abstand vor der Qualitätseinschätzung liegt (vgl. 5.2.4, S. 436). Die einzige Abweichung von diesem Muster ergibt sich bezüglich des fachwissenschaftlichen Studiums. Hier liegt hinter der Bedeutsamkeit ausnahmsweise die Qualität vor dem Nutzen. Eine vergleichsweise geringe Bedeutsamkeitszuschreibung an das fachwissenschaftliche Studium erklärt sich daher eher durch dessen wenig ersichtlichen Nutzen als durch einen Qualitätsmangel der Lehrveranstaltungen. Beim didaktisch-methodischen Studium liegen die drei Werte auffällig weit auseinander. Es wird zwar als hoch bedeutsam angesehen, sein Nutzen, besonders aber seine Qualität wird deutlich geringer beurteilt. Der Ausbildungskomponente mit der geringsten Bedeutsamkeitszuschreibung, dem erziehungswissenschaftlichen Studium, werden auch der kleinste Nutzen und die geringste Qualität zugemessen. Starke Korrelationen zeigen, dass die geringe Bedeutsamkeitszuschreibung hier sowohl durch den vergleichsweise geringen Nutzen wie auch durch die eher niedrige Qualität erklärt werden kann. Bedeutsamkeit und Nutzen liegen beim erziehungswissenschaftlichen Studium aber nahe beieinander. Der dem Schulpraktikum zugeschriebene Nutzen liegt vergleichsweise näher an der Bedeutsamkeitseinschätzung als bezüglich anderer Komponenten. Die Qualität wird hingegen klar schwächer, insgesamt aber noch immer hoch bewertet. Im Fächervergleich liegen für Theologiestudierende Qualität und Nutzen im fachwissenschaftlichen wie auch im didaktisch-methodischen Studium näher beisammen. Für sie ist daher auch die Wahrnehmung der fachbezogenen Ausbildung hinsichtlich des Verhältnisses von Qualität und Nutzen insgesamt weniger widersprüchlich als unter Mathematikstudierenden.

Wer die Qualität einer Ausbildungskomponente hoch einschätzt, der schätzt im Regelfall auch deren Nutzen höher ein bzw. umgekehrt. Es ist also einerseits zu erwarten, dass mit einer Investition der Dozierenden in die Qualität der Lehre auch deren Nutzen für die Berufsausübung von Studierenden höher eingeschätzt wird. Andererseits scheinen Studierende dort, wo ein Bezug zum Berufsalltag hergestellt wird, auch eher eine hohe Qualitätszuschreibung vorzunehmen. Sowohl Investitionen in die Lehrqualität als auch Querverweise zur beruflichen Realität bzw. Anwendungsbezug erscheinen daher (auch in fachwissenschaftlichen Veranstaltungen) sinnvoll. Erwähnenswert sind die jeweils starken Korrelationen zwischen eingeschätztem Nutzen des didaktisch-methodischen Studiums und dem Nutzen des erziehungswissenschaftlichen Studiums bzw. der Schulpraktika. Dem didaktisch-methodischen Studium scheint eine Schlüsselrolle für einen als hoch eingeschätzten Nutzen der erziehungswissenschaftlichen wie schulpraktischen Ausbildungskomponente zuzukommen. Es könnte eine Brücke zwischen der für die Berufsausübung als wenig nützlich erachteten Erziehungswissenschaft und den als besonders hilfreich eingeschätzten Schulpraktika sein. Außerdem wird deutlich, dass Fachdidaktik und Erziehungswissenschaft in der Lehrerbildung eine Nähe aufweisen, und über eine Organisation der Fachdidaktik im Rahmen der Bildungswissenschaften nachgedacht werden kann. Schließlich besteht ein starker Zusammenhang zwischen der Qualitätsbeurteilung des didaktisch-methodischen und erziehungswissenschaftlichen Studiums. Dies kann ein Hinweis darauf sein, dass zumindest beim Qualitätsurteil die Unterschiede zwischen beiden Ausbildungskomponenten vergleichsweise gering sind.

Beurteilung der Lehrveranstaltungen

Die Beurteilung der Lehrveranstaltungen durch Lehramtsstudierende wurde getrennt für das Fachstudium und die Erziehungswissenschaft erhoben (vgl. 5.2.5, S. 438). Nach dem dritten

Semester fällt die Beurteilung der Lehrveranstaltungen der Fächer insgesamt mit einer leicht positiven Tendenz aus. Es zeigen sich keine Lehramts-, wohl aber Fachunterschiede. Gymnasialstudierende mit Hauptfach Theologie beurteilen ihre fachlichen Lehrveranstaltungen insgesamt weitaus positiver als solche mit Hauptfach Mathematik. Die Lehrveranstaltungen in der Erziehungswissenschaft erfahren insgesamt eine schlechtere und nur tendenziell positive Beurteilung. Am stärksten positiv wird erziehungswissenschaftliche Lehre von Sonderpädagogikstudierenden bewertet. Die Zustimmung nimmt über das Grund-/ Hauptschul- und Gymnasiallehramt bis hin zu den Realschulstudierenden kontinuierlich ab. Die Interviews weisen darauf hin, dass ein Grund der eher schlechten Beurteilung des erziehungswissenschaftlichen Studiums in der fehlenden inhaltlichen Transparenz und einem eher willkürlich erscheinenden Kanon zu absolvierender Lehrveranstaltungen liegen mag. Die Studienstruktur erscheint unklar, die Leistungsanforderungen gering und der Nutzen begrenzt. Bemühungen um eine Modularisierung und Standardisierung sind daher begrüßenswert.

Lehrveranstaltungen in den Fächern werden erheblich besser eingeschätzt als jene in der Erziehungswissenschaft. Besonders deutlich wird dies im Blick auf die pauschale Auskunft, in den Fächern würden die wichtigeren Themen behandelt. Die Zunahme des Interesses an den behandelten Themen sowie ein positives Arbeitsklima ist in den Fächern erheblich stärker. Auch dort, wo ein besseres Abschneiden erziehungswissenschaftlicher Lehrveranstaltungen naturgemäß erwartet werden könnte, etwa im Blick auf das Stellen sinnvoller Leistungsanforderungen oder beim Einsatz wirkungsvoller Lehrmethoden, schneiden die Fächer deutlich besser ab. Eine Differenzierung nach Hochschultypus fördert allerdings eine wichtige Ausnahme zutage: Gymnasialstudierende trauen ihren erziehungswissenschaftlichen Lehrveranstaltungen deutlich mehr Anregungen für die Schulpraxis zu als den Veranstaltungen in ihren Fächern. Dies kann als weiterer Hinweis gedeutet werden, dass die fachbezogene Lehre im Gymnasialstudiengang in besonderem Maße schulpraxisfremd ist. Insgesamt ist der Befund alarmierend, dass die erziehungswissenschaftlichen Lehrveranstaltungen absolut gesehen als neutral, mit allenfalls leicht positiver Tendenz bewertet werden.

Im Professionsvergleich schätzen Lehramtsstudierende ihre Lehrveranstaltungen in den Fächern insgesamt höchst signifikant positiver ein als Studierende der Zahnmedizin. Nach Auskunft der Studierenden erweist sich das Lernen im Lehramt insgesamt stärker durch kritische Auseinandersetzung und Mitbestimmung geprägt, während gleichzeitig die Effektivität höher eingeschätzt wird. Im Lehramt beruht die Beurteilung der fachlichen wie auch der erziehungswissenschaftlichen Lehre in nicht unerheblichem Maße auf Überzeugungen der Studierenden, die als Eingangsbedingungen zu Studienbeginn angesehen werden können. Dies deutet darauf hin, dass die Einschätzung der Qualität von Lehren und Lernen im Studium eine stark subjektive Komponente beinhaltet. Die Notwendigkeit wird deutlich, diese Überzeugungen im ersten Semester zu thematisieren, herauszufordern und in der Auseinandersetzung zwischen Dozierenden und Studierenden auf den Prüfstand zu stellen, ggf. mit der Folge einer wünschenswerten Revision anfänglicher Überzeugungen wie z. B. der Annahme, die Erziehungswissenschaft habe keine zentrale Bedeutung für die spätere Berufsausübung.

Erfolgserwartungen an und Erfolgserleben in Schulpraktika

Schulpraktische Erfahrungen sind aus Sicht Lehramtsstudierender der wichtigste Bestandteil ihrer Ausbildung (vgl. 5.3.1, S. 449). Zur Schulpraxis zählen sie auch den Vorbereitungsdienst, in ihrer aktuellen Situation aber spielen die studienbegleitenden Schulpraktika die zentrale Rolle. Es kann davon ausgegangen werden, dass den positiven wie negativen Erfahrungen aus den Schulpraktika eine Bedeutung für die professionelle Entwicklung Lehramtsstudierender zukommt.

Längsschnittlich ergeben sich starke Veränderungen zwischen den Erwartungen an die bevorstehenden Praktika (t_1) und den tatsächlichen Erfahrungen aus den Praktika (t_2). Die im Vorhinein geäußerte Annahme der Befragten, die Schüler würden eventuell nicht aufmerksam zuhören, hat sich in den Praktika nicht bestätigt. Das Setting der ersten Praktika (intensive Stundenvorbesprechung und -vorbereitung; Anwesenheit einer oder mehrerer Betreuer) unterbindet Unterrichtsstörungen offenbar weitgehend. Auch eine zumindest in Teilen erwartete Skepsis der Betreuenden gegenüber der praktizierten Unterrichtsmethodik bestätigt sich für die Befragten nicht. Dies lässt auf eine eher geringe Kritik der Studierenden durch ihre Ausbildenden schließen. Die zögerliche Erwartung, Mitstudierende würden in den bevorstehenden Praktika einen positiven Eindruck von den eigenen pädagogischen Fähigkeiten gewinnen, hat sich im Rückblick auf erste Unterrichtsversuche gefestigt. Die Betreuenden schätzen den Umgang der Praktikanten mit den Schülern stärker als erwartet. Nach dem Unterrichten fühlen sich die Studierenden weniger müde als vorab angenommen. Auch können sie besser als erwartet nachvollziehen, was in »Problemschülern« vor sich geht. Nach den Praktika gehen die Befragten mit einer noch größeren Selbstverständlichkeit gerne zum Unterrichten an die Schule, als dies zu Beginn bereits der Fall war. Schwieriger als vorab angenommen fällt es ihnen lediglich, Wege zu finden, auch lernschwachen Schülern den Lehrstoff zu vermitteln. Insgesamt erweisen sich Studierende damit im Vorfeld ihrer Praktika gegenüber skeptischer als sie diese tatsächlich erleben. Von einer Unterschätzung der schulpraktischen Anforderungen durch Erstsemester kann demnach nicht ausgegangen werden.

Studierende, die sich in den Schulpraktika erfolgreicher einschätzen und vermutlich auch tatsächlich beim Unterrichten erfolgreicher sind, zeigen bereits zu Studienbeginn höhere Erwartungen an ihre Praktika und weisen eine höhere Selbstwirksamkeitserwartung auf. Die Qualität der Praktika ist für das Erfolgserleben ebenso wichtig wie eine generelle Zufriedenheit. Diese zentralen Prädiktoren sind wohl weitgehend bereits Eingangsbedingungen, auf die die institutionalisierte Lehrerbildung nur eingeschränkt reagieren kann. Es erscheint aber im Rahmen der Praktika wichtig, die positiven Ansätze unterrichtlichen Handelns der Studierenden zu verstärken, um sie auf ihrem Weg der professionellen Entwicklung zu bestärken und darin zu bestätigen, etwas erreichen zu können.

Der Umfang an pädagogischen Vorerfahrungen zeigt keinen signifikanten Effekt auf das schulpraktische Erfolgserleben, obwohl oft angenommen wird, dem Studium vorangegangene einschlägige pädagogische Praxis würde das Unterrichten erleichtern. Vermutlich sind Training und Unterricht von Gruppen in Vereinen kaum mit den Anforderungen der Unterrichtsarbeit in Schulpraktika vergleichbar. Die Bedeutung pädagogischer Vorerfahrungen für schulpraktisches Erfolgserleben wird in der Ausbildungspraxis daher wohl überschätzt.

In Interviews nach dem dritten Semester berichten Studierende nur selten davon, in den Praktika zu lernen, den Unterricht als Planungsaufgabe wahrzunehmen. Offenbar erscheint dies trivial bzw. ist bereits in entsprechenden Vorbereitungsseminaren an Pädagogischen Hochschulen ausreichend thematisiert worden. Andererseits ist auch nicht auszuschließen, dass Studierende gerade in Blockpraktika ohne Rekurs auf bestimmte Planungsstrategien oder geeignete Literatur Unterrichtsstunden entwerfen und halten. Der Charakter des »Sichselbst-Ausprobierens« scheint für die Blockpraktika zentral und legitim, birgt zugleich aber die Gefahr einer weitgehenden Gleichgültigkeit gegenüber dem Scheitern – an die Schüler wird hier selten gedacht. In jedem Fall sind die ersten Kontakte mit der Schulpraxis mit einer Differenzerfahrung verbunden, die Praktikanten in eine für sie ungewohnte oder auch überfordernde Situation bringen können – gerade wenn sie Tätigkeiten ausüben, für die sie innerlich oder formal noch nicht bereit sind.

Viel Raum nimmt in den Gesprächen ein, wie Studierende die Rückmeldungen ihrer betreuenden Ausbildungslehrer und Dozenten in den Praktika wahrnehmen. Die Befragten betonen immer wieder, dass man lernen müsse, mit Kritik umzugehen. Da Kritik am eigenen Unterricht oft auch Kritik am Verhalten der Lehrerpersönlichkeit ist und damit leicht als »persönliche« Kritik wahrgenommen wird, kann aus den Rückmeldungen der Betreuenden auch Belastungserleben resultieren. Die Erfahrungen mit der Rückmeldekultur in den Praktika sind gemischt. Einzelne Studierende kritisieren die Rückmeldestrategien ihrer Betreuenden, aber auch Mitstudierenden, die sich ihre eigenen Defizite nicht eingestehen. Praktikabel erscheint eine Rezeption der (negativen) Rückmeldungen als »konstruktive Kritik«, die aber oftmals aufgrund zwischenmenschlicher und beurteilungsbezogener Abhängigkeiten schwierig scheint. Erschwerend kommt hinzu, dass Form und Inhalt der Rückmeldung den Praktikanten häufig willkürlich und wenig zielgerichtet erscheinen – konkrete und nachvollziehbare Anregungen werden aber gerne aufgenommen. Insgesamt sind die Rückmeldungen zwar meist positiv, sie lassen aber sowohl auf ein Defizit in der Rückmeldekultur seitens zahlreicher Betreuender als auch auf eine mangelnde Kritikfähigkeit einiger Studierender schließen.

Relevanz der Schulpraktika

Auf die hohe Bedeutung, welche Lehramtsstudierende den Schulpraktika zuschreiben, ist bereits eingehend hingewiesen worden. Unklar ist weitgehend geblieben, warum ihnen dieser hohe Stellenwert zukommt. Es ist anzunehmen, dass der Grund hierfür in der besonderen Relevanz liegt, die den Schulpraktika für die spätere Berufsausübung zukommt (vgl. 5.3.2, S. 459). Lehramtsstudierende, die zu t_2 bereits ein Praktikum absolviert hatten, messen schulpraktischen Erfahrungen hauptsächlich einen Beitrag zum Umgang mit Vermittlungsmedien zu. Es ist allerdings anzunehmen, dass die kommende Lehrergeneration bezüglich des Medieneinsatzes bereits Vorerfahrungen mitbringt. Etwas schwächer wird die Relevanz der Praktika für das Erlernen methodischer Entscheidungsfähigkeit oder das Definieren von Unterrichtszielen eingeschätzt. Vergleichbar stark werden aus Sicht der Befragten die Anforderungen der Unterrichtsvorbereitung im Rahmen der Praktika tangiert. Deutlich geringer wird die Leistung der Praktika zur Bewältigung von Herausforderungen bei der Leistungsbewertung, individuellen Diagnostik oder zum Lösen von Disziplinproblemen beurteilt.

Den Nutzen der Blockpraktika verorten Studierende der Pädagogischen Hochschulen in der Intensität der Praxiserfahrung, die Hospitationsphasen und eigene Unterrichtsversuche sowie deren Reflexion einschließt. Hier wird insbesondere eine persönliche Begleitung gewürdigt. Andere Studierende sind in den Blockpraktika eher auf sich alleine gestellt und schätzen daher die vergleichsweise intensive Betreuung durch Ausbildungslehrer und Dozierende in den Tagespraktika. Hilfreich erachten die Studierenden in den umfangreichen Blockpraktika auch, das im Studium Behandelte in der Praxis umsetzen zu können. Umgekehrt können die Befragten von den in Praktika wahrgenommenen Defiziten in motivationaler wie steuernder Hinsicht auch für das weitere Studium profitieren.

Gerade für die professionelle Entwicklung kommt den Tages- bzw. Fachpraktika allerdings eine Schlüsselfunktion zu. Sie erlauben im Idealfall eine fachspezifische Reflexion der eigenen Unterrichtsversuche vor dem Hintergrund der im Studium behandelten Inhalte. Die Studierenden nehmen die besondere Chance dieser Theorie-Praxis-Verknüpfung häufig als gewinnbringend wahr. Auch der Nutzen der mit Tagespraktika verknüpften Seminare wird überdurchschnittlich hoch beurteilt. Allerdings führt die spezifische Organisation der Tagespraktika, in denen Unterrichtsversuche vor mehreren Mitstudierenden sowie einem Mentor und einem Hochschuldozierenden zu halten sind, für einige Studierende auch leicht zu einem Gefühl der Überforderung, was mit einem geringen Nutzen konnotiert wird: Die Tagespraktika gelten als vergleichsweise realitätsfern, weil sie einer alltäglichen Dynamik der Planung in Unterrichtseinheiten nicht gerecht würden, und weil die »Vorzeigestunden« so im Alltag nicht zu leisten seien. Weiterhin erscheint es pädagogisch sowohl für die Praktikanten als auch für die Schüler kaum verantwortbar, wenn Studierende ohne entsprechende fachliche Kenntnisse unterrichten sollen. Solche Erfahrungen verweisen auf eine notwendige Prüfung und ggf. Überarbeitung der Konzeption von Einführungspraktika.

Im Detail werden unterschiedlichste Lern- und Erfahrungsbereiche im Rahmen der Schulpraktika genannt. Studierende berichten etwa, sich über die komplexe Anforderungsstruktur des Unterrichtens bewusst zu werden. Zentrale Bereiche sind der Umgang mit Schülern, etwa bei Unterrichtsstörungen, und erste Erfahrungen im Kollegium. Die Studierenden werden mit der Schule als Organisationseinheit vertraut und sehen die Notwendigkeit einer guten Selbstorganisation. Elementar erscheint auch der Vollzug des notwendigen Perspektivenwechsels vom Schüler zum Lehrer. Dabei werden Abgrenzungen von gewohnten pädagogischen Arbeitsfeldern und der schulischen Situation vollzogen. Über solche Differenzerfahrungen wird die eigene Rolle neu definiert. Außerdem erfüllt das Praktikum aus Studierendensicht die Förderung der eigenen Persönlichkeitsentwicklung. In diesem Sinne dient es auch dem Nachweis der »persönlichen« Eignung für den Beruf: die Rückmeldung, von den Schülern akzeptiert zu werden. So erfüllen die Praktika gerade für Studienanfänger im Lehramt auch die Funktion, ihre Berufswahlentscheidung zu überprüfen.

6.2   Herausforderungen und Perspektiven

Abschließend sollen vor dem Hintergrund der Erkenntnisse mögliche Herausforderungen und Perspektiven in theoretischer und modellbezogener Hinsicht (vgl. 6.2.1), für die Lehrerbildung selbst (vgl. 6.2.2) sowie für den weiteren Längsschnitt und die empirische Lehrerbildungsforschung im Allgemeinen (vgl. 6.2.3) diskutiert werden. Die Ausführungen sind als Impulse für die weitere Arbeit an lehrerbildungsspezifischen Fragestellungen zu verstehen und haben daher meist hypothetischen Charakter.

6.2.1 Theoretische und modellbezogene Perspektiven

Eine theoriebezogene Reflexion der Daten sowie Gesamtergebnisformulierungen fallen aufgrund der breiten Untersuchungsanlage schwer. Ein erster Grund hierfür ist, dass die vorgestellte theoretische Basis eine Rahmung der Empirie darstellt, nicht aber zu einer theoriegeleiteten Empirie führt. Im Gegenteil ließe sich eine neue Lehrerbildungstheorie möglicherweise aus den empirischen Befunden ableiten, was allerdings einer weiteren Studie gleichkäme. Bislang fehlt es der Lehrerbildungsforschung also nicht nur an Empirie, sondern auch an Theorie oder der systematischen Verknüpfung beider Größen. Der Grundstock, auf dem eine theoriegeleitete Rückbindung zentraler Befunde der Arbeit fußen kann ist klein, weshalb die empirischen Befunde selbst im Zentrum dieses Kapitels stehen. Zweitens ist die Untersuchung so breit angelegt, dass aufgrund der Vielzahl interessanter Einzelergebnisse ein Herunterbrechen der Befunde auf stark abstrahierende »Lehrsätze« schwer möglich erscheint.

Schultheorie

Denkbar ist im Anschluss an die Arbeit eine an der Lehrerbildung ausgerichtete Theorie von Schule zu entfalten – zumindest legt sich die Möglichkeit des Einbezugs der Lehrerbildung in schultheoretische Konzeptionen nahe (zu Schultheorien im Überblick: Blömeke/ Herzig 2009). Ausgangspunkt hierfür ist das Wirkungsmodell der Lehrerbildung (Abbildung 7, S. 86), das Anschlussfähigkeit an die Systemtheorie sowie an Interaktions- und Kommunikationstheorien aufweist. Die institutionalisierte Lehrerbildung und die Situation im Klassenzimmer sind getrennte Systeme (wohl auch deshalb war die Lehrerbildung schultheoretisch bislang kaum im Blick), weisen aber Beziehungen zueinander auf, indem beide Teil eines übergeordneten Systems sind. Dieses Meta-System integriert Teilsysteme, die Bedeutung für schulische Interaktions- und Kommunikationsprozesse haben und damit im Zusammenwirken für das Schülerlernen relevant sind. Individuelle Eingangsbedingungen und Prozessmerkmale der professionellen Entwicklung sowie die Ausbildungserfahrungen sind ihrerseits Subsysteme des Teilsystems institutionalisierter Lehrerbildung, während Lehrerhandeln und Schülerlernen in diesem Modell Subsysteme des Teilsystems Unterricht sind.

Nach dieser Verhältnisbestimmung definieren sich Schule und Unterricht über das Wechselspiel von Lehrerhandeln (als teilweise Folge von Lehrerbildung) und Schülerleistung (als messbare Folge von Schülerlernen). Aufgabe von Schule ist, dieses Wechselverhältnis in einem produktiven Gleichgewicht zu halten, um über eine Passung und Balance von Angebot und Nutzung möglichst hohe Unterrichtsqualität und damit hohe Leistungen von Schule zu erzeugen. Einerseits stehen die Lehrkräfte in der Pflicht, durch ihr Handeln (z.B. Unterrichtsgestaltung, Klassenführung) möglichst hohe Schülerleistungen zu erzielen, andererseits sind die Schüler gefordert, durch ihr Verhalten auch ein optimales Lehrerhandeln zu begünstigen und zu sichern (z.B. durch wenige Unterrichtsstörungen). Beide Seiten, Lehrer und Schüler, sind konstitutive Merkmale von Unterricht und damit des Systems Schule. Die Lehrerseite ist dabei niemals ohne deren professionelle Ausbildung (Lehrerbildung) zu denken.

Steigerung von Unterrichtsqualität

Auch im Diskurs um Unterrichtsqualität ist die Bedeutung der Lehrerbildung kaum im Blick. Der Schwerpunkt der Konzeptionalisierung und Forschung zur Unterrichtsqualität liegt auf Schülermerkmalen (z. B. der Schülermotivation), dem Lernangebot (z. B. der Aufgabenkultur) oder der Klassenführung (z. B. Vermeidung von Unterrichtsstörungen). Obwohl sich Unterricht als Interaktion zwischen Schülern und einer Lehrperson auffassen lässt, sind die schülerbezogenen Merkmale im Zusammenhang mit Unterrichtsqualität stärker berücksichtigt. Gleichwohl besteht Konsens darüber, dass die unterrichtsbezogenen Kompetenzen der Lehrkraft für die Unterrichtsqualität eine Rolle spielen (Helmke 2004, S. 49-110). Weitgehend gleichgültig erscheint im Diskurs aber, wie diese Kompetenzen erworben werden oder eben nicht. Die Frage nach Lehrerbildung erscheint derjenigen nach Unterrichtsqualität zeitlich vorgeordnet und das Handeln der einzelnen Lehrperson weitgehend festgelegt. So kann der derzeit häufig praktizierte videografische Zugang allenfalls Momentaufnahmen des Handlungsspektrums einer Lehrkraft für eine wissenschaftliche Analyse bereitstellen. In welcher Weise sich aus einer präzisen Analyse von Unterricht aber Optimierungspotenzial für das unterrichtliche Handeln der einzelnen Lehrkraft ergibt, ob und ggf. wie die Ausbildung sowie Fort- und Weiterbildung auf Defizite reagieren kann und muss, bleibt weitgehend offen.

Es erscheint vor dem Anspruch einer Qualitätsentwicklung daher angebracht, eine Kultur der Unterrichtsqualität durch bewusst-reflektierendes professionelles Handeln von Lehrkräften zu schaffen. Die Anbahnung dieser Kompetenz scheint kaum alleine aus dem beruflichen Alltag heraus möglich. Vielmehr sind die Erstausbildung sowie die berufsbegleitende Unterstützung und Supervision gefragt, professionelle Lehrerkompetenz als Grundvoraussetzung für die Berufsausübung anzubahnen und Möglichkeiten für dessen berufsbiografische Entwicklung zu garantieren. Der Lehrerbildung sollte im Diskurs um Unterrichtsqualität daher künftig mehr Bedeutung zugemessen werden, insbesondere sollte empirische Forschung eine Verknüpfung von Lehrerbildungs- und Unterrichtsqualitätsforschung anstreben. Im Zusammenhang mit dem vorliegenden Längsschnitt wird diese Frage dann besonders relevant, wenn die Probanden im Beruf stehen und geklärt werden kann, welche lehrerbezogenen Merkmale im Zusammenhang mit bestimmten Indikatoren für qualitativ hochwertigen Unterricht stehen. Vor dem Hintergrund der vorliegenden Modellierung der Lehrerbildung als ein Faktor von Schülerlernen (vgl. Abbildung 5, S. 83) erscheint Unterrichtsqualität jedenfalls nicht nur durch die Optimierung der Schulstruktur und schulischen Bedingungen sowie der Passung unterrichtsbezogener Merkmale, sondern auch durch die Optimierung und Berufsfeldorientierung der Lehrerbildung möglich, die gleichsam eine notwendige aber nicht hinreichende Voraussetzung für »guten Unterricht« bedeutet.

Verhältnis von Theorie und Praxis

Die Ergebnisse verweisen auf den aus Studierendensicht extrem hohen Stellenwert praktischer Studienanteile (vgl. 5.3.2, S. 459). Zu kurz greift im Anschluss an diesen Befund die unmittelbare Forderung nach einer Intensivierung der schulpraktischen Ausbildung im Rahmen der ersten Phase oder nach einer engeren Zusammenarbeit zwischen Hochschulen und Schulen sowie nach der Vergabe von Lehraufträgen an Schulpraktiker. Zu klären gilt es vielmehr, welche Wissensformen in den jeweiligen Ausbildungsphasen und -institutionen dominieren sollten und welche Konsequenzen sich daraus ergeben – zumindest solange keine stärkere Vernetzung oder Integration der Phasen realisiert wird.

Zur Klärung des Verhältnisses von Theorie und Praxis erscheint für den erziehungswissenschaftlichen Bereich eine Differenzierung unterschiedlicher Formen pädagogischen Wissens hilfreich. Vogel (1999) unterscheidet drei Wissensformen: Pädagogisches Alltagswissen, Pädagogisches Professionswissen und Erziehungswissenschaftliches Wissen. Während Pädagogisches Wissen z. B. als Grundlage für das Handeln der elterlichen Erziehung dienen mag (es resultiert aus Erfahrungen, Routinen oder aus der kritischen Reflexion von Erziehungsratgebern etc.), begründet sich Pädagogisches Professionswissen durchaus auf wissenschaftlichen Grundlagen (z. B. Bewusstsein angehender Lehrkräfte über die Vor- und Nachteile verschiedener Unterrichtsmethoden auf Basis empirischer Studien). Horn schlägt zur Klärung des Verhältnisses beider Größen eine klare Unterscheidung der Begriffe Praxis (für die Praxis der Erziehung), Pädagogik (im Sinne von Erziehungslehren) und Erziehungswissenschaft (als die wissenschaftliche Beschäftigung mit Erziehungslehren und pädagogischer Praxis) vor (1999, S. 217). Das Alltagswissen des pädagogischen Laien in der Praxis und die begründete pädagogische Anleitung und Reflexion professioneller Pädagogen unterscheiden sich dabei (nur) im Grad der Aneignung und Durchdringung der Wissensbestände. Erziehungswissenschaft und ihre Wissensaneignung basiert im Kontrast hierzu nicht auf der alltäglichen oder professionellen Erfahrung der (eigenen) Erziehungspraxis, sondern generiert ihr Wissen auf Grundlage von Theorien und Forschung. Praxis und Pädagogik werden zum Forschungsgegenstand, der auf methodisch gesicherter Weise bearbeitet wird. Pädagogische Praxen und Pädagogiken ähneln sich, während sich beide von Erziehungswissenschaftlichem Wissen systematisch-strukturell unterscheiden (Horn 1999, S. 216).

Vor dem Hintergrund dieser Klassifizierung ergeben sich drei Anmerkungen zum Theorie-Praxis-Verhältnis in der Lehrerbildung. Der Wissenschaftsbetrieb, meist auch die (empirische) Grundlagenforschung dienen einem Ergebnisinteresse. Die in der Grundlagenforschung generierten Daten sind deshalb aber noch keineswegs zwingend oder unmittelbar auf die jeweiligen Anwendungsfelder und damit Pädagogiken übertragbar. Erziehungswissenschaft als akademische Disziplin scheint nicht allein aufgrund normativer Bezüge, sondern aufgrund normativer bzw. nicht durch die Forschung gedeckter Fehlschlüsse beim Transfer erziehungswissenschaftlichen Wissens auf die Erziehungs- und Lehrerbildungspraxis ihre wissenschaftlichen Grundlagen zu verlassen.

Zweitens lässt sich fragen, ob ein berufsqualifizierendes Studium jenseits der Ausbildung des wissenschaftlichen Nachwuchses gänzlich ohne Normativität möglich ist, legt man einen kompetenztheoretischen Professionalitätsbegriff als tragfähig zugrunde (vgl. Abbildung 3, S. 42). Zwar muss eine Ausbildung von Lehrern, in der Erwachsenenbildung Tätigen, Sozialpädagogen usw. nicht zwingend Gegenstand erziehungswissenschaftlichen Selbstverständnisses im obigen Sinne sein, doch adressiert die universitäre Erziehungswissenschaft gegenwärtig zu weiten Teilen Studierende in entsprechend profilierten Studiengängen. Die universitäre Erziehungswissenschaft ist in der derzeitigen Hochschulrealität daher kaum ohne ein Minimum an Normativität in ihren berufsfeldbezogenen Subdisziplinen vorstellbar. Eine konsequent an der »objektiven Wahrheit« orientierte Erziehungswissenschaft stünde vor der Herausforderung, sich entweder vom berufsqualifizierenden Studienangebot jenseits der Ausbildung wissenschaftlichen Nachwuchses zu verabschieden, oder einen unterschiedlichen Grad an Normativität bzw. Wissenschaftlichkeit in einzelnen Teildisziplinen zuzulassen.

Eine dritte Anmerkung an das Theorie-Praxis-Verhältnis ergibt sich aufgrund der Tatsache, dass es niemals objektive »letzte Wahrheiten« geben kann und erziehungswissenschaftliches Wissen daher »unsicher und vorläufig« ist (Horn 1999, S. 218). Wissenschaft ringt stets um die Wahrheit, zeichnet sich also durch einen Diskurs aus, der sich zwar um eine sachliche Argumentation bemüht, zugleich aber niemals ohne Bewertungen und Schlussfolgerungen auskommen kann – selbst oder gerade wenn diese auf einer soliden argumentativen Basis oder empirischen Datenlage beruhen. Eine systemisch scharfe Abgrenzung von Praxis, Pädagogik und Erziehungswissenschaft sowie den zugehörigen Wissensformen erscheint daher disziplintheoretisch hilfreich, stößt aber bezüglich des Wissenstransfers an Grenzen. Beansprucht die Universität eine rein »erziehungswissenschaftliche« Disziplin, erscheint sie als Ort der Lehrerbildung ungeeignet.

Modellbildung zur professionellen Kompetenz im Lehrerberuf

Die theoretische Rahmung eines empirischen Längsschnitts zur Lehrerbildung stellt eine Herausforderung dar, gibt es doch zu Ziel, Wirkung und Begründung der Lehrerbildung nur einen marginalen Diskurs. Ausgangspunkt für die Operationalisierung von Prozessvariablen der professionellen Entwicklung angehender Lehrkräfte war das etablierte Modell professioneller Handlungskompetenz im Lehrerberuf nach Baumert und Kunter (vgl. Abbildung 2, S. 40), das bislang meines Wissens nicht in vergleichbarer Konsequenz wie vorliegend operationalisiert wurde. Für eine breite Erfassung der Professionalitätsentwicklung in der Lehrerbildung erschienen neben den dort entfalteten selbstregulativen Fähigkeiten, Überzeugungen und Werthaltungen, motivationalen Orientierungen sowie dem Professionswissen allerdings zusätzliche Variablen notwendig: Es reicht nicht aus, nur die Ausprägungen auf den vier Dimensionen als Eingangswert für den Längsschnitt zu erfassen, weil diese keinerlei Aussagen über individuelle Eingangsbedingungen wie soziale Herkunft, berufsspezifische Vorerfahrungen oder Persönlichkeitsmerkmale zulassen. Auch wird die Ausbildungsrealität weitgehend ausgeblendet. Die Einschränkung der Forschung auf das bestehende Modell hätte eine Reduktion auf kognitive Dispositionen bedeutet.

Zu fragen war zusätzlich einerseits nach den Eingangsbedingungen, die Lehramtsstudierende zu Beginn ihres Studiums bereits aufweisen. Dabei sind nicht nur die Variablenausprägungen der Prozessmerkmale zu Studienbeginn gemeint, sondern auch die (berufs-)biografische Vorgeschichte der Erstsemester (ihre demografischen Merkmale, ihre soziale Herkunft, ihr schulischer Bildungsweg, ihre Vorbildung und Vorerfahrungen sowie ihre Persönlichkeit). Hinzu kommen variable Bedingungen wie Begleitumstände der Ausbildung oder die jeweils aktuelle Studiensituation. Indikatoren der professionellen Entwicklung sind weiterhin auch Ausbildungerfahrungen, etwa die Zufriedenheit mit der Ausbildung und deren Organisation, die Einschätzung der Bedeutsamkeit, der Qualität und des Nutzens einzelner Ausbildungskomponenten oder Erfahrungen aus Schulpraktika. Die Wahrnehmung und Bewertung der eigenen Ausbildung hat steuernden Einfluss auf die weitere Professionalitätsentwicklung. Aus diesem Grund wurde das vorhandene Modell um die Dimensionen »Eingangsbedingungen« und »Ausbildungserfahrungen« zu einem Modell der Professionalität im Lehrerberuf erweitert (Abbildung 3, S. 42). Die empirische Studie verweist auf die Tragfähigkeit dieser Modellerweiterung, die zu Erkenntnissen im Umfeld der professionellen Entwicklung von Lehrkräften führt, wie sie bislang in der Lehrerbildungsforschung häufig unbeachtet blieben

und drohen, leicht übersehen zu werden. Damit einher geht die Erweiterung des Professiona-
litätsbegriffs in der Lehrerbildung. Professionalität im Lehrerberuf meint mehr als das Erreichen eines bestimmten Niveaus an professioneller Handlungskompetenz. Sie muss auch die
Begleitumstände und Rahmenbedingungen der professionellen Entwicklung berücksichtigen,
welche die berufsbiografische Entwicklung mit beeinflussen. So können auch nicht-institutionalisierte Faktoren, auf welche die Lehrerbildung keinen Zugriff hat, die Entwicklung von
Professionalität mitbestimmen. Es erscheint notwendig, an anderer Stelle vertiefte theoriegeleitete Überlegungen zu der hier vorgeschlagenen Modellbildung anzustellen.

Die Erweiterung des Modells um Eingangsbedingungen und Ausbildungserfahrungen
scheint zunächst plausibel, ja notwendig. Bei kritischem Hinsehen erweisen sich die hinzuge-
nommenen beiden Dimensionen allerdings als theorieimmanent unvereinbar mit den kognitiven Prozessmerkmalen. Sie bewegen sich auf unterschiedlichen logischen Ebenen. Während
die Prozessmerkmale die professionelle Entwicklung selbst erfassen, sind die Eingangsbedingungen als Rahmen dieser Entwicklung zu verstehen, die sich schließlich in Ausbildungserfahrungen niederschlagen. Ich schlage daher vor, nicht von einem Modell professioneller
Handlungskompetenz zu sprechen, sondern vielmehr – modifiziert – von verschiedenen Dimensionen, die für Professionalität im Lehrerberuf von Bedeutung sind (Abbildung 3, S. 42).

Wirkungsmodell

Lehrerbildungsforschung sieht sich häufig der Kritik ausgesetzt, es existiere kein definiertes
Ziel der institutionalisierten Ausbildung und daher auch kein Kriterium, an dem sich ihr Erfolg bemessen lassen könnte. Nach Abwägen habe ich – neben der Prozessqualität der Ausbildung – eine *hohe Kompetenz* der später durch die Absolventen unterrichteten *Schüler* als
Zielkriterium angenommen. Damit dient die Lehrerbildung dem Ziel, Lehrkräfte auszubilden, die mit höherer Wahrscheinlichkeit Lerngelegenheiten im Unterricht schaffen. Solche
Lehrkräfte begünstigen den Kompetenzerwerb der Schüler stärker, als anders oder nicht aus-
gebildetes Personal diesen anbahnen könnte. Dabei darf nicht aus dem Blick geraten, dass
Kompetenz als Repräsentanz tatsächlicher Performanz weit über das hinaus geht, was Schulnoten gemeinhin abbilden können – ganz ungeachtet der Probleme ihrer Operationalisierung. Die Wirksamkeit von Lehrerbildung kann sich als Kriteriumsvariable daher nur dann
an der Leistung der Schüler bemessen, wenn diese kognitive, affektiv-emotionale und soziale
– also auf die Gesellschaftsfähigkeit bezogene – Facetten mit einschließt. Wenn das Ergebnis
von Unterricht und Schule (auch) auf einen mündigen Bürger zielt, der einen Platz in der Zi-
vilgesellschaft findet, muss Lehrerbildung angehende Lehrkräfte neben der Fähigkeit zu Unterrichten und Erziehen auch darauf vorbereiten, einen Beitrag zur Enkulturation, Integration, Sozialisation oder Allokation deren künftiger Schülerinnen und Schüler zu leisten.

6.2.2 Herausforderungen für die Lehrerbildung

Die Reform der Lehrerbildung vollzieht sich weitgehend ohne Berücksichtigung historischer
Erfahrungen oder empirischer Ergebnisse der Lehrerbildungsforschung (Cramer/ Horn/
Schweitzer 2012). Wenn die Bildungspolitik allerdings auf empirische Studien zur Lehrerbil-
dung rekurriert, um Reformmaßnahmen zu begründen, besteht die Gefahr einer Überlastung

der Daten. Dieses Teilkapitel beabsichtigt daher nicht, aus der Studie unmittelbare Reform-maßnahmen ableiten und diese empfehlen zu wollen, es beschreibt vielmehr Herausforde-rungen für die Lehrerbildung, die es bei deren Reform zu berücksichtigen gilt. Welcher Grad an Normativität bei der Übertragung von Ergebnissen auf die Beurteilung des Lehrerbil-dungssystems zuträglich ist, muss freilich – gerade weil vorliegend Grundlagenforschung und wissenschaftliche Begleitforschung zur Lehrerbildung nicht immer trennscharf sind – eigens bewertet werden. Die Aufgabe der Lehrerbildungsforschung endet nicht mit der Deskription. Forschung ist die Grundlage – also Grundlagenforschung für einen sich anschließenden Pro-zess des Transfers wissenschaftlicher Erkenntnisse, an dessen Ende (bildungspolitische) Ent-scheidungen für die Gestaltung und Organisation der Lehrerbildung stehen können. Lehrer-bildungsforschung ist also ergebnisoffen und ohne Zweckbestimmung, muss aber dennoch die mögliche Weiterverwendung ihrer Erkenntnisse mit bedenken. Aus wissenschaftlicher Sicht dürfen die erhobenen Daten zwar nicht über die Maßen belastet und daraus Hand-lungsempfehlungen abgeleitet werden, gleichwohl resultiert aus der Tatsache einer möglichen (bildungspoltischen) Rezeption die Pflicht, eine angemessene Interpretation der Daten durch Dritte anzubahnen, indem unterschiedliche Deutungsmöglichkeiten aufgezeigt, ja vielleicht sogar die naheliegenderen Interpretationen forciert werden. Dabei werden bedingt normative Aussagen generiert – allerdings nicht im Sinne eines Reformwillens, sondern in der Absicht, angemessenen Wissenschaftstransfer zu ermöglichen. Die Ausführungen begrenzen sich auf die aufgrund das Datenmaterials vertretbaren Herausforderungen für die Lehrerbildung.

Entwicklung eines begründeten Kerncurriculums

Die Ergebnisse zeigen, dass Lehramtsstudierende sowohl die organisatorische als auch die inhaltliche Abstimmung der Lehrerbildungscurricula skeptisch beurteilen (vgl. 5.1.3, S. 403). Dies führt zu Kritik an der ersten Phase insgesamt und zur Anfrage, ob und in welcher Weise das Studium in der von ihnen erlebten Form überhaupt »sinnvoll« ist, besonders bezüglich der Vorbereitung auf die Bewältigung beruflicher Anforderungen. Wer das Curriculum in Frage stellt und ihm keine berufsrelevante Bedeutung zumisst, zeigt auch ein geringeres In-teresse an den Inhalten des Studiums und kritisiert das Ausbildungsklima. Es gilt daher, ein konsensfähiges Kerncurriculum für Lehramtsstudiengänge zu begründen. Dies betrifft er-stens das (gymnasiale) Studium in den Fächern, in denen die Lehramtsstudierenden häufig wenig Beachtung erfahren und studienorganisatorisch i. d. R. mit Bachelor- und Masterstu-dierenden »mitlaufen«, zweitens ist ein Kerncurriculum in den Bildungswissenschaften uner-lässlich – hier ist weitgehend ungeklärt, welche Inhalte sinnvoll und konsensfähig sind.

Lehramtsstudierende fühlen sich von Dozierenden häufig nicht ernst genommen und wie »Studierende zweiter Klasse« (Kruger/Dunning 1999). Die lehrerbildungsspezifische Lehre wird vernachlässigt und es stellt sich die Frage nach eigens ausgewiesenen Professuren für Lehrerbildung oder eine stärkere Trennung von Lehrstühlen nach Aufgaben in Lehre und Forschung. Es ist notwendig, dass Politik und Hochschule der Lehrerbildung eine deutlich höhere Priorität einräumen. Die Kritik der Studierenden an der eigenen Ausbildung zeigt insbesondere, dass die Lehrerbildung nicht ausreichend auf die Anforderungen des Berufsle-bens und die Realität an Schulen vorbereitet (vgl. 5.1, S. 391; 5.2.1, S. 408). Seitens der Hoch-schulen und deren Personals scheint nicht ausreichend im Blick, dass in der Lehrerbildung, aber auch in anderen Studiengängen die Absolvierenden meist nicht ins Wissenschaftssystem einmünden, sondern einen Beruf außerhalb von Wissenschaft und Hochschule ergreifen.

Wichtig erscheint, dass sich zunächst die für die Gestaltung und Organisation der Lehramtsstudiengänge Verantwortlichen (Vertreter aus Hochschule und Bildungsadministration) auf ein wissenschaftlich begründetes und konsensfähiges Kerncurriculum einigen, um dann einhellig auch dessen Relevanz für die berufliche Qualifikation im engeren Sinne gegenüber der Abnehmerseite (Studierende, Schulverwaltung und Schulen) zu begründen. Bundesweite Standards für die Lehrerbildung seitens der Bildungspolitik (KMK 2004; 2008) sowie der erziehungswissenschaftliche Diskurs (DGfE 2010) sind dafür eine notwendige aber nicht hinreichende Voraussetzung. Es erscheint ein Mindestmaß an Einvernehmen von Studierenden und Lehrenden nicht nur erstrebenswert, sondern notwendig, um eine effektive Nutzung der Lernangebote und eine erfolgreiche professionelle Entwicklung der Studierenden zu gewährleisten oder zumindest zu fördern. Die traditionelle Annahme, den Studierenden würde sich der Sinn zu studierender Inhalte aufgrund ihrer fehlenden Meta-Perspektive oder Erfahrung nicht oder noch nicht erschließen, ist nicht (länger) tragfähig – nicht nur, weil auch Referendare oder Lehrkräfte im Beruf rückblickend den Nutzen ihres Studium kritisieren, sondern weil bislang auch unter den Experten selbst Uneinigkeit über das Kerncurriculum besteht. Die Erziehungswissenschaft kann und darf sich nicht damit zufrieden geben, dass Studierende keinen Sinn oder zumindest keine berufliche Relevanz in dem von ihnen durchlaufenen Studium sehen – unabhängig davon, ob die Inhalte aus einer Metaperspektive zu rechtfertigen sind: Wer seiner eigenen Ausbildung keine Bedeutung zurechnet, wird sich in professioneller Hinsicht vermutlich auch weniger entwickeln als Studierende, die sinnerfüllt und leistungsmotiviert studieren.

Es erscheint nur dann realistisch, ein lehramtsspezifisches Kerncurriculum zu entwickeln, wenn auch die strukturellen und organisatorischen Rahmenbedingungen eines Lehramtsstudiums »aus einer Hand« oder zumindest unter zentraler Koordination einer qualifizierten und ermächtigten Institution gesteuert werden. Hierzu erscheint aus heutiger Sicht insbesondere die Organisation der Lehrerbildung im Status einer eigenständigen Fakultät eine angemessene Form zu sein, wie dies derzeit an der TU München mit der neu gegründeten »School of Education« erprobt und etabliert wird. Allenfalls als eine Vorstufe dieser gänzlichen Neuordnung universitärer Lehrerbildung sind die mittlerweile weit verbreiteten »Zentren für Lehrerbildung« zu verstehen, die sich in der Praxis allerdings eher als begrüßenswerte Beratungs- und Serviceeinrichtungen für Lehramtsstudierende erweisen, kaum aber eine grundlegende Reform der Lehrerbildung leisten können. Eine solche scheint auf Hochschulebene nur durch die unmittelbare Abstimmung der Fächer und Bildungswissenschaften möglich, was allein durch den Einbezug professoraler Mitglieder der Ausbildungseinrichtungen sowie der Hochschulleitung selbst – wie dies eben in der Organisationsform einer Fakultät gegeben ist – realisiert werden kann. Ob die Erfahrungen mit einer Organisation der Lehrerbildung im Fakultätsstatus mit den großen Erwartungen übereinstimmen, bleibt freilich abzuwarten.

Grenzen professioneller Entwicklung

Die Ergebnisse zeigen, dass Eingangsbedingungen wie die pädagogischen Vorerfahrungen (vgl. 3.4.1, S. 199) eine vergleichsweise geringe Bedeutung für die professionelle Entwicklung haben, während individuelle Eigenschaften wie die Persönlichkeitsmerkmale (vgl. 3.5, S. 215) oder die Selbstwirksamkeitserwartung (vgl. 4.1.2, S. 287) viele ausbildunsgrelevante Variablen gut prognostizieren können. Offenbar gibt es zahlreiche Hinweise dafür, dass die individuelle Ausgangslage für die weitere professionelle Entwicklung relevant ist und damit je individuelle Grenzen dieser Entwicklung markiert werden. Unter Rückgriff auf das Wirkungsmodell geht es darum, ob die institutionalisierte Ausbildung überhaupt der entscheidende Faktor für das Erreichen des Zielkriteriums von Lehrerbildung ist, hohe Schülerleistungen zu erzeugen. Zumindest liegt auf der Hand, dass die Selektion geeigneter Bewerberinnen und Bewerber zu einer durchschnittlich höheren professionellen Handlungskompetenz von Lehrerbildungsabsolventen führt. Dabei können Selektion und Ausbildung nicht gegeneinander ausgespielt werden. Sowohl die geeignete Auswahl angehender Lehramtsstudierender als auch deren bestmögliche Ausbildung erscheinen notwendige, alleine aber keine hinreichenden Voraussetzungen für eine erfolgreiche Lehrerbildung zu sein. Die Herausforderung besteht vielmehr darin, die am besten geeigneten Interessenten auszuwählen und diese bestmöglich auszubilden. Dies setzt voraus, dass mehr Interessenten als Studienplätze vorhanden sind.

Einschränkend kommt hinzu, dass bislang weitgehend offen ist, inwieweit Lehrerbildung es überhaupt vermag, Dispositionen wie Persönlichkeitseigenschaften oder die Selbstwirksamkeitserwartung zu beeinflussen. Sieht man diese Aufgabe vorwiegend als eine bildungswissenschaftliche an, geraten die Bildungswissenschaften in der Lehrerbildung in einen grundlegenden Rechtfertigungszwang. Ließe sich in einer repräsentativen Studie replizieren, dass etwa die erziehungswissenschaftliche Ausbildungskomponente wenig zur professionellen Entwicklung bzw. zum Erwerb professioneller Handlungskompetenz beitragen könnte, würde ihre Legitimation als (Leit-)Disziplin der Lehrerbildung grundsätzlich in Frage gestellt.

Status der erziehungswissenschaftlichen Ausbildung

In engem Zusammenhang mit der Frage nach einem bildungswissenschaftlichen Kerncurriculum im weiteren und einem erziehungswissenschaftlichen Kerncurriculum im engeren Sinn steht der zentrale Befund, dass die Bedeutsamkeit der erziehungswissenschaftlichen Ausbildung mit Fortgang des Studiums geringer eingeschätzt wird, während alle anderen Ausbildungskomponenten einen Bedeutsamkeitszuwachs erfahren (vgl. 5.2.1, S. 408). Diese Bewertung erfolgt, obwohl sich Lehramtsstudierende als durchaus pädagogisch orientiert einschätzen (S. 298). Die Erklärung dieses Befunds ist komplex und wurde insbesondere durch enttäuschte Erwartungen zu deuten versucht. Worin die Enttäuschung letztlich begründet liegt, kann allenfalls vermutet werden. Die erziehungswissenschaftlichen Lehrveranstaltungen bewegen sich häufig auf einer Mesoebene zwischen Praxisnähe und Wissenschaftlichkeit. Studierende profitieren weder im Sinne einer unmittelbaren Nutzbarkeit des Wissens für die spätere Berufsausübung (Mikroebene des Handelns), noch für die Erschließung der Erziehungswissenschaft als Wissenschaft (theoretische Makroebene). Sie werden daher wohl in doppelter Weise enttäuscht und erleben die erziehungswissenschaftliche Lehre weder als Hilfestellung für die Unterrichtsarbeit noch erkennen sie im Vergleich zum Fachstudium deren Wissenschaftlichkeit. Erschwert wird die Verortung der Lehrveranstaltungen und das sich damit verbindende Vermittlungsproblem zwischen den Polen Praxisrelevanz und Wissenschaftlichkeit durch die verschiedenen Rollen, die Dozierende gerade in der lehrerbildungsbezogenen erziehungswissenschaftlichen Lehre verkörpern: Spricht der Dozent z. B. als Lehrer, Pädagoge, Erziehungswissenschaftler, Praxisbegleiter oder Vater? Dozierende befinden sich vermutlich häufig im Dilemma einer stärkeren Orientierung an Studierenden und deren berufsspezifischer Ausbildung einerseits oder dem Anspruch, der wissenschaftlichen Community gerecht zu werden andererseits. Gerade die Pädagogischen Hochschulen sind bei Stellenbesetzungen zunehmend uneins, ob Bewerber mit hoher Forschungsreputation oder solche mit traditionell dreijähriger Berufserfahrung als Lehrkraft berufen werden sollen. Hinzu kommt vermutlich das disziplinäre Problem, dass in der Schulpädagogik z. B. geisteswissenschaftliche Bildungstheorie und sozialwissenschaftliche Methodenlehre im Rahmen empirischer Arbeiten verbunden werden, was die Sichtbarkeit des genuin Schulpädagogischen erschwert. Es ist eine Diskrepanz zwischen den Anforderungen an zeitgemäße Lehrerbildung, ihrem Stellenwert an den Hochschulen und einzelnen Lehrveranstaltungen zu erwarten.

Die Annahme einer scheiternden Vermittlung zwischen Abstraktions- und Handlungsebene lässt sich am Beispiel einer hypothetischen Lehrveranstaltung zur Einführung in die Schulpädagogik nachvollziehen. Bei der Thematisierung des didaktischen Dreiecks (Allgemeine Didaktik) oder den Merkmalen von Unterrichtsqualität (Unterrichtsforschung) liegen Implikationen für gelungene Unterrichtspraxis ebensowenig auf der Hand, als dass durch die Diskussion der Themen bereits deutlich werden würde, dass ein wissenschaftlicher Diskurs zu den Konstrukten geführt hat. Weder die Ebene konkreten unterrichtlichen Handelns, noch die Forschungsmechanismen, die zu den Konstrukten führen, werden Gegenstand der Lehrveranstaltung. Diese im Rahmen erziehungswissenschaftlicher Lehre im Lehramt anzutreffende uneindeutige Ausrichtung könnte ein Grund dafür sein, warum die Enttäuschung mit dem erziehungswissenschaftlichen Studium so groß ist: Weder der erhoffte Praxisnutzen wird befriedigt, noch wird die Erziehungswissenschaft als eine mit den Fächern konkurrenzfähige wissenschaftliche Disziplin wahrgenommen. Ein Ausweg könnte in der Rückbindung der Mesoebene an die Praxis einerseits bestehen, z. B. durch Reflexion von Unterrichtsvideos vor dem Hintergrund der Qualitätskriterien für guten Unterricht. Andererseits könnte die Verbindung der Mesoebene mit der Makroebene hergestellt werden, etwa durch Herleitung der Kriterien von Unterrichtsqualität aufgrund wissenschaftlich fundierter Metaanalyse. So können in Seminaren sowohl Bezüge zur unterrichtspraktischen Mikroebene als auch theoretischen bzw. empirischen Makroebene (wissenschaftlicher Überbau) hergestellt werden.

Die erziehungswissenschaftliche Komponente im Lehramtsstudium hat nicht nur aufgrund enttäuschter Erwartungen, sondern auch aufgrund ihrer fehlenden oder zumindest nicht sichtbaren Einzigartigkeit bzw. ihres fehlenden Monopols für ihren ureigentümlichen Gegenstand – die Beschäftigung mit Fragen nach Bildung, Erziehung und Unterricht – ein Legitimationsdefizit. Es erscheint unausweichlich, dass die Erziehungswissenschaft künftig stärker als bislang ihren unverzichtbaren Beitrag zur Lehrerbildung begründet formuliert (Kerncurriculum) und diesen gegenüber den Studierenden aber auch den Vertretern anderer Ausbildungskomponenten und der Bildungspolitik transparent darlegt. Von zentraler Bedeutung erscheint dabei auch empirische Evidenz dafür, ob, in welchem Maße und in welcher Weise bestimmte Aspekte des erziehungswissenschaftlichen Studiums, aber auch diese Ausbildungskomponente insgesamt einen Einfluss auf die professionelle Entwicklung von (angehenden) Lehrkräften haben. Die Forschung hierzu steht allerdings noch am Anfang (vgl. BMBF-Projekt »Bildungswissenschaftliches Wissen und der Erwerb professioneller Kompetenz in der Lehramtsausbildung«; Kunter u. a. 2009; Laufzeit 2009-2012).

Angesichts der Einführung konsekutiver und modularisierter Studienstrukturen ist bundesweit eine quantitative Stärkung der erziehungswissenschaftlichen Ausbildung zu beobachten (vgl. S. 66). Daher erweist sich der Umfang erziehungswissenschaftlicher Studien im Rahmen der universitären Gymnasiallehrerbildung in Baden-Württemberg als vergleichsweise defizitär gering, wenngleich auch hier durch die Einführung einer Modulstruktur bei gleichzeitiger Beibehaltung der Ersten Staatsprüfung der Umfang anwächst. Gleichwohl ist davon auszugehen, dass in absehbarer Zeit in keinem anderen Lehramtsstudiengang ein derart geringer erziehungswissenschaftlicher Anteil zu studieren ist. Für das bildungswissenschaftliche Studium in der deutschen Lehrerbildung insgesamt bedeuten die Reformmaßnahmen zwar eine Stärkung, problematisch erscheint aber, dass die Organisation der neuen Studiengänge gänzlich verschieden erfolgt, besonders hinsichtlich der Aufteilung fachlicher und bildungswissenschaftlicher Anteile auf die Bachelor- und/oder Masterphase (vgl. S. 66).

Sollten empirische Studien die Notwendigkeit der erziehungswissenschaftlichen Ausbildung unterstreichen, müsste neben deren quantitativer Stärkung auch in die qualitative Optimierung der Komponente oder zumindest in die Steigerung der Wahrnehmung ihrer Bedeutsamkeit, ihrer Qualität und ihres Nutzens durch die Studierenden investiert werden (vgl. 5.2, S. 407). Ein Schlüssel hierzu ist die Verbesserung der curricularen Abstimmung, die ebenfalls schlecht beurteilt wird (vgl. 5.1.3, S. 403). In den traditionellen Lehrerbildungsstrukturen erweist sie sich als unzureichend, sowohl im Hinblick auf die zeitliche Planung, als auch bezüglich der inhaltlichen Abstimmung von Lehrveranstaltungen zwischen und innerhalb der Ausbildungskomponenten. Das Studium gleicht dem Bild eines »Flickenteppichs«, einer Sammlung an zu erledigenden Studienanforderungen ohne ersichtlichen Zusammenhang und ohne nennenswerten Bezug auf die späteren beruflichen Anforderungen (Terhart 2009, S. 435). Mit dem Umbau der Lehrerbildung in konsekutive Studiengänge eröffnet sich nun die Möglichkeit, durch Modularisierung eine systematische und vernetzte Studienstruktur zu schaffen, die ein kumulatives Lernen erlaubt. Voraussetzung hierfür ist die Definition eines Kerncurriculums für die Lehrerbildung – insbesondere für die bildungswissenschaftlichen Anteile. Eine solche »verlässliche Basis« (ebd.) erlaubt der zweiten Phase, an einen klar definierten Stand der professionellen Entwicklung der Hochschulabsolventen anzuschließen. Dies ermöglicht – im beiderseitigen Bemühen von Hochschulen und Studienseminaren – an einem kumulativen Aufbau der Lehrerbildung zu arbeiten. Schließlich sind auch die Angebote der Fort- und Weiterbildung (dritte Phase) diesbezüglich abzustimmen.

Eine Stärkung der erziehungswissenschaftlichen Ausbildungskomponente kann angesichts der deutlichen studentischen Kritik der erziehungswissenschaftlichen Ausbildungskomponente und wegen der generellen Anfrage, inwieweit die Lehrerbildung professionelle Handlungskompetenz angehender Lehrerinnen und Lehrer überhaupt anbahnen kann, durchaus kritisch gesehen werden. Ich verstehe meine Ausführungen zum Stand der erziehungswissenschaftlichen Ausbildungskomponente daher weder als klares Signal für einen zwingend erforderlichen Ausbau, noch wollen sie die Erziehungswissenschaft als Teil der Lehrerbildung generell in Frage stellen. Es legt sich zum gegenwärtigen Zeitpunkt vielmehr nahe, die Suche nach den Gründen für das insgesamt unrühmliche Urteil über die eigene Disziplin zu intensivieren. Es ist keineswegs sicher, (1) ob sich das vergleichsweise negative Urteil über die gesamte Ausbildung hinweg fortsetzt (die Daten beziehen sich bislang nur auf die ersten drei Semester), (2) ob sich das Urteil auch in den neuen Studienstrukturen replizieren lässt, und (3) ob der Unmut Studierender alleine etwas über die Bedeutung der Komponente für das Zielkriterium der Lehrerbildung aussagt. Unbenommen bleibt, dass sich die Erziehungswissenschaft nicht mit der harschen Kritik zufriedengeben kann. Gleichwohl halte ich eine fundamentale Hinterfragung der gesamten erziehungswissenschaftlichen Ausbildung in der Lehrerbildung für zu früh, ebenso eine Renaissance der Vorstellung vom »geborenen Erzieher«. Die Lehrerbildung beschränkt sich weder auf die erziehungswissenschaftliche Ausbildung, noch legen die emprischen Daten eine solche Interpretation letztlich nahe.

Ausrichtung der Lehrerbildung an professioneller Lehrerkompetenz

Lehrerbildung, die den Prozess der Entwicklung von Professionalität konsequent als (eine) Grundlage ihrer Gestaltung aufnimmt, orientiert sich mehr als die bislang realisierten Lehrerbildungsprogramme am Berufsfeld des Lehrers. Dabei können individuelle Eingangsbedingungen, Prozessmerkmale und Ausbildungserfahrungen in verschiedenem Maße und in unterschiedlicher Art und Weise Anlass zur Gestaltung von Lehrerbildung werden. Die individuellen Eingangsbedingungen, die Erstsemester zu Beginn des Lehramtsstudiums mitbringen (vgl. 3., S. 151), sollten nicht nur die Basis von Selbsterkundungs- und Auswahlverfahren sein, die Ergebnisse solcher Testverfahren könnten auch für individuelle Diagnostik genutzt werden. So könnte die Lehrerbildung selbst an die einschlägigen Vorerfahrungen und das individuelle Potenzial ihrer Abnehmer anknüpfen. Denkbar sind etwa separate Wahlangebote in der Studieneingangsphase, die Studierende etwa vor dem Hintergrund pädagogischer Vorerfahrungen auf einen vergleichbaren Stand bringen. So könnten Studierende ihre individuellen Defizite auflösen und Dopplungen im Bereich ihrer Stärken vermeiden.

Die Prozessmerkmale professioneller Entwicklung (vgl. 4., S. 265) verweisen auf weiteres Innovationspotenzial. Selbstregulative Fähigkeiten wie der Umgang mit Belastungen oder die Bedeutung der Selbstwirksamkeitserwartung sollten explizit zum Gegenstand der Ausbildung werden. Im Blick auf die Lehrergesundheit können nicht nur Präventions-, sondern auch Interventionsmöglichkeiten thematisiert werden. Verinnerlichte Überzeugungen und Werthaltungen sollten kritisch reflektiert und erweitert werden. Hier kommt einem Theorieangebot im Bereich der Didaktik und Methodik eine ebenso wichtige Bedeutung zu wie der Auseinandersetzung mit Grundbegriffen wie Schule, Unterricht, Bildung und Erziehung. Motivationale Orientierungen sind nicht nur bei der Entscheidung für Beruf und Studium, sondern auch für den Verlauf des Studiums selbst verantwortlich. Die Lehrerbildung muss Anreize für eine hohe Lern- und Leistungsmotivation schaffen, etwa durch Stipendiensysteme, Preise oder andere Anreize. Professionswissen kann schließlich nur dann kumulativ aufgebaut werden, wenn die curriculare Abstimmung von Lehrveranstaltungen organisatorisch und inhaltlich besser erfolgt als dies bislang der Fall ist. Nur ein definiertes Kerncurriculum ermöglicht einen schlüssigen und zielgerichteten Kompetenzerwerb.

Die Ausbildungserfahrungen Studierender (vgl. 5., S. 391) haben bislang kaum eine Relevanz für die (künftige) Ausrichtung der Lehrerbildung. Implementierte Selbstevaluationen der Hochschulen und der Lehrveranstaltungen einzelner Dozierender erfahren nur selten eine systematische Auswertung – ein etabliertes System zur Implementierung von Veränderungen, die der Optimierung dienen, existiert nicht. Neben hochschulbezogenen Konsequenzen, die sich aus Studierendenrückmeldungen ergeben sollten, scheint der professionellen Verarbeitung erster schulpraktischer Erfahrungen Bedeutung zuzukommen. Schulpraxis erscheint dann besonders gewinnbringend, wenn sie vor dem Hintergrund eines Theorieangebots und unter Zuhilfenahme von Kriterien reflektiert wird.

Insgesamt kommt der Lehrerbildung eine wichtige, in ihrer Wirkung aber nur begrenzte Bedeutung für das Lehrerhandeln, die Qualität von Unterricht und schließlich für das Schülerlernen zu (vgl. Abbildung 7, S. 86). Es ist daher bei der Frage nach erforderlichen Qualifikationen und Kompetenzen angehender Lehrkräfte die Bewahrung eines Tatsachenblicks geboten. Für die Reform der Lehrerbildung ergeben sich daher Grenzen: der Arbeitsalltag im Lehramt ist von Rahmenbedingungen geprägt, die das Handeln der Lehrperson mitbestimmen; die Möglichkeiten der Lehrerbildung, auf den professionellen Umgang mit diesen Situationen vorzubereiten, sind begrenzt (Herrmann 2000, S. 17-22; Helsper 2004).

Stärkung, Neuorganisation und Fundierung der Fachdidaktiken

Die Bedeutsamkeit des didaktisch-methodischen Studiums in den Unterrichtsfächern wird von den Studierenden als sehr hoch, seine Qualität und sein Nutzen für die Berufsausübung aber als erheblich schlechter eingeschätzt (vgl. 5.2.4, S. 436). Die nationale wie internationale Forschung betont zugleich die Bedeutung der Fachdidaktik für die Wirksamkeit der Lehrerbildung insgesamt (vgl. 1.3.1, S. 96). Um auf diese Befundlage zu reagieren, ist eine Stärkung bzw. ein Ausbau der Fachdidaktiken an Universitäten notwendig, etwa durch deren zunehmende institutionelle Loslösung von den Fachwissenschaften oder zumindest durch deren Sichtbarkeit (Terhart 2009, S. 434). Eine Abstimmung mit den bildungswissenschaftlichen Studienanteilen ist geboten. Derzeit sind die Fachdidaktiken in organisatorischer Hinsicht eine Facette des Fachstudiums, also zusammen mit den Fachwissenschaften in entsprechenden Instituten und Fakultäten organisiert. Die Beobachtung, dass Studierende zwischen den Fachwissenschaften einerseits und den Fachdidaktiken und der erziehungswissenschaftlichen Ausbildungskomponente andererseits kaum einen Zusammenhang sehen, während die Bedeutsamkeits-, Qualitäts- und Nutzenseinschätzung von Fachdidaktiken und erziehungswissenschaftlichem Studium hoch korrelieren (vgl. 5.2.1, S. 408), legt allerdings eine gemeinsame Organisation, zumindest aber eine verstärkte Abstimmung zwischen beiden Ausbildungsbestandteilen nahe. Im Zuge der Neuorganisation der Lehrerbildung im Anschluss an den »Bologna-Prozess« gibt es Beispiele für die gemeinschaftliche Planung und Organisation der Lehre in Fachdidaktiken und Erziehungswissenschaft in den »Schools of Education«. Ein Ausbau und eine Neuorganisation der Fachdidaktiken ginge allerdings mit einer professionsbezogenen und damit grundständigen Lehrerbildung einher, die dem Interesse einer Polyvalenz der Lehramtsstudiengänge widerspricht. Auch bedeutet die Intensivierung der Fachdidaktiken eine notwendige Kürzung anderenorts – naheliegenderweise beim Umfang des fachwissenschaftlichen Studiums. Diese Umschichtung scheint in konsekutiven Studienstrukturen einfacher realisierbar als in der traditionellen Lehrerbildung. Zugleich ist verstärkte Forschung zur Bedeutung der Fachdidaktiken für den berufsspezifischen Kompetenzerwerb angezeigt.

Situation der einzelnen Fächer (Beispiel Religionslehrerbildung)

Wichtig erscheint, die besondere Situation der einzelnen Fächer und Fachdidaktiken mehr als bislang zu beachten. Die Lehrerbildung kann nicht als solche reformiert werden, sondern nur durch Entscheidungen, die Veränderungen auf Ebene ihrer einzelnen Komponenten und Fächer betreffen. Im Zuge der Studienstrukturreform sind überwiegend grundlegende und übergreifende Fragen nach der Organisationsform im Blick (Studiendauer; Schwerpunkte in

Bachelor- und Master-Phase usw.), während die für die Qualität der Lehrerbildung insgesamt vielleicht entscheidenderen Fragen auf Mikroebene (Kombinationsmöglichkeiten, Abstimmung und Inhalte der Fächer usw.) in den Hintergrund treten. Am Beispiel der Religionslehrerbildung wird deutlich, dass sich die Qualität der Lehrerbildung insgesamt an der Qualität ihrer Bestandteile bemisst und nicht ohne Berücksichtigung der besonderen Möglichkeiten und Grenzen einzelner Fächer und Fachdidaktiken erfolgen kann. Gerade an Pädagogischen Hochschulen steht eine Bestandsaufnahme in den einzelnen Fachbereichen weitgehend aus. Die vorliegenden Ergebnisse zeigen, dass bereits die Prüfungsordnungen und die dort geregelten Kombinationsmöglichkeiten zu einer kritischen Selbstselektion der Studierenden im Fach Theologie führen und die Ausbildung in weiten Teilen nur noch »Schmalspur-Theologen« als angehende Religionslehrkräfte hervorbringt (vgl. 3.7.3, S. 243). Es gilt im Zuge der Reformmaßnahmen also zu prüfen, welche studienorganisatorischen Rahmenbedingungen zu einer Verbesserung oder Verschlechterung der Studienbedingungen in den jeweiligen Fächern und Fachdidaktiken führen und wie vermieden werden kann, dass einige Fachbereiche von den Regularien profitieren, andere hingegen darunter leiden. Die im internationalen Vergleich bislang auffällig umfassende Religionslehrerbildung in Deutschland ist in den Studienstrukturen an Pädagogischen Hochschulen zum Zeitpunkt der Erhebung jedenfalls für die Mehrzahl der Studierenden nicht mehr gewährleistet.

Weiterhin zeigen sich fachspezifische Besonderheiten und Herausforderungen der Lehrerbildung. Am Beispiel der Religionslehrerbildung ist etwa an die Fachwahl (vgl. 4.3.5, S. 352) zu denken, die insbesondere aufgrund pädagogisch-intrinsischer Motive, aber auch wegen eines besonderen Interesses am Fach selbst erfolgt. Es ist daher davon auszugehen, dass sich potenziell interessierte und qualifizierte Studierende lediglich wegen der Regularien gegen ein Theologie-Lehramtsstudium entscheiden. Die Studieneingangsphase selbst ist häufig durch die Überwerfung von religiösen Einstellungen aufgrund der Auseinandersetzung mit der wissenschaftlichen Theologie geprägt (vgl. 4.2.2, S. 300), was auf einen spezifischen Verlauf der professionellen Entwicklung hindeutet, der mehr als in anderen Fächern durch Brüche gekennzeichnet ist. Die Religionslehrerbildung benötigt daher auch einen gewissen quantitativen Umfang, um eine Entwicklung von Professionalität zu ermöglichen. Vergleiche mit der Beurteilung des Faches Mathematik zeigen, dass die Religionslehrerbildung insgesamt überdurchschnittlich positiv bewertet wird und sich eine Evaluation der Lehrerbildung nicht ohne die Berücksichtigung fachspezifischer Unterschiede durchführen lässt (vgl. 5.2, S. 407). Die Reform der Lehrerbildung insgesamt erfordert daher stets die Beachtung fachspezifischer Eigenarten und sollte im Sinne einer »Reform von unten« auch von den Optimierungsmöglichkeiten in den einzelnen Ausbildungskomponenten und Fächern ausgehen.

6.2.3 Empirische Lehrerbildungsforschung

Aus den Erfahrungen mit dem Design der Studie und aus den Ergebnissen der theoretischen wie empirischen Ausführungen lassen sich Konsequenzen und Perspektiven für die Fortführung des begonnenen Längsschnitts und für die Lehrerbildungsforschung allgemein ableiten.

Berücksichtigung der sozialen Herkunft

Die Ergebnisse zur sozialen Herkunft (vgl. 3.2, S. 154) führen zum Desiderat einer Berücksichtigung dieses Konstrukts in der empirischen Lehrerbildungsforschung: (1) Bislang liegen zur sozialen Herkunft von Lehramtsstudierenden und Lehrkräften fast nur Studien vor, die sozioökonomisches Kapital oder Milieus als Untersuchungskategorien anwenden. Dem kulturellen und sozialen Kapital muss künftig mehr Beachtung zukommen. (2) Bundesländervergleichende Studien sind notwendig, um die soziale Herkunft von Lehrpersonen zwischen Lehrerbildungssystemen analysieren zu können. Die vorliegenden bundesweiten oder eng regionalen Studien erzeugen ein vermeintlich für die gesamte Lehrerschaft repräsentatives Bild, das sich so nicht bestätigt. (3) Wenn sich Lehrkräfte hinsichtlich ihrer sozialen Herkunft schulartspezifisch unterscheiden, muss auch gefragt werden, in welcher Weise diese Differenzen einen berufsspezifischen Habitus prägen und ob entsprechende Handlungsmuster die Schüler im Unterricht beeinflussen. Außerdem ist in diesem Zusammenhang zu klären, welche Auswirkungen das zunehmende Ganztagsschulprinzip auf die soziale Herkunft der Kinder und Jugendlichen hat, da hier Schule und Lehrpersonen die Eltern und Familien zunehmend »ersetzen« und so auch verstärkt eine Sozialisationsfunktion erfüllen. Kann die Ganztagsschule etwa soziale Ungleichheit verringern? (4) Unterscheidet sich auch das Ausbildungspersonal in der Lehrerbildung zwischen den unterschiedlichen Lehramtsstudiengängen (etwa zwischen Professuren an Universitäten und Pädagogischen Hochschulen) hinsichtlich seiner sozialen Herkunft? Es muss geklärt werden, ob auch hier eine »Vererbung« herkunftsbedingter Disparitäten auf Studierende wie auch letztlich auf Schüler erfolgen könnte.

Forschungs- und Evidenzbasierung

Es ist wenig plausibel, die schulischen Bildungsprozesse einem Standardisierungs- und Evaluationsprozess zu unterwerfen, die Lehrerbildung aber nicht an vergleichbaren Maßstäben zu messen. Qualitätsmanagement scheint insbesondere deshalb geboten, weil die Ausbildungserfahrungen Lehramtsstudierender keineswegs auf eine insgesamt gute Ausbildung schließen lassen (vgl. 5., S. 391). Zwar rückt auch die Lehrerbildung verstärkt ins Blickfeld wissenschaftlicher Begleitforschung, von einer systematischen Forschungs- und Evidenzbasierung kann allerdings bislang nicht die Rede sein. Außerdem bedeuten die Anforderungen des Arbeitsmarktes und der Mangel an Fachkräften für alle Maßnahmen im Bildungsbereich gleichermaßen den Anspruch und die Pflicht einer zunehmenden Rechenschaftslegung und Qualitätssicherung (Weber/ Achtenhagen 2009). Neben nationalen Bemühungen (KMK 2004; 2008) und Maßnahmen einzelner Bundesländer (MIWFT 2007) ist der Prozess einer Standardisierung der Lehrerbildung besonders im angloamerikanischen Raum weiter vorangeschritten (Cochran-Smith/ Zeichner 2005; Darling-Hammond/ Bransford 2005; Cooper 2006). Es gilt den dortigen Erfahrungen zufolge verstärkt, Reformmaßnahmen zunehmend an den Erkenntnissen wissenschaftlicher Begleitforschung auszurichten. Einen Schritt in diese Richtung gehen Oelkers/ Reusser (2008), die eine Verbesserung der unterrichtbezogenen Lehrerprofessionalität anstreben, indem sie versuchen, in Standards ausgedrückte Kompetenzen in für den Unterrichtsprozess relevante Maßnahmen zu transferieren. Forschungs- und Evidenzbasierung zielt so verstanden auf eine verstärkte Anbahnung berufsspezifischer Kompetenz, also eine Form von Lehrerprofessionalität, die sich an berufsspezifischen Anforderungen, besonders der Fähigkeit kompetent zu unterrichten, orientiert. Konkrete Maßnahmen einer solchen Lehrerbildung wären etwa der (verstärkte) Einsatz von Unterrichtsvideos oder die Sensibilisierung für berufliche Belastungen und Bewältigungsstrategien (weitere Ansätze: Weber/Achtenhagen 2009, S. 481).

Wirksamkeitsfrage und Kompetenzorientierung

Im Zusammenhang mit dem Versuch, die Wirksamkeitsfrage der Lehrerbildung zu klären, besteht weitgehend Konsens darüber, dass hohe Schülerleistungen das Zielkriterium darstellen (vgl. 1.2.4, S. 80). Diese sowohl aus theoretischer als auch empirischer Sicht sinnvoll erscheinende Setzung, muss gleichwohl kritisch gesehen werden. Wenn die Qualität der Lehrerbildung im Kern an den Schülerleistungen gemessen wird, die sie – vermittelt über das Lehrerhandeln – hervorbringt, besteht die Gefahr, dass sich die Lehrerbildung selbst weitgehend an hohen Schülerleistungen orientiert. Damit würde eine Art »teaching to the test« in der Lehrerbildung Einzug halten und die Prozessqualität der Ausbildung aus dem Blick geraten. Nicht nur die Vorbereitung auf das, was Schüler unmittelbar zu hohen Leistungen führt (z. B. Einüben effektiver Lernarrangements in bestimmten Unterrichtssequenzen) ist für die Outcomes der Schüler von Bedeutung, sondern auch längerfristig erworbene Kompetenzen der Lehrkräfte wie die Fähigkeit einer effektiven Klassenführung. Andererseits zeigt sich in der Lehrerbildungspraxis immer wieder, dass gerade die Beschäftigung mit Schülerleistungen (z. B. angemessene Formen der Leistungsbewertung) noch immer zu kurz kommt. Die Lehrerbildung erscheint in diesem Fall zu sehr auf die angehenden Lehrkräfte selbst fixiert.

Alle untersuchten Variablen wurden als relevant für die professionelle Entwicklung angenommen. Wenngleich sich die fortschreitende Entwicklung letztlich in den Prozessmerkmalen manifestiert, schlägt sich diese auch in den Ausbildungserfahrungen nieder und führt so zu neuen Voraussetzungen für die weitere Entwicklung. Kognitive Kompetenzen (Professionswissen) sind als Indikatoren einer wirksamen Ausbildung daher nicht hinreichend: Die Kompetenzorientierung an den Outcomes der Schüler relativiert sich an der Prozessqualität der Lehrerbildung. So weist das entfaltete Modell der Wirksamkeit von Lehrerbildung (vgl. Abbildung 7, S. 86) neben der professionellen Ausbildung der Lehrkräfte, deren Unterrichtshandeln und den im Unterricht erbrachten Schülerleistungen auf zahlreiche Kontextfaktoren hin, die Bedeutung für die Wirksamkeitsfrage haben. Dabei wird deutlich, dass die Wirksamkeit der institutionalisierten Lehrerbildung auch von Faktoren wie der Ausstattung der Hochschulen, den bildungspolitischen und curricularen Rahmenbedingungen usw. abhängt. Dies spricht dafür, dass empirische Lehrerbildungsforschung die Angebotsseite künftig stärker in den Blick nehmen sollte. Es ist bislang völlig unklar, zu welchem tatsächlichen Angebot die rechtlichen, strukturellen und organisatorischen Rahmenbedingungen der Lehrerbildung im Blick auf den Zusammenhang zwischen fachlichen, fachdidaktischen und erziehungswissenschaftlichen Ausbildungsanteilen bzw. -angeboten führen und welche Bedeutung das Angebot für den Kompetenzerwerb und schließlich für die Wirkung von Lehrerbildung hat.

Es erscheint daher notwendig, die Rahmenbedingungen z. B. anhand der relevanten Dokumente (Gesetzgebungen im Bereich der Lehrerbildung und der wissenschaftlichen Hochschulen, Prüfungsordnungen und Modulhandbücher) zu analysieren (vgl. 1.2.3, S. 74), da nur im Blick auf diese Vorgaben eine Prüfung der vor Ort realisierten Angebote möglich ist. Die konkreten Ausbildungsangebote und -strukturen müssen in einem zweiten Schritt erhoben werden. Dies kann ebenfalls mittels relevanter Dokumente (Prüfungsordnungen, Seminarpläne, realisierte Lehrangebote, Struktur und Realisierung der Praxisanteile) und unter Berücksichtigung der an den jeweiligen Institutionen vorhandenen Strukturen für die Lehrerbildung (z. B. Lehrerbildungszentren) geschehen. Zusätzlich müssten Hochschullehrer sowie Mitarbeiter der Studienseminare befragt werden, die Praxisphasen betreuen. Auf diese Weise würde erstmals deutlich, wie es sich mit der Angebotsseite der Ausbildenden verhält. Über eine gelingende oder scheiternde Lehrerbildung kann erst dann sinnvoll geurteilt werden, wenn das Angebot und dessen Nutzung wechselseitig ins Verhältnis gesetzt werden können (vgl. 1.2.2, S. 70). Daher ist es notwendig zu analysieren, auf welche Lerngelegenheiten Studierende überhaupt zugreifen konnten und welche Angebote sie zu einem bestimmten Zeitpunkt ihrer Ausbildung tatsächlich wahrgenommen haben (Befragung Studierender).

Erst im Wissen um das, was die Studierenden tatsächlich lernen konnten, kann ihr Zuwachs an (berufsspezifischen) Kompetenzen sinnvoll interpretiert werden. Um zusätzlich zu prüfen, ob und wie die existierenden Lehrangebote der Angebotsstruktur und den einzelnen Anforderungen der Prüfungs- und Studienordnungen in den Lehramtsstudiengängen entsprechen, sollte eine Rückkopplung mit den Ausbildenden erfolgen (Befragung). Es erscheint daher falsch, eine schlechte Lehrerbildung voreilig und ausschließlich der Angebotsseite oder der Abnehmerseite anzulasten. Abwegig ist vor diesem Hintergrund auch, wenn in Politik und Öffentlichkeit das allenfalls durchschnittliche Abschneiden deutscher Schüler in internationalen Schulleistungsvergleichsstudien der gegenwärtigen Lehrerbildung angelastet wird, werden diese doch mehrheitlich von Lehrkräften unterrichtet, deren Ausbildung viele Jahre – wenn nicht Jahrzehnte – zurückliegt. Frühere Reformmaßnahmen in der Lehrerbildung bleiben in einer solchen Argumentation ausgeblendet.

Desiderate für die Lehrerbildungsforschung

Bei der Begründung der Anlage der Studie (vgl. 2.1, S. 115) wurde auf die Aufnahme zentraler Forschungsdesiderate verwiesen (vgl. 1.3.2, S. 112). Nach Durchführung kann nun Bilanz gezogen werden, inwieweit sich die Berücksichtigung der Desiderate bewährt hat und welche Konsequenzen sich daraus für weitere empirische Lehrerbildungsforschung ergeben.

Die Eingrenzung auf das Lehrerbildungssystem in Baden-Württemberg hat sich als zentral erwiesen. Grundlagenforschung, die eine große Bandbreite an Untersuchungsvariablen in den Blick nehmen will, muss sich auf einen klar abgegrenzten Untersuchungsgegenstand beschränken. So büßt die Studie mit ihrer breiten Untersuchungsanlage zwar das Potenzial eines Vergleichs von Bundesländern oder einen internationalen Vergleich ein, dies geschieht aber zugunsten einer breiten Erfassung und Deskription der Lehrerbildung, die an einigen Stellen zusätzlich eine Tiefendimension einschließt. Die Differenzierung von Hochschultypen (Pädagogische Hochschule und Universität) erweist sich im Rückblick nicht nur aufgrund der spezifisch baden-württembergischen Situation der Lehrerbildung als geboten, sondern ist auch für die Frage nach einem geeigneten Ort für die Lehrerbildung relevant. Lehramtsdifferenzen zu bestimmen erscheint unerlässlich, weil die empirisch erheblichen Unterschiede zwischen den Studiengängen verdeutlichen, dass nie von »der« Lehrerbildung im Allgemeinen gesprochen werden kann, sondern immer nur Aussagen für bestimmte Teilpopulationen von Lehramtsstudierenden getroffen werden können. Dies gilt auch für die bislang weitgehend vernachlässigte fachspezifische Forschung zur Lehrerbildung, wie durch die Unterscheidung von Mathematik- und Religionslehrerbildung exemplarisch deutlich wurde.

Wann immer der Anspruch einer Darstellung von Entwicklungsverläufen oder gar nach Wirkungsforschung besteht, muss methodisch ein längsschnittlicher Zugang gewählt werden. Ein solcher Längsschnitt wurde vorliegend initiiert – es ist nun erforderlich, diesen fortzuführen. Die Erfassung von Daten während des Vorbereitungsdienstes und des Berufseinstiegs ist notwendig, um die Bedeutung der Gesamtheit der Erstausbildung für die professionelle Entwicklung Lehramtsstudierender einschätzen zu können. Gerade in der Anfangsphase des Längsschnittes hat sich auch der Professionsvergleich mit einer anderen akademischen Disziplin (hier: Zahnmedizin) als fruchtbar erwiesen. Eine professionsspezifische Vergleichsstichprobe ermöglicht es der Lehrerbildungsforschung, dem Vorwurf zu begegnen, die erhobenen Daten wären allgemeine Merkmale einer akademischen Ausbildung und keine Besonderheit der Lehrerbildung an sich. Auch die erhobenen Fremdeinschätzungen bieten vor diesem Hintergrund eine Selbstkontrolle, die den Vorwurf sozial erwünschten Antwortverhaltens bei Studien, die mittels Selbsteinschätzungen arbeiten, entschärfen. Gleichwohl zeigt der Abgleich von Selbst- und Fremdbildern, dass sich die Lehrerbildungsforschung nicht zu viele Erkenntnisse von den aufwendig zu erfassenden Fremdeinschätzungen erhoffen sollte. In aller Regel schätzen sich die befragten Lehramtsstudierenden selbst kritischer und damit vermutlich auch treffender ein als dies Fremdeinschätzende tun. Schließlich hat sich auch die Nachverfolgung der Studienabbrecher als gewinnbringend erwiesen, weil aus ihren Informationen wichtige Anhaltspunkte für die Defizite der Lehrerbildung gewonnen werden können.

Im weiteren längsschnittlichen Verlauf sind zur Erfassung des später im Berufsleben von den heutigen Studierenden gehaltenen Unterrichts Beobachtungsdaten, idealerweise videografische Unterrichtsmitschnitte notwendig. Auf diese Weise könnte ein Beitrag zur Wirksamkeitsforschung der Lehrerbildung geleistet werden, indem längsschnittliche Daten der professionellen Entwicklung mit Daten zum unterrichtlichen Handeln der Lehrkräfte in Beziehung gesetzt werden könnten. Hinzu kommt der wünschenswerte Einsatz von echten Testverfahren, die auf etablierten Kompetenzmodellen beruhen und verschiedene Niveaustufen definieren. Erst in der Zusammenschau dieser methodischen Palette werden übergreifende Analysen möglich, die etwa individuelle Eingangsbedingungen Lehramtsstudierender, die Prozessmerkmale ihrer professionellen Entwicklung, ihre Ausbildungserfahrungen und den tatsächlich von ihnen gehaltenen Unterricht sowie die Lernleistungen ihrer Schüler miteinander in Verbindung setzen können. Wünschenswert ist auch eine repräsentative Stichprobe, um verallgemeinerbare Aussagen treffen zu können. Dies erscheint aus den an anderer Stelle genannten Gründen in der Lehrerbildungsforschung allerdings kaum möglich (vgl. 2.2, S. 142). Weiterhin sollte und konnte kein Vergleich mehrerer Bundesländer oder gar eine international vergleichende Studie realisiert werden. Dies hätte außerhalb des vorliegenden Forschungsinteresses gelegen, ist für Studien mit einem vergleichenden Zuschnitt allerdings hoch interessant und vor dem Hintergrund der Lehrerbildungsreform dringend geboten.

Schließlich konnte vorliegend die Verknüpfung der empirischen Ergebnisse mit Aspekten der Bildungstheorie und Bildungsgeschichte nur in Ansätzen erreicht werden. Die Berücksichtigung zentraler geschichtlicher Aspekte der Lehrerbildung in Deutschland ist notwendig, um Struktur und Entwicklungsstand der heutigen Lehrerbildung verstehen zu können. Der bildungshistorische Diskurs zur Lehrerbildung verhindert zugleich eine unangemessene Einschränkung der komplexen Prozesse entlang empirischer Fragen und schafft einen Rahmen für die Interpretation der Ergebnisse (Blömeke 2004a, S. 86). Weiterhin sollte das Verhältnis institutionalisierter und nicht-institutionalisierter Faktoren bei der Forschung zur Entwicklung von Professionalität in der Lehrerbildung mehr Beachtung erfahren. Die Studie hat hier einige theoretische und empirische Impulse geliefert, konnte aber bislang keine Gewichtung der Bedeutung beider Seiten für die professionelle Entwicklung Lehramtsstudierender vornehmen. Gleichwohl scheint unbestritten, dass die persönliche Entwicklung neben der institutionalisierten Lehrerbildung von erheblicher Bedeutung für die spätere Berufsausübung ist. In diesem Zusammenhang wäre ein Kohortendesign reizvoll, das die Untersuchungsanlage durch weitere Kohorten ergänzt und so ermöglicht, jahrgangsspezifische Einflüsse zu erfassen. In ihnen könnten sich etwa die Besonderheiten reformierter Lehrerbildungsstrukturen als institutionelle Merkmale einerseits (z. B. Neuorganisation der Lehrerbildung in konsekutiven Studienstrukturen) und nicht-institutionelle Bedingungen (z. B. Arbeitsmarktsituation, Bildungspolitik, Zeitgeschichte) andererseits niederschlagen.

Literatur- und Quellenverzeichnis

Abbott, A. (1988): The System of Professions. An Essay on the Division of Expert Labour. Chicago: University of Chicago Press.

Abel, J. (1997): Studieninteresse und Interessenstruktur von Lehramtstudierenden. In: Bayer, M./Carle, U./Wildt, J. (Hg.): Brennpunkt Lehrerbildung. Opladen: Leske + Budrich, S. 273-285.

Abel, J. (2006): Wie sehen Studierende die curriculare Abstimmung in der Grundschullehrerausbildung? In: Seifried/Abel 2006, S. 30-43.

Abel, J./Faust, G. (Hg.) (2010): Wirkt Lehrerbildung? Antworten aus der empirischen Forschung. Münster: Waxmann.

Abele, A. E./Schute, M./Andrä, M. S. (1999): Ingenieurin versus Pädagoge: Berufliche Werthaltungen nach Beendigung des Studiums. In: Zeitschrift für Pädagogische Psychologie 13 (1-2), S. 84-99.

Abs, H.-J. (2006): Zur Bildung diagnostischer Kompetenz in der zweiten Phase der Lehrerbildung. In: Allemann-Ghionda/Terhart 2006, S. 217-234.

Adler, J./Ball, D./Krainer, K./Lin, F.-L. (2005): Reflecions on an emerging field. Researching mathmathics teacher education. In: Educational studies in mathmathics 60 (3), pp. 359-381.

Alexander, K. L./Entwisle, D. R. (1996): Schools and children at risk. In: Booth, A./Dunn, J. F. (Eds.): Family-school links. How do They Affect Educational Outcomes? Majaw: Erlbaum, pp. 67-89.

Alisch, L.-M. (1990): Neuere theoretische Entwicklungen in der Lehrerhandlungstheorie. In: Empirische Pädagogik 4 (1), S. 3-33.

Allemann-Ghionda, C./Terhart, E. (Hg.): Kompetenzen und Kompetenzentwicklung von Lehrerinnen und Lehrern. Ausbildung und Beruf. Zeitschrift für Pädagogik, 51. Beiheft.

Allinder, R. M. (1994): The relationship between efficacy and the instructional practices of special education teachers and consultants. Teacher Education and Special Education 17 (2), pp. 86-95.

Altrichter, H. (1996): Der Lehrerberuf. Qualifikationen, strukturelle Bedingungen und Professionalität. In: Specht, W./Thonhauser, J. (Hg.): Schulqualität. Entwicklungen, Befunde, Perspektiven. Innsbruck: Studien Verlag, S. 96-172.

Altrichter, H./Gather Thurler, M./Heinrich, M. (2005): Arbeitsplatz Schule. Editorial. In: Journal für Schulentwicklung 9 (4), S. 4-9.

Ames, C. (1984): Competitive, cooperative, and individualistic goal structures. A cognitive-motivational analysis. In: Ames, R./Ames, C. (Eds.): Research in motivation in education. Vol. 1. New York: Academic Press, pp. 177-208.

Amrhein, O./Nonnenmacher, F./Scharlau, M. (1998): Schulpraktische Studien aus Sicht der Beteiligten. Blockpraktika und semesterbegleitende Praktika im Vergleich. Karben: F. M. Druck.

Anderson, R./Greene, M./Loewen. P. (1988): Relationships among teachers' and students' thinking skills, sense of efficacy, and student achievement. In: Alberta Journal of Educational Research 34 (2), pp. 148-165.

Apenburg, E. (1980): Untersuchungen zur Studienzufriedenheit in der heutigen Massenuniversität. Frankfurt am Main: Lang.

Argyris, C./Schön, D. (1978): Organizational learning: A theory of action perspective. Reading: Addison Wesley.

Arnold, E. (2006): Was können Studierende am Ende ihres Studiums? Selbsteinschätzung von Kompetenzen im Rahmen von Absolventenbefragungen. In: Hilligus/Rinkens 2006, S. 275-281.

Arnold, E./Reh, S. (2005): Bachelor- und Master-Studiengänge für die Lehrerbildung. In: Die Hochschule 14 (1), S. 143-156.

Arnon, S./Reichel, N. (2007): Who is the ideal teacher? Am I? Similarity and difference in perception of students of education regarding the qualities of a good teacher and of their own qualities as teachers. In: Teachers and Teaching. Theory and Practice 13 (5), S. 441-464.

Asendorpf, J. B. (2005[3]): Psychologie der Persönlichkeit. Heidelberg: Springer.

Ashton, P. T./Webb, R. (1986): Making a difference: Teacher's sense of efficacy and student achievement. New York: Longman.

Austermann, S./Freitag, J./Vogel, P./Wigger, L. (2004): Kerncurriculum Erziehungswissenschaft. Konzepte und Erfahrungen. In: Erziehungswissenschaft 15 (28), S. 37-48.

Backes-Haase, A./Frommer, H. (Hg.) (2004): Theorie-Praxis-Verzahnung in der beruflichen und gymnasialen Lehrerbildung. Das neu eingeführte Praxissemester. Baltmannsweiler: Schneider.

Baer, M./Dörr, G./Fraefel, U./Kocher, M./Küster, O./Larcher, S./Müller, P./Sempert, W./Wyss, C. (2007): Werden angehende Lehrpersonen durch das Studium kompetenter? In: Unterrichtswissenschaft 35 (1), S. 15-47.

Baer, M./Fraefel, U. (2003): Forschungsgesuch »Standarderreichung beim Erwerb von Unterrichtskompetenz im Lehrerstudium. Analyse der Wirksamkeit der berufsfeldorientierten Ausbildung» zuhanden der Internationalen Bodensee Hochschulen (IBH). Zürich: Pädagogische Hochschule.

Baer, M./Dörr, G./Fraefel, U./Kocher, M./Küster, O./Larcher, S./Müller, P./Sempert, W./Wyss, C. (2006): Standarderreichung in der Lehrerinnen- und Lehrerbildung. In: Seifried/Abel 2006, S. 141-160.

Ball, D. L./Bass, H. (2003): Making mathematics reasonable in school. In: Kilpatrick, J./Martin, W. G./Schifter, D. (Eds.): A Research Companion to Principles and Standards for School Mathematics. Reston: National Council of Teachers of Mathematics, pp. 27-44.

Ball, D. L./Lunbienski, S. T./Mewborn, D. S. (2001): Research on Teaching Mathematics. In: Richardson 2001, pp. 433-456.

Ballou, D./Podgursky, M. (2000): Reforming Teacher Preparation and Licensing. In: Teachers College Record 102 (1), pp. 5-27.

Balzer, L./Bodensohn, R./Frey, A. (2004): Diagnose und Rückmeldung von Handlungskompetenzen von Studierenden im Blockpraktikum. Das Projekt VERBAL. In: Journal für LehrerInnenbildung 4 (1), S. 30-36.

Bandura, A. (1977): Social Learning Theory. New York: General Learning Press.

Bandura, A. (1993): Perceived self-efficacy in cognitive development and functioning. Educational Psychologist 28 (2), pp. 117-148.

Bandura, A. (1997): Self-efficacy. The exercise of control. New York: Freeman.

Bargel, T./Ramm, M./Multrus, F. (2001): Studiensituation und studentische Orientierungen. 7. Studierendensurvey an Universitäten und Fachhochschulen. Bonn: BMBF.

Bargel, T./Ramm, M./Multrus, F. (2008): Studiensituation und studentische Orientierungen. 10. Studierendensurvey an Universitäten und Fachhochschulen. Bonn: BMBF.

Barlösius, E. (2004): Kämpfe um soziale Ungleichheit. Machttheoretische Perspektiven. Wiesbaden: VS.

Barth, A.-R. (1997[2]): Burnout bei Lehrern. Theoretische Aspekte und Ergebnisse einer Untersuchung. Göttingen: Hogrefe.

Barthold, R./Küster, R./Müller, K. (2006): KOPRA – Kompetenzentwicklung im Praxisjahr. In: Hilligus/Rinkens 2006, S. 383-390.

Bartussek, D. (1996): Faktorenanalytische Gesamtsysteme der Persönlichkeit. In: Amelang, M. (Hg.): Enzyklopädie der Psychologie. Bd. 3. Göttingen: Hogrefe, S. 51-105.

Basler, H.-D./Bolm, G./Dichescheid, T./Herda, C. (1995): Marburger Fragebogen zur Akzeptanz der Lehre. In: Diagnostica 41 (1), S. 62-79.

Bastian, J./Helsper, W./Reh, S./Schelle, C. (Hg.) (2000): Professionalisierung im Lehrerberuf. Von der Kritik der Lehrerrolle zur pädagogischen Professionalität. Opladen: Leske + Budrich.

Bauer, B. (1977): Praxisbezug und Berufsvorbereitung im erziehungswissenschaftlichen Grundstudium. Rückmeldungen von Studierenden einer Pädagogischen Hochschule. Dortmund: Pädagogische Hochschule.

Bauer, G. (1973): Schul- und berufsbezogene Einstellungen und Einstellungsänderungen bei Studierenden der Pädagogik und Lehramtsanwärtern. Dortmund: Pädagogische Hochschule.

Bauer, J. (2004a): Die Freiburger Schulstudie. In: Schulverwaltung Baden-Württemberg 13 (12), S. 259-264.

Bauer, J. (2004b): Lehrkräfte können sich vor Streß und Burnout schützen. In: Der Berufliche Bildungsweg (5), S. 7-10.

Bauer, J. (2007): Lob der Schule. Sieben Perspektiven für Schüler, Lehrer und Eltern. Hamburg: Hoffmann und Campe.

Bauer, J. (2009): PaLea – Panel zum Lehramtsstudium. IPN Blätter 26 (1), S. 6.

Bauer, K.-O. (2000): Konzepte pädagogischer Professionalität und ihre Bedeutung für die Lehrerarbeit. In: Bastian u. a. 2000, S. 55-72.

Bauer, K.-O./Kopka, A./Brindt, S. (1996): Pädagogische Professionalität und Lehrerarbeit. Weinheim: Juventa.

Baumert, J./Cortina, K. S./Leschinsky, A. (2005): Grundlegende Entwicklungen und Strukturprobleme im allgemein bildenden Schulwesen. In: Cortina u. a. 2005, S. 52-147.

Baumert, J./Klieme, E./Neubrand, M./Prenzel, M./Schiefele, U./Schneider, W./Stanat, P./Tillmann, K.-J./Weiß, M. (Hg.) (2001): PISA 2000. Basiskompetenzen von Schülerinnen und Schülern im internationalen Vergleich. Opladen: Leske + Budrich.

Baumert, J./Köller, O. (1998): Nationale und internationale Schulleistungsstudien. Was können sie leisten, wo sind ihre Grenzen? Pädagogik 50 (6), S. 12-18.

Baumert, J./Kunter, M. (2006): Stichwort: Professionelle Kompetenz von Lehrkräften. In: Zeitschrift für Erziehungswissenschaft 9 (4), S. 469-520.

Baumert, J./Kunter, M./Brunner, M./Krauss, S./Blum, W./Neubrand, M. (2004): Mathematikunterricht aus Sicht der PISA-Schülerinnen und -Schüler und ihrer Lehrkräfte. In: Prenzel u. a. 2004, S. 314-354.

Baumert, J./Schümer, G. (2001): Familiäre Lebensverhältnisse, Bildungsbeteiligung und Kompetenzerwerb. In: Baumert u. a. 2001. S. 323-407.

Baumert, J./Watermann, R./Schümer, G. (2003): Disparitäten der Bildungsbeteiligung und des Kompetenzerwerbs. Ein institutionelles und individuelles Mediationsmodell. In: Zeitschrift für Erziehungswissenschaft 6 (1), S. 46-71.

Baumgart, F./Terhart, E. (2001): Gestufte Lehrerbildung in NRW? Die Empfehlungen des Expertenrats NRW zur Lehrerbildung 93 (3), S. 332-342.

Bayer, M. (1980): Das pädagogische Begleitstudium für Lehramtsstudenten. In: Zeitschrift für Pädagogik 26 (4), S. 511-533.

Bayer, M./Carle, U./Wildt, J. (Hg.) (1997): Brennpunkt: Lehrerbildung. Strukturwandel und Innovationen im europäischen Kontext. Opladen: Leske + Budrich.

Beck, K. (1999): Berufswahl. In: Kaiser, F. J./Pätzold, G. (Hg.): Wörterbuch Berufs- und Wirtschaftspädagogik. Bad Heilbrunn: Klinkhardt, S. 137-138.

Becker, P. (1986): Arbeit und seelische Gesundheit. In: Becker, P./Minsel, B. (Hg.): Psychologie der seelischen Gesundheit, Bd. 2. Göttingen: Hogrefe, S. 1-90.

Becker, P. (1995): Seelische Gesundheit und Verhaltenskontrolle. Göttingen: Hogrefe.

Beelick, D. B. (1973): Sources of Student Satisfaction and Dissatisfaction. In: The Journal of Educational Research 67 (1), pp. 19-22.

Behr, M. (1999): Berufsmotivation Lehramt. Die Schwäbisch Gmünder Skalen zur Berufsmotivation Lehramt und erste Ergebnisse der Korrelationsstudie Berufsmotivation und Persönlichkeit bei Lehramtsstudierenden. Poster. 7. Tagung Pädagogische Psychologie der DGPs.

Bellenberg, G./Thierack, A. (2003): Ausbildung von Lehrerinnen und Lehrern in Deutschland. Bestandaufnahme und Reformbestrebungen. Opladen: Leske + Budrich.

Berdie, R. F. (1944): The Prediction of College Achievement and Satisfaction. In: Journal of Applied Psychology 28 (3), pp. 239-245.

Bergmann, B./Fritsch, A./Göpfert, P. (2000): Kompetenzentwicklung und Berufsarbeit. Münster: Waxmann.

Bergmann, C. (1992): Schulisch-berufliche Interessen als Determinanten der Studien- bzw. Berufswahl und -bewältigung. Eine Überprüfung des Modells von Holland. In: Krapp/Prenzel 1992, S. 195-220.

Bergmann, C./Eder, F. (1994): Wer interessiert sich für ein Lehramtsstudium. Leistungsmerkmale, Interessen und schulische Erfahrungen von Schülern, die einmal Lehrer werden wollen. In: Mayr 1994, S. 47-63.

Bergmann, C./Eder, F. (2005): Allgemeiner Interessen-Struktur-Test mit Umwelt-Struktur-Test (UST-R). Göttingen: Beltz Test.

Berkemeyer, N. (2008): Schulleitung zwischen Evaluation und Organisation. In: Brüsemeister, T./Eubel, K.-D. (Hg.): Evaluation, Wissen und Nichtwissen. Wiesbaden: VS, S. 35-60.

Berkemeyer, N./Bos, W. (2009): Professionalisierung im Spannungsfeld externer und interner Evaluation. In: Zlatkin-Troitschanskaia u. a. 2009, S. 529-541.

Berliner, D. C. (1987): Der Experte im Lehrerberuf. In: Unterrichtswissenschaft 15 (3), S. 295-305.

Berliner, D. C. (2001): Learning about and learning from expert teachers. In: International Journal of Educational Research 35 (5), pp. 463-482.

Besser, M./Krauss, S. (2009): Zur Professionalität als Expertise. In: Mulder, R./Zlatkin-Troitschanskaja, O./Beck, K./Nickolaus, R./Sembill, D. (Hg.): Professionalität von Lehrenden. Zum Stand der Forschung. Weinheim: Beltz, S. 71-82.

Bessoth, R. (1989): Verbesserung des Unterrichtsklimas. Neuwied: Luchterhand.

Bickhoff, M. (2002²): Psychische und körperliche Belastung bei Lehrkräften. Eichstätt: diritto.

Biddle, B. J./Good, T. L./Goodson, I. F. (1997): International Handbook of teachers and teaching. Two Volumes. Dordrecht: Kluwer.

Biehl, P. (1986): Beruf: Religionslehrer. Schwerpunkte der gegenwärtigen Diskussion. In: Jahrbuch für Religionspädagogik 2, S. 161-194.

Biehl, P. (1987): Der biographische Ansatz in der Religionspädagogik. In: Grözinger, A./Luther, H. (Hg.): Religion und Biographie. Perspektiven zur gelebten Religion. München: Kaiser, S. 272-296.

Biesinger, A./Münch, J./Schweitzer, F. (2008): Glaubwürdig unterrichten. Biographie – Glaube – Unterricht. Freiburg: Herder.

Bildungsrat 1970 = Deutscher Bildungsrat (Hg.) (1970): Strukturplan für das Bildungswesen. Stuttgart: Klett.

Bishkov, G./Retter, H./Saar, A./Szymanski, M. (1998): Lehrerbild und Berufsperspektive von Lehramtsstudierenden im internationalen Ost-West-Vergleich. In: Bildung und Erziehung 51 (2), S. 137-148.

Blickle, G. (1996): Personality traits, learning strategies, and performance. European Journal of Personality 10 (5), pp. 337-352.

Blömeke, S. (2002): Universität und Lehrerausbildung. Bad Heilbrunn: Klinkhardt.

Blömeke, S. (2004a): Empirische Befunde zur Wirksamkeit der Lehrerbildung. In: Blömeke u.a. 2004, S. 59-91.

Blömeke, S. (2004b): Erste Phase an Universitäten und Pädagogsichen Hochschulen. In: Blömeke u. a. 2004, S. 262-274.

Blömeke, S. (2005): Das Lehrerbild in den Printmedien. Inhaltsanalyse von »Spiegel«- und »Focus«-Berichten seit 1990. In: Die Deutsche Schule 97 (1), S. 24-39.

Blömeke, S. (2007): Qualitativ – quantitativ, induktiv – deduktiv, Prozess – Produkt, national – international. Zur Notwendigkeit multikriterialer und multiperspektivischer Zugänge in der Lehrerbildungsforschung. In: Lüders/Wissinger 2007, S. 13-36.

Blömeke, S. (2011): Forschung zur Lehrerbildung im internationalen Vergleich. In: Terhart u. a. 2011, S. 345-361.

Blömeke, S. /Herzig, B. (2009): Schule als gestaltete und zu gestaltende Institution – ein systematischer Überblick über aktuelle und historische Schultheorien. In: Blömeke u. a. 2009, S. 15-28.

Blömeke, S. u. a. (2009): TEDS-M. Messung von Lehrerkompetenzen im internationalen Vergleich. In: Zlatkin-Troitschanskaia u. a. 2009, S. 181-209.

Blömeke, S./Bohl, T./Haag, L./Lang-Wojtasik, G./Sacher, W. (Hg.) (2009): Handbuch Schule. Theorie, Organisation, Entwicklung. Bad Heilbrunn: Klinkhardt.

Blömeke, S./Buchholtz, C./Hacke, S. (2010): Demografischer Hintergrund und Berufswahlmotivation angehender Primarstufenlehrkräfte im internationalen Vergleich. In: Blömeke u. a. 2010a, S. 131-194.

Blömeke, S./Felbrich, A./Müller, C. (2008a): Erziehungswissenschaftliches Wissen am Ende der Lehrerbildung. In: Blömeke u. a. 2008, S. 195-217.

Blömeke, S./ Felbrich, A./ Müller, C. (2008b): Messung des erziehungswissenschaftlichen Wissens angehender Lehrkräfte. In: Blömeke u. a. 2008, S. 171-193.

Blömeke, S./Kaiser, G./Lehmann, R. (2008c) (Hg.): Professionelle Kompetenz angehender Lehrerinnen und Lehrer. Wissen, Überzeugungen und Lerngelegenheiten deutscher Mathematikstudierender und -referendare. Münster: Waxmann.

Blömeke, S./Kaiser, G./Lehmann, R. (Hg.) (2010a): TEDS-M 2008. Professionelle Kompetenz und Lerngelegenheiten angehender Primarstufenlehrkräfte im internationalen Vergleich. Münster: Waxmann.

Blömeke, S./Kaiser, G./Lehmann, R. (Hg.) (2010b): TEDS-M 2008. Professionelle Kompetenz und Lerngelegenheiten angehender Mathematiklehrkräfte für die Sekundarstufe I im internationalen Vergleich. Münster: Waxmann.

Blömeke, S./Müller, C./Felbrich, A./Kaiser, G. (2008): Entwicklung des erziehungswissenschaftlichen Wissens und der professionellen Überzeugungen in der Lehrerausbildung. In: Blömeke u. a. 2008, S. 303-326.

Blömeke, S./Reinhold, P./Tulodziecki, G./Wildt, J. (Hg.) (2004): Handbuch Lehrerbildung. Bad Heilbrunn: Klinkhardt.

Blossfeld, H.-P./ Shavit, Y. (1993): Dauerhafte Ungleichheiten. Zur Veränderung des Einflusses der sozialen Herkunft auf die Bildungschancen in dreizehn industrialisierten Ländern. In: Zeitschrift für Pädagogik 30 (1), S. 25-52.

Blum, W. (2006): Einführung. In: Blum, W./Drüke-Noe, C./Hartung, R./Köller, O. (Hg.): Bildungsstandards Mathematik konkret. Berlin: Cornelsen.

Bodensohn, R./Schneider, C. (2006): Weiterentwicklung der Evaluationskultur Schulpraktischer Studien. In: Hilligus/Rinkens 2006, S. 261-274.

Bodensohn, R./Schneider, C. (2008): Was nützen Praktika? Evaluation der Block Praktika im Lehramt. In: Empirische Pädagogik 22 (3), S. 274-304.

Bohl, T. (2009): Theorien und Konzepte der Schulentwicklung. In: Blömeke u. a. 2009, S. 553-559.

Bohl, T./Dörr, G./Müller, K. (2009): Wie entwickeln sich Kompetenzselbsteinschätzungen bei Lehramtsstudierenden während des Praxisjahres? Ergebnisse einer längsschnittlichen Fragebogen- und Interviewstudie. In: Dieck, M./Dörr, G./Kucharz, D./Küster, O./Müller, K./Reinhoffer, B. (Hg): Kompetenzentwicklung von Lehramtsstudierenden während des Praktikums. Baltmannsweller: Schneider, S. 1-21.

Bohl, T./Kiper, H. (Hg.) (2009): Lernen aus Evaluationsergebnissen. Verbesserungen planen und implementieren. Bad Heilbrunn: Klinkhardt.

Bohnsack, F. (2004): Persönlichkeitsbildung von Lehrerinnen und Lehrern. In: Blömeke u.a. 2004, S. 152-164.

Bokelmann, H./Scheuerl, H. (Hg.) (1970): Der Aufbau erziehungswissenschaftlicher Studien und der Lehrerberuf. Heidelberg: Quelle & Meyer.

Bölling, R. (1983): Sozialgeschichte der deutschen Lehrer. Ein Überblick von 1800 bis zur Gegenwart. Göttingen: Vandenhoeck & Ruprecht.

Bonsen, M./Rolff, H.-G. (2006): Professionelle Lerngemeinschaften. In: Zeitschrift für Pädagogik 52 (2), S. 167-185.

Borkenau, P./Ostendorf, F. (1991): Ein Fragebogen zur Erfassung fünf robuster Persönlichkeitsfaktoren. Diagnostica 37 (1), S. 29-41.

Borkenau, P./Ostendorf, F. (1993): NEO-Fünf-Faktoren Inventar (NEO-FFI). Göttingen: Hogrefe.

Borko, H. (2004): Professional development and teacher learning. Mapping the terrain. Educational Researcher 33 (8), pp. 3-15.

Borko, H./Livingston, C. (1989): Cognition and improvisation. Differences in mathematics instruction by expert and novice teachers. American Educational Research Journal 26 (4), pp. 473-498.

Borko, R./Mayfield, V. (1995): The roles of cooperating teacher and university supervisor in learning to teach. In: Teaching and Teacher Education 11 (4), pp. 501-518.

Bortz, J. (2004[6]): Statistik für Human- und Sozialwissenschaftler. Heidelberg: Springer.

Bortz, J./Döring, N. (2006[4]): Forschungsmethoden und Evaluation für Human- und Sozialwissenschaftler. Heidelberg: Springer.

Böttcher, W. (2003): Bildung, Standards, Kerncurricula. Ein Versuch, einige Missverständnisse auszuräumen. In: Die Deutsche Schule 95 (2), S. 152-164.

Böttcher, W./Liesegang, T. (2009): Das Verhältnis von Institutions- und Organisationsentwicklung und deren Bedeutung für die Professionalität von Lehrenden. In: Zlatkin-Troitschanskaia u.a. 2009, S. 517-528.

Bourdieu, P. (1983): Ökonomisches Kapital, kulturelles Kapital, soziales Kapital. In: Kreckel, R. (Hg.): Soziale Ungleichheiten. Soziale Welt. Göttingen: Schwartz, S. 183-198.

Bourdieu, P./Passeron, J.-C. (1964): Die Illusion der Chancengleichheit. Untersuchungen zur Soziologie des Bildungswesens am Beispiel Frankreichs. Stuttgart: Klett.

Bovet, G./Frommer, H. (2009[4]): Praxis Lehrerberatung. Konzepte für Ausbildung und Schulaufsicht. Baltmannsweiler: Schneider.

Brandstätter, H./Mayr, J. (1994): Die »Lehrer-Persönlichkeits-Adjektivskalen« (LPA). Ein Instrument zur Selbsteinschätzung berufsrelevanter Persönlichkeitsmerkmale. In: Mayr 1994, S. 231-247.

Braun-Wimmelmeier, B. (1999): Auswirkungen des Assessment-Centers auf die als Beobachter eingesetzten Führungskräfte. Landau: Empirische Pädagogik.

Brauns, H./Steinmann, S. (1999): Educational reform in France, West-Germany and the United Kingdom: Updating the CASMIN classification. In: ZUMA-Nachrichten 44. S. 7-44.

Brezinka, W. (1978[4]): Metatheorie der Erziehung. München: Reinhardt.

Brockmeyer, R./Edelstein, W. (Hg.) (1997): Selbstwirksame Schulen. Wege pädagogischer Innovation. Oberhausen: Laufen.

Bromme, R. (1992): Der Lehrer als Experte. Zur Psychologie des professionellen Wissens. Bern: Huber.

Bromme, R. (1997): Kompetenzen, Funktionen und unterrichtliches Handeln des Lehrers. In: Weinert, F. E. (Hg.): Psychologie des Unterrichts und der Schule. Göttingen: Hogrefe, S. 177-212.

Bromme, R. (2008): Lehrerexpertise. Teacher's Skill. In: Schneider, W./Hasselhorn, M. (Hg.): Handbuch der Pädagogischen Psychologie. Göttingen: Hogrefe, S. 159-167.

Bromme, R./Haag, L. (2004): Forschung zur Lehrerpersönlichkeit. In: Helsper/Böhme 2004, S. 777-793.

Bromme, R./Rheinberg, F. (2006[5]): Lehrende in Schulen. In: Krapp, A./Weidenmann, B. (Hg.): Pädagogische Psychologie. Weinheim: Beltz, S. 296-334.

Brophy, J. (1983): Conceptualizing student motivation. Educational Psychologist 18 (3), pp. 200-215.

Brophy, J. (2000): Teaching. Brussel: International Academy of Education.

Brophy, J./Good, T. (1986): Teacher behavior and student achievement. In: Wittrock, M. (Ed.): Handbook of research on teaching. New York: Macmillan, pp. 340-370.

Brouwer, N./ten Brinke, S. (1995a): Der Einfluss integrativer Lehrerausbildung auf die Unterrichtskompetenz (I). In: Empirische Pädagogik 9 (1), S. 3-31.

Brouwer, N./ten Brinke, S. (1995b): Der Einfluss integrativer Lehrerausbildung auf die Urteilskompetenz (II). In: Empirische Pädagogik 9 (3), S. 289-330.

Brown, A. L. (1997): Transforming schools into communities ofthinking and learning about serious matters. American Psychologist 52, pp. 399-413.

Brühwiler, C. (1999): Die Wirkung von Motivation in der Lehrerinnen- und Lehrerbildung. Freiburg: Pädagogisches Institut der Universität Freiburg.
Brühwiler, C. (2001): Die Bedeutung von Motivation in der Lehrerinnen- und Lehrerausbildung. In: Oser/Oelkers 2001, S. 343-397.
Brühwiler, C./Spychiger, M. (1997): Subjektive Begründungen für die Wahl des Lehrerberufes. In: Beiträge zur Lehrerbildung 15 (1), S. 49-58.
Brunner, M./Kunter, M./Krauss, S./Klusmann, U./Baumert, J./Blum, W./Neubrand, M./Bubberke, T./Jordan, A./Löwen, K./Tsai, Y.-M. (2006): Die professionelle Kompetenz von Mathematiklehrkräften. In: Prenzel/Allolio-Näcke 2006, S. 54-82.
Bucher R./Stelling J. G. (1977): Becoming Professional. Beverley Hills: Sage.
Bucher, A. (1996): Religionsunterricht. Besser als sein Ruf? Empirische Einblicke in ein umstrittenes Fach. Innsbruck: Tyrolia.
Bucher, A. (2000): Religionsunterricht zwischen Lernfach und Lebenshilfe. Eine empirische Untersuchung zum katholischen Religionsunterricht in der Bundesrepublik Deutschland. Stuttgart: Kohlhammer.
Bucher, A./Miklas, H. (Hg.) (2005): Zwischen Berufung und Frust. Die Befindlichkeit von katholischen und evangelischen ReligionslehrerInnen in Österreich. Wien: Lit.
Bueb, B. (2006): Lob der Disziplin. Eine Streitschrift. Berlin: List.
Burley, W./Halle, B./Villeme, M. G./Brockmeier, L. L. (1991): A path analysis of the mediating role of efficacy in first-year teachers' experiences, reactions, and plans. Paper presented at the annual meeting of the AERA.
Burzan, N. (2007³): Soziale Ungleichheit. Eine Einführung in die zentralen Theorien. Wiesbaden: VS.
BzL 3/2008 = Beiträge zur Lehrerbildung 3/2008. [Themenheft: Bildungsstandards und ihre Bedeutung für Unterricht und Lehrerbildung]

Calderhead, J. (1996): Teachers: beliefs and knowledge. In: Berliner, D. C./Calfee, R. C. (Eds.): Handbook of Educational Psychology. New York: Macmillan, S. 709-725.
Campbell, J./Kyriakides, L./Muijs, D./Robinson, W. (2004): Assessing teacher effectiveness. Developing a differentiated model. London: Routledge Falmer.
Carle, U. (2000): Was bewegt die Schule? Internationale Bilanz, praktische Erfahrungen, neue systemische Möglichkeiten für Schulreform, Lehrerbildung, Schulentwicklung und Qualitätssteigerung. Baltmannsweiler: Schneider.
Carlsburg, G.-B. von/Heitger, M. (Hg.) (2005): Der Lehrer – ein (un)möglicher Beruf. Frankfurt: Lang.
Carpenter, T./Fennema, E. (1992): Cognitively guided instruction. Building on the knowledge of students and teachers. In: International Journal of Educational Research 17 (5), pp. 457-470.
Caselmann, C. (1949): Wesensformen des Lehrers. Versuch einer Typenlehre. Stuttgart: Klett.
Chase, W. G./Simon, H. A. (1973): Perceptions in chess. In: Cognitive Psychology 4 (1), pp. 55-81.
Cochran-Smith, M. (2001): The Outcomes Question in Teacher Education. In: Teaching and Teacher Education 17 (5), pp. 527-546.
Cochran-Smith, M./Feiman-Nemser, S./Melntyre, D. J./Densmore, K. E. (Eds.) (2008): Handbook of Research on Teacher Education. New York: Routledge.
Cochran-Smith, M./Fries, M. K. (2002): Sticks, Stones, and Ideology. The Discourse of Reform in Teacher Education. In: Educational Researcher 30 (6), S. 3-15.
Cochran-Smith, M./Lytle (1999): Relationships of knowledge and practice: Teacher learning in communities. In: Review of Educational Research in Education 24 (2), pp. 249-305.
Cochran-Smith, M./Zeichner, K. M. (Eds.) (2005): Studying teacher education. The report of the AERA Panel on Research and Teacher Education. Executive summary. Mahwah: Erlbaum.
Coladarci, T. (1992): Teachers' sense of efficacy and commitment to teaching. In: Journal of Experimental Education 60 (4), pp. 323-337.
Coleman, J. S. (1982): The asymmetric society. Syracuse: Syracuse University Press.
Coleman, J. S. (1988): Social capital in the creation of human capital. In: American Journal of Sociology, Supplement 94, pp. 95-120.
Coleman, J. S. (1996): Der Verlust sozialen Kapitals und seine Auswirkungen auf die Schule. Zeitschrift für Pädagogik, 34. Beiheft, S. 99-105.
Collmar, N. (2004): Schulpädagogik und Religionspädagogik. Handlungstheoretische Analysen von Schule und Religionsunterricht Göttingen: Vandenhoeck & Ruprecht.
Combe, A. (1996): Untersuchungen zum Typus pädagogischen Handelns. Frankfurt am Main: Suhrkamp.
Combe, A./Buchen, S. (1996): Belastung von Lehrerinnen und Lehrern. Weinheim: Juventa.

Combe, A./Helsper, W. (1996a): Einleitung. Pädagogische Professionalität. Historische Hypotheken und aktuelle Entwicklungstendenzen. In: Combe/Helsper 1996b, S. 9-48.

Combe, A./Helsper, W. (Hg.) (1996b): Pädagogische Professionalität. Untersuchungen zum Typus professionellen Handelns. Frankfurt am Main: Suhrkamp.

Combe, A./Kolbe, F.-U. (2004): Lehrerprofessionalität, Wissen, Können. In: Helsper/Böhme 2004, S. 833-851.

Cortina, K. S./Baumert, J./Leschinsky, A./Mayer, K. U./Trommer, L. (Hg.) (2005): Das Bildungswesen in der Bundesrepublik Deutschland. Strukturen und Entwicklungen im Überblick. Reinbek: Rohwohlt.

Costa, P. T. Jr./McCrae, R. R. (1992): Revised NEO Personality Inventory (NEO PI-R) and NEO Five Factor Inventory. Professional Manual. Odessa: Psychological Assessment Resources.

Cramer, C. (2007): Lehrkräfte erforschen ihren Unterricht. Kompetenz zur Selbstevaluation als Teil der Religionslehrerbildung. In: Zeitschrift für Pädagogik und Theologie 59 (1), S. 47-56.

Cramer, C. (2008): Entwicklung von Verantwortungskompetenz durch elementarisierende Projektarbeit. Didaktische Expertise – Unterrichtsqualität – Kompetenzerwerb. In: Schweitzer 2008, S. 112-127.

Cramer, C. (2010a): Kompetenzerwartungen Lehramtsstudierender. Grenzen und Perspektiven selbsteingeschätzter Kompetenzen in der Lehrerbildungsforschung. In: Gehrmann u. a. 2010, S. 85-97.

Cramer, C. (2010b): Sozioökonomische Stellung Lehramtsstudierender. In: Lehrerbildung auf dem Prüfstand 3 (1), S. 4-22.

Cramer, C./Horn, K.-P./Schweitzer, F. (2009a): Zur Bedeutsamkeit von Ausbildungskomponenten des Lehramtsstudiums im Urteil von Erstsemestern. Erste Ergebnisse der Studie »Entwicklung Lehramtsstudierender im Kontext institutioneller Rahmenbedingungen« (ELKiR). In: Zeitschrift für Pädagogik 55 (5), S. 761-780.

Cramer, C./Horn, K.-P./Schweitzer, F. (Hg.) (2012): Lehrerausbildung in Baden-Württemberg. Historische Entwicklungslinien und aktuelle Herausforderungen. Jena: IKS Garamond.

Cramer, C./Ilg, W./Schweitzer, F. (2009b): Reform von Konfirmandenarbeit – wissenschaftlich begleitet. Eine Studie in der Evangelischen Landeskirche in Württemberg. Gütersloh: Gütersloher.

Creemers, B. P. M. (1994): The Effective Classroom. London: Cassell.

Criblez, L. (2003): Standards- und/oder Kerncurriculum für die Lehrerbildung? In: Beiträge zur Lehrerbildung 21 (3), S. 330-336.

Czerwenka, K. (2007): Expertise zur Lehrerprofessionalität. Lüneburg: Universität.

Dagmar H. (1995): Die Segregierung der Geschlechter. In: Hänsel, D./Huber, L. (Hg.): Lehrerbildung neu denken und gestalten. Weinheim: Beltz, S. 108-140.

Dalbert, C. (1999): Mobilitätsbereitschaften.
    URL http://www.erzwiss.uni-halle.de/gliederung/paed/ppsych/sdmobbg.pdf [Stand: 23.06.2007]

Damrath, C. (2006): Studienzufriedenheit. Modelle und empirische Befunde. In: Schmidt, U. (Hg.): Übergänge im Bildungssystem. Motivation – Entscheidung – Zufriedenheit. Wiesbaden: VS, S. 227-293.

Dann, H.-D. u. a. (1981): Sozialisation junger Lehrer im Beruf. »Praxisschock« drei Jahre später. In: Zeitschrift für Entwicklungspsychologie und Pädagogische Psychologie 13 (3), S. 251-262.

Dann, H.-D./Cloetta, B./Müller-Fohrbrodt, G./Helmreich, G. (1978): Umweltbedingungen innovativer Kompetenz. Stuttgart: Klett.

Dann, H.-D./Lechner, T. (2001): Berufswahlmotive Nürnberger Lehramtsstudierender. Mitteilungen der Erziehungswissenschaftlichen Fakultät. Universität Erlangen-Nürnberg.

Dann, R.-D. (2000): Lehrerkognitionen und Handlungsentscheidungen. In: Schweer, M. K. W. (Hg.): Lehrer-Schüler-Interaktion. Opladen: Leske + Budrich, S. 79-108.

Darling-Hammond, L. (2000): Teacher Quality and Student Achievement. A Review of State Policy Evidence. In: Education Policy Analysis Archives 8 (1). URL: http://epaa.asu.edu/epaa/v8n1/ [Stand: 13.03.2010].

Darling-Hammond, L. (2001): Standard Setting in Teaching. Changes in Licensing, Certification and Assessment. In: Richardson 2001, pp. 751-776.

Darling-Hammond, L./Bransford, J. (Eds.) (2005): Preparing teachers for a changing world. What teachers should learn and be able to do. San Francisco: Jossey-Bass.

Darling-Hammond, L./Holtzman, D. J./Gatlin, S. J./Heilig, J. V. (2005): Does Teacher Education Matter? Evidence about Teacher Certification, Teach for America, and Teacher Effectiveness. In: Education Policy Analysis Archives 13 (42). URL: http://epaa.asu.edu/epaa/v13n42/ [Stand: 13.03.2010].

DBK 1996 = Deutsche Bischofskonferenz (Hg.): Die bildende Kraft des Religionsunterrichts. Zur Konfessionalität des katholischen Religionsunterrichts. Bonn: DBK.

DBK 2005 = Deutsche Bischofskonferenz (Hg.): Der Religionsunterricht vor neuen Herausforderungen. Bonn: DBK.

Deci, E. L./Ryan, R. M. (1985): The general causality orientations scale: Self-determination in personality. Journal of Research in Personality (19), pp. 109-134.

Deci, E. L./Ryan, R. M. (1993): Die Selbstbestimmungstheorie der Motivation und ihre Bedeutung für die Pädagogik. In: Zeitschrift für Pädagogik 39 (2), S. 223-228.

DeGroot, A. D. (1965): Thought and choice in chess. The Hague: De Gruyter.

Dempster, N. (2000): Guilty or Not. The Impact and Effects of Site-Based Management on Schools. In: Journal of Educational Administration 38 (1), pp. 47-63.

Denner, L. (2002): Was nützt schulinterne Gruppenberatung? Ergebnisse einer empirischen Untersuchung. In: Beetz-Rahm, S./Denner, L./Riecke-Baulecke, T. (2002): Jahrbuch für Lehrerforschung und Bildungsarbeit. Bd. 3. Weinheim: Juventa, S. 39-58.

Denzel, S./Fiechter, U./Wolter, S. C. (2005): Die Lehrkraft von morgen. In: Zeitschrift für Erziehungswissenschaft 8 (4), S. 576-594.

Denzler, S./Wolter, S. C. (2009): Laufbahnentscheide im Lehrerberuf aus bildungsökonomischer Sicht. In: Zlatkin-Troitschanskaia u. a. 2009, S. 641-651.

Deutscher Ausschuss 1966 = Deutscher Ausschuss für das Erziehungs- und Bildungswesen (Hg.) (1966): Empfehlungen und Gutachten. Gesamtausgabe. Stuttgart: Klett.

DGfE 1968 = Deutsche Gesellschaft für Erziehungswissenschft (Hg.) (1968): Das Kernstudium der Erziehungswissenschaft für die pädagogische Ausbildungsgänge. Weinheim: Beltz.

DGfE 2006 = Deutsche Gesellschaft für Erziehungswissenschaft – der Vorstand (2006): Strukturmodell für die Lehrerbildung. In: Erziehungswissenschaft 17 (32), S. 25-32.

DGfE 2010 = Deutsche Gesellschaft für Erziehungswissenschaft (2010): Kerncurriculum Erziehungswissenschaft. Empfehlungen der Deutschen Gesellschaft für Erzeihungswissenschaft. In: Erziehungswissenschaft 21, Sonderband 2.

Dibbern, M./Krause-Hotopp, D. (2008): Das Allgemeine Schulpraktikum in der Braunschweiger Lehrerausbildung. Ergebnisse einer Studierendenbefragung. In: Rotermund, M./Dörr, G./Bodensohn, R. (Hg.): Bologna verändert die Lehrerbildung. Auswirkungen der Hochschulreform. Leipzig: Univ.-Verlag, S. 111-131.

Dick, R. van (2006²): Streß und Arbeitszufriedenheit im Lehrerberuf. Zwischen Horrorjob und Erfüllung. Marburg: Tectum.

Dick, R. van/Stegmann, S. (2007): Belastung, Beanspruchung und Stress im Lehrerberuf – Theorien und Modelle. In: Rothland 2007, S. 34-51.

Die Zeit 40/2008.

Dieck, M./Dörr, G./Kucharz, D./Küster, O./Müller, K./Reinhoffer, B./Rosenberger, T./Schnebel, S./Bohl, T. (2009): Kompetenzentwicklung von Lehramtsstudierenden während des Praktikums. Erkenntnisse aus dem Modellversuch Praxisjahr Biberach. Baltmannsweiler: Schneider.

Dieck, M./Kucharz, D./Küster, O./Müller, K./Rosenberger, T./Schnebel, S. (2010): Kompetenzentwicklung von Lehramtsstudierenden in verlängerten Praxisphasen. Ergebnisse der wissenschaftlichen Begleitung des Modellversuchs »Praxisjahr Biberach« durch die Pädagogische Hochschule Weingarten. In: Gehrmann/Hericks/Lüders 2010, S. 99-110.

Diehl, H. D./Kohr, U. H. (1977): Entwicklung eines Fragebogens zur Beurteilung von Hochschulveransatltungen im Fach Psycholgie. In: Psychologie in Erziehung und Unterricht 24 (2), S. 61-75.

Dieterich, R. (1983): Lehrereigenschaften und ihre erzieherische Bedeutung. In: Dieterich, R./Elbing, E./Ritscher, H./Peagitsch, I. (Hg.): Psychologie der Lehrerpersönlichkeit. München: Reinhardt.

Dieterich, V.-J. (2004): Religionslehrplanentwicklung in Deutschland (1870-2000). Tübingen: Universität Tübingen.

Dietrich, T./Klink, J. G. (1970): Funktion und Organisation der »Schulpraktischen Studien« in der Ausbildung der Grund-, Haupt- und Realschullehrer. In: Zeitschrift für Pädagogik, Sonderdruck.

Ditton, H. (1993): Bildung und Ungleichheit im Gefüge von Unterricht, schulischem Kontext und Schulsystem. In: Die Deutsche Schule 85 (3), S. 348-363.

Ditton, H. (2002): Unterrichtsqualität – Konzeption, methodische Überlegungen und Perspektiven. In: Unterrichtswissenschaft 30 (3), S. 197-212.

Döbert, H. (1997): Lehrerberuf und Lehrerbildung. In: Zeitschrift für Pädagogik, 37. Beiheft, S. 307-356.

Döbrich, P./Klemm, K./Knauss, G./Lange, H. (2003): Ausbildung, Einstellung und Förderung von Lehrerinnen und Lehrern. URL: http://www.oecd.org/dataoecd/55/61/31076280.pdf [Stand: 15.03.2011]

Doedens, F./Fischer, D. (2004): Kompetenzen von Religionslehrer/-innen. Anregungen für eine berufsfeldbezogene Fortbildung. In: Rothgangel, M./Fischer, D. (Hg.): Standards für die religiöse Bildung? Münster: Lit, S. 149-155.

Dörpinghaus, A./Poenitsch, A./Wigger, L. (2006): Einführung in die Theorie der Bildung. Darmstadt: WBG.

Dörr, G./Küster, O. (2006): Erforschung berufsfeldbezogener Kompetenzen. Entwicklung eines Forschungsdesigns. In: Hilligus/Rinkens 2006, S. 223-229.

Dorsch, F. u. a. (1987[11]) (Hg.): Psychologisches Wörterbuch. Bern: Huber.

Dorsemagen, C./Lacroix, P./Krause, A. (2007): Arbeitszeit an Schulen: Welches Modell passt in unsere Zeit? Kriterien zur Gestaltung schulischer Arbeitsbedingungen. In: Rothland 2007a, S. 227-247.

Doyle, W. (1995): Untersuchungen zum umgesetzten Curriculum. In: Zeitschrift für Pädagogik, 33. Beiheft, S. 143-161.

Drechsel, B. (2001): Subjektive Lernbegriffe und Interesse am Thema Lernen bei angehenden Lehrpersonen. Münster: Waxmann.

Dressler, B./Feige, A./Schöll, A. (Hg.) (2004): Religion – Leben, Lernen, Lehren. Münster: Lit.

Dreyfus, H. L./Dreyfus, S. E. (1987): Künstliche Intelligenz. Von den Grenzen der Denkmaschine und dem Wert der Intuition. Reinbek: Rowohlt.

Dubs, R. (2009): Leitungsstrukturen in Bildungsorganisationen. Leadership und die Folgen für die Professionalität von Lehrenden. In: Zlatkin-Troitschanskaia u. a. 2009, S. 503-515.

Duell, A. K./Schommer-Aikins, M. (2001): Measures of People's Beliefs About Knowledge and Learning. In: Educational Psychology Review 13 (4), pp. 419-449.

Dunkin, M. J. (1987): The international encyclopedia of teaching and teacher education. New York: Pergamon.

Eberle, T./Pollak, G. (2006): Studien- und Berufswahlmotivation von Passauer Lehramtsstudierenden. URL: http://www.uni-passau.de/fileadmin/dokumente/einrichtungen/zlf/paradigma/2006_10.pdf [Stand: 15.03.2011]

Eckerle, G.-H./Party, J.-L. (Hg.) (1987): Theorie und Praxis des Theorie-Praxis-Bezugs in der empirischen Pädagogik. Baden-Baden: Nomos.

Edelstein, W. (2002): Selbstwirksamkeit, Innovation und Schulreform. Zur Diagnose der Situation. In: Zeitschrift für Pädagogik 44, S. 13-27.

Eder, F. (1992): Schulklima und Entwicklung allgemeiner Interessen in der Schule. In: Krapp, A./Prenzel, M. (Hg.): Interesse, Lernen, Leistung. Münster: Aschendorff, S. 165-194.

Eder, F. (1996): Schul- und Klassenklima. Ausprägung, Determinanten und Wirkungen des Klimas an weiterführenden Schulen. Innsbruck: Studienverlag.

Eder, F. (1998): Linzer Fragebogen zum Schul- und Klassenklima für die 8.-13. Klasse (LSFK 8-13). Handanweisung. Göttingen: Hogrefe.

EKD 1997 = Kirchenamt der Evangelischen Kirche in Deutschland (EKD) (Hg.) (1997): Im Dialog über Glauben und Leben. Zur Reform des Lehramtsstudiums Evangelische Theologie/Religionspädagogik. Empfehlungen der gemischten Kommission. Gütersloh: EKD.

EKD 2008 = Kirchenamt der Evangelischen Kirche in Deutschland (EKD) (Hg.) (2008): Theologisch-Religionspädagogische Kompetenz. Professionelle Kompetenzen und Standards für die Religionslehrerausbildung. Empfehlungen der Gemischten Kommission zur Reform des Theologiestudiums. Hannover: EKD.

Ellger-Rüttgard, S./Wachtel, G. (Hg.) (2010): Pädagogische Professionalität und Behinderung. Herausforderungen aus historischer, nationaler und internationaler Perspektive. Stuttgart: Kohlhammer.

Elliot, A. J./Church, M. A. (1997): A hierarchical model of approach and avoidance achievement motivation. Journal of Personality and Social Psychology 72 (1), pp. 218-232.

Elsenbast, V./Fischer, D./Schreiber, P. (2004): Zur Entwicklung von Bildungsstandards. Positionen, Anmerkungen, Fragen, Perspektiven für kirchliches Bildungshandeln. Münster 2004. In: Schulfach Religion 23 (1-2), S. 193-210.

Engel, U./Reinecke, J. (1994): Panelanalyse. Berlin: de Gruyter.

Englert, R. (Hg.) (2003): Was ist gelingender Religionsunterricht? Die Sicht von Anwärter/innen für das Lehramt an Grundschulen. In: Fischer u. a. 2003, S. 226-242.

Englert, R./Güth, R. (Hg.) (1999): Kinder zum Nachdenken bringen. Eine empirische Untersuchung zu Situation und Profil katholischen Religionsunterrichts an Grundschulen. Die Essener Umfrage. Stuttgart: Kohlhammer.

Englisch, U./Hein, A./Niegemann, H. (2007): Evaluation der Lehrerausbildung im konsekutiven Studienmodell der Universität Erfurt. Erste Zwischenergebnisse. In: Lemmermöhle, D./Rothgangel, M./Bögeholz, S./Rasselhorn, M./Watermann, R. (Hg.): Professionell lehren, erfolgreich lernen. Münster: Waxmann, S. 97-107.

Erikson, R./Goldthorpe, J. H./Portocarero, L. (1979): Integrational class mobility in industrial societies. England, France and Sweden. In: British Journal of Sociology 30 (4), pp. 341-415.

Erpenbeck, J./Heyse, V. (1999): Die Kompetenzbiographie. Strategien der Kompetenzentwicklung durch selbstorganisiertes Lernen und multimediale Kommunikation. Münster: Waxmann.

Erpenbeck, J./Rosenstiel, L. von (Hg.) (2003): Handbuch Kompetenzmessung. Erkennen, verstehen und bewerten von Kompetenzen in der betrieblichen, pädagogischen und psychologischen Praxis. Stuttgart: Schäffer-Poeschel.

Erziehungswissenschaft 2010 = Erziehungswissenschaft. Mitteilung der Deutschen Gesellschaft für Erziehungswissenschaft (DGfE) 21 (40). [Thementeil: Beiträge der Tagung Lehrerbildung in den neuen Studienstrukturen] Etzioni, A. (Hg.) (1969): The Semi-Professions and their Organizations. New York: The Free Press.

Etzold, S. (2000): Die Leiden der Lehrer. In: Die Zeit 48, S. 41.

EU (2010) = European Union (Hg.) (2010): Teachers' Professional Development. Europe in international comparison. An analysis of teachers' professional development based on the OECD's Teaching and Learning International Survey (TALIS). Louxembourg: EU.

Eugster, W. (1984): Eignung und Motivation für den Lehrerberuf. Eine empirische Untersuchung über Persönlichkeitsmerkmale von Lehramtskandidaten. Wattwil: Buchdruckerei Wattwil AG.

Euler, D. (1996): Denn sie tun nicht, was sie wissen. Über die (fehlende) Anwendung wissenschaftlicher Theorien in der wirtschaftspädagogischen Praxis. In: Zeitschrift für Berufs- und Wirtschaftspädagogik 92 (4), S. 350-365.

EvErz 3/1988 = Der evangelische Erzieher 3/1988.

Fabel, M./Tiefel, S. (Hg.): Biographische Risiken und neue professionelle Herausforderungen. Wiesbaden 2004.

Fan, X. T./Chen, M. (2001): Parental involvement and students' academic achievement. A meta-analysis. Educational Psychology Review 13 (1), pp. 1-22.

Faust, G./Mahrhofer, C./Steinhorst, H./Foerster, F. (2003): Auswahlgespräche zur Vergabe von Studienplätzen im Lehrerstudium. Erfahrungen im Fach Grundschulpädagogik in Bamberg. In: Die Deutsche Schule 95 (3), S. 329-338.

Feige, A. (1982[2]): Erfahrungen mit Kirche. Daten und Analysen einer empirischen Untersuchung über Beziehungen und Einstellungen junger Erwachsener zur Kirche. Hannover: Lutherisches Verlagshaus.

Feige, A. (1988): Christliche Tradition auf der Schulbank. In: Feige, A./Nipkow, K.-E. (Hg.): Religionslehrer sein heute. Münster: Comenius-Institut, S. 5-62.

Feige, A. (2007): Religionsunterricht von morgen? Studienmotivationen und Vorstellungen über die zukünftige Berufspraxis bei Studierenden der ev. und kath. Theologie und Religionspädagogik. Ostfildern: Schwabenverlag.

Feige, A./Dressler, B./Tzscheetzsch, W. (Hg.) (2006): Religionslehrerin oder Religionslehrer werden. Zwölf Analysen berufsbiographischer Selbstwahrnehmungen. Ostfildern: Schwabenverlag.

Feige, A./Schöll, A./Dressler, B./Lukatis, W. (2000): »Religion« bei ReligionslehrerInnen. Religionspädagogische Zielvorstellungen und religiöses Selbstverständnis in empirisch-soziologischen Zugängen. Münster: Lit.

Feige, A./Tzscheetzsch, W. (2005): Christlicher Religionsunterricht im religionsneutralen Staat? Ostfildern: Schwabenverlag.

Feiman-Nemser, S. (1998): Teachers as teacher educators. In: European Journal of Teacher Education 21 (1), pp. 63-74.

Fend, H. (1981[2]): Theorie der Schule. München: Urban & Schwarzenberg.

Fend, H. (2002): Mikro- und Makrofaktoren eines Angebots-Nutzungs-Modells von Schulleistungen. Zum Stellenwert der Pädagogischen Psychologie bei der Erklärung von Schulleistungsunterschieden verschiedener Länder. In: Zeitschrift für Pädagogische Psychologie 16 (3-4), S. 141-149.

Fend, H. (2006): Neue Theorie der Schule. Wiesbaden: VS.

Fisch, R. (1973): Subjektive Zufriedenheit und Studienmotivation bei Studienanfängern im Fach Psychologie. In: Reinert, G. (1973): Bericht über den 27. Kongress der Deutschen Gesellschaft für Psychologie in Kiel 1970. Göttingen: Hogrefe, S. 380-388.

Fischer, D. (2008): Wie werde ich ein guter Religionslehrer/eine gute Religionslehrerin? Zur Entwicklung von religionspädagogischen Kompetenzen. In: Zeitschrift für Pädagogik und Theologie 58 (2), S. 107-115.

Fischer, D./Jacobi, J./Koch-Priewe, B. (1996): Schulentwicklung geht von Frauen aus. Weinheim: Deutscher Studien Verlag.

Fitzgerald, J. T./Gruppen, L. D./White, C. (2003): A longitudinal study of self-assessment accuracy. In: Medical Education 37 (7), pp. 645-649.

Flach, H./Lück, J./Preuss, R. (1995): Lehrerausbildung im Urteil ihrer Studenten. Zur Reformbedürftigkeit der deutschen Lehrerbildung. Frankfurt am Main: Lang.

Flagmeyer, D./Hoppe-Graff, S. (2006): Zu wenig Praxis, zu viel Theorie (Wissenschaft)? Ausgewählte Ergebnisse einer Befragung von Lehramtsstudierenden vor und nach den Schulpraktischen Studien. In: Rotermund, M. (Hg.): Schulpraktische Studien. Evaluationsergebnisse und neue Wege der Lehrerbildung. Leipzig: Universitäts-Verlag, S. 65-86.

Flaig, B. B./Meyer, T./Ueltzhöffer, J. (1997): Alltagsästhetik und politische Kultur. Bonn: Dietz.

Flick, U. (1995): Qualitative Forschung. Theorie, Methoden, Anwendung in Psychologie und Sozialwissenschaft. Reinbek: Rowohlt.

Floden, R. E. (2001): Research on Effects of Teaching. A Continuing Model for Research on Teaching. In: Richardson 2001, pp. 3-16.

Floden, R. E./ Clark, S. M. (1991): Lehrerausbildung als Vorbereitung auf Unsicherheit. In: Terhart 1991, S. 191-210.

Floden, R./ Meniketti, M. (2005): Research on the effects of coursework in the arts and sciences and in the foundations of education. In: Cochran-Smith/ Zeichner 2005, pp. 261-308.

Foerster, F. (2006): Persönlichkeitsmerkmale von Studienanfängerinnen des Lehramts an Grundschulen. Ein Vergleich verschiedener Wege des Studienzugangs. In: Seifried/ Abel 2006, S. 46-61.

Foerster, F./ Faust, G. (2006): Eingangsvoraussetzungen von Grundschullehramtsstudierenden in Bamberg. In: Beiträge zur Lehrerbildung 24 (1), S. 43-54.

Foerster, F./ Faust, G. (2007): Auswahlgespräche im Grundschullehramtsstudium an der Otto-Friedrich-Universität Bamberg. In: Journal für LehrerInnenbildung 7 (2), S. 64-66.

Fowler, J. W. (1991): Stufen des Glaubens. Gütersloh: Güttersloher.

Fraefel, U./ Baer, M. (2006): Standards erforschen. In: Journal für LehrerInnenbildung 6 (1), S. 52-59.

Franklin, K. K. (1996): Exploring the Congruency between Student Satisfaction and Institutional Effectiveness in Higher Education. In: Dissertation Abstracts International 57 (3-A), p. 1043.

Frech, H.-W. (1976): Berufsvorbereitung und Fachsozialisation von Gymnasiallehrern. Stuttgart: Klett.

Freudenberger, H. J. (1974): Staff burn-out. Journal of Social Issues 30 (1), pp. 159-165.

Frey, A. (2004): Die Kompetenzstruktur von Studierenden des Lehrerberufs. Eine internationale Studie. In: Zeitschrift für Pädagogik 50 (6), S. 903-925.

Frey, A. (2006): Methoden und Instrumente zur Diagnose beruflicher Kompetenzen von Lehrkräften. Eine erste Standortbestimmung zu bereits publizierten Instrumenten. In: Allemann-Ghionda/ Terhart 2006, S. 30-46.

Frey, A. (2008): Kompetenzstrukturen von Studierenden in der ersten und zweiten Phase der Lehrerbildung. Eine nationale und internationale Standortbestimmung. Landau: Empirische Pädagogik.

Frey, A. / Jung, C. (2011): Kompetenzmodelle und Standards in Lehrerbildung und Lehrerberuf. In: Terhart u. a. 2011, S. 540-572.

Frey, A./ Jäger, R. S./ Renold, U. (Hg.) (2005[2]): Kompetenzdiagnostik. Theorien und Methoden zur Erfassung und Bewertung von beruflichen Kompetenzen. Landau: Empirische Pädagogik.

Frey, K. (Hg.) (1975): Curriculum-Handbuch. 3 Bde. München: Piper.

Fried, L. (1998): Zwischen Wissenschaftsorientierung und Orientierung an der Berufspraxis. Bilanz der Lehrerbildungsforschung. In: Empirische Pädagogik 12 (1), S. 49-90.

Fried, L. (2002): Pädagogisches Professionswissen und Schulentwicklung. Eine systemtheoretische Einführung in Grundkategorien der Schultheorie. Weinheim: Juventa.

Friedman, I. A. (2006): Classroom management and teacher stress and burnout. In: Evertson, C. M./ Weinstein, C. S. (Eds.): Handbook of classroom management. Research, practice, and contemporary issues. Mahwah: Erlbaum, pp. 925-944.

Friedrich, H./ Mandl, H. (Hg.): Lern- und Denkstrategien. Analyse und Intervention. Göttingen: Hogrefe.

Fröhlich, L. (1979): Noch achtunddreißig mal Sommerferien. Studienmotive und Berufsvorstellungen von Lehrerstudenten. Bensheim; Päd.-extra Buchverlag.

Fuchs, K. (2001): Magister-Pädagog/ -innen im Beruf. In: Der pädagogische Blick 9 (1), S. 18-31.

Fuchs, M./ Zutavern, M. (2003): Standards als Möglichkeit zur Professionalisierung. In: Beiträge zur Lehrerbildung 21 (3), S. 370-383.

Führ, C. (1985): Gelehrter Schulmann – Oberlehrer – Studienrat. Zum sozialen Aufstieg der Philologen. In: Conze, W./ Kocka, J. (Hg.): Bildungsbürgertum im 19. Jahrhundert. Teil 1. Stuttgart: Klett-Cotta, S. 417-457.

Fuller, F. F./ Brown, O. H. (1975): Becoming a Teacher. In: Ryan, K. (Ed.): Teacher Education. The Seventy-fourth Yearbook of the national Society fort he Study of Education. Chicago: University of Chicago Press, pp. 25-52.

Fürst, W./ Neubauer, W. (2001): Theologiestudierende im Berufswahlprozess. Münster: Lit.

Gage, N. L. /Berliner, D. C. (1996[5]): Pädagogische Psychologie. Weinheim: Beltz.

Galluzzo, G. R./ Craig, J. R. (1990): Evaluation of preservice teacher education programs. In: Houston, R. W. (Ed.): Handbook of research on teacher education. New York: Elsevier, pp. 599-616.

Gamsjäger, E./ Sauer, J. (1996): Burnout bei Lehrern. Eine empirische Untersuchung bei Hauptschullehrern in Österreich. In: Psychologie in Erziehung und Unterricht 43 (1), S. 40-56.

Ganzeboom, H. B. G./ Graaf, P. M./ Treiman, D./ Leeuw, J. D. (1992): A standard international socio-economic index of occupational status. In: Social Science Research 21 (1), pp. 1-56.

Ganzeboom, H. B./ Luijkx, R./ Treimann, D. J. (1989): Intergenerational class mobility in comparative perspective. In: Research in Social Stratification and Mobility 8, pp. 3-84.

Ganzeboom, H. B./ Treimann, D. J. (1996): Internationally Comparable Measures of Occupational Status for the 1988 International Standard Classification of Occupations In: Social Science Research 25 (3), pp. 201-239.

Gebert, D./ Rosenstiel, L. von (⁵2002): Organisationspsychologie. Stuttgart: Kohlhammer.

Gehrmann, A. (2003): Der professionelle Lehrer. Muster der Begründung – Empirische Rekonstruktion. Opladen: Leske + Budrich.

Gehrmann, A. (2007a): Kompetenzentwicklung im Lehramtsstudium. Eine Untersuchung an der Universität Rostock. In: Lüders/ Wissinger 2007, S. 85-102.

Gehrmann, A. (2007b): Zufriedenheit trotz beruflicher Beanspruchungen? Anmerkungen zu den Befunden der Lehrerbelastungsforschung. In: Rothland 2007a, S. 185-203.

Gehrmann, A./ Hericks, U./ Lüders, M. (Hg.) (2010): Bildungsstandards und Kompetenzmodelle. Beiträge zu einer aktuellen Diskussion über Schule, Lehrerbildung und Unterricht. Bad Heilbrunn: Klinkhardt.

Geis, A. (2009): Handbuch für die Berufsvercodung. Mannheim: GESIS.

Geißler, R. (2011⁶): Die Sozialstruktur Deutschlands. Wiesbaden: VS.

Gensicke, D. (2006): Irritation pädagogischer Professionalität. Heidelberg: Auer.

Gerner, B. (1969): Der Lehrer und Erzieher. Bad Heilbrunn: Klinkhardt.

Gerner, B. (1975): Literatur über Lehrer. Darmstadt: Wissenschaftliche Buchgesellschaft.

Gerner, B. (1981): Lehrer sein heute. Erwartungen, Stereotype, Prestige. Darmstadt: Wissenschaftliche Buchgesellschaft.

Gesk, I. (1999): Studienabbruch an Pädagogischen Hochschulen – dargestellt am Studiengang für das Lehramt an Grund- und Hauptschulen. Heidelberg: Pädagogische Hochschule.

Getzels J. W./ Jackson, P. W. (1963): The teacher's personality and characteristics. In: Gage, N. L. (Ed.): Handbook of research on education. Chicago: McNally.

Gibson, S./ Dembo, M. H. (1984): Teacher efficacy. A construct validation. In: Journal of Educational Psychology 76 (4), pp. 569-582.

Giesecke, H. (1987): Pädagogik als Beruf. Weinheim: Juventa.

Giesen, H./ Gold, A. (1993): Leistungsvoraussetzungen und Studienbedingungen bei Studierenden verschiedener Lehrämter. In: Psychologie in Erziehung und Unterricht 40 (2), S. 111-124.

Giesen, H./ Gold, A. (1994): Die Wahl von Lehramtsstudiengängen. Analysen zur Differenzierung von Studierenden der verschiedenen Lehrämter. In: Mayr 1994, S. 64-78.

Giesen, H./ Gold, A./ Hummer, A./ Jansen, R. (1986): Prognose des Studienerfolgs. Ergebnisse aus Längsschnittuntersuchungen. Frankfurt am Main: Universität Frankfurt.

Giesen, H./ Jansen, R. (1983): Universitäten aus Sicht ihrer Studenten. In: Zeitschrift für Entwicklungspsychologie und Pädagogische Psychologie 15 (3), S. 222-233.

Girmes, R. (2006): Lehrerprofessionalität in einer demokratischen Gesellschaft. Über Kompetenzen und Standards in einer erziehungswissenschaftlich fundierten Lehrerbildung. In: Allemann-Ghionda/ Terhart 2006, S. 14-29.

Gläser-Zikuda/ Seifried (2008): Lehrerexpertise. Analyse und Bedeutung unterrichtlichen Handelns. Münster: Waxmann.

Goddard, R. D. (2001): Collective efficacy. A neglected construct in the study of schools and student achievement. In: Journal of Educational Psychology 93 (3), pp. 467-476.

Goddard, R. D./ Hoy, W. K./ Hoy, A. W. (2004): Collective efficacy beliefs. Theoretical developments, empirical evidence, and future directions. In: Educational Researcher 33 (3), pp. 3-13.

Gogolin, I./ Krüger, H.-H./ Lenzen, D. (Hg.) (2005): Standards und Standardisierungen in der Erziehungswissenschaft. Zeitschrift für Erziehungswissenschaft, 3. Beiheft. Wiesbaden: VS.

Gold, A./ Giesen, H. (1993): Leistungsvoraussetzungen und Studienbedingungen bei Studierenden verschiedener Lehrämter. In: Psychologie in Erziehung und Unterricht 40 (2), S. 111-124.

Gold, A./ Souvignier, E. (2005): Prognose der Studierfähigkeit. Ergebnisse aus Längsschnittanalysen. Zeitschrift für Entwicklungspsychologie und Pädagogische Psychologie 37 (4), S. 214-222.

Goldberg, L. R. (1981): Language and individual differences. The search for universals in personality lexicons. In: Wheeler, L. (Ed.): Review of Personality and Social Psychology. Vol. 2. Beverly Hills: Sage, pp. 141-165.

Goodlad, J. I. (1991): Teachers for our Nation's School. San Francisco: Jossey-Bass.

Goodson, I. F./ Hopmann, S./ Riquarts, K. (Hg.) (1999): Das Schulfach als Handlungsrahmen. Köln: Böhlau.

Gottfredson, L. S. (1981): Circumscription and compromise. A developmental theory of occupational aspirations. In: Journal of Counseling Psychology Monograph 28 (6), pp. 545-579.

Gottfredson, L. S. (2005): Applying Gottfredson's Theory of Circumscription and Compromise in Career Guidance a Counseling. In: Brown, S. D./ Lent, R. W. (Eds.): Career development and Counseling. Hoboken: John Wiley & Sons, pp. 71-100.

Graham, J. W./Cumsille, P. E./Elek-Fisk, E. (2003): Methods for handling missing data. In: Schinka, A. A./Velicer, W. F. (Eds.): Research Methods in Psychology. New York: Wiley & Sons, pp. 87-114.

Gräsel, C./Krolak-Schwerdt, S. (2009): Lehrerprofessionalität im Schwerpunktprogramm »Kompetenzmodelle«. In: Zlatkin-Troitschanskaia u. a. 2009, S. 225-234.

Gräsel, C./Reinhartz, P. (1998): Ungeliebte Kinder auf dem Arbeitsmarkt? Ergebnisse einer Verbleibsstudie von AbsolventInnen des Magisterstudiengangs Pädagogik. In: Der pädagogische Blick 6 (4), S. 223-238.

Gregg, W. E. (1972): Several Factors affecting Graduate Student Satisfaction. In: The Journal of Higher Education 43 (6), pp. 483-498.

Grewe, N. (2007): Schul- und Klassenklima aktiv gestalten. In: Fleischer, T./Grewe, N./Jötten, B./Seifried, K./Sieland, B. (Hg.): Handbuch Schulpsychologie. Psychologie für die Schule. Stuttgart: Kohlhammer, S. 229-238.

Groffmann, K. J./Schmidtke, A. (1977): Studienmotivation, -zufriedenheit und -erfolg von Studenten des Zweiten im Vergleich mit Studenten des Ersten Bildungsweges. In: Zeitschrift für experimentelle und angewandte Psychologie 24, S. 61-80.

Grolnick, W. S./Slowiaczek, M. L. (1994): Parent's involvement in children's schooling. Child Development 65 (1), pp. 237-252.

Gröschner A./Schmitt C. (2008): »Fit für das Studium?« – Studien- und Berufswahlmotive, Belastungserfahrungen und Kompetenzerwartungen am Beginn der Lehramtsausbildung. In: Lehrerbildung auf dem Prüfstand 1 (2), S. 605-624.

Gröschner, A./Schmitt, C. (2010a): Wirkt, was wir bewegen? Ansätze zur Untersuchung der Qualität universitärer Praxisphasen im Kontext der Reform der Lehrerbildung. In: Erziehungswissenschaft 21 (40), S. 89-97.

Gröschner, A./Schmitt, C. (2010b): Skalen zur Erfassung von Kompetenzen in der Lehrerausbildung. Ein empirisches Instrument in Anlehnung an die KMK-Standards für die Lehrerbildung: Bildungswissenschaften. Jena: ZLD.

Grouws, D./Cebulla, K. (2000): Improving Student Achievement in Mathematics. Geneva: International Academy of Education.

Gruehn, S. (2000): Unterricht und schulisches Lernen. Münster: Waxmann.

Grunder, H.-U. (1995): »Was nützt uns das für die Praxis«? In: Bildungsforschung und Bildungspraxis 17 (3), S. 310-333.

Grunder, H.-U./Bieri, T. (1995): Zufriedenheit in der Schule? Zufrieden mit der Schule? Bern: Haupt.

Grunder, H.-U./Schweitzer, F. (Hg.) (1999): Texte zur Theorie der Schule. Historische und aktuelle Ansätze zur Planung und Gestaltung von Unterricht. Weinheim: Juventa.

Grunert, C./Krüger, H.-H. (2004) : Entgrenzung pädagogischer Berufsarbeit – Mythos oder Realität? Ergebnisse einer bundesweiten Diplom- und Magister-Pädagogen-Befragung. In: Zeitschrift für Pädagogik 50 (3), S. 309-325.

Guglielmi, R. S./Tatrow, K. (1998): Occupational Stress, Burnout, and Health in Teachers. A Methodological and Theoretical Analysis. In: Review of Educational Research 68 (1), pp. 61-99.

Habel, W./Wildt, J. (Hg.) (2004): Gestufte Studiengänge – Brennpunkte der Lehrerbildungsreform. Bad Heilbrunn: Klinkhardt.

Häcker, T./Lissmann, U. (2007): Möglichkeiten und Spannungsfelder der Portfolioarbeit. Perspektiven für Forschung und Praxis. In: Empirische Pädagogik 21 (2), S. 209-239.

Hackman, J./Oldham, G. (1980): Work Redesign (Organization Development). Upper Saddle River: Prentice Hall.

Häfner, S./Bauer, J. (2005): Burn-out – und was man dagegen tun kann. In: Schulverwaltung. Bayern, 28 (3), S. 84-87.

Hagemann-White, C. (1993): Die Konstrukteure des Geschlechts auf frischer Tat ertappen? In: Feministische Studien 11 (2), S. 68-78.

Hallsten, L. (1993): Burning out. A framework. In: Schaufeli, W. B./Maslach, C./Marek, X. T. (Eds.): Professional Burnout. Washington: Taylor & Francis.

Hameyer, U. (Hg.) (1983): Handbuch der Curriculumforschung. Übersichten zur Forschung 1970-1981. Weinheim: Beltz.

Hammerness, K./Darling-Hammond, L./Shulman, L. S. (2002): Toward expert thinking. How curriculum case writing prompts the development of theory-based professional knowledge in student teachers. In: Teaching Education 13 (2), pp. 221-245.

Hanf, T. (1975): Reproduktionseffekt oder Wandelsrelevanz der Bildung. In: Hanf, T./Hättich, M. (Hg.): Sozialer Wandel. Bd. 2. Frankfurt am Main: Fischer, S. 120-138.

Hanfstingl, B./Mayr, J. (2007): Prognose der Bewährung im Lehrstudium und im Lehrerberuf. In: Journal für LehrerInnenbildung 7 (2), S. 48-56.

Hanssler, B. (Hg.) (1971): Materialien und Dokumente zur Lehrerbildung. Deutscher Bildungsrat. Gutachten und Studien der Bildungskommission. Bd. 17. Stuttgart: Deutscher Bildungsrat.

Harackiewicz, J. M./ Barron, K. E./ Carter, S. M./ Lehto, A. T./ Elliot, A. J. (1997): Predictors and consequences of achievement goals in the college classroom. Journal of Personality and Social Psychology 73 (6), pp. 1284-1295.

Hartig, J. (2009): Messung der Kompetenzen von Lehrpersonen mit Modellen der Item-Response-Theorie. In: Zlatkin-Troitschanskaia u. a. 2009, S. 295-310.

Hartig, J./ Klieme, E. (2007): Kompetenz und Kompetenzmessung. In: Schweizer, K. (Hg.): Leistung und Leistungsdiagnostik. Berlin: Springer, S. 127-143.

Hartmann, M./ Weiser, B. (2007): Unbewusste Inkompetenz? Selbstüberschätzung bei StudienanfängerInnen. In: Kraler, C./ Schratz, M. (Hg.): Ausbildungsqualität und Kompetenz im Lehrerberuf. Wien: Lit, S. 37-55.

Hartz, S. (2004): Biographizität und Professionalität. Wiesbaden: VS.

Hascher, T. (2006): Veränderungen im Praktikum – Veränderungen durch das Praktikum. Eine empirische Untersuchung zur Wirkung von schulpraktischen Studien in der Lehrerbildung. In: Allemann-Ghionda/ Terhart 2006, S. 130-148.

Hascher, T. (2011): Forschung zur Wirksamkeit der Lehrerbildung. In: Terhart u. a. 2011, S. 418-440.

Hascher, T./ Krapp, A. (2009): Emotionale Voraussetzungen der Entwicklung der Professionalität von Lehrenden. In: Zlatkin-Troitschanskaia u. a. 2009, S. 365-375.

Hascher, T./ Thonhauser, J. (2004): Die Entwicklung von Kompetenzen beurteilen. In: Journal für LehrerInnenbildung 4 (1), S. 4-9.

Heckhausen, H. (1989): Motivation und Handeln. Berlin: Springer.

Hedinger, U. K./ Oberli, E./ Slongo, D. (1988): Rekrutierung und Auslese künftiger Lehrkraefte. In: Beiträge zur Lehrerbildung 6 (3), S. 335-346.

Heid, H./ Harteis, C. (Hg.) (2005): Verwertbarkeit: ein Qualitätskriterium (erziehungs-)wissenschaftliches Wissens? Wiesbaden: VS.

Heijden, B. I. J. M. van der (1998): The measurement and development of professional expertise throughout the career. A retrospective study among higher level Dutch professionals. Twente: University Twente.

Heil, S./ Ziebertz, H.-G. (2005): Religionspädagogisch professioneller Habitus. In: Ziebertz u. a. 2005, S. 41-96.

Heil, S./ Ziebertz, H.-G./ Prokopf, A. (2003): Abduktives Schließen im professionellen Religionslehrerhandeln. In: Ziebertz, H.-G./ Heil, S./ Prokopf, A. (Hg.): Abduktive Korrelation. Münster: Lit, S. 187-204.

Heimbrock, H.-G. (Hg.) (1982): Religionslehrer – Person und Beruf. Göttingen: Vandenhoeck & Ruprecht.

Heise, E./ Westermann, R./ Spies, K./ Schiffler, A. (1997): Studieninteresse und berufliche Orientierungen als Determinanten der Studienzufriedenheit. In: Zeitschrift für Pädagogische Psychologie 11 (2), S. 123-132.

Helmke, A. (2004³): Unterrichtsqualität erfassen, bewerten, verbessern. Seelze: Kallmeyer.

Helmke, A./ Jäger, R. S. (2002): Das Projekt MARKUS. Mathematik-Gesamterhebung Rheinland-Pfalz. Kompetenzen, Unterrichtsmerkmale, Schulkontext. Landau: Empirische Pädagogik.

Helmke, A./ Schrader, F.-W. (1996): Kognitive und motivationale Bedingungen des Studierverhaltens. Zur Rolle der Studienzeit. In: Lompscher, J./ Mandl, H. (Hg.): Lernprobleme von Studierenden. Bern: Huber.

Helmke, A./ Weinert, F. E. (1997): Bedingungsfaktoren schulischer Leistungen. In: Weinert, F. E. (Hg.): Enzyklopädie der Psychologie. Bd. 3. Göttingen: Hogrefe, S. 71-176.

Helsper, W. (1996): Antinomien des Lehrerhandelns in modernisierten pädagogischen Kulturen. Paradoxe Verwendungsweisen von Autonomie und Selbstverantwortlichkeit. In: Combe/ Helsper 1996, S. 521-569.

Helsper, W. (2000): Antinomien des Lehrerhandelns und die Bedeutung der Fallrekonstruktion. In: Cloer, E./ Klika, D./ Kunert, H. (Hg.): Welche Lehrer braucht das Land? Weinheim: Juventa, S. 142-177.

Helsper, W. (2002): Lehrerprofessionalität als antinomische Handlungsstruktur. In: Kraul, M./ Marotzki, W./ Schwepp, K. (Hg.): Biographie und Profession. Bad Heilbrunn: Klinkhardt.

Helsper, W. (2004): Antinomien, Widersprüche, Paradoxien: Lehrerarbeit – ein unmögliches Geschäft? Eine strukturtheoretisch-rekonstruktive Perspektive auf das Lehrerhandeln. In: Kolbe, F.-U./ Koch-Priewe, B./ Wildt, J. (Hg.): Grundlagenforschung und mikrodidaktische Reformansätze zur Lehrerbildung. Bad Heilbrunn: Klinkhardt, S. 49-98.

Helsper, W. (2007): Eine Antwort auf Jürgen Baumerts und Mareike Kunters Kritik am strukturtheoretischen Professionsansatz. In: Zeitschrift für Erziehungswissenschaft 10 (4), S. 567-579.

Helsper, W. (2011): Lehrerprofessionalität – der strukturtheoretische Professionsansatz zum Lehrerberuf. In: Terhart u. a. 2011, S. 149-170.

Helsper, W./ Böhme, J. (Hg.) (2004): Handbuch der Schulforschung. Wiesbaden: VS.

Helsper, W./ Kolbe, F.-U. (2002): Bachelor/ Master in der Lehrerbildung. Potential für Innovation oder ihre Verhinderung? In: Zeitschrift für Erziehungswissenschaft 5 (3), S. 384-401.

Hemsley-Brown, J./ Sharp, C. (2003): The Use of Research to Improve Professional Practice. A systematic review of the literature. In: Oxford Review of Education 29 (4), pp. 449-470.

Henecka, P./Gesk, I. (1996): Studienabbruch bei Pädagogikstudenten. Weinheim: Deutscher Studien Verlag.

Herbart, J. F. (1806/1994): Allgemeine Pädagogik. Göttingen: Röwer.

Hercher, J./Schaefers, C./Treptow, E./Terhart, E. (2006): Die Mitwirkung von Schulen bei der Einstellung von Lehrerinnen und Lehrern. Erfahrungen und Wirkungen. Münster: Universität Münster.

Hericks, U. (2004): Verzahnung der Phasen der Lehrerbildung. In: Blömeke u.a. 2004, S. 301-311.

Hericks, U. (2006): Professionalisierung als Entwicklungsaufgabe. Rekonstruktionen zur Berufseingangsphase von Lehrerinnen und Lehrern. Wiesbaden: VS.

Herlt, S./Schaarschmidt, U. (2007): Fit für den Lehrerberuf. Selbsteinschätzung. URL: http://www.sekundarschullehrerverband.de/fit_fuer_den_lehrerberuf.pdf [Stand: 15.04.2007]

Herrmann, U. (2000): Der lange Abschied vom »geborenen Erzieher«. Lehrerpersönlichkeit, Lehrerausbildung, Lehrerberuf und -berufsalltag. Erwartungen, Positionen und Thesen vom Ende der 40er bis zu den 70er Jahren. In: Bastian u.a. 2000, S. 15-32.

Hertramph, H./Herrmann U. (1999): »Lehrer« – eine Selbstdefinition. Ein Ansatz zur Analyse von »Lehrerpersönlichkeit« und Kompetenzgenese durch das sozial-kognitive Modell der Selbstwirksamkeitsüberzeugung. In: Carle, U./Buchen, S. (Hg.): Jahrbuch für Lehrerforschung 2. Weinheim: Juventa, S. 49-71.

Herzog, S. (2007): Beanspruchung und Bewältigung im Lehrerberuf. Eine salutogenetische und biografische Untersuchung im Kontext unterschiedlicher Karriereverläufe. Münster: Waxmann.

Herzog, W. (2005): Müssen wir Standards wollen? Skepsis gegenüber einem theoretischen (zu) schwachen Modell. In: Zeitschrift für Pädagogik 51 (2), S. 252-258.

Herzog, W. (2008): Verändern Bildungsstandards den Lehrerberuf? In: Beiträge zur Lehrerbildung 26 (3), S. 395-412.

Herzog, W. (2010): Besserer Unterricht dank Bildungsstandards und Kompetenzmodellen? In: Gehrmann u.a. 2010, S. 37-46.

Herzog, W./Herzog, S./Brunner, A./Müller H. P. (2007): Einmal Lehrer, immer Lehrer? In: Eine vergleichende Untersuchung der Berufskarrieren von (ehemaligen) Primarlehrpersonen. Bern: Haupt.

Herzog, W./Herzog, S./Brunner, A./Müller, H. P. (2005): Zwischen Berufstreue und Berufswechsel. Eine vergleichende Analyse der Berufskarriere von Primarlehrkäften. In: Zeitschrift für Erziehungswissenschaft 8 (4), S. 595-611.

Herzog, W./Makarova, E. (2011): Anforderungen an und Leitbilder für den Lehrerberuf. In: Terhart u.a. 2011, S. 63-78.

Heublein, U./Spangenberg, H./Sommer, D. (2003): Ursachen des Studienabbruchs. Analyse 2002. Hannover: HIS.

Heyse, H. (2004): Lehrergesundheit. Eine Herausforderung für Schule und Schuladministration. In: Hillert/Schmitz 2004, S. 223-239.

Hidi, S./Harackiewicz, J. M. (2000): Motivating the academically unmotivated. A critical issue for the 21st century. Review of Educational Research 70 (2), pp. 151-179.

Hillert, A. (2007): Psychische und Psychosomatische Erkrankungen von Lehrerinnen und Lehrern. Konzepte, Diagnosen, Präventions- und Behzandlungsansätze. In: Rothland 2007a, S. 140-159.

Hillert, A./Schmitz, E. (Hg.) (2004): Psychosomatische Erkrankungen bei Lehrerinnen und Lehrern. Stuttgart: Schattauer.

Hillert, A./Sosnowsky, N./Lehr, D. (2005): Idealisten kommen in den Himmel, Realisten beiben AGIL. Risikofaktoren, Behandlung und Prävention von psychosomatischen Erkrankungen im Lehrerberuf. Lehren und Lernen 31 (8/9), S. 17-27.

Hilligus A. H./Rinkens, H.-D. (Hg.) (2006): Standards und Kompetenzen – neue Qualität in der Lehrerausbildung? Neue Ansätze und Erfahrungen in nationaler und internationaler Perspektive. Münster: Lit.

Hinrichs, P./Koch, J./Meyer, C./Philipp, B./Schmidt, C. (2003): Horrortrip Schule. In: Der Spiegel 46, S. 46-68.

Hirsch, G./Ganguillet, G./Trier, U. P. (1989): Welche Bedeutung messen Oberstufenlehrer der Lehrerbildung im Rückblick auf ihre Berufserfahrungen zu? Beiträge zur Lehrerbildung 7 (1), S. 65-76.

Hirsch, G./Ganguillet, G./Trier, U. P. (1990): Wege und Erfahrungen im Lehrerberuf. Eine lebensgeschichtliche Untersuchung über Einstellungen, Engagement und Belastung bei Züricher Oberstufenlehrern. Bern: Haupt.

Hobson, A. J./Ashby, P./McIntyre, J./Malderez, A. (2010): International Approaches to Teacher Selection and Recruitment. OECD Education Working Papers 47. URL: http://www.oecd-ilibrary.org/content/workingpaper/5kmbphhh6qmx-en [Stand: 21.03.2011]

Hoeltje, B./Oberliesen, R./Schwedes, H./Ziemer, T. (2003): Das Halbjahrespraktikum in der Lehrerausbildung der Universität Bremen. Befunde, Problemfelder, Empfehlungen. Bremen: Universität Bremen.

Hofer, B. K./Pintrich, P. R. (1997): The development of epistemological theories. Beliefs about knowledge and knowing and their relation to learning. In: Review of Educational Research 67 (1), pp. 88-140.

Hofer, M. (1981): Informationsverarbeitung und Entscheidungsverhalten von Lehrern. Beiträge zu einer Handlungstheorie des Unterrichtens. München: Urban & Schwarzenberg.

Hoffer, T. B./Moore, W./Quinn, P./Suter, L. E. (1996): High School Seniors' Instructional Experiences in Science and Mathematics. Washington: National Center of Educational Statistics.

Hoffmeyer-Zlotnik, J. H. P./Hess, D./Geis, A. J. (2004): Computerunterstützte Vercodung der International Standard Classification of Occupations (ISCO-88). ZUMA-Nachrichten 55, S. 29-52.

Hofmann, J. M. (1988): Studienmotivation und Veranstaltungsbeurteilung. In: Psychologie in Erziehung und Unterricht 35 (2), S. 119-126.

Hofmann, R. (2010): Wie werden Religionslehrer/innen zu guten Religionslehrer/inne/n? In: Abel/Faust 2010, S. 113-122.

Holland, J. L. (1997³): Making Vocational Choices. A Theory of Vocational Personalities and Work Environments. Odessa: Psychological Assessment Resources.

Holmes, T. H./Rahe, R. H. (1967): The Social Readjustment Rating Scale. Journal of Psychosomatic Research 11 (2), pp. 213-318.

Homfeldt, H. G./Schulz, W./Barkholz, U. (1983): Student sein – Lehrer werden? Selbsterfahrung in Studium und Beruf. München: Kösel.

Horkheimer, M. (1952/1985): Begriff der Bildung. In: Horkheimer, M. (1985): Gesammelte Schriften. Bd. 8. Frankfurt am Main: Suhrkamp, S. 409-419.

Horn, H. (1968): Volksschullehrernachwuchs. Untersuchungen zur Quantität und Qualität Weinheim: Beltz.

Horn, K.-P. (1991): »Schöngeistiges Zusatzwissen« oder »Empathie«? Stichworte zum studentischen Umgang mit pädagogischem und erziehungswissenschaftlichen Wissen. In: Zeitschrift für Pädagogik, 27. Beiheft, S. 193-209.

Horn, K.-P. (1999): Wissensformen, Theorie-Praxis-Verhältnis und das erziehungswissenschaftliche Studium. In: Der pädagogische Blick 7 (4), S. 215-221.

Horn, K.-P./Wigger, L./Züchner, I. (2004): Neue Studiengänge – Strukturen und Inhalte. In: Tippelt, R./Rauschenbach, T./Weishaupt, H. (Hg.): Datenreport Erziehungswissenschaft. Wiesbaden: VS, S. 15-38.

Horn, K.-P./Wigger, L./Züchner, I. (2008): Standorte und Studiengänge. In: Tillmann, K.-J./Rauschenbach, T./Tippelt, R./Weishaupt, H. (Hg.): Datenreport Erziehungswissenschaft 2008. Wiesbaden: VS, S. 19-40.

Horstkemper, M. (2000): Geschlecht und Professionalität. Lehrer und Lehrerinnen. Über die Bedeutung der Geschlechterdifferenz. In: Bastian u. a. 2000, S. 87-107.

Hossiep, R./Paschen, M. (2003²): Bochumer Inventar zur berufsbezogenen Persönlichkeitsbeschreibung (BIP). Göttingen: Hogrefe.

Houston, R. W. (Hg.): Handbook of Research on Teacher Education. New York: Elsevier

Howell, W. C./Fleishman, E. A. (1982): Human Performance and Productivity. Vol 2. Hillsdale: Erlbaum.

Hoy, A. W./Spero, R. B. (2005): Changes in teacher efficacy during the early years of teaching. A comparison of four measures. In: Teaching and Teacher Education 21 (4), pp. 343-356.

Hoy, W. K./Sweetland, S. R./Smith, P. A. (2002): Toward an organizational model of achievement in high schools. The significance of collective efficacy. In: Educational Administration Quarterly 38 (1), pp. 77-93.

Hoyer, J./Moser, A./Schramm, P. (2001): Dienstliche Beurteilung der Lehrkräfte an staatlichen Schulen in Bayern. München: Link.

Hradil, S. (2005⁸): Soziale Ungleichheit in Deutschland. Opladen: Leske + Budrich.

HRK 2007 = Hochschulrektorenkonferenz (Hg.) (2007): Von Bologna nach Quedlinburg. Die Reform des Lehramtsstudiums in Deutschland. Bonn: HRK.

Huberman, M. (1989): The Professional Life Cycle of Teachers. In: Teachers College Record 91 (1), S. 31-57.

Huffman, D./Kalnin, J. (2003): Collaborative inquiry to make data-based decisions in schools. In: Teaching and Teacher Education 19 (6), S. 569-580.

Hughes, E. C. (1963): Professions. In: Daedalus 92 (4), S. 655-668.

Humboldt, W. von (1793/1980³): Theorie der Bildung des Menschen. In: Humboldt, W. von (1980): Werke in fünf Bänden. Bd. 1. Darmstadt, S. 234-240.

Ingvarson, L./Beavis, A./Kleinhenz, E. (2007): Factors Affecting the Impact of Teacher Education Programmes on Teacher Preparedness. Implications for Accreditation Policy. In: European Journal of Teacher Education 30 (4), S. 351-381.

International Labour Office (Ed.) (1990): ISCO-88. International Standard Classification of Occupations. Geneva: ILO.

Ipfling, H. J./Peez, H./Gamsjäger, E. (1995): Wie zufrieden sind die Lehrer? Empirische Untersuchungen zur Berufs(un)zufriedenheit von Lehrern/Lehrerinnen der Primar- und Sekundarstufe im deutschsprachigen Raum. Bad Heilbrunn: Klinkhardt.

Isserstedt, W/Middendorff, E./Fabian, G./Wolter, A./Schnitzer, K. (2007): Die wirtschaftliche und soziale Lage der Studierenden in der Bundesrepublik Deutschland 2006. 17. Sozialerhebung des Deutschen Studentenwerks durchgeführt durch HIS Hochschul-Informations-System. Bonn: BMBF.

Isserstedt, W/Middendorff, E./Weber, S./Wolter, A./Schnitzer, K. (2004): Die wirtschaftliche und soziale Lage der Studierenden in der Bundesrepublik Deutschland 2003. 17. Sozialerhebung des Deutschen Studentenwerks durchgeführt durch HIS Hochschul-Informations-System. Bonn: BMBF.

Jarausch, K. H. (1980): The unfree professions: German lawyers, teachers, and engineers, 1900-1950. New York: Oxford University Press.

Jehle, P./Schmitz, E. (2007): Innere Kündigung und vorzeitige Pensionierung von Lehrpersonen. In: Rothland 2007a, S. 160-184.

Jöckel, K.-H./Babitsch, B./Bellach, B.-M./Bloomfield, K./Hoffmeyer-Zlotnik, J. H. P./Winkler, J./Wolf, C. (1998): Messung und Quantifizierung soziodemographischer Merkmale in epidemiologischen Studien. RKI-Schriften (1), S. 7-22.

John, O. P./Srivastava, S. (1999): The Big-Five trait taxonomy. History, measurement, and theoretical perspectives. In: Pervin/John 1999, pp. 102-109.

Jung-Strauß, E. M. (2000): Widersprüchlichkeiten im Lehrerberuf. Eine Untersuchung unter Verwendung der Rollentheorie. Frankfurt: Lang.

Kade, J. (1997): Vermittelbar/Nicht-Vermittelbar: Vermitteln: Aneignen. In: Luhmann, N./Lenzen, D. (Hg.): Bildung und Weiterbildung im Erziehungssystem. Frankfurt am Main: Suhrkamp, S. 30-80.

Kade, J./Seitter, W. (2004): Selbstbeobachtung. Professionalität lebenslangen Lernens. In: Zeitschrift für Pädagogik 50 (3), S. 326-341.

Kaelble, H. (1978): Probleme der Modernisierung in Deutschland. Opladen: Westdeutscher.

Kagan, D. M. (1992): Professional Growth Among Preservice and Beginning Teachers. In: Review of Educational Research 62 (2), pp. 129-169.

Kaiser, G./Blömeke, S./Lehmann, R. (Hg.) (2008): Professionelle Kompetenz angehender Lehrerinnen und Lehrer. Münster: Waxmann.

Kaufhold, M. (2006): Kompetenz und Kompetenzerfassung. Analyse und Beurteilung von Verfahren der Kompetenzerfassung. Wiesbaden: VS.

Keller-Schneider, M. (2009): Was beansprucht wen? Entwicklungsaufgaben von Lehrpersonen im Berufseinstieg und deren Zusammenhang mit Persönlichkeitsmerkmalen. In: Unterrichtswissenschaft 37 (2), S. 145-163.

Keller-Schneider, M. (2010): Entwicklungsaufgaben im Berufseinstig von Lehrpersonen. Beanspruchung durch berufliche Herausforderungen im Zusammenhang mit Kontext- und Persönlichkeitsmerkmalen. Münster: Waxmann.

Keller, A. (2010): Gleichermaßen hochwertig und einheitlich lang: Gewerkschaftliche Anforderungen an die Reform der Lehrerbildung im Bologna-Prozess. In: Erziehungswissenschaft 21 (40), S. 99-107.

Kemnitz, H. (1999): Lehrerverein und Lehrerberuf im 19. Jahrhundert. Weinheim: Deutscher Studien Verlag.

Kemnitz, H. (2011): Forschung zur Geschichte und Entwicklung des Lehrerberufs vom 18. Jahrhundert bis zur Gegenwart. In: Terhart u. a. 2011, S. 15-33.

Kemper, H. (1996): Kooperation der ersten, zweiten und dritten Phase der Lehrerbildung. In: Seminar (2), S. 37-50.

Kennedy, M. (1999): Approximations to Indicators of Student Outcomes. In: Educational Evaluation and Policy Analysis 21 (4), pp. 345-363.

Kerfin, S./Pantaleeva, A. (2008): Praxisbezug im Lehramtsstudium. In: Rotermund u. a. 2008, S. 91-110.

Kerschensteiner, G. (1921): Die Seele des Erziehers und das Problem der Lehrerbildung. Leipzig: Teubner.

Kersten, B. (2001): Kapitel 7. Befragung der Lehrerinnen und Lehrer. In: Oser/Oelkers 2001, S. 399-435.

Kersten, B./Gasser-Dutoit, A. (1997): Zielstrebigkeit in der Primarlehrer-Ausbildung. Welche Studierenden wollen (nicht) Lehrer werden? Beiträge zur Lehrerbildung 15 (1), S. 59-68.

Keuffer, J. (2010): Reform der Lehrerbildung und kein Ende? In: Erziehungswissenschaft 21 (40), S. 51-67.

Keuffer, J./Oelkers, J. (Hg.): Reform der Lehrerbildung in Hamburg. Weinheim: Beltz.

Kiel, E./Geider, F./Jünger, W. (2004): Motivation, Selbstkonzepte und Lehrerberuf. Studienwahl und Berufsperspektiven bei Studierenden für das Lehramt an Grund-, Haupt und Realschulen. In: Die Deutsche Schule 96 (2), S. 223-244.

Klafki, W. (1994): Konturen eines neuen Allgemeinbildungskonzepts. In: Klafki, W. (1994): Neue Studien zur Bildungstheorie und Didaktik. Zeitgemäße Allgemeinbildung und kritisch-konstruktive Didaktik. Weinheim: Beltz, S. 43-81.

Klauer, K. J./Leutner, D. (2007): Lehren und Lernen. Einführung in die Instruktionspsychologie. Weinheim: Beltz.

Kleiber, D./Enzmann, D. (1990): Burnout. Eine internationale Bibliographie. Göttingen: Hogrefe.

Kleinknecht, M. (2010): Aufgabenkultur im Unterricht. Eine empirisch-didaktische Video- und Interviewstudie an Hauptschulen. Baltmannsweiler: Schneider.

Klieme E./Hartig, J. (2007): Kompetenzkonzepte in den Sozialwissenschaften und im erziehungswissenschaftlichen Diskurs. In: Prenzel u. a. 2007, S. 11-29.

Klieme, E. (2003): Zur Entwicklung nationaler Bildungsstandards. Eine Expertise. Frankfurt am Main: DIPF.

Klieme, E. (2004): Zur Entwicklung nationaler Bildungsstandards. Grundpositionen einer Expertise. In: Fitzner, T. (Hg.): Bildungsstandards. Bad Boll: Evangelische Akademie, S. 256-265.

Klieme, E. (2006): Empirische Unterrichtsforschung. In: Zeitschrift für Pädagogik 52 (6), S. 765-773.

Klieme, E./Reusser, K. (2003): Unterrichtsqualität und mathematisches Verständnis. In: Unterrichtswissenschaft 31 (3), S. 194-205.

Klinzing, H. G. (2002): Wie effektiv ist Microteaching? Ein Überblick über fünfunddreißig Jahre Forschung. In: Zeitschrift für Pädagogik 48 (2), S. 194-214.

Klusmann, U./Kunter, M./Trautwein, U./Baumert, J. (2006): Lehrerbelastung und Unterrichtsqualität aus der Perspektive von Lehrenden und Lernenden. In: Zeitschrift für Pädagogische Psychologie 20 (3), S. 161-173.

Klusmeyer, J. (2005): Berufswunsch: Handelslehrer/-in. Eine Untersuchung zu den Berufswahlmotivationen von Studierenden des Handelslehramts. In: Zeitschrift für Berufs- und Wirtschaftspädagogik 101 (2), S. 186-205.

KMK 2004 = Kultusministerkonferenz (Hg.): Standards für die Lehrerbildung. Bildungswissenschaften. Beschluss der Kultusministerkonferenz vom 16.12.2004. In: Zeitschrift für Pädagogik 51 (2), S. 280-290.

KMK 2008 = Kultusministerkonferenz (Hg.): Ländergemeinsame inhaltliche Anforderungen für die Fachwissenschaften und Fachdidaktiken in der Lehrerbildung. Beschluss der Kultusministerkonferenz vom 16.10.2008. Bonn: KMK.

Koch-Priewe, B. (2002): Grundlagenforschung in der LehrerInnenbildung. Einleitung in den Thementeil. In: Zeitschrift für Pädagogik 48 (1), S. 1-9.

Koch, J.-J. (1972): Lehrer-Studium und Beruf. Einstellungswandel in den beiden Phasen der Ausbildung. Ulm: Süddeutsche Verlagsgesellschaft.

Koch, J.-J./Cloetta, B./Müller-Fohrbrodt, G. (1972): Konstanzer Fragebogen für Schul- und Erziehungseinstellungen. KSE. Handanweisung. Weinheim: Beltz.

Köcher, R. (1989): Religionsunterricht – zwei Perspektiven. In: Deutsche Bischofskonferenz (Hg.): Religionsunterricht. Aktuelle Situationen und Entwicklungsperspektiven. Bonn: DBK, S. 22-59.

Köhler, T. W./Schwaiger, B. (1996): Wer studiert heute Theologie? Studienbeweggründe und Studienverläufe bei Theologiestudierenden. Eine Langzeitstudie. Weinheim: Deutscher Studien Verlag.

Kolbe, F.-U. (1997): Lehrerbildung ohne normative Vorgaben für das praktische Handlungswissen? In: Bayer, M./Carle, U./Wildt, J. (Hg.): Brennpunkt: Lehrerbildung. Opladen: Leske + Budrich, S. 121-137.

Köller, O. (2008): Lehr-Lern-Forschung. Research in Learning and Instruction. In: Schneider, W./Hasselhorn, M. (Hg.): Handbuch der Pädagogischen Psychologie. Göttingen: Hogrefe, S. 210-222.

Köller, O./Baumert, J./Neubrand, J. (2000): Epistemologische Überzeugungen und Fachverständnis im Mathematik- und Physikunterricht. In: Baumert, J./Bos, W./Lehmann, R. (Hg.): TIMSS/III. Bd. 2, S. 229-269. Opladen: Leske + Budrich.

Köller, O./Watermann, R./Trautwein, U./Lüdtke, O. (2004): Wege zur Hochschulreife in Baden-Württemberg. TOSCA – Eine Untersuchung an allgemein bildenden und beruflichen Gymnasien. Opladen: Leske + Budrich.

König, J./Blömeke, S. (2009): Pädagogisches Wissen vor österreichischen Lehramtsstudierenden. In: Erziehung und Unterricht 159 (1-2), S. 175-186.

König, J./Peek, R./Blömeke, S. (2008): Zum Erwerb von pädagogischem Wissen in der universitären Ausbildung: Unterscheiden sich Studierende verschiedener Lehrämter und Kohorten? In: Lehrerbildung auf dem Prüfstand 1 (2), S. 664-682.

König, J./Peek, R./Blömeke, S. (2010): Erfassung von Ergebnissen der erziehungswissenschaftlichen Lehrerausbildung. In: Gehrmann u. a. 2010, S. 73-84.

Kounin, J. S. (1976): Techniken der Klassenführung. Bern: Huber.

Kramis-Aebischer, K. (1995²): Stress, Belastungen und Belastungsverarbeitung im Lehrerberuf. Bern: Haupt.

Kramis, J. (1990): Bedeutsamkeit, Effizienz, Lernklima. Grundlegende Guetekriterien für Unterricht und didaktische Prinzipien. In: Beiträge zur Lehrerbildung 8 (3), S. 279-296.

Krampen, G. (1979): Über den Zusammenhang von subjektiver Studienzufriedenheit und Studienzielen bei Fachhochschülern. In: Zeitschrift für experimentelle und angewandte Psychologie 26 (4), S. 288-304.

Krapp, A. (1992): Konzepte und Forschungsansätze zur Analyse des Zusammenhangs von Interesse, Lernen und Leistung. In: Krapp/ Prenzel 1992, S. 9-52.

Krapp, A. (1993): Die Psychologie der Lernmotivation. Perspektiven der Forschung und Probleme ihrer pädagogischen Rezeption. In: Zeitschrift für Pädagogik 39 (2), S. 187-206.

Krapp, A. (1996): Die Bedeutung von Interesse und intrinsischer Motivation für den Erfolg und die Steuerung schulischen Lernens. In: Schnaitmann, G. W. (Hg.): Theorie und Praxis der Unterrichtsforschung. Donauwörth: Auer, S. 87-110.

Krapp, A./ Hascher, T. (2009): Motivationale Voraussetzungen der Entwicklung der Professionalität von Lehrenden. Zlatkin-Troitschanskaia u. a. 2009, S. 378-387.

Krapp, A./ Prenzel, M. (1992): Interesse, Lernen, Leistung. Neuere Ansätze der pädagogisch-psychologischen Interessenforschung. Münster: Aschendorff.

Kraul, M./ Marotzki, W./ Schweppe, C. (Hg.): Biographie und Profession. Bad Heilbrunn: Klinkhardt.

Krause, A. (2002): Psychische Belastungen im Unterricht. Ein aufgabenbezogener Untersuchungsansatz. Analyse der Tätigkeit von Lehrerinnen und Lehrern. Flensburg: Universität Flensburg.

Krause, A. (2003): Lehrerbelastungsforschung. Erweiterung durch ein handlungspsychologisches Konzept. In: Zeitschrift für Pädagogik 49 (2), S. 254-273.

Krause, A./ Dorsemagen, C. (2007a): Ergebnisse der Lehrerbelastungsforschung. Orientierung im Forschungsdschungel. In: Rothland 2007a, S. 52-80.

Krause, A./ Dorsemagen, C. (2007b): Psychische Belastungen im Unterricht. In: Rothland 2007a, S. 99-118.

Krauss, S. (2011): Das Experten-Paradigma in der Forschung zum Lehrerberuf. In: Terhart u. a. 2011, S. 171-191.

Krauss, S./ Kunter, M./ Brunner, M./ Baumert, J./ Blum, W./ Neubrand, M./ Jordan A./ Löwen, K. (2004): COACTIV. Professionswissen von Lehrkräften, kognitiv aktivierender Mathematikunterricht und die Entwicklung von mathematischer Kompetenz. In: Doll, M./ Prenzel, M. (Hg.): Bildungsqualität von Schule. Münster: Waxmann, S. 31-53.

Kreitz, R. (2010): Was ist es, was Kompetenztests messen? In: Gehrmann u. a. 2010, S. 55-69.

Krieger, R. (2000): Erziehungsvorstellungen und Berufswahlmotive im Wandel. Generationsvergleiche bei Lehramt-Studierenden. In: Krampen, G./ Zayer, H. (Hg.): Psychologiedidaktik und Evaluation II. Bonn: Deutscher Psychologen Verlag, S. 239-255.

Krohne, H. W./ Hock, M. (1998): Erziehungsstil. In: Rost, D. H. (Hg.): Handwörterbuch Pädagogische Psychologie. Weinheim: Psychologie Verlags Union, S. 100-105.

Kromrey, H. (2009[12]): Empirische Sozialforschung. Stuttgart: UTB.

Kruger, J./ Dunning, D. (1999): Unskilled and Unaware of It: How Difficulties in Recognizing One's Own Incompetence Lead to Inflated Self-Assessments. In: Journal of Personality and Social Psychology 77 (6), S. 1121-1134.

Krumm, V. (2009): Elternarbeit und die Wirkung auf professionelles Handeln der Lehrenden. In: Zlatkin-Troitschanskaia u. a. 2009, S. 589-600.

Kuckartz, C./ Lukas, H./ Skiba, E.-G. (1994): Sozialpädagogisches Hochschulstudium und Berufstätigkeit. Berlin: Sozialpädagogisches Institut.

Kuhl, J. (2010): Lehrbuch der Persönlichkeitspsychologie. Motivation, Emotion und Selbststeuerung. Göttingen: Hogrefe.

Kuhlee, D./ Buer, J. van (2009): Professionalisierung in der neuen gestuften Lehrerbildung. Zwischen traditionellen Berufsbildern der Studierenden und professionsorientierter Kompetenzentwicklung. In: Zlatkin-Troitschanskaia u. a. 2009, S. 490-499.

Kühn, R. (1983): Bedingungen für Schulerfolg. Zusammenhänge zwischen Schülermerkmalen, häuslicher Umwelt und Schulnoten. Göttingen: Hogrefe.

Kühne, S. (2006): Das soziale Rekrutierungsfeld der Lehrer. Empirische Befunde zur schichtspezifischen Selektivität in akademischen Berufspositionen. In: Zeitschrift für Erziehungswissenschaft 9 (4), S. 617-631.

Künsting, J./ Billich, M./ Lipowsky, F. (2009): Der Einfluss von Lehrerkompetenzen und Lehrerhandeln auf den Schulerfolg von Lernenden. In: Zlatkin-Troitschanskaia u. a. 2009, S. 655-667.

Kunter, M. (2008): Motivation als Teil professioneller Kompetenz von Lehrkräften. Berlin: Freie Universität Berlin.

Kunter, M./ Baumert, J./ Leutner, D./ Terhart, E. (2009): Bildungswissenschaftliches Wissen und der Erwerb professioneller Kompetenz in der Lehramtsausbildung. BMBF-Projekt (Laufzeit 2009-2012).

Kunz-Heim, D. (2002): Qualität durch Qualifizierung. Lehrerbeurteilung als Instrument zur Förderung von Qualität im Unterricht. Weinheim: Juventa.

Kunze, K./Stelmaszyk, B. (2004): Biographien und Berufskarrieren von Lehrerinnen und Lehrern. In: Helsper/Böhme 2004, S. 795-812.

Kuper, H. (2009): Organisationales Wissen, Wissensmanagement und lernende Organisation. In: Zlatkin-Troitschanskaia u. a. 2009, S. 555-565.

Kürten, K. (1987): Der evangelische Religionslehrer im Spannungsfeld von Schule und Religion. Neukirchen-Vluyn: Neukirchner.

Kurtz, T. (2000): Moderne Professionen und Gesellschaftliche Kommunikation. In: Soziale Systeme. Zeitschrift für soziologische Theorie 6 (1), S. 169-194.

Kurtz, T. (2009): Professionalität aus soziologischer Perspektive. In: Zlatkin-Troitschanskaia u. a. 2009, S. 45-54.

Küster, O. (2008): Praktika und ihre Lernpotentiale in der Lehrerbildung. Eine längsschnittliehe Videostudie zur Untersuchung der Entwicklung unterrichtlicher Handlungskompetenzen in verlängerten Praxisphasen. Weingarten: PH Weingarten.

Kyriacou, C. (2001): Teacher stress. Directions for future research. In: Educational Review 53 (1), pp. 27-35.

Kyriakides, L. (2007): Generic and differentiated Models of Educational Effectiveness. In: Townsend, T. (Ed.): International Handbook of School Effectiveness and Improvement. Vol 1. Dordrecht: Springer, pp. 41-56.

Laczko-Kerr, I./Berliner, D. C. (2002): The Effectiveness of »Teach for America« and Other Under-certified Teachers on Student Academic Achievement. In: Education Policy Analysis Archives 10 (37). URL: http://epaa.asu.edu/epaa/v10n37/ [Stand: 20.03.2011]

Lambert, R. G./McCarthy, C. J. (Eds.) (2006): Understanding teacher stress in an era of accountability. Greenwich: Information Age Publishing.

Lämmermann, G. (1985): Religion in der Schule als Beruf. München: Kaiser.

Lamnek, S. (2010[5]): Qualitative Sozialforschung. Weinheim: Beltz.

Lamszus, W. (1948): Pädagogische Dilettanten oder geborene Erzieher? Kulturreform durch Lehrerauslese. Hamburg: Hamburger Kulturverlag.

Lanahan, L./McGrath, D. J./McLaughlin, M./Burian-Fitzgerald, M./Salganik, L. (2005): Fundamental problems in the measurement of instructional processes. Washington: American Institutes für Research.

Lange-Garritsen, H. (1972): Strukturkonflikte des Lehrerberufs. Düsseldorf: Westdeutscher Verlag.

Langer, K. (1989): Warum noch Religionsunterricht? Religiosität und Perspektiven von Religionspädagogen heute. Gütersloh: Gütersloher.

Langmeyer, A./Tarnai, C./Bergmann (2009): Empirische Untersuchungen zur Übereinstimmung beruflicher Interessen von Eltern und Kindern. In: Erziehung und Unterricht 159 (3-4), S. 387-395.

Lankes, E.-M. (Hg.) (2008): Pädagogische Professionalität als Gegenstand empirischer Forschung. Münster: Waxmann.

Larcher, S./Müller, P./Baer, M./Dörr, G./Edelmann, D./Guldimann, T./Kocher, M./Wyss, C. (2010): Unterrichtskompetenz über die Zeit. Unterrichten lernen zwischen Studienbeginn und Ende des ersten Berufsjahres. In: Abel/Faust 2010, S. 57-72.

Larcher, S./Oelkers, J. (2004): Deutsche Lehrerbildung im internationalen Vergleich. In: Blömeke u. a. 2004, S. 128-150.

Lauck, G. (2008): Konzeption und Evaluation der Schulpraktischen Studien im Studiengang Wirtschaftspädagogik an der Universität Mannheim. In: Rotermund u. a. 2008, S. 132-146.

Laucken, U. (1974): Naive Verhaltenstheorie. Stuttgart: Klett.

Lazarus, R. S. (1995[3]): Streß und Streßbewältigung. In: Filipp, S.-H. (1995): Kritische Lebensereignisse. Weinheim: Beltz.

Lazarus, R. S./Folkmann, S. (1984): Stress, appraisal and coping. New York: Springer.

Lehmann-Grube, S. K./Nickolaus, R. (2009): Professionalität als kognitive Disposition. In: Zlatkin-Troitschanskaia u. a. 2009, S. 59-70.

Lehmann, R. H./Peek, R. (1997): Aspekte der Lernausgangslage. Hamburg. [unveröffentlichter Forschungsbericht]

Lehr, D./Sosnowsky, N./Hillert, A. (2007): Stressbezogene Interventionen zur Prävention von psychischen Störungen im Lehrerberuf. AGIL »Arbeit und Gesundheit im Lehrerberuf« als Beispiel einer Intevention zur Verhaltensprävention. In: Rothland 2007a, S. 267-289.

Lehrerbildung 1949 = Lehrerbildung für Württemberg-Baden. Esslinger Plan. Stuttgart: Klett.

Leinhardt, G./Greeno, J. D. (1986): The cognitive skill of teaching. In: Journal of Educational Psychology 78 (2), S. 75-95.

Leithäuser, T./Volmerg, B. (1979): Anleitung zur empirischen Hermeneutik. Frankfurt: Suhrkamp.

Leithäuser, T./Volmerg, B. (1988): Psychoanalyse in der Sozialforschung. Opladen: Westdeutscher Verlag.

Leithwood, K./Menzies, T. (1998): Forms and Effects of School-Based Management. A Review. In: Educational Policy 12 (3), pp. 325-346.

Leitner, K. (1999): Psychische Belastungen in der Büroarbeit. Flensburg: Mensch und Buch.

Lemmermöhle, D./Jahreis, D. (Hg.) (2003): Professionalisierung der Lehrerbildung. Perspektiven und Ansätze in internationalen Kontexten. Weinheim: Juventa.

Lenzen, D. (1997): Professionelle Lebensbegleitung. Erziehungswissenschaft auf dem Weg zur Wissenschaft des Lebenslaufs und der Humanontogenese. In: Erziehungswissenschaft 8 (15), S. 5-22.

Lenzen, D. (1998): Allgemeine Pädagogik. Teil- oder Leitdisziplin der Erziehungswissenschaft. In: Brinkmann, W./ Petersen, J. (Hg.): Theorien und Modelle der allgemeinen Pädagogik. Donauwörth: Auer, S. 32-54.

Lepper, M. R. (1988): Motivational considerations in the study of instruction. Cognition and Instruction 5 (4), pp. 289-309.

Lersch, R. (2006): Lehrerbildung im Urteil der Auszubildenden. In. Allemann-Ghionda/Terhart 2006, S. 164-182.

Leschinsky, A. (2005): Der institutionelle Rahmen des Bildungswesens. In: Cortina u.a. 2005, S. 148-213.

Leuchter, M./Pauli, C./Reusser, K./Lipowsky, F. (2006): Unterrichtsbezogene Überzeugungen und handlungsleitende Kognitionen von Lehrpersonen. In: Zeitschrift für Erziehungswissenschaft 9 (4), S. 562-580.

Leuchter, M./Reusser, K./Pauli, C./Klieme, E. (2008): Zusammenhänge zwischen unterrichtsbezogenen Kognitionen und Handlungen von Lehrpersonen. In: Gläser-Zikuda, M./Seifried, J. (Hg.) (2008): Lehrerexpertise. Analyse und Bedeutung unterrichtlichen Handelns. Münster: Waxmann, S. 167-187.

Leusmann, C./Glässner, E. (1997): Neue KMK-Rahmenvereinbarungen zur Lehrerausbildung. In: Schulverwaltung Niedersachsen 7 (5), S. 144-147.

Lewin, K./Lippitt, R./White, R. K. (1939): Patterns of aggressive behavior in experimentally created »social climates«. In: Journal of Social Psychology 12 (2), S. 271-299.

Lichtenberger, B. (2010): Von der Evaluation in der Lehre zur Qualitätsentwicklung. In: Journal für LehrerInnenbildung 10 (2), S. 10-15.

Liebold, H. (2004): Religions- und Ethiklehrkräfte in Ostdeutschland. Münster: Comenius-Institut.

Liebrand-Bachmann, M. (1981): Zum Stand der Ausbildungsforschung im Bereich der Lehrerausbildung. Versuch einer Klassifikation und Auswertung vorliegender Untersuchungen. Hamburg: AHD.

Lipowsky, F. (2003): Wege von der Hochschule in den Beruf. Eine empirische Studie zum beruflichen Erfolg von Lehramtsabsolventen in der Berufseinstiegsphase. Bad Heilbrunn: Klinkhardt.

Lipowsky, F. (2004): Was macht Fortbildungen für Lehrkräfte erfolgreich? Befunde der Forschung und mögliche Konsequenzen für die Praxis. In: Die deutsche Schule 96 (4), S. 462-479.

Lipowsky, F. (2006): Auf den Lehrer kommt es an. Empirische Evidenzen für Zusammenhänge zwischen Lehrerkompetenzen, Lehrerhandeln und dem Lernen der Schüler. In: Allemann-Ghionda/Terhart 2006, S. 47-70.

Lortie, D. C. (1975): School Teacher. A Sociological Study. Chicago: University of Chicago Press.

Lück, C. (2002): Religionsunterricht an der Grundschule. Leipzig: Evangelische Verlagsanstalt.

Lüders, M./Eisenacher, S. (2007): Zeitlicher Studienaufwand im Urteil von Studierenden. In: Lüders/Wissinger 2007, S. 133-150.

Lüders, M./Eisenacher, S./Pleßmann, S. (2006): Der Umgang mit Studienzeit. In: Allemann-Ghionda/Terhart 2006, S. 116-129.

Lüders, M./Wissinger, J. (Hg.) (2007): Forschung zur Lehrerbildung. Kompetenzentwicklung und Programmevaluation. Münster: Waxmann.

Lüdtke, O./Robitzsch, A./Trautwein, U./Köller, O. (2007): Umgang mit fehlenden Werten in der psychologischen Forschung. Probleme und Lösungen. In: Psychologische Rundschau 58 (2), S. 103-117.

Lüdtke, O./Trautwein, U. (2004): Die gymnasiale Oberstufe und psychische Ressourcen: Gewissenhaftigkeit, intellektuelle Offenheit und die Entwicklung von Berufsinteressen. In: Köller u.a. 2004, S. 367-401.

Luhmann, N. (1985): Erziehender Unterricht als Interaktionssystem. In: Diederich, J. (Hg.): Erziehender Unterricht. Fiktion oder Faktum. GFPF-Materialien 17, S. 77-94.

Luhmann, N. (2002): Das Erziehungssystem der Gesellschaft. Frankfurt am Main: Suhrkamp.

Luhmann, N. (2006²): Organisation und Entscheidung. Wiesbaden: VS.

Luhmann, N./Schorr K.-E. (1979): Reflexionsprobleme im Erziehungssystem. Stuttgart: Klett-Cotta.

Luhmann, N./Schorr, K. E. (1982): Das Technologiedefizit der Erziehung und die Pädagogik. In: Luhmann, N./ Schorr, K. E. (Hg.): Technologie und Selbstreferenz. Fragen an die Pädagogik. Frankfurt am Main: Suhrkamp, S. 11-40.

Lundgreen, P. (1999): Die Feminisierung des Lehrerberufs. Segregierung der Geschlechter oder weibliche Präferenz? In: Zeitschrift für Pädagogik 45 (1), S. 121-135.

Lütkens, C. (1959): Die Schule als Mittelklasseninstitution. In: Heintz, P. (Hg.): Soziologie der Schule. Köln: Westdeutscher, S. 22-39.

Maag Merki, K. (2004): Überfachliche Kompetenzen als Ziele beruflicher Bildung im betrieblichen Alltag. In: Zeitschrift für Pädagogik 50 (2), S. 202-222.

Maag Merki, K./ Werner, S. (2011): Erfassung und Bewertung professioneller Kompetenz von Lehrpersonen. In: Terhart u. a. 2011, S. 573-591.

Maaz, K. (2006): Soziale Herkunft und Hochschulzugang. Effekte institutioneller Öffnung im Bildungssystem. Wiesbaden: VS.

Maaz, K./ Chang, P.-H./ Köller, O (2004): Führt institutionelle Vielfalt zur Öffnung im Bildungssystem? In: Köller u. a. 2004, S. 153-203.

Maaz, K./ Watermann, R. (2007): Reproduktion oder Mobilität? Zur Wirkung familiärer Prozessmerkmale auf die Studienintention am Ende der gymnasialen Oberstufe. Zeitschrift für Soziologie der Erziehung und Sozialisation 27 (3), S. 285-303.

Maier, U./ Kleinknecht, M./ Metz, K./ Bohl, T. (2011): Ein allgemeindidaktisches Kategoriensystem zur Analyse des kognitiven Potenzials von Aufgaben. In: Beiträger zur Lehrerbildung 28 (1), S. 84-96.

Manojlovich, M./ Ketefian, S. (2002): The effects of organizational culture on nursing professionalism. Implications for health resource planning. In: Canadian Journal of Nursing Research 33 (4), S. 15-34.

Marlovits, A./ Schratz, M. (2003): Zwischen Unbelehrbarkeit und Wandlungsbereitschaft. In: Journal für LehrerInnenbildung 3 (3), S. 61-70.

Martin, R./ Steffgen, G. (2002): Zum Einfluss der Berufswahlmotive auf die Berufszufriedenheit von Grundschullehrern. In: Psychologie in Erziehung und Unterricht 49 (4), S. 241-249.

Maslach, C./ Leiter, M. P. (1999): Teacher burnout. A research agenda. In: Vandenberghe/ Hubermann, pp. 295-303.

Mayr, J. (1994a) (Hg.): Lehrer/ in werden. Innsbruck: Österreichischer Studien-Verlag.

Mayr, J. (1994b): Lehrerstudenten gestern – heute – morgen. Persönlichkeitsmerkmale im Institutionen- und Kohortenvergleich. In: Mayr 1994a, S. 79-97.

Mayr, J. (1997): Bedeutsamkeit, Effizienz und Lernklima. Gütekriterien für Unterricht als »Spiegel« didaktischen Handelns. Pädagogische Impulse 85 (3), S. 12-13.

Mayr, J. (1997): Die Qualität der Studienveranstaltungen an den Pädagogischen Akademien im Urteil der Studierenden. Zwischenergebnisse aus dem Projekt: Evaluierung des Beratungsmaterials »Lehrer/ in werden?«. Linz: Pädagogische Akademie.

Mayr, J. (1998a): Die »Lehrer-Interessen-Skalen« (LIS). Ein Instrument für Forschung und Laufbahnberatung. In: Abel, J./ Tarnai, C. (Hg.): Pädagogisch-psychologische Interessenforschung in Studium und Beruf. Münster: Waxmann, S. 111-125.

Mayr, J. (1998b): Fragebögen zur Erkundung des Lehrens und Lernens an der Pädagogischen Akademie. Eine Materialsammlung. Linz: Pädagogische Akademie.

Mayr, J. (2000): Schriftliche Informationen, Selbsterkundungsverfahren und Tests als Hilfsmittel der Laufbahnberatung. In: Sieland, B./ Rißland, B. (Hg.): Qualitätssicherung in der Lehrerbildung. Hamburg: Kovac, S. 233-265.

Mayr, J. (2001a): Career Counselling for Teachers. In: Contex. European Education Magazine (25), p. 11.

Mayr, J. (2001b): Ein Lehrerstudium beginnen? Selbsterkundungs-Verfahren als Entscheidungshilfe. In: Journal für LehrerInnenbildung 1 (1), S. 88-97.

Mayr, J. (2002a): Qualitätssicherung durch Laufbahnberatung. Zur Rolle von Selbsterkundungs-Verfahren. In: Brunner, H./ Mayr, E./ Schratz, M./ Wieser, I. (Hg.): Lehrerinnen- und Lehrerbildung braucht Qualität. Innsbruck: Studienverlag, S. 413-434.

Mayr, J. (2002b): Sich Standards aneignen. Befunde zur Bedeutung der Lernwege und der Bearbeitungstiefe. Journal für LehrerInnenbildung 2 (1), S. 29-37.

Mayr, J. (2003): Persönlichkeitsfragebögen in der Lehrerforschung und Lehrerberatung. In: Samac, K. (Hg.): Empirisches Arbeiten in der Arbeitsgemeinschaft der Bewegungserzieherinnen und Bewegungserzieher an Pädagogischen Akademien. Theorie & Praxis (20), S. 79-89.

Mayr, J. (2004): Fragebogen zu Erfolgen und Schwierigkeiten in der Unterrichtsarbeit (FESU). Revidierte Fassung. Klagenfurt: Universität Klagenfurt.

Mayr, J. (2006a): Persönlichkeitsentwicklung im Studium. Eine Pilotstudie zum Wirkungspotential von Lehrerbildung. In: Hilligus/ Rinkens 2006, S. 249-260.

Mayr, J. (2006b): Theorie + Übung + Praxis = Kompetenz? Empirisch begründete Rückfragen zu den »Standards in der Lehrerbildung«. In: Zeitschrift für Pädagogik, 51. Beiheft, S. 149-163.

Mayr, J. (2010a): Berechnungen auf Basis von Längsschnittdaten. [unveröffentlicht]

Mayr, J. (2010b): Selektieren und/oder qualifizieren? Empirische Befunde zur Frage, wie man gute Lehrpersonen bekommt. In: Abel/Faust 2010, S. 73-89.

Mayr, J. (2011): Der Persönlichkeitsansatz in der Lehrerforschung. In: Terhart u. a. 2011, S. 125-148.

Mayr, J./Eder, F./Fartacek, W. (1988): Praxisschock auf Raten. Einphasige Lehrerausbildung und Einstellungsentwicklung. Unterrichtswissenschaft 16 (1), S. 68-82.

Mayr, J./Mayrhofer, E. (1994): Persönlichkeitsmerkmale als Determinanten von Leistung und Zufriedenheit bei LehrerstudentInnen. In: Mayr 1994, S. 113-127.

Mayr, J./Mayrhofer, E. (1996): »Die Praxis macht glücklich...« – Untersuchungen zur Studienzufriedenheit bei angehenden LehrerInnen. In: Klement, K./Teml, H. (Hg.): Schulpraxis reflektieren. Innsbruck: Studienverlag, S. 51-55.

Mayr, J./Mayrhofer, E. (1997): Total unterschiedlich – und auch wieder nicht. In: Buchberger, F./Eichelberger, H./Klement, K./Mayr, J./Seel, A./Teml, H. (Hg.): Seminardidaktik. Innsbruck: Studienverlag, S. 19-21.

Mayr, J./Neuweg, G. H. (2006): Der Persönlichkeitsansatz in der Lehrer/innen/forschung. In: Heinrich, M./Greiner, U. (Hg.): Schauen, was 'rauskommt. Münster: Lit, S. 183-206.

Mayr, J./Paseka, A. (2002): Lehrerpersönlichkeit. In: Journal für LehrerInnenbildung 2 (2), S. 50-55.

Mayr, J./Teml, H. (2003): Von der »Schulpraktischen Ausbildung« zu den »Schulpraktischen Studien«. Entwicklungstendenzen in der österreichischen LehrerInnenbildung. In: Die Deutsche Schule, 7. Beiheft, S. 133-156.

Mayr. J. (2007): Wie Lehrer/innen lernen. Befunde zur Beziehung von Lernvoraussetzungen, Lernprozessen und Kompetenz. In: Lüders/Wissinger 2007, S. 151-168.

Mayrhofer, E./Mayr, J. (1996): Studienzufriedenheit an Pädagogischen Akademien. In: Mayr, J. (Hg.): Empirische Erkundungen zum Studium an der Pädagogischen Akademie. Theorie & Praxis (8), S. 30-43.

Mayring, P. (2010^{11}): Qualitative Inhaltsanalyse. Grundlagen und Techniken. Weinheim: Beltz.

McCrae, R. R./Costa, P. T. Jr. (1987): Validation of the fivefactor model of personality across instruments and observers. Journal of Personality and Social Psychology 52 (1), pp. 81–90.

McCrae, R. R./Costa, P. T. Jr. (1999): A five-factor theory of personality. In: Pervin/John 1999, pp. 139-153.

McCrae, R. R./Costa, P. T. Jr./Ostendorf, F./Angleitner, A./Hrebickova, M./Avia, M. D./Sanz, J./Sanchez-Bernardos, M. L./Kusdil, M. E./Woodfield, R./Saunders, P. R./Smith, P. B. (2000): Nature over nurture. Temperament, personality, and life span development. In: Journal of Personality and Social Psychology 78 (1), pp. 173-186.

McNear, K. (1978-79): Capturing inflight decisions. Toughts while teaching. In: Educational Research Quarterly 3 (4), pp. 26-42.

Merkens, H. (2006): Pädagogische Institutionen. Pädagogisches Handeln im Spannungsverhältnis von Individualisierung und Organisation. Wiesbaden: VS.

Merkens, H. (2009): Organisationskultur und Professionalisierung. In: Zlatkin-Troitschanskaia u. a. 2009, S. 543-554.

Merzyn, G. (2002): Stimmen zur Lehrerbildung. Baltmannsweiler: Schneider.

Merzyn, G. (Hg.) (2004): Lehrerausbildung – Bilanz und Reformbedarf. Ein Überblick über die Diskussion. Baltmannsweiler: Schneider.

Meulemann, H. (1991): Zufriedenheit und Erfolg in der Bildungslaufbahn. Ein Längsschnitt vom Gymnasium bis zum Studienabschluss. In: Zeitschrift für Sozialisationsforschung und Erziehungssoziologie 11 (3), S. 215-238.

Meyer, B. E. (2010): Zur Professionalisierung durch Schulpraktika. Baltmannsweiler.

Meyer, J. (1984): Das Berufsbild des Religionslehrers. Eine Untersuchung der religionspädagogischen Literatur von der Neuscholastik bis heute. Zürich: Benziger.

Midgley, C./Feldlaufer, H./Eccles, J. (1989): Change in teacher efficacy and student self- and taskrelated beliefs in mathematics during the transition to junior high school. In: Journal of Educational Psychology 81 (2), pp. 247-258.

Mieg, H. (2003): Problematik und Probleme der Professionssoziologie. In: Mieg/Pfadenhauer 2003, S. 11-46.

Mieg, H. (2005): Professionalisierung. In: Rauner, F. (Hg.): Handbuch der Berufsbildungsforschung. Bielefeld: Bertelsmann, S. 342-348.

Millman, J. (Ed.) (1997): Grading Teachers, Grading Schools. Is Student Achievement a Valid Evaluation Measure? Thousand Oaks: Corwin Press.

Minnameier, G. (2005): Wissen und Können im Kontext inferentiellen Denkens. In: Heid, H./Harteis, C. (Hg.): Verwertbarkeit. Ein Qualitätskriterium (erziehungs-)wissenschaftlichen Wissens? Wiesbaden: VS, S. 183-203.

Mintzberg, H. (1991): Mintzenberg über Management. Führung und Organisation. Mythos und Realität. Wiesbaden: Gabler.

MIWFT 2007 = Ministerium für Innovation, Wissenschaft, Forschung und Technologie des Landes Nordrhein-Westfalen (Hg.) (2007): Ausbildung von Lehrerinnen und Lehrern in Nordrhein-Westfalen. Empfehlungen der Expertenkommission zur Ersten Phase. URL: http://www.innovation.nrw.de/downloads/Broschuere.pdf [15.03.2011]

Mollenhauer, K. (1982[4]): Theorien zum Erziehungsprozess. München: Juventa.

Monk, D. H./ King, J. A. (1994): Multilevel Teacher Ressource Effects in Pupil Performance in Secondary Mathemathics and Science. The Case of Teacher Subjects Matter Preparation. In: Ehrenberg, R. G. (Hg.): Choices and Consequences. Ithaka: ILR Press, pp. 29-58.

Moos, L. (2005): How do Schools bridge the Gap between external Demands for Accountability and the need for internal Trust. In: Journal of Educational Change 6 (4), pp. 307-328.

Moser, P./ Hascher, T. (2000): Lernen im Praktikum. Projektbericht. Bern: Forschungsstelle für Schulpädagogik und Fachdidaktik.

MSWF 2001a = Ministerium für Schule, Wissenschaft und Forschung des Landes NRW (Hg.) (2001a): Expertenrat im Rahmen des Qualitätspakts. URL: http://www.verwaltung.uni-wuppertal.de/misc/expertenratallgemein.pdf [Stand: 15.03.2011]

MSWF 2001b = Ministerium für Schule, Wissenschaft und Forschung des Landes NRW (Hg.) (2001b): Eckpunkte zur Gestaltung von BA/ MA-Studiengängen für Lehrämter.
URL: http://www.bwpat.de/papers/zu_1/Eckpunkte.pdf [Stand: 15.03.2011]

Mueller, C. M./ Dweck, C. S. (1998): Intelligence praise can undermine motivation and performance. In: Journal of Personality and Social Psychology 75 (1), S. 33-52.

Mulder, R. H./ Messmann, G./ Gruber, H. (2009): Professionelle Entwicklung von Lehrenden als Verbindung von Professionalität und professionellem Handeln. In: Zlatkin-Troitschanskaia u. a. 2009, S. 401-409.

Müller-Benedict, V. (2008): Datenhandbuch zur deutschen Bildungsgeschichte. Bd. 6. Göttingen: Vandenhoeck & Ruprecht.

Müller-Fohrbrodt, G./ Cloetta, B./ Dann, H.-D. (1978): Der Praxisschock bei jungen Lehrern. Stuttgart: Klett.

Müller-Forbrodt, G. (1972): Persönlichkeitsmerkmale von Lehrstudenten und jungen Lehrern. Eine empirische Überprüfung von Thesen über die typische Lehrerpersönlichkeit. Konstanz: Universität Konstanz.

Müller-Forbrodt, G. (1973): Wie sind Lehrer wirklich? Ideale – Vorurteile – Fakten. Eine Untersuchung über angehende Lehrer. Stuttgart: Klett.

Müller, C./ Felbrich, A./ Blömeke, S. (2008): Schul- und professionstheoretische Überzeugungen. In: Blömeke u. a. 2008, S. 277-302.

Müller, K. (2010): Das Praxisjahr in der Lehrerbildung. Empirische Befunde zur Wirksamkeit studienintegrierter Langzeitpraktika. Bad Heilbrunn: Klinkhardt.

Müller, S./ Paechter, M./ Rebmann, K. (2008): Aktuelle Befunde zur Lehr-Lernforschung. Epistomologische Überzeugungen zu Wissen und Wissenserwerb. In: Berufs- und Wirtschaftspädagogik 14. URL: http://www.bwpat.de [Stand: 03.03.2010]

Nagy, G./ Neumann, M./ Lüdtke, O./ Trautwein, U. (2009): Vergleichbarkeit von Abiturleistungen. In: Zeitschrift für Erziehungswissenschaft 12 (4), S. 691-714.

Nakamura, Y. (2008): Vielfalt in der Einheitlichkeit. Lehrerbildung unter den Bedingungen von Bologna. URL: http://miami.uni-muenster.de/ servlets/ DocumentServlet?id = 4093 [Stand: 10.03.2010].

Nath, A. (1988): Die Studienratskarriere im Dritten Reich. Systematische Entwicklung und politische Steuerung einer zyklischen Überfüllungskrise 1930 bis 1944. Frankfurt am Main: dipa.

NBPTS 1999 = National Board for Professional Teaching Standards (Ed.) (1999): NBPTS Exceptional Needs Standards. URL: http://www.nbpts.org/userfiles/File/ecya_ens_standards.pdf [Stand: 21.03.2011]

NCATE 2003 = National Council for Accreditation of Teacher Education (Ed.) (2003): Policies and Procedures regarding an Accreditation with Probation Decision. URL: http://www.ncate.org/ [Stand: 21.0.2010]

NCEE 1983 = National Commission on Excellence in Education (Ed.) (1983): A Nation at risk. The Imperative For Educational Reform. URL: http://www2.ed.gov/pubs/NatAtRisk/index.html [Stand: 21.03.2003]

Nenniger, P. (1988): Cognitive and motivational orientation of U. S. and European students. In: International Journal of Educational Research 12 (3), pp. 257-266.

Nenniger, P. (1991): Motivierung studentischen Lernens im Kulturvergleich. In: Zeitschrift für Psychologie 199 (2), S. 145-165.

Neuweg, G. H. (1999): Könnerschaft und implizites Wissen. Münster: Waxmann.

Neuweg, G. H. (2002): Lehrerhandeln und Lehrerbildung im Lichte des Konzepts des impliziten Wissens. In: Zeitschrift für Pädagogik 48 (1), S. 10-29.

Neuweg, G. H. (2004): Figuren der Relationierung von Lehrerwissen und Lehrerkönnen. In: Hackl, B./ Neuweg, H. G. (Hg.): Zur Professionalisierung pädagogischen Handelns. Münster: Lit, S. 1-26.

Nicholls, J. G./ Patashnick, M./ Nolen, S. (1985): Adolescents' theories of education. In: Journal of Educational Psychology 77 (6), pp. 683-692.

Nickolaus, R. (1996): Gewerbelehrerausbildung im Spannungsfeld des Theorie-Praxis-Problems und unter dem Anspruch divergierender Interessen. Esslingen: Deugro.

Nipkow, K. E. (1979): Religionsunterricht in der Leistungsschule. Gutachten – Dokumente. Gütersloh: Mohn.

Nipkow, K. E./Schweitzer, F. (Hg.) (1994): Religionspädagogik. Texte zur evangelischen Erziehungs- und Bildungsverantwortung seit der Reformation. Bd. 2. München: Kaiser.

Nolle, A. (2004): Evaluation der universitären Lehrerinnen- und Lehrerausbildung. Erhebungen zur pädagogischen Kompetenz von Studierenden der Lehramtsstudiengänge. München: Maidenbauer.

Nonaka, I./Toyama, R./Byosière, P. (2001): A Theory of Organizational Knowledge Creation. In: Dierkes M./Berthoin-Antal, A./Child, J./Nonaka, I. (Hg.): Organizational Learning an Knowledge. Oxford: University Press, pp. 491-517.

OECD 1997 = Organisation for Economic Co-operation and Development (Hg.) (1997): International Standard Classification of Education ISCED 1997.
    URL: http://www.unesco.org/education/information/nfsunesco/doc/isced_1997.htm [Stand: 21.03.2011]

OECD 2004 = Organisation for Economic Co-operation and Development (Hg.) (2004): Education at a Glance. OECD Indicators 2004. URL: http://www.oecd.org/edu/eag2004 [Stand: 21.03.2011]

OECD 2005 = Organisation for Economic Co-operation and Development (Hg.) (2005): Teachers Matter. Education and Training Policy. Attracting, Developing and Retaining Effective Teachers.
    URL: http://www.oecd.org/dataoecd/3/16/45139005.pdf [Stand: 16.03.2011]

OECD 2009a = Organisation for Economic Co-operation and Development (Hg.) (2009a): Creating Effective Teaching and Learning Environments. First Results from TALIS.
    URL: http://www.oecd.org/dataoecd/17/51/43023606.pdf [Stand: 16.03.2011]

OECD 2009b = Organisation for Economic Co-operation and Development (Hg.) (2009b): Education at a Glance. OECD Indicators 2009. URL: http://www.oecd.org/edu/eag2009 [Stand: 23.03.2011]

Oelkers, J. (1996): Ist unsere Lehrerbildung wirksam? In: Seminar (2), S. 5-15.

Oelkers, J. (2002): Befunde und Fragen zur Wirksamkeit der Lehrerbildung. In: Daschner, P./Drews, U. (Hg.): Kursbuch Referendariat. Weinheim: Beltz.

Oelkers, J./Reusser, K. (2008): Expertise: Qualität entwickeln – Standards sichern – mit Differenz umgehen. Berlin: BMBF.

Oesterreich, R. (1981): Handlungsregulation und Kontrolle. München: Urban & Schwarzenberg.

Oesterreich, R./Volpert, W. (1987): Handlungstheoretisch orientierte Arbeitsanalyse. In: Kleinbeck, U./Rutenfranz, J. (Hg.): Arbeitspsychologie. Göttingen: Hogrefe, S. 43-73.

Oevermann, U. (1996): Theoretische Skizze einer revidierten Theorie professionalisierten Handelns. In: Combe/Helsper 1996, S. 70-182.

Óhidy, A./Terhart, E./Zsolnai, J (Hg.) (2007): Lehrerbild und Lehrerbildung. Praxis und Perspektiven der Lehrerausbildung in Deutschland und Ungarn. Wiesbaden: VS.

Op't Eynde, P./De Corte, E./Verschaffel, L. (2002): Knowing what to believe. The relevance of students' mathematical beliefs. In: Hofer, B. K./Pintrich, P. R. (Eds.): Personal epistemology. The psychology of beliefs about knowledge and knowing. Mahwah: Erlbaum, pp. 297-320.

Ortenburger, A. (2009): Professionalisierung und Lehrerausbildung. Zur Bedeutung professionsbezogener Einstellungsmuster für Studienwahl und Studienverläufe von Lehramtsstudierenden. Frankfurt am Main: Lang.

Ortenburger, A./Kuper, H. (2010): »Professional beliefs« von Lehramtsstudierenden. Ergebnisse einer Wuppertaler Studierendenbefragung. In: Abel/Faust 2010, S. 187-194.

Oser, F. (1997a): Standards in der Lehrerbildung. Teil 1. In: Beiträge zur Lehrerbildung 15 (1), S. 26-37.

Oser, F. (1997b): Standards in der Lehrerbildung. Teil 2. In: Beiträge zur Lehrerbildung, 15 (2), S. 210-228.

Oser, F. (1998): Ethos – die Vermenschlichung des Erfolgs. Zur Psychologie der Berufsmoral von Lehrpersonen. Opladen: Leske + Budrich.

Oser, F. (2001): Standards. Kompetenzen von Lehrpersonen. In: Oser/Oelkers 2001, S. 215-342.

Oser, F. (2002): Standards in der Lehrerbildung. Blick in die USA und Ausblick auf die deutschsprachige Lehrpersonenbildung. Journal für LehrerInnenbildung 2 (1), S. 8-19.

Oser, F. (2009): Moral jenseits von organisierter Erlaubtheit. Zur inneren und äußeren Effizienz eines professionellen Ethos. In: Zlatkin-Troitschanskaia u. a. 2009, S. 389-400.

Oser, F./Düggeli, A./Heinzer, S. (2010): Qualitätsmessung von Lehrpersonen-Kompetenzen. Ein neuer Ansatz. In: Abel/Faust 2010, S. 133-154.

Oser, F./Oelkers, J. (2001): Die Wirksamkeit der Lehrerbildungssysteme. Von der Allrounderbildung zur Ausbildung professioneller Standards. Zürich: Rüegger.

Oser, F./Renold, U. (2005): Kompetenzen von Lehrpersonen. Über das Auffinden von Standards und ihre Messung. In: Zeitschrift für Erziehungswissenschaft, 4. Beiheft, S. 119-140.

Oser, F./Spychiger, M. (2005): Lernen ist schmerzhaft. Zur Theorie des Negativen Wissens und zur Praxis der Fehlerkultur. Weinheim: Beltz.

Ostendorf, F./Angleitner, A. (2004): NEO-Persönlichkeitsinventar nach Costa und McCrae, revidierte Form (NEO-PI-R). Göttingen: Hogrefe.

Ostermeier, C./Prenzel, M. (2002): Standards in der Lehrerinnen- und Lehrerbildung. In: Journal für LehrerInnenbildung, 2 (1), S. 55-60.

Österreich, D. (1987): Die Berufswahlentscheidung von jungen Lehrern. Berlin: Max-Planck-Institut für Bildungsforschung.

Pajares, M. F. (1992): Teachers' beliefs and educational research. In: Review of Educational Research 62 (3), pp. 307-332.

Parsons, T. (1939): The Professions and Social Structure. In: Social Forces 17, pp. 457-467.

Parsons, T. (1968): Professions. In: International Encyclopedia of the Social Science. No. 12, pp. 536-547.

Patrick, H./Turner, J. C./Meyer, D. K./Midgley, C. (2003): How teachers establish psychological environments during the first days of school. Associations with avoidance in mathematics. In: Teachers College Record 105 (8), pp. 1521-1558.

Pauli, C./Drollinger-Vetter, B./Hugener, I./Lipowsky, F. (2008): Kognitive Aktivierung im Mathematikunterricht. Zeitschrift für Pädagogische Psychologie 22 (2), S. 127-133.

Pauli, C./Reusser, K. (2009): Zum Einfluss von Professionalität auf die Qualität von Lehr-Lern-Prozessen. In: Zlatkin-Troitschanskaia u. a. 2009, S. 679-689.

Pearlman, M./Tannenbaum, R. (2003): Teacher Evaluation Practices in the Accountability Era. In: Kellaghan, T./Stufflebeam, D. L. (Eds.): International Handbook of Educational Evaluation. Part Two. Dordrecht: Kluwer, S. 609–641.

Peterson, P. L./Fennema., E./Carpenter, T. P./Loef, M. (1989): Teachers' pedagogical content beliefs in mathematics. In: Cognition and Instruction 6 (1), S. 1-40.

Pfadenhauer, M. (2003): Professionalität. Eine wissenssoziologische Rekonstruktion institutionalisierter Kompetenzdarstellungskompetenz. Opladen: Leske + Budrich.

Phelps, G./Schilling, S. G. (2004): Developing measures of content knowledge for teaching reading. Elementary School Journal 105 (1), pp. 31-48.

Pintarich, H.-E. (2002): »Lieb sein« als pädagogisches Konzept. In: Sertl, M./Falkinger, B. (Hg.): LehrerInnenbildung in Bewegung? Zur Refonn der Pädagogischen Akademien. Wien: Verein der Förderer der Schulhefte, S. 181-189.

Pintrich, P. R. (1991): An Manual for the Use of the Motivated Strategies for Learning Questionnaire (MSLQ). URL: http://www.eric.ed.gov/ERICWebPortal/detail?accno=ED338122 [Stand: 15.03.2011]

Plöger, W. (2006): Was ist Kompetenz? – Ein theoretischer Rahmen im Blick auf die beruflichen Fähigkeiten von Lehrerinnen und Lehrern. In: Pädagogische Rundschau 60 (3), S. 255-270.

Podell, S./Soodak, L. (1993): Teacher efficacy and bias in special education referrals. In: Journal of Educational Research 86 (4), pp. 247-253.

Porst, R. (2008): Fragebogen. Ein Arbeitsbuch. Wiesbaden: VS.

Porter, A. C./Youngs, P./Odden, A. (2001): Advances in Teacher Assessments and their Use. In: Richardson 2001, pp. 259-297.

Posch, P. (1967): Der Lehrermangel. Weinheim: Beltz.

Prange, K. (2000): Was für Lehrer braucht die Schule? Zum Verhältnis von Profession, Didaktik und Lehrerethos. In: Cloer, E./Klika, D./Kunert, H. (Hg.): Welche Lehrer braucht das Land? Weinheim: Juventa, S. 93-103.

Prenzel, M./Allolio-Näcke, L. (Hg.) (2006): Untersuchungen zur Bildungsqualität von Schule. Münster: Waxmann

Prenzel, M./Artelt, C./Baumert, J./Blum, W./Hammann, M./Klieme, E./Pekrun, R. (Hg.) (2007): PISA 2006. Die Ergebnisse der dritten internationalen Vergleichsstudie. Münster: Waxmann.

Prenzel, M./Fischer, C. (2009): Lehrkräfte lernen in Gruppen und Organisationen. Erfahrungen aus zehn Jahren SINUS-Modellversuchen. In: Zlatkin-Troitschanskaia u. a. 2009, S. 577-588.

Prenzel, M./Möller, J. (2008): Lehrerpanel. Studienverläufe zukünftiger Lehrkräfte. Antrag an das BMBF. Kiel: IPN.

Prenzel, M./Seidel, T. (2003): Wie können Lehrkräfte von Unterrichtsvideos profitieren? Eine experimentelle Studie. Fortsetzungsantrag im Rahmen des DFG-Schwerpunktprogramms BiQua. Kiel: IPN.

Prenzel, M/Gogolin, I./Krüger, H.-H. (Hg.) (2007): Kompetenzdiagnostik. Zeitschrift für Erziehungswissenschaft, Sonderheft 8.

Prondczynsky, A. von (1998): Universität und Lehrerbildung. In: Zeitschrift für Pädagogik 44 (1), S. 61-82.

Prondczynsky, A. von (2001): Evaluation der Lehrerausbildung in den USA. Geschichte, Methoden, Befunde. In: Keiner, E. (Hg.): Evaluation (in) der Erziehungswissenschaft. Weinheim: Beltz, S. 91-140.

Prüfer, P./Rexroth, M. (2005): Kognitive Interviews. ZUMA How-to-Reihe, Nr. 15.

Putnam, R./Borko, H. (2000): What do new views of knowledge and thinking have to say about research on teacher learning? Educational Researcher 29 (1), S. 4-15.

Raab-Steiner, E./Benesch, M. (2008): Der Fragebogen. Von der Forschungsidee zur SPSS-Auswertung. Wien: UTB.

Radtke, F.-O. (1996): Wissen und Können. Die Rolle der Erziehungswissenschaft in der Erziehung. Opladen: Leske + Budrich.

Radtke, F.-O. (2004): Der Eigensinn pädagogischer Professionalität jenseits von Innovationshoffnungen und Effizienzerwartungen. In: Koch-Priewe, B./Kolbe, F.-U./Wildt, J. (Hg.): Grundlagenforschung und mikrodidaktische Reformansätze zur Lehrerbildung. Bad Heilbrunn: Klinkhardt, S. 99-149.

Raether, W. (1982): Das unbekannte Phänomen Lehrerangst. Freiburg: Herder.

Rakoczy, K./Klieme, E./Drollinger-Vetter, B./Lipowsky, F./Pauli, C./Reusser, K. (2007): Structure as a quality feature in mathematics instruction. In: Prenzel, M. (Hg.): Studies on the educational quality of schools. Münster: Waxmann, pp. 101-120.

Rakoczy, K./Klieme, E./Lipowsky, F./Drollinger-Vetter, B. (2010): Strukturierung, kognitive Aktivität und Leistungsentwicklung im Mathematikunterricht. In: Unterrichtswissenschaft 38 (3), S. 229-246.

Rammstedt, B./John, O. P. (2005): Kurzversion des Big Five Inventory (BFI-K). Entwicklung und Validierung eines ökonomischen Inventars zur Erfassung der fünf Faktoren der Persönlichkeit. Diagnostica 51 (4), S. 195-206.

Ratschinski, G. (2009): Selbstkonzept und Berufswahl. Münster: Waxmann.

Rauin, U. (2007): Im Studium wenig engagiert. Im Beruf schnell überfordert. Studierverhalten und Karrieren im Lehrerberuf. Kann man Risiken schon im Studium prognostizieren? In: Forschung Frankfurt (3), S. 60-64.

Rauin, U./Kohler, B./Becker, G. E. (1994): Drum prüfe, wer sich ewig bindet. Ein Berufseignungstest fuer das Lehramtsstudium. In: Pädagogik 46 (11), S. 34-39.

Rauin, U./Maier, U. (2005): Kompetenzerwerb im Studium. Eine Längsschnittstudie mit Studierenden der Lehrämter in Baden-Württemberg. URL: http://plaz.uni-paderborn.de/Service/Veranstaltungen/Tagungen/Standards_ und_Kompetenzen_2005/Praesentationen/Rauin.pdf [20.11.2007].

Rauin, U./Meier, U. (2007): Subjektive Einschätzungen des Kompetenzerwerbs in der Lehramtsausbildung. In: Lüders/Wissinger 2007, S. 103-131.

Recum, H. von (1955): Soziale Strukturwandlungen des Volksschullehrerberufes. In: Kölner Zeitschrift für Soziologie und Sozialpsychologie 7, S. 574-599.

Reh, S. (2003): Berufsbiographische Texte ostdeutscher Lehrer und Lehrerinnen als »Bekenntnisse«. Interpretationen und methodologische Überlegungen zur erziehungswissenschaftlichen Biographieforschung. Bad Heilbrunn: Klinkhardt.

Reh, S. (2004): Abschied von der Profession, von Professionalität oder vom Professionellen? Theorien und Forschung zur Lehrerprofessionalität. In: Zeitschrift für Pädagogik 50 (3), S. 358-372.

Reh, S./Schelle, C. (2006[2]): Biographieforschung in der Schulpädagogik. Aspekte biographisch orientierter Lehrerforschung. In: Krüger, H.-H./Marotzki, W. (Hg.): Handbuch erziehungswissenschaftliche Biographieforschung. Wiesbaden: VS, S. 337-390.

Reichwein, R. (1976): Traditionelle und innovatorische Tendenzen in der beruflichen Ausbildungsphase von Gymnasiallehrern. Berlin: Max-Planck-Institut für Bildungsforschung.

Reinhoffer, B./Barthold, R./Küster, O. (2007): Modellversuch Praxisjahr Biberach (GHS). In: Flagmeyer, D./Rotermund, M. (Hg.): Mehr Praxis in der Lehrerbildung – aber wie? Leipzig: Universiäts-Verlag, S. 77-94.

Reinisch, H. (2009): »Lehrprofessionalität« als theoretischer Term. Eine begriffssystematische Analyse. In: Zlatkin-Troitschanskaia u. a. 2009, S. 33-43.

Reintjes, C. (2007): Erziehungswissenschaft – ein notwendiger Bestandteil der gymnasialen Lehrerausbildung? Münster: Lit.

Renninger, K. A./Hidi, S./Krapp, A. (Hg.) (1992): The role of interest in learning and development. Hillsdale: Erlbaum.

Reusser, K./Pauli, C./Elmer, A. (2011): Berufsbezogene Überzeugungen von Lehrerinnen und Lehrern. In: Terhart u. a. 2011, S. 478-495.

Reuter, L. R. (2010): Zu den Schnittmengen und zur Polyvalenz erziehungswissenschaftlicher Studiengänge. In: Erziehungswissenschaft 21 (40), S. 41-50.

Reynolds, A./Tannenbaum, R. J./Rosenfeld, M. (1992): Beginning teacher knowledge of general principles of teaching and learning. A national survey. Princeton: Educational Testing Serviece.

Richardson, V. (1996): The role of attitudes and beliefs in learning to teach. In: Sikula u. a. 1996, pp. 102-119.

Richardson, V. (Hg.) (^{4}2001): Handbook of Research on Teaching. Washington: AERA.

Richter, P./Rudolf, M./Schmidt, C. F. (1996): Fragebogen zur Analyse belastungsrelevanter Anforderungsbewältigung (FABA). Frankfurt am Main: Swets & Zeitlinger.

Ricken, N. (2010): Von Bremen über Bologna nach Bremen. Zur Neustrukturierung der LeherInnenbildung an der Universität Bremen. In: Erziehungswissenschaft 21 (40), S. 109-123.

Riggs, I./Enochs, L. (1990): Toward the development of an elementary teacher's science teaching efficacy belief instrument. In: Science Education 74 (6), S. 625-638.

Rindermann, H. (1996): Untersuchungen zur Brauchbarkeit studentischer Lehrevaluation. Landau: Empirische Pädagogik.

Rindermann, H. (2001): Lehrevaluation. Landau: Empirische Pädagogik.

Rindermann, H./Amelang, M. (1994): Entwicklung und Erprobung eines Fragebogens zur studentischen Veranstaltungsevaluation. In: Empirische Pädagogik 8 (2), S. 131-151.

Rindermann, H./Oubaid, V (1999): Auswahl von Studienanfängern durch Universitäten. Kriterien, Verfahren und Prognostizierbarkeit des Studienerfolgs. Zeitschrift für Differentielle und Diagnostische Psychologie 20 (3), S. 172-191.

Rohleder, C. (1997): Zwischen Integration und Heimatlosigkeit. Arbeitertöchter in Lehramt und Arztberuf. Münster: Westfälisches Dampfboot.

Rohrlack, C. (2007): Logistische und Ordinale Regression. In: Albers S./Klapper D./Konradt U./Walter A./Wolf J. (Hg.): Methodik der empirischen Forschung. Wiesbaden: Gabler, S. 199-214.

Rosenbusch, H./Sacher, W./Schenk, H. (1988): Schulreif? Die neue bayerische Lehrerbildung im Urteil ihrer Absolventen. Frankfurt am Main: Lang.

Ross, J. A. (1992): Teacher efficacy and the effect of coaching on student achievement. In: Canadian Journal of Education 17 (1), pp. 51-65.

Rost, J. (1996): Lehrbuch Testtheorie – Testkonstruktion. Bern: Huber.

Rotermund, M./Dörr, G./Bodensohn, R. (Hg.) (2008): Bologna verändert die Lehrerbildung. Auswirkungen der Hochschulreform. Leipzig: Universitäts-Verlag.

Roth, H. (Hg.) (1968/^{10}1976): Begabung und Lernen. Ergebnisse und Folgerungen neuer Forschungen. Stuttgart: Klett.

Rothgangel, M. (2008): Bildungsstandards für den Religionsunterricht. Zur fachdidaktischen Konsistenz des Berliner Forschungsprojekts. In: Zeitschrift für Pädagogik 54 (2), S. 194-197.

Rothgangel, M./Thaidigsmann, E. (Hg.) (2005): Religionspädagogik als Mitte der Theologie? Theologische Disziplinen im Diskurs. Stuttgart: Kohlhammer.

Rothland, M. (2007a) (Hg.): Belastung und Beanspruchung im Lehrerberuf. Modelle, Befunde, Interventionen. Wiesbaden: VS.

Rothland, M. (2007b): Soziale Unterstützung. Bedeutung und Bedingungen im Berufsalltag von Lehrerinnen und Lehrern. In: Rothland 2007a, S. 250-266.

Rothland, M. (2007c): Belastung und Beanspruchung im Lehrerberuf. Zur Einführung in das Studienbuch. In: Rothland 2007a, S. 7-10.

Rothland, M. (2009): Das Dilemma des Lehrerberufs sind... die Lehrer? Anmerkungen zur persönlichkeitspsychologisch dominierten Lehrerbelastungsforschung. In: Zeitschrift für Erziehungswissenschaft 13, S. 111-125.

Rothland, M. (2010a): Berufsorientierung und -motivation in der konsekutiven Lehrerbildung – diffus, trügerisch und defizitär? In: Die Deutsche Schule 102 (1), S. 21-36.

Rothland, M. (2010b): Das öffentliche Lehrerbild aus der Perspektive angehender Lehrkräfte. Empirische Befunde zur Wahrnehmung, Bewertung und Wirkung. In: Empirische Pädagogik 24 (3), S. 286-310.

Rothland, M./Terhart, E. (2007): Beruf: Lehrer – Arbeitsplatz Schule. Charakteristika der Arbeitstätigkeit und Bedingungen der Berufssituation. In: Rothland 2007a, S. 11-31.

Rothland, M./Terhart, E. (^{2}2009): Forschung zum Lehrerberuf. In: Tippelt, R./Schmidt, B. (Hg.): Handbuch Bildungsforschung. Wiesbaden: VS, S. 791-810.

Rotter, C./Reintjes, C. (2010): Die guten ins Töpfchen...!? Einsatz von Auswahlverfahren im Lehramtsstudium. In: Die Deutsche Schule 102 (1), S. 37-51.

Rotter, J. B. (1966): Generalized expectancies for internal and external control of reinforcement. In: Psychological Monographs 80 (No. 609).

Rousseau, J.-J. (1762/1998^{13}): Emil oder über die Erziehung. Stuttgart: UTB.

Rowan, B./Chiang, F./Miller R. J. (1997): Using research on employees' performance to study the effects of teachers on students' achievement. Sociology of Education 70 (4), pp. 256-84.

Rowan, B./ Correnti, R./ Miller, R. J. (2002): What large-scale survey research tells us about teacher effects on student achievement: Insights from the prospects study of elementary schools. In: Teachers College Record 104 (8), pp. 1525-1567.

Rudow, B. (1994): Die Arbeit des Lehrers. Zur Psychologie der Lehrertätigkeit, Lehrerbelastung und Lehrergesundheit. Bern: Huber.

Rudow, B. (1999): Stress and burnout in the teaching profession. In: Vandenberghe/ Hubermann 1999, pp. 38-58.

Rudow, B. (2000): Arbeits- und Gesundheitsschutz im Lehrerberuf. Ludwigsburg: Süddeutscher Pädagogischer Verlag.

Salgado, J. F. (1997): The five factor model of personality and job performance in the European Community. In: Journal of Applied Psychology 82 (1), pp. 30-43

Sanders, J. (Hg.) (2006³): Handbuch der Evaluationsstandards. Die Standards des »Joint Committee on Standards for Educational Evaluation«. Wiesbaden: VS.

Sandfuchs, U. (2004): Geschichte der Lehrerbildung in Deutschland. In: Blömeke u. a. 2004, S. 14-37.

Sarason, I./ Johnson, J./ Siegel, J. (1978): Assessing the Impact of Life Changes. Development of the Life Experiences Survey. In: Journal of Consulting and Clinical Psychology 46 (5), pp. 932-946.

Schaarschmidt, U. (2002): Die Belastungssituation von Lehrerinnen und Lehrern. Ergebnisse und Schlussfolgerungen aus der Potsdamer Lehrerstudie. In: Pädagogik 54 (7/8), S. 8-13.

Schaarschmidt, U. (2004): Situationsanalyse. In: Schaarschmidt, U. (Hg.): Halbtagsjobber? Weinheim: Beltz 2004, S. 41-71.

Schaarschmidt, U. (2009): Beanspruchung und Gesundheit im Lehrberuf. In: Zlatkin-Troitschanskaia u. a. 2009, S. 605-616.

Schaarschmidt, U. (Hg.) (²2005): Halbtagsjobber? Psychische Gesundheit im Lehrberuf. Analyse eines veränderungsbedürftigen Zustandes. Weinheim: Beltz.

Schaarschmidt, U./ Fischer, A. (1997): AVEM. Ein diagnostisches Instrument zur Differenzierung von Typen gesundheitsrelevanten Verhaltens und Erlebens gegenüber der Arbeit. In: Zeitschrift für Differentielle und Diagnostische Psychologie 18 (3), S. 151-163.

Schaarschmidt, U./ Fischer, A. W. (2001): Bewältigungsmuster im Beruf. Persönlichkeitsunterschiede in der Auseinandersetzung mit der Arbeitsbelastung. Göttingen: Vandenhoeck & Ruprecht.

Schaarschmidt, U./ Fischer, A. W. (³2008): AVEM. Arbeitsbezogenes Verhaltens- und Erlebensmuster. Handanweisung. London: Pearson.

Schaarschmidt, U./ Kieschke, U. (2007a): Beanspruchungsmuster im Lehrerberuf. In: Rothland 2007a, S. 81-98.

Schaarschmidt, U./ Kieschke, U./ Fischer, A. W. (1999): Beanspruchungsmuster im Lehrerberuf. In: Psychologie in Erziehung und Unterricht 46 (4), S. 244-268.

Schaarschmidt, U/ Kieschke, U. (2007b) (Hg.): Gerüstet für den Schulalltag. Psychologische Unterstützungsangebote für Lehrerinnen und Lehrer. Weinheim: Beltz.

Schach, B. (1980): Der Religionslehrer im Rollenkonflikt. Eine religionssoziologische Untersuchung. München: Kösel.

Schadt-Krämer, C. (1992): Pädagogik im Studium von Lehramtsstudenten. Opladen: Westdeutscher.

Schaefers, C. (2002): Forschung zur Lehrerausbildung in Deutschland. Eine bilanzierende Übersicht der neueren empirischen Studien. In: Schweizerische Zeitschrift für Bildungswissenschaften 24 (1), S. 65-88.

Schaeper, K. (2008): Lehrerbildung nach Bologna. In Lütgert, W./ Gröschner, A./ Kleinespei, K. (Hg.): Die Zukunft der Lehrerbildung. Entwicklungslinien – Rahmenbedingungen – Forschungsbeispieie. Weinheim: Beltz, S. 27-35.

Schaffernicht, A. (1967): Lehrerbildung. Eine Bibliographie. Frankfurt am Main: DIPF.

Schedler, K. (2003): ... and politics? Public Management Developments in the Light of two Rationalities. Public Management Review 5 (4), pp. 533-550.

Scheerens, J./ Bosker, R. L. (1997): The Foundations of Educational Effectiveness. Oxford: Pergamon.

Scheerens, J./ Glas, C./ Thomas, S. M. (2003): Educational Evaluation, Assessment, and Monitoring. Lisse: Swets.

Schelsky, H. (1953): Die Bedeutung des Schichtungsbegriffs für die Analyse der gegenwärtigen deutschen Gesellschaft. In: Schelsky, H. (1965): Auf der Suche nach Wirklichkeit. Düsseldorf: Diederichs, S. 331-336.

Scheuch, K./ Knothe, M. (1997): Psychophysische Beanspruchung von Lehrern in der Unterrichtstätigkeit. In: Buchen, S./ Carle, U./ Döbrich, P./ Hoyer, H.-D./ Schönwälder, H.-G. (Hg.): Jahrbuch der Lehrerforschung. Band 1. Weinheim/ München: Juventa, S. 285-299.

Scheuch, K./ Vogel, H./ Haufe, E. (1995): Entwicklung der Gesundheit von Lehrern und Erziehern in Ostdeutschland. Ausgewählte Ergebnisse der Dresdner Lehrerstudien 1985-1994. Dresden: Technische Universität.

Scheunpflug, A./ Baumert, J./ Kunter, M. (2006): Editorial. In: Zeitschrift für Erziehungswissenschaft 9, S. 465-467.

Schiefele, U./Krapp, A./Schreyer, I. (1993a): Metaanalyse des Zusammenhangs von Interesse und schulischer Leistung. Zeitschrift für Entwicklungspsychologie und Pädagogische Psychologie 25 (2), S. 120-148.

Schiefele, U./Krapp, A./Wild, K.-P./Winteler, A. (1992): Eine neue Version des »Fragebogen zum Studieninteresse« (FSI). Untersuchungen zu Reliabilität und Validität. München: Universität der Bundeswehr.

Schiefele, U./Krapp, A./Wild, K.-P./Winteler, A. (1993b): Der »Fragebogen zum Studieninteresse« (FSI). Diagnostica 39 (4), S. 335-351.

Schlee, J. (1992): Empirische Forschung zur Lehrerbildung. In: Ingenkamp, K./Jaeger, R. S./ Petillon, H./ Wolf, B. (Hg.): Empirische Pädagogik. 1970-1990. Eine Bestandsaufnahme der Forschung in der Bundesrepublik Deutschland. Weinheim: Deutscher Studien Verlag, S. 558-565.

Schmeiser, M. (2006): Soziologische Ansätze der Analyse von Professionen, der Professionalisierung und des professionellen Handelns. In: Soziale Welt 57, S. 295-318.

Schmid, C. (2010): Sind Quer- und Seiteneinsteigende bessere Lehrkräfte? In: Journal für LehrerInnenbildung 10 (3), S. 56-60.

Schmid, H./Lützenkirchen, F. J. (1968): Bibliographie zur Lehrerbildung und zum Berufsbild des Lehrers und Erziehers. In: Zeitschriften-Nachweis 1947-1967. Weinheim: Beltz.

Schmitz, G. (1998): Entwicklung der Selbstwirksamkeitserwartungen von Lehrern. In: Unterrichtswissenschaft 26 (2), S. 140-157.

Schmitz, G. S. (2001): Kann Selbstwirksamkeitserwartung vor Burnout schützen? Eine Längsschnittstudie in zehn Bundesländern. In: Psychologie in Erziehung und Unterricht 48 (1), S. 49-67.

Schmitz, G. S./Schwarzer, R. (2000): Selbstwirksamkeitserwartung von Lehrern. Längsschnittbefunde mit einem neuen Instrument. Pädagogische Psychologie 14 (1), S. 12-25

Schmitz, G. S./Schwarzer, R. (2002): Individuelle und kollektive Selbstwirksamkeitserwartung von Lehrern. In: Zeitschrift für Pädagogik, 44. Beiheft, S. 192-214.

Schneewind, K. A. (1991): Familienpsychologie. Stuttgart: Kohlhammer.

Schneider, C./Bodensohn, R. (2008): Berufliche Handlungskompetenzen in der ersten Phase der Lehrerausbildung. Ergebnisse zur Entwicklung im Längsschnitt. In: Rotermund u. a. 2008, S. 32-63.

Schneider, C./Bodensohn, R. (2010): Entwicklung beruflicher Handlungskompetenzen in der ersten Phase der Lehrerausbildung. In: Abel/Faust 2010, S. 227-234.

Schoenfeld, A. H. (1998): Toward a theory of teaching-in-context. In: Issues in Education 4 (1), pp. 1-94.

Scholz, V./Jehle, P. (1983): Lehrerstress. Ein Zwischenbericht zur Entwicklung eines Stressbewältigungsprogramms. In: Mitteilungen und Nachrichten des DIPF und der GFPF (110/111), S. 76-90.

Schön, D. A. (1983): The reflective practitioner. New York: Basic Books.

Schönhofen, K./Schwerdtfeger, A. (2006): Ambulantes Monitoring zur Erfassung der Beanspruchung von Mainzer Grund- und Hauptschullehrkräften. In: Ebner-Priemer, U. W. (Hg.): Ambulantes psychophysiologisches Monitoring. Frankfurt am Main: Lang, S. 87-112.

Schönwälder, H.-G. (Hg.): Belastungen im Lehrerberuf. In: Gudjons 1993, S. 11-20.

Schorn, A. (2000): Das »themenzentrierte Interview«. Ein Verfahren zur Entschlüsselung manifester und latenter Aspekte subjektiver Wirklichkeit. In: Forum Qualitative Sozialforschung 1 (2). URL: http://www.qualitative-research.net/index.php/fqs/article/view/1092/2394 [Stand: 16.03.2011]

Schorn, N./Buchwald, P. (2007): Burnout bei Lehramtstudierenden. Poster. 69. Tagung der Arbeitsgruppe für empirische pädagogische Forschung der DGfE an der Bergischen Universität Wuppertal.

Schrader, A./Nikles, B./Griese, H. M. (1976): Die zweite Generation. Sozialisation und Akkulturation ausländischer Kinder in der Bundesrepublik. Kronberg: Athenaeum.

Schreiner, M. (1999): Mit Begeisterung und Besonderheit. Zum Profil evangelischer Religionslehrerinnen und Religionslehrer heute. In: Schreiner, M. (Hg.): Vielfalt und Profil. Zur evangelischen Identität heute. Neukirchen-Vluyn: Neukirchner.

Schröder, M. (2006): Burnout unvermeidlich? Ein Kompendium zu Lehrerbelastungsforschung unter Berücksichtigung des Persönlichkeitsaspekts und eine empirische Untersuchung zur Passungsproblematik im Lehrerberuf. Potsdam: Universitätsverlag.

Schubarth, W./Speck, K./Gladasch, U. (2006): Ausbildungsprozess und Kompetenzen. In: Seifried/Abel 2006, S. 161-179.

Schubarth, W./Speck, K./Große, U./Seidel, A./Gemsa, C. (2006): Die zweite Phase der Lehrerausbildung aus Sicht der Brandenburger Lehramtskandidatinnen und Lehramtskandidaten. In: Schubarth, W./Pohlenz, P. (Hg.): Qualitätsentwicklung und Evaluation in der Lehrerbildung. Die zweite Phase: Das Referendariat, Potsdam: Universitäts-Verlag, S. 13-175.

Schuler, H. (2001²): Noten und Studien- und Berufserfolg. In: Rost, D. H. (Hg.): Handwörterbuch Pädagogische Psychologie. Weinheim: Beltz, S. 501-507.

Schulte, K./ Bögeholz, S./ Watermann, R. (2008): Selbstwirksamkeitserwartungen und Pädagogisches Professionswissen im Verlauf des Lehramtsstudiums. In: Zeitschrift für Erziehungswissenschaft 11 (2), S. 268-287.

Schulz, W. (1984): Pädagogische Qualifizierungsprozesse von Lehrerstudenten in der Studieneingangsphase. Frankfurt: Lang.

Schumacher, E. (2000): Soziale Milieus von Grundschulpädagoginnen und -pädagogen. In: Jaumann-Graumann, O./ Köhnlein, W. (Hg.): Lehrerprofessionalität – Lehrerprofessionalisierung. Bad Heilbrunn: Klinkhardt, S. 110-121.

Schumacher, E. (2002): Die soziale Ungleichheit der Lehrer/ innen – oder: Gibt es eine Milieuspezifität pädagogischen Handelns? In: Mägdefrau, J. (Hg.): Pädagogik und soziale Ungleichheit. Bad Heilbrunn: Klinkhardt, S. 253-270.

Schumacher, J./ Eisemann, M./ Brähler, E. (2000): FEE. Fragebogen zum erinnerten elterlichen Erziehungsverhalten. Manual zum Fragebogen. Bern: Huber.

Schumacher, L./ Paulus, P./ Sieland, B. (2009): Unterricht, Schule, Bildungssystem und Gesellschaft. Situative Einflussfaktoren auf die Gesundheit und Professionalität von Lehrkräften. In: Zlatkin-Troitschanskaia u. a. 2009, S. 615-628.

Schumann, S./ Eberle, F. (2009): Überlegungen zur Erfassung von langfristigen Effekten der Professionalität von Lehrenden. In: Zlatkin-Troitschanskaia u. a. 2009, S. 717-727.

Schunk, D. H. (1995): Self-efficacy and education and instruction. In: Maddux, J. E. (Ed.): Selfefficacy, adaptation, and adjustment. New York: Plenum Press, S. 281-303.

Schüren, R. (1989): Soziale Mobilität. St. Katharinen: Scripta Mercaturae.

Schütze, F. (2002): Das Konzept der sozialen Welt im symbolischen Interaktionismus und die Wissensorganisation in modernen Komplexgesellschaften. In: Keim, I./ Schütte, W. (Hg.): Soziale Welten und kommunikative Stile. Tübingen: Narr, S. 57-83.

Schütze, F./ Bräu, K./ Liermann, H./ Prokopp, K./ Speth, M./ Wiesemann, J. (1996): Überlegungen zu Paradoxien professionellen Lehrerhandelns in den Dimensionen der Schulorganisation. In: Helsper, W./ Krüger, H.-H./ Wenzel, H. (Hg.): Schule und Gesellschaft im Umbruch. Bd. 1. Weinheim: Deutscher Studien Verlag, S. 333-377.

Schwänke, U. (1988): Der Beruf des Lehrers. Professionalisierung und Autonomie im historischen Prozess. Weinheim: Juventa.

Schwarzer, R. (2000⁴): Stress, Angst und Handlungsregulation. Stuttgart: Kohlhammer.

Schwarzer, R./ Hallum, S. (2008): Perceived teacher self-efficacy as a predictor of job stress and burnout. Mediation analyses. In: Applied Psychology 57, Supplement 1, S. 152-171.

Schwarzer, R./ Jerusalem, M. (2002): Das Konzept der Selbstwirksamkeit. Zeitschrift für Pädagogik, 44. Beiheft, S. 28-53.

Schwarzer, R./ Leppin, A. (1989): Sozialer Rückhalt und Gesundheit. Göttingen: Hogrefe.

Schwarzer, R./ Schmitz, G. S. (1999): Kollektive Selbstwirksamkeitserwartung von Lehrern. Eine Längsschnittstudie in zehn Bundesländern. In: Zeitschrift für Sozialpsychologie 30 (4), S. 262-274.

Schwarzer, R./ Warner, L. M. (2011): Forschung zur Selbstwirksamkeit bei Lehrerinnen und Lehrern. In: Terhart u. a. 2011, S. 496-510.

Schweitzer, F. (2006): Religionspädagogik. Gütersloh: Gütersloher.

Schweitzer, F. (2007): Religionslehrerbildung nach PISA. Welche Standards und Kompetenzen brauchen wir? In: Zeitschrift für Pädagogik und Theologie 59 (1), S. 41-47.

Schweitzer, F. (2008): Elementarisierung und Kompetenz. Wie Schülerinnen und Schüler von »gutem Religionsunterricht« profitieren. Neukirchen-Vluyn: Neukirchner.

Schweitzer, F./ Biesinger, A. (2002): Gemeinsamkeiten stärken – Unterschieden gerecht werden. Freiburg: Herder.

Schwindt, K./ Seidel, T./ Blomberg, G./ Stürmer, K. (2009): Kontextualisierte Erfassung pädagogisch-psychologischer Kompetenz bei Studierenden des Lehramts. In: Zlatkin-Troitschanskaia u. a. 2009, S. 211-223.

Scott, L. A./ Ingles, S. J./ Owings, J. A. (2007): Interpreting 12th-Graders' NAEP-Scaled Mathematics Performance Using High School Predictors ans Postsecondary Outcomes from the National Longitudinal Study of 1988. Washington: National Center of Education Statistics.

Seibert, S. E./ Kraimer, M. L. (2001): The Five-Factor Model of Personality and Career Success. Journal of Vocational Behavior 58 (1), S. 1-21.

Seidel, T./ Prenzel, M. (2007): Wie Lehrpersonen Unterricht wahrnehmen und einschätzen. Erfassung pädagogischpsychologischer Kompetenzen mit Videosequenzen. In: Zeitschrift für Erziehungswissenschaft, Sonderheft 8, S. 201-216.

Seidel, T./ Prenzel, M./ Kobarg, M. (2005): How to run a video study. Münster: Waxmann.

Seidel, T./Prenzel, M./Rimmele, R./Dalehefte, I. M./Herweg, C./Kobarg, M./Schwindt, K. (2006a): Blicke auf den Physikunterricht. Ergebnisse der IPN Videostudie. In: Zeitschrift für Pädagogik 52 (6), S. 798-821.

Seidel, T./Prenzel, M./Rimmele, R./Meyer, L./Dalehefte, I. M. (2004): Lernprogramm LUV Lernen aus Unterrichtsvideos für Physiklehrkräfte. Kiel: IPN.

Seidel, T./Prenzel, M./Rimmele, R./Schwindt, K./Kobarg, M./Herweg, C./Dalehefte, I. M. (2006b): Unterrichtsmuster und ihre Wirkungen. Eine Videostudie im Physikunterricht. In: Prenzel/Allolio-Näcke 2006, S. 99-126.

Seidel, T./Rimmele, R./Prenzel, M. (2003): Gelegenheitsstrukturen beim Klassengespräch und ihre Bedeutung für die Lernmotivation. In: Unterrichtswissenschaft 31, S. 142-165.

Seidel, T./Shavelson, R. J. (2007): Teaching Effectiveness Research in the Past Decade. The Role of Theory and Research Design in Disentangling Meta Analysis Results. In: Review of Education Research 77 (4), pp. 454-499.

Seifert, K. H. (1994): Laufbahnproblembelastung bei Lehrerstudenten. In: Mayr 1994, S. 156-176.

Seifert, K. H./Bergmann, C. (1983): Deutschsprachige Adaption des Work Values Inventory von Super. In: Psychologie und Praxis. Zeitschrift für Arbeits- und Organisationspsychologie 27 (4), S. 160-172.

Seifert, K. H./Stangl, W. (1986): Der Fragebogen Einstellungen zur Berufswahl und beruflichen Arbeit. In: Diagnostica 32 (2), S. 153-164.

Seifried, J. (2009): Unterricht aus der Sicht von Handelslehrern. Frankfurt: Lang.

Seifried, J./Abel, J. (Hg.) (2006): Empirische Lehrerbildungsforschung. Stand und Perspektiven. Münster: Waxmann.

Seifried, J./Ziegler, B. (2009): Domänenbezogene Professionalität. In: Zlatkin-Troitschanskaia u. a. 2009, S. 83-92.

Seipp, B. (1999): Schulpraktische Studien aus der Sicht von Absolvent(inn)en des Lehramtes für die Primarstufe. In: Höltershinken, D. (Hg.): Lehrerbildung im Umbruch. Bochum: Projekt, S. 53-67.

Seipp, B. (2003): Standards in der Lehrerbildung. Eine Befragung zur Vermittlung der OSERschen Standards in der Ersten Phase der Lehramtsausbildung. Bochum: Projekt.

Sembill, D./Seifried, J. (2009): Konzeptionen, Funktionen und intentionale Veränderungen von Sichtweisen. In: Zlatkin-Troitschanskaia u. a. 2009, S. 345-354.

Seyfried, C./Seel, A. (2005): Subjektive Bedeutungszuschreibung als Ausgangspunkt schulpraktischer Reflexion. In: Journal für LehrerInnenbildung 5 (1), S.17-25.

Shell 2006 = Jugend 2006. 15. Shell Jugendstudie. Eine pragmatische Generation unter Druck. Frankfurt: Fischer.

Shirk, W. G. (2002): A Study of the Relationship between Student Satisfaction und Ethnicity, Gender, and Grade Point Average at a Private, Non-denominational, Midwestern University. In: Dissertation Abstracts International 63 (2-A), S. 525.

Shkedi, A./Laron, D. (2004): Between Idealism and Pragmatism. A Case Study of Student Teachers' Pedagogical Development. In: Teaching and Teacher Education 20 (7), S. 693-711.

Shrout, P. E./Fleiss, J. L. (1979): Intraclass correlation. Uses in assessing rater reliability. Psychological Bulletin 86 (2), S. 420-428.

Shuell, T. J. (1996): Teaching and learning in a classroom context. In: Berliner, D. C./Calfee, R. C. (Hg.): Handbook of Educational Psychology. New York: Macmillan, pp. 726-764.

Shulman, L. S. (1986): Those Who Understand. Knowledge Growth in Teaching. In: Educational Researcher 15 (2), pp. 4-14.

Shulman, L. S. (1987): Knowledge and teaching. Foundations of the new reform. In: Harvard Educational Review 57 (1), pp. 1-22.

Shulman, L. S. (1991): Von einer Sache etwas verstehen. Wissensentwicklung bei Lehrern. In: Terhart 1991, S. 145-160.

Siegrist, J. (1991): Contributions of sociology to the prediction of heart disease and their implicatons for public health. In: European Journal of Public Health 1 (1), pp. 10-21.

Sieland, B. (2007): Wie gehen Lehrkräfte mit Belastungen um? In: Rothland 2007a, S. 206-226.

Sieland, B./Nieskens, B. (2001): Diagnosegeleitete Laufbahnberatung und Lehrerbildung. In: Hanckel, C./Jötten B./Seifried, K. (Hg.): Schule zwischen Realität und Vision. Bonn: Deutscher Psychologen Verlag, S. 197-205.

Sikes, P. J./Measor, L./Woods, P. (1985): Teacher Carrers, Crises and Continuities. London: Falmer Press.

Sikula, J./Buttery, T./Guyton, E. (Hg.) (1996[2]): Handbook of Research on Teacher Education. New York: Macmillan.

Simon, W. (2005): Theologische und kirchliche Positionen zur Reform der Religionslehrerbildung. In: Ziebertz u. a. 2005, S. 30-39.

Simons, P. R.-J./Ruijters, M. C. P. (2004): Learning professionals: Towards an integrated model. In: Boshuizen, H. P. A./Bromme, R./Gruber, H. (Hg.): Professional learning. Dordrecht: Kluwer, S. 207-229.

Slavin, R. E. (2006): Educational psychology. Theory and practice. Boston: Allyn and Bacon.

Sliwka, A. (2008): Professionalisierung durch Selbstregulierung. In: Journal für LehrerInnenbildung 8 (3), S. 45-51.

Sosnowsky, N. (2007): Burnout. Kritische Diskussion eines vielseitigen Phänomens. In: Rothland 2007a, S. 119-139.

Spiegel (Hg.) (1993): Welche Uni ist die beste? Spiegel-Rangliste der deutschen Hochschulen. Spiegel Spezial.

Spies, K./Westermann, R./Heise, E./Hagen, M. (1998): Zur Abhängigkeit der Studienzufriedenheit von Diskrepanzen zwischen Fähigkeiten und Anforderungen. In: Psychologie in Erziehung und Unterricht 45 (1), S. 36-52.

Spies, K./Westermann, R./Heise, E./Schiffler, A. (1996): Diskrepanzen zwischen Bedürfnissen und Angeboten im Studium und ihre Beziehung zur Studienzufriedenheit. In. Empirische Pädagogik 10 (4), S. 377-409.

Spinath, B./Ophuysen, S. van/Heise, E. (2005): Individuelle Voraussetzungen von Studierenden zu Studienbeginn. Sind Lehramtsstudierende so schlecht wie ihr Ruf? In: Psychologie in Erziehung und Unterricht 52 (3), S. 186-197.

Spinath, B./Stiensmeier-Pelster, J. (2000): Zielorientierung und Leistung. In: Metz-Göckel, H./Hannover, B./Leffelsend, S. (Hg.): Selbst, Motivation und Emotion. Berlin: Logos, S. 44-55.

Spinath, B./Stiensmeier-Pelster, J./Schöne, C./Dickhäuser, O. (2002): Die Skalen zur Erfassung von Lern- und Leistungsmotivation (SELLMO). Göttingen: Hogrefe.

Spirgi, B./Stadelmann, M. (1997): Wie die Lehrerbildung bilden soll. 2 Bde. Bern: Haupt.

Spranger, E. (1958): Der geborene Erzieher. Heidelberg: Quelle & Meyer .

Städeli, C. (2003): Die Festlegung von Standards für die Ausbildung von allgemein bildenden Lehrpersonen an Berufsschulen. Eine Expertenbefragung. Zollikofen: SIBP.

Stähling, R. (1998): Beanspruchungen im Lehrerberuf. Einzelfallstudie und Methodenerprobung. Münster: Waxmann.

Staub, F. C./Stern, E. (2002): The nature of teachers' pedagogical content beliefs matters for students' achievement gains. Quasi-experimental evidence from elementary mathematics. In: Journal of Educational Psychology 94 (2), pp. 344-355.

Stebler, P. (2000): Studienerfolg und Studienzufriedenheit. Freiburg: Universität Freiburg.

Stehr, N. (1994): Arbeit, Eigentum und Wissen. Zur Theorie von Wissensgesellschaften. Frankfurt am Main: Suhrkamp.

Steltmann, K. (1980): Motive für die Wahl des Lehrerberufs. In: Zeitschrift für Pädagogik 26 (4), S. 581-586.

Sternberg, R. J./Horvath, J. A. (1995): A Prototype View of Expert Teaching. In: Educational Researcher 24 (6), pp. 9-17.

Stichweh, R. (1992): Professionalisierung, Ausdifferenzierung von Funktionssystemen, Inklusion. In: Dewe, B./Ferchholf, W./Radtke, F.-O. (Hg.): Erziehen als Profession. Opladen: Leske + Budrich, S. 36-48.

Stichweh, R. (1996): Professionen in einer funktional differenzierten Gesellschaft. In: Combe/Helsper 1996, S. 49-69.

Stigler, J. W./Hiebert, J. (1998): The TIMSS videotape study. American Educator 22 (4), pp. 43-45.

Stiller, E./Zeoli, A. (2010): Lehrkräfte mit Zuwanderungsgeschichte. In: Die Deutsche Schule 102 (4), S. 338-346.

Storch, M./Krause, F./Küttel, Y. (2007): Ressourcenorientiertes Selbstmanagement für Lehrkräfte. Das Züricher Ressourcen Modell ZRM. In: Rothland 2007a, S. 290-309.

Strittmatter, A. (2004): Die Standarddiskussion in der Schweiz. In: Journal für Schulentwicklung 8 (4), S. 39-46.

Super, D. E. (1963): Self concepts in vocational development. In: Super, D. L. (Ed.): Career development: Self-concept-theory. New York: College Board, pp. 1-16.

Sykes, G. (1996): Reform of and as professional development. Phi Delta Kappan 77 (7), S. 465-467.

Szczyrba, B./Wildt, J. (1999): Neuere Empfehlungen zur Reform der Lehrerbildung – eine Synopse. In: Bayer, M./Bohnsack, F./Koch-Priewe, B./Wildt, J. (Hg.): Lehrerin und Lehrer werden ohne Kompetenz? Professionalisierung durch eine andere Lehrerbildung. Bad Heilbrunn: Klinkhardt, S. 327-349.

Tatto, M. T./Schwille, J./Ingvarson, L./Beavis, A. (2003): Teacher Education and Development Study (TEDS). Progress Report to the IEA General Assembly Lemesos, Cyprus, 6-9 October.

Tatto, M. T./Schwille, J./Senk, S./Ingvarson, L./Peck, R./Rowley, G. (2008): Teacher Education and Development Study in Mathematics (TEDS-M): Conceptual framework. East Lansing: Michigan State University.

Tausch, R./Tausch, A.-M. (1963): Erziehungspsychologie. Göttingen: Hogrefe.

Teddlie, C./Reynolds, D. (2000): The International Handbook of School Effectiveness. London: Falmer Press.

Tegeler, A. (2010): Leistungsbewertungen, Prüfungen, Verschulung. Ein Beitrag aus studentischer Sicht. In: Erziehungswissenschaft 21 (40), S. 135-143.

Tenorth, H.-E. (1989): Professionstheorie für die Pädagogik? In: Zeitschrift für Pädagogik 35 (6), S. 809-824.

Tenorth, H.-E. (2006): Professionalität im Lehrerberuf. Ratlosigkeit der Theorie, gelingende Praxis. In: Zeitschrift für Erziehungswissenschaft 9 (4), S. 580-597.

Terhart, E. (1987): Vermutungen über das Lehrerethos. In: Zeitschrift für Pädagogik 33 (6), S. 787-804.

Terhart, E. (1990): Sozialwissenschaftliche Theorie- und Forschungsansätze zum Beruf des Lehrers. 1970-1990. In: Zeitschrift für Sozialisationsforschung und Erziehungssoziologie 10 (3), S. 235-254.

Terhart, E. (1994): Zur Berufskultur der Lehrerschaft. Fremd- und Selbstdeutung. In: Erziehungswissenschaft und Beruf 42 (2), S. 132-144.

Terhart, E. (1995): Lehrerbiographien. In: König, E./ Zedler, P. (Hg.): Bilanz qualitativer Forschung. Bd. 2. Weinheim: Deutscher Studien Verlag, S. 225-264.

Terhart, E. (1997): Guter Lehrer – schlechter Lehrer. Zur Frage der Beurteilung der Arbeitsleistung von Lehrkräften. In: Schwarz, B./ Prange, K. (Hg.): Schlechte Lehrer/innen. Zu einem vernachlässigten Aspekt des Lehrberufs. Weinheim: Beltz, S. 34-85.

Terhart, E. (1998): Formalised Codes of Ethics for Teachers. Between Professional Autonomy and Administrative Control. In: European Journal of Education 33, pp. 433-444.

Terhart, E. (1999): Strukturprobleme der Lehrerbildung. Konfligierende Modernisierungen. In: Beiträge zur Lehrerbildung 17 (2), S. 141-150.

Terhart, E. (2001): Lehrerberuf und Lehrerbildung. Forschungsbefunde, Problemanalysen, Reformkonzepte. Weinheim: Beltz.

Terhart, E. (2002): Standards für die Lehrerbildung. Eine Expertise für die Kultusministerkonferenz. Münster: Universität Münster.

Terhart, E. (2003): Wirkungen von Lehrerbildung. Perspektiven einer an Standards orientierten Evaluation. In: Journal für LehrerInnenbildung 3 (3), S. 8-19.

Terhart, E. (2005): Die Lehrerbildung. In: Cortina u. a. 2005, S. 787-810.

Terhart, E. (2006a): Standards und Kompetenzen in der Lehrerbildung. In: Hilligus/ Rinkens 2006, S. 29-42.

Terhart, E. (2006b): Strukturprobleme der Lehrerausbildung in Deutschland. In: Óhidy u. a. 2006, S. 45-65.

Terhart, E. (2007): Erfassung und Beurteilung der beruflichen Kompetenz von Lehrkräften. In: Lüders/ Wissinger 2007, S. 38-62.

Terhart, E. (2008): Die Lehrerbildung. In: Cortina, K. S./ Baumert, J./ Leschinsky, A./ Mayer, K. U./ Trommer, L. (Hg.): Das Bildungswesen in der Bundesrepublik Deutschland. Reinbek: rororo, S. 745-773.

Terhart, E. (2009): Erste Phase. Lehrerbildung an der Universität. In: Zlatkin-Troitschanskaia u. a. 2009, S. 425-437.

Terhart, E. (2010): Heterogenität der Schüler – Professionalität der Lehrer. Ansprüche und Wirklichkeiten. In: Ellger-Rüttgard/ Wachtel 2010, S. 89-104.

Terhart, E. (Hg.) (1991): Unterrichten als Beruf. Neuere amerikanische und englische Arbeiten zur Berufskultur und Berufsbiographie von Lehrern und Lehrerinnen. Wien: Böhlau.

Terhart, E. (Hg.) (2000): Perspektiven der Lehrerbildung in Deutschland. Weinheim: Beltz.

Terhart, E./ Bennewitz, H./ Rothland, M. (Hg.) (2011): Handbuch der Forschung zum Lehrerberuf. Münster: Waxmann.

Terhart, E./ Czerwenka, K./ Ehrich, K./ Jordan, F./ Schmidt, H. J. (1994): Berufsbiographien von Lehrern und Lehrerinnen. Frankfurt am Main: Lang.

Teuber, S./ Backes-Gellner, U./ Mure, J. (2009): Erfassung der Wirkung von Lehrerprofessionalität aus bildungsökonomischer Perspektive. In: Zlatkin-Troitschanskaia u. a. 2009, S. 743-755.

The Abell Foundation (Ed.) (2001): Teacher Certification Reconsidered. Stumbling for Quality. URL: http://www.abell.org/pubsitems/ed_cert_1101.pdf [Stand: 17.03.2011]

The Holmes Partnership (Ed.) (1995): Tomorrow's Schools of Education. A Report of the Holmes Group. URL: http://www.eric.ed.gov/ERICWebPortal/detail?accno=ED399220 [22.03.2011]

The Holmes Partnership (Ed.) (1996): Tomorrow's Teachers. A Report of the Holmes Group. URL: http://www.eric.ed.gov/ERICWebPortal/detail?accno=ED270454 [22.03.2011]

Tietel, E. (2000): Das Interview als Beziehungsraum. In: Forum Qualitative Sozialforschung 1 (2). URL: http://www.qualitative-research.net/index.php/fqs/article/view/1095/2403 [Stand: 17.03.2011]

Tokar, D. M./ Fischer, A. R./ Subich, L. M. (1998): Personality and vocational behavior. A selective review of the literature, 1993-1997. Journal of Vocational Behavior 53 (2), pp. 115-153.

Townsend, T./ Bates, R. (Eds.) (2007): Handbook of Teacher Education. Globalization, Standards and Professionalism in Times of Change. Dordrecht: Springer.

Trautwein, U./ Köller, O./ Lehmann, R./ Lüdtke, O. (2007): Schulleistungen von Abiturienten. Münster: Waxmann.

Treiman, D. J. (1977): Occupational prestige in comparative perspective. New York: Academic Press.

Treptow, E. (2006): Bildungsbiographien von Lehrerinnen und Lehrern. Münster: Waxmann.

Trigwell, K./ Prosser, M./ Waterhouse, F. (1999): Relations between teachers' approaches to teaching and students' approaches to learning. In: Higher Education 37 (1), S. 57-90.

Trost, G. (1975): Bedingungen des Studienerfolgs. Braunschweig: Westermann.

Tschannen-Moran, M./ Woolfolk Hoy, A./ Hoy, W. K. (1998): Teacher efficacy. Its meaning and measure. In: Review of Educational Research 68 (2), pp. 202-248.

Tytler, R. (2007): School innovation in science. Research in Science Education 37 (2), S. 189-216.

Ulich, K. (1996): Beruf Lehrer/in. Weinheim: Beltz.
Ulich, K. (1998): Berufswahlmotive angehender LehrerInnen. In: Die Deutsche Schule 90 (1), S. 64-85.
Ulich, K. (2000): Lehrer/innen-Ausbildung im Urteil der Betroffenen. In: Die Deutsche Schule 88 (1), S. 81-97.
Ulich, K. (2004): »Ich will Lehrer/in werden«. Eine Untersuchung zu den Berufswahlmotiven von Studierenden. Weinheim: Beltz.
Urban, W. (1984): Persönlichkeitsstruktur und Unterrichtskompetenz. Wien: Österreichischer Bundesverlag.
Urban, W. (1992): Untersuchungen zur Prognostizierbarkeit der Berufszufriedenheit und Berufsbelastung bei österreichischen Hauptschullehrern. In: Empirische Pädagogik 6 (2), S. 131-148.
Urban, W. (2004): Evaluation des tertiären Bildungssystems. Konzeption, Modellbildung und Druchführung. Innsbruck: Studienverlag.

Vandenberghe, R./Huberman, A. M. (1999): Understanding and preventing teacher burnout. A sourcebook of international research an practice. Cambridge: Cambridge University Press.
Veenman, S. (1984): Perceived Problems of Beginning Teachers. In: Review of Educational Research 54 (2), pp. 143-178.
Vogel, P. (1999): Der Theorie-Praxis-Konflikt in der Pädagogik als Deutungsmuster im Studienalltag – oder: Was lernt man eigentlich im erziehungswissenschaftlichen Studium? In: Der pädagogische Blick 7 (1), S. 34-40.
Volpert, W. (1987): Psychische Regulation von Arbeitstätigkeiten. In: Kleinbeck, U./Rutenfranz, J. (Hg.): Enzyklopädie der Psychologie. Göttingen: Hogrefe, S. 1-42.

Wagner, H.-J. (1998): Eine Theorie pädagogischer Professionalität. Weinheim: DSV.
Wahl, D. (2005): Lernumgebungen erfolgreich gestalten. Vom trägen Wissen zum kompetenten Handeln. Bad Heilbrunn:
Wahl, D./Huber, G. L./Weinert, F. E. (2007²): Belm-Vehrte: Sozio-Publishing.
Waldmann, M. R. (1997): Kognitionspsychologische Theorien von Begabung und Expertise. In: Weinert, F. E. (Hg.): Psychologie des Unterrichts und der Schule. Göttingen: Hogrefe, S. 445-476.
Walschburger, P. (1990): Biopsychologische Aspekte der Gesundheit. In: Schwarzer, R. (Hg.): Gesundheitspsychologie. Ein Lehrbuch. Göttingen: Hogrefe, S. 25-34.
Walther, E. S. (2000): The Relationships between Student Satisfaction and Student Retention in Higher Education. In: Dissertation Abstracts International 61 (5-A), S. 1706.
Wang, M. C./Haertel, L. G. D./Walberg, H. J. (1993): Toward a knowledge base for school learning. In: Review of Educational Research 63 (3), S. 249-294.
Warner, L. M./Schwarzer, R. (2009): Selbstwirksamkeit bei Lehrkräften. In: Zlatkin-Troitschanskaia u. a. 2009, S. 629-640.
Watermann, R./Baumert, J. (2006): Entwicklung eines Strukturmodells zum Zusammenhang zwischen sozialer Herkunft und fachlichen und überfachlichen Kompetenzen. In: Baumert, P./Stanat, P./Watermann, R. (Hg.): Herkunftsbedingte Disparitäten im Bildungswesen. Wiesbaden: VS, S. 61-94.
Wayne, A. J./Youngs, P. (2003): Teacher Characteristics and Student Achievement Gains. A Review. In: Review of Educational Research 73 (1), S. 89-122.
Weber, A. (2003): Frühpension statt Prävention? In: Arbeitsmedizin, Sozialmedizin, Umweltmedizin 38 (7), S. 376-384.
Weber, S./Achtenhagen, F. (2009): Forschungs- und evidenzbasierte Lehrerbildung. In: Zlatkin-Troitschanskaia u. a. 2009, S. 477-487.
Weiler, H. N. (2010): Lehrerbildung und Hochschulreform – eine kritische Zwischenbilanz. In: Abel/Faust 2010, S. 15-24. Faust, G. (2010): Das GLANZ-Projekt – seine Ziele, seine Wirkungen. In: Abel/Faust 2010, S. 35-46.
Weinert, F. E. (1996): »Der gute Lehrer«, »die gute Lehrerin« im Spiegel der Wissenschaft. Was macht Lehrende wirksam und was ruhrt zu ihrer Wirksamkeit? In: Beiträge zur Lehrerbildung 14 (2), S. 141-151.
Weinert, F. E. (2001): Vergleichende Leistungsmessung in Schulen. Eine umstrittene Selbstverständlichkeit. In: Weinert, F. E. (Hg.): Leistungsmessung in Schulen. Weinheim: Beltz, S. 17-31.
Weinert, F. E./Helmke, A. (1997): Entwicklung im Grundschulalter. Weinheim: Beltz.
Weinert, F. E./Schrader, F.-W./Helmke, A. (1990): Unterrichtsexpertise. In: Alisch, L.-M./Baumert, J./Beck, K. (Hg.): Professionswissen und Professionalisierung. Braunschweig: Universität Braunschweig, S. 173-206.
Weinstein, C. E. (1987): Learning and study strategies inventory (LASSI). Clearwater: H & H Publishing.

Wendt, W. (2001): Belastung von Lehrkräften. Fakten zu Schwerpunkten, Strukturen und Belastungstypen. Eine repräsentative Befragung von Berliner Lehrerinnen und Lehrern. Landau: Empirische Pädagogik.

Wernet, A. (2003): Pädagogische Permissivität. Schulische Sozialisation und pädagogisches Handeln jenseits der Professionalisierungsfrage. Opladen: Leske + Budrich.

Wernet, A. (2005): Über pädagogisches Handeln und den Mythos seiner Professionalisierung. In: Pfadenhauer, M. (Hg.): Professionelles Handeln. Wiesbaden: VS, S. 125-146.

Wessel, A./Merkens, H/Dohle, K. (1997): Entscheidung ins Ungewisse. Schulwahlverhalten von Eltern und Schülern in Berlin und Brandenburg. Berlin: Freie Universität Berlin.

Westermann, R. (2001): Studienzufriedenheit In: Rost 2001, S. 693-699.

Westermann, R./Heise, E./Spies, K./Trautwein, U. (1996): Identifikation und Erfassung von Komponenten der Studienzufriedenheit. In: Psychologie in Erziehung und Unterricht 43 (4), S. 1-22.

Wiater, W. (2009): Zur Definition und Abgrenzung von Aufgaben und Funktionen der Schule. In: Blömeke u. a. 2009, S. 65-72.

Wideen, M./Mayer-Smith, J./Moon, B. (1998): A Critical Analysis of the Research on Learning to Teach. Making the Case for an Ecological Perspective on Inquiry. In: Review of Educational Research 68 (2), pp. 130-178.

Wigger, L. (2000): Beiträge zur Diskussion um ein Kerncurriculum Erziehungswissenschaft. Vechta: Hochschule Vechta.

Wigger, L. (2004): Kerncurriculum Erziehungswissenschaft un die Reform der Lehrerbildung. In: Habel, W./Wildt, J. (Hg.): Gestufte Studiengänge. Brennpunkte der Lehrerbildungsreform. Bad Heilbrunn: Klinkhardt, S. 57-77.

Wigger, L. (2010): Das Kerncurriculum Erziehungswissenschaft in der Lehrerbildung. Erfahrungen und Probleme. In: Erziehungswissenschaft 21 (40), S. 33-39.

Wigger, L./Horn, K.-P. (2002): Das Kerncurriculum Erziehungswissenschaft. In: Erziehungswissenschaft. Lehre und Studium. Opladen: Leske + Budrich, S. 185-200.

Wild-Näf, M. (2001): Die Ausbildung für Lehrkräfte der Deutschschweiz im Urteil der Studierenden. Ein Strukturmodell des Zusammenhangs von Person, Organisation und Ausbildungsprozess. In: Oser/Oelkers 2001, S. 141-214.

Wild, E./Gerber, J. (2009): Lernlust statt Lernfrust. Evaluation eines Elterntrainings zur Verringerung von Hausaufgabenkonflikten bei Schülern mit Lernschwierigkeiten. In: Psychologie in Erziehung und Unterricht 56 (4), S. 303-318.

Wild, K.-P./Schiefele, U. (1994): Lernstrategien im Studium. Ergebnisse zur Faktorenstruktur und Reliabilität eines neuen Fragebogens. Zeitschrift für Differentielle und Diagnostische Psychologie 15 (4), S. 185-200.

Wildt, J. (1999): Lehrerprofessionalisierung und Schulentwicklung. In: Schulentwicklung und Schulqualität. Dortmund: IFS, S. 121-141.

Willer, K.-I. (1993): Die familiale und schulische Sozialisation von Grund- und Hauptschullehrerstudenten. Frankfurt am Main: Lang.

Wilson, S. M./Floden, R. E. (2003): Creating Effective Teachers. Concise answers for hard questions. URL: http://www.eric.ed.gov/ERICWebPortal/detail?accno=ED476366 [Stand: 22.03.2011]

Wilson, S. M./Floden, R. E./Ferrini-Mundi, J. (2001): Teacher Preparation Research. Current Knowledge, Gaps and Recommendations. Washington 2001. URL: http://depts.washington.edu/ctpmail/PDFs/TeacherPrep-WFFM-02-2001.pdf [Stand: 17.03.2011]

Wilson, S. M./Youngs, P. (2005): Research on Accountability Processes in Teacher Education. In: Cochran-Smith/Zeichner 2005, S. 591-643.

Winteler, A./Sierwald, W. (1987): Entwicklung und Überprüfung eines Fragebobens zum Studieninteresse (FSI). Hochschulausbildung 5 (3), S. 223-242.

Winteler, A./Sierwald, W./Schiefele, U. (1988): Interesse, Leistung und Wissen. Die Erfassung von Studieninteresse und seine Bedeutung für Studienleistung und fachbezogenes Wissen. In: Empirische Pädagogik 2 (3), S. 227-250.

Wirtz, M./Caspar, F. (2002): Beurteilerübereinstimmung und Beurteilerreliabilität. Göttingen: Hogrefe.

Wissenschaftsrat 2001 = Wissenschaftsrat (Hg.) (2001): Empfehlungen zur künftigen Struktur der Lehrerbildung. URL: http://www.wissenschaftsrat.de/download/archiv/5065-01.pdf [Stand: 22.03.2011]

Witzel, A. (1989): Das problemzentrierte Interview. In: Jüttemann, G. (Hg.): Qualitative Forschung in der Psychologie. Grundfragen, Verfahrensweisen, Anwendungsfelder. Heidelberg: Asanger, S. 227-256.

Wolf, K. D./Rausch, A. (2006): Lernmotivation und Problemlösefähigkeit als Erfolgskriterien für virtuelle Seminare in der Lehrerbildung. In: Seifried/Abel 2006, S. 85-108.

Wong, B. Y. L. (1997): Clearing hurdles in teacher adoption and sustained use of research-based instruction. In: Journal of Learning Disabilities 30 (5), pp. 482-485.

Wright, S. P./Horn, S. P./Sanders, W. L. (1997): Teacher and Classroom Context Effects on Student Achievement. Implications for Teacher Evaluation. In: Journal of Personnal Evaluation in Education 11 (1), pp. 57-67.

Wuttke, E. (2009): Zum Einfluss der professionellen Lehrkompetenz auf die Konstruktion und Steuerung von Lehr-Lern-Umgebungen und -Prozessen. In: Zlatkin-Troitschanskaia u. a. 2009, S. 669-678.

Yackulic, R. A./Noonan, B. W. (2001): Quality Indicators for Teacher Training in Canada. Quebec City: Laval University.

Z Pädagog Psychol 3-4/1996 = Zeitschrift für Pädagogische Psychologie 3-4/1996.

Zedler, P. (2002): Wirtschaft. In: Otto, H.-U./Rauschenbach, T./Vogel, P. (Hg.): Erziehungswissenschaft. Arbeitsmarkt und Beruf. Opladen: Leske + Budrich, S. 95-104.

Zeichner, K. M./Tabachnik, B. R. (1981): Are the Effects of University Teacher Education 'Washed out' by School Experience? In: Journal of Teacher Education 32 (3), pp. 7-11.

Zeit 2006 = Die Zeit (2006): Die Ausgebrannten. Interview mit Uwe Schaarschmidt. In: Die Zeit 51, S. 47.

Zeitler, S./Köller, O./Tesch, B. (2010): Bildungsstandards und ihre Implikationen für Qualitätssicherung und Qualitätsentwicklung. In: Gehrmann u. a. 2010, S. 23-36.

Zentralarchiv 2004 = Zentralarchiv für empirische Sozialforschung (Hg.) (2004): Allgemeine Bevölkerungsumfrage der Sozialwissenschaften. Kumulierter Datensatz ALLBUS 1980-2002. Köln: Universität Köln.

ZfPäd 2/2005 = Zeitschrift für Pädagogik 2/2005.

ZfPäd 2/2008 = Zeitschrift für Pädagogik 2/2008.

Zhang, L. (2003): Does the big five predict learning approaches? Personality and Individual Differences 34 (8), pp. 1431-1446.

Ziebertz, H.-G. (1995): Lehrerforschung in der empirischen Religionspädagogik. In: Ziebertz, H.-G./Simon, W. (Hg.): Bilanz der Religionspädagogik. Düsseldorf 1995, S. 47-78.

Ziebertz, H.-G. (2001): Wer initiiert religiöse Lernprozesse? Rolle und Person der Religionslehrerinnen und Religionslehrer. In: Hilger, G./Leimgruber, S./Ziebertz, H.-G. (Hg.): Religionsdidaktik. München: Kösel, S. 180-200.

Ziebertz, H.-G./Heil, S./Mendl, H./Simon, W. (2005): Religionslehrerbildung an der Universität. Münster: Lit.

Ziegler, B. (2004): Professionalisierung im Studium. Anspruch und Wirklichkeit. Aachen: Shaker.

Ziegler, B. (2009): Zur Genese von Professionalität. Berufsfindungs- und Berufswahlprozess. In: Zlatkin-Troitschanskaia u. a. (2009), S. 413-423.

Zimmermann, B. J. (2000): Attaining self-regulation. A social cognitive perspective. In: Boekaerts, M./Pintrich, P. R./Zeidner, M. (Eds.): Handbook of self-regulation. San Diego: Academic Press, pp. 13-39.

Zinnecker, J. (2000): Selbstsozialisation. Essay über ein aktuelles Konzept. In: Zeitschrift für Soziologie der Erziehung und Sozialisation 20 (3), S. 272-290.

Zlatkin-Troitschanskaia, O./Beck, K./Sembill, D./Nickolaus, R./Mulder, R. (Hg.) (2009): Lehrprofessionalität: Bedingungen, Genese, Wirkungen und ihre Messung. Weinheim: Beltz.

Zlatkin-Troitschanskaia, O./Förster, M. (2009): Wirkung der Lehrerprofessionalität auf Schulorganisation und Schulentwicklung. In: Zlatkin-Troitschanskaia u. a. 2009, S. 729-741.

ZPT 1/2007 = Zeitschrift für Pädagogik und Theologie 1/2007.

ZPT 2/2006 = Zeitschrift für Pädagogik und Theologie 2/2006.

ZPT 3/2008 = Zeitschrift für Pädagogik und Theologie 3/2008.

Zutavern, M. (2001): Professionelles Ethos von Lehrerinnen und Lehrern. Berufsmoralisches Denken, Wissen und Handeln zum Schutz und zur Förderung von Schülerinnen und Schülern. Freiburg: Universität Freiburg.

Zwettler, S. (1985): Warum Lehrer werden? Schweizerische Lehrerzeitung 130 (10), S. 11-12.

Zymek, B. (2008): Die Tektonik des deutschen Bildungssystems. In: Helsper, W./Busse, S./Hummrich, M./Kramer, R.-T. (Hg.): Pädagogische Professionalität in Organisationen. Wiesbaden: VS.

Abkürzungsverzeichnis

AB	Abbrecher (Studienabbrecher)	N	Stichprobenumfang (S. 134)
AG	Allgemeinbildendes Gymnasium	OECD	Organisation for Economic Co-operation
AP	Allgemeine Pädagogik		and Development
B. A.	Bachelor	OK	ohne eigene Kinder
BG	Berufliches Gymnasium	OP	nicht verheiratet, ohne feste Beziehung
CI	Cramers-Index (S. 134)	p	Signifikanzniveau (S. 134)
d. h.	das heißt	PH	Pädagogische Hochschule
DIPF	Deutsches Institut für Internationale	PP	Pädagogische Psychologie
	Pädagogische Forschung	PS	Pädagogische Studien
Dn	Dropout-Quote	Q	Beteiligungsquote
ebd.	ebenda	r	Korrelationskoeffizient (S. 134)
EG	Erstgeborene	R^2	aufgeklärte Varianz (S. 134)
EK	Einzelkinder	RS	Lehramt Realschulen
ET	Evangelische Theologie	RU	Religionsunterricht
EX	externe Hochschulen	S.	Seite bzw. Seitenzahl
Exp(β)	Quotientenverhältnis (odds ratio) (S. 134)	s. o.	siehe oben
F	F-Wert (S. 134)	s. u.	siehe unten
FP	nicht verheiratet, in fester Partnerbeziehung	SD	Standardabweichung (S. 134)
FR	PH Freiburg	SG	PH Schwäbisch Gmünd
GESIS	Gesellschaft Sozialwissenschaftlicher Infra-	SK	Sandwich-Kinder
	struktureinrichtungen (heute: Leibniz-	SP	Lehramt Sonderschulen (Sonderpädagogik)
	Institut für Sozialwissenschaften)	ST	Studierende (die Studium nicht abbrechen)
ggf.	gegebenenfalls	SWS	Semesterwochenstunden
GH	Lehramt Grund- und Hauptschulen	T	T-Wert (S. 134)
GY	Lehramt Gymnasien	TA	tendenzielle Ablehnung (S. 134)
HB	Uni Heidelberg	TALIS	Teaching and Learning International Survey
HD	PH Heidelberg	TH	Theologie
i. d. R.	in der Regel	TÜ	Uni Tübingen
ICC	Intra-Klassen-Korrelationskoeffizient	TZ	tendenzielle Zustimmung (S. 134)
	(S. 134)	u. a.	und andere
IQB	Institut zur Qualitätsentwicklung im	UN	Universität
	Bildungswesen	VG	Vergleichsdaten bzw. Vergleichsstichprobe
KA	PH Karlsruhe	vgl.	vergleiche
KMK	Kultusministerkonferenz	VH	verheiratet
KT	Katholische Theologie	w	weiblich
LA	Lehramt	WG	PH Weingarten
LB	PH Ludwigsburg	z. B.	zum Beispiel
LF	Stichprobe Lehramt Fremdbild	ZF	Zusätzliche Fächer
LG	Letztgeborene	ZM	Stichprobe Zahnmedizin
LS	Stichprobe Lehramt Selbstbild	ZM	Zahnmedizin
l_x	Faktorladung (S. 134)	α	Cronbachs-Alpha (S. 134)
M	arithmetisches Mittel (S. 134)	β	Standardisierter Beta-Koeffizient (S. 134)
m	männlich	η^2	Determinationskoeffizient (S. 134)
M. A.	Master	χ^2	Chi-Quadrat-Wert (S. 134)
MA	Mathematik		
M_{Diff}	Differenz des arithmetischen Mittels (S. 134)		
MK	mit eigenen Kindern		
MPI	Max-Planck-Institut für Bildungsforschung		

Variablenübersicht

Die Tabelle zeigt alle quantitativen Variablen. Sie sind alphabetisch nach Code sortiert. Benannt werden folgende Spezifikationen: Code, Kurzbeschreibung (Variable), Erhebungszeitpunkte (t_1 und/oder t_2), Skalenniveau (SN: N=nominal; O=ordinal; I/M=intervall/metrisch; MT=Mehrfachantwort) und die Seitenzahl der Einführung der Variable.

Code	Variable (entspricht Item/ Index/ Konstukt)	t_1	t_2	SN	Seite
ABEa	Interesse: auf individuelle Bedürfnisse eingehen	•		I/M	378
ABEb	Kompetenzerwartung: auf individuelle Bedürfnisse eingehen		•	I/M	380
ABEc	gefühlter Kompetenzzuwachs: auf individuelle Bedürfnisse eingehen		•	I/M	382
ABK	Ausbildungsklima		•	I/M	393
ABS	Ablehnung und Strafe (elterliches Erziehungsverhalten)	•		I/M	209
ABZ	Außenbeziehungen	•		I/M	184
ALT	Alter	•	•	I/M	152
ALZ	Annäherungs-Leistungsziele (Leistungsmotivation)	•	•	I/M	363
ARV	Arbeitsvermeidung (Leistungsmotivation)	•	•	I/M	363
AVS	Aktivitäten vor dem Studium	•		MT	196
AWS	Besuch anderer weiterführender Schulen (neben GY-Oberstufe)	•		N	190
BAK	Bedeutsamkeitseinschätzung der Ausbildungskomponenten	•	•	I/M	411
BEG	beruflicher Ehrgeiz (AVEM-Inventar)	•		I/M	272
BEL	Berufsbildung der Eltern (kulturelles Kapital)	•		O	173
BER	Berufe der Eltern	•		O	161
BIF	Persönlichkeitsmerkmale (Big Five)	•		I/M	222
BLE	Beurteilung der Lehrveranstaltungen in Erziehungswissenschaft		•	I/M	440
BLF	Beurteilung der Lehrveranstaltungen in den Fächern		•	I/M	440
BMO	berufliche Mobilität	•	•	I/M	234
BNV	Bildungsniveau der Eltern (kulturelles Kapital)	•		O	174
BRU	Besuch des Religionsunterrichts	•		N	194
BSFa	Interesse: soziale Beziehungen schätzen/ fördern	•		I/M	378
BSFb	Kompetenzerwartung: soziale Beziehungen schätzen/ fördern		•	I/M	380
BSFc	gefühlter Kompetenzzuwachs: soziale Beziehungen schätzen/ fördern		•	I/M	382
BSW	Berufliche Stellung und Weisungsbefugnis der Eltern	•		O	161
BVK	Besitz von Kulturgütern (kulturelles Kapital)	•		I/M	174
BVS	Bildungsverständnis	•	•	I/M	307
BWR	Berufswahlreife	•		I/M	214
CAS	curriculare Abstimmung		•	I/M	404
DFK	Distanzierungsfähigkeit (AVEM-Inventar)	•		I/M	272
DUBa	Interesse: diagnostizieren und beraten	•		I/M	378
DUBb	Kompetenzerwartung: diagnostizieren und beraten		•	I/M	380
DUBc	gefühlter Kompetenzzuwachs: diagnostizieren und beraten		•	I/M	382
EEV	Elterliches Erziehungsverhalten	•		I/M	209
EGP	Sozialklassen/ EGP-Modell (sozioökonomische Stellung)	•		O	162
EHK	Ethnische Herkunft der Eltern (kulturelles Kapital)	•		I/M	170
EIB	Erfolgserleben im Beruf (AVEM-Inventar)	•		I/M	272
EKB	Eltern-Kind-Beziehung (soziales Kapital)	•		I/M	180

(Fortsetzung auf nächster Seite)

(Fortsetzung)

Code	Variable (entspricht Item/ Index/ Konstukt)	t₁	t₂	SN	Seite
EMS	Erfahrungen mit Schule	•		I/ M	204
EMW	emotionale Wärme (elterliches Erziehungsverhalten)	•		I/ M	209
ESU	Erleben sozialer Unterstützung (AVEM-Inventar)		•	I/ M	272
ETM	extrinsische Motivation (Fachwahlmotivation)	•		I/ M	357
EUK	elterliche Unterstützung der Kinder (soziales Kapital)	•		I/ M	181
EVS	Erziehungsverständnis	•	•	I/ M	307
EWS	Erwerbstätigkeitsstatus der Eltern	•		N	180
EXM	extrinsische Motivation (Berufswahlmotivation)	•		I/ M	328
EXT	Extraversion (Persönlichkeitsmerkmal)	•		I/ M	222
EZS	Erziehungsstil der Eltern (soziales Kapital)	•		N	182
FAM	Familienstand/ Partnerschaftsverhältnisse	•	•	N	153
FIN	Finanzsituation	•	•	I/ M	231
FMM	Fachwahlmotivation Mathematik	•		I/ M	354
FMT	Fachwahlmotivation Theologie	•		I/ M	357
FUIa	Interesse: sich fortbilden und informieren	•		I/ M	378
FUIb	Kompetenzerwartung: sich fortbilden und informieren		•	I/ M	380
FUIc	gefühlter Kompetenzzuwachs: sich fortbilden und informieren		•	I/ M	382
GEW	Gewissenhaftigkeit (Persönlichkeitsmerkmal)	•		I/ M	222
GHA	Gebrauchsgüter mit hohem Anschaffungswert (sozioökonomische Stellung)	•		MT	169
GLE	Geburtsland der Eltern (kulturelles Kapital)	•		N	170
GLS	Geburtsland der Studierenden (kulturelles Kapital)	•		N	170
GMO	geografische Mobilität	•	•	I/ M	234
GSA	Gründe für den Studienabbruch	–	–	I/ M	259
GSF	Gewichtung der Studienfächer Mathematik und Theologie	•		MT	243
GSL	Geschlecht	•		N	152
GSW	Geschwisteranzahl und -konstellation	•		I/ M	178
HDE	Humankapital der Eltern (kulturelles Kapital)	•		I/ M	171
HSR	Erwerb der Hochschulreife nach Bundesländern	•		N	189
IAF	Interesse am Fachstudium (Fachwahlmotivation)	•		I/ M	357
IBT	Interesse an beruflichen Tätigkeiten (insgesamt)	•		I/ M	379
INM	intrinsische Motivation (Berufswahlmotivation)	•		I/ M	328
INT	Interessenlage und Studienorientierung (RIASEC-Modell)	•	•	I/ M	347
IRA	innere Ruhe/ Ausgeglichenheit (AVEM-Inventar)		•	I/ M	272
ISC	ISCO-88-Berufsklassifikation	•		O	161
KIKa	Interesse: kommunizieren/ interagieren/ kooperieren	•		I/ M	378
KIKb	Kompetenzerwartung: kommunizieren/ interagieren/ kooperieren		•	I/ M	380
KIKc	gefühlter Kompetenzzuwachs: kommuniz./ interagieren/ kooperieren		•	I/ M	382
KIN	Eigener Kinder (Anzahl und Alter)	•	•	O	153
KKF	kulturelles Kapital der Familie (insgesamt)	•		I/ M	169
KLA	kritische Lebensereignisse (Anzahl)	•		I/ M	238
KLB	kritische Lebensereignisse (Belastungserleben)	•		I/ M	238
KLF	kulturelles Leben in der Familie (soziales Kapital)	•		I/ M	175
KLK	Klassenklima (Erfahrungen mit Schule)	•		I/ M	204
KOLa	Interesse: Konflikte lösen	•		I/ M	378
KOLb	Kompetenzerwartung: Konflikte lösen		•	I/ M	380
KOLc	gefühlter Kompetenzzuwachs: Konflikte lösen		•	I/ M	382
KOM	Kompetenzerwartung (insgesamt)	•	•	I/ M	380
KON	Konfessions- bzw. Religionszugehörigkeit	•		N	154
KPF	kulturelle Praxis der Familie (kulturelles Kapital)	•		I/ M	174
KUÜ	Kontrolle und Überbehütung (elterliches Erziehungsverhalten)	•		I/ M	209
KZW	gefühlter Kompetenzzuwachs (insgesamt)	–	–	I/ M	329

(Fortsetzung auf nächster Seite)

(Fortsetzung)

Code	Variable (entspricht Item/Index/Konstukt)	t_1	t_2	SN	Seite
LVB	Anzahl besuchter Lehrveranstaltungen in den Bildungswissenschaften		•	I/M	248
LVP	Anzahl besuchter Lehrveranstaltungen in Pädagogik		•	I/M	248
LVS	Anzahl besuchter Lehrveranstaltungen (gesamt)		•	I/M	248
LZF	Lebenszufriedenheit (AVEM-Inventar)		•	I/M	272
MDE	Motivation durch Erfolg (Berufswahlmotivation)	•		I/M	328
NAK	Nutzeneinschätzung der Ausbildungskomponenten		•	I/M	433
NEU	Neurotizismus (Persönlichkeitsmerkmal)	•		I/M	222
NOA	Gesamtdurchschnitt Abiturnote	•		I/M	191
NOD	Abiturnote Deutsch (Punkte)	•		I/M	191
NOM	Abiturnote Mathematik (Punke)	•		I/M	191
NOR	Abiturnote Religion (Punkte)	•		I/M	191
OAV	Orientierung an Vorbildern (Fachwahlmotivation)	•		I/M	357
OEE	Orientierung am elterlichen Erziehungsverhalten	•	•	I/M	210
OFF	Offenheit (Persönlichkeitsmerkmal)	•		I/M	222
OPW	offensive Problembewältigung (AVEM-Inventar)		•	I/M	272
OUL	Orientierung am Unterrichtsstil der eigenen Lehrer	•	•	I/M	206
PER	positive Erfahrungen (Fachwahlmotivation)	•		I/M	357
PFS	Perfektionsstreben (AVEM-Inventar)		•	I/M	272
PGE	persönlicher Gewinn (Fachwahlmotivation)	•		I/M	357
PGM	pädagogische Motivation (Fachwahlmotivation)	•		I/M	357
PIH	Anzahl der Personen im Haushalt (soziales Kapital)			I/M	177
POR	pädagogische Orientierung	•		N	298
PRA	Anzahl der absolvierten Schulpraktika		•	MT	251
PVO	pädagogische Vorerfahrungen	•		I/M	200
QAK	Qualitätseinschätzung der Ausbildungskomponenten		•	I/M	429
RBM	Resignationstendenz (bei Misserfolg) (AVEM-Inventar)		•	I/M	272
REH	Bedeutung von Religion im Elternhaus	•		I/M	303
REL	Religiosität	•	•	I/M	300
RSP	Relevanz der Schulpraktika		•	I/M	460
SAR	Relevanz der Praktika: Erlernen der Arbeit mit Schülern		•	I/M	460
SBA	subjektive Bedeutsamkeit der Arbeit (AVEM-Inventar)		•	I/M	272
SCK	Schulklima (Erfahrungen mit Schule)	•		I/M	204
SDF	Struktur der Familie (soziales Kapital)	•		I/M	178
SEE	soziales und ehrenamtliches Engagement (soziales Kapital)	•		MT	184
SEI	sozioökonomische Stellung (insgesamt; ISEI-Index)	•		I/M	160
SEL	Schulbildung der Eltern (kulturelles Kapital)	•		O	172
SEM	Anzahl der Hochschulsemester		•	I/M	198
SFO	besuchte Schulform der gymnasialen Oberstufe	•		N	190
SKF	soziales Kapital der Familie (insgesamt)	•		I/M	177
SOK	Sozialklima (Erfahrungen mit Schule)	•		I/M	204
SPA	Erfolgserwartungen an (t1) bzw. Erfolgserleben in Schulpraktika (t2)	•	•	I/M	451
SSOa	Interesse: sich selbst organisieren	•		I/M	378
SSOb	Kompetenzerwartung: sich selbst organisieren		•	I/M	380
SSOc	gefühlter Kompetenzzuwachs: sich selbst organisieren		•	I/M	382
STI	inhaltsbezogenes Studieninteresse	•		I/M	343
SUE	Schul- und Erziehungseinstellungen	•		I/M	296
SUF	Studienaktivitäten sind wichtiger als Freizeitaktivitäten	•	•	I/M	252
SVS	Schulverständnis	•	•	I/M	307
SWE	Selbstwirksamkeitserwartung	•	•	I/M	288
UIU	Relevanz der Praktika: Umsetzung des Erlernten im Unterricht		•	I/M	460
UMZ	Umzugshäufigkeit bis (t1) und seit Studienbeginn (t2) (soz. Kapital)	•	•	I/M	233

(Fortsetzung auf nächster Seite)

(Fortsetzung)

Code	Variable (entspricht Item/ Index/ Konstukt)	t_1	t_2	SN	Seite
UNK	Unterrichtsklima (Erfahrungen mit Schule)	•		I/ M	204
UPGa	Interesse: Unterricht planen und gestalten	•		I/ M	378
UPGb	Kompetenzerwartung: Unterricht planen und gestalten		•	I/ M	380
UPGc	gefühlter Kompetenzzuwachs: Unterricht planen und gestalten		•	I/ M	382
USAa	Interesse: Unterricht/ Schule analysieren/ weiterentwickeln	•		I/ M	378
USAb	Kompetenzerwartung: Unterricht/ Schule analysieren/ weiterentwickeln		•	I/ M	380
USAc	gefühlter Kompetenzzuwachs: Unterricht/ Schule analys./ weiterent.		•	I/ M	382
UVB	Relevanz der Praktika: Erlernen der Unterrichtsvorbereitung		•	I/ M	460
ÜVV	Übertragung von Verantwortung (elterliches Erziehungsverhalten)	•		I/ M	209
VAG	Verausgabungsbereitschaft (AVEM-Inventar)		•	I/ M	272
VEM	Relevanz der Praktika: Erlernen des Umgangs mit Vermittlungsmedien		•	I/ M	460
VER	Verträglichkeit (Persönlichkeitsmerkmal)	•		I/ M	222
VKOa	Interesse: Verhalten kontrollieren	•		I/ M	378
VKOb	Kompetenzerwartung: Verhalten kontrollieren		•	I/ M	380
VKOc	gefühlter Kompetenzzuwachs: Verhalten kontrollieren		•	I/ M	382
VLZ	Vermeidungs-Leistungsziele (Leistungsmotivation)	•	•	I/ M	363
VOM	vorbildorientierte Motivation (Berufswahlmotivation)	•		I/ M	328
VZE	Verhältnis zu den Eltern (soziales Kapital)	•		N	183
WDF	Wohnverhältnisse der Familie	•		O	169
WOH	Wohnsituation	•	•	I/ M	232
WVEa	Interesse: Werte vermitteln	•		I/ M	378
WVEb	Kompetenzerwartung: Werte vermitteln		•	I/ M	380
WVEc	gefühlter Kompetenzzuwachs: Werte vermitteln		•	I/ M	382
ZSA	zeitlicher Studienaufwand		•	I/ M	246
ZUF	Studienzufriedenheit	•		I/ M	400
ZUS	Zusammenleben der Eltern (soziales Kapital)	•		N	179

Abbildungs- und Tabellenverzeichnis

Abbildungen

Tabellen